Thaïlande
+ Plongées
2022/23

Cofondateurs : Philippe GLOAGUEN et Michel DUVAL

Directeur de collection et auteur
Philippe GLOAGUEN

Secrétaire général
Gavin's CLEMENTE-RUIZ

Rédacteurs en chef
Amanda KERAVEL (France)
Benoît LUCCHINI (Étranger)

Directrice administrative
Bénédicte GLOAGUEN

Conseiller à la rédaction
Pierre JOSSE

Responsable voyages
Carole BORDES

Direction éditoriale
Élise ERNEST

Rédaction
Isabelle AL SUBAIHI
Emmanuelle BAUQUIS
Mathilde de BOISGROLLIER
Thierry BROUARD
Marie BURIN des ROZIERS
Diane CAPRON
Véronique de CHARDON
Laura CHARLIER
Florence CHARMETANT
Fiona DEBRABANDER
Anne-Caroline DUMAS
Géraldine LEMAUF-BEAUVOIS
Olivier PAGE
Alain PALLIER
Anne POINSOT
André PONCELET

hachette

TABLE DES MATIÈRES

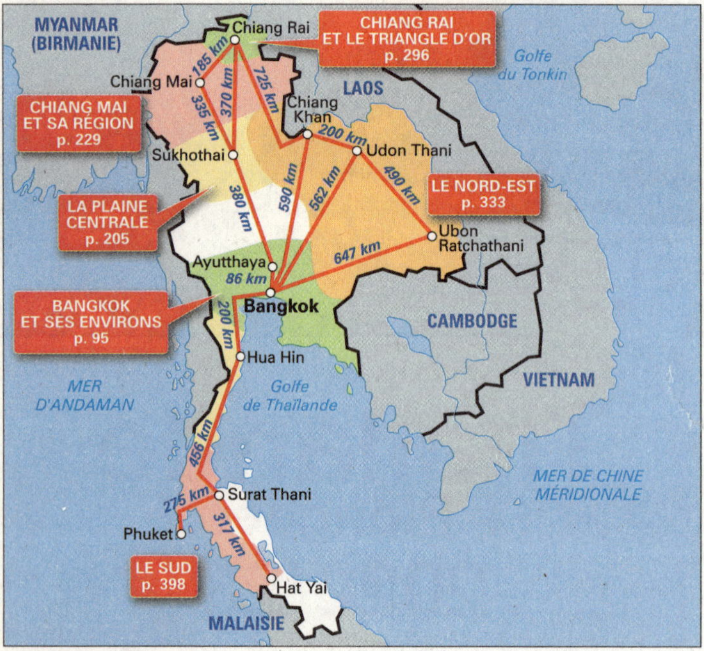

PRÉAMBULE

ARRIVER – QUITTER

THAÏLANDE UTILE

UNE PANDÉMIE INOUÏE !
Depuis toujours, **Le Routard *se plaît à dénicher hôteliers et restaurateurs*** qui accueillent nos lecteurs avec sourire et professionnalisme. Malgré toute notre vigilance, certains d'entre eux auront malheureusement fermé quand ce livre sortira. De même, les horaires et modalités d'accueil de certains sites et musées auront été momentanément modifiés. Cette terrible ***pandémie de coronavirus*** a, on le sait, des conséquences importantes pour tous les professionnels du tourisme. ***Nous sommes de tout cœur avec eux !***

Important : dernière minute

Entre deux parutions du *Routard*, des événements fortuits (conditions sanitaires, catastrophes naturelles, mais aussi formalités, taux de change, conditions d'accès aux sites, fermetures inopinées, etc.) peuvent modifier vos projets de voyage. Pour éviter les déconvenues, nous vous recommandons de consulter la rubrique « Guide » par pays de notre site • *routard.com* • et plus particulièrement les dernières ***Actus voyageurs.***

Ombrelles peintes à la main à Bo Sang, Chiang Mai

Danseuses dans le sanctuaire d'Erawan, Bangkok

LA THAÏLANDE

LA RÉDACTION DU ROUTARD

(sans oublier nos 50 enquêteurs, aussi sur le terrain)

Jean-Sébastien, Olivier, Mathilde, Thierry, Alain, Gavin's, Éléonore, Anne-Caroline, André, Laura, Florence, Véronique, Isabelle, Géraldine, Fiona, Amanda, Benoît, Emmanuelle, Bénédicte, Philippe, Carole, Diane, Anne, Marie.

La saga du *Routard* : en 1971, 2 étudiants, Philippe et Michel, avaient une furieuse envie de découvrir le monde. De retour du Népal germe l'idée d'un guide différent qui regrouperait tuyaux malins et itinéraires sympas, destiné aux jeunes fauchés en quête de liberté. 1973. Après 19 refus d'éditeurs et la faillite de leur première maison d'édition, l'aventure commence vraiment avec Hachette. Aujourd'hui, Le *Routard*, c'est plus d'une cinquantaine d'enquêteurs impliqués et sincères. Ils parcourent le monde toute l'année dans l'anonymat et s'acharnent à restituer leurs coups de cœur avec passion.

Merci à tous les routards qui sont solidaires de nos convictions : liberté et indépendance d'esprit ; découverte et partage ; sincérité, tolérance et respect des autres.

NOS SPÉCIALISTES THAÏLANDE

Gavin's Clemente-Ruiz : né en 1978, belgo-hispano-normand, il vadrouille pour le *Routard* depuis 1999. Logique avec un tel pedigree ! Son plaisir : l'adresse introuvable dénichée en fin de journée. Et garder le contact avec les personnes croisées. Son défaut : ne quitte jamais son téléphone portable (« Bon, c'est pour le Facebook et l'Instagram du *Routard* ! »).

Benoît Lucchini : corse, élevé au grain du 9-3, il a commencé avec une carte Interrail à 17 ans. Il arpente les terres chaudes avec passion deux ans plus tard puis les mers froides comme pêcheur (illégal) de saumon sur un chalutier américain, avant un grand tour du monde. Son credo depuis 30 ans au *Routard* : multiplier les rencontres, s'émerveiller et écrire pour partager ses émotions.

Emmanuel Juste : sa 1re passion fut la géographie. Petit déjà, il dévorait les atlas qui le faisaient rêver plus que tout ! Aujourd'hui, après une maîtrise en langues et un peu d'enseignement, sa fascination pour les cartes est intacte mais c'est sur le terrain qu'il découvre la surface du monde. Un ravissement qu'il partage depuis 15 ans, en tant qu'enquêteur, sans modération !

UN GRAND MERCI À NOS AMI(E)S SUR PLACE ET EN FRANCE

Pour cette nouvelle édition, nous remercions particulièrement :

- **Arnaud,** encore et toujours !
- **Stéphane,** à Ko Phangan, pour ses bons tuyaux aux quatre coins de l'île.

« OSONS LE PAS DE CÔTÉ »

Le surtourisme ? Tous concernés. Et pourtant, à l'écart des grands flux touristiques, il existe plein de pépites méconnues, souvent oubliées des circuits trop encombrés. Ici un site ignoré ; là un quartier secret ; plus loin un village caché au charme discret, avec un troquet d'une autre époque. Il existe une infinité de lieux peinards que l'on a envie de mettre en avant avec ce pictogramme. Un vagabondage enfin calme favorisé aussi par les **visites aux heures creuses**. Vive le *slow trip* !

#osonslepasdecote

Pictogrammes du Routard

Établissements

- Hôtel, auberge, chambre d'hôtes
- Camping
- Restaurant
- Terrasse
- Pizzeria
- Boulangerie, sandwicherie
- Pâtisserie
- Glacier
- Café, salon de thé
- Café, bar
- Bar musical
- Club, boîte de nuit
- Salle de spectacle
- Boutique, magasin, marché

Infos pratiques

- Office de tourisme
- Poste
- Accès Internet
- Hôpital, urgences
- Adapté aux personnes handicapées

Sites

- Présente un intérêt touristique
- Point de vue
- Plage
- Spot de surf
- Site de plongée
- Recommandé pour les enfants
- Inscrit au Patrimoine mondial de l'Unesco
- Pas de côté

Transports

- Aéroport
- Gare ferroviaire
- Gare routière, arrêt de bus
- Station de métro
- Station de tramway
- Parking
- Taxi
- Taxi collectif
- Bateau
- Bateau fluvial
- Piste cyclable, parcours à vélo

Le *Routard* est imprimé sur un papier issu de forêts gérées.

I.S.B.N. 978-2-01-787126-2

Statue du Bouddha, Kut Phiman

« En évitant le tigre,
on rencontre le crocodile. »
Proverbe thaïlandais

Il y a plusieurs Thaïlande. Tout d'abord, **Bangkok,** mégapole hyperactive et monstre urbain où l'on se perd avec plaisir. Puis **le Sud,** ses îles, ses plages et ses rocs jaillis de la mer, sa cuisine plus épicée, sa mentalité un peu différente et ses influences musulmanes. Enfin, **le Nord,** Thaïlande profonde, originelle, avec ses anciens royaumes fondateurs, son rythme de vie détendu, ses milliers de temples bouddhiques, sa terre fertile, ses montagnes et ses forêts… Trois Thaïlande donc, physiquement et culturellement différentes.
Cependant, d'un bout à l'autre du pays – 2 000 km du nord au sud – se retrouvent les qualités nationales : **une forte identité** d'abord, le Siam n'ayant jamais été colonisé et ayant développé des arts, une culture et même un alphabet propres ; un sens aigu des conventions sociales et **de la politesse,** beaucoup de pudeur aussi, de **calme** et de dignité ; une forte religiosité et, conjointement, une **quasi-vénération pour la famille royale,** élue de Dieu (critiquer ouvertement le roi est passible de prison !) ; enfin, **pas mal d'humour,** car on est philosophe, et un solide appétit, de tout, de plaisirs surtout – Thaïlandais épicuriens, l'air de rien toujours prêts à faire la fête, à bien manger et à bien boire.
Malheureusement, l'afflux touristique et le mercantilisme qui parfois en découle ont pu dénaturer, par endroits, **l'amabilité des Thaïlandais,** et avoir d'autres conséquences néfastes : bandes côtières dégradées, transformation des sites privilégiés en ghettos à touristes, îles surpeuplées, etc.
Mais qu'à cela ne tienne, Muang Thai (étymologiquement, « le pays des hommes libres ») reste l'un des derniers pays au monde à réunir autant d'**ingrédients de qualité** pour réussir la recette des **vacances idéales** : bungalows en bois sur plages somnolentes, vastes rizières et collines couvertes de jungle, traditions vivaces, tribus ancestrales, cuisine raffinée et variée à des prix (encore) souvent dérisoires. Ajoutez quelques ingrédients personnels : un brin de tolérance, un zeste d'ouverture d'esprit, un nuage de curiosité, une pincée d'abnégation, et l'on ne voit pas comment vous pourriez rater votre séjour.

Île de Ko Chang

NOS COUPS DE CŒUR

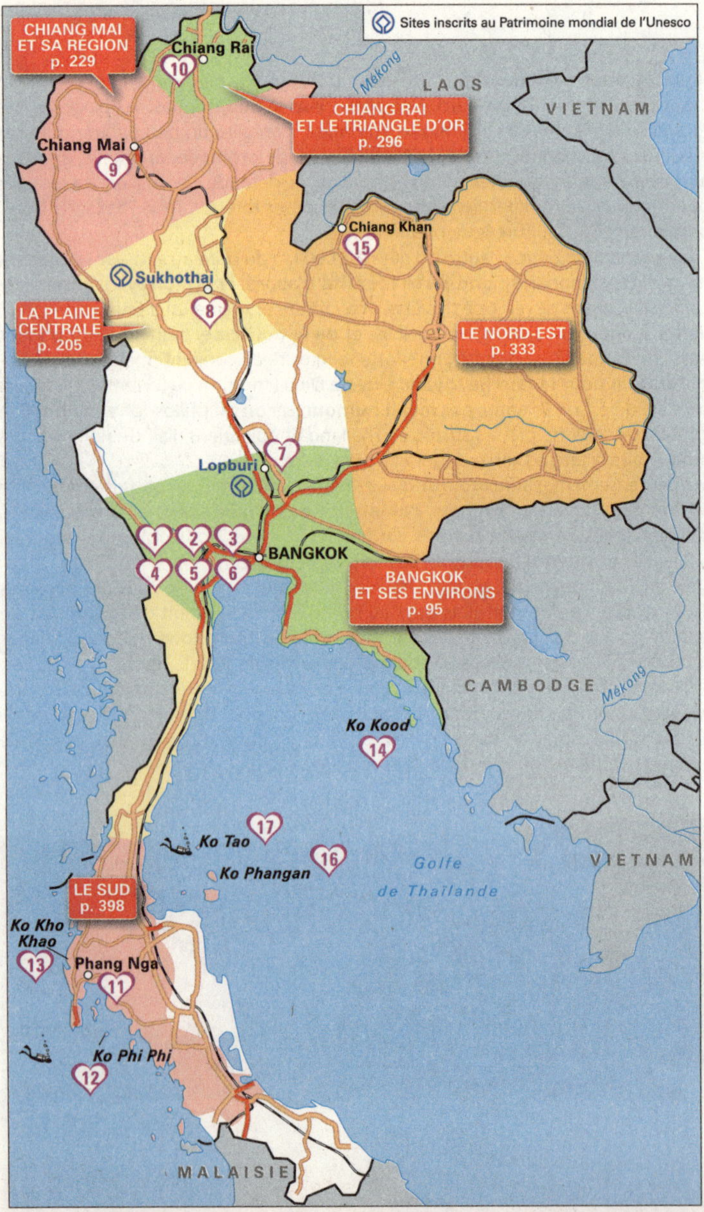

1 Remonter le Chao Phraya, le fleuve de Bangkok, sur un bateau « longue-queue », et se perdre dans les *khlong*, les canaux de la cité.

Les *khlong* qui sillonnent Bangkok forment un dédale de petits cours d'eau bordés de maisons sur pilotis, de vieilles baraques au toit de tôle, de temples modestes, de coquettes villas protégées par de hautes grilles, de petits commerces... le tout enfoui dans une végétation exubérante. Des enfants barbotent dans l'eau limoneuse, les poulets picorent, le linge sèche, des varans viennent se dorer au soleil, les habitants jouent aux cartes... autant de scènes pittoresques et un tout autre visage de Bangkok à saisir au fil de l'eau. *p. 117*

Bon à savoir : *prévoir un circuit de 1h minimum ; plus long, c'est encore mieux, car cela permet d'aller plus loin dans des coins peu fréquentés.*

© Gonzalo Azumendi/Age fotostock

2 Passer tout le dimanche dans les travées du Chatuchak Market, le marché le plus intéressant de Bangkok (après le marché aux fleurs de Pak Klong...).

Chatuchak Market est l'un des plus grands marchés de Bangkok, où l'on trouve absolument de tout : vêtements, matériel de cuisine, tissus, outils, artisanat, orchidées et bonsaïs à prix déments... Visite et marchandage obligatoires ! *p. 135*

Bon à savoir : *samedi et dimanche de 7h à 18h.*

© Stuart Westmorland/Corbis RF/Age fotostock

3 Aller admirer l'immense bouddha couché du Wat Pho : 45 m de long, 15 m de haut.

Le Wat Pho regroupe un bel ensemble de temples édifiés par Rāma Ier au XVIIIe s. Le principal contient le superbe et gigantesque bouddha couché, dont les pieds sont joliment incrustés de nacre illustrant les qualités du Bouddha. C'est le plus ancien temple de Bangkok mais aussi certainement le plus beau. *p. 115*

Bon à savoir : *• watpho.com •*

© René Mattes

4 Ne pas manquer la visite du Musée national de Bangkok, récemment refait.

Le plus beau musée de Bangkok, composé de nombreux bâtiments traditionnels, abrite une très riche collection relative à la civilisation thaïlandaise : éléments d'architecture, statues, mobilier, argenterie, céramique, marionnettes, chariots funéraires royaux… Tout l'art du royaume de Siam y est résumé ! *p. 112*

Bon à savoir : *dernier ticket vendu à 15h30… du mercredi au dimanche seulement.*

© Samuel's Photograph/Getty Images

5 **Grimper au sommet de la tour *MahaNakhon*, et admirer l'étendue de la ville.** *p. 143*

© Yury Taranik/Shutterstock

6 **Retrouver l'ambiance des palais royaux en musardant dans Ancient City, près de Bangkok.**

À 30 km au sud-est de Bangkok, Ancient City est une « folie » du concessionnaire Mercedes pour la Thaïlande. Milliardaire nostalgique et cultivé, il a reconstitué, sur plusieurs dizaines d'hectares, 110 grands monuments (à taille réelle ou au tiers) de ce que l'on appelait le Siam. Le résultat est superbe. Un endroit « zen », à visiter pour se donner une idée de l'architecture du pays. *p. 147*

Bon à savoir : compter 3 à 4h de visite pour cette excursion souvent ignorée par les voyageurs.

© imageBROKER/hemis.fr

7 **Se promener à Lopburi au milieu des singes, maîtres des lieux.**

Située à quelque 140 km au nord de Bangkok, la charmante cité de Lopburi mérite une escale. La ville, chargée d'histoire, abrite de beaux temples et le superbe palais du roi Narai. Elle a aussi une particularité étonnante, celle d'être, à certains endroits, totalement livrée aux macaques, dont vous vous méfierez ! *p. 200*

Bon à savoir : le dernier dimanche de novembre, la population organise un véritable banquet pour ses singes au temple Phra Prang Samyod.

8 **Admirer le lever du soleil sur le parc historique de Sukhothai.**
Sukhothai est particulièrement intéressante pour sa vieille ville, qui fut autrefois la première capitale du Siam. Aujourd'hui, c'est l'un des plus beaux sites archéologiques de Thaïlande, inscrit au Patrimoine mondial de l'Unesco. Rendez-vous-y le plus tôt possible : la lumière est superbe, les couleurs plus belles, la fraîcheur de l'aube bien agréable, et vous aurez le site pour vous seul. *p. 213*
Bon à savoir : *vu la distance entre les différents ensembles de ruines, la meilleure façon de visiter le site est de louer un vélo.*

9 **Prendre un cours de cuisine thaïe à Chiang Mai pour apprécier les saveurs sucrées-salées.**
Les cours d'initiation à l'art culinaire thaïlandais sont très en vogue chez les voyageurs indépendants et curieux, et particulièrement nombreux à Chiang Mai. Le tarif inclut généralement un livret de recettes, une visite au marché pour y choisir les bons produits et, naturellement, la dégustation de ce que l'on a cuisiné. Super pour épater les copains en rentrant ! *p. 257*
Bon à savoir : *il existe même, désormais, des cours en français* !

10 Partir à la découverte des temples récents et loufoques des environs de Chiang Rai, qui témoignent de la créativité des Thaïlandais en matière d'architecture religieuse contemporaine.

D'abord, il y a le fameux Wat Rong Khun, œuvre du déjanté Ajarn Chalermchai Kositpipat et sans doute le temple le plus fou du pays. À ne pas manquer, donc. Puis il faut aller voir le temple bleu, achevé en 2016, spectaculaire tant du dehors qu'à l'intérieur. Enfin, il y a aussi le bouddha géant (79 m de haut !), en position assise sur une butte au beau milieu de la campagne, que l'on repère à des kilomètres à la ronde ! *p. 323*

Bon à savoir : on peut monter par un ascenseur dans la tête du bouddha géant, pour une vue sur toute la région.

© pa_YON/Getty Images

11 Se prendre pour James Bond dans la baie de Phang Nga…

La baie de Phang Nga est célèbre pour sa multitude de pitons calcaires recouverts d'une dense végétation. On y tourna certains extérieurs de *L'Homme au pistolet d'or,* l'un des James Bond. Contrecoup de sa célébrité, le coin est architouristique, sauf si l'on y va à des horaires décalés, le matin très tôt ou en fin d'après-midi. Alors, c'est le pied ! *p. 503*

Bon à savoir : pour être « sur le pont » avant tout le monde, on conseille de dormir près du site et de partir en balade vers 6 ou 7h.

© Tibor Bognar/Photononstop

12 … et pour Leonardo DiCaprio, dans le film *La Plage*, à Ko Phi Phi (Phi Phi Ley), au milieu d'une eau translucide.

Ko Phi Phi est mondialement réputé pour ses plages de sable blanc, ses falaises plongeant dans la mer et le magnifique bleu turquoise de ses eaux. Tout le monde veut y voir Maya Bay depuis que la plupart des scènes de *La Plage* y furent tournées. Et c'est vrai que l'endroit a de la gueule, même si la baie fermée sur elle-même n'est que le fruit de l'imagination du metteur en scène. *p. 527*

***Bon à savoir :** l'accès à Maya Bay est fermé depuis fin 2018 afin de laisser la faune et la flore sous-marine se régénérer.*

13 À Ko Kho Khao, parcourir à deux (ou seul, c'est moins romantique, mais bon…) l'immense plage encore vierge de toute construction de Nok Nah Beach (15 km de long !), entre forêt de filaos et mer émeraude, et se dire que la Thaïlande réserve encore de nombreuses îles paradisiaques… *p. 510*

***Bon à savoir :** si vous allez à Ko Kho Khao à la journée depuis Khao Lak, essayez de reprendre le bac avant 18h car, passé cette heure, le prix du passage est multiplié par deux !*

14 À Ko Kood, savourer la beauté d'une nature encore préservée et la tranquillité d'une île où les voitures se font aussi rares que les boutiques pour touristes.

Plages de rêve et cocotiers, paysages côtiers piqués d'îlots par endroits, rivières gracieuses, villages de pêcheurs sur pilotis, superbes cascades rafraîchissantes dans une jungle touffue peuplée de singes… Voilà une bien jolie palette qui assure quelques occasions de s'émerveiller, loin de l'agitation du monde ! *p. 175*

Bon à savoir : *les taxis pick-up étant peu nombreux et onéreux, préparez-vous à faire du scooter !*

15 **Monter vers le nord-est et faire halte au village de Chiang Khan pas encore découvert par le tourisme de masse.**

Un village qui n'a l'air de rien, mais à l'atmosphère reposante. L'unique rue ancienne du patelin est bordée de vénérables maisons en teck, qui abritent de chouettes *guesthouses.* On alterne entre le plaisir de voir voguer les barques sur le Mékong et, précisément, de faire un tour en barque sur le fleuve majestueux, qui offre ici ces rives les plus charmantes et tranquilles. p. 339

Bon à savoir : *pour faire une balade sur le fleuve, y aller environ 1h30 avant le coucher du soleil pour profiter de la douce lumière. Essayer d'y aller à plusieurs car on loue le bateau dans son ensemble.*

16 Passer une nuit blanche lors d'une *Full Moon party* sur l'une des plages au sud-est de Ko Phangan.

Ko Phangan, située à quelques miles au nord de Ko Samui, est bien plus sauvage. À votre portée, un centre montagneux largement recouvert de jungle, de vastes plages idylliques et plein de criques tourmentées au sud et nord-ouest. Une fois par mois, le sud-est de l'île se consacre aux célèbres *Full Moon parties*. Organisées à l'origine par les 1ers voyageurs venus dans le coin pour se la couler douce, elles réunissent désormais des milliers de jeunes qui débarquent du monde entier pour participer à ces fêtes débridées ! *p. 430*

Bon à savoir : *• fullmoon.phangan.info •*

17 Tutoyer les poissons en plongée au large de Ko Tao, dans les jardins de coraux…

À l'est de Chumphon, Ko Tao, île minuscule de 21 km², est mondialement réputée pour ses récifs de coraux multicolores et sa faune aquatique prolifique. À quelques encablures du rivage, les routards palmipèdes apprécieront la bonne vingtaine de sites baignés d'eaux limpides où batifolent avec allégresse une grande variété de poissons. Paradisiaque ! *p. 444*

Bon à savoir : *plein d'infos utiles sur • kohtaoonline.com •*

18 **Succomber aux délices de la cuisine thaïe.**

Outre la fraîcheur des produits, ce sont les épices et les herbes qui donnent sa saveur à la cuisine thaïlandaise. Coriandre, menthe, citronnelle, piment, gingembre, galanga, etc., apportent un goût inimitable et mystérieux, très appréciable lorsque l'on prend la peine de s'y intéresser. Aiguisez vos papilles et laissez-vous envahir par ces nouvelles saveurs, ces parfums inconnus, cette richesse enivrante de la cuisine thaïe ! Goûter par exemple au *tom yam kung,* soupe de crevettes parfumée à la citronnelle (avec une petite mangue et son riz gluant chaud en dessert). Miam ! *p. 592*

© Mauro Grigollo/Westend61/Photononstop

19 **Se prendre pour un explorateur, chevelure dans le vent et embruns en plein visage, en passant d'île en île en « longue-queue ».**

Les bateaux « longue-queue » *(long-tail boats)* sont appelés ainsi à cause de la tige extrêmement longue qui relie le moteur à l'hélice. *p. 487*

20 Oser une dégustation de grillons grillés ou de grenouilles frites (si vous avez perdu un pari !).

Scorpions, vers à bambou, fourmis rouges, grillons… 44 espèces d'insectes sont jugées comestibles en Thaïlande ! Et ils n'ont rien d'un plat du pauvre, bien au contraire, leur viande se négocie fort cher. Le top du top, c'est la sauterelle. Pour les amateurs, on trouve un peu partout des échoppes ambulantes qui vendent tous ces délices. Miam ! *p. 594*

21 Frémir au rythme des coups et des cris de la foule lors d'un combat de *muay thai* (la boxe thaïe).

Si vous en avez le temps, il faut assister à un match de boxe thaïe. La violence, escamotée dans les rapports polis du quotidien, s'exprime à fond dans ce sport national. Le combat est impitoyable : on se sert non seulement des poings, mais aussi des genoux, des coudes et des pieds. Le spectacle est également dans la salle : les Thaïs, whisky ou bière aidant, se laissent parfois aller à des attitudes rarement visibles dans la rue. Ouvrez grand vos yeux d'ethnologue ! *p. 628*

22 Découvrir la *street food* en grignotant des plats si simples mais si bons, au hasard des carrioles installées en bord de rue.

D'un bout à l'autre du pays, on croise par dizaines ces petites cantines ambulantes posées sur le bord des trottoirs. Brochettes, salade de papaye, soupes de nouilles ou autres spécialités locales… la nourriture y est aussi délicieuse que bon marché ! Typique, populaire et idéal pour assouvir une petite fringale. Les inventeurs de la *street food,* ce sont les Thaïlandais !

ITINÉRAIRES CONSEILLÉS

Bangkok et les royaumes du Siam

Bangkok (1) en 3 jours

Commencer par une journée spirituelle avec la visite du **Grand Palais,** du **Wat Phra Kaeo** et puis du **Wat Pho,** pour finir la journée ou commencer la soirée par un massage bien mérité dans le centre traditionnel voisin…

Le lendemain, embarquer, face au majestueux hôtel *Oriental,* à bord d'un bateau qui vous mènera le long du fleuve **Chao Phraya.** Nombreux stops et visites possibles : **Wat Arun, Musée national,** quartier de **Khao San Road, musée des Barges royales…** Et pourquoi ne pas opter pour une balade privée à bord d'un *long-tail boat* dans les *khlong* de **Thonburi ?**

Enfin, le 3e jour pourra être consacré au Bangkok urbain et branché : **Sukhumvit** avec un *rooftop* bar dément, **Siam Square** et ses nombreux centres commerciaux et food courts, et une visite de la tour **Baiyoke II.**

Bangkok (1) en 4 ou 5 jours

Même programme pour les 3 premiers jours.

Poursuivre avec une journée au **parc de Chatuchak :** son marché, ses combats de poissons…

Le dernier jour, arpenter **Chinatown** et le quartier indien.

Les îles proches de Bangkok

Pour se mettre un peu à l'horizontale, profiter de la mer et des cocotiers, passer quelques jours sur les îles les plus proches de la capitale, comme **Ko Samet (2), Ko Chang (3)** ou encore **Ko Kood (4),** plus éloignée.

Les anciens royaumes du centre

Ayutthaya (5 ; 2 j.), conseillé pour ses collections de bouddhas sublimissimes, **Lopburi (6)** et **Kamphaeng Phet (7)** en route (pas nécessaire d'y dormir), **Phitsanulok (8 ; 1 nuit),** pour son Night Bazaar, et **Sukhothai (9 ; 2 j.)** pour son site archéologique de 1er plan.

Chiang Mai, Chiang Rai et le Nord-Ouest

Le pays du million de rizières : randos, minorités ethniques et culture du Lanna. **Chiang Mai (1 ; 5-6 j.),** histoire de profiter nonchalamment de la ville (massages, cours de cuisine thaïe, etc.) et de faire des treks chez les ethnies montagnardes.

Extension et boucle au sud-est et au sud-ouest de Chiang Mai : **Lampang (2 ; 1 j.),** grimpette (à moto) jusqu'au **Doi Inthanon (3)** pour dormir à **Mae Sariang (4 ; 1 j.), Mae Hong Son (5 ; 1 ou 2 j.),** avec possibilité de treks (ajouter alors 2 ou 3 jours), et **Pai (6 ; 1 ou 2 j.),** pour se relaxer dans une ambiance très baba.

De là, direction Thaton pour **descendre la rivière Kok (7)** et rejoindre **Chiang Rai (8),** et son célèbre White Temple, puis découverte du fameux **Triangle d'or.** La Birmanie ! Le Laos, sur la rive en face, à **Sop Ruak (9 ; 1 j. depuis Chiang Rai),** pour dire « J'y étais ! ». Ascension jusqu'au Doi Tung via **Mae Salong (10 ; 1 j.).**

Le Nord-Est

Vestiges khmers, Mékong, cuisine et sourires de l'Isan. Une Thaïlande au goût de Cambodge et de Laos, sans aucun touriste à l'horizon.

Loei (1 ; 2 j.) pour le parc de **Phu Kradung (2 ; 2 j.),** l'un des parcs naturels. **Chiang Khan (3 ; 2 j.)** : balades, grottes, rapides, balade sur le Mékong, et la nature, toujours ! **Nong Khai (4 ; 2 j.)** et le parc de Phu Phra Bat.

Dans les terres, **Udon Thani (5 ; 1 j.)** et **Khon Kaen (6 ; 2 j.),** pour l'artisanat et les vestiges des dinosaures de l'Isan. **Ubon Ratchathani (7 ;1 j.),** mais surtout **Khong Chiam (8)** avec le parc national de **Pha Taem (9 ; 3 j.).**

Enfin, plein sud, la route des citadelles khmères **Nakhon Ratchasima (10 ; 1 j.) ; Phimai (11 ; 2 j.) ; Muang Tham (12 ; 2 j.)** ; et **Surin (13 ; 1 j.).**

Chauffeur de tuk-tuk à Bangkok

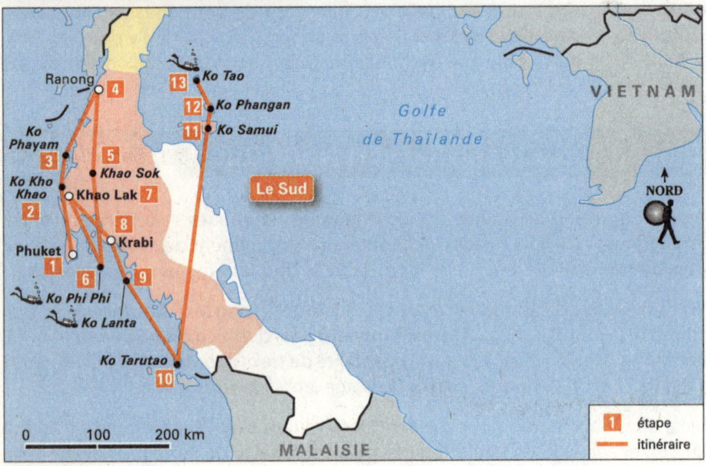

Le Sud

Le Sud-Ouest

Sables blancs, mer d'émeraude, falaises et jungles de la côte d'Andaman. **Phuket (1 ; 4-5 j.)** pour ceux qui marient volontiers la plage à la fiesta…, **Ko Kho Khao (2)** pour ceux qui rêvent d'une plage pour eux seuls, **Ko Phayam (3)** et **Ranong (4 ; 3-4 j.)** pour jouer les Robinsons et s'offrir une brève escapade au Myanmar (Birmanie), **Khao Sok (5 ; 2 j.)** pour dormir dans les arbres, **Ko Phi Phi (6)** ou **Khao Lak (7)** pour la plongée, **Krabi (8 ; 4 j.)** pour l'escalade ou **Ko Lanta (9 ; 3 j.)** pour un repos total ; enfin, le parc maritime de **Ko Tarutao (10)** et ses îles sauvages et reposantes **(4-5 j.)**.

Le Sud-Est

Détente et fiesta dans les îles. **Ko Samui (11 ; 2 j.)**, plages et farniente, mais aussi (et surtout pour certains) la fête ; **Ko Phangan (12 ; 3 j.)**, plages, farniente, bonne ambiance, nature et grosses fiestas une fois par mois *(Full Moon parties)* ; **Ko Tao (13 ; 3 j.)** pour la plongée surtout, mais aussi les plages.

SI VOUS ÊTES…

En famille : les plages du Sud (voir notre tableau pour choisir). Faites une excursion soit à Bangkok, soit Ayutthaya ou Sukhothai pour combiner avec de la culture spectaculaire. Les enfants adorent les alignements de Bouddha.

En amoureux : Ko Yao, Ko Muk, Ko Bulon Lae, Ko Phangan… et une myriade d'autres îles, y compris Phuket et Samui.

Plutôt culture : la plaine centrale avec les anciens royaumes (Ayutthaya, Sukhothai), le Nord et le Nord-Est, sans oublier Bangkok.

Nature : Ko Ngai, Ko Libong, Ko Tarutao (entre autres îles)… Les régions de Chiang Mai, de Mae Sariang et de Mae Hong Son pour les nombreuses possibilités de treks.

Sports : toutes les îles du Sud.

Plage : tout le Sud ! En hiver, îles de l'océan Indien et en été celles du golfe de Thaïlande.

Plage de Lamai, Ko Samui

Parc national maritime d'Ang Thong, Ko Samui

© Jon Arnold Images/hemis.fr

Interview #experienceroutard

Pourquoi particulièrement cette destination ?

La Thaïlande est le pays idéal pour une 1re découverte de l'Asie. Elle offre un bon compromis entre culture à Bangkok et dans le nord du pays et les plages au sud. Parfait pour des vacances enrichissantes et originales de 2 à 3 semaines. Si les billets d'avion sont un peu chers, la vie sur place est souvent très bon marché. Et la gentillesse des Thaïlandais n'est pas une légende !

Un moment à partager ?

La fête de Songkhran, qui marque le Nouvel An thaï (voir la rubrique « Fêtes et jours fériés »). Appelée aussi « la fête de l'eau ». Attendez-vous à être littéralement aspergé d'eau ! Tout le monde y passe. Prévoir des vêtements de rechange et protéger ses effets personnels. Sinon, un cocktail sur un *rooftop* à Bangkok ou pour le coucher de soleil au sud, les pieds dans le sable, face à la mer. Unique !

Une activité à faire absolument ?

Un massage thaï. L'école du Wat Pho à Bangkok dispense les massages traditionnels mais on en trouve des adaptations plus ou moins correctes à travers tout le pays. Attention, c'est énergique ! On se demande presque comment nos bras et notre dos arrivent à rester soudés après !

Un souvenir de voyage ?

Les eaux cristallines des mers thaïlandaises, et plonger à Ko Tao pour admirer les fonds sous-marins remplis de poissons multicolores qui viennent embrasser son masque de plongée. Même avec un masque et un tuba au bord de l'eau. Magique !

La spécialité locale à goûter absolument ?

Le *pad thai,* des nouilles sautées accompagnées de viandes, de fruits de mer, de pousses de soja, de tofu et de cacahuètes pillées, le tout avec un petit jus de citron vert pressé. Bien nourrissant ! Pour les becs sucrés, le riz gluant chaud à la mangue, un ré-gal ! Enfin, côté boissons, les jus de mangue bien frais ou une bière locale comme la *Singha.*

COMMENT BIEN CHOISIR SON ÎLE ?

IMPORTANT : attention à la saison. En hiver, on conseille les îles de l'océan Indien, et en été celles du golfe de Thaïlande.
Petit tableau pour vous aider à choisir en fonction de vos envies.

Au sud-ouest (super en hiver)

Phuket	Familial (sd), calme (nord-ouest), fête (Patong), animation. Attention, meilleure période : décembre-mars, sinon mer agitée.
Ko Kho Khao	Repos, découverte nature.
Ko Surin	Repos, *snorkelling.*
Ko Phayam	Repos, découverte nature, robinsonnade, *snorkelling.*
Ko Phi Phi	Bruit et animation à Tonsai et Long Beach (sud). Beaucoup de monde. Calme et espace sur la côte est et nord-est (Laem Thong) mais grande dépendance aux bateaux (pas de voitures). Superbes fonds marins et plongées.
Ko Lanta	Plages, repos. Moins spectaculaire que Ko Phi Phi, mais atmosphère plus authentique.
Ko Jum (ou Ko Pu)	Plages, repos.
Ko Yao Noi	Plages, repos, découvertes.
Ko Yao Yai	Repos aussi. Ne pas oublier les mots fléchés.
Ko Ngai (ou Ko Hai)	Découvertes, plages, *snorkelling,* rustique, calme. Excursion à la journée au départ de Ko Lanta.
Ko Muk	Découvertes, plages, rustique, repos, *snorkelling,* vie locale. Excursion à la journée qui se combine avec Ko Ngai et Kradan, au départ de Ko Lanta.
Ko Kradan	Plages, *snorkelling,* découvertes, vie locale. Excursion à la journée qui se combine également avec Ko Ngai et Ko Muk, au départ de Ko Lanta.
Ko Libong	Plages, *snorkelling,* animaux.
Ko Rok	*Snorkelling,* plages.
Ko Tarutao	Plages, découvertes, sauvage.
Ko Lipe	Plages, repos, plongée, *snorkelling.* Parfait pour partir découvrir le parc maritime de Ko Tarutao.
Ko Bulon Lae	Repos, découvertes, rustique, plongée.

Au sud-est (super en été)

Ko Samet	Plage, repos, famille – au nord-est, bonne ambiance sur les plages le soir.
Ko Chang	Animation (nord-ouest), repos, famille, *snorkelling,* escapades vers d'autres îles comme Ko Maak ou Ko Wai.
Ko Samui	Familial (nord, Mae Nam, Bophut), grosse animation débridée (côte est, notamment Chaweng). Meilleures périodes : janvier-mars et juillet-août.
Ko Tao	Surtout pour la plongée (formations pas chères), mais aussi *snorkelling,* plages, repos et fête (côte ouest).
Ko Phan Ngan	Plages désertes et tranquilles, chouette atmosphère, familial, repos et *Full Moon Parties* (uniquement sud-est).

LES QUESTIONS QU'ON SE POSE AVANT LE DÉPART

➢ Un visa est-il nécessaire ?

En raison de la Covid-19, les modalités changent souvent. Bien se renseigner. À priori, pas de visa obligatoire si vous restez moins de 30 jours sur place. Au-delà, il faut soit ressortir du pays (pour y entrer à nouveau avec un nouveau permis de 30 jours), soit demander une extension de 30 jours auprès d'un bureau de l'immigration sur le territoire thaïlandais, cette démarche ne pouvant être effectuée qu'une seule fois.

➢ Quelle est la meilleure période pour aller en Thaïlande ?

De décembre à mars, quand les températures sont agréables et le ciel dégagé. En avril-mai, le thermomètre grimpe, et la chaleur devient vite insupportable. Ensuite, on entre dans la saison des pluies (sauf en juillet-août sur certaines îles du golfe de Thaïlande, comme Ko Samui), qui atteint son paroxysme en septembre et se termine fin octobre.

➢ La Thaïlande est-elle un pays cher ?

Non, quoique cela dépende de la région. En gros, dans le Centre et le Nord, le coût de la vie demeure extrêmement raisonnable. En revanche, dans les stations balnéaires et les îles du sud du pays, les prix (de l'hébergement notamment) ont considérablement augmenté. À Bangkok, tout dépend, on peut au choix vivre à l'économie ou flamber sans aucun problème !

➢ Quel est le meilleur moyen de transport ?

Aucun en particulier, tout dépend de la région, des destinations et de vos habitudes : en taxi (ou *songthaew,* sorte de taxi collectif) dans les villes et autour, en (mini)bus (nombreux et peu chers) entre certaines villes, en train entre Bangkok et Chiang Mai, en avion entre Bangkok et le sud du pays... Au nord et dans les îles, la location de scooters offre une grande liberté, mais gare aux pistes casse-gueule, et sachez qu'il n'y a presque jamais d'assurance ! On peut aussi se déplacer en voiture de location (attention, conduite à gauche), notamment dans les îles.

➢ Y a-t-il des problèmes de sécurité ?

La Thaïlande est un pays assez sûr, ce qui ne dispense pas de rester vigilant (comme partout). Attention aussi à la pointe sud, près de la frontière malaise, en proie à des attentats terroristes. Bien se renseigner sur les conditions de sécurité si vous allez de ce côté.

➢ Quel est le décalage horaire ?

6h d'avance sur Paris en hiver, 5h en été. Quand il est 12h en France, il est 18h (hiver) ou 17h (été) à Bangkok.

➢ Quel est le temps de vol entre Paris et Bangkok ?

11-12h en vol direct, selon le sens.

➢ Quels sont les vaccins obligatoires ?

Aucune vaccination n'est obligatoire pour les voyageurs en provenance d'Europe mais en raison de la Covid-19, bien se renseigner avant le départ auprès de l'ambassade et de l'office de tourisme. Voir aussi la rubrique « Vaccinations » dans le chapitre « Avant le départ » de « Thaïlande utile ».

➢ Y a-t-il un traitement antipaludique à prévoir ?

Dans tous les livres et brochures, on trouve la mention « Paludisme +++ multirésistant ». Cela est vrai, mais :

– ce paludisme n'est présent que dans des zones très limitées,

forestières et frontalières ; la très grande majorité du pays, composée de plaines et de rizières, en est totalement indemne ;
- dans les zones impaludées, il n'y a risque de transmission que la nuit ;
- il n'y a pas de paludisme dans les grandes villes. Voir la rubrique « Santé » dans « Thaïlande utile ».

➢ De quel côté de la route les Thaïs conduisent-ils ?

À gauche, comme les Anglais. On s'y fait (très) vite.

➢ Peut-on circuler à 2-roues ?

Oui, et c'est même le plus pratique dans certaines régions, mais soyez très prudent car il n'y a généralement pas d'assurance et en cas de problème grave, le touriste a toujours tort (confiscation du passeport, procédures judiciaires...). Pensez à prendre une assurance avant de partir et à demander votre permis international avec le tampon 2-roues, sinon vous ne serez pas couvert par l'assurance ! Casque obligatoire.

➢ Peut-on emmener les enfants en Thaïlande ?

Oui. Il n'y a pas de problème sanitaire particulier, la Thaïlande dispose d'excellents hôpitaux, et les Thaïs adorent les enfants. Ils en reviendront des souvenirs plein les mirettes.

➢ Peut-on utiliser les cigarettes électroniques ?

Non, elles sont interdites.

➢ Quels types d'hébergements trouve-t-on ?

Il y a de tout, à tous les prix et partout : à Bangkok, des *hostels,* des *guesthouses,* des hôtels de charme ou de chaîne et des palaces ; dans le Nord, des bungalows en bois et parfois des maisons en teck au milieu d'un jardin (mais pas que...) ; et dans les îles, des bungalows en bambou, en bois ou en dur, avec ventilo ou air conditionné, face à la plage, ou même dans les arbres (les fameuses *tree houses*)... pour ne citer que cela.

➢ Dans quelle région les plages sont-elles les plus belles ?

Dans les îles du Sud. Petit palmarès : Ko Tao et Ko Phi Phi pour les amateurs de plongée, Ko Phangan, Ko Lanta, Ko Yao, Ko Kho Khao et Ko Kood pour leur douceur de vivre et leur tranquillité, Ko Phayam, Ko Tarutao et Ko Bulon Lae pour jouer les Robinsons, et Phuket et Ko Samui pour faire la fête !

➢ Y a-t-il de bons spots de plongée ?

Ah oui ! Les plus beaux sites se situent autour de Ko Phi Phi et des îles Similan et Surin, en mer d'Andaman. Sans oublier Hin Daeng et Hin Muang, au sud-ouest de Ko Lanta. Dans le golfe de Thaïlande, c'est l'île de Ko Tao (où la plongée est en outre moins chère qu'ailleurs, parfait pour les formations) qui remporte... la palme.

➢ Quelles sont les régions les plus culturelles ?

Bangkok, la plaine centrale avec les anciennes capitales royales de Sukhothai et Ayutthaya et, dans une moindre mesure, le Nord. C'est là que l'on trouve les plus beaux temples, les minorités ethniques, et toute la spiritualité du pays.

➢ Y a-t-il des règles pour visiter les temples ?

Oui, les hommes ne doivent pas être en short ni torse nu, et les femmes doivent avoir, la plupart du temps, les épaules, le ventre et les genoux couverts. Pensez aux bermudas et paréos ! Par ailleurs, tout le monde doit se déchausser.

➢ Parle-t-on l'anglais en Thaïlande ?

Dans les zones touristiques, on le baragouine plutôt bien. Ailleurs, ça se complique ! Chansons de gestes et dessins sont alors de rigueur... Dans le nord-est, désert touristique (quel plaisir...), apprenez la langue des signes et celle du sourire !

ARRIVER – QUITTER

LES COMPAGNIES RÉGULIÈRES

Vols sans escale

▲ AIR FRANCE
Rens et résas au ☎ 09-69-39-36-54 (appel non surtaxé), sur • airfrance.fr •, en agences de voyages. Également à votre écoute tlj, 24h/24, sur Messenger, Facebook et Twitter.
➢ Air France propose 7 vols directs/j. pour Bangkok au départ de Roissy-Charles-de-Gaulle. Hop! Air France permet à de nombreuses villes de province de se connecter à Paris pour rejoindre Bangkok.
Air France propose à tous des tarifs attractifs toute l'année. Pour consulter les offres et promotions du moment sur Internet, consultez la page « Nos meilleures offres » sur *• airfrance.fr • Flying Blue,* le programme de fidélité gratuit d'Air France-KLM, permet de gagner des *Miles* en voyageant sur les vols Air France, KLM et grâce à de nombreux partenaires aériens et non aériens... Les *Miles* peuvent ensuite être échangés contre des billets d'avion ou des services (surclassement, bagage supplémentaire, Menu à la Carte...) ainsi qu'auprès des partenaires. Pour en savoir plus, rendez-vous sur *• flying blue.com •*

▲ THAI AIRWAYS INTERNATIONAL
– Paris : tour Opus 12, 77, esplanade du Général-de-Gaulle, 92914 La Défense Cedex. ☎ 01-55-68-80-00 ou 70. • thaiairways.fr • Ⓜ La Défense.
➢ La compagnie assure plusieurs vols/sem sans escale entre Roissy-CDG 1 et Bangkok. Depuis Bangkok, THAI et sa filiale régionale THAI Smile desservent 13 villes en Thaïlande.

Vols avec escale

▲ CATHAY PACIFIC
– Neuilly-sur-Seine : 14, rue d'Orléans. ☎ 0805-542-941 (prix d'un appel local). • cathaypacific.com/cx/fr_FR.html •
➢ Cathay Pacific propose jusqu'à 14 vols directs/sem Paris-Hong Kong et, au-delà, 9-10 vols/j. en correspondance sur Bangkok. Sa filiale Cathay Dragon propose en correspondance 2 vols/j. sur Phuket et 1 vol/j. sur Chiang Mai. Possibilité de combiner sans frais la ville d'arrivée et la ville de départ. Selon le billet, possibilité de *stop-over* sans supplément à Hong Kong, à l'aller ou au retour.

▲ GULF AIR
– Paris : 68, rue du Faubourg-Saint-Honoré. ☎ 01-49-51-41-41. • gul fair.com • Ⓜ Champs-Élysées-Clemenceau.
➢ Gulf Air dessert régulièrement Bangkok au départ de Roissy-CDG avec escale à Bahreïn.

▲ TURKISH AIRLINES
– Paris : 8, pl. de l'Opéra, 75 009. ☎ 825-800-902. • turkishairlines.com/fr-fr •
Propose 5 vols/j. vers Bangkok et 12 vol/j. vers Phuket via Istanbul depuis Paris-Charles-de-Gaulle, Marseille, Lyon, Nice, Toulouse, Bordeaux et Strasbourg.

▲ KLM
Résas au ☎ 09-69-36-86-05 (0,35 €/mn), sur • klm.fr •, dans les agences Air France et dans ttes les agences de voyages.
➢ Au départ d'Amsterdam, KLM dessert Bangkok en direct 1 fois/j. L'aéroport d'Amsterdam est connecté à Paris et à de nombreuses villes de province.

▲ LUFTHANSA
Infos et résas au ☎ 0892-231-690 (0,35 €/mn + prix d'un appel) ou au 01-70-917-660 pour une résa déjà existante (faite en ligne par exemple),

sur • lufthansa.com • ou au comptoir Roissy-CDG terminal 1.

➢ Lufthansa dessert Bangkok 32 fois/sem : env 20 vols/sem via Francfort et env 12 vols/sem via Munich. Ces vols sont en correspondance au départ de Paris, Lyon, Marseille, Nice, Toulouse et Bâle-Mulhouse. Depuis Bangkok, correspondances vers Chiang Mai, Chiang Rai, Hat Yai, Ko Samui, Krabi, Phuket et Surat Thani en partenariat avec THAI.

▲ QATAR AIRWAYS

– Paris : 64, rue la Boétie, 75008. ☎ 01-86-99-56-84 (lun-ven 9h-17h). • qatarairways.com •

➢ Au départ de Roissy-CDG, 5 vols/j. vers Bangkok et 14 vols/sem vers Phuket via Doha. Également 4 vols/sem vers Krabi via Doha. Correspondances quotidiennes depuis Bangkok vers Chiang Mai, Ko Samui, Trat avec Bangkok Airways, et Ubon Ratchathani et Udon Thani avec Thai Smile Airways.

▲ SINGAPORE AIRLINES

☎ 0821-230-380 (0,12 €/mn). • singaporeair.com •

Propose 3 vol/j. Paris-Singapour et, au-delà de Singapour, 6 correspondances vers Bangkok, Phuket, Koh Samui, Krabi, Chiang Mai et Hatyai.

LES ORGANISMES DE VOYAGES

En France

▲ ALTIPLANO VOYAGE

– Annecy (Metz-Tessy) : route de la Bouvarde, Park Nord, Les Pléiades n° 35, 74370. ☎ 04-50-46-90-25. • info@altiplano-voyage.com • Lun-ven 8h-13h, 14h-18h.

Altiplano Voyage, spécialiste des circuits sur mesure en Thaïlande, vous invite à l'inédit. Ce créateur de voyages compose un itinéraire à votre image. S'égarer sur les *khlong,* se balader dans les ruines des anciennes cités impériales, se relaxer dans des décors paradisiaques, ou encore dormir chez l'habitant sont autant d'opportunités de découvrir cette destination chaleureuse. Avec Altiplano, vous préparez votre projet dans une ambiance conviviale et vous bénéficiez des conseils d'une équipe de passionnés.

▲ ASIA

– Paris : 1, rue Dante, 75005. ☎ 01-44-41-50-10. • asia.fr • Ⓜ Maubert-Mutualité. Lun-ven 9h-18h30 ; sam 10h-13h, 14h-17h.

– Agences également à Lyon, Nice, Marseille et Toulouse.

Asia est leader des voyages en Asie et propose des voyages personnalisés en individuel ou en petits groupes de l'Asie mineure au Pacifique, de la Jordanie à la Nouvelle-Zélande en passant par l'Asie centrale, l'Inde, la Mongolie, la Chine, l'Asie du Sud-Est et l'Australie. Dans chaque pays, Asia met son expertise au service de ses clients pour réaliser le voyage de leurs envies. Connaissance du terrain et du patrimoine culturel, respect de l'environnement et authenticité, c'est au plus près des populations et toujours dans l'esprit des lieux qu'Asia fait partager ses créations « maison » : en Thaïlande, le *Lisu Lodge,* habitations traditionnelles typiques de l'ethnie Lisu, ou *Kum Lann,* de charmantes demeures de style Lanna. Sur les rivages paradisiaques de l'océan Indien à la mer de Chine, Asia a sélectionné des adresses idylliques et des spas raffinés pour des séjours bien-être.

▲ ASIE INFINY

– Paris : 249, rue de Crimée, 75019. ☎ 01-53-70-23-51. • asieinfiny.com • Lun-ven 9h30-19h ; sam 10h-13h, 14h-18h.

Créée en 2015, Asie Infiny, spécialiste du voyage à la carte, décline ses formules à l'infini pour répondre à toutes les envies et offrir une « Asie pour chacun ». De l'Inde au Japon en passant par le Sri Lanka, l'Indonésie (Bali) et l'Asie du Sud-Est (Thaïlande, Birmanie, Laos, Cambodge et Vietnam), son équipe vous propose une offre complète et variée. Guidé, en groupe, classique, hors des sentiers battus, à la carte ou cousu main. En route, les

métropoles vibrantes et dynamiques que sont Singapour ou Hong Kong vous attendent pour une escale de quelques jours.

▲ CERCLE DES VOYAGES

– Paris : 4, rue Gomboust (angle 31, av. de l'Opéra), 75001. ☎ 01-40-15-15-18. • cercledesvoyages.com • Ⓜ Pyramides ou Opéra. Lun-ven 9h-20h, sam 10h-18h30.

Le vrai voyage sur mesure à destination de l'Asie, dont la Thaïlande. Cercle des Voyages propose un large choix de voyages adaptés à chaque client : circuits avec guide et chauffeurs, voyage en groupe, croisière, combiné de plusieurs pays, voyages de noces... Les experts Cercle des Voyages partagent leurs conseils et leurs petits secrets pour faire de chaque voyage une expérience inoubliable. Cercle des Voyages offre également un service liste de mariage gratuit. Les petits plus qui font la différence : cours de cuisine, rencontre avec les éléphants, balade en train local, tour en pirogue...

▲ COMPTOIR DES VOYAGES

Rens sur • comptoir.fr • Lun-sam 9h30-18h30.

– Paris : 2-18, rue Saint-Victor, 75005. ☎ 01-53-10-30-15. Ⓜ Maubert-Mutualité.

– Lyon : 10, quai Tilsitt, 69002. ☎ 04-72-44-13-40. Ⓜ Bellecour.

– Marseille : 12, rue Breteuil, 13001. ☎ 04-84-25-21-80. Ⓜ Estrangin.

– Toulouse : 43, rue Peyrolières, 31000. ☎ 05-62-30-15-00. Ⓜ Esquirol.

– Bordeaux : 26, cours du Chapeau-Rouge, 33800. ☎ 05-35-54-31-40.

– Lille : 76, rue Nationale, 59800. ☎ 03-28-04-68-20.

– Nice : 62, rue de Gioffredo, 06000. ☎ 04-97-03-64-80.

En plus de 30 ans, Comptoir des Voyages s'est imposé comme la référence incontournable du voyage sur mesure en immersion, avec plus de 90 destinations sur les 5 continents. Ses conseillers-spécialistes construisent des voyages uniques en s'adaptant à votre budget, vos goûts et vos envies. Pour favoriser les rencontres et l'immersion dans la vie locale, ils privilégient des hébergements typiques et des expériences authentiques. Sur place, des *Greeters* francophones partagent avec vous conseils et bonnes adresses le temps d'un café. Sur votre Smartphone, l'application mobile Luciole vous informe sur le déroulé de votre voyage et vous guide grâce à un GPS hors connexion. Comptoir des Voyages est membre d'Agir pour un Tourisme Responsable depuis 2009, labellisation ATR renouvelée par Ecocert Environnement en 2019.

▲ KAPPA CLUB

• kappaclub.fr • ☎ 01-83-97-46-99 (coût d'un appel local)

Depuis 7 ans, Kappa Club incite les voyageurs à bronzer intelligent. Ouvert sur la découverte, le voyagiste propose près de 40 clubs dans le monde entier. En plus des prestations d'un *resort* haut de gamme, possibilité d'accès à plus de 200 sorties culturelles incluses, et élaborées par les équipes d'animation francophones en collaboration avec les populations locales, qui permettent de découvrir toutes les facettes du pays. Repas chez l'habitant, découverte de l'artisanat ou de la gastronomie, moments insolites en mer ou sur terre... à vous de composer votre programme. Pour prolonger l'expérience, l'application du même nom vous permet de découvrir la destination en toute autonomie, avec des balades hors des sentiers battus à proximité de votre hôtel.
Kappa Club est le seul tour-opérateur club en France à être labellisé « Agir pour un tourisme responsable » ; un engagement qui se traduit quotidiennement au sein des clubs.

▲ MONDE AUTHENTIQUE

– Paris : 5, rue Thorel, 75002. ☎ 01-53-34-92-71. • monde-authentique.com • Ⓜ Bonne-Nouvelle. Lun-ven 9h30-19h, sam sur rdv à domicile sur Paris et sa région (moyennant participation).

Envie de sortir des sentiers battus, de découvrir ce qu'un pays peut proposer de meilleur ? Depuis 2003, Monde Authentique propose des itinéraires individuels à l'écart des sentiers battus sur des destinations originales. En parfaits artisans et connaisseurs du monde, les 20 créateurs de voyages

maîtrisent à la perfection les destinations sur lesquelles ils travaillent. Monde Authentique s'adresse à des clients exigeants désireux de faire de beaux voyages.

▲ NOMADE AVENTURE

Rens : ☎ 01-46-33-71-71. • nomade-aventure.com •
– Paris : 40, rue de la Montagne-Sainte-Geneviève, 75005. ☎ 01-46-33-71-71. Ⓜ Maubert-Mutualité. Lun-sam 9h30-18h30.
– Lyon : 10, quai Tilsitt, 69002. ☎ 04-72-44-13-50. Lun-sam 9h30-18h30.
– Marseille : 12, rue Breteuil, 13001. ☎ 04-84-25-21-86. Lun-ven 9h30-18h30.
– Toulouse : 43, rue Peyrolières, 31000. ☎ 05-62-30-10-77. Lun-sam 9h30-18h30.
Nomade Aventure propose des circuits inédits partout dans le monde, à réaliser en famille, entre amis, avec ou sans guide. Également la possibilité d'organiser, hors de groupes constitués, un séjour libre en toute autonomie et sur mesure. Spécialiste de l'aventure avec plus de 600 itinéraires (de niveau tranquille, dynamique, sportif ou sportif +) faits d'échanges et de rencontres avec les habitants, Nomade Aventure donne la priorité aux expériences authentiques à pied, à VTT, à cheval, à dos de chameau, en bateau ou en 4x4.

▲ NOSTAL'ASIE

– Paris : 19, rue Damesme, 75013. ☎ 01-43-13-29-29. • ann.fr • Ⓜ Tolbiac. Lun-ven 10h-13h, 15h-18h.
Parce qu'il n'est pas toujours aisé de partir seul, NostalAsie, un tour-opérateur indépendant, propose de véritables voyages sur mesure en Asie, notamment en Thaïlande, des lieux les plus connus jusqu'aux contrées les plus reculées, en individuel ou en groupe déjà constitué. 2 formules au choix : *Les Estampes* avec billets d'avion, logements, transferts entre les étapes, ou *Les Aquarelles* avec en plus un guide et une voiture privée à chaque étape. Vous trouverez sur le site internet des idées d'itinéraires que vous pourrez ensuite personnaliser et adapter selon vos envies avec Ylinh, la chaleureuse directrice grande connaisseuse de l'Asie, et son équipe de jeunes passionnés qui vous donneront des conseils avisés pour réussir votre voyage.

▲ LA ROUTE DES VOYAGES

• laroutedesvoyages.com •
– Paris : 10, rue Choron, 75009. ☎ 01-55-31-98-80. Ⓜ Notre-Dame-de-Lorette.
– Annecy : 4 bis, av. d'Aléry, 74000. ☎ 04-50-45-60-20.
– Angers : 6, rue Corneille, 49000. ☎ 02-41-43-26-65.
– Bordeaux : 19, rue des Frères-Bonie, 33000. ☎ 05-56-90-11-20.
– Lorient : 42, av. de la Perrière, 56100. 📱 06-15-48-82-69. Sur rdv lun-mer.
– Lyon : 59, rue Franklin, 69002. ☎ 04-78-42-53-58.
– Toulouse : 27, rue Perchepinte, 31000. ☎ 05-62-27-00-68.
Agences ouv lun-jeu 9h-19h, ven 9h-18h. Rdv conseillé. Possède également une succursale à Genève.
25 ans d'expérience de voyage sur mesure sur les 5 continents ! 15 pays en Europe complètent à présent leur offre. Cette équipe de voyageurs passionnés a développé un vrai savoir-faire du voyage personnalisé : écoute, conseils, voyages de repérage réguliers et des correspondants sur place soigneusement sélectionnés avec qui ils travaillent en direct. Son engagement à promouvoir un tourisme responsable se traduit par des possibilités de séjours solidaires à insérer dans les itinéraires de découverte individuelle. Elle a aussi créé un programme de compensation solidaire qui permet de financer des projets de développement locaux.

▲ LA ROUTE DES INDES ET DE L'ASIE

– Paris : 7, rue d'Argenteuil, 75001. ☎ 01-42-60-60-90. • lesroutesdelasie.fr • M. : Palais-Royal ou Pyramides. Lun-jeu 10h-19h ; ven 10h-18h, sam sur rdv.
La Route des Indes et de l'Asie s'adresse aux voyageurs indépendants et proposent des voyages individuels organisés, sur mesure, à travers l'Asie du Sud-Est et l'Extrême-Orient,

adaptés au goût et au budget de chaque voyageur. Les itinéraires sont construits par des spécialistes après un entretien approfondi. La librairie offre un large choix de guides, de cartes et de littérature consacré à l'Asie du Sud-Est et à l'Extrême-Orient. Des expositions sont régulièrement organisées dans la galerie-photo et des écrivains sont invités à venir signer leurs ouvrages.

▲ ROUTES DE THAÏLANDE

– Bangkok : Bangkok Office 75/79 Richmond Bldg, 17th Fl. Soi Sukhumvit 26, Klongton, Klongtoey, Bangkok 10110, Thaïland. • routes-de-thailande.com •

Une agence locale de confiance, pour organiser votre voyage sur mesure en Thaïlande. Les conseillers, fins connaisseurs du terrain et de la réalité du pays, vous accompagnent dans la préparation de votre voyage, en couple, en famille ou en groupe d'amis. Vous avez ainsi accès à un service personnalisé en bénéficiant d'un prix accessible. Étant membre de *bynativ*, la communauté des agences de voyages locales, Routes de Thaïlande vous propose un maximum de garanties et de services : règlement de votre voyage en ligne, et ce, de façon sécurisée, possibilité de souscrire à une assurance de voyage et de bénéficier de garanties solides en cas d'imprévu. De quoi voyager de façon authentique et en toute tranquillité !

▲ SHANTI TRAVEL

– Paris : 9, rue François-Miron, 75004. ☎ 01-82-28-92-28. • shantitravel.com • Également des bureaux à New Delhi, Colombo, Bali, Rangoun, Katmandou, Siem Reap et Hanoï.

Une agence de voyages francophone qui façonne des itinéraires de voyage et des treks sur mesure à travers l'Asie depuis 2005. Fort de ses 14 années d'expertise, Shanti Travel fait découvrir de l'intérieur 18 destinations en Asie dont la Birmanie, le Cambodge, Hong Kong, l'Inde, l'Indonésie, le Japon, le Laos, la Malaisie, le Népal, le Sri Lanka, Singapour, la Thaïlande et le Vietnam. Selon vos désirs, vos disponibilités, et votre budget, vous pouvez choisir de partir sur-mesure en créant votre itinéraire, étape par étape, avec un expert voyage personnel ; partez où, quand et avec qui vous voulez. Soit en petit groupe sur un des programmes thématiques, à des dates fixes mais variées, en bénéficiant de prix imbattables. Profitez également d'un accompagnateur francophone gratuit à partir de 6 participants.

▲ TERRES D'AVENTURE

N° Indigo : ☎ 0825-700-825 (0,15 €/mn + prix appel). • terdav.com • – Paris : 30, rue Saint-Augustin, 75002. ☎ 01-70-82-90-00. Ⓜ Opéra ou Quatre-Septembre. Lun-sam 9h30-19h.

– Agences également à Bordeaux, Grenoble, Lille, Lyon, Marseille, Nantes, Rennes, Rouen, Strasbourg et Toulouse et Genève.

Depuis 1976, Terres d'Aventure, spécialiste du voyage à pied, propose aux voyageurs passionnés de marche et de rencontres des randonnées hors des sentiers battus à la découverte des grands espaces de notre planète. Voyages à pied, à cheval, en bateau, à raquettes... sur tous les continents, des aventures en petits groupes ou en individuels encadrés par des professionnels expérimentés sont proposées. Les hébergements dépendent des sites explorés : camps d'altitude, bivouacs, refuges ou petits hôtels. Les voyages sont conçus par niveaux de difficulté : de la simple balade en plaine à l'expédition sportive en passant par la course en haute montagne. En province, certaines de leurs agences sont de véritables *Cités des Voyageurs* dédiées au voyage. Consultez le programme des manifestations sur leur site internet.

▲ TERRE VOYAGES

– Paris : 28, bd de la Bastille, 75012. ☎ 01-44-32-12-85. • terre-voyages.com • Ⓜ Bastille. Lun-ven 8h-18h30, sam 10h-18h.

Les créateurs de voyages de Terre Voyages sont de fins connaisseurs, des experts des pays proposés, car tous natifs ou passionnés de

leur destination. Ils sauront écouter vos attentes pour créer une offre de voyages sur-mesure qui réponde à vos envies de découverte et vous proposeront une approche authentique des cultures et des peuples dans le respect de leur environnement naturel et au juste prix. Pour tous les voyageurs qui attendent d'une échappée lointaine plus qu'une simple visite mais, au contraire, une véritable connaissance et un apprentissage responsable des différentes cultures de la Thaïlande, Terre Voyages est le spécialiste qu'il leur faut.

▲ VOYAGEURS DU MONDE
• voyageursdumonde.fr •
– Voyageurs en Asie du Sud-Est (Cambodge, Laos, Malaisie, Birmanie, Philippines, Singapour, Thaïlande, Vietnam) : ☎ 01-42-86-16-88.
– Paris : La Cité des Voyageurs, 55, rue Sainte-Anne, 75002. ☎ 01-42-86-16-00. Ⓜ Opéra ou Pyramides. Lun-sam 9h30-19h. Avec une librairie spécialisée sur les voyages.
– Également des agences à Bordeaux, Grenoble, Lille, Lyon, Marseille, Montpellier, Nantes, Nice, Rennes, Rouen, Strasbourg et Toulouse. Également à Bruxelles, Montréal, Québec et Genève.
Parce que chaque voyageur est différent, que chacun a ses rêves et ses idées pour les réaliser, Voyageurs du Monde conçoit, depuis plus de 30 ans, des projets sur mesure. Les séjours proposés sur 120 destinations sont élaborés par leurs 180 conseillers voyageurs. Spécialistes par pays et même par région, ils vous aideront à personnaliser les voyages présentés à travers une trentaine de brochures d'un nouveau type et sur le site internet où vous pourrez également découvrir les hébergements exclusifs et consulter votre espace personnalisé. Au cours de votre séjour, vous bénéficiez des services personnalisés Voyageurs du Monde, dont la possibilité de modifier à tout moment votre voyage, l'assistance d'un concierge local, la mise en place de rencontres et de visites privées et l'accès à votre carnet de voyage via une application iPhone et Android. Voyageurs du Monde est membre de l'association ATR (Agir pour un tourisme responsable) et a obtenu sa certification Tourisme responsable AFAQ AFNOR.

Voir aussi au sein de chaque ville les agences locales que nous avons sélectionnées.

Comment aller à Roissy et à Orly ?

Toutes les infos sur notre site *• routard.com •* à l'adresse suivante : *• bit.ly/aeroports-routard •*

En Belgique

▲ CONNECTIONS
Rens et résa : ☎ 070-233-313. • connections.be •
Fort d'une expérience de plus de 20 ans dans le domaine du voyage, Connections dispose d'un réseau de 32 *travel shops,* dont un à Brussels Airport. Connections propose des vols dans le monde entier à des tarifs avantageux et des voyages destinés à des voyageurs désireux de découvrir la planète de façon autonome. Connections propose une gamme complète de produits : vols, hébergements, locations de voitures, autotours, vacances sportives, excursions...

▲ CONTINENTS INSOLITES
– Bruxelles : rue César-Franck, 44 A, 1050. ☎ 02-880-55-41. • continents-insolites.com • Lun-ven 10h-18h, sam 10h-16h30 sur rdv.
Continents Insolites, organisateur de voyages lointains sans intermédiaire, propose une gamme étendue de formules de voyages détaillées sur leur site internet.
– *Voyages découverte sur mesure :* à partir de 2 personnes. Un grand choix d'hébergements soigneusement sélectionnés, du petit hôtel simple à l'établissement luxueux et de charme.
– *Circuits découverte en mini-groupes :* de la grande expédition au circuit accessible à tous. Des circuits à dates fixes dans plus de 60 pays en petits groupes francophones de 7 à 12 personnes. Avant chaque départ, une réunion est organisée. Voyages encadrés

Bon voyage
TICKET AND TRAVEL
Voyages personnalisés
Billets avion/train/car
Circuits touristiques
Excursions privées/groupes
Réservations d'hôtels
VOTRE AGENCE DE VOYAGE FRANCOPHONE
EN THAÏLANDE
LA DIFFÉRENCE : NOUS SOMMES SUR PLACE !
Contactez notre équipe de spécialistes depuis la France pour créer vos vacances de rêve
bonvoyagethai@gmail.com +66.(0)8.5903.7512
www.bonvoyage-thai.com
117 Chakrabongse road, Chanasongkhram, Phra Nakhon, Bangkok 10200
amazing THAILAND

Embarquez
POUR DES VOYAGES De Rêve !
TOUT EN PHOTOS ET EN DESSINS
Le Routard
ROAD TRIPS
40 itinéraires sur les plus belles routes du monde
Le Routard
VOYAGES
La bible des voyageurs : un véritable tour du monde

par des guides francophones, spécialistes des régions visitées.

▲ **TERRES D'AVENTURE**
– Bruxelles : 23, chaussée de Charleroi, 1060. ☎ 02-543-95-60. • terdav.com • Lun-sam 9h30-19h.
Voir texte dans la partie « En France ».

▲ **VOYAGEURS DU MONDE**
– Bruxelles : 23, chaussée de Charleroi, 1060. ☎ 02-543-95-50. • voyageursdumonde.com •
Le spécialiste du voyage en individuel sur mesure.
Voir texte dans la partie « En France ».

En Suisse

▲ **ALTIPLANO VOYAGE**
– Genève : pl. du Temple 3, 1227 Carouge. ☎ 022-342-49-49. altiplano-voyage.ch • Agence ouv en semaine sur rdv.
Rencontrez votre experte de l'Asie, en plein centre de Carouge.
Voir le texte dans la partie « En France ».

▲ **ASIA**
– Genève : c/o Fert et Cie Voyages, rue Barton, 7, CP 2364, CH-1211 Genève 2. ☎ 022-839-43-92.
Voir le texte dans la partie « En France ».

▲ **ERE DU VOYAGE (L')**
– Nyon : Grand-Rue, 21, CH-1260. ☎ 022-365-15-65. • ereduvoyage.ch • Mar-ven 8h30-12h30, 13h30-18h ; sur rdv en dehors de ces heures.
Agence fondée par 4 professionnelles qui ont la passion du voyage. Elles pourront vous conseiller et vous faire part de leur expérience en Asie, Afrique australe et Moyen-Orient. Des itinéraires originaux, testés par l'équipe de l'agence : voyages sur mesure pour découvrir un pays en toute liberté en voiture privée avec ou sans chauffeur, guide local et logements de charme, petites escapades pour un week-end prolongé et voyages en famille.

▲ **HORIZONS NOUVEAUX**
– Verbier : rue de Médran, 6, CP 196, 1936. ☎ 027-761-71-71. • horizonsnouveaux.com • Lun-ven 9h-17h ; sam sur rdv.
Horizons Nouveaux est le tour-opérateur suisse spécialisé dans les régions qui vont de l'Asie centrale à l'Asie du Sud en passant par les pays himalayens, tels que l'Inde, le Sri Lanka, le Népal, le Tibet, la Birmanie, le Cambodge, le Laos, Java ou encore Bali. Horizons Nouveaux organise principalement des voyages à la carte, des voyages culturels à thème, des trekkings souvent inédits et des expéditions.

▲ **JERRYCAN VOYAGES**
– Genève : rue Sautter, 11, 1205. ☎ 022-346-92-82. • jerrycan-voyages.ch • Lun-ven 9h-12h30, 13h30-18h.
Tour-opérateur de la Suisse francophone spécialisé sur l'Afrique, l'Asie et l'Amérique latine. 3 belles brochures proposent des circuits individuels et sur mesure. L'équipe connaît bien son sujet et peut construire un voyage à la carte.

▲ **ROUTE DES VOYAGES**
• laroutedesvoyages.com • ☎ 078-400-83-94. Rdv par tél.
Voir le texte dans la partie « En France ».

▲ **TERRES D'AVENTURE**
– Genève : 19, rue de la Rôtisserie, 1204. ☎ 022-519-12-20. • geneve@terdav.com • Lun-ven 10h-19h et sam 9h-18h.
Voir le texte dans la partie « En France ».

Au Québec

▲ **EXOTIK TOURS**
Rens sur • exotiktours.com • ou auprès de votre agence de voyages.
Exotik Tours offre une importante programmation en été comme en hiver sur la Méditerranée et l'Europe. L'hiver, des séjours sont proposés dans le Bassin méditerranéen et en Asie. Durant cette saison, on peut également opter pour des combinés plage + circuit. Dans la rubrique « Grands voyages », le voyagiste suggère des périples en petits groupes ou en individuel. Au choix : l'Amérique du Sud, le Pacifique sud, l'Afrique (Afrique du Sud, Kenya, Tanzanie), l'Inde et le Népal.

▲ **TOURS CHANTECLERC**
● *tourschanteclerc.com* ●
Tours Chanteclerc est un tour-opérateur qui publie différentes brochures de voyages : Europe, Amérique du Nord, Amérique du Sud, Asie et Pacifique sud, Afrique et le Bassin méditerranéen en circuits ou en séjours. Il s'adresse aux voyageurs indépendants qui réservent un billet d'avion, un hébergement (dans toute l'Europe), des excursions ou une voiture de location. Également spécialiste de Paris, le tour-opérateur offre une vaste sélection d'hôtels et d'appartements dans la capitale française.

QUITTER LA THAÏLANDE

Par voie aérienne

Bangkok est la porte d'entrée principale du pays, et la porte de sortie aussi ! Mais on peut quitter le pays depuis d'autres aéroports, par exemple celui de Hat Yai (vols directs pour Kuala Lumpur et Singapour).

Par voie terrestre

Attention, certains postes-frontières peuvent ouvrir et fermer comme des fleurs ou voir leurs horaires d'ouverture être modifiés sans préavis. À vérifier auprès des ambassades concernées à Bangkok ou des antennes de province. Tout dépassement de visa est facturé 500 Bts par personne et par jour. Mais parfois, c'est presque plus avantageux que de repayer un visa pour quelques jours à peine. Faire le calcul.

➢ ***Pour le Myanmar :*** « en principe », frontière et autorisation journalière à *Mae Sai* et *Mae Sot*. Possibilité de passage à *Ranong* également (à la pointe sud du pays). Mais au vu de la situation politique en 2021, mieux vaut se renseigner dans les ambassades.

➢ ***Pour le Laos :*** se reporter au chapitre « Le Nord-Est. Passage des frontières laotienne et cambodgienne depuis l'Isan ». 5 postes-frontières permettent aux étrangers de passer au Laos : *Chiang Khong, Nong Khai, Nakhon Phatom, Mukdahan* et *Chong Mek*. Attention, si vous repassez la frontière lao-thaïe pour revenir en Thaïlande, le visa varie de 15 à 30 jours selon votre nationalité par la voie terrestre, mais si vous revenez par air et entrez à Bangkok en avion, le temps du visa est celui du visa normal, dans tous les cas de minimum 1 mois. Sinon, dépassement de visa (voir plus haut).

➢ ***Pour le Cambodge :*** *Aranyaprathet-Poipet* est le poste-frontière le plus usité, tandis que *Had Lek* (via Trat) et *Daung* permettent d'arriver par le sud du pays (respectivement Sihanoukville et Kep). Tous 2 sont desservis par des bus directs depuis Bangkok. Dans la région de Surin, à *Chong Chom (O'Smach)* existe aussi un poste-frontière « aventure » à seulement 150 km d'Angkor (pas de bus, juste taxi privé hors de prix). Mieux vaut vérifier d'abord s'il est ouvert ! Sinon, passer par une agence, plus simple. Dans la province de Si Saket, poste à *Chong Sa Ngam (Anlong Veng)*. Poste également à *Ban Pakard (Pailin)*, mais le visa coûte plus cher.

➢ ***Pour la Malaisie :*** en train depuis Bangkok, ou en utilisant l'un des nombreux bus et minibus depuis Hat Yai. Postes-frontières à *Padang Besar, Sadao, Betong* et *Sungai Kolok*. Passage très simple et sans formalités. Voir notre chapitre « Le Sud : itinéraire Bangkok – Hat Yai ».

Par voie maritime

Pas vraiment le bon plan...

THAÏLANDE UTILE

ABC de la Thaïlande

- ***Population :*** environ 69,80 millions d'habitants.
- ***Éléphants sauvages :*** entre 3 000 et 4 000 *Elephas maximus* (entre 30 000 et 40 000 dans toute l'Asie).
- ***Superficie :*** 513 120 km² (à peine plus petit que la France).
- ***Capitale :*** Bangkok (10 millions d'habitants, plutôt 15 millions dans le « grand Bangkok »).
- ***Langue :*** le thaï (langue tonale, comme le chinois et le vietnamien).
- ***Monnaie :*** le baht (Bts). 1 € = environ 35 Bts.
- ***Religions :*** bouddhisme (plus de 94 %), islam (moins de 5 %), christianisme (environ 1 %).
- ***Nature du régime :*** monarchie constitutionnelle à tendance autoritaire.
- ***Chef de l'État :*** le roi Maha Vajiralongkorn, également connu sous le nom de Rāma X.
- ***1er ministre :*** le général Prayuth Chan-ocha (depuis 2014).
- ***Indice de développement humain :*** 0,765 (77e rang mondial).

AVANT LE DÉPART

Adresses utiles

En France

Office national de tourisme de Thaïlande : *90, av. des Champs-Élysées, 75008 Paris, au 6e étage. ☎ 01-53-53-47-00. • tourismethaifr.com • Ⓜ Franklin-D.-Roosevelt. Lun-ven 9h30-12h30, 13h30-17h30.* Distribue ou envoie gratuitement de la documentation via le site internet. Accueil aimable.

Ambassade royale de Thaïlande : *8, rue Greuze, 75116 Paris. ☎ 01-56-26-50-50. • thaiconsular.paris@hotmail.com • thaiembassy.fr • Ⓜ Trocadéro. Lun-ven 9h30-12h30, 14h-17h30. Dépôt de la demande de visa jusqu'à 12h, sur rdv à prendre en ligne sur le site, et retrait de 14h à 15h30.* On obtient le visa en 48h ouvrables, sauf en période de fête thaïlandaise où c'est un peu plus long. Pas de visa par correspondance.

Musée Guimet : *6, pl. d'Iéna, 75116 Paris. ☎ 01-56-52-53-00. • guimet.fr • Ⓜ Iéna ou Trocadéro. Tlj sauf mar 10h-18h. Entrée payante.* Au rez-de-chaussée, quelques pièces thaïlandaises bien mises en valeur. Pour vous initier à l'art du Sud-Est asiatique et aux styles propres au royaume de Siam.

Musée du quai Branly-Jacques Chirac : *37, quai Branly, 75007 Paris. ☎ 01-56-61-70-00. • quaibranly.fr • Ⓜ Alma-Marceau ou Bir-Hakeim ; RER C : Pont-de-l'Alma. Tlj sauf lun 10h30-19h (22h jeu). Fermé 1er mai et 25 déc. Entrée payante ; plusieurs formules tarifaires.* Voilà l'occasion d'un aller-retour possible dans le Sud-Est asiatique, à la rencontre de certains savoir-faire thaïlandais, comme tout ce qui a trait au théâtre d'ombres ou aux ikats.

En Belgique

■ ***Ambassade de Thaïlande :*** *chaussée de Waterloo, 876, Bruxelles 1000. ☎ 02-640-68-10. ● consular@thaiembassy.be ● thaiembassy.be ● Permanence téléphonique lun-ven 15h-17h. Ouv au public lun-ven 9h30-12h (pour la demande de visa), 14h-15h (pour la récupération du visa : le lendemain, j. ouvrable). Coût : 30 € (tourisme, 1 entrée).* Le passeport doit être valable au moins 6 mois à partir du jour d'entrée en Thaïlande.

■ ***Consulat royal de Thaïlande :***

– À Anvers (Berchem) : Onze-Lieve-Vrouwstraat, 6, 2600. 📱 04-95-22-99-00. ● rtca@thaiconsulate.be ● thaiconsulate.be ● Lun et ven 9h-12h30, 13h30-15h ; mar et jeu 9h-12h30.

– À Liège : rue Côte-d'Or, 274, 4000. ☎ 04-254-48-60. Lun-ven 10h-12h.

En Suisse

■ ***Ambassade de Thaïlande :*** *Kirchstrasse 56, 3097 Liebefeld (Berne). ☎ 031-970-30-30 à 34. ● thaiembassy.BEN@mfa.mail.go.th ● thaiconsulate.ch ● Lun-ven 9h-12h, 14h-17h.* Obtention des visas uniquement le matin. Prévoir 40 Fs par entrée.

■ ***Consulat royal de Thaïlande :***

– À Genève : 4, rue Liotard, 1202 Genève. ☎ 022-311-07-23. ● info@thaiconsulate.ch ● thaiconsulate.ch ● Permanence téléphonique lun et jeu 9h-12h. Ouv au public lun 9h-12h (sur rdv uniquement) et jeu 9h-12h (entrée libre). Délai d'obtention des visas : 2 jours (ou 1 à 2 semaines par correspondance). Il faut un formulaire de demande de visa, 2 photos de moins de 6 mois, une copie du billet d'avion payé (aller-retour), un passeport valable 6 mois à partir de la date de sortie, et 40 Fs en espèces par entrée demandée pour un visa tourisme.

– À Bâle : Aeschenvorstadt 71 Postfach, 4051 Basel. ☎ 061-206-45-65. ● info@thaikonsulat.ch ● thaikonsulat.ch ● Lun-ven 9h-11h30.

Au Canada

■ ***Ambassade du royaume de Thaïlande :*** *180 Island Park Dr, Ottawa (Ontario) K1Y 0A2. ☎ (613) 722-4444. ● consular@thaiembassy.ca ● thaiembassy.ca ● (possibilité de télécharger le formulaire de demande de visa). Lun-ven sauf mar 10h-13h, 10h-15h le mer.*

■ ***Consulat général royal de Thaïlande :*** *1155 bd René-Lévesque Ouest, bureau 2500, Montréal (Québec) H3B 2K4. ☎ (514) 878-4466 (message très détaillé). ● info@thaiconmtl.com ● Mar et jeu 10h-12h30.* Prix du visa pour les séjours de plus de 30 jours (tourisme) : 35 $Ca simple entrée, en espèces ou par mandat postal. Délai minimal d'obtention : 1 semaine.

Formalités

Avant de partir, pensez à scanner passeport, visa, carte de paiement, vouchers d'hôtel et tout document nécessaire à votre voyage. Ensuite, adressez-les-vous par e-mail, en pièces jointes. En cas de perte ou de vol, rien de plus facile pour les récupérer. Les démarches administratives seront bien plus rapides. Merci tonton Routard !

Il est impératif de vous renseigner auprès de l'ambassade à Paris avant votre départ, pour connaître les modalités d'entrée dans le pays selon vos dates de séjour et votre nationalité, la situation pouvant régulièrement changer.

– Quelle que soit la durée du séjour, le visiteur doit être muni d'un ***passeport impérativement valable au moins 6 mois à partir de la date d'entrée en***

Thaïlande. D'une manière générale, mêmes formalités pour nos amis canadiens, suisses et belges. Mais encore une fois, vérifiez auprès de l'ambassade thaïe avant le départ.

– Par voie terrestre : il est tout à fait possible d'entrer 2 fois par année calendaire en Thaïlande depuis la Malaisie, le Laos et le Cambodge et de faire les visas d'entrée de 30 jours suivant la nationalité : à vérifier sur le site web de l'ambassade de Thaïlande de votre pays de nationalité ou de résidence. Il est conseillé d'avoir un billet sortant dans les 30 jours.

Attention, les postes-frontières avec la Birmanie peuvent ouvrir et fermer sans préavis. Le mieux est d'opter pour la voie aérienne depuis la Birmanie : 30 jours sans frais sont accordés aux Français qui possèdent leur billet de sortie dans les 30 jours.

– Les ***mineurs*** doivent être munis de leur passeport. Pour l'autorisation de sortie de territoire lorsque les enfants ne sont pas accompagnés par un de leurs parents, chaque pays a mis en place sa propre régulation. Ainsi, pour ***les mineurs français,*** une loi entrée en vigueur en janvier 2017 a ***rétabli l'autorisation de sortie du territoire.*** Pour voyager à l'étranger, ils doivent être munis de leur passeport, d'un formulaire signé par l'un des parents titulaires de l'autorité parentale et de la photocopie de la pièce d'identité du parent signataire. Renseignements auprès des services de votre commune et sur • *service-public.fr* •

Si vous restez moins de 30 jours : le visa n'est pas nécessaire

– Selon la loi d'immigration en vigueur, ***les ressortissants du G7 (donc France et Canada), mais également de Belgique et de Suisse, entrant en Thaïlande par voie terrestre ou par voie aérienne pour un motif touristique, sont dispensés de visa pour tout séjour inférieur ou égal à 30 jours.*** Ils devront alors disposer d'un billet aller-retour égal ou inférieur à 30 jours ou un billet d'avion d'entrée + un billet d'avion de sortie dans les 30 jours maximum après le jour d'arrivée, tous les billets devant être achetés avant de se présenter à l'aéroport de départ (sinon, l'accès à bord peut être refusé).

– Si vous possédez un billet aller-retour à 30 jours et que vous souhaitez étendre votre séjour, vous pouvez faire une seule demande d'extension de séjour de 30 jours, auprès des bureaux d'immigration (à Bangkok, Samui, Phuket, Chiang Mai, etc. ; liste des bureaux d'immigration sur • *immigration.go.th* •). Coût : 1 900 Bts. Il faudra aussi changer la date du billet retour sur place ; cette demande doit se faire à la suite du visa 60 jours, sans être sorti du royaume entre-temps.

Si vous restez plus de 30 jours : le visa touristique est nécessaire

Si vous prévoyez, avant votre départ uniquement, de rester plus de 30 jours en Thaïlande, il est plus judicieux (et plus économique !) de demander un visa touristique valable 60 jours, utilisable pendant 3 mois après son émission. Coût : 30 €. Possibilité d'une seule extension de séjour de 30 jours, dans les bureaux d'immigration sur place (liste des bureaux d'immigration sur • *immigration.go.th* • ; coût : 1 900 Bts ; soit 90 jours maxi au total).

Pour obtenir ce visa touristique, la validité du passeport doit être supérieure de 6 mois après le jour d'entrée en Thaïlande. Un e-visa est délivré par l'ambassade. Pour ce faire, se connecter à • *thaievisa.go.th* • (tout est en anglais !). Créer un compte, choisissez le type de visa demandé et téléchargez les documents demandés :

1. le passeport (original plus une photocopie de celui-ci) valide au minimum 6 mois à partir de la date de départ ;
2. un formulaire dûment rempli (signé et daté uniquement par le demandeur) ;

3. une photo d'identité en couleur ;
4. une photocopie du titre de séjour (uniquement pour les titulaires de titre de voyage pour réfugié et les étrangers qui ont leur résidence en France) ou le justificatif de domicile pour les passeports français (facture électricité ou télécom) ;
5. une photocopie de la réservation détaillée du billet d'avion (billet entrée et sortie du territoire thaïlandais dans un délai inférieur à 90 jours) ;
6. une photocopie du justificatif financier : un relevé de compte bancaire récent avec un montant de 1 000 € minimum (l'exemplaire de relevé bancaire imprimé sur Internet n'est pas recevable, à défaut, cet exemplaire doit être signé et tamponné par la banque) ou une attestation bancaire ;
7. la réservation d'hôtel (au moins pour la moitié du séjour en Thaïlande). Dans le cas où vous êtes hébergé par des personnes ayant leur résidence en Thaïlande : la lettre d'invitation ainsi qu'une photocopie de la pièce d'identité de votre hôte signée et le registre de domicile ou son contrat de location ;
8. la somme de 30 € (par carte de paiement).
9. prendre un rendez-vous consulaire pour apposer l'e-visa à votre passeport.

– Nouveau ! Un ***visa Thaïlande-Cambodge*** a vu le jour fin 2017. Valable 90 j., il permet de séjourner 60 j. en Thaïlande et 30 j. au Cambodge.

Agences de visas

■ ***Action-Visas.com :*** *10-12, rue du Moulin-des-Prés, 75013 Paris. ☎ 01-45-88-56-70. ● action-visas.com ● Ⓜ Place-d'Italie (sortie « Bobillot », Bd Blanqui). Lun-ven 9h30-12h, 13h30-18h30 ; sam 9h30-13h.* Cette agence sérieuse s'occupe d'obtenir votre visa pour toutes destinations. Délais rapides, traitement immédiat du dossier dès réception et service fiable. Pour la province, demandez le visa par correspondance, quelle que soit la destination. Les commandes de visas peuvent s'effectuer sur le site internet qui est actualisé quotidiennement et vous recevrez directement les formulaires et la liste des pièces à fournir. Réception d'un courriel sur votre messagerie à chaque étape du processus d'obtention du visa. Prix du service entre 26 et 49 € selon les destinations, plus les frais consulaires. Réduction de 8 € pour nos lecteurs pour chaque destination et par personne : lors de votre commande, prendre alors l'option paiement par chèque et déduire directement sur le total indiqué cet avantage en indiquant « routard » sur votre bon de commande. Par ailleurs, Action-Visas prélève 1 € de sa marge commerciale pour financer un projet humanitaire qui peut être suivi en direct sur leur site internet.
La tendance étant aux e-visas, Action visas propose ce service d'obtention du visa en ligne et en français avec un paiement en euros sur banque française, sur de nombreuses destinations et ce, en simplifiant de plus la procédure.

■ Également ***Rapide Visa*** : *7, rue La Boétie, 75008 Paris. ☎ 01-84-17-88-88. ● rapidevisa.fr ● Ⓜ Miromesnil. Lun-ven 9h-12h30, 14h-18h.*

Permis de conduire

N'oubliez pas votre permis de conduire international pour conduire une voiture (catégorie B1), mais également pour conduire un scooter ou une moto (catégorie A1), lequel permis doit comporter les cachets adéquats. Ce n'est pas qu'il soit toujours obligatoire pour la location et les contrôles de police (le permis national suffit généralement). Mais sans le permis international, ***vous risquez de ne pas être couvert par votre assurance personnelle en cas d'accident.*** Il s'obtient en déposant en ligne, sur le site de l'Ants (*● ahts.gouv.fr ●,* accessible avec les identifiants *FranceConnect),* le permis de conduire, une pièce d'identité et un justificatif de domicile. Envoyer ensuite à l'adresse indiquée l'attestation de dépôt en ligne et d'une photo d'identité. Valable 3 ans. Emportez aussi le permis national. On peut vous le demander également.

Assurances voyages

■ ***Assurance Routard par AVI International :*** *Le Colisée Gardens, 10, av. de l'Arche – CS 70126 – 92419, Courbevoie Cedex.* ☎ *01-44-63-51-00. Métro : George-V.* • *avi-international.com* • Ⓜ *La Défense.* Enrichie au fil des années par les retours des lecteurs, *Routard Assurance* est devenue une assurance voyage incontournable. Tout est compris : frais médicaux, assistance rapatriement, bagages, responsabilité civile... Avant votre départ, appelez *AVI* pour un conseil personnalisé. Vous avez besoin d'un médecin, d'un conseil médical ou d'une prise en charge dans un hôpital ? Appelez simplement le plateau AVI Assistance disponible 24h/24, leur réseau est l'un des plus complet actuellement. Vous avez eu des frais de santé en voyage ? Envoyez les factures à votre retour, *AVI* vous rembourse sous une semaine. Avant votre départ, n'hésitez pas à les appeler pour des conseils personnalisés. Et téléchargez l'appli mobile pour garder le contact avec l'assistance 24h/24 et disposer de l'un des meilleurs réseaux médicaux à travers le monde.

■ ***AVA assurance Voyages et assistance :*** *25, rue de Maubeuge, 75009 Paris.* ☎ *01-53-20-44-20.* • *ava.fr* • Ⓜ *Cadet.* Un autre courtier fiable pour ceux qui souhaitent s'assurer en cas de décès-invalidité-accident lors d'un voyage à l'étranger mais surtout pour bénéficier d'une assistance rapatriement, perte de bagages et annulation. Attention, franchises pour leurs contrats d'assurance voyage.

■ ***Pixel Assur :*** *18, rue des Plantes, BP 35, 78601 Maisons-Laffitte.* ☎ *01-39-62-28-63.* • *pixel-assur.com* • *RER A : Maisons-Laffitte.* Assurance de matériel photo et vidéo tous risques (casse, vol, immersion) dans le monde entier. Devis en ligne basé sur le prix d'achat de votre matériel. Avantage : garantie à l'année.

Avoir un passeport européen, ça peut être utile !

L'Union européenne a organisé une assistance consulaire mutuelle pour les ressortissants de l'UE en cas de problème en voyage. Vous pouvez y faire appel lorsque la France (c'est rare) ou la Belgique (c'est plus fréquent) ne dispose pas d'une représentation dans le pays où vous vous trouvez. Concrètement, cette assistance vous permet de demander de l'aide à l'ambassade ou au consulat (pas à un consulat honoraire) de n'importe quel état membre de l'UE. Leurs services vous indiqueront s'ils peuvent directement vous aider ou vous préciseront ce qu'il faut faire.

Leur assistance est bien entendu limitée aux situations d'urgence : décès, accident ayant entraîné des blessures ou des lésions, maladie grave, rapatriement pour raison médicale, arrestation ou détention. En cas de ***perte ou de vol de votre passeport,*** ils pourront également vous procurer un ***document provisoire de voyage.***

Cette entraide consulaire entre les états membres de l'UE ne peut vous garantir un accueil dans votre langue. En général, une langue européenne courante sera pratiquée.

Ariane : pour votre sécurité, restez connectés

Avant de partir en voyage, ayons les bons réflexes !

Ariane est un service gratuit, mis à disposition par le centre de crise et de soutien du ministère français des Affaires étrangères pour vous alerter en cas de risque sécuritaire lors de vos déplacements à l'étranger. Créez votre compte et inscrivez vos voyages personnels ou professionnels. Les informations renseignées sur Ariane seront utilisées uniquement en cas de crise pendant votre séjour et permettent notamment de contacter les proches lors des situations d'urgence. Pour en savoir plus : • *diplomatie.gouv.fr* •

Vaccinations

Aucune vaccination n'est obligatoire pour les voyageurs en provenance d'Europe. Mais avec l'épidémie de Covid-19, les règles évoluent sans cesse. Bien se renseigner auprès de l'office de tourisme avant le départ. Quelques conseils :
– être à jour pour les vaccinations « universelles », encore plus utiles là-bas : diphtérie, tétanos, polio, coqueluche (Repevax®), hépatite B (probable immunité à vie si les 3 injections sur 1 an ont été correctement reçues) et rougeole.
– Vaccin contre l'hépatite A absolument indispensable ; après la 1re injection (protectrice 15 jours plus tard, à quasiment 100 %), une seconde faite 1 à 5 ans plus tard entraîne probablement une immunité à vie.
– Vaccin contre la typhoïde (Typhim Vi®) parfois utile pour les séjours dans des conditions précaires ou de longue durée ; immunité partielle (70 %) 3 ans. N.B. : il existe un vaccin combiné hépatite A + typhoïde : Tyavax®.
– Pour les séjours longs ou ruraux, vaccin rabique Pasteur® ou Rabipur® préventif contre la rage conseillé. Ne vous approchez jamais des chiens et des petits singes. Même sympathiques ! Attention : 3 injections nécessaires (J0, J7, entre J21 et J28). N.B. : peut être fait par tout médecin ; en cas d'exposition, il faudra néanmoins rajouter 2 injections, à 3 jours d'intervalle, d'un vaccin similaire.
– Pour les séjours ruraux, même courts, et particulièrement en zone de rizières, le ministère de la Santé recommande la vaccination contre l'encéphalite japonaise (Ixiaro®) : 2 injections (J0, J28), en centre de vaccinations internationales ou en pharmacie, sur prescription ; seul problème : le coût élevé.

Centres de vaccination

Pour les centres de vaccination partout en France, dans les DOM-TOM, en Belgique et en Suisse, consulter le site internet ● *astrium.com/espace-voyageurs/centres-de-vaccinations-internationales.html* ●

Carte internationale d'étudiant (carte ISIC)

Elle prouve votre statut d'étudiant dans le monde entier et permet de bénéficier de tous les avantages, services et réductions dans les domaines du transport, de l'hébergement, de la culture, des loisirs, du shopping...
La carte ISIC permet aussi d'accéder à des avantages exclusifs (billets d'avion spécial étudiants, hôtels et auberges de jeunesse, assurances, cartes SIM internationales, voitures de location...).

Renseignements et inscriptions

– ***En France :*** ● *isic.fr* ● *13 € pour 1 année scolaire.*
– ***En Belgique :*** ● *isic.be* ●
– ***En Suisse :*** ● *isic.ch* ●
– ***Au Canada :*** ● *isiccanada.ca* ●

Carte d'adhésion internationale aux auberges de jeunesse (carte FUAJ)

Cette carte vous ouvre les portes des 4 000 auberges de jeunesse du réseau *HI-Hostelling International* en France et dans le monde. Vous pouvez ainsi vous loger dans 81 pays à des prix avantageux et bénéficier de tarifs préférentiels avec les partenaires des auberges de jeunesse *HI*. Enfin, vous intégrez une communauté mondiale de voyageurs partageant les mêmes valeurs : plaisir de la rencontre, respect des différences et échange dans un esprit convivial. Il n'y a pas de limite d'âge pour séjourner en auberge de jeunesse. Il faut simplement être adhérent.

Renseignements et inscriptions

– ***En France :*** ● *hifrance.org* ●
– ***En Belgique :*** ● *lesaubergesdejeunesse.be* ●
– ***En Suisse :*** ● *youthhostel.ch* ●
– ***Au Canada :*** ● *hihostels.ca* ●
Si vous prévoyez un séjour itinérant, vous pouvez réserver plusieurs auberges en une seule fois en France et dans le monde : ● *hihostels.com* ●

ARGENT, BANQUES, CHANGE

Avertissement

Si vous comptez effectuer des retraits d'argent aux distributeurs, il est **très vivement conseillé d'avertir votre banque** avant votre départ (pays visités et dates). En effet, **votre carte peut être bloquée dès le 1er retrait** pour suspicion de fraude. C'est de plus en plus fréquent. Bonjour les tracasseries administratives pour faire rentrer les choses dans l'ordre, et on se retrouve vite dans l'embarras !

Monnaie, distributeurs de billets (ATM) et change

– L'unité monétaire de la Thaïlande est le ***baht*** (Bts dans ce guide) – บาท.
– ***Taux de change en 2021 :*** 1 € = environ 35 Bts, mais le cours fluctue (vérifiez-le, donc, au moment de votre voyage). Grosso modo 100 Bts font 2,85 €, 3,35 Fs et 4,35 $Ca.
– Il n'y a pas de marché noir, et le ***change*** des euros (francs suisses et dollars canadiens) s'effectue partout sans problème ni commission, que ce soit dans les bureaux de change ou dans les banques, à condition d'être ***muni de son passeport.*** Dans les coins touristiques, celles-ci ont souvent un comptoir dédié donnant sur la rue, qui reste ouvert plus tard que la banque elle-même (jusqu'à 20h, parfois 22h), tous les jours y compris le week-end. Sinon, les guichets de change des banques adoptent les horaires classiques : du lundi au vendredi de 8h30 à 15h30 ou 16h (parfois 16h30). À noter que le taux de change peut varier un peu selon la région (et légèrement aussi d'une banque à l'autre) : en gros, moins le coin est touristique, moins le taux est favorable. Les taux proposés dans les aéroports sont également assez mauvais.
– Aucun problème pour ***retirer de l'argent*** aux DAB (distributeurs automatiques de billets, *ATM* en anglais), omniprésents dans le pays, avec une carte de paiement internationale *(Visa, MasterCard...).* Vous paierez en revanche une commission fixe de 220 Bts à chaque retrait, en plus de la commission de votre banque, généralement encore plus élevée. Il vaut donc mieux retirer des grosses sommes que de multiplier les petits retraits.
– On peut également ***régler par carte*** dans un nombre croissant d'hôtels et restaurants un peu chics (quoique moyennant parfois un léger surcoût), dans les stations-service, ainsi que dans certaines boutiques et agences de voyages.
– Faites en sorte de toujours avoir de la monnaie sur vous (petite course en *tuk-tuk* ou taxi, pourboire...) ; votre interlocuteur n'en aura pas toujours.

Cartes de paiement

Quand vous partez à l'étranger, relever le plafond de retrait aux distributeurs et pour les paiements par carte, quitte à le faire rebaisser à votre retour.
Avant de partir, notez bien le numéro d'opposition propre à votre banque (il figure souvent au dos des tickets de retrait, sur votre contrat, ou à côté des distributeurs de billets), ainsi que le numéro à 16 chiffres de votre carte. Bien entendu, conservez ces informations en lieu sûr et séparément de votre carte.
Par ailleurs, l'assistance médicale se limite aux 90 premiers jours du voyage et l'assistance véhicule aux cartes haut de gamme (renseignez-vous auprès de votre banque). Et surtout, n'oubliez pas aussi de VÉRIFIER LA DATE D'EXPIRATION DE VOTRE CARTE DE PAIEMENT avant votre départ !
En cas de perte, de vol, ou de fraude, quelle que soit la carte que vous possédez, chaque banque gère elle-même le processus d'opposition et le numéro de téléphone correspondant.
Afin d'éviter les frais lors de chaque paiement ou retrait en dehors de la zone euro, certaines banques offrent la gratuité des retraits dans leurs propres distributeurs (DAB) dans le monde entier (comme *HSBC,* pour ses clients) ou dans les banques avec qui elles ont un accord selon les pays (se renseigner avant le départ). Les néo-banques comme *Max, My French Bank, Revolut,* ou *N26,* proposent des cartes gratuites qui ne facturent aucune commission pour les paiements et retraits. Les banques en ligne, *Boursorama* et *Fortuneo* proposent elles aussi ce type de cartes gratuites (carte *Ultim* et carte *Fosfo*) permettant à la fois de payer en devises et d'en retirer sans frais. Renseignements sur le site internet de chaque banque.

– ***Carte Visa :*** *numéro d'urgence (Europe Assistance),* ☎ *(00-33) 1-41-85-85-85 (24h/24).* • *visa.fr* •
– ***Carte MasterCard :*** *numéro d'urgence,* ☎ *(00-33) 1-45-16-65-65.* • *mastercardfrance.com* •
– ***American Express :*** *numéro d'urgence,* ☎ *(00-33) 1-47-77-72-00.* • *americanexpress.com* •
– Il existe un ***serveur interbancaire d'opposition*** qui en cas de perte ou de vol vous met en contact avec le centre d'opposition de votre banque : en France : ☎ *0892-705-705 (prix d'un appel + 0,35 €/mn) ; depuis l'étranger : + 33-442-605-303.*

Petite mesure de précaution : si vous retirez de l'argent dans un distributeur, utilisez de préférence ceux attenants à une agence bancaire. En cas de pépin avec votre carte (carte avalée, erreurs de code secret...), vous aurez un interlocuteur dans l'agence, pendant les heures ouvrables.

Besoin urgent d'argent liquide

– Vous pouvez être dépanné en quelques minutes grâce au système ***Western Union Money Transfer.*** L'argent vous est transféré en moins de 1h. La commission, assez élevée, est payée par l'expéditeur. Possibilité d'effectuer un transfert auprès d'un des bureaux *Western Union* ou, plus rapide, en ligne, 24h/24 par carte de paiement (*Visa* ou *MasterCard*).
Même principe avec d'autres organismes de transfert d'argent liquide comme ***MoneyGram, PayTop*** ou ***Azimo.*** Transfert en ligne sécurisé, en moins de 1h.
Dans tous les cas, se munir d'une pièce d'identité. Toutefois, en cas de perte/vol de papiers, certains organismes permettent de convenir d'une question/réponse type pour pouvoir récupérer votre argent. Chacun de ces organismes possède aussi des applications disponibles sur téléphone portable. Consulter les sites internet pour connaître les pays concernés, les conditions tarifaires (frais, commission) et trouver le correspondant local le plus proche : • *westernunion.com* • *moneygram.fr* • *paytop.com* • *azimo.com/fr* •

– Autre solution, envoyer de l'argent par ***La Poste*** : le bénéficiaire, muni de sa pièce d'identité, peut retirer les fonds dans n'importe quel bureau du réseau local. Le transfert s'effectue avec un mandat ordinaire international (jusqu'à 3 500 €), et la transaction prend 4-5 jours en Europe (8-10 jours vers l'international). Plus cher, mais plus rapide, le mandat express international permet d'envoyer de l'argent (montant variable selon la destination – 34 au total) sous 2 jours maximum, 24h lorsque la démarche est faite en ligne. Infos sur ● *labanquepostale.fr* ●

ACHATS

L'artisanat

– ***Conseils :*** attention aux imitations. L'importation de contrefaçons de marques françaises, italiennes ou américaines très renommées, de qualité souvent médiocre, expose leur détenteur à des poursuites judiciaires et à des amendes douanières sévères à son retour en France, quel que soit le nombre d'articles rapportés. Et attention, les douanes ne rigolent pas avec ça.
Si vous réglez le montant de vos achats avec une carte de paiement, ne la perdez pas des yeux. De manière générale, le liquide donne des marges de marchandage bien plus grandes que l'argent plastique, et il limite les risques de fraude à la carte bancaire.
Si vous voulez envoyer des objets en France par mer, comptez 3 mois de voyage. Pour les expéditions, préférez la poste officielle (en recommandé) aux marchands qui vous proposent de s'en occuper. Voir la rubrique « Poste ».
– ***Les tissus :*** en règle générale, les vêtements ne sont pas chers. Dans toutes les villes et secteurs touristiques, de nombreux tailleurs et petits ateliers de quartier proposeront de vous confectionner sur mesure robe, costume, etc. Les fabriques de soie, notamment à Chiang Mai, vendent à la fois coupons et prêt-à-porter.
– ***Les habits et objets ethniques :*** on peut rapporter de beaux objets (des sacs surtout) et habits traditionnels, comme les tuniques noires hmong, ornées de jolies broderies colorées à motifs géométriques. Celles en velours de confection industrielle (marché de Warorot à Chiang Mai, par exemple) sont moins chères et surtout plus faciles à porter que les habits de cérémonie lourdement chargés de bijoux. Également des chemises, accessoires, etc. Les femmes kayan (dites « long-cou ») vendent des statuettes à leur propre effigie ou encore des écharpes tissées dans les villages.
– ***Les pierres précieuses :*** Bangkok est devenue l'un des centres mondiaux de la taille des pierres précieuses, surtout pour les saphirs et les rubis. Évidemment, beaucoup de pierres synthétiques circulent. Si vous allez à Kanchanaburi, la plupart des pierres vendues comme des onyx sont fausses. Évitez les bijouteries qui vendent à la fois pierres précieuses, bibelots, souvenirs et gadgets divers : les vraies et belles pierres ne s'achètent que chez les spécialistes. Généralement, les bijouteries des grands hôtels sont dignes de confiance, mais chères. Mais le 28 juillet (anniversaire du roi), une réduction de 25 % est accordée ! Ne pénétrez jamais dans une boutique avec un guide d'agence de voyages. Il est automatiquement commissionné.
– ***L'argent :*** il est travaillé suivant des dessins traditionnels et décoré en « repoussé », une technique qui permet de présenter en relief les motifs symboliques ou mythologiques. Le *nielle,* lui, est obtenu avec de l'argent incrusté d'un autre alliage et souvent doré. Cet artisanat remonte au temps de Narai, roi d'Ayutthaya (1656-1688), et l'on peut en voir de beaux exemples au Musée national à Bangkok. Attention, beaucoup d'objets en argent ressemblent à de l'alu. C'est de l'argent à 20 % qui ne vaut pratiquement rien. Il faut demander du « sterling ».

À Bangkok, une rue entière est consacrée aux grossistes en bijoux en argent. Certains acceptent de vendre des pièces à l'unité. Qualité garantie.

- ***Les bijoux en or :*** ils sont moins chers que chez nous, mais vous n'aimerez pas forcément leur style. De plus, à moins d'être fin connaisseur, vous risquez de vous faire avoir (même s'il y a un poinçon, cela peut être du cuivre ou de l'or à 14 carats).
- ***Les bijoux en argent :*** il faut demander du sterling silver 925 (92,5 % d'argent garanti).
- ***Les bracelets de jade et d'onyx*** sont souvent bon marché. Mais là encore, sont-ce vraiment du jade et de l'onyx ?
- On trouve aussi de beaux ***objets en teck ou en bambou laqués*** (spécialité du Nord, notamment à Chiang Mai), tels que boîtes, bols, vases, etc.
- ***Le bronze :*** il est utilisé depuis des siècles dans l'artisanat thaï. Vous trouverez, dans toutes les tailles et toutes les tonalités, les cloches et clochettes de temple en cuivre et bronze, et en forme de feuilles d'arbre de la Bodhi *(Ficus religiosa).*
- ***La poterie :*** on assiste au renouveau d'un art ancien, le céladon, notamment à Chiang Mai et Sukhothai. Il est fabriqué selon un procédé compliqué avec une terre qu'on ne trouve que dans certaines régions et cuit à haute température. Il se distingue par un délicat craquelé d'un exquis vert jade laiteux. C'est très beau et plutôt bon marché.
- Citons encore les ***frottis de temple*** : avec un papier de riz et à l'aide de charbon de bois, de poudre d'or ou de peinture à l'huile, ces « frottis » ont été effectués sur les bas-reliefs des principaux temples de Bangkok.
- ***Les masques du Khon :*** issus du théâtre populaire dramatique, ils représentent les héros du *Râmakien,* version thaïe du *Rāmāyana* : démons, singes et autres. Pas faciles à dénicher, cela dit.
- ***Les objets en teck :*** provenant des forêts du Nord, le teck est utilisé pour la fabrication de quantité d'objets, des plateaux, de la vaisselle, des statuettes aux plus beaux meubles, en passant par les cloches d'éléphants. Voir la rubrique « Environnement » dans « Hommes, culture, environnement » quant aux problèmes de déforestation.
- ***La vannerie de rotin et le mobilier de bambou :*** ils sont souvent beaux et pas chers, mais encombrants ! Les visiteurs se rabattent sur les ***chapeaux chinois pointus*** (en paille) et les ***ombrelles en papier de mûrier*** (surtout à Chiang Mai).
- Le truc vraiment marrant est de ***se faire tirer le portrait*** en photo, puis de confier celle-ci à un atelier qui vous la reproduira en peinture. Tous les jours, vous pouvez venir voir l'avancement de votre toile. Amusant et pas si cher.
- ***Les reproductions de tableaux célèbres :*** passés maîtres dans l'art de reproduire, les Thaïlandais se sont dit que, puisqu'ils pouvaient copier des vêtements et des voitures, pourquoi pas des chefs-d'œuvre de la peinture. C'est devenu ici un marché comme un autre.
- À noter que c'est à Bangkok et à Chiang Mai que l'on fait les meilleures affaires. Dans les îles, les prix doublent (normal, le marchand achète lui-même à Bangkok).

Le marchandage

C'est la tradition. Le prix de certains articles sera à diviser par 2. Pour d'autres, et c'est plus souvent le cas, vous n'obtiendrez que 5 ou 10 %, 20 % au mieux. En tout cas, il faut toujours essayer. Gardez cependant à l'esprit que certains petits artisans ont une marge très faible, donc tenez-en compte et restez raisonnable. Même dans les boutiques chics où les objets sont étiquetés, n'hésitez pas à marchander. Et la concurrence marche à fond. Visitez toujours plusieurs boutiques pour comparer les rabais proposés. Même si le marchand reste ferme sur les prix, il sourira ou rira toujours. Un truc : riez encore plus que lui. Un Européen hilare, ça déconcerte. Et puis n'hésitez pas à partir doucement de la boutique, il y a des chances pour que l'on vous rattrape par la manche.

La TVA

Il est possible de demander, en partant, le remboursement de la TVA (*VAT* en anglais) sur les achats – d'une valeur totale minimale de 5 000 Bts – que vous aurez effectués les 60 derniers jours dans les grands magasins ou les boutiques ayant pignon sur rue (avec facture, donc). Pour cela, faites remplir le formulaire de remboursement (PP10) le jour de l'achat (d'un montant minimum unique de 2 000 Bts), quitte à devoir insister un peu auprès des employés de la boutique. Le jour du départ, à l'aéroport, avant l'enregistrement, vous présenterez passeport, formulaires, reçus et articles en question au guichet spécial niveau 4 de l'aéroport de Suvarnabhumi (« VAT refund »). ***Ce n'est qu'une fois la douane passée que vous serez remboursé et donc... obligé de dépenser l'argent reçu en échange au duty free !***

BUDGET

La Thaïlande reste un pays bon marché, quoique le coût de la vie pour un touriste dépende beaucoup de la région. Dans les coins pas trop touristiques, il reste vraiment très raisonnable, mais c'est beaucoup moins vrai dans les îles et stations balnéaires du Sud, où l'hébergement, notamment, a connu une sérieuse inflation ces dernières années. En bref, selon la zone, on pourra s'en sortir, en voyageant à 2 à l'économie, avec un budget allant de 600-700 Bts à 1 000-1 200 Bts, par jour et par personne (en gros pour l'hébergement, la nourriture et quelques visites). Voici, pour vous aider à préparer votre budget, différentes catégories de prix pour les principaux postes de dépense.

Hébergement

Pour une même catégorie d'hébergement, les tarifs vont quasiment du simple pour le Nord au double dans les stations balnéaires les plus cotées du Sud (Phuket ou Ko Samui par exemple). Bangkok est également plus chère que le Nord, mais on y trouve toujours des adresses assez bon marché.

Aux variations géographiques s'ajoutent les variations saisonnières. Il n'est pas rare qu'une même prestation soit facturée 50 % en plus pendant la haute saison et carrément le double quand les établissements appliquent le tarif *peak season* (« pleine saison »), du 15 décembre au 15 janvier. Ces sautes de prix annuelles sont bien plus fortes et systématiques dans le Sud que dans le Nord. Sachez aussi que de nombreux établissements proposent des prestations qui vont de « Bon marché » à « Plus chic » !

En tenant compte de ce qui précède, nous avons établi des catégories correspondant à des fourchettes de prix, qui peuvent parfois être nuancées, dans le texte, quand des adresses se retrouvent à cheval sur 2 catégories ou ont de gros écarts de tarifs. Ces tarifs valent pour ***2 personnes en haute saison en chambre double*** et sont exprimés en bahts. À noter que le prix est souvent le même pour une personne seule... Le petit déj est parfois compris en haute saison, plus rarement hors saison. Il ne l'est pratiquement jamais dans les petites adresses bon marché.

Échelle pour le Nord :

- ***Bon marché :*** moins de 600 Bts (17 €).
- ***Prix moyens :*** de 600 à 1 000 Bts (17 à 28,60 €).
- ***Un peu plus chic :*** de 1 000 à 1 500 Bts (28,60 à 43 €).
- ***Chic :*** de 1 500 à 3 000 Bts (43 à 86 €).
- ***Très chic :*** au-delà de 3 000 Bts (plus de 86 €).

Pour les îles ou stations balnéaires du Sud (et dans une certaine mesure à Bangkok), ce sera plutôt ce qui suit :

- ***Bon marché :*** moins de 1 000 Bts (28,60 €).
- ***Prix moyens :*** de 1 000 à 2 500 Bts (28,60 à 71,40 €).
- ***Plus chic :*** de 2 500 à 5 000 Bts (71,40 à 143 €).
- ***Très chic :*** plus de 5 000 Bts (143 €).

Restauration

La nourriture en Thaïlande est généralement (très) bon marché, même si, là encore, cela varie un peu selon la région. Les prix indiqués sont ceux d'un repas complet, sans la boisson. Dans les adresses chics, il faut parfois rajouter 10 % pour le service et 7 % pour l'équivalent de la TVA.

UNIFORME THAÏ UNIQUE

Dans les bars et restos, vous verrez souvent des serveuses porter des petites robes (très ajustées) aux couleurs de marques de bière connues. Celles-ci sont fabriquées dans une seule taille, et le seul critère requis pour exercer la fonction consiste à pouvoir rentrer dans ladite robe !

Échelle générale :

- ***Bon marché :*** moins de 150 Bts (4,30 €).
- ***Prix moyens :*** de 150 à 300 Bts (4,30 à 8,60 €).
- ***Plus chic :*** de 300 à 600 Bts (8,60 à 17 €).
- ***Très chic :*** plus de 600 Bts (17 €).

Pour certaines stations touristiques du Sud, ce sera plutôt ceci :

- ***Bon marché :*** moins de 200 Bts (5,70 €).
- ***Prix moyens :*** de 200 à 400 Bts (5,70 à 11,40 €).
- ***Plus chic :*** de 400 à 800 Bts (11,40 à 23 €).
- ***Très chic :*** plus de 800 Bts (23 €).

Musées, temples et sites

Les prix d'entrée des musées, sites et autres temples sont en général assez, voire très raisonnables. En revanche, de nombreux parcs nationaux ont vu leur droit d'accès doubler... pour les *farang* (étrangers), s'inscrivant actuellement entre 200 et 400 Bts ! Certains musées ou monuments pratiquent aussi un droit d'entrée élevé, pouvant atteindre 350 Bts, voire 500 Bts. Mais en général, on le redit, le coût est modique (de 50 à 100 Bts en moyenne) et ne devrait pas trop grever votre budget.

CLIMAT

Il fait chaud toute l'année presque partout. Le climat est tropical, c'est-à-dire à 2 saisons.

La saison des pluies, dite verte, s'étend de juin à octobre. Rien à voir avec la mousson indienne. Le temps reste ensoleillé avec parfois de gros orages imprévisibles et brefs. Il pleut entre 1h et 3h par jour, la végétation exulte, les couleurs éclatent et la lumière est superbe. Les pluies sont plus abondantes dans le Nord, où l'air est également plus frais. ***La saison sèche*** devient torride de mars à mai, surtout dans les plaines centrales où la température atteint souvent les 40°C. Attention, en mars et en avril, dans la région de Mae Hong Son (au nord), les paysans brûlent les sols, ce qui crée des fumées souvent désagréables, voire étouffantes (évitez les treks dans cette région à cette période). Toujours dans les montagnes du Nord, de novembre à février, le contraste des températures entre

le jour et la nuit est souvent saisissant (il peut même faire froid la nuit, avec des pointes basses vers 3-8 °C). Prévoir des vêtements chauds, surtout si vous partez en trekking.
Dans le Sud (Phuket, Hat Yai), saison sèche et saison des pluies sont moins marquées : il peut pleuvoir un peu n'importe quand, alors qu'à Ko Samui la mousson a lieu entre octobre et décembre. De toute façon, ça ne dure jamais bien longtemps.
Un conseil : mieux vaut éviter septembre et octobre pour découvrir la Thaïlande, les typhons pouvant sévir à cette époque.

DANGERS ET ENQUIQUINEMENTS

Voici la liste des pépins qui ne vous arriveront jamais une fois que vous aurez lu ces lignes ! De plus, un petit tour par les « Conseils aux voyageurs » du ministère des Affaires étrangères peut lever quelques inquiétudes : • *diplomatie.gouv.fr* •

Taxis, bus et autres considérations relatives au transport…

Ah les chauffeurs de taxi ! D'abord, éconduisez gentiment tous les rabatteurs qui vous accueillent dès votre sortie de l'aéroport. C'est rarement un bon plan, ils ne possèdent pas de licence et n'ont qu'un objectif : vous plumer ! ***N'acceptez jamais de vous faire embarquer pour une destination inconnue.*** Préférez donc les taxis officiels, qui fonctionnent au compteur (prise en charge de 35 Bts à Bangkok). S'il refuse de le mettre, descendez gentiment et cherchez-en un autre. Sachez aussi que les limousines, très belles, sont au moins 2 fois plus chères que les taxis normaux.
Méfiez-vous aussi des chauffeurs de taxi, *tuk-tuk* ou *samlor* qui prétendent que l'hébergement dans lequel vous voulez vous rendre a fermé ou n'a plus de chambre dispo ce soir-là ; tout ça pour vous emmener chez un autre hôtelier qui lui offrira une com' pour ses bons services…
Attention aussi aux rabatteurs chargés de remplir les « budget bus », notamment sur Khaosan Road à Bangkok. Préférez les grandes compagnies. Mais de toutes les façons, la vigilance est de mise : ***ne mettez jamais d'objet de valeur dans les bagages que vous ne gardez pas près de vous.***
Si vous louez un moyen de transport : scooter, voiture, bateau, jet ski… ***Les contrats de location ne comprennent que très rarement l'assurance contre les dégâts matériels et le vol.*** Pour la voiture, mieux vaut la louer par Internet (à partir de chez vous ou sur place), vous êtes plus sûr d'être assuré. Pour les scooters et motos, inspectez minutieusement l'état de la bête avant de l'enfourcher et signalez la moindre égratignure, ça vous évitera une bonne prise de tête lors de sa restitution où chaque éraflure (réelle ou supposée) sera facturée au prix fort.

Vol et brigandage

Les pickpockets et les agresseurs existent comme dans tous les pays dits « touristiques », où les voyageurs constituent une cible potentielle. Ainsi, sans être parano, il convient de rester vigilant. Assez répandu : le vol « à la tire ». Si vous louez un vélo, dans les villes notamment, ne mettez pas vos affaires dans le panier devant le guidon sans les attacher. Il est judicieux de ne prendre sur soi que ce dont on a besoin. Certains hôtels possèdent des coffres, utilisez-les ! Évidemment, ne laissez rien de valeur dans un bungalow de bambou tressé, fermé par un simple cadenas. Conservez toujours votre passeport sur vous, tout en laissant des photocopies dans un sac à votre *guesthouse* ou à votre hôtel, ou en l'ayant au préalable scanné et envoyé sur votre adresse électronique.

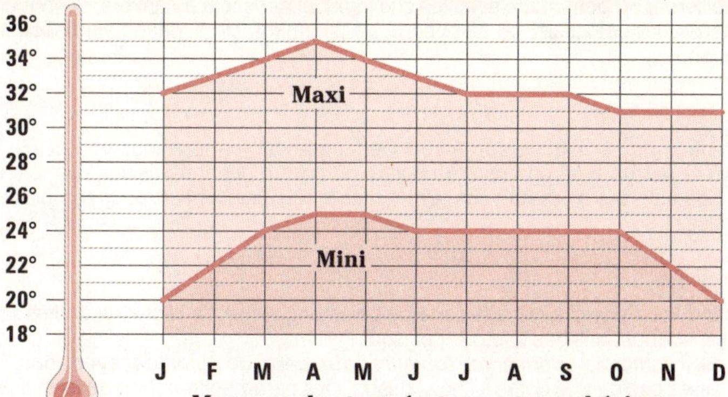

Moyenne des températures atmosphériques

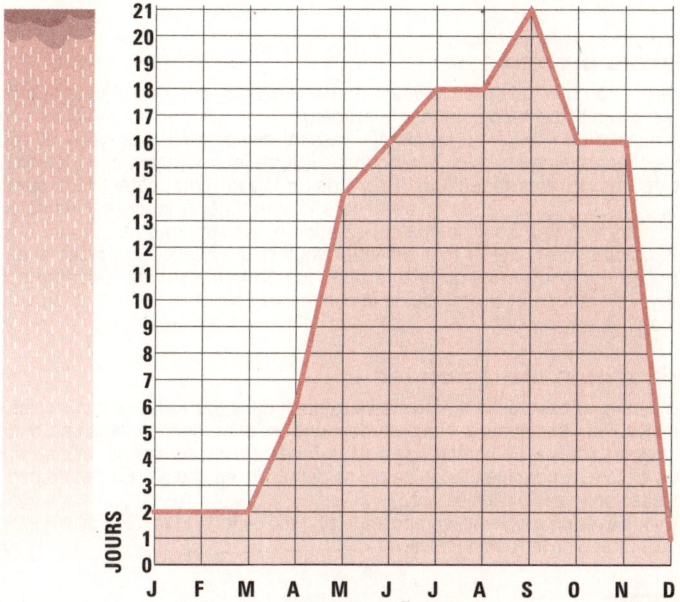

Nombre de jours de pluie

BANGKOK

Prostitution

Ah ! L'amour, toujours l'amour ! Entre les « sentimentaux » persuadés d'avoir trouvé l'âme sœur de 30 ans leur cadette et les teuffeurs dont une barmaid expérimentée a su mettre les hormones en ébullition, la chute de l'histoire est toujours la même. Les 1ers se feront plumer dans la durée, tandis que les 2[ds] se réveilleront au petit matin avec les cheveux qui poussent à l'envers, devant une note de bar colossale, ou sans carte de paiement. Un scénario vieux comme le monde...

Excursions

Attention aux arnaques du genre « Ce temple est fermé, venez voir celui-ci » proféré par un type en costard-cravate ou par un gentil monsieur – parfois un Occidental – qui souhaite vous faire visiter la ville uniquement pour son plaisir... Refusez !

Argent

Quand vous payez avec une carte de paiement, évitez de régler de petites factures, surtout dans des endroits peu sûrs.
Conseil primordial : ***conservez toujours votre carte de paiement avec vous.*** Ne la laissez pas dans le coffre à l'hôtel quand vous partez en trek. Trop de lecteurs se retrouvent en France avec d'énormes découverts bancaires à cause de l'utilisation frauduleuse de leur carte pendant leur absence... Et on ne s'aperçoit de l'arnaque qu'au retour.

Pierres précieuses

Face au nombre toujours croissant de nos lecteurs victimes d'escroqueries, on ne saurait trop recommander la prudence... Le scénario est le suivant : un conducteur de *tuk-tuk* ou un simple passant sympathise avec vous et vous mène très patiemment dans une boutique qui, ce jour-là (comme par hasard !), fait de très grosses réductions. Facile de se laisser embobiner : faux témoignages d'autres touristes et certificats d'authenticité (encore plus faux !) sont brandis à tout bout de champ. Là encore, le marchand ne compte ni les thés ni les heures... et le tour est joué. Vous pouvez faire une réclamation à la police touristique, qui appelle la boutique ou le marchand concerné pour essayer de récupérer une partie de la somme versée. Mais le mal est fait et les démarches épuisantes.

Assistance aux touristes

Des centres d'assistance aux touristes existent dans toutes les grandes villes et dans les lieux touristiques. Nous en donnons les coordonnées dans la rubrique « Adresses utiles ». La plupart des postes *Tourist Police* sont plutôt efficaces, et l'on y trouve en principe quelqu'un qui se débrouille en anglais. En cas de pépin, n'hésitez donc pas à aller les voir.
– Si vous avez un problème, composez le ☎ 1155 ou le 1111 *(nº réservé aux étrangers),* numéro de la *Tourist Police.*

Drogue

On ne va pas vous faire la morale, mais il faut savoir qu'essayer une drogue, même douce, peut coûter très cher en Thaïlande. Les sanctions sont terribles, et plusieurs Occidentaux sont actuellement sous les verrous pour 5 à 15 ans faute d'avoir respecté les lois thaïes. ***Ne jamais oublier :*** les dealers sont les balances (de mèche avec la

L'ENFER DE LA DROGUE

Cultivant le pavot depuis au moins le XVIIᵉ s, les Hmong connaissaient le danger de l'opium, et en réservaient la consommation aux personnes âgées et aux malades – autorisés à fumer à condition que leurs fils (vivant sous le même toit) soient mariés et subviennent aux besoins de la famille.

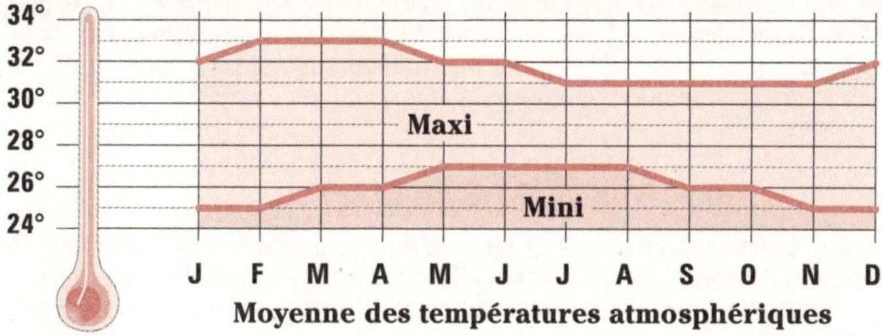

Moyenne des températures atmosphériques

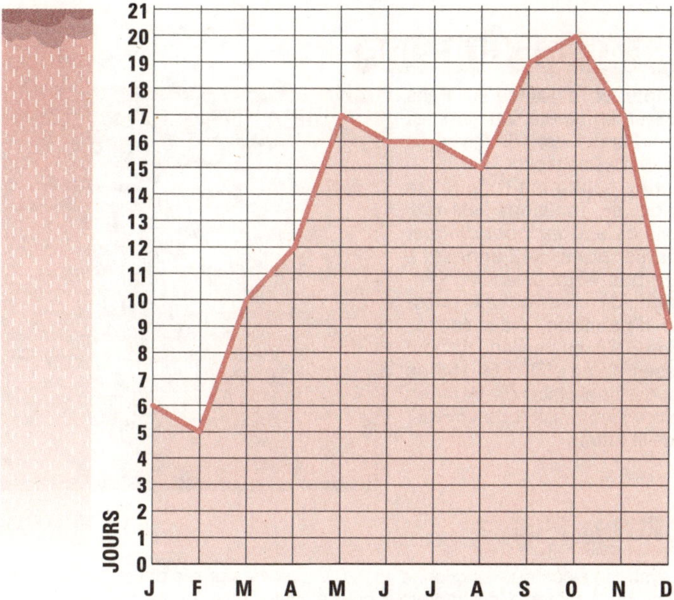

Nombre de jours de pluie

PHUKET

police). À Ko Phangan, lors des *Full Moon parties,* le trafic-dénonciation-emprisonnement-racket contre libération est un véritable sport. Parallèlement à cette répression, la Thaïlande est devenue, fin 2018, le 1er pays d'Asie à légaliser l'usage thérapeutique (sur ordonnance) du cannabis. Uniquement thérapeutique !

Animaux

Attention aux morsures de serpents. Certes rares, quelques cas surviennent néanmoins chaque année. On trouve aussi pas mal de chiens errants plutôt galeux. Mais en fait, ce sont surtout les singes, la véritable menace. Évitez à tout prix de leur donner à manger ! D'abord, ce n'est pas leur rendre service, ensuite en cas de morsure, vous êtes quitte pour une bonne série de vaccins antirabiques (contre la rage). Ne jamais tenter de les approcher ou de les caresser ! Attention également aux scolopendres, vilains mille-pattes dont la morsure, si elle n'est pas mortelle, est très douloureuse et peut faire souffrir plusieurs jours. Les méduses peuvent causer quelques embêtements aux abords des plages.

Tabac – Cigarettes électroniques

Bien lire la rubrique « Tabac – Cigarettes électroniques », plus loin. On le redit ici, les vapoteuses sont strictement interdites en Thaïlande. Tirer sur une cigarette électronique peut être passible d'une grosse amende, voire même de prison.

DÉCALAGE HORAIRE

Compter 6h d'avance sur Paris en hiver, 5h en été. Quand il est 12h à Paris, il est 18h (hiver) ou 17h (été) à Bangkok.
Sachez également que le temps, en Thaïlande, est régi par le ***calendrier bouddhique.*** Ajoutez donc 543 années à votre bon vieux calendrier grégorien. Ce n'est qu'une question d'habitude, mais sachez qu'en 2020 les Thaïlandais sont passés à l'an 2563 ! Quand on réserve une place de train, on a alors l'impression de voyager dans le futur...

HEURES SUP'

Dans le langage courant, plutôt que de diviser le jour en 2 périodes de 12h, les Thaïs le découpent en 4 phases de 6h : matin, après-midi, soir et nuit (et, comme l'a dit la maîtresse, 4 fois 6, ça fait toujours 24). Du coup, tout se décale, leur 1re heure (celle du matin) correspondant à notre 7h du mat'... de sorte que si un Thaï vous donne rendez-vous à 5h, il faut comprendre 11h... de quoi filer des migraines et poser un paquet de lapins ! Pas de panique cependant, bien au fait de votre ignorance, votre interlocuteur s'adaptera la plupart du temps au système horaire universel.

ÉLECTRICITÉ

Le système électrique fonctionne en 220 V avec des prises dites « américaines » à 2 broches plates. Un adaptateur peut s'avérer utile (on en trouve sur place) même si, désormais, la plupart des hôtels sont équipés de prises compatibles avec les appareils européens. Un conseil : dans les vieux hôtels les prises dans les chambres sont peu nombreuses. Une prise multiple peut être utile si vous avez de nombreux appareils à charger.

FÊTES ET JOURS FÉRIÉS

La plupart des fêtes ont lieu en fonction du calendrier lunaire, leurs dates varient donc. Comme les travailleurs thaïlandais n'ont pas de congés payés, les jours fériés sont très attendus et respectés.

– ***Nouvel An*** (31 décembre-1er janvier) ***:*** jours fériés. À Bangkok, grosse foule et bousculade sur l'immense place de Sanam Luang (en face du Wat Phra Keoh). À Chiang Mai, les hôtels sont archicombles et beaucoup plus chers. Bien réserver sa place de train au moins une semaine à l'avance. Une partie des musées sont alors fermés, ainsi que certains commerces.

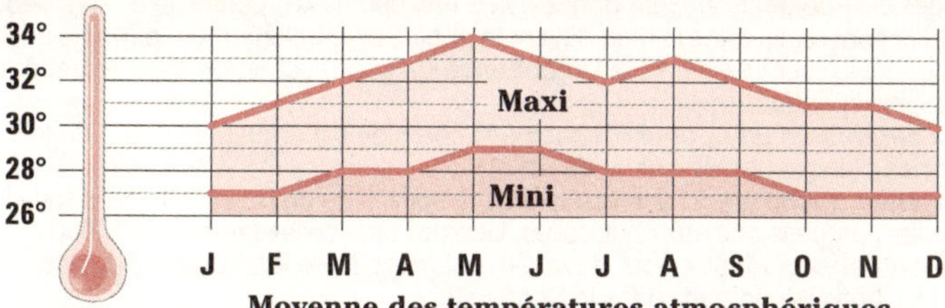

Moyenne des températures atmosphériques

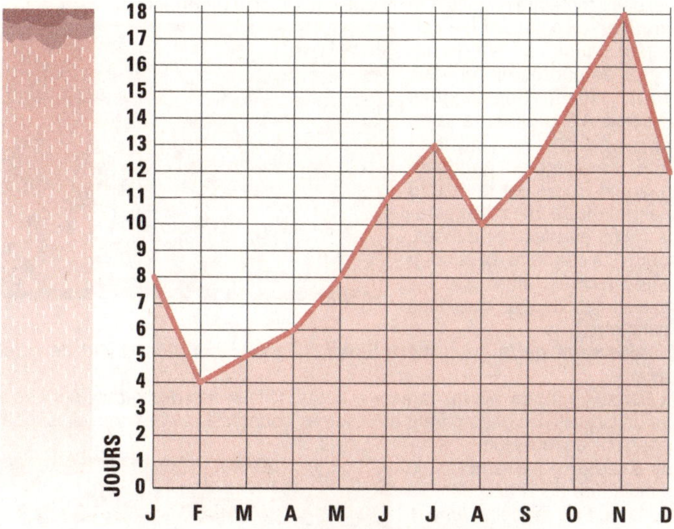

Nombre de jours de pluie

KOH SAMUI

- ***Nouvel An chinois*** (fin janvier-début février) **:** fête de famille. Il ne se passe rien, sinon que tous les magasins sont fermés pendant 4 jours et que les bus, trains et hôtels sont bondés.
- ***Magha Puja*** (fin février) **:** fête bouddhique. Les gens vont dans les temples. Processions aux chandelles.
- ***Les combats de cerfs-volants*** (mars-avril) **:** à Bangkok, tous les après-midis à 16h30 sur Sanam Luang. Le jeu consiste à faire tomber les cerfs-volants. Le tout dépend du vent, et attention aux fils électriques !
- ***Le jour des Chakri*** (6 avril) **:** fête de la dynastie actuelle. Cérémonies au temple du bouddha d'Émeraude à Bangkok.
- ***Songkran*** (12 au 15 avril) **:** Nouvel An bouddhique. Traditionnellement, les Thaïs versent un peu d'eau parfumée sur les mains de leurs aînés, en signe de respect. Si ça commence en douceur, la fête se transforme rapidement en de grandes batailles aquatiques, tout le monde s'aspergeant joyeusement dans les rues avec des pistolets à eau, des tuyaux d'arrosage ou des seaux d'eau, notamment à Chiang Mai et à Phra Pradaeng (banlieue de Bangkok). Pas rigolo (et dangereux) quand on est à moto et que l'on vous lance un seau entier sur la tête ! Sur les

plages de Phuket, *Songkran* donne lieu à une cérémonie particulière : des bébés tortues sont remis dans la mer, devant le public. Le gouvernement parraine la fête pour sensibiliser l'opinion sur l'importance de la protection de cette espèce, en voie de disparition.

– ***La cérémonie du Labour*** (début mai) **:** cérémonie marquant le début de la saison des pluies et du repiquage du riz.

– ***Visahka Bucha*** (mai) **:** anniversaire de la naissance du Bouddha. Dans tous les temples, processions aux chandelles. Une des plus belles fêtes de Thaïlande.

– ***Khao Pansa*** (juillet) **:** début du carême et magnifique festival des Bougies (surtout à Ubon Ratchathani, dans le Nord-Est).

– ***Tak Bat Dok Mai*** (fin juillet) **:** grande fête à Saraburi, à 136 km de Bangkok, à l'autel de l'Empreinte du pied. On dit que c'est le pied du Bouddha.

– ***L'anniversaire du roi*** (28 juillet) **:** fête nationale ; encore un peu plus de photos du roi, déjà partout. Illuminations, villes pavoisées. À Bangkok, la zone comprise entre le Chittlâdâ Palace, l'Assemblée nationale et le Grand Palais est le théâtre d'une multitude de manifestations : films en plein air, danses, concerts... à contrario, beaucoup de sites fermés, ainsi que les banques ; pas de musique dans les bars, etc.

LE MAILLOT JAUNE

Si vous voyez beaucoup de gens habillés en jaune un lundi, ne soyez pas surpris. C'est tout simplement une façon de célébrer le roi, né ce jour-là. Attention, en revanche, si vous prenez l'avion pour la Chine le même jour avec votre joli T-shirt jaune... là-bas, c'est davantage considéré comme une couleur un peu olé olé !

– ***L'anniversaire de la reine mère Sirikit*** (12 août) **:** jour férié et jour de la fête des Mères.

– ***Ok Pansa*** (octobre) **:** fin du carême et début de la *saison des kathin*, période au cours de laquelle les gens offrent aux moines bouddhistes leurs nouvelles robes. Processions en musique.

– ***Loy Krathong*** (novembre) **:** la plus belle fête de Thaïlande. Elle a lieu la nuit de la pleine lune. Il s'agit d'honorer Mae Kongkha, déesse de l'Eau, d'implorer sa clémence à l'égard des récoltes à venir et de s'excuser de polluer les cours d'eau. Les participants manifestent leur respect en laissant dériver des *flower boats (krathong)* avec bougies et bâtons d'encens, et lâchent des lanternes de papier. Les gens fabriquent ces *krathong*, minuscules bateaux en feuilles de bananier avec une bougie allumée et de l'encens, qu'ils déposent sur les rivières et les *khlong* pour honorer les esprits des eaux. À voir particulièrement à Bangkok sur la Chao Phraya, du côté de Memorial Bridge, à Chiang Mai sur la rivière Ping, et à Sukhothai (festival son et lumière, danses).

QUI NE TENTE RIEN N'A RIEN !

La lanterne de la chance (krathong) *est une lanterne en papier tendu sur une ossature métallique, avec une mèche en papier imbibée d'alcool au milieu, en usage depuis des siècles dans toute l'Asie du Sud-Est. Dans le nord de la Thaïlande, on en lâche notamment à l'occasion de Loy Krathong (mais pas seulement), afin que le ciel envoie la pluie, et l'on en profite pour formuler d'autres vœux. On ne sait jamais.*

– ***Le rassemblement des éléphants*** (début novembre) **:** existe depuis 1955, organisé par la *TAT* (office de tourisme de Thaïlande) à Surin (dans le Nord-Est). Des centaines d'éléphants en représentation. C'est bien le seul moment où l'on peut voir autant d'éléphants en Thaïlande !

– ***Noël* :** bien que Noël ne signifie rien en Thaïlande, bon nombre de supermarchés (ainsi que les palmiers) sont enguirlandés comme chez nous. On a même vu de faux Pères Noël hanter les centres commerciaux ! Il est parfois possible de réveillonner dans certains établissements très fréquentés ou tenus par des Européens.

HÉBERGEMENT

Aucun problème pour trouver à se loger. Il y a de tout, à tous les prix et partout ! Attention, pensez toujours à regarder si la période de votre voyage coïncide avec une grande fête type Nouvel An chinois (entre fin janvier et mi-février) ou Loy Krathong, pendant la pleine lune de novembre (lire la rubrique « Fêtes et jours fériés » ci-avant), sans parler de la période chargée de mi-décembre à mi-janvier. Les chambres sont alors réservées très longtemps à l'avance, et les prix montent (parfois en flèche !).

Les bungalows

C'est un peu l'image d'Épinal de l'hébergement thaïlandais : un gentil bungalow en bois ou en bambou tressé niché sous les cocotiers ou dans un jardin touffu. Dans la version toute simple, on se contente d'un matelas mousse surmonté ou non d'une moustiquaire (utile quand les planches ne sont pas jointes...), d'une ampoule qui pend du plafond et d'une petite salle d'eau (froide). Il devient très rare, en revanche, de ne pas avoir l'électricité. À ce propos, mieux vaut qu'elle vienne du réseau : si c'est un groupe électrogène (cas tout de même peu fréquent), il risque d'être bruyant... toute la nuit. Attention, aussi, si votre logement se situe sur une plage fréquentée par les *long-tail boats* (comme à Ko Phi Phi), car ces bateaux font un barouf d'enfer (certes, plutôt le jour).
Bien sûr, il existe partout des bungalows plus confortables, avec la clim et de vraies salles de bains où coule l'eau chaude. Puis, évidemment, des bungalows de grand luxe. Dans tous les cas, vous aurez presque toujours droit à une terrasse pour lézarder, parfois même avec hamac.

Les *guesthouses*

Très répandues aussi à travers tout le pays. Le plus souvent familiales, regroupant une poignée de chambres, elles offrent un confort modeste à prix modique – surtout si l'on s'en tient au ventilo. La plupart ont également des chambres de bon confort avec salle de bains privée, clim et frigo. Presque toutes ont le wifi gratuit, mais rares sont celles qui offrent le petit déj. En bref, c'est une formule bien adaptée aux petits budgets, même s'il existe différents niveaux de confort. À noter, qu'une loi taxant les *guesthouses* de plus de 5 chambres a poussé nombre d'entre elles à réduire leur nombre de chambres « officielles » et à se rebaptiser « house »...

Les hôtels

Rien à signaler de ce côté, si ce n'est que l'hôtellerie thaïlandaise a tendance à être de bonne qualité, et il est devenu assez rare de tomber sur un établissement carrément sale ou mal tenu. Toutes les catégories sont bien sûr représentées, du petit hôtel familial au palace 5-étoiles en passant par l'hôtel de chaîne (du groupe *Accor* ou non). Fleurissent aussi depuis quelque temps de nouveaux petits établissements type « Boutique Hôtel », de taille moyenne et d'excellent confort, à des prix finalement très raisonnables pour la qualité proposée. Ils font concurrence, pour un prix similaire, aux grands établissements dont l'équipement peut être vieillissant. La plupart des hôtels d'un certain niveau proposent un buffet assez varié au petit déjeuner. Beaucoup d'entre eux disposent d'une piscine.

Les auberges de jeunesse et *hostels*

On trouve dans le pays une poignée d'auberges de jeunesse (AJ) affiliées au réseau *Hostelling International (● hihostels.com ●),* où l'on peut séjourner sans la carte de membre. Beaucoup plus répandues cependant sont les AJ privées, ou *hostels,* qui proposent des dortoirs et des chambres doubles, avec les espaces communs, l'ambiance (plutôt jeune, même s'il n'y a généralement pas de limite d'âge pour y loger) et les services typiques de ce genre d'établissements. Elles sont souvent modernes et bien tenues mais il faut savoir que dans certains coins du Sud (Phuket, Phi Phi, Samui...) et du Nord (Pai), le propos est parfois plus d'y faire la fête que d'y dormir (du coup l'entretien et la qualité des nuits s'en ressentent)...

Le camping

Il se pratique essentiellement dans les parcs nationaux (voir plus bas), mais on peut aussi parfois planter sa tente dans le jardin de certaines *guesthouses* pour routards. Rappelez-vous qu'il peut faire très chaud ou pleuvoir beaucoup...
Étant donné le faible prix des *guesthouses,* le camping n'est guère pratiqué et pas vraiment recommandé, sauf dans les parcs nationaux (habile transition).

Les parcs nationaux

Le pays compte plus de 100 parcs nationaux, dont la plupart offrent des possibilités d'hébergement. Un must pour les amoureux de nature et de calme. On peut planter sa propre tente (autour de 30-100 Bts par personne), ou en louer une (environ 225-400 Bts pour 2-3 personnes). Le sac de couchage et oreiller sont alors parfois compris, parfois facturés en plus. On peut également résider dans des bungalows. Ces derniers sont de confort, de charme et de taille très variables. Certains fonctionnent comme des dortoirs (environ 400 Bts par personne), mais il en existe aussi pour 2, voire 4 ou 5 personnes (compter 1 000 à 2 000 Bts pour 2 selon le confort). Certains parcs imposent de réserver à l'avance et exigent un séjour minimal de 3 jours consécutifs. Dans d'autres, les plus reculés, il est possible de tenter sa chance sur place. Essayez quand même d'appeler avant votre arrivée. Sachez aussi que tout peut être complet pendant les périodes de congés scolaires et en fin de semaine. À noter, enfin, que de nombreux parcs offrent un rabais de 30 % sur le prix des hébergements du lundi au jeudi.
Pour réserver, 2 possibilités :

– Auprès du siège : ***Wildlife and Park Conservation Department,*** *61 Phaholyothin Rd, Chatuchak, Bangkok 10900. ☎ 02-561-07-77. À env 3 km au nord de Chatuchak. Prendre le métro (descendre à la station Phaholyothin), puis un bus. Lun-ven 8h30-16h30. Mieux vaut téléphoner avt d'y aller, certaines résas pouvant se faire par ce biais.*

– En passant par le site *● dnp.go.th ●* (en thaï seulement... Ah ! Ah !).

LANGUE

La langue thaïe est, à l'origine, proche des dialectes du sud de la Chine, car l'ethnie qui peuple la Thaïlande est originaire de ces contrées. Ensuite, elle s'est enrichie de mots et tournures khmers, puis de sanskrit et de pali (langues de l'Inde). La langue nationale thaïe enseignée dans les écoles est une synthèse des dialectes du centre du pays. En effet, les 4 principales régions ont chacune leur dialecte, à peu près aussi différents entre eux que le portugais, l'espagnol, l'italien et le français. En plus, il y a le *rachasap,* vocabulaire spécial employé en présence des souverains, proche du langage encore pratiqué au Cambodge.

L'alphabet est composé de 44 consonnes et de 16 voyelles (qui se combinent pour former 32 formes vocaliques), plus 4 signes écrits d'intonation. Le thaï s'écrit de gauche à droite. Ça ressemble à des spaghettis assez harmonieux. Particularités : il n'y a ni ponctuation ni majuscule, et les lettres ne sont pas liées. Plusieurs mots peuvent aussi s'écrire sans espace entre eux. La grammaire du thaï populaire est rudimentaire : pas de genre, pas d'article, pas de pluriel, pas de conjugaison. Un mot peut aussi bien servir de nom, de verbe, d'adjectif ou d'adverbe. Enfin, le thaï est une langue à tons, particulièrement difficiles à produire pour les Occidentaux.
La langue des touristes est l'anglais, à l'exclusion de toute autre ; à peu près pratiquée par les Thaïs au contact des touristes, dans les lieux où ceux-ci sont nombreux (Bangkok, Pattaya, Chiang Mai, les îles du Sud...). Ailleurs, vous retrouverez les joies du mime et des petits dessins.

Quelques règles de prononciation

Précisons d'abord qu'il n'y a pas de règles de transcription bien établies des mots thaïs en alphabet latin. Du coup, il n'est pas rare de voir certains noms propres écrits de différentes façons. Cela étant, on peut quand même dire que les lettres *p, t* et *k* suivies d'un *h* sont aspirées, et que *ph* se prononce comme « p » dans « premier ». La dernière syllabe de chaque mot se prononce plus fort que le reste. Le *u* se dit « ou », le *aï* se prononce « ail », *j* se prononce « dj », et les *r* se roulent comme en Bourgogne !

LE BON TON

Les mots changent de sens en fonction du ton employé. Il y en a 5 et ils sont nécessaires pour parler thaï. Un même mot pourra donc avoir 5 significations différentes pour une même graphie. On pourrait citer le célèbre « Mai, mai mai mai mai ? »*, qui signifie « Le bois vert ne brûle pas, n'est-ce pas ? ». Ou le mot* khao *(colline), qui peut aussi bien vouloir dire « nouvelles », « riz », « entrée », voire « genoux » !*

Quelques expressions et mots courants

Le vocabulaire ci-après est donné avec une transcription phonétique qui est évidemment très imparfaite. Pour vous faciliter la tâche, on a traduit en lettres thaïes une sélection de mots ou expressions utiles. Au lieu de vous escrimer à baragouiner dans la langue du pays, vous n'aurez qu'à brandir votre guide préféré. Allez, bon courage !

Salutations et politesse

Bonjour, bonsoir, au revoir (dit par une femme)	*sawat di kha* – สวัสดี
Bonjour, bonsoir, au revoir (dit par un homme)	*sawat di khrap* – สวัสดีรับ
S'il vous plaît	*karuna* – กรุณา
Merci (dit par un homme)	*kop khun khrap* – ขอบคุณครับ
Merci (dit par une femme)	*kop khun kha* – ขอบคุณค่ะ
Pardon	*kho thot* – ขอโทษ
Oui	*tchaï* – ใช่
Non	*may tchaï* – ไม่ใช่
Monsieur, madame	*khun* – คุณ (aussi pronoms « tu » et « vous »)
Comment allez-vous ?	*(khun) sabai ïdi ru ?* – (คุณ)สบาย ดีหรือ
Très bien	*sabaïdi khrap* (ou *kha*) – สบายดี ครับ (ค่ะ)

Je ne vous comprends pas	*may khao ja ï* – ไม่เข้าใจ
Parlez lentement, s'il vous plaît	*phut cha cha* – กรุณาพูดช้าๆ
Je ne parle pas le thaï	*phut thaï mïa pen* – พูดไทยไม่เป็น

Questions, verbes et mots usuels

Combien ? (prix)	*rakha thao-raï ?* – ราคาเท่าไหร่
Quoi ?	*araï ?* – อะไร
Comment ?	*yang raï ?* – อย่างไร
Pourquoi ?	*thammaï ?* – ทำไม
Quand ?	*mua ra-ï ?* – เมื่อไหร่
Où ?	*thi naï ?* – ที่ไหน
À quelle heure ?	*wèla naï ?* – เวลาไหน
Je veux	*tchan tong kan* – ฉันต้องการ
Je ne veux pas	*tchan maï tong kan* – ฉันไม่ต้องการ
Changer	*plian* – เปลี่ยน
Acheter	*su* – ซื้อ
Vendre	*khaï* – ขาย
Aller	*paï* – ไป
Venir	*ma* – มา
Donnez-moi	*kho* – ขอ
Dormir	*non lap* – นอนหลับ
Manger	*kin* – กิน
Ouvert	*peut* – เปิด
Fermé	*pit* – ปิด
Assez	*pho lêo* – พอแล้ว
Plus	*mak kwa* – มากกว่า
Moins	*noï kwa* – น้อยกว่า
C'est cher	*phèng mak* – แพงมาก
C'est joli	*suay di* – สวยดี
Beaucoup	*maak* – มาก
Mauvais, mal	*maï di* – ไม่ดี
Doucement	*cha-cha* – ช้าๆ
Amusant, rigolo	*sanuk* – สนุก
Bouddha	*phra* – พระ
Bonze	*phrasong* – พระสงฆ์
Tailleur	*ráan tát sûa* – ร้านตัดเสื้อ
Médecin	*phêêt* – แพทย์
Étranger de race blanche	*farang* – ฝรั่ง

Dans le temps

Aujourd'hui	*wan nii* – วันนี้
Demain	*phrûng nii* – พรุ่งนี้
Hier	*mûea wann nii* – เมื่อวานนี้
Matin	*tonn tchao* – ตอนเช้า
Après-midi	*tonn baï* – ตอนบ่าย
Soir	*tonn kam* – ตอนค่ำ
À midi	*thiang* – เที่ยง
Avant	*konn nii* – ก่อนนี้
Après	*lang* – หลัง

Dans l'espace

Où allez-vous ?	*khun kamlang tjà païnaï ?* – คุณกำลังจะไปไหน
Droite	*kwa* – ขวา
Gauche	*saï* – ซ้าย
Tournez à droite	*lio kwa* – เลยวขวา

Tournez à gauche	*lio saï* – เลยวซ้าย
Conduisez tout droit	*khap rôt trong paï* – ขับรถตรงไป
Prenez un *tuk-tuk*	*nâng tùk tùk paï* – นั่ง ตุ๊กๆ ไป
Combien dois-je payer ?	*khâa rot thâu raï ?* – ค่ารถเท่าไร
Plus lentement	*cháa cháa noï* – ช้าๆหน่อย
Où est l'arrêt d'autobus ?	*pâi rôt mé yùu thị naï ?* – ป้ายรถเมล์อยู่ที่ไหน
Gare	*sathani rot faï* – สถานีรถไฟ
Gare des bus	*sathani rot mé* – สถานีรถเมล์
Cyclo-pousse	*samlor* – สามล้อ
Plage	*thalé* – ทะเล
Poste de police	*sathani tamrouat* – สถานีตำรวจ
Hôpital	*rong phayaabaan* – โรงพยาบาล
Ambassade de France	*sàthaanthuut faràngsèt* – สถานทูตฝรั่งเศส
Bureau de poste	*praïsanii* – ไปรษณีย์

À l'hôtel

Hôtel	*rong raem* – โรงแรม
Chambre	*hong* – ห้อง
Douche	*hong abnam* – ห้องอาบน้ำ
Téléphone	*thorasap* – โทรศัพท์
Eau chaude	*náam ron* – น้ำร้อน
Couvertures	*phâa hom* – ผ้าห่ม
Serviettes	*phâa chét tua* – ผ้าเช็ดตัว
Combien pour la nuit ?	*hong là thao raï ?* – ห้องละเท่าไหร่

Au restaurant

Restaurant	*ran a han* – ร้านอาหาร
Eau (carafe)	*nam plao* – น้ำเปล่า
Eau (bouteille)	*nam kwat* – น้ำขวด
Pain	*khanom pang* – ขนมปัง
Boire	*dum* – ดื่ม
Riz	*khao* – ข้าว (avec « r » suggéré entre le *k* et le *h)*
Riz sauté	*khao phat* – ข้าวผัด
Nouilles	*kuay tio* – ก๋วยเตี๋ยว
Nouilles sautées	*kuay tio phat* – ก๋วยเตี๋ยวผัด
Œuf	*khaï* – ไข่
Poisson	*pla* – ปลา
Viande	*neua* – เนื้อ
Soupe chinoise	*feu* (mais se dit plutôt *soup*) – ซุ๊ป
Avez-vous le menu anglais ?	*mi meynuu pèn phaasaa angkrit maï ?* – มีเมนูเป็นภาษาอังกฤษไหม
Qu'est-ce que vous avez de bon ?	*mi araïaroïbâang ?* – มีอะไรอร่อยบ้าง
Pas épicé	*ao maï phèt* – เอาไม่เผ็ด
Pas trop épicé	*phèt nit noï* – เอาไม่เผ็ด
Faites le mien bien épicé	*ao phèt phèt* – เอาเผ็ดๆ
Thé	*nam chaa* – น้ำชา
Café	*kaafè* – กาแฟ
Thé chinois	*chaa yèn* – ชาจีน
Whisky thaï	*mè khong* – แม่โขง

Les chiffres

Un	*neung* – หนึ่ง
Deux	*song* – สอง
Trois	*sam* – สาม

Quatre	*si* – สิ่
Cinq	*ha* – ห้า
Six	*hok* – หก
Sept	*tjet* – เจ็ด
Huit	*pèt* – แปด
Neuf	*kao* – เก้า
Dix	*sip* – สิบ
Vingt	*yi sipp* – ยิสิบ
Trente	*sam sipp* – สามสิบ
Quarante	*si sipg* – สิสิบ
Cent	*roï* – ร้อย
Deux cents	*song roï* – สองร้อย
Mille	*neung phan* – หนึ่งพัน
1 baht	*rian báat* – เหรียญบาท
5 Bts	*rian hâa báat* – เหรียญห้าบาท
10 Bts	*baï sip* – ใบสิบ
20 Bts	*baï yi sip* – ใบยิสิบ
50 Bts	*baï háa sip* – ใบห้าสิบ
100 Bts	*baï roï* – ใบร้อย
500 Bts	*baï hâa roï* – ใบห้าร้อย
1 000 Bts	*baï phan* – ใบพัน

Lieux

District	*amphoe* – ตำบล
Baie	*ao* – อ่าว
Village	*ban* – บ้าน
Ville	*chiang* – เชียง
Colline	*khao* – เขา
Canal	*khlong* – คลอง
Île	*ko* – เกาะ
Montagne	*phu* – ภู
Édifice religieux caractéristique du style khmer	*prasat* – ปราสาท
Ruelle	*soi* – ซอย
Port, embarcadère	*tha* – ท่า
Temple	*wat* – วัด

LIVRES DE ROUTE

– ***Louis XIV et le Siam,*** de Dirk Van der Cruysse (Fayard, 1991, 588 p.). Le récit haut en couleur de l'ambassade envoyée en 1660 par le Roi-Soleil à la cour de Phra Narai dans l'espoir de convertir les Siamois au catholicisme. La mission fera politiquement naufrage lorsque les officiers français se mettront dans l'idée d'imposer une protection militaire au royaume. Du même auteur chez Fayard, la biographie *L'Abbé de Choisy, androgyne et mandarin* (1995, 494 p.), qui existe aussi en format numérique.

– ***Les Cafards,*** de Jo Nesbo (Gallimard, coll. « Folio policier », 2014, 512 p.). Au cœur de Bangkok, l'inspecteur norvégien Harry Hole est dépêché par ses supérieurs pour enquêter sur le meurtre mystérieux d'un ambassadeur. Entre cauchemar et réalité, la part sombre de la sulfureuse cité des anges se dévoile à mesure que l'enquête amène Hole à côtoyer les tréfonds de l'humanité.

– ***Bangkok 8,*** de John Burdett (10/18, coll. « Domaine étranger », nº 3789, 2009, 419 p.). Sonchaï Jettleeheep a la particularité d'être à la fois bonze et inspecteur de police. S'inspirant de la mystique bouddhiste, ses aventures nous plongent dans la vie quotidienne des quartiers les plus malfamés de la capitale thaïe.

– ***Le Faucon du Siam,*** d'Axel Aylwen (LGF, coll. « Le Livre de Poche », nos 14452, 14674 et 14895). En 3 tomes, l'incroyable histoire du Grec Phaulkon, au XVIIe s, 1er courtisan et ministre du roi Narai. Pour se plonger dans l'histoire du pays.
– ***La Plage,*** d'Alex Garland (LGF, coll. « Le Livre de Poche », no 14641, 1999, 480 p.). À la recherche de LA plage, éden mystérieux, où Richard et ses potes se déchirent et s'entretuent. Esprit baba, mais pas cool.
– ***Venin,*** de Saneh Sangsuk (Points, no 1319, 2005, 74 p.). Une Thaïlande mystérieuse, hantée par le divin. Nature, sorcellerie, on est loin des plages dorées du Sud thaïlandais. Du même auteur, ***Une histoire vieille comme la pluie*** (Le Seuil, coll. « Cadre vert », 2004, 228 p.), toujours habité par ces légendes et cette terre thaïlandaise énigmatique.
– ***Plateforme,*** de Michel Houellebecq (J'ai Lu, no 6345, 2010, 350 p.). Une vision désespérée et triste à mourir de la Thaïlande, qu'on ne partage absolument pas. Avec des femmes thaïes offertes aux portefeuilles d'Occidentaux en mal d'amour. Des héros sans aucun état d'âme. En prime, un portrait du *Routard* pas piqué des vers... Mais nous acceptons toutes les opinions !
– ***Le Siam,*** de Michel Jacq-Hergoualc'h (Belles Lettres, coll. « Guide des Civilisations », 2004, 256 p.). Une collection très ludique mais très sérieuse pour découvrir les civilisations du Siam et ses anciennes capitales, Ayutthaya et Sukhothai.
– ***Café Lovely,*** de Rattawut Lapcharoensap (Points, no P2193, 2009, 245 p.). À travers ces 7 nouvelles, l'auteur américano-thaïlandais invite ses lecteurs à partager les aventures de jeunes gens du pays, à découvrir la face cachée des villages, des banlieues, de l'armée thaïlandaise ou des camps de réfugiés cambodgiens. Même le va-et-vient continuel des *farang* prend alors une tout autre dimension.
– ***L'Année du caméléon,*** de Sucharitkul Somtow (Éd. du Rocher, 2005). Années 1960. Petite grenouille, un garçon de 12 ans, vit avec ses 3 tantes dans le milieu assez chic de la bourgeoisie thaïlandaise. L'auteur nous plonge alors dans la réalité de Bangkok, la saleté de ses rues et des lieux étranges habités par les magiciens de la nuit. Petite grenouille va découvrir sa ville et à travers elle, la réalité d'un pays en pleine mutation.
– ***Meurtre et Méditation,*** de Nick Wilgus (Philippe Picquier, no 291, 2007, 281 p.). Un meurtre au monastère, voilà qui n'est pas commun. C'est le cadre choisi par l'auteur, un ancien moine franciscain, correspondant à Bangkok pour le *Washington Post.* Au fil des pages, tout en suivant les pas de l'enquêteur moine – et quant à lui ancien policier –, on en apprend un peu plus sur les règles qui régissent la vie monastique des moines bouddhistes.
– ***Les Oiseaux de Bangkok,*** de Manuel Vásquez Montalbán (Points, 2009, 396 p.). Après avoir traîné son ennui à Barcelone, fouinant autour d'une affaire de meurtre à coups de bouteille de champ' qui n'intéresse que lui, Pepe Carvalho s'envole à contrecœur pour Bangkok, à la recherche d'une vague connaissance traquée par des trafiquants de diamants. Entre circuit touristique et soubresauts d'une enquête dont il ne maîtrise pas grand-chose, le détective privé catalan, las, désabusé, un peu rêveur et volontiers gastronome, va se retrouver entraîné malgré lui aux 4 coins du pays, entre vices de Bangkok, délices de Koh Samui et dénuement du Sud séparatiste. Un antihéros, pour un antipolar.
– ***Anna et le Roi,*** de Margaret Landon (Archipoche ; 1re édition par « The John Day Company », 1944, 349 p.). Basée sur les mémoires d'Anna Leonowens, l'auteur retrace l'histoire de cette préceptrice anglaise à la cour du roi du Siam dans la 2de moitié du XIXe s. Chargée de l'éducation des (nombreux) enfants du roi Mongkut (Ranma IV) et tout particulièrement du jeune prince héritier, Anna se heurte aux coutumes étranges d'un pays dont elle ignore tout... et qu'elle apprendra à aimer. Bien que largement romancée, l'histoire est agréablement émaillée de détails sur la culture, les habitants et leurs traditions. Interdite en Thaïlande car historiquement discutable, l'œuvre a rencontré un vif succès à l'étranger et a été adaptée plusieurs fois à l'écran.

MUSÉES ET SITES

Gardez en tête que les musées sont pour la plupart fermés le lundi, voire le mardi. Les monuments et les sites sont en revanche ouverts tous les jours, souvent de 8h à 17h, voire 18h. Quant aux *wat* (temples), ils sont en général accessibles de l'aurore au coucher du soleil. Les horaires d'accès aux parcs nationaux sont très variables en fonction du type de parcs. Ceux où l'on peut dormir et les autres. Bien se renseigner avant de s'y rendre.

PHOTOS

Vous trouverez tout le matériel désiré à Bangkok et dans les villes touristiques, notamment des cartes mémoire et du petit matériel. Mais ne croyez pas faire des affaires en ce qui concerne le matériel photo lui-même. Ce n'est pas moins cher qu'en Europe et sans les garanties. De plus, les vendeurs sont rarement des spécialistes. À éviter.
Aucun problème pour prendre les habitants en photo (sauf les militaires et les gens en armes), à condition de leur demander l'autorisation. Dans les musées et les temples, ne pas se prendre en selfie devant des statues de Bouddha, ni adopter de posture jugée inconvenante devant un monument religieux : des panneaux sont d'ailleurs là pour le rappeler !

POSTE

Les bureaux de poste sont généralement ouverts du lundi au vendredi de 8h30 à 16h30 et le samedi de 9h à 12h. Certains le sont aussi le dimanche matin. Tous les bureaux disposent d'un service d'envoi de paquets par voies terrestre, maritime ou aérienne. Par mer, délai de 3 mois. Certains assurent également les transferts d'argent *Western Union.* Côté tarifs, compter environ 15 Bts pour une carte postale, 17 Bts pour une lettre de 10 g (et 7 Bts par 10 g supplémentaires) et environ 85 Bts pour une lettre recommandée, hors prix de l'envoi.

POURBOIRE

On ne laisse – traditionnellement – pas de pourboire, bien que les Thaïs travaillant au contact des touristes se soient aisément habitués à cette gratification importée. Au resto, dans les endroits touristiques, les serveurs attendront un petit billet, tout comme les chauffeurs privés et les masseurs. De plus en plus d'établissements chics facturent d'office 10 % pour le service : dans ce cas, un pourboire n'est pas attendu bien entendu. Bien regarder la note avant.

SANTÉ

Précautions

- Au moment des grosses chaleurs, ***se méfier des problèmes de déshydratation,*** responsables de bien des maux.
- Attention aux nombreux ***serpents venimeux*** dans les campagnes et aux multiples ***bestioles marines*** sympathiques : poissons-pierres, serpents pélagiques, oursins, méduses, physalies...
- ***Parasites intestinaux*** fréquents (amibes, Giardia, anguillules, ankylostomes...) : éviter les contacts avec les eaux douces stagnantes, les boues, etc.

– Le ***virus de l'hépatite A*** (transmis par l'alimentation) est omniprésent ; la vaccination des voyageurs est heureusement de plus en plus pratiquée : efficacité 100 % et probable immunisation à vie après un seul rappel.
– Forte ***pollution atmosphérique*** à Bangkok et à Chiang Mai : asthmatiques, insuffisants respiratoires ou cardiaques, attention !
– La ***leptospirose*** est en augmentation en Thaïlande : maladie souvent grave transmise par contact avec des eaux douces polluées par des déjections de rats. Attention pendant les treks ou les randonnées sauvages.

Les antimoustiques

Les moustiques étant partout très nombreux en Thaïlande, il faut toujours utiliser des répulsifs antimoustiques *(repellents).* La plupart (pour ne pas dire la quasi-totalité) des répulsifs antimoustiques/arthropodes vendus en grande surface ou en pharmacie sont insuffisamment efficaces. Il existe une gamme, complète et performante, conforme aux recommandations du ministère français de la Santé : *Insect Ecran®*. En complément, on peut aussi, avant le départ, imprégner ses vêtements (avec *Insect Ecran® Tissus* ou *Trempage*) : efficace 6 semaines, résiste à 6 lavages en machine.

À emporter avec soi

Moustiquaire imprégnée d'insecticide (pour les séjours ruraux), répulsifs antimoustiques (lire plus haut), insecticides, crèmes de protection solaire.

• *astrium.com* • Les produits et matériels utiles aux voyageurs, assez difficiles à trouver, peuvent être achetés par correspondance sur le site de Santé Voyages. Infos complètes toutes destinations, boutique web, paiement sécurisé, expéditions Colissimo Expert (48h) ou Chronopost (24h). ☎ *01-45-86-41-91.*

Pour ce qui est des médicaments, les pharmacies en Thaïlande sont relativement bien approvisionnées, mais mieux vaut prévoir un petit stock pour les soins de base (contre les diarrhées et autres problèmes digestifs, paracétamol, désinfectant et pansements, etc. ; voir avec votre médecin). Si vous suivez un traitement, prévoir aussi un stock suffisant.

Le paludisme

Dans tous les livres et brochures, on trouve la mention « Paludisme +++ multirésistant ». Cela est vrai, mais :
– ce paludisme n'est présent que dans des zones très limitées, forestières et frontalières ; la très grande majorité du pays, composée de plaines et de rizières, en est totalement indemne ;
– dans les zones impaludées, il n'y a risque de transmission que la nuit ;
– il n'y a pas de paludisme dans les grandes villes.
Prenons pour exemple un circuit touristique habituel : Bangkok, Phuket (par avion), Ayutthaya, Sukhothai, Chiang Mai, Chiang Rai avec une visite diurne de la zone frontalière du Nord : il n'y a aucune possibilité de transmission du paludisme. Ce n'est qu'au cas où un séjour comprendrait des nuitées dans les villages des zones frontalières (notamment de la Birmanie) qu'un traitement antipaludique s'imposerait : ce serait alors soit de la Malarone® (un comprimé par jour dès la veille de l'arrivée dans la zone et pendant 7 jours après la sortie de celle-ci), soit de la doxycycline (Doxypalu®, un comprimé par jour en commençant la veille de l'arrivée en zone impaludée, à poursuivre durant toute la durée du séjour et pendant les 4 semaines qui suivent le retour). Tous les autres antipaludiques sont insuffisants pour ces zones de multirésistance. Le seul inconvénient avec la doxycycline : il faut prendre le comprimé le soir et il ne faut pas s'exposer au soleil sans protection

solaire, cela peut entraîner une photosensibilisation de la peau. Gare aux coups de soleil, aux douleurs, voire à une dépigmentation à vie ! Protégez-vous bien.

La dengue

Une épidémie de ***dengue*** peut survenir à tout moment en Thaïlande, comme dans tout pays de l'Asie du Sud-Est, en particulier lors de la mousson. Transmise par les piqûres de moustiques en plein jour, la dengue est une forte fièvre d'origine virale, un peu comme une très grosse grippe, parfois très grave (1 à 2 % de décès). On ne dispose pas de traitement spécifique à l'heure actuelle. La seule prévention consiste à se protéger des moustiques, la nuit et surtout le jour. La dengue est présente depuis de nombreuses années en Thaïlande. Si l'on en entend parler de plus en plus, c'est parce qu'elle s'est propagée largement dans la zone inter- et subtropicale et sur une bonne partie de la planète.
Transmis de manière identique, le ***chikungunya.*** On ne le dit pas assez, mais cette maladie est présente en Thaïlande (voire épidémique, comme en 2009).

L'encéphalite japonaise

L'encéphalite japonaise sévit en permanence, mais surtout par épidémies en période de mousson. C'est une maladie grave (1/3 de décès, 1/3 de séquelles neurologiques). Il existe un vaccin (Ixiaro®) bien toléré, recommandé aux expatriés, voyageurs fréquents et touristes se rendant en période de mousson dans les pays situés au-dessous d'une ligne reliant le Bangladesh et le Sud sibérien jusqu'au Queensland au sud (voir ● *astrium.com* ●). 2 injections à faire (J0-J28) ; disponible dans les centres de vaccinations internationaux et en pharmacie (sur prescription). Prix public conseillé : environ 90 € chaque dose.

Vaccinations

Voir la rubrique « Avant le départ ».

Le sida et les MST

La Thaïlande reste un pays assez touché par le sida. Sans oublier l'hépatite B, dont souffre 5 % de la population thaïe. La vie sexuelle plutôt libre et active des Thaïlandais a favorisé l'avancée massive et foudroyante du sida. Le temps de comprendre et de réagir, et c'est 1 million de personnes qui fut contaminée. En 2016 cela dit, grâce aux diverses campagnes de prévention et de sensibilisation, le nombre de personnes infectées était estimé à 450 000 (0,65 % de la population). Sans surprise, les prostitué(e)s constituent le groupe le plus touché, en particulier les hommes et les transgenres. Chez les femmes, en revanche, le taux d'infection a fortement diminué, l'immense majorité d'entre elles exigeant désormais le port du préservatif.
En 2017, la Thaïlande a lancé une nouvelle stratégie nationale pour mettre fin à la propagation de l'épidémie d'ici à 2030. Ce plan sur 13 ans insiste particulièrement sur la non-stigmatisation des personnes contaminées afin qu'elles accèdent aux soins et services essentiels, mais surtout que les personnes contaminées connaissent leur état sérologique.

Faux médicaments

La contrefaçon de médicaments touche tous les pays et toutes les classes thérapeutiques. Un faux médicament est au mieux inefficace et au pire mortel. Mais, parce qu'il ne soigne jamais convenablement et qu'il est fabriqué dans la clandestinité sans aucun contrôle sanitaire, le faux médicament est toujours dangereux. L'IRACM, l'Institut international de recherche anti-contrefaçon de médicaments, vous donne des conseils pratiques et les précautions à suivre en prévision de votre séjour, durant les formalités d'embarquement, pendant le vol, une fois à destination, et enfin, si vous êtes contraint d'acheter des médicaments sur place. Pour plus d'informations, rendez-vous sur le site • *iracm.com* •

Avant votre voyage

- Prenez suffisamment de médicaments pour toute la durée de votre séjour.
- Voyagez avec votre ordonnance rédigée en « Dénomination commune internationale » (DCI).

Lors des formalités d'embarquement et pendant le vol

- Conservez au moins une partie de vos médicaments en cabine (utile en cas de perte ou de retard de votre valise).
- Gardez vos médicaments dans leurs emballages d'origine.

En cas d'achat de médicament à l'étranger

- Pas de médicaments sans consultation.
- Soyez vigilant face aux contrefaçons.
- N'achetez vos médicaments qu'auprès de revendeurs officiels (pharmacies).
- En cas de doute, appelez votre ambassade pour obtenir la liste des pharmacies officielles.
- Vérifiez attentivement vos médicaments et leur conditionnement.
- Attention aux effets indésirables inhabituels. Consultez un médecin dans les plus brefs délais et apportez-lui les médicaments suspects.

Source : IRACM. L'Institut international de recherche anti-contrefaçon de médicaments est une association internationale indépendante à but non lucratif dont la mission principale est de promouvoir et développer la lutte contre le trafic de faux médicaments à travers le monde.

Assurance santé

Les soins médicaux sont parmi les meilleurs de la péninsule. Pour autant, il peut s'avérer judicieux de prévoir une assurance santé avant le départ.

■ ***Routard Assurance par AVI International :*** *Le Colisée Gardens, 10, av. de l'Arche, CS 70126, 92419 Courbevoie Cedex. ☎ 01-44-63-51-00. • routard@avi-international.com • avi-international.com • Ⓜ La Défense.* Enrichie au fil des années par les retours des lecteurs, *Routard Assurance* reste l'assurance voyage référence des globe-trotters. Tout y est inclus, même la **Covid** : frais médicaux, assistance rapatriement, bagages, responsabilité civile... Avant votre départ, appelez *AVI* pour un conseil personnalisé. Besoin d'une **attestation Covid,** d'un avis médical, d'une prise en charge dans un hôpital ? Téléchargez l'appli mobile *AVI International* pour garder le contact avec *AVI Assistance* et disposer d'un vaste réseau médical à travers le monde. *AVI Assistance* est disponible 24h/24 pour une réponse en temps réel. De simples frais de santé en voyage ? Envoyez les factures à *AVI* dès votre retour, ils vous remboursent sous une semaine.

SITES INTERNET ET RÉSEAUX SOCIAUX

Infos pratiques

• ***routard.com*** • Le site de voyage nº 1, avec plus de 800 000 membres et plusieurs millions d'internautes chaque mois. Pour s'inspirer et s'organiser, près de 300 guides destinations actualisés, avec les infos pratiques, les incontournables et les dernières actus, ainsi que les reportages terrain et idées week-end de la rédaction. Partagez vos expériences avec la communauté de voyageurs : forums de discussion avec avis et bons plans, carnets de route et photos de voyage. Enfin, vous trouverez tout pour vos vols, hébergements, voitures et activités, sans oublier notre sélection de bons plans, pour réserver votre voyage au meilleur prix.

• ***sawadee.com*** • Site généraliste très complet, en anglais. Toutes les infos pratiques (bus, trains, avions, cartes, etc.), réservation d'hôtels, mais aussi calendrier des fêtes et festivals, sports, sites et parcs nationaux à visiter.

• ***tourismethaifr.com*** • Le site officiel de l'office national de tourisme de Thaïlande à Paris (en français). Sur Instagram : #mathailande. La version nord-américaine n'est pas mal non plus : #thailandinsider. Plein de bons conseils de bon sens pour les touristes, sans langue de bois.

• ***thailandee.com*** • Site généraliste, en français. Infos pratiques (transports, argent, cuisine, langue, cartes, etc.), mais aussi hôtels (avec évaluations) et lieux à visiter. Bien fait.

• ***gavroche-thailande.com*** • Magazine français sur le Siam. Actualités, savoir-vivre, bonnes adresses et infos pratiques. Section *expat* et *voyageur* plutôt bien faite et à jour.

Culture et vie quotidienne

• ***toutelathailande.fr*** • Site en français très bien fait, couvrant tous les aspects de la culture thaïe, de la spiritualité aux recettes de cuisine, en passant par les films, les légendes, les bouquins, les ethnies, etc.

• ***eatingthaifood.com*** • Un site en anglais avec plein de recettes et des photos qui vous donneront envie de vous mettre tout de suite aux fourneaux, et de bonnes adresses de restos sur place.

• ***users.skynet.be/abottu*** • De belles photos prises par Alain Bottu, déclinées en visites illustrées des sites, cartes postales électroniques... Mais aussi l'histoire du pays, les événements à fêter, des recettes...

Médias, réseaux sociaux

• ***bangkokpost.com*** • ***nationmultimedia.com*** • 2 des principaux journaux thaïs en ligne. En anglais.

• ***khaosodenglish.com*** • Un site indépendant généraliste centré sur la vie politique et la vie quotidienne. Très bien documenté.

• ***onlinenewspapers.com/thailand.htm*** • Liens vers de nombreux journaux thaïs en ligne (principalement en anglais).

Sports

• ***muaythaigalaxy.com*** • Un site en français pour tout savoir sur la boxe thaïe. Vraiment bien fait et indispensable avant d'aller voir des combats.

TABAC – CIGARETTES ÉLECTRONIQUES

En Thaïlande, il est interdit de fumer dans les lieux publics fermés (gares, aéroports, restos, bars etc.), dans les enceintes des temples et souvent même en terrasse ! Idem pour les trottoirs à l'extérieur des halls d'aéroports (il y a souvent un lieu dédié, mais il est à noter que certains aéroports ont fermé leur espace fumeurs). Même interdiction pour les plages. Les dizaines de milliers de mégots retrouvés chaque année sur des kilomètres de sable ont amené les autorités à cette interdiction. Amendes pour les fumeurs, d'ailleurs : de 2 000 à 5 000 Bts selon l'endroit (voire 100 000 Bts – environ 2 600 € – à la plage !), et 3 000 Bts pour le propriétaire du lieu qui n'a pas informé correctement le fautif. Ne jetez pas non plus votre mégot dans la rue : là encore, amende de 2 000 Bts. Si seulement les poubelles étaient moins rares...

Du reste, depuis 2014, la ***cigarette électronique est strictement interdite en Thaïlande.*** Il est même officiellement interdit de faire entrer une vapoteuse sur le territoire. Outre une forte amende, selon les textes, les contrevenants risquent une peine de prison.
Enfin, ne pas emmener plus d'une cartouche (100 cigarettes) en Thaïlande. Les contrôles aux douanes sont de plus en plus fréquents, et l'amende est salée (environ 200 € par cartouche excédentaire !).

TÉLÉPHONE - INTERNET

Téléphone

Les numéros de téléphones fixes en Thaïlande se composent de 7 chiffres (auxquels il faut ajouter les 2 ou 3 chiffres de l'indicatif régional) et les numéros de portables, qui commencent par 08 ou 09, de 10 chiffres en tout. Les Thaïlandais sont passés maîtres dans l'art de la communication. Ils ont tous les derniers gadgets en matière de téléphonie.

- ***Thaïlande → Thaïlande :*** vers un fixe, toujours composer le numéro complet avec l'indicatif régional. Vers un portable local, il faut composer le numéro avec le 0 devant mais sans indicatif régional.
- ***Thaïlande → France :*** composer le 33 + numéro du correspondant, sans le 0 de la numérotation à 10 chiffres.
- ***Thaïlande → Belgique :*** 32 + numéro du correspondant à 8 chiffres.
- ***Thaïlande → Suisse :*** 41 + numéro du correspondant à 8 ou 9 chiffres.
- ***Thaïlande → Canada :*** 1 + indicatif de la ville + numéro du correspondant.
- ***France, Belgique ou Suisse → Thaïlande :*** composer le 00 + 66 (indicatif du pays) + indicatif régional (sans le 0 ; pas d'indicatif régional vers un portable) + numéro du correspondant.

Appels locaux

En Thaïlande comme ailleurs, on n'a plus vraiment recours aux téléphones publics. Le plus simple et le moins cher, désormais, consiste à équiper un portable d'une carte SIM locale, en vente dans les supérettes *7-Eleven,* qu'on trouve partout. Voir plus bas pour les détails.

Téléphone portable en voyage

On peut utiliser son propre téléphone portable en Thaïlande avec l'option « International ». Renseignez-vous auprès de votre opérateur sur les conditions d'utilisation de votre portable à l'étranger.
- ***Activer l'option « International » :*** elle est en général activée par défaut. Pensez sinon à contacter votre opérateur pour souscrire à l'option (gratuite) au moins 48h avant votre départ.
- ***Le « roaming » ou itinérance :*** c'est un système d'accords internationaux entre opérateurs. Concrètement, cela signifie que lorsque vous arrivez dans un pays, le nouveau réseau local s'affiche automatiquement. Vous recevez rapidement un SMS de votre opérateur qui propose un ***pack voyageurs*** plus ou moins avantageux, incluant un forfait limité de consommations téléphoniques et de connexion Internet.
- ***Forfait étranger inclus :*** certains opérateurs proposent des forfaits où ***35 jours de roaming par an sont offerts*** dans le monde entier. On peut donc cumuler plusieurs voyages à l'étranger sans se soucier de la facture au retour. Attention, si SMS, MMS et appels sont souvent illimités, la connexion internet est, elle, limitée. D'autres opérateurs offrent carrément le ***roaming toute l'année vers certaines destinations.*** Renseignez-vous auprès de votre opérateur.

– ***Tarifs :*** ils sont propres à chaque opérateur et varient en fonction des pays (le globe est découpé en plusieurs zones tarifaires). ***N'oubliez pas qu'à l'international, vous êtes facturé aussi bien pour les appels sortants que les appels entrants,*** idem pour les textos. Donc, quand quelqu'un vous appelle à l'étranger, vous payez aussi. Soyez bref !

– ***Acheter une carte SIM sur place :*** une option très intéressante en Thaïlande. Il suffit d'acheter une carte SIM (associée à un numéro de téléphone local) dans les boutiques des opérateurs *(True Move, AIS, DTAC),* à l'aéroport (le plus facile) ou même dans les superettes type *7-Eleven.* Des forfaits de différentes durées y sont proposés, incluant, outre un crédit téléphonique, un accès plus ou moins important à Internet. Par exemple, pour 15-20 €, on peut surfer sans limite pendant 2 semaines, en plus de pouvoir passer des appels (bon marché) à l'intérieur du pays. Un conseil : essayez de vous adresser à un vendeur qui parle un peu l'anglais, ce sera bien plus facile pour l'activation de la carte.

La connexion internet en voyage

– ***Se connecter au wifi*** à l'étranger est le seul moyen d'avoir accès au Web gratuitement. Attention, ne vous connectez pas aux réseaux 3G ou 4G avec votre connexion internationale, au risque de faire grimper votre facture ! Le plus sage consiste à ***désactiver la connexion*** « données à l'étranger » (dans « Réseau cellulaire »). On peut aussi mettre le portable ***en mode « Avion »*** et activer ensuite le wifi. Attention, le mode « Avion » empêche, en revanche, de recevoir appels et messages.

De plus en plus d'hôtels, restos, bars et mêmes certains espaces publics disposent d'un réseau, le plus souvent gratuit.

– On peut aussi prendre un ***forfait internet*** avec une carte SIM achetée sur place (voir plus haut). Pour 15 € à peine (carte SIM et petit crédit téléphonique inclus), on a, par exemple, droit à un accès illimité à Internet pendant 2 semaines... Très pratique, car cela permet d'être connecté tout le temps, sans plus dépendre du wifi des hôtels. Pratique aussi pour se diriger avec une application comme *Waze* ou *Google Maps.*

– Une fois connecté, vous avez accès à tous les services de la ***téléphonie par Internet. WhatsApp, Messenger*** (la messagerie de *Facebook*), ***Viber, Skype*** permettent d'appeler, d'envoyer des messages, des photos et des vidéos aux 4 coins de la planète, sans frais. Il suffit de télécharger – gratuitement – l'une de ces applis sur son smartphone. Elle détecte automatiquement dans votre liste de contacts ceux qui utilisent la même appli.

Urgence : en cas de perte ou de vol de votre téléphone portable

Suspendre aussitôt sa ligne permet d'éviter de douloureuses surprises au retour du voyage ! Voici les numéros des 4 opérateurs français, accessibles depuis la France et l'étranger :

– ***Free :*** *depuis la France : ☎ 3244 ; depuis l'étranger : ☎ + 33-1-78-56-95-60.*

– ***Orange :*** *depuis la France : ☎ 0800-100-740 ; depuis l'étranger : ☎ +33-969-39-39-00.*

– ***SFR :*** *depuis la France : ☎ 1023 ; depuis l'étranger : 📱 + 33-6-1000-1023.*

– ***Bouygues Télécom :*** *depuis la France comme depuis l'étranger : ☎ + 33-800-29-1000.*

Vous pouvez aussi demander la suspension de votre ligne depuis le site internet de votre opérateur.

Avant de partir, notez (ailleurs que dans votre téléphone portable !) votre numéro IMEI utile pour bloquer à distance l'accès à votre téléphone en cas de perte ou de vol. Comment avoir ce numéro ? Il suffit de taper sur votre clavier *#06#.

Internet

La quasi-totalité des hébergements et un certain nombre de restos, de bars (et même quelques espaces) publics sont équipés du wifi, toujours gratuit pour les clients. Du coup, les cybercafés sont devenus rarissimes.

TOILETTES

On trouve encore des toilettes « à la thaïe » dans certains établissements, les hébergements bon marché et les petits restos notamment. Elles ressemblent aux toilettes « à la turque », mais un peu plus hautes (il n'y a pas toujours de papier toilette, on se nettoie plutôt à l'eau). Mais, en général, ce sont des sanitaires semblables aux nôtres, avec un tuyau en plastique à jets d'eau, mais aussi du papier.

TRANSPORTS

La Thaïlande est un pays où les déplacements sont faciles et pas trop chers. Le pays est saturé d'agences qui proposent de tout, transports locaux inclus, bien sûr.

Trains

Ils sont plus ou moins ponctuels, assez lents (en général, 40-50 km/h en moyenne) et un peu plus chers que les bus. Pour les longs trajets (comme Bangkok-Chiang Mai), le train (de nuit notamment) est cependant plus pratique et plus confortable que le bus. Il y a souvent un wagon-restaurant ou, au moins, un vendeur ambulant de boissons et snacks. En outre, à chaque gare, vous trouverez une foule de vendeurs d'ananas, de cacahuètes, de poulet sauté, de petits gâteaux, etc.

Il existe ***3 catégories de places :*** la 3e classe, acceptable (surtout pour le prix !) et utilisée plutôt pour les trajets courts (pour lesquels c'est d'ailleurs souvent la seule classe disponible) ; la 2e classe, ventilée ou climatisée, confortable ; et enfin la 1re classe, chère, toujours climatisée et vraiment chicos ! Attention aux divers suppléments pour les rapides, express, spécial express, les voitures avec clim et les couchettes. Les 1re et 2e classes couchettes, impeccables, avec draps propres et couverture de temps à autre, sont à essayer au moins une fois ; notez que les couchettes supérieures sont un peu moins chères que celles du bas, mais moins larges aussi.

Pour les ***horaires,*** le plus simple est de consulter le site en anglais ● *seat61.com* ●, très bien conçu, complet et plein d'infos connexes (notamment sur les modalités d'achat des billets). Sinon, il y a aussi ● *thailandtrains.com* ●

Il est conseillé de ***réserver sa place*** suffisamment à l'avance pour les longues distances ou les trains-couchettes, surtout lors des vacances et autres périodes de festivités thaïes. Pour les courtes distances (et pour la 3e classe en général), comme le Bangkok-Kanchanaburi ou le Bangkok-Ayutthaya, on achète son billet avant d'embarquer.

Pour l'***achat des billets*** en 1re et 2e classe, plusieurs possibilités : directement dans les gares (avoir son passeport), via une agence de voyages (locale ou non), ou encore sur Internet. Dans ces 2 derniers cas, s'attendre à une commission bien sûr. Si vous optez pour la réservation en ligne, on vous conseille le site ● *12go.asia* ●, qui permet de réserver (de 3 à 90 jours à l'avance) tout type de billets de transport en Asie. Site facile à utiliser, il suffit de sélectionner « Thailand » dans la page d'accueil puis de choisir le trajet que vous souhaitez. Différentes options (de trains et de classes, avec les prix correspondants, mais aussi de bus ou de vans...) vous seront alors proposées, et vous n'aurez plus qu'à choisir, régler avec une carte de paiement internationale et aller, ensuite, chercher votre billet à un endroit

tout proche de la gare de départ. Sinon, on peut aussi se faire envoyer le ticket par la poste (en Thaïlande ou à l'étranger) mais il y a un surcoût (important pour l'étranger !).
Dernière remarque : il arrive que, sur certains parcours, les billetteries en ligne affichent complet pour tel ou tel train. Ce qui ne veut pas forcément dire qu'il est complet. Simplement ils ont vendu leur quota de billets. Il faut alors se rendre à la gare pour voir s'il reste des places.

Bus

Ils se rendent partout, notamment là où le train ne va pas. Les bus sont plus rapides et un peu moins chers que les trains, mais moins agréables pour les longues distances.
Il existe grosso modo 3 sortes de bus.
– ***Les bus gouvernementaux avec ou sans clim :*** on les prend généralement à un terminal central. Les bus non climatisés, souvent bondés, desservent surtout les petites localités dans les environs d'une grande ville. Pour les longs trajets, préférer ceux avec clim (mais prévoir une petite laine, la clim étant souvent efficace !). Les bus gouvernementaux, comme *Prempracha,* sont moins chers que les bus privés, mais le confort est moindre et ils sont plus souvent annulés que les autres.
– ***Les bus privés climatisés :*** on en trouve dans toutes les villes où il y a du tourisme. Ils sont confortables, rapides et ponctuels mais plus chers. Ils circulent en général sur de longues distances, principalement de nuit (économie d'une nuit d'hôtel !). On y sert à boire et, sur certains trajets, le prix inclut un bon pour manger dans le resto où le bus fait halte. Il existe également de nombreux services de minibus privés. Mais ils ne sont pas forcément plus confortables qu'un gros bus *Pullman* où l'on peut allonger ses jambes. Exception : dans les régions montagneuses du Nord, il y a beaucoup plus de minibus que de gros bus, un peu larges à manœuvrer sur les petites routes et dans les (nombreux) virages.

– ***Les bus VIP :*** il s'agit de bus climatisés de luxe, dont le faible nombre de sièges permet une inclinaison maximale. Rapides et chers, mais on arrive frais et dispo. Petite laine conseillée pour la nuit. Vérifiez tout de même bien que figure sur votre billet la mention « VIP »...

Avion

Il existe ***2 aéroports à Bangkok.*** Suvarnabhumi, de loin le plus important, accueille la plupart des vols internationaux mais aussi les vols intérieurs de *Thai Airways/Smile* et de *Bangkok Airways.* Don Muang, l'ancien aéroport, accueille, lui, les compagnies *low-cost Thai AirAsia, Nok Air, Thai Lion Air et Nok Scoot.* Cela étant, bien vérifier quand même l'aéroport de départ. Si vous avez une correspondance et sur présentation de votre billet d'avion le prouvant, vous pouvez prendre gratuitement la navette qui relie les 2 aéroports.

Les compagnies régulières

■ ***THAI :*** ☎ 02-288-70-00. • thaiairways.com • La compagnie nationale. Un ou plusieurs vols journaliers au départ de Bangkok Suvarnabhumi pour Chiang Mai, Phuket et Krabi (les autres vols intérieurs sont assurés par *THAI Smile,* voir plus bas). Côté international, la *THAI* dessert une grosse soixantaine de destinations dans 30 pays, dont Paris et Bruxelles.

■ ***Bangkok Airways :*** ☎ 02-270-66-99 ou 1771 (call center). • bangkokair.com • Dessert notamment, depuis Bangkok Suvarnabhumi, Ko Samui, Phuket, Krabi, Hat Yai, Pattaya, Chiang Mai, Chiang Rai, Lampang, Mae Hong Son, Sukhothai, etc. Également des liaisons directes avec Phnom Penh et Siem Reap (Cambodge), Luang Prabang et Vientiane (Laos), Yangon

VILLES	DISTANCE	TRAJET EN TRAIN	TRAJET EN AVION
Ayutthaya	86	1h20	
Bangsaen	106		
Chanthaburi	319		
Chiang Mai	700	11h à 15h	1h
Chiang Rai	823		
Chumphon	460	9h	
Hat Yai	996	19h	1h15
Hua Hin	230	4h	
Kanchanaburi	126	2h30	
Khon Kaen	445	8h30	1h
Lampang	604	11h30	
Lamphun	667	13h30	
Nakhon Pathom	56	1h40	
Nakhon Phanom	735		
Nakhon Ratchasima	256	5h	
Nakhon Si Thammarat	832	16h45	
Nan	745		
Pattaya	140		
Petchburi	125	4h	
Phitsanulok	498	7h	40 mn
Phuket	922		1h10
Rayong	208		
Songkhla	1 024		
Sukhothai	466		
Trat	387		
Ubon Ratchathani	647	10h30	1h35
Udon Thani	562	10h30	1h35
Yala	1 142	20h	

N.B. : *des distorsions peuvent intervenir, selon les sources, dans l'évaluation des kilométrages (traduction des miles en kilomètres pas toujours rigoureuse). De même, les temps de trajet en train ou en avion sont donnés à titre indicatif, des variations existant selon le nombre d'arrêts ou d'escales.*

et Mandalay (Myanmar) – dont un très pratique Chiang Mai-Mandalay. Un peu chère pour les destinations sur lesquelles elle exerce un quasi-monopole, comme Ko Samui, Sukhothai et Trat (Ko Chang).

Les compagnies low-cost

Il y en a plusieurs désormais en Thaïlande. Et comme ailleurs dans le monde, c'est la grosse bagarre avec les compagnies régulières. Au bout du compte, le consommateur est gagnant, car les prix déjà peu élevés sont encore tirés vers le bas. Elles desservent tous les coins du pays et relient aussi Bangkok aux pays voisins. On trouve leurs bureaux directement dans les aéroports.

■ ***THAI Smile :*** ☎ *02-118-88-88 ou 1181* (call center). ● *thaismileair.com* ● Filiale *low-cost* de la *THAI,* elle propose des vols au départ de Bangkok-Suvarnabhumi pour Chiang Mai, Chiang Rai, Phuket, Krabi, Udon Thani, Ubon Ratchathani, Surat Thani, Khon Kaen, Narathiwat et Hat Yai.

■ ***Nok Air*** *(de/vers Bangkok-Don Muang)* ***:*** ☎ *1318* (call center), *02-088-89-55* (international call center). ● *nokair.com* ● Outre des vols directs vers une vingtaine de destinations dans le pays, Nok Air offre un service *Fly'n'Ferry* pour la plupart des îles (pratique). Également quelques destinations internationales (Yangon, Ho Chi Minh Ville...), dont certaines en partenariat avec *Scoot Airlines.*

■ ***Thai AirAsia*** *(de/vers Bangkok-Don Muang)* ***:*** ☎ *02-515-99-99* (call center). ● *airasia.com* ● Le représentant local de la célèbre compagnie malaisienne, précurseur en matière de *low-cost,* dispose du réseau inter-asiatique le plus étendu. Dessert une vingtaine de destinations thaïes, directement ou avec transferts pour certaines îles ou villes sans aéroport.

■ ***Thai Lion Air*** *(de/vers Bangkok-Don Muang)* ***:*** ☎ *02-529-99-99.* ● *lionairthai.com* ● Cette compagnie associée à la *Lion Air* indonésienne vole vers une quinzaine de villes thaïes et une vingtaine à l'international (dont une dizaine en Chine).

■ ***Thai VietJet Air*** *(de/vers Bangkok-Suvarnabhumi)* ***:*** ☎ *02-089-19-09.* ● *vietjetair.com* ● Compagnie vietnamienne associée à la *Thai* et desservant Chiang Mai, Chiang Rai, Krabi, Phuket et Udon Thani.

■ Dans le Nord, il existe également des petites compagnies régionales proposant des vols en Cessna 12 places.

Taxis

Ils sont nombreux et peu chers, sauf dans certains coins du sud du pays comme Ko Samui, où leurs tarifs sont d'autant plus élevés qu'ils refusent de mettre leur compteur (« *meter* » en anglais). Ailleurs, exigez systématiquement ce dernier. Le mieux est de le demander avant de monter dans le taxi. Et s'il refuse, n'hésitez pas à en chercher un autre. À Chiang Mai ou Bangkok, on peut commander un taxi au moyen de l'application *Grab.* Et même un mototaxi (avec casque). Pratique !

Songthaew

C'est l'un des moyens de locomotion les plus répandus en Thaïlande. Ce sont des taxis collectifs au parcours fixe, de couleurs différentes selon leur aire de rayonnement, souvent des pick-up réaménagés avec, à l'arrière du véhicule, 2 planches en bois latérales en guise de sièges (pas confortable !). On s'y entasse pour pas cher. En général, on demande l'arrêt grâce à une sonnette, ou en tapant sur la carrosserie. Pratique pour les courts trajets, mais pour les plus longs, ça peut vite devenir fatigant...

Tuk-tuk

« Tuk-tuk » (se prononce « touk-touk »), criera le chauffeur. Dans les villes, vous l'entendrez partout ! Un *tuk-tuk* est souvent un triporteur aménagé à partir d'une

moto, avec une banquette (pour 2 personnes maximum) sous un auvent métallique. En réalité, il s'agit d'un terme générique (leur forme change selon les régions ; on trouve par endroits des *samlor* par exemple, des demi-motos qui poussent une banquette à l'avant) mais le principe est toujours le même. Certains sont de vraies œuvres d'art.
Côté pratique, il faut toujours négocier fermement le prix avant de monter, mais sachez que c'est souvent plus cher que le taxi, malgré les apparences. Notamment à Bangkok où ils annoncent des prix délirants (alors que le taxi met son compteur). Ne vous fiez pas non plus au chauffeur qui prétendra que l'hôtel ou le resto demandé est fermé, il aura naturellement une autre adresse sous le coude, où il aura bien entendu une commission... Certains se prennent aussi pour Fangio au volant, n'hésitez pas à leur dire « *cháa cháa noï* – ช้าๆหน่อย » (« moins vite, moins vite » !).
Dans certaines îles, comme Ko Lanta, on peut même en louer pour transporter soi-même les copains ou la petite famille. Cela dit, on est tentés de vous le déconseiller, vu la très mauvaise tenue de route de ces engins.

Voiture

– ***Ne pas oublier son permis de conduire international*** (voir la rubrique « Avant le départ. Formalités ») même si, dans la pratique, le permis national (à prendre également !) suffit souvent.
– Il est facile de louer un véhicule en Thaïlande, pour peu que l'on ne soit pas réfractaire à la ***conduite à gauche.*** On vous le conseille notamment sur les îles, où la circulation est simple. Ailleurs, c'est une autre histoire : Bangkok est difficile à appréhender (nombreuses doubles voies et échangeurs) et, globalement, la densité du trafic et l'organisation parfois confuse du réseau peuvent vite rendre la conduite compliquée et stressante. Le développement économique du pays a fait exploser le nombre de voitures sur les routes. L'alternative à cela est de louer une voiture avec chauffeur.
– Le réseau routier est, dans l'ensemble, en très bon état et le marquage au sol impeccable. Sur les grands axes, les panneaux routiers sont en thaï et en anglais, avec les distances exprimées en kilomètres. Si vous conduisez vous-même, on vous conseille vraiment de disposer d'un GPS (les applications pour smartphones genre *Maps.me* ou *Waze,* ne manquent pas, et en achetant une carte SIM locale avec un forfait internet, vous disposerez d'un super navigateur à peu de frais !) : cela vous évitera quelques tracas et vous fera gagner un temps considérable, surtout sur le réseau secondaire, où la signalisation est déficiente ou uniquement en caractère thaï.
– Si les Thaïs conduisent raisonnablement (il y a des exceptions, notamment les minibus !), la Thaïlande est aujourd'hui le 2e pays au monde concernant le nombre de morts par accident de la route, soit 26 000 chaque année, 8 fois plus qu'en France pour un nombre de véhicules sensiblement inférieur ! Il s'agit aux 3/4 de conducteurs de 2-roues qui roulent sans casque. Et c'est d'eux qu'il convient de se méfier en tout premier lieu quand on est en voiture. Même si le port du casque est obligatoire et le transport de passagers à l'arrière des bennes de pick-up interdit, ces mesures ont bien du mal à être mises en pratique.

Quelques infos pratiques

– On roule à gauche en Thaïlande (volant à droite donc), mais on s'habitue vite, d'autant que les voitures sont généralement automatiques.
– Limitations de vitesse : 50 km/h en ville, 80-90 km/h sur route et voie rapide *(highway),* et 110-120 km/h sur autoroute *(motorway)* ; de là à dire qu'elles sont toujours respectées... Mais si vous conduisez, on vous invite à les observer scrupuleusement.

- Alcoolémie : 0,5 g/l. Les contrôles sont inopinés, et ça ne rigole pas. Ils sont effectués avec des éthylotests électroniques. En cas de dépassement, immobilisation du véhicule et nuit au poste ou caution à payer jusqu'à 20 000 Bts selon le taux d'alcool atteint. Tribunal dès le lendemain matin. Ça ne traîne pas.
- Ceinture obligatoire à l'avant comme à l'arrière. Des vérifications sont faites régulièrement par la police. Là aussi, amende allant de 500 à 2 000 Bts selon le nombre de personnes concernées par l'infraction.
- Ne roulez pas la nuit, les camions vont vite, ils ne sont pas toujours éclairés, et pas très respectueux des voitures. Sans compter les 2-roues ou les animaux sur le bord des routes.
- Les dépassements hasardeux en côte et avant un virage masqué ne sont pas rares. Faire très attention !
- Interdiction absolue de téléphoner au volant : 1 000 Bts d'amende.
- Stations-service : nombreuses, aussi modernes qu'en Europe et faciles d'usage. Elles acceptent les cartes de paiement. Compter environ 30-35 Bts le litre d'essence.

Location de voitures

Les grands loueurs internationaux sont représentés à Bangkok et dans les villes importantes du pays.

■ ***BSP Auto :*** *☎ 01-43-46-20-74 (tlj 9h-21h30, w-e 20h). • bsp-auto.com •* Les prix proposés sont attractifs et comprennent le kilométrage illimité et les assurances. *BSP Auto* propose exclusivement les grandes compagnies de location sur place, assurant un très bon niveau de service. Les plus : vous ne payez votre location que 5 jours avant le départ. Remise spéciale de 5 % aux lecteurs de ce guide avec le code « ROUTARD22 ».

Et aussi :

■ ***Hertz :*** *• hertz.fr • ☎ 0825-861-861 (0,185 €/mn + prix appel). Lun-sam 8h-23h.*

■ ***Europcar :*** *• europcar.fr • ☎ 0825-358-358 (tlj 7h-22h ; 0,15 €/mn + prix appel). Tlj, 7h-22h.*

■ ***Avis :*** *• avis.fr • ☎ 0821-230-760 (0,15 €/mn + prix appel).*

Il existe aussi des agences locales qui offrent des tarifs moins élevés pour des véhicules de bonne qualité également.
- ***Formalités et pièces requises :*** l'âge minimal est de 21 ans. Vous devrez présenter votre passeport, une carte internationale de paiement (pour la caution) type *Visa* ou *MasterCard* – à l'exclusion des cartes type *Moneo* – et, parfois, le permis de conduire international en plus du permis national (cette demande reste rare).
- ***Location de voitures sans chauffeur :*** réservez de préférence depuis chez vous par Internet, vous serez plus sûr d'être correctement assuré. Faites un état des lieux détaillé lors de la prise en main du véhicule de manière à ce que l'on ne vous facture pas la moindre égratignure au retour de celle-ci. On conseille même de filmer la voiture sous toutes ses coutures pour éviter tout malentendu.
- ***Location de voitures avec chauffeur :*** comptez à peu près 1 000 Bts en plus/jour, davantage si vous voulez que l'essence soit incluse ou si vous faites un circuit de plusieurs jours (le chauffeur doit alors trouver un hébergement pour se loger).

Deux-roues

Certaines régions se prêtent bien à ce moyen de transport, notamment le Nord (avec la fameuse Mae Hong Son Loop) et les îles du Sud. Sachez toutefois que les accidents sont fréquents. Si vous n'êtes pas expérimenté, contentez-vous d'une bécane automatique que vous conduirez avec la plus grande prudence. À Bangkok, on vous le déconseille carrément. Comptez 200-300 Bts par jour, selon les endroits et la saison, pour la location d'un scooter (110-125 cc) ; il arrive même que l'on trouve des promos à 150 Bts, mais ne chipotez pas trop, au risque

de vous retrouver avec un vieux clou qui n'arrive pas à grimper les côtes, souvent raides. Enfin, sachez que certains loueurs interdisent de dépasser un rayon de 50 km. Pour une moto, compter le même prix qu'une voiture : environ 1 000 Bts par jour pour une 250 cm^3 et plutôt 1 500 Bts par jour pour les plus gros modèles. ***Attention,*** que vous rouliez à scooter ou à moto, ***ne pas oublier votre permis de conduire international tamponné du cachet A1.*** Même si, vis-à-vis du loueur, le permis moto national (à prendre également) suffit, la police essaiera souvent de vous coller une amende d'environ 500 à 1 000 Bts si vous n'êtes pas en règle. Mais surtout, ***en cas d'accident, vous risquez de ne pas être couvert par votre assurance personnelle.*** Or, si le scooter constitue le meilleur compromis prix-indépendance, il faut savoir qu'en Thaïlande les loueurs ne proposent quasi jamais d'assurance... On a essayé de vous signaler dans ce guide ceux qui en proposent une... lorsqu'il en existe ! Dans ce cas, lisez attentivement le contrat et faites-vous bien préciser ce qui est et n'est pas couvert. À défaut d'assurance, vous serez intégralement responsable des frais mécaniques et médicaux. ***Sachez aussi que la plupart du temps, en cas de problème, le touriste a tort et est pénalement responsable au regard des autorités locales.*** Résultat : confiscation du passeport et mise en route d'une procédure. En cas d'accident très grave avec décès du passager, le conducteur sera même inculpé d'homicide involontaire. Ça fait réfléchir... ***Vous avez donc tout intérêt à disposer de votre propre assurance personnelle,*** qui ne fonctionnera que si vous avez également un permis international, on vous le rappelle. D'autre part, ***le port du casque est désormais obligatoire pour le conducteur comme pour le passager,*** même si la mise en pratique est très relative. Là encore, amende possible. Et rappelez-vous que, dans les îles, les centres de soins sont assez sommaires et que la prise en charge des blessés peut être aléatoire...
Avant de payer la location, essayez la bécane, contrôlez les pneus, testez le freinage, vérifiez l'éclairage et inspectez minutieusement, sous toutes les coutures, le véhicule (éraflures, traces d'usure...). Faites constater tout défaut existant afin d'éviter d'avoir à les réparer si le loueur est malhonnête (ce qui arrive souvent dans les îles), et n'hésitez pas à prendre des photos ou à filmer, histoire de couper court à toute discussion au retour.
Attention : au vu des prix, les loueurs demandent la plupart du temps de laisser votre passeport en gage ou une grosse somme d'argent en dépôt (250 € environ). Les loueurs qui se contentent d'une copie de votre passeport sont rares (voire n'existent pas). Or le passeport est la stricte propriété de l'État français. Ne le remettez jamais, même temporairement, à un tiers. Refusez de le laisser en gage et donnez une autre carte à la place (carte Vitale ou carte d'identité par exemple, moins impliquant en cas de problème).
Par ailleurs, il n'y a souvent dans le réservoir que le strict nécessaire pour se rendre... à la pompe la plus proche ! Calculez votre coup pour ne pas rendre la bécane à moitié pleine...

VTT

Sympa dans certaines îles relativement plates (mais elles ne sont pas légion), surtout quand le réseau routier n'est pas goudronné partout. On peut également louer des vélos (pour 3 fois rien) dans certaines villes, pratique pour explorer la cité et ses proches environs. À Chiang Mai, de plus en plus d'agences spécialisées proposent aussi des balades dans la campagne ou des sorties plus sportives. À Bangkok, en revanche, on déconseille ; vu le trafic, ce serait franchement téméraire...

Auto-stop

Très peu pratiqué, tant par les Thaïs que par les touristes. Cela dit, en cas de pépin, il y aura toujours quelqu'un pour vous dépanner.

URGENCES

Si vous avez un problème, composez le ☎ *1155* ou le *1111,* numéro de la *Tourist Police.* Autrement, police : ☎ *191* ; police de la route : ☎ *191* ; pompiers : ☎ *199* ; ambulances : ☎ *1554.*

Pour les urgences médicales, Bangkok regroupe les meilleurs hôpitaux de l'Asie du Sud-Est.

■ ***Bangkok International Hospital*** *(plan détachable, G3)* **:** *2 soi Soonvijai 7, New Petchaburi Rd.* ☎ *02-310-30-00 ou 17-19.* En cas d'urgence, des traducteurs sont mis à votre disposition. L'un des hôpitaux les plus compétents de Bangkok, et même de la région.

BANGKOK ET SES ENVIRONS

BANGKOK (KRUNG THEP) – กรุงเทพฯ

10 millions d'hab.
(env 15 millions pour le « grand Bangkok »)

- Plan détachable comprenant le plan général, le zoom, le plan de métro et Sukhumvit.

Les Birmans ont toujours donné du fil à retordre au royaume de Siam. En 1767, suite à la destruction d'Ayutthaya, la capitale siamoise est transférée à Thonburi. Elle n'y restera qu'une quinzaine d'années, jusqu'en 1782, date à laquelle le fondateur de la dynastie des Chakri, Rāma Ier, la transfère définitivement à Bangkok. En fait, Bangkok, située sur les rives du fleuve Chao Phraya, servait déjà d'escale aux navigateurs-commerçants qui se rendaient à Ayutthaya, l'ancienne capitale.
Le désir de Rāma Ier était de voir le fleuve couler au milieu de sa ville, de manière à pouvoir disposer d'un moyen de fuite rapide en cas de nouvelle attaque birmane. Le site choisi est donc une île, appelée *Rattanakosin* (« demeure du Bouddha d'émeraude »), entourée des méandres du fleuve et fermée par une série de canaux. À cette époque, comme dans l'antique cité d'Ayutthaya, les déplacements se font par voie d'eau (les fameux *khlong*). Aujourd'hui encore, c'est en parcourant Bangkok en bateau que l'on ressent vraiment la ville. Les 1res rues n'y seront tracées que dans la 2de moitié du XIXe s, tandis que le tramway y circule dès 1893. Au début du XXe s, Bangkok compte 100 000 habitants. En un siècle, ce nombre a été multiplié par 100 !
Avec 90 % des immatriculations enregistrées pour seulement 15 % de la population du pays, Bangkok est l'une des villes les plus embouteillées du monde. Mais si elle est perçue de prime abord comme une agglomération-champignon polluée et exténuante, elle n'en demeure pas moins une ville attachante.
Car avec des gratte-ciels rutilants toisant un fouillis de bicoques sur pilotis, ses autoroutes urbaines surélevées et ses vastes centres commerciaux climatisés qui voisinent avec les roulottes des cuisines de rue où l'on découpe la barbaque en plein air, Bangkok s'affiche d'emblée comme une ville aux multiples visages. Formidable kaléidoscope de tonalités, de bruits et d'odeurs, la cité des anges vibrionne d'une marée humaine haute en couleur sur fond de temples clinquants et de petites échoppes aux néons criards. Ici, des bateaux-bus crachotent leur gasoil, là des barges rouillées alourdies de marchandises croisent lentement sur le fleuve et, de loin en loin, des ponts,

des échangeurs, les rames d'un métro aérien high-tech à l'ombre desquelles des petites mains tressent des fleurs fraîchement coupées... ça klaxonne, ça grouille, ça s'agite dans tous les sens... Pas de doute, Bangkok rugit, bouillonne ! Et si l'aube marque le temps du recueillement et des visites au Bouddha, la nuit, elle, offre aux résidents et voyageurs des *rooftops* pour faire la fête et des quartiers chauds et animés pour s'encanailler. Le jour, ce sera plutôt canaux, marchés, shopping, visites (de temples, musées)... et l'une des meilleures cuisines du monde à prix plancher !

FAISONS SIMPLE !

Les Thaïs disent plus couramment « Krung Thep » (qui signifie « cité des anges ») que « Bangkok ». Mais le nom complet de la ville n'est autre que : Krung Thep Maha Nakhorn Amon Rattanakosin Mhindraytthaya Mahadilokrop Noparatana Rajdhani Buriram Udon Rajnivet Mahasatan Amorn Pimarn Avatarn Satit... Ce qui signifie : « grande cité des anges, autel suprême des joyaux divins, forteresse invincible, vaste et sublime royaume, capitale royale et sans pareille des neuf nobles joyaux, demeure magnanime du monarque », etc. Pas de panique, « Krung Thep » suffira !

Arrivée à l'aéroport

✈ ***Aéroport international Suvarnabhumi (Suvanapoum)*** – *สนามบินนานาชาติสุวรรณภูมิ (hors plan détachable par G5) : à 25 km à l'est de la ville. Infos générales : ☎ 02-132-18-88. ● airportthai.co.th/en ●* Accueille à la fois les vols internationaux et une partie des vols domestiques. Petit topo :

– *Niveau 2 :* hall des arrivées (domestiques et internationales). On y trouve bureaux de change (taux défavorable) et distributeurs de billets, loueurs de voitures et opérateurs téléphoniques (pour l'achat de cartes SIM thaïes). Également, au niveau de la porte 3, un office de tourisme *(TAT),* ouvert en principe 24h/24, un bureau de la *Tourist Police (☎ 1155)* et le service de ***navettes gratuites (en présentant son billet) avec l'aéroport de Don Muang*** (ttes les 30-60 mn, 5h30-minuit ; compter min 45 mn-1h). Porte 4, consigne à bagages (100-150 Bts/24h, selon taille du bagage).

– *Niveau 1 : food-court,* parkings, dispensaire médical *(lun-ven 5h-20h),* taxis et, porte 8, les bus pour le centre-ville mais aussi pour Pattaya, Hua Hin et Ko Chang (voir plus loin).

– *Sous-sol (Basement Level) :* départ des trains de l'*Airport Rail Link* (voir plus loin).

– *Niveau 3 :* restos, boutiques, massages, banques, dispensaire médical *(w-e et j. fériés 24h/24)* et pharmacie.

– *Niveau 4 :* hall des départs (à gauche les vols domestiques, à droite les vols internationaux). Poste, consigne à bagages (même chose qu'au niveau 2), bureau de remboursement de la TVA et objets perdus *(☎ 02-132-18-80 ; ● baggage.services@airportthai.co.th ●).*

– *Niveau 7 : Observation Deck.*

Comment gagner la ville depuis Suvarnabhumi ?

Taxis

Le moyen le plus simple de rejoindre votre hôtel depuis l'aéroport. Ils attendent à l'extérieur du niveau 1. Prendre un ticket aux machines (en sélectionnant *small* – si vous êtes 2 ou 3 – ou *large taxi* – si vous êtes 4 ou 5), lequel ticket indique le numéro (de 1 à 64) de l'emplacement du taxi à prendre, tous alignés devant le terminal. On paie à l'arrivée le prix affiché au compteur, majoré d'une surcharge (aéroport) de 50 Bts. Pour la plupart des destinations dans le centre, compter environ 400-500 Bts, mais cela dépend du trafic. Quoi qu'il en soit, c'est plus pratique que les transports en communs, avec lesquels il faut souvent prendre encore un taxi à l'arrivée pour rejoindre son hôtel.

Airport Rail Link

Il relie ttes les 12-20 mn, 5h30-minuit, le sous-sol de l'aéroport *(Basement Lavel)* à Phaya Thai *(plan détachable, D2)*. À peine 8 stations et 30-45 mn de trajet. Billet : 15-45 Bts selon distance. De Phaya Thai, le plus simple pour rejoindre le quartier de Khao San Road est de prendre un taxi. Sinon, connexion avec le BTS *(Skytrain)* pour rejoindre notamment Victory Monument *(plan détachable, E2)* ou *Sukhumvit.* Infos : • *bangkokairporttrain.com* •

Bus

2 bus relient directement l'aéroport (niveau 1) et le centre-ville :
– Le *S1,* en face de la porte 7. Il s'agit d'un vieux bus orange, mais qui a le mérite d'aller jusqu'à Khao San Road (le quartier routard), avant de se diriger vers Sanam Luang *(plan détachable, A2-3)*. Départ env ttes les 40 mn 6h-20h (7h-21h depuis Sanam Luang). Billet (achat dans le bus) : 60 Bts.
– Le *Silom Bus,* qui passe aussi par Khao San Road, avant de rejoindre Silom *(plan détachable, D-E4-5)*. Bus blanc plus rapide et plus luxueux que l'autre (avec en prime le wifi à bord) mais 3 fois plus cher ! Départ ttes les 30 mn 9h30-0h30. Achat des billets au niveau de la porte 8. Infos : • *limobus.co.th* •

Autres destinations depuis Suvarnabhumi

Du niveau 1, porte 8, des bus partent vers :

➢ ***Pattaya :*** ttes les heures 7h-22h ; 130 Bts. Durée : 2h. • *airportpattayabus.com* •

➢ ***Hua Hin :*** ttes les heures 6h30-18h30 ; 295 Bts. Durée : 4h. • *airporthuahinbus.com* •

➢ ***Ko Chang :*** 3 bus/j., 7h50-14h ; 600 Bts (traversée bateau comprise). Durée : 5-6h. • *swbbustour.com* •

✈ ***Aéroport de Don Muang*** – สนามบินดอนเมือง *(hors plan détachable par F1)* **:** *à 25 km au nord de la ville. Infos générales :* • *donmueangairport.com* • C'est d'ici que partent les compagnies *low-cost Thai AirAsia, Nok Air, Thai Lion Air* et *Nok Scoot.* Une ***navette gratuite (avec son ticket d'embarquement) le relie à l'aéroport Suvarnabhumi.*** Possible aussi d'aller de l'un à l'autre en taxi : compter alors 50 Bts (surcharge aéroport) + le prix affiché au compteur, soit au moins 500 Bts (45 km).
Depuis le centre-ville, prendre n'importe quel train pour le Nord au départ de la gare de Hua Lamphong, tous s'y arrêtent (• *train36.com/bangkok-don-muang-train.html* • ; départs fréquents 4h20-22h25, env 50 mn de trajet). En taxi, compter env 400 Bts. Attention, pas de consigne à bagages.

S'orienter

Bangkok est grand ! Les distances sont longues et les temps de parcours tout autant. Embouteillages aux heures de pointe comme aux heures normales, difficile en fait de voir la différence.
La partie la plus touristique (et la plus intéressante) correspond au berceau historique de la ville, à savoir l'île de ***Rattanakosin,*** bordée par le fleuve ***Chao Phraya*** le long duquel on trouve le Musée national, le Grand Palais, les temples... Par chance, c'est également de ce côté que se situe le quartier des hôtels bon marché. En ayant un peu de temps, on peut parcourir toute cette zone à pied. Sinon, la meilleure option reste le taxi (exigez le compteur, sous peine de payer 2, voire 3 fois le prix de ce dernier)... ou les *tuk-tuk,* mais ceux-ci ont tendance à prendre les touristes pour des vaches à lait.
Autre quartier intéressant : ***Chinatown,*** au sud-est de la zone touristique. C'est un quartier très animé de jour comme de nuit avec ses marchés hauts en couleur, ses petites échoppes et ses restos de rue. Toujours vers le sud-est, à quelques kilomètres de Chinatown, le quartier, tantôt populaire, tantôt chic, de ***Silom,*** hérissé çà et là de gratte-ciel, dont la

spectaculaire *MahaNakon Tower.* Puis, au nord, le très encombré quartier de ***Siam Square,*** qui regroupe buildings et *malls* gigantesques. Il est prolongé à l'est par ***Sukhumvit,*** un quartier qui a le vent en poupe avec ses hôtels, *shopping centers* et bars et restos branchés... Enfin, la partie à l'ouest du fleuve Chao Phraya, ***Thonburi,*** construite bien avant Bangkok, conserve la plupart de ses canaux (presque tous ont été couverts dans la partie est). Explorer ces *khlong* c'est partir à la rencontre de l'ancien Bangkok.

– *À savoir :* à Bangkok, les adresses comportent souvent le nom de la rue suivi d'un numéro de *soi.* Le *soi* est une petite rue perpendiculaire à une grande artère. Il faut donc se repérer par rapport à cette dernière, d'un côté de laquelle on trouve les *soi* pairs et, de l'autre, les *soi* impairs.

Les transports à Bangkok

Pour s'y retrouver à Bangkok, une carte détaillée s'impose. Plus efficaces, toutefois, sont les applis GPS qui fonctionnent sans connexion, comme ***Maps.me,*** à télécharger sur son smartphone. Sinon, si vous avez une connexion locale, téléchargez par exemple ***CityMapper,*** pour connaître les différents temps et moyens de transports entre 2 endroits. Autre appli utile : ***Grab,*** l'équivalent local de Uber. Pratique : on entre ses coordonnées de cartes de paiement en amont, et ensuite on passe commande de taxi voire de moto-taxi ! Ces applications offrent un affichage en langue locale, ce qui est très pratique pour demander sa route aux locaux (chauffeurs de taxi, de *tuk-tuk,* etc.). Sinon, faites-vous écrire en thaï le nom de l'endroit où vous voulez vous rendre (s'il ne figure pas déjà dans le guide), et ayez toujours sur vous une carte de visite de votre hôtel.

Les taxis

Beaucoup sont vert et jaune ou... tout roses. Hormis la marche, c'est le moyen de transport le plus pratique car il en passe tout le temps dans les rues, et ils sont bon marché. À condition toutefois qu'ils enclenchent le compteur (*meter* en anglais), ce qui n'est pas trop difficile à obtenir (ne pas hésiter à être un peu ferme). Dans le cas contraire (il y a toujours des récalcitrants, surtout pour les courtes distances ou dans les zones les plus touristiques), tentez votre chance avec un autre.

En plus de vous permettre de prendre le frais (grâce à la clim, pas négligeable quand on vadrouille toute la journée), le taxi s'avère aussi plus économique que le *tuk-tuk,* pour autant bien sûr que votre chauffeur ne vous balade pas trop (d'où l'intérêt d'avoir téléchargé une appli qui vous permette de suivre la course en direct). Encore une fois, soyez ferme.

Tarif : prise en charge d'environ 35 Bts incluant le 1er kilomètre, puis le compteur grimpe lentement ; en cas d'embouteillage, compter environ 2 Bts/mn. Pour vous donner une petite idée, une course dans le centre coûte en moyenne 60-100 Bts.

Grab

C'est l'équivalent thaïlandais de Uber. Facile à télécharger, pratique et sûr, avec les tarifs annoncés avant le départ. Pas toujours moins cher toutefois que les taxis officiels, lesquels sont notoirement bon marché.

Les *tuk-tuk*

Prononcer « touk-touk ». Sorte de triporteur décoré comme un sapin de Noël, avec banquette en skaï à l'arrière. Plutôt folklo mais, à course égale, ils reviennent plus cher que les taxis (et pour nettement moins de confort !) car ils n'ont pas de compteur. De plus, certains sont de véritables bolides conduits par des pilotes intrépides, ce qui procure parfois quelques sueurs froides ! Gare au *tuk-tuk* qui rend toc-toc... S'il se prend un peu trop pour l'as du guidon, hurlez : « *chéa-chéa !* » (« doucement ! »). Autre inconvénient : vous êtes aux 1res loges pour sniffer les gaz d'échappement. Et puis les grandes tailles devront se pencher pour voir le paysage...

Le prix d'une course varie selon la distance et surtout selon votre talent de négociateur. Par exemple, entre Khao San Road et Patpong, compter bien 150-200 Bts. En règle générale, n'hésitez pas à diviser les prix annoncés par 2 ou 3, au moins !
Sachez enfin que les chauffeurs de *tuk-tuk* ne comprennent que quelques mots d'anglais ; leur indiquer la destination en thaï ou, mieux, le trajet à suivre sur un smartphone n'est pas superflu... On le répète : ça revient souvent moins cher en taxi !

Les motos-taxis

Téléchargez l'application *Grab* pour profiter de la géolocalisation et de prix parfois assez avantageux. Sinon, les motos-taxis, plutôt utilisées pour les courtes distances, reviennent un peu plus cher que le taxi classique (à course égale)... En revanche, si l'on n'a pas froid aux yeux, c'est le moyen de transport le plus rapide car les chauffeurs se faufilent comme ils peuvent dans les embouteillages ! Sachez aussi que le port du casque est obligatoire, y compris pour le passager. Tous les chauffeurs *Grab* en proposent, sous peine d'être rétrogradés, voire interdits de conduite.

Les bateaux

Un moyen de transport qui peut être pratique pour rallier certains endroits, le long du fleuve Chao Phraya bien sûr, mais aussi sur certains canaux de la ville. Les noms des arrêts commencent tous par *Tha* (Tha Oriental, Tha Chang...). Indiquez votre destination au contrôleur, car le pilote ne respecte pas systématiquement tous les arrêts. Sachez aussi qu'aux embarcadères, certains pontons sont réservés aux bateaux privés qui transportent les groupes de touristes. Plus d'infos sur ● *transitbangkok.com* ●
Il existe plusieurs sortes de bateaux :
– ***Chao Phraya River Express :*** sans surprise, il s'agit des bateaux qui descendent et remontent le Chao Phraya. Un peu comme le Grand Canal à Venise, mais en plus large. Ils desservent les 2 rives, en zigzaguant de l'une à l'autre. Trajet : environ 10-20 Bts selon la distance. On achète son billet à bord. Beaucoup de monde aux heures de pointe. Les principaux embarcadères fonctionnent comme des minigares, avec toilettes et boutiques.
Pour info, ceux qui n'ont pas de drapeau fonctionnent seulement en semaine, le matin (6h45-7h30) et l'après-midi (16h-16h30), en desservant systématiquement tous les embarcadères ; leur parcours est donc plus lent. Ceux qui arborent un drapeau orange ou rouge fonctionnent tous les jours de 6h à 19h et s'arrêtent partout aussi (bien se manifester quand même si vous voulez descendre, car l'arrêt est très court). Enfin, ceux dotés d'un drapeau jaune ou vert ne s'arrêtent pas à tous les arrêts et sont donc plus rapides mais ils ne fonctionnent qu'en semaine, le matin (6h-8h20) et en fin de journée (15h45-20h). Plus d'infos sur ● *chaophrayaexpressboat.com* ●

– ***Chao Phraya Tourist Boat :*** catamarans ou monocoques bleus à vocation touristique, circulant sur le principe du *hop-on hop-off* avec 10 arrêts le long du fleuve Chao Phraya : Phra Arthit (pour Khao San Road), Thonburi Railway (pour le Royal Barge Museum), Tha Maharaj (Grand Palais et Wat Phra Kaeo), War Arun (liaison en bateau pour le Wat Pho), Pakklong Taladd (pour le marché aux fleurs), Ratchawongse (pour Chinatown), Lhong 1919, Iconsiam, Sathorn (liaison avec le métro BTS Saphan Taksin) et Asiatique (uniquement le soir). Embarcations nickel, commentaires (en anglais) à bord. Départs toutes les 15-30 mn, 9h-20h30 environ. Forfait à la journée de 200 Bts avec circulation illimitée (système du *hop-on hop-off*) ou trajet unique à 60 Bts. Plus d'infos sur ● *chaophrayatouristboat.com* ●
– ***Ferries :*** sortes de petits bacs qui se contentent de traverser le fleuve Chao Phraya d'une rive à l'autre. Utile pour aller au Wat Arun, par exemple. Il y a souvent un tourniquet, pour ne pas les confondre avec les autres embarcadères. On achète son ticket (3,50 Bts) avant d'embarquer.
– ***Saen Saep Boat Service :*** ces *speed boats* parcourent le long canal qui va

de l'embarcadère Panfa Leelard (Wat Saket, non loin de Khao San Road) à l'extrémité est de la ville, en enchaînant 3 tronçons. Pratique, folklo et très bon marché, ils fonctionnent de 5h30 (7h w-e) à 20h30. Compter 10-20 Bts, selon la longueur du tronçon parcouru. C'est le moyen le plus rapide pour relier Khao San Road à Sukhumvit car, sur ces canaux, pas de trafic ! Un conseil tout de même : les arrêts étant très brefs, veillez à ne pas traîner pour monter et descendre de l'embarcation !

– ***Long-tail boats*** (bateaux « longue-queue ») ***:*** appelés ainsi à cause de l'arbre qui relie le moteur à l'hélice. Ce sont des bateaux-taxis privés bricolés avec un moteur de voiture, que les pilotes conduisent avec une étonnante habileté. À utiliser si vous désirez explorer les *khlong* (petits canaux) qui sillonnent Thonburi pour découvrir un tout autre Bangkok. Là encore, évitez les rabatteurs qui vous montrent des super albums de photos pour vous emmener sur les *khlong*. Allez plutôt négocier directement sur les bateaux. Pour les promenades sur les *khlong*, consultez la rubrique « À voir. À faire » plus loin.

Le réseau du métro

• Pour le plan du métro et du *Skytrain*, se reporter au plan détachable en fin de guide.

Une partie du réseau est aérien, le *Skytrain (BTS)*, et l'autre souterrain *(MRT)* ; le ticket de l'un n'est pas valable pour l'autre réseau.

– ***Le Skytrain (BTS) :*** *• bts.co.th/eng/ • Ouv 6h-minuit.* Rapide, pratique et simple d'usage. Les tickets à l'unité coûtent 16-44 Bts (selon distance) et s'achètent aux guichets ou aux automates. La carte d'un jour coûte 140 Bts ; attention, sa validité expire à minuit le jour de l'achat. Conserver son ticket, car il faut le valider à nouveau pour sortir.

Ce métro aérien compte 2 lignes. La 1re *(Sukhumvit Line)* suit en gros un axe nord-sud en débutant près du *Northern Bus Terminal* (Mo Chit, correspondance avec le métro souterrain), en passant par la station Phaya Thai (d'où part l'*Airport Rail Link*) puis en desservant Sukhumvit Road et l'*Eastern Bus Terminal*. Plus courte, la 2de ligne *(Silom Line)* suit en gros un axe est-ouest en partant du National Stadium, en enchaînant par la station Siam (correspondance avec la 1re ligne) et en traversant tout le quartier de Silom, avant de franchir le fleuve et de parcourir la zone ouest de Bangkok. Une extension en bus rapide *(BRT)* relie les stations Chong Nonsi (à Silom) et Talat Phlu (à Thonburi, de l'autre côté du fleuve) par le sud, en empruntant Rāma III Road et le Krungthep Bridge ; billet à 12-20 Bts.

Enfin, l'***Airport Rail Link*** (lire plus haut la rubrique « Arrivée à l'aéroport ») relie les gares de Makkasan *(plan détachable, F3)* et de Phaya Thai *(plan détachable, D2)* à l'aéroport Suvarnabhumi. Acheter un billet spécifique.

– ***Le métro souterrain (MRT) :*** *• bangkokmrt.com • Ouv 6h-minuit.* 2 lignes, la bleue et la violette, mais seule la bleue pourra vous être utile, avec les stations de Hua Lamphong (la gare centrale de Bangkok), Silom (correspondance avec le *Skytrain*), Sukhumvit (correspondance avec le *Skytrain*), Phetchaburi (correspondance avec l'*Airport Rail Link*) et Chatuchak (pour le marché du week-end – lire « À voir. À faire » plus loin – et le *Northern Bus Terminal*). On achète aux distributeurs un jeton en guise de billet (16-42 Bts selon distance), qu'il faudra glisser dans une fente pour sortir.

Adresses et infos utiles

Infos touristiques

ℹ ***TAT*** *(Tourism Authority of Thailand)* – ท.ท.ท. การท่องเที่ยวแห่งประเทศไทย *(plan détachable, F3)* ***:*** *1600 New Phetchaburi Rd, Makkasan, Ratchatevi. ☎ 02-250-55-00 (8h-20h). • tourismthailand.org • Bien à l'écart des axes* *fréquentés par les routards. Lun-ven 8h30-16h30.* Dans un grand immeuble, l'organe officiel du tourisme thaïlandais dispense docs et plan de la ville. Renseigne aussi sur les horaires de bus selon l'humeur du fonctionnaire de service. Bon, pas vraiment la peine d'y venir exprès.

BTD *(Bangkok Tourism Division ; zoom détachable, A2)* **:** *17/1 Phra Athit Rd. ☎ 02-225-76-12. • facebook.com/tourismdivision/ • À 5 mn du Musée national. Lun-ven 8h-19h, w-e et j. fériés 9h-17h. Antenne (tlj 9h-17h) sur Maharat Rd, à 2 pas du Grand Palais (zoom détachable, A3).* Plan de la ville et divers fascicules (en anglais)... Plus utile (et mieux situé) que le TAT !

■ ***Police touristique*** – ตำรวจท่องเที่ยว *(hors plan détachable par G3)* **:** *Suvarnabhumi 4 Rd, Nong-Prue, Bang-Plee, Samut-Prakarn 10540. ☎ 1155 (nº gratuit) ou 02-134-05-21.* Un interprète français peut vous aider dans vos démarches administratives en cas de vol, agression, etc. Tout ce qu'on ne vous souhaite pas !

Agendas culturels et sites internet pratiques

Les francophones ont leur magazine pour le Sud-Est asiatique : *Gavroche.* Disponible à l'Alliance française (entre autres) ou, plus simple, en ligne *(• gavroche-thailande.com •).* Plein d'infos et de tuyaux pour vivre à l'heure de Bangkok. Un autre magazine intéressant en français : *Latitudes (• magazinelatitudes.com/fr/ •).*

Également quelques bons sites (en anglais) à consulter, comme le *BK Magazine (• bk.asia-city.com •)* et le *Time Out (• timeout.com/bangkok •),* où vous trouverez aussi plein d'infos concernant les nouvelles tendances gastronomiques, les endroits où sortir, les concerts, boutiques, etc. Sans oublier *• bangkok101.com •* et *• thaiwaysmagazine.com •*

Argent, change

Aucun problème pour se procurer des bahts, il y a des distributeurs de billets (acceptant les cartes *Visa* ou *MasterCard*) partout. Également de nombreux bureaux de change (au taux correct et sans commission) dans les quartiers touristiques (en particulier à Khao San Road), qui restent ouverts jusqu'à 20h au moins. À noter que ceux qui proposent le meilleur taux sont les bureaux de change *superrich,* dont l'officine principale se trouve du côté de Siam Square *(plan détachable, E3).* Infos sur *• superrichthailand.com •*

Santé

Bangkok International Hospital *(plan détachable, G3)* **:** *2 soi Soonvijai 7, New Phetchaburi Rd. ☎ 02-310-30-00. • bangkokhospital.com •* Un des meilleurs hôpitaux de la ville.

Burumgrad Hospital *(plan détachable, F3)* **:** *33 Sukhumvit, soi 3. ☎ 02-066-88-88. • bumrungrad.com •* Un des hôpitaux les plus réputés de la région du Sud-Est asiatique. Une ville dans la ville.

Représentations diplomatiques

D'une manière générale, pour toute demande de visa, munissez-vous de votre passeport, d'une copie de ce dernier, de 2 photos d'identité et d'un peu de patience.

■ ***Ambassade et consulat de France*** – สถานทูตและสถานกงสุลฝรั่งเศส *(plan détachable, C5)* **:** *35 Charoen Krung Rd, soi 36, un soi rebaptisé « rue de Brest », car c'est à Brest qu'il y a une « rue du Siam » ! –* ถนนเจริญกรุง. *☎ 02-657-51-00. Urgences (uniquement !), en sem après 17h ou le w-e : 📱 08-19-94-49-01. • th.ambafrance.org • Lun-ven 8h30-12h (avec ou sans rdv, selon démarche).* Le consulat peut, en cas de difficultés financières, vous indiquer la meilleure solution pour que des proches vous fassent parvenir de l'argent, et vous conseiller en cas de problème. C'est aussi là qu'il faut venir si vous avez paumé votre passeport.

■ ***Ambassade de Belgique*** – สถานทูตเบลเยียม *(plan détachable, D5)* **:** *Sathorn*

Square Building (16e étage), 98 North Sathorn Rd, Silom Sub-District. ☎ 02-108-18-00 ; urgences : 08-18-33-99-87. • diplomatie.be/bangkok • Lun-ven 8h-12h, 13h-16h (14h ven).

■ ***Ambassade de Suisse*** – สถานทูตสวิส *(plan détachable, E3)* **:** *35 North Wireless Rd. ☎ 02-674-69-00. • eda.admin.ch/bangkok • Lun-ven 9h-11h30.*

■ ***Ambassade du Canada*** – สถานทูตแคนาดา *(plan détachable, E4-5)* **:** *Abdulrahim Place Building, 15e étage, 990 Rāma IV Rd. ☎ 02-646-43-00. • canadainternational.gc.ca/thailand-thailande • Lun-ven 9h-12h.*

■ ***Ambassade du Myanmar*** *(ex-Birmanie)* – สถานทูตพม่า *(plan détachable, D5)* **:** *132 Sathorn Nua Rd* – ถนนสาธรเหนือ. *☎ 02-234-02-78. • amabassades.net • En face de l'hôpital Saint-Louis. Lun-ven 9h-12h (pour demande de visa), 13h-15h.* Coût du visa : environ 810 Bts. Validité : 28 jours. Délivré sous 2 jours ouvrés. Sinon, compter env 1 260 Bts pour l'avoir le jour même (billet d'avion requis). On peut aussi demander son visa en ligne (e-visa), mais c'est plus cher.

■ ***Ambassade du Laos*** – สถานทูตลาว *(hors plan détachable par G1)* **:** *Pracha-Uthit Rd, 520-502 / 1-3 soi Sahakarnpramoon. ☎ 02-539-66-67. • laoembassybangkok.gov.la • Pour s'y rendre, mieux vaut prendre un taxi. Lun-ven 8h30-11h30, 13h30-16h30.* Coût du visa : environ 1 650 Bts. Validité : 30 jours.

■ ***Ambassade du Cambodge*** – สถานทูตกัมพูชา *(hors plan détachable par G1)* **:** *514/4 Pracha Uthit Rd (soi Ramkamhaeng 39). ☎ 02-957-58-51. • camemb.tha@mfaic.gov.kh • Pour s'y rendre, mieux vaut prendre un taxi. Lun-ven 8h-12h, 13h-17h.* Coût du visa : environ 1 100 Bts. Validité : 1 mois. Fait en 30 mn. Mais vous pouvez l'obtenir à Phnom Penh ou à Siem Reap sans problème.

■ ***Ambassade du Vietnam*** – สถานทูตเวียดนาม *(plan détachable, E4)* **:** *83/1 Wireless Rd* – ถนนวิทยุ. *☎ 02-251-58-38 ou 251-72-02. • vnembassy-bangkok.mofa.gov.vn • Lun-ven 8h30-11h30, 13h30-16h30.* Coût du visa : environ 2 200 Bts. Validité : 1 mois. Délivré en 3-4 jours. Le visa est moins cher dans les boutiques de Khao San qu'à l'ambassade !

■ ***Ambassade d'Indonésie*** – สถานทูตอินโดนีเซีย *(plan détachable, E3)* **:** *600-602 New Petchaburi Rd* – ถนนเพชรบุรี. *☎ 02-252-31-35. • kemlu.go.id/bangkok • Lun-ven 8h-12h, 13h-16h.* Visa délivré en 2 jours. Coût : 50 $. Validité : 60 jours (extensible de 30 jours supplémentaires). On peut se le procurer sur place également (25 $). Dans ce cas-là, il est valable 30 jours et est également extensible de 30 jours supplémentaires.

■ ***Ambassade de Malaisie*** – สถานทูตมาเลเซีย *(plan détachable, E5)* **:** *33-35 Sathorn Tai Rd, dans le coin de l'Alliance française. ☎ 02-629-68-00. • mwbangkok@kln.gov.my • Lun-ven 8h-16h.*

■ ***Ambassade de l'Inde*** – สถานทูตอินเดีย *(plan détachable, G3)* **:** *46 Prasanmitr* – ซอยประสานมิตร, *Sukhumvit Rd, soi 23. ☎ 02-258-03-00. • indianembassy.in.th • Lun-ven 9h-12h, 15h-16h30.* Coût du visa : environ 3 200 Bts. Validité : 6 mois (possibilité d'entrées multiples). 3 jours d'attente.

■ ***Ambassade de Singapour*** – สถานทูตสิงคโปร์ *(plan détachable, D5)* **:** *129 South Sathorn Rd. ☎ 02-348-67-00. • mfa.gov.sg/bangkok • Lun-ven 9h-12h, 13h-17h.*

Immigration

■ ***Service de l'immigration*** – กองบังคับการตรวจคนเข้าเมือง 1 *(hors plan détachable par F1)* **:** *au Government Center, B Building, 2e étage, Chaengwattana Rd, soi 7, Laksi. ☎ 02-287-15-16. • immigration.go.th • Descendre à la station Mo Chit (BTS ou Skytrain) puis prendre un minivan pour le soi 7. Lun-ven 8h30-15h (dernier ticket). Fermé w-e et j. fériés.* Très excentré, il est conseillé d'y aller tôt le matin. Pour prolonger de 30 jours son permis touristique d'un mois ou son visa de 2 mois obtenu avant le départ. Dans les 2 cas, c'est le même prix (environ 1 900 Bts). Fournir photocopies du passeport et 1 photo (on peut faire les 2 sur place). Prévoir de l'attente !

vue sur le canal. Parfait pour ceux qui cherchent un hostel tranquille.

🏠 ***Lamphu House*** – ลำพู เฮ้าส์ กรุงเทพฯ *(zoom détachable, B2,* ***29****) : 75-77 soi Rambuttri, Chakkrapong Rd.* ☎ *02-629-58-61 ou 02-658-049-063.* • *lamphuhouse.com* • Près du Rambuttri Village Hotel. Bien caché au fond d'un passage, au cœur de la zone routarde, un hôtel de 60 chambres bordant une cour tranquille, réparties sur 3 niveaux. Elles sont simples mais très propres, avec ventilo ou clim, fenêtre ou pas, selon le prix. Petit déj (en sus) servi dans la cour arborée. Plutôt une bonne adresse pour profiter des avantages du quartier, sans en subir les inconvénients.

De bon marché à prix moyens (max 750 en dortoir et 2 000 Bts la double / 21,50 à 57 €)

🏠 ***Bed Station Khaosan*** *(zoom détachable, B2,* ***37****) : 80 Tani.* 📱 *064-589-9581.* • *bedstationhostel.com/khaosan* • Au fond d'une allée, une AJ nouvelle génération, l'une des plus grosses du quartier avec 185 lits répartis en dortoirs (mixtes ou non) de 8-18 lits. Déco industrielle hyper moderne, dans les tons gris et noir. Pour l'intimité, on repassera, mais si vous souhaitez rencontrer des routards du monde entier, c'est un bon choix. Ambiance cosmopolite (et musicale !) autour du bar-resto et de la piscine d'eau salée. Dortoirs très confortables (clim et bonne literie), certains équipés de lits pour 2 personnes. Sanitaires nombreux et nickel. Billard, salle de fitness et activités proposées. Tout près de l'animation.

🏠 ***Bodega Khao San Party Hostel*** *(zoom détachable, B2,* ***38****) : 81 Mayom, Talat Yot.* ☎ *02-281-29-48.* • *bodegahostels.com* • Son nom laisse peu de place au doute : ici, on vient avant tout pour faire la fête ! Celle-ci commence vers midi, avec le beer pong face à la réception et une sono rythmée, et se prolonge jusqu'à pas d'heure avec la tournée des bars du quartier organisée quotidiennement par l'établissement. Pour « dormir », une pelletée de chambres et dortoirs aux étages. Ils sont corrects, sans plus (l'essentiel, ici, est ailleurs). Grande salle à manger-resto à l'air libre. Attention, uniquement pour les moins de 35 ans.

Once again Hostel – วันซ อะเกน โฮสเทล *(zoom détachable, B3, **43**) : 22 Soi Samranrat, Mahachai Rd. 092-620-5445. • onceagainhostel.com •* À l'écart de Khao San Road, un hostel plutôt haut de gamme au goût du jour, tout en béton et métal. Vaste rez-de-chaussée haut de plafond et muni d'un long bar où l'on peut commander plats et boissons toute la journée. Les dortoirs (pas de chambres privées), de 4 à 12 lits, sont aux étages. Rien à redire sur le confort et la tenue, c'est nickel et doté d'un bon équipement neuf. Terrasse sur le toit, en prime. Très bon accueil.

ChingCha Hostel *(zoom détachable, B3, **70**) : 88/4-89 Siripong Rd. 063-231-2017. • chingchareservation@gmail.com •* Autre hostel « nouvelle génération » de qualité, dans les tons noir et blanc, avec d'excellents dortoirs de 8 ou 14 lits. Également des chambres privées, dont une super double panoramique avec vue sur le temple voisin et salle de bains très stylée, et des familiales constituées d'un lit double et de 2 lits superposés qui raviront petits et grands ! Espaces communs chaleureux aussi mais le top, c'est le Swing Bar, au dernier étage, qui offre une vue plongeante sur les temples Suthat ! Une belle adresse.

Canale Hostel – แคแนลเล โฮสเทล *(zoom détachable, B2, **32**) : 347-349 Phra Sumen Rd. 08-24-14-59-26. • canalehostel.com • Petit déj américain compris si résa en direct.* En bordure immédiate du canal, une vieille maison traditionnelle qui propose 5 chambres climatisées avec ou sans salle de bains et 2 bons dortoirs de 8 lits (futon, donc fermes) avec vrais rideaux occultant, prises et liseuses. Mais le plus, ici, c'est le charme que dégage le lieu, grâce notamment à sa réception ouverte et ses poufs pour profiter de l'animation du canal tout en sirotant un vrai café. À 2 pas de l'animation de Khao San Road mais calme assuré.

Villa Mungkala – วิลล่า มังคลา *(zoom détachable, B2, **23**) : 25 Trok Sin Dinso Rd. ☎ 02-046-35-17. 086-384-78-67. • villamungkala@gmail.com • villa-mungkala.bangkokshotels.com • Petit déj compris.* Dans un soi populaire où l'on se croirait presque à la campagne, cette maison en bois affiche sans détour son caractère colonial. Une fois passé la réception aux allures de brocante, les 2 étages offrent une poignée de chambres équipées comme il faut et plutôt coquettes. On viendra en fait surtout pour le charme suranné et l'atmosphère rétro, bien loin de la fadeur des hôtels impersonnels. Eau, café et fruits frais à dispo toute la journée ; petit déjeuner parfait pour partir à la conquête des temples. Accueil très gentil.

Samsen Sam Place – สามเสน สามเพลส *(zoom détachable, B2, **34**) : 43 Thanon Samsen, soi Samsen 3. ☎ 02-628-70-67. • info@samsensam.com • samsensam.com • Petit déj compris ou non.* Encore une charmante demeure ancienne, aux tons pastel, avec son piano, son petit jardin et ses espaces détente. Pas loin de l'animation de Khao San, mais très au calme. Chambres (avec ou sans salle de bains) dans la vieille maison centenaire en bois ou dans un bâtiment en béton à l'arrière. Les 1res ont plus de charme. Elles sont toutes prévues pour 2, mais on peut aussi ajouter un lit d'appoint.

De prix moyens à plus chic (de 1 500 à 3 000 Bts / 43 à 86 €)

Buddy Lodge – บัดดี้ลอดจ์ *(zoom détachable, B2, **35**) : 265 Khao San Rd. ☎ 02-629-44-77. • buddylodge.com • Entrer dans le complexe abritant le pub*

Mulligans ; c'est au fond à droite. Une belle surprise que cet hôtel niché dans une galerie au cœur du quartier routard ! La réception est classique mais les chambres se révèlent très plaisantes, alliant confort (TV, minibar, clim, coffre-fort, salle de bains avec douche à l'italienne) et élégance un peu coloniale (parquets et mobilier sombres, ouvertures à jalousie, etc.). Pour échapper aux bruits de la rue, préférer toutefois celles donnant sur l'arrière. Piscine en plein air au 5e étage, accessible (moyennant 200 Bts) aux non-résidents et même après le check-out pour les résidents. Salle de fitness.

Vali Villa – โรงแรม วาลี วิลลา *(zoom détachable, B2, **31**) : 314 Soi Samsen 4, Samsen Rd. ☎ 02-281-75-44. 065-009-89-92. • valivilla.com •* Ici, on est séduit d'emblée par la belle maison rénovée en bois gris foncé. Les chambres, une quinzaine, sont juste derrière, dans 2 jolis corps de bâtiment blancs. Elles sont impeccables et tout confort, avec une déco sobre mais agréable. Les plus chères, avec balcon, sont plus grandes et lumineuses, mais toutes sont d'un excellent rapport qualité-prix ! Et en plus, le petit déj est inclus, à prendre dans l'élégante allée végétalisée qui borde la réception. N'hésitez pas.

Feung Nakorn Balcony – เฟื่องนคร บัลโคนี *(zoom détachable, B3, **24**) : 29 soi Fuang Thong, Fuang Nakhon Rd. ☎ 02-622-11-00. • feungnakorn.com • Petit déj inclus en saison.* Une adresse proche des grands temples. Construit à cent lieues des boutiques-hôtels qui foisonnent dans d'autres quartiers, ses 38 chambres sont réparties sur 4 niveaux le long de galeries extérieures, dans un bâtiment un peu ancien. Néanmoins, elles tiennent bien la route avec leur imposante taille, sol carrelé, haut plafond, literie délicate et leur bonne tenue. Salle de bains un peu minimaliste (douche avec rideau) et déco du même tonneau, mais tout le confort est présent. Également quelques familiales avec un grand lit et 2 lits superposés, mais avec salle de bains à partager. Au rez-de-chaussée, un bassin et ses carpes koïs, un bar et un bon resto. Et bientôt une piscine ! Prévenez-nous !

Korbua House – บ้านกอบัว *(zoom détachable, B2, **36**) : 239/8-11 Supamaru Rd, Phanakorn. ☎ 02-280-03-88. • korbuahouse.co.th • Réduc si résa directe auprès de l'hôtel.* Au fond d'une venelle, posé au bord du klong Lamphu, un hôtel d'une grosse vingtaine de chambres pas toutes très spacieuses, mais douillettes, parquetées, impeccables et joyeusement décorées. Certaines bénéficient d'un balcon avec vue sur le canal, tout comme la terrasse où se prend le petit déj.

Lamphu Tree Hotel – โรงแรมบ้านต้นลำพู *(zoom détachable, B2, **42**) : 155 Wanchat Bridge, Prachatipatai Rd. ☎ 02-282-09-91. • lamphutreehotel.com • Petit déj inclus.* Une adresse élégante, créée par Peter, routard devant l'éternel. Quand il a acheté le terrain, il y avait des arbres centenaires, et il en a fait des meubles. Aujourd'hui, son hôtel possède une cinquantaine de chambres spacieuses et soignées, même pour l'entrée de gamme. Côté confort : clim, salle de bains, frigo, coffre-fort et balconnet auquel on accède par une large baie vitrée. Tout en haut, chambres plus cossues avec vue plaisante, jacuzzi, douche à l'italienne, boiseries d'époque et une vraie touche orientaliste. Au rez-de-chaussée, un espace commun ouvert d'un côté sur le canal, de l'autre sur la piscine, avec transats pour prendre l'air. Une belle adresse qu'on vous dit.

Nouvo City Hotel *(zoom détachable, B2, **73**) : Samsen, soi 2. ☎ 02-282-75-00. • nouvocityhotel.com • Petit déj inclus.* Un grand hôtel moderne et sans grand charme, mais très confortable, à 2 pas de Khao San Rd, sans les nuisances sonores. Chambres à la déco sans surprise mais bien équipées et assez vastes. En prime, 2 piscines, salle de fitness, et petit déj copieux en terrasse ou à l'intérieur. Personnel sympa.

De plus chic à très chic (plus de 3 000 Bts / 86 €)

Inn A Day *(zoom détachable, A3, **25**) : 57-61 Maharat Rd. ☎ 02-221-0577. • info@innaday.com • innaday.com • Doubles et suites familiales.* En face de l'enceinte du Wat Pho, au fond d'un soi typique, ce boutique-hôtel trendy est idéalement situé pour visiter à pied les temples. Le style industriel de cette ancienne fabrique de sucre de coco a été conservé dans un esprit new-yorkais, mixant matériaux bruts (métal, béton) avec des éléments traditionnels thaïs. Une petite dizaine de chambres seulement, toutes différentes mais toutes vraiment réussies et originales, certaines avec une vue exceptionnelle sur le Wat Arun et le ballet incessant des bateaux sur le Chao Praya. À 4, réserver la family suite, géniale ! De plus, tout le confort est là et, pour ne rien gâcher, il y a un très bon resto thaï au rez-de-chaussée (Jim Cheng Seng), où est servi le petit déj.

Sala Arun – ศาลาอรุณ *(zoom détachable, A3, **25**) : 47-49 soi Tha Tien* – ซอยท่าเตียน, *sur Maharat Rd.* ☎ *02-622-29-32 ou 33.* • *salaarun.com* • *À côté de l'*Inn A Day. Au cœur de ce quartier animé tout près des temples, une ancienne maison sino-portugaise joliment rénovée au fond d'un soi donnant sur le fleuve. Elle abrite des chambres agréables avec du parquet en teck, de belles salles de bains (douches cabine) et tout le confort que l'on est en droit d'attendre à ce tarif-là. Préférer quand même celles qui donnent sur le fleuve, plus chères mais vraiment sympa avec leur balcon pour s'en jeter un au coucher du soleil. Sinon, on retrouve cette même vue de la terrasse du resto. Belle ambiance.

Riva Surya *(zoom détachable, A2, **75**) : 23 Phra Athit Rd.* ☎ *02-633-50-00.* • *nexthotels.com/hotel/riva-surya-bangkok/* • Un emplacement idéal et calme pour cet hôtel qui épouse les bords du fleuve, à 2 pas de l'agitation de Khao San Rd. Superbe vue sur le va-et-vient des bateaux depuis les sofas de la piscine ou des chambres les plus chères. Déco très soignée dans les tons blanc-gris, des carrelages à motifs floraux jusqu'aux parois vitrées des salles de bains stylées et la marqueterie des cloisons. Et bien sûr, grand confort dans toutes les chambres (mention spéciale pour la literie !). Petit déj extra. Service efficace et discret.

Old Capital Bike Inn – โอลแคปปิตอล ไบค อิน *(zoom détachable, B2, **59**) : 607 Pra Sumen Rd.* ☎ *02-629-17-87.* • *oldcapitalbkk.com* • *Petit déj inclus.* Changement de décor avec ce petit hôtel de charme décoré sur le thème de la bicyclette. C'est la passion du proprio, lequel se fait d'ailleurs un plaisir d'emmener ses clients en balade à vélo dans la capitale ! Mignonne petite réception de style ancien et chambres colorées et personnalisées, avec du mobilier choisi et pas mal de cachet. Évitez peut-être juste les 2 Queen Loft, un peu bruyantes car donnant sur la rue, si vous avez le sommeil léger. En revanche, si vous êtes de jeunes mariés, optez pour la Honeymoon suite, avec sa salle de bains extérieure en contrebas. Petit déj (inclus) à la carte, accueil souriant et, bien sûr, prêt de vélos !

The Bhuthorn – โรงแรมภูธร *(zoom détachable, B3, **26**) : 96-98 Phraeng Bhuthorn Rd.* ☎ *02-622-22-70.* • *info@thebhuthom.com* • *thebhuthorn.com* • Dans cette discrète demeure vieille de 130 ans située au cœur d'un quartier historique classé (ambiance de village), les propriétaires, tous 2 architectes, ont déployé leur savoir-faire pour aménager 3 chambres de caractère, avec meubles, bibelots anciens et nobles matériaux. La plus petite est au rez-de-chaussée, les 2 autres à l'étage. La plus spacieuse, aux multiples fenêtres, donne sur le petit jardin. Afternoon tea et bonnes odeurs de jasmin. Service très pro et discret. Pas vraiment donné, mais est bien loin de l'anonymat des hôtels modernes et fonctionnels.

Où manger ?

Pas mal de gargotes ambulantes (surtout le soir) sur Khao San Rd et dans les rues adjacentes. De quoi manger sur le pouce vite fait bien fait... et à peu de frais. Outre les brochettes, *pad thai*, rouleaux et autres riz frits, il y a même des sauterelles, araignées, scorpions noirs, vers (de bambou) et autres insectes à déguster grillés. Et même du crocodile à la broche. Avis aux amateurs !

De bon marché à prix moyens (max 300 Bts / 8,60 €)

Jok Pochana – ร้านอาหารโจ๊กโภชนา *(zoom détachable, B2, **88**)* : *96-98 Soi Samsen 2.* *088-890-52-63. Tlj sauf lun 16h-1h.* Autre resto de rue avec aux commandes, cette fois-ci, Mr Lek. Sa spécialité (dont il n'est pas peu fier) : le crabe au curry indien, à la chair délicatement mélangée aux légumes. Excellent ! Sinon, plus économiques, le *pad thai* et le *tom yum* (et bien d'autres plats). Tables et chaises dans la rue ici aussi.

The Family Thai Restaurant – ร้านอาหารไทย เดอะ แฟมิลี่ *(zoom détachable, B2, **91**)* : *1/6 Prachathipathai Rd.* *095-896-03-95. Tlj sauf mer 13h30-16h30, 17h30-21h30.* Tenu par un couple americano-thaï, un très agréable petit resto au bord du canal Lamphu, où l'on s'installe en terrasse ou dans une petite salle avenante. Ambiance animée et clientèle internationale, venue savourer des petits plats soignés (version carnée ou végétarienne) préparés par la maman et servis dans des bols en bois, notamment de succulents et copieux currys ! Excellents jus de fruits également. Un très bon rapport qualité-prix et une halte fort plaisante.

Madame Musur – มาดามมูเซอร์ *(zoom détachable, B2, **89**)* : *Chakrabongse Rd, 41 soi Rambuttri.* ☎ *02-281-42-38. Tlj 10h-minuit.* Ambiance délicieuse pour cette salle ouverte sur la rue, avec ses petites tables entre 2 paillotes abritant le bar et la cuisine, puis une estrade où l'on s'installe sur de larges sofas colorés. On y vient à toute heure de la journée, du petit déj au dernier verre. Menu varié, avec une belle place accordée aux plats de la région de Chiang Mai et plus généralement du Lanna. Cocktails extra. Pas mal de routards du monde entier et musique moderne. Une autre adresse, **Madame Musur Samsen** *(soi Samsen 2, n° 91, en face du Nouvo City Hotel ; zoom détachable, B2, **73**).* Plus petit mais sympa aussi.

Thipsamai – ทิพย์สมัย ผัดไทยประตูผี *(zoom détachable, B3, **87**)* : *313-315 Maha Chai Rd. Ouv 17h-1h.* Nombreux sont les Thaïs qui patientent pour ce qui serait le meilleur *pad thai* de la ville. Le temps de faire la queue dehors, on a tout le loisir d'admirer la dextérité des cuistots en action autour de leurs woks fumants, dans un feu d'artifice de braises. Les 2 spécialités sont le *superb pad thai* (120 Bts, rapport qualité-prix exceptionnel), dont le secret est d'être enveloppé à la fin dans une dentelle d'omelette (délicieux !), et le *pad thai song-kreung,* avec chair de crabe et mangue râpée (plus cher : 400 Bts). Pour arroser tout ça, tout le monde prend le jus d'orange pressé maison, excellent. La file d'attente est parfois longue (dès 18h) mais elle se résorbe assez vite, et le service dépote.

Ama Art & Eatery – พระบรมมหาราชวัง *(zoom détachable, A3, **81**)* : *270-272 Maharat Rd.* *08-47-16-81-85. Ouv 11h-17h15 ; j. de fermeture communiqués sur leur page Facebook.* Entre le Grand Palais et Wat Pho, c'est l'un des restos où viennent se régaler les touristes (thaïs et étrangers) après la visite des temples. Cuisine 100 % thaïe et préparée comme à la maison, à déguster sur des tables en bois de récup'. Bonne ambiance animée.

The Sixth – ร้านอาหาร เดอะซิกส์ *(zoom détachable, A3, **102**)* : *6 Maharat Rd.* *081-629-90-40. Tlj sauf dim 10h30-17h.* Un conseil, arrivez avant midi ou après 16h, sous peine de devoir attendre. Petite salle toujours comble en effet, et pour cause, on y boulotte dans une douce ambiance des petits plats pas chers et savoureux, telle l'omelette crémeuse aux crevettes ou le curry vert de poulet, 2 des plats phares de la maison. Parfait, là encore, avant ou après la visite du Wat Pho !

Jim Cheng Seng *(zoom détachable, A3, **25**)* : *57-61 Maharat Rd.* ☎ *02-221-0577. Tlj 12h-20h30.* C'est le resto de l'hôtel *Inn A Day* (voir plus haut), à fréquenter même si vous n'y logez pas ! Délicieux *tom yum,* mais aussi *pad thai,* poulet aux noix de cajou... dans un espace à la déco industrielle très réussie.

🍽 🍸 ***Suan Nguen Mee Ma*** – ร้านสวนเงินมีมา *(zoom détachable, B3, **82**) : 77/79 Fuang Nakhon Rd, Wat Rajabophit. ☎ 02-622-09-55. Tlj sauf dim 9h-18h (17h sam).* Communiquant avec une librairie thaïe branchée philo et bien-être, une boutique bobo-bio climatisée version exotique ; idéal pour se poser au frais en sirotant une infusion froide originale de citronnelle, d'hibiscus ou d'une autre fleur non identifiée. Glaces et sorbets : tamarin, mangue verte, pomme-citron... plus des jus, smoothies et cafés chauds ou froids. Pour ceux qui ont une petite faim, quelques petites salades, des tartines et des toasts. Bon et très reposant.

🍽 ***Krua Apsorn*** – ครัวอัปษร *(zoom détachable, B2, **86**) : 169 Thanon Dinso. ☎ 02-550-03-10. Tlj sauf dim 10h30-20h (attention, pas de bière entre 14h et 17h).* Pour ceux qui voudraient sortir un peu des 2 rues archi-encombrées de Khao San Road, voici une petite cantine sans chichis mais où l'on mange une cuisine thaïe de qualité à prix raisonnable, du moins si l'on se tient aux plats de viande ou végétariens (poisson et fruits de mer plus chers). Petite précision : l'omelette de crabe, si elle est bonne, n'a pas grand-chose à voir avec celle du resto Jay Fai (voir plus loin). Certes, le prix n'est pas le même non plus ! Service pas toujours au top, hélas.

De prix moyens à plus chic (max 600 Bts / 17 €)

🍽 ***Hemlock*** – ร้านอาหารเฮมล็อค *(zoom détachable, A2, **90**) : 56 Phra Athit Rd. ☎ 02-281-75-07. Tlj sauf dim 16h-minuit (17h sam).* Une petite musique jazzy baigne cet intérieur climatisé aux murs rehaussés de quelques croûtes colorées. Dans l'assiette, une cuisine du marché : fruits de mer passés au barbecue (servis avec pas moins d'une douzaine de sauces), crabe, currys divers, plats végétariens et, surtout, la spécialité de la maison : le crocodile ! C'est savoureux et bien servi. Comme les plats sont préparés à la commande, prévoir un peu d'attente.

Très chic (plus de 600 Bts / 17 €)

🍽 ***Jay-Fai Cuisine*** – ร้านเจ๊ไฝ *(zoom détachable, B3, **87**) : 327 Maha Chai, Samranrach Junction, Pranakorn. ☎ 02-223-93-84 ou 02-724-96-33. Ouv mar-sam 13h30-minuit. Fermé dim-lun.* Juste à côté du resto le Thipsamai, une cantine de quartier... devenue très célèbre depuis que le guide Michelin lui a décerné une étoile. Voilà en effet 40 ans que cette mamie œuvre seule, toujours équipée de ses grosses lunettes de ski qui la protègent des braises incandescentes s'échappant des braséros, posés à même le trottoir. Et, certes, la cuisine mérite sa distinction, mais le lieu est désormais si couru qu'il faut prévoir des heures d'attente ! Si l'expérience vous tente, on conseille de venir vers 10h30-11h du matin pour se mettre sur la liste d'attente et, en fonction du numéro attribué, de revenir dans l'après-midi. Savoir aussi que ce n'est pas bon marché : l'omelette au crabe – le plat phare ! – est facturée 1 000 Bts. À vous de voir, donc.

🍽 🍸 ***Sheepshank*** – ชิพแซงค์ พลับบลิคเฮ้าส์ *(zoom détachable, A2, **92**) : 47 Phra Athit Rd. ☎ 02-629-51-65. Tlj 11h (17h lun)-minuit.* Entrée improbable par un parking-garage, qu'il faut traverser pour arriver dans cet ancien chantier naval, posé au bord de l'eau. Salle climatisée où pendouillent palans et poulies de mouflage, avec vue imprenable sur le fleuve. Ce bar-resto à la sauce new-yorkaise propose un bel assortiment de bières spéciales ainsi que quelques cocktails. On peut aussi y manger une cuisine occidentale un peu fusion. Un peu cher tout de même. Sinon, se contenter d'y venir boire une bière au coucher du soleil.

Où boire un verre ? Où écouter de la musique ? Où sortir ?

Quartier bondé de routards, Khao San Road bouillonne à la nuit tombée. La plupart des adresses sont hyper touristiques, donc un peu chères. Les amateurs de bars littéraires et galeries d'art tendance jazz ne manqueront pas ***Phra Sumen Road*** *(zoom détachable, B2)*, au nord-ouest du monument de la Démocratie.

Bars

Amorosa – ร้านอโมโรซ่า *(zoom détachable, A3, **157**) : 36-38 soi Pratu Nokyung, sur Maharat Rd. ☎ 02-221-91-58. Au 4e étage de l'Arun Residence. Tlj 11h-minuit.* C'est l'un des rendez-vous des touristes au coucher du soleil. Vue plongeante et superbe sur la Chao Phraya et le Wat Arun (ce dernier en contre-jour au coucher du soleil, amis photographes). Pour un dernier verre (pas donné quand même) en amoureux…

Swing Bar by ChingCha *(zoom détachable, B3, **70**) : 88/4-89 Siripong Rd. 063-231-2017. Tlj 17h-minuit.* Nombreux sont ceux qui se précipitent au coucher du soleil au sommet de cet *hostel.* Et on les comprend ! 2 étages, des tables devant le Wat Suthat, une collection de bières impressionnantes et quelques cocktails bien sentis. Possible d'y grignoter quelques plats bien épicés.

Brick Bar – บริกค์ บาร์ *(zoom détachable, B2, **153**) : 265 Khao San Rd, dans le Buddy Lodge Building (entrée à gauche du McDo). ☎ 02-629-45-56. Tlj 20h-2h ; groupes à 20h, 22h30 et 0h30. Entrée payante ven-sam : 200 Bts (avec 1 conso).* Un bar musical logé tout au fond d'un petit centre commercial. Architecture en brique, of course, atmosphère sombre, voire très sombre, et zinc interminable. Tous styles musicaux (variété thaïe et internationale) et ambiance survoltée certains soirs. Billard.

Jazz Happens ! – แจ๊สแฮปเปนส์บาร์ *(zoom détachable, A2, **152**) : 62 Phra Athit Rd. ☎ 02-282-99-34. Tlj sauf jeu 17h-1h ; sessions musicales à partir de 20h30.* Petit rade tout en longueur avec les musicos qui prennent bien la moitié de l'espace. Chaude atmosphère pour cette adresse spécialisée dans la mise en orbite de jeunes talents. Conso de 200 Bts minimum exigée, sinon 50 Bts de l'heure si vous êtes du genre à écouter de la musique sans vous abreuver.

Molly Bar – โมลี่ บาร์ *(zoom détachable, B2, **154**) : 108 Rambuttri Rd. ☎ 02-629-40-74. Tlj 20h-2h.* Au cœur du quartier routard, une adresse classique que l'on cite uniquement pour ses concerts se déroulant de 20h à 23h, dans une petite salle à l'ancienne. 3 groupes s'y succèdent. Un peu plus loin dans la rue, quelques scorpions noirs et mygales à grignoter.

Kŭ Bar – คู บาร์ *(zoom détachable, B2, **150**) : 469 Phra Sumen Rd. ☎ 02-067-67-31. Enseigne très discrète, repérer l'entrée au bout de l'allée sur la droite du Brown Sugar Pub ; c'est au 3e étage. Jeu-dim 19h-minuit.* Sorte de speakeasy mêlant le béton brut, le bois et l'acier dans une ambiance minimaliste (2-3 bouteilles au bar !), que l'on découvre après avoir fait coulisser une porte en bois. C'est le décor qu'a choisi Kong pour dispenser l'art du cocktail appris à New York. Saveurs inconnues et vraiment très originales. Juste en dessous, le ***Kang Kao,*** un bar à vin bio tenu par son épouse. Même atmosphère sombre et mêmes prix un peu élevés.

BANGKOK ET SES ENVIRONS

Adhere the 13th – Blues Bar – ร้าน แอดเฮีย เธอทีน บูลบาร์ *(zoom détachable, B2,* ***151****) : Samsen nos 13 (tt de suite après le pont) et 65. 08-97-69-46-13. Tlj 18h-minuit ou 1h ; la musique commence vers 20h30.* Bar musical tout en longueur, avec le groupe invité au milieu. Bonne programmation (tendance blues) et ambiance du tonnerre certains soirs. Pas grand-chose à dire sur le décor, en revanche.

Achats

Parmi les ***marchés,*** ne pas manquer le ***Pak Khlong Market*** – ปากคลองตลาด *(zoom détachable, B4 ; bus nos 3, 5, 8, 60, 82 ou 73),* monumental marché aux fruits, légumes et fleurs essentiellement. Fleurs de lotus, orchidées, jasmin, les odeurs et les couleurs se mélangent avec bonheur. De jour comme de nuit, c'est somptueux. Si vous logez dans le coin, allez-y de préférence la nuit à partir de minuit (le marché est ouvert 24h/24) ou carrément à l'aube vers 5h du mat' quand les camions de livraison arrivent, c'est alors un véritable feu d'artifice olfactif.

Massages

■ À Khao San Road, on peut se faire masser tous les 30 m pour 250 Bts de l'heure. Pas les massages les plus haut de gamme cela dit et, surtout, gare aux manipulations trop vigoureuses de la nuque qui risquent de vous laisser une impression mitigée !

À voir. À faire

National Museum – พิพิธภัณฑ์สถานแห่งชาติพระนคร *(Musée national ; zoom détachable, A2) : Na Phra That Rd –* ถนนหน้าพระธาตุ. *☎ 02-224-13-33. Situation très centrale, entre Khao San Rd et le Grand Palais. Mer-dim 8h30-16h (dernier ticket à 15h30). Fermé lun-mar et j. fériés. Entrée : 200 Bts ; gratuit pour les moins de 12 ans. Brochure avec le plan du musée pour s'y retrouver. Visite en français gratuite mer-jeu à 9h30, guidée par un volontaire du Musée. Sinon, panneaux explicatifs en anglais. Sacs interdits (consigne gratuite). Venir en tongs ou sandales, il faut souvent se déchausser.*

Cet ensemble est composé de plusieurs édifices abritant les chefs-d'œuvre de l'art thaïlandais, ainsi que d'anciens pavillons ou temples placés ici dans un but de conservation. Essayer de commencer par ce musée, car il prépare admirablement bien à la visite, ultérieure, des temples. Tout l'art thaïlandais y est résumé...

Les collections sont très riches et nous n'allons bien sûr pas tout détailler ici, mais voici un petit florilège.

– ***Bâtiment 1 :*** *à côté de la billetterie.* Il accueille les expositions temporaires.

– ***Bâtiment 2 :*** c'est en fait la *chapelle Buddhaisawan,* construite à la fin du XVIIIe s dans le style de Bangkok pour abriter un bouddha en bronze doré du XVe s. Extérieur assez banal, mais superbes peintures murales à l'intérieur. Des armoires en bois laqué pour la conservation des textes bouddhiques présentent des épisodes du *Râmakien,* la variante thaïlandaise du *Rāmāyana,* héros qui donne son nom à la dynastie des rois actuels.

– ***Section 3 :*** à gauche de la chapelle Buddhaisawan. C'est une vieille maison en teck rouge (fin XVIIIe s). Ancien appartement privé d'une princesse.

– ***Section 4 :*** consacré à l'***art ancien dans la région.*** Salle 403, période D *vatî* mise en valeur par des bijoux en pierre et une superbe roue de *Dharmach* typique de l'art bouddhique pré-thaï. Salle 405, période *Srîvijaya* avec quelq beaux bouddhas des VIIe et VIIIe s délicatement ouvragés (très bel Avalokitesva retrouvé dans la province de Surat Thani). Salle 406, l'*art de Lopburi* (XIe et XIIe s), fortement marqué par les influences khmères. Rappelons qu'à cette époque, les temples étaient bâtis selon la cosmologie hindouiste. Les bouddhas étaient plutôt en pierre et carrés avec une protubérance sur le haut du crâne sensée symboliser l'illumination. Également un ensemble de lingas (membre viril symbolisé par une pierre dressée, signe du dieu Shiva), dont certains très évocateurs. Salle 401, enfin, petit détour par Java, pour voir notamment un beau Ganesh et quelques pièces rapportées par Rāma V en visite dans l'île alors que cette dernière était encore sous domination hollandaise. Et puis, ne pas manquer non plus, dans cette même salle, la lampe à huile... roumaine, retrouvée sur un site archéologique à l'ouest de Bangkok !
– ***Section 5 :*** réunit l'***art thaï de différentes périodes.*** Objets et sculptures d'époque du Lanna (XIIIe s), dont la capitale était Chiang Mai ; art de Sukhothai aussi, avec en vedette la pierre de *Ramkhamhaeng,* dit Rāma le fort, une pierre gravée trouvée à Sukhothai, datée de 1292 et considérée comme le 1er alphabet en langue thaïe. Puis, art d'Ayutthaya (voir les armoires à manuscrits marquetées, dont une avec ce qui semble être une représentation de... Louis XIV !), ainsi que l'art de Bangkok (XIXe s). Dans cette dernière section, plateforme en bois du roi Taksin, petites statuettes de bouddha en pierres semi-précieuses, sceaux et art décoratif varié, comme cette « laque » illustrant les activités en forêt de la famille royale, ou encore cette défense d'éléphant torsadée et finement sculptée.
– ***Section 6 :*** le gros bâtiment au milieu du complexe, qui abrite les salles 601 à 614 et leurs superbes collections de ***beaux-arts thaïs,*** datant du début du XVIIIe à la fin du XIXe s. À commencer par la salle du trône, où repose le trône du 1er prince héritier de Bangkok. Ailleurs, dans les multiples salles, les arts du spectacle (orchestre royal thaï, marionnettes du théâtre d'ombre – colorées pour le jour, noir et blanc pour la nuit !) ; de fines porcelaines et céramiques (aux influences chinoises puis anglaises) ; la chambre du 1er prince héritier (voir, dans l'armoire vitrée à gauche en entrant, le bol de riz fait à partir d'un œuf d'autruche !) ; la section orfèvrerie et argenterie (brosse en poils d'éléphant à support doré émaillé, serpe en argent damasquinée, épée en or qui donnait le droit de tuer au nom du roi) ; des sculptures sur bois (magnifique porte de temple ciselée à partir d'une seule pièce de bois, pupitre de moine avec échelle sculptée) ; galerie des *howdah* (nacelles d'éléphant), dont une en ivoire superbement ouvragée ; galerie des textiles (où l'on peut voir l'évolution des habits royaux) ; l'art de la nacre (superbe porte marquetée aux reflets polychromes), etc. Enfin, salle 614, admirez « l'armure en coton », en réalité une chemise portant des inscriptions cabalistiques censées protéger celui qui la revêt ; ou encore un « guide de la guerre », illustré par un diorama qui montre comment les combats se déroulaient dans le pays au XIXe s, avec les soldats qui passaient sous un portique porte-bonheur et se faisaient asperger d'eau bénite avant le début des affrontements... On apprend aussi que l'armée thaïlandaise à l'époque était composée de nombreux soldats étrangers, d'où la diversité des armes présentées dans la salle.
– ***Section 7 :*** l'*Isaret Rachanuson Building* abrite du mobilier royal et, à l'étage, les appartements du roi Pinklao (le frère de Rāma IV), avec notamment son lit et, à côté, celui de sa femme (tradition thaïe). Rien de bien transcendant.
– ***Section 10 :*** avec ses ***majestueux chariots funéraires*** dorés construits sous le règne de Rāma Ier pour les crémations royales, elle constitue le ***clou du musée*** ! Les plus gros de ces chariots sont (encore) tirés par plus de 200 hommes ! Remarquer aussi les élévateurs sur leur flanc, permettant de hisser les dépouilles et, quelque part entre les véhicules, le cercueil vertical du roi du Thonburi (XVIIIe s)... Étonnant !

Le *Grand Palais et le Wat Phra Kaeo* – วัดพระแก้วและพระบรมมหาราชวังค์ *(zoom détachable, A3)* **:** *Sanam Chai Rd mais entrée sur Na Phra Lan.*

…e.th • Desservi … s bus n°s 32, … ar le bateau, … ier. Tlj (sauf … es) 8h30-14h30 … ket). Entrée : 500 Bts ; … pour les enfants de moins … 1,20 m ; ticket jumelé avec la visite du Bang Pa In Palace (voir plus loin « Dans les environs d'Ayutthaya »), valable 7 j. après achat. Audioguide en français 200 Bts, à restituer obligatoirement au bout de 1h30. Visites guidées gratuites en anglais, à 10h, 10h30, 13h30 et 14h. ***Tenue correcte exigée (pantalon jusqu'aux chevilles, jupe longue et épaules bien couvertes).*** *Sinon, possible d'acheter pantalon et tee-shirt sur la droite après avoir franchi le 1er portique d'entrée depuis la rue, avt la billetterie. Photos du bouddha interdites.*

– ***Tuyaux :*** conseillé d'y aller à l'ouverture pour éviter la chaleur ainsi que le gros de la foule. À l'entrée, ne vous trompez pas de file, il y en a une pour les Thaïs, une pour les touristes et une, voire 2, pour les Chinois !

Construit à partir de 1782 sur ordre de Rāma Ier, fondateur de la dynastie Chakri, puis modifié et agrandi par ses successeurs, il s'agit d'un vaste complexe (22 ha) de temples et de bâtiments fastueux où résidèrent les rois du Siam jusqu'en 1925. Depuis, il attire surtout des foules de touristes (outre certaines cérémonies royales qui s'y déroulent encore) ; c'est même devenu l'attraction la plus visitée du pays, raison pour laquelle on vous conseille vivement de venir dès l'ouverture. Seul le *Wat Phra Kaeo,* le temple bouddhique le plus célèbre de Thaïlande, qui accueille le *bouddha d'Émeraude,* est ouvert à la visite. Les autres bâtiments ne s'apprécient que de l'extérieur.

MORTELS, LES ROIS ?

Peut-être vous demandez-vous, dans le bâtiment des chariots funéraires royaux du musée national, comment ceux-ci rejoignent la route où se tient la procession ? C'est simple, chaque fois qu'un roi décède depuis 1930, on construit vite une voie d'accès entre le bâtiment et la route... puis on la supprime, comme si les rois thaïs suivants ne devaient pas mourir et que ces chariots ne devaient plus jamais servir...

La visite

Ça y est ! vous y êtes, vous avez passé la porte de la Glorieuse Victoire. Après avoir fait la queue pour acheter vos tickets à vous les temples, un ensemble qui hésite entre le kitsch et le somptueux : façades chargées recouvertes de verre, de dorures, de bouts de miroir, de morceaux de faïences multicolores, et agrémentées de petites sculptures. Éblouissants stupas dorés au soleil et colonnes constellées de miroirs. On ne va pas vous faire l'historique de chaque temple, mais voici une petite sélection des plus remarquables.

Commençons par l'édifice principal, le **Wat Phra Kaeo,** qui abrite la fameuse statuette du bouddha d'Émeraude (voir encadré). C'est en fait la chapelle royale du Grand Palais, édifiée par Rāma Ier. Elle rappelle par son style le Wat Phra Sri Sanphet d'Ayutthaya. Le toit combine les styles thaï et khmer (époque où les 2 royaumes étaient unis). On y entre par l'arrière. Des foules entières s'y pressent chaque jour pour admirer le bouddha, placé au sommet d'un piédestal et

BOUDDHA VOYAGEUR

L'histoire du bouddha d'Émeraude fait partie des merveilleuses épopées de l'Orient. Au XVe s, c'est à Chiang Rai que l'on découvrit cette statuette du Bouddha, alors couverte de stuc. Sous le stuc apparut en fait une statue de jade (et non d'émeraude !), resplendissante. Un siècle plus tard, la voilà au Laos, ayant suivi les princes dans leur conquête. Après plusieurs voyages encore, Rāma Ier, à la fin du XVIIIe s, la récupéra lors de la prise de Vientiane, puis la rapporta en Thaïlande. On lui érigea alors un temple définitif, le Wat Phra Kaeo, achevé en 1784.

protégé par une sorte de baldaquin à 9 niveaux, symbole de la royaut et de la continuité de la dynastie Chakri. En réalité, on ne voit pas vr la statue, car elle trône à 8 m de haut et ne mesure que 66 cm ! Le E trouve dans une position de méditation, assis, les jambes repliées. Peti coquette ! Elle possède 3 tenues que le roi lui-même change à chaque saison. Remarquer aussi l'autel sur lequel le bouddha est dressé, en bois recouvert d'or, et les offrandes généralement somptueuses. Sans oublier les fresques murales de l'édifice, qui montrent les grandes étapes de la vie de Bouddha.

Tout autour du Wat Phra Kaeo se dressent une multitude d'autres édifices qu'on ne visite pas, notamment le ***Panthéon royal*** (derrière le *chedî* doré), ruisselant d'or et de faïence bleue. Datant de 1856, il abrite des statues représentant les rois de la dynastie Chakri. Sur l'esplanade du Panthéon, à côté de la bibliothèque, ne pas manquer non plus la maquette reproduisant le site d'Angkor Vat, l'un des plus beaux ensembles de temples au monde, situé au Cambodge, mais qui faisait autrefois partie de la Thaïlande. Rāma IV avait conçu le projet de déplacer Angkor Vat, mais il fut contraint d'y renoncer devant l'ampleur de la tâche. Gros boulot en effet !

Puis, sur tout le pourtour du complexe, les ***arcades du Râmakien*** abritent pas moins de 178 fresques murales illustrant la version thaïe du *Rāmāyana,* l'un des récits épiques fondamentaux de l'hindouisme. Partir de la gauche de la porte principale pour « lire » l'épopée qui relate la naissance et l'éducation du prince Rāma (7e avatar de Vishnou), la conquête de Sîtâ et son union avec elle, puis l'exil de Rāma, l'enlèvement de Sîtâ, sa délivrance et le retour de Rāma sur le trône. On y voit à plusieurs reprises Hanuman, le chef de l'armée des singes.

Enfin, sur la droite du Wat Phra Kaeo (en lui faisant face), on accède à un autre complexe de bâtiments utilisés autrefois pour les audiences, les cérémonies et la résidence des rois Chakri. Finement ouvragés, couverts de dorures et coiffés de toits pointus, ils représentent la quintessence de l'architecture thaïe.

Wat Pho – วัดโพธิ์ *(zoom détachable, A3) :* ☎ *02-226-03-69 ou 35. • watpho.com • À env 10 mn à pied du Grand Palais (accessible par les mêmes bus) ; de ce dernier, prendre Saman Chai Rd vers le sud, l'entrée se trouve après Tai Wang Rd. Sinon, arrêt bateau Tha Tien Pier. Tlj 8h30-18h30. Entrée : 200 Bts (petite bouteille d'eau incluse). Gratuit pour les enfants de moins de 1,20 m. Se couvrir les genoux et les épaules (sinon prêt de vêtements).*

L'un de nos préférés. Vous n'y serez pas seul, évidemment. Là encore, un très bel ensemble de temples dont le principal abrite le célèbre bouddha couché. Édifié par Rāma Ier au XVIIIe s, c'est l'un des plus anciens et des plus grands complexes de temples de Bangkok, mais certainement aussi le plus beau car situé dans un espace aménagé avec des coins de verdure et de repos. De plus, contrairement au Grand Palais, le Wat Pho est bien vivant. On y trouve des moines évidemment, mais aussi une école de massage très réputée, des diseurs de bonne aventure, un ashram, un petit café... Ce fut un centre d'éducation important au XVIIIe s, mais son origine est antérieure. Voici les éléments les plus importants.

– ***Le temple du bouddha couché :*** à 5 mn à pied de l'entrée principale, sur la droite des 4 *chêdis.* Repérer les 2 statues coiffées d'un chapeau haut de forme – des caricatures de *farang* ! – qui en marquent l'accès. Superbe et gigantesque bouddha couché, de 45 m de long et de 15 m de haut, tout plaqué d'or. Très à l'étroit dans son petit temple, c'est aussi ce qui fait l'étrangeté et le charme du lieu. Remarquez son sourire paisible, la délicatesse des cheveux et ses pieds joliment incrustés de nacre illustrant les 108 états du Bouddha. Il rappelle les bouddhas birmans. La position couchée est celle qu'il a prise pour mourir, avant d'accéder au nirvana et de se libérer du cycle des réincarnations.

– Dans l'enceinte, ***nombreux autres temples,*** tous différents, certains ornés de belles fresques, et surtout ***4 grands* chedîs** (stupas) recouverts de céramiques très décorées. Ils représentent les 1ers rois de la dynastie Chakri.

– Autour du ***temple principal,*** 2 galeries abritent 394 bouddhas assis.

Enfin, à 50 m de la billetterie, sur la gauche quand on la franchit, on trouve le fameux ***centre de massage traditionnel*** *(tlj 8h-19h ; dernier massage à 18h ; compter env 320-680 Bts).* Séances de 30 mn à 1h, avec ou sans huile. Hélas, c'est un peu devenu l'usine, et il faut souvent patienter avant de se faire masser ! Sinon, à 10 mn à pied, en sortant du Wat Pho, dans un *soi* vers le fleuve près de l'embarcadère pour le Wat Arun, à droite de la supérette *7/Eleven,* une annexe plus au calme, avec les mêmes compétences : le *Wat Pho Massages Chetawan Health Center (392/32-34 Maharat Rd ; mêmes heures et tarifs que l'autre).*

LES AMULETTES SIAMOISES

Aux abords des temples, des étals proposent de petites médailles et figurines. Ces pendentifs d'argile, à l'effigie du Bouddha ou d'une autre figure religieuse populaire, sont censés protéger du mauvais sort, à condition d'avoir été bénis par un moine. Les plus appréciés et les plus chers sont ceux qui favorisent la séduction ou l'élimination d'un rival, et surtout ceux permettant de gagner à la loterie. Et il n'est pas interdit d'en porter plusieurs en même temps !

Wat Mahathat – วัดมหาธาตุ *(temple de la Grande Relique ; zoom détachable, A2-3) : entrée sur Thanon Na Phra That, parallèle au grand parc de Sanam Luang. Tlj 8h30-16h30. Entrée : 50 Bts.* À quelques mètres des grands temples, un temple loin des foules, à peine perturbé par le chant des oiseaux et des moines en prière. En revanche, le dimanche, c'est l'affluence pour l'impressionnante prière collective du matin. Dans l'enceinte centrale, belle collection de bouddhas en méditation, souriants et facétieux, gardant sagement les reliques du Bouddha (non visibles, dans le chedî) et les tombes des défunts. C'est aussi un centre de méditation parmi les plus réputés du pays, ouvert aux non-initiés (horaires changeants, à vérifier sur place), ainsi qu'une université pour apprentis moines, ravis de vous éclairer sur l'état du nirvana.

Wat Arun – วัดอรุณ *(temple de l'Aube ; zoom détachable, A3) : de l'autre côté du fleuve Chao Phraya, à Thonburi* – ฝั่งธนบุรี. ☎ *02-891-21-85.* ● *watarun1.com* ● *Inutile de louer un bateau pour traverser. Prendre les navettes qui traversent le fleuve ttes les 10 mn, au Tha Thien si vous venez du Wat Pho, ou au Tha Chang si vous venez du Wat Phra Kaeo. Tlj 9h-16h30. Tuyau : préférez le mat, car ferme parfois plus tôt. Entrée : 100 Bts.* ***Pas d'épaule ou de jambes nues.***
C'est, avec ses 82 m de hauteur, l'un des symboles de Bangkok. On retrouve sa silhouette sur certaines pièces de monnaie. Ce « temple de l'Aube » a été conçu pour être le 1er à recevoir la lumière du matin, d'où son nom, qui provient d'Aruna, déesse de l'Aurore en Inde. À moins que ce ne soit à cause de la 1re visite de Rāma Ier aux aurores ? Il fut terminé au XIXe s par Rāma II et Rāma III, dans Thonburi, cette partie de la ville qui fut la capitale du pays pendant 15 ans. Pas de dorures ici, le prang principal, sensé évoquer le mont Méru, le centre du monde dans la cosmogonie bouddhiste, est totalement recouvert de morceaux de céramique. Les prang secondaires, eux, représentent les 4 points cardinaux et sont dédiés à Nayu, le dieu du vent. Le style khmer est assez marqué. Appréciez les cloches et les figures des éléphants au sommet !

Wat Saket – วัดสระเกษ *(temple de la Montagne d'Or* – วัดภูเขาทอง *; zoom détachable, B3) : Chakkaphatdi Rd ou Boriphat Rd* – ถ.จักรพัฒน์หรือถนนบริพัฒน. ☎ *02-621-22-80. Dans le quartier des menuisiers. Desservi par les bus nos 8, 15, 37 et 47 ainsi que par les bateaux* (express boats) *du khlong Saen Saep (arrêt Panfa Leelard). Tlj 8h-19h. Entrée : 50 Bts.* Aussi connu sous le nom de Golden Mount, ce temple commencé par Rāma III et fini par Rāma V se trouve perché sur une colline artificielle et ne ressemble à aucun autre. Il présente peu d'intérêt. On y accède après avoir égrainé une série de statuettes dissimulées au cœur d'une végétation fournie. Agréable et reposant. Vue unique à 80 m de hauteur, après... 320 marches.

Wat Suthat – วัดสุทัศน์ *(temple de la Balançoire géante ; zoom détachable, B3)* **:** *entrée par Bamrung Muang Thanon (face à la Balançoire). Desservi par les bus nos 10 et 12. Tlj 8h30-21h. Entrée : 100 Bts.* Dans le quartier des vendeurs de statues du Bouddha ; incroyable variété de tailles, de la figurine à l'énormissime. Le temple fut construit par Rāma Ier et achevé par Rāma III. À l'intérieur, les fresques du vihan sont de grande qualité et représentent la vision de l'univers dans la cosmologie bouddhique.
Juste à l'entrée de l'enceinte, remarquer l'immense portique de la Balançoire *(Chao Chin Cha)*. À l'occasion de la fête de Shiva, il servait de balançoire – la balançoire représente le maintien du mouvement cosmique – à de jeunes brahmanes dont l'objectif était de décrocher avec les dents des sacs pleins d'argent suspendus à 25 m au-dessus du sol ! Son utilisation fut suspendue en 1925 en raison du nombre de victimes...

Les mordus des temples pourront encore passer voir le ***Wat Rajabophit*** – วัดราชบพิตร *(zoom détachable, B3)* et le ***Wat Ratchanadaram*** – วัดราชนัดดาราม *(zoom détachable, B2-3)*, au curieux toit en bulbe. Sur l'arrière, quelques gargotes avec vue sur le fleuve Chao Phraya proposent de bons plats locaux.

Le musée national des Barges royales – พิพิธภัณฑ์สถานแห่งชาติเรือพระราชพิธ *(zoom détachable, A2)* **:** *ancré sur le khlong Bangkok Noi, près de la gare de Thonburi. ☎ 02-424-00-04. Après la Wat Dusitaram School, prendre tt de suite à gauche dans Somdet Phra Pin Klao 1 (soi Wat Dusitaram) en suivant le panneau ; dans le virage à gauche, prendre la venelle à droite et suivre les panneaux. Tlj sauf j. fériés 9h-17h. Entrée : 100 Bts.*
Pour arriver au musée, on traverse, par un dédale de petits pontons en béton ou en bois, un quartier attachant, paisible et populaire, un véritable labyrinthe de maisons sur pilotis. Vaste hangar sur l'eau où sont présentées 10 incroyables barges décorées et sculptées qui servaient, jusqu'à une date récente, à transporter le roi qui allait offrir aux moines leurs nouvelles robes lors de la saison des Kathins. La plus ancienne barge mesure 43 m de long et comptait pas moins de 64 rameurs. Proues admirables, somptueusement sculptées, ciselées et très colorées, représentant des héros légendaires thaïs. La barge personnelle du roi Subanahongsa a été creusée dans un seul tronc de teck, impressionnant !

Balade sur les khlong – นั่งเรือชมคลอง **:** à faire absolument ! C'est un tout autre visage de Bangkok que l'on vous propose de découvrir. Les *khlong*, ces canaux qui sillonnent le Bangkok de l'autre côté du fleuve Chao Phraya (partie ouest), permettent de s'immiscer dans une vie locale insoupçonnée. Loin des gratte-ciels et de la circulation, c'est un labyrinthe aquatique totalisant quelque 350 km de canaux parcourant la ville de part en part, reliant des centaines de maisons en bois sur pilotis, des vieilles baraques bringuebalantes aux toits de tôle, des temples modestes, des commerces ou de coquettes villas protégées par de hautes grilles. Le tout enfoui dans une végétation exubérante de flamboyants et de cocotiers. Vous remarquerez aussi les tuyaux aériens qui apportent l'eau potable, les poteaux de fils électriques enchevêtrés et la collecte des ordures ménagères en barge plutôt folklorique. En été (pendant leur période de reproduction), on peut aussi voir de nombreux varans dans l'eau et sur les rives. Certains sont maousse costauds, jusqu'à 2 m ! Mais ils sont inoffensifs (en principe...). On recommande de finir la balade par le Wat Arun *(droit d'accostage de 30 Bts)*, situé sur la rive ouest du fleuve.
Pour organiser la balade, on conseille d'aller à l'embarcadère près de la station Saphan Taksin *(plan détachable, C5)*, où vous trouverez à droite le comptoir de location de *tail-boats* sous le pont. Compter env 1 500 Bts par embarcation – 1 à 4 personnes, on peut gratter jusqu'à 6 personnes – pour 1h de navigation. À noter qu'il n'y a pas d'itinéraire type, cela dépend notamment des... écluses qui permettent ou non (selon qu'elles sont ouvertes ou fermées) l'accès à certains canaux (en principe le batelier sait quelles sont les voies praticables). On vous proposera néanmoins peut-être d'inclure, dans la balade, une ferme aux serpents (mais sans intérêt).

***Descente (ou remontée) du fleuve Chao Phraya :** se reporter plus haut à la rubrique « Les transports à Bangkok ». Rens au Central Pier (Tha Sathorn), situé à la station de métro aérien Saphan Taksin (plan détachable, C5). ☎ 02-623-60-01.* Très nombreux quais (« tha ») d'où, pour quelques bahts, on peut emprunter les bateaux-bus locaux. Le Chao Phraya River Express ou le Chao Phraya Tourist Boat (plus cher et fréquence moindre) sont d'excellents moyens de rallier Chinatown et, plus au sud, le quartier de l'*Oriental Hotel* et l'ambassade de France, ou bien de remonter un peu plus au nord vers Banglamphu (pour Khao San Road) et Thewet, en admirant le pont à haubans Rāma-VIII et les marchands de pain qui nourrissent des poissons énormes au bord du débarcadère. Pour le Wat Arun et le musée des Barges, en revanche, on peut se contenter d'utiliser les ferries qui vont simplement d'une rive à l'autre.

CHINATOWN ET LITTLE INDIA

(plan et zoom détachables, A-B-C2-3)

Au sud-est de Rattanakosin, 2 quartiers bien vivants, surtout celui de Chinatown, qu'il serait dommage de ne pas honorer d'une visite. On peut aussi y loger, mais c'est surtout pour ses innombrables boutiques, petits restos et sa vie grouillante qu'on viendra traîner par ici.

Où dormir ?

Prix moyens (de 1 000 à 2 000 Bts / 28,60 à 57 €)

■ ***China Town Hotel** – ไชน่าทาวน์โฮเต็ล (plan détachable, C4, **22**) : 526 Yaowarat Rd. ☎ 02-225-02-04. • info@chinatownhotel.co.th • chinatownhotel.co.th • Petit déj inclus.* Façade pas bien engageante, mais très sympa à l'intérieur. En plein cœur de Chinatown. Chambres coquettes disposant d'une bonne literie, salles de bains avec baignoire-douche (un peu vieillottes mais bien entretenues), TV, minibar et clim. La gamme de prix des doubles est étendue, bien choisir sa chambre. Personnel cordial. Bien pour ceux qui veulent profiter de la vie nocturne trépidante du quartier (nombreux marchés, cantoches de rue...).

De plus chic à très chic (de 3 000 à 5 000 Bts / 86 à 143 €)

■ ***Shanghai Mansion** – โรงแรมเซี่ยงไฮ้แมนชั่น (plan détachable, C4, **27**) : 479-481 Yaowarat Rd. ☎ 02-221-21-21. • shanghaimansion.com • Petit déj (riche buffet !) en sus.* En plein quartier chinois (animation assurée), cette adresse à l'atmosphère sino-coloniale plutôt branchée offre 76 chambres de bon confort, très étudiées côté déco mais totalement dépourvues de fenêtres donnant sur l'extérieur, autant le savoir. Musique jazz live le soir et resto réputé. Également un spa. Une adresse bien dans l'air du temps qui intéressera surtout celles et ceux qui veulent s'immerger dans Chinatown.

■ ***Loy La Long Hotel** (plan détachable C4, **72**) : 1620/2 Songwat Rd. ☎ 02-639-1390. 📱 089-133-1131. • info@loylalong.com • loylalong.com •* Pénétrer dans l'enceinte du temple Patumkongka, tout au fond, et se faufiler dans une petite impasse entre 2 immeubles jaunes. Pas facile à trouver. Mais quelle adresse ! Une poignée de chambres dans une habitation en bois au bord de l'eau. Chaque chambre est unique. Déco exquise de brocante chic, colorée et fleurie avec meubles chinés, terrasse sur l'eau, petit bar pour boire un verre, avec guitare et bibliothèque à dispo. La suite *River View*, tout en vert pour les amoureux, offre le spectacle du fleuve depuis le lit ou la baignoire, d'autres chambres tout aussi cosy, tout confort, et même une porte secrète pour accéder à la chambre familiale. Les enfants vont adorer. Et les grands baisser la tête ! On est loin des chambres d'hôtels standardisées. Accueil adorable. Un vrai coup de cœur.

Où manger ?

Bon marché (moins de 150 Bts / 4,30 €)

Dans le quartier chinois, on trouve une myriade de gargotes, toutes plus tentantes les unes que les autres, dans les ruelles qui irradient de part et d'autre de Yaowarat Road – ถฤนน เยาวราช *(plan et zoom détachables, B-C3-4).* Au menu, fruits de mer (crabe, crevettes, gambas...), poisson et grillades en tout genre... sans oublier l'une des spécialités du quartier : le Kuay Jab, un bouillon goûtu de pâtes de riz et de tripes de porc !

T&K Seafood – ร้าน ต๋อย & คิด ซีฟู้ด *(plan détachable, C4,* ***27****) : 49-51 soi Phadung Dao (angle avec Yaowarat Rd) –* ถนนผดุงดาว. ☎ *02-223-45-19. Tlj 16h30-2h.* C'est THE resto de fruits de mer de Chinatown. Dès le début de l'après-midi, une armée de petites mains écaille, pèle, gratte, décoquille, épluche, hache menu... Tout ça à même le trottoir en prévision du rush du soir. Puis la soupe est mise à mijoter dans des bassines en alu dignes d'un repas de Gargantua. Enfin, les clients s'assemblent en grandes tablées, le nez dans leur bol de soupe, les oreilles remplies de l'agitation de la rue. C'est du vrai, du bon et du bon marché !

Prix moyens (de 150 à 300 Bts / 4,30 à 8,60 €)

Lhong Tou Café – ร้านอาหาร หล่ง โถว คาเฟ่ *(plan détachable, C4,* ***132****) : 538 Yaowarat Rd.* 📱 *064-935-65-88. Tlj 8h-22h (minuit w-e).* Drôle de resto : une petite salle avec quelques tables rondes d'un côté et, de l'autre, des tables en bois disposées les unes au-dessus des autres grâce à une ingénieuse structure ! Les serveuses, du coup, doivent se hisser pour prendre la commande... À la carte, pas grand-chose, mais que du bon ! À savoir, surtout, de délicates bouchées genre *dumplings* de porc, croustillons de poulet, petite soupe *wonton* aux crevettes... à accompagner, si l'on veut, d'un thé anti-âge à base d'osmanthus ou d'un soda à la prune. Bonne ambiance jazzy.

Texas Suki Yaki & Noodle – ภัตตาคารเท็กซัส สุกี้ยากี้ *(plan détachable, C4,* ***84****) : 17/1 Phadung Dao Rd –* ถนนผดุงดาว. ☎ *02-223-98-07. Tlj 11h30-21h30.* Une grande salle où les familles se retrouvent pour profiter ensemble d'une bonne fondue (*Suki Yaki* signifie « cuit dans l'eau bouillie »). Vous choisissez vos garnitures : nouilles de poisson, crevettes fraîches, lamelles de porc, céleri chinois, etc. Et vous faites votre tambouille directement dans le chauffe-plat traditionnel, posé au centre de la table. Service agréable avec serveurs en tee-shirt jaune canari.

Royal India Restaurant – ภัตตาคารรอยัลอินเดีย *(zoom détachable, B3,* ***83****) : 392/1 Chakraphet Rd.* ☎ *02-221-65-65. Légèrement en retrait de Chakraphet Rd, dans la ruelle qui fait face à la pagode chinoise. Tlj 10h-22h. Résa conseillée.* Ouvert depuis 1963, un minuscule resto, réputé pour sa cuisine indienne du Pendjab. Large choix de galettes (*chapati, roti, naan* et autres *paratha*), savoureux currys, tandooris, *biryanis* et *thalis* végétariens... Ça marche tellement fort que le patron a ouvert 3 autres restos en ville, mais celui-là est celui qui offre le meilleur rapport qualité-prix. Clientèle d'habitués.

BANGKOK ET SES ENVIRONS

Où boire un verre ?

Tot Bar (***Teens of Thailand*** – ทีนส์ ออฟ ไทยแลนด์ ; *plan détachable, C4,* ***165***) **:** *76 soi Nana, Pom Prap Sattru Phai.* *09-68-46-05-06. Tlj 19h-minuit (1h ven-sam).* Une lourde porte du Rajasthan défend l'entrée de ce bar intimiste dont les murs de briquette nue alternent avec les pans de béton lissé ornés de photos. Ambiance tamisée. Cocktails colorés. Clientèle jeune et décontractée.

Tep Bar – เทพ บาร์ (*plan détachable, C4,* ***165***) **:** *69-71 soi Yi sip song, Pom Prap Sattru Phai.* *09-84-67-29-44. Tlj sauf lun 17h-minuit (1h ven-sam).* Aménagé sur 2 étages dans une ancienne boutique, un bar qui affirme ses origines thaïes (dorures). On vient ici pour écouter de la musique traditionnelle remixée, et surtout, pour découvrir une sorte de whisky local (le *ya-dong*) préparé à base d'herbes du pays.

El Chiringuito – ร้านอาหาร เอล ชิริงกุยโต (*plan détachable, C4,* ***165***) **:** *221 soi Nana, Pom Prap Sattru Phai.* *08-51-26-00-46. Jeu-dim 18h-0h30 (minuit dim).* Une superbe maison-boutique des années 1920 avec vieilles potions en vitrine et caractères d'imprimerie aux murs. Toujours bondé, débordant sur le trottoir jusqu'à la fermeture, ambiance géniale.

Achats

Yaowarat Road – ถนนเยาวราช (*plan et zoom détachables, B-C3-4*) **:** *dans le quartier chinois.* C'est l'épine dorsale de Chinatown. Tout ce qui s'achète ou se vend se trouve ici et dans les petites rues adjacentes. Échoppes de toutes sortes où l'on trouve des herbes, des potions genre poudre de perlimpinpin aux odeurs bizarres. Plus loin, le *Nakhom Kasem* (le « marché aux voleurs »). Porcelaines chinoises et thaïlandaises, et quantité de babioles inutiles.

Côté indien, vous pouvez aussi aller traîner au ***Phahurat Market*** – ตลาดพาหุรัด (*zoom détachable, B3*), riche en étoffes et en bijoux de pacotille.

À voir

Chinatown – ย่านเยาวราช (*zoom détachable, B-C3-4*) **:** *dans le parallélépipède délimité par Charoen Krung Rd au nord, Worachak Rd à l'est, le khlong qui longe la gare Hua Lamphong à l'ouest et le fleuve Chao Phraya au sud. On peut y aller en bateau : descendre à Ratchawongse Pier ou Samphantha Wong Pier.*

Chinatown, c'est avant tout une atmosphère, un incroyable enchevêtrement de boutiques de tissus, de bijoux, de stands de tout et de n'importe quoi, de myriades de gargotes de rue fumantes qui alignent leurs tables à même le trottoir, mordant sur le goudron. Une ville dans la ville, une fourmilière où se presse une population mélangée de Thaïs, de mamies chinoises, de *farang,* où les charrettes à bras et les motos peinent à se frayer un passage dans les microscopiques ruelles encombrées de marchands, de chalands... de couleurs et d'odeurs aussi ! Le soir, l'ambiance est encore plus électrique, avec étals à tous les coins de rue. Une super expérience !

– *Yaowarat Road* (nombreuses boutiques d'or et d'apothicaires) est une artère large aux néons criards en caractères chinois. Bref, l'image type qu'on se fait d'un Chinatown animé jusque tard dans la nuit. Mais partez donc explorer les ruelles minuscules qui irradient de part et d'autre. Les 2 venelles les plus hautes en couleur restent sans conteste *Sampeng Lane* (*soi Wanit I* sur le plan), parallèle à Yaowarat, et surtout sa transversale *Itsaranuphap (soi 11 et soi 6)* : des centaines de petites échoppes d'où émanent parfois des odeurs agressives et débordant d'un fatras d'objets, de vêtements, de vieilleries en tout genre. Ici, le verbe « chiner » prend tout son sens.

– Plus vers l'est, *Phadung Dao* et les ruelles avoisinantes. D'un côté, le *soi Texas* (la ruelle qui s'engage face au *Chinatown*

Hotel) avec ses salons de coiffure ; de l'autre, un enchevêtrement de *soi* résidentiels où l'on croise des familles chinoises souriantes. À l'intérieur du quadrilatère formé par Charoen Krung, Chakkrawat, Yaowarat et Boriphat se trouve *Nakhom Kasem,* « le marché aux voleurs », où étaient vendues autrefois les marchandises dérobées. Plus connu aujourd'hui pour son électronique d'occase et ses confiseries pas mauvaises du tout. À voir encore, le *temple Leng Noi Yee,* à l'angle de Charoen Krung et de Mangkon Road. Atmosphère assez géniale, genre *Tintin et le Lotus bleu.* Plein de tournages de scènes de cinéma d'ailleurs. C'est vrai qu'on s'y croirait presque... Pour mieux apprécier le quartier, y aller le soir pour casser la croûte sous les néons, quand les tables envahissent les bouts de trottoirs...

– Tous les ans, début février, le *Nouvel An chinois* enflamme Chinatown lors d'une fête démesurée, nourrie de petits concerts et d'innombrables cantoches installées dans les rues fermées à la circulation pour l'occasion. De même, la mi-année du calendrier chinois est fêtée dans la rue...

Le quartier indien, le marché de Phahurat – ยานอินเดีย,ตลาดพาหุรัด *(zoom détachable, B3)* **:** *à l'extrémité ouest de Chinatown, de part et d'autre de Chakraphet, Phahurat et Tri Phet Rd.* L'atmosphère devient plus indienne et penjâbie. Ça change ! Un marché aux étoffes bigarrées créé par la communauté sikhe au début du siècle dernier, encore très actif aujourd'hui, avec plein d'épices odorantes, de bijoux indiens, de passementeries et autres saris. Pour ceux que ça intéresse, on peut visiter le ***gurdwara Sri Guru Singh Sabha*** *(571, Chakphet Road),* le 2ᵉ plus grand temple sikh en dehors de l'Inde. Déchaussez-vous, couvrez-vous la tête avec les fichus orange mis à dispo et faites-vous accompagner pour monter dans les étages. Dispensaire et toilettes gratuits au rez-de-chaussée. Petits déj végétariens gratuits servis tous les matins au 1er étage. Au dernier étage, le *Guru Granth Sahib,* le livre saint du sikhisme, est remisé dans une sorte de baldaquin (le *takht*) sous un dais piqué de fleurs fraîchement coupées *(rumala).*

DANS LE QUARTIER DE THEWET – ยานเทเวศร
(plan et zoom détachables, B1-2)

Au nord de la bruyante Khao San Road par la Thanon Samsen (15 mn à pied), à 2 pas du fleuve et de la Bibliothèque nationale, un quartier verdoyant où s'égosillent les oiseaux. C'est notre quartier préféré à Bangkok. On n'y est jamais loin de tout, y compris de Sukhumvit, que l'on peut gagner en allant prendre le bateau à Panfa Leelard. Sinon, le quartier est accessible par le fleuve Chao Phraya, arrêt Tha Thewet (ou Thewes), ou encore par les bus nos 3, 9, 16, 32, 33, 72 ou 99.

Où dormir ?

Prix moyens (env 500 Bts en dortoir et jusqu'à 1 500 Bts la double / 14,30 à 43 €)

Lost Inn Bangkok *(plan détachable, B1-2,* ***30****)* **:** *250/15 Samsen Rd.* ☎ *02-126-7901.* • *lostinnbkk.com* • Une AJ moderne au style industriel et lumineux. Un arbre au milieu du lobby-jardin intérieur, béton brut gris au sol et déco sobre, blanche, plutôt élégante. Hyper propre. Au rez-de-chaussée, les *deluxe,* et au 1er les standards, moins chères et plus sympa ! Au 2ᵉ enfin, les dortoirs, au style de Lego géant, avec clim, grands casiers et petits rideaux pour son espace privé. On aime beaucoup !

Sri-Ayuttaya Guesthouse – ศรีอยุธยา เกสเฮ้าส์ *(plan détachable, B1,* ***39****)* **:** *23/11 Sri Ayutthaya Rd, soi 14.* ☎ *02-281-68-29 ou 02-282-59-42.* • *sriayuttaya@yahoo.com* • La fille de M. Tavee s'est lancée elle aussi dans l'aventure. Dans sa grande maison, elle propose 16 chambres soignées, dont la plupart possèdent clim et salle de bains. Côté ambiance, on est carrément en Indochine, avec de lourds parquets lustrés, force boiseries, briquette et quelques objets anciens. Éviter les chambres donnant sur la rue. On vous recommande la nº 14, très lumineuse ; elle dispose même de sa courette privée. Agréable resto ouvert sur la rue.

🏠 ***Tavee Guesthouse*** – ทวีเกสท์เฮ้าส์ *(plan détachable, B1, **39**) : 83 Sri Ayutthaya Rd, soi 14. ☎ 02-280-14-47 ou 02-282-59-83. • taveethai@yahoo.com •* Une bien belle maison en bois un peu en retrait de la rue, à l'intérieur soigné, donnant sur une terrasse ombragée où quelques poissons font la ronde. Les chambres sont irréprochables et joliment décorées, mais les cloisons sont extrafines et ne montent pas jusqu'au plafond... Sanitaires privés ou sur le palier (il y en a peu, c'est donc la queue le matin), ventilo ou clim, et eau chaude pour tout le monde. Laverie. Côté propreté, rien à redire, le jovial M. Tavee soigne sa réputation. Atmosphère sympa et bons petits plats maison. Casiers.

🏠 🍽 ***Kaloang Home*** – ห้องอาหารกาหลง *(plan détachable, B1, **40**) : 2 Sri Ayutthaya Rd. ☎ 02-281-92-28 ou 02-282-75-81. • kaloanghome@gmail.com • kaloanghome.com • Au bout d'un soi, au bord de l'eau.* Dans une grande maison tout en teck patinée aux encoignures, une dizaine de grandes chambres, 4 en bas un peu sombres, et 6 à l'étage (nos préférées). Très propres, toutes avec clim, salle de bains avec douche-cabine, télé à écran plat, frigo. La literie (2 lits ou un grand lit) est un peu dure en revanche, mais l'ensemble ne manque pas de charme. Pour le petit déj et le repas du soir, agréable resto au bord de l'eau (voir plus loin « Où manger ? »). Un bon rapport qualité-prix.

Plus chic (de 1 500 à 3 000 Bts / 43 à 86 €)

🏠 ***Phranakorn Nornlen*** *(plan détachable, B2, **41**) : Thewet, soi 1. ☎ 02-628-81-88. • rooms@phranakorn-nornlen.com • phranakorn-nornlen.com • Petit déj bio inclus.* Superbe ! Un îlot de verdure, avec son jardin, sa fontaine qui glougloute et la vie de quartier, que l'on partage avec plaisir. Toute l'équipe a rénové cet hôtel avec des objets de récup', dans un esprit eco-friendly mimant un village en miniature. Déco vintage colorée extra ! On adore les salles de bains et leur forêt de tuyaux tarabiscotés, jusqu'aux boîtes aux lettres des chambres qui cachent des compteurs d'eau ! Interdit aux fumeurs. Pas de télé, pas de téléphone non plus. Juste un frigo commun. Café-resto très agréable, et même un barbier bien caché dans un recoin. Accueil aux petits soins, les noms des arrivants du jour sont même inscrits sur un tableau de bienvenue. Une super adresse, vous l'avez compris !

🏠 ***Casa Nithra*** *(plan détachable, B2, **74**) : 176 Samsen Rd. ☎ 02-628-62-28. • casanithra.com •* Bel hôtel de charme joliment décoré pas trop loin de Khao San Rd. Chambres tout confort, parquetées, bien insonorisées et élégantes. Les plus chères disposent même d'une baignoire au design futuriste. On craque pour la piscine sur le toit, avec une vue imprenable sur la ville et même un *rooftop bar.* Parfait en amoureux ou en famille. Restaurant. Excellent accueil.

Où manger ?

Bon marché (max 150 Bts / 4,30 €)

🍽 ***Lim Hua Heng*** – ร้านอาหารลิ้มฮั่วเฮง *(plan détachable, B1, **93**) : 88 Krung Kasem Rd. ☎ 02-281-53-69. Tlj sauf dim 6h30-16h.* Depuis 70 ans, cette adresse familiale très propre et délicieusement ventilée sert des boulettes de poisson frais *(luk chin plaa)* et des raviolis au porc *(kewo).* Sinon, soupes de nouilles à gogo pour 3 francs 6 sous.

Plus chic (de 300 à 600 Bts / 8,60 à 17 €)

🍽 ***In Love*** – ร้านอาหาร อินเลิฟ *(plan détachable, B1, **94**) : 2/1 Krung*

Kasem Rd. ☎ *02-419-69-59. À droite en sortant de l'embarcadère de Thewet. Tlj 11h-minuit.* Tout un programme comme nom... Touristique, certes, mais cuisine thaïlandaise de qualité. Spécialités de poisson et fruits de mer (et de... whisky) à choisir au hasard d'une carte longue comme les 2 bras. Large terrasse avec vue imprenable sur le pont à haubans Rāma-VIII. Petite scène où des musicos se produisent tous les soirs à partir de 21h.

À voir. À faire

En remontant sur Thewet depuis Khao San Road par Samsen Road, petite promenade possible le long du *khlong* Lamphu *(zoom détachable, B2),* bucolique canal bordé d'un temple et de vieilles bicoques. On pourra ensuite gagner Thewet par les *soi* populaires du quartier de Samsen, entre écoles, petites boutiques et ateliers d'imprimerie ou de mécanique.

Wat Benjamabohitr – วัดเบญจมบพิตร *(temple de Marbre ; plan détachable, C2) : à l'angle de Thanin Si Ayutthaya et de Rāma V Rd* – มุมถนนศรีอยุธยาและถนนพระราม. ☎ *02-280-22-73. Desservi par les bus nos 5, 16, 70 et 503. Tlj 7h-18h. Entrée : 50 Bts.* Juste en face du palais royal actuel, un charmant temple de marbre qui date du tout début du XXe s. Le visiter plutôt le matin, quand les moines entonnent leurs chants liturgiques. Tout le marbre vient de Carrare, tandis que la céramique des toits est chinoise. 2 beaux lions au sexe bien dessiné gardent la porte en teck sculpté. À l'intérieur du bâtiment principal, remarquable décoration d'or et de laque. Sur l'autel, énorme bouddha qui abrite sous lui les cendres de Rāma V, mort en 1910. Agréable jardin traversé par un mini-khlong.

DANS LE QUARTIER DE SUKHUMVIT – ยานสุขุมวิทและสยามสแควร *(plan détachable, F-G3-4-5)*

Grande artère à l'est de la ville, dans le prolongement de Rāma Ier. Là aussi, grosse concentration d'hôtels, réservés à la clientèle chic, genre voyages organisés, notamment autour des *soi* 4, 8 et 11. Un quartier assez cher, branché et très animé le soir, notamment vers les *soi* 11 et 13, avec des *rooftop bars* de folie ! Si vous y choisissez un hôtel, sachez seulement que vous perdrez pas mal de temps dans les embouteillages pour rejoindre le quartier historique, à moins de prendre les bateaux qui sillonnent le *khlong* Saen Saep, mais vous serez quand même obligé de finir en taxi... Pour atteindre nos adresses en métro aérien, s'arrêter aux stations Nana, Phrom Phong ou Asok. Autrement, arrêt Sukhumvit de la ligne souterraine de métro (depuis le nord-est) ou encore Nana Chard Pier pour ce qui est du bateau. Sukhumvit est aussi le quartier idéal pour une dernière soirée à Bangkok avant de rentrer chez soi (proximité de l'*Airport Rail Link*).

Où dormir ?

De bon marché à prix moyens (moins de 500 Bts en dortoir et jusqu'à 2 000 Bts la double / 14,30 à 57 €)

Barn & Bed *(plan détachable, G4,* ***44****) : 665 Sukhumvit, soi 39.* *08-17-46-47-47. • barn-and-bed-hostel.bangkokshotels.com • Skytrain : Phrom Phong.* Dans un immeuble tout en hauteur planté au cœur du grouillant Sukhumvit, une auberge privée à dimension humaine. Elle totalise 32 lits répartis en dortoir mixtes ou non. Au choix, couchage classique (5 ou 10 lits) ou « capsule » (4 lits) avec bannette un peu plus large, linge fourni et petit rideau. Super accueil. Sanitaires nickel. Au rez-de-chaussée, un petit *coffee-shop* permet de prendre un petit déj. Accès 24h/24 avec sa clé magnétique.

3HOWw – ทรีฮาว โฮสเทล *(plan détachable, F3-4,* ***45****) : 32/9-12 Sukhumvit, soi 21, Asoke Rd. ☎ 02-520-33-39. • 3howw.sukhumvit21@gmail.com • Réception au 1er étage.* Déco sobre, noir et blanc, industrielle, pour cet *hostel* moderne et nouvelle génération. Dortoirs genre capsule, à la japonaise, mixtes ou non, salles de bains à partager propres mais en nombre un peu insuffisant. Claustrophobes, s'abstenir. Quelques doubles confortables aussi, avec clim et salle de bains mais pas vraiment données. Lave-linge, sèche-linge, micro-ondes et frigo à usage commun. Café et resto au rez-de-chaussée.

Retroasis Hotel – โรงแรมศิริ พอชเทล แบงค็อก *(plan détachable, G4,* ***47****) : 503 Sukhumvit Rd (entre les soi 27 et 29). ☎ 02-665-29-22. • retroasis-hotel.bangkokshotels.com • Catégorie « Plus chic » pour les chambres les plus chères.* Drôle de petit hôtel à la situation inattendue car blotti au pied d'un grand immeuble non fini, donnant sur un jardin calme, à 2 pas de la rue bruyante. Presque surréaliste ! Ici, une soixantaine de chambres distribuées en coursive autour d'une piscine haricot (peu profonde) flanquée d'un grand manguier. Pour les 1ers prix : clim, salle de bains avec douche, frigo, literie impec... Mais on entend la rue, car elles donnent sur l'extérieur. Déco sixties pour les plus chères, entièrement refaites, certaines avec baignoire et disposant d'un petit solarium privé (indépendant de la chambre, le couloir les séparant). Vous êtes ici au cœur du « Sukhumvit Shopping » et à 2 pas du *soi* 31, appelé aussi « *soi* des Artistes ». Bon accueil. Notre meilleur compromis dans le quartier !

Sam's Lodge – แซม ลอดจ *(plan détachable, F4,* ***46****) : 28/1 Sukhumvit, soi 19 (réception au 2e étage). ☎ 02-651-17-01. • samslodge.com •* Bon rapport qualité-prix pour ce petit hôtel tout en hauteur, idéalement situé au cœur de l'animation et à 2 pas du *Skytrain* et du métro. Au total, une petite vingtaine de chambres clean et bien équipées (TV, clim, frigo), mais cloisons un peu minces. Certaines disposent de fenêtres, d'autres pas. Toit-terrasse pour embrasser la vue sur les gratte-ciel. Pas de petit déj (seulement des sachets de thé et du café soluble).

Plus chic (de 2 000 à 3 000 Bts / 57 à 86 €)

The Volve Hotel *(plan détachable Sukhumvit vers l'est, A1,* ***76****) : 26/1 Sukhumvit 53. ☎ 02-000-1000. • hello@volvehotel.com • volvehotel.com •* Dans un *soi*, à l'écart de l'agitation, un hôtel qui renouvelle l'art de vivre hôtelier. Accueil élégant au comptoir où l'on remet aussi bien les clés qu'un café. De nombreuses œuvres d'art ornent les murs, un jardin-terrasse sur le toit permet d'apprécier d'agréables couchers de soleil au milieu des arbres fruitiers et des herbes utilisées au resto ludique et coloré du sous-sol où l'on prend aussi son petit déj. Les chambres sont toutes aussi originales, décorées avec soin, riches de gadgets, hyper design et chaleureuses, toutes catégories confondues. Très bon service.

Maitria Hotel by Chatrium *(plan détachable, F-G4,* ***77****) : 26 Sukhumvit, soi 18. ☎ 02-302-5777. • info.mhr@chatrium.com • maitriahotels.com •* Un vaste lobby très coloré avec un café et des chambres très confortables, avec grandes baies vitrées, bien organisées, des gadgets pratiques et même une kitchenette ! Lits moelleux avec choix d'oreillers, prêts de batterie de smartphone, laverie. Ils ont pensé à tout. Même à la piscine sur le toit ! Un bon rapport qualité-prix.

Maitria Mode Sukhumvit 15 *(plan détachable, F3,* ***48****) : 81 Sukhumvit, soi 15. ☎ 02-651-33-55. • maitriahotels.com • Skytrain Nana, bateau Nana Chard Pier ou métro Sukhumvit. Les prix passent dans la catégorie « Très chic » le w-e et pdt les vacances. Petit déj compris.* Un hôtel très bien situé pour excursionnistes (proximité du khlong Saen Saep) ou fêtards (les *soi* 11 et 13 sont à 2 pas). Les chambres tout confort ne sont pas bien grandes, mais elles sont bien équipées (minibar, télé câblée, salle de bains avec douche à l'italienne) et bien décorées. Éviter si possible les communicantes, un peu trop sonores. Le plus de cette adresse, c'est le *rooftop* avec un bar, un petit *lounge* (ordis à dispo, livres) et une belle piscine. Petit déj tout à fait correct et varié. Prêt de vélos. Navette en *tuk-tuk* pour vous déposer au bout de la rue. Une adresse au poil.

Très chic (plus de 5 000 Bts / 143 €)

Ariyasom Villa – อริยาศรม วิลลา *(plan détachable, F3, **50**) : 65 Sukhumvit, soi 1. ☎ 02-254-88-80. • ariyasom.com •* Pariya, décoratrice, et son mari David, chef cuisinier, ont aménagé ce bel hôtel-restaurant dans la maison familiale, sur laquelle ils ont greffé une autre structure abritant 24 chambres. Ici, on a joué à fond la carte orientaliste des années 1940-1950, avec une déco particulièrement soignée (meubles de famille importés d'Inde ou créés de toutes pièces, voilages, touches de couleurs savamment réparties, reproductions de tableaux anciens, petits recoins, livres d'art, atelier d'écriture, etc.). Dans le jardin, une jolie piscine au bord de laquelle on peut s'attabler. Spa, massages. David, en charge de la cuisine, a concocté une carte de plats végétariens thaïs ou européens. Un petit îlot intimiste et convivial où il fait bon se ressourcer.

Où manger ?

Sur et autour de Sukhumvit Road – ถนนสุขุมวิทและรอบๆ *(plan détachable, F-G3-4-5)*

Bon marché (max 150 Bts / 4,30 €)

À l'ouest de Sukhumvit Road, avant le croisement avec Chalem Mahanakhon (côté des *soi* impairs), quelques cantines de rue et leurs tables sur un terre-plein. Certaines proposent même des menus en anglais. Pas cher, bon et convivial. Sinon, nombreuses roulottes où grillent les brochettes et sautent nouilles et riz un peu partout. Pour se rafraîchir un peu, le *food court* du *mall* ***Terminal 21*** (*plan détachable, F4, **206** ;* accès par la station du *BTS* Asok) propose une foultitude de petits stands dont les tarifs sont proches de ceux de la rue, clim incluse ! *Tlj 10h-22h.* Au 4e étage, restos classiques de cuisines variées. Au 5e, *food court,* avec carte magnétique à charger de 5 à 500 Bts pour régler à chaque stand. Bon marché.

P. Kitchen – ครัว *(plan détachable, G4, **111**) : 11 Sukhumvit, soi 18. ☎ 02-663-4950. Tlj 10h-22h.* Super accueil. Grande salle aérée à l'étage. Carte longue comme le bras, qui satisfera du plus téméraire au plus réfractaire. Visez le niveau d'épice avec les piments devant les noms des plats. À toute heure de la journée, du petit déj au dîner, on y trouve son plaisir. Belle sélection de plats (riz, pâtes, fruits de mer, soupes, etc.). Quelques plats internationaux (lasagnes, etc.). Rapide, efficace et sans glutamate, bravo !

Mae Varee – ข้าวเหนียวมูนแมวารี *(plan détachable Sukhumvit vers l'est, A2, **118**) : 1 soi Sukhumvit 55. ☎ 02-392-4804. Tlj 6h-22h.* La spécialité ici, c'est la mangue. Y'en a partout ! Du sol au plafond. Et bien sûr, c'est chez Mae Varee qu'on viendra acheter son riz gluant à emporter. Plus de 1 000 débités par jour ! Un régal pour pas cher.

Imchan – อิ่มจัง *(plan détachable, G4, **95**) : Sukhumvit Rd, soi 39 (attention, 2 entrées au soi 39, c'est un fer à cheval). 📱 08-98-13-74-25 ou 02-814-23-39. Tlj 6h-22h30.* Un resto d'angle ventilé ouvert sur le va-et-vient du dehors sous un store bleu Pepsi. Locaux comme routards s'y attablent à longueur de journée. La cuisine est fraîche, savoureuse et vraiment bon marché. Pas de bière vendue entre 14h et 17h, conformément à la loi.

Pak Bakery – ภัค เบเกอรี่ *(plan détachable, G4, **124**) : 96/8-9 Sukhumvit, soi 23. ☎ 02-258-1234. Tlj 7h-21h.* Si vous avez envie d'une quiche, d'une tourte ou d'une part de tarte, n'hésitez pas. En musique, avec la clim à fond, une adresse proprette, sur des chaises en bois bien confortables. Parfait aussi pour le goûter. Bons gâteaux, jus de fruits frais et smoothies.

Prix moyens (de 150 à 300 Bts / 4,30 à 8,60 €)

🍽 🍸 ***Broccoli Revolution*** *(plan détachable, G4-5,* ***125****) : 899 Sukhumvit. 📱 095-251-9799. Lun-ven 9h-22h, sam-dim 7h-22h.* Un resto vegan où l'on commande au comptoir avant de s'installer autour de grandes tablées, au milieu des plantes, sur des banquettes ou des fauteuils confortables, voire sur la petite terrasse extérieure du 1er étage. Cuisine tendance asiatique, italienne et sud-américaine. Tous les produits sont bio. Jus de fruits, salades et même burger au... quinoa ! Clientèle jeune, tendance et *gay friendly.* Une halte rafraîchissante dans la cohue urbaine.

🍽 ***Isao*** – ร้าน อิ ซา โอะ *(plan détachable, G4,* ***96****) : 5 Sukhumvit Rd, soi 31. ☎ 02-258-06-45. Tlj 11h-14h30, 17h30-22h (dernière commande 15 mn avt fermeture le midi, 30 mn le soir).* Un resto intimiste. Dernière le grand comptoir, l'armée japonaise a sorti ses plus fines lames pour vous concocter, en temps réel, sushis, sashimis et makis de la plus extrême fraîcheur. Intéressantes formules 12 pièces, servies avec soupe miso, salade et dessert pour l'heure du déjeuner. Un verre de thé glacé pour faire passer tout ça. Non moins appétissants plateaux le soir (prix chic). Le tout, c'est de trouver de la place, car l'adresse est très prisée.

🍽 ***Food court de l'Emporium*** – ศูนย อาหารเอ็มโพเรียม *(plan détachable, G4,* ***97****) : sur Sukhumvit Rd, entre les soi 22 et 24. ☎ 02-269-10-00. Au 5e étage du grand centre commercial ; suivre les panneaux « Food Hall ». Tlj 10h-22h.* Perché au sommet d'un temple du shopping. La formule est simple : on charge une carte magnétique de 3 000 Bts, débitée au fur et à mesure de vos emplettes gourmandes, et la différence non utilisée vous est rendue à la sortie. Un choix énorme de plats dont on connaît enfin les noms et des spécialités des 4 coins de l'Asie. Ne partez pas sans avoir essayé les desserts : riz gluant à la mangue, durian, etc. Belle vue sur le parc voisin.

Plus chic (de 300 à 600 Bts / 8,60 à 17 €)

🍽 ***Sri Trat*** *(plan détachable, G4,* ***127****) : 90 Sukhumvit, soi 33. ☎ 02-088-09-68. Dim-jeu 12h-23h et ven-sam 12h-1h.* Un repaire zen et coloré, dès l'entrée avec ce grand comptoir où trônent de nombreux breuvages pour cocktails canailles. Dans la salle principale, très élégante et cosy, grand portrait pop façon Warhol de la belle-mère de la proprio, originaire de... Trat. D'où le nom du resto ! Cuisine rustique mais soignée aux portions modestes. Service impeccable et musique jazzy pour vous bercer.

🍽 ***Cabbages and Condoms*** – ร้านอาหารแคบเบจ แอนดคอนดอม *(plan détachable, F4,* ***99****) : 10 Sukhumvit Rd, soi 12. ☎ 02-229-46-10. Tlj 11h-22h30 (dernière commande).* « Choux et capotes », tel est le nom de ce resto didactique fondé en 1974, à l'origine comme soutien au planning familial. Aujourd'hui, les fonds récoltés sont utilisés pour la promotion d'associations de développement et de prévention, notamment du virus du sida. Cadre charmant, notamment le soir quand les guirlandes électriques ajoutent de la poésie à ce grand jardin exotique, semé par ailleurs de mannequins vêtus de préservatifs tressés... Jolis plats (poulet cuit dans des feuilles de pandanus, nouilles thaïes aux crevettes, etc.), copieux et à prix corrects.

Très chic (plus de 600 Bts / 17 €)

WTF Café & Gallery – ร้าน อาหาร ดับเบิ้ลยูทีเอฟ คาเฟ่และแกลเลอรี่ *(plan détachable Sukhumvit vers l'est, A1, **159**) : 7 Sukhumvit, soi 51. ☎ 02-662-62-46. • wtfbangkok.com • Tlj sauf lun 18h-1h (ouverture de la galerie à 15h).* Dans un petit renfoncement, un bar-bistrot-galerie d'art (au 1er étage) tout en longueur, aux allures parisiennes. Ambiance cool, jeune et *trendy.* Cocktails aux intitulés poétiques et effets instantanés. Plats tout aussi tendance. Grand comme un mouchoir de poche. Prévoir un peu d'attente !

Charcoal Tandoor Grill & Mixology – ชาร์โคล *(plan détachable, F3, **101**) : 38 Sukhumvit Rd, soi 11 (Fraser Suites, 5e étage). 📱 08-93-07-11-11 ou 02-038-51-12. Tlj 12h-15h, 18h-21h. Résa conseillée. Repas min 700-900 Bts.* Intérieur anthracite, musique bollywoodienne bien présente, pénombre mesurée et grand comptoir monumental. Dès votre arrivée, le maître d'hôtel vous apporte la carte des cocktails et vous noue un tablier autour du cou. Ici, le personnel a été trié sur le volet en fonction de sa capacité à mémoriser les commandes, bluffant ! Alors, autant les tester et commander plusieurs plats à partager. C'est de la cuisine indienne bien faite et préparée par un staff de mirlitons qui s'active en vitrine. On passe une bonne soirée.

Rang Mahal – ร้านอาหารรังมาฮาล *(plan détachable, G4, **103**) : Rembrandt Hotel (26e étage), 19 Sukhumvit Rd, soi 18. ☎ 02-261-71-00. Lun, mar, merci, jeu 17h-21h, plus w-e 12h-15h. Menus 1 200-1 400 Bts. Également à la carte. Buffet dim 1 250 Bts.* Au 26e étage de l'hôtel *Rembrandt,* autre bonne escale pour les amateurs de cuisine indienne, réputée pour le très bon rapport qualité-prix du buffet dominical, à découvrir en profitant d'une belle vue sur la ville (pensez à réserver une table près de la fenêtre !). Pour commencer ou finir la soirée, au même étage, le ***1826,*** bar à cocktails, permet de jouer les prolongations.

Où boire un verre ?
Où écouter de la musique ? Où sortir ?

Quartier animé, voire chaud le soir, notamment dans les ***soi* 11 et 13** (bars et boîtes à expats, du bon vieux pub au club branchouille) ainsi que dans le passage reliant les ***soi* 21 et 23** (« ***soi* Cowboy** », bars à filles).

Cafés-galerie

WTF Café & Gallery – ร้านอาหาร ดับเบิลยูทีเอฟ คาเฟ่และแกลเลอรี่ *(plan détachable Sukhumvit vers l'est, A1, **159**) : 7 Sukhumvit, soi 51. ☎ 02-662-62-46. • wtfbangkok.com • Tlj sauf lun 18h-1h (ouverture de la galerie à 15h).* Dans un petit renfoncement, un bar-bistrot-galerie d'art (au 1er étage) tout en longueur, aux allures parisiennes. Ambiance cool, jeune et *trendy.* Cocktails aux intitulés poétiques et effets instantanés.

Bars

J. Boroski *(plan détachable Sukhumvit vers l'est, A1, **168**) : passer Rabbit Hole au nº 125 Thonglor, puis tt au fond d'un petit soi, à gauche. Tlj 19h-2h (3h30 ven-sam).* Un bar à cocktails façon *speakeasy,* caché derrière une vitre sablée. On pousse la porte et là... comme dans un rêve apparaît un grand comptoir plongé dans l'obscurité au pied d'un mur de scarabées, juste éclairé par une myriade de bougies. Magique ! Pas de carte mais des serveurs en nœud pap' ou cravate qui vous écoutent derrière le superbe comptoir parler de vos goûts pour vous créer un cocktail unique. Superbe décor avec quelques tables et un étage. Ne pas manquer de faire un tour par les toilettes pour les discours... Pas donné mais super expérience.

Above Eleven – ร้านอาหาร อโบลฟ อีเลฟเวน *(plan détachable, F3, **101**) : Sukhumvit, tt au fond du soi 11, au 33e étage de l'immeuble* Fraser Suites. *☎ 02-038-51-11. Tlj 18h-2h. Résas par CB au moins 1 sem à l'avance si vous voulez une table en sem, plus pour le w-e. Cocktails autour de 400 Bts.* Notre *rooftop bar* préféré dans le coin, dominant la ville. Autour du grand comptoir, sur 2 étages. On adore les vins du monde de la section « Désolé, chéri(e), je suis fauché(e) ! ». Musique sympa, tenue cool mais correcte exigée (pas de tongs). Faites un tour par les toilettes, rien que pour la vue !

Iron Balls Distillery *(plan détachable Sukhumvit vers l'est, B2, **169**) : Park Lane Ekkamai, G/F, Sukhumvit, soi 63. Tlj 18h-1h, 2h le w-e.* On vient ici pour 2 raisons. Le décor tout d'abord, sorte de club anglais des années 1920 imaginé par un marin qui aurait rencontré des fées sur son chemin. Il y a du Jules Verne dans cet antre de pirate et d'explorateur. Puis l'on vient pour le gin maison.

Havana Social – ฮาวานา โซเชียล *(plan détachable, F3, **155**) : Sukhumvit, soi 11 (petite rue qui part presque en face du* Fraser Suites*). ☎ 614-50-37-50 ou 📱 087-66-77-11. Tlj 18h-2h.* Une fois entré le code dans la cabine téléphonique (c'est un *speakeasy,* mais on vous assiste), on pénètre dans un petit rade assez sombre où les serveuses sont équipées de lampes de poche. Ambiance *caliente* sur 2 étages malgré la clim poussée à fond. Au bar, mojito et autres variations sur le thème du rhum et du citron vert. Et sur la petite piste de danse carrelée, appuyée par une sono impeccable, les corps s'abandonnent à la musique caraïbe (reggaeton, salsa, merengue).

Apoteka – อโพเทกะ ลัก บาร *(plan détachable, F3, **156**) : 33/28 Sukhumvit, soi 11. 📱 618-81-84-01. Tlj 17h-1h (2h30 ven-sam).* Un grand et élégant bar de plain-pied sur la rue, avec terrasse, et décor aux allures de pharmacie. Les potions ont bien changé, et les remèdes de cheval vous soigneront bien des maux. Avec modération toujours. Ambiance rock en live à partir de 21h et jusqu'à la fermeture.

Discothèques

Sing Sing Theater – ซิง ซิง เธียเตอร *(plan détachable, G4,* ***166****) : Sukhumvit Rd, soi 45, khlong Toey (entrée au niveau du resto 45 Bangkok).* 📱 *632-25-13-31. Tlj sauf lun 21h-23h. Entrée à partir de 20 ans.* Dans une ambiance mêlant le « chinoisant » au *steampunk* mais version *opium bar* (lampions suspendus, ventilos à la Jules Verne, présence affirmée du rouge et du noir, lourds canapés de cuir...), 2 bars, dont un dédié aux fumeurs, et une piste de danse pleine de jolies filles en tenues plus ou moins sages... Le tout pour une soirée débridée et très esthétique !

Glow *(plan détachable, G3-4,* ***167****) : 94/4 Sukhumvit Rd, soi 23.* ☎ *02-261-44-46.* 📱 *08-66-14-33-55. De Sukhumvit, prendre le soi 23, laissez le « soi Cowboy » sur la gauche, puis 1re à droite, 1re à gauche, c'est un peu plus loin sur la gauche. Mer-dim 21h30-3h. Entrée payante selon la notoriété du DJ.* Amateurs de house, de techno et accessoirement de trance, ce petit club aménagé sur 2 niveaux et totalement voué à l'électro (traitement du son *funktion-one*, si ça vous parle) accueille régulièrement des DJs d'envergure internationale tels que Dubfire, Sasha, Seth Troxler ou encore la talentueuse Maayan Nidam.

Cabaret et spectacles

– Même principe et même clientèle que pour Patpong I et Patpong II. À Sukhumvit, le « ***soi Cowboy*** », où furent tournées quelques scènes du film *Very Bad Trip II*, est éclairé comme un sapin de Noël. On ne vient pas ici par hasard.

Massages

■ **Healthland Asoke** – สปาเอลทแลนด อโศก *(plan détachable, F3,* ***208****) : 55/5 Sukhumvit Rd, soi 21.* ☎ *02-261-11-10. • healthlandspa.com • Tlj 9h-23h (résa fortement recommandée ; dernière résa possible à 21h30). Compter 600 Bts pour un massage traditionnel de 2h.* Dans une grande demeure, avec cadre élégant et très propre (draps et pyjamas de massage fraîchement repassés), différentes sortes de traitements (ayurvédiques, à 4 mains, aromatiques, chromothérapie, etc.). Ici, une armée de masseuses et masseurs ; c'est carrément l'usine. Plusieurs adresses en ville.

■ ***Ruen Nuad*** *(plan détachable, G4,* ***98****) : 18/1 Sukhumvit, soi 31.* 📱 *088-123-08-88. Tlj 10h30-22h30. Page Facebook Ruen Nuad Massage Studio.* Compter entre 350 et 1 150 Bts, selon type et durée du massage. Autre ambiance, plus discrète, au fond d'une impasse dans une maison en bois. Accueil soigné. Résa indispensable.

À voir. À faire

À l'est du quartier de Sukhumvit

Iron Balls Distillery *(plan détachable Sukhumvit vers l'est, B2,* ***169****) : Park Lane Ekkamai, G/F, Sukhumvit, soi 63.* ☎ *02-074-79-13. Tlj 18h-1h, 2h le w-e.* En journée, passez, il y aura toujours quelqu'un pour vous expliquer ! Une distillerie de gin en plein cœur de Bangkok ! On découvre toutes les étapes de la fabrication de ce breuvage particulier, élaboré avec des ananas, du gingembre, de la citronnelle, de la coriandre, des écorces d'orange et de citron et des baies de genévrier.

DANS LE QUARTIER ET AUTOUR DE SIAM SQUARE – ในเขตพื้นที่และรอบๆ สยามสแควร *(plan détachable, D-E1-2-3)*

Quartier très commerçant, hérissé de gratte-ciel et de centres commerciaux gigantesques avec une vie de quartier hyper paisible dans les *soi* juste quelques mètres derrière. Pour s'y rendre, on peut prendre le métro aérien, arrêt National Stadium, Central Station (Siam) ou Phaya Thai. Le *khlong* Saen Saep permet quant à lui de gagner les quartiers ouest en évitant les embouteillages ; départ Baan Krua Nua Pier jusqu'à Panfa Leelard Pier (ensuite, prendre un taxi ou un *tuk-tuk*). Loger ici n'intéressera que celles et ceux qui privilégient le shopping et les ambiances urbaines aux visites. Comme Sukhumvit, on peut aussi y passer une dernière nuit avant de rentrer au bercail, car l'*Airport Rail Link* (Phaya Thai), qui permet de gagner rapidement l'aéroport à moindres frais, est accessible depuis la station de métro Siam.

Où dormir ?

Prix moyens (moins de 500 Bts en dortoir et jusqu'à 2 000 Bts la double / 14,30 à 57 €)

Lub*dBangkok Siam – โรงแรมหลับดี สยามสแควร *(plan détachable, D3,* ***51****) : 925/9 Rama I Rd.* ☎ *02-612-49-99.* • *lubd.com/destination/bangkok-siam* • Dans un grand cube de béton, façon Lego géant, au parking silo largement ouvert sur la circulation automobile. Dortoirs mixtes à la déco dans l'air du temps, pas bien grands et un peu sombres, avec salle de bains à partager. Quelques doubles aussi, avec ou sans salle de bains, certaines taille XXS. Salon TV, *lockers,* laverie.

Ambiance jeune et décontractée. Prévoir tout de mêmes des bouchons d'oreilles car c'est bruyant (les chambres et dortoirs donnent directement sur l'extérieur, pas de parties communes fermées à part la réception). Bonne tenue générale et situation très centrale.

Pakdee Bed & Breakfast – พักดี เบดแอนดเบรคฟาสต *(plan détachable, E3,* ***53****) : Petchaburi Rd, angle soi 15. ☎ 02-653-76-11. • fr.hotels.com •* En plein centre, un hôtel d'une quinzaine de chambres tout confort et moquettées, dont la réception est encombrée de nounours. Ici, la déco est soignée, les couleurs sont flashy, et les lits ont presque la dimension d'un *king size* (possibilité de lit d'appoint). Un rapport qualité-prix convenable dans un quartier où les adresses de ce type ne sont pas légion.

Patumwan House – ปทุมวัน เฮาส์ *(plan détachable, D3,* ***52****) : 22 soi Kaseman I, Rama I Rd (tt au fond du soi). ☎ 02-612-35-80. • patumwanhouse.com •* Grand hôtel crème d'une centaine de chambres-studios spacieuses, classiques mais bien tenues, équipées d'une clim, TV, frigo et coin cuisine (inutile puisque les placards sont vides et qu'il n'y a pas de plaques de cuisson...). Les moins chères donnent sur le patio couvert, les autres sur l'extérieur. Rapport confort-taille-prix plutôt intéressant pour cet établissement situé à l'écart de la circulation, donc au calme. Accueil un peu expéditif.

Wendy House – เว็นดี้ เกสทเฮาส *(plan détachable, D3,* ***54****) : 36/2 soi Kasemsan I, Rama I Rd. ☎ 02-214-11-49. • info@wendyguesthouse.com • wendyguesthouse.com • Petit déj inclus. Triples et familiales.* Rez-de-chaussée (réception et pièce commune-petit déj) tout en baies vitrées. Une petite quarantaine de chambres propres réparties sur 4 étages (pas d'ascenseur, escalier raide) d'un immeuble sans charme. Toutes avec clim, TV, frigo et sanitaires privatifs. Pour le même prix, certaines chambres donnent sur un mur aveugle, d'autres ont une petite fenêtre et d'autres encore une grande, clim centralisée ou pas, alors renseignez-vous ! Intéressant pour une dernière nuit de shopping avant de rejoindre ses pénates.

De plus chic à très chic (à partir de 2 000 Bts / 57 €)

LiT Bangkok – โรงแรมและเรสซิเดนซ ภทร กรุงเทพ *(plan détachable, D3,* ***54****) : 36/1 soi Kasemsan, Rāma I Rd. ☎ 02-612-34-56. • reservation@litbangkok.com • litbangkok.com • À proximité du mall MBK. Petit déj inclus.* Un grand bâtiment à l'architecture futuriste dans un environnement de buildings anciens lavés par les pluies. Le design est le maître mot de ce concept de verre, de béton et d'acier. Il joue avec la lumière et les matières, créant des ambiances très contrastées. Environ 80 chambres, toutes avec beaucoup de charme, plancher en teck vernissé, baignoire intégrée et salle de bains délimitée par une cloison de verre dépoli. Grandes baies donnant sur l'extérieur. Piscine à débordement, spa, massages, restaurants. Un hôtel entièrement non-fumeurs.

Siam@Siam – โรงแรมสยาม แอ็ท สยาม *(plan détachable, D3,* ***55****) : 865 Rāma I Rd. ☎ 02-217-30-00. • rsvn@siamatsiam.com • siamatsiam.com •* Amateurs de selfies, vous serez aux anges, car c'est l'un des hôtels les plus photogéniques de Bangkok. Tuyauteries apparentes dans les parties communes, belles couleurs chaudes à la fois modernes et revival, et mobilier design dans les chambres. Toutes avec canapé, salle de bains moderne (béton ciré, bois, vasque et baignoire), lampes en bois, écran plat, coffre, minibar... et, bien sûr, la vue sur la ville. Celle-ci est d'ailleurs fabuleuse depuis la piscine à débordement qui fait office de balcon sur Bangkok et semble plonger littéralement dans le National Stadium. Idéal pour regarder un match ! Également un spa, 2 restaurants, dont un sur le toit *(tlj 18h-23h)* et un bar avec superbe comptoir au rez-de-chaussée. Vous n'aurez plus trop envie de sortir !

Baiyoke Sky Hotel – โรงแรม ใบหยกสกาย *(plan détachable, E3,* ***56****) : 222 Rajtchaprarop Rd, Rajthevee (réception au 18e étage). ☎ 02-656-30-00. • baiyokehotel.com • Ne pas confondre avec sa voisine, la tour Baiyoke I.* Hôtel de 658 chambres, sans beaucoup d'âme, dans l'un des plus hauts gratte-ciels de Bangkok. Faute de charme, on profite du confort attendu dans ce type d'établissement. Attention, les prix grimpent en fonction de l'altitude ! La vue, surtout la nuit, est à couper le souffle. Les résidents bénéficient d'un accès libre au sommet de la tour et d'un service de navettes (toutes les heures 10h-23h) vers les points stratégiques de la ville, temples, musées, *malls.* Accueil à la chaîne, malheureusement. Lire aussi « À voir. À faire. La tour Baiyoke II ».

Où manger ?

Le quartier de Siam Square regroupe un ensemble de centres commerciaux et des dizaines de restos en tout genre. Prix généralement élevés, mais nous vous en avons déniché quelques-uns pas mal du tout.

Très bon marché (moins de 80 Bts / 2,30 €)

Tout le long du *soi* Kasemsan II – ซอยเกษมสันต *(plan détachable, D3),* quelques ***stands et échoppes de rues*** où se retrouvent fans de Jim Thompson (voir plus loin sa maison dans « À voir. À faire ») et écoliers en pause déjeuner. Bons *satays,* copieuses soupes de nouilles et délicieuses salades de papaye, pour une poignée de bahts.

Bon marché (de 80 à 150 Bts / 2,30 à 4,30 €)

Food court du Siam Paragon – ศูนยอาหารสยามพารากอน *(plan détachable, D3,* ***106****) : sur Rama I Rd, face à l'arrêt Siam du Skytrain, au rdc du mall du même nom. Tlj 10h-22h.* Sorte de Babel gastronomique où l'on peut aussi bien manger asiatique que français, néo-zélandais, allemand, indien ou américain et même... thaï ! Certains restos sont à payer directement, d'autres à l'aide d'une carte magnétique créditée à l'entrée (500 Bts maxi) et dont vous récupérez l'argent non dépensé à la sortie. Pratique et rapide.

Food center du MBK – ศูนยอาหาร มาบุญครอง *(plan détachable, D3,* ***107****) : au 6e étage du Mah Boonkrong, Thanon Phaya Thai. ☎ 02-620-92-49. Tlj 10h-22h.* Le plus grand centre commercial du pays (plus de 100 000 visiteurs par jour) abrite un *food center* à sa taille. Même principe de paiement que le *food court* du *Siam Paragon.* Ici aussi, tous les restos ne sont pas éligibles à la carte magnétique.

Café Mademoiselle *(plan détachable, E4,* ***108****) : 179 Thanon Wittganyu –* ถนนสาธรใต. *☎ 02-670-42-81. Au sein de l'Alliance française, à gauche au fond de l'impasse, après la nouvelle ambassade d'Australie. Navettes gratuites. Tlj sauf fériés 7h-19h (14h dim).* Bel espace lumineux et climatisé pour une cuisine locale bon marché, ou à prix moyens pour les plats français. Petite terrasse.

Prix moyens (de 150 à 300 Bts / 4,30 à 8,60 €)

Reno Café – ร้านอาหาร เรโน คาเฟ่ *(plan détachable, D3, **54**) : 40 Rāma Rd, soi Kasamsan I. ☎ 02-215-00-26. Tlj 7h-23h30. CB acceptées au-dessus de 500 Bts.* Petite terrasse, ou salle climatisée, sans grand charme, mais parfaite pour se poser entre 2 balades. Plats variés, pour tous les goûts. *Smoothies.*

Plus chic (de 300 à 600 Bts / 8,60 à 17 €)

T. Restaurant (T. Pochana) – ที โภชนา *(plan détachable, E2, **110**) : 78 12/16 Rajprarop Rd, env 50 m à l'est de la passerelle qui enjambe la rue. ☎ 02-247-10-61 et 62. Tlj 11h-23h. Crabes et langoustes 1 800 Bts/kg, gambas 1 200-1 600 Bts/kg selon type (normal, king ou tiger).* L'un des meilleurs restos de fruits de mer de Bangkok. Il y a une trentaine d'années, toutes les compagnies aériennes en escale à Bangkok en avaient fait leur cantine. De cette époque, reste une photo de Michel Platini sur la carte. La roue tourne, les « PNC » se sont envolés vers d'autres horizons, mais les produits de la mer sont bien là, ultra frais et à un tarif tout à fait compétitif. Compter 600 Bts pour un crabe au curry *(fried crab with curry powder).* Sinon, à la carte, pétoncles sautés *(fried baby clams),* soupe de coquilles Saint-Jacques à la sauce rouge *(sheel meat),* etc. Tout est bon, préparé et grillé à la minute.

Achats

Pratunam Petchaburi – ประตูน้ำ ถนนเพชรบุรี *(plan détachable, E3) : au pied de la tour Baiyoke. Tlj sauf dim.* C'est l'équivalent du quartier du Sentier à Paris. On y vend de la fripe et du tissu à tous les prix.

Les ***shopping centers*** *(ouv généralement jusqu'à 22h)* proposent des articles intéressants. Il y en a pour tous les goûts. On y trouve aussi bien lingerie, produits de beauté, tissus, grandes marques – authentiques ! –, que des gadgets et des ustensiles introuvables ailleurs. Voici nos préférés du coin : ***MBK*** pour des fringues pas trop chères ou des objets de la vie quotidienne et des contrefaçons ; ***Siam Discovery Center*** *(plan détachable, D3),* très prisé de fous de technologie, de gadgets et des concepts culinaires innovants (4e étage) ; ***Siam Paragon*** *(plan détachable, D-E3),* avec toutes les grandes marques de mode, de l'habillement à l'automobile ; ***Central World*** *(plan détachable, E3),* immense, et ***Zen*** et ***Isetan,*** juste à côté, sur 8 étages. Tous les *shopping centers* proposent des *food courts* pour bien manger sans se ruiner (voir « Où manger ? » plus haut). Voir aussi dans le quartier de Sukhumvit.

À voir. À faire

La maison de Jim Thompson – บ้านจิมทอมป์สัน *(plan détachable, D3) : 6 soi 2 Kasemsan – ซอยเกษมสันต์, Rāma I Rd – ถนนพระราม 1, tt près du National Stadium. ☎ 02-216-73-68. ● jimthompsonhouse.com ● Skytrain : National*

Stadium. Bus nos 11, 15, 47, 73, 93, 113 ou 204. Tlj 9h-18h. Entrée : 200 Bts ; réduc. Visite guidée obligatoire, possible en français ; départ quand un groupe de 16 pers est constitué.

Dans un magnifique jardin luxuriant, voici parmi les dernières vraies maisons thaïes en teck qui subsistent à Bangkok. En fait, elles ont été démontées dans leur région d'origine et reconstruites en pleine ville. Maisons en trapèze, sur pilotis, adossées à un *khlong* qui servait de voie d'approvisionnement des soieries.

L'ÉTRANGE DISPARITION DE L'EX-ESPION

En 1967, Jim Thompson se rendit dans les monts Cameron, en Malaisie. Lors d'une promenade solitaire, il disparut à tout jamais. Son corps ne fut jamais retrouvé. Son passé d'ex-espion en pleine guerre du Vietnam alimenta les hypothèses les plus folles. L'explication la plus probable se trouve tout simplement dans une mort accidentelle : un camion malais l'aurait renversé, et son corps aurait été enterré aussitôt pour dissimuler le drame, ou alors un tigre affamé de passage... Allez savoir !

Jim Thompson était un architecte qui fut agent de l'OSS (ancêtre de la CIA) en mission dans le Sud-Est asiatique au moment de la capitulation du Japon. Séduit par le pays, il revint en 1946 s'installer à Bangkok. Il relança l'industrie de la soie, moribonde dans ce pays, en créant la *Thaï Silk Company,* la fit connaître à New York, fit fortune et fit déplacer et remonter ces maisons traditionnelles, vieilles de plus de 2 siècles pour certaines, occidentalisées par ses soins (ajout de salons, salle à manger...), avant de disparaître mystérieusement. De salle en salle, on y découvre une collection d'objets d'art de toute beauté : vaisselle, sculptures, porcelaine Benjarong (à 5 couleurs), panneaux de tissus peints et, bien sûr, de magnifiques bouddhas, provenant de toute l'Asie. Un vrai émerveillement ! En revanche, n'espérez pas en apprendre plus sur le personnage, la visite n'est consacrée qu'à la maison. À l'extérieur, ***démonstrations*** d'extractions de fil de soie depuis les cocons. ***Jardin*** touffu apaisant. ***Boutique*** chic pour faire des emplettes, et très bon resto avec produits de la ferme, pour reprendre des forces.

Bangkok Arts & Culture Center (BACC) – หอศิลปวัฒนธรรมแห่งกรุงเทพมหานคร *(plan détachable, D3) : 939 Rama I Rd, Wangmai. ☎ 02-214-66-30. • bacc.or.th • Tlj sauf lun 10h-19h. GRATUIT.* Dans un vaste bâtiment dont l'architecture fait référence au Guggenheim Museum de New York (rien de moins !), le centre abrite quelques galeries d'art, petites boutiques de créateurs, ainsi que des expos de photos, céramiques, peintures... Rien d'incontournable.

Sealife Ocean World – ซีไลฟ์ แบงคอก โอเชี่ยน เวิลด์ *(plan détachable, D-E3) : 991 Rama I Rd,* ***au sous-sol du centre commercial*** *Siam Paragon. ☎ 02-687-20-00. • sealifebangkok.com/en • Skytrain : Siam. Tlj 11h-21h (20h dernier accès). Entrée : 1 090 Bts ; moins cher après 17h et petites promos sur Internet. 200 Bts de plus pour le coupe-file. Billet combiné avec le musée de cire de Mme Tussaud possible.*

Un aquarium assez bien pourvu en espèces animales : méduses phosphorescentes, anguilles, pingouins, loutres, raies et autres bébêtes du même genre. Rien en ce qui concerne la flore, tout est en plastique (pas de lumière naturelle). On vient surtout pour l'immense tunnel de verre, et pour faire risette aux requins qui passent négligemment au-dessus de nos têtes. En supplément, balades en bateau à fond de verre, cinéma en 4D... Très cher tout de même.

La tour Baiyoke II – อาคารใบหยก 2 *(plan détachable, E3,* ***56****) : 222 Ratchaprarop Rd, Rajthevee. Bus nos 16, 23, 60, 79, 99, 511 ou 512. Accès par* *le soi 3 de l'av. Ratchaprarop et les rues commerçantes et encombrées qui traversent le quartier des magasins de textiles et de vêtements.* En fait, il y a 2 tours, très proches l'une de l'autre : la tour *Baiyoke I* et la tour *Baiyoke II.* Cette dernière ressemble à un grand stylo coiffé d'une sorte de rotonde. Longtemps la plus haute de la ville (309 m), elle a été détrônée par la tour Mahanakorn (314 m). On peut toujours grimper au sommet par un ascenseur vitré. Sujets au vertige, s'abstenir. De là-haut, vue panoramique sur la capitale, à découvrir au coucher du soleil si le temps le permet. Fondations à près de 65 m sous terre pour assurer sa stabilité.

La visite

Accès payant. Soit vous montez pour la vue (400 Bts avec une conso comprise dans le prix), soit vous optez pour un billet cumulé qui couvre l'ascenseur et les différents restos-buffets des 75ᵉ (Floating Market), 76ᵉ et 78ᵉ étages (Bangkok Sky), 79ᵉ étage (Stella Palace, resto haut de gamme), 81ᵉ (en intérieur ou en extérieur) et 82ᵉ étages (forfaits à acheter au lobby de l'hôtel, au 19ᵉ étage). Compter 820 Bts pour déjeuner (11h-15h) et 980 Bts pour dîner (17h30-23h) pour les restos d'entrée de gamme, boissons comprises, et jusqu'à 1 500 Bts pour les tables des 79ᵉ et 81ᵉ étages qui sont les plus chères. Avec ce même billet, vous pouvez accéder librement à la terrasse d'observation au sommet de la tour. Pour réserver le resto : ☎ 02-656-30-00 ou sur • baiyokebuffet.com • Le mieux, c'est de réserver par Internet, car on peut choisir sa table. Si vous en avez les moyens, réservez en extérieur, au 81ᵉ. C'est le plus haut resto d'extérieur de Thaïlande ! Le w-e, s'y prendre au moins 2 j. à l'avance. Tenue correcte exigée au resto.

– Voir aussi le *Baiyoke Sky Hotel* plus haut, dans « Où dormir ? ».

Suan Pakkad Palace – วังสวนผักกาด *(plan détachable, D-E2) : 352 Sri Ayutthaya Rd –* ถนนศรีอยุธยา *(non loin de l'angle avec Phaya Thai Rd). ☎ 02-245-49-34. • suanpakkad.com/main_eng.php • Skytrain : station Phaya Thaï. Tlj 9h-16h. Entrée : 100 Bts, avec un éventail offert ! Visite guidée gratuite (en anglais).*

Ancien « jardin planté de choux » qui cache un bel ensemble de 8 maisons thaïes traditionnelles, véritable bouffée d'oxygène dans ce quartier dévoré par les immeubles modernes. Ancienne demeure d'un prince, petit-fils de Rāma V.

IL EST TOMBÉ SUR UN OS...

... ou plutôt sur un tesson, enfoui là depuis des centaines d'années. C'est en trébuchant lors d'une balade dans le nord de la Thaïlande, en 1966, que Stephen Young, un jeune étudiant américain, a mis au jour le site archéologique de Ban Chiang. De nombreuses pièces sont exposées aujourd'hui au Suan Pakkad Palace.

Au nord du quartier de Siam

Chatuchak Market – สวนจตุจักร *(hors plan détachable par E1,* ***200****) : sur Phahon Yothin Rd (route de l'aéroport de Don Muang), pas très loin du Northern Bus Terminal. Desservi rapidement par le Skytrain (arrêt Mo Chit), le métro souterrain (arrêt Chatuchack ou Kamphaeng Phet), ou par les bus nᵒˢ 3, 29, 34, 39 et 44, entre autres. Attention uniquement sam et dim 9h-18h. Pas trop de touristes sam mat. Plan donné à l'entrée pour se repérer. Travaux de rénovation et d'agrandissement en cours qui ne gênent pas la visite.*

L'un des plus grands marchés du monde, comptant pas moins de 10 000 stands ! On y trouve à peu près tout : vêtements, matériel de cuisine, alimentation, animaux, tissus, outils, artisanat, meubles, plantes, etc. Visite et marchandage obligatoires. Ne manquez pas le *Sunday Market.* Quelques boutiques d'antiquités. Nombreux éventaires, autant de restos. Notre préféré : ***Prik Yuak* (*Green Chili*** *; section 2, soi 38 ; ouv seulement le midi sam et dim).* Ann, la chef, vous accueille devant son présentoir de plats tous plus appétissants les uns que les autres. Cadre sympa, protégé et jolie vaisselle. Un régal !

MOCA – พิพิธภัณฑ์ศิลปะไทยร่วมสมัย *(hors plan détachable par E1,* ***209****) : 499 Vibhavadi Rangsit Frontage Rd (sur la gauche de la voie rapide qui va à l'aéroport de Don Muang).* ☎ *02-016-56-66.* ● *mocabangkok.com* ● *Du centre-ville, se rendre à Chatuchak par le Skytrain, ensuite compter 15 mn de taxi. Mar-ven 10h-17h, sam-dim 11h-18h. Entrée : 250 Bts ; réduc ; supplément possible en cas d'expo temporaire.* Inauguré en 2012, le musée d'Art contemporain de Bangkok regroupe, sur 5 étages, la collection privée du magnat thaïlandais des télécoms. Au total, pas moins de 20 000 m² d'exposition. Les 800 créations sont pour la plupart l'œuvre de plasticiens natifs du pays. Un étage entier est même consacré à Thawan Duchanee. Au dernier étage, quelques œuvres d'artistes asiatiques et européens.

DANS LE QUARTIER DE SILOM, DE LA GARE DE HUA LAMPHONG ET PATPONG (plan détachable, C-D-E4-5)

Au sud de Bangkok, Silom Road est une longue avenue qui part de Charoen Krung Rd à l'ouest et finit à l'intersection de Rāma IV Rd à l'est, en face du Lumphini Park. Les stations du métro aérien les plus proches : Sala Daeng et Chong Nonsi. Également le métro souterrain avec Silom Station, Sam Yan et Hua Lamphong (pratique pour rejoindre le quartier de Sukhumvit). Il s'agit en gros d'un quartier chic, plutôt agréable, avec pas mal d'hôtels et de restos d'un certain niveau, de hauts gratte-ciel (le long de Sathorn Nua Rd) et de nombreuses ambassades (dont celle de France), mais on y trouve aussi des zones plus populaires, telle Charoen Krung Rd (à l'ouest) ou... Patpong (à l'est), haut lieu des nuits chaudes de la capitale.

Où dormir ?

Studios et appartements *(serviced apartments)*

Centre Point Silom – โรงแรมเซนเตอร์ พอยต์ สีลม *(plan détachable, C5,* ***57****) : 1552/2 soi 50, Charoen Krung Rd.* ☎ *02-266-05-21.* ● *silom@centrepoint.com* ● *centrepoint.com/silom* ● *Compter 3 100-7 000 Bts la nuit pour 2. Réduc sur Internet.* Vous ne pouvez pas la louper : la résidence fait 26 étages, au-dessus du centre commercial Robinson ! On entre par une petite impasse. Le bon plan pour les familles qui resteraient quelque temps dans la capitale. Bien située, près du fleuve, des embarcadères et du métro aérien (Saphan Taksin). Des studios joliment décorés, spacieux et propres, avec kitchenette, machine à laver (dans certains sites) et clim. Restaurant. Accès direct au shopping mall Robinson. Accueil serviable.

De plus chic à très chic (à partir de 3 000 Bts / 86 €)

Tarntawan Place Hotel – ทานตะวัน เพลส โฮเต็ล *(plan détachable, D4,* ***63****) : 119/5-10 Surawong Rd* – ถนนสุรวงศ์. ☎ *02-238-26-20.* ● *info@tarntawansurawong.com* ● *tarntawansurawong.com* ● *Face au Tawana Palace. Petit déj inclus.* Hôtel au fond d'une impasse calme, dans le quartier gay de Bangkok. Aux chambres standard, assez désuètes, préférez les *superior,* plus vastes, plus confortables (moquette, minibar, clim, TV...), et décorées avec plus de soin. Notez que les prix sont assez négociables, condition sine qua non pour choisir l'établissement selon nous. Bon à savoir pour les fêtards, le petit déj est servi jusqu'à midi. Accueil courtois.

The Siam Heritage – เดอะสยาม เฮอริเทจ *(plan détachable, D4,* ***63****) : 115/1 Surawong Rd (réception au 1er étage). ☎ 02-353-61-66. • thesiamheritage.com • Petit déj compris.* À 2 pas de Patpong, élégant boutique-hôtel de 70 chambres au décor thaï raffiné. De l'espace, du bois, de belles salles d'eau et, sur le toit, une petite piscine, une salle de fitness et un spa, enfouis dans un jardin tropical. Kitchenette dans les plus chères. Excellent accueil. Organise des excursions.

LUXX XL – โรงแรมลักซ เอ็กซ์แอล *(plan détachable, E4,* ***62****) : 82/8 Langsuan. ☎ 02-684-11-11. • reservations@staywithluxx.com • staywithluxx.com • À 2 pas du parc Lumphini (Skytrain : station Ratchadamri). Petit déj optionnel.* Une fois poussé la lourde porte d'entrée en bois de cet hôtel branché, de souriants visages vous souhaitent la bienvenue. Ici, on joue franchement la carte de l'épure. Place à la verticalité et aux lignes de fuite, à travers le bois des parquets et du mobilier, ainsi que la pierre ou le métal. Jeux de claustras, de fenêtres, pour oublier les limites de l'intérieur et de l'extérieur. Les chambres, tout confort, sont distribuées par de longs couloirs moquettés. Elles sont agréables et bien conçues (malgré parfois quelques odeurs venant des salles de bains). Certains balcons ne disposent d'aucune vue. Bar, piscine à débordement, beaux livres et DVD à disposition. Pour une halte sereine à un prix tout à fait raisonnable.

The Sukhothai – โรงแรมสุโขทัย *(plan détachable, E5,* ***64****) : 13/3 South Sathorn Rd. ☎ 02-344-88-88. • sukhothai.com •* L'un des plus beaux hôtels de Bangkok. Tout le charme de la Thaïlande semble contenu en ses murs. Raffinement des décors, élégance des matières (teck, soie, etc.), service impeccable... de quoi passer un moment divin. Les toits des différents bâtiments rappellent l'architecture des vieilles demeures siamoises. Les fleurs de lotus se languissent dans les bassins des jardins... Plus de 200 chambres, évidemment très confortables, calmes, aménagées avec soin (on aime beaucoup les salles de bains). Piscine superbe, salle de fitness et spa pour votre confort. Pas moins de 4 restos et une chanteuse de jazz américaine qui enflamme le bar en fin de semaine. Ne boudons pas notre bonheur !

Anantara Bangkok Riverside – อนันตรา กรุงเทพฯ ริเวอร์ไซด์รีสอร์ท *(hors plan détachable par C5) : 257/1-3 Charoennakorn Rd. ☎ 02-476-00-22. • bangkokriverside@anantara.com • anantara.com/en/riverside-bangkok • En face de l'Asiatique The Riverfront.* Un très bel hôtel, en dehors du centre, au bord de l'eau, relié au cœur de la capitale par une navette fluviale gratuite (toutes les 15-30 mn). Grande piscine en étage, avec sensation de nager au-dessus des arbres, bassin pour les enfants, danse de la nuit à la tombée du jour, plusieurs restos (grill, seafood, italien, japonais, sur le pouce). Ambiance conviviale et familiale sous les palmiers. Chambres confortables, chics et sobres, certaines avec balcon, vue sur le fleuve ou sur l'arrière de l'hôtel (moins glamour), réparties de part et d'autre d'un petit canal. Petit déj riche et varié. Accueil sympathique.

So Sofitel Bangkok – โซฟิเทล โซ บางกอก *(plan détachable, E5,* ***65****) : 2 North Sathorn Rd. ☎ 02-624-00-00. • H6835@sofitel.com • accorhotels.com • Face au Lumphini Park. Réception au 9e étage.* Conçues par 5 créateurs thaïs, des chambres contemporaines au summum du confort et du design, chacune faisant référence à l'un ou l'autre des 4 éléments. Toutes embrassent la vue sur le Lumphini Park et les toits de Bangkok. Piscine. Comme tous les hôtels du quartier, l'environnement immédiat, avec ses artères saturées de circulation et bruyantes, vous incitera à dîner sur place.

The Metropolitan – โรงแรมเมโทรโปลิแทน *(plan détachable, E5,* ***66****) :* *27 South Sathorn Rd. ☎ 02-625-33-33. ● comohotels.com/metropolitan bangkok ●* Dès la porte franchie, la réception parfumée annonce un hôtel de charme, où le blanc domine dans une déco épurée et minimaliste. Même les chambres les moins chères sont cosy. Le mobilier est ultra-design, les lignes droites et la luminosité extrême. C'est vaste et beau. Chambres avec TV, clim et salles de bains cosy. Restos (voir notamment le Nahm dans « Où manger ? »), piscine, bar, salles de fitness et spa.

Où manger ?

Très bon marché (moins de 80 Bts / 2,30 €)

Étant donné le monde qui travaille dans le quartier, Silom Road est l'une des plaques tournantes de la cuisine de rue à Bangkok. Dès l'aube, les chariots s'installent pour la journée et, sur les coups de 7h, on y vient prendre son petit déj. Les points stratégiques se trouvent, à l'est, aux abords immédiats de la station BTS de Sala Daeng, et à l'ouest, au débouché sur Charoen Krung Road.

Bon marché (moins de 150 Bts / 4,30 €)

Cantines de rue *(plan détachable, D4-5) : au coin de Silom et Convent Rd* – ที่มุมของถนนสีลมและถนนคอนแวนต์. Plats thaïs sur le pouce frais et savoureux, cuisinés dans une multitude de petits stands et servis sur des tables improvisées. À l'heure du déjeuner, tous les employés du quartier s'y précipitent, et, en soirée, de nombreux noctambules s'y arrêtent pour recharger leurs batteries. Rencontres authentiques.

Prachak – ร้านอาหาร ประจักษ์ *(plan détachable, C5,* ***133****) : 1415 Charoen Krung Rd. ☎ 02-234-37-55. Tlj 8h30-20h30.* Pour le cadre on repassera (petite cantine sur 2 étages), mais on dévore ici, depuis 1909, du délicieux canard grillé servi (ou non) avec des nouilles aux œufs. Possibilité aussi de combiner le palmipède avec du porc croustillant. À ne pas manquer si vous êtes dans le coin... et même si vous n'y êtes pas !

Prix moyens (de 150 à 300 Bts / 4,30 à 8,60 €)

Somtum Der – ร้านอาหาร ส้มตำเดอ *(plan détachable, E5,* ***134****) : 5/5 Saladaeng Rd. ☎ 02-632-44-99. Tlj 11h-21h45.* Une salle colorée précédée d'une terrasse tranquille donnant sur la rue. On y vient pour goûter à l'une des meilleures salades de papaye de la ville et, plus, généralement, à une authentique cuisine de l'Isan (l'est du pays). Laissez-vous tenter par les boulettes de porc épicées, le bœuf mariné à la sauce *jim jeaw,* la salade de canard aux vermicelles, le poisson cuit... Très bon, pas trop cher mais... très piquant !

Nalin Kitchen – ครัวนลิน *(plan détachable, C5,* ***112****) : 1463 Charoen Krung Rd. ☎ 02-630-71-70. Face au mall Robinson. Tlj 11h30-23h.* Petit resto de quartier, très propre et bien climatisé à la devanture très colorée. Il propose une cuisine typique du nord et du nord-est de la Thaïlande. Service rapide, plats goûteux et bien présentés.

Harmonique – ร้านอาหารฮาร์โมนิค *(plan détachable, C5,* ***113****) : 22 Charoen Krung, soi 34. ☎ 02-237-81-75. Repérez la porte monumentale située à droite du 7-Eleven (entre les nos 1170 et 1178), elle marque l'entrée du soi 34, c'est à 50 m à droite. Tlj sauf dim 10h-20h.* Dans une maison thaïe pittoresque décorée avec goût et pleine de chinoiseries évoquant l'Indochine. Tonnelle agréable où pendent mollement les racines filaires des banians. À la carte (avec photos pour se faire une idée), fruits de mer et plats thaïs (proposés en 2 formats) bien ficelés, comme le poulet au sésame ou au lait de coco. Service aimable avec un petit plus, les serviettes rafraîchissantes.

Plus chic (de 300 à 600 Bts / 8,60 à 17 €)

Mango Tree – เดอะมังโกทรี *(plan détachable, D4-5, **114**) : 37 soi Tantawan, Surawong Rd. ☎ 02-236-28-20. Tlj 11h30-minuit. Venir tôt ou réserver.* Dans une ruelle calme, une de nos adresses fétiches depuis quelques années. Cadre soigné, intime et élégant dans une maison siamoise centenaire posée au pied d'un magnifique manguier, avec ses loupiotes, et devant lequel jouent souvent des musiciens en soirée. On s'y régale d'une excellente cuisine thaïe en provenance des 4 coins du pays. Les prix sont certes un brin élevés. Longue carte avec photos particulièrement évocatrices. Dilemme ! On aimerait tout goûter : salades copieuses, soupes raffinées, nouilles délicates... Heureusement, d'autres adresses ont essaimé à travers tout le pays !

Ban Chiang – ร้านอาหารบ้านเชียง *(plan détachable, C5, **115**) : 14 soi Sri Vieng, Surasak Rd –* ถนนศรีเวียง *(dans une rue parallèle, entre Sathorn et Silom Rd, derrière le* Holiday Inn Hotel*). ☎ 02-236-70-45. Tlj 11h30-14h, 17h30-22h30.* Au cœur du quartier des antiquaires, dans une maison de charme à l'ambiance années 1930, délicieusement patinée par le temps, dissimulée derrière un jardin luxuriant et superbement décorée. À l'intérieur ou en terrasse protégée, on sert une exquise et authentique cuisine thaïe. En vedette, un *roast duck curry* mémorable. Bon choix de vins.

Jua *(plan détachable C4, **130**) : 672/49 Charoen Krung. ☎ 02-103-65-98. Lun-sam 18h-minuit, dim 18h-22h.* Au fond d'une impasse, derrière un mur de verdure, une adresse bien cachée. Un resto japonais *(izakaya)* à la mode thaïlandaise, autour d'un grand comptoir superbe en marbre clair. Un bel endroit prisé des fashionistas et autres acteurs en vogue autrefois cercle de jeu illégal (*jua* signifie « bats-moi ! »). Quelques tables hautes. Salle à l'étage pour les grandes tablées. Délicieux cocktails conseillés par les proprios aux petits soins, notamment à base de saké. Plats sous forme de tapas. L'occasion de goûter plusieurs saveurs aux cuissons variées.

The Corner – ร้านอาหาร เดอะ คอนเนอร์ *(plan détachable, E5, **117**) : 27/39 soi Si Bamphen. ☎ 02-679-84-38. Tlj sauf mar 9h30-15h30, 17h30-22h30.* Petit resto d'angle bien climatisé ou micro-terrasse ouverte sur la rue. C'est le rendez-vous des expats français. Petits déj bien de chez nous (baguette, croissants, beurre). La carte, présentée à la manière d'un quotidien, offre une cuisine méditerranéenne et asiatique. Couscous royal certains jours. Ricard pour l'apéro et armagnac en digeo !

Très chic (plus de 600 Bts / 17 €)

Aoi – อ้อย *(plan détachable, D4-5, **119**) : 132/10-11 Silom Rd, soi 6. ☎ 02-235-23-21. Fait l'angle avec le soi qui part juste en face du salon de massage* The Green. *Tlj 11h30-14h30 (dernière commande à 13h45), 17h30-22h (dernière commande 45 mn avt fermeture).* Cadre fait de bois, de pierre et d'alcôves en étage pour ce temple de la gastronomie japonaise. Les soba et udon sont bien cuisinés et amplement suffisants pour un repas. Les amateurs de sushis et sashimis devront ouvrir leur portefeuille un peu plus. Sinon, s'en tenir aux « plats du milieu » : nimono (bouillon), agemono (tempura) ou encore yakimono (grillade). Accueil en tenue traditionnelle, tout en sourire et déférence.

The Never Ending Summer *(plan détachable, C4, **131**) : 41/5 Charoen Nakhon Rd. ☎ 02-861-0953. De l'autre côté du fleuve, au pied du* Hilton Millenium*, au sein du complexe* The Jam Factory. *Tlj 11h-23h.* Dans un ancien entrepôt industriel, redécoré à la mode new yorkaise, avec éclairages et tubulures métalliques, briques rouges et verdure. Ambiance branchée décontractée. Grande cuisine ouverte d'où sortent des plats roboratifs et délicieux. Viandes, nouilles, poissons, il y en a pour tous les goûts. Service soigné. Terrasse terriblement romantique en soirée avec petites lumières. Un beau symbole du renouveau de cette rive du fleuve !

🍽 ***Eat Me*** – ร้านอาหาร อีท มี *(plan détachable, D5,* ***120****) : soi Pipat 2, à 20 m de Convent Rd. ☎ 02-238-09-31. Lun-ven et dim 15h-minuit, ven et sam 15h-1h. Résa conseillée. Plats 400-1 900 Bts.* Dans une belle bâtisse enfouie sous la végétation, un resto-galerie sur 3 étages baignant dans une atmosphère tamisée, avec en prime des terrasses et galeries extérieures. Cuisine essentiellement internationale et fusion, où volaille, fruits de mer et *wagyu* australien tiennent le haut du pavé. Qualité des produits, venus des 4 coins du monde, et délicats accompagnements. Service très prévenant. Belle carte des vins et des cocktails. Une adresse racée, conseillée pour une occasion un peu spéciale.

🍽 ***Royal Osha*** – ร้านอาหาร โอชา *(plan détachable, E4,* ***121****) : 99 Wireless Rd. ☎ 02-256-65-55. Tlj 11h-14h30, 18h-23h (22h30 dernière commande). Menu fixe 2 200 Bts ; également à la carte.* Passé la porte qu'une girafe n'aurait pas de mal à franchir, on découvre un resto ultrachic comptant parmi les plus courus de la capitale. Tablées rondes, à plusieurs, aux assises fleuries, ou petits recoins plus intimes. Le soir, les lumières se tamisent, et les lieux deviennent magiques. Dans les assiettes, joliment mises en scène, les classiques de la cuisine thaïe revisités, associés à des émulsions, préparations et condiments tout aussi mystérieux. Réservation et tenue correcte exigées. Bar pour patienter ou terminer en beauté. Attention à la marche en sortant.

🍽 ***Sala Rim Naam*** – ภัตตาคารศาลาริมน้ำ *(plan détachable, C5,* ***122****) : en face de l'hôtel* Mandarin Oriental, *de l'autre côté du fleuve Chao Phraya. ☎ 02-437-30-80. Une navette gratuite fait régulièrement l'aller-retour en bateau de l'hôtel au resto. Tlj 12h-14h30, 19h-22h. Menus 950-1 150 Bts à midi et 2 450 Bts le soir. Résa conseillée.* C'est le resto de l'hôtel *Mandarin Oriental,* installé dans un cadre traditionnel raffiné et luxueux (éviter de se pointer en short et baskets). Cuisine enchanteresse et très variée, sous forme de buffet à volonté ou à la carte, que l'on déguste en salle (avec danse traditionnelle le soir) ou en terrasse au bord de l'eau. Prix à l'avenant, bien sûr. Propose également des cours de cuisine (mais pas donnés !).

🍽 ***Nahm*** *(plan détachable, E5,* ***66****) : resto de l'hôtel* Metropolitan *(voir « Où dormir ? »). ☎ 02-625-33-88. Lun-ven 12h-14h, 18h30-22h15 (dernière commande) ; le soir seulement le w-e. Résa obligatoire. Menus 740-1 800 Bts à midi ; 2 500-2 800 Bts le soir.* Cuisine thaïe de haute volée. Le menu, avec sa farandole de petits plats, offre un délicieux aperçu des talents de l'équipe. Allez-y donc les yeux fermés et faites confiance au chef, mais n'oubliez pas que la cuisine thaïe, même revisitée, ce sont des épices et du piment ! Terrasse.

Où boire un verre ?
Où écouter de la musique ? Où sortir ?

Bars

🍸 ♩ ***Maggie Choo's*** – ร้านแม็กกี้ ชูวส์ *(plan détachable, C5, **160**) : au sous-sol du* Novotel Fénix Silom, *à droite de l'entrée, 320 Silom Rd.* 📱 *09-17-72-21-44. Tlj 19h30-2h (3h ven-sam).* Un bar à thème extra : nous voici dans l'antre imaginaire de Maggie Choo, chanteuse de Shanghai abandonnée par son militaire japonais, réfugiée à Bangkok dans les années 1920, dans cette salle des coffres réaménagée en salon rétro-chic, avec ombrelles, statues, canapés en cuir et velours, et belles sur balançoires. Concerts live plutôt pop-rock tous les soirs. Belle carte de cocktails. Tenue correcte exigée.

🍸 ♩ ***Le Café des Stagiaires*** – เลอ คาเฟ่ เดส์ สตาชิแอรส์ *(plan détachable, D5, **162**) : 142/21 Satorn, soi 12.* ☎ *02-235-89-88. Tlj 16h (12h sam-dim)-minuit.* Happy hours *16h-20h. DJ le w-e.* Dans un coin où les buildings semblent tenter des records d'altitude, avec la tour Mahanakorn, un bar de quartier ouvert par une bande de jeunes franco-belges qui ont déjà fait leurs preuves à Shanghai. Déco de bric et de broc, mobilier de récup', ambiance chaleureuse alimentée par les habitués et une belle sélection musicale soul, funk et jazzy. Parfait pour siroter un cocktail, une bière belge... ou un Ricard, tout en grignotant quelques tapas ou un croque-monsieur !

🍸 ***Vertigo Moon Bar*** *(plan détachable, E5, **164**) : 21 South Sathorn Rd (au 61e étage de l'hôtel* Banyan Tree*).* ☎ *02-679-12-00. Tlj 17h-1h.* Ambiance ultra-chic (shorts et sandales restent à la porte) et prix qui vont avec, mais panorama à 360° exceptionnel sur la ville illuminée. On adore la carte des cocktails rétroéclairée.

BANGKOK ET SES ENVIRONS

Cabaret et spectacles

– ***Les « go-go bars » de Patpong*** *(plan détachable, D4) :* attention, attrape-touristes ! Lire attentivement la rubrique « Prostitution » dans « Hommes, culture, environnement ». Patpong I et Patpong II sont 2 ruelles composées essentiellement de bars à *go-go girls,* spécialisés dans l'art et la manière de faisander le pigeon. Filles astiquant sans relâche des barres verticales en inox ou dansant à moitié nues sur la piste, musique live ou pas. Bien demander le prix des consos avant d'entrer. Le but ici étant de faire chauffer votre carte de paiement, car les filles ne quittent le bar qu'à la fermeture et, d'ici là, il faudra rincer le patron !

Achats

La soie : relancée par Jim Thompson, l'industrie de la soie est aujourd'hui florissante. Tissée à la main, avec des motifs splendides et des tons très vifs et colorés, la soie thaïlandaise est considérée comme l'une des plus belles du monde. Faites donc un détour par la ***boutique Jim Thompson*** – ร้านจิมทอมป์สัน *(plan détachable, D4,* ***201*** *; 9 Su-rawong Rd ; ☎ 02-632-81-00 ; tlj 9h-21h).* Il y a beaucoup de choix, de la simple pièce de tissu aux chemises en passant par les cravates, robes, foulards, etc. C'est beau, c'est cher, mais tout de même moins qu'en Europe. D'autres boutiques à travers Bangkok. Les fans iront au ***Jim Thompson Factory Outlet*** *(hors plan détachable par G5,* ***202*** *; 153 Sukhumvit, soi 93 ; ☎ 02-332-65-30 ; tlj 9h-18h),* un magasin d'usine sur 5 étages où vous ne saurez plus où donner de la tête. Petit resto sur place pour prendre un verre (à soi).

Tailleurs : le grand truc, pour vous, monsieur, c'est de vous faire tailler un costard sur mesure, et pour vous, madame, un beau tailleur (découpez les photos des modèles dans vos magazines préférés). Des centaines d'adresses pour cela. En voici une de très bonne qualité : ***A. Song Tailor*** – เอ สองเทลเลอร์ *(plan détachable, C5,* ***203*** *; 8 Charoen Krung, soi 38 ; 📱 08-70-83-78-88 ; mer-sam 12h-18h ; CB acceptées).* Petite boutique ne payant pas de mine dans le quartier (musulman) de l'ambassade de France, à ne pas confondre avec *Ah Song Tailor,* au 1203 Charoen Krung Road. Jolies coupes, beaux tissus, magnifiques cachemires, bon rapport qualité-prix et extrême gentillesse. Compter 3 essayages minimum pour un 3-pièces. Très peu de choix de tissus pour les femmes. Cela dit, si vous devez aller à Chiang Mai, patientez pour faire confectionner vos fringues, c'est beaucoup moins onéreux là-bas.

Patpong Night Bazaar – พัฒน์พงษ์ไนท์บาร์ซาร์ *(plan détachable, D4,* ***204*** *) :* Patpong I Road n'est pas seulement un grand marché à viande ! Le soir, les rues sont envahies de stands qui vendent de tout et au prix le plus fort. Babioles, CD, DVD, montres, T-shirts... Ne vous fiez pas aux marques, tout est archi faux, bien sûr !

IconSiam *(plan détachable, C5) : 299 Charoen Nakhon Rd. De l'autre côté du fleuve, face à l'Oriental. 10h-22h. Avt que la ligne ferroviaire dédiée ne soit terminée, prendre les navettes fluviales gratuites à la station de métro BTS Saphan Thaksin de 8h-23h30 ttes les 10 mn.* Tout simplement le plus grand centre commercial de Thaïlande, inauguré en 2018. Plus de 7 000 boutiques, 100 restaurants, le plus grand magasin Adidas (des vraies !) d'Asie, des cinémas tous plus fous les uns que les autres mais aussi des œuvres d'arts, un espace d'expositions internationales, des boutiques de luxe bien connues (« IconLuxe »), des hôtels, des résidences, une zone dédiée à la découverte des provinces thaïes au rez-de-chaussée, et même... un marché flottant !

Asiatique The Riverfront – เอเชียติค ริเวอร์ฟร้อนท์ *(hors plan détachable par C5,* ***207*** *) : 2194 Charoenkrung Rd, soi 72-76. ● asiatiquethailand.com ● Bateau-navette gratuit ttes les 10 mn 16h-23h30 pour y aller comme pour en revenir, depuis l'embarcadère*

Tha Sathorn (BTS : Saphan Taksin). Tlj 11h-minuit. Un immense night market installé dans des docks réhabilités, le long du fleuve. Profusion de boutiques élégantes, de souvenirs ou de créateurs, de fast-foods, de restos-bars branchés, en plein air pour la plupart. Il y a même une grande roue, pour zieuter Bangkok d'en haut. Vous l'aurez compris, ce n'est pas le coin le meilleur marché ni le plus pittoresque pour faire ses achats. Atmosphère sympathique cependant, très prisée des touristes asiatiques.

À voir. À faire

MahaNakhon Tower *(plan détachable, D5) : 114 Naradhiwat Rajanagarindra Rd. • kingpowermahanakhon.co.th • Tlj 10h-minuit, dernière admission 23h. Entrée : 715 Bts avt 17h, 880 Bts après ; réduc. Interdiction de monter avec briquet ou arme blanche.* Construite en 2016, cette tour est vite devenue « la » tour emblématique de la capitale thaïe. Imaginée par l'architecte allemand Ole Scheeren et élevée grâce à Bouygues (cocorico !), sa forme a de quoi surprendre. L'idée était de reproduire une image pixélisée en cours de téléchargement. C'est réussi ! On a l'impression que la tour est tout simplement en cours de construction. Avec les reflets du ciel et du soleil, vos photos seront excellentes ! 1er stop à 292 m au 74e étage. Rien que l'ascenseur est une attraction vidéo. Puis 2e stop possible au 75e étage à 310 m. Le plus haut sommet de Bangkok ! Possibilité de marcher sur une vitre au-dessus du vide. Assez surprenant. On peut aussi grimper encore quelques marches pour boire un verre à 314 m. On embrasse alors tout Bangkok d'un seul coup d'œil. Sublime ! On redescend en passant chaque étage de ce duty free géant. Emplettes possibles.

Lumphini Park – สวนลุมพินี *(plan détachable, E4-5) : Rama IV Rd.* Un endroit agréable pour se mettre au vert. Composé de 2 plans d'eau où l'on peut louer des barques et des embarcations à pédales, une activité appréciée des ados locaux. Le matin à l'aube, des centaines de vieux Chinois viennent y pratiquer leur tai-chi. Autre génération, autre style : les jeunes bodybuilders ont maintenant leur aire de musculation... Et, en fin de journée, cours de gym collectif vers 18h ! Le parc est très fréquenté le dimanche ; idéal pour faire des rencontres. Nombreux cerfs-volants à la saison chaude.

M. R. Kukrit's Heritage Home – อาร์คึกฤทธิ์มรดกบ้าน *(plan détachable, D5) : 19 soi Prapinit, South Sathorn Rd. ☎ 02-286-81-85. Bien montrer la transcription en thaï à votre chauffeur de taxi, car ce n'est pas facile à trouver. Tlj 10h-16h. Entrée : env 50 Bts ; réduc. Visite guidée en anglais sur rdv.* Dans un quartier résidentiel bien agréable, voici une belle maison traditionnelle en bois entourée d'un jardin, qui fut la propriété de Mom Rajawongse Kukrit Pramoj. Issu d'une branche de la famille royale, d'abord employé de banque et professeur d'université, il créa Siamrath, le plus grand quotidien de son époque, puis devint écrivain et homme public en fondant le 1er parti politique du pays en 1945. Pour l'anecdote, il joua le rôle du 1er ministre dans le film *The Ugly American,* avec Marlon Brando, en 1963. C'était 12 ans avant qu'il ne devienne... le 13e Premier ministre du pays ! Il fut aussi un ardent défenseur de la danse et du théâtre traditionnels. Ici, 5 pavillons meublés d'objets anciens. Belle collection de masques khon utilisés lors du *Ramakien,* l'épopée thaïlandaise qui réinterprète à sa manière le *Ramayana* indien.

– ***Matchs de boxe, Thai Boxing*** – มวยไทย *: au* ***Ratchadamnoen Stadium*** – สนามมวยราชดำเนิน *(zoom détachable, B2), sur Ratchadamnoen Nok Rd. ☎ 02-281-42-05. • rajadamnern.com • Seulement 4 j./sem : lun, mer, jeu et dim ; ouverture à 18h30. 3 classes :* ringside *(class 1, où sont généralement parqués les touristes qui achètent leur billet sur place ; accès au bar possible),* class 2 *(majoritairement des Thaïs, pour l'ambiance) et* class 3 *(moins bien car derrière un grillage et/ou* *un peu loin du ring). Compter 1 000-1 500 Bts pour une place debout, 2 000 Bts assis. Si vous achetez en ligne, n'oubliez pas d'imprimer votre confirmation afin de récupérer votre entrée au guichet e-ticket. Nous vous déconseillons d'acheter vos billets à des revendeurs à la sauvette. Des spécialistes nous ont affirmé que les meilleurs combats étaient ceux du jeudi soir. D'autres matchs de boxe au nouveau stade* ***Lumphini Stadium*** *(hors plan détachable par E1), en dehors de la ville, mar et ven à 18h30 et sam à 16h et 20h15. Pour y aller, BTS jusqu'à la station Mo Chit, puis taxi collectif ou taxi. Taxis en sortant. Compter 1 000-1 500 Bts pour une place debout, 2 000 Bts pour une place assise, 3 000 Bts pour une place VIP (possibilité de photos avec boxeurs). Ces prix sont négociables au guichet.*

LA HOLLANDE, L'AUTRE PAYS DU *MUAY THAI*

La Thaïlande n'est plus la seule à fournir des champions de muay thai. L'art martial local compte désormais des combattants de haut niveau dans le monde entier. Et une nation brille plus que les autres : les Pays-Bas. C'est d'ailleurs un Hollandais, Peter Smit, qui fut le 1er étranger, en 1990, à mettre K.O. un boxeur thaï devant son public au légendaire Lumphini Stadium. Il décrocha alors le titre de champion du monde.

Le *muay thai*, c'est le grand spectacle de Thaïlande, où presque tous les coups sont permis, sauf les morsures. Une soirée dure environ 4h, avec alternance de jeunes et d'adultes. Le combat commence par une bizarre danse rituelle au ralenti, destinée à montrer son savoir-faire et à s'attirer les faveurs des esprits. Un orchestre accompagne les boxeurs et joue pendant tout le combat, augmentant d'intensité avec les coups. Les spectateurs parient de grosses sommes, selon un système incompréhensible : ambiance délirante. Tous les coups portés (surtout les coups de genou) sont accompagnés d'un « di ! » du public, qui en gros veut dire « bats-toi ! ». Lire également la rubrique « Sports et loisirs. La boxe thaïlandaise – muay thai – dans « Hommes, culture, environnement ».

QUITTER BANGKOK

En avion

✈ Pour les infos concernant les ***aéroports,*** voir la rubrique « Arrivée à l'aéroport » plus haut.

– ***Important :*** la plupart des vols *low-cost* (compagnies *Thai AirAsia, Nok Air* et *Thai Lion Air*) partent de l'aéroport de Don Muang. Pour les vols intérieurs, seules les compagnies *THAI Airways, THAI Smile* et *Bangkok Airways* décollent de l'aéroport Suvarnabhumi. ***Vérifiez bien, sur votre réservation, le nom de votre aéroport de départ.***

➢ Nombreux vols intérieurs chaque jour pour ***Chiang Mai, Chiang Rai, Phuket, Ko Samui, Krabi, Surat Thani, Trang, Hat Yai, Trat.***

➢ Aucun problème pour visiter le reste de l'Asie en avion au départ de Bangkok. Bien se renseigner sur les visas avant votre départ, si vous ne l'avez pas demandé dans votre pays d'origine. Sachez aussi que la majorité des pays d'Asie du Sud-Est exigent que votre passeport soit valable plus de 6 mois après l'expiration de votre visa d'entrée dans le pays ou la date de retour.

Pour aller à l'aéroport

Mêmes solutions, en sens inverse, que pour en venir. Lire plus haut la rubrique « Arrivée à l'aéroport ».

En train

On peut désormais réserver son billet de train en ligne sur • *thairailways.com/booking-ticket.html* • ou par téléphone en composant le ☎ *1690* (depuis la Thaïlande) ou en téléphonant à la gare de Hua Lamphong *(☎ 02-223-37-62 ou 02-224-77-88).*

Gare de Hua Lamphong – สถานีรถไฟหัวลำโพง *(plan détachable, C4) : rens au ☎ 1690. • thairailways.com •* C'est de cette gare que partent tous les trains, sauf ceux pour Kanchanaburi (rivière Kwai), à l'ouest du pays. Pour les destinations populaires, réservez le plus tôt possible votre trajet (surtout en haute saison !). Les billets peuvent être achetés jusqu'à 2 mois à l'avance. Consigne à bagages à gauche de l'entrée de la gare *(tlj 4h-23h ; 20-80 Bts selon poids).* Également des bureaux de change, distributeurs de billets et un *food court.*

La ligne pour le Nord se sépare en 2 à Ban Pachi Junction, juste après Ayutthaya. Une voie *(Northern Line)* continue vers Chiang Mai, son terminus. L'autre *(Northeastern Line)* part vers le nord-est jusqu'à Ubon Ratchathani.

➢ ***Pour Chiang Mai :*** 2 trains de jour (1 le mat, 1 en début d'ap-m) et 3 de nuit. Le plus prisé est le *Special Express n° 9* qui part à 18h10 (arrivée à Chiang Mai le lendemain à 7h15). En train-couchettes 2e classe climatisée, comptez environ 1 000 Bts. Pensez à réserver vos couchettes bien à l'avance, car c'est souvent complet. Celles du haut, un peu plus étroites, sont un peu moins chères que celles du bas. Un service de restauration à la place est assuré en 1re et 2e classes. Également un wagon-bar pour les couche-tard.

➢ ***Pour Ayutthaya et Lopburi :*** tous les trains qui partent pour le Nord s'y arrêtent, soit une bonne trentaine/j. Une dizaine d'entre eux continuent jusqu'à ***Phitsanulok.***

➢ ***Vers le Nord-Est :*** 4 trains/j. (dont 3 de nuit) pour *Khon Kaen, Udon Thani* et *Nong Khai* (pour le Laos), 7 (le mat et en soirée) pour *Surin* et *Ubon Ratchathani.*

➢ ***Vers le Sud :*** env 10 départs/j. pour *Hua Hin, Chumphon* et *Surat Thani* ; 5 pour *Hat Yai* et 2 pour *Sungai Kolok* (à la frontière de la Malaisie), très longs (environ 22h). Attention, la veille des pleines lunes, les trains (de nuit) sont pris d'assaut pour les *Full Moon parties* sur les plages du Sud ; pensez à réserver, surtout si vous souhaitez une couchette.

➢ ***Pour le Laos :*** prendre le train de 20h pour *Nong Khai* et, une fois arrivé (à 6h45), la navette ferroviaire de 7h30 pour *Thanaleng* (au Laos) ; là, prendre encore un minibus pour les 13 km restants jusqu'au centre de Ventiane.

➢ ***Vers la Malaisie*** *(et en poussant un peu, jusqu'à Singapour)* **:** pas très pratique. Un train part de Bangkok à 15h10 pour Padang Besar, ville qui marque la frontière entre la Thaïlande et la Malaisie. De là, correspondance pour Butterworth (Penang) ou Kuala Lumpur. De Kuala Lumpur, trains quotidiens pour ***Singapour*** avec changement à Gemas.

Gare de Thonburi – สถานีรถไฟธนบุรี *(zoom détachable, A2) : pour y aller, prendre le bateau et descendre à Tha Bangkok Noï. De là, env 15 mn de marche.* De cette gare partent 2 trains/j. (en principe à 7h50 et 13h55) pour ***Nam Tok*** (petites chutes d'eau ; 4h30 de trajet) en passant par ***Nakhon Pathom*** (1h10 de trajet) et ***Kanchanaburi*** (2h30 de trajet).

En bus gouvernemental

- ***Attention :*** n'acceptez pas de boisson ni de nourriture à bord durant le trajet. Chaque année, des lecteurs nous informent de sacs et objets volés pendant les longs trajets nocturnes en bus où le sommeil est lourd, lourd... Cela vaut aussi pour les bus privés.

- Tous les bus ont l'air conditionné, et certains des toilettes. Ils sont un peu moins chers que les compagnies privées.

Il existe 3 terminaux de bus gouvernementaux selon votre destination.

Northern Bus Terminal (appelé aussi Mochit 2) – สถานีขนส่งสายเหนือ *(hors plan détachable par E1) : à 1 km de la station de Skytrain Mo Chit. ☎ 02-936-28-42. Desservi par de nombreux bus urbains, et principalement par les bus nos 509 et 3 à partir de Democracy Monument ; sinon, Skytrain Mo Chit (à 1 km), puis bus n° 134 ou tuk-tuk, ou MRT station Chatuchak*

BANGKOK ET SES ENVIRONS

Park. Bureau d'info ouv tlj 5h-22h. ☎ 936-28-52 ou 66.

➢ ***Départs des bus vers le Nord** (niveau 1) :* repérez les guichets orange, ce sont ceux de la compagnie nationale. Liaison pour :

– *Sukhothai :* 5-6 bus/j., 17h-22h. Trajet : 6-7h. Celui de 22h va jusqu'à Old Sukhothai. Trajet : 7h.
– *Chiang Mai :* une vingtaine de bus/j., 5h40-23h. Trajet : 9h30-11h.
– *Kamphaeng Phet :* env 7 bus, 6h-22h. Trajet : 5h.
– *Phitsanulok :* une dizaine de bus, 7h-23h. Trajet : 4h30.
– *Uttaradit :* 5 bus/j., 6h10-23h30. Trajet : 7-8h.
– *Chiang Rai :* quelques bus entre 7h et 8h, 1 à 12h, plusieurs entre 17h et 21h30. Trajet : 11h.

➢ ***Départs des bus vers le Laos ou le Cambodge** (niveau 1, y compris guichets 30 et 31 situés à l'extérieur) :*

– *Luang Prabang (Laos) :* prendre un bus de nuit pour Chiang Mai, puis celui de 9h pour Luang Prabang.
– *Paksé (Laos, Mékong) :* 1 bus de nuit (21h). Trajet : 11h30.
– *Vientiane (Laos) :* 1 bus de nuit (20h). Trajet : 10h.
– *Phnom Penh (Cambodge) :* 1 bus le mat (8h30). Trajet : 11h30.
– *Siem Reap (Angkor) :* 2 bus le mat (8h et 9h). Trajet : 7h.

➢ ***Départs des bus vers le Nord-Est** (niveau 3) :*

– *Nong Khai :* env 8 bus/j., le matin ou en soirée, 7h-21h45. Trajet : 10h30.
– *Surin :* une vingtaine de bus/j., 6h30-23h. Trajet : 7h30.
– *Ubon Ratchathani :* env 10 bus/j., 8h15-21h30. Trajet : 10h30.
– ***N.B. :*** pour *Kanchanaburi,* service de minivans ttes les 15-20 mn, 4h-22h. Trajet : 3h. De nombreuses agences privées assurent aussi des départs en minivan pour *Rayong, Pattaya, Trat,* etc.

🚌 ***Southern Bus Terminal*** – สถานีขนส่งรถปรับอากาศสายใต้ *(hors plan détachable par A1) : Boromratchonnani Rd, à Thonburi (dans le prolongement de Phra Pin Klao Sai Taymai Rd, à 4 km). ☎ 02-435-11-99 ou 02-435-12-00 (infos). Desservi par le bus n° 19 de Khao San Rd et le n° 515 depuis Victory Monument.*

➢ ***Départs des bus pour le Sud :***

– *Phuket :* une dizaine de bus/j., 6h-20h20. Trajet : 13h-14h.
– *Hua Hin :* ttes les 30 mn en minivan, 5h-19h. Aussi, bus VIP ttes les 2h, 7h-19h30. Trajet : 3h
– *Prachuap Khiri Khan :* une dizaine de bus/j., 7h30-minuit. Trajet : 3h.
– *Surat Thani :* 5 bus/j., 7h-20h. Trajet : 10-12h.
– *Krabi :* 7 bus/j., 7h-20h40. Trajet : 11h.
– *Phang Nga :* 1 bus de nuit. Départ à 18h40 puis 19h05. Trajet : 11h30.
– *Hat Yai :* 5 bus/j., 7h-19h30. Trajet : 13h30-14h.
– *Damnoen Saduak (marché flottant) :* bus n°s 996 ou 78 ttes les 40 mn env. Compter bien 2h de trajet.
– Pour *Kanchanaburi,* on peut partir de Mo Chit (Northern Terminal).

🚌 ***Eastern Bus Terminal (Ekkamai)*** – สถานีขนส งสายตะวันออก *(hors plan détachable par G5) : Sukhumvit Rd, près du soi 42. ☎ 02-391-25-04 ou 02-391-80-97 (infos). Skytrain : Ekkamai.*

➢ ***Départs des bus (clim et non clim) vers l'Est :*** *Pattaya* (2-3h de trajet), *Rayong* (3h30), *Chanthaburi* (3h30), *Ban Phe* (Ko Samet ; ttes les heures 5h-19h ; 3h30), *Trat* (pour aller à Ko Chang ou Ko Kood ; env 5h). De nombreux départs pour ces destinations sont également assurés par minivan depuis le *Northern Terminal* (Mochit 2).

En bus privé

Plein d'agences sur Khao San Road, sur Sukhumvit Road et dans le quartier des grands hôtels revendent leurs billets. Bien sûr, les prix sont plus élevés que ceux des bus gouvernementaux, mais le service est impeccable : oreiller, boisson, nourriture... et pas mal de temps gagné ! Ces agences proposent aussi de vous conduire à ***Siem Reap,*** au Cambodge, tout près du site d'Angkor. Pour les longues distances, prendre les bus de nuit. Avant d'acheter un billet, consulter tout de même plusieurs agences. Et pensez à réserver à l'avance, notamment le week-end et les jours qui précèdent les *Full Moon.*

– ***Attention :*** pour Chiang Mai, certaines agences proposent, en plus du ticket de bus à prix écrasé, une nuit gratuite à l'arrivée dans l'hôtel avec lequel ils sont de connivence. C'est très gentil, mais sachez que c'est dans l'unique intention de vous pousser à vous inscrire à un trek organisé par l'agence de l'hôtel. En cas de refus, on a hâte que vous quittiez l'hôtel. Parfois même, si vous ne signez pas tout de suite, on vous jette dehors !

– Autre arnaque : nombre de bus privés partant de Khao San Road s'arrêtent à une dizaine de kilomètres de Chiang Mai, généralement sur un parking quelconque où siègent des hordes de rabatteurs prêts à vous sauter sur le poil. Et comme, de toute façon, vous n'aurez pas d'autre possibilité pour rejoindre le centre de Chiang Mai que de prendre un pick-up de rabattage, méfiance...

On signale aussi des accidents. Les chauffeurs roulent vite et sont astreints à des horaires serrés. Pour Chiang Mai ou d'autres longs trajets, nous, on préfère le train, même si c'est bien plus cher comparé aux prix d'appel que pratiquent les compagnies de bus. À vous de voir.

AU SUD-EST DE BANGKOK

• Carte Les environs de Bangkok *p. 148-149*

ANCIENT CITY ET LE MUSÉE ERAWAN – เมือง โบราณ ET พิพิธภัณฑช้างเอราวัณ

➢ ***Pour se rendre à Ancient City*** (à 30 km au sud-est de Bangkok, sur l'ancienne route de Pattaya) ***:*** en face du bureau *Mercedes* sur Democracy Monument, prendre le bus nº 511 jusqu'à Paknam (le terminus), puis un minibus qui s'arrête à Muang Boran (nom thaï d'Ancient City). En tout, compter environ 2h de trajet. Pour le retour, on fait pareil, après avoir longé l'autoroute à pied sur la droite puis emprunté la passerelle qui l'enjambe. Autres solutions : louer un taxi à plusieurs, ou suivre une excursion organisée par une agence.

Ancient City (Muang Boran) – เมืองโบราณ ***:*** *☎ 02-323-409-49. • ancientcitygroup.net • Accessible en 2h env de Democracy Monument par les bus nºs 511 puis 36. Bus nº 25 aussi, de Sukhumvit, puis Paknam. Ou Skytrain jusqu'à Bearing, puis navette gratuite à 10h, 11h et 13h, ou taxi (env 300 Bts). Tlj 9h-17h. Entrée : 700 Bts ; réduc ; ½ tarif à partir de 16h. Audioguide en anglais (peu intéressant). Compter 3 ou 4h de visite pour cette excursion souvent ignorée par les voyageurs. Prêt de vélos et loc de voiturettes électriques (150 Bts/h pour 2 pers).*

On adore ! Il s'agit d'une « folie » du concessionnaire Mercedes pour la Thaïlande. Milliardaire nostalgique et cultivé, celui-ci y a laissé la quasi-totalité de sa fortune. Sur plusieurs dizaines d'hectares, il a reconstitué 120 grands monuments (à taille réelle ou au tiers) de ce que l'on appelait le Siam. Le travail est superbe. Un site à visiter de préférence au début du voyage pour se donner une idée de l'architecture du pays.

Amusant : ne soyez pas surpris par la forme bizarre du plan du site. Il s'agit de la carte de la Thaïlande et tous les monuments ont été placés sur leur endroit d'origine.

Les sites sont très nombreux. Voici donc notre best-of :

– nº 10 : The Old Market town. À l'entrée du site. Reconstitution d'une rue marchande typiquement thaïe avec des échoppes en bois, étals de *street food,* marionnettes...

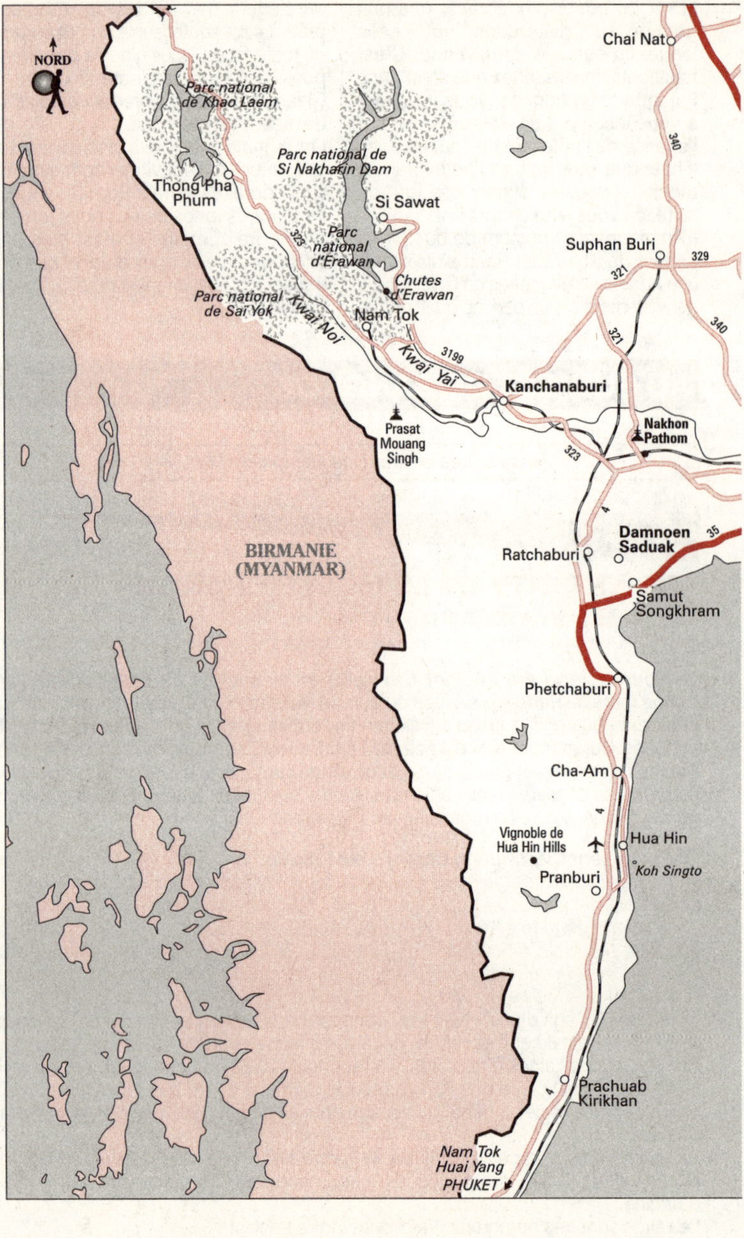
NORD
Parc national de Khao Laem
Parc national de Si Nakharin Dam
Thong Pha Phum
Si Sawat
Parc national d'Erawan
Chutes d'Erawan
Parc national de Saï Yok
Kwaï Noï
Nam Tok
Kwaï Yaï
3199
323
Kanchanaburi
Prasat Mouang Singh
Nakhon Pathom
Chai Nat
340
Suphan Buri
329
321
Damnoen Saduak
35
Ratchaburi
Samut Songkhram
4
BIRMANIE (MYANMAR)
Phetchaburi
Cha-Am
Vignoble de Hua Hin Hills
Hua Hin
Koh Singto
Pranburi
Prachuab Kirikhan
Nam Tok Huai Yang
PHUKET

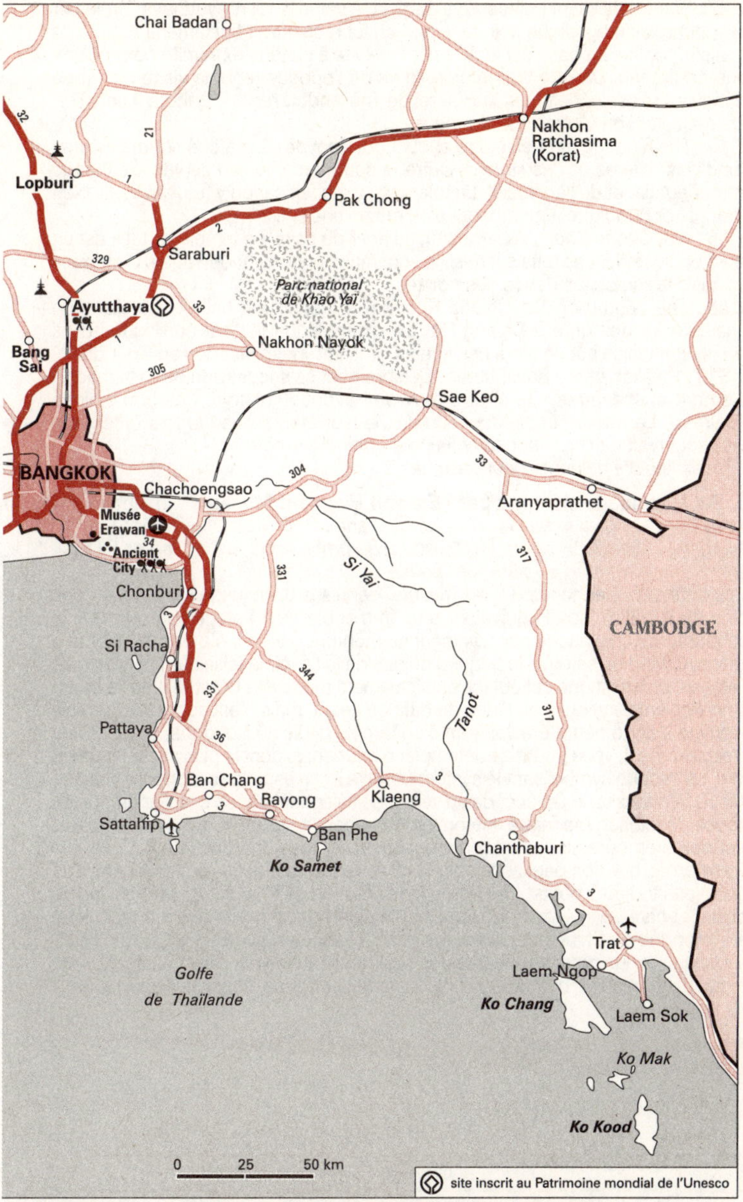

LES ENVIRONS DE BANGKOK

– nº 27 : Samphet Prasat palace. Bâti au XVIIIe s par le 8e roi d'Ayutthaya. Brûlé par les Birmans, ce magnifique hall de réception fut reconstruit fidèlement au tiers de sa taille d'origine. La base est légèrement relevée à chaque extrémité comme une proue de bateau. Dans le vrai temple, le roi de l'époque reçut la visite de l'abbé de Choisy, émissaire de Louis XIV. Le roi de Thaïlande y reçut Elizabeth II en 1972. Entre majestés, on s'invite couramment.
– nº 45 : The Floating market. Notre chouchou. Ce type de marché flottant existait le long des rivières et des *klongs*. Outre le commerce, le lieu servait d'échange communautaire et de lien social. La tolérance y régnait car on y trouvait aussi bien un temple bouddhique, une mosquée ou même une église.
– nº 55 : Wat Chong Kham. À Lampang, au nord du pays, ce temple en teck est un bijou d'ébénisterie. Les toits successifs sont magnifiquement ouvragés. Ce temple était aussi le lieu de résidence des bonzes.
– nº 58 : The Wiham of Wat Chiang Khong. Ce magnifique hall de réunion d'un monastère fut démonté à Chiang Rai. Le gigantesque toit est bordeaux (tuiles en bois) et n'utilise aucun clou. Les fidèles venaient y faire leur don au Bouddha.
– nº 110 : Pavilion of the Enlightened. Célèbre pour sa succession de toits magnifiquement enchevêtrés. Un chef-d'œuvre. Il évoque l'histoire des 500 moines « éclairés ». La naissance, l'éducation, la vie leur était à chaque fois différente. Mais chacun a pu trouver son chemin pour atteindre le nirvana.
I●I Possibilité d'y déjeuner pour pas cher.

Sur la route, ne manquez pas l'***Erawan Elephant Museum*** – พิพิธภัณฑ์ช้างเอราวัณ : *desservi par le bus nº 511 (voir ci-avant) ; BTS Greenline jusqu'à Champ Erawan (E17, sortie 2), sinon, BTS jusqu'à Samrong, puis taxi (compter 50 Bts).* ● *erawanmuseum.com* ● *Tlj 9h-18h. Entrée : 400 Bts ; réduc.*
Ce gigantesque éléphant à 3 têtes mesure, depuis la base jusqu'au sommet, pas moins de 43,60 m, soit l'équivalent d'un immeuble de 14 étages ! Et encore, le dieu Indra, qui chevauche normalement sa monture Erawan, n'a pas été ajouté à l'édifice. Quand on sait que le projet d'origine devait avoir la taille d'un bâtiment de 70 étages, on se dit que cet édifice est finalement modeste ! C'est M. Lek (le bâtisseur d'Ancient City) qui a eu l'idée de bâtir ce géant, mais c'est son fils qui l'a mis en œuvre. L'abdomen d'Erawan abrite un temple dédié au Bouddha. Dans ce lieu de recueillement, vous pourrez contempler 6 bouddhas, dont le plus ancien date du VIIIe s. La fresque symbolisant le système solaire, d'un esprit très moderne, est due à Jacob Schwarzkopf. On accède au ventre de l'éléphant par un escalier grandiose à double révolution meringué, intégralement recouvert d'une mosaïque de bols et de cuillères en céramique. Un remarquable travail de « marqueterie ». Enfin une pièce montée que l'on peut escalader ! Les soubassements de l'édifice abritent un musée (pas toujours ouvert) présentant la collection de M. Lek : sculptures, jades, mobilier et *benjarong* – de magnifiques pots couverts de porcelaine. La technique a été importée de Chine pour la cour royale à l'époque d'Ayutthaya. Dans le pavillon extérieur, vous pourrez observer les sculpteurs au travail. Chacun des 4 piliers principaux représente une religion : hindouisme, judaïsme, christianisme et islam.

KO SAMET – เกาะเสม็ด

● Carte *p. 153*

Voici une petite île tout en longueur (à peine 7 km dans son axe nord-sud et un peu plus de la moitié en largeur), qui attire avant tout ceux qui n'ont pas le temps d'explorer les îles plus au sud et qui souhaitent se mettre un peu à l'horizontale sur l'une de ses 14 plages. À 2-3h de Bangkok selon le trafic

(4h parfois, en comptant le bateau), elle accueille pour le week-end et les vacances des vagues de citadins en mal d'oxygène, de soleil et de flots bleus. Par endroits, l'impression de surpopulation, pour ne pas dire saturation, ne sera pas au goût de tous. Sans parler du problème écologique qui va avec. Cela dit, quelques belles surprises, comme ses plages de sable blanc, très fin, qui comptent parmi les plus jolies de l'est du golfe de Siam. Autre atout, on peut découvrir l'île facilement en 2-roues (si l'on est bon pilote) ou en taxis pick-up qui la sillonnent du matin au soir.

Arriver – Quitter

Les bateaux pour Ko Samet partent tous du port de ***Ban Phe.*** Plusieurs embarcadères occupent le front de mer (les minibus arrivent à celui du centre). Env 200 m plus loin, on trouve la gare routière. Arrivé sur l'île, on acquitte (en principe) la taxe de 200 Bts pour le parc national. Pour le retour, demandez conseil à votre hébergement sur Ko Samet.

➢ ***Bangkok :*** bus climatisé depuis l'*Eastern Bus Terminal* (Ekkamai ; voir « Quitter Bangkok ») en principe ttes les heures 5h-19h, mais fréquences irrégulières en fonction de la demande. Trajet : 2h30-3h30 selon le trafic, pour env 220 km, et env 200 Bts. Minibus depuis Khao San et d'autres quartiers touristiques (billets 50 % plus chers en agences que ceux du bus public). Depuis Ban Phe, plusieurs bus ou minibus tte la journée, aux horaires fluctuant selon la demande.

➢ ***Pattaya :*** dans les 2 sens, en moyenne 3 minibus directs/j. (env 10h-17h). Trajet : 2h et 400 Bts. Sinon, des *songthaew* transitent par la gare de Rayong.

➢ ***Ko Chang :*** combinaison scabreuse de taxi collectif, bus public (avec changement probable à Chantaburi) et re-*songthaew* de Trat au port de départ vers Ko Chang. Tout cela prend des plombes. Notre conseil : recourir aux minibus d'agences, qui font le trajet direct jusqu'au bateau pour Ko Chang. Départs de Ban Phe à 9h30 (en hte saison) et 11h30 (tte l'année). Trajet : 3h et env 350 Bts, incluant le bateau et le minibus vers le port de Laem Ngop.

Traversée depuis Ban Phe – บ้านเพ

Bureau d'information au ponton principal *(Pier Phe).* Procurez-vous le plan de Ko Samet pour repérer votre hôtel et choisir le meilleur trajet en bateau. La majorité des bateaux débarque à Na Dan. Pour les autres plages, liaisons bien moins fréquentes. La seule solution est alors de louer les services d'un *speed-boat* (mais les tarifs sont prohibitifs !).

➢ ***Bateaux de Ban Phe vers le terminal de Na Dan :*** ttes les heures env 8h-18h (7h-19h en sens inverse). Traversée : 30-40 mn selon bateau et 50 Bts. À Ban Phe, rien ne sert de courir d'un ponton à l'autre (il y en a plusieurs), autant suivre le mouvement général en sortant du bus. Si vous avez pris 1 billet bus-bateau, on vous conduira directement sur le bon quai de départ. Nos horaires ne sont qu'indicatifs. Ne pas acheter 1 billet A/R : même prix, et contrainte de revenir avec la même compagnie.

➢ ***Autres liaisons :*** vers les autres baies en hte saison, selon affluence. Par exemple :

- ***vers Ao Wong Duan*** *(à mi-hauteur de la côte est)* ***:*** 4 liaisons/j., généralement à 9h, 12h, 13h30 et 17h (retour à 10h et 14h) ; trajet : 45 mn-1h selon bateau et env 70 Bts ;
- ***vers Ao Wai*** *(sud de l'île)* ***:*** 1 seul bateau, mais pas tlj ; trajet : 100 Bts ;
- ***vers Ao Kiu*** *(tout au sud)* ***:*** uniquement des *speed-boats* (très cher) ;
- ***vers Ao Phrao*** *(côte ouest)* ***:*** en principe, 4 bateaux, à 8h 11h, 13h et 16h ; retour à 10h, 12h30, 15h et 17h. Ces bateaux privés sont affrétés par les hôtels occupant cette plage. Le transfert est compris dans le prix de la chambre.
- *Speed-boats :* ces bateaux-taxis coûtent une fortune. Seulement en cas d'imprévus, sinon, oubliez !

Où manger à Ban Phe ?

Ville sans charme, mais si vous êtes bloqué là dans l'attente d'un bateau ou d'un bus, voici une adresse en dépannage. Sinon, quelques gargotes sur la rue principale pour caler un p'tit creux.

Coconut Café : *sur la rue principale, à 150 m à droite du débarcadère. Ouv tte la journée.* Un petit café thaï débordant de plantes vertes, pratique pour avaler une soupe ou une pizza avant d'embarquer.

Adresses et infos utiles sur l'île

L'arrivée se fait à Na Dan. Aucun intérêt. De là, une petite route se dirige vers le sud. 1 km plus loin, on trouve sur encore 1 km environ une concentration de *guesthouses* (pas de raison de séjourner par-là), petits restos, bureaux de change, agences de voyages et salons de massage. Au bout, le ***bureau d'entrée du parc national*** où l'on s'acquitte du droit d'accès au « parc ». Même s'il n'en a pas officiellement le nom, nous appellerons ce secteur ***Samet Village.***

Bureau d'information du parc : *au croisement, à Samet Village, à 2 km du débarcadère.* Distribue une carte de l'île et délivre le droit d'entrée au parc national (200 Bts). La zone en question comprend tout le sud de l'île au-delà de Samet Village, mais il y a lieu de se demander à quoi servent cette délimitation et ce droit d'entrée, étant donné le développement anarchique de l'île et l'environnement plutôt malmené.

International Clinic : *tt de suite à la sortie du débarcadère, sur la gauche. 08-60-94-05-66 ou 644-414. Tlj 8h-20h, mais avec service d'urgences 24h/24.*

Health Center – ศูนย์สุขภาพอยู่ระหว่างหน้าด่านและทางเข้า ด้านตะวันออกของสวนสนุก **:** *à gauche sur la route entre le port et Samet Village, près du poste de police. ☎ 038-644-123. Tlj 8h30-21h (16h30 le w-e). En dehors de ces horaires et en cas d'urgence, mieux vaut vous renseigner directement à votre hôtel.*

Police Station : *à côté du* Health Center. *☎ 038-921-921 ou 038-644-111.*

Post Office : *plage d'Ao Hin Khok, géré par* Naga Bungalows *(carte,* **2***). Tlj 8h30-21h30. Boîtes postales au port et à la plage de Sai Kaeo, à l'entrée de Samet Village.*

@ *Internet :* *ts les hébergements disposent du wifi.*

Change : *plusieurs banques et ATM, notamment au niveau du débarcadère, et d'autres dans la rue principale. Change aussi sur les plages d'Ao Wong Duan et d'Ao Sang Thian.*

Laverie : *on en trouve dans ts les hameaux de l'île, ouv jusqu'à pas d'heure, et dans la plupart des guesthouses.*

Location de motos, quads, scooters et vélos : *les loueurs foisonnent sur ttes les plages. Pour 1 scooter, compter 400-500 Bts/j. avec assez d'essence pour 1 journée de balade ; env 200 Bts/j. pour 1 vélo.* Bien vérifier les pneus et les freins. Si vous n'êtes pas à l'aise en scooter, laissez tomber !

Circuler dans l'île

À l'exception d'Ao Phrao, toutes les plages se trouvent sur la côte est. Vu la petite taille de l'île, elle se parcourt facilement grâce aux pick-up qui la sillonnent toute la journée. Même si elle n'est pas bien grande, il est difficile de découvrir l'île à pied (et même à vélo !), car ça monte et ça descend en permanence et la chaleur est vite accablante.

Vous ne verrez aucun véhicule privé, il faut emprunter les taxis-pick-up qui vous conduiront d'un point à l'autre. Les tarifs vont de 200 à 600 Bts par pick-up (capacité de 10 personnes), selon la destination. Mieux vaut donc ne pas être seul ! Possibilité de louer des scooters (voir « Adresses et infos utiles sur l'île »). À l'exception d'une

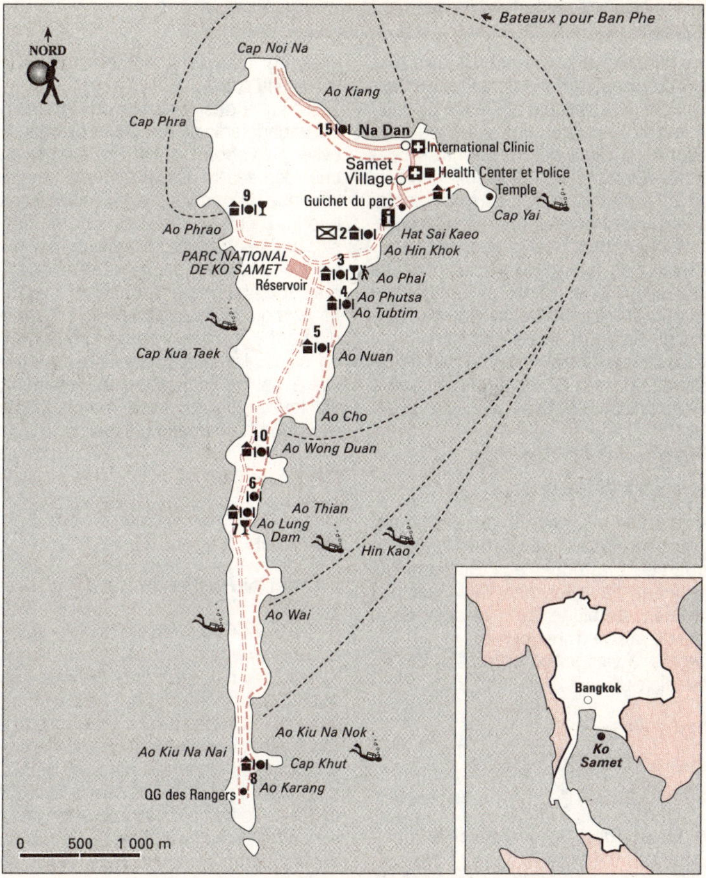

KO SAMET

Où dormir ? Où manger ?

Où sortir ?

1 Laem Yai Hut Resort
2 Tok's Little Hut
3 Bamboo Restaurant, Silver Sand Resort et Samed Villa Resort
4 Tubtim Resort
5 Nuan Kitchen
6 Feel Good Restaurant
7 Apache, Candle Light Resort et Jelly Fish
8 Nimmanoradee Boutique Resort and Restaurant
9 Lima Coco, Buzz, Ao Prao et Le Vimarn
10 The C Samet Beach Resort et Vimarn Samed
15 Baan Ploy Samed Restaurant

portion de piste tout au nord de l'île, la route principale est asphaltée, mais il faut faire gaffe au sable dans les virages. En revanche, les petites perpendiculaires qui partent de cette route sont des chemins souvent ravinés et en sale état, rendant l'accès aux plages assez scabreux. Attention, les accidents sont fréquents !

Où dormir ? Où manger ? Où sortir ?

Les bungalows pour routards sont plus nombreux au centre-est de l'île. En descendant vers le sud, l'affluence diminue et les prix augmentent. Ao Phrao est réservée à ceux qui sont à l'aise côté porte-monnaie. Bon à savoir : les prix varient parfois du simple au double entre la semaine et le week-end. Plus l'établissement est cher, plus son prix fluctue. Prévoir une lampe de poche pour les sorties nocturnes. Ceux qui recherchent un peu d'animation éviteront de loger trop au sud, au-delà de Ao Thian.
Nous démarrons la visite en partant de Samet North, à droite du débarcadère en venant de Ban Phe.

Plages d'Ao Noi Na et d'Ao Kiang

Ambiance villageoise de pêcheurs, avec quelques concentrations de logements affectés aux Birmans qui viennent travailler sur l'île. Mais pas vraiment de plage dans ce coin, donc peu de raison d'y séjourner.
Depuis le village, comptez 150 Bts en taxi pick-up.

Plus chic (de 400 à 800 Bts / 11,40 à 23 €)

🍽 ***Baan Ploy Samed Restaurant*** – ร้านอาหารบ้านพลอยซี *(carte,* ***15****) : en bordure de la plage d'Ao Kiang. ☎ 038-644-355 ou (0)61-413-84-57. 11h-22h. Plats env 400 Bts.* Grande et haute paillote ouverte sur la mer. Avant de s'installer sur des coussins au ras du sol bordant les tables en verre posées au-dessus d'un vide découpé dans le sol, on va jeter un coup d'œil aux poissons et crustacés qui barbotent dans des cuves. Ils n'attendent que votre verdict avant de passer à la casserole. Carte variée, et cuisine très honorable. Service attentif.

Plage de Hat Sai Kaeo – ชาดหาดของหาดทรายแก้ว

La 1re plage en venant du port, après avoir traversé Samet Village. Au carrefour, prendre l'allée pavée et couverte juste en face de la petite route ; elle mène à la plage.
C'est l'une des favorites des groupes de vacanciers, et donc plutôt celle à éviter. Ses abords ont été aménagés en une promenade desservant une rangée continue de pensions et de restos sans intérêt. La plage, souvent saturée (jet-ski, bouées banane, parachute ascensionnel, etc.), est souvent assez sale... mais le sable reste cependant magnifique, d'où son nom signifiant « plage de diamant » en raison de sa forte teneur en silice. La qualité de l'eau souffre elle aussi de l'affluence, évidemment. Quelques gargotes sur la rue principale du village, et animation nocturne.

Prix moyens (de 1 000 à 2 500 Bts / 28,60 à 71,40 €)

🏠 ***Laem Yai Hut Resort*** *(carte,* ***1****) : à l'extrémité est de la plage. ☎ 038-644-282. 📱 08-75-97-02-18. Accès par la plage ou en traversant le* Sae Kaew Beach Resort *(très chic) ; prendre à gauche au niveau du guichet du parc puis à droite au temple.* Un peu à l'écart des *resorts* à touche-touche, une vingtaine de bungalows colorés dispersés sous les arbres, avec salle d'eau, clim, et même TV pour certains. Confort très variable, selon qu'ils sont rénovés ou plus anciens. Et puis un auvent, pour siroter une bière, avaler un morceau. Resto de plage.

Plage d'Ao Hin Khok – หาดอ่าวหินคก

La petite sœur de la précédente, séparée par une saillie rocheuse surmontée d'une statue d'un prince et d'une sirène bien kitsch. Plage relativement longue, ourlée de sable blanc et facilement accessible en pick-up depuis le port, mais dont la beauté naturelle a peine à s'exprimer compte tenu du laisser-aller général. Les hébergements, plutôt meilleur marché qu'ailleurs, s'étagent tous de l'autre côté de la piste assez passante, sur le relief côtier. Ceux qui souhaitent s'éloigner de l'animation nocturne choisiront plutôt un bungalow un peu sur les hauteurs, mais se priveront, la plupart du temps, de la vue sur la mer...

Prix moyens (de 1 000 à 2 500 Bts / 28,60 à 71,40 €)

Tok's Little Hut – ต๊อก ลิตเติล ฮัท *(carte, 2) : en bord de plage, le 1er groupe de bungalows en venant du nord. ☎ 038-644-073.* Une cinquantaine de bungalows (avec clim et TV) accrochés à flanc de colline, sans fantaisie mais propres, contrairement au « jardin » qui mériterait un meilleur traitement. Les plus calmes sont ceux qui sont les plus éloignés de la petite route (assez passante), mais pas de vue. Resto de plage correct, entre la rue et la mer.

Plage d'Ao Phai – หาดอ่า วไผ่

Une autre petite plage très populaire, devant un minivillage touristique très fréquenté.

Prix moyens (de 200 à 400 Bts / 5,70 à 11,40 €)

Bamboo Restaurant – ครัวแบมบู *(carte, 3) : sur la plage, entre le resto du Sea Breeze et le complexe du Silver Sand. 09-07-67-38-55.* Une petite paillote-cuisine surveillant une file de tables et chaises en bambou aux pieds enfoncés dans le sable. Plats meilleur marché qu'ailleurs, qu'on se contente de riz sauté ou de fruits de mer et poissons. Le soir, à partir de 18h, c'est barbecue. Service sympa, prodigué depuis des lustres par la même famille.

Juste à côté, le **Noodle Soup** prépare, comme son nom l'indique, d'excellentes soupes pour 3 fois rien.

De prix moyens à plus chic (de 1 000 à 5 000 Bts / 28,60 à 143 €)

Silver Sand Resort – ซิลเวอร์แซนด์ *(carte, 3) : en plein milieu de la plage. ☎ 038-644-300 ou 301. • silversandsamed.com •* Lieu un peu patchwork ne convenant pas si l'on recherche l'isolement. Bungalows assez joliment décorés et bien équipés (belles salles de bains, TV et coffre), mais tout de même un peu entassés et sans vue sur la mer. Certains donnent sur un bras d'eau un tantinet fétide (moustiques). Grand resto en terrasse, supermarché et ATM juste à côté. Sur la plage, transats disposés comme à la parade, ce que semble apprécier une importante clientèle russe. Héberge aussi le seul bar-disco de l'île digne de ce nom... Autant dire que le lieu n'est pas des plus calme, notamment lors des *Full Moon parties* endiablées. *Fire show* vers 22h.

Samed Villa Resort – เสม็ดวิลล่า *(carte, 3) : sur les rochers de l'extrémité sud de la baie ; accès par la plage (dépasser le Silver Sand). ☎ 038-644-094. 08-17-61-55-78. • samedvilla.com • Tarifs variables selon saison, petit déj inclus.* Au calme, bien en retrait de la piste. De vastes chambres, dans des villas en dur ; les plus agréables sur le promontoire. Toutes avec clim et ventilo, frigo et coffre. Efficacement équipées, décorées et entretenues, elles peuplent une belle végétation. La plupart des terrasses donnent vers la mer. Cuisine copieuse, un poil plus chère que chez les voisins.

Plages d'Ao Pudsa (ou Phutsa) et d'Ao Tubtim – ชายหาดอ่าวพุทราและอ่า วทับทิม

Longer la mer depuis Ao Phai, franchir le passage rocailleux (Ao Phutsa), et voici Ao Tubtim. Un parfait croissant de sable doré souligné d'une flore généreuse, qui forme un joli cadre à quelques bouquets de bungalows. En taxi, compter 200 Bts depuis le débarcadère.

De prix moyens à plus chic (de 1 000 à 5 000 Bts / 28,60 à 143 €)

Tubtim Resort – ทับทิมรีสอร์ท *(carte, 4) : à l'extrémité sud de la plage. ☎ 038-644-025 ou 026. • samedtubtim.com •* Bien à l'ombre, dans un jardin luxuriant, une centaine de bungalows élégants en bois ou en maçonnerie, dont une trentaine climatisés. Les 1ers prix proposent ventilo (sans petit déj) et sont très corrects, et ceux avec clim disposent de tout le confort (petit déj compris). Ensemble bien tenu et équipement sans défaut. Choisir de préférence les bungalows situés sur la colline au bout de la plage (sur la droite quand on regarde la mer), plus tranquilles. Agréable resto de plage également, avec tables plantées dans le sable.

Plage d'Ao Nuan – อ่าวนวล

Suivre le chemin côtier et ouvrir l'œil afin de découvrir, lovée dans une adorable crique bordée de rochers, cette minuscule plage croquignolette et charmante, qu'il serait dommage de manquer ! Un îlot de sérénité, notre outsider dans le tiercé gagnant.

De bon marché à plus chic (de 1 000 à 5 000 Bts / 28,60 à 143 €)

Nuan Kitchen – นวลคิทเช่น *(carte, 5)* : *l'unique hôtel de la plage ; accès malaisé par la route.* ☎ *038-644-334.* Une poignée de petits bungalows en bois et toit de paille, avec terrasse et moustiquaire, discrètement posés sur les escarpements rocheux plantés d'une végétation exubérante. Certains sont très simples, avec ventilo et salle de bains à partager, d'autres tout aussi rudimentaires mais avec salle de bains privée. Enfin, les climatisés, chers pour le confort proposé... mais on paie ici la rareté de l'isolement, un vrai luxe à Ko Samet ! Excellente cuisine à prix doux, à déguster sous les arbres, quasi les pieds dans l'eau. Ambiance bien cool, accueil extra. En résumé, simple mais très bien tenu, calme (pas de TV !) et assez magique. Notre adresse préférée sur l'île.

Plages d'Ao Cho et d'Ao Wong Duan – ชยโฆมโฮ้ย วช้อนฉลธฆมโฮ้ย วฺวงฌโฮ้ฯชายหาดของอ่าวโชวและอ่าววงเดือน

Ao Cho, assez étendue, manque cruellement de charme : bien trop fréquentée (cohue assurée le week-end), et les coraux y ont été détruits par la pêche à la dynamite (le réchauffement climatique a bon dos !). Ao Wong Duan, largement ombragée mais coupée en 2 par un embarcadère, accueille un complexe touristique complet : laverie, distributeur de billets, supérette et restos. Elle conviendra donc à ceux que ni l'animation, ni les jet-skis, ni les *speed-boats,* ni la litanie des transats alignés comme à la parade n'effraient. Bref, pas notre tasse de thé. On peut rejoindre la plage d'Ao Thian et le cap de Lung Dam par un petit chemin, en 5 mn de marche. Compter 300 Bts en taxi pick-up depuis le village.

De plus chic à très chic (à partir de 2 500 Bts / 71,40 €)

Vimarn Samed – วิมานเสม็ดรีสอร์ท *(carte, 10)* : *sur les rochers au nord de la plage.* ☎ *08-633-040-02.* • *vimarnsamed@yahoo.com* • *Doubles 2 200-3 000 Bts selon confort, petit déj inclus.* Posés sur les rochers, à l'écart de la trop forte animation, les bungalows sont astucieusement disséminés, offrant tous une vue extra sur la baie. Sur une structure en dur, ils sont joliment habillés à la thaïe, rehaussés de toits traditionnels. Tous disposent de la clim. Ici et là, des petits pontons avec transats juste au-dessus de l'eau et un chouette petit resto en terrasse, avec coussins colorés. Ensemble très agréable.

The C Samet Beach Resort – เดอะซี เสม็ด บีช รีสอร์ท *(carte, 10)* : *à l'extrémité sud de la plage de Wong Duan.* ☎ *038-644-260.* 📱 *08-18-63-98-68.* • *rsvn@thecsamet.com* • *thecsamet.com* • *Doubles 4 400-7 000 Bts, petit déj inclus.* Une cinquantaine de maisonnettes en bois blanc qui essaiment à flanc de colline et à l'abri de la végétation, jusqu'à atteindre un promontoire isolé offrant un agréable panorama sur la côte. Et la plage est à 2 enjambées. Confort et déco fluctuent en fonction des rénovations progressives, allant des chambres assez basiques aux plus mignonnes, colorées et plus douillettes. Resto agréable, au bord de l'eau, installé sous les arbres, avec tables basses et petits lampions.

Plage d'Ao Thian et cap de Lung Dam – อ่าวเทียนและแหลมลุงดำ

Suivent Ao Thian (au nord), appelée aussi *Candelight Beach,* une petite plage cernée de rochers et fermée par une colline à l'arrière où s'étagent les hébergements (dommage que le chemin d'accès soit si sale). Puis le cap de Lung Dam (au sud) qui dessine une petite portion de côte assez agréable, à l'ambiance gentiment baba, malgré un front de mer bordé d'une ligne ininterrompue de bungalows. Plusieurs affleurements rocheux isolent des miniplages. De là, la côte ouest est à peine à 200 m en traversant la péninsule. Le taxi pick-up s'affrète ici à 350 Bts pour aller au village principal.

Prix moyens (de 200 à 400 Bts / 5,70 à 11,40 €)

Feel Good restaurant *(carte, 6) : Ao Thian, à côté du Sang Thian Beach Resort. Tlj 7h-21h.* Un petit resto familial et bon marché installé sur plusieurs terrasses couvertes en surplomb de la mer. Des simples riz sautés aux poissons grillés et fruits de mer en passant par les soupes et les currys, il y en a pour tous les goûts. Excellent *fried shrimp thaï style* et goûteux *green curry with vegetables.* Simple et bon.

Prix moyens (de 1 000 à 2 500 Bts / 28,60 à 71,40 €)

Apache – อาปาเช่ *(carte, 7) : à l'extrémité sud, avt la pointe. 08-14-52-94-72 ou 08-12-08-23-20. Doubles 1 000-2 200 Bts.* Côté hébergement, des bungalows en bois brut avec ventilo ou clim, minisalle d'eau et terrasse devant la plage. Dans tous les cas, confort assez spartiate. Côté plage, le vieux ponton de bois plein de charme, rafistolé à grands coups de planches cloutées, s'observe des petites alcôves flanquées de tables basses, où l'on s'installe en tailleur pour déguster des plats vraiment pas dispendieux. Atmosphère relax, parfaite pour les apaches du coin en quête de robinsonnade. Accueil adorable.

Candle Light Resort – แคนเดิล ไลท์ บีช รีสอร์ท *(carte, 7) : au centre de la plage d'Ao Thian. 09-89-79-79-10. Fermé juin-oct. Doubles 1 200-2 500 Bts. Pas de petit déj.* Petits bungalows en bois peints en blanc, alignés face à la mer. Si certains sont vieillissants, ceux qui ont été rénovés, bien que très simples, sont impeccables et d'un excellent rapport qualité-prix sur cette plage. Pour tous, clim, eau chaude, frigo et petite terrasse. Accueil attentionné.

Jelly Fish – ที่พักและร้านอาหารแมงกะพรุนไฟ *(carte, 7) : à Lung Dam. ☎ 038-644-331. 08-16-52-80-56. Doubles 800-2 300 Bts. Petit déj inclus.* Des petits bungalows en dur, avec ou sans clim, répartis à flanc de collinette ou quasi les pieds dans l'eau, face à une bande de rochers. Pas le grand luxe, confort modeste, mais tous disposent d'une terrasse, et la bonne tenue de l'ensemble en fait une étape simple mais agréable.

Plage d'Ao Wai – ชายหาดของอ่าวไหว้

Loin de la foule, sur une crique isolée entre 2 promontoires, jolie plage de sable bordée de « palétutu », palétuviers roses... Accès par un sentier tracé dans la jungle. Parfait pour la bronzette, le kayak et le *snorkelling,* à tenter dans les rochers qui ferment cette microbaie. Coucher de soleil garanti sur la côte ouest par un petit sentier qui coupe la piste centrale. Pick-up de/vers Bab Phe : 300 Bts.

Plage d'Ao Kiu Na Nok

À 1 petit km plus au sud, cette plage est vraiment superbe : sable blanc ultrafin et courbure langoureuse. Ko Samet étant ici aussi mince qu'un trait de calligraphie, le soleil se couche à 200 m de là, de l'autre côté de la piste. Ces mensurations n'ont pas échappé au plus gros opérateur de l'île, *Samed Resorts,* qui y a bâti le ***Paradee,*** un 5-étoiles naturellement paradisiaque à des prix... infernaux ! Un agent de sécurité se charge d'éconduire les baigneurs fauchés. Le taxi vous coûtera 400 Bts. On peut aussi la rejoindre en bateau.

Plage d'Ao Karang

Les dernières criques de sable avant la pointe sud. La baignade n'est pas des plus aisée (peu de fond et galets), mais on y fait quelques rencontres agréables avec masque et tuba. Le tarif du pick-up monte à 650 Bts.

Plus chic (de 2 500 à 5 000 Bts / 71,40 à 143 €)

Nimmanoradee Boutique Resort and Restaurant – ร้านอาหารนิมมานน์นรดี *(carte, **8**) : sur Ao Karang, devant la plage. ☎ 038-644-273 ou 274. 08-14-37-85-65. • nimmanoradee.com •* De quoi se requinquer avant ou après le chemin côtier. Assez isolé, voici un groupe d'une trentaine de bungalows hexagonaux et colorés, avec terrasse, situés dans un beau jardin. Chambres spacieuses et plaisantes, toutes avec clim, DVD, frigo... Au resto, les tables ont les pieds dans le sable, à l'abri d'arbres bienfaiteurs, face aux îlots. Pour digérer, quelques balançoires. Nourriture thaïe classique, moins savoureuse que la beauté du site, dommage. Location de kayaks, équipement de *snorkelling,* massages...

Plage d'Ao Phrao – หาดอ่าวพร้าว

Baie parfaite lovée dans le plus bel écrin de verdure de l'île, la seule vraie plage de la côte ouest est célèbre pour LE coucher de soleil de Ko Samet. Elle est aussi beaucoup plus propre qu'ailleurs, et les transats moins nombreux. Seule nuisance, les *speed-boats* qui font hurler leurs moteurs à marée basse pour se désensabler. À 1,5 km d'Ao Phai, on s'y rend facilement par la piste en longeant le réservoir d'eau destiné à l'alimentation de l'île.

Ao Phrao, autrefois chic mais décontractée, a été livrée tout entière aux *resorts* de luxe. Morale de l'histoire, il est plus malin (et gratuit) de s'y rendre pour une partie de farniente-baignade que d'y résider. Un pick-up taxi prend 250 Bts pour vous y conduire.

Locations de scooters juste à la sortie de la plage (à gauche quand on regarde la mer, dans la montée). Un peu plus cher qu'ailleurs.

Plus chic

Lima Coco – ลิมา โคโค *(carte, **9**) : ☎ (02) 212-911-40 ou 42 (à Bangkok). Sur place : 08-95-45-47-33 ou 038-644-068. • limaresort.co.th • Doubles 3 400-7 300 Bts, petit déj inclus.* Le plus abordable des 3 *resorts* de cette plage. Bungalows ou chambres s'étagent sur la colline, séparés par des bandes gazonnées. Cher bien sûr (on paie le cadre !), mais excellent confort et humblement intégré au site. Grandes baies vitrées, dont certaines donnent sur la mer. Petite piscine à débordement pour barboter. Transfert (compris) en bateau spécial depuis Ban Phe (embarcadère de Chokrisada). Resto très abordable proposant une bonne cuisine thaïe, et internationale pour les estomacs susceptibles.

Buzz *(carte, **9**) : attenant au Lima Coco. ☎ 038-644-104. Tlj 8h-22h. Menu thaï 1 900 Bts pour 2, verre de vin compris.* Lieu ultramoderne, reposant et plaisant, offrant une belle terrasse et quelques transats les pieds dans le sable. Un peu cher bien sûr, mais on peut se contenter d'y boire un verre ou opter pour les snacks à prix encore doux.

Spécial coup de folie (à partir de 250 €)

Ao Prao – อ่าวพร้าวรีสอร์ท *(4 étoiles) et* ***Le Vimarn*** – วิมานรีสอร์ท *(5 étoiles ;*

plan, 9) : ts les 2 gérés par Samed Resorts. • samedresorts.com • Rien en dessous de 10 000 Bts... Parfois, des promos importantes sur Internet les rendent presque accessibles.

À faire

Pas grand-chose, et c'est tant mieux !

➢ ***Rando le long de la côte :*** jusqu'à 6 km de promenade, sans risque de se perdre, sur le sentier côtier plutôt mignon, bien que moyennement propre, d'Ao Phai jusqu'à Ao Karang. Quelques minigrimpettes à pinces dans les rochers à crabes après le cap de Lung Dam, mais aucune difficulté. Pour rejoindre le cap sud formé de rochers pelés, il faut passer par le QG des rangers. Emporter une torche, toujours utile si l'on s'est attardé (pas d'éclairage entre les plages), mais mieux vaut se débrouiller pour rentrer avant la nuit. On peut entrecouper la balade de pauses baignade et buvette. Pour remonter en taxi (qu'il faut faire descendre du nord), compter 600 Bts.

– ***Location de kitesurf, canoë, ski nautique, jet-ski :*** sur les plages les plus populaires, de Hat Sai Kaew à Ao Phai, ainsi qu'à Ao Wong Duan.

– ***Plongée sous-marine :*** intérêt limité, sauf à Laem Yai, sur le spot de Hin Kao, où l'on peut observer des requins, et au large du cap Khut (tortues), tout au sud.

– ***Sorties en mer :*** organisées par la plupart des hôtels, ou repérer les panneaux des agences sur la plage, il y en a partout. Tour de l'île, *snorkelling,* pêche aux calamars de nuit, excursions vers les îlots environnants (Ko Thala, Ko Kudee, Ko Plateen, Ko Kham ou Ko Man Nai, qui abrite une réserve de protection des tortues de mer).

– ***Assister à un match de muay thai :*** *soirées combats (plusieurs dizaines à la suite, chacun compte 5 rounds) organisées régulièrement à Ao Hin Khok. Entrée : 600-1 000 Bts.* En plein air, posé sur de la terre battue derrière des bâches tendues, un ring où s'affrontent gamins, ados, adultes (dans l'ordre). Autour, l'orchestre traditionnel, et le public en partie debout qui parie, qui rit, qui crie, qui scande les coups. Intense.

LA PROVINCE DE TRAT

Située le plus à l'est du pays (320 km de Bangkok) et bordant le Cambodge, la province de Trat, c'est quasi la Thaïlande d'il y a 40 ans !
Sur la côte vers le Cambodge, longues plages désertes, très peu de béton, pittoresques gros villages de pêcheurs comme *Klong Yai,* magnifique plage de *Ban Chuen,* quelques *resorts* horizontaux bien dissimulés dans les cocotiers et une nature de rêve, intacte, propice à de magnifiques balades... Seule l'île de *Ko Chang* connaît un fort développement touristique. Dans les terres intérieures, on extrait les plus beaux rubis et saphirs du pays (commercialisés dans la ville de Trat). Le rubis est d'ailleurs royalement fêté fin mai, début juin, en même temps que le *rakam* (une sorte de datte délicieuse, douce et légèrement acidulée). À noter, un épisode peu connu de l'histoire locale où la France est totalement impliquée et qui donne lieu à de grandes festivités : dans la dernière semaine de mars, *fête de l'Indépendance de Trat* commémorant la fin de l'occupation française et la libération de la ville en 1906 (tiens, tiens, on aurait voulu grappiller un peu de territoire au Siam et l'annexer au Cambodge ?)... De même, commémoration de la *bataille de Ko Chang* du 17 au 23 janvier où les forces thaïes remportèrent une victoire navale contre

la flotte française vichyste en 1941 (bien fait !)... Enfin, moins guerrière, la *fête des Fruits de Trat* qui se déroule fin mai-début juin. Haute en couleurs et en senteurs, vous vous en doutez !
Vers le Cambodge, superbe route (la 318). Au niveau de *Klong Yai,* elle sinue sur une bande étroite de 500 m à peine entre mer et montagne. Dans le même coin, une route pittoresque mène à *Bo Raï* où se tient un célèbre marché aux pierres précieuses. Aux environs de Bo Raï, on peut admirer la belle cascade de *Namtok Klong Kaeo* qui tombe sur 7 niveaux... et tant d'autres choses !

KO CHANG – เกาะช้าง

• Carte *p. 163*

Ko Chang, avec ses 217 km², est la 2e île de Thaïlande après Phuket, et donne son nom au parc national maritime qui englobe un archipel d'une cinquantaine d'îles. L'île est surnommée *chang* à cause de sa forme rappelant celle d'un éléphant (ah bon ?). Elle est bordée de mangroves et aux ¾ couverte d'une des plus denses forêts pluviales du pays, toujours peuplée de singes, d'oiseaux colorés et de reptiles. Culminant à 745 m avec le sommet du Khao Jom Prasat, ses montagnes dominent majestueusement le golfe du Siam.
Ça, c'est pour la carte postale. Les autorités en ont fait une zone « parc national » avec de nombreuses activités destructrices pour l'environnement. Quelques hôtels de la côte ouest sont ici plutôt moches et déplacés. Le trafic aérien vers l'île, via le tout proche aéroport de Trat, sur le continent, garantit quant à lui un accès plus facile... Sur fond de superbes couchers de soleil, partons à la pêche aux trésors encore présents, se rafraîchir dans les chutes d'eau, s'étourdir de virages et de montagnes russes spectaculaires, parcourir (avec guide) les sentiers de montagne, et dénicher les derniers

villages sympas. Ko Chang a une beauté à elle, un cœur vert, des rivages au sable fin et aux eaux émeraude qui incitent au farniente, à la baignade, au *snorkelling* et à la plongée. Chaque plage a son style, choisissez donc votre point de chute en fonction de vos attentes.

Arriver – Quitter

En bus et minibus

Tous les bus depuis la capitale (Ekkamai et Mochit 2) transitent par l'aéroport international de Bangkok.

➢ ***Bus depuis Ekkamai (Bangkok) vers Ao Thammachat Ferry Pier :*** 320 km. Trajet : 5h30-6h. 5 bus/j. avec clim, départs à 7h45 et 9h45. Compter 370 Bts.
Sinon, bus avec clim d'Ekkamai à ***Trat,*** ttes les 1h30-2h env, 6h-23h30. Compter 270 Bts.

➢ ***Depuis Trat*** *(gare des bus)* ***:*** 20 km. Trajet : 30 mn. Service continu de *songthaew.* Compter 60-80 Bts selon nombre de passagers. Pas mal d'hôtels organisent le transit.

➢ ***Minibus climatisé + ferry :*** plusieurs formules au départ de votre hôtel. Vendues en agence (dans les quartiers touristiques de Bangkok ou sur Ko Chang). Trajet : env 6-7h, traversée comprise. Compter à partir de 600 Bts en bus, un peu plus cher en minibus. Gare aux arnaques, bien se faire préciser par écrit sur le billet que le trajet en ferry est inclus.

➢ ***Ko Samet :*** compliqué en bus, avec plusieurs changements, même si c'est 2 fois moins cher. Autant réserver une place en minibus (1 ou 2 départs/j.) auprès de son hôtel ou d'une petite agence. Elles proposent toutes ce service, à réserver en général la veille. Trajet : 3h30, incluant les traversées, pour env 700-800 Bts. En taxi privé, compter 2 500-3 000 Bts pour Ban Phe (sans compter la traversée).

➢ ***Cambodge :*** minibus entre Trat et le poste-frontière de Had Lek (ouv tlj 6h-20h). Départs réguliers 6h-15h. Prévoir (de Trat) 1h30 de route et 500 Bts pour se rendre à la frontière. Partir très tôt de Trat, sinon il faut passer la nuit à Ko Kong (Cambodge) avant de pouvoir continuer vers Sihanoukville en bus.

– Certaines agences et hôtels de Ko Chang vendent des formules tout compris (ferry et minibus) jusqu'à Sihanoukville (env 1 500 Bts), Siem Reap (env 900 Bts) ou Phnom Penh (env 1 500 Bts). Là aussi, petites embrouilles rapportées : véhicules non conformes aux promesses, retards importants... Bien se faire préciser tous les détails au moment de la réservation.

Bateaux pour Ko Chang

Les 2 quais les plus fréquentés :

➢ ***Ao Thammachat-Ao Sapparot :*** ferries pour véhicules. Ttes les 45 mn 6h30-19h. Traversée de 30-40 mn. Compter 80 Bts le billet aller ; 150 Bts/véhicule. C'est par là que transitent la majorité des transports de/vers Bangkok et aussi les navettes de/vers l'aéroport de Trat. Distributeur au port et petites cantines.

➢ ***Center Point :*** ferries mixtes véhicules et piétons. Ttes les heures 6h-19h30. Mêmes fréquences pour Leam Ngop. Traversée de 40-50 mn. Billet A/R 150 Bts (80 Bts l'aller simple) ; 180 Bts pour 1 voiture.

En avion (et minibus)

✈ ***Aéroport de Trat :*** *à env 30 km au nord des quais d'Ao Tammachat.* ☎ *039-270-66-99.* Mignon petit aéroport géré par *Bangkok Airways.* En cas de retard de l'avion, on vous sert une collation. Classe ! Mais taxe d'aéroport élevée. Distributeur de billets.

➢ ***De/vers Bangkok :*** 3-4 vols/j. selon période avec *Bangkok Airways.* Trajet : 1h. Compter 3 000-8 000 Bts selon les saisons.

– Pas de vols depuis *Phuket* et *Ko Samui* vers Ko Chang.

➢ ***Entre l'aéroport et l'île :*** minibus affrétés par l'aéroport de Trat. Prévoir env 500 Bts (900 Bts l'A/R) selon la plage d'arrivée, ferry compris. Souvent, dans le cas de *package,* ce trajet est inclus dans la réservation.

Adresses et infos utiles

– ***The Ko Chang Guide :*** *• koh-chang-guide.com •* Magazine gratuit disponible un peu partout. Bien fait et utile. Horaires des transports, plans, listings des restos et des hôtels. Couvre également Trat et les autres îles du coin.

■ ***Banques :*** *lun-ven 8h30-20h.* Présentes surtout à White Sand Beach. Sinon, des distributeurs 24h/24 un peu partout.

✉ ***Post Office :*** *au sud de White Sand Beach (sur la route principale), à droite en allant vers le sud. Lun-ven 9h-17h ; sam 9h-12h.* Assure le service *Western Union.*

✚ ***Ko Chang International Clinic :*** *au sud de White Sand Beach, sur la route principale. Urgences : ☎ 039-551-554 ou 039-551-555. 📱 08-18-63-36-09 (24h/24).* Clinique privée, succursale du Bangkok-Trat Hospital. Personnel soignant anglophone et germanophone.

✚ ***Ko Chang Medical Clinic :*** *entre Klong Phrao et Kai Bae, à gauche de la route principale en allant vers le sud. Urgences : 📱 08-56-00-04-40. Tlj 8h-22h. Presque en face, un bon dentiste à la* ***Ko Chang Dental Clinic.*** *📱 08-63-20-07-02.*

■ On trouve par ailleurs des ***postes médicaux*** et des ***pharmacies*** sur chaque plage de la côte ouest et dans la rue principale qui traverse l'île.

■ Sur la côte ouest, derrière chaque plage s'alignent les boutiques. On trouve donc l'essentiel ***(supérettes, laverie, gargotes...)*** et le superflu, partout.

■ ***Location de motos, scooters et voitures :*** *nombreux loueurs sur ttes les plages. On peut aussi passer par sa pension. Compter 300-350 Bts/j. pour un 2-roues (selon cylindrée) et env 1 300 Bts/j. pour une voiture.* Voir nos avertissements ci-après.

– Sur le site *• iamkohchang.com •*, pas mal d'infos pratiques, sur les transports notamment.

Circuler dans l'île

La seule route de l'île parcourt le périmètre côtier sans toutefois en faire le tour complet. Au sud-est, le voyage finit au village de Ban Salak Phet. Au sud-ouest, cul-de-sac (payant) au niveau du grand-guignolesque *Ko Chang Grand Lagoona.*

Un service de *songthaew* (taxis pick-up, fréquents le jour) circule entre les pontons de débarquement et le village de Bang Bao, desservant toutes les plages au passage. Prévoir 50-150 Bts par personne selon la distance. Le soir, desserte irrégulière en dehors de la portion Hat Sai Khao-Kai Bae ; il faut alors souvent charté-riser (cher) ! Une solution est de louer moto ou voiture, mais attention ! Si la route est bitumée, le ruban assez étroit se tord dans tous les sens, avec des

Où dormir ? Où manger ? Où boire un verre ?

- **1** Independent Bo's, Rock Sand Resort et Star Beach Bungalows
- **2** KP Hut, Tiger Hut, Baan Rim Nam
- **3** Petits restos du centre (Kaie Bae Beach)
- **4** Kati Culinary, Blue Lagoon et Centara Ko Chang Tropicana Resort
- **5** Porn's Bungalows, KB Resort, Kai Bae Beach Resort et KB @ Seaside
- **6** Lisca Beach et Bailan Bay Resort
- **8** Bang Bao Paradise Homestay, Ruan Thai Restaurant et Chao Lay Seafood Restaurant
- **9** Bang Bao Beach Resort et Chivapuri Beach Resort
- **12** Baan Yemaya
- **14** Salakphet Seafood and Resort et Island View Resort
- **15** Koh Wai Paradise et Good Feeling Bungalows
- **16** Koh Mak Resort, Prom Pakdee Resort et Seavana Beach Resort
- **17** Ao Kao White Sand Beach Resort
- **18** Monkey Island Resort

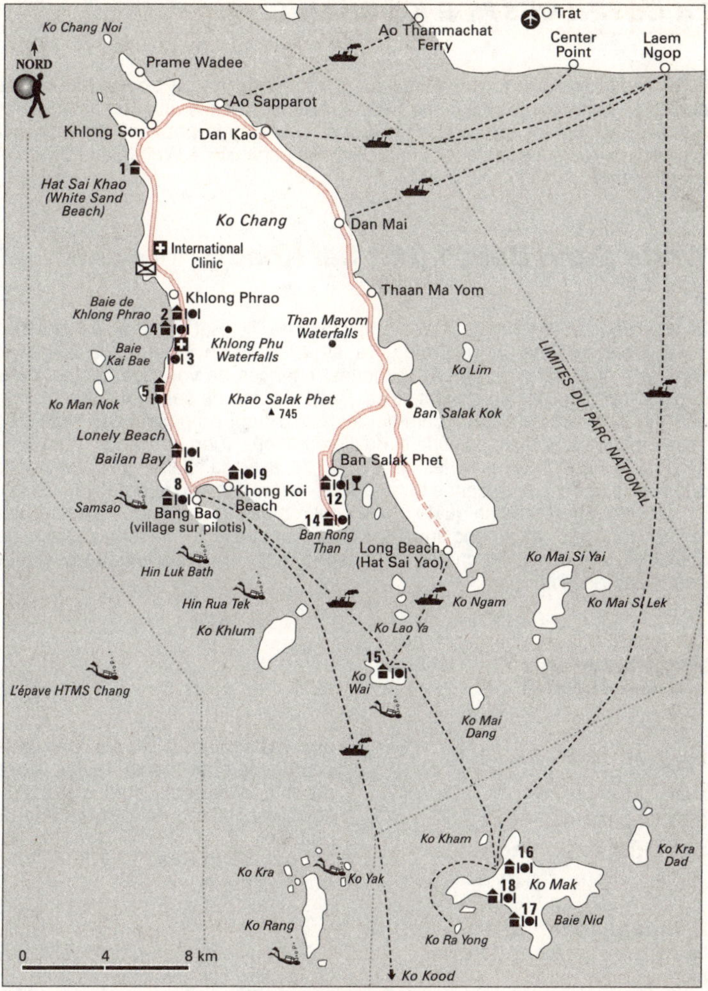

KO CHANG

pentes vertigineuses par endroits, et se transforme en patinoire quand il pleut. Au sud-est, la piste menant à Long Beach est à réserver aux bons pilotes. Quelques règles de conduite : automobilistes, gaffe aux motos et piétons ; motos, attention aux autos et piétons ; piétons, méfiez-vous des 2...
Ceux qui louent un 2-roues mettront un casque, à demander au loueur. Ne franchissez pas les rampes très raides à 2 et, surtout, testez la bécane pour éviter pneus lisses et freins déficients. Et ne roulez pas qu'avec un maillot pour tout vêtement : en cas de gamelle, ça peut faire mal. Bien avoir en tête que l'engin n'est jamais assuré. Les secteurs périlleux : entre Lonely Beach et Bang Bao au sud-ouest, et au nord entre White Sand Beach et Khlong Son.

LA CÔTE OUEST DE KO CHANG

95 % des bungalows sont installés sur la côte ouest, où se trouvent toutes les plages à l'exception d'une (Long Beach). Attention ! Gare aux courants traîtres en mer, notamment pendant la mousson, la baignade pouvant alors devenir vraiment dangereuse (rester où l'on a pied), en particulier à White Sand Beach et Lonely Beach.

White Sand Beach (Hat Sai Khao) – หาดทรายขาว

La plus longue et à l'origine la plus belle plage de l'île, Hat Sai Khao est devenue la véritable capitale de Ko Chang. La large route principale qui la longe sur l'arrière y concentre boutiques, banques, agences de voyages, restos, dans un tohu-bohu incessant de véhicules. Cette « plage de sable blanc » est bordée par des *resorts* alignés comme des corons qui proposent des hôtels ou maisonnettes fabriqués en série et de l'*international food* convenue. L'extrême nord reste l'une des plus belles plages de l'île, avec sa falaise qui plonge dans une mer limpide. Une poignée de pensions-restos, un brin alternatives, offrent ici refuge aux routards en quête d'une cool robinsonnade. Sauf si vous voulez résider dans ces petits bungalows pas chers, à notre avis, inutile de poser votre sac sur White Sand. Au cas où vous seriez tenté, on vous indique quelques bonnes adresses.

Où dormir ?

De bon marché à prix moyens (de moins de 400 à 1 500 Bts / moins de 11,40 à 43 €)

Independent Bo's – อินเดเพ็นเด้นท์ โบว์ *(carte, 1) : accès au niveau du 7-Eleven, au nord de la plage, puis remonter le rivage sur 300 m à droite.* ☎ *085-283-55-81.* • *independent-bo.business.site* • Entassement improbable d'une vingtaine de cahutes multicolores accrochées à la pente au-dessus des flots, les moins chères se situant sur les hauteurs. Une chatte n'y retrouverait pas ses petits ! Et, pourtant, décorée avec totems et sans tabous, l'adresse a un charme fou. Chaque chambre est personnalisée, jusqu'aux sanitaires (parfois rustiques) avec eau froide ou chaude selon le prix, mais toujours propre. Une sorte de colonie post-hippie, où les règles du vivre ensemble sont clairement édictées. Pas de resto ni service de petit déj.

Rock Sand Resort – ร็อค แซนด์ รีสอร์ท *(carte, 1) : juste à côté de l'Independent Bo's.* 📱 *08-47-81-05-50.* • *info@rocksand-resort.com* • Qu'ils soient équipés d'un simple ventilo ou de la clim, ces bungalows offrent un petit confort bienvenu. Les chambres s'alignent le long d'un bâtiment en dur sans charme, avec terrasse et vue plus ou moins dégagée sur la mer. Évidemment, pas le côté un peu anar de l'adresse voisine, mais bien situé dans un coin tranquille de cette plage. Resto en terrasse au-dessus des flots pour compléter agréablement le tableau.

Star Beach Bungalows – สตาร์ บีช บังกะโล *(carte, 1) : à côté de l'Independent Bo's.* 📱 *08-95-74-94-86.* • *starbeach-kohchang.com* •

Pas de résa. Voici la 3e adresse qui tient bon la rampe face aux hôtels de luxe voisins, avec son lot de bungalows tout simples, équipés d'un ventilo et d'une petite salle de bains. Sur la colline ou directement sur la plage, ils profitent tous d'une vue sur la mer. Resto-bar tout en longueur, avec ses lourdes tables de bois. Tenu par Mitchel, un sympathique Néerlandais.

Laem Chai Chet Cape et Khlong Phrao Beach – แหลมไชยเชญ และหาดคลองพร้าว

Notre coin préféré pour ses kilomètres de sable blanc, ses îlots touffus au loin, et ses quelques ensembles de bungalows confortables perdus dans les cocoteraies. Plage pas idéale pour la baignade en revanche (mer peu profonde). Au nord, dans un entassement de restos et commerces, le cap de Laem Chai Chet manque cruellement de charme avec sa saturation de chalets. Au-delà de l'embouchure du Khlong Phu (voir « Les cascades » dans la rubrique « À voir. À faire à Ko Chang »), traversable à pied (et en maillot !) depuis la plage à marée basse, la partie sud de Khlong Phrao reste la plus séduisante.

Où dormir ? Où manger ?

De prix moyens à un peu plus chic (de 400 à 1 500 Bts / 11,40 à 43 €)

KP Hut – เค พี ฮัท *(carte, 2) : Khlong Phrao sud, à env 2 km de Chai Chet. 08-40-77-59-95. Accès par une longue piste de ciment (embranchement indiqué au niveau du panneau « Panviman ») qui se termine dans une cocoteraie.* Face à une mer à 180°, des paillotes sur pilotis en bois et bambou au toit de paille, avec petite terrasse, sous une vaste cocoteraie. Confort très rudimentaire (matelas pas toujours nets et sanitaires communs style camping) pour les moins chères. Celles avec salle d'eau sont nettement plus agréables, mais rien de bien douillet tout de même ! En résumé, c'est du rustique, mais l'ambiance routarde y est bonne, et le coin plutôt tranquille. Le grand resto-paillote propose une intéressante et modique cuisine thaïe et internationale, mais tout est bouclé à 20h !

Tiger Hut *(carte, 2) : mêmes indications que pour le KP Hut. Le Tiger Hut se situe un peu plus au nord de la plage. ☎ 089-833-15-03.* Les huttes les moins chères sont vraiment très spartiates (ventilo tout de même), mais incroyablement bon marché. Sinon, bungalows de bois avec parois de contreplaqué, un peu plus confortables. Ensemble modeste donc, mais tranquillou. Resto proposant une bonne cuisine thaïe, quelques burgers, sandwichs et autres snacks à avaler avec une bière bien fraîche.

Blue Lagoon – บูล ลากูน *(carte, 4) : au sud de la plage de Khlong Phrao, au bout d'une allée carrossable. 08-95-15-46-17. • kohchang-bungalows-bluelagoon.com • Doubles jusqu'à 1 500 Bts.* Sur un terrain arboré, une vingtaine de bungalows comme on en voit partout, mais à l'intérieur peint en blanc, joliment dynamisé par quelques touches de couleurs. Les plus chers sont alignés au bord d'une paisible petite rivière, à contempler de sa terrasse, dans son hamac. Top ! Et la plage de sable blanc n'est qu'à 3 mn. Excellent resto étalé sur plusieurs terrasses dominant le lagon. Cours de cuisine, de yoga parfois, pétanque, sauna thaï aux herbes, petite boutique de dépannage, location de vélos et scooters. Ambiance bon enfant très sympa et excellent accueil.

Kati Culinary *(carte, 4)* : *48/7 Khlong Phrao, sur la route principale, devant le* Centara Ko Chang. ☎ *039-557-252. Lun-sam 12h-22h, dim 17h-22h. Menu complet 300 Bts ; plus cher à la carte.* Nint maîtrise ses classiques thaïs et pousse même la passion jusqu'à organiser des cours de cuisine dans son joli resto de bois, en bord de route. Grande affluence le soir pour s'essayer aux saveurs de ses petits plats bien travaillés, qui donnent la part belle aux produits de la mer, comme il se doit. Mieux vaut s'installer près du bar où la musique de fond, plutôt bien choisie, fait oublier le bruit de la route assez passante.

Très chic (plus de 3 000 Bts / 86 €)

Centara Ko Chang Tropicana Resort – เซ็นทารา เกาะช้าง ทรอปิคาน่า รีสอร์ท *(carte, 4)* : *à l'extrémité sud de Khlong Phrao.* ☎ *039-557-122.* • *reservations@chr.co.th* • *centarahotelsresorts.com* • *Compter 4 000 Bts, petit déj compris. Promos intéressantes sur Internet.* Un immense complexe hôtelier (plus de 150 chambres) en bordure d'une plage magnifique mais aux eaux peu profondes. Dans l'aile gauche, des chambres classiques mais très plaisantes, dans des petits bâtiments de 2 étages autour d'une large piscine. Dans l'autre partie, des bungalows luxueux (avec douche balinaise à l'extérieur) disséminés dans un superbe jardin tropical ponctué de plans d'eau jusqu'à la piscine et les rangées de transats face à la mer. Resto proposant une cuisine locale et internationale. Buffet thaï à volonté le mardi soir, avec spectacle de danse. Le samedi soir, barbecue de fruits de mer (à volonté toujours) et *fire show.* Spa, fitness, tennis de table, yoga, kayak, billard, etc. Un hébergement à envisager surtout par agence ou via Internet (sinon c'est 50 % plus cher) très apprécié d'une clientèle russe plutôt familiale.

Kai Bae Beach – หาดไก่แบ

Au nord et au centre de la baie se situent essentiellement les hôtels un peu chics. C'est au sud, sur une plage sablonneuse, qu'on trouve d'agréables « bungalowteraies », sous une cocoteraie convenablement engazonnée. Le « village » est quant à lui plutôt une rue où s'alignent bars, restos, boutiques de fringues et salons de massage, rien de bien exaltant. En revanche, un très sympathique *food market* vient donner un peu d'âme à cet univers tout dédié au tourisme, et là, on se régale !

Où dormir ?

De prix moyens à un peu plus chic (de 400 à 1 500 Bts / 11,40 à 43 €)

Porn's Bungalows – พร บังกาโล *(carte, 5)* : *au sud de la plage.* • *pornsbungalows-kohchang.com* • *Accès par la plage, après le* Kae Beach Grand Villa *(à plat), ou par la route (ça grimpe sec pour redescendre aussi sec !). Compter 500-1 500 Bts selon emplacement ; discount pour un séjour de 1 sem.* Accueillant groupe de bungalows vraiment pas chers, un peu paumés au bout de cette jolie plage agrémentée d'un majestueux banian. Pas le grand luxe, attention. Certains sont même assez rustiques (les éviter !), avec eau froide et moustiquaire. Ceux qui traîneront leurs tongs jusqu'ici apprécieront l'aspect communautaire, qui s'organise autour d'une grande paillote-resto à l'étonnante architecture sur plusieurs niveaux, avec poufs et billard. Bon resto thaï. Petite précision : *Porn* est le diminutif du nom du proprio, très courant en Thaïlande (tant au masculin qu'au féminin). Donc pas de méprise sur l'activité du lieu...

De chic à très chic (de 1 500 à plus de 3 000 Bts / 43 à plus de 86 €)

KB Resort – เค บี คิทเช่น *(carte, 5) : sur la plage de Kai Bae. 06-33-82-56-65. • info@kbresort.com •* Dans ce beau *resort* au cœur d'un grand jardin soigné, en bord de plage, 2 types d'hébergements. Des bungalows pour 2 ou 4 personnes, élégants et impeccables, avec ventilo pour les plus simples, clim pour les autres, mais tous très plaisants. Puis un édifice sur 3 niveaux, un peu sur l'arrière, aux chambres tout aussi confortables et jolies. Piscine. Au bord de l'eau, la grande terrasse de bois abrite un resto de qualité (voir « Où manger ? »).

Kai Bae Beach Resort – ไก่แบ้ บีช รีสอร์ท *(carte, 5) : sur la plage de Kai Bae. 06-36-69-54-16. Compter 1 550-3 600 Bts selon saison et emplacement.* Bungalows de bord de plage, en dur, organisés dans un style *pueblo*, certains avec une terrasse en étage. Tous avec clim, moustiquaire, coffre. Un peu au-dessus, une structure en longueur abritant quelques chambres. On aime moins, mais l'ensemble ne manque pas charme. Petit déj à oublier.

Où manger ?

Les petits restos du centre *(carte, 3) : juste après le pont en venant du nord, côté droit, perpendiculaire à la route principale.* Des terrasses à touche-touche, sans réelle séparation. Tous présentent à peu près la même carte : une cuisine thaïe très correcte et des poissons qu'on choisit sur pièce, à leur œil clair.

KB @ Seaside – เค บี คิทเช่น *(carte, 5) : resto du KB Resort. 06-33-82-56-65. Tlj 9h-22h.* Même si vous n'y séjournez pas, n'hésitez pas à traverser l'hôtel pour aboutir à cette agréable terrasse les pieds dans le sable, ouverte sur le large et 4 ravissants îlots. Cuisine thaïe soignée très abordable, et barbecue tous les soirs. Et n'oubliez pas le maillot pour profiter de la jolie plage !

Lonely Beach – โลนลิบีช *et Bailan Bay* – หาดใบลาน

Au sud de Kai Bae, la route joue aux montagnes russes dans une végétation superbe, avant de plonger sur Lonely Beach. Hélas, cette jolie baie a été abîmée par les hôtels dont certains n'obtiendront pas un prix d'architecture ! On vous conseille donc d'y venir pour la trempette, d'autant que la plage reste l'une des plus belles de l'île, qu'il y a peu de rochers et que la mer y est toujours haute. Mais attention, elle n'a plus rien de *lonely* depuis longtemps ! Poursuivre ensuite vers le sud en direction de Bailan Bay. Peu ou pas de plages, mais un rivage de galets ponctué de mangroves.

ON A JOUÉ LA *MARSEILLAISE* À TRAT...

Ben oui, la Marseillaise *a retenti à Trat et sur les îles du coin. C'était en 1904, du temps de l'empire, quand la France avait posé ses godillots en Indochine. Mais le coq gaulois s'effaça vite face au dragon siamois, et le 23 mars 1906 scella le retour pacifique de la région dans le royaume de Rāma V. Une date encore célébrée ici comme « jour de l'Indépendance ».*

BANGKOK ET SES ENVIRONS

Où dormir ? Où manger ?

Prix moyens (de 400 à 800 Bts / 11,40 à 23 €)

🏠 |●| ***Bailan Bay Resort*** – ใบลาน เบย์ รีสอร์ท *(carte, **6**) : accès par la butte qui annonce Bailan Bay. ☎ 039-558-077. 📱 08-17-82-17-10. • bailanbeach2550@gmail.com • bailanbeach-kohchang.com • Petit déj en sus.* Accueil dans le petit café-resto en bord de route qui surplombe flots et forêt, offrant un joli point de vue. La partie hébergement, située en contrebas sur le bord de mer (escaliers et passerelles de béton assez raides, parfaits pour la gym quotidienne), n'est pas en reste. *Roots* mais propres, très mimi et bien espacés, une quinzaine de bungalows, aux toits de paille, dotés de lits corrects sous moustiquaire. Salles de bains rustiques. Le seul vrai hic, c'est qu'il n'y a pas de plage, ou si peu, autant le savoir. Au petit resto, le *Sundown,* sympathique cuisine familiale et jolie vue, mais au bord de la route.

Bang Bao – บางเบ้า

Village-ponton s'enfonçant dans la mer, Bang Bao est une attraction touristique à part entière avec ses multiples restos de fruits de mer, des hébergements allant du très rustique au 2-étoiles, et des boutiques à touche-touche. Les hébergements et restos se trouvent dans la 2e partie du ponton. D'ici partent la plupart des bateaux d'excursion vers les îles alentour. Le soir, autre visage. C'est bien plus calme, alors pourquoi ne pas y poser son sac pour une nuit ?

– Banque, ATM, poste, *Western Union* et toilettes sur place, juste à l'entrée du ponton. Quelques jolies plages tranquilles non loin, notamment au sud de Bang Bao (la plage de Klong Koi, à 1,5 km, est extra).

Où dormir ? Où manger ?

Sur le ponton de Bang Bao

De prix moyens à chic (de 400 à 3 000 Bts / 11,40 à 86 €)

🏠 ***Bang Bao Paradise Homestay*** – บางเบา พาราไดซ์ โฮมสเตย์ *(carte, **8**) : au milieu du ponton, sur la droite. 📱 08-88-38-00-40. • bbparadise88@gmail.com • Compter 500-1 000 Bts, sans ou avec clim, sdb privée ou à partager ; petit déj en plus.* Adorables et peints couleur bleu lagon, hyper propres, voici une poignée de minuscules bungalows de bois sur une terrasse au-dessus de l'eau, tenus avec soin et amour par Den. Location de vélos et de kayaks pour faire un tour dans la baie.

|●| ***Ruan Thai Restaurant*** – ร้านอาหาร เรือนไทย *(carte, **8**) : au bout du ponton. 📱 08-90-99-40-30. Mer-dim 17h-22h.* L'un des plus anciens restos de fruits de mer du village. Sur des tables en bois, large choix de plats, de bon marché (riz sautés, nouilles, etc.) à prix moyens (fruits de mer). Tout au fond du resto, petite terrasse avec table basse et vue sur le ponton. Pour se conformer aux coutumes locales, un petit laïus en français enseigne comment manger comme un vrai Thaï.

|●| ***Chao Lay Seafood Restaurant*** *(carte, **8**) : juste à côté du resto* Ruan

Thai. 📱 *08-19-17-90-84. Tlj 8h-22h (cuisine jusqu'à 21h).* Un petit bout de ponton perpendiculaire au principal, qui mène à une terrasse hyper soignée et coquette, où l'on concocte une jolie cuisine familiale, préparée à la demande. Cuisine thaïe, quelques plats européens et bons cocktails.

Dans les proches environs de Bang Bao

Bang Bao Beach Resort *(carte, 9) : sur la plage de Khong Koi, 1,5 km après Bang Bao. 📱 09-33-27-27-88. • bangbaobeachresort@gmail.com • bangbaobeachresort.com • Doubles 800-2 800 Bts selon saison, avec clim, sdb et eau chaude.* Avec son dessin en croissant de lune, cette plage est une des plus belles de l'île. Le *resort* offre une douzaine de chalets en bois vernis, avec petite terrasse et double toit pointu, couleur turquoise. Bonne literie, chouette atmosphère et agréable resto de plage. Hamacs tendus sous les cocotiers et transats sur la plage, de quoi cultiver le farniente les orteils en éventail. Location de kayaks et matériel de *snorkelling.* Sur la même plage, juste avant, le ***Klong Kloi Cottages*** *(☎ 039-558-169)* propose des bungalows moins chers *(500-800 Bts)* mais nettement moins confortables (sauf pour ceux avec clim). Quelques gargotes à proximité sur la plage.

Chiyapuri Beach Resort – ชีวาปุรี บีช รีสอร์ท *(carte, 9) : sur la plage de Khong Koi, après Klong Kloi Cottages. 📱 08-13-66-88-83. • info@chivapuriresort.com • chivapuriresort.com • Doubles 2 500-9 000 Bts selon saison et confort.* Un complexe particulièrement réussi, installé dans un vaste et beau jardin longeant une jolie plage. Différents types de chambres dans des bungalows en dur de style traditionnel thaï, sur 2 étages pour certains, terrasse donnant sur la mer pour la plupart. Belle piscine, agrémentée de petites fontaines, face aux flots bleus. Resto à l'unisson. Ensemble raffiné, épuré, chic et reposant. Une des plus belles adresses de l'île.

LE SUD-EST DE L'ÎLE

Ban Salak Phet – บ้านสลักเพชร

Le plus pittoresque village de pêcheurs de Ko Chang, situé au centre de la grande baie en forme de fer à cheval qui découpe l'extrémité sud de l'île. Il abrite la plus ancienne communauté de l'île. Un grand temple ceinturé de serpents, avec divinités bariolées, marque l'entrée de ce village un peu fouillis, moitié sur terre, moitié sur pilotis via un enchevêtrement de pontons de béton. Bougainvillées en pot, canaux boueux où sont échouées les embarcations, poissons qui sèchent au soleil, équipages aux visages mats et burinés s'activant à l'entretien des engins de pêche, petites maisons ouvertes où hurle une télé, où piaille un bébé... S'y promener gentiment, en respectant les habitants, est un vrai plaisir.

Où dormir ? Où manger ? Où boire un verre ?

Prix moyens (de 500 à 1 000 Bts / 14,30 à 28,60 €)

Baan Yemaya – บาน เยมายา *(carte, 12) : dans le village de pêcheurs, au bout d'un ponton. 📱 09-89-86-62-20. • air2kohchang@hotmail.com •* À l'enseigne de la déesse brésilienne des eaux, une ancienne maison de pêcheurs aménagée en *guesthouse*-resto-bar plein de charme, avec terrasse donnant sur le port, entourée de plantes vertes. Seulement 2 chambres, petites mais agréables et soignées, avec ou sans clim (on choisit de la prendre ou pas). Sur la minuscule terrasse transformée en resto, l'ardoise propose de succulents plats thaïs. Superbe curry et excellente *tom yam seafood.* Et si vous n'y mangez pas (ce qui serait ballot !), venez y prendre un verre (super jus de fruits frais et excellents cocktails), car le lieu est ravissant. Accueil prévenant de votre hôtesse, pleine de douceur.

Ban Rong Than – บ้านร่องธาร

Plus loin sur la côte, au milieu de la mangrove. Prendre la route à droite, juste avant d'atteindre Ban Salak Phet. Le village maritime de Ban Rong Than reste à l'écart du tourisme de masse. Un lieu plein de bonhomie.

Où dormir ? Où manger ?

De prix moyens à très chic (de 400 à plus de 3 000 Bts / 11,40 à 86 €)

Salakphet Seafood and Resort – ซีฟู้ด รีสอร์ท *(carte, 14) : accès depuis le parking puis prendre le ponton. ☎ 039-553-099. 08-18-21-27-06 ou 08-14-29-99-83. • kohchangsalakphet@gmail.com • kohchangsalakphet.com • Resto (tlj 8h-20h) à prix moyens.* Sur un immense ponton qui donne directement sur la ferme piscicole où frétillent les bestioles destinées à vous régaler, le resto fait l'unanimité pour la fraîcheur des produits. On vient de loin pour y faire de véritables orgies de poissons, calamars et coquillages. Tout autour, un petit complexe hôtelier propose des chambres à tous les prix : de la sans vue, à prix doux, aux superbes chambres toutes boisées à la déco raffinée et aux larges baies vitrées, des *deluxe* jusqu'aux magnifiques « villas VIP » avec vue imprenable sur la baie. Le lieu lui-même n'est pas propice à la baignade (fonds vaseux), mais sorties en mer vers les plages avec équipement de *snorkelling* à la journée ou moins.

Island View Resort – ไอส์แลนด์ วิวย์ รีสอร์ท *(carte, 14) : 300 m après le parking par le sentier qui longe la côte et la mangrove. 08-91-55-26-69. • islandviewresort@web.de • islandviewresort-kohchang.com • Doubles 1 200-1 600 Bts, ttes avec clim et vue sur la mer.* Un long ponton mène à cette bâtisse assez banale, aux airs de motel qui trempe le béton de ses pilotis dans la mer, dans un site tranquille. Quant aux chambres, plus confortables et fonctionnelles que charmantes, elles mirent en majorité la baie. Également une maison à 2 pas, à flanc de colline avec apparts pour 4 personnes, mais sans grand intérêt. On préfère les chambres au bord de l'eau. Prêt de kayaks pour aller vers la belle plage de l'îlot juste en face ou pour explorer la mangrove. Resto avec les grands classiques de la cuisine thaïe et quelques excursions culinaires outre-Rhin. Normal, le patron, Dieter, est allemand. Accueil charmant.

Long Beach (Hat Sai Yao) – หาดทรายยาว

Une très jolie crique encore vouée à l'esprit « Robinson », à l'extrême sud-est de l'île. *Tree House,* la pension qui lança autrefois Lonely Beach, y a d'ailleurs déménagé (pour routards chevronnés). Au-delà de l'embranchement de Salak Khok, la route, tranchée dans une jungle impénétrable (singes et oiseaux y sont encore chez eux), est malheureusement effondrée, et les voitures ne peuvent plus passer. Seuls les scooters y ont accès. Mais, attention, ce parcours est vraiment dangereux, et on le déconseille. Accès possible en *taxi-boat* (150 Bts) depuis Lonely Beach.

À voir. À faire sur Ko Chang

Les publications gratuites regorgent de publicités diverses. On n'a que l'embarras du choix.

Découverte de la partie sud-est de l'île : peu développée, c'est l'occasion de voir la vie des pêcheurs et d'apprécier de superbes points de vue donnant sur la mer, des plantations ou la jungle. En profiter pour se baigner à Long Beach (hélas pas très propre) et déguster un repas de poissons à Ban Rong Than (voir plus haut).

Les cascades : *accès payant au parc national (200 Bts ; réduc). Conservez le ticket, il vous servira pour aller de l'une à l'autre dans la même journée.* Il y en a 6, toutes facilement accessibles. La plus fréquentée, ***Than Mayom,*** s'atteint depuis la côte est. Face à elle, mais seulement accessible par la route ouest, ***Khlong Phu Waterfalls,*** haute de 50 m, est l'occasion d'une belle balade dans la jungle et d'un bon bain dans un bassin naturel d'eau limpide et bien fraîche. L'embranchement, fléché, se situe à 5 km au nord de Kai Bae ; arrivé au parking, il reste 600 m de marche facile le long de la rivière, jusqu'à la cascade. Les 2 suivantes se trouvent plus au nord, et les 2 dernières au sud, vers Ban Salak Phet (où il n'y a d'eau que pendant et juste après la saison des pluies). Renseignez-vous avant de partir pour éviter d'être déçu...

Randonnées dans la jungle – เดินป่า **:** *excursions à faire obligatoirement accompagné, car les chemins ne sont pas fléchés et il n'y a aucune carte précise de l'île. La plupart des agences vendent cette excursion. Compter 800-1 500 Bts/pers selon la durée, transfert et repas inclus.*
Au milieu d'une végétation exubérante. L'itinéraire le plus couru consiste à gravir le Chom Prasat 2 (626 m d'altitude), au nord de l'île. Superbe vue du sommet, mais grimpette assez difficile. Un autre beau trek, dans le sud de l'île, au départ de Klong Koi, conduit sur de belles collines piquées de quelques cascades cachées. Moins physique que le précédent, mais nécessite tout de même un peu d'entraînement. Avec de la chance, on peut apercevoir papillons géants, araignées « mastardes » et reptiles.

– **Parcours accrobranches :** *08-44-62-30-03. • treetopadventurepark.com • Tlj 9h-17h. Compter 1 250 Bts (pas de réduc enfant), transfert de et vers votre hôtel compris.* Activité très en vogue, près d'Ao Lai Ban : 2h à jouer au ouistiti au faîte des arbres.

– **Kayak de mer dans la mangrove – Ban Salak Kok** – บ้านสลักกอก **:** *au sud-est de l'île, prendre la route vers Long Beach, puis la piste 300 m plus loin à gauche (fléché). 09-71-82-83-19.* En 1h, on se faufile dans la mangrove aux racines inextricables et sur les canaux maritimes, muni d'une carte plastifiée du labyrinthe pour ne pas se perdre. *Kayakchang (• southeastasiakayaking.com •)* propose différentes initiations.

– **Parties de pêche :** *ttes les agences et les hôtels en proposent. Compter env 1 500 Bts pour une sortie de 5-7h, repas à bord compris.* En soirée, pêche nocturne aux calamars.

Excursions en bateau autour de Ko Chang : plusieurs petites agences proposent diverses activités telles *snorkelling,* pêche parmi les îlots et fonds sous-marins avoisinants, journée complète à la découverte des îles de Ko Mak, Ko Wai et l'archipel de Ko Rang (voir plus loin « Dans les environs de Ko Chang »).

Plongée sous-marine

Malgré sa surexploitation, le parc national de Ko Chang offre aux plongeurs des sites sauvages, riches d'une faune abondante. La saison s'y étend d'octobre à mai. En février, on peut apercevoir des requins-baleines. Ceux qui restent à la surface pourront observer quelques dauphins au large des plages de White Sand et de Khlong Phrao.

Clubs

■ ***BB Divers :*** *à Bang Bao. 09-68-41-59-51. • info@bbdivers.com • bbdivers-koh-chang.com • Baptême de 2 plongées sur la journée 4 500 Bts (transfert et repas inclus) ; env 3 000 Bts pour les plongeurs certifiés.* Centre PADI qui propose baptêmes, cours, *snorkelling* et du *free diving* (plongée en apnée). Et même, 2 fois par mois, 2 jours de plongées avec nuit sur le bateau, histoire de découvrir les îles alentour.

■ ***Scuba Dawgs :*** *08-34-69-69-64. • info@scuba-dawgs.com • scuba-dawgs.com • Baptême de 2 plongées env 4 000 Bts (transfert et repas compris) ; 2 700 Bts pour les plongeurs certifiés.* Centre PADI avec un programme classique pour plongeurs débutants, confirmés ou pour amateurs de bulles avec masque et tuba.

Nos meilleurs spots

Quelques merveilles sous-marines à découvrir sur cette île. Une des tendances observées depuis quelques années, suite aux modifications du climat, c'est le retour des squales, notamment les requins-baleines (surtout en février-mars). De quoi se donner quelques frissons...

Hin Luk Bath – หินลูกบาท ***:*** *au sud-ouest de l'île. Pour plongeurs de ts niveaux.* Une plongée sans difficulté sur un plateau corallien (de 12 à 20 m) particulièrement riche en vie sous-marine. Ballet de murènes aux yeux blancs (propres à la mer de Chine). Également des raies pastenagues, poissons-papillons, poissons-lions, perroquets, trompettes... Aux alentours, quelques beaux fusiliers, barracudas, carangues.

Hin Rua Tek – หินเรือแตก ***:*** *au sud de l'île.* Une formation rocheuse impressionnante par son côté « dramatique » : gorges, canyons... et une très grande faune aquatique. Un site où l'on peut descendre jusqu'à 15 m. Pas mal de courant.

Ko Yak – เกาะยักษ์ ***:*** *un îlot à l'ouest de Ko Chang. Profondeur maximale 15 m.* Pinacle avec une chaîne de massifs coralliens qui regroupe plus de 350 espèces de coraux. Belle faune très variée.

Samsao – สามสาว ***:*** *au nord-ouest. Pour plongeurs de ts niveaux.* Un caillou sympa et peu profond (de 3 à 16 m). De beaux bénitiers, des oursins aux longs piquants et la classique gamme des poissons colorés. Il n'est pas rare de se trouver nez à nez avec de petits requins curieux.

L'épave HTMS Chang : *au sud-ouest, à env 1h de trajet, sur un fond de sable. Pour plongeurs de niveaux 1 et 2. De 5 à 30 m.* Navire de la marine américaine de 100 m de long, donné à la flotte thaïlandaise, puis coulé en 2012 pour créer un superbe site de plongée artificielle. Faune d'une grande richesse (barracudas, caranges, mérous, demoiselles, murènes...), en attendant que les coraux se développent sur la rouille du bâtiment. Bonne visibilité en général, mais courant régulier.

Ko Rang – เกาะรัง ***:*** *un îlot à 1h30 au sud de Ko Chang. Pour plongeurs de ts niveaux.* Sur ce bel ensemble rocheux sauvage (entre 5 et 25 m), de flamboyantes gorgones rouges. Également des anémones roses dans lesquelles les poissons-clowns font leur cirque. Ici, les barracudas, poissons-perroquets et autres raies sont de très classiques compagnons de plongée, et les requins à pointe noire font des passages très remarqués. L'une des plongées les plus cotées du coin.

Ko Wai – เกาะหวาย **:** *île perdue au sud de Ko Chang. Pour plongeurs de ts niveaux.* Un site où les coraux se plaisent particulièrement. Entre 9 et 20 m, imposantes escouades de poissons bariolés. Quelques prédateurs affamés tournicotent avec envie. Quelques raies pastenagues aussi.

DANS LES ENVIRONS DE KO CHANG : LES ÎLES DU SUD

➢ ***Pour s'y rendre en bateau :*** rien de plus simple. Le principal point de départ pour ces îles est le village de Bang Bao. Mais ne vous pointez pas sur la jetée de Bang Bao le jour même, il est préférable de réserver la veille. Comparer les offres des nombreuses agences qu'on rencontre partout, selon que vous voulez juste être transporté sur l'une ou l'autre des îles, faire le tour de plusieurs, ou pratiquer des activités comme le *snorkelling,* prendre un bateau *speed* ou *slow,* avec ou sans repas... En moyenne, compter autour de 700 Bts par personne et pour la journée. Les formules incluent généralement le transfert entre votre hôtel à Ko Chang et l'embarcadère.
– L'excursion la plus vendue consiste à aller faire du *snorkelling* sur les ***îlots autour de Ko Rang,*** avec une halte sur l'un d'eux pour le déjeuner.

KO WAI – เกาะหวาย

À 10 km au sud de Ko Chang, un petit coin encore paradisiaque, aux doux vallonnements boisés qui trempent les racines de leurs cocotiers dans des eaux limpides. Quelques hôtels ont pris pied sur la façade est, là où les bateaux accostent (provenant principalement de Bang Bao). C'est en y logeant qu'on profite le mieux de la beauté du site, avant et après le déversement quotidien de baigneurs et plongeurs venus de Ko Chang pour la journée, ce qui peut d'ailleurs parfois être assez dérangeant. Jadis foisonnants de poissons, les coraux de bord de plage y sont à l'agonie.
La plupart du temps, Ko Wai constitue un arrêt de quelques instants (1h ou 2h selon les agences) dans le cadre d'une journée de *snorkelling* à Ko Rang.

Où dormir ? Où manger ?

De bon marché à prix moyens (de moins de 400 à 800 Bts / moins de 11,40 à 23 €)

Koh Wai Paradise – เกาะหวาย พาราไดซ์ *(carte,* ***15****) :* *juste à droite du débarcadère. 08-17-62-25-48. • kohwaiparadise@hotmail.com •* Adresse parfaite pour profiter du site plus que du confort. Une trentaine de huttes rustiques tout en bois, avec ventilo et moustiquaires, sanitaires communs (toilettes à la turque très propres), eau froide. Le prix varie selon la taille, mais le confort est grosso modo le même. Pas d'électricité, mais un groupe électrogène qui s'arrête vers 23h. Vos fibres d'aventurier frétilleront de plaisir au seul son du ressac des vagues, aux bruissements de la jungle toute proche et au spectacle du soleil levant qu'on a pour soi tout seul. Bibliothèque. Pour le frichti, resto-paillote pas cher et convivial mais malheureusement hyper saturé le midi quand déboulent tous les passagers des bateaux de passage.

🏠 🍽 ***Good Feeling Bungalows*** – กู๊ด ฟีลลิ่ง บังกะโล *(carte, **15**) : juste à l'arrivée du débarcadère. La réception est située au resto.* Les bungalows (sauf quelques-uns) s'étirent sur une très jolie plage à gauche du resto quand on débarque, en empruntant un sentier étroit au-dessus des flots. En tout, une dizaine de petits bungalows sur pilotis, avec petite salle de bains (eau froide), ventilo et moustiquaire. C'est minimaliste, simple et agréable. Resto sympathique.

KO MAK – เกาะหมาก

Île plutôt plate, à 18 km au sud de Ko Chang, moins luxuriante et plus austère que ses voisines, mais qui offre de belles plages encore tranquilles, aux paysages maritimes fort séduisants. On s'y déplace en taxis pick-up (peu nombreux) ou à 2-roues, à louer un peu partout. Très peu de voitures sur l'île, ce qui rend les déplacements à vélo (un peu sportif quand même) ou en scooter bien agréables. Les hébergements sont principalement situés au nord-ouest, au sud et au sud-ouest de l'île, desservis par une route principale et quelques perpendiculaires en terre battue qui filent vers les plages. Un peu partout, clubs de plongée, location de kayaks, *paddles,* masques et tuba pour le *snorkelling.*

– ***Attention :*** il n'y a qu'un distributeur de billets sur l'île ! Il est rose et se situe à côté du poste de police.

➢ ***Pour y aller de Ko Chang :*** depuis le port de Bang Bao, 1 liaison/j. en bateau lent. Départ vers 9h ; durée : 2h. Ce bateau dessert Ko Wai, Ko Kham, Ko Mak, Ko Rayang et enfin Ko Kood. Retour à la même heure le lendemain. Compter 400 Bts. En *speed-boat,* 3-4 liaisons/j., de Bang Bao ou de Kai Bae selon les compagnies. Compter env 600 Bts et 1h de trajet. On arrive par la plage de Ao Suan Yai (au nord-ouest) ou par celle de Ao Kao (au sud-ouest), selon les compagnies.

➢ On peut aussi prendre le ferry lent (3h) ***depuis le continent*** à Tha Laem Ngop. 1 liaison/j., doublée en hte saison (de mi-nov à avr) ; compter env 400 Bts. Le débarquement se fait alors à Ao Nid, au sud-est de l'île.

Où que vous arriviez, l'hôtel que vous avez réservé viendra vous chercher au débarcadère. À noter que faire l'aller-retour dans la journée ne présente aucun intérêt. Mieux vaut y passer la nuit.

Où dormir ? Où manger ?

Bon marché (de 150 à 400 Bts / 4,30 à 11,40 €)

🏠 🍽 ***Prom Pakdee Resort*** *(carte, **16**) : plage d'Ao Suan Yai, au nord-ouest de l'île. 📱 09-09-15-94-99. Juste à gauche du débarcadère.* Une dizaine de cabanes en bois (ventilo) sur pilotis et quelques bungalows en dur (clim), dispersés entre plage (l'une des plus belles de l'île) et cocoteraie. Confort très simple, mais rien à redire sur la propreté. Pour accéder à la réception-bar-resto, on passe un ponton qui enjambe un petit bras d'eau, hélas pas très propre. Restauration traditionnelle servie sur une petite terrasse. Accueil souriant.

D'un peu plus chic à chic (de 800 à 3 000 Bts / 23 à 86 €)

🏠 🍽 ***Monkey Island Resort*** – มังกี้ รีสอร์ท *(carte, **18**) : sur la côte sud-ouest, à gauche du débarcadère de Ao Kao. 📱 08-53-89-09-49. • info@monkeyislandkohmak.com • monkeyislandresort.com •* Une trentaine de bungalows posés sur la plage, divisés en 4 familles de singes : *Baboon hut, Chimpazee hut, Ape huts* et *Gorilla hut* (les plus confortables). Certains avec ventilo et salle de bains à partager, d'autres sont équipés de la clim et d'une salle de bains. Pour tout le monde, terrasse et hamac pour lézarder ! Pas le grand luxe, mais tenue globale correcte et ambiance sympa. Loue des scooters. Musique live au bar-resto le samedi soir.

De chic à très chic (de 1 500 à plus de 3 000 Bts / 43 à plus de 86 €)

Koh Mak Resort – เกาะหมาก รีสอร์ท (carte, **16**) : plage d'Ao Suan Yai, tt de suite à droite du débarcadère. 08-96-00-95-97. • info@kohmakresort.com • kohmakresort.com • Une vingtaine de bungalows pimpants et douillets, aux larges baies vitrées coulissantes, sur une bande de gazon bien net planté de quelques arbres. Superbe plage de sable doré lovée dans cette anse harmonieuse, face aux îlots. Piscine. Dommage que la qualité du resto ne soit pas à la hauteur de l'addition... Mais ne boudons pas notre plaisir, l'ensemble est tout de même très agréable.

Seavana Beach Resort – ซีวาน่า บีช รีสอร์ท (carte, **16**) : plage d'Ao Suan Yai, à 5 mn à pied du débarcadère, à droite quand on arrive. 09-08-64-56-46. • stay@seavanakohmak.com • seavanakohmak.com • Une réussite architecturale, bien que pas très couleur locale avec ses enduits ocre-rouge, façon pisé. Bungalows en dur donc, contemporains et tout vitrés, déco raffinée, grand confort (jacuzzi extérieur pour les plus chers). Tous profitent de la superbe vue sur la mer azur et la plage avec, de-ci de-là, quelques hamacs tendus entre les cocotiers... Une belle carte postale ! Jolie piscine. Resto circulaire, élégant lui aussi, pour savourer une cuisine thaïe soignée et quelques plats occidentaux. Un hôtel certes pas donné, mais finalement d'un rapport qualité-prix très honnête.

Ao Kao White Sand Beach Resort – อ่าวขาว ไวท์ แซนด์ บีช รีสอร์ท (carte, **17**) : sur White Sand Beach, au sud-ouest de l'île. 08-31-52-65-64. • aokaoresort@gmail.com • aokaoresort.com • Dans un coin encore peu construit, sur une superbe plage au nom bien choisi, une trentaine de bungalows climatisés en dur, tout vitrés, avec terrasse (parfois sur le toit). Confort somme toute assez simple mais suffisant. Du resto qui avance un peu sur la mer, vue à encadrer sur l'élégante découpe de la baie et les petites îles voisines. Un havre de paix dans un écrin protégé... Super !

KO KOOD – เกาะกูด

• Carte p. 177

Ko Kood, aussi appelée Ko Kut, 4e plus grande île de Thaïlande, déborde de charme et cumule les occasions de s'émerveiller. Nature préservée, plages de rêve et cocotiers, forêts touffues peuplées de singes et de reptiles, petits villages de pêcheurs authentiques, cascades rafraîchissantes, rivières gracieuses... On la découvre en scooter (taxis rares et onéreux) sur la seule route de l'île, correctement asphaltée et réservant par endroits quelques petites grimpettes ludiques. Prudence sur les accès aux hébergements côtiers, généralement bien défoncés !

Outre la beauté de l'île, Ko Kood possède une identité bien à elle – probablement par sa proximité avec le Cambodge – et a su préserver un esprit tranquille et bon enfant. Peu de voitures, guère plus de boutiques pour touristes, et quasi rien pour faire la fête jusqu'à pas d'heure... Amateur de vie nocturne aux décibels survoltés, Ko Kood risque de vous décevoir !

Tous les hébergements se situent sur la côte ouest. La côte est, quant à elle, est quasi déserte et dépourvue de route.

Arriver – Quitter

De Ko Chang

➢ ***En bateau lent :*** 1 liaison/j. Départ vers 11h ; compter env 4h de traversée (et 700 Bts), avec 1 court arrêt à Ko Mak.
➢ ***En speed-boat :*** 2 liaisons/j., de mi-oct à mi-mai seulement. La traversée se fait théoriquement en 1h, mais peut durer jusqu'à 1h30-2h en fonction du nombre d'arrêts (1 sur l'île de Ko Mak à mi-chemin et dans les différents hôtels de Ko Kood). Compter env 900 Bts. Tous les *speed-boats* vous débarqueront devant l'hôtel que vous avez réservé (sur la côte), ou à proximité pour les adresses sur la rivière.

Du/vers le continent

Les ***ferries*** partent de Laem Sok et opèrent la traversée jusqu'à 9 fois/sem. Compter env 1h30 de traversée et env 500 Bts. Les bateaux arrivent généralement à Ao Salad Pier, au nord de Ko Kood, où quelqu'un de votre hôtel viendra vous chercher (d'où la quasi nécessité de réserver à l'avance).
➢ ***De/vers Bangkok :*** des agences situées dans les quartiers touristiques de la capitale proposent des forfaits bus (env 6-7h de trajet) + ferry. Au retour, il est également facile de réserver un forfait auprès de son hôtel ou de la compagnie *Boonsiri Ferry* (*● boonsiriferry.com ●*). Ils pratiquent tous les mêmes tarifs, soit env 850 Bts. Résa min 2 j. avt conseillée. Également 3 vols/j. (en hte saison) de Bangkok à Trat avec *Bangkok Airways.* Compter 3 000-3 500 Bts.
Attention : seul 2 départs matinaux (5h et 7h30) de Bangkok permettent d'assurer le trajet jusqu'à Ko Kood dans la journée !

Adresses et infos utiles

– On trouve 1 ***poste de police*** (*☎ 039-525-745*), plusieurs ***petits supermarchés,*** 1 ***hôpital*** (*☎ 039-521-852*), 2 ***distributeurs de billets,*** l'un attenant à la ***banque*** près de l'hôpital, l'autre en face du club de plongée *Koh Kood Divers* (souvent en panne). N'acceptent pas les *MasterCards.* Sinon, 1 ***bureau de change,*** avant le *A-Na-Lay Resort,* sur la droite en venant du nord (*tlj 10h-18h*). Taux désavantageux. En dernier ressort, les hôtels peuvent aussi dépanner. Mieux vaut prévoir suffisamment de liquide avant de venir.
– Location de ***scooters*** un peu partout. Compter 300-400 Bts/j.

Où dormir ? Où manger ?

Pour un confort équivalent, les hébergements sont globalement plus chers qu'ailleurs. Tous louent des scooters.

De bon marché à un peu plus chic (de moins de 400 à 1 500 Bts / moins de 11,40 à 43 €)

|●| 🍸 *View Point Café* – วิว พ้อยท์ คาเฟ่ (*carte,* **1**) **:** *dans la mangrove, côté gauche après Klong Chao Beach, sur la route de l'hôpital. 📱 08-10-04-42-33. Jeu-lun, 9h-21h. Fermé mar et mer.* Le bien nommé, la vue est à encadrer ! Ce petit resto en bois, aussi simple que croquignolet, a les pieds plantés dans la rivière, qu'une fine bande de sable sépare de la mer. Le lieu idéal pour toutes les faims de la journée : petits plats thaïs, bonnes frites ou spaghettis, sandwichs, gâteaux, *mango sticky rice...* et un vrai bon café. Délicieux cocktails aussi, à siroter tranquillement au coucher du soleil. Superbe !
|●| *Chill Out :* *400 m après le* Paradise Divers *en allant vers le nord, côté droit. Tlj 10h-22h. 📱 08-19-49-72-26.* Petit resto juché sur pilotis, au bord de la route, tenue par une famille adorable.

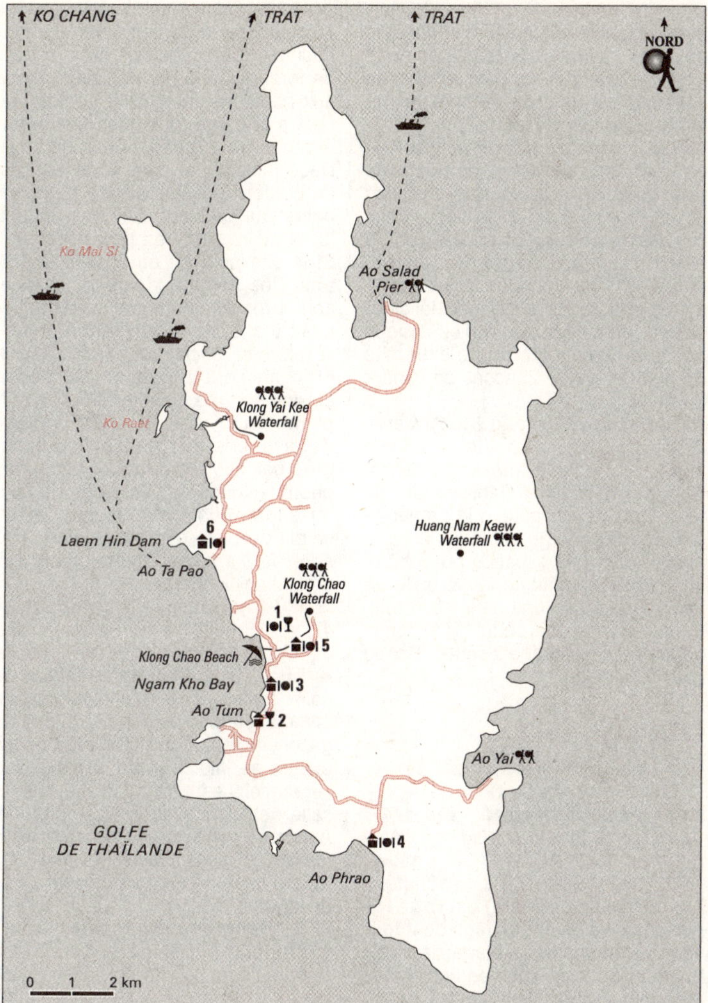

KO KOOD

Où dormir ? Où manger ?	3 S-Beach Resort
Où boire un verre ?	4 I-Lay House
1 View Point Café	5 Mangrove Bungalow
2 A-Na-Lay	6 Shantaa

Toute la gamme des plats classiques : bon *shrimp yellow curry*, par exemple, et glace coco maison.

Chayo : *en venant du sud, avt le pont et le virage, côté droit. Passez avt pour réserver, et venez de préférence* *en début de service. Tlj 8h-22h.* Gargote où officie une chef, qui concocte de bons petits plats à la demande (certains changent un peu), et comme elle est toute seule, ça peut prendre du temps. Bon rapport qualité-prix.

Les restos du village de Ao Yai : on vient dans ce village de pêcheurs pour goûter à la tranquillité d'un lieu encore authentique et se poser dans l'un des restos sur pilotis posés dans la baie. On s'y régale de poissons entiers, coquilles Saint-Jacques, crevettes et autres spécialités de la mer délicieusement préparées. On a bien aimé le *Seafood Restaurant,* à une extrémité du ponton, par le 2e accès en venant du sud.

A-Na-Lay – อาณาเล รีสอร์ท *(carte,* **2***) : sur la plage d'Ao Tum. 08-91-41-52-70. • analaykohkood@yahoo.com • analay.com •* Dans un site de toute beauté, cet hôtel a la particularité d'offrir un large choix d'hébergements, dont des cabanes posées sur une plage magnifique, avec salle de bains à partager (une ruine sans toit). Spartiate, mais quel cadre ! Une bonne option pour les budgets serrés. Bar au bout de la plage.

Chic (de 1 500 à 3 000 Bts / 43 à 86 €)

S-Beach Resort – เอส บีช รีสอร์ท *(carte,* **3***) : sur la plage de Ngam Kho Bay. 08-19-49-60-93. • saowaluk6093@gmail.com • s-beach.net •* Les bungalows, étirés sur un vaste terrain gazonné et arboré, regardent tous vers une magnifique plage de sable blanc et un petit îlot que l'on rejoint en quelques brasses. Confort simple mais propreté sans faille. Préférer les bungalows à une seule chambre, un peu en hauteur, plus confortables, plus intimes que ceux à 2 chambres, et à peine plus chers. Dans tous les cas, clim, minibar, coffre, et excellent rapport qualité-prix-tranquillité.

A-Na-Lay – อาณาเล รีสอร์ท *(carte,* **2***) : voir les coordonnées plus haut. ☎ 039-520-318. Doubles 2 000-6 000 Bts.* Outre les cabanes bon marché (voir plus haut), ce complexe, étalé avec discrétion dans un cadre magnifique, propose 70 chambres réparties dans une cinquantaine de bungalows dans un bout de forêt (racines partout, déconseillé aux personnes à mobilité réduite) ou face à la plage (quelques-uns séparés par un bras d'eau saumâtre). Déco inexistante dans tous les cas, un confort à la thaï et une fonctionnalité qui peuvent sembler un peu juste au regard des prix pratiqués. Si le site pourrait être mieux entretenu, les chambres, quant à elles, sont propres. Petit déj essentiellement thaï et resto moyen (on préfère la table du *resort* voisin, tenu par un Français, qui propose une bonne cuisine sur une belle terrasse en surplomb de la mer). Restent la plage de rêve, une mer translucide encadrée par des rochers aux découpes photogéniques, la possibilité de faire du *snorkelling* juste devant, et un calme délicieux. En conclusion : une adresse qui a du potentiel mais aux prestations inégales.

I-Lay House – ไอเลเฮ้าส์ *(carte,* **4***) : sur la plage de Ao Phrao, au sud de l'île. 08-02-21-44-21. • ilayhousekohkood.com •* Pour les amoureux de coins retirés, 8 petits chalets alignés comme à la parade sur une bande de gazon, face à l'une des plus belles plages de l'île. Confort simple mais l'essentiel y est : moustiquaire, clim et salle de bains avec douche chaude. Ambiance conviviale, et excellent resto familial qui incite à rester sur place. Ça tombe bien, on est loin de tout ! Prêt de kayaks.

Mangrove Bungalow – แมงโกรฟ บังกะโล เกาะกูด *(carte,* **5***) : à Klong Chao, au bord de la rivière. 08-99-36-20-93. • mangrove_kk@hotmail.com • kohkood-mangrove.com •* On aime beaucoup cette adresse, surtout pour ses 5 bungalows postés au bord de la rivière, simples mais vraiment adorables. Ceux en 2e ligne, plus près de la route (certes très peu passante la nuit), sont moins séduisants. La superbe plage de Klong Chao n'est qu'à 5 mn à pied, accessible également en kayak (location sur place). Resto plein de charme lui aussi, bercé par le chant des oiseaux qui s'ébattent dans les hauts arbres de la mangrove. Reposant.

Spécial coup de folie

Shantaa – ฌานตา รีสอร์ท *(carte, 6) : sur la côte nord-ouest, entre Laem Hin Dam et Ao Ta Pao. 08-15-66-06-07. • shantaakohkood.com • Doubles 3 300-16 000 Bts, petit déj compris.* Quel hôtel ! Les bungalows prennent leur aise dans une immense propriété richement arborée et fleurie, surplombant la mer. Une partie du *resort* donne sur une petite crique où l'on ne se baigne pas, mais quelques transats invitent à la détente. De l'autre côté, une vaste plage de sable fin, joliment courbée, a gardé toute sa beauté naturelle. Grand confort évidemment, déco soignée, et pas de TV ! Place au luxe, au calme et à la contemplation de ce site majestueux. Prêt de matériel de *snorkelling*, spa. Si vous ne pouvez pas séjourner dans ce lieu d'exception, essayez de venir y déjeuner... Le resto est tout simplement le meilleur de l'île.

À voir. À faire

Les cascades : la plus fréquentée, ***Klong Chao,*** dans le centre de l'île, s'atteint facilement en scooter (éventuellement en taxi), puis en 10 mn de marche dans la forêt. La chute d'eau finit sa course dans une charmante petite piscine naturelle où l'on peut piquer une tête, et même se prendre pour Tarzan en se balançant accroché aux lianes ! Possibilité de remonter la rivière en kayak depuis la mer, une super balade. Moins visitée, la ***Klong Yai Kee,*** au nord de l'île, est plus petite mais tout aussi belle. Là aussi, on peut faire trempette et remonter la rivière en kayak (d'Ao Klong Yai Kee Bay). Enfin, ***Huang Nam Kaew,*** plus difficile d'accès (moitié de la route bétonnée, piste ensuite, puis un peu de marche avec de la dénivelée, assez sportif !), est une succession de petites vasques dans les rochers escarpés, au milieu d'une jungle touffue. Pour ces 2 dernières cascades, se renseigner avant de partir pour vérifier qu'il y a bien de l'eau ! La meilleure période pour les visiter est d'août à janvier.

Les villages de pêcheurs : au sud-est de l'île, ***Ao Yai*** est le plus typique, sur pilotis, lové à l'abri d'une superbe baie. Scènes du quotidien de ces hommes tournés vers la mer, à découvrir le plus discrètement possible. Possibilité de s'attarder dans l'une des gargotes au plancher bringuebalant (voir plus haut). Un vrai retour dans le temps, une ambiance géniale ! Au nord, le village d'***Ao Salad*** est plus visité, moins pittoresque aussi. Tout près, un grand bouddha doré au sommet d'une colline et un petit temple.

Plongée sous-marine et *snorkelling*

Ko Kood ne possède peut-être pas les meilleurs spots de plongée du monde, mais ses eaux limpides sont beaucoup moins fréquentées qu'à Ko Chang ou Ko Samet et offrent une belle visibilité. Parfait pour un baptême, par exemple. Quant au *snorkelling,* on peut en faire un peu partout, matériel loué ou prêté par les hôtels.

■ ***Koh Kood Divers :*** *à Khlong Chao, en bord de route, à côté du* Garden View. *08-56-98-41-22. • info@kohkooddivers.com • kohkooddivers.com • Baptêmes 4 000 Bts pour 2 plongées, pour les plongeurs certifiés 3 000 Bts les 2 plongées (journée complète, transfert, déj et boissons compris).* Centre PADI tenu par un Néerlandais polyglotte. En principe, il y a toujours un autre instructeur qui parle le français. Organise aussi des sorties *snorkelling.*

■ ***Paradise Divers :*** *près du* S-Beach Resort, *côté droit de la route en venant du sud. 08-71-44-59-45. • kohkood-paradisedivers.com • Baptême 4 500 Bts à la journée (2 plongées, transfert et repas compris sur le bateau) ; pour les certifiés, 4 000 Bts les*

2 plongées (repas compris). Baptême, *snorkelling,* formations PADI et CMAS, plongée Nitrox avec des instructeurs anglophones ou francophones. Très bon encadrement.

À L'OUEST DE BANGKOK

NAKHON PATHOM – นครปฐม

C'est en ce lieu, considéré comme le berceau de l'enseignement bouddhique en Thaïlande, que se dresse le plus haut *chedî* (ou stupa) du monde, d'une hauteur de 120,50 m et entièrement recouvert de tuiles vernissées de Chine. Les uns avancent que le Bouddha s'y serait reposé, les autres que des reliques lui appartenant y seraient enfouies, mais tous sont d'accord pour reconnaître à l'édifice son caractère hautement sacré.

Arriver – Quitter

➢ De/vers Bangkok :
– *En train :* de Bangkok, 11 départs/j. de la gare de Hua Lamphong (le 1er à 8h05) et 2 départs de Thonburi. Compter 1h15-1h30 de trajet. Très pratique. La gare de Nakhon Pathom se situe dans le prolongement de la porte nord du *chedî.*
– *En bus :* de Bangkok, départ ttes les 40 mn, 4h-18h40, du *Southern Bus Terminal* sur Boromratchonnani Rd à Thonburi (dans le prolongement de Phra Pin Klao Sai Taymai Rd). Compter 1h de trajet, mais parfois plus aux heures de pointe ! Au retour, départ des bus sur Phayaapun Rd, au bord du *khlong* (la rue à gauche après avoir traversé le pont, en venant du *chedî*).

➢ ***Pour Kanchanaburi et la rivière Kwaï :*** 2 trains/j., vers 9h et 14h50 ; 1h30 de voyage. Également des bus (ligne n° 81) ttes les 15-30 mn, 4h-19h ; 2h de trajet. L'arrêt est situé du côté de la porte sud du *chedî.*

➢ ***Pour Damnoen Saduak :*** prendre le bus n° 78. Départ ttes les 30 mn 6h30-11h. Arrêt près de la *police station* face à l'entrée sud du *chedî.*

Où dormir ? Où manger ?

Rien ici qui justifie de passer la nuit, d'autant que les hôtels du centre-ville sont peu attrayants. Voici néanmoins une adresse, au cas où.

Bon marché (moins de 400 Bts / 11,40 €)

■ ***Mit Paisal Hotel*** – โฮเต็ลมิตรไพศาล ***:*** *120/30 Prayapan Rd.* ☎ *034-242-422.* • *meng_hgd@hotmail.com* • *À 300 m du temple, dans la 1re ruelle sur la droite après avoir tourné à droite dans Prayapan Rd en sortant de la gare ferroviaire (direction le chedî).* Très central, et c'est là son principal intérêt. Pour le reste, chambres avec salle de bains ventilées ou climatisées vieillottes mais correctes pour une nuit, le long de couloirs décatis. Possibilité de monter sur le toit pour observer le *chedî.* Accueil en thaï.

|●| On conseille de manger sur le ***marché*** qui se tient chaque jour le long de l'axe reliant le *chedî* à la gare, et dans les rues transversales. Goûter au ***khao lam,*** cette spécialité locale à base de riz gluant et de lait de coco, cuite à la vapeur et servie dans une tige de bambou. Brochettes et fruits à foison. Folle ambiance le dimanche avec un concert donné par les aveugles du coin et une foule de Thaïs aux mines encore plus réjouies qu'à l'accoutumée.

À voir

Phra Pathom Chedî : *tlj 7h-20h. Entrée : 40 Bts (musée inclus). Pas de guides anglophones sur place (et peu d'assistance à attendre des moines).* Maintenant, suivez le *Routard* pour une ronde au départ de l'entrée nord (face à la gare) et dans le sens horaire (ainsi qu'il sied pour ce genre d'édifices).

- On accède aux 2 terrasses circulaires par quelques marches pour découvrir d'abord la 1re chapelle, ou ***viharn nord*** (3 édifices semblables sont disposés aux 3 autres points cardinaux), intéressante pour sa statue du Bouddha debout de style Sukhothai. On aperçoit les 1res cloches du *chedî* destinées à témoigner tout haut de l'Illumination du Bouddha. Elles vous accompagneront tout au long de la visite.
- Viennent ensuite sur la droite le ***temple chinois*** suivi du ***viharn est*** et son bouddha méditant sous l'arbre de l'Illumination.
- Face à la porte sud se dresse le ***bot*** où ont lieu, entre autres, les ordinations des jeunes moines. À l'intérieur, un bouddha très vénéré de style dvâravatî.
- Peu avant la porte sud, un ensemble de 3 ***grottes*** (dont l'une daterait de plus de 1 000 ans) recèle des dizaines de statues du Bouddha.
- En continuant, on tombe sur le ***viharn sud,*** qui abrite la statue du Bouddha assis sur un *nãga,* lors de son 1er sermon à ses 5 disciples. Plus loin encore sur la gauche, en contrebas de la terrasse, un ensemble de bungalows destinés à accueillir les pèlerins ayant opté pour la retraite méditative.
- Pour finir, le ***viharn ouest*** présente un bouddha couché (et non endormi) en passe de rejoindre le nirvana et, un peu après sur la gauche, un petit parc mignon tout plein, une occasion de s'asseoir et de méditer sur les principes de cette fameuse « Voie du Milieu ».

Phra Pathom Chedî National Museum : *entre la terrasse et la porte sud, en contrebas du* chedî. *Mer-dim 9h-17h. Entrée incluse dans le billet.* Pour ceux qui souhaitent en savoir un peu plus sur l'histoire de Nakhon Pathom et la culture dvâravatî (VI-XIe s). Ce sombre petit musée présente un bric-à-brac poussiéreux où l'on repère de nombreux objets en céramique et en pierre (statues, bas-reliefs...), des pendentifs à l'effigie du Bouddha, des statuettes dvâravatî, mais aussi des bizarreries comme ces vieux billets de banque du monde entier (on reconnaîtra au passage le célèbre Voltaire). Ne pas manquer les *dharmacakras,* ces roues qui figurent l'ordre cosmique avant l'émergence des images du Bouddha.

DAMNOEN SADUAK (FLOATING MARKET) – ตลาดนํ้าดําเนินสะดวก

Petite ville, à environ 60 km au sud de Nakhon Pathom et un peu plus de 100 km à l'ouest de Bangkok, connue pour son marché flottant (visible sur de nombreuses cartes postales !). Hélas, il est essentiellement devenu une attraction touristique et n'offre plus grand-chose de pittoresque.

Arriver – Quitter

➢ ***De Bangkok :*** bus no 78 ou 1733 du *Southern Bus Terminal,* sur Boromratchonnani Rd à Thonburi (dans le prolongement de Phra Pin Klao Sai Taymai Rd). Départs ttes les heures env, à partir de 6h. Trajet : 2h. Le bus, en principe, vous dépose à proximité du marché. Une autre solution, très prisée des voyageurs, est de s'y rendre par l'intermédiaire d'une agence de Bangkok.

➢ ***Vers Kanchanaburi :*** pas de direct. Il faut prendre un bus pour Bangkok et descendre à Ban Phe, où passent des bus pour Kanchanaburi. Compter 2h30 en tout.

À voir

Le marché flottant *(Floating Market) : tlj 7h-11h (pour le gros de l'activité).* Difficile de cacher notre déception ! Ce marché flottant a dépéri sous la pression touristique, plus aucune trace d'authenticité. On peut visiter l'endroit à pied, en flânant sur les quais qui bordent les canaux, ou en faisant un tour en pirogue... à rames ou à moteur, ces dernières étant évidemment plus chères. Plusieurs points d'embarquement, comme Yuwanda Pier (au bout de la route à droite). Compter en principe 100 Bts par personne minimum, mais bien sûr, ici, tout est négociable. Attention, même si votre batelière est sympa et souriante, elle vous mènera chez ses copines pour essayer de vous fourguer babioles et souvenirs... *made in China.* Le truc le plus amusant, ce sont les embouteillages. Outre les échoppes de bibelots et gargotes de nourriture, on voit surtout des femmes, coiffées d'un chapeau de bambou traditionnel, vendre leurs marchandises en pirogue. En s'aventurant dans des canaux moins fréquentés, on peut toutefois échapper un peu à la foule et découvrir de charmantes maisons fleuries plantées au bord de l'eau. Un bon moyen de rencontrer de vrais villageois et de saisir quelques tranches de vie authentiques malgré tout.

KANCHANABURI ET LA RIVIÈRE KWAÏ – กาญจนบุรีและแมน้ำแคว

53 000 hab.

• Plan *p. 183*

À 130 km à l'ouest de Bangkok, Kanchanaburi serait une grosse bourgade sans grand intérêt si elle ne s'étalait pas nonchalamment le long de la rivière Kwaï. Le nom est évidemment célèbre pour le pont qui la franchit et la ligne de chemin de fer, construite par les Japonais pendant la Seconde Guerre mondiale, qui lui est associée. Ce que l'on sait moins, c'est qu'elle fut longtemps la ville du saphir et du rubis, un filon aujourd'hui quasi épuisé. Amateurs de pierres précieuses, prudence : les pierres que l'on essaiera peut-être de vous vendre, en particulier l'onyx, de couleur noire, sont presque toujours fausses ! Outre la visite des musées consacrés au fameux pont, que l'on peut traverser à pied, et quelques (très) jolies excursions « nature » à faire dans les environs, les touristes viennent ici profiter de la douce torpeur qui règne dans les *guesthouses,* presque toutes installées au bord de l'eau, voire carrément sur l'eau.

Arriver – Quitter

En bus

➢ ***De/vers Bangkok :*** de Bangkok, départ ttes les 15-20 mn 4h-21h env, du *Southern Bus Terminal,* sur Boromratchonnani Rd à Thonburi. Compter env 2h de trajet. De Kanchanaburi, départ (mêmes fréquences) depuis le bureau tout bleu (petite plaque « Kanchanaburi Tour Co ») situé avant le *Bus Terminal (plan B3).*

➢ ***De/vers Nakhon Pathom :*** mêmes

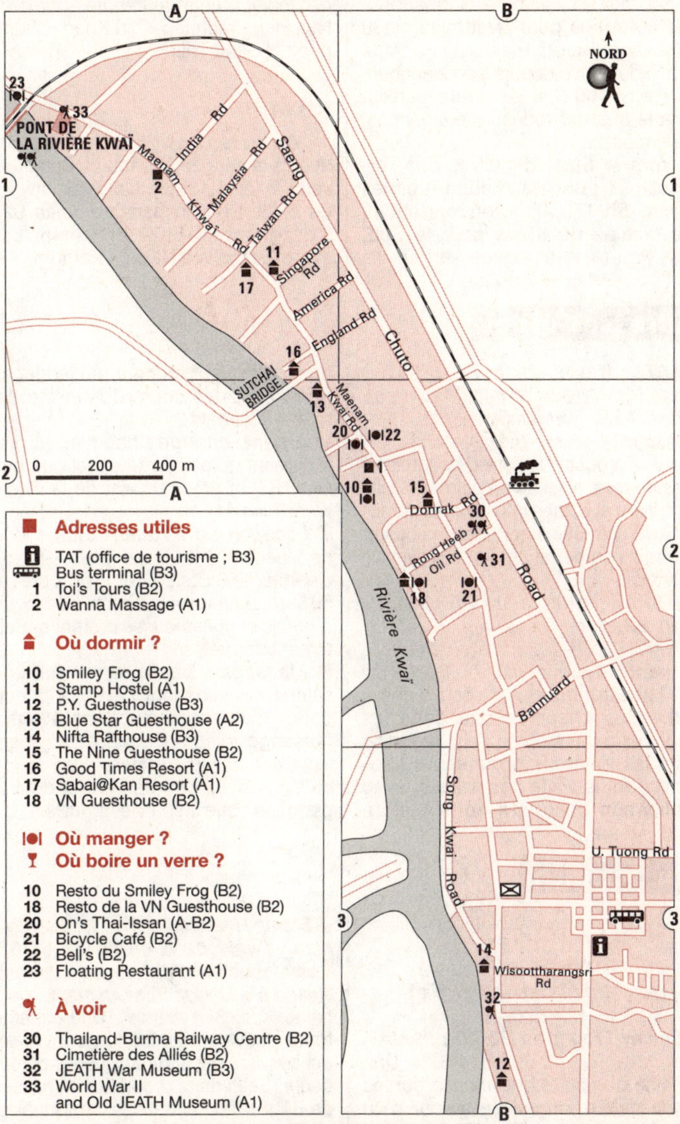

KANCHANABURI

bus que pour Bangkok. Env 1h30 de trajet.

➢ ***Vers Damnoen Saduak :*** prendre un bus pour Ratchaburi (ttes les 20 mn, 5h-18h20) et s'arrêter à Ban Phe. De là, prendre le bus nº 78 ou le minibus nº 1733. Trajet : env 2h30.

➢ ***Vers Ayutthaya :*** bus (ttes les

45 mn, 5h-18h) jusqu'à Suphanburi, puis autre bus pour Ayutthaya. 3h30 de voyage. Sinon, trajets d'une traite en minibus privé depuis Kanchanaburi, pour env 400 Bts, en vente partout dans le quartier touristique (agences, *guesthouses*...).

➢ ***Vers le Sud :*** depuis le *Bus Terminal,* bus pour Ratchaburi (ttes les 15 mn, 5h-17h50), d'où partent tlj une dizaine de trains pour le Sud, dans l'ap-m et en soirée surtout. Ils desservent, entre autres, les gares de Hua Hin, Prachuab Khiri Khan, Chumphon et Surat Thani.

En train

➢ ***De/vers Bangkok :*** 2 départs depuis la gare de Thonburi à Bangkok, vers 7h45 et 13h35. Compter env 3h de trajet. De Kanchanaburi *(plan B2),* 2 départs vers 7h20 et 14h45. Les trains font halte à Nakhon Pathom.

Adresses utiles

■ ***TAT*** – ท.ท.ท. *(plan B3) : Saeng Chuto Rd. ☎ 034-511-200. Dans un bâtiment rose saumon en face du commissariat de police. Tlj 8h30-16h30.* On peut s'y procurer la liste des hôtels et *guesthouses,* ainsi qu'un plan de la ville et un livret avec des infos sur les attractions du coin et les horaires des bus et des trains en partance. Accueil sympa, en anglais.

■ ***Toi's Tour*** – บริษัทต้อยทัวร์ *(plan B2,* ***1****) : 57 Maenam Kwaï Rd. 📱 08-18-56-55-23. • toistour@yahoo.com • tois-tours.com • Tlj 9h30-21h.* Toi, la patronne, qui a vécu 5 ans à Pau, vous chaperonnera dans les multiples excursions qu'elle organise dans les environs proches ou lointains, dont la visite des rizières, avec explication complète de la culture du riz et même un petit musée local. Également des cours de cuisine. Le tout en français !

■ ***Argent, change :*** banques et distributeurs autour du terminal des bus *(plan B3)* et près du pont de la rivière Kwaï *(plan A1).*

■ ***Location de 2-roues :*** tout le long de Maenam Kwai Road *(plan A-B2-3).* Compter 200 Bts/j. pour un scooter et 50 Bts/j. pour un vélo. Sinon, beaucoup d'hôtels et *guesthouses* prêtent gratuitement des vélos.

■ ***Massage :*** parmi les nombreux salons qui jalonnent l'avenue principale, nous recommandons ***Wanna Massage*** *(plan A1,* ***2*** *; 351, Maenam Kwai Rd, près du resto* Kan Buri *; 📱 09-57-51-83-42),* très pro et dont la patronne parle un peu le français.

Où dormir ?

De bon marché à prix moyens (jusqu'à 800 Bts / 23 €)

⌂ ***Smiley Frog*** *(plan B2,* ***10****) : 28 Maenam Kwai Rd. ☎ 034-514-579.* Une aubaine que cette *guesthouse* bordée par la rivière, organisée autour d'un beau jardin fleuri où transats et hamacs permettent de buller à loisir. Agréables chambres avec salle de bains, pour la plupart climatisées et avec terrasse privative. Accueil adorable. Sur place, resto (voir dans « Où manger ? ») d'un bon rapport qualité-prix, comme l'ensemble de l'établissement d'ailleurs.

⌂ ***Stamp Hostel*** *(plan A1,* ***11****) : 282 Maenam Kwai Rd. 📱 08-30-88-53-62. • stamphostel@gmail.com • stamphostel.com • Dortoirs uniquement ; petit déj en sus. Bon marché.* Une auberge toute neuve à l'ambiance conviviale, qui conviendra plutôt aux jeunes baroudeurs. Seulement 2 dortoirs climatisés de 6 lits chacun (matelas confortables, casiers individuels) se partageant des douches avec eau chaude. Bar, cuisine avec frigo à dispo, machines à laver. On peut profiter des bons conseils de visite dispensés par le jeune staff anglophone, et passer de mémorables soirées communautaires entre routards : sessions musicales, barbecue...

P.Y. Guesthouse *(plan B3, **12**) : 92 Chaichoompol Rd, soi 3, Banthai, Muang. 08-12-08-49-37. Prix moyens (fourchette haute), petit déj en supplément.* On a été vraiment charmés par cet établissement familial intime niché au fond d'une ruelle, à une encablure de la rivière. Il abrite 8 chambres à porte vitrée coulissante de part et d'autre d'une courette garnie de plantes, non seulement agréables et très soignées mais aussi d'excellent confort (salle de bains, clim, frigo et bonne literie !). Réception du même tonneau, joliment décorée, avec un coin lecture. Accueil tout en douceur de la proprio. L'endroit est un peu excentré mais on peut y louer vélos ou scooters.

Blue Star Guesthouse – บลูสตาร์เกสท์เฮ้าส์ *(plan A2, **13**) : 241 Maenam Kwai Rd (près du Sutchai Bridge). ☎ 034-512-161 ou 06-49-84-43-29. • bluestar_guesthouse@yahoo.fr • bluestar-guesthouse.com •* Une adresse qu'on conseille pour ses bungalows en bois sur pilotis autour d'un marais à l'épaisse végétation, avec terrasse privée en gros rondins et, pour une poignée d'entre eux, la vue sur la rivière. De quoi se sentir quasi en pleine jungle ! Les moins chers (vraiment pas chers !) ont juste un ventilo et l'eau froide. Pour plus de confort (mais un charme moindre), on peut opter pour les chambres en dur près de la réception. Accueil gentil. Resto.

Nita Rafthouse – เรือนแพนิต้า ใกล้พิพิธภัณฑ์ *(plan B3, **14**) : 27/1 Phakphrak Rd. ☎ 034-514-521. À 100 m au nord du JEATH Museum. Prix moyens.* Chambres en bambou tressé, modestes mais pittoresques, sur un gros radeau flottant sur la rivière. Certaines sont très basiques, sans salle d'eau et sans vue, d'autres ont la clim et l'eau chaude. Notre préférée est la n° 54 avec ses 2 fenêtres sur la rivière. Bonne cuisine au resto, qu'on déguste assis en tailleur devant des tables basses. Ambiance décontractée, patron sympa, bref, une adresse idéale pour une détente totale.

The Nine Guesthouse – เดอะไนน์ เกสต์เฮาส์ *(plan B2, **15**) : 16/35 Maenam Kwai Rd. 08-67-55-59-19. Prix moyens.* Cette fois, on ne vous amène pas en bordure de rivière, mais dans le cœur du village. C'est une grosse maison bien située, proche de l'animation et dont les chambres sont suffisamment retirées au calme. Selon le prix, elles viennent avec ou sans salle de bains, avec ou sans terrasse. Toutes d'une belle propreté, dotées de frigo, clim et ventilo. Déco sobre et un peu timide, tout comme l'accueil. On apprécie le jardin arboré pour se reposer après de longues journées de balade. Une bonne affaire, à réserver tôt en période d'affluence.

VN Guesthouse – วี.เอ็น. เกสท์เฮ้าส์ *(plan B2, **18**) : 44 Rongheeb Oil Rd. ☎ 034-514-082. • info@vnguesthouse.com • vnguesthouse.com • Prix moyens.* Une adresse routarde bien connue proposant 2 types de chambres : dans la maison flottante, avec des cloisons en bois, ou dans 2 bâtiments en dur. Ces dernières sont un peu mieux finies mais les autres jouissent d'une situation plus pittoresque, à vous de voir ! Dans tous les cas, on peut choisir entre la clim ou le ventilo. Resto en bois au-dessus de l'eau, avec pas mal de choix (voir « Où manger ? »). Accueil cordial.

Chic (de 1 500 à 3 000 Bts / 43 à 86 €)

Good Times Resort *(plan A1, **16**) : 265/5-7 Maenam Kwai Rd. 09-01-43-49-25. • good_times_resort@hotmail.com • goodtimesriverkwai.com • Doubles 1 700-2 800 Bts, petit déj inclus.* Un excellent choix si vous cherchez un hébergement de charme en bord de rivière. Passé la réception, tout ouverte, on découvre un ravissant complexe avec une super petite piscine cernée de végétation et des chambres fraîches et spacieuses, aux murs lambrissés et élégant carrelage au sol. Tout le confort est là : literie ferme et de qualité, sanitaires vastes et nickel, coffre, frigo, clim... Les plus chères, comme la n° 205, sont encore mieux, avec baie vitrée donnant sur un plan d'eau et, au-delà, le fleuve. Sans oublier le resto, bon, abordable et très romantique !

Sabai@Kan Resort *(plan A1, **17**) : 317/4 Maenam Kwai Rd.*

☎ 09-29-97-40-00. • sabai_at_kan@hotmail.com • sabaiatkan.com • Doubles 1 400-1 700 Bts, petit déj inclus. Une autre adresse de qualité dans cette catégorie, avec des chambres de belle taille, à la déco minimaliste mais bien plaisantes, dans les tons clairs. Les *superior rooms,* au rez-de-chaussée, jouissent d'une terrasse privée, mais toutes donnent sur le beau jardin planté de palmiers et agrémenté d'une piscine en forme de haricot. Très bon confort et petit déj-buffet compris dans le prix.

Où manger ? Où boire un verre ?

Vous trouverez de quoi vous restaurer correctement parmi la longue brochette des restos alignés sur Maenam Kwai Rd. En revanche, pas de table gastronomique à l'horizon. Quant aux bars, ils ouvrent généralement vers 17h ; seuls quelques cafés sont ouverts en journée.

Bon marché (moins de 150 Bts / 4,30 €)

On's Thai-Issan – อร ไทยอีสาน มังสวิรัต *(plan A-B2,* ***20****) : 268/1, Maenam Kwai Rd. 📱 08-73-64-22-64. Tlj 10h-21h.* L'endroit où manger au moins une fois à Kanchanaburi ! On y déguste, dans une salle proprette prolongée d'un bout de terrasse, une succulente cuisine 100 % végétarienne à prix mini : soupes, salades, currys, ragoûts de légumes et autres *stir-fried vegetables,* à savourer avec un de leurs rafraîchissants breuvages maison... Propose aussi des cours de cuisine (3 plats + dessert pour 600 Bts). N'hésitez pas !

Resto de la VN Guesthouse – ร้านอาหารของ วี.เอ็น เกสท์เฮ้าส์ *(plan B2,* ***18****) : voir « Où dormir ? ». Tlj 10h-22h.* Cette bonne petite *guesthouse* possède une agréable terrasse en bois et bambou donnant sur l'eau. Rien d'exceptionnel, mais on y mange une bonne cuisine thaïe à prix tout doux. Également des sandwichs, plats végétariens et viandes (un peu plus chères). Atmosphère routarde tranquille.

Resto du Smiley Frog – จอด ลิฟร็อก *(plan B2,* ***10****) : voir « Où dormir ? ». Tlj 10h30-22h30.* Au fond d'une allée, un resto circulaire sous une paillote ventilée, tenu par une Allemande. L'un des bons plans de la ville pour un repas honorable et pas cher. De plus, carte pléthorique (très nombreux plats thaïs, mais aussi *burrito,* fondue mongole, etc.). Loue également des chambres bon marché à l'arrière (voir plus haut).

Prix moyens (de 150 à 300 Bts / 4,30 à 8,60 €)

Bicycle Café *(plan B2,* ***21****) : 35 Chao Khun Nen Rd, devant le cimetière des Alliés. 📱 08-61-64-22-98. Tlj 11h-minuit.* Resto-bar entièrement décoré sur le thème des 2-roues (du tricycle à la Harley), doté d'une salle ventilée ouverte sur la rue. L'endroit est connu pour ses burgers, pas très gros mais délicieux. Également quelques plats thaïs bon marché, ainsi qu'une intéressante sélection de bières et de cocktails pour venir passer la soirée. Accueil aux petits soins d'une équipe jeune et anglophone.

Bell's *(plan B2,* ***22****) : 24/5 Maenam Kwai Rd. 📱 08-10-10-66-14. • kinet1968@yahoo.fr • Tlj 16h-minuit.* Ceux qui ont envie d'une adresse moins thaïe qu'à l'accoutumée peuvent s'aventurer dans ce resto bien net et ouvert sur la rue, où l'on sert de copieuses viandes et pizzas, entre autres. Accueil souriant de Kine, le sympathique patron suisse (francophone). Une adresse à la qualité constante.

Floating Restaurant – ร้านอาหารโฟลทติ้ง *(plan A1,* ***23****) : au pied du fameux pont (descendre les marches). ☎ 034-512-595. Tlj 9h-22h.* Touristique, ce vaste resto flottant tout ouvert où se presse un ballet de serveurs un peu blasés ? Oui, assurément, surtout si des groupes sont de la partie (en général, le midi). Cela dit, contrairement à nos craintes, la cuisine y est tout à fait louable. Bon poisson, cuit à la vapeur et parfumé au citron (mais gare au piment !) ou frit à l'ail et au poivre, par exemple. Pour les gros appétits, buffet varié à 250 Bts. De plus, les prix restent abordables, on a de la place, et la vue sur le pont est imprenable. Pourquoi se priver ?

À voir

Le pont de la rivière Kwaï – สะพานแม่น้ำแคว *(plan A1) : au nord de la ville.* Immortalisé par le roman de Pierre Boulle et le film de David Lean (tourné au Sri Lanka), il a une certaine allure, mais son intérêt est surtout lié à l'histoire qui y est associée. En 1942, l'armée impériale japonaise ordonna la construction d'une voie de chemin de fer qui devait relier le Siam à la Birmanie, pour soutenir l'invasion nippone de cette partie du continent. En tout, quelque 60 000 prisonniers occidentaux (australiens, anglais et hollandais surtout) et 200 000 travailleurs asiatiques œuvrèrent à ces 415 km de voie ferrée, au prix de ***plus de 100 000 morts*** et d'incroyables souffrances. La ligne fut d'ailleurs surnommée « le chemin de fer de la mort » ! Les cadences devinrent infernales quand les Japonais décidèrent, sous la menace d'une contre-offensive britannique en Birmanie, de raccourcir la durée des travaux. Terminée en octobre 1943, la ligne servit jusqu'en 1945. Le pont fut bombardé à plusieurs reprises. En 1957, le gouvernement thaï décida de restaurer la partie de la voie ferrée entre Nong Pladuk et Nam Tok, encore en service aujourd'hui. Ironie de l'histoire, il n'hésita pas à demander le financement à des banques japonaises. On peut franchir le pont à pied. À proximité, 2 trains d'époque, dont un camion transformé en locomotive. Grande fête annuelle pendant 10 jours (fin novembre-début décembre) avec reconstitution des bombardements alliés de la fin de la guerre mis en son et lumière (entrée payante, audioguide inclus), et l'un des trains à vapeur de l'époque qui fonctionne pour l'occasion.

Thailand-Burma Railway Centre – ศูนย์ทางรถไฟไทย-พม่า *(plan B2, **30**) : 73 Jaokunnen Rd. ☎ 034-512-721. • tbrconline.com • Tlj 9h-17h. Entrée : env 150 Bts ; réduc.* Centre d'expo moderne portant bien sûr sur la construction du fameux « chemin de fer de la mort ». On y apprend que l'objectif de ce dernier était d'acheminer plus efficacement (et plus sûrement) que par la voie maritime hommes et matériel jusqu'en Birmanie, d'où les Japonais comptaient faire campagne vers le sous-continent indien. Moult panneaux explicatifs en anglais y dénoncent l'impérialisme nippon et l'exploitation des prisonniers de guerre et des paysans asiatiques, dont les chances de survie dépendaient de nombreux facteurs, comme la gestion et la localisation du camp (il valait mieux pour les prisonniers qu'il soit près du site de construction), la présence d'une source d'eau saine, de sources de nourriture, le type de travail imposé, etc. Un film de 12 mn, avec témoignages et images d'époque, vient compléter l'information, de même que de nombreux objets ayant appartenu à des PDG (prisonniers de guerre), un plan-relief du parcours du train, un modèle réduit d'une section de chantier, et puis un édifiant panneau avec le nombre de morts parmi les travailleurs pour chaque nationalité. Vous noterez que ceux qui payèrent le plus lourd tribut furent les Asiatiques. À l'étage, exposé sur les bombardements du pont et la libération finale, ainsi qu'une agréable cafét' avec vue sur le cimetière des Alliés (voir ci-après).

Le cimetière des Alliés *(Kanchanaburi War Cemetery ; plan B2, **31**) : devant le Thailand-Burma Railway Centre. Tlj 8h-17h.* À visiter avant ou après le musée. Notez le jeune âge des victimes australiennes, anglaises et hollandaises. Évidemment, dans ce cimetière bien entretenu, ce sont des plaques commémoratives, il n'y a pas de corps (entiers et identifiés tout du moins) en terre.

JEATH War Museum – พิพิธภัณฑ์อักษะเชลยศึก หรือพิพิธภัณฑ์สงคราม *(plan B3, **32**) : au sud du quartier touristique, près de la rivière. ☎ 034-511-263. Tlj 8h30-16h30. Entrée : env 50 Bts. Photos interdites.* Ce musée, plutôt sommaire, est symboliquement installé dans une grande cabane en bambou censée rappeler les campements de prisonniers. Rien de spectaculaire, donc, sauf le sujet lui-même, traité ici encore au travers de photos d'époque, gravures, dessins et coupures de journaux illustrant les atrocités qu'endurèrent les prisonniers de guerre pour la construction du chemin de fer.

LA MORT A UN NOM

JEATH sont les initiales de « Japan, England, America, Australia, Thailand and Holland », faisant ainsi référence aux nationalités des prisonniers qui œuvrèrent et moururent à la tâche. Le terme « JEATH » était utilisé à la place de « DEATH », considéré comme tabou.

World War II and Old JEATH Museum *(plan A1,* ***33****)* **:** *Maenam Kwaï Rd, à proximité du pont. Tlj 8h-18h. Entrée : env 50 Bts.* On vous en parle car vous passerez inévitablement devant. Annoncé par une grosse loco rouillée, voici un autre musée consacré à la guerre. Autant le savoir, les collections sont hétéroclites et d'intérêt variable : morceaux du pont de bois d'origine, motos et side-cars japonais, armement, monnaies, timbres, poteries... Un fatras poussiéreux et mal organisé dans lequel on a du mal à se retrouver ! Cela dit, il y a quelques beaux objets et une jolie vue à glaner sur le pont depuis l'esplanade.

La nonne flottante – แม่ชีลอยน้ำ *(hors plan par B3)* **:** *à 7 km du centre, dans le temple Tham Mongkon Thong* – วัดถ้ำมังกรทอง. *Depuis le terminal de bus, prendre le nº 8191 (ttes les 30 mn, 8h30-17h30). Y aller en fin de journée ou le w-e, quand il y a du monde, car le reste du temps le show n'est pas garanti (en cas d'affluence : 20 Bts ; sinon : 200 Bts).*
Des centaines de personnes font le voyage chaque jour pour voir Among, « la nonne flottante », réaliser, dans un bassin où l'eau lui arrive à la taille, les différentes positions du Bouddha. La cérémonie se termine par la bénédiction des fidèles avec l'eau sacrée du bassin. Among est la 2e nonne flottante de ce temple, devenu grâce à elle un véritable ***lieu de pèlerinage.*** Nombreux touristes chinois et coréens.

DANS LES ENVIRONS DE KANCHANABURI

– À une douzaine de kilomètres au sud-est de Kanchanaburi, quelques beaux ***temples*** *(hors plan par B3)* à voir dans la journée en louant un scooter ou via une agence : le ***Wat Ban Tom*** – วัดบ้านทุ่ม, à l'entrée en forme de tête de dragon, pour le moins insolite, et un peu plus loin, côte à côte, un temple thaï et une pagode chinoise au style grandiloquent, qui valent aussi le détour pour la vue alentour : le ***Wat Tham Sua*** – วัดถ้ำเสือ et le ***Wat Tham Kao Noi*** – วัดถ้ำแก้ว.

Excursion en train vers Nam Tok – รถไฟนำเที่ยวน้ำตก **:** *3 départs depuis la gare de Kanchanaburi, en principe vers 6h, 10h35 et 16h25 (on ne vous conseille pas ce dernier départ, à moins de dormir sur place). Retour de Nam Tok vers 9h et 15h. Min 100 Bts par trajet. Également un train touristique le w-e depuis Bangkok (départ à 6h30 et retour à 19h25), avec au choix la 2e ou la 3e classe...*
C'est une balade de 2h (60 km) sympa car la voie ferrée traverse le fameux pont, longe la rivière Kwaï et passe sur des surplombs impressionnants. Prenez un siège sur la gauche, dans le sens de la marche du train. Ce dernier s'arrête souvent, car c'est avant tout un train de passagers, et siffle à perdre haleine quand il croise une route, car il n'y a pas de passage à niveau. Paysages magnifiques, mais sur une portion du trajet seulement.

Balade aux Erawan Waterfalls – ไปเที่ยวน้ำตกเอราวัณ **:** *à env 65 km au nord-ouest de Kanchanaburi, dans un parc national. • dnp.go.th • Pour s'y rendre, bus nº 8170 au terminal de Kanchanaburi, env ttes les heures 8h-17h40 (1h30 de trajet). Attention, si vous ne désirez pas dormir sur place, le dernier bus part des chutes à 16h (archi plein, bien entendu). Entrée : 300 Bts ; 30 Bts en sus pour le véhicule.*

Une cascade étagée sur 7 niveaux, dont on peut rejoindre le sommet en environ 2h30 de marche par un agréable chemin dans la jungle. En saison sèche, les chutes sont réduites à un simple filet d'eau (bien se renseigner) ; bien que moins impressionnantes alors, l'excursion reste cependant agréable. Nombreuses piscines naturelles tout du long, peuplées de petits poissons qui adorent mordiller les peaux mortes (une vraie pédicure gratuite !). Apporter chaussures de marche (chemin parfois glissant) et maillot de bain, bien sûr. Paysages superbes. Quelques colonies de singes. Pour éviter la foule et les bruyants groupes de touristes, s'y rendre de préférence tôt le matin, et plutôt en semaine. Location de bungalows et, en saison sèche, de tentes sur place. Petits restos.

🔭🔭 ***Hellfire Pass Memorial :*** *à 80 km au nord-ouest de Kanchanaburi, sur la route de Sangkhlaburi. ☎ 034-919-605. • dva.gov.au • Tlj 9h-16h. GRATUIT (y compris l'audioguide en anglais) mais donation bienvenue.* La Hellfire Pass est l'un de ces profonds passages en forme de tranchée que les Japonais firent creuser pour faire passer le chemin de fer de la mort à travers les collines. Tom Morris, un ancien prisonnier de guerre australien ayant travaillé à l'édification de la voie eut l'idée, dans les années 1980, d'en faire un mémorial à la gloire de tous ceux qui tombèrent dans cette folle entreprise. Il en résulte une belle expo (une de plus, pourrait-on dire, sur ce sujet) avec, à la clé, un parcours extérieur menant à la fameuse Hellfire Pass (que l'on peut arpenter) et permettant de s'immerger dans l'environnement forestier, chaud et accidenté (en bref, inhospitalier !) dans lequel durent trimer les POW *(prisoners of war)* et travailleurs asiatiques. Vaut la peine, d'autant que c'est gratuit. Compter environ 1h30, plus si vous souhaitez parcourir tout le sentier (8 km aller-retour).

🔭🔭 ***Sangkhlaburi :*** *près de la frontière birmane, à 75 km au nord de Thong Pha Phum, soit 2h d'une belle route de montagne. De Kanchanaburi (215 km), 4 bus/j. 6h20-12h (durée : min 4h), qui marquent l'arrêt à la demande tt au long de la route n° 323.* Habitée par une forte population de Môn et de Karen (ethnies originaires de Birmanie), par des Thaïs, des émigrants birmans et une petite communauté lao, la petite ville de Sangkhlaburi s'étale au milieu des collines, en bordure d'un immense lac artificiel. Suite à la construction du barrage hydroélectrique de Khao Laem, dans les années 1980, l'ancien village a été englouti ; en saison sèche, on peut encore apercevoir les flèches de l'ancien temple de la vieille ville émergeant de l'eau. La plupart des minorités ethniques habitent des maisons flottantes posées sur le lac, ou des cahutes sur pilotis en bordure, tandis que, du côté « thaï » de la ville, on peut admirer quelques belles maisons traditionnelles en teck. Peu de voyageurs s'aventurent ici, et c'est aussi ce qui fait le charme du coin. En revanche, pas mal de Bangkokiens viennent y profiter du grand air et des attraits de la région le temps d'un week-end.

Hormis de jolies balades sur le lac, pas grand-chose à voir en ville ; on peut cependant flâner sur le marché local ou le marché artisanal – où l'on trouve des marchandises venues de la Birmanie toute proche –, traverser ***le plus long pont en bois du pays*** (plus de 400 m), au bout duquel se trouve le village môn, un temple récent et un *chedî* couvert de 6 kg d'or, aller faire un tour jusqu'à la frontière birmane, au ***col des Trois Pagodes,*** ou encore pousser jusqu'au ***parc national de Khao Laem,*** situé à 30 km de là. En bref, profiter d'un lieu charmant et paisible, dans une atmosphère authentique... Le coin idéal pour qui souhaite avoir un avant-goût de la Birmanie sans traverser la frontière.

🏠 🍽 Pour se loger, plusieurs *resorts,* plutôt chers en général et au personnel peu anglophone. Pour son rapport qualité-prix, notre préférence va à la ***P. Guest House,*** qui propose des chambres minérales, agréables et nickel, étagées sur les pentes d'une colline qui descend vers le lac *(81/2 Moo 1, Tambon Nonglu, au bout de la rue principale ; ☎ 034-595-061 ; • p-guesthouse.com • ; prix moyens).* Fait également resto (pas extra), loue des motos, des canoës, et propose des tours en bateau. Également quelques logements chez l'habitant, comme la très simple ***J. Family Home Stay*** *(en* *retrait de la rue principale ; ☎ 034-595-511 ou 📱 08-17-63-26-67 ; bon marché).* Pour se restaurer, on trouve autour du marché des petites adresses servant de la cuisine thaïe et de délicieux assortiments de currys birmans. Possibilité également de prendre un bon petit déj ou un plat végétarien à la ***Baan Unrak Bakery*** *(dans la rue principale, à 300 m de la* P. Guest House *; bon marché),* tout en participant à une bonne cause puisque le lieu fait partie d'un projet qui prend en charge des enfants orphelins et des mères isolées.

AU NORD DE BANGKOK

AYUTTHAYA – อยุธยา

53 000 hab.

• Plan *p. 191*

À 80 km de Bangkok, *Phra Nakhon Sri Ayutthaya* (« ville sainte d'Ayutthaya »), dont le nom, dérivé du sanskrit, signifie « ville imprenable », est une ancienne capitale du Siam. Pas moins de 33 rois ont régné sur elle, la conduisant à une incroyable prospérité. À son apogée, elle comptait même plus de 1 million d'habitants et fut comparable aux capitales européennes dans sa splendeur ou son influence. Portugais, Français, Néerlandais, Britanniques et Japonais s'y installèrent pour faire des affaires. Dopés par un commerce florissant, l'architecture, la littérature et les arts plastiques s'épanouirent et firent de cette « Venise de l'Orient » le berceau d'une culture rayonnante. À l'époque, on comptait pas moins de 3 palais royaux, 375 temples et une trentaine de forts pour la défendre. De sa splendeur passée, Ayutthaya a conservé d'importantes ruines, classées au Patrimoine mondial par l'Unesco depuis 1991. La ville mérite donc une visite, ne serait-ce que le temps d'une excursion à la journée depuis Bangkok, même si Sukhothai est nettement plus porteuse de rêve et surtout beaucoup plus agréable à vivre à notre avis.

UN PEU D'HISTOIRE

33 rois régnèrent à Ayutthaya, qui fut fondée en 1350. Le royaume d'Ayutthaya fut l'objet, au XVIIe s, d'une étrange relation avec la France. Louis XIV, après une 1re mission, envoya une délégation dans le dessein de faire du roi Narai un allié et, éventuellement, de le convertir au catholicisme. François de Chaumont dirigea alors l'ambassade, accompagné de l'abbé de Choisy. La délégation siamoise reçue, en remerciements, en France par Louis XIV fit, elle, grand bruit à Brest. D'ailleurs, la ville bretonne s'en souvient encore, puisqu'elle a baptisé « rue de Siam » son artère principale en l'honneur de l'événement.

FRANÇOIS-TIMOLÉON, ABBÉ FACÉTIEUX ET AVENTUREUX

Ce curieux prêtre envoyé à Ayutthaya par Louis XIV aimait se travestir en femme, goût qu'avait encouragé sa mère dès sa prime jeunesse pour complaire à Monsieur, frère du roi Louis XIV. Il séduisit sous ce costume bien des garçons de bonne famille. Il relate ses aventures dans les Mémoires de l'abbé de Choisy habillé en femme. *Une autre passion peu « catholique », celle du jeu, lui coûta une bonne partie de sa fortune.*

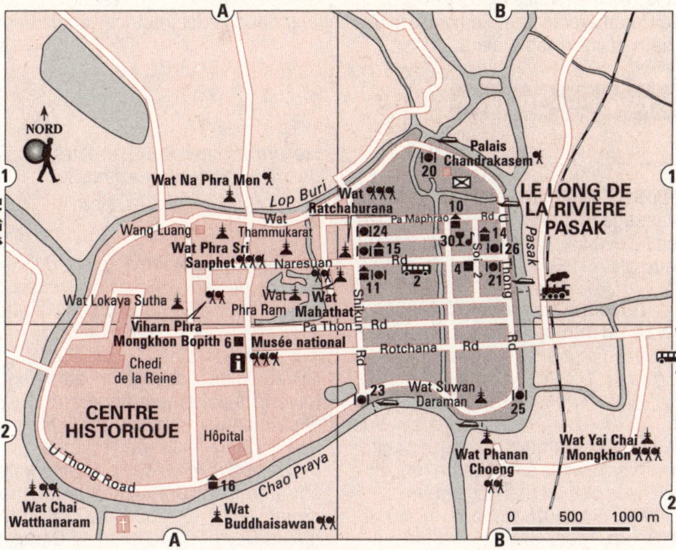

AYUTTHAYA

Adresses utiles

- TAT (office de tourisme ; A2)
- 1 Terminal longues distances (hors plan par B2)
- 2 Minivans pour Bangkok (B1)
- 4 Siam Commercial Bank (B1)
- 6 Tourist Police (A2)

Où dormir ?

- 10 Baan Lotus Guesthouse, PU Guesthouse et PU Inn Resort (B1)
- 11 Tamarind Guesthouse (B1)
- 12 Ayutthaya Retreat (hors plan par A1)
- 14 Chantana House (B1)
- 15 Grandparent's Home (B1)
- 16 Iudia on the River et Sala Ayutthaya (A2)

Où manger ?

- 11 Coffee Old City (B1)
- 15 Burinda et Kaimaraa (B1)
- 20 Marché Hua Raw (B1)
- 21 Marché Chao Phrom (B1)
- 23 Saithong River Restaurant (B2)
- 24 Malakor Café & Restaurant (B1)
- 25 Pae Krung Kao (B2)
- 26 MK Restaurant (B1)

Où boire un verre ? Où sortir ?

- 30 Jazz Bar, Planet Earth et Street Lamp (B1)

Au Siam, l'implantation française fut largement facilitée par la francophilie d'un aventurier grec, Phaulkon, qui exerçait une grande influence sur le roi Narai. Il évinça Anglais et Hollandais au profit des Français, et ceux-ci obtinrent d'installer des troupes au Siam. Cependant, la lune de miel prit fin en 1688 avec l'assassinat de Phaulkon par des nationalistes, ainsi que la mort du roi et l'expulsion de tous les étrangers du royaume (pour plus d'infos sur le récit de l'ambassade envoyée par Louis XIV, ou sur l'étonnante personnalité de Phaulkon, lire la rubrique « Livres de route » dans « Thaïlande utile » en début de guide).

En 1767, Ayutthaya fut mise à sac par les Birmans, et la capitale fut déménagée à Thonburi avant de rejoindre Bangkok en 1782. Les Siamois achevèrent la liquidation d'Ayutthaya en utilisant les matériaux des anciens temples et pagodes pour construire ceux de la nouvelle capitale. Le reste, laissé à l'abandon, fut réhabilité par les archéologues il y a à peine quelques décennies, mais force est de constater que les différents tremblements de terre et inondations destructrices continuent à la détruire inexorablement.

Arriver – Quitter

En bus

Attention, Ayutthaya étant une ville de « passage », il faut réserver son billet bien à l'avance, sans quoi le bus risque d'être plein.

Terminal longues distances – บ.ข.ส. ตลาดแกรนด์ *(hors plan par B2,* ***1*** *)* **:** *Asian Rd, à 5-6 km à l'est du centre (compter 150-200 Bts en* tuk-tuk*). ☎ 035-335-304 (en principe, votre interlocuteur parlera l'anglais).* Bus pour le nord du pays. On peut se procurer les horaires à l'office de tourisme et dans la plupart des *guesthouses.*

➢ ***Vers Sukhothai :*** env 10 bus/j., 7h10-19h. Trajet : 5-6h.

➢ ***Vers Chiang Mai :*** 14 bus/j., 6h40-22h40 (dont 3 VIP, 1 le mat, les 2 autres de nuit). Compter 9h de route et env 570 Bts.

➢ ***Cers Chiang Rai :*** 6 bus/j., 8h30-22h30 (dont 2 VIP, 1 le mat, 1 de nuit). Trajet : env 12-13h.

➢ ***Vers Phitsanulok :*** env 8 départs 9h10-22h30. Trajet : 5h et 140 Bts. Préférer le train si vous risquez d'arriver en pleine nuit.

Minivans *(plan B1,* ***2*** *)* **:** *départs de Naresuan Rd.*

➢ ***Bangkok :*** minivan env ttes les 30 mn, 5h-18h (7h-19h depuis Bangkok). Ils arrivent à la gare routière nord de Bangkok (Mochit 2). Compter 1h30-2h de trajet selon le nombre d'arrêts. Pratique, mais ça reste plus pittoresque en train. Pas besoin de réservation.

➢ ***Anchanaburi :*** pas de liaison directe ; prendre le minivan n° 703 et changer à Suphanburi (dernier minivan à 15h pour faire la jonction). Sinon, prendre un minivan privé, plus cher (env 400 Bts) mais plus confortable et qui passe vous prendre à votre hôtel. Billet et résa auprès de n'importe quelle *guesthouse.*

En train

Gare ferroviaire *(plan B1)* **:** *en dehors de la vieille ville ; prendre le bac (tlj 4h30-20h ; possible d'y embarquer son vélo) ou prendre un* tuk-tuk *(env 100 Bts). ☎ 241-521.* Sur l'île, au niveau du bac, des *tuk-tuk* attendent le touriste fraîchement débarqué. Il suffit de marcher un peu dans la rue pour que les tarifs baissent.

➢ **Bangkok** *(gare de Hua Lamphong)* **:** env 2 trains/h (fréquence légèrement réduite le w-e), 2h30 du mat-21h40 d'Ayutthaya, 5h20-23h40 de Bangkok. Durée : 1h30-2h.

➢ ***Lopburi, Phitsanulok et Uttaradit :*** pour Lopburi, env 18 départs/j., 8h38-0h12 d'Ayutthaya, 1h26-18h06 dans l'autre sens (plus des trains de nuit) ; trajet 1h-1h30. Pour Phitsanulok, une dizaine de trains/j., 8h38-0h12 d'Ayutthaya, 6h05-0h50 dans l'autre sens ; trajet en 3h30-6h. Pour Uttaradit, une dizaine de trains/j., 8h38-23h36 d'Ayutthaya, 7h35-23h36 dans l'autre sens ; trajet en 5-7h. En partant tôt le mat, on peut visiter Lopburi (au pas de course !), puis reprendre le train pour le Nord.

➢ ***Chiang Mai :*** 5 trains/j., 9h50-23h30 d'Ayutthaya, 6h30-18h dans l'autre sens. Compter 10-13h de trajet. Le meilleur plan est de prendre le train-couchette qui part à 19h45 et arrive à 7h15. Réserver le plus tôt possible.

➢ ***De/vers le Nord-Est :*** d'Ayutthaya, 8h-22h45 (9h10-22h45 dans l'autre sens), 7 départs/j. pour Khon Kaen, Udon Thani, Nong Khai, Surin et Ubon Ratchathani. Compter 7-10h de trajet jusqu'à Ubon Ratchathani, au bout de la ligne.

Orientation

La vieille ville d'Ayutthaya est un gros haricot entouré d'eau sur lequel se superpose une trame orthogonale. Le ***parc archéologique*** occupe

quasiment toute la partie de la ville à l'ouest de Shikun Road, soit une vaste zone semée de vestiges, parcourue de larges avenues et grignotée par des mares et des canaux.
La voie ferrée passe à l'extérieur de l'île, parallèlement à son bord est. Un bac *(tlj 4h30-20h ; 5 Bts ; + 5 Bts pour un vélo),* en face de la gare *(plan B1),* permet de rejoindre la vieille ville. L'accès routier se fait, lui, par un grand pont qui traverse la rivière non loin de la gare.
Les distances sont assez importantes, trop pour être couvertes à pied, notamment dans la zone archéologique. Pour se déplacer, on vous conseille le vélo : certains hôtels en prêtent gracieusement, sinon on peut en louer pour seulement 50 Bts/j. Cela permet de visiter les sites à son rythme, mais il est préférable d'éviter les heures les plus chaudes ! Autres options, les *tuk-tuk* à banquettes latérales et motos-taxis *(env 80-100 Bts la course en ville ou 300 Bts/h en* tuk-tuk, *env 30 Bts la course en moto-taxi).* Éviter les *tuk-tuk* bleus avec photos de temples (escrocs), favoriser plutôt ceux de couleur verte ou les indépendants.

Adresses et infos utiles

i ***TAT*** – ท.ท.ท. *(Tourism Authority of Thailand, Ayutthaya Tourist Center ; plan A2) : 108/22 M00 4, Sri Sanphet Rd. ☎ 035-246-076. • tourismthailand.org • Tlj 8h30-16h30.* On y parle l'anglais. Carte d'Ayutthaya avec les principaux monuments positionnés et leurs horaires de visite. Également une carte intéressante avec des circuits à vélo à faire en ville. Horaires des bus et des trains. À l'étage, intéressante expo historique et ethnologique *(GRATUIT ; mêmes horaires d'ouverture).*

■ ***Change et distributeurs :*** *nombreuses banques avec ATM sur Naresuan Rd, dont la* ***Siam Commercial Bank*** *(plan B1,* ***4****) ; lun-ven 8h30-15h30. Pour le w-e, il y a un* money-changer *ouv tlj à côté du Wat Yai Chai Mongkhon (plan B2), et un autre près du Wat Phra Sri Sanphet (plan A1).*

■ ***Tourist Police*** *(plan A2,* ***6****) : à côté de l'office de tourisme. ☎ 035-241-446.*

🚴 ***Location de vélos et scooters*** *(plan B1) : très nombreux loueurs en ville, notamment sur Naresuan Rd, en face de la gare ferroviaire (6h-18h), du côté du* Chao Praya Market, *en face du Wat Ratchaburana et dans la « rue des routards » (soi 2). Compter 50 Bts/j. pour un vélo, 200-250 Bts/j. pour un scooter.* À vélo, prévoir un couvre-chef, ça cogne.

Où dormir ?

La plupart des hébergements sont situés dans la vieille ville. On ne recommande pas vraiment les *hostels* (auberges de jeunesse avec dortoirs), dont le rapport qualité-prix est souvent discutable : à 2, ça revient moins cher de prendre une chambre privée dans une petite *guesthouse,* et c'est plus calme !

Prix moyens (de 400 à 800 Bts / 11,40 à 23 €)

🏠 ***Baan Lotus Guesthouse*** – บ้านโลตัส เกสท์เฮ้าส์ *(plan B1,* ***10****) : 20 Pa Maphrao Rd. ☎ 035-251-988. Chambres ventilées avec sdb à partager ou climatisées avec sdb privée ; petit déj en sus.* À proximité du « quartier routard » et de ses bars, voici une adresse à l'ambiance zen, composée de 2 maisons traditionnelles entièrement en bois, posées au calme dans un jardin. Les chambres triples ventilées sont particulièrement avantageuses. Tout est nickel. À l'arrière, un étang aux lotus avec pavillons en bois sur pilotis où pendouillent quelques hamacs. Que ce soit la proprio ou la femme de ménage, on vous accueille avec le sourire. L'un des meilleurs choix dans cette catégorie.

La réception ferme à 18h, soyez donc vigilant sur vos heures d'arrivée.

Tamarind Guesthouse – แทมมารีน เกรสทเฮาส (*plan B1*, **11**) : *Chikun Rd, au fond d'une impasse. 08-16-55-79-37. Petit déj léger inclus.* Toute proche de la zone des temples, cette adorable maison en bois offre un rapport qualité-prix épatant. L'endroit est central et pourtant très calme. Chambres propres, plaisantes et confortables, ventilées ou climatisées, toutes avec salle de bains. On aime aussi les parties communes conviviales, à l'image de cette courette envahie de plantes vertes, idéale pour lire ou se relaxer à la fraîche. De plus, accueil charmant des proprios, qui dispensent plein de conseils de visites et autres infos utiles aux voyageurs. Une super adresse !

Chantana House – จันทนา บ้าน (*plan B1*, **14**) : *12/22 soi 2, Naresuan Rd, Horatanachai. 08-98-85-02-57. Petit déj inclus.* Commodément située en plein quartier touristique, une grosse maison d'une dizaine de chambres très simples mais impeccables, ventilées ou climatisées. Toutes (sauf 2) avec salle de bains et eau chaude, certaines avec balcon. Préférer celles du bas, car les 2 chambres à l'étage, qui se partagent la même salle d'eau, manquent sérieusement d'intimité. Accueil familial gentil.

Grandparent's Home (*plan B1*, **15**) : *19/40 Moo 1, Naresuan Rd. À 100 m du Wat Ratchaburana. Petit déj en sus.* Au bord de la bruyante Naresuan Road (heureusement, les chambres sont bien en retrait), une *guesthouse* pratique pour son emplacement en lisière du parc archéologique. Elle offre une vingtaine de chambres doubles, toutes climatisées et avec salle de bains. Plafonds gaufrés, éclairage blanc, l'ensemble n'est pas très gai, mais c'est propre. Appréciable : le mignon resto attenant propose une cuisine végétarienne à prix doux du mardi au dimanche (cuisine jusqu'à 20h). Accueil gentil.

PU Guesthouse (*plan B1*, **10**) : *16/20 Moo 4, Horatanachai (soi 2). ☎ 035-251-213. 08-92-40-84-61. • puinn2014@gmail.com • Dans une ruelle perpendiculaire à la « rue des routards ». Pas de petit déj. Accès possible à la piscine du* PU Inn Resort *moyennant un forfait de 100 Bts/j.* C'est ici que Madame PU a commencé son business. Une maison particulière proposant quelques chambres fonctionnelles et bien tenues, avec ventilo ou clim, toutes avec salle de bains. Pas franchement de charme, malgré des parties communes agréables et un embryon de déco (saluons l'effort). Accueil variable.

De chic à très chic (plus de 1 500 Bts / 43 €)

PU Inn Resort (*plan B1*, **10**) : *16/20 Moo 4, Horatanachai (soi 2). ☎ 035-251-213. 08-92-40-84-61. • puinn2014@gmail.com • Doubles 1 500-1 800 Bts, familiales 1 800-2 600 Bts, petit déj basique inclus.* Tout au fond d'une impasse, un hôtel de style moderne bordé d'une piscine qui est son principal produit d'appel. Les familiales (3-4 personnes) sont au rez-de-chaussée, les doubles à l'étage. Belles chambres souvent traversantes (soleil du matin et du soir) et à la déco flashy. La plupart donnent sur la piscine à l'eau limpide (s'attendre à un peu de bruit, surtout s'il y a des enfants !). Lieu géré d'une main de fer par la dynamique et commerçante Madame PU. Plein de prestations annexes : service de minivan, excursions, location de vélos, etc.

Ayutthaya Retreat – อยุธยา รีทรีต (*hors plan par A1*, **12**) : *5/4 Moo 4 (Wat Pom Yai), Baanpom. 09-38-86-59-68 ou 08-03-94-81-33. • ayutthayathai retreat@gmail.com • À env 1,8 km du centre historique. Doubles à partir de 2 700 Bts, petit déj inclus.* Ce lieu de retraite, situé un peu à l'écart de la ville, compte une poignée de grands bungalows (pour 8 personnes), une villa et une dizaine de chambres doubles. M. Prapaisri, le proprio, a décidé de transformer cette maison de maître en hôtel de charme, et le résultat a de quoi faire rêver. L'ensemble, entièrement réaménagé dans le style local, déborde de charme : boiseries, vannerie tressée, lourds parquets, meubles anciens, vasques en céladon, objets d'art, éclairage tamisé, literie impeccable... les chambres ont vraiment la classe ! Espaces communs très reposants, avec resto donnant sur un bassin fleuri de lotus. On a le choix entre dîner en extérieur ou dans la verrière climatisée afin de se prémunir des moustiques. Compter aussi sur une cuisine délicate et inventive, y compris au petit déj. Belle piscine. Massages. Mais comment fait-on pour décoller d'ici ?

Iudia on the River – ยูเดีย ออน เดอะ ริเวอร์ *(plan A2, **16**) : 11-12 Moo 4, U Thong Rd, Pratuchai.* ☎ *035-323-208.* *08-60-80-18-88.* • *res@iudia.com* • *iudia.com* • *Doubles à partir de 3 000 Bts, petit déj inclus ; légèrement plus cher le w-e.* Planté au bord de la rivière, ce boutique-hôtel de seulement 12 chambres a tout pour plaire. Sa réussite est d'avoir su conjuguer une architecture et une décoration résolument contemporaines avec un esprit romantique et typiquement thaï : lits à baldaquin, meubles de bois précieux, tissus raffinés (souvenirs de la Compagnie des Indes), et même de grandes douches tropicales en semi-plein air. Dans le jardin, une belle piscine et des lits de repos donnant sur la Chao Praya. Sur l'autre rive se détache le *chedî* blanc du Wat Buddhaisawan, 1er temple érigé à Ayutthaya. Bon petit déj servi par un personnel souriant et attentionné. Coin bar, glaces italiennes et excellents cafés. Vélos à dispo.

Spécial coup de folie

Sala Ayutthaya *(plan A2, **16**) : 9/2 Moo 4, U-Thong Rd.* ☎ *035-242-588.* • *stay@salaayutthaya.com* • *salahospitality.com/ayutthaya/* • De l'extérieur, la façade minimaliste en brique donne le ton. Ce boutique-hôtel stylé revisite avec modernité le matériau des temples de l'ancienne cité royale. À l'intérieur, briques, bois, béton ciré et lin habillent les chambres, magnifiques de zénitude contemporaine avec leurs baignoires rondes 2 places posées au milieu. Certaines donnent sur la rivière, tout comme la superbe terrasse-lounge-resto où l'on prend le petit déj. Spa avec massages et piscinette dans une ambiance minérale.

Où manger ?

Ayutthaya est la capitale incontestée de la soupe de nouilles : les fameuses ***kuay tiaw rue*** – ก๋วยเตี๋ยวเรือ, ou « nouilles de bateau », appelées ainsi parce qu'au temps jadis on les préparait à bord des bateaux qui naviguaient sur les canaux. On les déguste aujourd'hui dans n'importe quelle gargote. Près des monuments, on trouvera plutôt des restos touristiques servant une cuisine thaï correcte mais un peu fadasse, conçue pour épargner les fragiles papilles occidentales.

Bon marché (moins de 150 Bts / 4,30 €)

Marchés de jour et de nuit – ตลาดหัวรอ *:* assez propres et vraiment pas chers. Flâner dans le grand marché couvert de ***Hua Raw Night Market*** *(plan B1, **20**),* près de la rivière Lopburi, où l'on choisit directement sur les étals sa viande et ses légumes, qu'un cuisinier fait ensuite revenir dans un wok sous vos yeux... En soirée, on peut aussi aller au ***croisement de Chikun et Bang Lan Road*** *(plan B1, **21**),* où se dresse une longue rangée de stands. On trouve souvent sur les étals des *roti sai mai,* sortes de barbes à papa déclinées dans plusieurs couleurs étonnantes sous forme de longs fils, et que l'on mange enroulées dans des crêpes.

Burinda et **_Kaimaraa_** *(plan B1, **15**) : 9/27 et 9/26 Chikun Rd. Tlj 9h-21h. En face du Wat Ratchaburana.* Idéalement situées pour une halte avant ou après la visite des temples, voici 2 bonnes gargotes pour s'envoyer des nouilles en version *pad thaï* ou en soupe. Essayez les nouilles larges et plates, un régal. Plats peu ou pas épicés, mais si vous êtes en manque, les piments sont à dispo sur la table ! Décor mieux léché et carte plus variée au *Burinda,* mais prix plus « élevés » *(plats autour de 60 Bts)* que chez le voisin *Kaimaraa* (disons plutôt : moins dérisoires !). Dans les 2 cas, agréable terrasse avec vue directe sur le temple et accueil gentil comme tout.

De bon marché à prix moyens (moins de 300 Bts / 8,60 €)

Coffee Old City *(plan B1,* ***11****) : Chikun Rd, en face du Wat Mahathat. 08-98-89-90-92. Tlj sauf dim 8h-17h30.* Café-resto très populaire auprès des touristes, qui viennent y faire une pause-fraîcheur après la visite des temples. Il faut avouer qu'on s'éternise volontiers dans cette jolie salle climatisée au décor vintage amusant, en savourant un bon petit plat (cuisine occidentale ou thaï version édulcorée), une part de gâteau, une glace ou un jus de fruits frais. Chaleureux accueil en anglais.

Malakor Café & Restaurant – ร้านมะละกอคาเฟ่ แอนด์ เรสเตอร์รอง *(plan B1,* ***24****) : Chikun Rd, en face du Wat Ratchaburana. 09-17-79-64-75. • papayayoda@gmail.com • Tlj sauf lun soir 10h-22h (bar tlj, jusqu'à 20h).* Un resto à l'étage d'une jolie maison en bois et en bambou, parfait pour ceux qui visitent les temples. Accueil et service souriants mais clientèle 100 % étrangère, car la cuisine est ici orientée « farang », c'est-à-dire peu épicée. C'est d'ailleurs ce qui fait le succès de la maison. Cela dit, les assiettes sont copieusement servies, et l'on y mange plutôt pas mal pour un prix très honnête. Au rez-de-chaussée, de bons gâteaux et jus de fruits, à déguster dans une salle climatisée. Bière à prix raisonnable.

Saithong River Restaurant – ร้านอาหารไทรทองริเวอร์ *(plan B2,* ***23****) : 45 Moo 1, U Thong Rd. ☎ 035-241-449 ou 08-71-21-39-36. Tlj 10h-21h30. CB acceptées au-dessus de 1 000 Bts.* Vaste resto étendant sa terrasse au bord de la rivière, et réputé pour son immense choix de poissons et de fruits de mer accommodés de 1 000 façons. Autour du grand banian prisonnier de l'établissement, énormément de monde le week-end. Le service ne suit pas toujours mais il fait ce qu'il peut. Essayez le poisson au tamarin ou les crevettes sautées. Tarifs raisonnables, mais vérifiez bien l'addition.

Pae Krung Kao – แพกรุงเก่า *(plan B2,* ***25****) : K. 4 Moo 2, U Thong Rd. ☎ 035-241-555. Tlj 9h-21h.* Encore un immense établissement en bord de rivière, doté d'une large terrasse en bois rafraîchie par une cohorte de ventilos. En salle, plusieurs recoins décorés d'objets bien kitsch. De fait, on vient surtout pour le cadre, même si la cuisine est finalement correcte : poisson et fruits de mer, riz frit, viandes diverses... Service efficace, à défaut d'être souriant. C'est un peu l'usine (en nombre de places), mais une fois les plats apportés, on se plaît à déguster sa pitance dans cette ambiance assez typique.

MK Restaurant *(plan B1,* ***26****) : dans le 1er soi à droite en remontant Naresuan Rd depuis U Thong Rd. ☎ 08-30-99-62-84. Tlj 10h-22h.* Le franchisé d'une chaîne locale, à tester pour l'expérience. Serveuses en uniforme, variétoche en fond musical et clim bloquée sur polaire, le populaire barbecue sino-thaï est ici revu version aseptisée. On vous remet un menu-annuaire dans lequel piocher tout un tas de petites choses à faire cuire dans un bouillon posé à même la table, sur un chauffe-plat. Pour accompagner le tout, des nouilles vertes. Rigolo dans son genre.

Où boire un verre ? Où sortir ?

Jazz Bar, Planet Earthet Street Lamp *(plan B1,* ***30****) : dans la « rue des routards » (soi 2). Tlj 17h-minuit.* Alignés les uns à côté des autres, ces bars de soirée proposent alternativement et dans le désordre cocktails, bières, billard, fléchettes et petits concerts. On peut aussi y manger. Ambiance sympa et détendue, parmi une clientèle en majorité étrangère.

À voir

On vient à Ayutthaya pour ce qu'il reste de ses 375 temples d'autrefois, sérieusement amochés par les inondations de fin 2011. Si elle est très intéressante à visiter, la ville s'avère moins agréable à parcourir que Sukhothai, à cause de la circulation intense et de la pollution atmosphérique qui en découle. Heureusement, la beauté des sites est une ample récompense !

Le parc historique étant fort étendu, il faudrait y consacrer une bonne partie de ses vacances pour le parcourir à pied, d'autant que les monuments principaux sont séparés par de larges avenues. Le mieux – et le plus sympa – est de ***louer un vélo*** (voir « Adresses et infos utiles »). On peut aussi s'entendre avec un chauffeur de *tuk-tuk* pour une demi-journée (grosso modo 300 Bts de l'heure), ou négocier avec lui la visite d'un certain nombre de sites. Demandez à votre *guesthouse* de vous arranger ça.

Il faut compter 50 Bts l'entrée pour chacun des ***6 temples*** (Wat Phra Sri Sanphet, Wat Mahathat, Wat Ratchaburana, Wat Phra Ram, Wat Chai Watthanaram et Wat Mehayong). On peut aussi acheter un ***forfait*** *(220 Bts ; valide 30 j.),* pour les visiter tous. Certains temples possèdent des QR codes en français que l'on peut flasher. Intéressant pour celles et ceux qui ont opté pour la couverture internet mobile 4G proposée par la plupart des opérateurs thaïlandais. En général, une tenue correcte est exigée.

Enfin, un petit rappel sémantique : « Phra » est le mot thaï pour « Bouddha ».

POISSONS VOLANTS

Devant les temples, les vendeurs de souvenirs proposent des mobiles, colorés ou pas, constitués de poissons tressés dans des feuilles de palmier. Inspirés du poisson thai barb, *ils sont fabriqués par des Thaïs musulmans depuis plus d'un siècle. Une tradition qui vient du temps où les commerçants en épices naviguaient le long du fleuve Chao Praya. Le* thai barb *est considéré comme un porte-bonheur, préservant la santé. On en suspend un devant la maison ou au-dessus du berceau pour s'assurer une nombreuse descendance. Aujourd'hui, on prend aussi du Viagra...*

Sur l'île, dans le centre historique

Si vous êtes à vélo, n'hésitez pas à quitter les grandes avenues pour emprunter les allées s'échappant entre les monuments principaux (bon réseau de pistes cyclables). Partout, des petits *chedîs* en décrépitude et, ici ou là, un troupeau de zébus rachitiques, des pêcheurs enfoncés jusqu'à la taille dans un bras d'eau... À faire aussi, après la tombée du jour, la tournée des temples illuminés, bien visibles de l'extérieur.

Wat Phra Sri Sanphet – วัดพระศรีสรรเพชร *(plan A1)* **:** *tlj 8h-16h30. Entrée : 50 Bts.* L'ensemble ***le plus imposant d'Ayutthaya,*** édifié à la fin du XVe s. D'inspiration sri-lankaise et dans un bel alignement, les 3 grands *chedîs* en forme de cloches bordés de frangipaniers symbolisent les 3 premiers rois qui régnèrent ici. Ils sont désormais protégés par une gangue de béton. C'est ce temple que le roi Rāma Ier prit pour modèle pour construire le temple du Bouddha d'émeraude à Bangkok. Il s'agit d'un temple royal, et aucun moine n'y résidait (ils étaient toutefois invités). On a retrouvé des cendres royales. Toujours beaucoup de monde. *So romantic* au coucher du soleil.

Viharn Phra Mongkhon Bopith – วิหารพระมงคลบพิตร *(plan A1)* **:** *juste à côté du précédent. GRATUIT.* Le *viharn,* de construction récente et d'intérêt architectural tout relatif, abrite un colossal ***bouddha assis en bronze*** de près de 10 m de haut, daté du XVe s. Les Birmans le croyaient en or et tentèrent de le fondre. Le fait qu'il ait traversé autant de périodes troublées et survécu à tant d'épreuves a suscité un culte très important.

Wat Mahathat – วัดมหาธาตุ *(plan A-B1)* **:** *tlj 8h-18h30. Entrée : 50 Bts.* Magnifique ensemble du XIVe s en ruine, mais les fondations et quelques pans de mur et petits *chedîs* laissent entrevoir combien il dut être imposant. Sa construction a commencé dès 1374, à l'initiative du roi Boromma Rachathirat Ier. On doit l'aspect actuel de sa pagode au fait qu'elle a été rénovée au moment de l'ascension au trône de Prasat Thong, dans la 1re moitié du XVIIe s. Il n'en reste plus aujourd'hui que le socle et les escaliers. Comme tous les Wat Mahathat du pays, la crypte de son *prang* abritait une relique du Bouddha (elle est aujourd'hui au musée). Ce site est surtout réputé pour une ***tête de bouddha enserrée dans les racines d'un vieux banian*** (facile à trouver, c'est là que tout le monde s'arrête pour la photo). Au moment des fouilles, on y découvrit nombre de bijoux et objets religieux de grande valeur, abrités au musée. Si vous avez l'œil, vous remarquerez que les expressions du visage des statues de bouddha encore visibles sur le site ne sont pas très rieuses, comparées à celles des bouddhas de Sukhothai. En effet, à cette époque-là, la ville avait fort à faire avec les Birmans, ce qui explique sans doute la morosité ambiante.

Wat Ratchaburana – วัดราชบูรณะ *(plan B1)* **:** *à côté du Mahathat. Tlj 8h-18h. Entrée : 50 Bts.* Édifié en 1424 sur le site d'un combat fratricide à dos d'éléphant pour désigner l'héritier du trône, il a miraculeusement conservé un ***superbe prang*** (tour à base carrée de style khmer, flanquée d'impressionnants *garuda*). Le roi y cacha son trésor pour qu'il ne soit pas pillé lors de la mise à sac de la ville par les Birmans. Il a été retrouvé dans les années 1950, et ses précieuses pièces sont désormais exposées au musée. Si vous n'êtes pas trop claustrophobe, profitez-en pour descendre au cœur du *prang.* Vous y verrez une fresque d'influence chinoise datant de la 1re période Ayutthaya. Elle aussi est reproduite au musée.

Le musée national Chao Sam Praya – พิพิธภัณฑสถานแห่งชาติเจ้าสามพระยา *(plan A2)* **:** *Rotchana Rd. ☎ 035-241-587 ou 035-244-570. Tlj sauf lun 9h-16h. Entrée : 150 Bts.* Musée abritant une riche collection d'objets issus des temples d'Ayutthaya et de la région, et notamment le ***trésor*** retrouvé au cœur du *prang* de Wat Ratchaburana.

Au rez-de-chaussée, la salle à droite de l'entrée présente de nombreuses amulettes en or ainsi que des tablettes votives. Aussi une réplique de la fresque que vous avez aperçue si vous êtes descendu dans la crypte du *prang* de Wat Ratchaburana. Des bijoux en or incrustés de pierres précieuses, dont des rubis. Nombreuses représentations de Bouddha en bronze datant des IIIe et VIe s, ainsi que *the lid,* la partie la plus enfouie du *prang.*

À l'étage, tiens, voilà un Bouddha, en or, en bronze, et aussi un bel exemplaire en cristal de roche datant du XVIIe s. Au fond à gauche, les trésors extraits de la crypte de Wat Mahathat, dont la fameuse ***relique du Bouddha,*** dont on précise qu'elle est grosse comme un tiers de grain de riz ! Nombreuses tablettes votives. Vitrine de gauche, des boîtes incrustées de rubis et des objets personnels appartenant aux nobles dames de l'époque.

Ressortez pour aller voir la pièce située à l'opposée. Là aussi la clim tourne plein pot. Dans cette pièce, nombreux objets de la période Dvâravatî (VIIe et VIIIe s) ou encore Lopburi, avec un style khmer très affirmé. Tablettes en or embouti, objets personnels du souverain de l'époque, notamment de la vaisselle en or et un mignon petit nécessaire de toilette en or massif ! Dans le couloir, avant de ressortir, quelques beaux cabinets et coffres à manuscrits peints.

Enfin, toujours dans l'enceinte du musée, un autre bâtiment présente poteries et céramiques importées à l'époque de toute l'Asie du Sud-Est (panneaux en thaï uniquement). Également une maison traditionnelle sur pilotis.

Le palais Chandrakasem – พิพิธภัณฑ์สถานแห่งชาติ จันทรเกษม *(plan B1)* : *U Thong Rd, à côté du marché Hua Raw. Mer-dim 9h-16h. Fermé vac scol. Entrée : 100 Bts.* Ouvert dans les années 1930, ce musée archéologique occupe un ancien palais du XVIe s du roi Naresuan, détruit par les Birmans puis reconstruit dans sa forme actuelle – de longues bâtisses de style colonial – par Rāma IV au milieu du XIXe s. Ses collections sont plutôt mineures, les plus belles pièces ayant été transférées au musée national Chao Sam Praya lors de son ouverture. À voir tout de même, pas mal d'objets de la période d'Ayutthaya évidemment (bouddhas, bois sculptés, éléments d'architecture, armes, céramiques importées des pays voisins...) et quelques pièces sculptées de la période Lopburi. Enfin, dans l'élégant pavillon Chaturamuk, du mobilier qu'utilisait Rāma IV, dont son lit à baldaquin.

En dehors de l'île

Wat Yai Chai Mongkhon – วัดใหญ่ชัยมงคล *(plan B2)* : *situé au sud-est, à env 3 km de la gare ferroviaire. Tlj 8h-17h. Entrée : 20 Bts.* L'un des ensembles les plus intéressants. Allez-y de préférence le week-end, quand l'animation bat son plein. En entrant dans l'enceinte, à gauche (derrière le mur en brique), ***grand bouddha couché*** de 7 m de long sur lequel les fidèles viennent coller de minuscules feuilles d'or. Puis vient le monastère, construit en 1360 pour héberger les moines venant du Sri Lanka. Sur place vivent encore quelques bonzes et bonzesses, vous les apercevrez peut-être.
À l'intérieur du sanctuaire, gros bouddha de cuivre veillé par un nāga. Enfin, le *chedî*. C'est ***le plus haut de la ville (60 m)*** et... il penche. Il fut érigé en 1592 par le roi Naresuan pour fêter une victoire sur les Birmans. Il est entouré de dizaines de bouddhas que les fidèles viennent draper de jaune et affubler d'amulettes. Certains contiennent les urnes funéraires des notables. En haut des escaliers, sous la pointe du *chedî,* d'autres petits bouddhas à tartiner de feuilles d'or, et un puits où jeter une pièce.

Wat Phanan Choeng – วัดพนัญเชิง *(plan B2)* : *à env 2 km du précédent. Accessible par la rivière (bac depuis la vieille ville). Tlj 7h-18h. Entrée : 20 Bts.* Mastoc, sans patine, ce temple qui date d'avant la fondation d'Ayutthaya vaut surtout pour son ***énorme bouddha ancien*** (1325) qui adopte la posture de soumission des démons. Il s'élève au-dessus des fumées bleues d'encens et suscite la ferveur populaire des Thaïs d'origine chinoise. Petit marché aux amulettes, sur la gauche en entrant. C'est le temple préféré des commerçants et des hommes d'affaires. On vient surtout ici pour s'attirer les bonnes grâces du dieu argent ! Impressionnant les jours d'affluence. C'est ***le plus haut bouddha assis en brique de Thaïlande*** (19 m) mais, rassurez-vous, il est quand même abondamment doré ! Dans les murs, une multitude de niches, chacune abritant un bouddha... Il y en a 48 000 en tout dans le temple, pour les 48 000 paroles du Bouddha !
Ne manquez pas, sur l'arrière, le ***Phranang Soidokmak,*** un temple vénéré depuis toujours par les navigateurs chinois qui arrivaient ici avec de la porcelaine et repartaient leurs bateaux alourdis de riz. On y reconnaît la déesse Guan Yin, « celle qui écoute les pleurs du monde », bien à l'aise sur son dragon.
En ressortant, allez donc jeter un coup d'œil aux poissons-chats que les fidèles engraissent à grand coup de pain de mie sur les bords du fleuve pour s'attirer des mérites.

Wat Na Phra Men – วัดหน้าพระเมรุ *(ou Wat Phra Meru ; plan A1)* : *au nord. Tlj 8h-17h (ferme plus tard sam-dim). Entrée : gratuite (donation bienvenue).* Miraculé de l'occupation des guerriers birmans à la fin du XVIIIe s, il a conservé un beau plafond à caissons en bois du XVe s laqué d'or, ainsi que de majestueuses colonnes en fleur de lotus. La curiosité tient aussi au bouddha vêtu du costume royal.

Wat Chai Watthanaram – วัดไชยวัฒนาราม *(plan A2) : à 2-3 km env de la vieille ville, côté sud-ouest. Tlj 8h-18h30 (18h dernière entrée). Entrée : 50 Bts.* En bordure de rivière, il fait penser aux temples khmers d'Angkor. ***Stupa de 35 m,*** élevé au XVIIe s par le roi Prasat Thong, en mémoire de sa mère, pour célébrer sa victoire sur les Khmers. Très représentatif de l'apogée politique et de la grande prospérité économique de la ville, il est aussi mieux conservé que les autres, eu égard à sa situation un peu excentrée. Tout autour, une alternance délicieuse de petits *chedis* et de bouddhas sans tête. On flâne avec plaisir dans le parc arboré. Y venir en fin de journée pour voir le soleil se coucher derrière la tour principale.

S'il vous reste encore du jus, on vous conseille de pousser jusqu'au ***Wat Buddhaisawan*** *(plan A2 ; gratuit),* 1er temple érigé à Ayutthaya. On le repère facilement à son haut *prang* joliment rénové et d'une blancheur éclatante. À l'entrée, admirer les statues monumentales des 5 rois, entourés de coqs multicolores. Au gré d'un ravissant jardin, on découvre de petites pagodes de brique abritant des autels et un superbe Bouddha couché. Vous croiserez sans doute des moines, car ce monastère est l'un des plus actifs de la ville. Balade possible en bordure de rivière. Un lieu paisible, harmonieux et délaissé des touristes, profitez-en !

À faire à Ayutthaya et dans les environs

Tour de la vieille ville en bateau : *départ depuis l'embarcadère (plan B1), U Thong Rd. Compter 200-800 Bts/pers.* La plupart des *guesthouses* en vendent ; prix variable selon nombre de passagers et type de bateau. Départs généralement entre 16h et 18h, pour 2-3h de navigation, avec arrêt à l'un ou l'autre des temples de la berge sud. On croise les convois de lourdes barges transportant la récolte des rizières vers Bangkok.

Bang Pa In : *vous pouvez y aller en* long-tail boat *(compter env 1 200 Bts pour affréter un bateau pour 1 à 8 pers), mais le plus commode et surtout le moins cher est de s'y rendre en train. En fonction des horaires du site, 10 trains/j. ttes les 2-3h env, 1h50-18h25 ; dernier retour vers 22h de Bang Pa In. Site ouv tlj 8h-15h30. Entrée : 100 Bts. Attention, shorts et épaules découverts interdits (on peut acheter de quoi se les couvrir sur place).*
Rendez-vous des familles thaïes le week-end, cette résidence royale d'été s'est installée sur une île au milieu du fleuve Chao Phraya. Elle est composée d'une série de pavillons dispersés dans un grand parc, qui servent encore parfois pour des réceptions officielles. Sorte de parc Disney à l'architecture éclectique en vogue au XIXe s, avec musique de circonstance diffusée dans les allées. Pas grand-chose de vraiment passionnant à voir en revanche.

LOPBURI – ลพบุรี

25 000 hab.

• Plan *p. 203*

À 67 km au nord d'Ayutthaya et à un peu plus de 140 km de Bangkok, Lopburi est une ville très ancienne. Partie intégrante de l'Empire khmer au Xe s, elle donne son nom au style Lopburi, à mi-chemin entre le style khmer et le style thaï. C'est ici que fut reçue la fameuse ambassade de Louis XIV, conduite

par le chevalier de Chaumont. Le roi Narai préférait résider à Lopburi plutôt qu'à Ayutthaya ; l'été, le climat y était moins humide et plus sain.
Le centre historique, où sont concentrés les principaux monuments, étant restreint, on peut aisément le parcourir à pied en moins de 2h. Attention cependant, les lundi et mardi, le Phra Narai Ratchaniwet et le musée sont fermés. Pour ceux qui voyagent au long cours, c'est une étape possible, dans une ville totalement livrée aux macaques !

LA PLANÈTE DES SINGES

Les singes à Lopburi courent sur les fils électriques, prennent le soleil sur le sommet des stupas ou traversent la route sans se soucier des feux ! Et chaque année, le dernier dimanche de novembre, la population organise un véritable banquet pour eux au temple Phra Prang Samyod.

Arriver – Quitter

Lopburi n'est pas située sur l'autoroute menant à Chiang Mai. De Bangkok (et d'Ayutthaya), prendre le train est donc plus rapide et agréable.

En train

Gare *(plan B2)* **:** *dans le centre, en face du Wat Phra Sri Ratana Mahathat.* Consignes.

➢ ***Ayutthaya :*** env 9 trains/j., 8h38-0h12 d'Ayutthaya, et 1h26-18h06 de Lopburi (beaucoup de trains de nuit). Trajet : env 1h (plus rapide que le bus).

➢ ***Bangkok*** *(gare de Hua Lamphong)* **:** même fréquence, mais aussi beaucoup de trains de nuit. Départs 7h-22h30 de Bangkok, 7h06-18h06 de Lopburi. Trajet : 2h30-3h.

➢ ***Phitsanulok :*** 8-9 trains/j., 6h-1h15 depuis Lopburi, 6h-0h50 depuis Phitsanulok (on oublie ceux qui partent et arrivent en pleine nuit !). Trajet : env 3h30-4h.

➢ ***Chiang Mai :*** 5 trains/j., 10h30-0h30 dont 4 de nuit au départ de Lopburi. Depuis Chiang Mai, 5 trains/j., 6h05-18h. Trajet : 10-12h.

En bus

Terminal *(hors plan par B2)* **:** *à env 2 km à l'est du centre historique. Compter 50 Bts en* tuk-tuk.

➢ ***Ayutthaya :*** départ env ttes les 15 mn, 8h38-00h12. Trajet : 1h-1h30.

En minivan

■ ***KO Van Lopburi*** – ท่ารถตู้ เคโอ *(plan B2,* ***1****)* **:** *38 Naprakarn Rd.* *09-79-90-44-95.*

➢ ***Bangkok :*** départs 5h-20h, quand le minivan de 13 passagers est plein (compter maxi 30-45 mn d'attente ; achat du billet au moins 30 mn avt le départ). À Bangkok, on vous dépose au *Northern Terminal* (Mochit 2).

Adresse utile

TAT – ท.ท.ท. *(hors plan par B2)* **:** *Provincial Hall, Phra Narai Maharat Rd.* ☎ *036-770-096.* ● *tatnews.org* ● *Tlj 8h30-16h30 (le dim, frapper fort pour qu'on vous ouvre).* Très excentré, et pas franchement pratique du coup. Pour plus d'infos, voir avec Noom, de la *guesthouse* éponyme (voir plus bas) ou avec Alex Boonlong – il tient une petite boutique en face du *7-Eleven,* dans le centre historique (Naprakarn Road).

Où dormir ? Où manger ?

Évitez de loger dans la ville nouvelle, distante de 5 km du centre historique : il n'y a rien à faire sur place et on doit multiplier les trajets en taxi. Le centre-ville offre peu de choix sur le plan hôtelier, mais voici une excellente adresse multifonction :

De bon marché à prix moyens (moins de 800 Bts / 23 €)

Noom Guesthouse – หนุ่มเกสเฮ้าส์ *(plan A-B2,* ***10****) : 15-17 Phra Ya Amjad Rd. ☎ 036-427-693. 08-91-04-18-11. • noomguesthouse.com • Dortoirs et doubles bon marché ; bungalows avec douche commune à prix moyens. Petit déj en sus. Resto 8h-22h (plats 65-185 Bts), bar jusqu'à minuit.* La *guesthouse* incontournable de Lopburi, affublée du surnom du proprio, « Noom », que l'on pourrait traduire par « jeunot ». L'ensemble est très bien tenu, et l'accueil vraiment sympa. Au choix, chambres ou bungalows à géométrie variable, avec ou sans salle de bains, ventilo ou clim. Également des dortoirs de 4 lits dotés de bons matelas, de ventilos et de casiers individuels. Et enfin un petit resto-bar avec billard où il fait bon se retrouver entre routards. Noom, c'est comme qui dirait la maison de quartier, on y propose tout un tas d'activités, de la grimpe à la visite de grottes, des excursions et des locations de scooters. Bonne ambiance assurée par Noom, qui améliore sans cesse son établissement : prochaine étape, une petite piscine ! Il a aussi entrepris de rénover un hôtel à 100 m de là (le *Nett Hotel*).

Pour un repas rapide et économique, vous pouvez fureter du côté du ***marché*** sur Ratchadamnoen Rd *(plan A2,* ***20****)*, qui abrite des stands de brochettes, riz frit et autres plaisirs simples...

Où sortir ? Où écouter de la musique ?

Sahai Phanta *(plan A2,* ***22****) : 3 Sorasak Rd. Ouv le soir, 18h-minuit.* Une institution locale, qui assure le divertissement musical depuis des décennies : concerts de groupes thaï, soirées karaoké... Bière peu chère. On peut aussi y manger, mais c'est moyen.

À voir

Il existe un intéressant ***billet combiné,*** qui permet d'accéder au palais, au musée et aux temples mentionnés ci-dessous pour seulement 150 Bts.
Les ruines de Lopburi sont connues pour abriter des centaines de ***singes,*** considérés comme les enfants du dieu Kala. Des rejetons turbulents, parfois même chapardeurs. Éviter de vous en approcher ou pire de les caresser. Une morsure et hop (!), c'est l'hôpital (piqûres contre la rage !).
Le dernier dimanche de novembre, toute la ville vient au temple pour les honorer et les gaver de friandises. C'est vers le *temple de Kala (plan B2)* et celui de *Phra Prang San Yod (plan B1)* que l'on peut en voir le plus.

Wat Phra Sri Ratana Mahathat – วัดพระศรีรัตนมหาธาตุ *(plan B2) : ses ruines s'élèvent juste devant la gare. Tlj 8h30-16h30. Entrée : 50 Bts.* Enfoui dans un parc, un temple bouddhique du XIIIe s, le plus ancien de la ville. Vestiges importants de *prang* et *chedî* de style Angkor Vat. Magnifiques sculptures, notamment sur le *prang* central en latérite couvert de stuc (remarquable fronton). Le lieu le plus reposant de la ville !

Phra Narai Ratchaniwet – พระนารายณ์ราชนิเวศร์ *(plan A2) : Surasonkhram Rd. Mer-dim 7h30-17h. Entrée : 50 Bts, musée inclus.* C'est le ***palais du roi Narai,*** construit entre 1665 et 1677. D'immenses portes dans la muraille ouvrent sur de vastes cours verdoyantes où s'alignent réservoirs d'eau, salles au trésor et enclos pour éléphants. Outre le pavillon *Suttha Sawan,* où mourut le roi, on notera le *Hall Dusit Sawan Thanya Maha Prasat,* édifié pour recevoir les hôtes de marque et les

LOPBURI

Adresses utiles	**20** Marché (A2)
TAT (office de tourisme ; hors plan par B2)	**Où sortir ? Où écouter de la musique ?**
1 KO Van Lopburi (B2)	**22** Sahai Phanta (A2)
Où dormir ? Où manger ?	
10 Noom Guesthouse (A-B2)	

ambassadeurs étrangers, comme le chevalier de Chaumont en 1685. En plus des influences françaises assez nettes sur la façade avant, il paraît que l'intérieur était orné de miroirs importés de France.

– À côté se trouve le ***Musée national*** *(mer-dim 8h30-16h30 ; même billet que le palais).* Le 1er pavillon *(Phiman Mongkut)* héberge une collection d'objets préhistoriques et des sculptures, monnaies, statues et images du Bouddha du VIIe au XIVe s. Vous y verrez même, au dernier étage, une statue en pied de Napoléon Ier ! Le 2e évoque la vie au temps du roi Narai à travers une série d'objets d'époque, tandis que le 3e renferme des outils agricoles et de pêche traditionnels. Enfin, dans le 4e bâtiment, on peut assister à des représentations de théâtre d'ombres.

Phra Prang San Yod – พระปรางค์สามยอด *(plan B1) : au bout de Na Kala Rd. Tlj 8h30-17h. Entrée : 50 Bts.* Harmonieux temple à 3 *prang,* tout en grès et latérite, s'élevant sur une esplanade. D'origine hindouiste, il révèle de nettes influences khmères et symbolise bien le style Lopburi. Il présente aussi une intéressante décoration sculptée (voir ces *nāga* à 5 têtes). Ne manquez pas la fresque murale réinterprétant la Joconde, sur l'arrière.

Baan Wichayen – บ้านวิชาเยนทร์หรือพอลคอนเฮ้าส์ *(plan A1) : au nord-ouest. Mer-dim 8h30-16h30. Entrée : 50 Bts.* Construit pendant le règne de Narai, au XVIIe s, pour Phaulkon, son fameux conseiller grec (voir « Un peu d'histoire » à Ayutthaya). Pratiquement aussi grand que le palais du roi. Il ne reste que des pans de murs rafistolés à grands coups de béton, mais l'ensemble laisse facilement deviner quelle existence luxueuse s'y déroulait.

Prang Khaek – ปรางค์แขก *(plan A1) : non loin du palais de Phaulkon.* Si vous passez par là, jetez un coup d'œil aux modestes vestiges de nombreuses fois restaurés de ce monument hindouiste du XIe s, dédié à Shiva et de style typiquement Lopburi.

SPLENDEURS ET MISÈRES D'UN CONSEILLER

Aventurier né en Grèce, Phaulkon fut marin sur les navires anglais, puis commerçant en Indochine, et enfin trafiquant d'armes pour le roi Narai. Il était polyglotte ; Louis XIV et le pape lui écrivaient personnellement. Devenu principal conseiller de Narai, il suscita beaucoup de jalousie chez les dignitaires thaïs qui, encouragés par les Hollandais et profitant de la maladie du roi, complotèrent contre lui. Il fut arrêté et exécuté en 1688. Le roi mourut peu après. À la suite de cet épisode, le Siam se ferma aux étrangers pendant 2 siècles.

– Le matin tôt, à l'aide d'un *tuk-tuk* (station au marché), allez voir les ***pêcheurs sur la rivière*** manier leurs grands filets carrés à balancier. Pour goûter un peu à la vie villageoise, on peut aussi, à pied cette fois, se balader le long du *khlong* qui traverse la partie est de la ville *(plan B1-2).*

LA PLAINE CENTRALE

De Bangkok au nord du pays s'étale la plaine centrale, grenier à riz de la Thaïlande, riche d'un important patrimoine architectural. D'abord Ayutthaya, l'ancienne capitale, et les monuments de Lopburi (voir le chapitre précédent, « Bangkok et ses environs. Au nord de Bangkok »). Puis viennent, plus au nord, la petite ville assoupie de Kamphaeng Phet, peu visitée mais recelant de beaux vestiges de temples, Phitsanulok, important centre d'affaires et, surtout, Sukhothai, l'ancienne capitale du royaume homonyme. Un superbe détour culturel pour une plongée dans la Thaïlande véritable, loin, bien loin des frénétiques pulsations de la capitale. Une étape idéale pour recharger ses accus avant de monter sur Chiang Mai et le Triangle d'or.

KAMPHAENG PHET – กำแพงเพชร

30 000 hab.

• Plan *p. 207*

Gros bourg tranquille situé en bordure de la rivière Ping et vivant notamment de la canne à sucre et de la fameuse « banane paradis ». Cette dernière entre dans la préparation de la spécialité culinaire locale, le *kluay kai* (banane râpée et frite à l'œuf), en vente sur le marché et le long des routes. La culture de la banane constitue 30 % de l'activité agricole du coin. Mais Kamphaeng Phet, c'est aussi un site archéologique peu fréquenté, et pourtant classé au Patrimoine de l'Unesco. L'atmosphère paisible d'une balade parmi ces vestiges rend l'étape fort agréable.
La ville fut, avec Sri Satchanalai, l'une des 3 capitales du royaume de Sukhothai, dont elle défendait la frontière à l'ouest ; c'est ici que se réfugia le dernier souverain de Sukhothai, avant de se soumettre au roi d'Ayutthaya (1378). De cette époque subsistent quelques remparts (*Kamphaeng Phet* signifie « muraille de diamant »), mais surtout des ruines livrées aux affres du temps dans leur écrin de verdure, où d'énormes bouddhas sont toujours vénérés.

Arriver – Quitter

– Pas de train à Kamphaeng Phet.

En bus

Attention, Kamphaeng Phet est une gare de transit. Penser à réserver son billet à l'avance, sinon le bus de passage risque d'être plein.

Gare routière *(plan A3)* **:** *sur la route de Tak, 300 m après le pont sur la droite. Pour y aller, taxi collectif à* *prendre rue Ratchadamnoen (compter 20 Bts ; le dernier passe vers 16h) ou moto-taxi (compter 50 Bts).* Départ des bus et *songthaew.* Tout est écrit en thaï, aller directement à n'importe quel guichet pour tenter d'avoir des infos.

➢ ***Vers Sukhothai :*** bus ttes les heures, 11h-20h env. Compter 1h30 de trajet. Également des *songthaew,* qui partent dès qu'ils sont pleins.

➢ ***Vers Phitsanulok :*** env 10 bus/j., 5h-18h. Env 2h30 de trajet.

➢ ***Vers Ayutthaya :*** 6-7 bus/j., 12h30-23h30. Env 5h de trajet.

➢ ***Vers Bangkok :*** départs ttes les heures, env 9h30-minuit. Compter 5-6h de route avec 20 mn d'arrêt.

➢ ***Vers Chiang Mai :*** départs env ttes les heures, 9h30-23h. Env 6h30 de route.

Adresse utile

■ ***Argent et change :*** ***Bangkok Bank*** *(plan B3,* ***1*** *; fermée le w-e) sur Rachadumnoen Rd. Un ATM à la poste également.*

Où dormir ?

De bon marché à prix moyens (moins de 800 Bts / 23 €)

⌂ ***Three J Guesthouse*** – สามเจ เกสท์เฮ้าทส์ *(plan B2-3,* ***10****) : 79 Rachavitee Rd. 📱 08-18-87-41-89. Peut venir vous chercher à la gare routière. Chambres et bungalows pour 2-4 pers ; petit déj en sus.* Une oasis d'originalité assez inattendue dans une ville visitée au pas de course par les voyages organisés. Cette adresse regroupe une huitaine de chambres et 3 bungalows en bois à l'aspect un peu délirant, enfouis dans un jardin tropical touffu. Décor bariolé, mobilier hétéroclite, ventilos ou clim, frigo. Tout est fort bien tenu. Seuls 2 bungalows, les moins chers, n'ont pas de sanitaires privés. James, le patron, organise des excursions et donne plein de bons conseils au sujet des randos et treks à faire dans le coin. Location de vélos et motos. Bref, une adresse à l'esprit totalement routard, doublée d'un accueil au top !

Un peu plus chic (de 800 à 1 500 Bts / 23 à 43 €)

⌂ ***Navarat Heritage*** – โรงแรม นวรัตน์ เฮอริเทจ *(plan B3,* ***11****) : 2 soi 21, Tesa Rd. ☎ 055-711-219. • info@navaratheritage.com • navaratheritage.com • Petit déj compris.* Pavé moderne de 6 étages (avec ascenseur), à l'intérieur avenant et bien entretenu, répondant aux critères de confort et de service attendus. Prêt de vélos, service de transferts (vers la gare, l'aéroport ou le site archéologique). Accueil soigné.

Où manger ? Où boire un verre ?

🍽 ***Night Bazaar*** – ไนท์บาซาร์ *(marché de nuit ; plan B3) :* le soir, quelques stands en plein air le long de Tesa Road, où s'étire ce petit marché de nuit. C'est le meilleur plan, mais ne pas y aller trop tard.

🍽 ***Siang Egg Noodle*** – ก๋วยเตี๋ยวสูตรมะนาว *(plan A2,* ***20****) : Tesa Rd, presque en face de la Police Station. Attention, le nom n'est pas écrit en caractères latins. Tlj sauf sam 8h-15h.* Petite cantine authentique, ouverte sur la rue. Plats de nouilles uniquement, au porc ou aux fruits de mer, à prix mini ! C'est simple mais bien préparé. Accueil aimable, en thaï uniquement.

🍽 ☕ ***Tasty*** *(plan B3,* ***22****) : 115 Tesa 1 Rd. ☎ 055-712-594. Tlj 10h30-22h30. Repas moins de 150 Bts.* Beau décor contemporain et artistique pour ce resto à la cuisine somme toute traditionnelle : nombreuses variantes

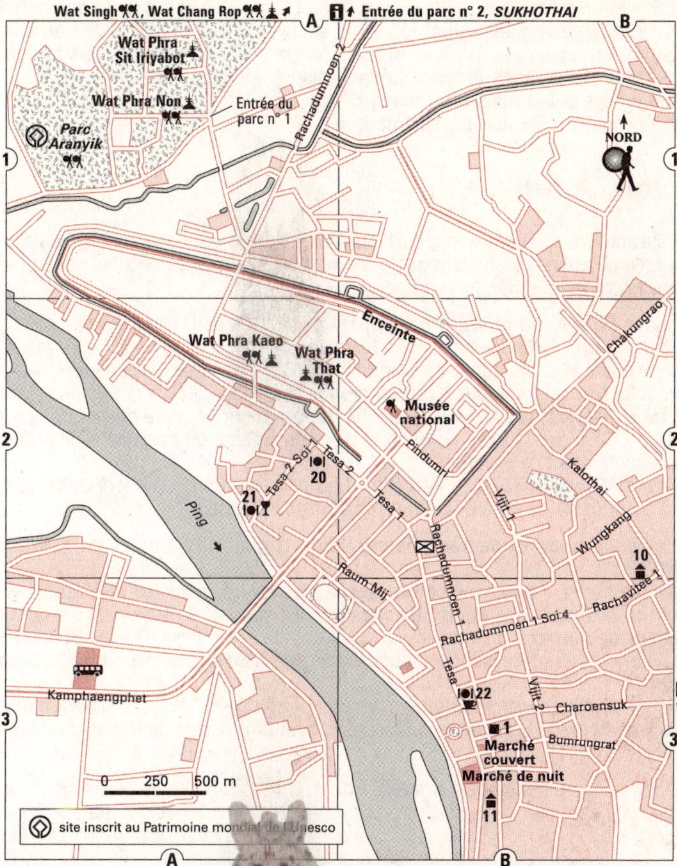

KAMPHAENG PHET

Adresses utiles

- Centre d'information [illegible] Aranyik (hors plan pa[illegible]
- 1 Bangkok Bank (B3)

Où dormir ?

- 10 Three J Guesthouse (B2-3)
- 11 Navarat Heritage (B3)

Où manger ? Où boire un verre ?

- 20 Siang Egg Noodle (A2)
- 21 View Sway (A2)
- 22 Tasty (B3)

de nouilles et riz, poisson grillé, soupes, beignets frits... Certains légumes sont cultivés sur place, en hydroponie ! Au final, les préparations sont fraîches et savoureuses, le service assure et le rapport qualité-prix aussi. Également de bons gâteaux et des *smoothies* pour le goûter.

View Sway – วิวสวย & ริเวอร์บาร *(plan A2, **21**)* : *prendre Tesa 2, soi 1, c'est au bord de la rivière, sur la droite en arrivant au bout de la rue.*

☎ *088-267-34-84. Tlj 8h-15h. Repas env 150 Bts.* Vaste et agréable terrasse, très agréable, nichée sous d'épaisses frondaisons au bord de la rivière. C'est grand mais on y mange bien : poisson grillé au sel, calamars au citron, huîtres frites au poivre noir, excellente soupe de canard au curry rouge... Glaces maison (pas toujours dispo). Musique tous les soirs à partir de 19h30.

À voir. À faire

La ville actuelle s'est développée à l'intérieur et au sud-est des remparts, qu'elle a en partie absorbés ; il en reste quelques sections bien conservées au nord-ouest (muraille crénelée, porte, forts d'angle).

Wat Phra Kaeo et Wat Phra That – วัดพระแก้วและวัดพระธาตุ *(plan A2) : au nord du centre. Tlj 8h30-18h. Ticket unique : 100 Bts, valable pour les 2 temples.* Pompé sur le Wat Mahathat de Sukhothai, le *Wat Phra Kaeo* est un vaste lieu de dévotions tout en longueur, avec un groupe de 3 bouddhas à la fois imposants et pleins de finesse, 2 assis et 1 couché, reposant sur un triple oreiller de pierre. Superbe. Plusieurs *chedîs* en ruine et d'autres statues ou fragments de statues épars complètent l'ensemble.
Voisin du Wat Phra Kaeo, le *Wat Phra That* présente un beau *chedî* de brique à base octogonale de style Sukhothai, en forme de cloche.

Le Musée national de Kamphaeng Phet – พิพิธภัณฑ์สถานแห่ง ชาติกำแพงเพชร *(plan B2) : tt près du Wat Phra That. Mer-dim 9h-16h. Entrée : 100 Bts. Cartels en anglais. Photos interdites.* Nombreuses pièces issues des sites de Kamphaeng Phet : céramiques, sculptures, tablettes votives, statuettes de bronze, d'argent et d'or, tête de bouddha en stuc, très beau et monumental Shiva de style Sukhothai, etc. Vite vu mais intéressant, en tout cas recommandé en complément de la visite des sites.
– À côté, le **Musée provincial** *(tlj 9h-16h ; entrée : 10 Bts)* se consacre davantage à l'histoire de la région en présentant, notamment, des dioramas de villages primitifs.

Le parc historique Aranyik – สถานโบราณวัตถุอรัญญิก *(plan A1) : à 2 km au nord du centre-ville ; 2 entrées possibles (voir plan). Préférer l'entrée n° 2, il y a un centre d'information abritant une expo intéressante (hors plan par B1 ; ☎ 055-854-736 ; tlj 8h30-16h ; gratuit). Site ouv tlj 8h30-18h. Entrée : 100 Bts (+ 50 Bts par voiture et 30 Bts par vélo).*
Dégagées de la jungle dans les années 1970, voici les principales ruines de Kamphaeng Phet, disséminées dans un immense domaine boisé résonnant des 1 000 chants d'oiseaux. On y a déjà répertorié 80 temples de chaque côté de la rivière, mais il en reste beaucoup à dégager. Les moines avaient voulu s'éloigner de l'agitation de la cité pour édifier leurs temples, souvent monumentaux. Les enceintes sont délimitées pas des murs de latérite assez bien préservés. Mieux vaut venir à vélo : les temples sont dispersés, la balade est paisible et agréable, et on a une meilleure vue d'ensemble.
On vous recommande de passer d'abord au ***centre d'information*** (à l'entrée n° 2), où une expo en partie interactive donne un éclairage instructif sur le site. Sinon, des QR codes en français sont proposés devant les principaux monuments.
À voir surtout : le ***Wat Phra Non*** – วัดพระนอน, pour son bouddha couché (en ruine) et ses piliers en latérite massive ; le ***Wat Phra Sit Iriyabot*** – วัดพระสิทธ อิสริยะบท, au superbe bouddha debout de style Sukhothai et au vestige d'un bouddha marchant ; le ***Wat Singh*** – วัดพระสิงห, avec son bouddha assis ; et le ***Wat Chang Rop*** – วัดช้างรบ *(hors plan par A1),* au grand *chedî* en cloche de style sri lankais (très à la mode pendant la période Sukhothai), entouré de

68 avant-corps d'éléphants, dont certains en assez bon état. Il est possible de grimper au sommet, mais attention, l'escalier est raide, abîmé et plutôt vertigineux !

■ ***Massages*** – เอสโซ่นวดแผนไทย *(hors plan par B2-3)* **:** *à la station-service PTT (vous avez bien lu !), le meilleur point de repère que l'on puisse vous donner, puisque ce petit salon de massage donne littéralement dessus ! Tlj 9h-21h, sinon, un peu plus loin, au* BIG C *(c'est propre aussi).* Des massages de bonne qualité, pas chers.

PHITSANULOK – พิษณุโลก

• Plan *p. 211*

Véritable poumon économique de la plaine centrale, Phitsanulok est une ville grouillante d'activité. Le routard s'y arrête volontiers, car elle se situe sur la ligne de chemin de fer qui relie Bangkok à Chiang Mai. Entièrement détruite par un incendie 1960 (voir les photos au *Sgt Major Thawee Folk Museum*), elle offre aujourd'hui une halte reposante loin des circuits touristiques. À noter, quelques pittoresques maisons flottantes, un petit marché de nuit et, pour les férus de temples, le Wat Phra Si Ratana Mahathat.

Arriver – Quitter

En train

Gare (plan B2) **:** *en plein centre.*

➢ ***Bangkok :*** env 10 départs/j., 6h05-1h30 de Phitsanulok, 7h-22h de Bangkok. Trajet : 5-8h. Le train dessert Ayutthaya et Lopburi au passage.

➢ ***Chiang Mai :*** 6 liaisons/j., 4h40-1h50 depuis Phitsanulok. Les plus pratiques sont ceux de 7h30 (arrivée 14h47) et 13h20 (arrivée 20h30) ; les autres partent ou arrivent en pleine nuit. Depuis Chiang Mai, départs 7h10-21h. Trajet : env 7-8h30.

En bus

Terminal des bus – สถานีรถบัส *(hors plan par B1)* **:** *à env 3-4 km à l'est du centre.* Depuis le centre, prendre un *tuk-tuk* (compter 60 Bts) devant la gare ferroviaire *(plan B2,* ***2****)*. Au terminal : bureau d'info *(☎ 055-212-090),* consigne à bagages, ATM et *taxi-meter (☎ 055-222-222).*

➢ ***Bangkok :*** une douzaine de bus/j., 7h30-1h30. Trajet : 6h, voire plus en cas d'embouteillages à l'entrée de Bangkok.

➢ ***Sukhothai :*** départs ttes les heures, 6h-18h20. Certains bus poursuivent jusqu'à la vieille ville. Trajet : env 1h (15 mn de plus pour la vieille ville).

➢ ***Kamphaeng Phet :*** env 10 bus/j., 6h-19h. Env 3h30 de trajet.

➢ ***Chiang Mai :*** nombreux départs, env ttes les heures, 24h/24. Trajet : 6h en moyenne (tous n'empruntent pas le même trajet).

➢ ***Chiang Rai :*** 10 bus/j., 8h-2h30. Trajet : env 7h.

➢ ***Khon Kaen :*** 6 bus/j., 9h-22h30. Trajet : env 6h.

En avion

✈ ***Aéroport*** *(hors plan par A3)* **:** *à 6-7 km env au sud de la ville. ☎ 301-010.* Pour y aller, prendre un *tuk-tuk* ou un *taxi-meter (☎ 055-338-888 ou 📱 09-06-91-54-71).* Compter env 150 Bts en *taxi-meter.*

➢ ***Bangkok :*** 3 vols/j. avec *Nok Air,* 3 avec *Air Asia* et 1-2 avec *Thai Lion.*

➢ ***Chiang Mai :*** 1 vol/sem, le dim, avec *Kan Air.*

Adresses utiles

TAT – ท.ท.ท. *(office de tourisme ; plan A2)* **:** *209/7-8 Surasi Trade Center, Boromtrailo Kanat Rd. ☎ 055-252-742 ou 743.* • *tourismthailand.org/phitsanulok* • *Tlj 8h30-16h30.* Pas mal d'infos écrites (plan de la ville, liste d'hôtels, horaires des trains et des bus) ; on n'y parle pas beaucoup l'anglais mais le jeune staff se pliera en 4 pour vous renseigner.

Change : *plusieurs banques avec ATM dans le centre, comme la* ***Bangkok Bank*** *(plan A2,* ***3****), sur Naresuan Rd.*

Où dormir ?

De bon marché à prix moyens (moins de 800 Bts / 23 €)

Karma Home Hostel *(plan A1,* ***10****)* **:** *Soi Lang Wat Mai Apaiyaram. 08-88-14-12-68 ou 08-14-00-01-47.* • *mark_connis@hotmail.com* • *Dortoirs avec ventilo ou clim et double privée avec sdb.* Conviviale et bien située, voici une agréable AJ privée tenue par Mark, un Britannique, et sa femme thaïlandaise. Les dortoirs de 4 et 6 lits sont propres et dotés de bons matelas. Certes, l'endroit laisse peu de place à l'intimité, hormis dans l'unique chambre double privée. Mais les routards en quête de contact humain apprécieront l'ambiance amicale, la cuisine à dispo, les conseils de visite et, cerise sur le gâteau, la terrasse sur le toit où l'on peut lézarder dans des hamacs !

Bon Bon Guesthouse – บองน์บองน์ เกสท์เฮ้าส์ *(plan A2,* ***11****)* **:** *77 Payalithai Rd. ☎ 055-219-058. 08-17-07-76-49. Doubles avec ventilo ou clim. Pas de petit déj. Loc de vélos.* En plein centre, mais un peu en retrait de la rue et donc calme. Une quinzaine de chambres simples au confort moyen, avec carrelage bleu, matelas bien ferme, salle de bains sommaire avec toutefois l'eau chaude. Elles s'organisent autour d'une petite cour, sur 2 étages. Éviter les chambres du rez-de-chaussée situées près de la réception. Accueil froid.

De chic à très chic (de 1 500 à plus de 3 000 Bts / 43 à plus de 86 €)

Topland Hotel – โรงแรมท๊อปแลนด์ *(plan B1,* ***12****)* **:** *68/33 Ekathosarot Rd. ☎ 055-247-800. Doubles env 1 200-1 700 Bts, petit déj compris.* C'est dans cet hôtel très central que les groupes qui font halte en ville posent leurs valises pour la nuit. Ici, pas moins de 250 chambres de bon standing, un imposant *lobby* imitation marbre et des couloirs cossus avec moquette épaisse. On peut aimer cette atmosphère un peu démodée ou la trouver ringarde, ça dépend des goûts ! Piscine (bof) et discothèque (au 4e étage) ; aussi un resto et un bar avec petit orchestre tous les soirs dès 20h.

Yodia Heritage – โรงแรมโยเดียเฮอริเทจ *(plan A-B1,* ***13****)* **:** *89/1 Phuttabucha Rd. ☎ 055-214-677.* • *yodiahotel@yodiaheritage.com* • *yodiaheritage.com* • *Doubles 3 300-4 500 Bts (négociables en période creuse), familiales dès 4 500 Bts ; petit déj compris.* L'adresse de charme par excellence, qui vaut vraiment qu'on casse le petit cochon. L'architecture contemporaine, fort réussie, rappelle un temple zen et raffiné, bardé de bois précieux et de fleurs. Les chambres offrent un confort optimal (matériaux et équipements de choix) et l'accueil est d'une infinie délicatesse. Quelques communicantes pour les familles et des suites somptueuses pour les coups de folie. Sur place, 2 bons restos (un thaï et un italien), un jardin avec jolie piscine, transfert gratuit avec l'aéroport...

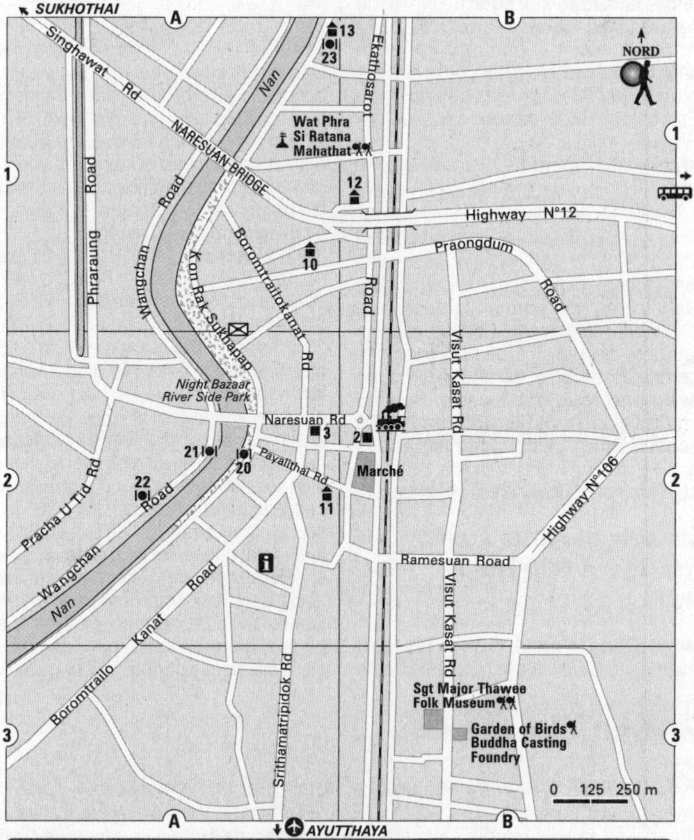

PHITSANULOK

Adresses utiles
- TAT (office de tourisme ; A2)
- Terminal des bus (hors plan par B1)
- **2** Tuk-tuk pour le terminal des bus (B2)
- **3** Bangkok Bank (A2)

Où dormir ?
- **10** Karma Home Hostel (A1)
- **11** Bon Bon Guesthouse (A2)
- **12** Topland Hotel (B1)
- **13** Yodia Heritage (A-B1)

Où manger ?
- **20** Night Bazaar (A2)
- **21** Chao Pae (A2)
- **22** Nannum Restaurant (A2)
- **23** Hoykha Rimnan (A1)

Où manger ?

Bon marché (moins de 150 Bts / 4,30 €)

Night Bazaar – ตลาดกลางคืน *(plan A2,* ***20****) : le long de la rivière Nan, à hauteur du centre. Tlj 17h-minuit.* Un marché de nuit tout en longueur, surplombant la rivière sur plusieurs centaines de mètres. Côté sud, quelques restos en balcon sur la rivière. On dîne en extérieur au son des télés sous un faible éclairage où sont alignées de petites tables en alu. Les gens viennent ici pour passer un bon moment entre amis devant une bière, un bol de nouilles ou des légumes sautés. Les soirs où Éole est en carafe, on vous ajoute volontiers un ventilo sur pied.

Hoykha Rimnan – ร้านก๋วยเตี๋ยวห้อยขาป้ากฐิน *(plan A1, **23**) : sur la route qui longe le fleuve, à 350 m au nord du Wat Phra Si Ratana Mahathat. 08-31-65-42-29. Tlj 8h30-16h.* « Les nouilles avec les jambes qui pendent »... demandez, tout le monde connaît ! Incontournable pour un excellent bol de nouilles (au porc, au bœuf) à déguster sur des comptoirs en bois, au coude-à-coude avec une foule de locaux. Bonnes crèmes glacées également. Une qualité constante, un cadre charmant et des prix étonnamment bas : sans surprise, ce resto est souvent plein à craquer !

De prix moyens à chic (de 150 à 600 Bts / 4,30 à 17 €)

Chao Pae – ร้านอาหารชาวแพ *(plan A2, **21**) : au niveau du dernier resto situé à l'extrémité du Night Bazaar mais sur l'autre rive, c'est un resto flottant. Pas de tél. Tlj 11h-23h. Prix moyens.* Une barge posée au ras de l'eau. Le bateau ne paie pas de mine et le décor a vécu, mais on y mange d'excellents et copieux poissons grillés, de bonnes omelettes fourrées, et leur curry vert est un véritable feu d'artifice de saveurs. De la cuisine thaïe « comme à la maison », à prix raisonnables. Un régal.

Nannum – ร้านอาหารน่านน้ำ *(plan A2, **22**) : 89/4 Wangchan Rd ; 200 m env au-delà du Grand Riverside. ☎ 055-230-444 ou 09-79-23-04-58. Tlj 10h-20h. Prix chic. CB acceptées.* Dans une maison cossue entourée d'un luxuriant jardin, de lourdes tables bien dressées dans un intérieur classieux. Le patron indien soigne sa clientèle en proposant une cuisine thaïe de bon aloi et aussi, bien sûr, quelques plats indiens. Essayez l'excellent (et copieux) *seabass* à la sauce citron, sinon, crabe à la vapeur et autres variations sur le thème du poisson. Beaux desserts (c'est rare en Thaïlande !). Accueil empressé de la part de jeunes serveurs désireux de bien faire. Le soir, entre 19h et 22h30, des musiciens viennent y gratouiller leur guitare.

À voir

Wat Phra Si Ratana Mahathat – วัดพระศรีรัตนมหาธาตุ *(plan A1) : près du pont sur la rivière Nan. Tlj 7h-21h. GRATUIT. Tenue correcte exigée.* Datant du XVe s, il fut le seul temple à échapper à l'incendie de 1960. On remarque d'emblée le haut *prang* principal, orné de fines sculptures. Les fidèles grimpent avec appréhension les marches raides de son vertigineux escalier, afin d'aller brûler un bâton d'encens sur un petit autel. Le clou de la visite, c'est le *Phra Buddha Chinara* – พระพุทธชินราช. Ce bouddha de bronze doré à la feuille, très vénéré, symbolise la victoire de Sukhothai sur les Khmers. Caractérisé par son aura dorée et finement ciselée qui entoure la tête et les épaules, c'est ***le bouddha le plus copié et représenté en Thaïlande.*** On oublierait presque le remarquable temple qui l'abrite, arborant le style gracieux et ramassé des temples lanna (toit incurvé descendant très bas). Admirez ses superbes portes incrustées de nacre, sur lesquelles plus d'une centaine d'artisans travaillèrent pendant des mois au XVIIIe s, ainsi que les piliers de bois dorés et le plafond rouge vermillon. Sur les côtés, quelques vitrines abritent des bronzes et faïences de toute beauté. En sortant de l'enceinte, remarquez le long de la rivière les marchands de poissons ou de crustacés vivants, enfermés dans de petits sachets plastique. Les fidèles les achètent pour les relâcher dans la nature et s'octroyer des mérites. Ainsi, remettre en liberté une poignée de bigorneaux vous apporte le bonheur en amour, une anguille chassera votre chagrin, quant aux petits poissons blancs, c'est la prospérité assurée...

Sgt Major Thawee Folk Museum – พิพิธภัณฑ์พื้นบ้าน จ่าทวี *(plan B3) : 26/138 Visut Kasat Rd. ☎ 055-212-749. Tlj 8h30-16h30. Entrée : 50 Bts.* Initiative privée du major susnommé, qui a dédié sa vie au patrimoine de son pays. Cet intéressant écomusée occupe une belle maison remplie d'objets dont la fonction est expliquée en anglais (schémas à l'appui si besoin). Riches collections de coffres, boîtes laquées, paniers d'osier tissés d'arabesques savantes, surprenants « gratte-noix de coco », appeaux, pièges, machines à broyer la canne à sucre, métier à tisser, instruments de musique, céramiques chinoises, armes, jouets, ustensiles de massage (et d'automassage, les *mai mo nuat*), anciennes photos de la ville, et on en passe... À l'extérieur, du gros volume, comme ce char à zébu presque entièrement en bambou.

Garden of Birds – สวนนก *(plan B3) : presque en face du Folk Museum. ☎ 055-212-540. Tlj 8h30-16h30. Entrée : 50 Bts.* Un jardin ornithologique rassemblant des espèces étonnantes et presque éteintes, comme les calaos bicornes *(Buceros bicornis)*. Pour les amateurs.

– Le jardin communique avec la ***Buddha Casting Foundry*** *(tlj 8h-17h)*, une fonderie de bouddhas, du petit au très grand. Artisans, hommes et femmes, sont au travail, maniant le chalumeau ou pétrissant la glaise de leurs mains pour faire les moules. Des panneaux expliquent les différentes étapes de fabrication, de la pièce en cire à la statue de bronze en passant par la façon du moule, etc. Au fond, un magasin avec de belles pièces à prix fixe. Mieux que le *Night Bazaar* de Chiang Mai.

SUKHOTHAI – สุโขทัย

• New Sukhothai (plan I) *p. 215* • Old Sukhothai (plan II) *p. 221*

Quand on parle de Sukhothai, il convient de distinguer la vieille ville ou ville historique (Old Sukhothai), sorte de musée en plein air avec ses monuments saupoudrés dans la verdure, de la nouvelle ville (New Sukhothai), où il n'y a rien de spécial à voir si ce n'est un musée de la céramique.

Véritable bijou d'architecture religieuse, la ville historique a été classée Patrimoine de l'Humanité par l'Unesco. Une distinction bien méritée. Elle regroupe un ensemble de temples cerné de douves, et d'autres édifices disséminés dans une large vallée entourée de collines boisées. C'est l'un des plus beaux sites archéologiques de Thaïlande. Le temps semble s'y être arrêté. Parcourir ses allées à vélo est un véritable enchantement. Surtout quand on attaque dès le lever du soleil ; après, la magie des lieux se dissout avec la chaleur !

À 12 km de là se trouve New Sukhothai. Ville commerçante, jeune et sans grand intérêt, mais qui présente l'avantage d'être animée le soir dans certains quartiers. Elle offre aussi un large éventail d'hébergements bon marché.

UN PEU D'HISTOIRE

Le nom *Sukhothai* signifierait « aube » ou « naissance du bonheur » (jolie perspective !) et proviendrait d'un mot sanskrit ou pali (la langue du bouddhisme Theravāda). Les terres étaient riches, l'eau ne manquait point, et on y trouvait des carrières de pierres et des forêts bien fournies pour la construction des temples... Est-ce un hasard si c'est ici que l'on trouve le célèbre bouddha qui marche, d'une grâce presque maniérée, se dirigeant vers « l'aube du bonheur » ?

Tout commença au début du XIIIe s, lorsque le prince thaï Bang Klang Thao bouta les Khmers hors de la région, avant de fonder une dynastie de 8 rois qui devaient se succéder sur 150 ans environ. Une dynastie qui compta un roi de légende, ***Phra***

Ruang, fils d'une princesse naga, et qui aurait possédé des dons et pouvoirs surnaturels. Mais c'est ***Rāma Kamheng*** (Rāma le Fort) qui fut le grand monarque de la dynastie de Sukhothai. Il a régné de 1275 à 1317. Une stèle de pierre gravée, 1er exemple connu d'écriture thaïe, raconte sa vie et son œuvre. Ce fut un monarque éclairé. Il créa l'alphabet thaï, établit des relations diplomatiques avec la Chine (qu'il visita par 2 fois) et instaura le bouddhisme comme religion nationale.

COUR SUPRÊME

À chaque roi légendaire sa manière de rendre justice. Si saint Louis s'asseyait sous un chêne, si Salomon menaçait de couper les gamins en deux, Rāma Kamheng, le grand roi de Sukhothai, se faisait, lui, sonner les cloches. Il avait fait installer une cloche à l'une des portes de la ville, et les habitants, en cas de conflit, pouvaient la faire sonner. Le roi venait en personne trouver une solution au différend.

Sur le plan artistique, Rāma Kamheng fit venir des potiers chinois qui créèrent un artisanat florissant assurant la richesse et le renom du royaume. Dans un tel climat favorable, la production artistique fut, bien sûr, fantastique. Sukhothai se couvrit de temples, de sculptures merveilleuses. ***L'art de Sukhothai*** venait de naître, produit de cette atmosphère de liberté créatrice et d'ouverture vers le monde extérieur. Il intégra de façon harmonieuse les traditions artistiques des anciens oppresseurs khmers, les techniques chinoises et l'art birman, saupoudré d'influence cinghalaise.

Avec ses derniers rois, la civilisation de Sukhothai déclina cependant, tandis que le royaume d'Ayutthaya montait en puissance. Sukhothai s'éteignit langoureusement, avec élégance. Elle nous laisse aujourd'hui un site incomparable, d'une beauté qui laisse rêveur lorsque l'on a le bonheur, à l'aube, d'arriver le 1er sur les lieux ou d'en repartir le soir avant la fermeture, quand le soleil rougeoie...

Arriver – Quitter

En bus

La plupart des bus partent (et arrivent) du terminal de New Sukhothai. Quelques-uns desservent également la vieille ville. Quoi qu'il en soit, ne pas arriver trop tard pour trouver un logement ou le couvert, surtout si on loge dans la ville historique. Attention, pensez à réserver au moins 1 jour à l'avance.

Terminal de New Sukhothai *(plan I, A1, **1**) : à 2,5 km du centre de la nouvelle ville. Consigne 8h30-16h30.* Pour rejoindre le centre, prendre un *tuk-tuk* pour 20-30 Bts/pers ou marcher env 20 mn (en coupant vers le sud-est, par les petites rues). Pour Old Sukhothai, *songthaew* réguliers en journée (30 Bts/pers) ; sinon, compter 200-250 Bts en *tuk-tuk*.

➢ ***Vers Bangkok, via Ayutthaya, Kamphaeng Phet et Phitsanulok :*** bus ttes les 15-30 mn, 7h50-22h40. Trajet : 6-7h (5h pour Ayutthaya). Certains bus passent par ***Kamphaeng Phet*** et ***Phitsanulok.***

➢ ***De/vers Chiang Mai :*** depuis Sukhothai, une bonne vingtaine de départs/j., 6h15-2h30, avec *Win Tour, Sukhothai Tour* ou *Esan Tour.* Trajet : env 5h30. Les bus passent par ***Lampang*** (4h de trajet). Si vous arrivez de Chiang Mai, vous pouvez vous faire déposer au passage à Old Sukhothai.

➢ ***Vers Chiang Rai :*** 3 départs/j. avec *Win Tour,* à 6h40, 9h, 10h30 et 11h30 (le 10h30 n'est pas toujours assuré). Trajet : env 9h. Le bus passe par ***Sri Satchanalai*** (env 1h de trajet), pour ceux qui veulent faire la visite du parc historique du même nom (voir « Dans les environs de Sukhothai »).

➢ ***Vers Phitsanulok :*** env 11 bus/j. avec *Yanyou Tour,* 7h50-22h30. Compter 1h de route.

➢ ***Vers Khon Kaen*** *(est de la Thaïlande)* **:** env 10 départs quotidiens avec *Esan Tour,* 8h30-1h. Env 7h de trajet.

LA PLAINE CENTRALE

SUKHOTHAI – New Sukhothai (Plan I)

Adresses utiles

- TAT (office de tourisme ; A2)
- Sukhothai Hospital (hors plan par A2)
- **1** Terminal des bus (A1)
- **2** Arrêt des bus pour Old Sukhothai (A2)
- **3** Bangkok Bank (B2)
- **5** Cycling Sukhothai – Ronny & Mem (A2)
- **27** Piscine du Baan Georges (B2)

Où dormir ?

- **20** TR Guesthouse (B2)
- **21** Sabaidee Guesthouse (A2)
- **22** Banthai Guesthouse (B2)
- **23** Blue House & Green House (A2)
- **24** J & J Guesthouse (B2)
- **25** At Home (B1)
- **26** Ruean Thai Hotel (B1)
- **27** Baan Georges (B2)

Où manger ?

- **22** Banthai Guesthouse (B2)
- **24** J & J Guesthouse (B2)
- **40** Night market (B2)
- **41** Mai Klang Krung (B1)
- **42** Pai (B2)
- **43** Mai Pra Dit (B2)
- **44** Dream Café (B2)

Où boire un verre ? Où écouter de la musique ?

- **45** Sum Hua Bar (B1)
- **46** Chopper Bar (B2)

➢ ***Vers Tak*** *(ouest de la Thaïlande)* **:** env 9 bus/j. avec *Yanyou Tour,* 8h-16h. Trajet en 1h.

➢ ***Vers Mukdahan*** *(frontière du Laos)* **:** 2 bus VIP de nuit 19h30 et 21h, avec *Phet Prasert.* Trajet : 10h. Plutôt cher.

À Old Sukhothai *(plan II, F4,* ***10****)* **:** *départ de l'agence* Win Tour, *sur la rue principale.* 09-91-35-56-45.

➢ ***Vers Bangkok, via Ayutthaya :*** 3 départs/j., à 8h20, 12h20 et 21h50. Mêmes prix et temps de trajet que depuis New Sukhothai.

➢ ***Vers Chiang Mai, via Lampang :*** 4-5 départs/j., 6h50-14h. Mêmes prix et temps de trajet que depuis New Sukhothai.

En avion

✈ ***Aéroport*** *(hors plan I par B1)* **:** *à env 30 km au nord de New Sukhothai.* Salle d'embarquement sous les cocotiers. Des minibus de la compagnie Eddy Rent-a-car *(☎ 08-15-34-15-35 (en thaï) ou 09-31-39-80-12 (en anglais) ; ● eddy-rentacar.com ● ; tarif : env 180 Bts/pers)* attendent à chaque arrivée d'avion et vous déposent à votre hôtel ; en ville, ils partent devant le *Say Hi Café* – เซย์ ไฮ คาเฟ่ *(plan II, F3),* près du site archéologique de Old Sukhothai.

➢ ***De/vers Bangkok :*** plusieurs vols/j., avec *Bangkok Airways, Air Asia* et *Nok Air.* Durée : 1h20.

En train

La ***gare*** la plus proche est celle de Phitsanulok (voir plus haut), à 60 km du Sukhothai. Autant prendre le bus !

Pour aller de New Sukhothai à Old Sukhothai

Des ***songhtaews publics*** bringuebalants mais très pratiques assurent la liaison entre les 2 villes à peu près ttes les 30 mn, 7h-17h (dernier retour de Old Sukhothai vers 16h30). *Trajet : 30 mn. Prix : 30 Bts/pers.* De New Sukhothai, départ sur Charod Withitong Rd *(plan I, A2,* ***2****).* De la vieille ville, départ devant l'entrée principale du site *(plan II, F4).* On monte et on descend à la demande le long du parcours (faire signe au chauffeur). En dehors de ces horaires, on peut relier les 2 villes en *tuk-tuk* privé (se grouper) pour 200-250 Bts. Pas de taxi, en revanche.

NEW SUKHOTHAI

Petite ville bourdonnante et animée, où se trouvent la plupart des *guesthouses,* mais aussi un *night market,* des restos-bars ouverts tard le soir...

Adresses utiles

TAT – ท.ท.ท. *(office de tourisme ; plan I, A2)* **:** *200 Charod Withitong Rd.* *☎ 055-616-228 ou 229.* *● tourismthailand.org/sukhothai ● Tlj 8h30-16h30.* Pour récupérer une carte ou des infos de base. Personnel compétent et souriant.

■ ***Change et retrait d'argent :*** *plusieurs banques dans le centre de New Sukhothai, notamment la* ***Bangkok Bank*** *(plan I, B2,* ***3*** *; 49 Singhawat Rd, en face du Dream Café). Lun-ven 8h30-16h. ATM et change.*

■ ***Location de motos*** – บริการให้เช่ารถจักรยานยนตร์ **:** *de nombreuses guesthouses en louent. Compter 250 Bts pour 24h.* Bien pour relier le parc historique d'Old Sukhothai ou pour faire une excursion (Sri Satchanalai, Ramkamheng Park ; voir « Dans les environs de Sukhothai »). Prudence quand même, car dans la majorité des cas vous n'êtes pas assuré. N'oubliez pas votre casque.

Cycling Sukhothai – Ronny & Mem *(plan I, A2,* ***5****)* **:** *☎ 055-612-519.* *08-50-83-18-64. ● cycling_sukhothai@yahoo.com ● cycling-sukhothai.com ●* Ronny, un Belge adepte de l'écotourisme, connaît la région comme sa poche et vous fait découvrir à vélo, en petits groupes, les paysages bucoliques de la campagne alentour : rizières, petits villages et marchés *(800 Bts/pers la ½ journée, eau et* *équipement compris ; 990 Bts/pers la journée entière)...* Excursion pour le coucher du soleil *(départ vers 16h ; 450 Bts/pers).* On peut aussi partir à la journée pour visiter le parc historique de Old Sukhothai, que l'on rejoint à travers champs *(990 Bts/pers avec lunch ; entrée du site inclus).* Ils peuvent venir vous chercher à votre *guesthouse* si vous logez à New Sukhothai. Très sympa.

■ ***Piscine :*** *à l'hôtel Baan Georges (plan I, B2,* ***27*** *; voir « Où dormir ? »). Entrée : 60 Bts.*

✚ ***Sukhothai Hospital*** *(hors plan I par A2) : sur la route pour Old Sukhothai, après l'embranchement pour la gare routière. ☎ 055-611-702.*

Où dormir ?

Évitez les rabatteurs de la gare routière, qui vous raconteront tout et n'importe quoi pour vous emmener dans la *guesthouse* de leur choix et toucher une commission. Ce ne sont pas les adresses pour loger qui manquent. En saison calme, on n'a que l'embarras du choix, n'hésitez pas à faire jouer la concurrence. En haute saison, pensez à réserver.

De bon marché à prix moyens (de 150 à 800 Bts / 4,30 à 23 €)

🏠 ***TR Guesthouse*** – ที อาร์ เกสท์เฮ้าส์ *(plan I, B2,* ***20****) : 27/5 Pravet Nakorn Rd, Amphur Muang, à 2 pas de l'arrêt des bus pour la vieille ville. ☎ 055-611-663. 📱 08-81-56-80-25. • guesthouse_TR@yahoo.com • sukhothaibudgetguesthouse.com •* Grande *guesthouse* gérée par Toh et Long, qui parlent très bien l'anglais et donnent de bonnes infos à leurs clients. Une vingtaine de chambres et 5 bungalows, tous avec salle de bains privative, clim et frigo. Certaines chambres n'ont qu'une petite fenêtre, mais on sent un vrai effort de déco, la literie est douillette et tout est parfaitement clean. La maison peut assurer le petit déj (en sus) et le repas du soir (dernière commande à 20h30), organiser la poursuite de votre voyage en réservant vos minivans, louer des scooters ou encore laver votre linge. Un rapport qualité-prix du tonnerre.

🏠 🍽 ***Sabaidee Guesthouse*** – สบายดี เกสท์เฮ้าส์ *(plan I, A2,* ***21****) : 81/7 Moo 13, Charod Withitong Rd. ☎ 055-616-303. 📱 08-99-88-35-89. • sabaideehouse@yahoo.com • Un peu à l'écart de la ville, dans un quartier tranquille. Doubles et bungalows avec sdb privée ou à partager, petit déj compris.* Un point de chute paisible et verdoyant, en lisière du village. Une poignée de charmants bungalows disséminés dans le jardin, et quelques chambres dans le bâtiment principal. Tout est plaisant et très bien tenu. Le patron thaï parle bien le français et le staff souriant parle l'anglais. Bon petit resto accessible à tous matin, midi et soir, et bar avec du vin au verre. Et encore : un espace commun relax avec hamacs, une petite piscine pour se détendre après une journée de vélo et un terrain de pétanque !

🏠 ***Banthai Guesthouse*** – บ้านไทย เกสท์เฮ้าส์ *(plan I, B2,* ***22****) : 38 Pravet Nakhorn Rd. ☎ 055-610-163. 📱 08-52-69-13-91. • banthai_guesthouse@yahoo.com • Chambres ventilées avec sdb à partager, et bungalows avec ventilo ou clim. Petit déj en sus.* Au cœur d'un luxuriant jardin, un ensemble familial proposant différents types d'hébergement et un resto recommandable. Chambres sobres, avec lourd plancher de teck vernissé et boiseries ; la plupart n'ont pas de salle de bains attitrée. Également des bungalows ventilés ou climatisés, avec sanitaires privatifs. Des balades guidées à VTT dans le coin sont proposées, notamment autour du thème du travail dans les rizières ; on emprunte alors différents moyens de transport. Très bon accueil.

🏠 ***Blue House & Green House*** – บลู เฮ้าส์ & กรีนเฮ้าส์ *(plan I, A2,* ***23****) : 295/34 Sirisamarung Rd. ☎ 055-614-863. 📱 08-05-06-84-02. • sukhothai.bluehouse@gmail.com • Réception ouv jusqu'à 21h. Dortoir ventilé avec sdb à partager* (Green House) *et doubles avec* *sdb* (Blue House) *; petit déj en sus.* Cette maison bleue n'est pas accrochée à la colline, mais il y a de grandes chances que l'on y arrive à pied, car elle n'est pas loin de l'arrêt des bus. Vous y découvrirez une vingtaine de chambres modernes dont l'étincelant carrelage est digne d'une pub télévisée. Clim, frigo, cafetière... Sèche-cheveux et lit à baldaquin pour les plus chères. Le confort est aussi remarquable que l'entretien. Service de lingerie, excursions, location de vélos, scooters et motos... Dans la *Green House,* située juste à côté, un petit dortoir ventilé comportant 5 matelas aussi épais que du papier à cigarette alignés les uns à côté des autres, plus 2 chambres de 2 lits, chacune avec salle de bains à partager. Une offre très alléchante qui satisfera tous les budgets.

J & J Guesthouse – เจ & เจ บ้านรับรอง *(plan I, B2,* ***24****) : 12 soi Watkuhasuwan.* ☎ *055-620-095.* *08-17-85-45-69.* • *jjguest-house@hotmail.com* • *Sur la rive ouest. Petit déj inclus.* Serrés les uns contre les autres, 8 bungalows en bois et pierre posés dans une petite cour bétonnée. Clim, eau chaude, bout de terrasse à l'avant et, dans les jolies petites salles d'eau, galets et sol en ardoise. L'ensemble est bien tenu et jouit d'un certain charme. Jim est une excellente cuisinière, elle peut vous concocter un repas rien que pour vous si vous la prévenez à l'avance. Service de transferts, massages. Accueil francophone.

At Home – แอทโฮม สุโขทัย *(plan I, B1,* ***25****) : 184/1 Vichein Chamnong Rd.* ☎ *055-610-172.* *08-16-44-98-18.* • *potichan_ani@hotmail.com* • *Doubles avec ventilo ou clim, familiales ; petit déj inclus.* Grosse maison construite en partie en teck et posée dans un joli jardin en retrait de la rue. Confort et propreté sont au rendez-vous. Les chambres les plus agréables, au rez-de-chaussée, s'ouvrent sur une petite terrasse privée. À l'arrière, une mare sur laquelle donnent des bungalows sur pilotis, façon « p'tits nids d'amour » (sur les 4, un seul possède un grand lit, réservez-le tout de suite !). Un plan bien placé niveau rapport qualité-prix, assorti d'un accueil pro.

D'un peu plus chic à chic (de 800 à 3 000 Bts / 23 à 86 €)

Ruean Thai Hotel *(plan I, B1,* ***26****) : 181/20 soi Pracharuammit, Jarodwithitong Rd.* ☎ *055-612-444 ou* *08-82-90-07-17.* • *rueanthaihotel@gmail.com* • *rueanthaihotel.com* • *Doubles 1 200-2 200 Bts, petit déj compris.* Cette adresse de charme nous a conquis grâce à son style typiquement thaï et à son atmosphère délicieuse. Les chambres, d'un confort optimal (clim, sèche-cheveux, minibar...), sont réparties sur 2 niveaux autour d'une piscine limpide. On préfère celles de la galerie supérieure, à l'esprit romantique, avec leurs portes et fenêtres à l'ancienne. Mais toutes affichent un décor ravissant : mobilier traditionnel, salles de bains en marbre, moustiquaire pour le côté tropiques (et pratique !)... Prêt de vélos. Service de transferts. Également un bon resto sur place. Accueil pro et enthousiaste. Un remarquable plan dans sa catégorie.

Baan Georges – บ้านจอร์จ เกสท์เฮ้าส์ *(plan I, B2,* ***27****) : 28/54 soi Chaiwannasut, Tanon Jarodwithitong Rd.* *08-61-00-76-51.* • *luc.sukhothai@hotmail.com* • *baan-georges.com* • *Doubles 1 000-1 500 Bts, familiale 1 800 Bts, petit déj compris.* Impressionnante, la maison que Luc a fait construire ! Mastoc, tout en béton. À l'intérieur, la déco flirte avec le kitsch sans jamais trouver le moyen de l'embrasser vraiment : mobilier sculpté et lustré, épais rideaux... Les 8 chambres sont immenses, hyper propres et tout confort. Elles possèdent un balcon, un frigo et un dessus-de-lit parfois satiné. Au dernier étage, vaste terrasse abritée et ventilée où prendre son petit déj (pain maison avec de la farine importée de France !) avec vue sur les environs (top pour le coucher du soleil !). Belle et grande piscine avec transats tout autour (accessible aux non-résidents pour 60 Bts), mais pas de véritable jardin pour se poser. Luc loue aussi 2 apparts plantés au milieu de nulle part. Bon accueil.

Où manger ?

De bon marché à prix moyens (moins de 300 Bts / 8,60 €)

Night market – ตลาดกล างคืน *(plan I, B2, **40**) : dans le centre ; prendre la 2e à droite en venant du pont, c'est fléché. Tlj 18h-21h30.* Marché couvert où quelques brasseurs d'air tentent de disperser la touffeur ambiante. Animé, relativement propre, pas cher, et on y mange bien. Idéal pour les routards fauchés. Un autre marché où grignoter jour et nuit s'étend le long de Rachuthid Road *(plan I, B1-2).*

Mai Klang Krung *(plan I, B1, **41**) : 139 Charod Withitong Rd. 055-621-882. Tlj 7h30-15h.* Quelle trouvaille surprenante ! Il s'agit d'un resto traditionnel très bon marché, où employés et étudiants du coin se retrouvent le midi. Mais le lieu a la particularité d'abriter aussi un charmant magasin d'antiquités débordant d'œuvres d'art et d'objets superbes (et pas donnés, contrairement au repas !). Le menu est aussi bref que maîtrisé : nouilles plates à base de riz ou de blé, frites ou en soupe ; riz frits servis sur des feuilles de bananier et enfin quelques desserts franchement déroutants. Tout est exquis, un vrai festival de saveurs ! Cuisine ouverte, accueil souriant, service ultra-rapide. Et aucun touriste à l'horizon, hormis vous, chanceux lecteurs.

Pai *(plan I, B2, **42**) : Pravet Nakorn Rd. 09-49-95-48-68. Tlj 7h30-21h30 (cuisine 11h-21h).* Un lieu agréable avec sa salle ouverte à tout vent présentant un joli décor contemporain (murs de brique et lambris peints en bleu). Longue carte de plats thaïs très honnêtes, bien qu'adaptés pour plaire aux étrangers. Ça reste de la cuisine simple, mais le rapport qualité-prix est meilleur que chez pas mal de concurrents. On peut aussi y prendre le petit déj, un bon jus de fruits pressé, un café à toute heure...

Mai Pra Dit *(plan I, B2, **43**) : 50-52 Singhawat Rd. 08-66-05-32-01. Tlj 9h-20h.* *Coffee shop* au décor moderne et propret, à l'occidentale, climatisé et bardé de bois clair. Un cocon douillet pour déguster sandwichs, riz et nouilles frites, soupes, steaks, pizzas, voire le petit déj. Bons thés et cafés, *milk shakes, smoothies* et délicieux gâteaux pour le goûter. Oui, la carte est pléthorique ! Ambiance reposante, accueil sympa et tarifs doux.

Banthai Guesthouse – บ้านไทย เกสท์เฮ้าส์ *(plan I, B2, **22**) : c'est le resto de la guesthouse signalée dans « Où dormir ? ». Tlj jusqu'à 21h (dernière commande 20h30).* Cadre agréable et aéré. Petit déj avec produits faits maison (muesli, yaourts), délicieuses salades et sandwichs, fondue thaïe (la spécialité) servie pour 2 et alcools locaux (*yaa dong,* un alcool de riz aux herbes du pays).

J & J Guesthouse – เจ & เจ เกรสเฮ้าส์ *(plan I, B2, **24**) : c'est le resto de la guesthouse signalée dans « Où dormir ? ». Tlj 7h-21h.* Jim tenait auparavant un resto. Aujourd'hui, elle œuvre dans sa petite *guesthouse* et propose aux touristes de passage les soupes et les currys dont elle a le secret. Francophone, elle vous dira tout sur la cuisine thaïlandaise.

Chic (de 300 à 600 Bts / 8,60 à 17 €)

Dream Café – ดรีมคาเฟ่ *(plan I, B2, **44**) : 86/1 Singhawat Rd. ☎ 055-612-081. Tlj 17h-23h. Fermé avr.* Un café-resto de caractère, tout en bois massif et carrelage, chargé de vieux objets, dont certains, sous vitrines, sont à vendre. Plats thaïs et européens bien tournés et présentés avec art. Quelques *stamina drinks* aussi, composés de *yaa dong* (alcool de riz aux herbes). Service un peu lent.

Où boire un verre ? Où écouter de la musique ?

À New Sukhothai, le soir, les fêtards se retrouvent sur ***Pracharuamjai Road*** *(plan I, B1),* où sont alignés bars musicaux et restaurants en semi plein-air.

LA PLAINE CENTRALE

Ambiance populaire et bon enfant. La bière ne vous y assèchera pas le porte-monnaie, et c'est l'endroit idéal pour faire des rencontres. Concerts fréquents dans certains établissements comme *In Black, Route 23* ou *Club 64...* Attention, tout ferme vers minuit.

Sum Hua Bar *(plan I, B1,* ***45****) : Damrong Rd. Tlj 18h-minuit.* Bonne ambiance dans ce bar musical où viennent se produire les musicos du coin. C'est d'ailleurs blindé ces soirs-là. Sinon, c'est plus tranquille, on regarde des vidéos en sirotant une bière locale à prix raisonnable. Clientèle jeune et décontractée.

Chopper Bar – บาร์ ชอบเปอร์ *(plan I, B2,* ***46****) : Charod Withitong Rd. Tlj 15h-minuit.* Grande maison en bois ouverte, à la déco Harley Davidson et à la bande son rock, rendez-vous des routards, des motards et des jeunes du coin. Parfait à l'apéro ou en soirée.

À voir

Sangkhalok Museum – พิพิธภัณฑ์สังคโลก *(hors plan I par B2) : 10 Ban Lum. ☎ 055-614-333. Tlj 9h-17h. Entrée : 100 Bts.* Sur 2 niveaux, expo de ***céramiques*** d'une qualité exceptionnelle. Quantité impressionnante de pièces rares, des périodes Lanna ou Sukhothai (XIVe s), qui permet de prendre la mesure de l'influence de la tradition khmère dans l'architecture et les arts décoratifs de la période Sukhothai. Aussi des céramiques chinoises Yuan ou Ming (XIIIe et XVe s). En appui des vitrines, un bref exposé permet de comprendre pourquoi le marché de la céramique, monopolisé par les Chinois jusqu'au XVe s, échut ensuite aux Thaïs. Section consacrée aux monnaies du Lanna, d'Ayutthaya. On y retrouve notamment les fameux ***cauris*** (coquillages), qui servaient de monnaie d'échange jusqu'en Afrique. Magnifiques bouddhas en terre cuite ou en céramique, antiques ***céladons*** parfaitement conservés, et l'on en passe. Une visite à ne pas manquer, notamment avant de se rendre à Si Satchanalai, où était concentrée la production. Là-bas se trouve un autre musée, plus petit, que vous pourrez visiter en complément.

PRONONCIATION À LA CHINOISE

« Sangkhalok » est le nom donné à la production de céramique de Sukhothai. Ce terme n'est autre que la déformation du nom de la ville par les marchands chinois faisant commerce au XIIIe s, qui n'arrivaient pas à prononcer « Sukhothai » !

OLD SUKHOTHAI – อุทยานประวัติศาสตรสุโขทัย

À 12 km de New Sukhothai. *Songhtaews* réguliers pour relier les 2 villes (lire plus haut). Old Sukhothai, peu peuplée et principalement dévolue au tourisme, est plus calme et reposante. Elle englobe entre ses antiques remparts – ainsi qu'aux proches alentours – toutes les ruines du parc historique. On peut y loger ***au plus près des temples.*** C'est idéal pour celles et ceux qui veulent découvrir le site avant l'arrivée des groupes. Cependant, les hébergements sont un peu plus chers qu'à New Sukhothai et, une fois la nuit tombée, seuls quelques restos-bars pour touristes et une poignée de stands assurent un semblant d'animation, jusqu'à 21h environ... Et, passé 16h30, plus de *songthaew* pour rentrer de New Sukhothai, il faut prendre un *tuk-tuk* et ça douille (environ 200 Bts). Les couche-tard logeront donc de préférence dans la nouvelle ville.

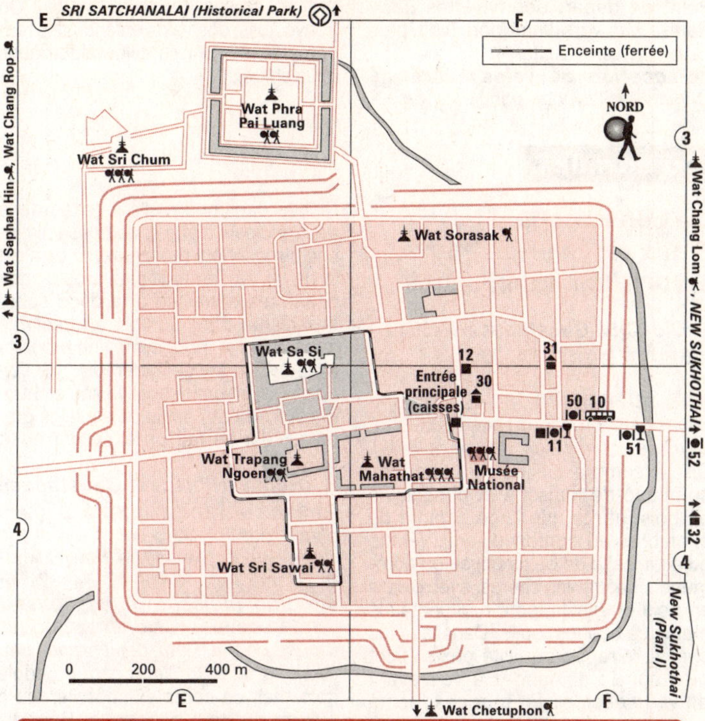

SUKHOTHAI – Old Sukhothai (Plan II)

Adresses utiles

10 Agence Win Tour (F4)
11 Distributeurs d'argent et 7-Eleven (F4)
12 Say Hi Café (minibus pour l'aéroport ; F3-4)

Où dormir ?

30 Old City Guesthouse (F4)
31 Sukhothai Garden (F3-4)
32 Orchid Hibiscus Guesthouse (hors plan par F4)

Où manger ? Où boire un verre ?

11 Night market et Baitong (F4)
50 Sureerat Restaurant (F4)
51 Sinvana (F4)
52 Kanomchin Baan Na (hors plan par F4)

Adresses utiles

Agence Win Tour *(plan II, F4,* ***10****)* **:** *dans la rue principale, un peu après le 7-Eleven mais de l'autre côté de la route. ☎ 055-612-409.* Départ des bus pour Bangkok (via Ayutthaya) et Chiang Mai (lire plus haut « Arriver – Quitter »).

■ ***Police touristique :*** *à l'entrée du Musée national. ☎ 055-245-358 ou numéro unique : ☎ 1155.*

■ ***Retrait d'argent :*** *distributeurs devant le 7-Eleven (plan II, F4,* ***11****).* Attention, aucune possibilité de change à Old Sukhothai.

■ ***Say Hi Café*** – เซย์ ไฮ คาเฟ่ *(plan II, F3-4,* ***12****)* **:** *face au site archéologique.*

Point de départ des navettes *Eddy Rent-a-car* vers l'aéroport (voir plus haut « Arriver – Quitter »).

Location de vélos : *plusieurs loueurs sur l'avenue principale, face à l'entrée du site. Compter 30 Bts/j.* On trouve aussi des vélos enfants, des tandems et même des vélos électriques (plus chers).

Où dormir ?

De bon marché à prix moyens (de 150 à 800 Bts / 4,30 à 23 €)

Old City Guesthouse – เมืองเก่า เกสท์เฮ้าส์ *(plan II, F4,* ***30****) : 28/7 Charod Withitong Rd. ☎ 055-697-515. 08-18-86-48-86. Au fond d'une impasse, tt proche du site historique. Doubles et familiales. Pas de petit déj.* Cet ensemble au look traditionnel, composé de maisons et bungalows en bois, abrite une large gamme de chambres au confort divers : ventilo ou clim, salle de bains privée ou commune... Les moins chères, avec parois en bois et ventilo, sont rudimentaires mais très économiques. Dans les plus chères, le rapport qualité-prix se tient bien aussi : demandez à voir avant de vous décider. En tout cas, rien à redire sur la propreté ni sur l'accueil, assuré dans un anglais sommaire. Qui plus est, l'ambiance peut s'avérer très conviviale entre voyageurs à petit budget. Un bon plan dans cette catégorie.

Un peu plus chic (de 800 à 1 500 Bts / 23 à 43 €)

Sukhothai Garden *(plan II, F3-4,* ***31****) : 119 moo 3 Muangkao Muang, dans une rue perpendiculaire à la route principale. ☎ 055-013-399. 08-47-51-15-33. • sukhothaigarden@gmail.com • sukhothaigarden.com • Petit déj inclus. Parking gratuit. Prêt de vélos.* Nichée dans une ruelle à l'écart de la rue principale, cette *guesthouse* distille une atmosphère reposante. Et ce n'est là qu'un de ses multiples atouts : des chambres carrelées à la déco sobre et fraîche, d'un confort appréciable (bonne literie, frigo, clim), une propreté assurée, un accueil adorable... Si l'on ajoute la proximité avec le site archéologique, le petit jardin et les vélos gratuits, cela en fait un excellent point de chute !

Orchid Hibiscus Guesthouse – ออร์คิด ฮิบิสคัสส เกสท์เฮ้าส์ *(hors plan II par F4,* ***32****) : env 1 km avt la vieille ville en venant de New Sukhothai (fléché). 08-47-14-22-56. • orchid_hibiscus_guest_house@yahoo.com • orchidhibiscus-guesthouse.com • Petit déj en sus. Loc de vélos 50 Bts/j.* Tenu par un couple italo-thaï, ce complexe hôtelier est à 1,5 km du parc historique. Répartis dans un beau jardin, ses 10 chambres, 10 bungalows et 7 familiales, tout en offrant un confort variable, sont joliment décorés. D'ailleurs, le volubile Paolo, qui règne en maître sur son petit monde, ne tarit pas d'éloges sur les petits plus de son « rrrizorte » : piscine, volières, jardin d'orchidées, pas de télé mais des massages... Sans oublier son « incrrrroyable petit déjeuner », accompagné de miel récolté à même l'arbre et de son café vendu pour être le meilleur de toute la Thaïlande (sic). Vous l'avez compris, c'est une adresse pas comme les autres !

Où manger ? Où boire un verre ?

On vous déconseille de manger dans les cafés-restos les plus proches du site (ceux qui rabattent gentiment le passant). Leur situation est pratique et leurs terrasses bien aguicheuses, mais leur carte est un fourre-tout insensé, alignant des plats fadasses et sans intérêt, parfois même mauvais. Ils ont cependant le mérite d'être ouverts assez tard (bien pour un dernier verre en terrasse).

Bon marché (moins de 150 Bts / 4,30 €)

Le soir, un minuscule ***night market*** *(plan II, F4,* ***11****)* déploie sa douzaine de stands le long de la rue principale, à l'entrée de la vieille ville. De quoi grignoter local pour pas cher : brochettes, saucisses, poisson, maïs grillé... Attention, il n'y a plus guère d'activité après 20h.

Baitong *(plan II, F4,* ***11****)* **:** *rue principale, à côté du 7-Eleven. 08-19-22-39-21. Tlj 11h-22h.* Petit resto propret, à l'ambiance agréable, animé par un personnel gentil et efficace. On y déguste une savoureuse cuisine thaï authentique et parfumée, pour des tarifs vraiment mini. Bien aussi pour une bière ou un jus de fruits. Notre favori dans cette gamme de prix.

Sureerat Restaurant – สุรีย์รัตน์ โภชนา *(plan II, F4,* ***50****)* **:** *rue principale (angle soi 3), presque en face du 7-Eleven. ☎ 055-633-323. Tlj 8h-21h30.* Ambiance toile cirée et chaise en plastoc pour une cuisine thaï honnête et variée, en plus d'être économique : porc grillé, *tom yum, pad thai,* soupe de poisson-chat épicée ou petites grenouilles à l'ail... Voilà au moins un resto qui s'en tient à ce qu'il sait faire, ça devrait inspirer les voisins !

De bon marché à prix moyens (moins de 300 Bts / 8,60 €)

Sinvana *(plan II, F4,* ***51****)* **:** *583 Moo 3. ☎ 055-697-521. Sur la route principale, à l'entrée de la vieille ville. Tlj 10h-21h.* Ravissant endroit que cette grosse cabane précédée d'un jardin. On choisit entre la salle climatisée et la terrasse tout en bois. Carte extensive de plats thaïs goûteux et bien exécutés, certains un peu plus élaborés que la moyenne (viandes en sauce, poissons garnis). Également de bons cafés, des jus de fruits pressés, des glaces et quelques desserts. Service attentif. Une adresse qui se place un cran au-dessus des gargotes, tout en gardant des prix très doux.

Khanomchin Baan Na – ร้านอาหาร ขนมจีนบ้านนา สุโขทัย *(hors plan II par F4,* ***52****)* **:** *16/39 Charod Withitong Rd (à 4 km de l'entrée du site historique, entre Old et New Sukhothai). ☎ 055-633-274. Tlj 7h-21h.* Une institution locale, dans un long bâtiment en bordure de route. Ici, la spécialité, ce sont les nouilles de riz colorées aux herbes médicinales. On achète son assiette déjà garnie, puis on a le choix entre 5 sauces servies à volonté. En dessert, offrez-vous une petite crêpe de riz locale saveur coco-banane.

À voir

Si l'immense Sukhothai est aujourd'hui en ruine, si les palais en bois de ses rois n'ont pas résisté aux ravages du temps, l'ancienne cité recèle encore de nombreux et superbes vestiges, construits en brique et en latérite. La plupart de ceux qui ont été découverts et en partie relevés se trouvent à l'intérieur d'un rempart bordé de douves. Mais de nombreux autres édifices, disséminés dans les rizières environnantes, attendent encore d'être dégagés de la gangue de terre qui les recouvre.

Un conseil : rendez-vous sur place ***tôt le matin*** ou ***avant le coucher de soleil.*** Vous éviterez ainsi les grosses chaleurs, le flot de touristes, et bénéficierez d'une plus belle lumière. Le samedi soir, le parc est éclairé.

Comment organiser sa visite ?

– ***Transports :*** vu les distances qui séparent les différents sites, la manière la plus pratique et la plus agréable de passer de l'un à l'autre est de ***louer un vélo*** (voir dans « Adresses Utiles »). Pour les plus sportifs, il est possible de faire la visite à pied, mais attention à la chaleur qui peut être écrasante dans la région. Les voitures et les motos sont interdites d'accès, mais on peut toujours ***louer un tuk-tuk***

(devant l'entrée du site principal ; env 200 Bts/h pour 4 pers + 30 Bts pour l'entrée du véhicule). Sinon, un ***petit train électrique*** fonctionne sur le système du *hop-on hop-off* (on monte et l'on descend quand on veut) comportant une dizaine d'arrêts. *Départ ttes les 15 mn. Prix : 60 Bts.*
- ***Horaires :*** *site principal ouv tlj 6h30-20h (sam-dim 21h) ; autres temples ouv tlj 7h-18h. Dernière entrée 30 mn avt.*
- ***Tarifs :*** 3 groupes de temples sont payants ; le site principal, au milieu de la vieille ville ; les Wat Phra Pai Luang et Sri Chum, au nord des remparts *(plan II, E3)* ; les Wat Saphan Hin et Chang Rop, à environ 4 km à l'ouest des remparts *(hors plan II par E3). Compter 100 Bts l'entrée pour chacun de ces groupes de temples, + 10 Bts si vous êtes à bicyclette (avec ou sans Paulette) ou 30 Bts pour un* tuk-tuk. Si vous voulez tout visiter, il faut donc compter au moins 300 Bts par personne, sans compter le musée (150 Bts), auxquels s'ajoutent les taxes en fonction du moyen de transport utilisé (vélo ou *tuk-tuk*). En plus de ces sites payants, de nombreux autres temples, plus mineurs, sont accessibles gratuitement.
- ***Infos historiques :*** sur la plupart des sites figurent des *QR Code* en langue française que vous pouvez flasher. Une option intéressante si vous possédez un smartphone et que vous avez opté pour l'achat d'une carte SIM donnant accès à un forfait 4G lors de votre arrivée dans le pays.

Le site principal

Cernée de remparts en latérite, la vieille ville mesure 1,8 km de long sur 1,5 km de large. Son centre abrite le groupe principal de temples, qui est entièrement clôturé. Entrée et billetterie au bout de la route reliant New et Old Sukhothai *(plan II, F4).*

Wat Mahathat – วัดมหาธาตุ *(plan II, F4)* **:** l'édifice le plus important et le plus évocateur du parc historique. Ce temple était réservé à la famille royale. Autour, les douves font près de 1 km. Devant, imposante esplanade avec ses rangées de colonnes. *Chedî* central en forme de bouton de lotus, orné à la base d'une frise de moines. Il aurait abrité un cheveu et une vertèbre du Bouddha. De chaque côté, 2 bouddhas prisonniers de leur gangue de brique. L'ensemble des ruines, avec leur bassin aux lotus au 1er plan, constitue l'une des plus belles photos du voyage.

Wat Sri Sawai – วัดศรีสวาย *(plan II, E4)* **:** fondé à l'époque de la domination khmère et globalement bien préservé. Il s'agit d'un ancien site brahmanique transformé en temple bouddhique, avec 3 *prang* hindous de style Lopburi, richement ornés de sculptures en stuc. Un linteau gravé montre Vishnu couché sur un *nāga*. Un site émouvant par sa puissance évocatrice, qui consolera ceux qui rêvent de voir Angkor ou n'iront pas à Phimai.

Wat Trapang Ngoen – วัดตระพังเงิน *(plan II, E4)* **:** *chedî* en forme de pousse de lotus. À 2 pas, adossé à une stèle, un très élégant bouddha marchant. De là, vue splendide sur le grand lac et ses lotus. Un îlot est accessible par une passerelle ; un emplacement idéal pour la séance photo sur le Wat Mahathat.

Wat Sa Si – วัดสระศรี *(plan II, E3-4)* **:** sur une île qu'on atteint par une passerelle. Entouré de banians et d'acacias au milieu d'un charmant petit lac, c'est l'un des temples les plus croquignolets du site. Sa forme arrondie rappelle celle des stupas cinghalais. Gros bouddha au nez étrangement disproportionné. Devant s'étendent les vestiges du *viharn* (temple) avec ses colonnes tronquées. Sur la pelouse, un bouddha à la démarche extrêmement gracieuse. Tous les ans, lors de la pleine lune du 12e mois de l'année lunaire, les Thaïlandais s'y rendent pour fêter Loy Krathong. C'est l'occasion d'un méga son et lumière.

Hors de l'enceinte

Le musée national Rāma Kamheng – พิพิธภัณฑ์สถานแห่ง ชาติรามคำแหง *(plan II, F4)* : *en face du site principal. Tlj 9h-16h. Entrée : 150 Bts. Laisser son sac à la consigne (gratos).* Rassemble de riches collections d'objets de l'époque Sukhothai (XIIIe-XVe s), issues non seulement du parc historique, mais aussi de toute la zone. Autant d'œuvres d'une beauté rare, bien présentées et joliment éclairées, assorties d'explications en anglais. Si vous ne devez visiter qu'un musée dans la région, choisissez celui-là !

Le bâtiment de la billetterie n'abrite que des maquettes, photos et plans du site. On passe donc assez vite à la galerie, où sont exposées de nombreuses statues, sculptures et céramiques d'une qualité extraordinaire, figurines de bronze, de grès, de quartz, en plus des multiples images du Bouddha (certaines sont les originales, d'autres des répliques)... Noter en particulier la réplique de la ***pierre d'inscription de 1292,*** où se trouve gravé l'un des 1ers textes en alphabet thaï (qui, rappelons-le, trouve ses origines en Inde). Le roi Kamheng (plutôt bavard le garçon, soit dit en passant) y décrit le Sukhothai de l'époque. Si ça vous amuse, vous pouvez lire la traduction sur le mur, et même apprendre ce 1er alphabet, pour déchiffrer la pierre dans le texte ! Dans la même salle, la *pierre gravée de Sorasak (1417),* un peu plus loin l'empreinte de pied du Bouddha (il devait avoir du mal à se chausser), et une série de bas-reliefs en stuc dépeignant des anges impassibles et des démons grimaçants. À l'étage, expo de céramiques, de bois sculptés comme ce vihara miniature en bois et des panneaux de porte ornés de divinités, des tablettes votives de terre cuite, une section d'armes et quelques statues imposantes de Bouddha dans toutes les postures. Cette visite à la fois plaisante et instructive se poursuit dans le jardin avec quelques vestiges de canalisations, la réplique d'un four, une roue du Dharma en pierre datant d'avant le XIe s et un beau lithopone du VIIe-VIIIe s (les bonzes de l'époque s'en servaient de gong et, comme chacun le sait, les bons gongs font les bonzes amis).

Wat Sorasak – วัดสรศักดิ์ *(plan II, F3)* : *en dehors du site principal, contre l'enceinte nord. GRATUIT.* Il daterait du début du XVe s. Peu imposant mais il vaut le coup d'œil sur la route du Wat Phra Pai Luang pour sa couronne d'éléphants sculptée à la base. Pour une fois, ils ont gardé leurs trompes... Forcément : il s'agit d'une reconstruction.

Au nord du site principal

Wat Phra Pai Luang – วัดพระพายหลวง *(plan II, E3)* : *entrée payante (lire plus haut « Tarifs »).* L'un des plus anciens temples de Sukhothai, fondé par les Khmers au XIIe s. Vestiges du *viharn* avec ses rangées de colonnes. Y subsiste un *prang* de latérite quasi intact avec de magnifiques reliefs en stucs copiés sur ceux d'Angkor (surtout le fronton). Étonnants restes d'un bouddha marchant en brique, au pied duquel un autre est couché (enfin, le peu qu'il en reste !).

Wat Sri Chum – วัดศรีชุม *(plan II, E3)* : *au nord-ouest, pas loin du précédent (même ticket).* Un bâtiment imposant, dont l'entrée en forme d'échancrure laisse entrevoir un immense bouddha assis de plus de 14 m de haut. Il était autrefois à l'abri sous un toit de schiste qui s'est effondré. Sur les ardoises étaient gravés les jatakas (XIVe s), les différentes vies du Bouddha. Elles

LA PAROLE DIVINE

Dans le Wat Sri Chum, où trône un énorme bouddha assis, un escalier encastré dans le mur de gauche permettait autrefois d'accéder à une fenêtre à la hauteur de la tête de la statue. Posté là-haut, un conseiller du roi incitait les soldats à combattre, leur faisant croire que le Bouddha leur parlait...

sont aujourd'hui au musée national. À l'époque des guerres contre les Birmans, dans la 2de moitié du XVIe s, le roi Naresuan y venait gonfler le moral de ses troupes. La légende raconte qu'il se planquait à l'intérieur du mur et sermonnait ses ouailles par la petite baie que l'on aperçoit en haut à gauche, de manière à leur laisser penser que Bouddha s'adressait à eux en personne !

À l'est du site principal

Wat Chang Lom – วัดช้างล้อม *(hors plan II par F4)* : *prendre la route pour New Sukhothai, puis tourner à gauche après env 800 m. GRATUIT.* Là aussi, sculptures intéressantes, notamment les cariatides d'éléphants, autour du socle, censés porter sur leur dos la voûte céleste. Pour ceux qui n'iront pas voir le Wat Chang Lom à Sri Satchanalai.

À quelques kilomètres de l'enceinte

Encore des ruines dignes d'intérêt, accessibles en *tuk-tuk* ou même à vélo.

À l'ouest

Wat Saphan Hin – วัดสะพานหิน *(hors plan II par E3)* : *à env 4 km. Accès payant (lire plus haut « Tarifs »).* Un chemin de grosses pierres surélevé mène au sommet d'une petite colline culminant à 200 m. Dressés là-haut, les ruines du *viharn,* et un bouddha de 12 m de haut sérieusement mal en point, qui ne demande qu'à finir en bas de la colline (il est étayé de partout le pauvre vieux !). Magnifique lever du soleil depuis le pied du bouddha. La légende raconte que le roi Kamheng venait à dos d'éléphant lui rendre hommage à la nouvelle lune.

Xat Chang Rop – วัดช้างรอบ *(hors plan II par E3)* : *env 500 m plus loin que le Wat Saphan Hin (même ticket).* Moins spectaculaire et en assez mauvais état. Stupa avec éléphants sculptés à la base.

Au sud

Wat Chetuphon – วัดเชตุพน *(hors plan II par F4)* : *à env 2,5 km. Pas d'horaires. GRATUIT.* On le rejoint par une bucolique petite route de campagne, glissant le long des champs. Une fois passé les vestiges de l'enceinte en schiste et des douves, coup d'œil au sanctuaire principal flanqué de 2 grands bouddhas. C'est le plus grand temple de la zone sud. Sur le côté, les bouddhas assis et couchés ont disparu. Restent les bouddhas debout et marchant.

– D'autres petits *wat* tout autour pour rentabiliser le déplacement.

Fête

– ***Loy Krathong :*** grande fête dans les ruines, se déroulant durant les 5 jours qui précèdent la pleine lune de novembre. Son (beaucoup !) et lumière. Danses aussi, spectacles divers, *night market,* et même un feu d'artifice. Difficultés pour trouver un hébergement à cette époque, et prix doublés !

DANS LES ENVIRONS DE SUKHOTHAI

LE PARC HISTORIQUE DE SI SATCHANALAI – อุทยานประวัติศาสตรศรีสัชนาลัย

À environ 55 km au nord de New Sukhothai, le parc historique de Si Satchanalai rassemble lui aussi de belles ruines de l'époque Sukhothai, disséminées

LA PLAINE CENTRALE

dans une nature assez sauvage en bordure d'un méandre de la rivière Yom. On le recommande sans hésiter à ceux dont la soif de vieux temples n'a pas été étanchée par Old Sukhothai, ou tout simplement aux amateurs du genre, d'autant que le site est moins fréquenté.

Comment y aller ?

➢ Outre les excursions organisées par certaines *guesthouses* de Sukhothai, le plus simple est de s'y rendre ***à moto*** (location à New Sukhothai, voir « Adresses utiles »). C'est bon marché et, en plus, on peut partir et revenir à l'heure de son choix. Possibilité de louer des automatiques, pour ceux qui n'ont pas l'habitude de ce moyen de transport. Casque obligatoire pour le conducteur comme pour le passager. De New Sukhothai, prendre la route n° 101 vers Sawankhalok ; de Old Sukhothai, la route n° 1113 est plus directe. Dans les 2 cas, prévoir env 1h de trajet.

➢ Il est possible aussi d'y aller ***en bus depuis New Sukhothai.*** Prendre un bus à destination de Chiang Rai (à 6h40, 9h ou 11h30) et descendre 7 km avant le bourg de Si Satchanalai (à env 1 km de l'entrée principale du parc). Demander l'arrêt au chauffeur, en lui montrant les caractères thaïs ci-avant pour qu'il n'y ait pas d'équivoque. Traverser le pont et tourner à droite pour arriver à la cahute de vente des tickets. Pour le retour, attraper 1 des 3 bus descendant de Chiang Rai ; le dernier passe vers 15h-15h30 (ne pas se pointer trop tard, sinon vous serez obligés de dormir sur place).

Où dormir ? Où manger ?

🏠 🍽 ***Papong Homestay*** – ป่าป่อง โฮมสเตย์ *: 12/2 Moo 6. Après le pont, prendre à gauche la route qui conduit au Wat Phra Si Ratanamahathat Rat ; c'est sur la gauche, côté rivière. ☎ 055-631-557. 📱 08-73-13-47-82. Prix moyens, petit déj (frugal) compris.* La souriante Mme Papong, qui ne parle que thaï, vous accueille dans son chez elle, proposant 3 chambres climatisées, version carrelage et déco embryonnaire, attenantes à une petite terrasse donnant sur la rivière. Literie un peu dure mais propreté irréprochable. Aussi 2 chambres plus anciennes dans la partie privée. À 5 mn de là, le resto ***Chabaa*** vous calera l'estomac (demandez à Mme Papong de vous y réserver une table). Location de vélos.

La visite du parc

Accès tlj 8h-17h (dernière entrée 16h30). Entrée : 100 Bts (+ 10 Bts par vélo). Le parc étant relativement étendu, on vous conseille de louer un vélo devant l'entrée (10 Bts/j.) ; sinon, petit train sur roues 30 Bts (mais il ne part qu'une fois rempli). La visite est faisable à pied, mais c'est moins rigolo, surtout s'il fait chaud ! Plan fourni à l'entrée.

Si Satchanalai, lieu sacré dédié au Bouddha, fut fondé au XIIIe s pour les vice-rois de Sukhothai, très probablement sur un site plus ancien consacré à l'hindouisme. À l'époque, Si Satchanalai était un ***important centre artisanal.*** Ses potiers étaient réputés dans toute l'Asie du Sud-Est (rappelez-vous les pièces que vous avez vues au musée de New Sukhothai). Sur les berges de la rivière, les ruines de plus de 200 fours ont été mises au jour. Une équipe de chercheurs australiens et thaïs a affirmé récemment que la production de céladon remonterait à une période antérieure de plus de 1 000 ans à l'apogée de la ville, ce qui remettrait en cause l'idée selon laquelle les Chinois auraient introduit cette technique au XIIIe s.

LA PLAINE CENTRALE

Pas moins de 18 temples en ruine y sont disséminés dans un vaste parc ombragé d'arbres centenaires. Le plus beau complexe, le ***Wat Chang Lom,*** date du XIIIe s. Il aurait été construit sur ordre du roi Kamheng après qu'on eut trouvé une relique du Bouddha sur le site (fortiche non ?). Son stupa (ou *chedî*) est encadré de 39 éléphants que le temps a amputés de leurs trompes (on dirait des chiens !). Au-dessus, quelques bouddhas rangés dans des niches. Juste en face s'élève le vaste ***Wat Chedî Chet Thaeo,*** un ensemble spectaculaire dont le *chedî* principal possède un toit en forme de bouton de lotus. On y aurait conservé, jadis, les cendres de la famille royale de l'époque Sukhothai. Plus au nord, noyés dans la végétation, dominant la forêt, les ***Wat Khao Phanom Phloeng*** et ***Wat Khao Suwan Khiri*** trônent sur les sommets de 2 collines *(khao)* reliées par une voie pavée en latérite (l'ancien chemin de ronde du mur d'enceinte). Endroits mystérieux, peuplés dès la préhistoire. On y accède par un haut escalier monumental. Le 1er est un petit temple assez bien préservé, le 2^d présente quelques vestiges de sculptures et un stupa en assez bon état. C'est là, d'après la légende, que l'ermite Satcha aurait emmené le roi prier par le feu, selon les traditions brahmaniques. De là-haut, panorama saupoudré d'autres stupas qui émergent de la jungle, coiffant les collines.

– À 2 km du site principal, ne ratez pas non plus le ***Wat Phra Mahathat,*** au milieu d'une boucle de la rivière Yom. De la billetterie du parc, tourner à droite en sortant et continuer tout droit. À voir : un superbe *prang* de style khmer rappelant ceux du célèbre Bayon (Angkor), un bouddha marcheur d'une grande élégance, et un bouddha protégé par un nāga à 7 têtes.

Dans les environs, voici 2 autres visites à faire pour ceux qui aiment la poterie, en particulier les objets en céladon (voir à Chiang Mai la rubrique « Achats ») : le ***Sawanvoranayok Museum*** *(055-641-571 ; mer-dim 9h-16h ; entrée : 50 Bts),* dans la ville de Sawankhalok, présente des poteries et céramiques du XIIIe au XXe s, ainsi qu'une collection de bouddhas de bronze d'une finesse remarquable et une sélection d'ornements et figurines retrouvés dans les fours de la région ; et les ***Thuriang Kilns*** de Ban Ko Noi, d'anciens fours à poteries, 5 km après le parc.

CHIANG MAI ET SA RÉGION

• Carte Le nord de la Thaïlande et le Triangle d'or *p. 231*

Ceux qui ne musarderaient pas à Sukhothai ou dans la plaine centrale peuvent y monter directement depuis Bangkok en train, en bus ou en avion. Réputé pour sa cuisine, sa douceur de vivre et celle – relative – de son climat, le Nord est un pays à respirer plus qu'à visiter. Certes, les temples ne manquent pas, mais on vient ici avant tout s'imprégner des paysages de montagnes enserrant des vallées tapissées de rizières, ou explorer la forêt et les villages des minorités ethniques. Pays des éléphants et du Mékong, le Nord thaïlandais est avant tout une terre de treks et de mille et une autres activités. Et si l'ombre du trafic de drogue plane encore un peu, vous serez sans doute surpris de découvrir des doubles voies menant jusqu'au cœur du Triangle d'or...

CHIANG MAI (CHIENG MAI) – เชียงใหม

• Plan d'ensemble Chiang Mai *p. 234-235* • Zoom Chiang Mai *p. 237*

Si elle ne compte officiellement que 131 000 habitants, Chiang Mai rassemble en journée une bonne partie des 1,7 million de résidents du district et forme désormais la 2e agglomération de Thaïlande. Au-delà de son fameux carré central, délimité par d'anciennes douves, et des berges de la rivière Ping, c'est une cité étendue, au trafic dense, avec son inévitable corollaire, soit un niveau de pollution parfois très élevé qui flétrit quelque peu son joli surnom de « Rose du Nord ». Heureusement, à l'abri de la vieille ville, une multitude de sanctuaires bouddhistes dessine autant de mini-oasis de tranquillité. Là se glisse le caractère particulièrement raffiné et original de l'ancien royaume Lanna...

Plaque tournante du tourisme nord-thaïlandais, Chiang Mai abrite une quantité astronomique d'hébergements de toutes sortes, d'agences, de restos, de salons de massages... Son riche passé commercial a laissé une forte tradition artisanale dans le quartier de Borsang, où l'on trouve désormais un tout nouveau musée d'art contemporain, sans oublier les nombreuses galeries d'art de Nimmanhaemin, le quartier *arty* branché. Enfin, le projet « Creative Chiang Mai » confirme cette aspiration de la cité à acquérir un statut culturel. En conclusion, à défaut d'y séjourner longtemps, on y apprécie ses jolis temples, son animation quasi permanente, ses gargotes peu chères, ses

marchés colorés et ses soirées plus ou moins endiablées. Ceux qui privilégient le dépaysement et la sérénité en feront plutôt une base pour organiser excursions à la journée, treks dans les villages ethniques ou virées à moto dans la région.

UN PEU D'HISTOIRE

Chiang Mai, dont le nom signifie « ville nouvelle », a été fondée par le roi Mengrai à la toute fin du XIIIe s, en tant que 4e et dernière capitale du royaume Lanna (1292-1775) – joliment surnommé le « pays du million de rizières ». Située au bord de la rivière Ping et au carrefour des routes commerciales d'Asie du Sud-Est, Chiang Mai atteint son apogée au XVe s avant de décliner ensuite, victime des querelles de pouvoir et de l'appétit territorial du royaume d'Ayutthaya, puis des Birmans, qui en 2 siècles transforment la cité en ville fantôme, jusqu'à la reconquête thaïe de 1775. Sous le règne de Kavila, pour conjurer une nouvelle invasion, les canaux et les remparts formant le carré central de la ville sont consolidés par de hauts murs de briques. Finalement intégré au Siam, le royaume de Chiang Mai, coupé du reste du pays jusqu'au début du XXe s (aucune route n'y menait), a développé un courant artistique particulièrement foisonnant et esthétique, le style Lanna (ou Lan Na), influencé par les arts birman et lao.

Arriver – Quitter

Que vous arriviez en train ou en bus, sachez que les rabatteurs vous attendront de pied ferme, dans l'espoir de vous canaliser vers la *guesthouse* de leur choix... Brandissant photos et cartes de visite, ils proposent parfois de vous y emmener gratuitement. À vous de voir, mais c'est rarement un bon plan !

En train

Gare ferroviaire – สถานีรถไฟ *(plan D3) : Rotfai Rd, par Charoen Muang Rd, à env 1,4 km à l'est de la rivière Ping. ☎ 053-244-795. Bureau d'infos en anglais à gauche des guichets délivrant horaires et tarifs.* Chiang Mai est le terminus nord de la ligne de Bangkok, qui passe par Phitsanulok, Lopburi et Ayutthaya. Sur place : consignes *(tlj 4h50-20h45)*, distributeur. Pour rejoindre le centre-ville, compter env 100 Bts le *tuk-tuk*, 30 Bts/pers en *songthaew*.

➢ ***De/vers Bangkok*** *(gare de Hua Lamphong) :* 5 départs/j., 8h30-22h de Bangkok, 6h30-18h de Chiang Mai. 2 *special express* avec couchettes (résa conseillée bien à l'avance ; possible jusqu'à 3 mois avant le départ). La couchette la moins chère, avec ventilo, est à env 530 Bts. Assis, en 3e classe, 230 Bts seulement, mais vous le sentirez passer ! Trajet : 11-15h (mais retards possibles).

En bus

Arcade Bus Station – สถานีรถอาร์เขต *(plan D1,* ***1****) : Kaeo Nawarat Rd, à env 4,5 km au nord-est du centre-ville. ☎ 053-242-664 ou 053-247-020.* Pour y aller, bus R1 à 20 Bts, *songthaew* rouge (env 30-40 Bts/pers) ou *tuk-tuk* (env 150-200 Bts). On y trouve les bus longues distances, dans 2 terminaux qui se font face. Guichet d'info (en anglais) au T2. Sur place : consignes et distributeurs.

➢ ***Pour Bangkok :*** très nombreux départs avec une quinzaine de compagnies (ts les bus avec clim ; bus VIP et Super VIP), ttes les heures 7h-22h30, la plupart en fin de journée pour un trajet de nuit. Trajet : env 10h.

➢ ***Pour Chiang Rai :*** avec *Greenbus (au T3 ; ☎ 266-480 ; ● greenbusthailand.com ●)*, 20 à 25 bus/j., dont plusieurs VIP, 6h-22h30, soit ttes les 30 mn env. Trajet : 3h. Résa conseillée.

➢ ***Pour Mae Sai*** *(frontière avec le Myanmar) :* avec *Greenbus (au T4)*,

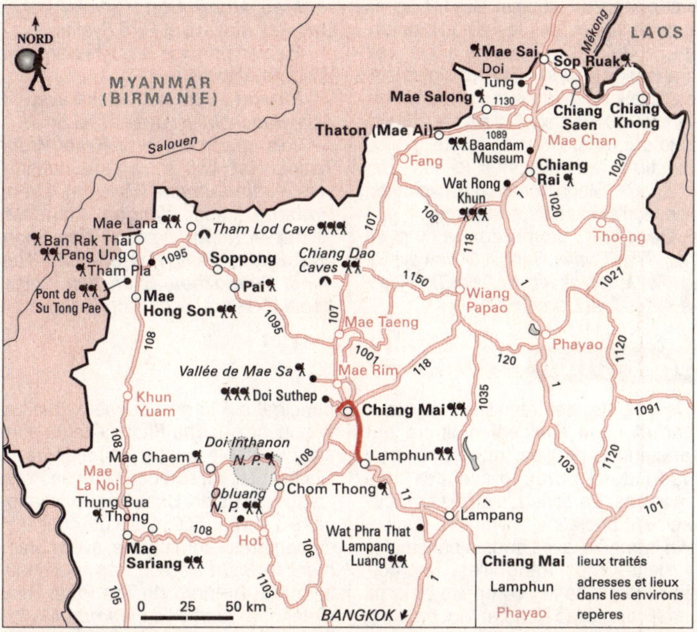

LE NORD DE LA THAÏLANDE ET LE TRIANGLE D'OR

7-8 bus/j., 6h-16h15 (17h le w-e). Trajet : 4h30-5h.

➢ ***Pour Chiang Khong*** *(frontière laotienne)* **:** avec *Greenbus,* 3 bus/j., le mat et en début d'ap-m. Trajet : env 6h.

➢ ***Pour Chiang Saen et le Triangle d'Or*** *(Sop Ruak)* **:** avec *Greenbus,* 1 seul bus/j. vers 12h. Trajet : 5h15-8h.

➢ ***Pour Pai et Mae Hong Son :*** depuis le T2, minibus ttes les heures, 6h30-14h30, puis 1 bus de nuit à 21h pour Mae Hong Son. 6h30-17h30 pour Pai. Trajet : 3h pour Pai, 6h pour Mae Hong Son.

➢ ***Pour Mae Sariang :*** depuis le T2, minibus ttes les 2h env, 7h-17h. Trajet : 4-5h. Il y a aussi des minibus (2 fois plus chers) env ttes heures.

➢ ***Pour Sukhothai :*** depuis le T2, une dizaine de bus/j. (mais attention, souvent annulés !), 7h-19h. Trajet : 6h. La plupart continuent jusqu'à Phitsanulok.

➢ ***Pour Luang Prabang*** *(Laos)* **:** bus direct les lun, mer, ven et dim à 9h. Compter 1 200 Bts et env 17h de trajet. Attention, il faut aussi prévoir le temps d'attente à la frontière pour le visa et le changement de bus...

🚌 ***Chang Puak Bus Station*** – สถานีรถช้างเผือก *(plan B2,* ***2****)* **:** *Chang Puak Rd, à 500 m au nord du vieux quartier.*

➢ ***Pour Fang via Mae Rim et Chiang Dao :*** bus ttes les 30 mn, 5h30-17h30, plus un dernier à 19h30. Compter env 3h jusqu'à Fang, à 150 km.

➢ ***Pour Thaton :*** bus ttes les 30 mn, 5h30-15h30. Trajet : 4h.

➢ ***Pour Lamphun :*** bus ttes les 20 mn, 6h30-18h10 (6h-19h30 dans l'autre sens). Trajet : 45 mn. On s'adresse au même guichet pour les sources chaudes de ***Sankam*** (4 bus/j., dernier retour à 17h).

En avion

✈ ***Aéroport*** *(hors plan d'ensemble par A4)* **:** *à env 6 km au sud-ouest du centre.* • *chiangmaiairportonline.com* • Pour rejoindre le centre-ville, sortir porte 1 du terminal. Bus *R3* (lignes rouge et jaune), ttes les 20-30 mn, env 6h-23h30 (20 Bts). Pour les arrêts, voir « Transports en ville – Les bus » plus loin. Sinon, taxi (ticket dans le hall d'arrivée) : prix fixe 150 Bts jusqu'à 3 pers et 250 Bts jusqu'à 5 pers. Porte 6 : poste, police touristique et consignes *(tlj 7h-21h ; 200 Bts/j.)*. Sinon, location de voitures, change, distributeurs, pharmacie...

➢ ***Bangkok :*** nombreux vols avec *Thai, Thai Smile, Bangkok Airways* et les *low-cost Nok Air, Air Asia, Thai Viet-Jet Air* et *Thai Lion Air.*

➢ ***Mae Hong Son :*** 3 vols/j. avec *Bangkok Airways* et *RPS System.*

➢ ***Pai :*** en principe, 1 ou 2 vols/j. avec *Wisdom Airways.*

➢ ***Phuket :*** vols quotidiens avec *Air Asia, Bangkok Airways* et *Thai Smile.*

➢ Vols également pour **Krabi, Udon Thani, Hat Yai,** et, à l'international, vers **Kuala Lumpur** (Malaisie), **Luang Prabang** (Laos), **Yangon, Mandalay** (Birmanie), ***Hanoi*** (Vietnam), ***Xian, Shanghai, Beijing, Hong Kong, Macao, Kunming, Guangzhou, Shenzhen*** (Chine), ***Séoul*** (Corée du Sud), ***Singapour,*** etc.

Orientation

Si la ville est très étendue, « le vieux quartier » (ou l'île) est délimité par 4 anciennes douves, qui forment un quadrilatère bordé d'avenues très passantes. La zone n'est pas particulièrement ancienne, à vrai dire, mais à taille humaine, avec artères principales et ruelles plus tranquilles. La moitié est de cette île, comprise en gros entre Prapokklao Road et Moonmuang Road, est entièrement dévolue à l'activité touristique : foultitude de *guesthouses,* restos, bars, agences, loueurs de scooters, salons de massages...
La rivière Ping s'écoule à environ 700 m à l'est du carré. Tha Phae Road, l'axe principal qui la relie au vieux quartier, débouche sur Tha Phae Gate (la porte est), véritable centre névralgique de Chiang Mai. Au sud de Tha Phae Road, jusqu'à Sri Don Chai Road, un autre carré d'environ 500 m de côté concentre de nombreux commerces, avec notamment le *Night Bazaar,* très touristique lui aussi. Au nord de Tha Phae Road s'étend le quartier du *Warorot Market,* commerçant lui aussi mais plutôt fréquenté par les locaux. À l'ouest de la vieille ville enfin, autour de Nimmanhaemin Road, s'est développé un nouveau quartier moderne et branché, repaire de la classe moyenne thaïe.

Transports en ville

– ***Les bus :*** téléchargez l'application *CMTRANSIT* ou procurez-vous le plan-horaire. Le nouveau réseau de bus *RTC (☎ 052-060-001)* compte 5 lignes, dont 2 dédoublées avec des couleurs différentes. Les lignes les plus utiles sont les 2 lignes R3 rouge et jaune (ttes les 20-30 mn, 6h-23h30), qui relient l'aéroport et desservent Nimmanhaemin Rd, Chang Puak Gate, Tha Phae Gate, Warorot Market, le Night Bazaar et la Chiang Mai Gate. Pour 30 Bts, le bus R3 vous emmènera de l'aéroport au quartier touristique. Les 2 lignes R1 verte et violette (ttes les 30 mn à 1h, respectivement 6h-21h15 et 6h-22h30) relient le nord du centre-ville d'ouest en est, du zoo à la gare routière d'Arcade Bus en passant par celle de Chang Puak. La ligne R2 rose (ttes les 30 mn à 1h, 6h-19h35) relie Tha Phae Gate au centre commercial *Promenada* au sud-est (peu d'intérêt). Prix : 20 Bts/trajet.

– ***Le vélo :*** pratique dans le centre, le quartier étant plat, mais attention à la circulation, dense, sur les boulevards qui longent les canaux et au-delà. Et un masque s'impose... De nombreuses *guesthouses* disposent de vélos. Sinon, on trouve des loueurs çà et là ; compter 50-100 Bts la journée selon la qualité du matériel et son âge. Il existe également des vélos orange en libre-service *(● mobike.com ●).*

– ***Le scooter :*** il permet de rayonner en ville et dans les proches environs. Certaines *guesthouses* en proposent, mais les tarifs sont en général plus élevés que chez les loueurs. Chez un loueur, compter env 150-250 Bts/j. pour un scooter 110-125 cm^3 et 500 Bts pour un 150-155 cm^3. Pour une virée à moto afin de parcourir la région, voir nos « Adresses utiles » et nos conseils dans le chapitre « Virées à moto ».

– ***Les songthaew :*** les rouges circulent en ville ; les autres couleurs (surtout des jaunes) rayonnent dans la région. En ville, ils fonctionnent un peu comme des minibus, mais s'adaptent à l'itinéraire des clients. La plupart partent de la gare routière de Chang Puak ou du Warorot Market, mais on peut aussi les héler à la volée et annoncer sa destination au chauffeur ; il vous prendra s'il se dirige dans la même direction. Le tarif affiché sur la carrosserie de 30 Bts par personne est valable si le chauffeur remplit plus ou moins son véhicule. Si vous êtes seul ou à 2, le prix sera majoré au prix d'un *tuk-tuk*. Ces *songthaew* peuvent donc fonctionner comme un taxi. On peut en louer un à l'heure ou à la journée pour visiter les environs de Chiang Mai sans trop se ruiner.

– ***Les tuk-tuk :*** ils fonctionnent comme des taxis. Compter environ 100 Bts pour un trajet en ville, jusqu'à 150-200 Bts si vous traversez le centre de part en part ou allez en périphérie. Le soir, tard, vous paierez à peu près le double...

– ***Les taxis :*** outre les taxis qu'on hèle à la volée, on peut commander son VTC avec l'application *Grab,* à télécharger avec une carte SIM locale. On peut aussi les louer à l'heure.

– ***Les samlors à pédales :*** aussi appelés « pousse-pousse », on en voit encore quelques-uns...

Adresses et infos utiles

Infos touristiques et générales

TAT – ท.ท.ท. *(office de tourisme ; plan C3) :* *Chiang Mai-Lamphun Rd.* ☎ *053-248-604.* ● *tourismchiangmai.org/en* ● *Un peu excentré, face à l'Iron Bridge. Tlj 8h30-16h30.* Brochures sur la ville, plan, horaires des transports... Accueil en anglais approximatif.

■ ***Police touristique*** – ตำรวจท่องเที่ยว *(hors plan par A2,* ***3****) :* *à env 6-7 km au*

■ Adresses utiles

- TAT (C3)
- **1** Arcade Bus Station (D1)
- **2** Chang Puak Bus Station (B2)
- **3** Police touristique et Bangkok Airways (hors plan par A2)
- **4** Agence consulaire de France et Alliance française (C4)
- **5** Immigration Office (hors plan par A4)
- **7** Maharaj Nakorn Hospital (A3)
- **9** Suriwong Book Center (C4)
- **10** Consulat du Myanmar (A2)
- **15** Loi Khro Clinic (C3)
- **17** Chiang Mai Dental Hospital (A1)
- **20** KPD Car Rent (C3)
- **23** C & P (location de motos ; C3)
- **24** Chiang Mai Boxing Stadium (A1)
- **88** Loikroh Boxing Stadium (C3)

Où dormir ?

- **34** C & C Teak House (D3)
- **36** Siriya House et Ban Narai River Guesthouse (C3)
- **37** BED Nimman et Hotel YaYee (hors plan par A2)
- **39** Swiss-Lanna Lodge (D4)
- **53** Finlay House (C3)
- **57** Tanita House (C2)
- **58** 168 Chiang Mai Guesthouse (A2)

Où manger ?

- **20** Rajdarbar (C3)
- **72** Khao Soi Islam Restaurant (C3)
- **73** Kalare Food Center (Night Bazaar ; C3)
- **74** Anusarn Night Market (C3)
- **76** Woo Café & Art Gallery (C3)
- **78** Huan Soontaree (hors plan par C1)
- **79** Ongtong Noodle (hors plan par A2)
- **83** Khao Soi Lamduan (A1)

Où prendre un petit déj ? Où boire un thé, un jus frais ? Où manger une pâtisserie ?

- **79** SS 1254372 Café (hors plan par A2)
- **81** Regina Garden et Vieng Joom On Teahouse (C2-3)
- **82** Raming Tea House Siam Celadon (C3)
- **84** Baan Bakery (B4)

Où boire un verre ? Où écouter de la musique live ? Où sortir ?

- **37** Rooftop de l'hôtel YaYee (hors plan par A2)
- **73** Bars du Night Bazaar (C3)
- **93** The Riverside et Good View (C3)
- **95** Warm Up Cafe (hors plan par A2)
- **96** Ram Bar (C3)

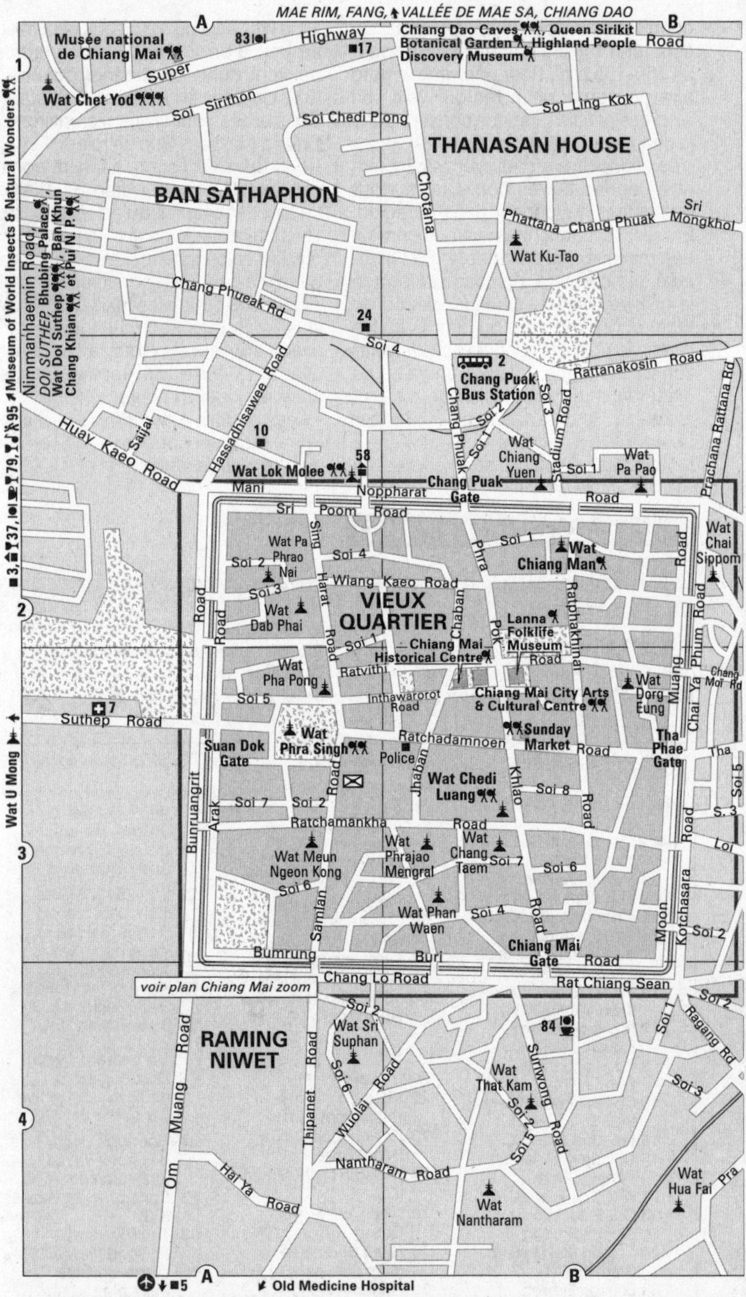
MAE RIM, FANG, VALLÉE DE MAE SA, CHIANG DAO
Chiang Dao Caves, Queen Sirikit Botanical Garden, Highland People Discovery Museum
Musée national de Chiang Mai
83
17
Super Highway Road
Wat Chet Yod
Museum of World Insects & Natural Wonders
3, 37, 79, 95
Nimmanhaemin Road, DOI SUTHEP, Bhubing Palace, Wat Doi Suthep, Ban Khun Chang Khian et Pui N. P.
Soi Sirithon
Soi Chedi Plong
Soi Ling Kok
THANASAN HOUSE
BAN SATHAPHON
Chofana
Phattana Chang Phuak
Sri Mongkhol
Wat Ku-Tao
Chang Phueak Rd
24
Soi 4
2
Chang Puak Bus Station
Rattanakosin Road
Hassadhisawee Road
Huay Kaeo Road
Saijai
10
Chang Phuak
Soi 2
Soi 1
Soi 3
Stadium Road
Wat Chiang Yuen
Prachana Rattana Rd
58
Wat Lok Molee
Chang Puak Gate
Wat Pa Pao
Mani Noppharat Road
Sri Poom Road
Soi 1
Wat Pa Phrao Nai
Soi 2
Soi 3
Soi 4
Sing Harat Road
Wiang Kaeo Road
Wat Chiang Man
Wat Chai Sippom
Wat Dab Phai
VIEUX QUARTIER
Chaban
Phra Pok
Ratphakhinai
Lanna Folklife Museum
Chiang Mai Historical Centre
Wat Pha Pong
Ratvithi Road
Soi 5
Inthawarorot Road
Chiang Mai City Arts & Cultural Centre
Wat Dorg Eung
Chang Moi Rd
Chai Ya Phum Road
Muang Road
7
Suthep Road
Wat U Mong
Wat Phra Singh
Suan Dok Gate
Ratchadamnoen Road
Sunday Market
Tha Phae Gate
Tha
Police
Jhaban
Wat Chedi Luang
Khlao Road
Soi 8
Soi 5
S. 3
Soi 7
Soi 2
Arak Road
Bunruangrit
Ratchamankha Road
Loi Kroh
Wat Meun Ngeon Kong
Wat Phrajao Mengrai
Wat Chang Taem
Soi 7
Soi 6
Soi 6
Samlan Road
Wat Phan Waen
Soi 4
Moon Muang
Kotchasara Road
Soi 2
Chiang Mai Gate
Bumrung Buri Road
Chang Lo Road
voir plan Chiang Mai zoom
Rat Chiang Sean
Soi 2
Soi 2
Soi 1
Ragang Rd
84
Wat Sri Suphan
RAMING NIWET
Om Muang Road
Thipanet Road
Soi 6
Wuolai Road
Wat That Kam
Suriwong Road
Soi 2
Soi 5
Soi 3
Nantharam Road
Hai Ya Road
Wat Nantharam
Wat Hua Fai
Pra
A
B
1
2
3
4
5
Old Medicine Hospital

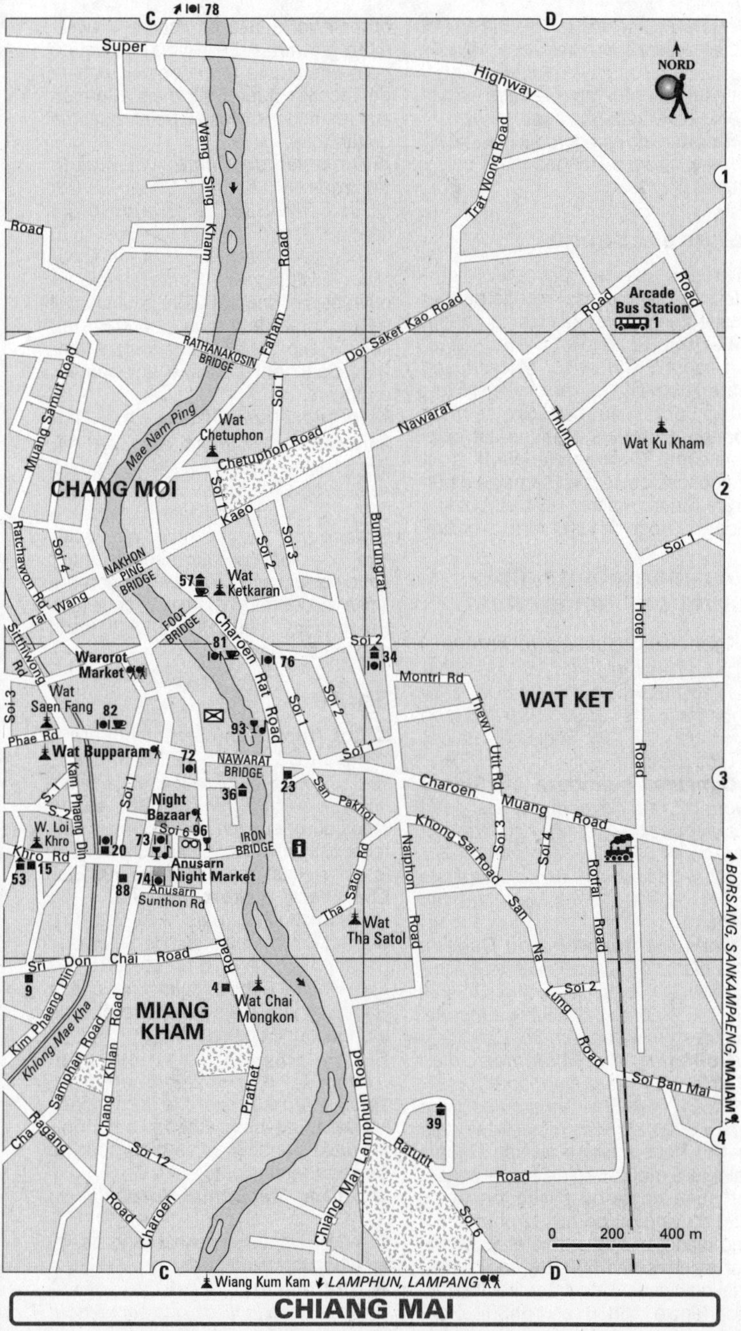
78
C
D
Super
Highway
NORD
Wang Sing Kham
Road
Faham Road
Trat Wong Road
Road
Arcade
Bus Station
1
Doi Saket Kao Road
Road
RATHANAKOSIN BRIDGE
Muang Samut Road
Soi 1
Wat
Chetuphon
Mae Nam Ping
Chetuphon Road
Nawarat
Thung
Wat Ku Kham
CHANG MOI
Soi 1
Kaeo
Bumrungrat
Soi 2
Soi 3
Ratchawon Rd
Soi 4
NAKHON PING BRIDGE
57
Wat
Ketkaran
Soi 1
Hotel Road
Tai Wang
Sitthiwong Rd
FOOT BRIDGE
Charoen Rat Road
81
Soi 2
34
76
Warorot
Market
Montri Rd
Wat
Saen Fang
82
Soi 3
Soi 1
Soi 2
WAT KET
Thewi Utit Rd
Phae Rd
93
Wat Bupparam
72
NAWARAT BRIDGE
Soi 1
Kam Phaeng Din
S. 1
S. 2
Soi 1
23
San Pakhoi
Charoen Muang Road
36
Night
Bazaar
Soi 6
96
W. Loi
Khro
73
20
IRON BRIDGE
Khong Sai Road
Soi 3
Soi 4
Khro Rd
53
15
Anusarn
Night Market
88
74
Anusarn
Sunthon Rd
Tha Satoi Rd
Naiphon Road
Rotfai Road
Wat
Tha Satol
San Na Lung Road
BORSANG, SANKAMPAENG, MAIIAM
Sri Don Chai Road
9
Road
4
Wat Chai
Mongkon
Soi 2
Kim Phaeng Din
MIANG
KHAM
Khlong Mae Kha
Samphan Road
Chang Khlan Road
Prathet
Chiang Mai Lamphun Road
Soi Ban Mai
39
Cha Ragang Road
Soi 12
Ratutit Road
Charoen
Soi 6
0
200
400 m
C
D
Wiang Kum Kam
LAMPHUN, LAMPANG
1
2
3
4

CHIANG MAI

nord-ouest du centre, sur la route du Doi Suthep, presque en face du zoo. ☎ 053-212-147. En cas d'urgence, il y a aussi un poste de police dans le carré central (zoom B3). N° d'urgence : ☎ 1155.

– ***Site internet en français :*** *● chiang mai-news.com ●* Bonnes infos culturelles et pratiques.

Banque, change

On trouve des banques avec distributeur et comptoir de change partout dans le centre, en particulier au début de Loi Khro Road *(plan d'ensemble et plan zoom B-C3)* et sur Moonmuang Road *(zoom B2-3)*, vers la Tha Phae Gate. Le réseau bancaire le plus répandu et le plus pratique est celui de la ***Siam Commercial Bank*** dont les agences ouvrent en semaine de 9h à 16h. Sinon, repérez les distributeurs affichant le logo de votre carte bancaire.

Représentations diplomatiques, immigration

■ ***Agence consulaire de France*** – สมาคมฝรั่งเศส *(plan C4, **4**) : 138 Charoen Prathet Rd, au 1er étage de l'Alliance française. ☎ 053-281-466. Lun et mer-ven 10h-12h.* Seulement en cas de gros pépin.

■ ***Consulat honoraire de Suisse*** *(zoom B2, **14**) : Frangipani Serviced Residences, 11/1 soi 13, Prapokklao Rd. ☎ 053-225-000. 📱 08-18-82-75-62. ● chiangmai@honrep.ch ● Juste derrière le Wat Chiang Man. Lun-ven 9h-11h30, sur rdv.*

■ ***Consulat honoraire du Canada*** *(hors plan) : 151 Super Highway, Tambon Tahsala, Amphur Muang. ☎ 053-850-147 ou 053-242-292. ● cancon@loxinfo.co.th ● Lun-ven 9h-12h.*

■ ***Consulat du Myanmar*** *(plan A2, **10**) : 9/4 Mani Noppharat, soi 3. ☎ (052) 004-211. ● myanmarvisa.com ● Près du Wat Molee. Lun-ven 9h-12h.* Pour obtenir le visa de 28 jours (valable 3 mois), venir avec le passeport, une copie du passeport et du billet d'avion ou de bus, 2 photos sur fond blanc, une résa d'hôtel au Myanmar et environ 1 600 Bts en liquide ; délai officiel de 3 jours à retirer l'après-midi (entre 15h30 et 16h30). Pour obtenir votre visa en ligne : *● evisa.moip.gov.mm ●* Le e-visa est valide pour une entrée par le poste-frontière de Tachilek (Mae Sai), mais attention aux restrictions liées au point de sortie du territoire.

■ ***Consulat de Chine*** – สถานกงสุลจีน *(zoom A4, **6**) : 111 Chang Lo Rd. ☎ 053-280-380. ● chiangmai.china-consulate.org ● Lun-ven 9h-11h30 (dépôt des dossiers), 15h-16h (pour récupérer le visa).* Compter 4 jours ouvrables et env 1 100 Bts pour un visa de tourisme de 1 mois (1 900 Bts en service express le même jour). Attention, paiement possible uniquement en liquide.

■ ***Immigration Office*** – สำนักงานตรวจคนเข้าเมือง *(hors plan par A4, **5**) : 71 M. 3 Sanambin Rd, T. Suthep A. Muang Chiangmai 50200. ☎ 053-277-510. ● chiangmaiimm.com/en ● En face de l'aéroport. Lun-ven 8h30-12h, 13h-16h30.* Pour faire prolonger votre séjour, venez tôt : seul un nombre limité de dossiers est traité chaque jour. Prévoir env 1 900 Bts pour 30 jours d'extension de visa.

Santé

■ ***Loi Khro Clinic*** – คลีนิคลอยเคราะห์ *(plan C3, **15**) : 62/2 Loi Khro Rd. ☎ 053-271-571. Tlj sauf w-e et j. fériés 8h-13h, 16h30-20h30.* Petit centre médical sérieux (en anglais), mais l'attente est généralement longue. Consultation avec un généraliste env 200 Bts.

✚ ***Maharaj Nakorn Hospital*** – โรงพยาบาลมหาราช *(plan A3, **7**) : 110 Suthep Rd, à l'extérieur de Suan Dok Gate (la porte ouest). ☎ 053-936-150.* Hôpital public, moins cher que le Ram Hospital, mais beaucoup plus de monde, donc de l'attente.

✚ ***Ram Hospital*** – โรงพยาบาลราม *(zoom A2, **8**) : 8 Bunruangrit Rd. ☎ 053-920-300 ou 330 (urgences).* Moderne et bien équipé, cet hôpital privé est cher, mais bien pour de petites interventions.

■ ***Chiang Mai Dental Hospital*** *(plan A1, **17**) : sur la Super Highway. ☎ 053-411-150.* Dentistes parlant l'anglais. Il y en a beaucoup d'autres...

■ ***Pharmacies*** – ร้านขายยา *: nombreuses dans le vieux quartier, surtout*

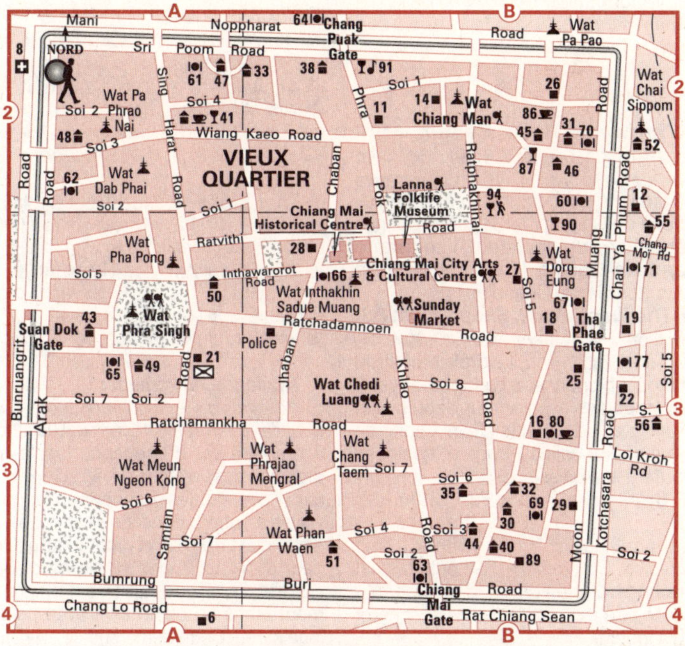

CHIANG MAI (Zoom)

Adresses utiles

- **6** Consulat de Chine (A4)
- **8** Ram Hospital (A2)
- **11** THAI (B2)
- **12** North Wheels (location de véhicules ; B2)
- **14** Consulat honoraire de Suisse (B2)
- **16** The Lost Book Shop (B3)
- **18** American University Alumni (B3)
- **19** Air Asia (B3)
- **21** Chiang Mai Mountain Biking (A3)
- **22** Pop (location de motos ; B3)
- **25** Thaphae Boxing Stadium, Chiang Mai Thai Cookery School et Jungle Flight (B3)
- **26** Thai Farm Cooking School (B2)
- **27** Asia Scenic Thai Cooking School (B3)
- **28** Prison Massages (B3)
- **29** Bar Fly (B3)
- **89** Chiang Mai Trekking with Piroon (B3)

Où dormir ?

- **30** Pha-Thai House (B3)
- **31** Green House et Sri Pat Guesthouse (B2)
- **32** La Maison Verte (B3)
- **33** Baan Ploy In (A-B2)
- **35** Julie's II Guesthouse (B3)
- **38** Hug Hostel & Rooftop et Mountain View Guesthouse (B2)
- **40** 60 Blue House (B3)
- **41** Hostel by BED (A2)
- **43** Lee Chiang (A3)
- **44** Banjai Garden Guesthouse (B3)
- **45** Sleep Guesthouse et Lamchang House (B2)
- **46** Arte House (B2)
- **47** Green Tiger House (A2)
- **48** The Twenty Lodge (A2)
- **49** BED Phrasingh Hotel (A3)
- **50** 99 The Gallery Hotel (A3)
- **51** Baan Klang Wiang (B3)
- **52** Stamps Backpackers (B2)
- **55** Baan Rao « Chez Nous » (B3)
- **56** Villa Thapae (B3)

Où manger ?

- **60** Night Market de Somphet Market (B2)
- **61** Khao Soi Khun Yai (A2)
- **62** Tikky Café (A2)
- **63** Night Market de Chiang Mai Gate (B3-4)
- **64** Night Market de Chang Puak Gate (B2)
- **65** SP Chicken (A3)
- **66** Khao Soi Sirichai (B3)
- **67** Lert Ros et Cooking Love (B3)
- **69** Dash ! (B3)
- **70** The House by Ginger (B2)
- **71** The Swan Burmese Cuisine (B3)
- **77** Aroon Rai (B3)

Où prendre un petit déj ? Où boire un thé, un jus frais ? Où manger une pâtisserie ?

- **41** Fern Forest Café (A2)
- **80** Dada Kafé (B3)
- **86** Blue Diamond – The Breakfast Club (B2)
- **87** Khun Kae's Juice & Smoothie Bar (B2)

Où boire un verre ? Où écouter de la musique live ? Où sortir ?

- **90** U.N. Irish Pub (B3)
- **91** The North Gate (B2)
- **94** Zoe in Yellow, 48 Garage et Pentatonic Rock Bar (B2-3)

sur Moonmuang Rd (zoom B2-3). La plupart ouvrent à 9h ou 10h jusqu'à 20h ou 21h (voire 22h).

Loisirs

■ ***Suriwong Book Center*** – ร้านหนังสือสุริวงษ์ *(plan C4,* ***9****) : 54/1 Sri Don Chai Rd. Tlj 10h-19h.* On y trouve à l'étage la plus grande librairie anglophone de Chiang Mai. Plans et bonnes cartes également, dont l'amusante carte de Chiang Mai signée par la regrettée Nancy Chandler.

■ ***The Lost Book Shop*** *(zoom B3,* ***16****) : 34/3 Ratchamanka Rd. ☎ 053-206-656. Tlj 8h-18h.* Le drôle de patron irlandais bichonne, enveloppe et vend ses bouquins avec amour depuis plus d'un quart de siècle. Bon choix de livres en français à l'étage et quelques *Routard* à la caisse...

■ ***Bar Fly*** *(zoom B3,* ***29****) : au fond d'une courette donnant sur Moonmuang Rd, à 100 m env au sud du soi 2. Tlj 17h-minuit.* Ce petit bar est prolongé d'une librairie d'occase, alignant pas mal de bouquins à acheter ou à louer !

■ ***Apprendre à parler le thaï :*** plusieurs écoles proposent des cours, notamment l'***American University Alumni*** *(zoom B3,* ***18*** *; 24 Ratchadamnoen Rd ; ☎ 053-214-120 ; ● learnthaiinchiangmai.com ● ; tlj 8h30-18h w-e-9h-16h sam, 15h45 dim).* Ici, les sessions durent 6 semaines, à raison de 2h de cours par jour en semaine, par groupes de 5 à 12 élèves. Compter env 5 300 Bts la session complète de 60h et 2 sessions minimum pour commencer à se débrouiller. Cours privés à 340 Bts/h également.

Compagnies aériennes et agence de voyages

■ ***THAI*** – สายการบินไทย *(zoom B2,* ***11****) : 240 Prapokklao Rd. ☎ 053-920-999. ● thaiairways.com ● Tlj sauf dim et j. fériés 8h-17h.*

■ ***Bangkok Airways*** – สายการบินบางกอกแอร์เวย์ *(hors plan par A2,* ***3****) : 44/1 Nimmanhaemin Rd, soi 12 (bureau 302, Kantary Terrace). ☎ 053-289-338. Lun-sam 8h30-12h, 13h-18h. À l'aéroport : ☎ 281-519, ext. 11 à 14. ● bangkokair.com ●*

■ ***Nok Air*** – สายการบินนกแอร์ *: ☎ 1318, (02) 627-2000 ou (02) 088-8955 (calls centers, en anglais). ● nokair.com ●*

■ ***Air Asia*** – สายการบินไทยแอร์เอเชีย *(zoom B3,* ***19****) : agence au début de Tha Phae Rd. ☎ (02) 515-99-99 (call center). ● airasia.com ● Tlj 10h-20h30.*

■ ***Thai Smile*** – ไทยสมายล์แอร์เวย์ *: à l'aéroport. ☎ (02) 118-88-88 (call center). ● thaismileair.com ●*

■ ***Thai Lion Air*** – ไทยไลอ้อนแอร์ *: à l'aéroport. ☎ (02) 529-99-99 (call center 24h/24). ● lionairthai.com ●*

■ ***VietJet Air :*** *☎ (084) 1900-1886 (call center 24h/24). ● vietjetair.com ●*

■ ***Thaïlande Autrement :*** *69/3 Tunghotel Rd, Watket, Muang. ☎ 053-241-409. ● thailandeautrement.com ●* Thaïlande Autrement est une agence locale qui organise des voyages privés sur mesure avec des guides francophones pour visiter à votre rythme les sites culturels, historiques du pays et profiter de la douceur du Nord et des superbes plages du Sud. Thaïlande Autrement a notamment établi un partenariat avec un village karen. Cette démarche de tourisme communautaire permet ainsi aux voyageurs de découvrir une culture unique en Asie.

Location de véhicules

Les loueurs de scooters sont pléthore et, face à la concurrence, les prix sont bas : 150-250 Bts/j. en général, parfois dès 100 Bts en basse saison. En revanche, les loueurs de motos sont bien sûr plus chers. Bien lire le chapitre « Virées à moto » et la rubrique « Transports » pour tout ce qui concerne permis, assurance et sécurité.

■ ***North Wheels*** *(zoom B2,* ***12****) : 70 Chai Ya Phum Rd. ☎ 053-874-478. ● northwheels.com ● Tlj 8h-18h. Compter 1 200 Bts/j. pour une petite voiture, assurance et assistance incluses, et jusqu'à 2 000 Bts/j. pour un minibus 9 places avec chauffeur ; tarifs dégressifs dès le 3e j. (- 10 %).* C'est l'un des spécialistes de la location de voitures sur le Nord. Ses tarifs valent bien ceux des grandes enseignes, mais on nous a rapporté quelques écarts de service.

■ **KPD Car Rent** *(plan C3, **20**) : 99/4 Loi Khro Rd. ☎ 053-818-656. Tlj 8h-18h. À partir de 150-200 Bts/j. pour un scooter selon la cylindrée ; assurance physique incluse (mais pas matérielle). Pour une voiture, à partir de 1 000 Bts/j. avec assurance au tiers.*

■ **C & P** – ซีแอนพี เชอร์วิช *(plan C3, **23**) : 21-23 Chiang Mai-Lamphun Rd, près de l'office de tourisme. ☎ 053-273-161. • cpbigbikechiangmai.com • Tlj 8h-18h30. Bon choix de motos 250 cm³ env 800 Bts/j. ; également des 500, 650 et 1 000 cm³.* Une référence locale depuis une vingtaine d'années.

■ **Pop** *(zoom B3, **22**) : 51 Kotchasarn Rd, près du resto Aroon Rai. ☎ 053-276-660. • popcarrent.com • Tlj 8h-18h. Grand choix de motos de 150 à 1 000 cm³. Compter env 800 Bts/j. pour une 250 cm³. Accueil moyen.*

Divers

■ **Alliance française** – สมาคมฝรั่งเศส *(plan C4, **4**) : 138 Charoen Prathet Rd. ☎ 053-275-277. • afthailande.org • Lun-ven 9h30-12h, 14h-18h30 ; sam 9h-12h.* Les activités s'adressent surtout à ceux qui habitent Chiang Mai. On peut y lire journaux et magazines français et assister à la séance de ciné du vendredi soir. Cafét' dans le jardin.

■ **Supérettes :** on trouve des ***7-Eleven*** partout et notamment autour des portes de la vieille ville. Pratique pour acheter sa carte SIM locale et tous les produits de consommation courante.

■ **Laveries :** *on en trouve partout en ville !*

Où dormir ?

On trouve plusieurs centaines de *guesthouses,* même si cela se fait au détriment du patrimoine : la plupart des vieilles maisons de style Lanna ont été détruites pour faire place au béton, tandis que la mode des boutiques-hôtels s'est emparée de la ville. S'ils font facilement le plein en haute saison, on peut faire jouer la concurrence le reste du temps.
On déplorera aussi l'insistance de certains propriétaires, qui peuvent devenir désagréables ou subitement complets si l'on n'achète pas d'excursion ou de trek chez eux... Attention aussi en arrivant en bus ou en train, les *tuk-tuk* ou taxis racontent parfois que la *guesthouse* de votre choix a déménagé ou brûlé, dans le dessein de vous conduire là où leur commission est la plus forte...

Dans le vieux quartier

De bon marché à prix moyens (de 150 à 800 Bts / 4,30 à 23 €)

Green House – กรีนเฮ้าส์ *(zoom B2, **31**) : 11 Moonmuang Rd, soi 8. ☎ 053-210-645. 📱 09-00-52-90-50. Dans une ruelle à l'arrière de la Sri Path Guesthouse. Bon marché.* En plein quartier touristique, cette discrète *guesthouse* sans fards ni cafards dispose d'une douzaine de chambres propres, très simples mais assez spacieuses, avec fenêtre et balconnet pour le linge. Matelas posés sur une estrade en bois. Un assez bon choix pour les petits budgets en quête de calme ou de long séjour. Accueil familial avec quelques mots d'anglais. Location de vélos et de scooters bon marché à proximité.

Lamchang House *(zoom B2, **45**) : 24 Moonmuang Rd, soi 7. ☎ 053-210-586. • facebook • Juste à côté de la Sleep Guesthouse. Bon marché.* Cette agréable maison en bois où, traditionnellement, la propriétaire habite à l'étage, propose quelques chambres très simples, avec sanitaires communs (1 seule douche chaude, sinon eau froide !). Mais elles sont très propres et vraiment pas chères. Toutes avec ventilo et une petite touche de déco. Dans la vaste cour, des tables de jardin pour prendre le petit déj (en sus). Location de 2-roues. Accueil très gentil. Un bon plan pour les petits budgets.

60 Blue House – ซิกซตี้ บลูเฮ้าส์ *(zoom B3, **40**) : 32-34 Ratphakhinai Rd.*

08-69-19-27-77. • 60bluehouse.com • Le sympathique petit *coffee shop* de l'accueil donne le ton : ici, tout est pimpant et souriant. Si vous êtes une fille, vous pourrez dormir dans l'unique dortoir de 8 lits, sinon vous devrez louer l'une des chambres avec parquet, décorées dans un joli style contemporain. Tout le monde partage les mêmes sanitaires, sauf les familiales (qui possèdent aussi une kitchenette). En prime : de gros casiers en bois, un espace cuisine, une machine à laver, un espace commun semi-ouvert et un micro-jardin touffu. Vélos en location.

Julie's II Guesthouse – จูไรย์ เกสท์เฮ้าส์ *(zoom B3,* ***35****) : Ratchamanka Rd, Phra Sing, Mueng Chiang Mai District. 09-46-28-19-91. • julieguesthouse.com • Résa très conseillée.* Blindée de jeunes routards du monde entier au point de faire un peu usine, cet incontournable de Chiang Mai regroupe dortoirs (4-6 lits), chambres diverses et variées (pas toujours de première jeunesse, préférez les plus récentes côté jardin), jardin garni de transats, resto-bar (avec billard), *rooftop* avec hamacs et matelas, agence de voyages et trekking, location de motos, laverie, bouquins, etc. Atmosphère assez baba. Le personnel est plutôt cool mais aime bien vendre ses treks, sachez-le.

Hug Hostel & Rooftop – ฮัก โฮสเทล *(zoom B2,* ***38****) : 52/1-2 Changphueak Rd. ☎ 053-217-566. • rooftop@hughostel.com • Derrière la Chang Puak Gate.* Située dans une avenue passante, cette auberge de jeunesse en béton gris attire des tas de jeunes routards d'horizons très différents. Ici aussi, c'est un peu l'usine... Une douzaine de dortoirs mixtes ou réservés aux filles, ceux de 6 étant un peu serrés. Tous avec la clim, casiers et loupiotes (mais pas de rideaux). Jolis sanitaires communs en tôle blanche. Petit déj (en sus) à prendre au café-bar. *TV room* avec ordis et matelas. Excursions et location de scooters et motos sont un peu plus chers qu'ailleurs, à l'image de l'hébergement d'ailleurs. Mais vous aurez droit à un billard et à une terrasse sur le toit avec un DJ en soirée. Accueil pro.

La Maison Verte *(zoom B3,* ***32****) : 1/3 Ratchamankha Rd, soi 3. 099-395-5228. • lamaisonverte.chiangmai@gmail.com • Prix moyens.* C'est une maison verte, adossée à l'angle sud-est de la vieille ville. On y vient à pied (ou en *tuk-tuk*), à condition quand même d'avoir réservé car ce n'est pas bien grand. Les prix sont élevés mais l'accueil est personnalisé et les dortoirs et chambres privées sont rénovés et très bien tenus. On dort littéralement dans de beaux draps, avec la clim et un casier à dispo. Sanitaires communs. Petit déj (en plus) et repas à prendre au petit resto de la réception, avec des produits bio et sans glutamate. Une petite adresse de qualité.

168 Chiang Mai Guesthouse – หนึ่ง หก แปด เชียงใหม่ เกสท์เฮ้าส์ *(plan A2,* ***58****) : 248/57 Saha Sri Poom Place, côté nord des douves. 09-10-67-70-50. • 168chiangmai@gmail.com • Bon marché.* Située à la lisière de la vieille ville, dans une rue pleine de *guesthouses* assez décevantes. Cela dit, difficile de faire moins cher ici ! Dans un petit immeuble sans charme, mais propre et carrelé, les dortoirs (dont un réservé aux filles) alignent 4 ou 8 lits accolés (parfois un peu claustros), juste séparés par des rideaux, avec lampe individuelle, prise et casier. Pas notre 1er choix, mais l'accueil est très gentil.

Bon plan également : les dortoirs confortables du ***Baan Ploy In*** *(zoom A-B2,* ***33****)* et ceux plus luxueux de la très agréable ***Green Tiger House*** *(zoom A2,* ***47****)*, citée plus loin, avec calme assuré et piscine à la clef.

De prix moyens à un peu plus chic (de 400 à 1 500 Bts / 11,40 à 43 €)

Hostel by BED – โฮสเทล บาย เบด *(zoom A2,* ***41****) : 54/2, 54/4 Singharat Rd. ☎ 053-217-215. • thecommonhostel.com • Petit déj inclus, café et eau en bouteille gratuits ! Remise de 10 % en direct.* Il s'agit là de la nouvelle génération d'AJ, avec une belle déco contemporaine en noir et blanc, un confort douillet et une propreté chirurgicale, où le lit coûte aussi cher que certaines petites chambres doubles de *guesthouse* ! C'est un investissement, mais vous aurez droit à la clim, un vrai bon lit (voire un lit double en dortoir !), des rideaux pour protéger votre intimité, plus casier, prise et loupiote. À partager, une vaste terrasse, une grande cuisine et de belles salles de bains (sèche-cheveux en prêt). Accueil aussi pro que souriant dans un bon anglais.

■ ***Baan Ploy In*** *(zoom A-B2,* ***33****)* **:** *½, soi 6, Sri Poom Rd. ☎ 052-001-819. Café, thé et cookies inclus.* Pour ceux qui recherchent l'intimité, le calme et la simplicité, cette jolie maison rénovée propose 2 dortoirs récents de 7 lits (dont un réservé aux filles), avec rideau, loupiote, petit ET gros casier individuel, le tout vraiment impeccable. Également 2 chambres privées avec la clim, douche et w-c, frigo, coin salon ou lit supplémentaire sur une estrade. Déco en noir et blanc. Agréables parties communes avec une cuisine et une élégante courette-terrasse. Accueil attentionné.

■ ***Mountain View Guesthouse*** – เมาเท็นวิวเกสเฮ้าส์ *(zoom B2,* ***38****)* **:** *105 Sri Poom Rd. ☎ 053-212-866. ● mountainview-guesthouse.com ● À côté de Chang Puak Gate. Possibilité de loc au mois. Parking.* Les chambres les plus chères, qui occupent un ensemble de maisonnettes avec balcons en bois à l'arrière, sont plutôt pas mal pour le prix, certes un peu élevé. Elles ont la clim et, pour la plupart, un balcon. En revanche, évitez les moins chères : elles donnent sur l'avenue, très passante. Profitez donc du petit café côté rue et du jardin-terrasse à l'arrière.

■ ***Banjai Garden Guesthouse*** – บานใจ การ์เด้นท์ เกสต์เฮ้าส์ *(zoom B3,* ***44****)* **:** *43 Phrapokklao Rd, soi 3. 📱 08-57-16-16-35. ● banjai-garden.com ●* Franck (français) et sa compagne Eat ont aménagé 7 chambres au creux d'une ruelle tranquille. On est séduit de prime abord par le quartier, plutôt authentique, et par le jardinet zen. La chambre la moins chère, en rez-de-chaussée, est avec ventilo et salle de bains privée, mais extérieure. Les autres ont toutes la clim et, pour certaines, de jolis parquets sombres ; 2 d'entre elles, toute petites, partagent une salle de bains. Petit coup de cœur pour la n° 3, la seule avec terrasse privée. Au final, un joli éventail de chambres d'un bon rapport qualité-prix.

■ ***Sleep Guesthouse*** – สลีป เกสท์เฮาส์ *(zoom B2,* ***45****)* **:** *26/1 Moonmuang Rd, soi 7. ☎ 053-289-561. 📱 08-96-35-97-50. ● sleepguesthouse.com ● Un peu plus chic. Petit déj inclus.* Plébiscitée par les voyageurs du monde entier, cette *guesthouse* pimpante, située dans une rue calme, abrite des chambres tout confort, récentes et parfaitement tenues. Le petit immeuble de 3 étages n'a guère de charme, et la verdure manque, mais l'accueil de John (hollandais) et de sa compagne Jaae est délicieux. Et les doubles vitrages empêchent de (trop) entendre les coqs des voisins coqueriquer à l'aube !

■ ***Lee Chiang*** *(zoom A3,* ***43****)* **:** *8/4-5 Samlan Rd. ☎ 053-275-121. ● leechianghotel.com ● Donne sur le soi 1, derrière le Wat Phra Sing. Un peu plus chic. Petit déj inclus.* Dans une ruelle discrète et calme, typique du vieux centre, juste derrière un joli wat. On a presque l'impression de loger dans une maison d'hôtes. Une vingtaine de chambres décorées dans le style Lanna, pas très spacieuses mais de bon confort, avec douche/w-c, clim, coffre et TV. Bon accueil du patron qui parle quelques mots de français (il a vécu en Suisse). Buffet au petit déj. Une belle petite adresse.

■ ***Arte House*** – อาร์เต้เฮ้าส์ *(zoom B2,* ***46****)* **:** *11/2 Moonmuang Rd, soi 7. ☎ 053-289-569. ● arte_house@yahoo.com ● Un peu plus chic.* On aime bien cette adresse élégante, cachée derrière une très mignonne *coffee house,* avec son expo-vente d'objets d'art contemporain. On se déchausse avant d'entrer pour accéder aux 6 chambres (dont 2 *single*), joliment décorées et toutes avec clim ; elles ne sont pas bien grandes – et certaines salles de bains encore moins –, mais il règne ici une atmosphère apaisante. Préférez celles avec balcon, bien lumineuses. En prime : un excellent accueil. Location de vélos bon marché.

Chic (de 1 500 à 3 000 Bts / 43 à 86 €)

Green Tiger House – กรีนไทเกอร์เฮาส์ *(zoom A2, **47**) : 1/4 soi 7, Sri Poom Rd. 09-31-82-81-88. • greentigerhouse.com • Lit en dortoir bon marché (sans petit déj), doubles à prix chic, petit déj inclus. Min 2 nuits.* Bien au calme, dans une ruelle retirée et néanmoins centrale, le *Green Tiger* est la *guesthouse* végétalienne et végétarienne la plus connue de Chiang Mai ! Déco très simple mais bon niveau de confort. On y trouve plusieurs dortoirs de 8 lits haut de gamme et spacieux, avec douche/w-c, clim, très bons matelas, rideau et lumière individuelle (mais pas de fenêtre). Également une série de chambres plus ou moins grandes (18-26 m²) mais toutes fraîches et très bien équipées, avec des lits *king size* dans la plupart. Ajoutons une piscine pour tous, un petit *rooftop* (vue sympa sur les temples), un accueil fort aimable, et le *Reform Kafé (ouv 11h-21h30),* où l'on déguste une bonne cuisine *animal friendly...*

Sri Pat Guesthouse – ศรีพัฒน์เกสท์เฮ้าส์ *(zoom B2, **31**) : 16 soi 7, Moonmuang Rd. ☎ 053-218-716. • sri-patguesthouse.com •* Dans une rue calme et centrale, cet hôtel se compose de 2 petits bâtiments de 3 étages. Celui côté rue abrite les chambres les plus abordables, celui de l'arrière les plus calmes, ouvrant pour certaines sur un bien agréable balcon dominant une rangée de palmiers et la piscine. Toutes sont impeccables, bien équipées, avec mobilier sobre et élégant, beaux parquets en bois verni et salle de bains nickel. Bon, les lits sont un poil fermes, comme souvent... On apprécie aussi l'accueil pro et l'ambiance traditionnelle (réception constellée de bouddhas), le bel espace pour le petit déj (avec vélo de fitness !) et la location de 2-roues.

Pha-Thai House – ฟ้าไทยเกสท์เฮ้าส์ *(zoom B3, **30**) : 48/1 Ratphakhinai Rd. ☎ 053-278-013. • phathaihouse.com •* Cet hôtel est tenu par Pol, qui a fait une partie de ses études à Lyon et parle très bien le français. Il y en a pour tous les budgets, doubles ou familiales, avec carrelage ou parquet, mobilier en bois, petit balcon pour certaines et un effort de déco. Évitez donc les moins chères, alignées dans un bâtiment style motel. Petits bémols : certaines chambres un peu sombres et des clim parfois bruyantes. Pour compenser, il y a le jardin pour prendre le petit déj, bercé par le glouglou d'une fontaine, et une petite piscine côté rue. Salon de massages.

The Twenty Lodge – เดอะ เทวนตี้ ลอดจ์ *(zoom A2, **48**) : 8/3 Singharat Rd, soi 3. ☎ 053-326-233. • the20lodge.com •* C'est un petit hôtel de charme, dont les 20 chambres se blottissent derrière un jardinet touffu et sa mini-piscine, idéale pour se rafraîchir après une chaude journée. Elles sont assez spacieuses, dans l'air du temps, calmes, bien équipées, avec du béton brut au sol. Certaines, au rez-de-chaussée, sont un peu sombres. Seul vrai regret : l'insonorisation médiocre, comme trop souvent. Petite salle de fitness.

BED Phrasingh Hotel – รงแรมเบดพระสิงห์ *(zoom A3, **49**) : Samlan Rd, soi 1. ☎ 053-271-009. • bed.co.th • Derrière le luxueux* Phrasing Village. *Petit déj, minibar (sodas) et bouteilles d'eau inclus !* Cette petite chaîne hôtelière contemporaine inonde la ville de ses succursales et c'est plutôt réussi. Le métal noir domine élégamment, les murs sont couverts d'amusants aphorismes (« What happens in BED stays in BED »), le service est soigné et les chambres sont sobres mais douillettes, aux normes internationales ; certaines ont un balcon, et toutes ont un bon lit... le minimum quand on s'appelle *BED* ! Il y a même une jolie petite piscine, certes un peu coincée entre la réception et le bâtiment principal. Excellent accueil, très pro.

99 The Gallery Hotel – โรงแรม 99 เดอะแกลเลอรี่ *(zoom A3, **50**) : 99 Inthawarorot Rd. ☎ 053-326-338. • 99thegalleryhotel.com •* Murs blancs, « ancien » plan de la ville, photos noir et blanc XXL, mobilier en bois et vieilles malles en bambou veillant sur les hôtes dessinent une atmosphère un poil coloniale, assez classe. Une cinquantaine de chambres, à la déco élégante, bien que les moins chères soient un peu étroites et sombres, surtout au rez-de-chaussée. Préférez celles avec balcon (*superior* et quelques *deluxe*), à partir du 2e étage. Piscinette dans une courette. Navette gratuite pour aller « en ville ». Juste à côté, le *99 Heritage* dispose d'une belle piscine, d'un jardin et d'une déco très fleurie mais les chambres coûtent environ le double...

Très chic (plus de 3 000 Bts / plus de 86 €)

Baan Klang Wiang – บ้านกลางเวียง *(zoom B3, **51**) : 45 Phrapokklao Rd, soi 2. ☎ 053-284-061 ou 053-284-862. • baanklangwiang.com • Doubles 3 500-5 600 Bts selon confort et saison, petit déj inclus. Transferts aéroport inclus pour tte résa en direct.* Le grand plus : on loge dans un quartier vraiment thaï, verdoyant et à l'abri de l'agitation touristique, face au très joli Wat Phaen Waen. Et puis, ce boutique-hôtel haut de gamme se niche dans une demeure d'inspiration Lanna avec, dès l'entrée, une piscine noyée dans une corolle de végétation, face à un grand salon cosy semi-ouvert navigant entre style colonial et *B & B* à l'américaine. Les 10 chambres, pas davantage, sont d'un confort achevé, spacieuses, avec parquets en bois exotique, tapis, grands lits douillets à baldaquin, douche à l'italienne et baies vitrées ouvrant sur la verdure, à l'arrière. Une très belle adresse.

Juste à l'est du vieux quartier

De bon marché à prix moyens (de 150 à 800 Bts / 4,30 à 23 €)

Stamps Backpackers – แสตมป์ แบ็คแพ็คเกอร์ *(zoom B2, **52**) : 1/11 Chai Ya Phum Rd. 📱 09-03-18-88-67. • stamps-backpackers.com • Dans l'allée juste à droite du resto Salad Concept.* Fondée par Mike et Milky, un couple canado-thaï, cette AJ conviviale se trouve aux portes mêmes de la « vieille » ville. Les nombreux dortoirs, bien propres mais un peu plus chers qu'ailleurs, sont de 2 types : classiques, avec 8 lits (confortables) et ventilo, ou semi-privatifs, avec clim et 6 lits, chacun dans sa propre niche fermée par des rideaux (avec prises individuelles), donc très intimes. Tous mixtes, très propres et avec salle de bains attenante. Café au rez-de-chaussée. Au programme : *pub crawl* pour se faire de nouveaux amis, activités diverses et excursions en tout genre.

Finlay House – ฟินเลย์ เฮาส์ *(plan C3, **53**) : 44/5 Loi Kroh Rd. 📱 08-56-68-09-81. • finlayreservation@gmail.com •* Si Loi Kroh ne plaît pas à tout le monde avec son enchevêtrement de bars, restos, salons de massage et boutiques, le *Night Bazaar* est tout près. Quelques dortoirs de 3 à 6 lits (dont un tout rose pour... les filles, bah, tiens), pas bien grands mais avec la clim, prise et lumière individuelles, plutôt propres et presque pimpants pour le prix, et qui ont le bon goût de se trouver à l'arrière. Tout le monde partage les mêmes sanitaires, bien tenus. *Coffee shop* au rez-de-chaussée.

Un peu plus chic (de 800 à 1 500 Bts / 23 à 43 €)

Baan Rao « Chez Nous » – เชนู โอม สเตย์ *(zoom B3, **55**) : 43 Chiang Moi Kao Rd. 📱 09-32-83-56-79.* On est ici chez David, sa compagne Ting, leur fils, le chien Soda et les perruches Pim et Pam. Réinventant un parking à mobylettes en jardinet luxuriant et une vieille maison en teck en *guesthouse* cosy, la famille a conçu une sorte de maison d'hôtes dotée d'une chambre double sympathique (avec sa propre terrasse pour prendre le frais) et 3 apparts de 2 ou 3 chambres, parfaits pour les familles ou les groupes d'amis. Cuisine en accès libre. L'accueil est très chaleureux, et l'on a vite fait de se sentir entre amis, surtout au bar à l'heure de l'apéro. Une excellente adresse.

Très chic (plus de 3 000 Bts / plus de 86 €)

☗ ***Villa Thapae*** – วิลล่า ท่าแพ *(zoom B3, **56**) : 14 Kotchasan Rd, soi 1. ☎ 053-283-263. • villathapae@gmail.com • Doubles env 3 000-3 300 Bts, petit déj inclus.* Cette oasis en pleine ville est une villa contemporaine précédée par une façade végétale noyée sous les brumisateurs et une piscine joliment sertie entre un frangipanier, des plantes en pot et une terrasse semée de coussins. Elle abrite tout juste 4 chambres. Très actuelles et spacieuses, avec sols en béton brut, elles se prolongent par un balcon (étage) ou une terrasse. L'ensemble est très *arty,* bien situé, mais l'accueil est un poil terne.

Autour du Nawarat Bridge

Pas mal de bonnes adresses dans le coin, mais pensez qu'il vous faudra ajouter le prix du *tuk-tuk* si vous n'êtes pas motorisé.

De bon marché à prix moyens (de 150 à 800 Bts / 4,30 à 23 €)

☗ ***Siriya House*** – ศิริยะ เฮ้าส์ *(plan C3, **36**) : 15 Charoen Prathet Rd, soi 2. 📱 08-18-08-73-07. Prix moyens. Café, thé et bananes inclus. N'hésitez pas à appeler sur le portable : Sirilux (à Bangkok) parle couramment le français.* Voilà une véritable adresse chez l'habitant, toute simple et attachante, avec seulement 4 chambres, à l'étage d'une jolie maison familiale en bois. Elles sont mignonnes, avec clim et douche ; 2 ont même un balcon. On se prépare soi-même le petit déjeuner grâce à un *coffee maker* installé sur une terrasse commune. Très bel accueil.

☗ 🍴 ***C & C Teak House*** – ซี.แอนด์ซีทีคเฮ้าส์ *(plan D3, **34**) : 39 Bumrungrat Rd. ☎ 053-246-966. • ccteakhouse@gmail.com • À mi-chemin entre les gares et le centre. Pas de résa. Bon marché.* Cette rustique maison en teck bâtie en 1887 héberge une adresse à prix très serrés, tenue par Simon et Rung, un couple franco-thaï qui propose une vingtaine de chambres tout en bois, avec ventilo (sauf les 2 triples, climatisées) et salles de bains communes (eau chaude et toilettes à la thaïe). Au resto, bons petits plats mixtes franco-thaïs, à apprécier dans une cour ombragée. L'adresse conviendra aux nostalgiques de la route, à ceux qui voudraient échanger des tuyaux et faire un trek pédestre ou à moto (assurez-vous que votre guide parle l'anglais). Dommage que l'adresse soit excentrée, et l'accueil plutôt imprévisible.

D'un peu plus chic à très chic (de 800 à plus de 3 000 Bts / 23-86 €)

☗ ***Ban Narai River Guesthouse*** – บ้านนารายณ์ เกสท์เฮ้าส์ *(plan C3, **36**) : 11/1 Charoen Prathet Rd, soi 2. 📱 09-46-12-11-12. • bannarairiverguesthouse@gmail.com • Un peu plus chic.* Cette surprenante *guesthouse* est planquée au bout d'une étroite allée égayée de petits panneaux humoristiques et qui débouche sur les berges tapissées de gazon de la rivière Ping ! Le cadre est serein, presqu'inespéré, avec juste 6 petites chambres à la vue imprenable. Hésitant entre hier et aujourd'hui, elles alignent matelas au sol (en béton), TV vintage (pour la déco), clim et salle de bains privée. Contrastes garantis. Il y a aussi quelques douceurs à grignoter l'après-midi et un coin bar pour siroter en compagnie des moustiques. Possibilité de partir directement en bateau sur la rivière... Un petit coup de cœur.

☗ ☕ ***Tanita House*** – ธนิตา เฮ้าส์ *(plan C2, **57**) : 152 Charoen Rat Rd. ☎ 053-243-755. 📱 08-61-97-79-29. • tanitahouse.com • Un peu plus chic.* Voilà un lieu original. D'abord, il y a la *coffee house (tlj sauf mar 9h-18h30).* Puis, au fond, un atelier-galerie croulant sous les meubles anciens et les bouddhas en cours de restauration – on est dans le coin des antiquaires. Ajoutez un jardin touffu où les balisiers font écho aux pas japonais courant sur l'herbe, et plusieurs maisons en teck du XIXe s réinventées en *guesthouses,* avec une poignée de chambres sans TV mais avec la clim. C'est à la fois étonnant, bordélique et plein de caractère. Eau, thé et café à disposition. Excellent accueil d'Aor, qui parle très bien l'anglais.

Swiss-Lanna Lodge – โรงแรมสวิส ลอดจ์ *(plan D4,* ***39****)* **:** *24 Ratutit Rd, soi 2. ☎ 053-246-126. 📱 08-35-66-23-33. • swisslannalodge.com • À 2,5 km env du centre-ville. Un peu plus chic à très chic.* Il faut s'excentrer pour profiter du charme de cette belle adresse. Au bord d'un *soi* tranquille et au milieu d'un jardin, la demeure, en bois, compte 7 chambres à la déco raffinée, bien « propres en ordre » comme on dit en Helvétie. Tout est de bon goût, la literie de qualité, la déco imaginative. Les 3 chambres les moins chères, tout en bois, partagent une salle de bains et ne sont pas climatisées. A contrario, la *Pascha,* la plus chère, dispose d'un jacuzzi extérieur dans un petit jardin privé ! Toto, une jeune Thaïlandaise, vous recevra en français, lorsqu'elle est là. Un excellent rapport qualité-prix.

À Nimmanhaemin

Nimman, pour les intimes, est le quartier *arty* et branché, situé à l'ouest du carré central de la vieille ville. Plus cher, logiquement...

De chic à très chic (de 1 500 à plus de 3 000 Bts / 43-86 €)

BED Nimman *(hors plan par A2,* ***37****)* **:** *20 Soi Jumpee, Sirimandkalajarn Rd. ☎ 053-217-100. • bed.co.th • Face au* Ya Yee Hotel. *Chic. Remise de 10 % en direct. Petit déj et minibar inclus.* Encore un gros bébé né de cette petite chaîne hôtelière locale qui essaime à tout va. Gros bâtiment noir, moderne et fort élégant, avec une jolie piscine à l'entrée. Pas de dortoirs, quartier chic oblige, mais une cinquantaine de chambres au style contemporain. C'est à la réception que l'on prend le buffet du petit déj dans une ambiance conviviale et bourdonnante à la fois. Accueil pro et souriant. Seul bémol : les enfants de moins de 15 ans ne sont pas acceptés. Juste en face, un amusant *Garage Café,* qui fait garage et... café, pardi.

Hotel YaYee *(hors plan par A2,* ***37****)* **:** *17/4-6 Sainamphueng Rd. 📱 099-269-5885. • hotelyayee.besthotelforyou.com • Face au* BED Nimman. *Petit déj inclus.* C'est l'hôtel chic et *fun* du quartier. Belle déco à la fois rétro et contemporaine, avec un néon rougeoyant ou encore une enseigne de bar sur fond de vieilles cartes de la ville. La petite quinzaine de chambres est au diapason avec de beaux planchers et une déco en noir, gris et blanc, égayée de quelques touches de couleur. Le petit déj, excellent, apporte également son lot de couleurs mais surtout de fraîcheur. Mais le must, c'est le *rooftop* que l'on atteint par un vieil ascenseur plein de charme. Là-haut, dans un décor de métal noir et de plantes vertes, belle vue pour prendre un verre en soirée. Accueil pro et souriant.

Où manger ?

La cuisine locale, variée et épicée, emprunte aux voisins birmans et chinois nombre de saveurs inconnues dans le Sud. Vous pourrez en faire un tour d'horizon si vous avez la chance de tomber sur un resto (plutôt chic, en général) servant encore le *kantoke* de manière authentique, soit un plateau dégustation (en teck), sur lequel s'alignent différentes spécialités de la région : curry thaï, *khao soi,* charcuterie de Chiang Mai, etc., le tout accompagné de riz gluant. On s'asseyait autrefois autour du *kantoke* pour les grandes occasions : mariage, funérailles, naissance... Aujourd'hui, les *kantoke dinners,* avec danses « traditionnelles », sont souvent des pièges à touristes.

On se régale donc beaucoup mieux de la diversité culinaire sur les ***marchés,*** certains étant situés au niveau des portes de la vieille ville, ou dans les restos que nous vous conseillons dans ces pages. Si vous vous aventurez du côté des ***petites cantines de rues*** dont les enseignes sont en alphabet thaï, sachez que les plus fréquentées sont souvent les meilleures. À vous de désigner les plats de votre choix en utilisant quelques mots de thaï...

Dans le vieux quartier

Bon marché (moins de 150 Bts / 4,30 €)

Les Night Markets de la vieille ville : *env 17h-minuit. Très bon marché.* Notre préféré est le **Night Market de Chiang Mai Gate** *(zoom B3-4,* ***63****).* Sur le terre-plein central, certes au milieu de la circulation (et de la pollution !), ou, nettement mieux, sous la halle à l'arrière, plus au calme. L'endroit idéal pour goûter à la cuisine de rue (pour ne pas dire la cuisine de boulevard), très bon marché et souvent très bonne. Assis sous la halle, on avale un pad thaï, un *khao soi,* des brochettes, un jarret de porc ou encore un plat végétarien. Acheter sa bière au *7-Eleven* voisin.
Dans le même style, vous trouverez des stands au **Night Market de Chang Puak Gate** *(zoom B2,* ***64****),* la porte nord, où l'on vous conseille de repérer la femme au chapeau blanc de cowboy, connue comme le loup blanc (et même au-delà) pour son *khao ka mu,* soit un délicieux jarret de porc.
Même principe au **Night Market de Somphet Market** – ร้านอาหารเล็กๆ ในตอนกลางคืนตลาดสมเพชร *(zoom B2,* ***60****), à l'angle de Moonmuang Rd et du soi 1.* Dans une rue truffée de *guesthouses,* hôtels, restos et commerces, des stands de cuisine de rue populaire, thaïe ou chinoise. À déguster dans une animation sympathique, à côté du marché aux fruits.

Khao Soi Khun Yai – ร้านข้าวซอยคุณยาย *(zoom A2,* ***61****) : Sri Poom Rd, juste après l'angle du soi 8 en allant vers le soi 9, presque en face du Wat Lok Molee. Tlj sauf dim 10h-14h. Très bon marché.* Lieu insolite avec juste une quinzaine de tables de bric et de broc sous un auvent. Le midi, les Thaïs affluent pour y manger l'un des meilleurs *khao soi* de la ville à prix canon, soit une soupe parfumée et bien relevée de nouilles aux œufs frais et de viande (bœuf, poulet ou porc, au choix), pas forcément dégraissée, sachez-le. Accompagnez donc ça d'un jus de longane.

Khao Soi Sirichai – ร้านข้าวซอยคุณยาย *(zoom B3,* ***66****) : à l'angle d'Inthawarorot Rd et Jhaban Rd, tt près des musées. Tlj 6h-17h. Très bon marché.* En sortant des musées, on le repère à sa bâche bleue où est écrit « KHAO SOI », tout simplement. Petite cantine de rue assez connue, à juste titre. On y mange un excellent *khao soi,* bien sûr, mais aussi du poulet hardiment découpé devant vous, vapeur, croustillant ou à la chinoise. Le tout à faire descendre avec un thé glacé, un jus de chrysanthème ou une bière.

Tikky Café – บ้านกาแฟ *(zoom A2,* ***62****) : 20 Taeparak Rd. ☐ 09-87-96-21-82. Tlj sauf dim 11h-21h.* Très aimé des routards, ce café bon enfant sert d'excellents milk-shakes aux fruits, des salades et des plats thaïs, déclinés selon 4 niveaux d'épices. Précisez-le à la commande, que vous noterez vous-même après avoir consulté le menu et le livret illustré. Le décor est plaisamment rafraîchissant, avec une poignée de tables aux nappes ethniques, sous un auvent de tôle encadré de plantes vertes. Cela dit, Tikky et son copain québécois devraient déménager prochainement, mais sans trop s'éloigner, alors renseignez-vous une fois sur place...

SP Chicken – ร้านไก่ย่าง เอสพี *(zoom A3,* ***65****) : 9/1 Samlan Rd, soi 1. ☐ 08-05-00-50-35. Jeu-lun 10h-17h, fermé mar-mer.* Ici, le choix est réduit : c'est poulet ou poulet (on exagère, il y a aussi quelques autres plats). On le déchiquette avec les doigts, en le trempant dans un assortiment de sauces. Pas de gastronomie à l'horizon, mais simple et bon.

De bon marché à prix moyens (de moins de 300 Bts / 8,60 €)

Lert Ros – ร้านอาหารเลิศรส *(zoom B3,* ***67****) : Ratchadamnoen Rd,* *soi 1. 08-23-81-24-21. Tlj 12h-15h, 16h30-21h.* Archétype de la cantine thaïe, avec ses woks noircis par le feu, ses vieilles chaises en plastoc et ses menus qui collent, *Lert Ros* débite une cuisine sans trop de concessions aux palais occidentaux (comprenez bien relevée). On ne vous conseille pas le curry de porc cuit dans une feuille de bananier (spongieux), mais le tilapia grillé sur les barbecues au charbon de bois est le plat emblématique de l'adresse.

Cooking Love – คุกกิ้ง เลิฟ เชียงใหม่ *(zoom B3,* ***67****) : Ratchadamnoen Rd, soi 1. 09-46-34-80-50. Tlj 9h-15h, 16h30-23h. Poissons et fruits de mer plus chers.* Des *Cooking Love,* il y en a 4 en ville. L'original est coincé dans une toute petite salle vitrée devant laquelle on fait souvent la queue (*farang* exclusivement). L'annexe la plus proche, aseptisée, est installée au rez-de-chaussée du tout proche hôtel *Vieng Mantra* (horaires bizarroïdes). Dans l'assiette, une bonne cuisine thaïe adaptée aux papilles européennes. Service avenant. Au fait, on se déchausse en entrant.

De prix moyens à chic (de 150 à 600 Bts / 4,30 à 17 €)

Dans cette catégorie 7 % de service sont ajoutés à la note.

Dash ! – ร้านแดช ! *(zoom B3,* ***69****) : 38/2 Moonmuang Rd, soi 2. 08-53-47-74-45. Tlj sauf lun, 8h30-14h, 17h30-21h. Fermé 15 j. au moment du Songkran. Résa nécessaire.* Fondé par une Thaïe qui a longtemps vécu aux États-Unis, ce resto est une institution locale située dans une rue très touristique. Bel édifice en bois aéré de style Lanna, précédé d'une cour largement fleurie, décorée et souvent bondée de *farang* (que même ça en est *effarang* !). Au menu : tempura de liseron d'eau, fleurs de bananier (épicées !), currys de toutes les couleurs et, spécialité de la maison, le *Dash nest,* des légumes sautés aux noix de cajou et viande au choix, servis dans un nid de pommes de terre. C'est bon sans être transcendant, et plutôt chic. Musiciens à partir de 19h.

The House by Ginger – ร้านอาหารเดอะเฮ้าส์ *(zoom B2,* ***70****) : 199 Moonmuang Rd. ☎ 053-287-681. Tlj sauf mer 11h-22h.* Une adresse chic 3 en 1 : d'une part, les terrasses vitrées et branchées de *The House* et de *The House Lounge,* sur fond jazzy et lumières tamisées, d'autre part le cadre ludique et coloré du *Ginger & Kafé,* juste à côté, aux canapés XXL, mobilier chinois et déco vraiment baroque, qui a notre préférence. Dans l'assiette (en porcelaine peinte s'il-vous-plaît), de délicieuses spécialités asiatiques revisitées, d'une grande fraîcheur, et des classiques européens pour palais fatigués, dont d'excellentes viandes australiennes (certes pas données). Cocktails originaux. Vous avez aimé la déco ? Vous trouverez votre bonheur dans les boutiques juste derrière...

Juste à l'est du vieux quartier

De bon marché à prix moyens (moins de 300 Bts / 8,60 €)

Aroon Rai *(zoom B3,* ***77****) : 45 Kotchasarn Rd. ☎ 053-276-947. Tlj 12h-20h. Bon marché.* Évidemment, il faut accepter de manger en bordure de l'une des avenues les plus passantes, juste en face des douves de la vieille ville. Le décor est un simple hangar, mais on peut s'asseoir un peu à l'arrière. En tout cas, on y a adoré la spécialité maison, le curry de porc au gingembre. C'est bien simple, on en a léché l'assiette ! Glaces maison pour finir. Simple, délicieux, populaire, mais pour une soirée romantique vous repasserez !

The Swan Burmese Cuisine – เดอะสวอน เบอร์มีส กุยซีน *(zoom B3,* ***71****) : 48 Chai Ya Phum Rd, presque à l'angle de Chang Moi Rd. 08-28-93-66-70. Tlj 11h-23h.* Pour pousser plus loin le voyage culinaire, pourquoi ne pas s'essayer au régime birman ? Calez-vous au fond de la longue salle ouverte sur l'avenue (on y entend moins la circulation) pour goûter, par exemple, au poisson au lait de coco ou aux viandes à la feuille de menthe, comme le *sar pia* (aïe ! aïe ! aïe ! ça pique !). En dessert, pour éteindre le feu, *sticky rice with mango*. Cela étant dit, vous pouvez aussi commander vos plats *less spicy*.

Autour du Nawarat Bridge

Bon marché (moins de 150 Bts / 4,30 €)

Khao Soi Islam Restaurant – ร้านข้าวซอยอิสลาม *(plan C3, **72**)* **:** *Charoen Prathet Rd, 24 soi 1.* ☎ *053-271-484. Dans la ruelle surmontée d'un panneau « Halal Street Hilal Town », face à l'entrée du* Ploen Ruedee Night Market. *Tlj 7h30-17h. Carte en anglais.* Cette cantine simplissime est postée en plein dans le quartier de ces musulmans venus du Yunnan, dont on dit qu'ils importèrent le *khao soi* (nouilles à la viande), ici naturellement recommandé et bon marché (2 tailles). Également du *byriani* et des soupes *wonton*. On avale le tout autour de grandes tables en formica. Vraiment pas cher et bon.

Kalare Food Center (Night Bazaar) – กาแลฟู้ดเซ็นเตอร์หน้าไนท์บาซ่าร์ *(plan C3, **73**)* **:** *Chang Khlan Rd. Tlj 11h-23h30.* C'est la partie « Street Food » du *Night Bazaar*. Ce *food court* regroupe une vingtaine de stands (clean), qui prépareront vos plats à la commande. Il y a du classique et du plus exotique. Concert ou spectacle de danse thaïe pour digérer.

Anusarn Night Market – ตลาดอนุสาร ไนท์ บาร์ซา *(plan C3, **74**)* **:** *Chang Khlan Rd. Tlj, le soir seulement.* Autour d'une grande halle bondée de stands de souvenirs, vous trouverez une série de restos halal (irakiens, indiens...) et/ou de fruits de mer. Très populaire auprès des locaux. Pour choisir, fiez-vous à l'affluence.

De prix moyens à chic (de 150 à 600 Bts / 4,30 à 17 €)

Rajdarbar – ร้านอาหารอินเดีย ราชเดอบา *(plan C3, **20**)* **:** *99/2 Loi Kroh Rd.* *08-29-29-29-85. Juste en face de l'énorme hôtel* Duangtawan. *Tlj 16h-23h. Prix moyens.* Ce resto indien a sa petite réputation dans le quartier. Décor tout simple dans les tons orangés avec un bout de terrasse. On y mange tous les classiques du sous-continent, végétariens ou non, très bien réalisés. Délicieux plats en sauce (notamment l'agneau, le plat le plus cher), à accompagner d'un bon *naan* et d'un *lassi* salé. Sans prétention, mais excellent.

Woo Café & Art Gallery – วู้ คาเฟ่ อาร์ต แกลเลอรี่ *(plan C3, **76**)* **:** *80 Charoen Rat Rd.* ☎ *052-003-717. Dim-mar 10h-22h.* Étonnant décor contemporain littéralement noyé dans les plantes et les fleurs, comme dans une serre ! Ici, on navigue allègrement entre Occident et Orient, au gré d'une carte déclinant aussi bien *fish & chips* et sandwichs au saumon que curry rouge de canard et rouleaux de printemps. La *rice salad* ne manque pas d'allure : elle est composée de 2 boules de riz, une rouge et une bleue (!), préparées à base de teintures florales naturelles, et servie avec une dizaine d'ingrédients présentés dans des coupelles ; la serveuse les mélangera devant vous. En prime : une section pâtisserie ultra-fleurie (faites votre choix).

À Nimmanhaemin

Bon marché (moins de 150 Bts / 4,30 €)

Ongtong Noodle – ร้านก๋วยเตี๋ยวเรืออองตอง *(hors plan par A2, **79**)* **:** *2/4 Siri Mangkalajarn Rd, soi 11.* ☎ *053-216-696. Près de nos adresses du quartier indiquées dans « Où dormir ? » et du* Museum of World Insects & Natural Wonders. *Tlj 11h-20h.* Ce petit resto moderne tout blanc, dont le nom signifie « Jaune » (ben oui, comme les nouilles), sert de savoureux petits plats bon marché. De nouilles, donc, mais aussi de riz, plus des salades originales (papaye, saucisse vietnamienne, crabe, porc croustillant). Les nouilles les plus chères sont à base de bœuf premium. Attention aux *tom yam noodles*, très épicées. *Herbal drinks* et thé glacé pour se rafraîchir.

Au nord

De bon marché à chic (moins de 600 Bts / 17 €)

Khao Soi Lamduan – ร้านข้าวซอยลำดวน ฟ้าฮ่าม สาขา 2 ขวงสิงห์ *(plan A1,* ***83****) : 6/1 Moo 3, Super Highway Rd. ☎ 053-212-798. Tlj 9h-16h. Bon marché.* Après la visite du superbe Wat Chet Yod et de l'intéressant Musée national, remontez l'avenue vers l'est et vous tomberez sur cette jolie maison ornée d'un élégant escalier et de belles dentelles. À l'intérieur, entre colonnes et plafond boisé, commandez la spécialité de Chiang Mai, le savoureux *khao soi,* cette excellente soupe de nouilles à la viande (au choix). La carte est en thaï mais on peut se débrouiller en anglais. Arrosez d'un bon *iced thaï tea* pour éteindre le début d'incendie... Fréquenté par les locaux.

Huan Soontaree – เฮือนสุนทรี *(hors plan par C1,* ***78****) : 208 Patan Rd. 08-38-60-81-96. Sur la rive droite de la rivière, dans le prolongement de Wang Sing Khan Rd, à env 2 km au nord de la Super Highway (et 4 km du centre). Accès difficile en voiture et cher en tuk-tuk (au moins 250-300 Bts). Tlj 15h30-23h30. De bon marché à chic.* Voilà un restaurant qui sort des sentiers battus ! Une maison relativement ancienne au décor grandiloquent inspiré des traditions Lanna, prolongé par un jardin exquis en bord de rivière – avec potager. Mme Soontaree Vechanont, ex-chanteuse folk à succès, s'y produit tous les soirs (sauf dimanche) pour le plus grand plaisir des convives, en alternance avec sa fille, Lanna Commins, elle-même chanteuse reconnue. Côté menu, plein de mets originaux, comme l'assortiment de hors-d'œuvre « Lanna style » et les currys, introduction à la cuisine du nord du pays, les plats au porc et au crabe, les œufs de caille, les poissons d'eau douce, etc. C'est plutôt bon, mais surtout une expérience culturelle ! L'endroit est très populaire auprès des Thaïs, mieux vaut réserver.

Où prendre un petit déj ? Où boire un thé, un jus frais ? Où manger une pâtisserie ?

Sachez que les innombrables *soi* (ruelles, allées) de la vieille ville regorgent de minuscules cafés de quartier bien sympathiques, où l'on sert souvent du thé, du café et quelques douceurs pour le petit déj. Voici nos adresses pour démarrer la journée, faire une pause fraîcheur en journée ou grignoter un morceau...

Dans le vieux quartier

Dada Kafé – ดาดา กาเฟ่ *(zoom B3,* ***80****) : 20/1 Ratchamankha Rd. ☎ 053-449-718. Tlj sauf dim 9h30-21h.* Ce snack-bar à la mode bio, très abordable, propose dans un cadre pimpant des petits déj santé avec muesli et pain complet, un bon choix de cafés, d'onctueux *lassis* et *smoothies,* des jus de fruits et de légumes fraîchement pressés, mais aussi un choix de petits plats pour plaire à tous (belles salades bien fraîches, sandwichs, omelettes, *veggie burgers,* etc.). Petite terrasse.

Fern Forest Café *(zoom A2,* ***41****) : 54/1 Singharat Rd. 08-46-16-11-44. Tlj 8h30-20h30.* On y vient surtout pour sa cour ombragée avec fontaine, arbres et parasols, un vrai havre de paix en pleine ville, idéale pour démarrer la journée ou pour faire une pause. Petit déj toute la journée (pancakes, *french toast,* muesli, omelettes), tartes et pâtisseries parfois servies avec de la glace, dont la *coconut cream pie,* spécialité maison. Certes, tout cela est bien cher et le service n'est pas franchement à la hauteur.

Blue Diamond – The Breakfast Club *(zoom B2,* ***86****) : 35/1 Moonmuang Rd, soi 9. ☎ 053-217-120. Tlj sauf dim 7h-20h30. Formules petit déj à prix moyens.* D'un côté une épicerie-boutique bio, de l'autre une cour-jardin où serpente un ruisseau agrémenté de quelques poissons, plus une estrade pour s'installer en tailleur. Le matin, heure d'escale privilégiée, on choisit parmi toute une panoplie de petits déj aux goûts occidentaux (yaourts, muesli, toasts au pain maison, jus de fruits frais un peu originaux, etc.). Cuisine plutôt agréable et cadre relaxant. Dommage que le service manque un peu de sourire.

Khun Kae's Juice & Smoothie Bar (*zoom B2,* ***87***) **:** *19/3 Mun Mueang Rd. 08-43-78-37-38. Juste en face de la* Sleep Guesthouse. *Tlj 10h-19h30.* Un petit local parfait pour une pause jus de fruits ou/et de légumes ou pour un *smoothie,* tous servis dans des pots en verre. Plein de combinaisons possibles. Frais et délicieux.

Ailleurs

Baan Bakery – บ้านเบเกอรี่ (*plan B4,* ***84***) **:** *20 soi 1, Ratchiangsean Rd, à 100 m au sud des douves. ☎ 053-285-011. Tlj sauf dim 8h-16h.* Une boulangerie très discrète mais toute mignonne et bien connue des gourmands. On prend un plateau et on se sert (avec des pincettes) en bonnes viennoiseries croustillantes. Également des sandwichs et du pain. On peut se poser au comptoir (salle avec clim) ou sur les tables et bancs en bois à l'extérieur pour avaler son café.

Regina Garden – Chiang Mai Coffee House (*plan C2-3,* ***81***) **:** *69-73 Charoen Rat Rd. ☎ 053-262-882. À droite de l'hôtel* Sala on the Ping. *Tlj 11h-22h.* Pour les amateurs de lieux improbables, voici une antique maison en bois avec une boutique de souvenirs rétros qui ouvre sur un jardin descendant en pente douce vers la rivière Ping. Tout est foutraque et même bringuebalant, mais l'accueil est adorable et le site bucolique à souhait pour boire un café arabica ou un verre en regardant dormir les chats (très nombreux) et le temps qui s'écoule au fil de la rivière...

Vieng Joom On Teahouse – ร้านชาเวียงจุ่มออน (*plan C2-3,* ***81***) **:** *53 Charoen Rat Rd. ☎ 053-303-113. Juste à droite de l'hôtel* Sala on the Ping. *Tlj 10h-18h30. High tea pour 1-2 pers 335-365 Bts.* On entre par la boutique de cette maison toute rose, garnie de pots à thé, avant de déboucher sur la salle parquetée aux banquettes raffinées, donnant sur une jolie terrasse au bord de la rivière Ping. Cadre et prix chic pour déguster le *high tea* avec ses scones maison. Le reste est très (trop) sucré et très coloré. Pas de café, mais un bon choix de thés, comme il se doit.

Raming Tea House Siam Celadon – ร้านชาที่สยามศิลาดล (*plan C3,* ***82***) **:** *158 Ta Phae Rd. ☎ 053-234-518. Tlj 8h30-17h30.* Cette boutique d'une grande marque de thés et de vaisselle en céladon débouche sur une vénérable véranda coloniale en teck. Petit déj et pâtisseries minuscules accompagnent la dégustation des thés dans un adorable jardin touffu à l'arrière. Il y a aussi des *smoothies* et des cafés bio. Le tout à prix chic.

SS 1254372 Café (*hors plan par A2,* ***79***) **:** *22/1 Soi Nimmanhaemin 17. 09-38-31-93-94. Ven-dim 8h-16h.* Dans le quartier branché de Nimmanhaemin, ce petit café *arty* fait figure de pionnier. Joli local de poche avec hublots, tables de récup et, à l'arrière, un petit espace d'art contemporain... sans oublier la boutique. On y avale un bon petit déj, un *smoothie,* un jus ou un thé, que l'on peut accompagner de toasts, omelettes, salades ou bagels. Musique électro-jazz. Sympa.

Où boire un verre ?

Où écouter de la musique live ? Où sortir ?

Si la vie nocturne est moins explosive et débauchée qu'à Bangkok, Chiang Mai offre toutefois assez de possibilités pour ceux qui ne se couchent pas avec les poules.

Dans le vieux quartier

U.N. Irish Pub – ยูเอ็น ไอริช ผับ (*zoom B3,* ***90***) **:** *24-24/1 Ratvithi Rd. ☎ 053-214-554. Tlj 9h-minuit (22h le lun).*

Voici un pub irlandais tenu par un Australien et fréquenté par une clientèle bigarrée de Thaïs, *farang* et voyageurs, d'où ces 2 lettres, « U.N. », comme « Nations unies » ! Outre la soirée quiz du jeudi et un petit concert de temps à autre, c'est avant tout un *sports bar,* avec plusieurs écrans géants branchés chacun sur un programme différent. Bières à la pression, notamment la Guinness, importée de Malaisie. À l'arrière, une terrasse verdoyante et la boulangerie maison.

The North Gate – ร้านนอร์ทเกท (*zoom B2,* **91**) **:** *91/1-2 Sri Poom Rd. 08-17-65-52-46. En face de la North Gate. Tlj 19h-minuit.* Ce sympathique petit café-concert, très branché jazz, accueille un groupe chaque soir de 20h30 à minuit. Mezzanine avec une vue plongeante. Super ambiance où l'on ne se la raconte vraiment pas, entre *farang* exclusivement. La petitesse du lieu favorise les contacts et ça déborde bien vite dans la rue...

Zoe in Yellow – ร้านโซอี้อินเยลโล่ (*zoom B2-3,* **94**) **:** *40/12 Ratvithi Rd, angle Ratphakhinai. 08-39-89-49-25. Tlj 19h-minuit. Interdit aux moins de 20 ans.* *Zoe* est une institution. Certains adorent son ambiance très festive, sa foule dense de jeunes routards qui se lâchent, ses différents espaces (avec différentes musiques) et ses soirées très alcoolisées. D'autres, et ils sont nombreux, vous raconteront comment les boissons sont surfacturées, comment les serveurs rendent rarement la monnaie, et les videurs frappent (très) régulièrement les clients éméchés... Tout autour, dans les 2 allées en forme de croix, on trouve d'autres bars comme le mignon ***48 Garage,*** aménagé dans un combi VW, avec terrasse, ou encore le ***Pentatonic Rock Bar*** (concerts de rock, tendance métal).

Autour du Nawarat Bridge

De nombreux petits bars sont installés dans le ***Night Bazaar*** (*plan C3,* ***73***), côté soi 6. Contournez le *Méridien* par son flanc droit et une fois sur Chang Khlan Rd, repérez l'enseigne de l'hôtel en surplomb, le *soi* est dans l'axe. Vous y trouverez notamment le ***Maxim,*** le ***KaLae*** et l'***Orion,*** appréciés des vieux Anglo-saxons. Billard gratuit si l'on consomme. Au centre du *Kalare Food Centre,* on trouve le sympathique ***Boy Blues Bar,*** perché sur une cabane en contreplaqué (!), avec musique live (*tlj sauf dim 20h30-minuit*) et radio-crochet le lundi. Si la tonalité est plutôt au blues, il y a aussi du rock (parfois hard), voire du disco.

Ram Bar – รัมย์ บาร์ (*plan C3,* **96**) **:** *48 Charoen Prathet Rd, à l'angle du soi 6. 09-24-96-39-62. • rambarchiangmai.com • Musique live tlj 20h-21h30 et show tlj sauf dim, à 22h.* C'est un bar gay, mais aussi et avant tout un lieu où l'on vient assister à un spectacle de cabaret de travestis très bon enfant...

The Riverside – เดอะริเวอร์ไซด์ (*plan C3,* **93**) **:** *9-11 Charoen Rat Rd. ☎ 053-243-239. • theriversidechiangmai.com • Tlj 17h-minuit.* Depuis 1984, c'est l'un des cafés-concerts les plus connus au bord de la rivière Ping. Touristes, expats et locaux viennent y boire un verre (bières artisanales d'importation), manger un morceau (bof) ou se remplir les oreilles de décibels. Chaque soir, 2 ou 3 concerts de styles différents (et de qualité certes inégale). Les salles, décorées dans un style un peu western se prolongent côté rivière par une terrasse. Mentionnons enfin (sans le conseiller) le dîner-croisière de 1h15 sur la Ping (départ à 20h, mais il faut être là à 19h15). Juste à côté, le **Good View** (*13 Charoen Rat Rd ; ☎ 053-249-029 ; • goodview.co.th •*) est beaucoup plus vaste et pas moins populaire malgré son service limite et sa cuisine (thaïe, japonaise et internationale) tout juste passable ; 2 groupes s'y produisent chaque soir. Terrasse sur la rivière, évidemment.

À Nimmanhaemin

La jeunesse branchée locale et les trentenaires bien mis, pas moins mondialisés qu'ailleurs, fuient le centre et ses gargotes à routards mal rasés pour Nimmanhaemin Road (Nimman pour les intimes), à l'ouest du centre. S'y aligne une flopée de restos, de bars, volontiers *lounge,* design, climatisés, parfois franchisés, où picorer des sushis et se siffler une blonde australienne comme à Bangkok, Londres ou Sydney. Le tout enveloppé d'une certaine langueur qui, elle, est bien typique de Chiang Mai.

Warm Up Cafe *(hors plan par A2,* ***95****)* ***:*** *40 Nimmanhaemin Rd.* ☎ *053-400-676. Tlj 18h-1h.* N'imaginez pas un café, c'est un club à la déco quelque peu coloniale, et l'un de ceux qui donnent le tempo à ce quartier. La grosse artillerie est de sortie, avec musique acoustique live en terrasse du resto, grande salle avec sa scène où officient les DJs (standards électro thaïs, foule compacte et cris garantis), et petite salle dédiée à la house et la techno. Le lieu est super populaire auprès des étudiants.

Rooftop de l'hôtel YaYee *(hors plan par A2,* ***37****)* ***:*** *17/4-6 Sainamphueng Rd. 09-92-69-58-85. Tlj 17h-minuit. Happy hours 17h-19h.* Le toit-terrasse de cet hôtel branché est un bel endroit pour boire un verre chic avec vue en soirée.

Achats

Chiang Mai, qui possède une véritable tradition artisanale, est le plus grand centre de production du pays. Une bonne partie de celle-ci est issue de grands ateliers ou de petites manufactures situés à quelques kilomètres à l'est du centre, à ***Borsang*** et ***Sankampaeng.*** On y découvre les techniques de fabrication de la soie, de la laque, des ombrelles, de la céramique, etc. Attention : la plupart des ateliers observent la pause déjeuner, ferment vers 17h et même totalement le dimanche (mais pas les boutiques !). Pour s'y rendre : *songthaew* blanc à 15 Bts/personne (si rempli) depuis le Warorot Market, sinon compter 300 Bts le *songthaew* rouge chartérisé. En taxi ou *tuk-tuk,* compter environ 300-400 Bts les 2h.

Voici quelques-uns des ateliers incontournables ou que l'on a bien aimés, classés du plus proche au plus éloigné de Chiang Mai. Il y en a bien d'autres, travaillant notamment cuir, coton, indigo, etc.

Sur la route de Borsang et Sankampaeng

(hors plan par D3)

Laitong Laquerware – ร้านเครื่องเขินลายทอง ***:*** *140/1 Chiang Mai-Sankampaeng Rd. 08-40-46-60-21. Tlj 8h30-17h.* Une fabrique d'objets en teck ou en bambou laqués, décorés de feuille d'or ou de coquille d'œuf. Prix un peu élevés.

Thai Silk Village – บริษัท ไทยซิลค์ วิลเลจ จำกัด ***:*** *120/27 Chiang Mai-Sankampaeng Rd, sur la droite, km 3.* ☎ *053-338-357. • thaisilkvillage.com • Tlj 8h30-17h30.* D'un côté, l'atelier de fabrication avec métiers à tisser et panneaux en français sur le ver à soie, de l'autre une immense boutique de coupons *(env 630-850 Bts le mètre)* et prêt-à-porter. Pas donné mais jolie qualité.

Saa Paper & Umbrella Handicraft Centre – ศูนย์หัตถกรรมรมกระดาษสา แมสา วาเลย์ ***:*** *même route, sur la gauche, env 300 m avt le croisement de la route 1014. Tlj 8h30-17h.* Ici, on fabrique du papier à base d'écorce de mûrier et l'on en fait (notamment) des ombrelles. Juste après, on atteint le carrefour de la route 1014, menant au village de ***Borsang*** – บ่อสร้าง, avec tout un quartier consacré à la fabrication d'ombrelles (et pas mal d'autres choses aussi). Notre préféré !

Siam Celadon – สยามศิลาดล ***:*** *Chiang Mai-Sankampaeng Rd, env 1 km après le carrefour de Borsang, en face du* MAIIAM. ☎ *053-331-526. • siamceladon.com • Tlj 8h15-17h.* Les céladons sont des poteries de couleur verte, dont la technique de fabrication fut inventée en Chine, il y a plus de 2 000 ans. Fabrication et belle expo-vente. Voir aussi le *tearoom* au centre de la ville, qui expose les mêmes pièces (lire plus haut « Où boire un thé... ? »).

En ville

Le ***Night Bazaar*** abonde en bibelots-souvenirs tandis que le ***Warorot Market*** déborde de vêtements pas chers ; on y trouve aussi, et dans les rues adjacentes, de jolies tuniques hmong en velours noir, brodées de motifs géométriques très colorés. Dans le centre, de nombreux ***tailleurs*** pourront, pour une poignée de bahts, vous confectionner n'importe quel vêtement. Pour de l'artisanat de qualité supérieure, poussez la porte des magasins chic (et cher) du resto *The House (zoom B2,* ***70****).*

Plusieurs ***boutiques d'artisanat haut de gamme*** se regroupent en outre le long de Charoen Rat Road, au niveau du resto *The Gallery* – qui possède sa propre galerie. Le quartier compte aussi pas mal d'***antiquaires.***

À voir. À faire

Les temples et les musées

Il n'y a pas loin de 350 temples à Chiang Mai, quasi à tous les coins de rue. On vous signale les plus connus, sachant que, dans les plus modestes, on peut toujours goûter avec respect à la vivante quiétude des lieux. La plupart sont accessibles de 6h à 18h, et l'entrée est en général gratuite.
– Pour des *cours de méditation,* voyez la section « Activités culturelles » un peu plus loin.

Dans le vieux quartier

Wat Chiang Man – วัดเชียงมาน *(zoom B2)* **:** *Ratphakhinai Rd. Tlj 5h-21h.* Face à l'entrée, le grand temple, fondé à la fin du XIIIe s, est le plus ancien de la ville, bien qu'il ait été largement restauré depuis. Sa façade élégante, tout en bois sculpté, cache une charpente typique du nord du pays. Le temple de droite, plus petit, abrite derrière une grille un minuscule bouddha de cristal à tête noire qui aurait près de 2 000 ans... ou 500 selon certains historiens. Derrière le temple principal, très beau *chedî* à dôme doré, cerclé d'éléphants sculptés.

Wat Phra Singh – วัดพระสิงห์ *(zoom A3)* **:** *au bout de Ratchadamnoen, au coin de Sing Harat Rd. Tlj 6h-18h30. Entrée : 20 Bts pour le temple principal ; accès libre pour le reste.* Fondé en 1345, c'est l'un des plus importants sanctuaires de la ville. Le temple principal est le seul payant et pas le plus intéressant. Très classique, il abrite des statues en cire des moines les plus vénérés. Mais c'est celui du fond à gauche *(vihara Lai Kam),* plus petit, qu'il ne faut surtout pas rater. Sa façade sculptée, d'une grande finesse, figure parmi les plus beaux exemples du style Lanna. Et que dire de ses superbes fresques intérieures, marquées par des influences shans et birmanes ? Ce temple sert d'écrin à un bouddha du VIIIe s qui arriva, dit-on, de Ceylan après de nombreux détours. Il abrite également une belle empreinte du pied de Bouddha d'un rouge avéré. Juste à droite, le contraste est saisissant avec le grand stupa entièrement doré d'où semblent s'échapper 4 éléphants comme sortis d'une marmite d'or en fusion. Mentionnons enfin, à droite du temple principal, le *ho trai,* l'adorable et minuscule bibliothèque des Saintes Écritures, dressée sur son piédestal gardé par d'étranges créatures (appelées *makara*) et surmontée de petits toits joliment incurvés.

Wat Chedi Luang – วัดเจดีย์หลวง *(zoom B3)* **:** *103 Prapokklao Rd. Tlj 9h-17h. Entrée : 40 Bts ; réduc.* C'est l'un des temples les plus importants de Chiang Mai, d'ailleurs très fréquenté. Fondé à la fin du XIVe s, le Wat Chedi Luang est indissociable de son massif *chedî* en brique appuyé sur une base de 44 m de large. Ce dernier, construit vers 1391 sous le règne du roi Saen Muang Ma, abrita un temps le bouddha d'Émeraude (celui de Bangkok). Gardé par d'effrayants nâga, il mesurait jadis 85 m de haut, mais n'en fait plus que 60 m depuis le séisme de 1545... catastrophe qui annonça, pensent les plus croyants, la longue occupation birmane. Passez derrière pour voir les éléphants qui flanquent la 2e terrasse et le petit *vihara Bhuridatto,* aux 3 toits superposés très élégants, dans lequel trône un bonze en cire très réaliste. Notez la dimension de l'arbre centenaire qui le jouxte ! Enfin, les hommes seulement pourront voir, à l'entrée, le *vihara Inthakin,* où est conservé le pilier fondateur de la ville.

Chiang Mai City Arts & Cultural Centre *(zoom B3) :* *Ratvithi Rd. ☎ 053-217-793. Mer-dim 8h30-16h30. Entrée (côté gauche) : 90 Bts ; réduc. Billet combiné avec les Lanna Folklife Museum et Chiang Mai Historical Centre : 180 Bts (valable 7 j.).* Ce musée, situé derrière la *statue des Trois Rois,* est consacré à l'histoire locale. Il regroupe 15 salles sur 2 niveaux. Après un « clip » de 3 mn sur la ville, on passe en revue la préhistoire, les implantations de la rivière Kok, le royaume Lanna et son influence sur le style des temples régionaux. Un diaporama de 5 mn présente la ville à la fin du XIXe s-début XXe s à travers des photos en sépia. À l'étage, une salle consacrée aux rois de Chiang Mai, notamment la dynastie Mangrai qui régna pendant 262 ans. Mais la partie la plus ludique, ce sont ces échoppes et habitations traditionnelles reconstituées autour d'un petit marché (bande sonore). Enfin, salles consacrées au bouddhisme version Lanna, aux fêtes lunaires (calendrier mois par mois) et aux minorités ethniques. Café et boutique.

Lanna Folklife Museum – พิพิธภัณฑ์พื้นถิ่นล้านนา *(zoom B3) :* *Prapokklao Rd. ☎ 053-217-793. Mer-dim 8h30-16h30. Entrée : 90 Bts ; réduc. Billet combiné avec les Chiang Mai Historical Centre et Chiang Mai City Arts & Cultural Centre : 180 Bts.* Dans une mise en scène récente et esthétique, la vingtaine de petites salles – occupant l'ancien palais de justice – explore les traditions religieuses et culturelles du Lanna. Au menu : objets religieux, sculptures, métiers à tisser, tissus (très bien mis en valeur), céramique, vannerie, instruments de musique, danse, peinture, etc. Pas mal de saynètes avec mannequins en cire, mais rien de transcendant.

Chiang Mai Historical Centre – หอประวัติศาสตร์เมืองเชียงใหม่ *(zoom B3) :* *Ratvithi Rd, juste à côté du Chiang Mai City Arts & Cultural Centre. ☎ 053-217-793. Tlj sauf lun 8h30-17h. Entrée : 90 Bts ; réduc. Billet combiné avec les Lanna Folklife Museum et Chiang Mai City Arts & Cultural Centre : 180 Bts.* Ce musée dresse un portrait historique très bref de Chiang Mai et de sa culture au sens large : légendes locales, le royaume Lanna, la domination birmane, le commerce, etc. Seule curiosité, les vestiges des anciens murs de la ville...

Autour du Nawarat Bridge

Wat Bupparam – วัดบุพพาราม *(plan C3) :* *234 Tha Phae Rd. Tlj 6h-19h. Entrée : 20 Bts.* Malgré le caractère rutilant de son temple principal (aux 4 niveaux de toits superposés), on verra surtout le *vihara* situé sur sa droite. 2 fois centenaire (ou 3 !), il présente une belle façade tout en bois sur laquelle ont été collés des stucs à motifs floraux incrustés de miroirs de couleur. À l'arrière, une joli *chedî* en pierre délavée et à flèche dorée.

Au nord

Wat Lok Molee *(plan A2) :* *Mani Noppharat Rd, à 200 m à l'ouest de la Chang Puak Gate.* Si l'on ne connaît pas la date d'édification de ce temple royal, il était déjà mentionné dans les textes en 1367. On y accède par une porte-porche en brique gardée par 2 éléphants blancs, pour découvrir un superbe *vihara* en teck du XVIe s, dont la façade finement ciselée est veillée par 2 nâga. À l'intérieur, on verra une frise de *Jātaka* (épisodes de la vie du Bouddha) sculptée sur bois couvert d'or et de fragments de miroirs colorés, un plafond à caissons et un bouddha doré moderne. À l'arrière, vénérable *chedî* en brique (1527) et son stupa surmonté d'une flèche d'or. C'est ici qu'étaient conservées les cendres des rois sous la dynastie Mengrai.

Wat Chet Yod – วัดเจ็ดยอด *(plan A1) : sur la Super Highway, un peu avt le Musée national de Chiang Mai. Tlj 6h-18h.* Ce magnifique sanctuaire du XVe s, situé dans un environnement verdoyant au calme revigorant, regroupe plusieurs temples, stupas et logements pour les moines. Protégé par de nombreux nâga, il possède un superbe *chedî,* ancien, dont les 7 pointes symbolisent les 7 semaines que le Bouddha passa sous un figuier, avant son Illumination. Tout autour, des vestiges de très beaux bas-reliefs en stuc laissent voir des *thewa* (anges) en position de méditation. Devant : un splendide *Bodhi tree,* désormais soutenu par de larges béquilles métalliques. Vous pouvez aussi en acheter une, en bois blanc, histoire de montrer votre dévotion...

Le Musée national de Chiang Mai – พิพิธภัณฑ์สถานแห่ง ชาติเชียงใหม่ *(plan A1) : à côté du Wat Chet Yod. ☎ 053-221-308. ♿ Tlj sauf lun-mar et j. fériés 9h-16h. Entrée : 100 Bts ; gratuit jusqu'à 12 ans.* Rénové il y a peu, ce bâtiment moderne inspiré par la tradition regroupe une intéressante collection d'objets issue du royaume Lanna. Le rez-de-chaussée expose des bouddhas de toutes tailles, en pierre et en bronze, dont une énorme tête de Bouddha des XIVe-XVe s provenant du Wat Yangtuang, un temple de Chiang Mai abandonné (si, ça existe !). Également une collection de tablettes votives de différents styles et d'une belle finesse, des coffrets religieux en bois peint du XIXe s, des céramiques chinoises du XVIIe s (peintes de dragons et de phénix) ou encore des poteries vertes des XIVe-XVe s qui ressemblent furieusement à des céladons. Quelques panneaux reproduisent ensuite des peintures du Lanna et une petite salle à l'entresol expose une jolie série de miniatures (vaisselle, sandales, trônes des XVe-XVIIIe s). Un film en anglais évoque les arts du pays. À l'étage, plus vite vu, une collection de costumes et objets royaux ou militaires (trône, chemises, armes, amulettes). Film sur la guerre d'indépendance avec la Birmanie. Les salles consacrées au royaume Lanna égrènent la longue liste des souverains et reviennent sur l'influence birmane et les relations avec la cour de Siam. Notez surtout la belle empreinte de pied de Bouddha en teck de la fin du XVe s.

Museum of World Insects & Natural Wonders – พิพิธภัณฑ์โลกของแมลง และธรรมชาติมหัศจรรย์ *(hors plan par A2) : 72 Nimmanhaemin Rd, soi 13. ☎ 053-211-891. Au nord-ouest de la ville. Tlj sauf mer 10h-15h. Il est conseillé de téléphoner avt de venir et de sonner à la porte ! Entrée : 200 Bts ; ½ tarif enfants 3-11 ans.* Si vous êtes en fonds et que vous vous intéressez au monde animal, ce petit musée privé vaut le déplacement. Il est désormais géré par la fille de Mme Rattanarithikul, la propriétaire, une grande spécialiste de la malaria, aujourd'hui octogénaire, qui a tout rassemblé pendant 50 ans avec son mari. On y voit des milliers d'insectes naturalisés (certains géants !), notamment des moustiques subtilement épinglés (460 espèces différentes en Thaïlande), des coléoptères gros comme des souris, des scarabées géants, des phasmes et des papillons de toutes les couleurs, sans oublier une riche collection de coquillages et de fossiles, des ruches et même des compositions florales artistiques. Kitsch et instructif.

À l'est

MAIIAM *(hors plan par D3) : Chiang Mai-Sankampaeng Rd, env 1 km après le carrefour de Borsang, sur la route des artisans (voir « Achats »). ☎ 052-081-737. Tlj sauf mar 10h-18h. Entrée : 150 Bts ; réduc ; gratuit moins de 12 ans. Depuis le Warorot Market,* songthaew *blanc à 15 Bts/pers (si rempli), sinon compter 300 Bts le* songthaew *rouge chartérisé. En taxi ou* tuk-tuk, *env 300-400 Bts les 2h.*
C'est le tout nouveau musée d'art contemporain de Chiang Mai, preuve s'il en est que la ville cherche à se hisser sur la scène culturelle. Derrière une étincelante

façade à miroirs, ce musée cofondé par le Français Jean-Michel Beurdelay propose des expositions temporaires et un fond permanent, la *Piphitmaya Collection,* qui présente ainsi des artistes d'Asie du Sud-Est (notamment de Chiang Mai, comme Montien Boonma) et des pays voisins (Birmanie, Cambodge). Signalons la grande fresque intitulée *Super (M)art Bangkok Survivor,* de Navin Rawanchaikul, un vrai portrait de famille du pays, depuis « l'Alliance de la France avec le Royaume de Siam » au message bien actuel « Art is over ! ».

Les marchés

Warorot Market – ตลาดวโรรส *(plan C3)* **:** *près du Foot Bridge, à l'angle de Chang Moi Rd et de Witchayanon Rd. Tlj, du mat jusqu'en début de soirée.* Énorme, coloré, odorant... les travées du marché de Warorot débordent d'un peu tout : vêtements pas chers (y compris des tuniques hmong), tissus, ustensiles divers, légumes, fleurs, gros tas de crevettes et de poissons séchés... Il faut s'y promener avant d'aller au *Night Bazaar,* bien plus touristique. Ici, on ne rencontre pratiquement que des Thaïs qui s'y ravitaillent. Et bien sûr, on peut y manger.

Night Bazaar – ไนท์บาซ่าร์ *(marché de nuit ; plan C3)* **:** *Chang Khlan Rd. Actif 19h-23h, même si quelques magasins « en dur » sont ouv tte la journée.* Très touristique et néanmoins très vivant, ce marché de nuit croule sous les stands de souvenirs, les contrefaçons, les néons criards et les restos en plein air (voir « Où manger ? »), sur fond d'enseignes de *world food* franchisées et de spectacles de danse thaïe gratuits (dans le *Kalare Food Center*). Quelques dealers et pickpockets aussi... fermez bien vos sacs ! Attention, le dimanche soir, c'est quasiment mort (voir ci-dessous). On peut poursuivre la balade jusqu'au ***Anusarn Market,*** 200 m plus bas sur l'avenue, similaire mais un peu plus calme.

Sunday Market *(marché du dimanche ; plan B3)* **:** *dans le vieux quartier, sur Ratchadamnoen Rd, jusqu'à Tha Phae Gate. Dim 16h-minuit env. On vous conseille de venir dès 16h car à partir de 18h il devient très difficile d'avancer tant il y a foule !* L'espace de quelques heures, des centaines de vendeurs (dont beaucoup d'amateurs) investissent la rue dans un joyeux brouhaha très bon enfant. Tous les types d'artisanat se retrouvent sur les stands, tandis que les éventaires de nourriture investissent la cour du Wat Phan On. Ajoutez quelques artistes de rue à l'occasion. Mieux que le *Night Bazaar.*

Sports-spectacles

– ***Boxe thaïe :*** dans le combat commercial que se sont livrés les stades privés ces dernières années, certains se sont retrouvés rapidement au tapis. Mais on trouve encore les affiches des plus costauds un peu partout en ville. Dessus, on lit souvent : « *real fights* »... Ah bon, parce qu'il y en aurait des faux ? En réalité, les combats de qualité n'ont souvent lieu qu'une fois par semaine, le reste du temps, on vous présentera des entraînements, souvent d'adolescents... Ils ont lieu tous les soirs, sauf dimanche, vers 21h et le ticket d'entrée varie de 500 à 1 500 Bts selon le placement. Signalons le récent ***Chiang Mai Boxing Stadium*** *(plan A1,* ***24*** *; 177 Chang Phueak Rd ; • chiangmaiboxingstadium.com •).* Plus centraux, le ***Thaphae Boxing Stadium*** *(zoom B3,* ***25****),* sur Moonmuang Road, et le ***Loikroh Boxing Stadium*** *(plan C3,* ***88****),* sur Loikroh Road, sont surtout destinés aux touristes.

– ***Tiercé du samedi :*** *à l'hippodrome, Chotana Rd, km 1, passé la Super Highway en allant vers le nord, sur la route de Mae Rim. À côté du terrain de golf Lanna. Sam 12h-18h, sauf j. de fête bouddhiste, auquel cas c'est le dim. Entrée : 20-100 Bts.* Le spectacle est autant dans les gradins – où les parieurs échangent pognon et tuyaux dans une ambiance hystérique – que sur la piste. Très amusant.

Activités culturelles

– ***Cours de cuisine thaïe :*** vous n'aurez que l'embarras du choix, on en trouve partout ! Les cours durent généralement une demie ou une petite journée et incluent souvent une visite au marché pour y choisir les produits ainsi qu'un livret répertoriant les recettes réalisées. Bien sûr, on mange ce que l'on a cuisiné (d'ordinaire 4 à 6 plats) ! Certains cours se déroulent en ville, d'autres dans des fermes de la périphérie. On peut aussi choisir un thème spécifique : currys, sculpture de légumes...
L'école la plus ancienne (1993), la ***Chiang Mai Thai Cookery School*** *(zoom B3, **25** ; 47/2 Moonmuang Rd ; ☎ 053-206-388 ; • thaicookeryschool.com • ; tlj 8h30-17h ; ½ j. à la ferme à 1 200 Bts, transferts inclus)* propose même des stages sur plusieurs jours. Très appréciée, la ***Thai Farm Cooking School*** *(zoom B2, **26** ; 38 Moonmuang Rd, soi 9 ; 📱 08-71-74-92-85 ; • thaifarmcooking.com • ; 1 500 Bts la journée),* est tenue par une Flamande mais c'est une chef thaïe qui donne les cours à 17 km de Chiang Mai, dans une ferme bio. On peut choisir l'option végétarienne ou apprendre à utiliser des colorants naturels locaux (même bleu !). L'***Asia Scenic Thai Cooking School*** *(zoom B3, **27** ; 31 Ratchadamnoen Rd, soi 5 ; ☎ 053-418-657 ; • asiascenic.com •)* propose des cours à la journée en ville ou à la ferme *(9h-15h ; respectivement 1 000 Bts et 1 200 Bts transport inclus),* ou à la demi-journée en ville *(9h-13h ou 17h-21h ; 800 Bts).* C'est bien, mais un peu l'usine, avec plusieurs groupes (jusqu'à 12 personnes par groupe) dans la même salle. Plus intime et... francophone, l'école ***Khroua Baan Thai*** *(📱 08-25-92-50-44 • chiangmai-cooking.com • ; 8h30-15h ou 17h30-22h ; 1 100-1 300 Bts)* de l'adorable Pook (et son mari français Yves) accueille des petits groupes (2 à 6 personnes) dans leur maison à 10 mn à l'ouest du centre. Le tarif à la journée inclut un petit spectacle de danse traditionnelle et il y a des sessions spéciales pour les 9-14 ans. Des lecteurs conseillent également la ***Bhum Thai Cookery School*** *(☎ 053-206-388)* et la ***Zabb-e-Lee Thai Cooking School*** *(• zabbeleecooking.com •).*

– ***Méditation :*** certains temples organisent des retraites, comme le ***Wat U Mong,*** noyé dans la forêt au nord-ouest de la ville *(hors plan par A3 ; ☎ 053-810-965 ; • umongmedcenter@yahoo.com • ; 250 Bts/j. incluant la fourniture de draps et les repas, 200 Bts/séjour pour louer des vêtements blancs – on peut aussi les acheter).* Au programme : sur 3 à 15 jours, lever à 4h30, 1h30 de méditation libre, 30 mn de balai (ça vous apprendra la modestie), petit déj, puis plusieurs séances de méditation (en cours ou libre), entrecoupés du déjeuner, d'un *break time* et d'un nouveau coup de balai... Coucher à 21h30 sans dîner ! Les instructions sont en anglais mais, attention, l'expérience est réservée à ceux qui sont *in good physical and mental health.* L'office de tourisme dispose d'une liste reprenant l'ensemble des lieux offrant des cours de méditation et retraites.

Massages traditionnels

Apprendre...

Les écoles de massages traditionnels sont nombreuses à Chiang Mai. Ici et là, vous verrez des brochures vantant tel établissement ou telle technique. Trop de fois, l'argument majeur semble être le prix. Or, apprendre à masser, ce n'est pas acheter un paquet de lessive. Faites le tour, interrogez des élèves, testez avant de plonger. Nous n'en citerons qu'une, réputée pour son sérieux.

■ ***Thai Massage School Shivagakomarpaj*** (Old Medicine Hospital ; hors plan par A4) *: 238/19 Wuolai Rd. 📱 09-03-20-27-12. • thaimassageschool.ac.th • Au sud-ouest du centre, par une ruelle en face du Old Chiang Mai Cultural Center (à la hauteur du magasin de batteries BK). Bureau tlj 8h30-16h. Cours par sessions de 30h (6h/j. sur 5 j., lun-ven), 2 sem/mois. Prix : 5 000 Bts pour le 1er niveau et 9 000 Bts pour les 2 premiers niveaux.*

L'enseignement pour les étrangers a débuté ici dès 1962 ! Certes, ce ne sont pas des cours particuliers, on étudie en classe, mais on est sûr d'y acquérir de bonnes bases. On peut aussi trouver des initiations plus courtes en quelques jours.

... ou laisser faire...

Vous verrez des salons partout. Compter en moyenne 200 Bts pour 1h, plus pour un massage spécial ou avec de l'huile. Si vous n'avez pas essayé, tentez le *herbal massage,* en fait un complément du massage thaï traditionnel, mais qu'on ne vous propose pas partout dans le pays. Il s'agit d'une sorte de balle d'herbes (leur combinaison est variable) chauffées à la vapeur, appliquée sur le corps pour favoriser la circulation veineuse.

■ ***Prison Massages*** *(zoom B3,* ***28****) : Ratvithi Rd, dans le vieux quartier. ☎ 09-39-84-05-32. Tlj 8h (9h le w-e)-16h30. Venir tôt car il y a souvent beaucoup d'attente et on ne prend pas les résas. À partir de 250 Bts pour 1h.* Massage très pro dispensé par les pensionnaires de la prison pour femmes en phase de réhabilitation, sous la surveillance discrète d'une gardienne. Prix raisonnables pour une bonne action. Également un resto sur place tenu sur le même principe. Pour ceux qui voudraient aller plus loin, il est possible, cette fois sur résa et sur présentation du passeport, de se faire masser à l'intérieur de la prison située à 10 km *(tlj sauf le w-e, départ à 8h ou 11h30 ; massage de 2h env 400-500 Bts).*

Activités sportives

– ***Parcours dans les arbres (ziplines) :*** il en existe une dizaine dans un rayon de 50 km ! Autant dire que c'est, là encore, un peu l'usine... et les prix (comprenant le transport) ne sont pas tendres. En plus, on est souvent obligé d'attendre tout le monde, et l'on vous laissera rarement changer vos mousquetons vous-même. Parmi les plus réputés : ***Jungle Flight*** *(rens au 47/2 Moonmuang Rd, 2e étage, en face de Tha Phae Gate ; zoom B3,* ***25*** *; ☎ 053-208-666 ou ☎ 08-69-11-44-88 ; ● jungleflightchiangmai.com ● ; 2 200-2 600 Bts/pers, transports, assurance, lunch et tee-shirt inclus).* Dispose d'un « *zipline rollercoaster* » qui vous entraîne à vive allure à travers la forêt, comme sur un grand 8 ! On y trouve la descente la plus longue de Thaïlande (1,1 km) et pas moins d'une quarantaine de plateformes atteignant 40 m de hauteur. Même maison et mêmes coordonnées pour ***Dragon Flight*** *(☎ 08-18-84-58-87))* qui revendique 55 plateformes, une *zipline* de 765 m et une « *canopy walk* » pour « seulement » 1 700 Bts. Autre parc du même genre : ***Flight of the Gibbon*** et ses 5 km de tyroliennes dans une forêt luxuriante à 1h de Chiang Mai avec, en prime, l'observation des gibbons *(☎ 053-010-660 ; ● flightofthegibbon.com ● ; 4 200 Bts/pers).*

– ***Vélo :*** un bon paquet d'agences et de petits tours-opérateurs locaux proposent des balades à vélo guidées en ville et dans la région. Il y a de gentilles sorties pour humer les lieux, comme celles organisées par le très sympathique Nooh, d'***Araiwah Chiang Mai Bicycle City Tour*** *(● araiwah-bicycling.com ● ; 8h30-15h30 ; 1 100 Bts)* ou les virées dans la campagne de ***Chiang Mai Biking*** *(● thailandbiking.com/chiang-mai/ ● ; 1 100-2 100 Bts),* une plus grosse structure. Envie de vous dépenser davantage ? Des trips plus longs ou plus sportifs en VTT sont proposés vers le Doi Suthep, dans la forêt ou vers les villages des minorités ethniques, notamment par ***Chiang Mai Mountain Biking*** *(● mountainbikingchiangmai.com ● ; 1 550-2 700 Bts ; zoom A3,* ***21****)* et ***Spice Roads Cycle Tours*** *(● spiceroads.com ● ; à partir de 1 250 Bts la ½ j.).* Ce dernier organise aussi bien une demi-journée à la découverte du street-art de Chiang Mai qu'une vraie odyssée de 11 jours pour rejoindre Bangkok à vélo ! Mais il y en a plein d'autres.

– ***Rafting, kayak, radeau de bambou et tubing :*** autres classiques, ces activités se pratiquent surtout d'août à janvier, sur la rivière Mae Teng. Elles sont souvent couplées avec trek et/ou sanctuaire/parc à éléphants. On peut s'adresser par exemple au très sérieux ***Siam River Adventures*** *(● siamrivers.com ●)* ou à ***8 Adventures*** *(● 8adventures.com ●),* fondé par un ex-champion du monde américain et 2 Thaïs de très haut niveau. Attention, c'est parfois sauvage en saison des pluies et parfois galère en saison sèche (il arrive de devoir pousser !). ***Chiang Mai Mountain Biking*** (voir plus haut) propose également du kayak.

Fêtes à Chiang Mai et dans les environs

– ***Festival des Ombrelles :*** *3e w-e de janv, dans le village artisanal de* ***Borsang*** *(à 8 km env à l'est de Chiang Mai).* Les artisans y présentent et vendent leur collection d'ombrelles de l'année, élection d'une Miss Ombrelle... Un vrai festival de couleurs.
– ***Carnaval des fleurs :*** *chaque année, le 1er w-e de fév, époque à laquelle on en trouve la plus grande variété.*
– ***Fête de l'eau :*** *12-15 avr.* C'est le Nouvel An *(Songkran)* bouddhique, souhaité à coups de seaux d'eau et parfois même de tuyaux d'arrosage... Très animé à Chiang Mai, le Songkran peut fatiguer assez rapidement si l'on a envie de rester au sec...
– ***Loy Krathong :*** *à la pleine lune de nov.* Cette célèbre fête « des Lumières » voit les habitants exorciser leurs fautes en lançant une multitude de petites bougies sur le fleuve et dans les airs. Vu le nombre, ils ont dû beaucoup pécher ! Défilé de chars.
– ***Winter Fair :*** *grande foire fin déc-début janv.* Animation folle pendant une dizaine de jours, concentrée autour du parking du City Hall. Plein d'attractions, dont l'élection de Miss Chiang Mai, qui n'est pas celle qui déclenche le moins de passion.

EXCURSIONS À LA JOURNÉE DANS LES ENVIRONS DE CHIANG MAI

Chiang Mai est devenue une base arrière pour bon nombre de voyageurs, et des centaines de *guesthouses* et agences, petites et grandes, proposent des excursions ; toutes ne se valent pas. Les plus soucieux d'indépendance préféreront ***louer un scooter ou une moto*** (les néophytes pourront opter pour une automatique ; lire plus haut « Adresses et infos utiles »), ce qui s'avère une riche idée pour profiter des beaux paysages de rizières (surtout après la saison des pluies), à condition de respecter les règles de sécurité ; lire plus loin « Virées à moto ». On peut aussi louer une voiture, ou même un *songthaew* à plusieurs. En bus, c'est souvent galère... En ligne de mire : une belle campagne, le massif du Doi Suthep, les grottes de Chiang Dao, de jolis temples au sud, les vallées environnantes et, pourquoi pas, quelques détours imprévus en rase campagne...

Grimper à dos d'éléphant ? Une idée qui trompe énormément

Joli souvenir, chouette photo ou rêve de gosse, monter sur le dos d'un éléphant s'apparente pour beaucoup à une expérience inoubliable. Mais derrière cette promenade exotique qui vous donnera (forcément) le sourire, la réalité fait vite déchanter.
L'essentiel des quelque 2 500 éléphants domestiques répertoriés en Thaïlande a été, sachez-le, dressé dans sa jeunesse selon une technique qui s'apparente à la

torture, le « *phajaan* », dont le but est de briser l'esprit de l'animal pour l'amener à obéir aux ordres. Au menu : coups, privations de nourriture et d'eau, enfermement dans une petite cage, pattes enchaînées, voire clous plantés dans les oreilles. Et une fois devenu adulte, s'il regimbe trop, l'animal est « contrôlé » à l'aide d'un crochet métallique... C'est un peu plus violent que les mors et éperons utilisés pour les chevaux.
Depuis la réduction drastique de l'exploitation forestière dans les années 1990, les éléphants, au chômage, ont été massivement reconvertis dans l'industrie touristique en plein boom. Plus d'une centaine de parcs et « sanctuaires » existent aujourd'hui dans la seule région de Chiang Mai ! L'activité est rentable : à 1 200-3 000 Bts l'excursion, l'argent coule à flots. D'ailleurs, un éléphant vaut cher, très cher : entre 1 et 2 millions de bahts (30 000-60 000 €). Résultat : devant la pénurie, certains animaux sauvages ont été « déplacés » de leur région d'origine (Mae Hong Son, par exemple) ou sont même capturés au Myanmar et importés clandestinement.
Beaucoup de campements d'éléphants continuent, à l'ancienne, de proposer des spectacles à la limite de la débilité, durant lesquels les pachydermes jouent au foot ou peignent avec leur trompe... S'ensuit la balade, toujours trop courte (20-30 mn) – d'autres touristes attendant leur tour – et suivie d'activités plus ou moins bidon destinées à occuper le reste de la journée.
Face à la dénonciation grandissante du *phajaan,* des « sanctuaires » à éléphants ont vu le jour, où les animaux sont censés couler une paisible retraite. Ce serait parfait si, en vérité, on ne leur demandait pas encore, trop souvent, d'interagir avec les visiteurs – qu'ils arrosent de leur trompe, accompagnent en balade (certes sans les transporter sur leur dos) ou laissent leur donner le bain à grand renfort de cris, selon une chorégraphie bien synchronisée et constamment reproduite. Ici, le crochet n'est plus forcément de mise : les éléphants sont plutôt motivés à coups de bananes et de canne à sucre ! C'est mieux, mais est-ce une retraite et la liberté pour autant ? La plupart de ces soi-disant « sanctuaires » sont d'ailleurs privés et, bien souvent, les éléphants ne leur appartiennent même pas : ils sont prêtés ou loués par un propriétaire qui peut les reprendre à tout moment.

VERS LE NORD-OUEST

Le mont Suthep et le Wat Doi Suthep – ดอยสุเทพและวัดพระบรมธาตุดอยสุเทพ *(hors plan par A2)* : *env 15 km au nord-ouest de Chiang Mai. Pour s'y rendre : moto ou songthaew rouge au centre-ville depuis Chang Puak Gate ou Tha Phae Gate (plan B2 et B3 ; env 60-80 Bts/pers). On vous déconseille le vélo, ça grimpe raide ! Tlj 6h-21h (mais attention, le dernier songthaew redescend à Chiang Mai vers 18h). Entrée : 30 Bts. Accès par un long escalier (306 marches) bordé par un spectaculaire double nâga ou par un funiculaire (10 Bts/pers/trajet). Tenue correcte exigée.*
Presque au sommet du Suthep (1 676 m), ce temple bouddhique fondé en 1373 se dresse fièrement au-dessus de Chiang Mai, offrant de sa terrasse une belle vue panoramique (quoique partielle et problématique les jours de brouillard...). Ce qui frappe surtout d'emblée, c'est la foule, et la ferveur qui l'accompagne ! Selon la légende, c'est un éléphant blanc portant sur son dos une relique du Bouddha qui choisit l'emplacement, après avoir tourné 3 fois sur lui-même et barri 3 fois. Dans le saint des saints, un grand *chedî* doré, dépositaire des reliques, s'enveloppe d'une enceinte intégrale dans laquelle on pénètre comme dans un joli livre d'images. Il est entouré de parasols royaux aux 4 angles et de pavillons abritant les divinités des 4 directions. On peut, comme les pèlerins, en faire 3 fois le tour une fleur jaune à la main et même se faire bénir par un moine bouddhiste, moyennant une offrande libre.
En montant vers le Doi Suthep, n'hésitez pas à faire halte au ***Wat Pha Lad,*** à environ 3 km dans la montée. La dernière descente est raide, mais vous découvrirez,

dans la forêt, sur le flanc d'un torrent, un ensemble charmant de petits temples, bâtiments et sculptures (récents) bercés par le son de l'eau qui s'écoule et le chant des oiseaux.

Bhubing Palace – พระตำหนักภูพิงค์ราชนิเวศน์ *(hors plan par A2) : à 4 km à l'ouest du Wat Doi Suthep. • bhubingpalace.org • Songthaew depuis le Wat Doi Suthep : env 40 Bts/pers. Tlj 8h30-16h (dernière entrée à 15h30), sauf quand le roi est là. Entrée : 50 Bts. Tenue correcte exigée (loc de vêtements à l'entrée).*
C'est la résidence d'hiver du roi, bâtie en 1961. En réalité, il y met rarement les pieds. Les jardins sont ouverts au public : on y découvre des espèces de zones tempérées, notamment un très réputé jardin de roses... et pas mal de panneaux « No entry » !

Ban Khung Chang Khian *(hors plan par A2) : à 8 km au-delà du Bhubing Palace par une petite route forestière étroite qui grimpe.* C'est un village hmong producteur de café, l'occasion d'une jolie balade à 2-roues (prudence dans les virages) ou alors en *songthaew (200 Bts/pers et par trajet depuis le Bhubing Palace)* ou même à pied pour les plus courageux... En route, point de vue sur le village de Doi Pui, passage par le *Doi Pui Campsite* et arrivée au village 3 km plus loin, à 1 400 m d'altitude. Petite laine conseillée. Là, on se balade tranquillement dans le village où s'affairent les femmes hmong en habit traditionnel, on observe les grains de café qui sèchent sur des claies et on déguste une bonne tasse de café dans l'une des échoppes. Vente de café, bien sûr.

Pui National Park – อุทยานแห่ง ชาติดอยปุ่ย *: entre le Wat Suthep et le Bhubing Palace. Ouv 24h/24. GRATUIT.* Culminant à 1 685 m au Doi Pui, le massif de Thanon Thongchai, auquel appartient le Doi Suthep, est recouvert dans sa partie haute par la forêt humide d'altitude. On y trouve même des pins et l'on y a répertorié quelque 360 espèces d'oiseaux. Les voyageurs au long cours y découvriront de jolies balades, notamment vers les cascades de Huai Kaeo *(accès libre)* et de Montha Than *(entrée : 100 Bts/pers)*, facilement accessibles – cette dernière dévalant joliment en paliers. Il est même possible de camper sur l'un des 3 sites aménagés du parc (à l'entrée, au Doi Pui Campsite et à Montha Than). Également des baraques en bois à louer.

VERS LE NORD

Ce circuit débute par une digression vers la vallée de Mae Sa, avant de filer plein nord vers Chiang Dao (et retour).

Highland People Discovery Museum *(ex-Tribal Museum)* – พิพิธภัณฑ์ชาวเขา *: à env 4 km au nord de Chiang Mai, par la route 107 en direction de Mae Rim, puis à gauche au grand portique, env 200 m après le garage* Toyota. *☎ 053-210-872. En* tuk-tuk, *compter 150-200 Bts. Tlj sauf w-e 9h-16h. GRATUIT (donation appréciée).*
Le musée, peu fréquenté, est installé derrière les jardins royaux Rāma IX, à l'abri d'une construction récente de style traditionnel s'avançant sur un plan d'eau. Sur 3 niveaux, on découvre les 10 principales ethnies montagnardes du Nord thaïlandais, à travers mannequins costumés, outils et artisanat. À vrai dire, seul le 1er niveau s'avère intéressant avec ses objets usuels et ses petites mises en scène. Pour le reste, signalons de curieuses saynètes animées et une dizaine de petits films à visionner, dont un en français (15 mn).

La vallée de Mae Sa – แม่สา วาเล่ย์ *: prendre la route 107 jusqu'à Mae Rim (16 km), direction Fang, puis bifurquer vers l'ouest (route 1096, c'est indiqué).* Pan de jungle et de cultures vivrières aux portes mêmes de Chiang Mai, cette vallée ne vaut pas vraiment le déplacement car elle a malheureusement vu, ces dernières années, se multiplier les attractions plus ou moins bidons, qui la défigurent petit à petit : « fermes » d'orchidées, de crocodiles et de serpents, *Insect zoos,* « centres de dressage d'éléphants », et autres attrape-touristes.

Mae Sa Waterfalls – น้ำตกแม่สา : *à env 5 km de Mae Rim, sur la gauche. Tlj 8h30-16h30. Entrée : 100 Bts (20-30 Bts à moto ou en voiture).* Un chemin remonte (sur environ 1 km) le long d'un petit torrent entrecoupé de 10 cascades plus ou moins bien fournies selon la saison. Rien de spectaculaire, mais rien de désagréable non plus si l'on évite la foule du week-end et son lot de pique-niques familiaux. La plus jolie : la nº 7. On peut éventuellement se baigner. Nombreux petits restos au parking nº 3.

Queen Sirikit Botanical Garden – สวนพฤกษศาสตร์สมเด็จพระนางเจ้าสิริกิติ์ : *env 5 km à l'ouest des chutes, toujours sur la route 1096. ☎ 053-841-234. • qsbg.org • Tlj 8h30-16h30. Entrée : 100 Bts. Plan donné à l'entrée.* Il est si étendu (1 000 ha !) que l'on peut en faire le tour en voiture, mais ce serait dommage de ne pas s'y balader à pied... La boucle de 5 km permet de découvrir une avenue des bananiers, un *canopy walk* métallique un peu lourdingue, puis un ensemble de serres baptisé *Glasshouse Complex.* Visite d'une grande serre centrale consacrée à la forêt tropicale, et puis celles des orchidées, des cactus, des lotus, plantes médicinales, etc. Ajoutons un musée de sciences naturelles *(tlj sauf lun 9h-16h)* et une petite cascade (Mae Sa Noi).

Chiang Dao Caves – ถ้ำเชียงดาว : *à env 75 km au nord de Chiang Mai, sur la route de Fang (nº 107) ; fléché sur la gauche (c'est 3 km plus loin). De la Chang Puak Bus Station, à Chiang Mai, bus pour Fang (ttes les 30 mn, 5h30-17h30) mais, de là, il reste 5 km à parcourir et il n'y a guère de motos-taxis ou* songthaew... *Tlj 8h-17h. Entrée : 40 Bts ; visite guidée (20 mn) : 200 Bts ; et 200 Bts encore pour la « location » d'une lampe...*

Ces grottes et galeries mesurent plusieurs kilomètres sous le Doi Chiang Dao, le 3e sommet du pays (2 175 m), qui domine de façon spectaculaire la jolie campagne environnante. C'est un lieu de pèlerinage important pour les Thaïs. On découvre d'abord un joli temple rupestre, d'origine birmane, garni de bouddhas et éclairé par une anfractuosité de la roche, auquel on accède sans guide. En revanche, il faut un guide et une lampe pour pénétrer dans la galerie de 735 m ouverte au public. Au menu, 2 petits boyaux à passer, une vaste salle habitée de chauve-souris, des stalagmites en formes d'animaux et un 3e boyau de 5 m de long (avis aux claustros), avant d'atteindre le petit *reclining buddha* au fond de la galerie principale (éclairée). À l'entrée des grottes, au pied de la montagne, un ensemble charmant de temples, dont un petit *chedî* de style birman, avec statues, bouddhas et bassins.

Chiang Dao Hut Resort – เชียงดาว ฮัท รีสอร์ท : *600 m env après les grottes. 09-23-67-85-48. • chiangdaohut.com • Restos 7h-21h. Dortoir de 8 lits à 250 Bts/pers. Bungalows 420-1 200 Bts avec ou sans sdb. Également une maison pour 8 pers à 3 500 Bts. Petit déj inclus.* Si le dortoir est vraiment basique (matelas au sol), on aime bien la quinzaine de bungalows à tous les prix, dispersés dans un vaste jardin au pied de la montagne. Les moins chers, tout en bois et bambou, avec leur lit posé sur les planches sont simples mais déjà pas mal, avec ventilo et sanitaires communs. Tous les autres *(dès 700 Bts)* ont leur douche/w-c. 2 fois plus cher mais très sympa : le *Baan Paing Dao,* au fond, avec ses baies vitrées face à la forêt. Et puis, la jolie maison en bois, idéale pour une famille ou une bande de copains. En revanche, évitez celle en dur, sans charme.

VERS LE SUD

Lamphun – ลำพูน : *à 25 km au sud de Chiang Mai. Songthaew bleu du Warorot Market, avec arrêt au niveau de l'Iron Bridge (plan C3), ou bus du terminal de*

Chang Puak, ttes les 20 mn, 6h30-18h10 (6h-19h30 dans l'autre sens) ; trajet en 45 mn. À moto, depuis le Nawarat Bridge, suivre Charoen Rat Rd vers le sud (hors plan par C4).
Lamphun est l'ancienne capitale du petit royaume môn d'Hariphuncha, qui parvint à conserver son indépendance entre les VIIIe et XIIIe s. Le centre-ville entouré par les anciennes douves est une sorte de rectangle arrondi aux angles. En plein milieu, le ***Wat Phrathat Hariphunchai*** *(tlj 6h-21h)* arbore de splendides peintures y représentant les diverses étapes de la vie du Bouddha *(Jātaka)*. À l'arrière, 4 ombrelles dorées entourent un stupa impressionnant. Et, sur le côté droit, un pavillon abrite l'un des plus gros gongs suspendus du monde ! Les moines le frappent chaque jour à 6h et 18h ; vous pouvez faire de même à toute heure en formant un vœu. C'est la tradition.
On trouve à 1 km vers l'ouest le superbe ***Wat Chamadevi,*** du nom de la 1re reine du royaume môn d'Haripunchai, un *chedî* du VIIIe s d'origine sri-lankaise et d'une belle originalité. De base carrée, il s'orne de 3 bouddhas sur chacun des côtés de ses 5 niveaux.
Ceux qui ont du temps se promèneront sous les halles du marché *Nong Dok,* très bien fourni.

Le temple de Lampang – Wat Phra That Lampang Luang – วัดลำปาง วัดพระธาตุลำปางหลวง***:*** *de Chiang Mai, ne pas aller jusqu'à Lampang (à env 100 km au sud-est), prendre à droite 12 km avt (c'est indiqué), puis continuer sur 5 km. Tlj 7h30-17h. GRATUIT.* Ceint d'une vénérable muraille (une forteresse existait ici dès le VIIIe s) et surélevé, on y accède par un bel escalier en pierre bordé de nâga et d'animaux fantastiques. L'ancienneté des bâtiments (du XVe s pour la plupart), leur facture, le cadre tranquille et l'architecture Lanna typique du nord du pays, avec ses toitures basses et étagées, tout concourt à l'harmonie générale. Le temple central abrite d'élégantes fresques peintes sur des panneaux de bois, d'où ressort l'indigo d'origine, ainsi que 2 chaires du XVIIIe s. Le grand *chedî,* d'une belle teinte cuivrée, renfermerait un cheveu de l'Éveillé. À gauche et à l'arrière se dressent 2 petits temples (le 2e, mal en point et interdit aux femmes), dans lesquels on observe un phénomène optique bien connu des frères Lumière... Possibilité de balade en calèche fleurie autour du temple.

TREKS À LA RENCONTRE DES ETHNIES MONTAGNARDES

Chiang Mai est le principal point de départ des treks dans les montagnes du Nord. La meilleure période s'étend de novembre à mars – les mois de juillet-août étant vraiment trop arrosés et avril-mai trop chauds. Il ne s'agit pas ici de treks himalayens : une condition physique moyenne et une certaine volonté de faire un effort suffisent. Si les paysages montagneux entrecoupés de forêts et de rizières ne manquent pas de charme, c'est avant tout pour découvrir les villages des minorités ethniques que l'on part en randonnée, qu'ils soient akha, karen, lisu, lahu ou yao (une vingtaine de communautés en tout). Mais entre le trek originel, aventureux et authentique, et l'exploitation touristique à outrance qui s'est développée aujourd'hui, la différence est... grande. Traverser des villages isolés en rangées de pataugas, l'appareil photo en bandoulière, ne colle pas toujours avec l'idée que l'on se fait de la rencontre de l'autre et du respect de sa culture. À vous de voir si vous voulez quand même tenter l'expérience.

LE TREK AUJOURD'HUI

Aujourd'hui, le trek est une vraie industrie. Chiang Mai compte une multitude d'agences spécialisées, dont une quarantaine labellisée par le gouvernement (une garantie toute relative). Comme il y a foule d'agences et de trekkeurs, fatalement, tous les groupes se retrouvent plus ou moins sur les mêmes sentiers et dans les mêmes villages... ce qui, au fil du temps, a notablement contribué à réduire leur originalité. Il existe, certes, des régions moins visitées que d'autres, mais aucune n'est vierge.
Le trek dure habituellement 2 à 4 jours. Il cumule en général quelques heures de marche en terrain accidenté mais de difficulté modérée (les montagnes du Nord thaïlandais ne dépassant pas les 2 500 m) et une descente de rivière en raft ou en radeau de bambou. Le rythme peut toutefois être soutenu, surtout si le guide est pressé de rentrer chez lui... La « visite » de 2 ou 3 ethnies est bien sûr au programme. On trouve même des treks « spécial 3e âge », au parcours extra-plat, ou l'excursion avec 10 ethnies et un coup d'*hydrospeed,* le tout en un jour, et pas cher avec ça ! Là, les vrais marcheurs resteront sur leur faim. Dans tous les cas, la qualité du guide est essentielle : même les bonnes compagnies ont des moutons noirs dans leurs rangs, qui peuvent s'avérer mutiques et incapables d'apporter une information.

QUELQUES ÉLÉMENTS SUR LES CULTURES MONTAGNARDES

Tous groupes confondus, les ethnies montagnardes (*hilltribes* ou *chao khao*) représenteraient environ 1,5 million de personnes. Sur le plan culturel, ces sociétés longtemps isolées des basses terres ont conservé, malgré la siamisation et le tourisme, des traditions d'une belle originalité. Leur différence visible tend toutefois à s'émousser : de plus en plus, leurs villages ressemblent aux autres villages thaïs, et les costumes traditionnels cèdent le pas, chez les jeunes, aux vêtements de monsieur et madame Tout-le-Monde.
Ces ethnies sont issues de 3 grands groupes linguistiques : le ***groupe sino-tibétain*** (sous-groupes tibéto-karen et tibéto-birman), qui inclut les ethnies karen, lisu, lahu et akha ; le ***groupe austro-thaï*** (sous-groupe miao-yao), qui inclut les ethnies hmong et mien ; et le ***groupe austro-asiatique*** (sous-groupe môn-khmer), incluant les ethnies htin, khamu, lawa et mlabri. Ce qui fait 10 groupes ethniques principaux. Tous sont traditionnellement animistes, c'est-à-dire qu'ils rendent un culte aux esprits des choses, des éléments et, en particulier, des parents défunts. Tous ont une structure sociale centrée sur le lignage et parfois sur le clan ; la maisonnée est l'unité économique de base. Leur organisation politique n'excède généralement pas les limites de la famille élargie, et toute décision impliquant plusieurs lignages, voire plusieurs villages, se prend en discutant entre chefs de lignage mâle.
Les minorités sont très dispersées, et il n'est pas rare que des villages voisins appartiennent à des ethnies différentes – ce qui apporte une variété notable au cours d'un même trek. Voyons un peu plus en détail chacun des groupes.

Les Karen, Lahu, Akha et Lisu

Ces quatre ethnies comptent respectivement pour 69 %, 7 %, 5,5 % et 4 % de la population montagnarde du pays.
– ***Les Karen*** (prononcer « Karène » ; *Kariang* en thaï) ***:*** 1ers implantés en territoire thaïlandais il y a près de 300 ans, ils sont originaires des hautes terres de Birmanie, où réside toujours le plus gros de leur population. C'est donc le long de cette frontière que l'on trouve le plus grand nombre de leurs villages, où certains habitants militent pour la création d'un État karen qui serait à cheval

sur les 2 pays. Côté Myanmar, la répression est terrible envers ces indépendantistes, devenus réfugiés politiques en Thaïlande, « parqués » dans des villages militarisés – où leurs conditions de vie, si elles ne sont pas enviables, sont toutefois incomparablement meilleures que celles vécues au Myanmar. Ils sont divisés en 4 sous-groupes : les Sgaw Karen ou Karen blancs ; les Pwo Karen ou Plong ; les Taungthu ou Karen noirs ; et les Kayah ou Karen rouges. Occupant des terres situées à une altitude relativement faible (autour de 500 m), à proximité des villages thaïs, les Karen ont subi une importante influence culturelle. Leur agriculture est sédentarisée et centrée sur la riziculture inondée. Ils élèvent poulets, porcs et buffles, et sont des dresseurs d'éléphants réputés – avec les réserves que cela implique... Les Karen sont pour partie animistes, pour partie bouddhistes, pour partie chrétiens tendance puritains – évangélisés au XIXe s par 2 pasteurs américains ! La famille n'est constituée que d'une ou 2 générations. Les relations sexuelles avant le mariage sont interdites ; le divorce ou l'adultère, rares, exigent un sacrifice pour apaiser les esprits.

LE BAMBOU, ÇA SERT À TOUT

Dans les montagnes du Nord, à défaut d'avoir autre chose sous la main (et notamment du fer), on fait tout en bambou : des maisons, des ustensiles de cuisine, des pièges pour la chasse... Certaines tribus se servent même d'un morceau de bambou pour couper, à la naissance, le cordon ombilical.

Dans quelques villages karen de la région de Mae Hong Son, on peut rencontrer les fameuses « ***femmes-girafes*** » ou « ***long-cou*** » (*long-neck* en anglais), soit en fait des Padaung (nom shan utilisé au Myanmar) ou Kayan en thaï (nom qu'elles revendiquent en Thaïlande...), issues du groupe des Karen rouges. Oui, on sait, c'est pas simple ! Ce sont ces femmes qui ont le cou engoncé de nombreux anneaux spiralés de cuivre leur donnant cette étrange silhouette hiératique. Le 1er anneau est généralement posé entre 5 et 9 ans ; le cou ne peut en supporter plus de 25-28, soit une trentaine de centimètres pour une quinzaine de kilos. L'origine de cette coutume, fort ancienne, est assez discutée : pour les uns, les anneaux auraient d'abord servi à se protéger des dents des tigres ; pour d'autres, c'est un privilège réservé aux femmes nées pendant la pleine lune ; à moins que ces anneaux ne représentent et concentrent l'esprit de la tribu... Une autre légende affirme qu'ils enlaidissaient les femmes et les rendaient moins attirantes aux yeux des hommes des autres tribus !

Devenues attractions touristiques dans les années 1980, plusieurs faux villages ont été créés de toutes pièces pour les exhiber... Heureusement, certaines ONG ont œuvré à leurs côtés pour favoriser la disparition de cette coutume auprès des nouvelles générations. Aujourd'hui, la plupart d'entre elles ont la quarantaine ou plus. On y revient plus loin (chapitre « Mae Hong Son »).

– ***Les Lahu*** (*Musoe* en thaï) **:** d'origine sino-tibétaine (Yunnan), on en dénombre 100 000 en Thaïlande, installés le long de la frontière birmane, au nord de Chiang Mai et de Chiang Rai. On compte de nombreux sous-groupes, notamment les Lahu Nyi (Lahu rouges) et les Lahu Na (Lahu noirs). Leurs villages sont petits, dispersés et situés en altitude (environ 1 000 m), plus loin de l'influence thaïe. Éleveurs et chasseurs, les Lahu cultivaient aussi autrefois l'opium en plus du riz et du maïs. Leur société est de type matriarcale et monogame. Animistes, ils croient aux esprits, ont des sorciers, accordent une place importante à leurs ancêtres et... ont le sens de la fête (nombreuses animations au Nouvel An).

– ***Les Akha*** (*Ikaw* en thaï) **:** d'origine tibéto-birmane, ils viennent du Laos et du sud de la Chine (province du Yunnan), et se sont d'abord installés en Birmanie à la fin du XIXe s, avant d'émigrer vers les régions de Chiang Rai et de Chiang Mai. On en dénombre environ 80 000, installés sur les montagnes ou à flanc de colline, dans des secteurs assez difficiles d'accès. Délaissant l'opium, ils cultivent le riz, le maïs, le millet et des légumes divers, et élèvent volailles, cochons et buffles – régulièrement sacrifiés pour contrer les desseins des esprits malins. Les Akha sont panthéistes : le culte des ancêtres et les offrandes ont une grande importance. D'ailleurs, à chaque entrée et sortie de village, une « porte des esprits » est dressée afin de bien délimiter leur monde et celui des hommes. La franchir est un moyen de se purifier des mauvais esprits de la jungle.

HAUTE COUTURE

Les Akha détiennent la palme en matière d'esthétique vestimentaire. Leurs costumes, aux dominantes de noir et de rouge, sont étonnants. La femme porte traditionnellement une jupe et des jambières décorées. Sa tête est couverte d'une coiffe haute, de boutons d'argent, de perles, de graines, de pompons rouges et de dizaines de pièces d'argent.

La « cérémonie de la balançoire », qui marque l'entrée dans l'âge adulte, est la plus importante des multiples fêtes qui rythment l'existence akha. Au quotidien, c'est une tout autre histoire : l'habitat est d'une monacale simplicité. Autre particularité culturelle : la soupe d'os de chien, rare mais très appréciée, est réputée restaurer la vitalité des personnes âgées !

– ***Les Lisu*** (*Lisao* en thaï) **:** au nombre d'environ 55 000 en Thaïlande (et 600 000 au Myanmar), ils ont suivi la même vague migratoire que les Akha, mais sont d'origine sino-tibétaine. Ils seraient présents en Thaïlande seulement depuis le milieu du XXe s. Leurs villages se concentrent près de la frontière birmane, au nord de Chiang Mai, à l'ouest de Chiang Rai et plutôt en altitude.

L'AMOUR À LA LISU

Les jeunes gens font une cour très romantique à l'élue de leur cœur, leur récitant des poèmes enflammés. Un simulacre d'enlèvement est organisé à une date convenue. Le jeune homme envoie alors un émissaire aux parents de la donzelle pour les avertir que leur fille n'a pas été emportée par un tigre ; une fois ceux-ci rassurés, on commence à discuter du montant de la dot.

Les Lisu cultivent riz des montagnes, maïs, légumes... et connaissent, bien entendu, la culture de l'opium, même si elle n'est plus pratiquée. Les hommes chassent à l'arbalète, dont les pointes de carreaux sont imprégnées de poison. Très influencés par la culture chinoise, ils, célèbrent le même Nouvel An qu'en Chine. Les femmes revêtent alors une coiffe particulièrement colorée.

Les Hmong et les Mien

Ces 2 groupes sino-tibétains composent respectivement 10 % et 4 % de la population montagnarde du pays. Originaires du centre de la Chine (et proches linguistiquement), ils ont laissé d'importantes concentrations de leurs congénères là-bas, ainsi qu'au Laos et au Vietnam du Nord. On estime la population hmong (prononcer « mongue ») dans le Sud chinois à plus de 10 millions d'individus ! Ces 2 groupes ont une vision du monde proche de la cosmogonie chinoise, mais pratiquent un chamanisme foisonnant.

Migrants tardifs sur le sol thaïlandais (environ un siècle), ils occupent les crêtes les plus hautes, à plus de 1 000 m. Du coup, les maisons hmong et mien sont systématiquement construites sur terre battue, plus chaudes que les constructions sur pilotis pratiquées par presque tous les autres groupes. Cette situation en altitude constituait un avantage marqué quand venait le temps de cultiver le pavot ; les Hmong et les Mien étaient les experts incontestés de cette activité. Ils sont polygames : il suffit que la 1re femme consente à accueillir une 2e ou une 3e épouse.

– ***Les Hmong*** *(ou Méo* en thaï*) :* 100 000 en Thaïlande, ils sont installés principalement à la frontière du Laos, au nord et à l'ouest de Chiang Mai. Ils s'établirent ici vers la fin du XIXe s, puis après la guerre du Vietnam et la révolution laotienne. Ils se divisent en 3 sous-groupes. Les Hmong bleus : on reconnaît les femmes grâce à leurs superbes jupes plissées couleur indigo et à leurs superbes broderies. Les Hmong blancs : les femmes portent une jupe blanche pour les cérémonies et un pantalon indigo pour aller aux champs. Ce sont des brodeuses hors pair. Les Hmong Gua Mba, eux, viennent du Laos et survivent en majorité dans des camps de réfugiés.
L'organisation sociale des Hmong permet la polygamie. Leur religion combine le panthéisme et le chamanisme. Leurs croyances ont subi une importante influence chinoise, tout comme leur langue, qui ne s'écrit pas. Le Nouvel An (fin décembre) reste la fête la plus importante. Une des traditions est le lancer de balle entre garçons et filles se courtisant. Les villages hmong autour de Chiang Mai sont devenues très touristiques.
– ***Les Mien*** *(Yao* en thaï*) :* venus du sud de la Chine il y a environ 150 ans, ils se sont installés près de la frontière du Laos, autour de Chiang Rai et de Nan. Comme les autres ethnies, ils s'adonnaient à la culture de l'opium, dont ils tiraient le gros de leurs revenus, mais les autres cultures ont pris le relais. Leurs costumes sont gais, surtout ceux des femmes (touches de couleur rouge sur fond indigo). Remarquable aussi : le boa rouge écarlate qu'elles portent autour du cou. Les Mien sont réputés pour leur côté extrêmement économe !

SAVOIR-VIVRE DANS LES VILLAGES MONTAGNARDS

Respect et ***savoir-vivre*** doivent être les maîtres mots. Beaucoup de choses qui peuvent paraître évidentes échappent peut-être à votre entendement et à votre guide, qui n'est généralement pas chez lui et n'y comprend pas forcément grand-chose non plus. Ne prenez donc pas pour acquis ce qu'il dit et fait, les exemples déplorables sont légion.
Les montagnards sont accueillants, c'est une tradition. Veillez donc à la faire perdurer en évitant d'abuser de leur patience et, donc, de celle des esprits. Cette dimension animiste demeure importante, et le respect des lieux et des objets sacrés est essentiel.
Respectez leur intimité. De la même manière que vous n'apprécieriez pas que l'on vienne vous photographier dans votre salle de bains, sachez reconnaître quand le moment de prendre une photo est approprié ou non : consultez donc votre sujet du regard avant de vous exécuter et, dans le doute, n'hésitez pas à vous abstenir. Dites-vous que déjà vous êtes privilégié de venir ici, car rien au fond ne les oblige à vous recevoir.

QUELQUES ZONES DE TREKS

– ***Vers Mae Taeng et Chiang Dao*** – แม่แตงและเชียงดาว *:* à 80 km au nord de Chiang Mai, beaucoup de villages ethniques (surtout karen, padaung, akha, lahu). Quelque 60 % des treks s'y déroulent, mais le grand nombre de villages permet d'éparpiller un peu les touristes. En prime : rafting. Quelques agences visitent des secteurs moins fréquentés.
– ***Vers le Doi Inthanon et Mae Chaem*** – ดอยอินทนนท์, สมอเงินและแม่แจ่ม *:* un bon tiers des treks au départ de Chiang Mai a lieu dans ce secteur situé à 60 km au sud-ouest de la ville, dans et aux alentours du parc naturel de Doi Inthanon. Certaines balades à la journée ont lieu plus près, dans la ***vallée de Mae Sa*** ou le secteur de ***Samoeng.***
– ***Mae Hong Son*** – แม่ฮ่องสอน (voir plus loin) *:* à l'ouest de Chiang Mai, près de la frontière birmane, la région est propice aux treks. En revanche, évitez si possible

mars et avril, période des feux de campagne (fumées étouffantes) et privilégiez si possible juillet-août. On y rencontre surtout des Karen, et les paysages sont beaux. Reportez-vous à la section qui lui est consacrée.

– ***Le Triangle d'or*** – สามเหลี่ยมทองคำ **:** si le nom est mystérieux, la région est en vérité très touristique, pas bien sauvage et peut aisément se découvrir par soi-même.

COMMENT CHOISIR SON AGENCE ?

À Chiang Mai, chaque *guesthouse* ou presque travaille en partenariat avec une ou plusieurs agences, quand elle n'organise pas les treks et excursions elle-même. De plus en plus promettent des « éco-tours » ou des expériences « authentiques » qui n'en ont que le nom, parfois en les vendant bien plus cher. Méfiance ! Certains sont carrément dangereux.
Pour s'assurer du sérieux d'une agence, il est bon de se faire préciser la durée exacte de la rando (il arrive que 3 jours se transforment en 2), d'éviter les groupes surchargés et de s'assurer que le guide parle l'anglais. Faites-vous décrire le parcours sur la carte... et interrogez autant que possible des voyageurs qui en reviennent tout juste. Le prix ne veut pas toujours dire grand-chose mais évitez les treks à prix plancher. Un bon trek, ça se paie un peu. En principe, les 2 agences suivantes proposent une baignade avec les éléphants ou de les nourrir mais pas d'*elephant riding*.

■ ***Chiang Mai Trekking with Piroon*** – พิรุณเรคกิ้งทัวร์ *(zoom B3,* ***89****)* **:** *12 Ratphakhinai Rd.* ☎ *053-115-906.* 📱 *08-19-61-10-15.* • *chiangmai-trekking.com* • *Trek 3 j. et 2 nuits : 3 500 Bts.* Possibilité de treks privés ou en groupes de 10 personnes maximum. Treks d'un à 3 jours dans le nord-ouest, vers Pai. Logements dans des villages isolés. Un peu plus cher qu'ailleurs mais le tarif inclut l'accès à un parc national et des guides anglophones formés au secours et au respect de l'environnement.

■ ***Udom Porn Tours*** – บริษัทอุดมพรทัวร์ *(hors plan par C4)* **:** *330/12 Chiang Mai Land Village, Changklan Rd.* ☎ *053-204-718.* • *up-adventure.com* • *À env 2 km au sud-est du centre.* Cette agence pro et bien organisée travaille avec des guides anglophones. On conseille ses « treks » pas trop exigeants (et assez contingentés) dans la région de Mae Taeng.

ÉQUIPEMENT POUR LE TREK

- Chaussures de marche.
- Sous-vêtements et chaussettes (traversées de cours d'eau).
- Petite (voire grosse) laine pour la nuit. Attention : entre décembre et février, les différences de température entre le jour et la nuit sont importantes, et il peut faire très froid en montagne. Apporter son duvet, un vrai, bien chaud, pendant ces périodes, car les couvertures fournies sont plutôt minces.
- Pantalons longs (broussailles et ronces).
- Chapeau (insolations fréquentes) + crème solaire (bras).
- Opinel ou couteau suisse.
- Lotion antimoustiques.
- K-way ou cape de pluie, surtout en été.
- Pastilles *Micropur® DCCNa* (ou autre marque) pour purifier l'eau.
- Gourde.
- Torche.
- Se reporter à la rubrique « Santé » du chapitre « Thaïlande utile » pour les petits ennuis intestinaux.
- Papier hygiénique (à brûler et à enterrer ; sinon, bientôt, on suivra les touristes à la trace !).

– ***Emporter sa carte de paiement et son passeport*** (en tout cas, ne pas les laisser à la *guesthouse*).

Y ALLER SEUL ?

Il est possible, depuis Pai, Soppong ou Mae Hong Son, en moto ou en 1 ou 2h de marche (facile), de gagner des villages lahu, karen ou hmong. Cependant, ***on déconseille formellement de s'aventurer trop près de la frontière birmane,*** où escarmouches, embuscades et autres tirs de mortier surviennent de temps à autre. Ils opposent l'armée birmane aux rebelles karen et, parfois, mêlent l'armée thaïlandaise, prise entre plusieurs feux. Même pour de petites promenades, munissez-vous d'une carte et soyez sûr de votre localisation. Plus sûr : passez par une agence.

VIRÉES À MOTO

Explorer à scooter ou à moto, sur plusieurs jours, la région de Chiang Mai (notamment la province de Mae Hong Son ; lire ci-après) est un classique. On est alors libre de bâtir son itinéraire au gré de ses envies, de s'arrêter dans des villages où les groupes passent peu, de prendre le temps de sentir le pays, d'apprécier ses paysages. Cela requiert cependant des aptitudes de conduite, même si on loue une automatique : lorsque les virages s'enchaînent sans fin, que la chaussée glisse, tout peut arriver. Il faudra par ailleurs se contenter de suivre les axes goudronnés principaux ; on le rappelle, pour gagner les villages les plus reculés, mieux vaut être accompagné d'un guide. Voici quelques infos et recommandations générales pour rendre votre balade la plus agréable possible.

LES FORMALITÉS

Pour les adresses de loueurs, lire plus haut « Adresses et infos utiles. Location de véhicules » à Chiang Mai.
– Le passeport doit être en principe laissé en dépôt mais on vous conseille plutôt de laisser une photocopie et une caution (restituable au retour).
– Le ***permis de conduire international*** est officiellement obligatoire mais, dans les faits, peu demandé. Nous, on le conseille absolument : ça évitera à la maréchaussée de vous faire chanter mais, surtout, en cas d'accident sérieux, c'est ***exigé par les assurances internationales*** !
– Vérifiez les assurances des loueurs avant d'enfourcher la machine, et ***prévoyez surtout une bonne assurance personnelle.***
– Bien se mettre d'accord avant le départ sur les conditions de location et, surtout, s'assurer du bon état de marche de la bécane. Mieux : testez-la une journée avant.
– Le port du casque est obligatoire...

LE MATÉRIEL

Il est le même que pour les treks à pied (voir plus haut), à quelques différences près :
– crème solaire indispensable (à moto, on ne ressent pas la chaleur, et pourtant, le soleil est là) ;
– pantalons et T-shirts à manches longues pour se protéger contre le vent, le soleil, les insectes, la poussière et les chutes ;

– une paire de gants et de chaussures hautes de préférence, voire des bottes de motard ;
– de grands sacs en plastique, style sac-poubelle, pour protéger vos bagages de la poussière et de la pluie.

QUELQUES CONSEILS DE SÉCURITÉ

– Au cas où vous l'auriez oublié, en Thaïlande, on conduit à gauche.
– Les Thaïs roulent assez lentement, alors prenez exemple... surtout lorsque vous traversez des villages (enfants et animaux).
– Évitez de conduire à la tombée de la nuit (obstacles, routes peu éclairées et signalisation parfois insuffisante).
– Soyez attentif lors des journées très ensoleillées ou après une pluie : le bitume, d'assez mauvaise qualité, devient gras et glissant. Dérapages fréquents dans les virages.
– Sur les chemins de terre, dans les descentes, dosez bien l'usage des freins avant et arrière pour éviter le blocage des roues et, une fois de plus, le dérapage...

À L'OUEST DE CHIANG MAI : LA PROVINCE DE MAE HONG SON

Aux antipodes de l'urbaine Chiang Mai, la province de Mae Hong Son (environ 250 000 habitants) est une région rurale et montagneuse aux paysages couverts de forêts denses dissimulant, çà et là, des vallées bucoliques où s'étalent des rizières, des cascades, des grottes, des petits villages à explorer idéalement à moto ou à pied.
Bordant la frontière du Myanmar, la zone est peuplée aux 2/3 de Shan, qui ont fortement influencé l'architecture des temples locaux, imposant le style birman. On y compte aussi une forte proportion de minorités ethniques montagnardes (1/3 environ) et à peine 1 % de « vrais » Thaïs. L'occasion de quelques jolies balades ou treks plus ardus.
Certains voyageurs téméraires s'offrent la grande boucle *(Mae Hong Son Loop)* en 2-roues depuis Chiang Mai, via Pai, Mae Hong Song et Mae Sariang (ou vice versa), mais les routes tortueuses, les pentes raides et les quelque 700 km à parcourir pousseront plutôt les novices à louer un véhicule à chaque étape, en reliant les principales par les transports publics (bus et pick-up). Beaucoup se contentent d'aller jusqu'à Pai, un gros bourg devenu l'épicentre du tourisme local, où bars et *guesthouses* pour routards ont champignonné, remplaçant rapidement les rizières... On ne saurait trop vous conseiller de pousser vers Mae Hong Son et sa région pour vous mettre au diapason du paisible rythme de vie local. Détail pratique : on est en altitude, le soir et le matin, ça caille !

PATIENCE ET LONGUEUR DE TEMPS FONT PLUS QUE FORCE ET VIRAGES...

Estomacs sensibles, attention ! On dénombre officiellement 763 virages de Chiang Mai jusqu'à Pai et même 1 664 jusqu'à Mae Hong Son en passant par Mae Sariang et le sud. Le chiffre de « 1 664 » est d'ailleurs devenu un prétexte à imprimer des tee-shirts (rien à voir avec une bière de chez nous). Et le parcours donne droit à un certificat auprès de la chambre de commerce de Mae Hong Son ! Rien d'insurmontable, rassurez-vous, mais mangez léger et faites des pauses, car ça tangue un peu sur la route...

DE CHIANG MAI À PAI

Cette route, que nous appellerons « du Nord », est aussi sinueuse (763 virages, on vous le rappelle !) que spectaculaire, dévoilant, au hasard des virages en épingle à cheveux, de superbes panoramas sur les montagnes touffues enveloppées dans la brume au petit matin. Ouvrez tout grand vos yeux, ce sont probablement les plus beaux kilomètres du nord du pays : paysages typiquement karstiques de collines calcaires recouvertes d'une épaisse végétation et vallées torturées creusées par l'action de multiples rivières.

PAI – ปาย

IND. TÉL. : 053

• Plan *p. 273*

À environ 140 km de Chiang Mai (2h30-3h de route) et 110 km de Mae Hong Son (3h), Pai est un gros village cosmopolite où se rassemblent la plupart des Occidentaux, tendance baba, et de nombreux touristes thaïs en goguette. Les rues principales sont truffées de *guesthouses,* restos, bars et autres commerces, tandis que le village s'étend au détriment des rizières qui font (encore un peu) le charme de l'endroit... Avantage : la concurrence se traduit par des tarifs très abordables. Le soir, la rue principale est fermée à la circulation pour laisser place à des myriades de stands de nourriture, dans une atmosphère bruyante et bon enfant. Bref, vous apprécierez (peut-être) les lieux pour faire des rencontres ou une pause à bon compte, mais n'attendez pas trop des excursions aux alentours – cascades pas vraiment spectaculaires, sources chaudes et points de vue plus ou moins intéressants. Ceux qui sont à la recherche de plus de dépaysement passeront leur chemin, pour s'enfoncer plus avant dans les montagnes.

FEUX DE PAI

En mars et en avril, les paysans thaïs (et birmans, d'ailleurs) brûlent traditionnellement leurs champs. Les feux brûlent jusque sur le flanc des collines qui entourent Pai. Résultat : les fumées rendent l'air étouffant et certains sortent les masques. Évitez donc cette période si possible, surtout si vous prévoyez un trek...

Arriver – Quitter

En bus ou minibus

Petite ***gare routière*** sur Chaisongkhram Rd, au centre *(plan B1).* Pai est sur la très tourmentée route « du Nord » reliant Chiang Mai à Mae Hong Son. Tous les minibus, dans les 2 sens, s'y arrêtent. Départs ttes les heures avec *Greenbus* ou *Prempracha* (places fixes), 7h-17h depuis Pai vers Chiang Mai, et 8h30-17h30 vers Mae Hong Son. Compter 150 Bts dans les 2 directions. Il y a aussi en général 3 *songthaew*/j. Avantage : ils conduisent moins mal. Inconvénient : avec les virages, on y est plus facilement malade. S'ajoutent encore des minibus pour touristes, comme ceux d'*Aya Service* (voir « Adresses et infos utiles »), ttes les heures env, 8h-16h.

En avion

✈ ***L'aéroport*** *(hors plan par B1)* se trouve à 2 km env du centre-ville par la route de Mae Hong Son.

➢ ***Chiang Mai :*** en principe, 1 ou 2 vols/j. avec *Wisdom Airways (bureau à l'aéroport ; 09-72-43-94-26).* 25 mn de vol en Cessna 12 places.

Adresses et .infos utiles

– ***Site utile*** *(en anglais)* **:** *• allaboutpai.com •*

■ ***Western Union, change et distributeur : Krungsri*** *(plan B1,* ***1****), sur Chaisongkhram Rd. Sinon, plusieurs banques avec distributeurs, comme la* ***Krungthai Bank*** *(plan B1-2,* ***1****), la* ***Bangkok Bank*** *(plan A-B2,* ***1****) et la* ***Government Savings Bank*** *(plan B1,* ***1****), pratiquent le change. En gros, lun-ven 9h-16h30 mais certaines ferment plus tard...*

■ ***Tourist Police*** *(hors plan par A2,* ***3****)* **:** *à la sortie de la ville, sur la route de Chiang Mai. ☎ 1155.*

■ ***Pharmacies : Dee Pharma*** *(plan B1,* ***2****), sur Rangsiyanon Rd. Tlj 7h30-22h30.* Également ***Sabaidee Pharmacy*** – ร้านขายยาสบายดี *(plan B1,* ***7****), Chaisongkhram Rd. Tlj sauf dim 17h-22h.*

🚴 ***Location de vélos : Ruen Kaew Thai Massage*** *(plan B1,* ***4****), Chaisongkhram Rd. 08-71-92-29-39 (Ake). Tlj 8h30-22h. Vélo 50 Bts/j. ; 100 Bts/j. pour un VTT. Mais on en trouve un peu partout !*

■ ***Location de motos : Aya Service*** *(plan B1-2,* ***5****), Chaisongkhram Rd. ☎ 053-699-888. • ayaservice.com • Tlj 7h-22h.* C'est le plus sérieux des nombreux loueurs. Tout un choix de scooters à env 100-140 Bts/j. (110-125 cm³). Le véritable plus ici, ce sont les assurances, certes assez chères, à 80-160 Bts/j. pour les dommages et 100-200 Bts/j. pour le vol selon les clauses. Possibilité de *drop off* à Chiang Mai pour 300 Bts. L'agence organise aussi des excursions et fait agence de voyages (vers le Laos, en particulier).

■ ***Thai Adventure*** – ไทยแอดเวนเทอร์ *(plan B2,* ***6****)* **:** *Chaisongkhram Rd, face au Wat Kham. ☎ 053-699-111. 08-19-93-96-74. • thairafting.com • Tlj 8h30-21h.* Cette agence très professionnelle (à ne pas confondre avec *Pai Adventure*) est tenue par Guy, dit Khun Ki, un Français très sympa, et son fils Antoine, qui vivent à Pai depuis des années et proposent des descentes en raft sur la grande section de la rivière Pai. La saison de raft démarre en juin et se termine fin janvier. Compter 1 800 Bts pour 1 jour et 3 500 Bts pour 2 jours, tout compris. Pour le même prix, on peut se faire déposer à Mae Hong Son en fin d'excursion ! Ils organisent aussi des descentes en VTT, des randos et des combinés raft-trekking. Loue également quelques chambres *(env 500-800 Bts selon saison)* dans un cottage à flanc de colline peu après la rivière.

Où dormir ?

La profusion de *guesthouses* et hôtels devrait vous permettre de bien négocier les prix, surtout en basse saison. Les week-ends et jours de fête cependant, mieux vaut réserver. Pour éviter l'agitation urbaine, on ne saurait trop vous conseiller les hébergements bien au vert situés après le petit pont de bambou *(plan B1 et hors plan par B1-2)* ou alors en dehors du centre-ville.

Bon marché (moins de 400 Bts / 11,40 €)

🏠 ***Twin Hut Guesthouse*** *(hors plan par B1-2,* ***10****)* **:** *au nord de la rivière, à env 700 m des bus en passant par le pont piéton. 08-10-28-08-43. • twinhut.business.site •* Pour les fauchés uniquement car c'est vraiment très *roots,* accueil inclus. Une douzaine

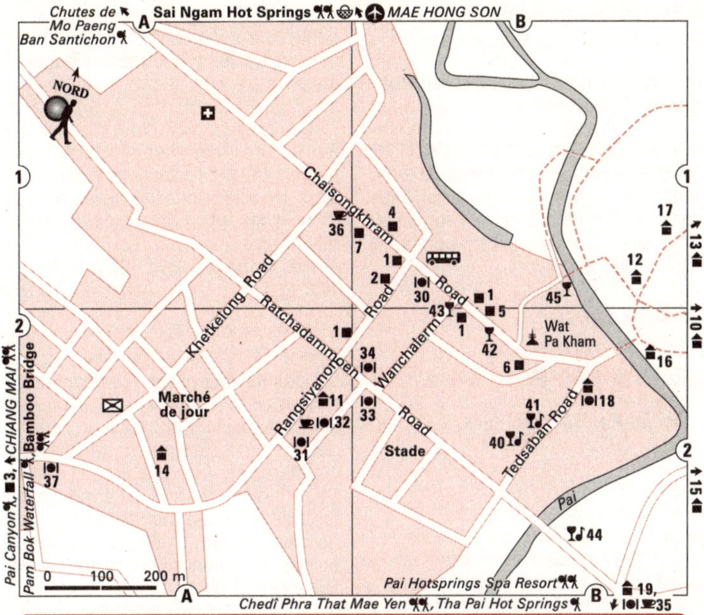

PAI

Adresses utiles

- **1** Krungsri, Krungthai Bank, Bangkok Bank et Government Savings Bank (B1 et A-B2)
- **2** Dee Pharma (B1)
- **3** Tourist Police (hors plan par A2)
- **4** Ruen Kaew Thai Massage (location de vélos ; B1)
- **5** Aya Service (location de motos ; B1-2)
- **6** Thai Adventure (B2)
- **7** Sabaidee Pharmacy (B1)

Où dormir ?

- **10** Twin Hut Guesthouse (hors plan par B1-2)
- **11** LiLu Hotel (A2)
- **12** Pai Country Hut (B1)
- **13** Cozy Pai (hors plan par B1)
- **14** Happy House Backpackers (A2)
- **15** Pairadise (hors plan par B2)
- **16** Baan Pai Riverside (B2)
- **17** Pai Homey (B1)
- **18** Pai Village Boutique Resort & Farm (B2)
- **19** Deejai Pai Backpackers, Bueng Pai Farm, Pai Klang Na Cottage et Pai My Guest Resort (hors plan par B2)

Où manger ?

- **30** Stands ambulants (B1)
- **31** Charlie & Lek Restaurant (A2)
- **32** Om Garden Café (A2)
- **33** Na's Kitchen (B2)
- **34** Amido's (B2)
- **35** Earth Tone (hors plan par B2)
- **37** Baan Benjarong (A2)

Où prendre un petit déj ou un goûter ? Où boire un jus ou un bon café ?

- **36** Puripai Café (A1)

Où boire un verre ? Où écouter de la musique ?

- **40** Yellow Sun (B2)
- **41** Mojo Café (B2)
- **42** Jikko Beer (B2)
- **43** Spirit Bar (B1-2)
- **44** Don't Cry Bar (B2)
- **45** Kanad (B1)

de huttes en bambou ayant déjà bien vécu (avec un lit dur et un ventilo), plus 2 douches communes de bric et surtout de broc. Seul luxe : un bout de terrasse tournée vers le soleil couchant. Et basta !

Cozy Pai – ปาย แฮปปี้ วิลเลจ *(hors plan par B1, **13**) : 322 Ban Mea Yen,*

Moo 1 ; au nord de la rivière, à env 800 m (10 mn) des bus. 09-00-49-56-16. • *cozypaithailand@gmail.com* • Tout aussi *roots,* la dizaine de bungalows maison entoure un charmant étang – qui s'assèche malheureusement en partie en saison sèche. Chacun dispose d'une miniterrasse avec hamac, et tout le monde partage les sanitaires. Il n'y a pas de moustiquaire : venez avec la vôtre si vous ne voulez pas être dévorés vivant.

De bon marché à prix moyens (jusqu'à 800 Bts / 23 €)

Deejai Pai Backpackers *(hors plan par B2,* ***19****) : 234 Mae Hi, Amphoe Pai.* 09-73-16-62-42. • *djaipai234@gmail.com* • *facebook.com/deejaipai* • *Navette gratuite pour les clients ; sinon, c'est à 20 mn à pied au sud-est du centre, de l'autre côté de la rivière, dans le chemin qui descend face à* Baan Katisod. Excentré mais tellement zen ! Dans cette auberge de jeunesse privée nouvelle génération, on contemple à loisir les rizières et les montagnes, en attendant son cours de yoga et de méditation, voire de capoeira... Les édifices en béton ciré abritent 6 dortoirs contemporains (dont 2 avec salle de bains) avec lits en métal noir, ventilo ou clim. Impeccable. Belles terrasses communes avec hamacs. Repas et boissons sur commande. Atmosphère de grande sérénité.

Pai Country Hut – โรงแรมปาย คันทรี ฮัท *(plan B1,* ***12****) : juste au nord de la rivière par les passerelles piétonnes.* 08-77-79-65-41 *ou* 08-82-61-27-60. • *paicountrygroup@gmail.com* • *paicountryhut.com* • *Eau, thé et café à dispo.* À la lisière du village, une vingtaine de jolis bungalows récents, sur pilotis, en bambou tressé, agencés autour de 2 vastes clairières mitoyennes. Tous disposent d'une agréable terrasse privée avec hamac pour laisser filer le temps. L'accueil est un poil blasé, mais sinon le lieu est parfait.

Happy House Backpackers – แฟมิลี่ เฮาส์ เซน บูติค รีสอร์ท *(plan A2,* ***14****) : 227 Moo 8.* 06-36-75-72-54. • *happyhousepai@gmail.com* • Le centre est à 5 grosses minutes. Tenue par 2 associés thaï et australien, cette *guesthouse* aux relents d'AJ dispose de 3 dortoirs en béton brut et de 3 chambres un poil chères, mais bien tenues (à l'image des sanitaires communs). On apprécie le petit billard, la table de ping-pong, les livres à dispo et, plus généralement, l'ambiance relax qui règne ici.

Pai Homey – ปาย โฮมมี่ *(plan B1,* ***17****) : 268 Moo 1, au nord de la rivière (prendre l'une des passerelles).* 09-32-69-88-56. • *paihomey@gmail.com* • *Prix moyens.* Celui-là, il nous a fait de l'œil en passant... Imaginez une troupe de 8 jolis bungalows en bois sur pilotis faisant la cour à un carré de gazon impeccablement coupé. Les chambres sont un poil sombres et les lits un poil durs, mais on apprécie leur taille, leur balcon (hamac) et leur salle de bains privée. Omelette au petit déj en saison, bananes hors saison, et bien sûr café et thé.

D'un peu plus chic à chic (de 800 à 3 000 Bts / 23 à 86 €)

Pai Klang Na Cottage – บ้าน ปาย กลางนา *(hors plan par B2,* ***19****) : à l'est du pont, en direction des sources chaudes ; fléché au niveau de la 2e route partant vers la gauche, c'est après le* Pai My Guest Resort. 08-33-04-33-00. • *paiklangna.com* • *Un peu plus chic.* Sa situation est tout juste géniale : imaginez une rangée de bungalows s'élançant sur une digue en terre au milieu des rizières – où paissent souvent des vaches en saison sèche... Ils ne sont pas géants, un peu chers, mais ils sont bien équipés (salle de bains semi-ouverte, clim, frigo, TV, lecteur DVD, moustiquaire), propres, cosy, et le lieu a quelque chose de magique. Essayez de réserver le n° 7, le dernier, pour avoir une vue privilégiée sur les rizières et le grand bouddha blanc au sommet de sa colline. Accueil gentil. En juillet, possibilité d'apprendre à repiquer le riz !

Pairadise – ปายราไดซ์ *(hors plan par B2,* ***15****) : du centre, traverser le pont* *en dur, puis prendre la 1re à gauche ; c'est env 400 m plus loin.* 📱 *08-98-38-75-21.* ● *info@pairadise.com* ● *pairadise.com* ● *Un peu plus chic ; gratuit jusqu'à 12 ans.* Ce qui séduit d'emblée ici, c'est le site : un plan d'eau (avec piscine intégrée) donnant sur les collines et entouré de bungalows vastes, coquets, clairs et bien arrangés, avec un hamac suspendu sous l'auvent. Les plus chers sont plus grands, mais les premiers prix, avec ventilateur, sont déjà très bien. Quelques petits écarts dans l'entretien de-ci de-là mais, globalement, ça va. Le matin, le pain est fait sur place : Pin, le proprio, a été boulanger en Allemagne ! Sandwichs disponibles pour les treks. Accueil sympa. Un bon rapport qualité-prix.

Baan Pai Riverside *(plan B2,* ***16****) : prendre le pont en bambou, c'est à droite le long de la rivière.* 📱 *08-84-04-92-11.* ● *facebook.com/baanpairiverside* ● Comme son nom l'indique, un très bel emplacement sur la berge, avec vue sur le pont de bambou et la rive opposée... Les bungalows les plus chers sont, certes, un peu chers. Mais la situation est vraiment belle et s'ils sont en bambou et en chaume, les sols et les salles de bains sont entièrement carrelés, tout comme la terrasse d'ailleurs, sur laquelle on peut profiter du hamac pour se la couler douce... Ventilo et eau chaude. Les moins chers ont le même confort mais se situent à l'arrière, sur un carré de pelouse.

Bueng Pai Farm – บึงปายฟาร์ม *(hors plan par B2,* ***19****) : 185 Moo 5.* 📱 *08-92-65-47-68.* ● *buengpai@gmail.com* ● *De l'autre côté de la rivière, à env 1,5 km au sud-est par la route des sources chaudes. Transfert depuis la gare des bus sur demande. Fruits et petit déj en self-service inclus.* Excentré, mais quelle situation ! Au milieu des rizières, voici une douzaine de bungalows en bambou tressé répartis autour d'un petit lac artificiel. Un seul a la clim, mais chacun dispose d'une terrasse avec hamac. Il y a aussi 2 chambres avec sanitaires partagés. Les amateurs de pêche peuvent taquiner le goujon même s'ils ne résident pas là (matériel en location), et les autres profiteront de la piscine (d'eau de source), du barbecue et du jardin de fruits tropicaux. Cuisine commune. Bon accueil et dépaysement assuré !

LiLu Hotel – โรงแรมลิลู *(plan A2,* ***11****) : 13 Moo 4, Rangsiyanon Rd.* ☎ *064-348.* ● *info.liluhotel@gmail.com* ● *lilupai.com* ● *Un peu plus chic.* En plein centre, ce petit hôtel affirme un style très actuel (béton ciré...), avec une douzaine de chambres (clim) pas géantes, à la déco très sobre et un poil zen, articulée autour de touches roses sur fond gris. Les *superior* avec balcon sont au même prix que celles qui en sont dépourvues ! On regrettera l'isolation un peu légère, d'autant que la rue est passante. Resto-bar.

Très chic (plus de 3 000 Bts / 86 € et plus)

Pai My Guest Resort – ปายมายเกสต์ รีสอร์ท *(hors plan par B2,* ***19****) : accès par la même petite route que le* Baan Pai Klang Na. 📱 *08-19-50-73-84.* ● *paimyguestresort.business.site* ● Le long des rizières, on y accède par une longue allée bordée de... cyprès, qui rappelle d'autres cieux. Cet hôtel un brin kitchounet dispose de 14 chambres-bungalows de bon confort réparties dans un vaste jardin tropical avec piscine. Toutes ont un porche avec un banc, certaines en plus un balcon à l'arrière donnant sur un coin de forêt. Il y en a 2 adjacentes pour les familles et, en contrebas, 3 maisonnettes bien séduisantes enfouies entre palmiers et balisiers. Thé et café à la réception. Accueil pro mais, attention, anglais limité.

Pai Village Boutique Resort & Farm – ปาย วิลเลจ บูติก รีสอร์ท แอนด์ ฟาร์ม *(plan B2,* ***18****) : 88 Moo 3.* ☎ *053-698-152.* ● *reservations@paivillage.com* ● *paivillage.com* ● En ville, mais niché dans la boucle de la rivière Pai, ce bel hôtel multiplie les bungalows dans un jardin-oasis aux accents balinais. Le site est charmant et central, le confort aux petits oignons, avec l'incontournable terrasse pour lézarder. En revanche, les bungalows sont proches les uns des autres ; privilégiez les plus éloignés de la rue (beaucoup de bars), car ils sont mal isolés ! Tous avec terrasse et matelas pour écouter le son des grenouilles (et celui des moustiques). Sur place : une bonne *steak-house*, le *Blue Ox*. Les proprios possèdent une ferme, où des navettes conduisent 2 fois par jour.

Où manger ?

Bon marché (moins de 150 Bts / 4,30 €)

Stands ambulants *(plan B1, **30**) : sur Chaisongkhram Rd.* Dès la tombée du jour, la rue devient semi-piétonne (entièrement en décembre-janvier) et est envahie de stands de bibelots et de cantines ambulantes. Au menu : spécialités locales – même des insectes – et brochettes, crêpes, gaufres, le tout pour 30-50 Bts... Certains restent ouverts assez tard. De jour, il y a des gargotes du côté du marché *(plan A2)*.

De bon marché à prix moyens (de 150 à 300 Bts / 4,30 à 8,60 €)

Charlie & Lek Restaurant – ร้านอาหารชาลี แอนด์ เล็ก *(plan A2, **31**) : 234 Rangsiyanon Rd. 08-19-51-34-22. Tlj sauf dim 11h30-21h30.* Dans cette salle en apparence quelconque, Lek et Charlie, un jeune couple volontariste, préparent une cuisine thaïlandaise savoureuse. La carte (avec photos) est courte. Il y a des plats épicés, d'autres beaucoup moins ; demandez-leur, s'ils peuvent les adapter, ils le feront. Bonne *banana flower salad with chili sauce, coconut milk et lime juice* et, pour ceux qui ont les moyens, excellent poisson au gingembre. Une petite adresse attachante.

Om Garden Café – ร้านอาหาร โอม การ์เดน คาเฟ่ *(plan A2, **32**) : dans une rue perpendiculaire à Ratchadammoen Rd. 08-24-51-59-30. Tlj sauf lun 8h30-17h.* Voilà le genre d'adresse que les initiés se transmettent de bouche à oreille. C'est un resto-salon de thé au cœur d'un jardin verdoyant avec une paillote en bambou, des lianes qui galopent, des statues bienveillantes de bouddha et de Ganesh. On commande au comptoir une cuisine fraîche... du monde : plats thaïs, indiens, occidentaux, *mezze*. Savoureux gâteaux faits maison. Bons jus de fruits également, classiques ou originaux comme le *ginger & carrot*. Pensez-y pour le petit déj.

Na's Kitchen – นาคิกเช่นนู *(plan B2, **33**) : Ratchadammoen Rd. 08-13-87-02-34. Tlj 11h-21h.* C'est sûr, sa bonne réputation ne tient pas à sa salle, banale et étroite... À la carte : légumes poêlés à la viande ou aux crevettes, salades piquantes, bons currys (la spécialité, bien relevée !), poisson au gingembre frais ou à la citronnelle... Ici, on ne sert que du thaï et c'est cuisiné à la commande ! Le résultat est souvent à la hauteur, malgré quelques écarts toujours possibles.

Amido's – อมิโดส์ *(plan B2, **34**) : Ratchadammoen Rd. Tlj 12h-22h. 08-11-79-72-83. Tlj 10h-22h.* La salle éclairée aux néons, souvent déserte, fait hésiter. Amido n'est plus là mais la famille a pourtant conservé son savoir-faire. On a donc mangé ici l'une des meilleures pizzas du nord de la Thaïlande ! Également des pâtes et plats thaïs, mais on ne vient pas pour ça. On vous offrira sans doute chips et banane.

Earth Tone *(hors plan par B2, **35**) : sur la route des sources chaudes, à env 1,5 km du centre, juste après le virage à 90°. 09-33-07-66-86. Tlj sauf mer 9h30-19h.* Très populaire auprès des routards résidant dans les *guesthouses* dispersées à l'est de la rivière, ce resto-paillote joue la carte du bio et du sain, du végétarien et du végétalien. Au programme : rouleaux de printemps, salades préparées « autant que possible » avec des produits locaux et autres sandwichs au *tempeh* (sorte de tofu fermenté). Jus, *smoothies*, gâteaux et glaces s'ajoutent et, à la boutique attenante, les curieux trouveront un choix de graines diverses, yaourts probiotiques, « boules » de spiruline et autres bières de citronnelle. Mieux vaut ne pas être pressé.

🍽 ***Baan Benjarong*** *(plan A2, **37**) : face au Diamond Hotel. 📱 08-63-63-28-99. Tlj 10h-21h30, mais tél avt de venir car il y a des fluctuations d'ouverture !* Dans un coin sans charme, soumis à des horaires courts, des fermetures inopinées et à un accueil parfois rustique, voici quand même l'une des meilleures tables de la ville, quasiment à l'unanimité ! Dans une maison simple, dotée de quelques tables et chaises en bois, on déguste les classiques de la cuisine thaïe joliment revisités. Soupes, rouleaux de printemps frits, salades épicées à la fleur de bananier ou aux crevettes, currys au lait de coco bien relevés et un grand nombre de plats revenus au wok (*red snapper,* poulpe, travers de porc, etc.), subtilement parfumés avec des herbes. Si c'est ouvert, n'hésitez pas !

Où prendre un petit déj ou un goûter ? Où boire un jus ou un bon café ?

☕ ***Puripai Café*** *(plan A1, **36**) : Chaisongkhram Rd. Tlj sauf lun 8h-18h.* Géré par une Américaine, ce *coffee shop* bercé par un fond jazzy se révèle une bonne escale pour un café chaud ou froid, un (très bon) *smoothie,* un gâteau ou un petit déj au réveil. Il y a même des cahiers de coloriage et des crayons pour les enfants !

☕ Signalons également l'***Om Garden Café*** – ร้านอาหาร โอมการ์เดน คาเฟ่ *(plan A2, **32**)* et ***Earth Tone*** *(hors plan par B2, **35**),* cités dans « Où manger ? ».

Où boire un verre ? Où écouter de la musique ?

🍸 ♪ ⛱ Au coucher du soleil, on vous conseille de prendre l'apéro au ***Kanad*** (***Pai RiverCorner Resort*** ; *tlj 8h-22h* ; *plan B1, **45***), la jolie terrasse située juste à droite du petit pont en bambou. Boissons plus chères qu'ailleurs, mais la vue est vraiment bucolique et reposante. Pour plus tard (tout ferme à minuit), la Tedsaban Road *(plan B2)* regorge de bars, bercés de rock, d'électro, de reggae. Parmi les plus populaires, citons le ***Yellow Sun*** *(plan B2, **40**),* où la bière est bien fraîche et pas trop chère. Des groupes (country, rock) y jouent tous les soirs, il y a aussi un billard. Un peu plus loin, le ***Mojo Café*** *(plan B2, **41**),* au décor noir élégant, se la joue blues, funk et soul, dans une ambiance moins jeune, plus tranquille.

🍸 Sur Chaisongkhram Road, le ***Jikko Beer*** *(plan B2, **42** ; tlj 18h-22h),* un petit bar grand ouvert sur la rue, attire les amateurs de bières, souvent artisanales, certaines à la pression. À quelques pas, le *Paizy Bar* abrite une allée étroite qui file jusqu'au ***Spirit Bar*** *(plan B1-2, **43**),* bien planqué dans une courette. On y sirote un cocktail (bien cher...) sur fond de musique indienne dans une ambiance très baba. Soirées à thème et magasin de bijoux du boss au fond.

🍸 ♪ À partir de minuit, beaucoup de soirées se terminent au pied du pont, les pieds dans la terre battue, au ***Don't Cry Bar*** *(plan B2, **44**),* aussi réputé pour son animation que pour ses bagarres épisodiques... Groupes live, DJs, soirées à thème, électro, techno ou reggae, jongleurs de feu, tout y passe.

DANS LES ENVIRONS DE PAI

Rappelons un principe de base : les chutes d'eau du secteur sont évidemment bien mieux alimentées pendant et juste après la saison des pluies, mais s'avèrent parfois très maigres et donc très décevantes en saison sèche...

🚶 ***Les treks :*** plusieurs agences en proposent, de 1 à 3 jours en général, avec ou sans nuit dans les villages (ou alors en mode bivouac dans la jungle), descentes de rivière en radeau de bambou et rencontre avec les éléphants (éviter l'*elephant riding*). Pour un tour sérieux, contactez Guy et Antoine de *Thai Adventure* (voir « Adresses et infos utiles »).

Le rafting : l'activité est largement pratiquée dans les environs de Pai entre juin et janvier. Là encore, on vous recommande l'agence *Thai Adventure,* qui organise des descentes en raft en caoutchouc (les autres agences utilisent des rafts en bambou ou PVC) sur la grande section de la rivière Pai (15 rapides et 35 km en 1 jour ou 60 rapides sur 60 km en 2 jours, le tout dans un environnement vierge !).

Vers le sud

Chedî Phra That Mae Yen – เจดีย์พระแม่เย็น **:** *à env 1,5 km au sud-est de Pai, par un embranchement qui grimpe sur la gauche (grand portique), face au resto* Earth Tone. *On vous conseille de faire la grimpette le matin ou au coucher du soleil.* Ceux qui sont à pied en seront quittes pour 2 grands escaliers : un de 175 marches qui fait office de raccourci et l'escalier principal de 295 marches... Une fois tout là-haut, on est dominé par la masse sereine d'un grand bouddha blanc qui sourit presque de vous voir arriver tout essoufflé ! Point de vue panoramique.

Pai Hotspring Spa Resort – ท่าปายสปาแค๊มป์ **:** *par la route alternative rejoignant le chedî Phra That Mae Yen. Ouv 12h-minuit. Accès : 100 Bts ; gratuit moins de 12 ans.* C'est un hôtel thermal, trop cher pour le confort proposé à notre avis, mais on peut y profiter de son petit bassin thermal ovale, où l'eau s'écoule à environ 35-40 °C. Le lieu est bien propre, et c'est vraiment chaud !

Pam Bok Waterfall – น้ำตกแพมบก **:** *à env 4 km au sud de Pai sur la route de Chiang Mai, prendre à droite (panneau) et faire encore 4 km. Accès libre.* En saison des pluies, la jolie cascade dégringole dans un petit canyon, avant de s'écouler par une succession de bassins sculptés dans la roche. En saison sèche, il n'y a plus guère qu'une mare infâme !

Bamboo Bridge **:** *de Pam Bok Waterfall, faire encore 2 km. Tlj 8h-18h. Entrée : 30 Bts.* On suspecte que ce pont de bambou d'un kilomètre de long a été construit autant pour respecter les plantations que pour en faire une attraction touristique. Néanmoins, malgré la mise en scène paysanne à l'entrée, la balade est sympa jusqu'au petit monastère bouddhique (ouvert seulement pendant les fêtes, zut !). On se déstresse en faisant grincer le sol de bambou tressé et on observe rizières, plantations et quelques buffles au bain... Sur le chemin du retour, possibilité de boire un bon café frappé dans les nacelles avec vue du ***Pam Bok Coffee-Shop*** (mais quel dommage que le café bio soit servi dans des gobelets en plastique, dites-le à la patronne !). Et pour les curieux, le ***Land Split*** est un verger-potager qui propose, outre un coup d'œil au fameux glissement de terrain du nom, une dégustation-vente de fruits et confitures bio. Sympa.

Kong Laen (Pai Canyon) – กองแลน (ปายแคนยอน) **:** *à env 7,5 km au sud de Pai sur la route de Chiang Mai ; de là, sentier pédestre de 200 m bien raide puis chemin de crête le long du canyon.* C'est le rendez-vous au coucher de soleil, sympa pour une petite balade le long de quelques crêtes exposées et érodées.

Tha Pai Hot Springs – น้ำพุร้อนท่าปาย **:** *à env 9,5 km au sud de Pai ; prendre à gauche 300 m après le Memorial Bridge japonais datant de la Seconde Guerre mondiale (fléché), puis tourner à gauche et à droite sur 2 km. Tlj 8h-17h. Accès cher : 300 Bts (valable pour les 2 sites mais le même jour !) ; réduc ; compter aussi 20-30 Bts/moto ou voiture.*
S'étendant jusqu'à la frontière birmane, le ***Huai Nam Dang National Park*** (1 252 km^2) englobe 2 sources chaudes. Celles de Tha Pai, les plus proches de

CHIANG MAI ET SA RÉGION

Pai, sourdent à 30°, 60° et 80 °C, alors renseignez-vous avant de vous baigner... À 60 km au sud de Pai, sur la route de Chiang Mai, on atteint les ***sources chaudes de Pong Dueat*** (hébergement), bouillonnant sous forme de minigeysers de 50 cm à 1 m de haut. On peut se baigner, tremper les pieds à certains endroits et... faire cuire des œufs à d'autres ! S'agit de ne pas se tromper...

DE PAI À MAE HONG SON PAR SOPPONG

Les chutes de Mo Paeng – น้ำตกโม่แปง *: à 8 km au nord-ouest de Pai, par la route de l'hôpital. Accès libre (pour le moment, mais ça pourrait changer...).* Après 5 km, une porte traditionnelle indique qu'on arrive au ***village chinois de Ban Santichon,*** peuplé à l'origine par des vétérans de l'armée du Kuomintang (KMT). Ceux qui ne se tournèrent pas vers le trafic d'opium en Birmanie subsistent ici grâce à l'agriculture, la culture du thé et le commerce. Le village est apprécié des touristes thaïs, qui viennent nombreux s'y restaurer en haute saison (voir *Yunnanese Restaurants,* ci-après). Environ 4 km plus loin, on atteint par une route étroite la petite chute de Mo Paeng avec, au pied, un bassin naturel dans lequel barbotent les gamins du coin lorsqu'il y a assez d'eau (en saison sèche, c'est assez sale...). Pas exceptionnel, mais la balade campagnarde a du charme.

Yunnanese Restaurants : *au village chinois de* ***Ban Santichon*** *(aussi fléché « Chinatown »). En principe, tlj 10h-22h. De bon marché à prix moyens.* Dans sa partie basse, des petits pavillons « folkloriques » en adobe, ouverts aux 4 vents et décorés de lanternes rouges, permettent de goûter la cuisine du Yunnan, et quelques excellents *dim sum* avec pied de porc aux herbes. Les nouilles avec porc émincé, à l'ail et au sésame, ne sont pas mal non plus.

Sai Ngam Hot Springs : *à 11 km au nord sur la route de Mae Hong Son, à gauche ; faire encore 4 km. Entrée : 200 Bts pour le parc national et encore 20 Bts pour les sources ; réduc.* Entrée un peu chère à cause du parc, certes, mais ces petites sources, assez peu fréquentées, s'avèrent sympathiques et surtout bien naturelles. Eau à 27° environ.

Tham Lod Cave – ถ้ำลอด *: à* ***Soppong*** *(district de Pang Mapha), soit à 40 km à l'ouest de Pai ; de Soppong, petite route forestière de 8,5 km vers le nord. Les bus et minibus qui relient Chiang Mai à Mae Hong Son via Pai s'arrêtent à Soppong ; départ ttes les heures, 8h30-17h30 env vers Chiang Mai (durée : 4h) et 9h30-18h30 vers Mae Hong Son (durée : 1h30)... enfin, s'il y a de la place à bord (plus probable dans le bus). De Soppong, trouver un* songthaew... *Tlj 8h-17h30. Visite guidée obligatoire : pour 1-3 pers, compter 450 Bts pour le tour complet (1h30) avec balade en radeau, 200 Bts pour les 2 premières grottes (45 mn) et 150 Bts pour la grotte principale seulement (30 mn). À partir de 4 pers, il faut prendre un 2e guide. Excursion depuis Pai : env 700 Bts. Pdt la saison des pluies (mai-oct), visite à pied seulement d'une partie de la grotte (le niveau d'eau est trop haut pour le radeau).*

La rivière Lang, souterraine sur environ 1,5 km, a creusé un vaste réseau de cavernes et galeries, dévoilant un monde étrange de stalagmites, stalactites, draperies, orgues et *helictites* – des formations inhabituelles aussi baptisées « excentriques » ! On grimpe d'abord vers la *Column Cave,* avant de se hisser jusqu'à la *Doll Cave,* tandis que le/la guide (un/e villageois/e) signale des formations rocheuses censées évoquer animaux et personnages. Le meilleur vient à la fin : on embarque sur un radeau de bambou, en direction de l'orifice opposé de la grotte, XXL, tandis que des nuées de salanganes (hirondelles) emplissent l'air de leurs vols chaotiques et de leurs cris. Superbe ! Très haut, sur les parois, des centaines de chauves-souris dorment. Dernière ascension (raide !) jusqu'aux *Coffin Caves,* où subsistent les vestiges de cercueils en bois de teck vieux de plusieurs siècles, et retour.

PenCave Homestay : *à l'entrée du village de Tham Lod, sur la droite. 08-71-75-43-84. • pencave homestay.doodlekit.com • Double à prix moyens. Repas de bon marché à prix moyens.* Un vrai petit coup de cœur ! On y vient d'abord pour l'accueil de Pen, une adorable Shan qui parle un excellent anglais, et de son compagnon français, Yann. Dans un magnifique jardin, 4 bungalows, simples mais en teck, chacun avec douche (eau chaude), terrasse, bon lit et moustiquaire. Vu l'altitude, il fait frisquet en hiver, mais Pen allume généralement un feu le soir. Son autre talent, c'est aux fourneaux qu'elle l'exerce (d'ailleurs, elle donne des cours de cuisine). Dans son coffee-shop, avec toit-terrasse, qui fait aussi boulangerie (bons gâteaux et café maison), on déguste une excellente cuisine régionale réalisée avec les légumes et les fruits (bio) du jardin-potager-verger. Elle donne aussi des conseils et organise des petits treks dans la région.

Cave Lodge – เคฟลอดจ์บ้านถ้ำ *: un peu avt l'entrée des grottes. ☎ 053-617-203. 0914-805-903 • cavelodge.com • De bon marché à prix moyens.* Sur le flanc d'une colline boisée surplombant une rivière, vous trouverez ici une jolie structure en bois mais qui fait plutôt dans le commerce que dans la philanthropie, confère la réglementation intérieure ! Au menu, des dortoirs minimalistes, des huttes sur pilotis très simples et quelques bungalows en dur pas mal du tout (avec salle de bains et ventilo). Ajoutons une vaste salle commune en bois équipée d'un âtre central pour les soirées au coin du feu, une table de ping-pong bosselée, un resto thaï et... *western,* plus un petit sauna et des massages (payants). Resto abordable, mais boissons chères. Organise aussi des treks *(750 Bts pour 1 j. et 1 800 Bts pour 2 j., min 4 pers),* des sorties en kayak (en saison des pluies) et des expéditions de spéléo pour amateurs aguerris. Plein d'infos aux murs pour découvrir la région.

Jabo et Mae Lana – แม่ลานนา *: à 9 km à l'ouest de Soppong en allant vers Mae Hong Son par la route 1095 ; prendre la route 1226 sur la droite.* 1er arrêt au village Lahu noir de Jabo qui offre une très belle vue sur la montagne et sur Mae Lana. Prenez donc un bon café local, avec vue, au Dek Doi, un *coffee shop* en bois avec une superbe terrasse surplombant le site. Pour Mae Lana, prendre ensuite à droite après Jabo (c'est à 6 km). Ce village shan se niche joliment au fond d'une cuvette tapissée de rizières, contrastant avec la tourmente des falaises rongées par la jungle. On y voit un beau temple d'influence birmane, mais on vient avant tout y prendre le vert, dans un cadre rural, bucolique à souhait. Outre notre adresse ci-dessous, on trouve des *homestays* (à Jabo aussi, d'ailleurs) dans de jolies maisons en bois ; se renseigner sur place. Parmi les balades à faire alentour, la visite des grottes de Mae Lana s'impose : ce sont les plus grandes de Thaïlande (plus de 12 km !) ; une rivière souterraine s'y écoule, où vivent des poissons aveugles. Plusieurs grottes à visiter à 1 ou 2 km de la guérite d'entrée *(tlj 8h-16h)* : *Coral Cave* (1 km de long), *Diamond Cave* (800 m) et enfin la plus grande, *Mae Lana Cave* (12 km). *Prévoir 200-500 Bts/pers pour 2 à 4h de crapahutage et 1 500 Bts/pers pour 8h d'expédition. Guide obligatoire.* Un sentier (ardu) mène aussi jusqu'à Tham Lot (environ 20 km), et la rando vers les villages Lahu au nord-ouest est un classique.

Maelana Garden Home – แม่ลานาการ์เด้นท์โฮมม์ *: au bout du village (700 m), en direction de la grotte de Mae Lana, puis très vite à gauche. 08-17-06-60-21. • facebook.com/maelanagardenhome •*

Voiture à 150 Bts pour venir vous chercher à l'embranchement pour Mae Lana sur la route de Mae Hong Son (où vous déposera le minibus) ; compter 400 Bts depuis Soppong. Doubles et bungalows bon marché, avec ou sans douche (froide), maisons à prix moyens. Repas bon marché. En pleine nature, bordée par les champs et les rizières, cette *guesthouse* rurale dispose de chambres rudimentaires dans le bâtiment principal (matelas durs, ventilo ou moustiquaire...) et de 8 bungalows en bois, très simples aussi, certains avec un joli toit traditionnel couvert de feuilles et une vue superbe sur la vallée ! Le vrai luxe, c'est la localisation et le réveil matinal au chant du coq et au tintement des cloches des zébus. Également 2 belles maisons familiales en bois, dont une avec vue. La patronne, Ampha (prononcer « Ampa »), parle un peu l'anglais, mais elle n'est pas toujours là et délègue la gestion à une employée. Dans la journée, elle tient une épicerie dans le village et cultive du thé vert et des légumes bio que l'on retrouve ensuite à table. Demandez le petit plan schématique du coin, pour les balades. Allez, bonne sieste...

Pang Ung : *prendre la route de Ban Rak Thai et tourner à gauche à Ban Na Pa Paek puis faire 7 km par une jolie route qui grimpe via le village hmong de Huai Makhuea Som.* Certains le surnomment la Petite Suisse. Ce petit village d'altitude, à la fois shan et karen, possède en effet un lac charmant, prisé par les pêcheurs, une forêt de pins et une rue principale bordée de maisons traditionnelles et de quelques *homestays.* Seul petit hic, on doit payer 100 Bts par personne pour faire le tour du lac à pied. Cela dit, la balade en vaut la peine et on peut toujours louer un radeau de bambou pour faire le tour du lac sans avoir à en payer le prix... Très sympa pour une excursion en mode fraîcheur.

CARPE DIEM

À Tham Pla s'ébattent des carpes sacrées d'un beau gris bleuté. Si la plupart mesurent 50-60 cm de long, le record est de 1,50 m ! Les habitants en prennent bien soin : ils les nourrissent de légumes et d'insectes. Les mauvaises langues affirment pourtant que, si personne ne les pêche, c'est parce que leur chair contient une toxine qui les rend difficilement comestibles...

Pala Coffee House : *à l'entrée de Pang Ung, à gauche. 08-35-71-66-68. • palacoffehouse.com • De prix moyens à un peu plus chic. Repas bon marché. Resto et café tlj 7h30-20h.* Là encore, un petit coup de cœur ! On découvre d'abord le jardin mais surtout, au fond, de magnifiques bambous géants servant d'écrin à une terrasse avec vue sur les plantations locales. 2e bonne surprise, la cuisine est excellente (currys, salade de thé à la birmane, pousses de bambou, légumes, soupes...) et le café local tout autant. 3e bonne nouvelle, le facétieux patron loue des chambres modernes et confortables dans le jardin, avec salle de bains et ventilo. Idéal pour une pause fraîcheur ou pour se mettre au vert !

Ban Rak Thai – แม่แอ๋ว (บ้านรักไทย) **:** *à 45 km au nord de Mae Hong Son ; bifurcation env 500 m à l'ouest de Tham Pla, puis 28 km par une petite route bitumée.* Ban Rak Thai – ou Mae Aw – est un village chinois fondé par les vétérans du Kuomintang (KMT), à la frontière birmane. Des partisans de Tchang Kaï-chek se réfugièrent ici après leur retraite devant l'avancée des communistes, avant de s'investir fructueusement dans la contrebande d'opium. Aujourd'hui, le bled est pacifié : *Ban Rak Thai* signifie « village qui aime les Thaïs ». Un petit lac, une succession de commerces bien kitch, un cru de thé local à goûter, c'est assez pour créer une atmosphère différente. On y trouve plusieurs *guesthouses* et l'on y croise pas mal de shan birmans, qui traversent quotidiennement pour commercer, se faire soigner ou aller à l'école...

Tham Pla Namtok (Fish Cave) – ถ้ำปลา : *à env 54 km de Soppong et 16 km avt Mae Hong Son. Entrée : 100 Bts ; ½ tarif enfants. Pas de songthaew depuis Mae Hong Son.* Situé dans le parc national Thampla-Pasuea, ce site animiste, dont l'aura sacrée perdure malgré la fréquentation du lieu, s'est développé autour de la résurgence d'une rivière souterraine sourdant au creux d'une falaise. On l'atteint en 5 mn par un sentier aménagé dans un petit parc paysagé. Le long du ruisseau, mais surtout dans une anfractuosité sous la protection d'une divinité des cavernes, barbotent de grosses carpes sacrées que l'on peut nourrir en achetant un seau de salade... Sur place, quelques gargotes à l'entrée, un agréable café dans le parc, et même un camping *(30 Bts/pers)*, au gazon immaculé et sanitaires impeccables. Notez qu'à proximité du site, côté sud, on trouve un chouette café avec vue sur les plantations de soja qui deviennent rizières en saison des pluies...

UN PETIT TOUR ET PUIS REVIENT

De Ban Rak Thai, on est en 15 mn à pied à la frontière birmane. Birmane ? Pas tout à fait, car c'est l'État Shan, aux velléités indépendantistes, qui fait la loi chez lui. Du coup, la petite distraction locale, pratiquée par tous, est de demander aux 2 postes de garde l'autorisation de faire un tour rapide dans le village birman, pardon shan, juste de l'autre côté de la barrière. Ce qui est généralement accepté en raison des liens entre les 2 communautés shan de part et d'autre de la frontière.

Le pont de Su Tong Pae : *env 7 km au sud de Tham Pla, passer par Mok Cham Pae et tourner à gauche. De Mae Hong Son, éviter la route principale 1095 et prendre la route n° 108 vers le nord, passer la Pai River et ne pas manquer à gauche la tte petite bifurcation (puis tt de suite à droite) qui va au village shan de Ban Kung Maisak.*
On vous conseille cette petite route alternative du sud, bien plus campagnarde et croquignolette que la route 1095. Quoi qu'il en soit, le site est magnifique ! Ce pont de bambou tressé survole la rivière Sa Nga et les rizières sur près de 500 m de long. Il permet d'accéder à un petit monastère. Si vous en avez la possibilité, venez à l'aube, lorsque les moines s'y postent pour attendre les offrandes des villageois ou au coucher du soleil...

MAE HONG SON – แม่ฮ่องสอน

IND. TÉL. : 053

• Plan *p. 283*

Fondée par la communauté shan (et toujours habitée à 80 % par les Shan), Mae Hong Son est une petite ville paisible lovée entre des montagnes touffues, à 250 km environ de Chiang Mai. Au marché, on rencontre Karen, Lahu noirs, Hmong et Lisu descendus s'approvisionner, les plus âgés en costume traditionnel. Et le soir, autour du petit lac, les temples s'illuminent de guirlandes de lampions à côté des stands du petit *night market.* Il se dégage alors des lieux comme une douce harmonie générale... Comme vous le confirmeront ceux qui sont arrivés avant vous, c'est le camp de base idéal pour explorer la zone frontalière du Myanmar. On a beaucoup aimé et on tient à vous le dire...

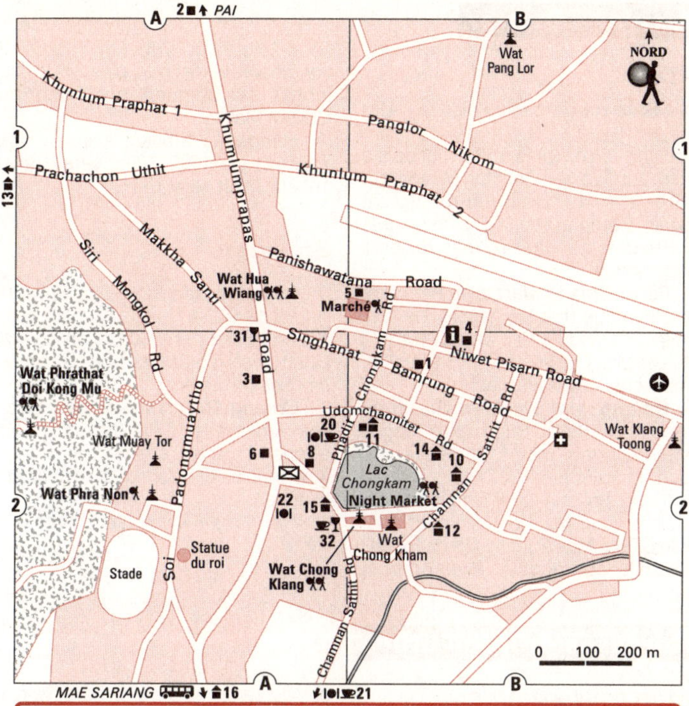

MAE HONG SON

■ **Adresses utiles**

- TAT (office de tourisme ; B1-2)
- **1** Tourist Police (B2)
- **2** Immigration Office (hors plan par A1)
- **3** Kasikorn Bank, Bangkok Bank et Edd Titan Bike Shop (A2)
- **4** JD Motor (location de motos ; B1-2)
- **5** Motos-taxis (A-B1)
- **6** Siam Commercial Bank et Rose Garden Tour (A2)
- **8** Nam Rin Tour (A2)
- **11** Laverie (B2)

Où dormir ?

- **10** Sarm Mork Guesthouse (B2)
- **11** Friend House (B2)
- **12** Romtai House (B2)
- **13** Sang Tong Huts (hors plan par A1)
- **14** Jongkham View (B2)
- **15** Piya Guesthouse (A2)
- **16** Fern Resort (hors plan par A2)

Où manger ?

- **20** Stands du Night Market et Salween River (A2)
- **21** Little Good Things (hors plan par A2)
- **22** Fern (A2)

Où prendre un café ? Où boire un verre ?

- **31** Crossroads (A1-2)
- **32** Alawaa Coffee & Cake (A2)

Arriver – Quitter

En bus

Gare routière *(hors plan par A2)* **:** *à la sortie sud de la ville, à env 1,5 km du centre.* Prendre la route 108, puis à droite sur Sampan Chareon Muang (sur 400 m env) au niveau du rond-point décalé. Compter env 80 Bts en *tuk-tuk,* 40 Bts/pers à moto-taxi (pas toujours disponibles).

➢ ***Pai et Chiang Mai* :** avec *Prempracha,* minibus ttes les heures 7h-17h. Trajet : 3h jusqu'à Pai, env 6h jusqu'à Chiang Mai. Également 2 bus vers 20h, moins chers mais plus lents.

➢ ***Chiang Mai via Mae Sariang* :** c'est la « route du Sud », plus longue (369 km) mais moins sinueuse. Du coup, le trajet jusqu'à Chiang Mai est plus long (8h) que par Pai mais ça peut valoir le coup pour les estomacs sensibles. Pour Mae Sariang (4h de route) : avec la compagnie *Prempracha, songthaew* et minibus, plus 2 bus (plus longs), ces derniers continuant sur Chiang Mai.

➢ ***Bangkok* :** 2 bus/j. avec *Sombat Tour (☎ 053-684-222),* vers 16h et 16h30. Trajet : env 15h !

En avion

✈ ***Aéroport*** *(plan B2)* **:** *juste à l'est du centre. ☎ 053-612-037.* On peut y aller à pied ! Sinon, env 80 Bts en *tuk-tuk.* Change et rabatteurs pour les *guesthouses* de la ville.

➢ ***Chiang Mai* :** 3 vols/j. avec *Bangkok Airways* et *RPS System* (petits avions 12 places). Attention, ils peuvent être annulés en raison des caprices de la météo.

➢ ***Bangkok* :** 4 vols/sem avec *Nok Air.*

Adresses et infos utiles

Infos touristiques

ℹ ***TAT*** – ท.ท.ท. *(office de tourisme ; plan B1-2)* **:** *4 Ratchathamphithak Rd. ☎ 053-612-982 ou 983. • tourismthailand.org/maehongson • Tlj 8h30-16h30.* On y parle un peu l'anglais. Demandez la carte des environs.

■ ***Tourist Police*** – ตำรวจท่องเที่ยว *(plan B2,* ***1****)* **:** *Singhanat Bamrung Rd. ☎ 053-611-812 ou 1155 (24h/24). Tlj 24h/24.*

Argent, change

■ Plusieurs banques avec distributeur et comptoir de change *(ouv lun-ven 8h30-15h30)* se regroupent autour de la poste (qui représente aussi *Western Union*) et sur Khumlumprapas Road, comme la ***Kasikorn Bank*** *(plan A2,* ***3****)*, la ***Bangkok Bank*** *(plan A2,* ***3*** ; service *Western Union*) et la ***Siam Commercial Bank*** *(plan A2,* ***6****)*.

Immigration

■ ***Immigration Office*** *(hors plan par A1,* ***2****)* **:** *sur la route de Pai, à 1 km env du centre-ville, sur le côté gauche, puis 100 m. ☎ 053-612-106. Lun-ven 8h30-16h30.*

Transports

■ ***Motos-taxis*** *(plan A-B1,* ***5****)* **:** *côté nord du marché.* Quand ils sont là, les conducteurs portent un dossard rouge ou orange et un numéro. Discuter fermement le prix. C'est aussi ici que vous trouverez les *songthaew* (pour les villages environnants) et quelques *tuk-tuk.*

■ ***Location de motos* : *JD Motor*** *(plan B1-2,* ***4****), Niwet Pisarn Rd. ☎ 08-43-72-69-67. Tlj 8h-18h. Compter 150 Bts/j. pour un scooter, 200-250 Bts/j. pour une 125 cm³.* Aucune assurance n'est proposée.

Location de vélos* : *Edd Titan Bike Shop *(plan A2,* ***3****), sur Khumlumprapas Rd, à gauche de la Bangkok Bank. ☎ 08-43-72-35-15. Tlj 10h-19h. À partir de 20 Bts/h, 100 Bts/j. ou 500 Bts/sem, avec casque et antivol.*

Santé

■ ***Hôpital Sri Sangwan*** – โรงพยาบาลศรีสังวาลย์ *(plan B2) : à l'est du centre.* ☎ *053-611-378 ou 329 (urgences).*

Excursions et treks

La plupart des *guesthouses* en proposent, et il y a des agences sur Khumlumprapas Road *(plan A2)*. Les prix oscillent entre 800 et 3 000 Bts par jour et par personne, selon la durée de l'excursion, le nombre de personnes et vos talents de négociateur. Faites bien tout préciser : itinéraire, durée et difficulté de la marche, détails pratiques, etc. Pour découvrir une zone moins touristique, privilégiez les villages des Karen blancs situés au sud-est de Mae Hong Son. En revanche, ce sera plus fatigant et plus *roots* ! Et, si vous venez à la saison des pluies, n'oubliez pas de prendre une huile antimoustiques, aussi utile contre les sangsues... Les agences suivantes sont sérieuses.

■ ***Thailand Hilltribe Holidays :*** *08-55-48-08-84. • thailandhilltribeholidays.com/homestay •* Fondé par un couple sino-anglo-thaï, ce petit tour-opérateur s'investit dans le tourisme équitable en proposant des tours de 1 à 9 jours et des nuitées et séjours *(homestays)* dans les villages de plusieurs ethnies montagnardes – y compris dans un village de Karen long cou près de Mae Hong Son. Spécificité importante : leurs guides sont originaires des communautés visitées. Les conditions sont évidemment rudimentaires, et il peut faire froid en hiver. S'il y a l'électricité, les sanitaires se résument en général à des toilettes à la turque et un pichet d'eau. L'idéal est de passer plusieurs jours sur place pour vraiment entrer en résonance avec les lieux, voire participer à certaines activités.

■ ***Rose Garden Tour*** *(plan A2,* ***6****) : 86/4 Khumlumprapas Rd. 08-10-27-17-25. • rosegarden-tours.com •* Depuis un tiers de siècle, cette agence propose de nombreux tours d'une demi-journée ou d'un jour entier, des treks sur 2-3 jours et des randos sur mesure, faciles ou difficiles, à pied ou en voiture. Groupe de 8-10 personnes maximum. Noter qu'atteindre les villages les plus intéressants et les moins accessibles (en général, lahu et karen) implique une bonne partie de marche. Demander le sympathique M. Ju, qui parle pas mal le français.

■ ***Nam Rin Tour*** – น้ำรินทัวร์ *(plan A2,* ***8****) : à côté de la poste.* ☎ *053-614-454. • rutsiri506@gmail.com • Tlj 8h-20h.* Difficile à rater, il y a un *Routard* à l'entrée ! Autant vous prévenir, le patron, M. Dam (si, si), est un personnage fort extraverti et directif qui peut ne pas plaire à tout le monde. De plus, ses treks sont très physiques (en mode Ko Lanta : on mange ce que l'on pêche ou l'on chasse avec un bambou !). Ne vous lancez pas si vous pensez faire une balade pépère... Cela dit, il maîtrise bien son sujet et respecte la nature et les populations des montagnes (chez lui, pas d'*elephant riding* ni de femmes-girafes). Treks Mae Hong Son-Pai en 4 à 6 jours, traversant jusqu'à 10 villages.

Divers

■ ***Laverie*** *(plan B2,* ***11****) : à la Friend House, 20 Phadit Chongkam Rd.* Prix intéressant et livraison le lendemain grand maximum.

Où dormir ?

Bon marché (moins de 400 Bts / 11,40 €)

⌂ ***Friend House*** – โรงแรมเฟรนด์เฮ้าส์ *(plan B2,* ***11****) : 20 Phadit Chongkam Rd.* ☎ *053-620-119. 09-31-98-50-31.* Difficile de trouver moins cher ! Mais ce n'est pas un bouge pour autant. Certes, les matelas sont posés sur le sol, et il n'y a ni ameublement, ni clim, ni endroit pour se préparer un café. On vous conseille les petites chambres du 1er étage à cause de la terrasse et du bout de vue sur le lac. Sinon, elles sont propres, avec ventilo (et des sanitaires pour les plus chères). Ne pas arriver trop tard : à ce prix-là, c'est vite plein ! Service de laverie (très abordable).

En dépannage dans cette catégorie, on peut toujours se rabattre sur *The Like View* ou la *Johnnie Guesthouse,* tous 2 à proximité dans *Udomchaonitet Rd,* mais ça reste vraiment très sommaire.

Prix moyens (de 400 à 800 Bts / 11,40 à 23 €)

Sarm Mork Guesthouse – สามหมอกเกสต์เฮ้าส์ *(plan B2,* ***10****) : 16/1 Chamnan Sathit Rd. ☎ 053-612-122. 08-21-92-24-88. • sarmmork.gh@gmail.com •* À un jet de pierre du lac, tenue par un couple très accueillant. On y trouve tout juste 2 chambres spacieuses et lumineuses et 3 petits bungalows verts dotés d'un coin lavabo-table et d'un petit banc-terrasse, comme dans une maison de poupée. Tous sont bien proprets, avec eau chaude, clim et frigo. Bon, pas mal de béton et peu de végétation, dommage.

Piya Guesthouse – ปิยะเกสท์เฮ้าส์ *(plan A2,* ***15****) : 1/1 Khumlumprapas Rd, soi 3. ☎ 053-611-260. • piyaguesthouse@hotmail.com • Bungalow 700 Bts.* Bien placé, au coin sud-ouest du lac, cet ensemble de bungalows confortables, à défaut d'avoir du charme, s'articule autour d'un jardin verdoyant et d'une piscine. Tous sont propres, avec parquet, clim, frigo et bonne literie. Le soir, on donne en plein dans l'animation du marché de nuit. Seul regret : les terrasses pas bien grandes et leurs sièges en plastique d'un autre âge.

De prix moyens à un peu plus chic (de 400 à 1 500 Bts / 11,40 à 43 €)

Sang Tong Huts *(hors plan par A1,* ***13****) : 22/7 Chamnan Sathit Rd. ☎ 053-611-680. 09-42-29-95-43. • sangtonghuts.org • Un peu plus chic. 2 nuits min.* Légèrement excentrée, cette adresse présente le meilleur rapport qualité-prix-environnement de la ville. On loge en bas d'une volée d'escaliers dans des bungalows à la Robinson fichés à flanc de colline, au milieu des arbres et de la végétation. Tous confortables, avec salle de bains (eau chaude), moustiquaire et terrasse. Un vrai bonheur, même si on cohabite avec les moustiques, qu'on peut découvrir une famille de lézards cachée derrière le miroir de la salle de bains et qu'on entend les feuilles tomber la nuit, quand ce ne sont pas les grenouilles, les coqs ou les chiens du quartier (bouchons d'oreilles conseillés). Le petit déj (en sus) est un régal (muesli, fruits frais, omelettes, etc.). Et la sympathique Louise, d'origine australienne, donne d'excellents conseils pour les balades dans la région.

Romtai House – ร่มไทยเฮ้าส์ *(plan B2,* ***12****) : 22/7 Chamnan Sathit Rd. ☎ 053-612-437. 08-95-58-23-15. • romtai-house-maehongson.business.site •* Le bâtiment de l'entrée, style motel, ne donne pas vraiment envie. Ne vous laissez pas décourager : en pénétrant dans le beau jardin, où se côtoient bananiers et élégants jacquiers, tables pour se poser et bassin de lotus, on découvre plusieurs autres édifices bien au calme et même de jolis bungalows en bois plus chic, avec clim et terrasse. Les chambres *standard* sont, elles... très standard, pas bien lumineuses et souvent encombrées d'un gros poste télé. Pas de petit déj mais café et thé à la réception.

Jongkham View *(plan B2,* ***14****) : 7 Udomchaonitet Rd. ☎ 053-041-422. 09-59-62-98-07. • jongkham.view@gmail.com • Thé, café et toast inclus.* Accolé aux berges du lac, ce petit lotissement propret ne possède pas encore le charme des lieux ayant vécu, mais il propose des chambres récentes et confortables autour d'un jardinet (qui manque encore de végétation). Toutes avec salle de bains, clim, frigo, TV. Les nos 106 et 107 donnent côté lac. Pas de familiales, en revanche. Accueil en anglais pro.

De chic à très chic (de 1 500 à plus de 3 000 Bts / 43 à plus de 86 €)

Fern Resort – เฟิร์นรีสอร์ท *(hors plan par A2,* ***16****) : 64 Moo 10, Ban Hua*

Nam, Mae Sakut. ☎ 053-686-110 ou 111. • fernresort.info • À 7 km au sud de la ville, prendre à gauche au panneau et continuer sur 2 km. Transferts gratuits depuis le centre-ville. Bungalows 2 000-3 500 Bts, petit déj inclus. Niché dans un coin paumé, au bord d'une petite rivière, cet *eco-resort* propose une quarantaine de bungalows en teck, bambou et toit de feuilles de *tong tun* disséminés dans un superbe parc luxuriant égayé d'ombrelles, de champs de fleurs et de petits ruisseaux qui font cliqueter les bambous. Superbe ! Les chambres sont belles et confortables (sans TV), mais les suites nous ont moins convaincu. En prime : 2 piscines, dont une de belle taille et une autre en mode écolo face à un champ de fleurs et aux rizières ! Également un restaurant, un boulodrome. Sentier didactique de 7,5 km (4h de marche). Location de vélos (cher cependant). Financée par l'État, cette structure emploie du personnel local en formation, qui cherche à faire du mieux possible.

Où manger ?

Bon marché (moins de 150 Bts / 4,30 €)

|●| ***Stands du Night Market*** *(plan A2,* ***20****) : au bord du lac. Oct-fév seulement. Tlj 18h-21h env.* Le soir, on peut grignoter pour 3 fois rien en piochant sur les petits stands du marché de nuit : brochettes d'œufs, de foies, de viande, de champignons, mais aussi poisson, nouilles, beignets, insectes grillés, fruits, il y en a pour tous les goûts. Victuailles en main, direction les rives du lac, dans lequel se reflètent les lumières du temple Chong Klang. On peut aussi s'installer dès l'apéro au *Sunflower* (voire « Où boire un verre ? »), soit aux premières loges du marché.

|●| ☕ ***Little Good Things*** *(hors plan par A2,* ***21****) : 40 Chamnan Satit Rd, au sud du wat. 📱 06-22-74-38-05. Tlj sauf lun-mar 9h-17h.* Un peu à l'écart, cette mignonne maison de poupée noyée dans la végétation abrite un resto végétarien-*vegan* réputé dans le coin. Pardonnez à Nepat, la charmante patronne, qui ferme parfois quelques jours sans prévenir... Revenez plus tard et soyez patient, ça en vaut vraiment la peine, car tout est frais, délicieux, créatif et maison, du petit déj au déjeuner. À la carte, omelettes, salades, *bowls* (ah, le *Buddha bowl* !), plats de pâtes et de riz, gâteaux, jus de fruits... Chaque plat est étudié, copieux, parfumé et superbement présenté. Un coup de cœur !

De prix moyens à chic (de 150 à 600 Bts / 4,30 à 17 €)

|●| ☕ ***Salween River*** – ร้านอาหารและบาร์สารวินริเวอร์ *(plan A2,* ***20****) : 23/2 Phadit Chongkam Rd. ☎ 053-613-421. Tlj 8h30-21h30. Prix moyens.* À l'orée du lac, la jolie petite salle décline toit de paille, mobilier et abat-jours en bambou, et quelques nattes pour qui préfère manger sur l'estrade. Le cadre est agréable, et la carte propose un large choix de sandwichs, salades bio et, bien sûr, de plats thaïs, mais aussi shan, birmans et occidentaux (chers et moins intéressants). Il y a même des petits déj avec crêpes et porridge. Ne pas être pressé. Quelques bouquins fatigués permettent d'échanger les siens.

|●| ***Fern*** – ร้านอาหารเฟิร์น *(plan A2,* ***22****) : 87 Khumlumprapas Rd. ☎ 053-611-374. Tlj 10h30-22h. CB acceptées.* La vaste salle, lambda, s'ouvre à l'arrière sur un coin de verdure (bananiers). La carte est énorme. Les plats, thaïs et surtout du nord, sont copieux et pas forcément épicés (salade de porc aux herbes, curry de porc shan, saucisse...). Pas mal de groupes. Cela dit, le rapport qualité-prix est honnête. Même direction que le *Fern Resort* (voir « Où dormir ? »).

Où prendre un café ? Où boire un verre ?

D'octobre à février, le ***Night Market*** est la seule véritable animation le soir...

Alawaa Coffee & Cake *(plan A2,* ***32****) : Khumlumprapas Rd, soi 3 ; contre le Wat Chong Klang. Tlj sauf dim 8h30-17h30.* Ce tout petit café de filles, cosy et climatisé, est idéal pour s'oublier devant un thé, un café ou un *smoothie* exotique (pêche, kiwi...), le nez sur son voisin ou sur le jardinet mignonnet aux pots bien alignés.

Crossroads – ครอส ซ์โลดส์ *(plan A1-2,* ***31****) : à l'angle de Khumlumprapas et Singhanat Bamrung Rd. Tlj 8h-minuit.* Bières et cocktails (une cinquantaine au choix) se sirotent à table ou sur un tabouret au bar, dans une déco de saloon garni d'une vieille brocante rigolote, avec billard à l'étage et, sur les murs et plafonds, des bons mots et des signatures à la craie. Pour couvrir le bruit de la circulation (la salle est ouverte sur la rue), du rock le soir et du... classique l'après-midi. On peut aussi y manger.

À voir

Le marché couvert – ตลาดสด *(plan A-B1) : dans le centre, entre Niwet Pisarn Rd et Panishawatana Rd. Tlj 5h-18h, mais plus animé le mat.* Surtout des fruits et des légumes, mais aussi des tissus et des vêtements standard. Quelques femmes des tribus montagnardes en costume viennent encore s'y approvisionner...

Night Market *(plan B2) : sur la rive sud du lac, d'oct à fév, tlj 18h-22h env.* À la nuit tombée, les temples au bord du petit lac s'illuminent de guirlandes de lampions, et les rives se garnissent d'étals d'artisanat ou de vêtements dans une douce atmosphère familiale. Un minuscule *Night Market* aux airs de kermesse.

Wat Hua Wiang – วัดหัวเวียง *(plan A1) : à côté du marché couvert.* Aux côtés du temple central, formant un îlot au centre de la cour, un superbe *viharn* en bois ornementé de dentelles argentées renferme un bouddha birman vieux de 2 siècles, protégé derrière une vitre. Il conserve quelques mètres carrés de son magnifique carrelage d'origine. Derrière, un joli temple à miroirs et un *chedî,* typique des styles chan et birman, et gardé par des sphinges.

Wat Chong Klang – วัดจองกลาง *(plan A-B2) : au bord du lac. Tlj 8h-18h.* Joliment irrigué par la lumière dorée du couchant, ce monastère tout en bois, de style birman, est coiffé de multiples toits verts à bords dorés qui font un peu Disneyland... Joli *chedî* blanc et doré, visible depuis le lac. Dans la grande salle de prière, construite sur pilotis, d'anciennes plaques de verre peintes illustrent les grands moments de la vie du Bouddha *(Jātaka).* Au centre trône une étonnante représentation de l'Éveillé en... osier. Dans la pièce de gauche, un petit musée gratuit abrite une collection de statues en bois inspirées par l'art birman.

TOURNEZ MANÈGE

Dans le Wat Chong Klang trônent 2 drôles de manèges miniatures, l'un orné de figurines animales, l'autre de pots représentant les jours de la semaine. On grimpe sur une marche, la musique s'enclenche, le manège se met à tourner, et chacun tente de glisser une pièce ou un billet afin qu'elle tombe à l'endroit voulu : sur l'une des figurines, ou dans le pot correspondant à son jour de naissance.

Wat Phrathat Doi Kong Mu – วัดพระธาตุดอยกองมู *(plan A2) : à 1,5 km du centre (30 mn à pied). Tlj 6h-21h.* Des escaliers sans charme (300 marches, sans compter les longues rampes) et une route escarpée mènent au sommet de la colline *(doi)* coiffée par ce temple et ses 2 *chedîs* blancs de style birman. Ils furent bâtis à la fin du XIXe s pour abriter les reliques de moines shan ainsi que le fondateur de la ville. Possibilité de taper le gong en admirant la superbe vue – en particulier au coucher du soleil – sur la ville, le lac, la vallée... et l'aéroport.

Wat Phra Non – วัดพระนอน *(plan A2) : au pied de la colline qui mène au Doi Kong Mu. Tlj 6h-18h.* Le sanctuaire principal (bleu ciel) abrite un bouddha couché de 12 m de long. De là, possibilité de grimper pour le plaisir le superbe escalier ancien bordé de *nâga* (260 marches)... mais il s'arrête à mi-colline ! Joli point de vue.

FAUX COU DE GIRAFE ?

S'il est vrai qu'il génère un affaissement des clavicules, contrairement à l'idée communément répandue, le collier d'anneaux des femmes karen n'étire nullement leur cou, mais paraît l'allonger par effet d'optique. Elles le retirent aisément sans en souffrir, l'atrophie musculaire dont elles souffrent étant en fait assez légère.

À propos des Kayan (« femmes-girafes »)...

C'est dans la région montagneuse de Mae Hong Son, à la frontière birmano-thaïlandaise, que vivent la plupart des femmes kayan (*padaung,* en birman), surnommées « ***femmes-girafes*** » (ou encore *long-necks*), membres du groupe ethnique des Karen rouges. Fuyant le régime birman, de nombreux Kayan se sont installés en Thaïlande à partir des années 1950. Ce sont donc des réfugiés politiques à part entière, que la Thaïlande a d'abord accueillis dans des camps militaires dirigés par des Karen, sous contrôle du gouvernement thaïlandais.
Maintenant, posons la question : faut-il, ou ne faut-il pas leur rendre visite ? Le débat divise les voyageurs. Certains jugent intolérable le côté voyeur des excursions dans ces villages qu'ils assimilent à de véritables zoos humains, et pointent les dangers de la folklorisation, qui pousse un peuple à se mettre en scène pour ramasser quelques billets... D'autres au contraire pensent que si cela se fait avec l'accord de ces tribus et dans le respect de celles-ci, il n'y a là rien de scandaleux, et que c'est même pour celles-ci une source de revenus : il faut payer assez cher pour entrer dans les villages kayan (250 à 500 Bts en général), et les femmes vendent leur artisanat. Il convient de préciser que ces populations ne peuvent pas, en tant que réfugiés, cultiver la terre. Ajoutons, par ailleurs, que les jeunes femmes sont aujourd'hui pour la plupart libres de choisir de porter ou non leurs colliers ; seule une partie d'entre elles le fait, les plus attachées à la tradition... ou au sens du commerce. Notre position est qu'il faut éviter autant que possible les villages et les jours trop chargés, quand trop de groupes débarquent en même temps, ce qui crée souvent cette atmosphère de voyeurisme et empêche un contact simple et naturel. Pas facile... Bref, à vous de voir, mais dites-vous bien que la question se pose tout autant pour les treks dits ethniques au départ de Chiang Mai.
Si l'expérience vous tente malgré tout, la plupart des agences de Mae Hong Son proposent des excursions de ce type. Mais évitez par exemple le village de ***Nai Soi,*** à 20 km au nord-ouest, tout petit et très (trop) visité... et qui est en fait un village shan où se « produisent » quelques femmes « long-cou » ! Quitte à visiter un village kayan, nous vous conseillons ***Baan Huai Pu Keng,*** principalement pour la chouette balade de 25 mn à bord d'une jolie pirogue à fond plat sur la rivière Salawin. Sur place, la rue principale est ponctuée de stands de souvenirs tenus par des femmes kayan « long-cou ». Mais on peut se balader dans les ruelles adjacentes pour voir le site des poteaux rituels, l'école et les 2 églises. *Départ du « boat landing » de Baan Huay Dua (Moo 3), à 7 km au sud-ouest de Mae Hong Son ;* tuk-tuk *ou* songthaew *env 600 Bts depuis la ville. Tlj 8h-17h. Compter env 600 Bts pour le bateau et 250 Bts/pers pour entrer dans le village.*

Sinon, pour une rencontre bien plus authentique, adressez-vous par exemple à *Thailand Hilltribe Holidays* (voir « Adresses et infos utiles »).

DE MAE HONG SON À CHIANG MAI PAR MAE SARIANG

Cette route n° 108, que nous appellerons « du Sud », est un peu plus longue (290 km en tout, dont 160 km entre Mae Hong Son et Mae Sariang) mais un peu moins sinueuse que celle qui passe par Pai, rejoignant Chiang Mai en 8h environ. Elle traverse aussi de beaux paysages, laissant place ensuite à la forêt entre Obluang et Chom Thong.

MAE SARIANG – แม่สะเรียง

IND. TÉL. : 053

• Plan *p. 291*

Près de 4 000 personnes vivent à Mae Sariang, principalement des Shan, des Karen et des Thaïs. Assez commerçant, le petit bourg est une étape pour les voyageurs de commerce qui sillonnent le pays et un lieu d'approvisionnement pour les montagnards de la région. Bordé par une rivière, Mae Sariang dégage une atmosphère particulièrement paisible. Une poignée de *guesthouses* et hôtels accueillent les quelques routards (dont pas mal de motards) qui apprécient ici le calme d'un village oublié des grands flux touristiques. L'endroit peut faire l'objet d'une bonne pause et s'avérer une bonne base pour organiser des excursions dans le coin. De Mae Sariang, il est possible de poursuivre vers le sud et Mae Sot, mais bien se renseigner alors sur l'état de la route avant de partir car, pendant la saison des pluies, il y a des risques de glissements de terrain.

Arriver – Quitter

Gare routière *(plan A1)* **:** *dans le centre. En face d'une station-service. S'adresser au guichet* Avia Booking. Les bus reliant Mae Hong Son et Chiang Mai s'arrêtent à Mae Sariang.

➢ ***Pour Mae Hong Son et Chiang Mai :*** 1 minibus et 1 *songthaew*/j. pour Mae Hong Son et une dizaine de minibus/j. pour Chiang Mai. Trajet : env 3h30 pour Mae Hong Son, env 4h pour Chiang Mai.

Adresses utiles

✉ ✚ Sur Wiang Mai Road, la rue qui vient de la route principale, on trouve la ***poste*** *(plan B1)* et, plus loin à gauche par la route 108, l'***hôpital*** *(plan B1).*

■ ***Banques et change :*** *la* ***Kasikorn Bank*** *(plan A1,* ***2****), la* ***Government Savings Bank*** *(plan A1,* ***3****) et la* ***Krungthai Bank*** *(service* Western Union *; plan A1,* ***4****) disposent d'un service de change et de distributeurs.*

■ ***Police*** *(plan A2,* ***5****)* **:** *sur Mae Sariang Rd, presque en face du marché.*

Location de vélos et de motos *(plan A1,* ***10****)* **:** *à la* ***Northwest***

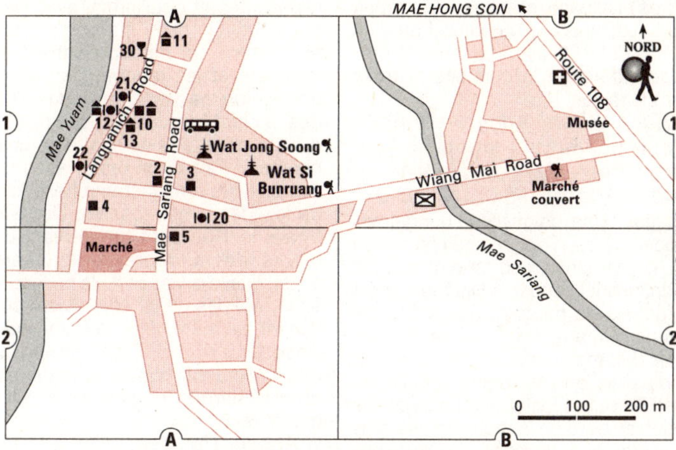

MAE SARIANG

Adresses utiles

- Hôpital (B1)
- 2 Kasikorn Bank (A1)
- 3 Government Savings Bank (A1)
- 4 Krungthai Bank (A1)
- 5 Police (A2)
- 10 Northwest Guesthouse (location de vélos et de motos) et Northwest Tour (A1)

Où dormir ?

- 10 Northwest Guesthouse (A1)
- 11 Huen Kham Kong (A1)
- 12 Riverhouse Hotel (A1)
- 13 Above The Sea (A1)

Où manger ?

- 20 Intira (A1)
- 21 Sawaddee (A1)
- 22 Coriander in Redwood (A1)

Où boire un verre ?

- 30 Chin Chin Café (A1)

Guesthouse *(voir ci-après). Compter 50 Bts/j. pour un vélo, 100 Bts/j. pour un VTT, à partir de 200 Bts/j. pour une moto. D'autres loueurs dans la rue et autour...*

■ ***Northwest Tour*** *(plan A1, **10**) : 81 Langpanich Rd. 06-22-67-14-25. • northwestgh.blogspot.com • S'adresser à la* Northwest Guesthouse. Une agence qui organise des excursions de 1 à 2 jours dans la région. Virées à vélo en compagnie d'un guide, descente de la rivière en bateau et treks. Une agence qui a fait ses preuves.

Où dormir ?

De bon marché à prix moyens (de 150 à 800 Bts / 4,30 à 23 €)

■ ***Northwest Guesthouse*** – นอร์ทเวสท์เกสท์เฮ้าส์ *(plan A1, **10**) : 81 Langpanich Rd. 06-22-67-14-25 ou 08-97-00-99-28. • patiat_1@hotmail.com • northwestgh.blogspot.com • À 50 m de la rivière, mais ne donne pas sur celle-ci. Bon marché.* Maison tout en teck abritant une bonne poignée de chambres toute simples mais plutôt bien tenues. Salle de bains privée et clim pour les plus chères. Moustiquaires (une bonne idée par ici). Prêt de vélos pour les clients, location de motos et espace massages très sympa (côté rue, mais avec rideaux). Patronne sympa et facétieuse. Leur agence propose différentes excursions et treks dans la région.

Huen Kham Kong – เฮือนคำคง เกสท์เฮ้าส์เฮือนคำคง เกสท์เฮ้าส์ *(plan A1, **11**) : 102 Langpanich Rd. 08-68-86-07-38 ou 08-33-23-77-59. Prix moyens.* Une poignée de bungalows modernes qui n'ont pas de charme en soi, mais le jardin rend l'endroit mignon et un tantinet coquet. À l'intérieur, c'est soigné, avec parquet, tissus colorés et une petite terrasse privée. Pas de petit déj, mais chaque bungalow est équipé de la clim, frigo et bouilloire. Prêt de vélos. Éviter les 2 bungalows situés au bord de la route, un peu plus bruyants. Accueil très sympa, mais pas en anglais. Bon, dommage que l'on ne soit pas au bord de la rivière...

Un peu plus chic (de 800 à 1 500 Bts / 23 à 43 €)

Riverhouse Hotel – รีเวอร์เฮ้าส์ *(plan A1, **12**) : 77 Langpanich Rd. ☎ 053-682-323. • riverhousehotel group.com • Résa conseillée. Plats de bon marché à chic.* L'une des plus charmantes adresses de Mae Sariang. Dans ce bâtiment entièrement en bois, une douzaine de chambres ravissantes et douillettes, avec beau plancher, TV, clim, lits confortables et, surtout, un balcon donnant sur la rivière et les montagnes ! Attention qu'on ne vous refile pas l'une des 2 chambres sans balcon, côté rue (de plus, elles ne sont pas moins chères !). Fait aussi resto, avec une courte carte à midi et une belle carte de viandes le soir (chères, bien sûr). Également un petit bar servant des bières de microbrasserie (chères aussi, quelle question !). Ils possèdent enfin, à 3 pas de là, côté rivière également, un autre hôtel, le ***Riverhouse Resort*** *(☎ 053-683-066),* proposant des chambres modernes mais sans grand charme, et plus chic. Alors autant rester ici...

Above The Sea *(plan A1, **13**) : Langpanich Rd. ☎ 682-787. 09-18-59-52-64. • abovetheseamaesariang.com •* En face du *Riverhouse Hotel,* donc pas au bord de la rivière, bien qu'il suffise de traverser la rue. Du coup, ce petit hôtel joue la carte du contemporain branché, accueillant également les motards, qui parfois entretiennent leurs terribles engins sur place. Côté rue, une structure métallique ouverte pour le petit déj ou pour boire un verre. À l'arrière, des chambres confortables avec baie vitrée, béton ciré et quelques touches de déco assez rigolotes. Petite piscine.

Où manger ?

De bon marché à chic (moins de 150 à 600 Bts / 4,30 à 17 €)

Intira – ร้านอาหารอินทิรา *(plan A1, **20**) : Wiang Mai Rd. ☎ 053-681-529. Tlj 9h-21h. De bon marché à prix moyens.* On dîne dans une grande salle un peu fourre-tout ouverte sur la rue, ou dans un espace climatisé (supplément de 10 Bts/personne pour la clim !). Cuisine thaïe préparée avec soin, notamment les currys, le plat le plus cher étant le poisson. Personne ne parle vraiment anglais ici...

Sawaddee – ร้านอาหารสวัสดี *(plan A1, **21**) : Langpanich Rd. 09-47-09-65-63. Seulement le soir 17h-minuit, selon affluence...* Un resto familial, avec une terrasse en bois en surplomb de la rivière. C'est Beng, qui concocte une cuisine thaïe aimable, mais parfois inégale. Attention, le poisson est au poids.

Coriander in Redwood *(plan A1, **22**) : 2 Langpanich Rd. ☎ 053-683-309. Tlj 11h-22h.* Une belle salle au rez-de-chaussée d'une maison traditionnelle en bois rouge, récemment restaurée. Bien pour déguster une honnête cuisine thaïe avec tous les classiques : soupes et salades épicées, plats à base de porc et de poulet et pas mal de poisson frit ou cuit à la vapeur. Également des plats

occidentaux, notamment des steaks plus chers. Bon service.
Pour manger chic, au bord de la rivière, et notamment un bon steak, pensez au ***Riverhouse Hotel*** – รีเวอร์เฮ้าส์ *(plan A1, **12**)* ; voir « Où dormir ? ».

Où boire un verre ?

Chin Chin Café – ร้าน ชิน ชิน คาเฟ่ (plan A1, ***30***) *: Langpanich Rd. Tlj 18h-minuit.* Une cahute en bois toute désignée pour siroter un jus, avaler un café, descendre une bière... Cadre 100 % récup' : vieilles tables, fauteuils éventrés, anciens sièges de barbier, gamelles cabossées, plaques émaillées et rongées par les années. C'est étudié, et tout y est ! On a d'autant plus aimé que la musique est de qualité. Terrasse donnant sur la rivière.

À voir. À faire

Wat Si Bunruang – วัดศรีบุญเรือง ***et Wat Jong Soong*** – วัดจองสูง *(plan A1) : dans le centre.* Les 2 plus beaux temples de la ville, bâtis au XIXe s, se touchent presque. S'ils sont tous 2 de style birman, le 1er possède une certaine originalité dans sa structure avec plusieurs toitures ornées de fine dentelle et de flèches. 3 *chedîs* dans le 2^d, bâti par des Shan.

Le marché couvert *(plan B1) : Wiang Mai Rd, en face de l'hôpital. Tlj jusqu'à 19h30 env.* Un ravissement de couleurs, de bruits et d'odeurs. Un autre marché *(plan A2),* plus petit, se trouve au centre du village, non loin du pont *(tlj 4h-15h).*

Balades sur la Salawin : belle balade à faire au cours d'une excursion en bateau d'une journée. Se renseigner auprès de votre *guesthouse.* Avec l'agence *Northwest Tour (plan A1, **10** ;* voir « Adresses utiles »), *compter env 3 500 Bts pour 2 pers, repas inclus.*

Randos et treks : la région offre de nombreuses possibilités, notamment au sein du *Salawin National Park.* L'entrée du parc se trouve à 6,5 km de Mae Sariang *(tlj 8h-17h ; entrée : 100 Bts).* Sentiers balisés à proximité du *Visitor Center,* dont un en boucle de 2 km. Sinon, plusieurs agences proposent des excursions de 1 à 2 jours, à pied. Vous pouvez contacter *Northwest Tour (plan A1, **10** ;* voir « Adresses utiles »). Les descentes en radeau de bambou, en revanche, sont parfois dangereuses en raison des pluies et des rivières en furie. Renseignez-vous avant de tenter l'aventure. On déconseille les balades à dos d'éléphant.

UN FLEUVE EN COLÈRE

*Le fleuve Salouen (*Salawin *en thaï), qui dessine la frontière thaïe-birmane à environ 50 km à l'ouest de Mae Sariang, s'appelle* Thanlwin *au Myanmar et* Nu *en Chine. En fait, il parcourt 2 815 km depuis le plateau tibétain pour aller se jeter dans la mer d'Andaman, dans l'Océan indien. Son nom signifie « fleuve en colère ». Parce qu'il est tumultueux mais peut-être aussi à cause de la menace que font peser les récents barrages hydroélectriques chinois sur sa biodiversité ?*

DE MAE SARIANG À CHIANG MAI

La route n° 108, partant de Mae Hong Son, bifurque vers l'est après Mae Sariang pour finir à Chiang Mai, ces 2 villes étant distantes de 190 km.

Si vous voyagez en bus, il vous sera difficile de vous arrêter pour voir les sites décrits plus loin. Les distances données s'entendent au départ de Mae Sariang.

Thung Bua Thong – ทุ่ง บัวทอง (ou **Doi Mae Ho** – ดอยแม่โฮ) : *km 18.* C'est une montagne à ne pas rater si vous voyagez entre octobre et décembre, période où les tournesols mexicains qui couvrent ses flancs sont en fleur. Cette explosion de jaune d'or est une image largement répandue sur les cartes postales du pays.

Les gorges Obluang (Obluang National Park) – ถ้ำอบหลวง : *à 90 km env de Mae Sariang (5 km au sud de Mae Chaem) par la route n° 108 à gauche. Tlj 7h-20h pour le parc et 8h30-16h30 pour le* Visitor Center. *Entrée : 200 Bts ; ½ tarif enfants.* Très jolies gorges creusées par la rivière Mae Chaem et enjambées par un charmant petit pont de bois à 32 m de hauteur entre 2 rochers qui ne demandent qu'à se remboîter. Site bien aménagé, avec aire de pique-nique, aire de camping *(compter 30 Bts/pers, sanitaires et douche froide).* Un sentier sans difficulté, en boucle (1,2 km environ), suit les traces (peintures, tombes...) des hommes qui vécurent ici il y a 8 000 ans. Le *Visitor Center* abrite une intéressante exposition réalisée par un archéologue français. Possibilité de faire trempette dans la rivière, mais après la saison des pluies pour raisons de sécurité. Petits restos à l'entrée.

Mae Chaem – แม่แจ่ม : *par la bifurcation sur la gauche (route n° 1088) autour du km 80.* Un gros bourg au milieu d'une vallée perdue ; 50 km de trajet plein nord depuis l'embranchement par une route bitumée. C'est l'occasion de refaire le plein. L'endroit a gardé une certaine authenticité, loin du folklore touristique. On y trouve quelques beaux temples gardant leur cachet Lanna. La route forestière remontant vers le Doi Inthanon (25 km plus loin ; voir ci-dessous) est sympa.

***Hot Coffee Guesthouse** : à 27 km au nord de Mae Chaem par la route 1088. 08-11-63-25-25. • hotcoffee-th.org • Double env 700 Bts. Plats env 40-80 Bts.* Un joli petit détour pour faire une étape sympathique et servir une bonne cause. Une partie des bénéfices est en effet reversée à l'orphelinat voisin et au centre de formation, que l'on peut d'ailleurs visiter. Sur place, dans un beau jardin, quelques chambres en dur, dont une familiale, mais surtout 3 agréables bungalows en bois surplombant la rivière. Resto pas cher, sans être inoubliable. Propose diverses activités à faire dans le coin comme le *bamboo rafting* ou la visite d'un centre de réintégration des éléphants dans leur environnement. Vente de café karen et d'artisanat.

Le parc national du Doi Inthanon – อุทยานแห่งชาติดอยอินทนนท์ : *au km 31 de la route 1009, village hmong de Ban Khun Klang ; à env 30 km de Mae Chaem et 45 km de Chom Thong. Tlj 5h-18h. Entrée : 300 Bts/pers ; 30 Bts en plus pour la voiture, 20 Bts pour la moto et gratuit pour le vélo (!) ; ½ tarif enfants.*
Le Doi Inthanon est, rappelons-le, le plus haut sommet de Thaïlande avec ses 2 599 m. Y aller à moto ou avec sa propre voiture... C'est en tout cas le seul moyen de se déplacer un peu librement dans le parc, et même, en gros, d'atteindre le sommet du Doi Inthanon. Sinon, il y a quelques *songthaew* au départ de Chom Thong le matin, qui vont à Mae Chaem par la route qui traverse le parc et s'arrêtent au dispensaire local. Mais ensuite, il faudra marcher ou trouver un véhicule au village...
Sur place, infos en anglais basique au *Visitor Center (☎ 286-728 ; tlj 8h-20h).* Pour dormir, camping possible dans la forêt de pins voisine *(30 Bts/pers ; loc de tente 225 Bts pour 3 pers et loc de matériel de camping).* Également quelques *homestays,* dont le *Sureya Mountain View (08-19-51-74-46 ; petits bungalows en dur avec vue à 1 000 Bts pour 2),* situé en surplomb du village. Pour manger, quelques gargotes et un marché hmong à la sortie du bled (vers Mae Chaem), qui vend fruits frais, secs ou confits, miel, etc. Côté visites, voir les jolis jardins du *Royal Project*

(tlj 8h-17h ; entrée : 20 Bts ; coffee shop *et resto servant de la truite)* à l'arrière du village. Sinon, de nombreuses balades sont possibles, notamment pour observer les 385 espèces d'oiseaux, comme le *nature trail* de Pha Dok Seal (3 km). Il y a également une dizaine de chutes d'eau et des villages karen et hmong. Le sommet du Doi Inthanon s'atteint par une route de 16 km. Là-haut, les plateformes de 2 stupas (assez laids, il faut bien le dire) offrent une superbe vue panoramique.

Chom Thong – ชมทอง **:** *km 142.* Le bourg possède un temple dont le *chedî* abrite une importante relique du Bouddha lui-même. Du coup, le village est le théâtre d'une grande fête à la pleine lune de juin. Autour du temple, plusieurs gargotes proposent, entre autres, grillades de poulet et brochettes de bananes.

CHIANG RAI ET LE TRIANGLE D'OR

Triangle d'or : le nom sonne comme un mythe. À l'entendre surgissent des images contrastées de montagnes entremêlées, de fleuves indomptés, de minorités ethniques aux costumes chatoyants, de champs d'opium et de contrebandiers. Si les premiers sont encore bien là, les derniers, rassurez-vous, ont largement disparu... La pointe septentrionale de la Thaïlande se révèle même étonnamment facile à découvrir, que ce soit en bus ou à moto. On l'aborde aisément depuis l'intéressante Chiang Rai, avant de s'élancer jusqu'au célèbre point où Laos, Myanmar et Thaïlande se rencontrent – ou plutôt s'observent – de part et d'autre du majestueux Mékong...

THATON (MAE AI) – ทาตอน

IND. TÉL. : 053

Dominée par une colline où trônent un beau temple et un gros bouddha (belle vue sur la région de là-haut), cette petite ville marque le point de départ d'une descente en bateau de la rivière Kok jusqu'à Chiang Rai. Mais attention, seulement durant la saison humide, à savoir d'avril à novembre surtout. Le reste de l'année, le niveau de l'eau est souvent trop bas pour permettre la navigation. À part ça, Thaton peut aussi être une étape avant de poursuivre vers Mae Salong et Mae Sai, au cœur du Triangle d'Or.

Arriver – Quitter

L'***arrêt des bus*** se situe juste après le pont en venant de Chiang Mai, sur la gauche. Les *songthaew*, eux, attendent 200 m plus loin, sur la route de Chiang Rai.

➢ ***Chiang Mai*** *(terminal Chang Puak)* **:** bus ttes les 30 mn, 5h30-17h. Trajet : env 5h.

➢ ***Chiang Rai :*** pas de bus direct, mais des pirogues (lire « À faire au départ de Thaton » plus bas), du moins avr-nov. Sinon, prendre un *songthaew* (ttes les 30 mn) jusqu'à Kiwsti, puis un autre pour Mae Chan, puis encore un autre pour Chiang Rai (pas très pratique !).

➢ ***Mae Salong :*** 3 *songthaew*/j., à 8h30, 10h30 et 12h30. Trajet : 1h30.

➢ ***Bangkok :*** env 2 bus/j (entre 15h et 16h). Comptez 800 Bts.

Où dormir ?

L'hébergement est chérot à Thaton, pour la qualité proposée.

De bon marché à un peu plus chic (de 300 à 1 500 Bts / 8,60 à 43 €)

🏠 🍽 ***Green Home Garden Resort*** – การ์เด้นโฮมเกสท์เฮ้าส์ : *après le pont, en venant de Chiang Mai, prendre la 1re rue à gauche ; c'est 250 m plus loin. ☎ 053-373-015. • greenhomegardenresort@gmail.com • Petit déj inclus seulement pour les bungalows en bordure de rivière.* Les plus fauchés y trouveront 4 chambres simples et propres avec ventilo à côté de l'accueil, type motel. Plus sympas, les bungalows (à différents prix) en pierre et bambou semés dans une véritable plantation de litchis très touffue. Les plus intéressants sont ceux en « 2de ligne », avec un petit bout de vue sur la rivière, la clim et même une TV à écran plat dans certains. Ceux face à la rivière sont certes mieux, avec en prime une terrasse surélevée (et même une petite plage devant en saison sèche !), mais se louent 2-3 fois plus cher. Resto, location de motos, treks, rafting et réservation du bateau pour Chiang Rai.

D'un peu plus chic à plus chic (de 1 500 à 2 000 Bts / 43 à 57 €)

🏠 🍽 ***Saranya River House*** – สรัญญาริเวอรเฮาส : *juste avt le pont en venant de Chiang Mai, sur la droite, à côté de l'embarcadère pour Chiang Rai. ☎ 373-143. • tatontour@hotmail.com • Petit déj inclus.* « L'hôtel de luxe » du village, et c'est vrai qu'il offre un bon niveau de confort, à défaut d'avoir du charme. Excellente literie et balcon ou terrasse pour toutes les chambres. Piscine. On a bien apprécié aussi l'accueil, et le lieu présente l'avantage d'être juste à côté de l'embarcadère des *long-tail boats* pour Chiang Rai.

🏠 🍽 ***Old Tree's House*** – โอลด์ ทรี เฮ้าส์ : *323 Ban Rumthai, M. 14. 📱 08-57-22-90-02. • oldtreeshouse.net • 500 m après le pont en direction de Chiang Rai ; fléché sur la gauche. Petit déj compris. CB refusées.* Perchée sur les hauteurs de Thaton, une *guesthouse* proposant 7 bungalows de différentes tailles, installés dans une vaste plantation de manguiers avec piscine (un peu froide). Plus que pour la qualité de l'hébergement (bon confort mais déco un peu vieillissante), on viendra pour le bon accueil de Nid et, surtout, la vue splendide sur la région, en particulier depuis la salle vitrée du resto, où se prend le petit déj. En option : laverie, massages et mise en contact avec un guide d'ethnie karen, pour des excursions et treks dans la région.

Où manger ? Où boire un café ?

De bon marché à prix moyens (moins de 300 Bts / 8,60 €)

🍽 ☕ ***Sunshine Café*** – ซันซายน์ คาเฟ่ : *sur la route principale, 100 m à gauche après le pont en allant vers Chiang Mai. Tlj 9h-minuit.* Cette gargote toute simple mais joliment mise, en bambou tressé, est tenue par une dame souriante. On se la coule douce ici, à l'image des hirondelles qui nichent dans les abat-jours chapeaux ! Au menu : des petits déj occidentaux servis toute la journée, de bons petits plats thaïs classiques (vraiment pas chers) et, pour les réfractaires, des baguettes, soupes, salades et autres sandwichs. Bon choix de thés et cafés.

🍽 ☕ ***95 Coffee @ Thaton*** – ร้าน 95 คอฟฟี่ ณ ท่าตอน : *sur la route principale, face au Sunshine Café. 📱 08-35-82-83-91. Tlj 8h-17h.* Petit déj servi toute la journée, grand choix de (très bons) cafés et smoothies, gaufres, pizzas maison et bon accueil de la patronne, qui parle un peu l'anglais : voilà autant de bonnes raisons de faire une pause ici !

🍽 ***Rimok*** – ริมกก : *au bord du fleuve,*

sur la droite après avoir franchi le pont en venant de Chiang Mai. 📱 *08-48-03-63-40. Tlj 10h-22h.* Avec sa salle en bois posée au bord de la rivière, une bonne adresse où dîner. Cuisine thaïe uniquement, ne manquant pas de goût (ni de piquant !) et ne lésinant pas sur les quantités. Belle animation certains soirs. Pas d'anglais parlé, en revanche.

À faire au départ de Thaton

Descente de la rivière Kok

L'amélioration du réseau routier ayant été fatale au trafic fluvial, il n'y a plus que les pirogues de touristes sur la rivière. L'authenticité de ce petit périple s'en trouve pas mal altérée, mais les collines verdoyantes que l'on traverse en chemin restent jolies et quelques minirapides apportent une pointe de frisson. Sachez toutefois que la navigation n'est généralement pas possible pendant la saison sèche, à savoir grosso modo de décembre à mars ou avril. Le reste de l'année, outre la pirogue quotidienne pour Chiang Rai, on peut aussi en chartériser une pour aller où l'on veut et prévoir diverses escales en chemin (villages riverains, sources chaudes, etc.). Plusieurs minorités ethniques (Lisu, Akha, Karen, Yao et Lahu) vivent dans le secteur, sur les berges ou à 1 ou 2h de marche dans les terres. Compter alors 2 200 Bts pour 4-5h avec 3 arrêts, ou environ 3 000 Bts pour toute la journée, pour maximum 6 personnes.
L'embarcadère se trouve à environ 100 m du pont, sur la droite en venant de Chiang Mai. Le bureau de résa est ouvert tous les jours de 8h à 17h *(☎ 053-727).*
La ***pirogue quotidienne de Chiang Rai*** part à 12h30, s'il y a 6 personnes, ou si ceux qui sont présents sont prêts à payer le prix de 6 personnes. Compter 400 Bts par personne et 3h-3h30 de trajet. Si c'est plein, un autre bateau est généralement ajouté. Mieux vaut emporter de l'eau et de quoi grignoter, car le bateau ne fait qu'un « arrêt-pipi » dans le village de Ruanmit, à 10 km de Chiang Rai. Pour ceux qui le souhaitent d'ailleurs, il est possible de passer la nuit dans ce village et de rejoindre Chiang Rai par la route le lendemain. Enfin, sachez que l'on peut faire le trajet en sens inverse, de Chiang Rai (départ à 10h30) à Thaton (arrivée à 14h30) mais à contre-courant, raison pour laquelle cela prend un peu plus de temps.

CHIANG RAI – เชียงราย

IND. TÉL. : 053

• Plan *p. 300-301*

Point de départ vers la région mythique du Triangle d'or, la paisible Chiang Rai n'a pas grand-chose en commun avec sa bouillonnante grande sœur Chiang Mai. Encore moins gracieuse de prime abord, cette capitale locale somnole dans une torpeur toute provinciale que seule vient bousculer l'effervescence sympathique du *Night Bazaar,* où toute la ville se presse chaque soir comme à la kermesse. Le jour, il suffit de quelques tours de roue pour découvrir, dans les environs, une poignée de sites intéressants, au premier rang desquels le fameux (et même incontournable) White Temple.

Arriver – Quitter

En bus

Chiang Rai possède 2 gares routières : une en plein centre-ville, d'où partent les bus pour la région du Triangle d'or, et une autre, à 5 km au sud, pour les trajets longues distances vers le centre et le sud du pays. Les bus de la compagnie *Green Bus (la principale ; ☎ 266-480)* desservant Chiang Mai s'arrêtent aux 2 gares, à l'aller comme au retour. Pour aller de l'une à l'autre, *songthaew* toutes les 20-30 mn (20 Bts).

Gare routière longues distances – Terminal 2 *(hors plan par B3,* ***1****)* ***:*** *sur Phahon Yothin (route de Chiang Mai), à 5 km au sud du centre. ☎ 774-369.*

➢ ***Chiang Mai :*** env 20 bus/j., 2e classe, 1re classe ou VIP, 6h-18h env. Trajet : 3h30-4h.

➢ ***Bangkok :*** plus de 20 bus/j., mais seulement le mat (7h-9h40) et en fin d'ap-m (16h30-19h30). Certains passent par ***Kamphaeng Phet.*** Trajet : 11h-12h.

➢ ***Sukhothai :*** 5 bus/j., 7h30-12h. Trajet : env 7h30.

➢ ***Phitsanulok :*** ttes les heures 6h-19h30. Trajet : 6-7h.

➢ ***Phuket :*** 1 bus/j., vers15h. Plus de 24h de trajet !

➢ ***Luang Prabang*** *(Laos)* ***:*** avec *The Transport C° (☎ 774-369),* bus les lun, mer, ven et dim vers 12h30, via Luang Nam Ta et Udom Xai ; arrivée le lendemain vers 6h. Compter env 950 Bts. Il y a aussi 2 bus/j. (10h et 16h30) pour ***Bokeo.***

– Pas de bus pour le ***Myanmar.*** Se rendre à Mae Sai.

Gare routière pour le Triangle d'or – Terminal 1 *(plan B2,* ***2****)* ***:*** *sur Prasopsuk Rd, en plein centre, à côté du Night Bazaar.*

➢ ***Chiang Mai :*** même fréquence qu'à la gare routière longues distances (lire ci-avant).

➢ ***Mae Sai*** *(frontière birmane)* ***via Mae Chan :*** bus ttes les 30 mn, 6h-18h30. Trajet : env 2h (1h pour Mae Chan).

➢ ***Chiang Saen, via Mae Chan :*** départs ttes les 40 mn, 6h-19h (ttes les heures avec *Green Bus,* 6h-18h). Compter 2h.

➢ ***Chiang Khong*** *(frontière laotienne)* ***:*** bus ttes les 30 mn, 6h-17h. Trajet : 2h-2h30.

➢ ***Mae Salong :*** prendre un bus pour Mae Sai, descendre à *Ban Pa Sang* et, de là, prendre un *songthaew* (départs fréquents du marché de jour).

➢ ***Fang :*** 2 bus/j., vers 8h et 14h. Trajet : 2h.

➢ ***Pour le Doi Tung :*** prendre un bus pour Mae Sai, descendre à *Ban Huai Khrai* et, de là, prendre un *songthaew.*

➢ ***Pour le Triangle d'or (Sop Ruak) :*** 1 bus/j., en début d'ap-m, avec *Green Bus.* Sinon, bus pour Chiang Saen (voir plus haut) puis *songthaew* pour les 10 km restants. Compter 2h de trajet.

En avion

✈ ***Mae Fah Luang International Airport*** *(hors plan par C1)* ***:*** *à env 9 km au nord de la ville, sur la route de Mae Chan. ☎ 798-000. • airportthai.co.th •* Sur place : *Tourist Assistance* au niveau des arrivées internationales *(tlj 6h-21h30),* bureaux de change, distributeurs, loueurs de voitures, poste. Pour se rendre au centre-ville : *taxi-meter* à l'extérieur du hall d'arrivée (compter 150 Bts) ou bus-navette au niveau de l'*exit 1,* ttes les 30 mn env 6h50-22h30, qui vont jusqu'aux gares routières 1 et 2 (à peine 20 Bts).

➢ ***Bangkok :*** nombreux vols quotidiens. *THAI* et *Bangkok Airways* desservent l'aéroport international de Suvarnabhumi, *Nok Air, Thai Lion Air* et *Air Asia* (compagnies *low-cost*) celui de Don Muang.

➢ ***Kunming (Chine) :*** 1 vol/j., avec *China Eastern.*

En pirogue

➢ En descendant la rivière Kok depuis Thaton (voir plus haut à cette ville, « À faire au départ de Thaton. Descente de la rivière Kok »).

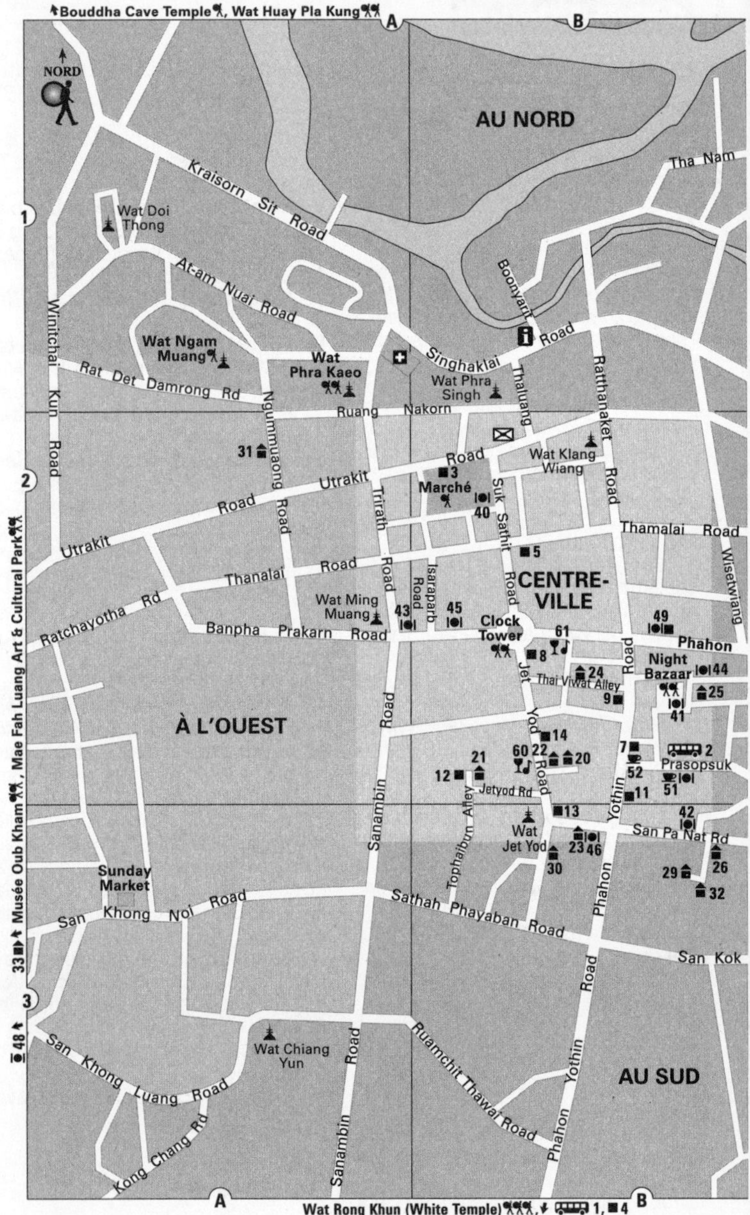
Bouddha Cave Temple, Wat Huay Pla Kung
NORD
AU NORD
Tha Nam
Kraisorn Sit Road
Wat Doi Thong
At-am Nuai Road
Boonyarit
Road
Winitchai Kun Road
Wat Ngam Muang
Wat Phra Kaeo
Singhaklai
Wat Phra Singh
Thaluang
Ratthanaket Road
Rat Det Damrong Rd
Ruang Nakorn
Ngummuaong Road
31
Road
Wat Klang Wiang
3
Marché
40
Utrakit Road
Utrakit
Suk Sathit Road
Thamalai Road
Wisetwiang
5
Thanalai Road
Tirath Road
Isaraparb Road
CENTRE-VILLE
Ratchayotha Rd
Wat Ming Muang
43
45
Clock Tower
49
Banpha Prakarn Road
61
Phahon
8
Night Bazaar
44
Jet
24
Thai Viwat Alley
Road
25
9
41
À L'OUEST
Sanambin Road
Yod Road
14
60
22
20
7
2
21
52
Prasopsuk
12
Jetyod Rd
51
11
Yothin
42
13
Wat Jet Yod
23
46
San Pa Nat Rd
30
26
Tophaibun Alley
Sunday Market
29
32
Phahon
San Khong Noi Road
Sathah Phayaban Road
San Kok
33
Road
Musée Oub Kham, Mae Fah Luang Art & Cultural Park
48
Ruamchit Thawai Road
Wat Chiang Yun
San Khong Luang Road
Sanambin Road
Yothin
AU SUD
Kong Chang Rd
Phahon
A
B
1
2
3
Wat Rong Khun (White Temple), 1, 4
Khun Korn Waterfall

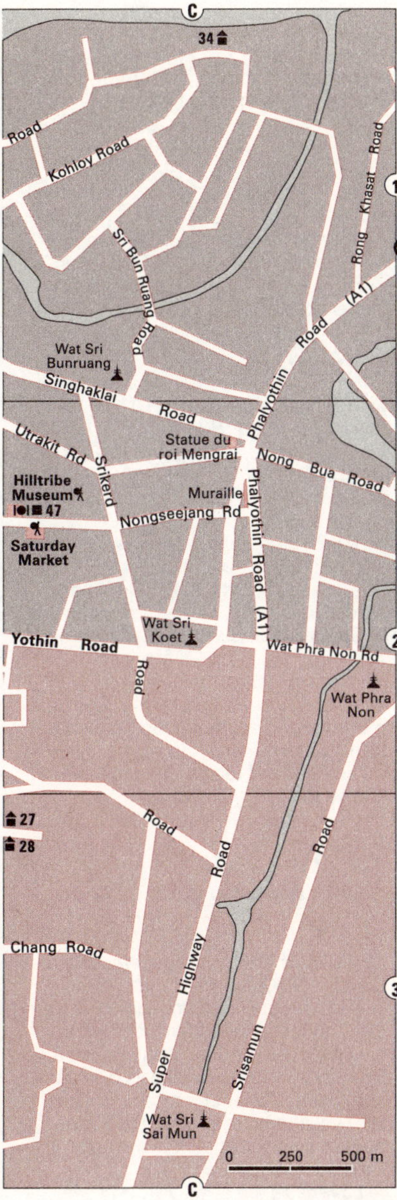

Adresses utiles

- 1 Gare routière longues distances (hors plan par B3)
- 2 Gare routière pour le Triangle d'or (B2)
- 3 Songthaew (B2)
- TAT (B1)
- 4 Tourist Police (hors plan par B3)
- 5 Bangkok Bank (B2)
- 6 Immigration Office (hors plan par C1)
- 7 Pharmacie Boots (B2)
- 8 ST Motorcycle (B2)
- 9 Simply Exchange (B2)
- 11 Elephant Valley Thailand (B2)
- 12 Orn's Bookshop (B2)
- 13 Laveries (B2-3)
- 14 Lanna Trek (B2)
- 47 PDCA (C2)
- 49 Budget (B2)

Où dormir ?

- 20 Baan Bua Guesthouse (B2)
- 21 Mercy Hostel (B2)
- 22 Orchids Guesthouse (B2)
- 23 Bed Friend Poshtel (B3)
- 24 Bed and Bike Poshtel (B2)
- 25 Busket Hostel (B2)
- 26 Baan Baramee Guesthouse (B3)
- 27 Baan Warabordee (C3)
- 28 Baan Malai Guesthouse (C3)
- 29 Grandma Kaew House (B3)
- 30 Baan Jaru (B3)
- 31 Baan Rub Aroon Guesthouse (A2)
- 32 Na-Rak-O Resort (B3)
- 33 De Hug Hotel (hors plan par A3)
- 34 The Legend Chiang Rai (C1)

Où manger ?

- 40 Marché de jour (B2)
- 41 Night Bazaar (B2)
- 42 Pad Thai - Thai Food (B3)
- 43 Kunda Vegan Vegetarian (A-B2)
- 44 Oasis Vegetaurant (B2)
- 45 Cantine thaïe (B2)
- 46 Barrab (B3)
- 47 Cabbages and Condoms (C2)
- 48 Moommai (hors plan par A3)
- 49 Ribs & Co (B2)
- 50 Chivit Thamma Da (hors plan par C1)

Où boire un café ?
Où manger une pâtisserie ?

- 51 Baan Chivit Mai Bakery (B2)
- 52 Cat 'n' a Cup Café (B2)

Où boire un verre ?
Où sortir ?

- 60 Peace House Bar (B2)
- 61 Cat Bar et Kaffee Hub (B2)

CHIANG RAI

Transports en ville

– ***Songthaew :*** ils sont bleus en ville. Certains rallient aussi les bourgades proches. L'arrêt principal se trouve au marché de jour, en face du *7/Eleven (plan B2,* ***3****).*

– ***Tuk-tuk :*** compter 20-30 Bts pour une course dans le centre-ville.

Adresses et infos utiles

Infos touristiques

TAT – ท.ท.ท. *(office de tourisme ; plan B1)* ***:*** *448/16 Singhaklai Rd. ☎ 717-433. • tourismthailand.org/chiang-rai • Tlj 8h30-16h30.* On peut passer y prendre une carte de la ville et de la région, ainsi qu'un dépliant avec des circuits vélo (de 6 à 50 km) à faire autour de Chiang Rai. À part ça, pas grand-chose à en tirer.

■ ***Tourist Police*** *(hors plan par B3,* ***4****)* ***:*** *sur la route du White Temple, au sud de la ville. N° national : ☎ 1155.*

Argent, change

Nombreux distributeurs et plusieurs bureaux de change dans le centre, en particulier sur Phahon Yothin Road *(plan B2),* aux abords du *Night Bazaar.* Là, le ***Simply Exchange*** *(plan B2,* ***9*** *; tlj 10h30-21h),* par exemple, offre un bon taux. Pour *Western Union,* aller à la ***Bangkok Bank*** *(plan B2,* ***5****),* sur Thanalai Road, à l'angle de Suk Sathit Road *(ouv lun-ven 8h30-16h).*

Santé

Overbrook Hospital – โรงพยาบาลโอเวอร์บรู๊ค *(plan A-B1)* ***:*** *à l'angle de Singhaklai et de Trirath Rd. ☎ 711-366. Service 24h/24.* L'hôpital de Chiang Rai, très coté.

■ ***Pharmacie Boots*** *(plan B2,* ***7****)* ***:*** *873/7-8 Phahon Yothin Rd. ☎ 600-983. Tlj 11h-22h.* Vend des médicaments et des articles d'hygiène que l'on trouve en Europe.

Immigration

■ ***Immigration Office*** – สำนักงานตรวจคนเข้าเมือง *(hors plan par C1,* ***6****)* ***:*** *117 Moo 10, Tambon Wiang Phang Kham ; sur la route de l'aéroport, à 5 km env du centre. ☎ 175-376. Lun-ven 8h30-16h30. Fermé w-e.* Pour prolonger votre séjour.

Transports

■ ***ST Motorcycle*** – เอสที มอเตอร์ไซค์ *(plan B2,* ***8****)* ***:*** *1025/34-35 Jet Yod Rd, à 50 m de la Clock Tower. ☎ 713-652. 08-40-09-78-40. • st_motorcycle@hotmail.com • Tlj 8h-19h. Scooters 200-250 Bts/j. (110-125 cm³) ; env 1 000 Bts/j. pour une moto 250 cm³ ; également des voitures : env 1 200 Bts/j.* On y parle l'anglais.

■ ***Budget*** *(plan B2,* ***49****)* ***:*** *590/2 Phahon Yothin Rd. ☎ 740-442 (agence). • goldenchiangrai.com • budget.co.th • Tlj 8h-18h. À partir de 1 100 Bts/j.* Couplé à un hôtel et à une agence d'excursions *(Golden Triangle Tours),* ce loueur de voitures est recommandable pour son sérieux.

Divers

■ ***Orn's Bookshop*** *(plan B2,* ***12****)* ***:*** *au bout d'une ruelle, derrière le Wat Jet Yod. 08-10-22-08-18. Tlj 8h-20h.* Après avoir tenu une *guesthouse* à Chiang Mai, Orn et Peter ont opté pour la vie plus pépère de bouquiniste. Les livres d'occase inondent tout le rez-de-chaussée de leur petit pavillon. Beaucoup de titres en anglais bien sûr, pas grand-chose en français. Si vous avez vous-même des bouquins à abandonner, vous aurez droit à une réduc à l'achat.

■ ***Laveries*** *(plan B2-3,* ***13****)* ***:*** *2 laveries, à côté l'une de l'autre, sur Jet Yod Rd, en face du Wat Jet Yod. Tlj 8h-16h pour l'une et 9h-21h pour l'autre.*

Où dormir ?

La ville offre un grand choix de *guesthouses,* d'*hostels* et d'hôtels à prix abordables. La plupart sont dans le centre, ou à 5-10 mn à pied de ce dernier. Beaucoup proposent (ou revendent) des treks ou des excursions vers le Triangle d'or. Côté prix enfin, la haute saison va de novembre à mars, comme un peu partout dans la région.

Bon marché (max 600 Bts / 17 €)

Baan Bua Guesthouse – บ้านบัว เกสท์เฮ้าส์ *(plan B2,* ***20****) : 879/2 Jet Yod Rd.* ☎ *718-880. Juste après l'Orchids Guesthouse (indiqué). CB refusées.* Voilà une *guesthouse* à la fois centrale et tranquille, située au bout d'une impasse, en retrait de l'animation. On y trouve 17 chambres correctes de plain-pied, avec salle de bains et, pour certaines, la clim, réparties dans 2 pavillons. Mais l'atout du lieu, c'est le vaste jardin fleuri et garni de tables, véritable havre de paix au cœur même de la ville ! Possibilité de petit déj. Accueil sympa.

Orchids Guesthouse – ออร์คิดเกสท์เฮ้าส์ *(plan B2,* ***22****) : 1012/3 Jet Yod Rd.* ☎ *718-361.* ● *orchidsguesthouse@yahoo.com* ● Un peu en retrait de Jet Yod Road, dans 2 petits bâtiments façon motel qui se font face, vous trouverez ici des chambres plus fonctionnelles que charmantes, mais très convenables pour le prix (moins de 15 € la double), avec salle de bains, TV câblée, clim et ventilo. Pas de jardin pour se poser, mais café, thé et bananes le matin à la réception.

De bon marché à prix moyens (à partir de 200 Bts en dortoir, double jusqu'à 800 Bts / 5,70 à 23 €)

Mercy Hostel – เมอร์ซี่ โฮสเทล *(plan B2,* ***21****) : 1005/22 Jet Yod Rd.* ☎ *711-075.* 📱 *08-04-97-60-66.* ● *mercyhostelchiangrai.com* ● L'un des meilleurs *hostels* de la ville, typique de cette nouvelle génération d'AJ qui se répand en Thaïlande. Il abrite une dizaine de bons dortoirs de 8 lits (lumière et prise individuelles) et 5 chambres privées plus agréables que celles de la plupart des hôtels. Équipées d'une douche-pluie et d'une courette, elles ouvrent toutes, en prime, sur une piscine. Ajoutons à cela un coin cuisine (eau, café et biscuits offerts le matin), d'agréables parties communes avec billard et la réception, très pro, ouverte 24h/24. Location de scooters.

Bed Friends Poshtel – โรงแรมเบดเฟรนด *(plan B3,* ***23****) : 897/20-25 Phaholyothin Rd.* ☎ *602-691.* 📱 *09-03-17-99-16.* ● *bedfriendsposhtel.com* ● Tout beau, tout neuf, ce très agréable *hostel* nous a séduits par la qualité de ses chambres, en dortoir ou privées, mais toutes nickel et bien arrangées, dans des tons harmonieux. Certaines sont pour les familles. Sanitaires rutilants (communs pour la plupart des chambres). Également un espace pour le petit déj avec grille-pain, frigo et machine à expressos. Resto attenant. Accueil souriant (le nom n'est pas usurpé !).

Bed & Bike Poshtel – เบด แอนด์ ไบค์ พอชเทล *(plan B2,* ***24****) : 869/53-54 Thai Viwat Alley.* 📱 *06-48-48-65-66.* ● *bedandbikechiangrai@gmail.com* ● Belle façade en fer noir, qui augure un hébergement de qualité à l'intérieur. Et, en effet, les dortoirs (4-8 lits) et chambres privées, sur 4 niveaux, sont vraiment séduisants et bien finis, avec partout ce savant mélange de béton et de métal, dans les tons gris. Coin pour se faire son petit déj (mais rien n'est fourni). Billard au rez-de-chaussée et, bien sûr, location de vélos. Un bon rapport qualité-prix ici encore.

Busket Hostel – บัสเก็ต โฮสเตล *(plan B2,* ***25****) : 612/28 Wiang, Muang.* 📱 *09-93-69-52-55.* Derrière le *Night Bazaar,* charmant petit *hostel* de faible capacité, mais tout y est pimpant et joliment décoré, des dortoirs (4-6 lits) aux 2 doubles, en passant par les sanitaires et l'espace petit déj (léger mais inclus) en mezzanine ! Location de scooters et excursions. Et on est à 2 enjambées de l'animation nocturne.

Baan Baramee Guesthouse – บาน บารมี เกสตเฮาส *(plan B3,* ***26****) : 28/18*

San Panard Rd, Soi 2/2. 08-82-61-21-63. • korn9292@hotmail.com • Petit déj compris. Une des bonnes adresses de ce secteur très calme, presque campagnard et pourtant à 5-10 mn à pied du centre-ville. Une bonne quinzaine de chambres sur 2 niveaux le long de couloirs extérieurs qui courent sur les flancs d'un bâtiment vert. Vraiment rien à redire pour le prix, elles sont très bien tenues et tout confort, avec frigo, écran plat, clim et lit ferme. De plus, le petit déj-buffet est compris, avec un plat asiatique différent chaque jour. N'hésitez pas.

Baan Warabordee – บ้านวราบ ดี *(plan C3, 27)* : 59/1 San Panard Rd, Moo 18. ☎ 754-488. • warabordee59@hotmail.com • Petit déj compris. Dès l'abord, on est séduit par le jardinet zen qui longe le bâtiment aux murs chaulés, coiffé d'un toit rouge. Les chambres, au sol en terre cuite, sont de bon aloi et bien équipées (clim, TV, frigo et bonne literie), avec quelques cadres pour la déco. Pour 100 Bts de plus, on peut opter pour celles avec balcon privé. Excellent accueil.

Baan Malai Guesthouse – บ้านมาลัย เกสเฮ้าส์ *(plan C3, 28)* : 32/2 Moo 18, San Panard Rd. ☎ 713-922. Petit déj inclus. En face du précédent, une autre *guesthouse* calme et bien tenue, avec des chambres plutôt agréables et spacieuses, dans les tons marron clair. Tout le confort de base est là et l'accueil est chaleureux.

Grandma Kaew House – แกรนด์มา แก้ว เฮ้าส์ *(plan B3, 29)* : 78 Moo 18, Sanpanat Rd, soi 2/1. 08-18-59-98-58. • fang_1995@live.com • Pas de grand-mère ici, mais une famille anglo-thaïe discrète qui vous accueille dans sa maison bien mise nichée au fond d'une impasse tranquille. Les chambres, à la déco simple, sont bien confortables (clim, frigo, bouilloire, écran plat), avec des lits aux draps bien repassés. Service laverie et location de scooters (et même de voitures).

De prix moyens à un peu plus chic (de 600 à 1 200 Bts / 17 à 34 €)

Baan Jaru – บ้านจารุ *(plan B3, 30)* : 1003 Jedyod Rd. ☎ 713-640. 09-65-36-36-29. • baanjaru@gmail.com • Petit déj inclus. Notre adresse préférée dans cette catégorie ! Voici un hôtel coloré à taille très humaine, constitué de 2 bâtiments séparés par une petite cour intérieure. Celui de gauche, le plus ancien, abrite une petite dizaine de chambres à la literie moelleuse et douche à l'italienne, toutes décorées un peu différemment mais toutes nickel. Dans celui de droite, une poignée de chambres plus récentes... et encore mieux ! Sans oublier l'agréable cottage (un peu plus cher). Petit déj avec toasts, œufs, fruits et café machine, servi dans un petit espace à côté de la réception. Patron thaï accueillant et anglophone.

Na-Rak-O Resort – น่ารักอ่ะ รีสอร์ท *(plan B3, 32)* : 56 Sanpanat Rd, soi 2/1. 08-19-51-78-01. • na-rak-o-resort-th.book.direct • Aucun doute : la patronne aime la déco. De loin, on croirait une toile de Mondrian, avec ses carrés colorés juxtaposés. De près, on découvre des portes de couleur vive, des poufs jaunes, des murs rouges, des parasols verts, un cadre penché ou même vide... Les chambres occupent 2 bâtiments, un de chaque côté de la rue : on préfère un peu celles du plus petit (plus lumineuses), mais elles sont toutes bien et équipées de bons matelas. Cuisine commune pour se préparer un petit déj à partir des produits laissés à disposition (et à compléter éventuellement). Jolie terrasse. Une adresse originale.

Baan Rub Aroon Guesthouse – บ้านรับอรุณ *(plan A2, 31)* : 65 Ngum-muaong Rd. ☎ 711-827 ou 711-234. 08-96-35-71-67. • baanrubaroon.com • Petit déj inclus. En périphérie du centre, cette *guesthouse* occupe une grande villa blanche en bois entourée d'un jardin. La souriante Sukhon, anglophone, y propose 6 chambres avec ou sans clim, vastes et lumineuses (sauf une au rez-de-chaussée) mais un peu surévaluées car sans beaucoup de déco et devant se partager 2 salles de bains. Préférez les 2 chambres plus modernes avec sanitaires privés dans une petite annexe du jardin, un peu plus chères mais plus confortables. Une adresse qu'on conseille surtout pour son atmosphère un peu coloniale surannée, loin de celle des hôtels classiques. Sukhon n'habite pas là et, le soir, un gardien dort sur place et prépare les petits déj, que l'on peut prendre dans le jardin. Cuisine à dispo et prêt de vélos.

D'un peu plus chic à chic (autour de 1 500 Bts / 43 €)

De Hug Hotel – เดอ ฮัก โฮเทล *(hors plan par A3, **33**) : 196/4 Moo 16, Robwieng, Mueng. ☎ 711-789. 📱 09-31-35-56-00. • dehughotel.com • À env 2 km du centre. Petit déj inclus.* Pour ceux qui cherchent un hôtel fonctionnel, net et sans bavure, cet établissement (un peu excentré) est une bonne option. Une soixantaine de chambres en tout, un peu froides peut-être pour les *superior* (1er prix), au sol carrelé, mais toutes impeccables et très bien équipées. Piscine. Petit déj-buffet. Bref, de bonnes prestations !

De chic à très chic (à partir de 2 500 Bts / 71,40 €)

The Legend Chiang Rai *(plan C1, **34**) : 124/15 Moo 21, Kohloy Rd ; tt au nord de la ville (fléché). ☎ 910-400. • thelegend-chiangrai.com • Doubles à partir de 2 500 Bts (bcp plus pour les* pool villas *!).* Un établissement de luxe qui s'étend dans un grand parc venant mourir sur les berges de la rivière Kok. Les chambres, vastes et évidemment très confortables, sont réparties dans de petits chalets dispersés au gré des allées. Plusieurs catégories, mais on conseille de vous en tenir aux *superior rooms* (les moins chères), qui offrent le meilleur rapport qualité-prix. Toutes ouvrent sur un balcon ou une terrasse avec balancelle. Vasques des lavabos comme vaisselle du petit déj sont l'œuvre d'un céramiste local. En prime : une belle piscine à débordement donnant sur la rivière, un spa et 2 restos (thaï et italien). Location de vélos. Profitez des belles promos !

Où dormir dans les environs ?

Bambuh Boutique Homestay – แบมบู บูติค โฮมสเตย *: 82 Moo 3 T. Nanglae Muang, à env 12 km au nord de Chiang Rai. 📱 08-69-19-33-70 ou 08-41-51-12-55. • bambuhboutique.com • Un peu au-delà du Baandam Museum en venant de Chiang Rai, par une route qui part sur la gauche et s'enfonce dans la campagne. Doubles 1 300-2 450 Bts (hors période de fin d'année).* Si l'envie de vous isoler un peu dans la campagne thaïe vous taraude, c'est l'endroit ! Tenu par un accueillant couple hollando-thaï, ce « homestay » offre 7 chambres super agréables, tout en bois ou, au contraire, en béton ciré et couleurs terre, d'un goût exquis. La plupart avec patio ou, à l'étage, une terrasse en bois donnant sur les rizières. De quoi bien déconnecter, d'autant qu'il y règne un grand calme. Petit déj et dîner en option, à prix très raisonnables. Notre coup de cœur dans le coin !

Où manger ?

Bon marché (jusqu'à 150 Bts / 4,30 €)

Marché de jour – ตลาดกลางวัน *(plan B2, **40**) :* dès 11h ou 12h (et jusque 17h), les stands carrelés en plein centre du marché couvert servent une cuisine authentique, pour 3 fois rien. Lire aussi « À voir ».

Night Bazaar – ไนท์บาซ่าร์ *(plan B2, **41**) : ouv 18h-23h.* Le haut lieu de la vie « nocturne » de Chiang Rai, à fréquenter au moins une fois ! Les gargotes entourent un vaste espace garni de tables et chaises en fer jaunes, et l'on grignote ici une brochette de poulet, là des croustillons de crevettes, un poisson grillé, un *tom yam,* une fondue (la star du bazar !) ou, pourquoi pas, une barquette de vers à soie ou de criquets (le moment ou jamais d'essayer !)... Pour arroser le tout, une *Singha,* en profitant du spectacle musical gratuit sur la scène. Beaucoup de monde et atmosphère vraiment typique.

IOI ***Pad Thai – Thai Food*** – ผัดไทย ไทยฟู้ด *(plan B3,* ***42****) : 7/3 Moo 18, San Panard Rd. Tlj 8h30-23h30.* Quelques tables sous une paillote, à priori pas de quoi faire des kilomètres pour venir jusqu'ici... si ce n'est qu'on y sert peut-être les meilleures *pad thai* de Chiang Rai ! À part ça, riz frit et autres petits plats simples et efficaces, à accompagner de bons jus frais. Excellent rapport qualité-prix.

IOI ***Oasis Vegetaurant*** – โอเอซิส เว็ท เจททัวร็องท์ *(plan B2,* ***44****) : planqué derrière le Night Bazaar, dans un immeuble jaune de 3 étages. ☎ 740-525. Tlj 7h-19h.* Dans cette cafét' végétarienne de quartier sans cachet, on choisit son plat au comptoir : salades, nouilles, riz, croquettes de légumes et préparations diverses au tofu – dont des « saucisses ». Attention aux sauces, bien épicées ! Les couverts sont dans le bahut, et l'eau est en libre-service. Bon et pas cher du tout.

IOI ***Cantine thaïe*** – ร้านอาหารไทย เพชรบุรี *(plan B2,* ***45****) : 421/6-7 Banpha Prakarn Rd. Tlj 7h-20h.* Seul son nom thaï apparaît en devanture, mais repérez-vous au numéro. Une cantine, toujours blindée le midi, qui se résume à une volée de tables en ferraille et chaises en plastoc, plus une vitrine à l'entrée pour choisir ses plats de visu : sauté de liserons d'eau (les fameux « morning glory »), pousses de soja au tofu et bien d'autres plats, de viande et de poisson notamment. Pour le dessert : *mango and sticky rice.* Rapport qualité-prix assez imbattable. D'autres cantines du même genre dans la rue.

Prix moyens (de 150 à 300 Bts / 4,30 à 8,60 €)

IOI ***Kunda Vegan Vegetarian*** *(plan A-B2,* ***43****) : 372 Trairat Rd. Tlj sauf lun 9h-17h.* Soyons clairs : on ne viendra pas ici pour manger thaï, mais tout simplement pour se régaler ! Tenu par Lena, une Polonaise qui a vécu à Paris, ce resto végétarien ouvert sur la rue fait vraiment dans la dentelle culinaire, avec des plats à base d'œufs et de diverses légumineuses (mais pas de tofu, car il est génétiquement modifié en Thaïlande), des tartines, sandwichs, burgers et salades, le tout minutieusement concocté, copieux et plein de goût ! Parfait aussi pour le petit déj (bon choix de thés et de vrais cafés). Le tout dans une salle bien agréable aux couleurs terre, garnie de beaux meubles en bois locaux, avec mezzanine. N'hésitez pas !

IOI ***Barrab*** – ร้านอาหาร บาลาบ *(plan B3,* ***46****) : 897/60 Phahonyothin Rd. 📱 09-48-12-66-70. Tlj sauf mer 11h-20h (dernière commande).* Petit resto sur 2 étages aux nappes en tissu coloré et chaises en bois, géré d'une main de fer par une patronne qui parle bien l'anglais et explique la carte en détail : les salades « Barrab » et, surtout, les spécialités du nord du pays, comme la saucisse de porc au gingembre, galanga et citronnelle, le curry *Hung Lay* (au porc et légumes) et le *Khao Say* (soupe de nouilles – attention, piquante ! – au poulet)... C'est succulent, pas bien cher et servi généreusement, que demander de plus ? Douce ambiance et clientèle essentiellement étrangère.

IOI ***Ribs & Co*** – รานอาหารริบส์ แอนด์ โค *(plan B2,* ***49****) : Phahonyothin Rd. 📱 06-39-56-69-29. Tlj 11h-21h45 (dernière commande).* Dans une salle au goût du jour ou aux quelques tables sur le trottoir, on dévore ici des travers de porc, marinés comme il faut et tendres à souhait, avec de la salade délicatement assaisonnée et des frites. D'autres plats « occidentaux » à la carte (spaghettis, *fish and chips*...) qui ne vous ruineront pas. Belle animation en soirée et service agréable.

IOI ***Cabbages and Condoms*** – ร้านอาหารแคบแบจแอนด์คอนดอม *(plan C2,* ***47****) : 620/1 Thamalai Rd. ☎ 719-167. Au rdc du Hilltribe Museum. Tlj 10h-minuit. Plats 59-329 Bts.* Ce resto est lié, comme à Bangkok, à l'association PDA (Population Development Association), qui œuvre pour le planning familial, et à laquelle sont reversés tous les bénéfices. Ceux qui ont envie de faire une B.A. y goûteront une cuisine

CHIANG RAI ET LE TRIANGLE D'OR

thaïe de bonne tenue (currys, poulet aux noix de cajou, poisson entier grillé, etc.) dans un cadre net, avec même de la musique live le soir. Plus tranquille (et même un peu mort) en journée.

En dehors du centre

De prix moyens à un peu plus chic (de 150 à 400 Bts / 4,30 à 11,40 €)

Chivit Thamma Da – ร้านอาหาร ชีวิต ธรรมดา คอฟฟี่ เฮาส์ *(hors plan par C1, **50**) : 179 Moo 2, Rim Kok, à env 3 km du centre, de l'autre côté de la rivière Kok. ☎ 166-967. Tlj 8h-20h.* Un café-resto-salon de thé installé dans 2 maisons en bois, de type colonial, au bord de la rivière, avec en prime des tables en terrasse dans un espace-jardin face à l'eau. Une situation évidemment très romantique, qui attire une clientèle locale nombreuse (en particulier le week-end !) venue se repaître de plats asiatiques ou de pâtes italiennes, salades et autres *western favorites* (burgers, boulettes suédoises, etc.), sans oublier les *all-day breakfasts* (en vedette : les œufs *Benedict* !)... ni les gâteaux et la pâtisserie maison, servis avec tout type de cafés. Bonne ambiance jazzy animée. De quoi passer un bon moment.

Moommai – ร้านอาหารมุมไม้ *(hors plan par A3, **48**) : 64 San Khong Luang Rd (à 2 km env du centre) ; enseigne verte, en thaï, au bout de la rue, juste avt le croisement avec Sridonchai Rd. ☎ 716-416. Tlj 11h-20h.* Tables dispersées dans un jardin touffu plein de couleurs, semé de guirlandes de louches faites en calebasses et de nains de jardin rigolards version asiatique. Voilà pour le décor. Dans l'assiette, une cuisine du Nord, lanna en particulier, savoureuse... et relevée. Essayez, par exemple, le porc haché aux herbes, la soupe de *ribs* à la pâte de tamarin ou la salade de mangue à la noix de coco. Plein d'autres plats thaïs plus traditionnels à la carte.

Où boire un café ? Où manger une pâtisserie ? Où caresser un chat ?

Baan Chivit Mai Bakery – บ้านชีวิตใหม่ เบเกอรี่ *(plan B2, **51**) : Prasopsuk Rd, en face de la gare routière pour le Triangle d'or. Tlj 8h-17h (16h w-e).* Consommer en faisant une bonne action ? L'association Baan Chivit Mai œuvre en faveur des enfants et adolescents pauvres ou séropositifs, en leur offrant lieu de vie et éducation. Ici, vous trouverez un café tout en bois et propret, où siroter un jus ou une bonne boisson chaude en grignotant un cookie ou l'une des meilleures viennoiseries de la ville.

Cat 'n' a Cup Café – คาเฟ่แมว *(plan B2, **52**) : 596/7 Phahon Yothin Rd, à côté du* Night Bazaar. *Tlj sauf jeu 11h30-20h.* En voilà une bonne idée : permettre de faire une pause thé, café ou smoothie (très bon !) en compagnie de petits félins ! Pas moins de 25 chats de races différentes déambulent en effet librement dans la salle lumineuse de ce café, certains somnolant dans un coin, d'autres grimpant sur les étagères et escaliers conçus pour eux, d'autres encore daignant offrir leur pelage tout doux à une main étrangère. S'ils se montrent farouches, achetez donc un *cat snack,* vous les verrez affluer... Et ne vous inquiétez pas pour l'hygiène : les caisses sont bien planquées, et tout est très propre.

Où boire un verre ? Où sortir ?

Pas grand-chose pour faire la java dans cette ville... C'est surtout du côté du *Night Bazaar* (voir « Où manger ? ») que vous trouverez l'animation la plus sympa le soir venu. Sinon, ça bouge un peu aussi du côté de Jet Yod Road, avec entre autres le ***Peace House Bar*** *(plan B2, **60**),* qui accueille des petits groupes reggae en fin de semaine, entre table de billard, graffitis et drapeaux de prières tibétains. Citons aussi le ***Cat Bar*** *(plan B2, **61**)* pour sa musique live tous les soirs (jouée par le patron lui-même... ou qui veut) ; ou encore, près de la kitschissime Clock Tower, le ***Kaffee Hub*** *(plan B2, **61**),* très populaire auprès des Thaïs et des touristes pour sa terrasse baignant là aussi dans une ambiance musicale.

À voir

Au-delà de ses abords plan-plan et provinciaux, Chiang Rai aligne plusieurs sites intéressants dans un rayon de 15 km. Certains peuvent éventuellement se visiter à vélo, comme le *Mae Fah Luang Art & Cultural Park,* mais le scooter est préférable pour tout voir.

Dans le centre-ville et autour

Clock Tower *(plan B2)* **:** *au carrefour de Jet Yod Rd et Banpha Prakarn Rd.* Cette horloge kitsch à souhait, entièrement dorée, a été réalisée en 2008 en hommage au roi par un artiste local, Ajarn Chalermchai Kositpipat, à l'origine du célèbre *White Temple* (voir « Dans les environs de Chiang Rai »). Elle accueille un son et lumière de 10 mn tous les jours à 19h, 20h et 21h piles.

Hilltribe Museum – พิพิธภัณฑ์ชาวเขา *(plan C2)* **:** *620/25 Thamalai Rd. ☎ 740-088. Au-dessus du resto Cabbages and Condoms (voir « Où manger ? »). Tlj 8h30 (10h le w-e)-18h. Entrée : 50 Bts.* Ce musée associatif présente une modeste expo sur les minorités ethniques qui peuplent le nord de la Thaïlande, leurs modes de vie, moyens de subsistance, l'importance passée de l'opium, etc. Un diaporama (avec commentaires disponibles en français) reprend l'essentiel des infos. La boutique vend des tissages de bonne qualité. L'association propose aussi des tours (voir plus loin « Excursions et treks »).

CHERCHEZ L'ERREUR

La copie du bouddha d'Émeraude présentée au Wat Phra Kaeo de Chiang Rai est identique à l'original. À un détail près : pour signifier son humilité, le sculpteur a enlevé à son œuvre 1 mm de hauteur. Bon, faut avoir l'œil...

Wat Phra Kaeo – วัดพระแก้ว *(plan A1)* **:** *Trirath Rd.* Fondé au XVe s, ce sanctuaire donna un temps l'hospitalité au bouddha d'Émeraude (celui de Bangkok). On découvre d'abord le temple principal, *Phra Ubosot* (1890), à l'élégante façade rouge rehaussée de dorures ouvragées, entourée de végétation. Derrière se dresse un vieux *chedî* restauré du XIVe s tandis que, au fond, le *Haw Phra Yok* abrite une copie en jade (canadien) du bouddha d'Émeraude, réalisée en 1991 grâce à un don de la reine mère de 1 million de bahts. Il a été inauguré en présence du roi Bhumibol. Sur le côté gauche, une grande bâtisse en teck abrite aussi le joli ***musée Hong Luang Saengkaew*** *(tlj 9h-17h ; GRATUIT mais donation bienvenue),* où sont notamment exposés de beaux bouddhas anciens. Visez aussi le costume du prince de Chiang Rai (fin XIXe s), visiblement inspiré des tenues de l'armée britannique de l'époque !

Wat Ngam Muang – วัดดอยงามเมือง *(plan A1)* **:** *à 10 mn à pied à l'ouest du Wat Phra Kaeo, sur une butte boisée.* On y accède par un escalier gardé par 2 féroces nâga. En retrait de l'animation urbaine, ce temple conserve un *chedî* en brique vieux de 4 siècles renfermant les restes du roi Mengrai – représenté sur son trône, entre éléphant et cheval. Notez, de part et d'autre de l'entrée, les troncs de palmiers magnifiquement sculptés.

Oub Kham Museum – พิพิธภัณฑ์อูบคำ *(hors plan par A3) : 81/1 Nakai Rd (angle route 1211). ☎ 713-349. ● oubkhammuseum.com ● Tlj 8h-17h. Entrée : 300 Bts ; réduc. Visite guidée seulement, en anglais.* Dommage que l'entrée soit si chère. Cette précision faite, voici une superbe collection privée, patiemment constituée depuis près d'un demi-siècle par M. Suriyachai, descendant d'une ancienne famille royale. Son credo : éviter que les musées occidentaux n'accaparent tout. Il a ainsi rassemblé dans sa résidence privée des objets témoignant de l'importance et de la richesse du royaume du Lanna (1259-1892), qui s'étendait à une partie de la Chine, du Laos, du Vietnam et de la Birmanie, en plus du nord de la Thaïlande. La plupart des objets, finement réalisés, en argent pour beaucoup, étaient en usage dans les cours royales de la région. Ils sont présentés dans une succession de petites salles, façon cavernes d'Ali Baba (l'une a été conçue pour évoquer une grotte !). En vrac, on retiendra plusieurs trônes, des tissus brodés, des bouddhas de toutes tailles, styles et matières, notamment précieuses – dont une miniature que l'on ne distingue qu'à la loupe... On verra aussi des dizaines de costumes des peuples montagnards ou de minorités des pays voisins, et quelques objets surprenants : palanquin d'une reine (qui nécessitait 8 porteurs !), baguettes en os de singe noircissant en cas de contact avec du poison, et... un soutien-gorge en bronze vieux de 800 ans ! Mentionnons encore plusieurs *oub kham,* qui ont donné leur nom au musée : des bols royaux en bambou tressé recouvert d'or, dont certains, cérémoniels, très gros. On conclut par un thé.

Wat Rong Suea Ten – วัดร่องเสือเต้น *(hors plan par C1) : à env 3 km au nord-est du centre, de l'autre côté de la rivière Kok. Tlj 5h-20h. GRATUIT.* Son nom signifie « La maison du tigre dansant », mais on connaît surtout cet endroit sous le nom de « temple bleu ». Une couleur qui recouvre en effet totalement ce lieu de culte achevé en 2016, spectaculaire tant du dehors, avec ses 2 nâga qui gardent l'entrée, qu'à l'intérieur, avec son grand bouddha blanc contrastant avec les murs cobalt ornés de cadres dorés recélant des scènes de la vie de l'Éveillé. Plafond et piliers, finement exécutés, ne sont pas en reste, pas plus d'ailleurs que la façade arrière, qui mérite aussi un coup d'œil appuyé. Beaucoup de monde bien sûr, surtout le week-end. Une visite qu'on peut judicieusement coupler à celle du Baandam Museum (voir plus bas) situé dans le même axe, 9 km plus loin.

Mae Fah Luang Art & Cultural Park – อุทยานศิลปะวัฒนธรรมแม่ฟ้าหลวง *(hors plan par A3) : 313 Moo 7, Baan Pa Ngiew. ☎ 716-605. ● maefahluang.org/rmfl ● À env 5 km à l'ouest du centre. Tlj sauf lun 8h-17h. Accès : 200 Bts.* Aux marges de la ville, déjà bordé de rizières, ce vaste parc botanique un peu oublié, agencé autour d'un étang, constitue un joli but de balade. Du parking et de la billetterie, on rejoint d'abord le superbe Haw Kham (pavillon d'or), une grande structure en bois parée de dorures qui renferme un petit bouddha (dénommé Phra Pratoh) ascétique et rieur de la fin du XVIIe s, ainsi qu'une série de candélabres issus de temples des différentes régions du pays Lanna. Un peu plus loin dans le parc, on peut admirer (de l'extérieur) la pagode du Haw Kham Noi (avec panneaux Jātaka) puis visiter le Haw Kaew, un vaste musée présentant des objets en bois de teck, certains assez communs, d'autres exceptionnels : outils agraires, ustensiles divers, têtes de lit, berceaux, ornements de portes, palanquin, plateaux d'offrande, instruments de musique, meubles, armoires à manuscrits, trônes à bouddhas et même... une diligence tout en teck ! Ne manquez pas non plus l'étonnante pièce en bois toute sculptée d'éléphants qui garde l'entrée du bâtiment. De là, possibilité de rejoindre le parking en continuant sur le chemin qui fait le tour de l'étang.

HIGH TECK

Si le bois de teck est tellement coté – au point d'être menacé par la surexploitation –, c'est qu'il possède des qualités exceptionnelles pour la construction et la fabrication de meubles. 2 atouts majeurs : il n'est pas attaqué par les termites et ne pourrit pas.

En dehors de la ville, vers le sud

Wat Rong Khun (White Temple) – วัดร่องขุ่น : *à 13 km au sud de Chiang Rai, par l'A1 (Super Highway), direction Chiang Mai. Compter 20-30 Bts en songthaew. Tlj 8h-17h (17h30 w-e). Entrée : 100 Bts.*
Voilà sans doute le temple le plus fou de Thaïlande, conçu et construit en 1997 par le peintre, sculpteur et architecte Ajarn Chalermchai Kositpipat, en hommage à feu le roi Bhumibol. En rupture avec l'architecture sacrée traditionnelle, cette grande meringue d'une blancheur éclatante (n'oubliez pas vos lunettes de soleil !), hérissée d'une multitude invraisemblable d'éléments décoratifs pointant vers les cieux, n'en est pas moins un temple en activité symbolisant la pureté du bouddhisme face aux fléaux qui guettent l'humanité : l'alcool, le vice, la terreur (symbolisée par des créatures de films hollywoodiens genre *Alien* !). Les façades sont tapissées de morceaux de miroirs, suggérant la réflexion de l'illumination.
On y accède en passant entre 2 crocs (ou cornes) géants sur une passerelle flanquée d'un espace où grouillent des créatures des enfers tendant leurs mains vers le ciel. À l'intérieur, les fresques, à dominante dorée, révèlent l'imagination débridée de l'artiste. Sur le mur intérieur du portique d'entrée, face au bouddha, il n'a pas craint, dans une scène digne de Jérôme Bosch, d'utiliser les icônes de la pop culture : Superman, Batman, Spiderman, Elvis, Keanu Reeves dans *Matrix,* les Twin Towers, Michael Jackson, et même les tortues Ninja, Pikachu et Kung Fu Panda... décoiffant ! En contrepoint : la sérénité du Bouddha. Sur le toit, 4 sortes d'animaux représentant la terre (l'éléphant), l'eau (le nâga), le vent (le cygne) et le feu (le lion) donnent naissance à des chimères surpuissantes incarnant les 4 éléments.
Projet évolutif, le Wat Rong Khun se dote aussi d'autres bâtiments, comme ces invraisemblables toilettes dorées du sol au plafond, ou encore le hall de Ganesh (doré lui aussi), qui présente mille et une représentations du dieu éléphantesque... Également, face à l'entrée du temple, une boutique vendant des reproductions de certaines œuvres de Kositpipat (entre éternité asiatique et style New Age), dont on retrouve les originaux dans une galerie face à la sortie.

Khun Korn Waterfall – น้ำตกขุนกรณ์ : *à env 30 km au sud-ouest de Chiang Rai, par la route 1211.* Le plus simple est d'y aller en scooter, avant ou après la visite du White Temple (qui se situe plus ou moins sur la route). Une fois au parking, il reste 1,5 km à parcourir à pied à travers une forêt de bambou, en pleine nature. On découvre alors cette belle et haute cascade (environ 25 m) qui tombe presque verticalement dans un bassin, près duquel on peut barboter, entre les versants boisés. Un joli but d'excursion !

En dehors de la ville, vers le nord

Wat Huay Pla Kung – วัดห้วยปลากั้ง (hors plan par A1) : *à env 7 km au nord de la ville. Tlj 7h-21h30. GRATUIT.* Vu sa taille, on repère de loin ce bouddha blanc de pas moins de 79 m de haut, assis sur une butte dans la campagne. Assez impressionnant. À sa base s'étend une plateforme (qui fait office de salle de prière) hérissée de piliers, à laquelle on accède par un escalier de 110 marches bordé de nâga menaçants... On peut ensuite monter en haut du colosse par un ascenseur *(40 Bts),* pour se retrouver dans la tête de l'Illuminé et contempler, à travers ses yeux plissés, le paysage vallonné et paisible alentour. Une expérience insolite.

Baandam Museum (Black House – Thawan Duchanee) : *414 Moo 13, Nanglae, Muang. ☎ 705-834 ou 776-333. • thawan-duchanee.com • À env 12 km au nord de Chiang Rai par la Highway 1. N'importe quel bus pour le Nord peut vous déposer à l'embranchement (à 1,5 km env du site). Tlj 9h-17h. Entrée : 80 Bts. Demander la brochure avec un plan du site à la billetterie.*

Créé par un artiste local, Thawan Duchanee, voici un peu l'antithèse du White Temple (voir plus haut) – et ce n'est pas un hasard, plutôt le fruit d'une concurrence artistique. Le projet, peut-être encore plus étrange, oppose une certaine noirceur à la blancheur éclatante du Wat Rong Khun, en puisant son inspiration aux racines des cultures asiatiques. Sur un vaste terrain se côtoient ainsi une immense maison noire aux allures de temple et une trentaine de structures plus petites, sombres elles aussi. Le tout sert d'écrin aux objets confectionnés par l'artiste, certains à l'aide de squelettes d'animaux ou de corps de poissons... Çà et là se dressent aussi des tables de banquet géantes (ornées ou non de peaux de crocodile noircies) et des sièges XXL aux pieds, accoudoirs et dossiers en cornes de zébu, comme tirés d'un vieux conte naviguant entre âge du bronze, Walhalla et pays primitif des chefs guerriers des Célèbes d'autrefois. Ailleurs, les panneaux en bois sculpté semblent inspirés par la tradition maorie. Sans oublier les statues au look africain, les conches, les énormes gongs et tambours, les bancs en souche d'arbre, les crânes d'ovins s'offrant partout à la vue... Si vous êtes fan, une galerie vend les toiles et les sculptures du maître, entre kitsch, morbide, baroque et surréalisme. Également une boutique.

🚶 ***Bouddha Cave Temple*** – วัดถ้ำพระ *(Wat Tham Phra ; hors plan par A1) : à env 7 km au nord-ouest de la ville, direction Ban Namlad, puis à gauche après le pont (fléché).* Le site, modeste, est surtout prétexte à une balade à vélo ou à scooter à travers la campagne. Sur place, on découvre une grotte dans laquelle logent un petit temple aux bouddhas assez grossiers et quelques chauves-souris. Le week-end, pas mal de familles viennent pique-niquer sur les berges de la rivière.

🚶 ***Hue Mae Sai Waterfall** : à env 20 km au nord-ouest, par la route 1207 (même direction au début que le Wat Huay Pla Kung, puis continuer jusqu'au village de Ban Tung Luang et, là, tourner à gauche, c'est 9 km plus loin).* Du parking, on accède facilement par un chemin à ces petites chutes d'eau (avec bassin pour se baigner !) qui constituent le point de départ d'autres randonnées pédestres dans le coin.

Les marchés

🚶 ***Le marché*** – ตลาด *(plan B2) : ouv en journée seulement, jusque vers 17h.* Typique, couvert et animé, il est fréquenté par de nombreux paysans du coin venus faire leurs emplettes ou vendre leurs denrées. Dans le dédale des allées étroites s'alignent étals de produits alimentaires, fringues, paniers en bambou, vaisselle, balais, déboucheurs de w-c et autres jouets... Derrière le marché, un bouddha chinois tout grassouillet garde l'entrée d'un curieux temple.

🚶🚶 ***Night Bazaar*** – ไนท์บาซ่าร์ *(plan B2) : ouv 18h-23h env.* On vous conseille vivement de venir y dîner (voir plus haut), mais il serait dommage de ne pas en profiter pour flâner aussi entre les étals. Certes, toute la gamme de la bimbeloterie pour touristes remplace peu à peu l'artisanat local, mais l'ambiance reste animée et sympathique, d'autant que chanteurs et danseurs se relaient sur les 2 scènes (entre 20h et 21h30 environ)...

🚶 ***Saturday Market*** *(plan C2) : le long de Thamalai Rd, près du Hilltribe Museum.* Le samedi soir, de 18h à 23h, Thamalai Road devient piétonne, et les loupiotes jaunes, auvents et tentes occupent tout le périmètre. Au programme : gargotes diverses et variées pour casser la graine et choix étendu d'artisanat local. Le dimanche, rebelote, cette fois sur San Khong Noi Road *(plan A3).*

Excursions et treks

Pratiquement toutes les *guesthouses* et de nombreuses agences (notamment sur Jet Yod Road et Phahon Yothin Road) en proposent, de la simple visite d'un jour des attractions du coin et du Triangle d'or en minibus *(compter 1 000 Bts/pers)* au trek de plusieurs jours combinant descente de rivière en pirogue, visite de villages ethniques et balades à dos d'éléphant. La plupart font des copier-coller sans grande originalité et se contentent d'enchaîner les escales à vitesse grand V... Si vous êtes motorisé, on vous conseillerait plutôt d'explorer la région par vous-même sachant que, de toute façon, le coin n'a plus grand-chose de sauvage sur ses axes principaux.

Chiang Rai Bicycle Tour *(hors plan)* **:** *222/6 Moo 3, Tasai Muang, à env 7 km au sud de Chaing Rai, par l'A1 (Super Highway) puis la route 1020 à gauche. ☎ 774-506. 08-56-62-43-47. • chiangraibicycletour.com •* Envie d'une balade à vélo par les petites routes pour découvrir la belle campagne aux portes de Chiang Rai ? Au programme : rizières, chutes d'eau, villages de minorités, etc. Le rythme est doux, et des escales sont prévues toutes les 2h au maximum. Les possibilités sont nombreuses, d'une demi-journée à un cyclotour de 4-5 jours. Une agence très appréciée de nombreux voyageurs !

■ ***Lanna Trek*** – ลานนาเทรค *(plan B2,* ***14****)* **:** *1018 Jet Yod Rd. 08-06-71-22-52 ou 08-33-18-83-79. • lannatrek.com •* On vous conseille en particulier leurs treks de 2 ou 3 jours *(env 2 800-3 900 Bts/pers si 2-3 pers)* alliant marche et découvertes culturelles, pique-nique dans la jungle, cascades et villages des minorités ethniques. Si possible, essayez de partir avec Sun, l'un des meilleurs guides.

■ ***PDA*** *(plan C2,* ***47****)* **:** *620/25 Thanalai Rd. ☎ 740-088. • crpdatour@hotmail.com • Tlj 8h30 (10h le w-e)-18h.* L'association qui gère le Hilltribe Museum propose des tours et treks de 1 à 3 jours, aux mêmes prix qu'ailleurs. Les bénéfices sont réinvestis dans des actions de planning familial ou visant à améliorer les conditions de vie des tribus.

■ Ⓒ ***Elephant Valley Thailand*** *(plan B2,* ***11****)* **:** *bureau (tlj 8h-21h) sur Phahonyothin Rd, près du Cat 'n' a Cup Café. 09-54-52-19-79. • elephantvalleythailand.com •* Ne vous méprenez pas, il ne s'agit pas ici d'un énième parc où l'on peut se baigner avec des éléphants ou faire un tour sur leur dos, avec les pratiques cruelles de dressage préalable que cela suppose... À la place, ce projet a pour but de soigner et réhabituer à la vie sauvage des éléphants provenant de l'industrie touristique ou forestière, dans 2 vastes espaces naturels au sud de Chiang Rai (l'un de 15 ha – près du White Temple –, l'autre de 180 ha), où ils sont libres de leurs mouvements et où ils trouvent eux-mêmes leur nourriture. La visite permet en fait de les observer (de plus ou moins loin) dans leurs activités, et d'en apprendre sur eux grâce aux guides. Plusieurs formules : express, d'une demi-journée ou d'une journée complète *(compter 1 000-2 200 Bts, transfert A/R depuis Chiang Rai et lunch inclus)*, avec possibilité de loger dans la *guesthouse* du parc *(env 1 000 Bts/pers, petit déj et dîner compris)* pour une meilleure immersion. Dans tous les cas, il faut réserver. Une initiative à encourager !

LA RÉGION DU TRIANGLE D'OR – สามเหลี่ยมทองคำ

Au confluent du Laos, de la Thaïlande et du Myanmar (Birmanie), cette « région des 3 frontières » s'étend en gros de Chiang Rai à Kentung (Myanmar) et Ban Houay Sai (Laos).

La partie thaïlandaise du Triangle d'or alterne montagnes couvertes de forêt (plutôt à l'ouest) et plaines rurales (à l'est) délimitées par le Mékong. N'en déplaise aux plus téméraires de nos lecteurs, la zone n'est plus une plaque tournante du commerce de l'opium. Sa culture a même été quasi

OR BLANC

« Triangle », certes, mais pourquoi « d'or » ? C'est que, longtemps, une grande partie de l'opium illicite consommé dans le monde est venu de la région. Or l'opium, qui valait de l'or, et était payé... avec de l'or...

éradiquée en Thaïlande, depuis que le gouvernement a durci sa politique envers les trafiquants tout en favorisant le développement de cultures de substitution. Aujourd'hui, la production subsiste essentiellement au Myanmar, avec environ 33 000 ha cultivés en 2020 selon l'agence antidrogue de l'ONU. Faire du tourisme dans le Triangle d'or thaïlandais n'a jamais été aussi simple. On y découvre des petites villes certes endormies mais bien entrées dans le XXIe s... ainsi que de grandes routes à 4 voies parfaitement goudronnées. Pour se déplacer d'ailleurs, inutile de recourir aux services d'une agence, sauf à vouloir partir en trek vers les villages des minorités yao, karen, akha ou lahu – lesquelles, comme partout en Thaïlande, voient peu à peu leurs spécificités s'éroder. Seul (petit) risque, un éventuel regain de tension avec le Myanmar, mais on ne manquera pas alors de vous prévenir à l'un des nombreux *checkpoints* qui jalonnent les routes frontalières.

LA THAÏLANDE ET L'OPIUM

Le très lucratif trafic de l'opium dans le Triangle d'or a longtemps été tenu par des Chinois, notamment d'anciens membres du Kuomintang, l'armée nationaliste de Tchang Kaï-chek, chassée par les communistes après le triomphe de la révolution en 1949 puis repliée dans la région au temps de la Guerre froide avec le soutien de la CIA – qui en fit ses supplétifs dans son combat contre le communisme. À cette époque, les caravanes descendaient des confins birmans, laotiens et thaïlandais entre mars et juin, les plus importantes transportant jusqu'à 20 t d'opium d'un coup ! Déposant finalement les armes, les trafiquants ont obtenu la nationalité thaïlandaise et se sont, pour beaucoup, reconvertis dans le commerce et l'agriculture (licite).
Bien que la production maximale n'y ait jamais atteint des sommets (peut-être 150-200 t), la Thaïlande est aujourd'hui largement considérée comme l'exemple le plus réussi du remplacement de l'opium. Tout au plus quelque 200 ha de pavot y seraient encore cultivés. Le reste a laissé la place à un éventail de plus de 150 types de cultures : choux, haricots, salades, thé, café, pêches, pommes, fleurs, etc. C'est la reine mère (alias Mae Fah Luang, ou « royale mère du ciel » !), décédée en 1995, qui fut à l'origine de ce grand projet destiné à tirer les ethnies montagnardes de leur dépendance au pavot et de leur pauvreté.

MAE SALONG – แม่สลอง

Les 2 routes (goudronnées) qui y mènent sont magnifiques. Suivant les crêtes, elles gravissent et dévalent les collines verdoyantes, plongent dans les vallées pour mieux resurgir aux sommets, ondulent autour de plantations d'ananas ou de thé, composant une balade certes sinueuse (nombreux virages), mais fort bucolique. Le gros village de Mae Salong, créé pour et par les réfugiés du Kuomintang, ne présente pas d'intérêt en soi, si ce n'est de donner l'impression de ne plus être tout à fait en Thaïlande, mais... en Chine.

Arriver – Quitter

En transport public

➢ ***Thaton :*** 4 *songthaew*/j., 8h30-14h30 (ttes les 2h). Trajet : 1h15.

➢ ***Chiang Rai et Mae Sai :*** pas de liaison directe, il faut passer par Mae Chan (à 27 km au nord de Chiang Rai), relié à Mae Salong par 5 *songthaew*/j. (ttes les 2h env, 7h-15h).

À moto ou en voiture depuis Chiang Rai

➢ Prendre la *Super Highway* 1 vers le nord puis, sur la gauche, au choix, la route nº 1089 (à Mae Chan, à 27 km de Chiang Rai) ou la route nº 1130 (à Pa Sang, 4 km plus au nord). On préfère cette dernière, un peu plus courte et surtout plus belle. En revanche, c'est la plus sinueuse et celle qui présente les côtes les plus raides. Distance depuis Chiang Rai : environ 65 km.

Adresses utiles

■ ***Retrait d'argent et change :*** ***TMB Bank,*** *au niveau du marché (un peu après l'entrée sud de Mae Salong en arrivant par la route 1089).*

■ ***Poste d'essence :*** *sur la route principale, après le marché en arrivant par la route 1089.*

Où dormir ?

De bon marché à un peu plus chic (de 300 à 1 500 Bts / 8,60 à 43 €)

☗ 🍴 ***Little Home*** – แม่สลองลิตเติ้ลโฮมม์ : *31 Moo 1. ☎ 053-765-389. 📱 08-12-88-70-84. • go_littlehome@hotmail.com • Doubles 500-1 000 Bts selon confort et saison.* Au cœur du village, sur la route principale, cette gentille adresse propose 4 chambres avec ventilo et 3 avec clim (plus spacieuses), tendance béton ciré, plus 8 bungalows avec terrasse, à l'arrière, autour d'un jardinet. Tous sont impeccables et d'un bon rapport qualité-prix – le petit effort de déco en prime. De plus, il y a un bon resto (mais pas toujours ouvert hors saison), sur une terrasse donnant sur la rue. Vraiment pas mal, d'autant que le sympathique patron n'est pas avare de bons conseils, même si vous ne logez pas chez lui. Location de motos.

☗ ***Happy House*** – แฮปปี้ เฮ้าส์ : *en face du* Little Home. *☎ 053-765-107. • happyhouse2557@gmail.com • Doubles 700-1 200 Bts selon saison.* Après le *Little Home,* le *Happy House* aligne 10 chambres sur 3 étages dans un bâtiment récent. Elles n'ont pas la clim mais sont pimpantes, avec des murs roses ornés de caractères chinois et de bons lits sur armature en bois. Tarifs un peu élevés en haute saison mais très attractifs le reste de l'année. Accueil sympathique en chinois. Pas de resto ni de petit déj (mais plusieurs endroits pour ça à 2 pas).

☗ 🍴 ***Shin Sane Guesthouse*** – โรงแรมซินแซ : *119 Moo 1, Tambon Mae Salong Nok, à côté du* Little Home. *☎ 053-765-026. • shinsaneguesthouse@gmail.com • Doubles 300-1 200 Bts selon confort et saison.* Il y a d'abord les petites piaules sans salle de bains dans le bâtiment en bois rouge, toute simples (et aux cloisons bien fines) mais avec une bonne literie et, surtout, parmi les moins chères du coin. Une bonne option pour les plus fauchés donc. Derrière s'entassent une poignée de bungalows bleus avec des chambres de meilleur confort, au sol et sanitaires en béton, mais un peu surévaluées en saison. Resto et location de motos.

☗ ***Ama Mae Salong*** – โรงแรมเอเอ็มเอ แมสลอง : *169 Moo 1, à 100 m des adresses précédentes, dans un renfoncement. 📱 08-11-62-12-16 ou 09-81-90-81-68. • amamaesalong@hotmail.com • Doubles 800-1 400 Bts selon orientation, petit déj inclus.* Hôtel récent abritant des chambres modernes mais sans charme particulier : avec clim mais sans vue sur la vallée au rez-de-chaussée, ou sans la clim mais avec la vue à l'étage. On recommande ces dernières (même si elles sont plus chères). Sinon, on peut profiter du panorama depuis l'agréable espace petit-déj, lequel – et c'est l'un des atouts du lieu – est d'ailleurs très bon (plusieurs formules, mais toutes avec de la délicieuse brioche à la chantilly !).

WangPutTan Boutique Hotel – วังพุตตาล บูติค โฮเทล : ☎ 053-765-094. 08-99-95-40-66. • wangputtan.com • *Sur la route principale, à env 1,2 km après la pompe à essence en allant vers Chiang Rai par la route 1130, côté gauche. Doubles 900-1 500 Bts (jusqu'à 2 500 Bts en déc) selon type ; petit déj compris en hte saison.* Couplé à une vaste boutique de thé, voici un hôtel non dénué de charme proposant d'immenses chambres de style chinois, dans les tons gris-rouge, avec tout le confort et, pour les plus chères, une terrasse surplombant la vallée. Super pour se prélasser ! Le soir, on peut aussi goûter à la cuisine du Yunnan du bon resto (spécialités de jambon étuvé, de champignons locaux frits et d'omelette au thé !). Sans oublier le petit déj, de qualité. La patronne, chinoise et anglophone, possède aussi une plantation de thé (voir plus loin dans « À voir ») et se fera un plaisir de vous faire déguster différentes variétés dudit breuvage.

D'un peu plus chic à chic (de 1 000 à 3 000 Bts / 28,60 à 86 €)

Mae Salong Mountain Home – แม่สลองฟาร์มสเตย์ : 08-46-11-95-08. • info@maesalongmountainhome.com • maesalongmountainhome.com • *Env 2,5 km après la pompe à essence en allant vers Chiang Rai par la route 1130, fléché sur la gauche, puis faire encore 1 km. Camping (en saison seulement) 250 Bts/pers. Bungalows 1 000-3 300 Bts + 400 Bts le lit supplémentaire (presque 50 % de réduc en basse saison) ; petit déj compris.* Pour nos lecteurs motorisés en quête de tranquillité, voici un lieu à l'écart vraiment paisible, en surplomb des plantations de thé (super vue sur ces dernières !). Vous y trouverez 15 bungalows à la déco sobre et bien équipés. Les meilleurs, selon nous, sont les *superior,* impeccables et dotés d'une belle terrasse privée donnant sur la vallée ! En revanche, on ne vous conseille pas forcément la *deluxe honeymoon.* Resto sur place. Patron hilare et adorable.

Où manger ?

La route principale qui traverse le village est bordée de nombreux petits cafés, restos et maisons de thé. Pas difficile de se restaurer donc mais, le soir, ne tardez pas trop, les établissements ferment tôt (vers 20h ou 20h30).

Yes I Do Café – คาเฟ่ เยสไอดู : *sur la route principale, à l'entrée sud du village, non loin du marché. Tlj 8h-17h.* Une salle moderne et agréable garnie de mobilier fantaisie, dont une balancelle. Mais le must, c'est la terrasse donnant sur la vallée ! Parfait en journée donc, d'autant qu'on y sert de succulents petits plats genre *pad thai* aux crevettes (miam !), *ribs* aux herbes, œufs sur le plat au bacon... à accompagner d'une sélection de thés, cafés et autres excellentes boissons maison.

Xin Shi Dai Bakery : *sur la route principale, en face des* Shin Shane Guesthouse *et* Happy House. *Tlj 7h30-20h30.* Au cœur du village, une petite affaire familiale sans histoire installée dans une salle légèrement en contrebas de la rue, où l'on partage volontiers les 2-3 tables en bois. Cuisine simple et pas chère, offrant l'occasion de goûter, entre autres, aux champignons du coin. Bien aussi pour le petit déj. Accueil chaleureux.

Sweet Mae Salong : *sur la route principale à la sortie est du village. 09-24-29-32-62. Tlj (en principe) 9h-17h.* On aime bien aussi ce *coffee-shop* sis dans une petite maison au toit fleuri. Poussez la porte, et voilà qu'apparaît une accueillante salle en bambou, prolongée par une délicieuse terrasse couverte qui domine collines boisées et plantation de thé. Pas de cuisine cependant, on n'y vient que pour le (bon) café ou les smoothies, à accompagner d'une pâtisserie maison, notamment des croissants faits avec de la farine et du beurre français !

À voir dans le village et autour

À l'entrée sud du village (si on vient par la route 1089) se tient un ***marché,*** dont l'animation commence très tôt. L'occasion de faire provision de thé (nombreuses boutiques) ou d'acheter d'autres herbes et denrées (séchées notamment), ainsi que des vêtements et bijoux ethniques.

Au centre du village, en hauteur, se trouve également le ***Wat Sinakarintra*** et, plus haut, accessible par un escalier de... 722 marches, la pagode du même nom. Un peu dur de monter jusque-là mais, une fois en haut, vous serez récompensé par une vue imprenable sur la région ! Panorama dont on peut d'ailleurs profiter, tout en reprenant son souffle, à la terrasse du *San Ting Coffee...*

En quittant le village vers l'est sur la route 1130, possibilité aussi d'admirer quelques ***plantations de thé,*** à commencer par la *Wang Put Tang Tea Plantation,* non loin du *Mae Salong Mountain Home* (voir « Où dormir ? »), à environ 3 km du centre du village. Facile à repérer, l'entrée est gardée par 2 énormes lions et 2 théières géantes ! Sur place, une charmante maison de thé, avec musique et tables face aux collines, permet de profiter du paysage tout en sirotant en *oolong,* un *flower tea* ou un thé blanc.
Plus loin, à environ 9 km du village par la route 1130 direction Chiang Rai, on peut aussi s'arrêter au *101 Tea Plantations,* qui offre également un beau point de vue sur les coteaux cultivés et regroupe bon nombre de maisons de thé.

DANS LES ENVIRONS DE MAE SALONG

Choui Fong Tea Plantation – ไร่ชาฉุยฟง : *à 34 km à l'est de Mae Salong par la route 1130, non loin de la Super Highway 1.* • *chouifongtea.com* • *Tlj 8h30-17h30. GRATUIT.* Vous y ferez halte de préférence en allant à Mae Salong par la route nord (la nº 1130) ou en allant vers la Super Highway depuis Mae Salong. C'est la plus importante plantation de thé de la région, étendue sur plus de 180 ha ! On y produit principalement de l'oolong et des thés vert et noir, que l'on peut déguster à la cafétéria posée au milieu des cultures étagées. Le paysage alentour vaut le détour, malgré le caractère assez industriel de l'exploitation.

Le site compte en fait 2 cafétérias à 200 m l'une de l'autre, dotées chacune d'une très agréable terrasse face aux plantations. On conseille plutôt la cafétéria principale, où l'on peut aussi manger, par exemple de savoureuses feuilles de thé... frites, ou un tiramisù au thé ! Également un *tea shop* où l'on trouve une très grande variété de thés : *osmanthus oolong, peppermint green tea, classic black tea* (possibilité de sentir et goûter)... ainsi que d'autres produits comme de bons popcorns au thé vert !

Thoed Thai – เทอดไทย : *à 25 km au nord. Prendre la route nº 1130 vers l'est, puis à gauche la nº 3051 après 12 km.* Ce village militarisé fut l'un des fiefs du seigneur de l'opium, Khun Sa, dont la maison est devenue un (tout petit) musée *(Khun Sa Old Camp)*. Pas grand-chose à voir cela dit, seuls les fans pousseront jusqu'ici...

LE ROI DE L'OPIUM

Khun Sa fut durant des décennies le baron incontesté du trafic d'opium dans le Triangle d'or, au point de voir sa tête mise à prix par les États-Unis en 1996 pour 2 millions de dollars. Mais c'était aussi un seigneur de guerre, à la tête d'une armée séparatiste shan combattant la junte militaire birmane. Il négocia sa reddition avec le régime et coula ensuite une retraite paisible à Rangoon jusqu'à sa mort en 2007.

DOI TUNG – วัดนอยดอยตุง

Au cœur du Triangle d'or, à peu près à mi-chemin entre Mae Salong et Mae Sai, le Doi Tung dresse ses 1 389 m à proximité immédiate de la frontière birmane, dans une région de montagnes sauvage et boisée. Plusieurs sites touristiques se trouvent sur ses flancs (palais royal, temples) et de nombreux villages sont disséminés sur ses pentes.

➢ Pour rejoindre le Doi Tung depuis Mae Salong, prendre la route nº 1130 vers l'est puis, après environ 23 km, la nº 1338 sur la gauche (et continuer environ 22 km).

➢ En venant de Chiang Rai, rejoindre Mae Chan (27 km) par la Super Highway 1 (en direction de Mae Sai) et continuer encore sur 13 km jusqu'au village de *Huay Krai,* où vous bifurquerez à gauche sur la route nº 1149 ; là, il reste 14 km à parcourir. Pour ceux qui sont en bus, descendre à ce croisement, puis monter dans l'un des *songthaew* violets qui desservent le Doi Tung (environ toutes les 20 mn, à partir de 7h).

➢ En venant de Mae Sai, plutôt que de passer par la Super Highway, on conseille un itinéraire alternatif certes beaucoup plus tortueux, mais superbe : la partie nord de la route nº 1149. À Mae Sai, elle débute près du carrefour de la route de Chiang Saen (nº 1290). La direction du Doi Tung est ensuite indiquée (25 km). Plusieurs *checkpoints* militaires s'enchaînent (avoir son passeport au cas où), tandis que la route, très pittoresque, étroite et par endroits fort raide, joue aux montagnes russes tout le long de la frontière birmane jusqu'au Doi Tung.

Doi Tung Royal Villa, Mae Fah Luang Garden et Princess Mother Commemorative Hall (Hall of Inspiration) – โครงการแม่ฟ้าหลวงดอยตุง **:** *sur la route nº 1149. ☎ 053-767-015. • doitung.org • Entrée : 90 Bts la villa (tlj 7h-11h30, 12h30-17h30) ; 90 Bts les jardins (tlj 6h30-18h) ; 90 Bts le Hall of Inspiration (tlj 8h-17h) ; 150 Bts l'arboretum (tlj 7h-17h30). Billet combiné pour les 4 sites de Doi Tung : 220 Bts. ½ tarif étudiants et seniors ; gratuit moins de 1,20 m. Audiophone en français pour la villa (inclus). Évitez le w-e, c'est bondé.*

Le Doi Tung, c'est avant tout le projet personnel de la princesse Srinagarinda, mère de feu Bhumibol, née en 1900 et décédée en 1995. Cette roturière, veuve à 29 ans, passa de nombreuses années d'exil à Lausanne avant de revenir définitivement au pays en 1964. Peu après, elle découvre le nord de la Thaïlande, sa pauvreté et son sous-développement, et décide de s'investir dans divers projets sociaux visant à améliorer l'éducation et la santé dans la région. C'est alors qu'elle gagna son surnom de Mae Fah Luang, « Mère royale venue du ciel », car elle se rendait en hélicoptère dans les villages isolés des minorités ethniques...

Pour mieux s'investir dans ses activités, la reine mère décide de se faire bâtir un ***palais*** à demeure. C'est celui-ci que l'on visite. Il s'agit en fait d'un gros chalet suisso-thaï en pin et teck intégrant quelques éléments lanna, dont les balcons dominent joliment

TOMBÉE DU CIEL ET FÉRUE DE BOULES

Sorte de Mère Teresa couronnée, la reine mère, rebaptisée Mae Fah Luang (mère royale venue du ciel) est adorée par les Thaïlandais, qui viennent en nombre, ici, lui rendre hommage. Tard dans sa vie, elle se prit de passion pour un projet de vaste ampleur : sortir les minorités ethniques de la pauvreté, tout en supprimant la culture du pavot et le trafic d'opium dans la région. Mais son palais révèle aussi d'autres dadas, tel... la pétanque, apprise en Suisse et qu'elle introduisit avec succès en Thaïlande. On peut même voir ses boules Obut gravées au nom de « SAR Reine Mère » !

les paysages montagneux et des parterres de fleurs exotiques (pensées et géraniums !). On parcourt les lieux écouteurs sur les oreilles, un peu dubitatifs devant l'étendue de l'hagiographie de cette ancienne roturière, « noble par ses actions à défaut de l'avoir été par la naissance »... Dans le grand hall, sur la gauche après l'entrée, vous noterez, outre les boules de pétanque (voir l'encadré), les références à l'astrologie sur le plafond, autre hobby de la reine mère. À côté, les murs de la cage d'escalier présentent les 44 consonnes et 21 voyelles de la langue thaïe. Puis on peut voir les appartements et la chambre à coucher. Attention, shorts, jupes courtes et épaules dénudées sont interdits (pantalons et sarongs fournis si besoin à l'entrée) ! Pas de photos autorisées non plus.
En contrebas s'étend le superbe ***Mae Fah Luang Garden*** : serres, étang avec jet d'eau, parterres de fleurs bien délimités le long de petites allées, « arbres » d'orchidées... On peut aussi faire une balade dans la canopée, à l'aide de passerelles et de tyroliennes *(tlj 6h30-18h ; supplément de 150 Bts).*
À l'orée du parking, enfin, le ***Hall of Inspiration*** abrite une expo moderne sur la vie du roi Bhumibol, de la reine mère et de ses bonnes actions.
Face à l'entrée du jardin, on trouve un ***resto*** *(tlj 11h-20h)* ainsi qu'un ***self-service*** *(tlj 6h30-14h30)* proposant des petits plats de cantine corrects. Également, à proximité, 2 ***boutiques*** qui vendent les produits (assez chers) de la Fondation Doi Tung : très belles étoffes et poteries, café et noix de macadamia, 2 denrées qui furent choisies en substitution à celle du pavot.

Wat Phra That Doi Tung – พระธาตุดอยตุง : *à env 5 km au nord du Doi Tung Royal Villa (panneaux).* Un 1er sanctuaire émerge de la forêt puis, tout au bout de la route, 1 km plus loin, un 2d temple, posé sur une plateforme dominant toute la région. Offert par le roi à sa mère, c'est un lieu de culte très important : l'un de ses 2 petits *chedîs* dorés renfermerait une clavicule du Bouddha. Sur la gauche, un sentier conduit, en 5 mn, à un point de vue formidable et imprenable sur le Mékong et le lac de Chiang Saen.

Mae Fah Luang Arboretum – สวนรุกขชาติแม่ฟ้าหลวง : *accès par la branche nord de la route n° 1149, à 8-9 km du Doi Tung Royal Villa en direction de Mae Sai. Tlj 7h-17h30. Entrée : 90 Bts. Billet combiné avec les 3 autres sites de Doi Tung : 220 Bts.* À un jet de pierre de la Birmanie, ce jardin compact et sauvage, joli aussi et bien moins fréquenté que le Mae Fah Luang Garden, déborde de plantes tolérant les frimas (azalées, rhododendrons, dahlias, magnolias et autres agapanthes). Par un petit tunnel qui passe sous la route, on grimpe jusqu'à la « plateforme des 3 villes », d'où l'on peut voir le Myanmar et même le Laos.

LE LONG DE LA SUPER HIGHWAY N° 1

À environ 5 km au nord de Huay Krai, à l'orée du village de Ban Tham, on accède par un portique au ***lac de Sao Hin*** – ถ้ำเสาหินและบึง, une jolie pièce d'eau adossée à un moutonnement de reliefs karstiques recouverts par la végétation. À 500 m au nord, le ***Wat Tham Pla*** – วัดถ้ำปลา วัดถ้ำเสาหินพญานาค est un sanctuaire peuplé de singes et flanqué d'un bassin où nagent des poissons sacrés. De là, un escalier de près de 300 marches bien raide grimpe jusqu'au *Monkey Temple,* un joli petit temple rupestre. De retour en bas, allez aussi jeter un coup d'œil, à l'autre bout du *wat,* au vénérable *chedî* à 7 pointes et, encore un peu plus loin, aux grands personnages en carton-pâte évoquant les affres de l'enfer et les péchés. Une pièce dans la fente et, hop, ils s'animent !

En reprenant la Super Highway n° 1, environ 5 km au nord, toujours sur la gauche, un panneau indique les ***Tham Luang Caves*** – ถ้ำหลวง, cette série de grottes où, en 2018, se retrouvèrent bloqués pendant plus de 2 semaines

12 jeunes d'une équipe de football junior suite à des pluies torrentielles. Ils furent finalement sauvés et un mémorial dédié aux sauveteurs a été érigé. La grotte elle-même, en revanche, est pour l'instant fermée au public.

MAE SAI – แม่สาย

Voici la ville la plus septentrionale de Thaïlande, à 60 km de Chiang Rai. La Super Highway, qui se mue en artère urbaine, y bute sur le poste-frontière avec le Myanmar, séparé de la Thaïlande par la petite rivière Mae Sai. Tout autour s'étale un vaste marché couvert très animé. Les locaux font la navette entre les 2 pays dans l'indifférence générale. Les *farang* (munis de leur passeport) peuvent aussi traverser sans visa, mais uniquement pour se rendre à *Tachilek,* le village-frontière côté birman.

Arriver – Quitter

Terminal des bus : *un peu en retrait de la route principale, à env 5 km au sud de la frontière.* *Songthaew* pour 15 Bts ou 50 Bts à moto-taxi.

➢ ***Mae Chan et Chiang Rai :*** bus ttes les 30 mn, 6h30-19h. Trajet : 1h30.

➢ ***Chiang Mai :*** 7-8 bus/j. avec *Green Bus,* 6h15-9h45/14h-18h selon les jours. Trajet : 4h30-5h.

➢ ***Bangkok :*** env 7 bus/j., 1 le mat (à 7h), les autres 16h30-18h30. Env 12h de route.

➢ ***Sop Ruak*** *(Triangle d'or)* ***et Chiang Saen :*** pas de bus. Les *songthaew* attendent sur Phahon Yothin Rd (la route principale), au niveau de la *Kasikorn Bank,* à 300-400 m du poste frontière. Départs ttes les 40 mn-1h, 8h-13h env. Trajet : env 40 mn pour Sop Ruak, 1h pour Chiang Saen.

Adresses et infos utiles

■ ***Banques :*** *plusieurs (ouv lun-ven) avec service de change et distributeur le long de la rue principale. Service* Western Union *à la* TMB.

■ ***Poste-frontière :*** *tt au bout de la rue principale. Tlj 6h30-21h.* Si vous voulez jeter un coup d'œil dans la journée à Tachilek, la bourgade de l'autre côté du pont, inutile de demander un visa. Les douaniers birmans vous demanderont juste 500 Bts pour les frais administratifs et vous remettront un reçu pour le dépôt de votre passeport, que vous récupérerez au retour (le même jour). Bien sûr, il vous faudra ensuite repasser la douane thaïlandaise (ce qui peut prendre du temps s'il y a la queue), laquelle vous concédera un nouveau droit de séjour de 30 jours au royaume du Siam. En revanche, si vous êtes arrivé en Thaïlande avec un visa de 2 mois et que vous souhaitez le conserver tel quel, il vous faudra vous rendre préalablement au bureau de l'immigration *(lun-ven 8h30-16h30),* situé à 1,5 km du poste-frontière sur la route principale, à côte du *TOT Office* (télécom), pour y demander un *re-entry visa.*

■ ***Tourist Police :*** *dans un kiosque au milieu de la rue principale, face au poste-frontière. Tlj 8h30-18h.*

Où dormir ?

On ne séjourne pas vraiment à Mae Sai pour le plaisir, mais on peut avoir besoin d'y passer la nuit avant de passer au Myanmar.

De bon marché à un peu plus chic (de 300 à 1 200 Bts / 8,60 à 34 €)

AQ Guesthouse – เอคิว เกสท์เฮ้าส์ *: 279 Moo 1. 08-94-32-22-20. À 5 mn à pied de la route principale, par l'allée qui traverse le marché couvert, à gauche du poste-frontière, puis à droite. Doubles 300-400 Bts.* Une modeste pension bon marché, carrelée et bien tenue, qui a le mérite d'être proche de la frontière. Chambres climatisées ou non mais avec salle de bains. Certes, les lits sont assez durs... mais bon, à ce prix-là !

Afterglow Hostel – อาฟเตอร์ โกลว โฮสเตล *: sur la route principale, à 3,5 km du poste-frontière, côté droit en arrivant du sud. ☎ 053-734-188. • afterglowhostel.com • Doubles 500-700 Bts.* Un *hostel* un peu surdimensionné qu'on ne recommande pas pour ses chambres dans le bâtiment principal, bruyantes à cause du trafic de la route. En revanche, celles qui sont situées à l'arrière (les moins chères), dans des petites maisonnettes en béton, sont calmes, bien nettes et bien équipées, bref, très bien pour le prix ! Pas de petit déj. Un peu loin du poste-frontière mais on peut facilement rejoindre ce dernier en *songthaew,* pour à peine 15 Bts.

Kong Kam House – โรงแรมบ้านกองคำ *: 221/1 Moo 7. ☎ 053-734-388. 09-87-98-47-50. Contourner le poste-frontière par la gauche et descendre vers la droite en passant sous le pont ; c'est au 1er carrefour. Doubles 600-1 200 Bts, petit déj léger inclus.* Cet hôtel de 3 étages (un bloc jaune à la façade fleurie) n'a pas un charme fou, mais il abrite des chambres bien tenues, un peu confinées (sans fenêtre) pour le 1er prix, mais toutes avec clim et salle de bains. On conseille les *superior,* un peu plus chères que les standards mais plus grandes et plus lumineuses. Les *deluxe,* elles, sont encore un cran au-dessus, avec vue sur la Birmanie. N'oubliez pas de vous déchausser avant de monter !

D'un peu plus chic à chic (autour de 1 500 Bts / 43 €)

Orasa Hotel – โรงแรม อรษา *: sur la route principale, à 100 m du poste-frontière, côté droit. ☎ 053-733-559. • orasahotel.com • Doubles 1 400-1 800 Bts, petit déj compris.* Le meilleur hôtel de la ville, tout neuf. Chambres modernes, nickel et tout confort (clim silencieuse et literie de qualité !), avec ou sans fenêtre et plus ou moins spacieuses. Et pour ne rien gâcher, le petit déj est excellent (choix entre 4 formules), servi dans un agréable café au rez-de-chaussée. Rien à redire !

Où manger ?

Un peu le point noir de Mae Sai : peu de restos dignes de ce nom dans le « centre » (les abords du poste-frontière), en particulier pour dîner !

De bon marché à prix moyens (moins de 300 Bts / 8,60 €)

Le soir, une myriade de ***gargotes*** s'installent le long de la rue principale aux abords du poste-frontière, côté gauche en regardant celui-ci. Nouilles, poisson grillé, brochettes (sans oublier les crickets, vers et autres cafards, pas mauvais du tout une fois grillés et salés !), bref, la panoplie habituelle des plats thaïs, bons et (très) bon marché.

Cantine – ก๋วยเตี๋ยวสุโขทัย *: dans le marché couvert, prendre la rue (couverte aussi) sur la gauche du poste-frontière, c'est un peu après celle-ci, sur la droite. Tlj 8h-16h30.* On vient ici pour les soupes de nouilles « sukhotai », les soupes *wonton* et les *fish balls,* qui ne vous ruineront pas. Également des brochettes et autres petits plats typiques.

Rimnam Restaurant – ก๋วยเตี๋ยวเพชรบุรี : *juste en contrebas du poste-frontière, côté gauche, au pied du pont. 06-37-92-00-85. Tlj 11h-20h30.* Dans une vaste salle ouverte à l'étage d'un bâtiment, un des rares restos qui fonctionnent le soir ! Un peu de tout à la carte, qui compte quelques spécialités maison comme le poisson vapeur sauce prune ou la queue de cochon croquante servie avec de la purée... ou de la choucroute. Musique live dès 20h.

Jan Ka Pak – ร้านอาหาร จัน กะผัก : *sur la Super Highway 1, à 5 km au sud du poste-frontière, côté gauche en venant du sud. 09-85-64-24-25. Tlj 7h-21h.* Un resto en bordure de la Super Highway mais séparé de celle-ci par de la végétation, ce qui n'empêche pas, hélas, les nuisances sonores. Cette précision faite, on s'installe dans un agréable espace ouvert aux tables bigarrées ou dans des recoins plus intimes (et un peu plus tranquilles...) entourés de verdure. Excellente cuisine à base de légumes bio (frais, frits ou grillés), avec juste un peu de poisson (savoureux *fish curry*) et de viande, histoire de contenter tout le monde. Terminez par une glace ou un vrai café, et le tour est joué !

À voir

Le marché couvert : *en retrait de la rue principale, côté gauche en regardant le poste-frontière. Tlj 7h-18h.* Un dédale d'allées couvertes bordées de boutiques offrant tout type de marchandises : fringues à gogo, valises, sacs, montres, bijoux (de pacotille), thé, champignons séchés, fruits secs, confiserie, cannes à pêches, jouets, électronique, bref, un peu de tout !

Wat Doi Wao – วัดดอยว่าว : *par une allée sur la gauche depuis la rue principale, un peu avt la frontière.* Abritant (officiellement) des cheveux du Bouddha, le temple se dresse au sommet d'une colline, d'où l'on découvre un large panorama sur le Myanmar (et la ville). Accès par un escalier de 204 marches, ou par une route (25 Bts à moto-taxi). En haut, sculpture moderne de 2 affreux scorpions géants.

Tachilek : c'est la ville-frontière côté birman (lire plus haut « Adresses et infos utiles. Poste-frontière »). L'animation est plus intense côté thaïlandais, mais on peut franchir la rivière histoire de dire que l'on a mis un pied au Myanmar. On en profitera alors pour traîner sur le marché (peu spectaculaire), ou pour s'offrir un tour des temples locaux en *tuk-tuk* (comptez 100-150 Bts pour 1h de balade) : Kyauk Taw Gyee, Pharakaeng et Schwedagon. La Thaïlande est tout contre, pourtant, déjà, le niveau de développement n'est plus le même. Pour info, bonjour se dit « *mingala ba* », et merci « *kyai zou be* » (prononcer « chaizoubé »).

SOP RUAK – สบรวก

À la sortie sud de Mae Sai, la route n° 1290 file vers l'est à travers la campagne. En ligne de mire : Sop Ruak. Cette bourgade, qui s'étale au confluent de la rivière Mae Nam Ruak et du Mékong, s'est un peu accaparé le nom du Triangle d'or pour la seule raison que l'on peut y voir à la fois la Thaïlande, le Laos et la Birmanie. Mais historiquement, le Triangle d'or n'est pas un lieu précis, c'est une vaste zone géographique couvrant une partie de chacun de ces 3 pays.
Sop Ruak ne présente en vérité guère d'intérêt. Les stands de bibelots et de T-shirts s'y alignent comme à la bataille, en attendant que fonde sur

eux le flot des touristes descendant de leurs cars. Au bord du fleuve, un grand bouddha doré apporte sa contribution aux attractions locales, aux côtés des tours en bateau et de l'inévitable belvédère avec panneau « Golden Triangle », histoire d'avoir quelque chose à photographier. Ajoutons un temple sur sa colline (belle vue) et un vaste musée de l'Opium qui, lui, mérite la visite.

Arriver – Quitter

Pas de gare routière. Les bus et *songthaew* se prennent entre la rue principale et les embarcadères, non loin du Bouddha d'or.

➢ ***Mai Sai ou Chiang Saen :*** pas de bus, juste des *songthaew,* env ttes les 40 mn-1h, le mat surtout (8h-12h). Trajet : env 40 mn pour Mae Sai et 20 mn pour Chiang Saen.

➢ ***Chiang Rai et Chiang Mai :*** 2 bus directs/j. avec *Green Bus,* à 7h et 8h. Achat des billets au *7/Eleven.* Pour Chiang Rai, on peut aussi passer par Chiang Saen, d'où partent des bus ttes les 40 mn.

Où dormir ? Où manger ?

☗ ***Pimphat Resort*** – พิมภัทร รีสอร์ท ***:*** *450 soi 4, Moo 1. ☎ 053-784-404. 📱 09-84-46-55-36. Dans une ruelle perpendiculaire à la route principale, qui débute à la hauteur de* Mekong Pizza, *à env 300 m au sud du grand bouddha. Doubles env 500-600 Bts.* Plus qu'un *resort,* c'est un hôtel familial, niché dans un jardin arboré bien au calme. Ses chambres occupent 2 ailes type un peu motel avec, d'un côté, les plus petites (moins chères) et, de l'autre, les plus grandes. Pas de charme particulier mais bonne tenue et confort suffisant. Accueil agréable avec quelques mots d'anglais.

☗ ***Golden Home Resort*** – โกลเด้น โฮม รีสอรท ***:*** *dans le centre, à 100 m de l'*Opium Museum, *fléché sur la droite en venant de celui-ci. 📱 08-50-38-23-93. Double env 600 Bts.* 7 chambres *twin* ou doubles dans des petits bungalows aux toits rouges, face à la réception. C'est net et équipé comme il faut, avec clim, frigo et salle de bains. Une petite adresse sans histoire et sympathique.

|●| Pour manger, plusieurs restos sur la rue principale, le long du fleuve. Parmi ceux-ci, le ***Sriwan*** – ศรีวรรณ *(☎ 053-784-025 ; tlj 7h-21h ; plats 60-350 Bts),* en face de l'*Imperial Golden Triangle Resort,* se démarque un peu, avec sa belle terrasse. Au menu : poissons du Mékong frit, bon poulet aux noix de cajou, bœuf sauce huître, currys servis dans des noix de coco et autres classiques thaïs bien tournés.

|●| Pour une halte culinaire occidentale, il y a aussi ***Mekong Pizza*** *(📱 08-39-15-47-50 ; tlj sauf lun 10h30-21h ; pizzas 190-330 Bts),* à environ 300 m au sud du grand bouddha doré. Les 2 salles sont soignées avec leurs nappes en Vichy rouge et blanc, et les pizzas sont parmi les meilleures que vous trouverez dans la région ! Également des pâtes.

À voir. À faire

👥 ***Hall of Opium*** – พิพิธภัณฑ์ฝิ่นตรงข้ามกับโรงแรมอนันตรารีสอร์ทและสปา ***:*** *à env 2 km au nord sur la route de Mae Sai. ☎ 053-784-444. Tlj sauf lun (tlj en déc-janv) 8h30-17h (dernier ticket). Entrée : 200 Bts. Compter bien 1h de visite.* Dans un grand pavillon moderne assez surdimensionné, l'expo aborde tout ce que l'on voudra savoir sur l'opium. Pour se mettre dans le bain, on traverse d'abord, sur fond musical, un tunnel sombre de 137 m (!) tapissé de bas-reliefs effrayants évoquant les délires et les transes des drogués ! Puis on débouche dans un hall hébergeant une petite plantation (factice) de *Papaver somniferum,* les pavots dont est extrait l'opium, avant de voir un petit film (en anglais) présentant le centre et les combats de la famille royale contre l'opium.

Vient ensuite le plus intéressant : une succession de salles retraçant l'histoire de ladite substance, de son commerce et des conflits qui y sont liés, puis des différentes façons dont la drogue était consommée au XIXe s (fumeries surtout). La reconstitution d'un navire de la Compagnie des Indes et divers diaporamas mettent également en lumière l'importance du trafic pour les Britanniques, qui utilisèrent largement l'opium pour affaiblir puis tenter d'asservir la Chine. Les Français s'y mirent aussi, d'ailleurs... Pipes à fumer, boîtes, poids et mesures illustrent le propos. On continue avec l'interdiction progressive de l'opium après la convention de La Haye en 1912, les moyens imaginés par les trafiquants pour déjouer les contrôles (chaussures à double semelle, vêtements imbibés de solution d'héroïne ou encore dissimulation de la drogue dans des têtes de chou !), les différents types de substances et leur nocivité... Une cellule de prison a même été reconstituée. On finit par un triste catalogue de célébrités victimes d'addictions et par une collection de citations dans le *Hall of Reflection.* Et hop, retour au point de départ en minibus.

LE SANG DE L'OPIUM

Au XIXe s, l'opium était partout en Asie. Les 200 caisses importées en Chine en 1729 firent des petits : en 1873, les navires – principalement occidentaux – en débarquèrent 96 000. Déjà, à cette période, on estimait que les Chinois dépensaient chaque année 100 millions de taels en drogue, un montant 2,5 fois supérieur aux recettes de l'État... L'importance de l'opium et des guerres qu'il engendra fut telle que Mao Tsé-toung affirma qu'il était à l'origine même de la Révolution.

🚶 ***212 House of Opium*** – พิพิธภัณฑ์ดอกฝิ่น : *dans le centre, juste au sud du grand bouddha. Tlj 7h-19h. Entrée : 50 Bts.* C'est l'ancien musée de l'Opium. Assez vieillot et sommaire dans ses explications... mais droit d'entrée modique. On y découvre surtout des objets liés à la culture de l'opium : outils, beaux poids (dont certains, en or, minuscules !) et mesures zoomorphes, boîtes, pipes en terre cuite, pipes à eau en céramique et autres *bong* (grosses pipes en bambou). Quelques explications sur les ethnies locales aussi.

À COUPABLE, COUPABLE ET DEMI

Si les Européens ont largement contribué au développement du trafic de l'opium, les pays asiatiques n'ont pas craché dans la soupe. À la fin du XIXe s, le gouvernement thaïlandais tirait ainsi 25 % de ses revenus des seules taxes sur cette drogue. Prudent cependant, il n'en autorisait la consommation qu'aux personnes d'origine chinoise... Il a fallu attendre 1959 pour que la Thaïlande rende finalement la substance complètement illégale.

🚶🚶 ***Wat Phra That Pukhao :*** *sur la colline.* Y aller pour la vue panoramique imprenable sur le Triangle d'or. L'accès se fait par un bel escalier bordé de nâga ou par une petite route.

➢ ***Balade en bateau :*** dans le centre de Sop Ruak, le long des berges, plusieurs bateliers proposent des balades sur le Mékong, à la rencontre du Triangle d'or physique. Compter 500-1 000 Bts selon la capacité du bateau (5-10 personnes) pour 1h de balade. On se rapproche du *Golden Triangle Paradise Resort* (un casino aux mains des Thaïs, sur le territoire birman) et l'on débarque sur l'île laotienne de Don Sao. Départ env ttes les heures 8h-17h. On peut aussi faire le trajet aller-retour jusqu'à Chiang Saen (1 200-1 800 Bts selon la taille du bateau).

CHIANG SAEN – เชียงแสน

• Plan *p. 325*

À 35 km de Mae Sai et à peine 9 km de Sop Ruak, cette petite ville où les touristes ne se bousculent pas végète lascivement sur les berges du Mékong. Difficile d'imaginer que Chiang Saen fut la capitale d'un royaume bien plus ancien que Chiang Mai, dont les origines remontent au Xe s. Si la ville fut rasée au XVIIIe s, il reste encore des vestiges de ses remparts grignotés par la végétation. Et, au fil de ses rues paisibles, des ruines de *chedîs* au style caractéristique, datant du Xe au XIIIe s.

Arriver – Quitter

Les bus ou *songthaew* arrivent et partent pour la plupart de la rue principale (Phahon Yothin), celle qui est perpendiculaire au fleuve. On y trouve un petit bureau *Green Bus* *(plan B2, **1** ; ☎ 053-266-480).* En revanche, les *songthaew* pour Chiang Khong se prennent au bord du Mékong, à 200 m env de la rue principale *(plan B2, **2**).*

➢ ***Mae Chan et Chiang Rai :*** bus ttes les 40 mn, 6h-18h env. Compter 30 mn jusqu'à Mae Chan et 1h30 jusqu'à Chiang Rai.

➢ ***Sop Ruak et Mae Sai :*** *songthaew* (bleus) uniquement, ttes les 40 mn env 7h20-12h.

➢ ***Chiang Mai :*** 2 bus/j. avec *Green Bus,* à 7h30 et 8h30. Trajet : 5h. Mieux vaut réserver la veille.

➢ ***Chiang Khong :*** prendre un *songthaew* (vert) pour *Hat Bai,* et de là un autre pour Chiang Khong. Départ surtout le mat.

Adresses utiles

■ ***Police*** – สถานีตำรวจ *(plan B2, **3**) : à l'angle de la rue principale et de celle qui longe le fleuve. ☎ 053-777-111.*

■ ***Immigration Office*** *(plan A-B2, **4**) : dans la rue principale, à l'angle du soi 2. ☎ 053-777-303 ou 053-777-118. Lun-ven 8h30-16h30. Fermé w-e.*

■ ***Change et distributeurs :*** *plusieurs banques (lun-ven 8h30-15h30) avec distributeur sur Phahon Yothin, notamment la **Siam Commercial Bank** (plan B2, **5**).*

■ ***Location de scooters*** *(plan A2, **6**) : dans la rue principale, s'adresser au coiffeur. ☎ 053-650-507. Tlj 8h-19h. Compter 200-300 Bts/j.*

Où dormir ?

Bon marché (jusqu'à 600 Bts / 17 €)

Tata Hostel – ทา ทา (พัชริยา) โฮสเทล *(plan B2, **13**) : 24 Moo 2, à 200 m au nord de Phahon Yothin. 08-89-64-29-95.* Derrière une jolie façade garnie de plantes en pot, 7 chambres dont 4 *single* (très bon marché) se partageant une salle de bains avec une autre *single,* ou 3 doubles mieux équipées (clim, sanitaires, TV, frigo), toutes d'un bon rapport qualité-prix ! Petit déj en sus mais pas cher, servi aux tables en bois verni de la réception. Bon accueil du proprio.

Room for Rent – โรงแรมจักรพงศ โฮม *(plan A-B1-2, **10**) : 623/2 soi 2,*

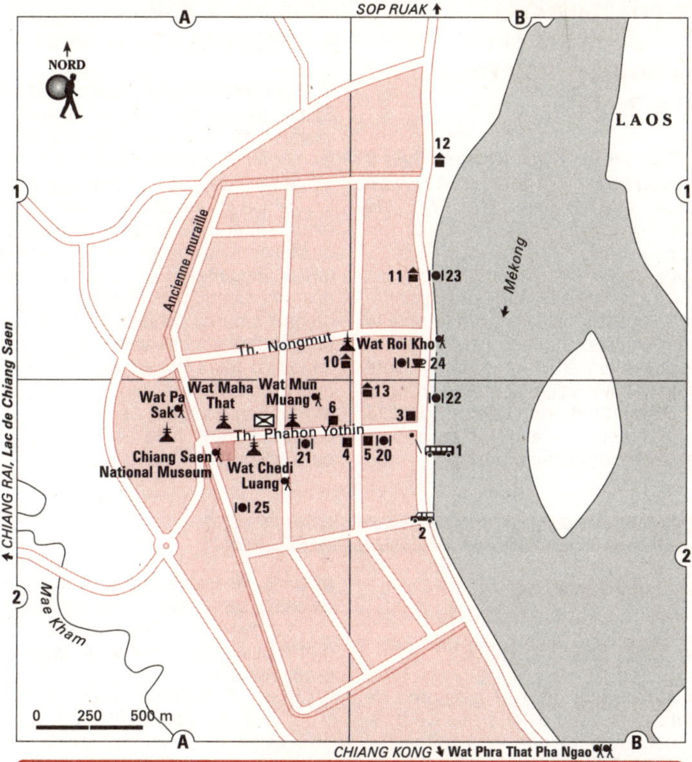

CHIANG SAEN

Adresses utiles

1 Arrêt des bus et songthaew, et bureau de la compagnie Green Bus (B2)
2 Arrêt des songthaew pour Chiang Khong (B2)
3 Police (B2)
4 Immigration Office (A-B2)
5 Siam Commercial Bank (B2)
6 Location de scooters (A2)

Où dormir ?

10 Rooms for Rent (A-B1-2)
11 Pak Ping Rim Khong Bed & Breakfast (B1)
12 Gin's Maekhong View Resort & Spa (B1)
13 Tata Hostel (B2)

Où manger ? Où prendre un café ?

20 Marché de jour (B2)
21 Sam Ying (A2)
22 Gargotes de nuit (B2)
23 Restaurants au bord du Mékong (B1)
24 Mongdoonam Café (B1)
25 Huen Sabaidee (A2)

à 400 m au nord de Phahon Yothin. *08-04-99-26-57.* Le bâtiment se dresse au fond d'une cour-parking (genre motel), bien au calme. Il abrite sur 2 étages des chambres nickel pour le prix, avec équipement neuf : clim, frigo, écran plat, mini-balcon à l'arrière... rien ne manque. Café et biscuits le matin à la réception. Le fils de la famille parle l'anglais.

De prix moyens à un peu plus chic (de 800 à 1 200 Bts / 23 à 34 €)

Pak Ping Rim Khong Bed & Breakfast – พักพิงริมโขง เบด แอนด เบรคฟัด *(plan B1, **11**) : 484 Rimkhong Rd, Moo 2. • pakpingrimkhong@hotmail.com • Sur la route qui longe le fleuve, face aux restos du Mékong.* La jeune propriétaire vous accueillera avec le sourire et en anglais. Dans un petit bâtiment moderne posé le long de la route (avec le Mékong en face), elle propose 26 chambres de bon confort, dont 17 toutes récentes. L'entretien est impeccable et le petit déj inclus.

Chic (de 1 200 à 3 000 Bts / 34 à 86 €)

Gin's Maekhong View Resort & Spa – จินตแมโขง วิววีสอรท แอนด สปาร *(plan B1, **12**) : sur la route de Sop Ruak, à env 1 km du centre. ☎ 053-650-847. • ginmaekhongview.com • Petit déj inclus.* Ce joli *resort,* qui vient d'être refait, s'étend de la route aux berges du Mékong. Au choix, des chambres de tailles différentes avec ou sans vue, ou des *villa rooms,* plus chères, équipées de bain à bulles donnant sur le fleuve ! Mais toutes sont neuves et élégantes, tendance murs blancs et mobilier en bois clair. En prime : piscine et accueil pro en anglais. Petit déj (compris) au café de l'hôtel, face au Mékong. La belle adresse de Chiang Saen.

Où manger ? Où prendre un café ?

De bon marché à prix moyens (moins de 300 Bts / 8,60 €)

Marché de jour et gargotes de nuit : pour vous caler à peu de frais, le jour, dirigez-vous vers le marché de la rue Phahon Yothin *(plan B2, **20**),* où une poignée de gargotes vendent des brochettes et autres petits plats simples. Plus de choix en fait le soir au bord du fleuve *(plan B2, **22**)* : la promenade le long de la berge est alors investie par une cohorte de roulottes qui déploient nattes et tables basses en surplomb du Mékong, et proposent salades de papaye, *pad thai,* grillades, poissons en sauce et, surtout, des *hot pots* (fondues).

Sam Ying – ร้านอาหารสามหญิง *(plan A2, **21**) : dans la rue principale (Phahon Yothin), entre le 1er et le 2e carrefour ; enseigne bleue (en thaï). ☎ 053-650-218. Tlj 7h-16h.* Nappes en plastique et chaises du même tonneau n'empêchent pas d'y déguster une bonne cuisine, notamment les soupes *Northern style* et celles au poisson du Mékong (épicées). On recommande aussi le « *saluted pork* », du porc non pas salué mais sauté, à la sauce d'huître, ainsi que le poulet aux noix de cajou, servi avec un bon petit bouillon. La carte plastifiée a le bon goût d'être bilingue, ce qui vous facilitera la commande.

Huen Sabaidee – ครัวเฮือนสะบายดี *(plan A2, **25**) : 418 Moo 3, à env 1 km à l'ouest du centre, face à l'ancienne muraille. 📱 09-55-13-25-59. Tlj sauf lun 9h-18h.* Un petit détour s'impose par ce resto niché dans une rue calme à l'écart du centre, pour se régaler d'une cuisine authentiquement vietnamienne dans une salle agréable et reposante ! On a bien aimé les rouleaux de printemps et le porc grillé à la citronnelle, servi avec des petits paquets de nouilles... mais tout est bon ! De plus, accueil chaleureux de Woo. On peut finir par un café vietnamien.

Les restaurants au bord du Mékong *(plan B1, **23**) : à env 800 m du centre sur la route de Sop Ruak. Tlj, jusque vers 20h (plus tard pour certains).* Sous un préau au toit de tôle, une série de restos populaires alignent leurs chaises et tables face au fleuve. Aux menus, les poissons tirés de ses eaux, frits, en curry, en *tom yam* ou à la vapeur, ainsi que les classiques thaïs. Le soir, mis à part les roulottes qui s'installent plus au sud, ces restos sont pour ainsi dire l'unique option pour dîner.

Mongdoonam Café – มองดูน้ำ คาเฟ่ *(plan B1, **24**) : en allant vers Sop Ruak, au 1er carrefour, soi 4. ☎ 053-650-777. Tlj 8h30-16h30.* On vient y prendre un *latte* ou un petit déj ricain au réveil, à moins de préférer un gâteau en journée. Ça vous donnera le temps d'admirer les 2 vieilles radios sur une étagère et les 3 horloges au mur...

À voir

Wat Chedi Luang – วัดพระธาตุเจดีย์หลวง *(plan A2) :* il date du XIIIe s, et ça se voit ! Du temple d'origine, il ne subsiste que le pourtour de brique, qui enserre en fait un nouveau temple. À côté, un grand *chedî* d'une vingtaine de mètres, rebâti en 1515 pour abriter un morceau de sternum du Bouddha.

REQUIEM POUR UN POISSON

Dans cette portion du fleuve a été pêché en 2005 un poisson-chat de plus de 300 kg et 3 m de long – record mondial de la pêche en eau douce. Le poisson-chat du Mékong migre depuis le lac Tonlé Sap, au Cambodge, pour frayer en amont. Les écologistes ont bien tenté de négocier la liberté de ce poisson, dont l'espèce est menacée par les barrages, mais il est mort entre-temps...

D'assez nombreux temples des XIIIe-XIVe s, carrément en ruines, se dispersent encore dans la bourgade. Parmi ceux-ci, allez jeter un œil au *chedî* du ***Wat Mun Muang*** – วัดมั่นเมือง *(plan A2)* ou à celui du ***Wat Roi Kho*** – วัดร้อยเกาะ *(plan A-B1),* devant lequel trône un bouddha. Mais le mieux conservé est le ***Wat Pa Sak*** – วัดป่าสัก *(plan A2),* le « temple de la forêt de tecks », situé juste hors les murs, qui conserve des stucs du bouddha d'époque.

Chiang Saen National Museum – พิพิธภัณฑ์สถานแห่งชาติเชียงแสน *(plan A2) : dans la rue principale, à l'ouest du centre. ☎ 053-777-102. Mer-dim 9h-16h. Fermé lun-mar. Entrée : 100 Bts.* Petit musée sur l'histoire et la culture du coin : éléments du Wat Pa Sak, nombreuses statues du Bouddha de style Lanna du XIVe au XVIIIe s, inscriptions lapidaires, céramiques, étoffes, armes, instruments de musique, paniers, costumes de la région, métier à tisser, boîte laquée... Également une maquette de Chiang Saen et, sur la mezzanine, encore des têtes et mains du Bouddha. L'ensemble est hélas un peu vieillot et le prix d'entrée... un peu gonflé.

– En face du musée, les ruines du ***Wat Maha That*** avec un petit *Information Center* (mais pas toujours ouvert) exposant quelques photos jaunies des splendeurs passées de la ville.

DANS LES ENVIRONS DE CHIANG SAEN

Wat Phra That Pha Ngao – วัดพระธาตุพระเงา *(hors plan par B2) : à env 4 km sur la route de Chiang Khong, côté droit.* Typique du style birman, le temple principal (à la façade gris-blanc, sur la droite) est orné de magnifiques panneaux de bois doré relatant la vie du Bouddha. Au fond, on voit la base du temple originel et un très ancien et très vénéré bouddha de pierre, dont subsiste juste le torse. Jeter aussi un œil aux magnifiques portes en bois, minutieusement sculptées de scènes de la vie quotidienne. En face, un pavillon sur l'eau, lui aussi recouvert de panneaux de bois sculpté, héberge les textes sacrés. Au sommet, à 1 km du temple, vue exceptionnelle sur le Mékong et le Laos.

CHIANG KHONG – เชียงของ

• Plan *p. 329*

Ville frontière entre la Thaïlande et le Laos, Chiang Khong a grandi au bord du Mékong, juste en face de Houeisay. Elle a longtemps été une escale incontournable pour les routards qui se rendaient au Laos mais, depuis la construction du Fourth Thai-Lao Friendship Bridge en 2013, ceux-ci peuvent rejoindre Houeisay et y attraper le bateau matinal pour Luang Prabang en prenant le 1er bus de la journée depuis Chiang Rai, sans plus devoir loger à Chiang Khong... La ville attire donc moins de voyageurs, mais on peut néanmoins décider d'y dormir, histoire de prendre son temps, comme avant, et d'humer l'atmosphère toute provinciale de la bourgade tout en admirant le majestueux Mékong, maître des lieux, toujours aussi imperturbable.

Arriver – Quitter

En bus et *songthaew*

Arrêt des bus *(plan A2)* **:** *au sud du centre.*

➢ ***Chiang Saen* :** il faut prendre un *songthaew* (devant la poste, dans la rue principale) pour *Hat Bai* et, de là, un autre *songthaew* pour Chiang Saen. Peu de départs toutefois, et ceux-ci ont surtout lieu le mat, entre 8h et 9h30.

➢ ***Chiang Rai*** *(plan A2,* ***1****)* **:** bus ttes les heures, 5h-16h env. Trajet : env 2h-2h30.

➢ ***Chiang Mai*** *(plan A-B2,* ***2****)* **:** 3 bus directs/j., vers 7h30, 9h45 et 10h30, avec *Green Bus*. On peut aussi bien sûr passer par Chiang Rai. Trajet : env 5h. Sinon, il y a également des minibus privés, se renseigner à son hôtel.

➢ ***Bangkok*** *(plan A2,* ***3****)* **:** 5 bus/j., avec *Sombat*. 1 départ vers 7h30, les autres 15h30-16h30. Trajet : 12-14h.

Route de/vers Chiang Saen

Depuis Chiang Saen, on rejoint Chiang Khong par la route nº 1290 (53 km), qui passe d'abord près du Wat Phra That Pha Ngao (voir plus haut), puis traverse de jolis paysages de rizières au vert électrique et, finalement, une zone accidentée de montagnes couvertes de forêt. De novembre à janvier, le tabac est mis à sécher sur le bord de la route. Pour les accros du Mékong, un détour débutant au niveau du village de Ban Thung (prendre à gauche) permet de suivre le fleuve au plus près. À 11 km de Chiang Khong, le *Huasai Mai View Point* vous offrira un beau point de vue sur un méandre du fleuve et son lit encombré de rochers.

De/vers le Laos

La plupart des voyageurs qui entrent au Laos par ici ont pour destination Luang Prabang, accessible par un bateau qui part vers 10h30 du côté laotien (et qui fait le trajet en 2 jours). On le répète : si l'on vient de Chiang Rai, il n'est en principe plus nécessaire de faire escale pour la nuit à Chiang Khong pour attraper, le matin, le bateau de Luang Prabang, à condition toutefois de prendre le bus de 6h de Chiang Rai. Si vous logez à Chiang Khong la veille, il vous faudra prendre un *tuk-tuk* (150-200 Bts) depuis votre hôtel ou un *songthaew* (env 60 Bts/pers) pour rejoindre le pont qui franchit la frontière, situé à 10 km au sud-est de Chiang Khong.
Le pont est ouv tlj 6h-22h. Passé la douane thaïe, un bus (20-25 Bts ; 10-20 Bts/bagage), circulant ttes les 30 mn à partir de 8h, permet de traverser le pont et de rejoindre la

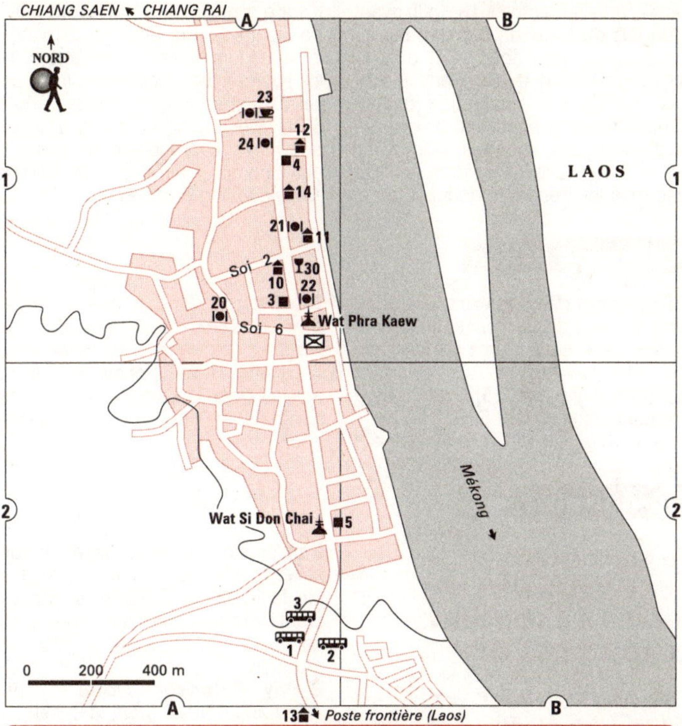

CHIANG KHONG

Adresses utiles

- 1 Arrêt des bus pour Chiang Rai (A2)
- 2 Arrêt des bus pour Chiang Mai (A-B2)
- 3 Arrêt des bus pour Bangkok (A2)
- 3 Change et distributeurs (A1)
- 4 Easy Trip (A1)
- 5 Police (A-B2)

Où dormir ?

- 10 Sleeping Well Hostel (A1)
- 11 Baan Tammila Guesthouse (A1)
- 12 Day Waterfront Hotel (A1)
- 13 Baan Sakuna Resort (hors plan par A2)
- 14 Teak Garden Riverfront Hotel (A1)

Où manger ?

- 20 Khao Soi Pa Orn (A1)
- 21 Bamboo Mexican House (A1)
- 22 Padthai Baan Yim (A1)
- 23 Café de Lao (A1)
- 24 Jam Restaurant (A1)

Où boire un verre ?

- 30 Rin Bar (A1)

douane laotienne. Le visa laotien peut s'obtenir directement sur place. Il en coûte 30 $ pour les Français, 35 $ pour les Belges, les Luxembourgeois et les Suisses, et 42 $ pour les Canadiens (fournir une photo). De nombreux *tuk-tuk* attendent côté laotien pour rejoindre le point de départ des bateaux pour Luang Prabang, et l'on trouve bureaux de change et distributeurs des 2 côtés.

– ***De Houeisay à Luang Prabang*** *(Laos)* **:** 2 possibilités. La plus populaire est le *slow boat,* qui part tlj vers

10h30 ; arriver au moins 1h-1h30 avant le départ du bateau pour débusquer une place confortable. Nuit obligatoire à Pakbeng (trajet : env 6-7h), puis un 2e jour de navigation jusqu'à Luang Prabang, avec une arrivée en fin d'ap-m. Les agences (dont *Easy Trip,* voir ci-dessous) vendent le trajet avec tous les transferts depuis Chiang Khong pour 1 350 Bts (hors nuit à Pakbeng). Sinon, pour les pressés ou les amateurs de sensations fortes, il y a les *speed-boats,* plus chers (et déconseillés après de fortes pluies !). Trajet : 6-7h pour Luang Prabang. Enfin, on peut aussi éventuellement prendre le bus ; compter alors 13-15h de trajet jusqu'à Luang Prabang.

Adresses utiles

■ ***Change et distributeurs :*** *plusieurs banques avec distributeur et service de change dans la rue principale (plan A1, 3).*

■ ***Police*** *(plan A-B2,* ***5****)* **:** *dans la rue principale, face au Wat Si Don Chai.*

■ ***Easy Trip*** – อีซีทริป *(plan A1,* ***4****)* **:** *183 Moo 1, dans la rue principale. 08-27-62-03-88. Tlj sauf dim 10h-18h (si c'est fermé, s'adresser au Day Waterfront Hotel).* Tickets de bus et de bateau pour le Laos. Ils parlent bien l'anglais et donnent d'excellentes infos.

Où dormir ?

De bon marché à prix moyens (de 400 à 1 000 Bts / 11,40 à 28,60 €)

Sleeping Well Hostel – สลิปปิ้ง เวลล์ โฮสเทล *(plan A1,* ***10****)* **:** *10/8 Moo 8. 09-72-80-40-40 ou 08-86-00-05-99. • info.sleepingwell@gmail.com •* Une structure moderne qui comprend un dortoir de 8 lits et une dizaine de chambres privées à différents prix, selon la taille et le niveau de confort (avec ou sans sanitaires privés). Si vous le pouvez, optez pour la 403, au 4e étage, c'est la plus chère mais elle est vraiment bien, avec sa terrasse privée ! Bonne tenue partout cela dit, et tarifs en phase avec les prestations, même si les lits du dortoir sont un peu durs. Petit déj à la carte, à prendre dans la salle du rez-de-chaussée, qui fait aussi resto *(The Vow).* Également un bar.

Baan Tammila Guesthouse *(plan A1,* ***11****)* **:** *113 soi 1. ☎ 053-791-234. 08-96-33-50-87.* Caché au fond d'une ruelle, cette *guesthouse* a décroché le gros lot en matière d'emplacement et de cadre ! Un petit jardin d'Éden, dans lequel se dissimulent des chambres dans 2 bâtiments en dur, d'abord celles avec ventilo (assez simples mais bon marché) et, au fond, celles (à prix moyens) avec clim et vue sur le Mékong. Terrasse en bois du (bon) resto qui donne sur le fleuve. Une adresse au calme, à l'atmosphère bien routarde.

Day Waterfront Hotel – โรงแรม เด วอเตอร์ฟร้อนท์ *(plan A1,* ***12****)* **:** *789 Saiklang Rd, soi 11. ☎ 053-791-789 ou 08-69-72-04-62. • hoteldaywaterfront.com • Petit déj inclus.* Pour ceux qui recherchent un peu de confort et une adresse à la fois calme et bien située, le lieu est juste parfait. On y est accueilli par un couple sympa qui parle bien l'anglais, et les chambres y sont aussi spacieuses (26-30 m² !) que confortables, chacune avec un balcon tourné vers le majestueux Mékong... Petit déj (léger mais avec de la pâtisserie locale), à prendre idéalement sur la terrasse dominant le fleuve. Si vous voulez faire plaisir à Kai, apportez-lui une monnaie de votre pays... ou même une plaque d'immatriculation !

D'un peu plus chic à chic (de 1 200 à 2 500 Bts / 34 à 71,40 €)

Baan Sakuna Resort – บ้านสกุณา รีสอร์ท *(hors plan par A2,* ***13****)* **:** *à 3 km au* *sud du centre, entre la route principale et le fleuve. 09-32-59-84-93. • baansakuna.com • Doubles 1 200-1800 Bts, petit déj compris.* Notre coup de cœur dans le coin. Dans un joli bâtiment jaune flanqué d'un immense et superbe jardin, une douzaine de chambres impeccables, vastes et colorées, toutes avec balcon donnant sur la campagne. Un havre de paix, avec en prime tout le confort nécessaire. Certes, le lieu est un peu excentré, mais on peut vous prêter des vélos pour vous rendre en ville, et il y a un resto pour dîner sur place, sis dans un agréable espace où flottent même de douces notes de musique. Très bon accueil en anglais de la famille de proprios, qui peut venir vous chercher à la gare routière et vous conduire le matin à la frontière avec le Laos (service payant).

Teak Garden Riverfront Hotel – โรงแรมเชียงของ ทีค การเดน ริเวอร ฟรอนต *(plan A1, **14**) : 666 Moo 6, Soiklang Rd. ☎ 052-792-008/9. • chiangkongteakgarden.com • Doubles 1 400-2 300 Bts, petit déj compris.* L'hôtel le plus luxueux de la ville, avec des chambres impeccables et tout confort, aux normes internationales. Quitte à venir ici, autant prendre une *superior deluxe* avec balcon sur le Mékong, dans le bâtiment principal, elles sont un peu plus chères que les standards de l'ancien bâtiment mais on en a pour son argent. Belle piscine à débordement donnant sur le fleuve. Bar avec billard. Massages.

Où manger ? Où boire un café ?

Bon marché (moins de 150 Bts / 4,30 €)

Khao Soi Pa Orn *(plan A1, **20**) : de la rue principale, prendre le soi 6, le resto se trouve à 200 m, au niveau de la 2e rue, à l'angle. Pas d'enseigne en anglais. 08-10-34-18-89. Tlj 8h-16h.* Ce resto, dont la terrasse est cachée par un mur de plantes vertes, est une cantine améliorée, au cadre plaisant. Spécialité maison : la soupe de nouilles au porc haché, servie tous les jours. Sinon, les quelques autres plats proposés figurent au mur en photo. Il n'y a qu'à montrer du doigt, et la commande est passée. Bon et vraiment pas cher. De plus, accueil aimable.

Padthai Baan Yim – ครัวบ้านยิม *(ผัดไทยสูตรโบราณ ; plan A1, **22**) : dans la rue principale, à 50 m au nord du Wat Phra Kaew. 09-93-67-96-66. Tlj sauf lun 10h-14h30, 17h-21h.* En plein centre, un resto sans fioritures, aux tables disposées de part et d'autre d'une cour-jardin. Sympa, mais on y vient surtout pour goûter aux *pad thai*, peut-être bien les meilleures de la ville ! Également d'autres plats, bien sûr.

Jam Restaurant – ร้านอาหารแจม *(plan A1, **24**) : dans la rue principale, un peu au nord du centre. Tlj 7h-22h.* Encore un petit resto qui ne paie pas de mine, avec ses quelques tables en bord de rue et sa salle (ouverte) un peu en retrait, faite de bric et de broc. Toutefois, la cuisine est savoureuse et vraiment bon marché, bref, d'un bien bon rapport qualité-prix. Essayez par exemple la salade piquante de bœuf, le poisson frit au gingembre ou les copieux currys. Service en thaï, sans façon mais souriant.

Café de Lao – คาเฟ่ เดอ ลาว *(plan A1, **23**) : dans la rue principale, un peu au nord du centre. 08-23-85-78-00. Tlj 9h-17h.* Pour une pause-café, c'est l'endroit. Le cadre, tout en bois, reposant, invite à se prélasser, d'autant qu'on y sirote une bonne sélection de cafés et de thés cultivés dans la région, et même des cafés mélangés à du thé ! On peut aussi y déjeuner, le menu affiche 5 plats : rouleaux de printemps (bien frais, miam !), nouilles laotiennes, soupe de nouilles vietnamienne, omelette et tofu frit. Accueil très gentil, avec quelques mots d'anglais.

Prix moyens (de 150 à 300 Bts / 4,30 à 8,60 €)

Bamboo Mexican House – แบมบู เม็กซิกัน เฮ้าท์ *(plan A1, **21**) : 1 Moo 8, sur la rue principale. 08-16-72-00-79.*

Lun-sam 8h-12h, 18h-20h30, dim 8h-14h, 17h-20h30. Le boss, aux airs de vieux hippie thaï, n'en est pas peu fier : il a appris tout seul dans son coin à cuisiner mexicain et, franchement, il s'en tire bien. Au menu : *quesadillas, tacos, fajitas* et autres *burritos* (quand même un peu chers), sans oublier du pain complet maison, du muesli, des jus frais et des œufs au petit déj.

Où boire un verre ?

🍷 ***Rin Bar*** – รินบาร์ *(plan A1, **30**) :* *en face du* Sleeping Well Hostel. *Tlj 16h-1h.* Le seul bar de la bourgade avec un peu d'ambiance... et encore, pas tous les soirs. Mais qu'il y ait du monde ou pas, vous y trouverez un bar bien fourni, une musique plutôt rythmée... et 2 billards !

LE NORD-EST

• Carte l'Isan *p. 335*

La région du Nord-Est est surtout connue sous le nom d'*Isan,* bordée par le Laos au nord et à l'est, et par le Cambodge au sud. Elle couvre 1/3 de la superficie du pays et rassemble la même proportion de ses habitants.
La région n'est pas très visitée mais ne manque pourtant pas d'arguments touristiques : 600 km de rives bordant le Mékong, plusieurs parcs nationaux, un grand nombre de chefs-d'œuvre de l'architecture khmère et des sites préhistoriques, qui prouvent que l'Isan fut habité bien avant la naissance du peuple thaï.
À ces atouts géographiques et historiques s'ajoutent une culture et des traditions spécifiques, fortement influencées par leurs voisins laotiens et khmers, qui ont aujourd'hui largement débordé de leur région d'origine.
Une région qui séduira les amateurs de coins oubliés des touristes, les amoureux d'art khmer, de nature, de photos, de cuisine (voir « Hommes, culture, environnement »), ou tout simplement de sourires.

Passages des frontières laotienne et cambodgienne depuis l'Isan

– ***Laos :*** 5 postes-frontières sont ouverts aux étrangers, dont on vous donne les horaires théoriques d'ouverture : Chiang Khong-Huay Xai *(tlj 8h-18h),* Nong Khai-Vientiane *(tlj 6h-22h),* Nakhon Phanom-Tha Khaek *(tlj 8h30-15h),* Mukdahan-Savannakhet *(tlj 9h-16h30)* et Chong Mek-Vak Tao *(tlj 6h-19h).*
– ***Cambodge :*** Chong Chom-O'Smach *(tlj 7h-20h),* dans la région de Surin, et Chong Sa-Ngam-Anlong Veng, dans la province de Si Saket. Voir les chapitres consacrés ci-après pour plus d'infos.

Au sujet des visas laotien et cambodgien

À la frontière laotienne, obtention facile et rapide d'un visa valable pour 1 mois de séjour (une seule entrée). Prix : selon les postes et le cours du change, autour de 1 900 Bts ou l'équivalent en US$, uniquement payable en cash. Petit supplément éventuel le week-end ou aux heures des repas. Se munir d'une photo d'identité.
Aux postes cambodgiens, obtention d'un visa valide pour 1 mois, sans difficulté notable à l'exception de son prix ou de petites arnaques (droit de timbre, etc.). Se renseigner sur le prix officiel (20 US$, mais pourrait augmenter), avoir la somme en dollars (paiement en bahts moins avantageux). Visa également délivré à Bangkok, au consulat ou via une agence de voyages.

LES PARCS DE LA PROVINCE DE LOEI

Cette région préservée, isolée par une petite chaîne de montagnes, plaira aux amateurs de calme et autres randonneurs. Mais il faut compter du temps (1 jour par parc au minimum), sinon la visite est frustrante. Le coton produit dans la province est réputé dans toute la Thaïlande pour son excellente qualité. Le célèbre parc de Phu Kradung vaut à lui seul le voyage. De Loei, il est ensuite facile de rejoindre Chiang Khan, sympathique bourgade sur le Mékong.

LOEI – เลย

24 000 hab.

Bourgade étape un peu hors du temps depuis la fin de la guerre du Vietnam. En effet, après que les GI's ont fait leur paquetage, la capitale de la province du même nom a coulé des jours paisibles en produisant des textiles réputés que l'on retrouve sur son marché animé. Si vous passez par là, la halte n'est pas désagréable.

Arriver – Quitter

Gare routière : *à 1 km au sud de la ville, sur Maliwan Rd.*

➢ ***De/vers Bangkok :*** 3 compagnies assurent la liaison. Env 12 bus/j., 6h-21h10 de Loei à Bangkok. 3 bus (et 7 bus VIP, plus cher) de Bangkok à Loei, 6h-22h. Bus de nuit (départs 18h30-22h). Env 580 km. Durée : 9-10h.

➢ ***De Chiang Mai :*** env 4 bus (et 1 VIP de nuit à 20h30/j.), 9h30-19h30. Compter 10h.

➢ ***Chiang Khan :*** à 50 km, est à seulement 1h15 de route. Bus ttes les 30 mn à la Station à côté de King's Arch, Chiang Khan. 2 bus VIP, 9h15 et 18h50 à partir d'*Air Muang Loei Office.*

Adresse utile

TAT Office de tourisme : *Charoenrat Rd. ☎ 042-812-812. 06-30-21-78-07. Tlj 8h30-16h30.* Accueil pro de lew, toujours prête à aider et bonne doc sur les environs.

Où dormir ?

De bon marché à prix moyens (de 150 à 800 Bts / 4,30 à 23 €)

Sugar Guest House – ชูการ์ เกสท์เฮาส์ **:** *4/1 Visuttitep Rd (dans une ruelle perpendiculaire). ☎ 042-812-982. • sugarguesthouse@gmail.com • Doubles 270-380 Bts (sans petit déj).* Dans sa jolie maison hyper soignée et aux meubles cirés, Pat, la charmante proprio qui parle un excellent anglais, propose 3 chambres impeccables (dont 2 avec AC au rez-de-chaussée) et au calme. Petit bout de jardin sur le devant. On se sent comme à la maison. À ce tarif, une excellente adresse, la seule du genre en ville.

Loei Orchid Hotel – โรงแรม เลยออร์คิด **:** *1/41 Sathon Chiangkhan Rd. ☎ 042-861-888. • loeiorchid.com • Double 450 Bts sans petit déj.* L'immeuble est un peu en retrait du rond-point, donc au calme. L'ensemble est somme toute un peu banal, mais les chambres, correctes et propres, ne souffrent aucune critique.

Un peu plus chic (autour de 1 500 Bts / 43 €)

Loei Palace Hotel – โรงแรม เลยพาเลซ **:** *167/4 Charoenrat Rd.*

L'ISAN

☎ *042-815-668.* • *mosaic_collection.com* • *Double 1 200 Bts.* Un peu en dehors du centre, en traversant la rivière. Grosse unité moderne de plus de 150 chambres, mais au confort correct (un peu défraîchi toutefois) pour le standing. Piscine et resto sur place.

Où manger ? Où boire un verre ?

IOI ***Marché de nuit :*** *le long d'Aban Rd. Tlj 17h-22h.* Une poignée de stands bon marché dans une rue garnie de tables prises d'assaut. Faire confiance à son instinct et pointer du doigt ce qui semble appétissant. La spécialité locale : les œufs à la broche.

IOI ***Khao Tom Rang Ngam*** – ข้าวต้มแรงงาน ***:*** *Sert-Si Rd.* ☎ *042-033-050. Tlj 17h-2h du matin. Plats 80-200 Bts.* Sous une sorte de grand hangar abrité par de la tôle, on vous accueille à des tables colorées pour déguster une bonne cuisine de l'Isan, réalisée avec des produits très frais (super soupe de tamarin aux crevettes).

Noi Tamsua – หน่อยตำซั่ว : *Sert-Si Rd. 08-14-71-59-04. Tlj 9h-22h du matin. Plats 40-200 Bts.* Encore un hangar ouvert sur la rue, où la cuisine familiale d'excellente qualité nous a convaincu : *papaya salad, chinese noodle,* tendrons de porc ou pâtes de poulet, c'est bon, populaire et pas cher.

Loei Saturday night walking street : *le long de Charoenrat Rd (la rue de la poste).* Le grand rendez-vous du samedi soir. Musique, danses et plein de stands pour se nourrir.

LE PARC NATIONAL DE PHU RUA – อุทยานแห่งชาติภูเรือ

Phu Rua, le « mont Bateau », tire son nom de la forme de sa cime rappelant une jonque chinoise renversée qui flotterait à 1 365 m d'altitude. Assez petit (120 km^2), le parc offre au visiteur un large panorama sur les chaînes et vallées du Laos (à quelques kilomètres), atteint par de faciles balades à travers une lande parsemée de pins et d'affleurements rocheux. Super de juin à novembre. Sur la route d'approche, impossible de ne pas voir les pépinières et cultures de fraises qui occupent des hectares et des hectares. Bonne terre, altitude et hygrométrie parfaite. Bref, idéales pour la production fruitière et horticole.
Le village de Phu Rua, sur la grande route, est parsemé d'hôtels et de *resorts.* L'entrée du parc se situe à 4 km de la grande route.

Arriver – Quitter

➢ **Loei, Phitsanulok :** arrêt au village de *Phu Rua,* à 50 km de Loei. Bus fréquents dans les 2 sens mais il s'arrête au bord de la route. Reste 2 km à parcourir jusqu'à l'entrée du parc, puis encore 4 km jusqu'au petit *Visitor Center.* Bon courage !

Où dormir ? Où manger ?

Voir « Hébergement » dans « Thaïlande utile » en début de guide, pour plus d'informations concernant les hébergements dans les parcs nationaux (numéro d'info des parcs : ☎ *042-884-144).* Sinon, les environs regorgent d'hébergements et de restos.

À l'intérieur du parc

Camping : *espaces au niveau des Visitor Centers n° 1 (2 km après le kiosque d'entrée, coin verdoyant tte l'année) et n° 2 (1,5 km en contrebas du sommet, soit 5,3 km en voiture ou 1h30 à pied par le sentier). ☎ 042-801-716. Le w-e, résa conseillée. 30 Bts/pers pour planter sa propre tente ; loc de tentes 3 places env 400 Bts (duvets, couvertures et oreillers compris).*

Bungalows : *mêmes emplacements que les campings. Ven-dim, compter 2 000-3 000 Bts selon capacité (4 ou 6 pers). On paye le bungalow entier. 30 % de réduc lun-jeu.*

Restos du parc : *proches des* Visitor Centers *n°s 1 et 2, également autour du parking près du sommet.*

À l'extérieur du parc

Sukanya Resort – สุกัญญา รีสอร์ท : *sur la route du parc, à env 300 m de la grande route, sur la gauche. 08-10-42-62-98. Chalets avec sdb, sans ou avec AC : pour 2 pers 800 Bts et 1 000 Bts pour 4.* Sympathique petit ensemble de chalets de bois cernés par une pelouse et des plantes vertes, tous avec une micro-terrasse. Ils sont mignons, bien tenus, équipés simplement. Pratique pour ceux qui veulent faire halte à proximité du parc.

La visite

L'entrée du parc se situe à 2 km de l'embranchement avec la nationale (tlj 5h-20h ; 200 Bts). Le Visitor Center n° 1 est 4 km plus haut. De là, une route bitumée, longue de 8 km, tortueuse et assez raide (dernier tronçon à plus de 15 %), mène quasiment au sommet. Depuis le centre d'information n° 1 (se munir d'un plan du parc, toujours utile même si le balisage des sentiers est assez bon), départs des 2 sentiers : le plus fréquenté est celui qui mène du Visitor Center n° 1 au Visitor Center n° 2. Sentier de 2,8 km (compter env 1h30-2h de grimpette). On peut aussi y aller en voiture par une route pentue. De là, on trouve le 2e sentier, celui qui mène en 700 m au Phurua Peak (env 30 mn de marche). Beau panorama de là-haut. Attention, Phu Rua détenant le record de fraîcheur en Thaïlande (- 4 °C), penser aux vêtements chauds, même en dehors de l'hiver.

LE PARC NATIONAL DE PHU KRADUNG – อุทยานแห่งชาติภูกระดึง

Phu Kradung, la « montagne-cloche », est l'un des plus beaux parcs naturels thaïlandais. Depuis son étonnant sommet, au large plateau de grès posé à plus de 1 200 m d'altitude, les panoramas sur les basses terres et collines alentour sont époustouflants. La biodiversité y est encore assez bien préservée : flore tropicale, méditerranéenne et océanique abritant des chacals d'Asie, des écureuils noirs géants, des *sambar* (cervidé), des *serow* (bovidé), des gibbons aux mains blanches... ainsi qu'une vingtaine d'éléphants et peut-être encore quelques tigres.
Si l'on vient ici c'est pour effectuer la randonnée à la journée, car c'est l'intérêt principal du parc. Ne pas prendre le temps de faire l'ascension jusqu'au plateau n'a guère de sens. Prévoir d'y passer la nuit (voir la rubrique « Où dormir ? »).

Arriver – Quitter

Bifurcation pour le parc au rond-point du village de Phu Kradung, Le *Visitor Center* se situe au pied de la montagne, à 4 km de la grande route. Pas de transports publics.

➢ ***Khon Kaen :*** bus dès 6h env, ttes les 30 mn, dans les 2 sens ; env 140 km.

➢ ***Loei :*** similaire à Phu Kradung-Khon Kaen ; 80 km.

Quand y aller ?

Pendant la mousson, de juin à fin septembre, le parc est fermé pour des raisons de sécurité et de régénération de la flore. Le reste de l'année, ***préférer les visites en semaine*** pour être plus tranquille, notamment d'octobre à janvier, qui correspond à la haute saison, mais il n'y a pas vraiment de période privilégiée pour la visite, tout dépend de vos centres d'intérêt.

Infos utiles, prix équipement, durée de séjour

- **Entrée du parc :** *ouv oct-mai, tlj 7h-16h30. Entrée 400 Bts ; réduc.* Le *Visitor Center* se situe à 1 km après l'entrée.
- Il est conseillé de stocker les affaires superflues auprès du *Visitor Center* du départ (consigne).
- Selon vos capacités physiques et le poids de votre équipement (tente, etc.), il peut être judicieux de louer les services de porteurs (30 Bts/kg).
- Pas la peine de trop se charger en nourriture et boissons, la montée est jalonnée de plusieurs aires de petits restos.
- Les très bons marcheurs peuvent monter faire une rando raisonnable sur le plateau et redescendre en une journée (prévoir 10h de marche, pauses comprises), mais ça n'a guère de sens. On conseille plutôt de passer la nuit sur le plateau (camping ou bungalows à louer).
- Toilettes, aire de pique-nique et petites gargotes autour du parking, près du *Visitor Center.*
- Petite expo et maquette sur l'arrière du *Visitor Center.*

Où dormir ? Où manger ?

À l'intérieur du parc

Il est conseillé de dormir dans le parc et de réserver à l'avance, surtout le week-end et en haute saison. Voir « Hébergement » dans « Thaïlande utile » en début de guide pour plus d'infos, ou téléphoner au ☎ *042-810-833.* Le jour même, réservation possible directement au *Visitor Center* situé au pied de la montagne (obligatoire pour les bungalows) ou au *Visitor Center* du plateau (exclusivement pour le camping).

⛺ ***Camping :*** *sur le plateau, à côté du* Visitor Center. *Compter 30 Bts/pers pour planter sa propre tente ; des centaines de tentes à louer 300 Bts pour 3 pers et 500 Bts pour 5 (incluant matelas, sac de couchage, oreiller).*

🏠 ***Bungalows :*** *ils se situent tous sur le plateau, à l'exception de 3 bungalows vers le parking (pour dépanner si arrivée après 14h, trop tard pour faire l'ascension). Plusieurs types de bungalows, 6-10 pers, 900-2 400 Bts par bungalow, selon taille et confort.* Va de la cabane sans salle de bains au chalet confortable avec sanitaires.

Gargotes et bazar-alimentation du parc : *derrière les 2* Visitor Centers, *ainsi qu'aux haltes pdt la montée.* Cuisine simple et tarifs honnêtes. Vente de petit équipement (torches, piles et allumettes).

La rando : une bonne grimpette avant les balades...

À noter qu'on ne peut pas entreprendre l'ascension après 14h, car il faut arriver sur le plateau avant la nuit. Plan photocopié (en théorie) et brochure gratuite au Visitor Center.

Seul accès au plateau, ***un sentier long de 5,5 km*** traverse la forêt pour atteindre le *Mountain Top* (3 à 4h d'effort !). De là, il reste encore 3,5 km de plat à parcourir jusqu'au ***Headquarter*** du plateau (45 mn environ), entouré des hébergements (bungalows et camping), des restos et de vastes pelouses. Vu la pente très rude (20 % en moyenne) et la dénivelée (1 100 m), la montée constitue un certain défi sportif. On conseille de faire une pause au site de *Sam Kok Done* (3,7 km depuis le départ, belle vue) avant d'attaquer les 2 km les plus pentus, munis d'échelles métalliques (sans difficulté, ce n'est pas de la *via ferrata...*). Quand on arrive en haut, les dernières rampes couvertes d'une végétation dense font brusquement place à une pinède clairsemée sur un plateau. Il est conseillé de ne pas quitter les nombreux sentiers bien balisés. Ils permettent de multiples combinaisons, ainsi que d'accéder au calme et à la sérénité en évitant les sites les plus courus. Dans les zones nord et nord-ouest du parc, interdites au public, les animaux sont encore totalement isolés des activités humaines.

Quelques suggestions de balades, en démarrant du quartier général. ***Attention :*** avant de vous engager, bien vérifier auprès des rangers que ces sentiers sont praticables. Ce n'est pas toujours le cas.

➢ ***Le chemin des Cascades :*** au nord-ouest du quartier général ; 30 mn-2h de marche. Au fur et à mesure que l'on s'éloigne, le plateau s'abaisse en pente douce et la végétation redevient luxuriante. Visite possible de quelques cascades, mais certaines sont rarement en eau. Se renseigner au *Visitor Center* avant d'entreprendre la rando.

➢ ***Le chemin des Azalées :*** 12 km aller-retour. Prendre vers l'ouest en direction de la cascade *Thamsok Noo* en passant par la statue du Bouddha et la mare *Ano Dard.*

➢ ***Le lever du soleil :*** depuis *Nok an Cliff* (2 km). Puis, si c'est la saison, quantité de fleurs sauvages dans les environs de *Lanwat Prakaew.*

DE CHIANG KHAN À NONG KHAI, LE LONG DU MÉKONG

Voici un trajet de rêve, dans une nature souvent sauvage et à l'atmosphère toujours paisible, en côtoyant le fleuve mythique.

Trait d'union entre 2 univers si contrastés, le Laos et la Thaïlande, le fleuve nourricier vous laissera peut-être rencontrer Phrayanak, le dragon-serpent du Mékong.

Pour se déplacer, des bus ou des *songthaew* font régulièrement la navette. Seule la section entre Chiang Khan et Pak Chom nécessite de rentrer un peu dans les terres pour récupérer un bus en provenance de Loei.

LE FESTIVAL ANNUEL DES BOULES DE FEU DU MÉKONG

– ***Naga Fireball Festival*** – เทศกาลออกพรรษา บั้งไฟพญานาค **:** *ts les ans, aux alentours du mois d'oct, à la fin du carême bouddhique. Plusieurs sites de Sangkhom à Bung Kan, le plus important étant Phon Phisai.* Élevé au rang d'événement touristique majeur, prétexte à force fêtes, foires et liesses populaires. Curieusement, peu de touristes.

CHIANG KHAN – เชียงคาน

7 000 hab.

Ⓒ Charmant gros village, découvert par les Thaïs mais pas encore par les touristes occidentaux, qui en ont fait un lieu de villégiature. Le vieux Chiang Khan est un vrai régal pour tout voyageur peu pressé. Son centre consiste en une longue et étroite rue parallèle au Mékong (Thanon Chaikong), bordée de fières maisons en teck du début du XXe s. Elles ont su conserver tout leur caractère et certaines ont été transformées en *guesthouses,* pour notre plus grand plaisir.

Dans la journée, tout est bien calme. On profite alors de la longue promenade piétonne qui court sur plusieurs kilomètres, surplombant joliment le Mékong. Le soir, la rue principale se piétonnise et devient un chouette marché à tout et à rien : fringues, souvenirs de pacotille, petits braseros de rues, restos et quelques bars avec terrasses s'ouvrant sur le fleuve. Une animation villageoise débonnaire qu'on apprécie bien. Chiang Khan, un de nos coups de cœur en Isan !

Arriver – Quitter

Pas de station de bus, mais ***plusieurs arrêts*** selon les destinations, tous situés au-delà de Th. Chiang Khan en venant du Mékong. Horaires et fréquences des bus évolutifs, se renseigner auprès des pensions.

➢ ***Bangkok :*** 2 compagnies assurent la liaison dans les 2 sens. 8h et 20h (VIP), 9h et 20h (ordinaire). Au retour : à 7h30 et 18h50 (ordinaire) et 9h15, 18h50 (VIP). Env 650 km, 10h de route.

➢ ***Nong Khai :*** pas de service entre Chiang Khan et Pak Chom. Prendre un *songthaew* pour Ban Tat (ttes les 30 mn), village situé sur la ligne Loei-Nong Khai. Puis changer de *songthaew* pour Nong Khai.

➢ ***Loei :*** *songthaew* ttes les 30 mn, 5h30-18h, dans les 2 sens. Env 50 km ; 1h30 de route. Autre solution : prendre un bus Khorat-Chiang Khan.

➢ ***Laos :*** district de Thali, à 50 km à l'ouest de Chiang Khan (65 km au nord-ouest de Loei). Passage de la frontière par le pont Thai-Lao Friendship Bridge enjambant la rivière Huang. Visa dispo à la frontière. ***Un hic, mais de taille :*** le transport côté laotien, vers Luang Prabang, reste difficile ; bien se renseigner auprès de votre pension.

Adresses et info utiles

■ ***Immigration office :*** *sur Chai Khong Rd, à l'angle du soi 26. Lun-ven 8h30-12h, 13h-16h30.* Extension de visa réalisée sur le champ. Avoir copie du passeport, 2 photos et 1 900 Bts. Rappel : autant faire un tour au Laos et obtenir un nouveau visa au retour que de prolonger sur le sol thaïlandais (voir « Thaïlande utile » en début de guide). Mais attention, cette solution vous « coûtera » 1 passage sur les 2 passages autorisés/an par voie terrestre.

■ **Distributeur de billets :** *sur Srichiang Kan, à l'angle du soi 10.* Pas de change d'espèces.

Location de vélos et de motos : *certaines guesthouses assurent ce service. Compter 50-100 Bts/j. pour 1 vélo.*

Où dormir ?

Bon à savoir, le village étant devenu un vrai lieu de week-end pour les Thaïs, les prix de nombreux hôtels (pas tous !) grimpent en flèche du vendredi au dimanche soir compris. On conseille à votre porte-monnaie d'éviter ces jours-là.

De bon marché à prix moyens (de 150 à 800 Bts / 4,30 à 23 €)

Chiang Khan Guesthouse – เชียงคานเกสท์เฮ้าส์ **:** *282 Chaikhong Rd, entre le soi 19 et 20. 09-10-13-71-95. Doubles avec sdb et AC 600-800 Bts.* Maison typique en bois. Grand rez-de-chaussée un peu hétéroclite. Au 1er, une grosse poignée de chambres (nos préférées) légèrement cloisonnées en enfilade, dont 2 (recherchées) donnent sur la rivière. Elles sont petites, simples et correctes. Au fond, un bout de terrasse avec vue sur le fleuve. Patronne serviable et souriante.

Poonsawasdi – โรงแรมพูลสวัสดิ์ **:** *251/2 Moo 1, soi 9. 08-04-00-87-77. Compter 600-800 Bts selon saison, avec clim et sdb.* Dans une rue perpendiculaire à l'artère principale, petit hôtel familial (l'un des premiers ouverts dans la localité) avec balcon en façade, où l'accueil enjoué et chaleureux compense un peu le côté sommaire de certaines chambres tout en bois et cloisonnées de panneaux légers, comme souvent dans ce type de construction. Prêt de vélos.

Ban Kaeng Resort : *à 4 km du centre vers l'est, sur la route principale 202, dans un petit soi perpendiculaire. Presque à l'extrémité est de la rue. 09-52-24-29-71 (Nam). Doubles avec sdb 600-800 Bts, petit déj thaï compris.* Maison moderne, aux murs de béton gris ciré, mais pas triste pour autant, offrant une poignée de chambres d'excellent confort (AC, bonne literie...) à l'étage. Prêt de vélos. Et comme on est éloigné du centre, si vous allez dîner au village, on peut vous accompagner et vous raccompagner. Sympa ! Même si l'on n'est pas au bord du fleuve (il est à 150 m), voici un excellent rapport qualité-prix. Votre hôte, Nam, parle un anglais parfait (rare dans le secteur).

D'un peu plus chic à chic (de 800 à 3 000 Bts / 23 à 86 €)

Baansupichaya – บ้านสุพิชญา : *Chaikhong Rd, au niveau du soi 14. 08-56-08-75-57. • baansupichaya.com • Compter 800-2 500 Bts selon taille, confort et vue.* Situation centrale, dans la rue principale, pour cette double maison, dont la principale est tout en bois, avec large balcon. Certaines chambres sont toutes petites et sans vue, et 2 sont très spacieuses et vaste terrasse *(big balcony room)*. Bon équipement pour toutes. La maison d'à côté, en dur, propose 3 chambres avec balcon, à prix intermédiaires. Fait aussi coffee bar avec de délicieuses pâtisseries.

Norn Nab Dao Rimkhong – โรงแรมนอนนับดาว ริมโขง : *48 Moo 1, Chaikhong Rd, soi 3. ☎ 042-822-274. 08-98-83-25-16. • normnabdao@gmail.com • norn-nab-dao.com • Doubles 900-2 200 Bts, avec petit déj.* Dans 2 édifices modernes dans la rue principale, à proximité l'un de l'autre. Une petite trentaine de chambres impeccables (avec petite peinture murale) disposées en U, de bon confort, pas très grandes mais avec AC. Les plus chères avec balcon face au Mékong. Pas le charme des *guesthouses* en bois, mais bon accueil en anglais. Location de vélos.

The White House Chiangkhan Villa – เดอะไวท์เฮาส์เชียงคานวิลลา : *Srichiang Khan Rd, entre les soi 5 et 6. 08-15-51-57-48. Doubles 1 000-1 200 Bts avec AC, sdb et petit déj. Tente pour 2 950 Bts avec petit déj.* Jolie maison partiellement en bois, toute blanche (d'où son nom), pleine d'un charme désuet, avec parquet ciré. Tailles variées et 2 chambres avec vue sur le fleuve (les plus agréables). Certaines avec lits à colonnes de bois. Original, dans des pièces ouvertes, on a disposé quelques tentes avec matelas et couette qui conviendra aux budgets les plus serrés. Terrasse avec vue pour prendre le frais.

The Old Chiangkhan Boutique Hotel – โรงแรมดิ โอลด์เชียงคาน : *Chaikhong Rd, soi 20. ☎ 042-822-119. • theoldchiangkhan@gmail.com • theoldchiangkhan.com • Doubles 1 600-1 800 Bts ; plus pour celles avec balcon et vue sur le fleuve.* Les boiseries à l'ancienne donnent beaucoup de cachet à cet hôtel. Les chambres sont disposées autour d'un espace couvert en U, le long d'une coursive. Au fond, 4 chambres avec vue, certaines avec baldaquin. Beaux lits en bois sculpté. Préférer celles à l'étage.

Phu Chiangkhan Bed and Breakfast – โรงแรมภูเชียงคาน : *Chiangkhan Rd, au niveau du soi 10. 08-99-81-37-59. Doubles 1 000-2 200 Bts avec AC et petit déj.* Restaurée avec talent dans un style zen et épuré, presque tendance, voici une des belles adresses du bord du fleuve. Les chambres avec vue sont extra, ça va sans dire. Elles constituent un bon choix pour ceux qui ont les moyens. Atmosphère familiale et excellent confort.

Riverside Chiangkhan Resort – ริเวอร์ไซด์เชียงคาน รีสอร์ท : *1/8 Ruam Chai Narumit Rd. ☎ 042-821-477. 08-43-36-75-25. • resort-hotel-2358.business.site • À 4 km à l'est du centre de Chiangkhan, au bord du fleuve. Chambres 1 200-1 800 Bts.* Véhicule nécessaire, mais prêt de vélos sur place. 2 types de chambres : celles dans la magnifique construction

LE NORD-EST

traditionnelle en bois tout en largeur face au fleuve et celles édifiées sur des barges posées sur le fleuve même. Dans la maison, les chambres sont de bon confort et pleines de charme, mais possèdent en fait peu (ou pas) de vue sur le fleuve. Celles posées sur le fleuve sont plus classiques certes, mais toutes offrent un bout de terrasse et une vue imprenable, ça va sans dire. Le grand resto (beaucoup de groupes) s'ouvre sur le fleuve. Il est spécialisé dans le poisson du Mékong, frit et aux herbes, recette typique de l'Isan.

Où manger ? Où boire un verre ?

Attention, tout ferme assez tôt à Chiang Khan (aller dîner avant 20h30).

Soi-Saw Restaurant – ร้านอาหาร ซอย ซาว : *Chaikhong Rd, à l'angle du soi 20. Tlj 6h-14h (sam jusqu'à 21h). Plats 40 Bts.* Sympathique petit troquet niché dans une vénérable maison de bois ouverte sur la rue et bien dans son jus. On y vient essentiellement pour un petit déj thaï *(rice soup, rice porridge, white pork sausage...).* Carte courte.

Rabiangkhong Restaurant – ร้านอาหารระเบียง : *Chaikhong Rd. Plats env 70-150 Bts.* Bonne cuisine classique (*fish cake* de qualité, *red* ou *green curry, tom yam* goûteuse), à déguster dans une salle quelconque prolongée par une terrasse.

Heon Luang Prabang Restaurant – ร้านอาหารเฮือนหลางพระบาง : *à la hauteur du soi 12, sur la rue principale. Midi et soir. ☎ 042-821-046.* Menu en anglais, avec photos, ce qui est rare. Spécialités laotiennes et thaïes savoureuses à déguster face au Mékong. Déco chinoisante assez soignée. Fait aussi *guesthouse.*

Baansupichaya – บ้านสุพิชญา : *Chaikhong Rd, au niveau du soi 14. 08-56-08-75-57. Tlj 7h-17h.* À côté de la *guesthouse* du même nom, chouette *coffee shop* avec expressos et autres cafés de qualité, à déguster avec une part de gâteau sur une jolie terrasse aux tables de bois offrant un panorama extra sur le fleuve. Dans le même genre, le **With a View** – โรงแรม วิท อะ วิว, *(Chaikhong Rd entre le soi 14 et 15 ; tlj 7h-21h).* Excellents cafés, bons gâteaux, bien cosy, avec quelques canapés et tables basses. On aime.

Miss You Bar : *Chaikhong Rd, entre les soi 19 et 20. Tlj 16h-22h.* Minuscule troquet gentiment décalé et un rien destroy, avec son comptoir tout en longueur et ses quelques banquettes de bois avec coussins. Bons cocktails (pas donnés toutefois !).

LE NORD-EST

À voir. À faire

Balades en bateau sur le Mékong : *les départs se font en grande majorité à l'embarcadère de* ***Kaeng Khutkhu****, situé à 4 km à l'est du village. Pour une balade de 1h (c'est suffisant), compter env 800-1 000 Bts/h, tarif valable jusqu'à 6-8 pers (parfois 10 selon les bateaux).* Négociation possible mais pas facile. À faire plutôt en fin d'après-midi, afin de revenir au coucher du soleil. Le matin, le fleuve est souvent brumeux. On remonte le fleuve jusqu'au village avant de faire demi-tour. Les bateaux sont en général de longues barques effilées munies de puissants moteurs.

Promenade à pied ou à vélo le long du Mékong : la longue promenade piétonne et surélevée de plusieurs kilomètres le long du Mékong est un ravissement. Le matin (avant que ça chauffe !) ou en fin d'après-midi quand la lumière se fait douce, c'est un moment tranquille et plein de charme. Le vélo est aussi un bon moyen d'explorer la promenade, avec un rayon d'action (et de vélo) bien plus grand.

Le marché : *entre les soi 9 et 10, sous une grande halle au-delà de Th. Chiang Khan en venant de Chai Khong. Tlj 4h (si, si !)-8h du mat, puis 15h-19h.* Si vous êtes à l'aube, vous verrez la quête traditionnelle des moines qui passent aussi dans la rue principale. Denrées alimentaires et bric-à-brac.

> **JUNK FOOD**
>
> *Autrefois, les offrandes du matin faites aux moines pour assurer leur subsistance quotidienne consistaient surtout en riz et fruits. Avec la société de consommation, l'habitude est venue d'y ajouter des canettes de sodas, des barres chocolatées ou autres friandises sucrées. Résultat : c'est parmi les moines que l'on déplore le taux le plus élevé de diabétiques en Thaïlande.*

Wat Sri Khun Miang : *entrée sur Chai Khong, entre les soi 6 et 7.* Dans la courette d'un monastère, c'est le temple de droite qui nous intéresse. Il date du milieu du XVIIIe s et c'est le plus vieux du village, témoignage du style Lanna. Noter la fresque sur la façade qui raconte les différentes vies de Buddha. Les temples au fond de la cour sont plus récents. L'ensemble est toujours animé par de nombreux moines.

Les tisserandes : dans quelques demeures, ainsi qu'à l'usine située au 122/4 soi 10 (avant le marché), on peut observer le travail artisanal du coton (notamment couvertures et couettes).

AU FIL DU FLEUVE

La centaine de kilomètres séparant Chiang Khan de Nong Khai forme probablement un des plus beaux tronçons de route suivant le haut Mékong. La voie fluviale, sinueuse et tourmentée, se bagarre contre des poches de reliefs karstiques qui l'enserrent créant une mosaïque ininterrompue de bas-fonds, d'îles et de récifs qui jouent superbement avec la lumière selon les heures. À *Sangkhom,* on peut faire une halte pour contempler le panorama sur les eaux rouges du Mékong.

NONG KHAI – หนองคาย

70 000 hab.

• Plan *p. 344-345*

Autrefois alanguie au bord du Mékong, Nong Khai profite aujourd'hui pleinement du « pont de l'Amitié » *(Friendship Bridge),* qui relie la Thaïlande et le Laos depuis 1994. La croissance économique découlant du commerce frontalier et du tourisme a accru le niveau de vie des habitants et fatalement altéré le charme provincial de la bourgade pour en faire une bonne grosse petite ville, qui reste sympa malgré tout, si on se cantonne aux bords du Mékong et aux alentours du marché.

Arriver – Quitter

En bus

Terminal des bus *(plan D1) : Th. Prajak, légèrement à l'est du centre-ville, proche du Wat Pochai.*

➢ **Bangkok :** depuis Nong Khai, env 20 bus/j., quelques-uns le matin (à éviter), les autres en début de soirée

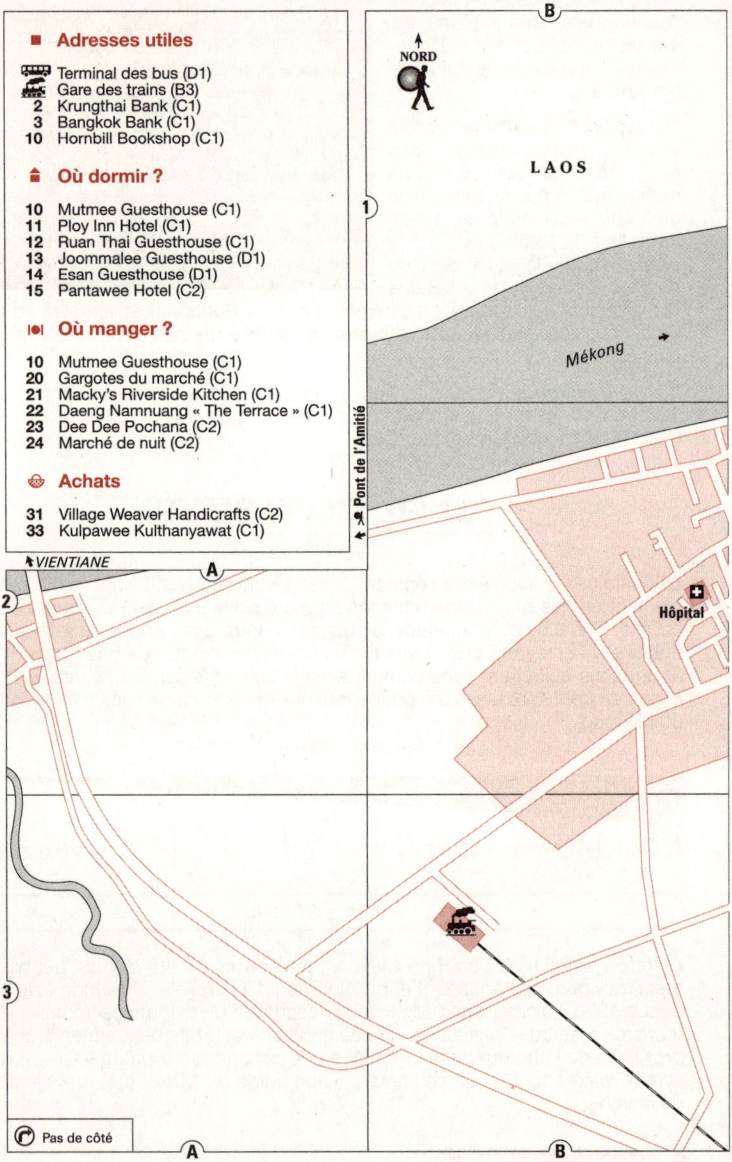
Adresses utiles
Terminal des bus (D1)
Gare des trains (B3)
2 Krungthai Bank (C1)
3 Bangkok Bank (C1)
10 Hornbill Bookshop (C1)
Où dormir ?
10 Mutmee Guesthouse (C1)
11 Ploy Inn Hotel (C1)
12 Ruan Thai Guesthouse (C1)
13 Joommalee Guesthouse (D1)
14 Esan Guesthouse (D1)
15 Pantawee Hotel (C2)
Où manger ?
10 Mutmee Guesthouse (C1)
20 Gargotes du marché (C1)
21 Macky's Riverside Kitchen (C1)
22 Daeng Namnuang « The Terrace » (C1)
23 Dee Dee Pochana (C2)
24 Marché de nuit (C2)
Achats
31 Village Weaver Handicrafts (C2)
33 Kulpawee Kulthanyawat (C1)
NORD
LAOS
Mékong
Pont de l'Amitié
VIENTIANE
Hôpital
Pas de côté
A
B
1
2
3

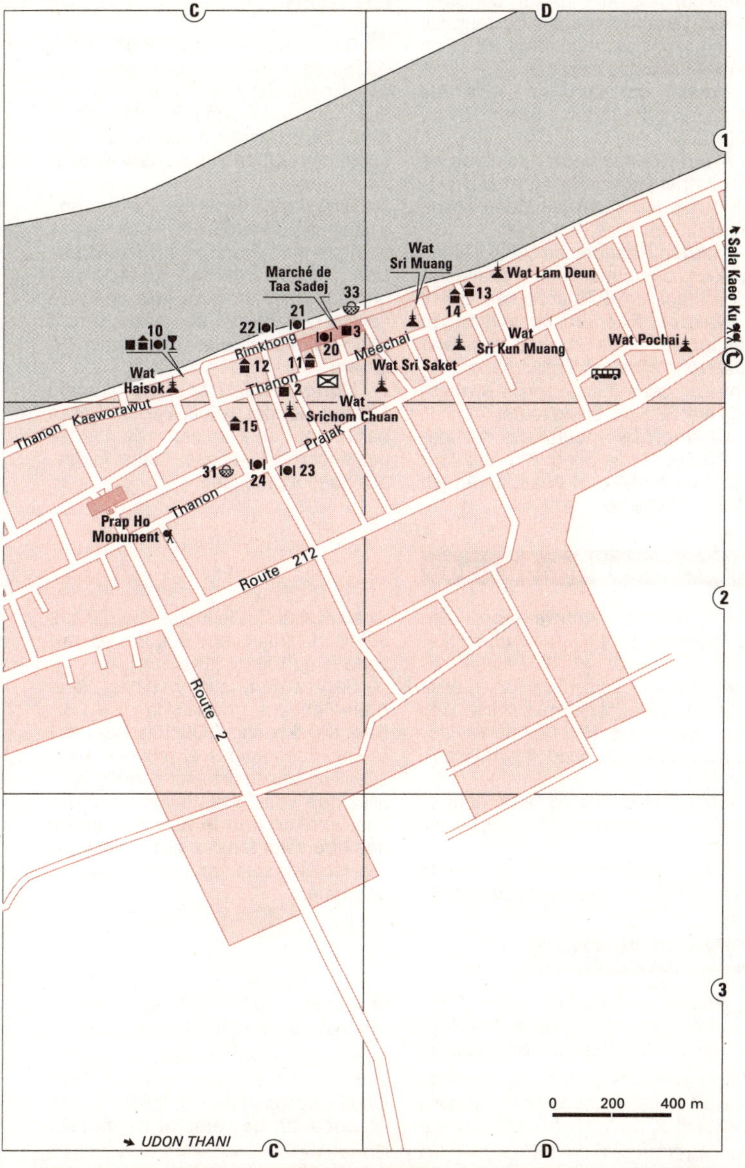
C
D
1
2
3
Marché de
Taa Sadej
Wat
Sri Muang
Wat Lam Deun
33
21
22
3
13
14
10
20
Wat
Sri Kun Muang
Wat Pochai
Sala Kaeo Ku
Rimkhong
Meechai
Wat
Haisok
11
12
Wat Sri Saket
Thanon
2
Wat
Srichom Chuan
Thanon Kaeworawut
15
Prajak
31
24
23
Thanon
Prap Ho
Monument
Route 212
Route 2
0
200
400 m
UDON THANI

NONG KHAI

(18h-20h) ; 620 km, 10-12h de route. Depuis Bangkok (départ du terminal Mochit), mêmes fréquences. Mais on conseille plutôt le train.

➢ ***Udon Thani :*** dans les 2 sens, ttes les 30 mn 6h-18h env ; 53 km, 1h de route.

➢ ***Khon Kaen, Khorat :*** nombreuses liaisons par les bus Nong Khai-Bangkok ou en transitant par Udon Thani. Voir sous ces villes.

➢ ***Nakhon Phanom via Udon Thani :*** plusieurs bus/j. mais il faut changer à Udon Thani ; env 270 km, durée : 5-6 h.

➢ ***Nakhon Phanom en suivant le Mékong :*** itinéraire un peu plus joli (voir « De Nong Khai au That Phanom ») ; dans les 2 sens, 1 bus/j., en fin de matinée ; env 300 km, 6h de route.

➢ ***Chiang Mai :*** pour cette destination, on conseille les bus *Suksa Tour* (à la gare routière). 1 bus/j. à 19h (en théorie). Durée : env 12h.

En train

Gare *ferroviaire (plan B3)* ***:*** *2 km à l'ouest de la ville. Comptoir des résas ouv 7h-19h (en théorie). • thairailway ticket.com •* La ligne Bangkok-Nong Khai (Northeastern Line) dessert notamment Udon Thani, Khon Kaen et Ayutthaya.

➢ ***Bangkok :*** dans les 2 sens, env 4 liaisons/j. On conseille le dernier, le train de nuit. Trajet : 11-13h. ***Attention :*** le site internet possède des quotas. Un train peut être annoncé complet, alors que des billets seront toujours disponibles directement à la gare.

➢ ***Nong Khai-Thanalang*** *(Laos)* ***:*** 1 train/j., le mat, retour l'ap-m. Passe par le pont de l'Amitié, mais n'arrive pas encore à Vientiane. Autant le dire, pas du tout pratique !

Pour se rendre au Laos

– ***Le pont de l'Amitié*** *(hors plan par B2)* ***:*** *env 4 km à l'ouest du centre. Tlj 6h-22h (évolutif car souvent les derniers bus traversent vers 20h).* Visa laotien de 30 jours délivré à la frontière. Voir « Passages des frontières laotienne et cambodgienne depuis l'Isan » plus haut.

– ***Transports :*** la traversée du pont se fait obligatoirement en véhicule, jamais à pied.

➢ *Depuis le pont :* service de navette (env 20 Bts). De l'autre côté, transports locaux jusqu'à Vientiane (env 20 km, 30 mn de trajet, env 300 Bts en taxi partagé ou 100-150 Bts/pers).

➢ *Service de bus international Nong Khai-Vientiane :* depuis la gare routière, env 6 bus/j., 7h30-18h. Prix : env 55 Bts. Économique et pratique, mais attention, seulement intéressant si vous avez déjà votre visa. Si vous ne l'avez pas, ***sachez que le bus n'attendra pas que vous fassiez vos formalités.*** Des routards sont régulièrement laissés en carafe.

Adresses utiles

✉ ***Poste centrale*** *(plan C1)* ***:*** *Th. Meechai, au niveau du soi Wat Nak. Lun-ven 8h-16h.* Bureau Western Union.

■ **Banques :** *sauf précision, horaires d'ouverture communs à ttes les banques lun-ven 8h30-15h30 (ou 16h30). Service de change et distributeurs de billets, notamment auprès de* ***Krungthai Bank*** *(plan C1,* ***2*** *; ouv jusqu'à 16h30), sur Th. Meechai, 200 m à l'est de la poste ;* ***Bangkok Bank*** *(plan C1,* ***3*** *; ouv jusqu'à 16h), ainsi qu'à l'intérieur du marché (Th. Rimkhong, secteur couvert).*

■ ***Bureau de l'immigration*** – สำนักงานตรวจคนเข้าเมือง ***:*** *bureau sur la route 2. Lun-ven 9h-12h, 13h-15h30.* Voir « Avant le départ » dans « Thaïlande utile » en début de guide.

Location de vélos et de motos : *la plupart des pensions proposent ce service. Vélos 50-70 Bts/j.*

■ ***Hornbill Bookshop*** *(plan C1,* ***10*** *)* ***:*** *dans l'allée de la Mutmee Guesthouse. Lun-sam 10h-19h.* Livres d'occasion, dont quelques ouvrages en français. Vend aussi des cartes postales.

Où dormir ?

De bon marché à prix moyens (de 150 à 800 Bts / 4,30 à 23 €)

Mutmee Guesthouse – มัดหมี่เกสท์เฮ้าส์ *(plan C1, **10**) : 1111/4 Th. Kaeworawut. ☎ 042-460-717. • mutmee.com • Accès par une allée qui rejoint le fleuve (panneau). Très prisée, résa conseillée. Doubles 300-1 000 Bts (sans petit déj), et suites plus chères.* Au cœur d'un jardin tropical, plusieurs maisons de 2, 3 et 4 chambres, et une multitude d'options d'hébergement pour tous les budgets, mais toujours de qualité, allant de la single à la double avec ou sans salle de bains et ventilo ou clim. Propre et très bien aménagé. L'ensemble est tenu de main de maître par Julian, un sympathique anglais. Café-restaurant dans l'agréable jardin, avec les berges du Mékong juste de l'autre côté de la promenade. Tout est prévu pour les routards, qui en ont fait leur rendez-vous préféré. Des tonnes d'infos pratiques et culturelles sur la région, sur leur site internet ou sur place. Petit plan-brochure bien utile. Nombreux services et activités : librairie, location de vélos, reiki, yoga, méditation, astrologie...

Esan Guesthouse – อีสาน เกสท์เฮ้าส์ *(plan D1, **14**) : 538 soi Srikunmuang 1. 08-62-42-18-60. • suput4381@gmail.com • Doubles sans ou avec sdb 300-500 Bts.* Élégante maison traditionnelle de style isan, en bois et sur pilotis, offrant une poignée de chambres avec salle de bains (et 2 avec sanitaires communs) : ventilo, parquet et murs vernis, bonne literie. Les plus confortables se situent dans un pavillon adjacent, toujours en bois, et sont dotées de balcon pour profiter du calme. Agréable terrasse. Petit déj léger. Jeune patron accueillant, Den, se débrouillant en anglais.

Joommalee Guesthouse *(plan D1, **13**) : 419 soi Srikunmuang 1. 08-50-10-25-40. • joommalee.nk@gmail.com • Doubles avec sdb, ventilo ou AC 350-600 Bts, sans petit déj.* Joliment alignées le long d'une courette de gravier, 5 chambres tout en bois, assez spacieuses, agréables et tranquilles (avec AC), avec un bout de terrasse équipée d'une banquette de bois et d'un fauteuil. Sur l'arrière, dans la maison principale du proprio, qu'on appellera Uncle Shar, en bois également, 2 chambres avec ventilo et salle de bains minuscules, moins chères.

Ruan Thai Guesthouse – เรือนไทเกสท์เฮ้าส์ *(plan C1, **12**) : 1126 Th. Rimkhong. 08-91-86-72-27. Doubles avec ventilo ou clim 300-500 Bts.* Dans une coquette maison mi-dur, mi-bois, donnant sur une petite cour-jardin, chambres ventilées avec ou sans salle de bains, et d'autres tout confort (clim, frigo). Ensemble soigné et accueillant, bien pour le prix demandé. Petit café-resto.

D'un peu plus chic à chic (de 800 à 1 500 Bts / 23 à 43 €)

Ploy Inn Hotel – โรงแรม พลอยอินน *(plan C1, **11**) : 555 Moo 5, Mee Chai Rd, presque dans le marché Taa Sadej. 06-52-49-99-39. Double 1 000 Bts, avec petit déj thaï.* Une trentaine de chambres nichées dans 2 édifices, l'un tout gris l'autre brique, avec parking. Chambres très modernes, à la pointe du confort, fonctionnelles, plaisantes et de taille raisonnable. Un bel établissement dans cette catégorie, que l'on pourrait qualifier de semi-luxe. Autre avantage : on est à l'orée du grand marché et à 2 pas de la promenade le long du Mékong.

Pantawee Hotel – โรงแรมพรรณทวี *(plan C2, **15**) : 1049 Th. Haisoke. ☎ 042-411-568. 08-14-71-38-45. Doubles avec sdb 620-1 000 Bts, sans petit déj.* L'hôtel est une structure multiforme qui s'organise autour de petites courettes plus ou moins arborées, dans et à l'arrière de l'édifice principale. Calme. Chambres nickel, carrelées et claires (sauf celles du rez-de-chaussée, à éviter), toutes équipées de clim et frigo. Petite piscine (pas hyper glamour). Resto. Un bon plan dans sa catégorie. Accueil avenant.

Où dormir dans les environs ?

D'un peu plus chic à chic (de 800 à 1 500 Bts / 23 à 43 €)

Suwan Organic Farmstay : *situé à env 25 km au sud de Nong Khai en allant vers Udon Thani, dans la campagne, à proximité du village de Phen Résa obligatoire. Possibilité de venir vous chercher sur la route principale (à env 4 km), au village de Phen. 09-43-04-24-30. • suwan-organic-farmstay.com/fr • Compter pour 2 pers, 1 100-1 300 Bts, petit déj et dîner compris. Propose aussi du woofing.* Une vraie expérience champêtre ! Voici une ferme agricole, tenu par les sympathiques Manu (Belge) et Suwan (Thaïe), qui exploitent ici plusieurs hectares de cultures maraîchère, fruitière et rizicole. Tout autour, bien espacés, 4 bungalows impeccables (dont 2 en bois), pour 2 ou 4 personnes, très confortables, avec AC et sanitaires complets. On a adoré l'atmosphère du lieu, qui permet de toucher du doigt la réalité de la campagne thaïlandaise dans une ambiance super cool. Excellents repas préparés par Suwan, ce qui ne gâche rien. Possibilité d'excursion aux environs à la journée avec Manu.

Où manger ?

Bon marché (moins de 150 Bts / 4,30 €)

Gargotes du marché *(plan C1, **20**) : Th. Rimkhong, 500 m env dans le marché Taa Sadej en venant de l'ouest, ou accès par la promenade. Tlj 8h-18h.* À proximité du passage couvert, quelques stands-barbecues précèdent les terrasses. On s'y régale de délicieux poisson *pla chawn,* de saucisses de porc *sai krog* ou vietnamiennes, de brochettes de crevettes, à accompagner de *lap, som tam, khao niaw* ou *pat mi* (nouilles froides). Certains restos s'ouvrent directement sur la promenade piétonne, avec tables en terrasse. Sympa.

Marché de nuit *(plan C2, **24**) : Th. Prajak, sur 200 m env, à partir de l'embouchure de Th. Haisok. Tlj, jusqu'à 23h.* Situé sur le trottoir d'une grande artère (pas hyper calme), mais stands diversifiés et vivants. Pas cher évidemment.

Dee Dee Pochana – ร้านดีดีโภชนา *(plan C2, **23**) : 1155 Th. Prajak, secteur du marché de nuit. Tlj 11h-23h.* L'archétype de la cantine populaire : béton au sol, toiture de hangar et lanternes rouges au-dessus de l'entrée. Étalages de légumes en devanture, cuisine ouverte, chaises en plastique vert fluo, menu sans fin et pour toutes les faims : légumes sautés (succulents et multicolores), canard laqué, gambas frites au sel (recommandé), simples riz sautés, sans oublier les soupes aux pattes de poulet et aux ligaments de porc. Carte en anglais, service souriant et rapide.

Prix moyens (jusqu'à 200 Bts / 5,70 €)

Mutmee Guesthouse – มัดหมี่เกสท์เฮ้าส์ *(plan C1, **10**) : voir « Où dormir ? ». Tlj 7h-22h. Plats 40-150 Bts.* Agréables tables de bois sous paillotes. L'endroit idéal quand il faut préserver son estomac des excès de piments ! Mets familiers (salades, sandwichs, gâteaux), versions savamment adoucies de classiques thaïs (currys, *tom yam,* sautés divers, spécialités maison et poisson) et plats végétariens. *Shakes* et cocktails.

Daeng Namnuang « The Terrace » – แดง แหนมเนือง เดอะเทอเรซ *(plan C1, **22**) : Th. Rimkhong. ☎ 042-411-961. Dernière commande à 20h. Rouleaux 70-260 Bts pour 2-4 pers ; autres plats 50-80 Bts. Tlj 8h30-20h.* Vaste resto vietnamien nationalement célèbre, installé dans un grand complexe moderne et élégant, prolongé par une généreuse

LE NORD-EST

véranda. C'est ici qu'il faut goûter les *nam nuang*, des rouleaux de printemps livrés en kit. On garnit une feuille de riz, dans la main, de vermicelle, de saucisse de porc et d'un assaisonnement composé de menthe, d'herbes et de fruits tropicaux coupés menu. Les locaux adorent. On peut apercevoir l'atelier de production (sur la droite) où une armada d'employés prépare les spécialités.

Macky's Riverside Kitchen – ครัวแม็กกี้ รีเวอร์ไซด์ *(plan C1, **21**) : sur le Rimkhong (la promenade le long du Mékong). 09-71-09-10-22. Tlj 7h-21h.* Gentiment installé sur la promenade dominant le fleuve, ce resto nickel et sympathique propose une cuisine éclectique fort bien réalisée. On mettra de côté les préparations européennes pour se concentrer sur les réalisations isan et thaïes, de meilleure facture. Excellents currys et *tom yam*. Certains soirs, de petites formations musicales pimentent nos oreilles.

Achats

Village Weaver Handicrafts – หมู่บ้านทอผ้า *(plan C2, **31**) : à l'angle des rues Prajak et Haisok. ☎ 042-422-653. Tlj 9h-16h.* Vaste magasin, exposition et vente de tissus (notamment les célèbres *mutmee*, des ikats sur fond indigo), de vêtements, tentures et accessoires, ainsi que de poteries. L'ensemble de la production provient de villageoises adhérant à une association à but non lucratif.

Kulpawee Kulthanyawat – แพรไหมกุลปวีณ์ กุลธัญวัฒน์ *(plan C1, **33**) : 294 Th. Rimkhong (secteur couvert, marché Taa Sadej). ☎ 042-412-095.* Large choix d'écharpes, sarongs, cotonnades et soieries. Prix fixes et raisonnables (souvent moins cher qu'au Laos) et parfois négociables.

À voir. À faire

Sala Kaeo Ku (Wat Khaek) – ศาลาแก้วกู้ (วัดแขก ; *hors plan par D1*) *: à 3 km à l'est de la ville par la Highway 212 (direction Phon Phisai). Tlj 8h-18h. Entrée : 40 Bts ; réduc.* Outre le marché, s'il n'y a qu'un seul site à visiter en ville, c'est bien celui-ci. Un vrai délire à la facteur Buffle (l'équivalent local de notre facteur Cheval) ! Il était une fois un artiste laotien, Boun Leua Sourirat, qui, lors d'une excursion en montagne, tomba sur un ermite, Keoku (ou Kaeo Ku). Celui-ci l'initia à la foi hindo-bouddhique. Dès lors, il se sentit investi d'une mission : celle de construire des sculptures gigantesques, en utilisant des matériaux peu onéreux (brique et ferraille recouverte de béton). Rapidement, des paysans séduits par son charisme et sa moralité vinrent l'aider. Ainsi naquit d'abord Xiang Khouan, situé à 25 km de Vientiane, au bord du Mékong. Après 20 ans de travail, Boun Leua fut expulsé en 1970 par les communistes. Divinement têtu, il se remit à l'ouvrage de l'autre côté du fleuve, à Nong Khai, créant ce nouveau jardin, le Sala Kaeo Ku, avant de mourir en 1996 à l'âge de 72 ans. Si l'origine des visions de Boun Leua est embuée de mystères, son œuvre est bien concrète et sacrément impressionnante, mélange de bouddhisme et d'hindouisme, teinté de brahmanisme avec des statues de Vishnou et Shiva en veux-tu en voilà.

Au milieu de parterres de fleurs (superbes bougainvillées) et le long d'allées s'élèvent vers le ciel dieux et déesses, animaux et humains dans toutes les positions, témoignant de scènes de la vie courante ou divine, de toutes les tailles. Pièces maîtresses : un bouddha assis sur les circonvolutions d'un nâga, surmonté de ses 7 têtes culminant à 20 m de haut, et la roue de la vie (Samsara). Mais il y a de nombreuses autres créations étonnantes qu'on ne se lasse pas de découvrir en arpentant les sentes de ce jardin pas comme les autres.

– ***Le grand bâtiment blanc*** (pas toujours ouvert) sur la droite abrite sur 2 étages un tas de statues de bouddha et autres divinités de toutes tailles, posées là un peu en vrac. Série de portraits du sculpteur également. Au 2e étage, au fond, derrière une vitre et un parterre de fleurs artificielles, on peut apercevoir, sous cloche de verre, le corps du sculpteur momifié.

Le marché Taa Sadej *(plan C1)* **:** *central, sur une longue section couverte de Th. Rimkhong, filant vers l'est à partir de Th. Banterngjit et aussi quelques allées perpendiculaires. Tlj 8h-18h.* Y aller plutôt le matin, puis y déjeuner. On y trouve un peu tout ce que les pays du Mékong produisent : du couteau chinois qui rechigne à couper quoi que ce soit, des articles électriques à durée de vie limitée, de l'artisanat vietnamien et laotien dont d'exquis sarongs, de la vannerie, des bijoux, et puis des étals de friandises sucrées ou salées, dont ces délicieuses saucisses cuites dans des feuilles de bananier. Côté salé, goûtez donc le *salted baked fish* (poisson en croûte de sel), délicieux.
– Au bout de la promenade, on voit émerger des toits pointus une statue du Bouddha, avec un regard comme fixé sur la rive laotienne. C'est le ***Wat Lam Deun*** *(plan D1).*
➢ ***Balade à pied ou à vélo :*** la balade sur la grande promenade le long du Mékong (et qui borde le marché Taa Sadej) est un moment agréable en fin d'après-midi.

Le pont de l'Amitié – สะพานมิตรภาพไทยลาว *(hors plan par B2)* **:** structure élancée à l'élégante courbure, il a été financé par les Australiens. Long de plus de 1 km, il porte bien son nom, puisqu'il parachève la route de l'Amitié construite par les Américains lors de leur « villégiature » au Vietnam. Il fut pendant très longtemps le seul ouvrage franchissant le haut Mékong hors territoire chinois, avant l'ouverture en 2007 du pont reliant Mukdahan à Savannakhet.

Prap Ho Monument *(plan C2)* **:** *face au carrefour principal avec la route nº 2.* Repère dans la ville, ce monument blanc commémore la victoire des Thaïs sur les *Jiin Haw,* connus dans l'histoire coloniale sous le nom de Pavillons noirs. Ces bandes de pillards venus du Yunnan (province chinoise traversée par le Mékong) dévastèrent la région dans la 2de moitié du XIXe s.

LE NORD-EST

DANS LES ENVIRONS DE NONG KHAI

Distillerie de rhum artisanal : *à env 12 km au sud de Nong Khai (être véhiculé), sur la route d'Udon Thani, puis à gauche sur env 2 km. 09-14-19-92-85 (appeler avt pour savoir si David est dispo et on vous dira comment venir).* Si vous passez par cette route, pourquoi ne pas faire une petite halte pour jeter un œil à cette minuscule distillerie de rhum (la plus petite que l'on connaisse), créée par David, un français dynamique qui coupe sa canne, la presse et la distille avec bonheur. Petite visite, quelques explications et dégustation, évidemment, devant une pièce d'eau. Possibilité d'acheter une bouteille sur place (jolie bouteille). Du rhum français de Thaïlande, original, non ?

Le parc historique de Phu Phra Bat – อุทยานประวัติศาสตร์แห่งชาติภูพระบาท ***et Wat Praphutabat Buabok*** – วัดพระพุทธบาทบัวบก **:** *2 sites à env 80 km au sud-ouest de Nong Khai. ☎ 042-219-837. Accès difficile en transport en commun. Si vous n'êtes pas véhiculé, prendre un* songthaew *de Nong Khai au village de Ban Phu, puis un autre* songthaew *jusqu'à Bantiu et enfin moto-taxi jusqu'au site. Si vous êtes véhiculé, avant d'arriver, en prenant à droite on va vers le parc (3 km plus loin), et si l'on poursuit tout droit on se dirige vers le temple (3 km également).*
– ***Le parc :*** *ouv tlj du lever au coucher du soleil ; billetterie et musée 8h30-16h30 (mais on peut encore y accéder après). Entrée : 100 Bts ; réduc. Petit* Visitor Center

et musée. Demander le petit plan à l'entrée (ou photographier le grand panneau, bien plus clair). Bon fléchage et pancartes en anglais sur place.
On aime beaucoup de ce lieu, que l'on conseille de visiter aux heures douces de la fin d'après-midi. Compter 2h de balade, tranquillou.
Sur un large plateau facile d'accès et jusqu'au sommet de la colline de Phupan, on découvre d'étranges formations rocheuses, toutes plus étranges les unes que les autres. Elles servirent d'abri dès l'époque préhistorique (entre 3 000 et 1 500 ans av. J.-C.) à l'une des toutes premières communautés humaines installées dans la région. En témoignent encore aujourd'hui quelques empreintes de mains et peintures géométriques et figuratives de couleur ocre rouge, probablement liées à des rituels religieux. Plus tard, pendant l'ère Dvâravatî, d'origine indienne (du IIe s av. J.-C. jusqu'au IXe s), tables et menhirs naturels furent convertis en lieux de culte, de même que certaines cavités naturelles dues à l'érosion. Dans les croyances populaires de part et d'autre du Mékong, cette colline est aussi associée à la légende Usa-Baros (narrée par des panneaux sur le site).
Démarrer par un tour au petit « musée » attenant (planches explicatives en anglais). On circule par de jolis sentiers aménagés en sous-bois, sablonneux ou à même la roche, dans une atmosphère un rien mystérieuse, au milieu des formations rocheuses tenant en équilibre sur de frêles piédestaux. Certaines grandes tables ou plans inclinés défient les lois de l'apesanteur. Ici et là, l'homme a forcé la nature en creusant, polissant, sculptant ici un bouddha, là des pierres levées, en harmonie totale avec le site.
Plusieurs possibilités de balades. On débute généralement la promenade par le *Hor Nang Ou Sa* (plan local, *nº 1*), un pilier surmonté d'une dalle. Ressemblant à un champignon géant, il est entouré de *semas* (pierres caractéristiques de l'époque Dvâravatî) marquant les 8 points cardinaux. Non loin, le *Wat Poh Ta (nº 6),* ou temple du beau-père, et le *Tham Phra (nº 7),* meilleur exemple de conversion d'un abri préhistorique en sanctuaire hindo-bouddhique (les Khmers sont aussi passés par là). De là, on conseille de poursuivre vers le sommet de la colline pour gagner le *Pha Sadet,* d'où l'on embrasse un large panorama. On peut ensuite redescendre par le secteur ouest pour découvrir d'autres formations rocheuses et les peintures rupestres *(Tham Wau et Tham Khon).* Puis vers *Kork Mah Tao Baros* et *Kork Mah Noi* (lieu sacré, entouré de pierres levées).
La partie est du site est moins visitée et nécessite encore 1h30 à 2h de balade supplémentaire.
– ***Le Wat Praphutabat Buabok :*** *après le site précédent, revenir à l'embranchement et prendre à droite sur 3 km.* Rien de transcendant sur le plan architectural ni esthétique, c'est avant tout une ambiance, autant le savoir. Reconnaissable par sa haute flèche à degrés, entièrement rénovée, il s'agit d'une réplique moderne du fameux stupa de That Phanom. Censé reposer sur une empreinte du Bouddha et contenir des reliques de ce dernier à l'intérieur de sa flèche, il est fréquenté par de nombreux pèlerins. Atmosphère de fête, pop-corn et poulet grillé.

UDON THANI, KHON KAEN ET LEURS ENVIRONS

UDON THANI – อุดรธานี

145 000 hab.

À 52 km au sud de Nong Khai et 109 km au nord de Khon Kaen, Udon Thani, l'une des 3 anciennes bases américaines de la guerre du Vietnam, offre peu d'intérêt pour le voyageur. Rien n'oblige d'ailleurs à s'y arrêter si l'on voyage en train ou en bus (bonnes correspondances). Pour ceux qui le feront, une visite à ne pas manquer aux environs.

DANS LES ENVIRONS D'UDON THANI

Le site archéologique de Ban Chiang – อุทยานประวัติศาสตร์บ้านเชียง **:** *55 km à l'est d'Udon Thani, à 6 km de la route n° 22 allant à Sakon Nakhon ; pas très bien desservi par les transports publics. ☎ 042-235-040. Tlj sauf lun et mar 8h30-16h30. Entrée : 150 Bts.* Ban Chiang, site archéologique le plus important de la région, a été inscrit au Patrimoine mondial de l'Unesco en 1992. Après pas mal de controverses, les fouilles ont confirmé l'existence ici d'une civilisation florissante autour de 3 600 ans av. J.-C. (voire plus), arrivée à l'âge du bronze. C'est le berceau d'une civilisation préhistorique de l'Asie du Sud-Est que l'on n'imaginait pas si ancienne et autonome, et qui a marqué une étape importante dans l'évolution culturelle, sociale et technologique de l'humanité. Le site témoigne de l'existence d'activités agricoles ainsi que de la production et de l'utilisation de métaux.

Il est divisé en 2 parties : ***le Musée national*** (passionnant) et ***un site de fouilles.***

– ***Le Musée national :*** *sur la gauche après l'entrée.* Un grand et beau musée, organisé par thèmes et présentant des objets remarquables. Sans doute le plus complet du genre en Isan. De la ***période ancienne*** (jusqu'à 1500 av. J.-C.), on admirera tout d'abord les poteries dont le style primitif distinctif à spirales ocre rouge ou entrelacs sur un fond beige, abondamment copié, a fait largement connaître le nom de Ban Chiang et a contribué au renouveau de la poterie dans la région.

Superbes bijoux, têtes de haches en bronze et moules pour les fabriquer, sceaux en argile. Plus loin, la ***Middle period*** (1000-300 av. J.-C.) : fouilles de tombes reconstituées, énormes jarres. Voir en vitrine les cylindres d'argile gravés servant à imprimer des textiles et retrouvés dans les sépultures. De la ***Late period***, (300 av. J.-C.-200 ap. J.-C.) on verra des jarres joufflues ou à angles et des petits pots. Noter le squelette de buffle. Intéressantes photos de fouilles et reconstitution de plusieurs tombes. Voir le squelette de bébé retrouvé enterré à l'intérieur d'une petite jarre. Suivent plusieurs dioramas grandeur nature, évoquant l'organisation de la société (agriculture, tissage, ferronnerie...). De petites vitrines passent ensuite en revue les maladies trouvées sur les restes humains (tumeurs, maladie du sang...). À l'étage, section pédagogique qui s'adressent surtout aux écoles.

– ***Le site de fouilles (Archeological Pit) :*** *on gagne le site en laissant le musée sur la gauche et en poursuivant la route sur env*

UNE DÉCOUVERTE CHANCEUSE

En 1966, Stephen Young, étudiant de Harvard, trébucha sur le bord d'un pot enterré juste sous son nez. Il imagina qu'il s'agissait d'une sépulture ancienne. Bingo ! Des fouilles sérieuses découvrirent 1 million de morceaux de poteries, et des dizaines de squelettes humains furent exhumés.

DES TROUS DANS LA TÊTE

Les 1ers habitants de la région témoignaient d'un niveau d'organisation sociale assez développé. Sur le plan médical, il savait déjà prodiguer certains soins. Mais pour les maux de tête, ils n'y allaient pas de main morte. Ils pratiquaient (comme le montrent certains crânes exposés au musée) des gros trous dans la tête, afin de faire couler le mal. Ben voyons ! La bonne nouvelle, aucun patient ne s'est plaint par la suite.

500 m. Il est à l'angle d'un temple, sous un petit hangar. Tlj 9h-18h. Cet espace présente un ensemble funéraire, avec squelettes et poteries trouvées sur le site même. Un bon complément à la visite du musée.

KHON KAEN – ขอนแกน

150 000 hab.

• Plan *p. 354-355*

4e ville du pays, renommée pour son agriculture et son artisanat textile, Khon Kaen est aujourd'hui tournée vers l'avenir, comme en témoignent l'intense activité commerciale et le dynamisme de son université, la plus réputée de l'Isan.
La ville, très étendue, n'a pas de charme ni d'intérêt particulier en soi, à l'exception d'un intéressant musée, de nombreuses boutiques d'artisanat (la soie *mutmee* entre autres) et de sa vie nocturne.

Arriver – Quitter

En bus

2 stations distinctes desservent les mêmes destinations.

Gare routière *(hors plan par B3, **5**) : au sud de la gare ferroviaire. ☎ 043-237-300.*
➢ ***Bangkok :*** bus ordinaires et AC1 ttes les heures environ, 6h30-0h30 ; 450 km, 7-8h de trajet. Depuis la capitale (terminal Mochit 2), fréquences similaires.
➢ ***Khorat (Nakhon Ratchasima) :*** les bus Bangkok-Khon Kaen font généralement étape à Khorat. Env 3h de route.
➢ ***Udon Thani :*** liaisons ttes les 30 mn, 5h30-19h ; 130 km, 2h de trajet.
➢ ***Chiang Mai :*** 2 bus/j. par l'ancienne route (690 km) et autant par la nouvelle (770 km). Durée : 11-13h selon itinéraire.

En train

Gare ferroviaire *(plan B2) : Th. Ruen Rom, 1 km au sud-ouest du centre.* Khon Kaen se trouve sur la ligne Bangkok-Nong Khai. Arrêts notamment à Nakhon Ratchasima et Ayutthaya.
➢ ***Bangkok :*** 4 trains/j. dans les 2 sens. Trajet : 8-10h.
➢ ***Nong Khai :*** 5 trains/j. dans les 2 sens. Trajet : 2h30-3h.

En avion

✈ ***Aéroport*** *(hors plan par A1) : à 8 km au nord-ouest de la ville.* Pas de transports publics. Taxis. Nombreux loueurs de voitures.
➢ ***Bangkok :*** dans les 2 sens, 6 vols/j. avec *Thaï Smile, Air Asia* ou *Thaï Lion Air.* Durée : env 1h. Depuis Bangkok, départ de Suvarnabhumi (se faire confirmer).

Adresses utiles

TAT – ท.ท.ท. *(office de tourisme ; plan C3) : 277/20-21 Klang Muang Rd (côté lac). ☎ 043-227-714. • tourismthailand.org/khon-kaen • En bordure du lac Kaen Nakhon. Tlj 8h30-16h30.* Bon accueil en anglais (scolaire). Plan de la ville. Infos transports.
■ ***Consulat du Laos*** – สถานกงศุลลาว *(hors plan par B1, **1**) :* 512/2 Tombon Sila. *☎ 043-048-001. Au nord de la ville. Lun-ven 8h-12h, 13h-16h.* Seulement si vous avez besoin d'autre chose que le visa de 1 mois obtenu à la frontière.
■ ***Consulat du Vietnam*** – สถานกงศุลเวียดนาม *(plan D1-2, **2**) : 65*

LE NORD-EST

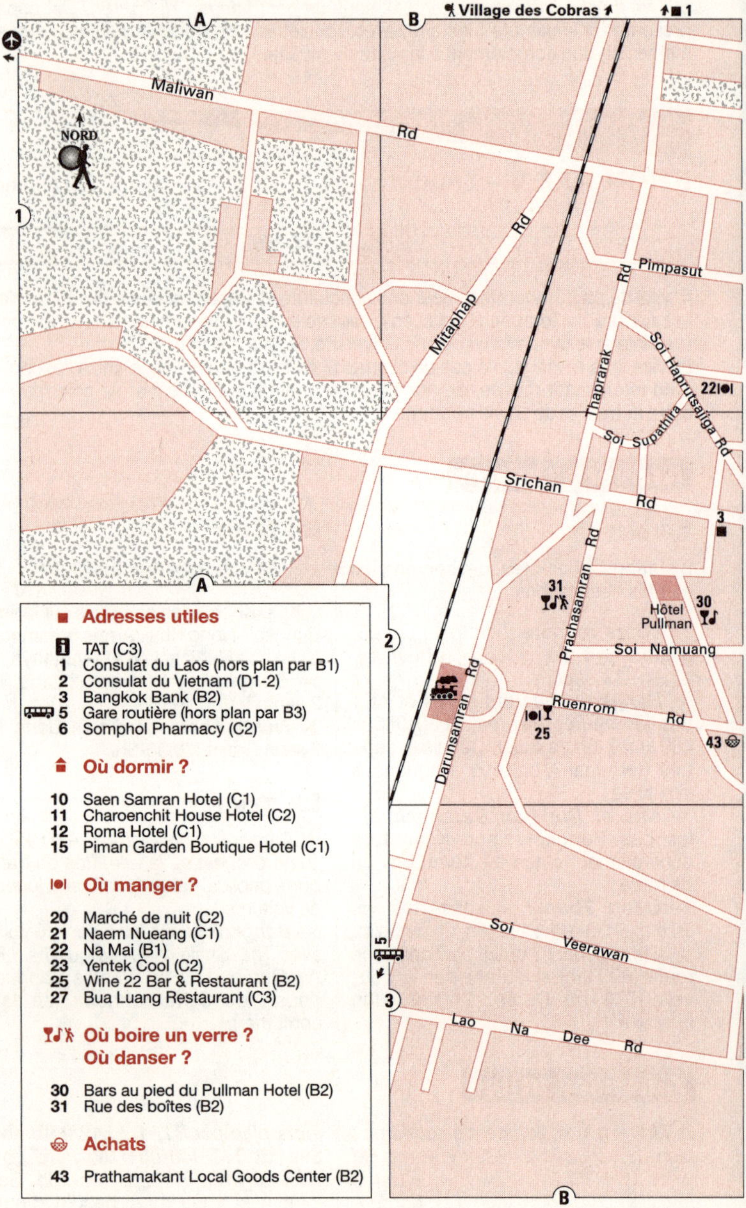

Adresses utiles

- TAT (C3)
- **1** Consulat du Laos (hors plan par B1)
- **2** Consulat du Vietnam (D1-2)
- **3** Bangkok Bank (B2)
- **5** Gare routière (hors plan par B3)
- **6** Somphol Pharmacy (C2)

Où dormir ?

- **10** Saen Samran Hotel (C1)
- **11** Charoenchit House Hotel (C2)
- **12** Roma Hotel (C1)
- **15** Piman Garden Boutique Hotel (C1)

Où manger ?

- **20** Marché de nuit (C2)
- **21** Naem Nueang (C1)
- **22** Na Mai (B1)
- **23** Yentek Cool (C2)
- **25** Wine 22 Bar & Restaurant (B2)
- **27** Bua Luang Restaurant (C3)

Où boire un verre ? Où danser ?

- **30** Bars au pied du Pullman Hotel (B2)
- **31** Rue des boîtes (B2)

Achats

- **43** Prathamakant Local Goods Center (B2)

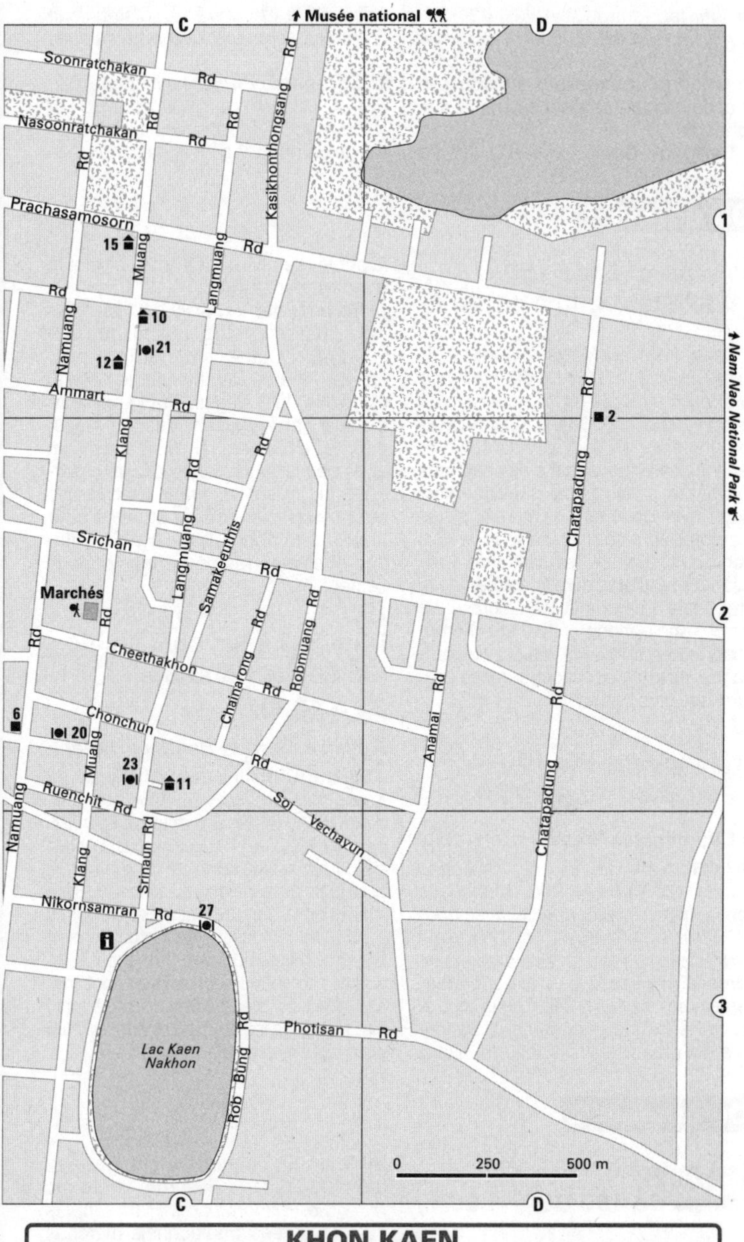
Musée national
C
D
Soonratchakan Rd
Nasoonratchakan Rd
Prachasamosorn Rd
Kasikhonthongsang Rd
Rd
Rd
Rd
Muang
Langmuang
15
10
21
12
Namuang
Ammart Rd
Rd
Klang
Rd
Samakeeuthis
Langmuang
Rd
Srichan Rd
Marchés
Rd
Rd
Cheethakhon Rd
Chainarong
Rd
Robmuang
Rd
Anamai
Rd
Chonchun Rd
6
20
Muang
23
11
Ruenchit Rd
Soi Vechayun
Namuang
Klang
Srinaun Rd
Nikornsamran Rd
27
Chatapadung Rd
Chatapadung Rd
Rd
2
1
2
3
Nam Nao National Park
Photisan Rd
Rd
Rob Bung
Lac Kaen Nakhon
0
250
500 m
C
D

KHON KAEN

Th. Chatapadung. ☎ 043-242-190. Env 1,5 km à l'est du centre. Lun-ven 9h-17h. Délivre des visas de 30 jours en 3 jours. Intéressant puisque le visa vietnamien ne peut s'obtenir aux frontières.

■ ***Bangkok Bank*** *(plan B2,* ***3****) : 99 Srichan Rd. Tlj 11h-19h30. Distributeur. D'autres banques et distributeurs dans la même rue.*

■ ***Somphol Pharmacy*** *(plan C2,* ***6****) : à l'angle de Ruentom Rd et Namuang Rd. Tlj 10h-minuit.* Une pharmacie centrale et bien achalandée.

Où dormir ?

Bon marché (de 150 à 400 Bts / 4,30 à 11,40 €)

Saen Samran Hotel – โรงแรมแสนสำราญ *(plan C1,* ***10****) : 55-59 Th. Klang Muang. ☎ 043-239-611. Doubles ventilées avec sdb 220-280 Bts.* Grande maison ancienne en bois, donnant sur un parking. Une cinquantaine de chambres spartiates (pas d'eau chaude mais toutes avec douche). Les murs entre les chambres sont de fines cloisons de bois (bonjour l'intimité !), les sanitaires vieillissants et matelas durs (c'est rien de le dire). Mais à ce prix-là, on s'écrase. Le patron, anglophone cultivé et communicatif, connaît bien la région. Recommandé surtout pour l'accueil et les prix, parmi les plus bas en ville.

Prix moyens (de 400 à 800 Bts / 11,40 à 23 €)

Charoenchit House Hotel – เจริญจิตร เฮาส *(plan C2,* ***11****) : sur Th. Luang Muang. ☎ 043-227-300. • chousekhonkaen@hotmail.com • Doubles 500-700 Bts avec AC et petit déj.* Un peu en retrait de la rue et assez au calme, une adresse impeccable, vraiment étonnante à ce prix-là. Mobilier de qualité et un vrai effort de décoration. Un semi-luxe (90 chambres) de bon aloi. Dans la petite rue qui borde l'hôtel, plusieurs restos et bars sympa.

Roma Hotel – โรงแรมโรมา *(plan C1,* ***12****) : 50/2 Th. Klang Muang. ☎ 043-245-888. Doubles avec sdb, ventilo ou AC 300-600 Bts.* Immeuble hôtelier classique de 5 étages. Grand hall spacieux à l'arrangement désuet. Y aller pour les chambres rénovées avec clim et de bon rapport qualité-prix (faux parquet, frigo, TV), les autres avec ventilo sont moins bien, mais correctes pour le prix. Plomberie parfois d'un autre âge. Plusieurs restos sympas dans le secteur.

D'un peu plus chic à chic (de 800 à 1 500 Bts / 23 à 43 €)

Piman Garden Boutique Hotel – โรงแรมพิมานการ์เด้น *(plan C1,* ***15****) : 6/110 Klang Muang Rd. ☎ 043-334-111. 📱 08-96-22-04-28. • pimangardenhotel.com • Doubles 1 100-1 400 Bts, petit déj compris.* Une centaine de chambres, la plupart avec balcon ou terrasse. Bâtiments ocre bien au calme et disposés en U autour d'un jardin. Confort de petit luxe, mobilier moderne, impeccable et sobre, même si les chambres sont tristounettes. En prendre une donnant sur le jardin et dans les étages supérieurs (plus claires). Bon accueil.

Où manger ?

Bon marché (moins de 150 Bts / 4,30 €)

|●| Nombreuses ***gargotes*** proposant cuisine thaïe ou chinoise le long de Th. Klang Muang.

|●| ***Marché de nuit*** *(Night Bazaar ; plan C2,* ***20****) : Th. Ruenrom, entre Na Muang et Klang Muang. Plats simples 40-60 Bts.* Les traditionnels marchés de nuit sont toujours un endroit de choix pour dîner réellement à la locale. Celui-ci, particulièrement riche (Isan

oblige), bien organisé et propre, est propice à l'initiation. Les stands au milieu de la rangée proposent de délicieuses soupes, à compléter avec la multitude de légumes (crus ou en saumure) et d'herbes à disposition sur les tables.

|●| *Naem Nueang* – ร้านอาหารแหนมเนือง *(plan C1,* ***21****) : Th. Klang Muang, presqu'en face du* Roma Hotel*, un peu sur la gauche (quand on a l'hôtel dans le dos). Repérer le grand panneau marron avec les inscriptions en rouge et jaune. Le resto est au fond d'une sorte d'allée. Repas 100-150 Bts.* Spécialités vietnamiennes d'excellente tenue, servies dans une grande bâtisse de bois ouverte et décorée de bric-à-brac (noter les suspensions en tambours de machines à laver !). Bel écran de verdure au fond.

Prix moyens (de 150 à 300 Bts / 4,30 à 8,60 €)

|●| *Na Mai* – โรงแรมมันตราวารี *(plan B1,* ***22****) : 42/14 Th. Ammart. ☎ 043-239-958. Tlj 11h30-14h, 17h-21h.* Une belle maison rose pâle, en partie en bois, discrète et pourtant fameuse, où l'on concocte une cuisine savoureuse, servie avec beaucoup d'attention : spécialités de l'Isan, poissons, nombreux *dips* (préparations épicées dans lesquelles on trempe légumes ou autres mets), salades thaïes en tout genre.

|●| *Bua Luang Restaurant* – ภัตตาคารบัวหลวง *(plan C3,* ***27****) : Rob Bung, au nord du lac Kaen Nakhon ; y aller en taxi. ☎ 043-222-504. Tlj 10h-23h.* Grandes terrasses couvertes avec vue sur les toits des pagodes. Très fréquenté par les familles thaïes, qui viennent profiter de la fraîcheur du lac. Cuisine typique de l'Isan : tête de poisson-serpent frite ou en soupe, poulpe vapeur sauce citron *(very hot !)* et *steamed food pudding* présenté dans une noix de coco. Service souriant.

|●| 🍷 *Yentek Cool* – เย็นเต็กคูล *(plan C2,* ***23****) : Luang Mang Rd. ☎ 043-227-727. Tlj 18h-minuit.* On aime bien cette jolie maison traditionnelle en bois, précédée d'une généreuse terrasse où les jeunes se retrouvent pour un verre, un *pad thaï* bien garni ou un curry de bon aloi. À l'intérieur, un comptoir, quelques fauteuils et canapés pour le côté *lounge*. Bonne ambiance et groupes live le soir. Situé à 2 pas d'une de nos bonnes adresses pour dormir.

|●| 🍷 *Wine 22 Bar & Restaurant* – ร้านอาหารไวน์ 22 *(plan B2,* ***25****) : Th. Ruenrom. 📱 08-69-95-11-22. Tlj 18h-1h.* Pile en face de l'entrée de la rue des bars. Large terrasse bordée de palmiers, tables de bois au-dehors, un des rendez-vous à la mode prisés de la jeunesse locale pour grignoter un petit plat (sans génie) accompagné d'une bonne bière. Ambiance agréable, surtout quand de petites formations se produisent sur la scène.

Où boire un verre ? Où danser ?

🍷 ♪ 🕺 *La rue des boîtes* – ถนนคนเดิน *(plan B2,* ***31****) : Th. Prachasamran.* Bordant à l'ouest le centre moderne de Khon Kaen, cette rue et celles adjacentes attirent les oiseaux de nuit comme des papillons. Ainsi, le ***Rads,*** complexe couvrant les options café-*lounge,* boîte et resto-bar d'extérieur tout en bois. Le ***Deep*** ou le ***Vintage,*** juste à côté, sont 2 autres adresses fréquentées par la jeunesse locale.

🍷 ♪ *Bars au pied du Pullman Hotel* *(plan B2,* ***30****) :* voici un petit îlot agréable à l'écart du trafic des grandes avenues. S'y concentrent restos, terrasses, bars et boîtes que fréquentent Thaïs et *farang,* principalement aux alentours de l'hôtel *Pullman.*

Achats

Spécialités culinaires de l'Isan : tout au long de Th. Klangmuang, concentration incroyable de boutiques spécialisées principalement dans la charcuterie et la confiserie locales. Saucisse fumée et andouille, biscuits, fruits confits... Une idée de cadeau originale et pas ruineuse.

Prathamakant Local Goods Center – ศูนย์สิ่งทอพระธรรมขันต์ *(plan B2, 43) : 81 Th. Ruenrom.* ☎ *043-224-080. En face du* Night Bazaar. *Tlj 9h-18h30.* Cette caverne d'Ali Baba mérite le détour : soieries et cotonnades de toutes les provinces de l'Isan, service tailleur, coussins triangulaires, vaisselle, argenterie, céramique, babioles et « kitscheries » à profusion.

À voir

Le Musée national – พิพิธภัณฑสถานแห่งชาติขอนแก่น *(hors plan par C1) : Th. Lung Soon Rachakarn, 1,5 km au nord de la ville.* ☎ *043-246-170. Mer-dim 9h-16h. Entrée : 100 Bts.* Une belle collection, exposée de manière pédagogique (anglais partout), autour d'un patio fleuri. Les dates indiquées correspondent au calendrier bouddhique. Retrancher 5 siècles (voir « Décalage horaire » dans « Thaïlande utile ») !

– *Au rez-de-chaussée :* section géologie, paléontologie et préhistoire de la région. Ossements de dinosaures, assortiments d'outils, poteries, bijoux (noter les bracelets encore accrochés aux bras des morts), pierres taillées et haches de bronze de Ban Chiang, maquettes et reconstitution d'une tombe. En face, salle consacrée aux périodes Dvâravatî et khmère, exposition de nombreuses bornes de pierre ou *sema,* marquant les limites des sites religieux. En vedette, la princesse Bhimba essuyant les pieds de l'Éveillé.

– *À l'arrière,* une salle donnant sur le patio retrace l'histoire de la ville et les traditions de l'Isan à travers les costumes, la pêche, la chasse et les instruments de musique, dont, bien entendu, le *kaen,* une sorte d'orgue à bouche composé de fins bambous et qui a donné son nom à la cité. Dans le patio, encore quelques bornes de pierres.

– *Au 1er étage :* art bouddhique. Statuettes de toutes les grandes périodes et écoles, tablettes votives, fragments sculptés de stupas, etc. Voir le beau buste de Vishnu (XIe s) et de Vajpadhara de Lopburi (XIIIe s), ainsi qu'un remarquable Buddha protégé par des najas (XIIe s).

Les marchés *(plan C2) :* très animés, de part et d'autre de Th. Klangmuang. Y aller de préférence tôt le matin ou à la tombée de la nuit, l'affluence y est alors importante, notamment au sud de la poste.

Fête

– ***Foire de la Soie :*** *fin nov-début déc.* Elle dure 2 semaines : expositions, défilés, musique, danses traditionnelles et, bien sûr, élection de Miss Soie !

DANS LES ENVIRONS DE KHON KAEN

Ban Kok Sa-nga (village des Cobras) – บ้านโคกสง่า *(hors plan par B1) : à 50 km au nord de Khon Kaen. Difficile d'accès en transports en commun. Seulement si vous êtes véhiculé et que vous passez dans le secteur. Observation des serpents gratuite (faire une donation). Spectacle sans horaire fixe à partir de 200-300 Bts.* Ban Kok Sa-nga est un petit village original, où presque tous les habitants élèvent des cobras. Chaque année, lors du festival de Songkran (du 13 au 15 avril), les reptiles sont vénérés, et une reine (humaine, elle) des Cobras est élue. Le reste du temps, 2 « King Cobra Club », respectivement à proximité des Wat Sakaew et Sritanma, permettent de les voir dans des cages. Spectacles (bof !) quand il y a des groupes.

LE NORD-EST

Nam Nao National Park – อุทยานแห่งชาติน้ำหนาว *(hors plan par D1)* **:** *district de Nam Nao, à 140 km env à l'ouest de Khon Kaen. ☎ 02-562-07-60 (à Bangkok). 📱 08-19-62-62-36. • dnp.go.th • Pour y aller, suivre la route n° 12 jusqu'à l'entrée du parc (20 km env après la bifurcation menant au bourg de Nam Nao lui-même). En transports publics, prendre un bus desservant Phitsanulok et demander à descendre à l'entrée du parc, puis marcher 1 km jusqu'au* Visitor Center. *Bureau du parc ouvert 24h/24. Quand le bureau est fermé, on sonne à la porte du* Visitor Center *pour appeler le gardien. Entrée : 200 Bts ; réduc. Petit droit véhicule.*
À la frontière entre l'Isan et la Thaïlande du Nord, en fait dans la province de Phetchabun, le parc de Nam Nao est propice à une pause nature. À 2 km de la grand-route, le *Visitor Center* s'entoure de 3 gargotes et d'hébergements, et les départs des sentiers rayonnent tout autour.
De là, 4 sentiers qui s'appellent par leur durée : 1 km (environ 45 mn) ; 3 km (environ 2h) ; 4,5 km (environ 3h) et 5,8 km (environ 6h, le plus difficile). Le 1er est évidemment le plus facile. Les 3 autres permettent d'effectuer une boucle plus longue vers un point de vue au nord-est (via Dong Ma Fai, environ 1h30) ou la forêt persistante au nord (environ 3h). Sentiers balisés, en théorie. Certains sites sont également accessibles directement depuis la route n° 12 (à 5 km après l'entrée du parc) : *Phu Kor,* beau panorama au lever du soleil, relié au *Visitor Center* ; *Tam Par Hong,* promontoire idéal pour le coucher de soleil, mais éloigné (11 km de l'entrée) et sans sentier le raccordant au reste du parc. Les panneaux « attention éléphants » rappellent que le parc côtoie aussi des réserves naturelles *(Wildlife Sanctuary)* consacrées à la protection de la faune et de la flore. La nature n'est pas très impressionnante, mais la couverture végétale est assez variée (plusieurs types de forêts, bambous, etc.) et dense pour garantir un bon bol d'air pur et de beaux points de vue.

Camping, bungalow et restos du parc : *proche du* Visitor Center. *Résa obligatoire pour les bungalows. Tarifs : 30 Bts/pers pour planter sa tente ; loc de tente 3 pers 225 Bts, avec matelas et sac de couchage ; hutte 2 pers 300 Bts ; nombreux chalets à partir de 1 000 Bts pour 4 pers selon taille et confort. Réduc de 30 % lun-jeu. Restos ouv tlj 6h-20h.* Les terrains où planter vont du découvert sans intérêt au grand terrain gazonné et ombragé. Les chalets de toutes tailles et avec sanitaires, plutôt mignons, sont disséminés autour du *Visitor Center,* au calme et sur un grand terrain arboré. Les petits restos servent une bonne nourriture peu chère.

LE NORD-EST

Prasat Puay Noi – ปราสาทเปือยน้อย **:** *à 79 km au sud de Khon Kaen, sur la droite à l'entrée du bourg de Puay Noi. En transports publics, descendre à Ban Phai, puis* songthaew *jusqu'à Puay Noi. Dernier véhicule vers 15h. Un peu galère franchement.* Plus grand temple khmer du centre de l'Isan, ce *prasat* est majestueusement posé sur une large pelouse portant les marques d'anciens bassins. Élégant grès rose sur une base de latérite, fenêtres à colonnes et quelques linteaux, piliers et frontons finement sculptés.

LES DINOSAURES DE L'ISAN

Le plateau central s'étalant sur les provinces de Khon Kaen et Kalasin constitue la région la plus riche en sites paléontologiques de Thaïlande. Découvert en 1996, le *Siamotyrannus isanensis* serait l'ancêtre du fameux *Tyrannosaurus rex,* qui vécut sur le continent américain une cinquantaine de millions d'années après son cousin d'Asie. Y aurait-il eu des migrations entre les 2 continents via le détroit de Béring ? Tandis que de gros dinos en béton envahissent les ronds-points, et de plus petits, dorés, garnissent les réverbères, 2 sites ont fait l'objet d'un aménagement touristique.

Phu Wiang National Park et le musée des Dinosaures – อุทยานแห่งชาติภูเวียงและพิพิธภัณฑ์ไดโนเสาร์ **:** *à env 90 km à l'ouest de Khon Kaen. ☎ 043-358-073. Route nº 12 sur 50 km, puis à droite pour rejoindre Phuwiang (indiqué). En transports publics, vraiment pas facile. Sur place, le site est étendu. Il est essentiellement destiné aux vrais amoureux des dinosaures. Tlj 8h30-16h30. Entrée : 200 Bts ; réduc.*

CHASSE À L'OS

Les fossiles, d'une valeur inestimable, suscitent bien des convoitises. Tellement qu'en février 2005 la police a démantelé un véritable trafic d'os de dinos provenant de la région. Elle en a même intercepté jusque sur eBay : ils étaient vendus par des villageois thaïlandais qui s'en débarrassaient, craignant que ces trouvailles ne déclenchent leur expropriation.

– Les **sites de fouilles** sont tous accessibles en voiture depuis le parking à côté du *Visitor Center.* Ce dernier fournit un feuillet qui permet de s'orienter vers les 4 sites d'excavation, séparés de 300 m à 1,1 km les uns des autres. Le nº 9 abrite la star locale, le *Siamotyrannus.* Le nº 1 contient un sauropode de 20 m de long, le *Phuwiangosaurus sirindhornae,* baptisé de ce nom en hommage à la princesse Sirindhorn, qui parraina et finança une partie des fouilles. Les nºs 2 et 3 contiennent d'autres sauropodes non encore identifiés. L'ensemble constitue une agréable balade.

– **_Le musée (Phu Wiang Dinosaur Museum) :_** *3 km avt l'entrée du parc, sur la gauche. 📱 08-18-46-27-60. Tlj sauf lun 9h-17h. Entrée : 60 Bts.* Panneaux retraçant l'histoire des planètes, puis celle de l'apparition des dinos en Thaïlande, avant leur inévitable extinction. Présentation de nombreux ossements mais malheureusement la plupart se révèlent être des copies. Reconstitution marrante de l'univers naturel avec quelques dinos qui s'animent un chouia.

Phu Kum Khao (Isan Jurassic Park) – ภูคำขาว (อีสาน จูราสิค ปาร์ค) **:** *à env 120 km à l'est de Khon Kaen, dans le district de Sahat Sakan. ☎ 043-871-014. Là encore, pas facile en transports en commun. Surtout destiné aux routards véhiculés et qui sont fans de dinosaures.* Au pied d'un tertre, le Phu Kum Khao, les scientifiques ont retrouvé de nombreux os et squelettes (2 sont exposés) dans ce grand cimetière de dinosaures datant d'il y a 120 millions d'années. Également un petit musée, le **_Sirindhorn Museum_** *(tlj sauf lun 9h-17h ; entrée : 100 Bts),* où sont exposés des morceaux de squelette ainsi que des photos et des dessins. Peu de commentaires en anglais.

DE NONG KHAI À THAT PHANOM

Cet itinéraire permet de retrouver le Mékong en empruntant la route nº 211 qui ne s'écarte pas souvent des rives du Mékong, mais plus trop visible. Ceux qui voyagent entre Nong Khai et les parties orientales et méridionales de l'Isan devraient apprécier cet itinéraire long de 300 km environ. Quand le ruban de bitume entre dans les terres, c'est pour pénétrer des terroirs ignorés du tourisme, et parfois riches de surprises visuelles (en tout cas, l'influence du Laos tout proche est bien présente à travers les temples, les maisons et les marchés)...
Autres empreintes en cours de route, bien plus anciennes celles-là : celles laissées par les dinosaures à la hauteur du km 257, à mi-chemin entre Ban Phaeng et Tha U-Then. Site gratuit, pas moyen de louper les reproductions de grands reptiles, en bord de route.

NAKHON PHANOM – จังหวัดนครพนม

37 000 hab.

Capitale provinciale riquiqui, Nakhon Phanom, la « ville des collines », semble avoir définitivement abandonné ses ambitions régionales à sa rivale Mukdahan (satané pont !). Juste en face de la ville laotienne de Thakhek et du relief découpé des massifs karstiques, elle reste pourtant un des points de passage autorisés pour les étrangers, et n'est finalement pas si désagréable. Le marché indochinois, la tour-horloge, construite en reconnaissance par les Vietnamiens réfugiés ici, et l'église catholique Sainte-Anne constituent les principales attractions de la ville.

Arriver – Quitter

Station de bus : *proche de l'intersection du périphérique ouest et de Th. Nittaya.*
➢ ***That Phanom :*** dans les 2 sens, ttes les 30 mn 6h-17h env ; 60 km, 1h de trajet.
➢ ***Mukdahan :*** ttes les heures 6h-18h env ; 120 km, 2h de route.

Adresses utiles

TAT – ท.ท.ท. *(office de tourisme) : Th. Sunthon Wichit, le long du Mékong. ☎ 042-513-490. Sur la rive du Mékong, 500 m au nord de la vieille horloge, env 200 m après la poste. Tlj (en théorie) 8h30-16h30.* Plein de doc sur la région. Bon accueil.

■ ***Banques :*** *plusieurs sur Th. Nittaya. Lun-ven 8h30-15h30.* Service de change et distributeurs de billets.

Où dormir ? Où manger ? Où boire un verre ?

Prix moyens (de 400 à 800 Bts / 11,40 à 23 €)

Grand Hotel – โรงแรม แกรนด์ *: 210 Th. Srithep. ☎ 042-511-526. À 200 m au sud de l'ancienne horloge sur un angle. Doubles avec sdb 320-400 Bts.* Dans un immeuble blanc de 3 étages. Petit hôtel à la façade presque pimpante, convenablement tenu. Prix selon le confort (ventilo ou clim, qualité de la literie) et le nombre de lits (1 ou 2 grands). Grand hall clair, chambres propres et correctes, mais sans éclat. Pas grand-chose qui dépasse mais c'est un bon exemple d'hôtel budget habitué aux routards.

The P Hometel – เดอะ พี โฮมเทล *: Srithep Rd. 📱 09-55-61-99-51. Double avec sdb et AC env 600 Bts (sans petit déj).* Une poignée de chambres assez spacieuses, nichées dans un petit édifice saumon et à proximité du fleuve. Ensemble correct pour le prix. Au rez-de-chaussée, le *P Café* se donne des airs de café branché, avec ses fauteuils *chesterfield* et son vieux piano. On y boit un bon expresso.

D'un peu plus chic à chic (autour de 1 500 Bts / 43 €)

Fortune Viewkhong Hotel – โรงแรมฟอร์จูน วิวโขง *: Sunthon Wijit Rd, le long du Mékong, au sud de la ville. ☎ 042-513-564. • fortunevk.com • Double avec sdb et AC env 1 300 Bts avec petit déj.* Ce très bel hôtel moderne à la façade grise, orange et jaune, découvre un hall grand luxe, tout blanc, sobre et classieux. Chambres super lumineuses, offrant une incroyable vue sur le fleuve. Grand confort, le tout dans l'esprit du moment. Matelas extra. Bar-resto surplombant le Mékong.

Où manger ? Où boire un verre ?

Restos et terrasse le long du Mékong : *au niveau du centre.* Populo pour les gargotes, ou un peu plus guindé pour la terrasse de l'hôtel susnommé. Lanternes aux arbres, douce brise nocturne et nombreuses spécialités de poisson-chat (frit ou en marinade) et fruits de mer à prix très corrects.

Teiyw Tem Toa – เตี๋ยวเต็มโตะ : *à l'angle de Sunthon Wijit et de Fuengnakhon Rd. 08-76-96-99-79. Tlj 10h-23h.* Grand bar d'angle, organisé en quart de cercle, avec une jolie petite mezzanine. Salle moderne, clientèle jeune, atmosphère joyeuse et cuisine de qualité. Bien pour manger, parfait pour un verre (ou l'inverse). Groupe chaque soir vers 20h.

Fuengnakhon Bar – บาร์เฟื่องนคร : *Fuengnakhon Rd. Tlj 15h-23h30. Groupes ts les soirs vers 19h30.* Chouette bar coloré à la déco de bric et de broc, avec sa mini-terrasse aux sièges de ciné. Bonnes vibrations en fin de semaine.

À voir

Le panorama sur le Mékong : tôt le matin, des bancs de sable au premier plan et une des chaînes calcaires les plus spectaculaires du Laos à l'horizon encadrent avec bonheur le cours du fleuve. De février à mai, les bancs de sable se transforment en plages fluviales.

Le Wat Okat : *au bord de la promenade.* Voici le temple le plus vénéré de la ville. Celui de droite (quand on entre dans l'enceinte) abrite dans son sanctuaire 2 petits bouddhas doré. Tout autour, observer les murs couverts d'une jolie fresque colorée où le fleuve prédomine. Prendre le temps d'observer les riches scènes religieuses, populaires et nautiques, où apparaissent ici et là des personnages modernes et même des touristes.

En ville, plusieurs ***vieilles résidences coloniales.*** Comme à Nong Khai, beaucoup d'habitants d'origine chinoise ou vietnamienne émigrèrent à cette époque. De style colonial français, l'***ancienne maison du gouverneur*** *(mer-dim 9h-17h ; entrée : 50 Bts)* abrite un petit musée historique (portraits, meubles de bois sombres et photos). Dans les années 1920, Hô Chi Minh passa 7 années de vie fugitive dans la région. Son ancienne maison, à 5 km au sud, se visite mais offre peu d'intérêt.

Événement

– **Suang Huea :** *oct.* Tradition laotienne. Course spectaculaire à contre-courant de bateaux sur le fleuve. Les embarcations effilées à proue en tête de nâga comptent plus de 20 rameurs.

THAT PHANOM – พระธาตุพนม

Une cinquantaine de kilomètres au sud de la capitale provinciale, par la route rectiligne nº 212 d'où le grand fleuve apparaît par intermittence entre des bosquets de végétation, la petite ville de That Phanom est célèbre dans tout le pays pour son stupa éponyme. Le monument le plus sacré de l'Isan, qui porte bien ses 15 siècles, est l'un des 4 sanctuaires majeurs de la Thaïlande.

De vieilles maisons de bois se concentrent dans les 2 rues parallèles au fleuve, dans une ambiance passablement assoupie, contrastant avec l'afflux constant de pèlerins dans l'enceinte du stupa.

Arriver – Quitter

Station de bus : *au sud du wat, au niveau du grand virage.* À part les navettes Nakhon Phanom-That Phanom, peu de transports émanent ou aboutissent ici. Il faut soit monter dans des bus Nakhon Phanom-Ubon ou Ubon-Udon faisant étape ici (et ce sans garantie de place).

➢ **Nakhon Phanom :** bus ttes les heures, 6h-16h. Également des liaisons en vans. Se faire préciser le lieu de passage par votre hébergement.

➢ **Mukdahan :** ttes les heures 6h-16h ; env ; 60 km, 1h20 de route. Liaisons en vans aussi.

➢ **Ubon Ratchathani :** bus ttes les heures 6h30-16h30 ; 240 km, 3h30-4h de route.

Où dormir ?

Baan-Ing-Oon Guesthouse – บ้านอิงอุ่นเกสต์เฮ้าส์ **:** *19 Moo 11, Th. Phanompharanarak (une rue parallèle à la berge). ☎ 042-532-124. • baaningoonguesthouse.com • Doubles 500-600 Bts, avec petit déj.* Maison en bois rénovée proposant 6 chambres d'allure moderne, volets de bois : 1 au rez-de-chaussée (la seule à éviter), 5 à l'étage. Propreté et accueil souriant, la formule de la recette gagnante. Une excellente adresse !

Thatphanom Riverview Hotel – โรงแรมธาตุพนมริเวอร์วิว **:** *258 Moo 2, le long de Rimkhong (la promenade). ☎ 042-541-555. • thatphanomriverview.com • Doubles avec vue ou non 850-1 050 Bts, petit déj inclus.* Un hôtel façon motel moderne, en forme de L, avec marbre au sol, chambres spacieuses avec clim, de bon confort avec balcon, les meilleures au 3e étage mais sans ascenseur. Très bon niveau de confort.

Où manger ? Où boire un verre ?

Gargotes au bord du Mékong : agréable balade le long du Mékong par Th. Rimkhong (la promenade).

Marché de nuit : *dans le prolongement du soi 10, depuis le fleuve.* Sur 200 m, à partir de 17h, 2 rangées de stands de nourriture sympa et populaire.

Aung Khan Restaurant – ร้านอาหารเอื้องคำ ปลาน้ำโขง **:** *le long de Rimkhong (la promenade). ☎ 042-540-505. Tlj 8h-20h.* Facile à reconnaître, c'est le resto le plus éclairé de tous, avec une façade aux néons colorés. Quelques tables surplombant le fleuve. *Tom Yum* délicieuse, et excellent poisson du fleuve avec sauce à l'ail et poivre. Musique sirupeuse d'ambiance en guise de dessert.

À voir. À faire

Wat Phra That Phanom – พระธาตุพนม **:** *accessible tlj 6h-20h.* Mélange parfaitement dosé de finesse et de galbe. Haut de plus de 50 m, voici le stupa à ne pas manquer, qui impressionnera les plus blasés. Il est planté au cœur d'une belle enceinte de plusieurs temples, dans un cadre verdoyant. Divin aussi après le coucher du soleil, sous les ors supplémentaires des projecteurs se reflétant sur le damier du sol. Le toit de la pagode latérale se pare de tuiles vernissées de plusieurs couleurs, du plus bel effet.

Sur une base carrée composée de briques, la partie haute arbore des motifs floraux dorés sur un fond d'un blanc éclatant. Son sommet est coiffé d'une ombrelle d'or massif pesant 16 kg, le fameux stupa de brique et de plâtre attire tous les regards. Sa silhouette galbée répond aux canons du style laotien, dont l'archétype est le That Luang de Vientiane. Selon la légende, le 1er That Phanom aurait été construit peu après la mort du Bouddha. Il renferme un fragment de côte de l'Éveillé. L'actuel ne date cependant que de 1975, une énième reconstruction ayant succombé cette année-là à des pluies torrentielles. En tournant dans le sens des aiguilles d'une montre, déchaussé comme il se doit (attention à vos petons sur le marbre chaud au cœur de la journée), prêter également attention à la face intérieure du muret d'enceinte. Si vous avez l'intention d'y revenir 7 fois dans votre vie, vous serez considéré comme un « enfant du stupa ».

– ***Festival du Wat Phra That Phanom :*** pendant une semaine, à la mi-février, entre récoltes et nouvelles semailles, et conformément au calendrier bouddhique (vers la mi-février), les pèlerins affluent en masse et la ville s'embrase spirituellement.

Le marché lao – ตลาดลาว : *depuis le quai, suivre Thanon Rimkhong vers l'amont sur env 500 m. Lun et jeu 8h-13h.* Pour le pittoresque des produits et des marchands venus de l'autre rive.

DE MUKDAHAN À UBON RATCHATHANI

Cet itinéraire suit encore un temps le Mékong, qui constitue toujours la frontière avec le Laos. Profitant de sa jonction avec la rivière Moon qui irrigue la région d'Ubon Ratchathani, il finit par s'enfuir chez le voisin et par quitter à jamais le Siam, atteignant là son « Extrême-Orient ». Cette désertion isole un périmètre méconnu plus au sud, un triangle non pas d'or mais d'émeraude, couleur des forêts tropicales qui survivent ici avec une vigueur surprenante.

MUKDAHAN – มุกดาหาร

180 600 hab.

• Plan *p. 366*

Mukdahan profite de sa position stratégique face à Savannakhet, ville sud-laotienne en pleine expansion et 1er relais commercial entre la Thaïlande et le Vietnam. Moins riche historiquement et moins dépaysante que Nakhon Phanom ou Ubon Ratchathani, sa modernisation s'est accélérée depuis la construction en 2007 du nouveau pont (le Friendship Bridge 2) sur le Mékong, à 7 km au nord de la ville. Ici comme ailleurs, le béton a coulé le long du fleuve.
La ville est surtout un passage symbolique entre le nord et le sud de l'Isan, au gré d'un voyage le long du fleuve, et une étape de plus à considérer sur la route du Laos. Une nuit par ici n'est jamais perdue : le pittoresque reprend ses droits à 2 pas du centre et, la nuit venue, les restos des berges deviennent bien romantiques.

Arriver – Quitter

Gare routière *(hors plan par A1) :* à 3 km à l'ouest de la ville, sur la route nº 212.

➢ ***Bangkok :*** plusieurs bus/j. tte la journée (11h-18h). Préférer ceux du soir. Distance : 640 km ; 11h de route.

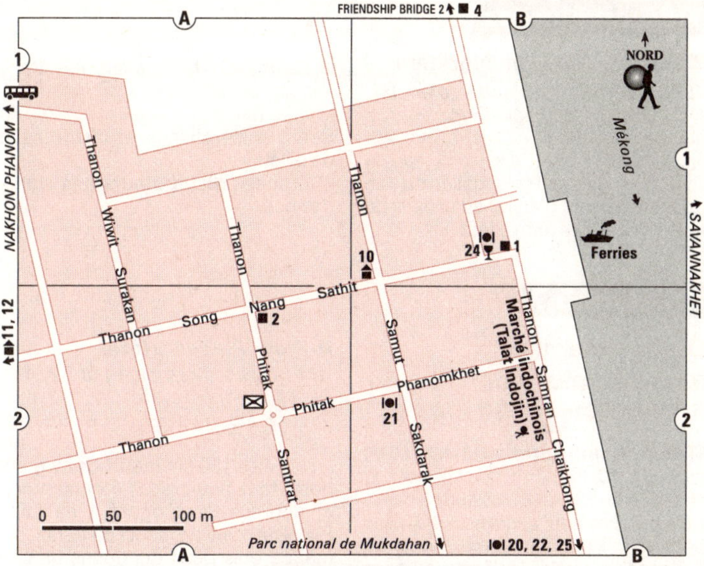

MUKDAHAN

Adresses utiles

- **1** Bureau de l'immigration (B1)
- **2** Bangkok Bank (A2)
- **4** Pont de l'Amitié (hors plan par B1)

Où dormir ?

- **10** Hua Nam Hotel (B1)
- **11** Ploy Palace Hotel (hors plan par A2)
- **12** Mukdahan Grand Hotel (hors plan par A2)

Où manger ? Où boire un verre ?

- **20** Stands et gargotes (hors plan par B2)
- **21** Sala Formos (B2)
- **22** Resto sans enseigne (hors plan par B2)
- **24** Good Mook (B1)
- **25** Nud Pob Rim Khong (hors plan par B2)

Depuis Bangkok (terminal de Mochit), horaires similaires.

➢ ***Nakhon Phanom :*** voir à cette ville. Dessert That Phanom au passage.

➢ ***Khon Kaen :*** liaisons ttes les heures ; 240 km, 4-5h de route.

Passer au Laos

– ***Le pont de l'Amitié*** *(Friendship Bridge 2 ; hors plan par B1,* ***4****)* ***:*** *à 7 km au nord de Mukdahan ; 15 mn de trajet. Ouv tlj 6h-22h.* Pour le traverser, le plus simple est d'embarquer à la gare routière dans un bus transfrontalier Mukdahan-Savannakhet (voir ci-après).

➢ ***Bus Mukdahan-Savannakhet*** *(Laos)* ***:*** ttes les heures ; 6h-19h. Attend pendant les formalités. Pratique.

➢ ***De Savannakhet,*** liaisons quotidiennes avec ***Vientiane*** (12h) et ***Pakse*** (6h).

Adresses utiles

■ ***Bureau de l'immigration*** – สำนักงานตรวจคนเข้าเมือง *(plan B1, **1**) : Th. Song Nang Sathit, face au quai des ferries. ☎ 042-611-074. Lun-ven 8h30-16h30. Le w-e, aller au bureau du Friendship Bridge.* Prolongation de visa (plus intéressant d'entrer au Laos et de revenir) et autres formalités.

■ ***Bangkok Bank*** *(plan A2, **2**) : à l'angle de Th. Song Nang Sathit et Phitak Santirat. Lun-ven 8h30-16h.* Services de change et distributeurs de billets.

■ D'autres ***distributeurs*** à la station des bus.

Où dormir ?

De bon marché à un peu plus chic (de 150 à 1 500 Bts / 4,30 à 43 €)

☗ ***Hua Nam Hotel*** – โรงแรมฮั่วนำ *(plan B1, **10**) : 36 Th. Samut Sakdarak. ☎ 042-611-137. Doubles 200-450 Bts, sans ou avec sdb, ventilo ou AC, sans petit déj.* Petit immeuble blanc de 2 étages en angle. Meilleure adresse routarde de la ville, managée par un Sino-Thaï anglophone, très serviable. 30 chambres typiques d'un modeste hôtel daté mais correctement entretenu : carrelages ou linos gondolés, mobilier rudimentaire mais d'aplomb. Au choix : doubles ventilées sans salle de bains avec un lit ou, plus grandes, avec 2 larges lits (matelas durs et fins) et chambres avec salles de bains et clim, de bien meilleur confort. Les chambres 18 à 26 sont les mieux, de loin. Certaines donnent sur la rue, trafic nocturne cependant limité.

☗ ***Ploy Palace Hotel*** – โรงแรมพลอยพาเลซ *(hors plan par A2, **11**) : Pitakphanomkhet Rd. ☎ 042-614-988. • ploypalace.com • Doubles 1 500-1 800 Bts, petit déj buffet inclus.* Les 150 chambres de ce grand hôtel tout blanc sont étonnamment chaleureuses eu égard à sa taille. Excellent confort, souci du détail, pas mal de bois peint qui donne un côté presque cosy à l'ensemble. Excellent petit déj. Piscine toute ronde au 3e étage.

☗ ***Mukdahan Grand Hotel*** – มุกดาหารแกรนด์โฮเทล *(hors plan par A2, **12**) : 78 Th. Song Nang Sathit. ☎ 042-612-020. Env 1 km à l'ouest du centre. Doubles 1 000-1 500 Bts, petit déj inclus.* Grand hôtel classique de 10 étages et 200 chambres. Lobby assez moderne. Vastes chambres bien équipées et plutôt confortables. Resto au dernier étage (salle dans la pénombre et cuisine quelconque).

Où manger ? Où boire un verre ?

De bon marché à prix moyens (de 150 à 300 Bts / 4,30 à 8,60 €)

IOI En journée, ***petits stands*** sur le marché indochinois et ***gargotes en dur*** spécialisées en *som tam* sur Th. Samran Chaikhong, à l'extrémité sud de la promenade bétonnée *(hors plan par B2, **20**)*. Le soir, ***stands*** le long de Th. Song Nang Sathit. Attention, à 20h30, tout est fermé.

IOI ***Sala Formos*** *(pas d'enseigne en caractère latin ; plan B2, **21**) : à l'angle de Th. Phitak Phanomkhet et Th. Samut Sakdarak. Tlj 8h-18h.* Fréquenté par des habitués. Cuisine thaïe, isan et chinoise, simple et peu chère. Menu en anglais avec photos (bon *spicy duck* et *wan curry steamed fish*).

IOI ***Resto sans enseigne*** *(hors plan par B2, **22**) : Samran Chaikhong Rd, à l'angle du soi Janthep.* Cantine populaire et sympa. Bonnes soupes notamment.

LE NORD-EST

Good Mook (plan B1, **24**) : *414/1 Th. Song Nang Sathit. Tt proche du quai des ferries. Tlj sauf lun 9h-17h. Snacks et petits plats 80-300 Bts.* Bistrot branché, ce qui est plutôt inattendu ici. Large choix de boissons, dont des cafés sérieux ou fantaisies et des cocktails. Petite sélection de pâtes, burgers, salade thaïe yam et petit déj américain. Velléités décoratives rafraîchissantes mêlant moderne, collections diverses, récup' vintage et récup' tout court.

Nud Pob Rim Khong – ร้านนัดพบริมโขง (hors plan par B2, **25**) : *à 1,5 km au sud du marché, le long des berges du fleuve. Pas d'enseigne en anglais.* Dans la végétation, 2 grandes terrasses en surplomb du fleuve, au calme et populaire. Courte carte mais assortiment assez large pour rencontrer toutes les envies. Cuisine soignée.

À voir

Le marché indochinois (Talat Indojin ; plan B2) : *sur Th. Samran Chaikhong le long du fleuve et le niveau souterrain de la promenade, sur 500 m env à partir du bureau de l'immigration. Également dans les petites rues perpendiculaires.* On y trouve tout et n'importe quoi... du kitsch en veux-tu, en voilà. Des outils et machines importés de Chine via le Vietnam et le Laos, des cotonnades rustiques, quelques belles soieries, des plantes en plastique, des tonnes de fringues, du petit artisanat... Vaut surtout pour l'ambiance. En profiter pour visiter le ***Wat Sri Mongkon Thaï*** construit dans les années 1950 par des réfugiés vietnamiens, et, 400 m au sud, le ***Wat Sri Sumong*** avec une magnifique barque royale sous un hangar.

KHONG CHIAM – โขงเจียม

• Plan *p. 369*

C'est dans cette région isolée parmi les collines boisées et sauvages que la rivière Moon a choisi de s'unir au « géant d'Asie », le Mékong. Khong Chiam s'offre comme un joyau paisible et langoureux, malgré le nombre grandissant de touristes locaux qui le visitent. Le village est niché dans le confluent dit « du fleuve aux 2 couleurs » : les eaux indigo de la Moon et celles ocre-orange du Mékong s'y mélangent sur quelques dizaines de mètres. Parfait pour s'y reposer, au retour d'excursions intéressantes comme celle de Pha Taem, falaise célèbre pour ses peintures rupestres.

Arriver – Quitter

Arrêt des bus : *à l'entrée du village, sur la droite.*

➢ ***Ubon Ratchathani*** : bus direct 6h-18h, devant le marché. 80 Bts. 1h30 de trajet.

➢ ***Bangkok*** : depuis Khong Chiam, 2 bus/j. ; 700 km, env 12h de trajet.

Adresses utiles

■ ***Change et distributeur*** : *Krungthai Bank (plan, **1**), sur Khaewpradit Rd. Lun-ven 8h30-16h30.* Change et distributeur. Service Western Union.

■ ***Location de scooter et motos*** : *à l'Apple Guesthouse. À partir de 300 Bts/j.*

Où dormir ?

De bon marché à un peu plus chic (de 150 à 1 500 Bts / 4,30 à 43 €)

Apple Hotel – แอ๊ปเปิลเกสท์เฮ้าส์ (plan, **5**) : *Th. Pookamchai. ☎ 045-351-160. Doubles 400-600 Bts.* Petit édifice tout gris et son voisin situé à 2 pas, plus coloré. Les 2 proposent exactement la même prestation. Des chambres impeccables et modernes, avec AC et salle de bains, pas bien grandes mais soignées. Préférer celles à l'étage. Tenu par une famille conviviale qui parle un peu l'anglais. Location de motos et scooters possible.

Banpagmongkhon – โรงแรมบ้านพักมงคล (plan, **6**) : *595 Th. Kaewpradit. 📱 08-19-67-85-78. • banpagmongkhon.net • Peu après l'entrée dans le village, proche du marché. Doubles avec salle de bains et ventilo ou AC 250-600 Bts.* D'un côté de la rue, à l'arrière de la maison de bois familiale, chambres 1ers prix avec ou sans clim. De l'autre côté de la chaussée, plusieurs types d'hébergements pour 2 ou 4 personnes, toujours avec clim, frigo et petit espace extérieur, dans une bâtisse en dur ou des bungalows plus charmants (parquet, belle literie) alignés comme à la parade. Tenue et qualité d'accueil en anglais.

Ban Rimkhong Resort – ริมโขงรีสอร์ท (plan, **7**) : *37 Th. Kaewpradit. ☎ 045-351-101. Selon affluence, doubles autour de 1 000 Bts, 1 300 Bts face à la rivière ; sans petit déj.* Sur un terrain gazonné et fleuri, s'étendant de Th. Kaewpradit à Rimkhong, une poignée de chalets spacieux avec terrasse, alignés en 2 rangées face à face, et 3 autres donnant directement sur la promenade le long du Mékong. Moins mignon à l'intérieur que vu de l'extérieur (pelouse et jardin soigné), mais confort correct (clim, frigo et salle de bains), propre et fonctionnel.

Ban Kiangnam Hotel – โรงแรมบ้านเคียงน้ำ (plan, **8**) : *Th. Kaewpradit. ☎ 045-351-374. Sur la droite de la rue, au-delà de la poste. Doubles 500-1 000 Bts, sans petit déj.* En profondeur, serré le long d'une allée jardinée avec soin. 1ers prix, la rangée de 6 petites chambres contiguës, divisées en 2 pavillons. Dans les bungalows à 2 chambres, plus d'espace et de petites terrasses ombragées. Aménagement confortable partout (baignoire, clim). Minibar sous une paillote. Anglais parlé et accueil charmant. Négocier un prix.

Où dormir dans les environs ?

Très chic (plus de 3 000 Bts / 86 €)

Tohsang Khong Chiam Resort & Spa – โรงแรมทอแสงโขงเจียมรีสอร์ท (hors plan, **9**) : *Baan Huay-Mark-Tai. ☎ 045-351-174 ou 176. • tohsang.com • À 5 km au sud de Khong Chiam, en aval du confluent, par une petite route tt de suite à gauche après le pont. Selon saison, doubles à partir de 2 500 Bts env et bungalows à partir de 4 000 Bts, sublime petit déj buffet compris.* Lieu de villégiature de rêve aménagé autour d'un grand jardin tropical sur les rives d'un Mékong encore bien sauvage par ici. Idéal pour couples en lune de miel. Chambres dans des bâtiments en dur sur la gauche ou de superbes bungalows plus romantiques avec vue sur le jardin ou le fleuve de l'autre côté. Déco combinant les styles régionaux et balinais. Cuisine soignée au resto et petit déj-buffet plantureux. Bar et resto bordant la grande et élégante piscine. Superbe ! Véhicule nécessaire.

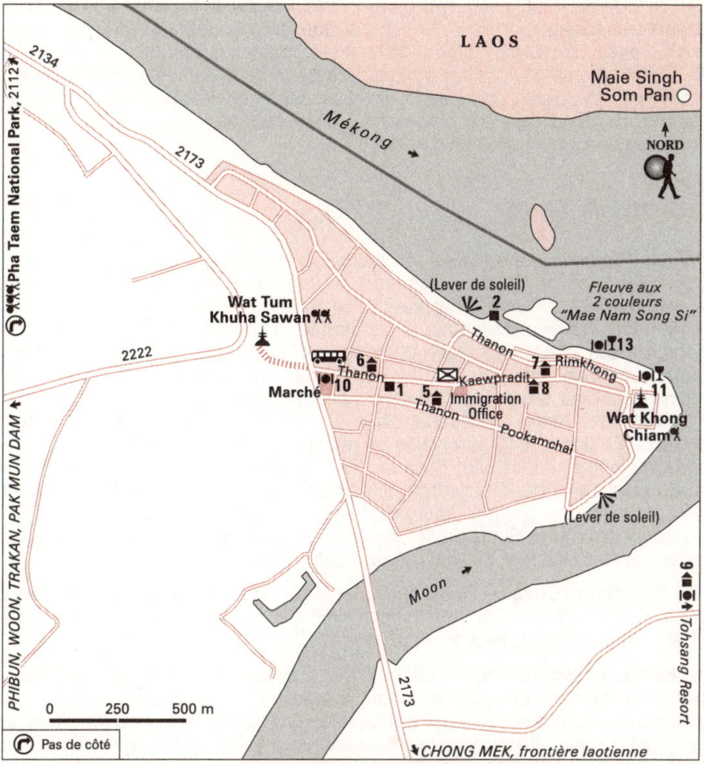

KHONG CHIAM

Adresses utiles

1 Krungthai Bank
2 Embarcadère

Où dormir ?

5 Apple Hotel
6 Banpagmongkhon
7 Ban Rimkhong Resort
8 Ban Kiangnam Hotel
9 Tohsang Khong Chiam Resort & Spa

Où manger ? Où boire un verre ?

10 Gargotes et marché
11 Petites cantines le long de la promenade
13 Resto flottant

Où manger ? Où boire un verre ?

Bon marché (moins de 150 Bts / 4,30 €)

Gargotes *(plan,* ***10****)* **:** petites épiceries-restos et ***marché*** (le matin) sur Th. Kaewpradit. D'autres sur Th. Rimkhong. Plats simples sur le pouce, pour une poignée de bahts...

Prix moyens (de 150 à 300 Bts / 4,30 à 8,60 €)

Petites cantines le long de la promenade *(plan,* ***11****)* **:** *Th. Rimkhong.* À proximité du ***Wat Khong Chiam,*** le long de la promenade, on trouve une poignée de petits restos-cantines sympa comme tout, avec vue plongeante sur le fleuve.

🍽 🍸 ***Resto flottant*** *(plan,* ***13****) : Th. Rimkhong, un poil à l'est du Ban Rimkhong.* Depuis la promenade, un escalier descend vers les berges et donne accès à un resto flottant au toit de tôle. Spécialité : le poisson-chat cuisiné. Souvent bondés le week-end, quand les groupes débarquent le midi après avoir visité le Laos. Le reste du temps, au calme, on peut très bien se contenter d'une boisson.

À voir. À faire

Wat Tum Khuha Sawan : *on peut soit y accéder en voiture (à 2 km du village, fléché), soit à pied en empruntant le grand escalier blanc situé à l'orée de la rue principale (à l'angle de la grande route). Compter 10 mn de grimpette. Ouv en permanence.* En arrivant sur la plateforme, on ne peut manquer l'énôôôrme gong, dressé ici en 2016. Face au gong, de l'autre côté de l'esplanade, beau temple tout blanc (mais souvent fermé). Tout autour de la vaste cour, d'énormes racines d'arbres telles des sculptures, alternant avec quelques gros bonzaïs. En s'avançant vers la balustrade, super vue sur le village et le Mékong en toile de fond. En descendant une volée de marche, on accède sur la gauche à une sorte de long renfoncement dans la roche qui abrite une série de 7 bouddhas dorés, dont 1 allongé. Tout au fond, 2 sanctuaires. Celui de droite abrite dans une vitrine le corps momifié (on l'aperçoit) d'un moine très vénéré localement et coiffé d'un curieux bonnet. Sur la droite, sa sculpture grandeur nature, dorée de petites feuilles par les fidèles et couvert de piécettes.

Wat Khong Chiam – วัดโขงเจียม ***:*** s'il n'a rien de particulier, ce temple marque la pointe du confluent. Depuis le balcon situé à la pointe, vue panoramique sur la rivière à la rencontre le fleuve.

➢ ***Balade en long-tail boat*** – ล่องเรือหางยาว ***:*** *embarcadère (plan,* ***2****) au niveau du centre du village. Prévoir env 400 Bts/h le bateau ; tarif identique qu'on soit 1 ou 10 pers, pour une balade de 1h.* Longues barques couvertes, y aller tôt le matin ou en fin de journée, de manière à apprécier le soleil couchant en remontant (ou descendant) le cours du fleuve. Extra !

LE NORD-EST

DANS LES ENVIRONS DE KHONG CHIAM

Pha Taem National Park *(peintures préhistoriques)* – อุทธยานแห่งชาติผาแต้ม ***:*** *à 15 km au nord de Khong Chiam puis fléché sur la droite et faire encore 5 km. ☎ 045-252-581. Pas de transports publics. Faire le point avec votre guesthouse. L'idéal est de louer un scooter à partir de Khong Chiam. Route facile, peu de circulation. Parc ouv tlj 6h-18h. Entrée : 400 Bts ; réduc. Voiture : 30 Bts.*
Après l'entrée du parc, continuer sur 2 km pour rejoindre le plateau et le *Visitor Center.* Au passage, 1 km après l'entrée du parc, le long d'une petite route qui part sur la gauche, jeter un petit coup d'œil aux rochers érodés en forme de champignons. Puis 1 km plus loin, sur le parking, resto et centre d'information bien conçu (expo, photos et panneaux en anglais). Récupérer le modeste plan du site (s'il y en a).
Pha Taem est célèbre pour ses superbes peintures rupestres vieilles de 2 à 3 millénaires. Sur le flanc d'une impressionnante falaise de grès bordée d'une végétation luxuriante, elles sont abritées sous des strates en corniche qui les ont protégées des dégradations du temps.

La visite
La balade est vraiment agréable et se fait à pied. Elle ne présente aucune difficulté. Compter 1h-1h30 tranquillement pour faire le tour qui couvre environ 3 km. En fin d'après-midi, c'est un vrai bonheur.

– ***Le plateau :*** à proximité immédiate du *Visitor Center,* 2 points de vue permettent de jouir, respectivement, du 1er lever et du 1er coucher de soleil thaïlandais, Pha Taem étant le lieu le plus oriental du pays, avec le Mékong en contrebas de la falaise. Superbe.
– ***Pour découvrir les peintures rupestres,*** emprunter une volée de marches qui descend vers le bas de la falaise, puis emprunter le sentier ombragé qui suit son flanc en passant successivement par tous les sites rupestres. Le ***site 1*** (à 200 m environ) n'est pas très spectaculaire. On y distingue des poissons (surtout des arêtes d'ailleurs). Environ 300 m plus loin apparaît le ***2e groupe*** de peinture, le plus spectaculaire. Pas besoin d'être un spécialiste pour l'apprécier et pour reconnaître la nature des figurations : mains d'hommes, éléphants, tortues, le fameux *pla buk* ou poisson-chat géant et un ensemble de hauts vases à cols évasés, qui font penser à des formes humaines. Poursuivre encore 470 m pour découvrir le ***3e groupe*** où l'on observe quelques petits animaux (pas toujours évident à décrypter). Le ***4e site*** se niche quelques centaines de mètres plus loin. On peut notamment y voir plusieurs mains en négatif. Puis le sentier contourne la falaise et décrit une boucle sur 1,4 km pour revenir sur le plateau.

UBON RATCHATHANI – อุบลราชธานี

110 000 hab.

• Plan *p. 373*

La capitale dynamique du Triangle d'émeraude, 3e ville du pays, est un carrefour à proximité des frontières du Laos et du Cambodge. Étendue et moderne, Ubon conserve un centre à taille humaine avec une atmosphère provinciale, sans pour autant proposer d'attraits touristiques particuliers. L'endroit constitue une escale sur la route de Khong Chiam, sans plus, et des parcs alentour.

Le Candle Festival

Chaque année, à la pleine lune de juillet, la ville revêt des habits de lumière pendant le *Candle Festival,* l'une des parades religieuses et populaires les plus célèbres du royaume : tous les temples de la ville marquent le début des 3 mois du carême bouddhique en construisant autour de bougies géantes d'énormes structures décorées de cire d'abeille gravée.

Arriver – Quitter

En bus

Plusieurs compagnies privées disposent de leurs propres arrêts, mais elles possèdent aussi, en général, un bureau à la gare principale.

Gare routière – สถานีขนส่ง *(plan A1) : au nord de Th. Chayangkul, en face du complexe commercial* BIG C, *à 2 km du centre au nord.* ATM, restos, toilettes.

➢ ***Chong Mek :*** *Air Bus* 9h30-16h ; 85 km à l'est d'Ubon, via Phibun ; 1h30 de voyage. Également des vans ttes les heures (6h-17h).

➢ ***Bangkok :*** très nombreux bus 8h45-23h30 ; 620 km ; 8-10h de route. *Nakhon Chai Air Co* est sans doute la meilleure compagnie. Depuis Bangkok (Mochit Terminal), horaires similaires.

➢ ***Mukdahan :*** vans ttes les heures 6h-17h30 ; 175 km, 2h30 de route.

➢ ***Surin :*** ttes les heures env 7h-17h ; 190 km ; 2h30-3h de route.

➢ ***Khong Chiam :*** vans ttes les heures 6h-17h ; 110 km, 2h de voyage.
➢ ***Khon Kaen :*** très nombreux bus 7h30-17h45. 310 km, 4h-5h de route. Certains bus pour Bangkok y font halte. Également vans ttes les heures 8h-17h30.
➢ ***Chiang Mai :*** 2 bus direct avec clim ; env 12h de route.

En train

Gare ferroviaire *(plan A2)* ***:*** *à 3 km au sud de la ville, au-delà de la rivière.*

➢ ***Bangkok :*** env 10 trains/j. dans les 2 sens ; 7h-20h30. Compter 10-12h selon type de train. Arrêts notamment à Ayutthaya, Khorat et Surin.

En avion

✈ ***Aéroport*** *(plan B1)* ***:*** *à 2 km du centre-ville.*
➢ ***Bangkok :*** dans les 2 sens, 2-3 vols/j. avec *Thaï Smile, Air Asia* et *Nok Air.*
➢ ***Chiang Mai :*** en principe, 1 vol/j. avec *Nok Air.*

Passer au Laos ou au Cambodge

Laos

➢ ***Chong Mek*** – ช่องเม็ก-***Vang Tao :*** 85 km à l'est d'Ubon (25 km au sud de Khong Chiam). Poste-frontière tlj 8h-16h (officiellement), mais souvent le passage est possible entre 6h et 18h. Un visa de 30 jours sur place est délivré côté Laos.
➢ ***Bus international Ubon Ratchathani-Pakse :*** de la gare routière d'Ubon, 2 départs tlj à 8h30 et 14h30 (horaires à vérifier) ; 200 Bts ; 138 km, env 3h de trajet, temps de formalités inclus. Idem dans l'autre sens.

Adresses utiles

TAT – ท.ท.ท. *(office de tourisme ; plan A-B2)* ***:*** *264/1 Th. Khuan Thani. ☎ 045-243-770. Tlj 8h30-16h30.* Plan de la ville.

■ ***Banques :*** ***Kasikorn Bank*** *(plan A2,* ***1****),* ***Bangkok Bank*** *(plan A2,* ***2****) et à la gare routière. Lun-ven 11h-19h.*

Où dormir ?

De bon marché à prix moyens (de 150 à 800 Bts / 4,30 à 23 €)

Tokyo Hotel – โตเกียวโฮเต็ล *(plan A1,* ***11****)* ***:*** *360 Th. Chayangkul, près de l'angle avec Th. Sappasit. ☎ 045-241-739. À 50 m en retrait de la rue, côté est. Doubles avec sdb, ventilo ou clim 350-650 Bts, sans petit déj.* Façade rose pâle de 4 étages, cet hôtel dispose d'un équipement correct. Propreté acceptable. Les moins chères fatiguent un peu, mais ça reste fonctionnel. Cafétéria pas chère au rez-de-chaussée.

Phadaeng Hotel – โรงแรมผาแดง *(plan A1,* ***12****)* ***:*** *126 Phadaeng Rd. ☎ 045-25-46-00. • thepadaeng@gmail.com • Doubles avec sdb et AC 600-800 Bts, sans petit déj.* Au fond d'un grand parking, cet hôtel se donne des airs avec son fronton à colonnes et son buste de Molière à l'entrée. Chambres impeccables, sans rien qui dépasse, proposant un bon niveau de confort pour le prix. Calme.

D'un peu plus chic à chic (de 800 à 1 500 Bts / 23 à 43 €)

Rapeepanville Hotel – โรงแรมระพีพรรณ วิลล *(hors plan par A1,* ***13****)* ***:*** *9 Sukha Uppatham soi 11. ☎ 045-312-841. • rapeepanvillhotelubon@windowslive.com • Doubles avec clim 900-1 500 Bts.* Joli petit établissement, intime et moderne, cosy et bien équipé (excellent matelas). Assez excentré, il ne

UBON RATCHATHANI

Adresses utiles

- TAT (office de tourisme ; A-B2)
- **1** Kasikorn Bank (A2)
- **2** Bangkok Bank (A2)

Où dormir ?

- **11** Tokyo Hotel (A1)
- **12** Phadaeng Hotel (A1)
- **13** Rapeepanville Hotel (hors plan par A1)
- **14** Laithong (B1)

Où manger ? Où boire un verre ?

- **20** Marché de nuit (A2)
- **21** Khao Tom Tee (A1)
- **22** Yim Yai Restaurant (A2)
- **24** U Bar Ubon (B1)
- **25** Rung Roj (A-B1)

conviendra donc qu'à ceux qui sont véhiculés. Une étape semi-luxe, mais plus sympa que les gros hôtels du centre-ville. Autre avantage, la rue qui borde l'hôtel est pleine de petits restos et bars branchés.

Laithong – โรงแรมลายทอง *(plan B1,* ***14****) :* *50 Th. Pichitrungsan.*

☎ 045-241-401. Doubles 1 200-1 400 Bts, petit déj inclus. Mis à part l'avancée aux toits typiques, barre blanche standard de 7 étages abritant plus de 120 chambres, tout confort, classiquement décorées. Entretien et propreté à la hauteur de son rang de, disons, petit 3-étoiles, même si les salles de bains fatiguent. Piscine en plein air.

Où manger ? Où boire un verre ?

Bon marché (moins de 150 Bts / 4,30 €)

Marché de nuit – ไนท์มาร์เก็ต *(night market ; plan A2, **20**) : le long de Th. Ratchabut, à côté du Musée national.* Tous les soirs, le trottoir se transforme en une formidable terrasse squattée par des dizaines de roulottes-restaurants. Soupes, poulet grillé, brochettes, crêpes farcies, jus de fruits pressés, et plein d'autres choses. Pour tester d'autres marchés de nuit (nombreux à Ubon), demandez conseil auprès du *TAT* ou de votre hôtel.

Khao Tom Tee – ร้านข้าวต้มตี๋อำนวยโชค *(plan A1, **21**) : Sapphasit Rd, non loin de l'angle de Phadaeng. ☎ 045-241-809. 16h-4h du matin.* La classique grande cantine façon hangar, avec tables de fer et éclairage néon. Le décor est planté, les assiettes bien remplies et fraîches. Demander le menu (un véritable dossier), pour vous aider à choisir. Personne ne parle un mot d'anglais mais les serveurs, comme d'habitude, sont bienveillants.

U Bar Ubon – ยู-บาร์ อุบล *(plan B1, **24**) : Th. Thepyothi, à proximité de l'angle de Pichitrangsan. 📱 09-33-21-14-07. Tlj jusqu'à env 3h du matin. Groupes chaque soir 22h-1h du matin.* Vaste et nue, cette salle s'anime tard le soir quand se retrouve ici toute la jeunesse de la ville qui viennent s'y percer les tympans et remplir le gosier sur des rythmes thaïlando-occidentaux.

Prix moyens (de 150 à 300 Bts / 4,30 à 8,60 €)

Yim Yai Restaurant – ร้านอาหารยิ้มใหญ่ *(plan A2, **22**) : 200 Th. Sirnarong (partie ouest). 📱 09-10-20-77-26. Tlj 17h-minuit.* Rectangle de béton moderne aux larges baies vitrées. Menu sans fin, mais légendé en anglais et illustré. Mélange de tradition et de création présenté avec générosité, dont un plateau d'entrées isan, délicieux currys, sautés et poissons, parmi lesquels le *fried fish and herbal salad « meing pla tap tim »*, hautement recommandé. Un lieu brancho-industriel, idéal pour toucher du doigt la réalité sociale de la classe supérieure de la cité.

Rung Roj – ร้านอาหารรุ่งโรจน์สตูว์ลิ้น *(plan A-B1, **25**) : 122 Th. Nakhonban. ☎ 045-240-822. Tlj sauf dim 9h30h-20h30.* Petite salle coquette (tiens, quelques couvertures d'albums de Tintin !). Excellentes préparations, des plus simples *(fried rice, noodles...)* aux plus sophistiquées *(currys, sukiyakin, crispy noodle soup...)*. Un lieu agréable.

À voir

Ubon Ratchathani National Museum – พิพิธภัณฑสถานแห่งชาติอุบลราชธานี *(plan A2) : Th. Khuanthani, proche de Th. Chayangkul. Mer-dim 9h-16h. Entrée : 100 Bts.* Joliment installé dans un ancien palais du roi Rāma VI, de style colonial. La géographie, l'histoire et les traditions populaires de la région sont présentées dans 9 salles réparties autour d'un patio lumineux et fleuri. Salles bien organisées et réel effort dans la présentation. Pour respecter la chronologie, débuter la visite par la gauche. Temps forts de cette intéressante visite : la reproduction des peintures rupestres de Pha Taem, 3 tambours de bronze de 1 500 av. J.-C., de beaux bijoux... Belle cloche à vache, petites sculptures de bronze et poterie. Voir aussi la statue khmère du VIIIe s représentant

Ardhanarisvara (union symbolique de Shiva et d'Uma), une frise de pierre sculptée de 9 divinités et un lion de style khmer du XIe s. Quelques petits bouddhas en vitrine où l'on remarquera la douceur des visages. Salle consacrée aux influences khmères dans la sculpture (beaux chapiteaux). Quelques textiles, palanquins à éléphants, coffres de bibliothèque en forme de trapèze et dorés à la feuille, boîte à sermons...

Wat Nongbua – วัดหนองบัว *(plan A1)* **:** *au nord de la ville en direction de Mukdahan. Tlj 5h-19h.* Une réplique du célèbre *chedî* Mahabodhi (« de la grande Illumination ») de Bodhgaya en Inde. À l'entrée, vous n'aurez pas manqué d'observer les 2 dragons géants aux couleurs psychédéliques. Noter les pièces de monnaie déposées entre les écailles. Le temple lui-même est impressionnant par sa taille et coiffé d'une couronne, l'ensemble doré comme il se doit. À l'intérieur, la réplique du *chedî* est cernée de bouddhas. Noter les sortes de juke-box à prières qui font le boulot pour vous. Face au *chedî,* un temple ultramoderne décoré de marbre et de peintures représentant les différents épisodes de la vie du Bouddha.

DANS LES ENVIRONS D'UBON RATCHATHANI

Wat Lan Kuat – วัดล้านขวด **:** *à env 110 km au sud d'Ubon (et à 20 km à l'ouest de* ***Kantharalak,*** *dans le bourg de* ***Khun Han*** *–* อำเภอขุนหาญ*). GRATUIT (faire une donation ou apporter un carton de belles bouteilles vides !).* Le « temple des millions de bouteilles » est officiellement appelé Pa Maha Chedî Kaew sur les plans. Si le temple est amusant, il ne vaut pas forcément que l'on fasse un grand détour pour autant. Mais si vous passez dans le secteur, voici une petite visite décalée pour ce lieu un peu dingo. *Bot,* vihara, *chedî,* crématorium et le flambant neuf *Ho Trai* (hall des écritures, posé au milieu d'une pièce d'eau) sont entièrement construits avec un amalgame de béton et de bouteilles de verre. On a même trouvé une bouteille de cognac bien de chez nous ! À vous de la chercher.

RIEN NE SE PERD, TOUT SE TRANSFORME

Murs, balustrades, sols et toitures, tout y passe dans ce Wat Lan Kuad, « temple des millions de bouteilles », sans oublier les capsules, qui servent à composer quelques pieuses mosaïques. La vision qu'eut le moine fondateur, il y a une quinzaine d'années, d'un sanctuaire entièrement fait de verre est à l'origine de cette construction en l'honneur de la dive bouteille. Le plus fou, c'est que « les millions de bouteilles » sont un chiffre véridique ! Il a bien fallu les boire.

SUR LA ROUTE DES CITADELLES KHMÈRES

SURIN – สุรินทร

42 000 hab.

• Plan *p. 377*

Cette modeste capitale provinciale est célèbre pour son rassemblement annuel d'éléphants, en novembre. Pas loin de 200 pachydermes participent à cette fête, exécutant parades, exercices de force, etc., sous le

regard amusé de milliers de badauds. Le spectacle est aussi et surtout dans la rue. Les éléphants s'arrêtent aux feux rouges au milieu des cyclo-pousses et s'aspergent dans les embouteillages. Les 363 autres jours de l'année, Surin peut constituer, si besoin, une étape sur la route des ruines khmères.

LES SUAY, CES MYSTÉRIEUX CORNACS

Cette ethnie également appelée *Kui* exerce un monopole sur le dressage des éléphants, avec lesquels elle semble avoir établi une véritable symbiose. L'origine exacte de ce peuple qui parle un langage à la fois différent du thaï et du khmer reste un mystère. Probablement venus d'Inde, les Suay fondèrent un royaume au Cambodge avant que les Khmers ne les forcent à migrer au Laos, pays où on les trouve encore aujourd'hui. Entrés en Thaïlande au début du XVIIIe s par la région de Khong Chiam, ils finiront par gouverner Surin jusqu'au début du XXe s. Leur religion, un intéressant mélange de bouddhisme et d'animisme, incorpore des rituels liés à leurs imposants compagnons.

Arriver – Quitter

En bus

🚌 ***Gare routière*** *(plan B1)* **:** *près de l'hôtel* Surin Majestic, *dans le centre, Jitrumbung Rd.*

➢ ***Bangkok :*** 10 bus/j., 7h-12h puis 18h-23h, ttes les heures. On conseille *Sombat Tour* (bus de nuit).

➢ ***Khorat (Nakhon Ratchasima) :*** quelques bus le matin tôt et en fin d'après-midi.

➢ ***Ubon Ratchathani :*** avec *Nakhonkai Bus,* 6 bus/j., tte la journée.

➢ ***Chang Mai :*** 2 bus/j. On conseille le bus de nuit. Env 14h de route.

En train

🚂 ***Gare ferroviaire*** *(plan A1)* **:** *au nord de la ville, pas loin de la station des bus.*

➢ La dizaine de trains/j. de la ***ligne Bangkok-Ubon Ratchathani*** desservent Surin (5h30-22h30 env). On conseille l'un des 2 *Express* de nuit, dans un sens comme dans l'autre.

Passer au Cambodge

Pour les dernières évolutions politiques ou pour l'état des routes, on peut se renseigner auprès de *Saren Travel & Tour* (voir « Adresses utiles »).

➢ ***Chong Chom-O'Smach*** – ด่านช่องชม *(district de Kap Choeng –* ตำบลคาบเชิง*)* **:** *à 70 km au sud de Surin.* Pour aller au poste-frontière, minibus depuis la gare routière env ttes les 20 mn, 5h30-18h30 ; 1h30 de trajet ; env 50 Bts. Visa délivré à la frontière. Angkor, par Samrong, Kralanth, n'est qu'à 150 km.

➢ ***Chong Sa Ngam-Sangkha-Anlong Veng*** – ช่องสะง่ำ อำเภอ อันลองเวง **:** *à 120 km env au sud-est de Surin.* Visa délivré à la frontière. Pas de service régulier de transport depuis Surin. Se renseigner pour un transfert jusqu'à la frontière chez *Saren Travel & Tour* qui organise aussi des excursions de quelques jours jusqu'à Angkor (visa nécessaire). Pour rejoindre Siem Reap, passage par Rumchek, Sre Noy, Banteay Srei.

Adresses utiles

ℹ ***TAT*** – ท.ท.ท. *(office de tourisme ; plan B1)* **:** *355 Thetsaban Rd.* ☎ *044-514-447.* • *tourismthailand.org/surin* • *Tlj 8h30-16h30.* Bonnes

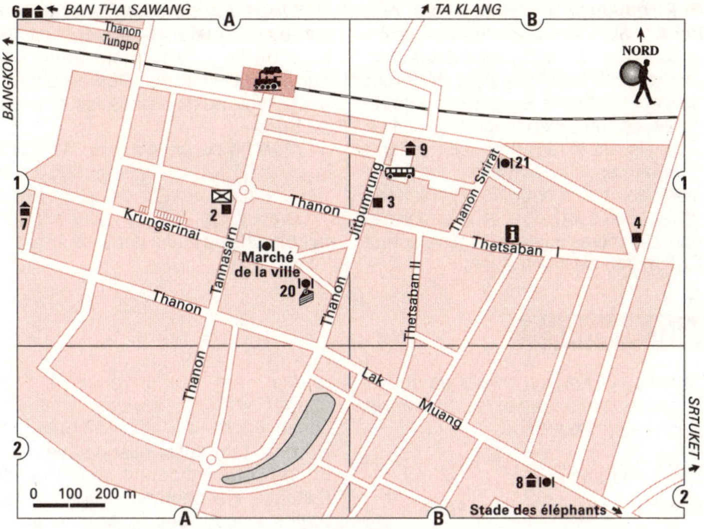

SURIN

Adresses utiles	**Où dormir ?**
TAT (office de tourisme ; B1)	6 Pirom-Aree's House (hors plan par A1)
2 Bangkok Bank (A1)	7 Maneerote Hotel (A1)
3 Siam Commercial Bank (B1)	8 Slive Hotel (B2)
4 Saren Travel and Tour (B1)	9 Surin Majestic (B1)
6 Pirom-Aree's House (hors plan par A1)	**Où manger ?**
	8 Big Cheese (B2)
	20 Top Bakery (A1)
	21 Big Bite (B1)

infos, plans et docs sur la ville et les sites de la région. Accueil efficace en anglais.

■ **Banques :** *guichet de change lun-ven 8h30-16h et distributeurs automatiques de billets auprès de* ***Bangkok Bank*** *(plan A1,* ***2****), en face de* Surin Sangthong Hotel, *sur Th. Tannasarn et de* ***Siam Commercial Bank*** *(plan B1,* ***3****), Th. Jitbumrung.*

■ ***Location de voiture :*** auprès de ***Saren Travel and Tour*** *(plan B1,* ***4*** *; voir ci-dessous)*. Loc de véhicule avec ou sans chauffeur. Pour les scooters, les routards plébiscitent ***Surin Motorbike Rental,*** sur Suriyakarn Road *(📱 09-35-47-96-01). 200-300 bts/j., selon la durée de loc).*

■ ***Saren Travel & Tour*** *(plan B1,* ***4****)* – สะเร็น ทราเวล *: 282/33 Surinpakdee. ☎ 044-513-828. Lun-ven 8h-17h (16h sam).* Petite agence sympathique et sérieuse dirigée par Oun, une jeune patronne anglophone. Réservation de places pour le festival des Éléphants. Location de voitures avec ou sans chauffeur et guide (prévenir à l'avance). Excursions d'une journée vers les temples khmers (Prasat Phnom Rung, Prasat Muang Tam et Prasat Tanuan) ou les environs de Surin (notamment au village des éléphants). Compter 3 200-3 600 Bts (selon les tours) pour la journée et pour l'ensemble d'un groupe de 1 à 4 personnes, sans les repas. Également excursions vers Siem Reap.

■ ***Pirom-Aree's House*** *(hors plan par A1,* ***6****) : voir aussi « Où dormir ? ». Excursions 1 700 Bts/j. par pers tt compris, sur une base de 4 pers.* M. Pirom, guide touristique à l'anglais impeccable, est un personnage très cultivé. Connaissant la région et ses habitants comme sa poche, il organise des excursions en voiture pour 1 à 6 personnes, assez chères toutefois, en direction des ruines khmères ou des villages alentour. Commentaires intéressants.

Magasins de soieries et cotonnades : plusieurs enseignes en face de la gare routière *(plan B1)*, sur Th. Jitbumrung. Des ambulants aussi. Voir aussi « Dans les environs de Surin ».

Marché de la ville *(plan A1)* **:** *côté nord de Th. Krungsrinai, section ouest. Bat son plein à partir de 6h du matin. Sous un vaste hangar.* Celui d'à côté fait marché de nuit à partir de 17h.

Où dormir ?

Attention ! Il est très difficile de trouver une chambre à l'occasion du festival. Réservation impérative.

De bon marché à prix moyens (de 150 à 500 Bts / 4,30 à 14,30 €)

Pirom-Aree's House – ภิรมย์-อารีย์ เฮ้าส์ สุรินทร์ *(hors plan par A1,* ***6****) : à 2 km de la gare, 326 Soi Arunee. ☎ 044-515-140. 08-93-55-41-40. Assez excentré au nord-ouest de la ville (seulement pour les motorisés). Après la voie ferrée, tourner à la 1re à gauche dans Th. Tungpo (direction le village des tisserandes), tt droit pdt 1,5 km et prendre à gauche une petite allée de ciment. C'est tt au bout sur la droite. Résa conseillée. Single (petit lit 1 pers) 150 Bts, double avec sdb commune 300 Bts (sans petit déj).* Dans la maison principale (le mieux) ou dans un édifice adjacent, chambres vraiment spartiates avec moustiquaires, et typiques (fines cloisons de bois et parquet). Bon, l'ensemble n'est pas de toute première fraîcheur. 4 salles de bains assez vétustes (2 dans chaque maison), un bout de jardin et petite salle café-resto. Mme Aree reçoit avec le sourire, tandis que M. Pirom organise des excursions (voir « Adresses utiles »).

Prix moyens (500-800 Bts / 14,30-23 €)

Maneerote Hotel – โรงแรมมณีโรจน์ *(plan A1,* ***7****) : 11/1 soy Poytango (qui donne sur Krungsrinai Rd). ☎ 044-514-569. • maneerotehotel.com • Double 450 Bts, sans petit déj.* Pour un tarif aussi raisonnable, voici un bel établissement moderne de 6 étages, aux chambres impeccables, toutes avec AC et à l'excellent confort (matelas de qualité). Accueil soigné. L'ensemble à 5 mn à pied du marché de nuit.

D'un peu plus chic à chic (de 800 à 1 500 Bts / 23 à 43 €)

Slive Hotel *(plan B2,* ***8****) : 196 Lak Mueang Rd. ☎ 044-060-322. • slivehotel.com • Doubles 1 200-1 400 Bts, petit déj-buffet compris.* Voici un bel établissement, moderne et design, en plein centre, à la déco contemporaine et à taille humaine (environ 40 chambres). AC, belle salle de bains, coin bureau... Beaucoup d'espace et de lumière. Petite terrasse aménagée au 4e étage.

Surin Majestic – โรงแรมสุรินทรมาเจสติก *(plan B1,* ***9****) : 99 Th. Jitbumrung. ☎ 044-713-980. • surinmajestic.com • Immeuble moderne en V de 4 étages, juste à côté de la gare routière. Doubles avec sdb 1 200-1 400 Bts.* Établissement le plus récent de la ville. Propose des prestations solides : chambres plutôt banales, fonctionnelles et impeccables avec clim, balcon, salle de fitness, piscine. Petit resto.

Où manger ?

Bon marché (moins de 150 Bts / 4,30 €)

Marché de nuit – ตลาดกลางคืน *(plan A1) : Th. Krungsrinai, section est. Tlj 18h-22h.* Marché animé et mixte, composé d'une rangée d'étals appétissants et d'une autre de fringues et babioles. Comme d'habitude, on y mange très bien et pour 3 fois rien. Pour les noctambules, des restos de rue restent ouverts après minuit devant le marché de la ville (voir « Adresses utiles »).

Top Bakery – ร้านอาหารท็อปเบเกอรี่ *(plan A1, **20**) : dans la rue qui mène au marché de nuit. Tlj 8h30-21h.* Pour changer, voici un lieu différent pour déguster un bon expresso et une part de gâteau (un peu pouf-pouf, certes). Une halte sympa, avant d'aller se plonger dans le marché de nuit.

Prix moyens (de 150 à 300 Bts / 4,30 à 8,60 €)

Big Bite – บิ๊กไบท์ *(plan B1, **21**) : même adresse que le* Thong Tarin Hotel. *Tlj 6h-23h. Menu en anglais.* Resto très propre sur lui, offrant une carte de plats thaïs et européens. Malgré le côté un peu passe-partout du lieu, c'est une bonne adresse. Pratique quand on loge dans le secteur.

Big Cheese *(plan B2, **8**) : 196 Lak Mueang Rd. ☎ 044-060-322. Au rdc du* Slive Hotel *(voir « Où dormir ? »). Tlj 9h-21h30.* Une sorte de cafétéria de qualité, à la déco moderne et reposante. Bonne sélection de plats thaïs classiques, bien servis et à bon prix, avec quelques incursions occidentales de bon aloi.

Le festival annuel des Éléphants

Ts les ans, la 3e sem de nov 16h-minuit (foires et animations) ; le w-e 9h-12h (« Elephant Show », qui se déroule au stade). Résa conseillée pour l'hébergement (prix plus élevés), et de bonnes places via Saren Travel & Tour *(voir « Adresses utiles »).*

1re étape, l'arrivée des éléphants dans la ville après 2 jours de marche. À cette occasion, une petite cérémonie de présentation est organisée face à la gare routière. Il est conseillé de se lever tôt pour suivre la procession des pachydermes à travers la ville, les voir se goinfrer des douceurs préparées par les habitants, avant de rejoindre le stade où ont lieu les démonstrations officielles *(hors plan par B2 ; entrée : 300-1 000 Bts – selon les places ; attention, bien se renseigner sur votre emplacement, car aux places les moins chères, parfois, on ne voit rien du spectacle !).* Les chars décorés par les élèves restent un bon moment devant les écoles où on peut les admirer. Au programme : manipulation de billes de bois, parodie de la célèbre bataille d'Ayutthaya où les éléphants servirent de chars d'assaut contre les Birmans, et le très attendu (et controversé !) match de football.

FALLAIT Y PENSER !

L'éléphant est un gros animal qui mange beaucoup et qui rejette de grosses quantités d'excréments. Une société s'est spécialisée dans leur récupération pour en faire du... papier décoratif. Les centres d'élevage bouclent donc leur budget en transformant ces cadeaux encombrants en papier cadeau !

DANS LES ENVIRONS DE SURIN

Le village des tisserandes de Ban Tha Sawang – หมู่บ้านทอผ้าไหมบ้านท่าสว่าง *: à 10 km au nord-ouest de la ville, par la route n° 3009. Prendre l'allée à gauche (panneau « Otop Village Champion »). Au cœur du village, on trouve une*

bonne trentaine de boutique où sont vendus les articles de soie. L'Isan est réputé pour sa production de soie, qui tire à la fois profit des sols propices à la culture des mûriers et de la minutie d'excellentes tisserandes. La province de Surin se distingue par la variété et la spécificité des motifs, souvent des *mutmee* (étoffe de type ikat, où la trame précolorée dessine le motif après tissage), d'origine cambodgienne.
La visite de ce village est facilement envisageable en solo, mais un guide sera utile (voir « Adresses utiles ») pour avoir un aperçu et comprendre tout le processus, depuis l'élevage du ver à soie jusqu'aux différents types de métiers à tisser.
Dans la rue des boutiques-ateliers, à environ 100 m sur la droite, chercher le panneau en bois *Weeratham Taragoonngernthai (Masters Artisans of Thailand)*. Une allée mène à une grande et ancienne bâtisse de bois sur pilotis, où les tisserandes les plus habiles produisent les sarongs qui ont fait la réputation internationale du village. Sur quelques vénérables métiers à tisser 3 ou 4 tisserandes s'affairent ensemble sur un même métier et plus de 500 niveaux de trames *(tlj env 8h-17h)*. Un incroyable travail de fourmi et de concentration, avec des fils plus fins que le plus fin des cheveux. Certains fils sont recouverts d'argent et d'or. Les œuvres sont souvent commandées longtemps à l'avance et coûtent à partir de 70 000 Bts pour 1 m x 2 m ! On comprend pourquoi. Tout autour, des espaces de vente plus démocratiques pour se consoler, mais tout ne sort pas de ces ateliers, autant le savoir. En regardant quelques étiquettes, on est quand même tombé sur du « Made in China »...

Prasat Hin Sikhoraphum – ปราสาทศรีขรภูม : *env 35 km à l'est de Surin, à* ***Sikhoraphum****. De nombreux bus ainsi que quelques trains de jour font étape dans ce bourg. Tlj 7h30-18h. Entrée : 50 Bts.* Entouré d'un étang en forme de U (ancien bassin sacré) et précédé d'une pelouse arborée qui offre un écrin apaisant, le *prasat* est composé de 5 tours positionnées en quinconce comme à Angkor, disposition très rare, réservée aux temples d'État. Sa construction, commencée au XIIe s par les Khmers, ne fut achevée qu'au XVIe s par les Laotiens. La qualité de la pierre (grès rose aux tons chauds) et des sculptures décoratives (Shiva et apsaras) fait de ce temple une petite merveille. L'édifice central présente de remarquables linteaux richement sculptés où dansent les déesses. Au centre, Shiva à 10 bras, guerriers sur d'improbables montures, et même un Ganesh. Les autres petites tours sont en mauvais état. Seule celle du fond a conserver son aspect d'origine.

PRASAT PHANOM RUNG – ปราสาทหินพนมรุง ET MUANG THAM – เมืองต่ำ

Dans l'extrême sud de la province de Buriram, très proche du Cambodge, voici 2 temples cousins que séparent seulement 8 km. Avec Phimai et Preah Viharn, ils forment sans aucun doute les 4 joyaux khmers de l'Isan. Dans les environs, d'autres vestiges à découvrir dont l'isolé *Prasat Ta Muan*.
Une belle excursion à réaliser en une journée à partir de Surin ou de Nang Rong.

Conseils pratiques pour s'y rendre

Certains sites de cet itinéraire se situent à l'écart des grands axes. Les distances à parcourir depuis les villes de la région sont assez importantes. Alors, une fois n'est pas coutume, on conseille de louer un véhicule avec ou sans chauffeur (à Surin, Nang Rong, Ubon Ratchathani ou à Nakhon Ratchasima)). Une autre solution consiste à prendre part à une excursion à la journée. Oublier les transports en commun, vraiment trop galère.

Où dormir ? Où manger ?

Pour dormir au plus près des temples, 2 options : le bourg de ***Prakhon Chai*** – ประโคนชัย, ou ***Nang Rong*** – นางรอง. Si le 1er est plus pittoresque (beaucoup de maisons en bois), Nang Rong dispose d'une pension très plaisante.

P. California Inter Hostel – บ้านพักพี. แคลิฟอร์เนีย *: 59/9 Th. Sangkakritburana, à* ***Nang Rong.*** *08-18-08-33-47. • pcalifornianangrong.webs.com • Doubles avec sdb 250-700 Bts, sans petit déj, les moins chères avec ventilo, les autres avec AC.* Autour de l'agréable cour, dans une jolie maison de bois toute blanche et au toit turquoise, une douzaine de chambres installées dans la maison ou dans 2 petites annexes. Les ventilo-eau froide sont assez spartiates, les clim-eau chaude sont cosy comme si on était un invité de la maison, celui de Wicha, l'aimable patron anglophone. Propreté, maintenance irréprochables et accueil sympathique. Location de motos et excursions possibles en voiture à la ½ journée ou à la journée avec chauffeur. Tarifs en fonction du nombre de personnes, durée et distance.

So Cool Grand Hotel – โซคูลแกรนด์โฮเทล *: 204 Th. Sapakhitkosol, à* ***Nang Rong.*** *☎ 044-632-333. 08-04-88-18-88. • socoolgrand.com •. Doubles 1 000-1 200 Bts, avec petit déj buffet.* Dans une petite rue parallèle à la grande artère, donc au calme, un établissement d'une belle modernité, lumineux et zen, offrant de douces couleurs, un équipement dernier cri et d'excellents matelas. Ajouter à cela une belle piscine en terrasse (ça manque d'arbres toutefois), et vous voilà dans l'une des meilleures adresses en ville. Service adorable.

À faire

■ ***Luckrez Thai Massage*** – ลักษณ์เรซนวดไทย แอนด์ สปา *: 727/2 M.2 Chockchai-Det Udon Rd (sur la grande route 24). ☎ 044-633-769. Tlj 9h-22h. Massages 370-650 Bts selon durée (1h ou 2h) et types de massage (thaï, herbal, foot, full body...).* Un beau centre de massage tenu avec gentillesse et délicatesse par la charmante patronne. On y distille d'excellents soins, suivis d'un rafraîchissement. Dans cette ville tranchée par la grande route et où il n'y a pas grand-chose à faire, après une excursion à la journée vers les temples, voici une bonne manière de clore la journée.

DANS LES ENVIRONS DE SURIN

Le centre d'informations touristiques du Phanom Rung (information Center) – ศูนย์ข้อมูลข่าวสารท่องเที่ยวพนมรุ้ง *: sur la gauche de la voie piétonne menant au site. ☎ 044-666-251. Tlj 8h30-16h30. GRATUIT.* Maquette du site et quelques panneaux en anglais. C'est ici que l'on peut prendre la brochure en français avec le plan, très utile pour la visite.

Prasat Phanom Rung – ปราสาทหินพนมรุ้ง *: tlj 6h-18h. Entrée : 100 Bts. Billet combiné avec Muang Tham : 150 Bts.* Édifié sur un ancien volcan entouré de plaines fertiles et situé sur l'axe historique d'Angkor, Phanom Rung jouit d'un site stratégique exceptionnel. Dédié au dieu Shiva (même si Vishnou n'en est pas totalement absent), sa construction débuta au Xe s pour s'achever probablement vers la fin du XIIe s. Son architecture et son ornementation constituent le sommet de l'art khmer.

Une fois par an, le matin du 15e jour du 5e mois du calendrier lunaire (en avril normalement), le soleil darde ses rayons à travers les 15 portes du temple. C'est l'occasion d'un grand festival de processions qui serait vieux de plus de 8 siècles.

La visite

Il faut absolument démarrer la visite (de préférence au lever du soleil) par la porte est, la nº 1 (grand parking, restos et échoppes), pas depuis le sommet de la colline (portes nºs 2 et 3). On passe de la terre au paradis, du profane au divin en suivant la symbolique du lieu qui s'accorde parfaitement avec la topographie. Après 3 premières volées de marches de latérite, toute la perspective, dominée par la tour principale qui représente le mont Méru, se dévoile depuis la 1re terrasse en croix. Sur la droite, la ***salle de l'Office de l'Éléphant blanc*** où le roi venait se changer pour revêtir ses habits de prière. Il n'en reste que les murs du rez-de-chaussée et des bouts de colonnes. La majestueuse allée de 160 m de long, bordée de part et d'autre par 67 piliers représentant les boutons du lotus sacré, se termine par la « porte » du paradis, une plateforme-pont cruciforme, aux balustrades formées par des nâga à 5 têtes. Au milieu, un châssis de bois protège une fleur de lotus gravée. L'escalier en 5 sections mène à une terrasse de latérite supportant 4 bassins lustraux et le 2d pont cruciforme aux nâga. On franchit alors successivement les vestiges du mur d'enceinte extérieur, dont les rangées de colonnes auraient supporté une charpente de bois et des tuiles, puis le gopura de l'enceinte intérieure. Celle-ci, en bon état, est formée de galeries étroites aux murs percés de fausses fenêtres *Luk Malnut.* Levez les yeux, le fronton sculpté représente l'ermite Narendratiya, qui serait le créateur du *prasat.*

Le dernier pont aux nâga mène à l'antichambre *(mandapa)* du *prang* central, absolument magnifique. Sa porte d'accès est décorée du ***plus célèbre linteau de Thaïlande,*** représentant Vishnou couché sur un serpent dans la mythique mer de lait. Le sanctuaire a conservé sa tour entière. Ne pas hésiter à faire le tour du sanctuaire principal afin de détailler le travail des linteaux et leurs parties supérieures, entièrement sculptés.

En faisant le tour du sanctuaire dans le sens des aiguilles d'une montre, on découvre les 2 *Bannala* (bibliothèques), le *Prang Noi* (petite tour) elle-même bien décorée et, revenu vers la porte est, les vestiges de 2 bâtiments de brique, constructions les plus anciennes du *prasat.*

LA VENGEANCE MYSTÉRIEUSE

*Le célèbre linteau représentant Vishnou a connu une histoire rocambolesque : dérobé en 1966, il fut acheté à Bangkok par un collectionneur new-yorkais qui le revendit à l'*Art Institute *of Chicago. Le mystère du vol, découvert 10 ans plus tard, ne tarda pas à déclencher un véritable tollé. Finalement, grâce à un échange, le linteau rejoignit son pays d'origine. Depuis, une malédiction semble avoir frappé les voleurs du trésor : à l'exception de l'un d'entre eux, ils auraient tous trouvé la mort dans des conditions accidentelles...*

Pour ne rien gâcher, la vue depuis le sommet de la colline est très belle, notamment de juin à novembre, quand les champs de riz coupés au cordeau forment un patchwork avec les îlots de forêts.

Prasat Muang Tham – เมืองต่ำ : *à 8 km au sud-est du Prasat Phanom Rung. Tlj 6h-18h. Entrée : 100 Bts. Billet combiné avec Prasat Phanom Rung : 150 Bts.* On conseille de débuter la visite par le *Tourist Information Center* (au niveau du parking ; *tlj 8h-16h30*). Photos et panneaux explicatifs, ainsi qu'une intéressante maquette du site, permettant de se repérer.

Voici assurément l'un des plus beaux temples khmers, Muang Tham, qui fut restauré avec élégance sous le parrainage d'une princesse royale passionnée d'archéologie. Les pierres, la verdure et l'eau du grand *barai* (réservoir

creusé par les Khmers) qui borde le flanc ouest composent un panorama harmonieusement équilibré. Un remarquable ensemble en vérité, superbe en fin d'après-midi.
Cette « cité basse » de forme presque carrée (120 m x 127 m) a été construite au pied de la colline du Phanom Rung, un siècle avant, suivant l'orientation classique est-ouest. En traversant la 1re enceinte par le gopura est, on découvre 2 des 4 bassins lustraux en L, aux margelles garnies de nâga, avec leur 5 têtes à chaque angle. Les portes qui donnent accès à l'enceinte présentent des linteaux richement décorés, de même que les colonnes qui l'encadrent. Noter l'appareillage des murs, aux énormes pierres jointes à la perfection. Protégé par la 2e enceinte, le sanctuaire, précédé de 2 bibliothèques, comptait originellement 5 *prang* (tours) placés en quinconce avant que la tour centrale représentant le mont Méru ne s'écroule complètement. Le lingam retrouvé au cœur du sanctuaire tout comme l'important linteau de la tour nord-est figurant Shiva et Uma sur le taureau Nandin ont permis d'établir que Muang Tham était dédié à Shiva.

AUTRES TEMPLES DANS LES ENVIRONS

Prasat Ta Muan – ปราสาทตาเหมือน **:** *à env 80 km au sud de Surin. Oublier les transports en commun. On conseille de louer une voiture à Surin ou de participer à une excursion. Tlj 9h-15h. GRATUIT.*
Cet ensemble de ruines à la lisière du Cambodge constitue une excursion excitante. Elle peut être couplée avec Phanom Rung, à 60 km au nord-ouest de là, par des routes correctes et peu fréquentées.
Après 8 km sur la petite route d'accès, un contrôle militaire avec chicanes où il faut laisser un document d'identité, et à la frontière sont installés des campements de militaires, pour assurer la sécurité des lieux.
La région fut l'un des derniers bastions des Khmers rouges. Aucun danger, à condition de ne pas s'aventurer en forêt (mines non désamorcées) et de rester sur la route principale. Ne jamais emprunter les pistes.
On pense que les ruines remontent au règne du dernier grand roi de l'Empire khmer, Jayavarman VII (fin XIIe-début XIIIe s). Il édifia Angkor Thom et imposa le bouddhisme Mahāyāna (Grand Véhicule) comme religion d'État, dont l'idéal de compassion peut expliquer la construction de ces hôpitaux et auberges destinés aux pèlerins.
– **Prasat Bai Khlim** – ปราสาทใบคลิม **:** *3 km après le contrôle, dans une petite clairière sur la gauche.* Ancienne chapelle en latérite pour les voyageurs et pèlerins de l'auberge voisine depuis longtemps disparue. Architecture intéressante. Voir surtout le linteau et une série de colonnes ajourées sur la façade est.
– **Prasat Ta Muan Thot** – ปราสาทตาเหมือนทศ **:** *400 m plus loin, sur la gauche.* À nouveau une ancienne chapelle, celle d'un hôpital lui aussi évanoui. Il ne reste aucune décoration, sinon 2 ou 3 volutes, mais les vestiges entourés de végétation sont fort jolis.
– **Prasat Ta Muan Thom** – ปราสาทตาเหมือนธม **:** *1 km au-delà.* Ce site, proche de la frontière cambodgienne, est occupé par l'armée thaïlandaise. Quelques militaires vadrouillent toujours, y tuant leur ennui. De loin le plus impressionnant des 3. Orienté nord-sud, il devait jalonner la voie reliant Phimai à Angkor. Composé d'un sanctuaire central, de 2 tours au nord et de 2 bâtiments en aile. Le *prang,* bâti autour d'un lingam taillé à même la roche – remarquer la rigole de pierre par laquelle s'écoulait l'eau de ses « ablutions » rituelles – présente encore de belles décorations : volutes de fleurs, serpents-nâga, motifs géométriques. Malheureusement, tous les linteaux et frontons sculptés ont disparu, arrachés (parfois à la dynamite) par les Khmers rouges.

PHIMAI – พิมาย

Plantée au confluent des rivières Moon et Lamjakarat, Phimai est un sympathique petit village qui vous reposera des grandes cités modernes et bruyantes. Célèbre pour son merveilleux temple khmer, le *Prasat Hin Phimai*, elle a su garder son caractère de petite bourgade tranquille.
La 2e semaine de novembre, la ville s'embrase lors du Festival de Phimai. Au programme des festivités : régates sur le fleuve, processions de barges royales, cérémonies bouddhiques et *Wimaya Nathakarn* – un son et lumière accompagné de danses thaïes classiques.

UN PEU D'HISTOIRE

Il y a 8 siècles, le puissant royaume khmer s'étendait au nord-ouest jusqu'à Sukhothai et aux confins de la Birmanie, et au sud jusqu'en Malaisie. L'interprétation de certaines inscriptions déchiffrées ici est à l'origine d'une théorie qui ferait du *prasat* de Phimai le modèle d'Angkor ! Une chose est sûre, les 2 sites étaient autrefois reliés par une route pavée. Le temple fut abandonné au XIIIe s et tomba en ruine par la suite.

Arriver – Quitter

Départ des bus : *les bus s'arrêtent aussi au pied de la tour de l'Horloge, au carrefour central du village.*

➢ ***Khorat :*** depuis Phimai, tte la journée, ttes les 30 mn env, 5h-18h50. Trajet : 1h30.

➢ ***Khon Kaen (Udon Thani et Nong Khai) :*** prendre un bus de Khorat qui vous laissera au bord de la route 2, puis prendre la connexion qui monte vers Khon Kaen, puis Udon Thani et Nong Khai.

➢ ***Bangkok :*** changement de bus obligatoire à Khorat.

Adresses et infos utiles

– ***Informations touristiques :*** pas de bureau officiel *TAT*. Les hébergements cités ci-après disposent tous de plans corrects de la ville ainsi que d'infos sur les horaires des transports.

■ ***Banques :*** *change lun-ven 8h30-16h et distributeurs automatiques de billets auprès de* ***TMB,*** *Th. Anantajinda (quasi en face de l'entrée du temple),* ***Bangkok Bank*** *en face de la tour de l'horloge.*

Où dormir ?

De bon marché à prix moyens (de 150 à 800 Bts / 4,30 à 23 €)

Boonsiri Guesthouse – บุญสิริเกสท์เฮ้าส์ *: 228 Moo 2, Th. Jomsudasadejt. 08-94-24-99-42. • boonsiri.net • Lit en dortoir 150 Bts, doubles 400-500 Bts, ts avec sdb.* Entrée par un long couloir partagé avec un petit resto (petit déj et cuisine sino-thaïe). Derrière, c'est aéré (cour et terrasse au 1er étage) et un peu bordélique. 2 dortoirs ventilés de 7 lits (matelas très fins !), équipés de casiers individuels et confortables doubles à

2 lits, ventilo ou clim. Accueil sympa de George, le jeune manager anglophone. Laverie.

🏠 ***Phimai Paradise Hotel*** – โรงแรมพิมาย พาราไดซ์ : *Th. Samairujee, dans une perpendiculaire à la rue principale. ☎ 044-471-575. • phimaiparadise hotel.com • Doubles 550-750 Bts, petit déj thaï compris.* L'établissement le plus moderne de la bourgade. Style contemporain un peu prétentieux et chambres tout confort, au calme. Éviter celles aux fenêtres minuscules (sombres). Bon rapport qualité-prix. Un bout de piscine sur l'arrière tristounette (à côté du parking).

🏠 ***Phimai Paradise House*** – พิมายพาราไดซ์เฮ้าส์ : *Th. Chomsudasadet. ☎ 044-471-575. • phimaiparadise2555@gmail.com • Doubles avec sdb commune 600-800 Bts (et 1 chambre à 450 Bts), sans petit déj.* Superbe maison tout en bois verni, très au calme, qui abrite une poignée de chambres au charme réel, absolument impeccables, toutes avec sanitaires communs mais d'une grande propreté (il n'y avait pas de place ailleurs). Les chambres sont petites certes, mais on s'y sent comme à la maison. Sur l'arrière, un bout de jardin arboré et quelques tables. La moins chère est minuscule, avec 2 lits superposés. Prêt de vélos.

Où manger ? Où boire un verre ?

Prix moyens (de 150 à 300 Bts / 4,30 à 8,60 €)

🍽 ***Marché de nuit*** *(Night Bazaar)* : *dans le prolongement est de Th. Anantajchnda. Tlj 18h-22h.* Plein de stands proposant des petits plats minute, salés ou sucrés, ou des fruits variés. Animé et bien populo !

🍽 🍸 ***Rapian Mai*** – ระเบียงไม้ : *Th. Samarujee (près de l'angle avec Th. Buchayan. 📱 08-67-23-87-04. Tlj 17h-minuit.* Courette ouverte entourée de plantes qui cerne une maison de bois avec terrasse. Carte éclectique (en anglais) pour une cuisine de qualité, fort bien servie. Les *currys* s'avèrent goûteux, le *stir fried chicken* sans défaut. Même les plats de nouilles et de riz frit sont bien réalisés. Bonne atmosphère et groupes le soir à partir de 21h.

🍽 🍸 ***The Old Phimai*** – พิมายพาราไดซ์เฮ้าส์ : *Th. Chomsudasadet, au rdc de la* Phimai Paradise House *(voir « Où dormir ? »). ☎ 044-471-575. Tlj 7h-14h.* Cafétéria proprette, parfaite pour un petit déj ou un déj à la thaï. Pas cher et plats bien garnis à choisir en vitrine.

🍽 🍸 ***Annyeong Café*** – อันยอง คาเฟ่ : *à l'angle sud-est du temple. 📱 06-35-78-15-20. Tlj 10h-minuit.* Expresso, thés, quelques suggestions européennes et plats classiques thaïs de bon aloi *(tom yam, fried noodle soup...).*

🍽 🍸 ***Raka*** – ระกา : *à l'angle de Th. Anantajinda et Songkhran, face au Night Bazaar.* Façade de style chalet. L'habituel resto-bar « country-thaï », un peu sombre et tout de bois vêtu. Chanteur en soirée. Boissons alcoolisées ou pas et petite carte (en anglais) de plats à prix modiques : *phimai noodles,* soupe *tom yam* et... frites. Attire jeunes et noctambules.

À voir

Ⓖ ★★★ ***Prasat Hin Phimai*** – ปราสาทหินพิมาย *(temple)* : *tlj 7h30-18h. Entrée : 100 Bts. Doc en français au Visitor Center.* « Château de pierre » construit de la fin du XIe s à la fin du XIIe s suivant le principe hindouiste du *mandala* (centre cosmique de l'univers), le Prasat Hin Phimai, en plein centre de la bourgade, est orienté nord-ouest/sud-est, dans l'axe d'Angkor. Le *prang* principal figure le légendaire mont Meru ; les murailles, les montagnes le protégeant ; et l'eau entourant *le prasat,* les océans. Pourtant, ce dernier ne semble pas avoir servi au culte hindou mais au bouddhisme Mahāyāna. En témoignent les multiples statues du Bouddha

ainsi que les 2 linteaux de part et d'autre du couloir central du sanctuaire, le représentant face à l'assaut de Mara puis en méditation sous un serpent-nâga.
Après avoir franchi l'enceinte extérieure par un 1er gopura précédé d'un escalier orné de nâga, une plateforme surélevée, gardée par 2 *singha* (lions), mène à l'enceinte intérieure. On y accède par plusieurs portes successives du plus bel effet. D'énormes piliers carrés permettent de comprendre l'organisation des pièces avant de pénétrer dans le sanctuaire, cœur du royal divin.
La restauration du *prang* central et de son antichambre *(mondop)* de grès blanc aura duré 20 ans. Le résultat est assez fabuleux, même si l'assemblage des sculptures du fronton présente quelques bizarreries. Le *prang* principal atteint 28 m de haut. En son sein on découvre un bouddha à l'ombre d'un nâga à 7 têtes reposant en lieu et place du lingam de Shiva, superbe de simplicité.

Le Musée national de Phimai – พิพิธภัณฑสถานแห่ง ชาติพิมาย *: ☎ 044-471-167. À 300 m de l'angle nord-est du temple, avt la rivière Mun. Tlj 8h-16h, sauf parfois pdt les vac scol. Entrée : 100 Bts.*
La meilleure vitrine culturelle et historique de l'Isan. Sur 2 niveaux, on découvre des collections exceptionnelles, classées de manière pédagogique et superbement présentées. Préhistoire, période d'Ayuttahya, Lopburi, époque Dvâravatî, influences khmères... Une bonne partie des œuvres présentées sont issues des fouilles de Phimai, mais pas seulement. On admirera les poteries et céramiques retrouvées à Ban Prasat, des superbes linteaux historiés, moult frontons et statues d'époque khmère voisinent avec des panneaux et reconstitutions illustrant les coutumes et l'artisanat du pays (maison des esprits, festivals, tissages). Bien agencé, clair et aéré.
Un des joyaux du musée est sans aucun doute la statue en pierre de Jayavarman VII, placée au centre de la partie basse. Dernier grand roi khmer, il gouverna l'empire à son apogée, de 1181 à 1219. Derrière, dans 2 grandes vitrines, une collection de splendides bijoux en or du XIe s et d'une rare finesse, provenant de Lopburi (couronnes, diadème, bracelets...). L'art khmer est remarquablement représenté avec des dizaines de linteaux sculptés narrant des scènes divines ou guerrières, musicales ou ludiques, toutes étonnantes de vie. La période d'Ayuttaya offre quant à elle des buddhas d'une rare finesse. Remarquer aussi les *singha* et, à l'étage, le Brahmi (Brahma dans sa forme féminine) à 4 têtes provenant de Phanom Rung ainsi qu'un fragment de stuc, rare témoignage des finesses artistiques qui ornaient autrefois les temples.
– En sortant, sur la gauche du bassin, allez jeter un œil ***au hangar ouvert*** qui abrite une partie des réserves des collections non exposées au musée. Là encore, linteaux, hauts de portes, chapiteaux... provenant pour la plupart de Prasat Phimai.

LE NORD-EST

DANS LES ENVIRONS DE PHIMAI

Le banian géant (Sai Ngam) – ต้นไม้ยักษ์ *: à 2 km à l'est de Phimai. Emprunter Th. Anantajinda jusqu'à son extrémité, puis suivre les panneaux.* Un gigantesque banian *(Ficus religiosa)*, c'est rien de le dire. Les banians sont sacrés car la légende assure que le Bouddha reçut l'Illumination sous l'un d'entre eux. Celui-ci couvre près d'un demi-hectare, même si parfois il est soutenu par des étais de béton. Des petits sentiers ont été tracés entre ses racines, avec petites tables et temples de poche.

UNE FORÊT À LUI TOUT SEUL

Le banian figure au livre des records des arbres ayant le plus gros tronc... ou plutôt ayant le plus de troncs ! Un seul arbre peut avoir plus de 350 gros troncs et 3 000 petits. On cite l'exemple d'un arbre à Calcutta (Inde) mesurant 412 m de circonférence. À côté, les baobabs les plus volumineux, dont la circonférence ne dépasse pas 43 m, auraient presque l'air bien rachitiques.

NAKHON RATCHASIMA (KHORAT) – นครราชสีมาหรือโคราช

200 000 hab.

• Plan p. 388-389

Porte d'entrée de l'Isan par le sud, Nakhon Ratchasima est un important nœud ferroviaire et routier idéalement. Pourtant, rien n'oblige à s'y arrêter, que l'on aille vers Phimai ou vers le Phanom Rung. En tout cas, pas plus de temps qu'il n'en faut pour sauter d'un bus ou d'un train à l'autre. D'ailleurs, rien ne le justifie vraiment, car l'ancienne base américaine de la guerre du Vietnam est devenue une cité commerciale moderne assez étendue.

Arriver – Quitter

En bus

Gare routière n° 1 *(plan B1,* ***1****)* ***:*** *Th. Burin.* Ne concerne normalement que les trajets intra-provinciaux (dont Pak Chong-Khao Yai). Mais certains bus pour Bangkok, s'arrêtent aux 2 terminaux.

Gare routière n° 2 *(hors plan par B1,* ***2****)* ***:*** *à 1 km au nord du centre, sur la route n° 2.* Tous les bus longues distances (et ceux pour Phimai) passent par ici.

➢ ***Bangkok, via Sara Buri :*** bus ttes les 30 mn, 24h/24 ; 270 km, 3h30-5h de route. Depuis Bangkok (Mochit Terminal), horaires similaires.

➢ ***Phimai :*** ttes les 30 mn environ, 5h30-22h ; 60 km, 1h30 de route.

➢ ***Surin :*** ttes les heures, 7h-22h ; 170 km, env 4h de route.

➢ ***Pak Chong (Khao Yai) :*** depuis Khorat, il faut vérifier que le bus emprunte l'ancienne route (plutôt ou seulement depuis le terminal n° 1). Nombreux bus tte la journée.

En train

Gare ferroviaire *(plan A2)* ***:*** *à env 2 km à l'ouest du centre.* ☎ *044-242-044.* Gargote sur place acceptable.

➢ ***Bangkok :*** 10 trains/j. dans les 2 sens. Trajet : 4h30-6h. Dessert aussi Ayutthaya.

➢ ***Ubon Ratchathani :*** 10 trains/j. dans les 2 sens. Trajet : 4h30-6h. Dessert aussi Surin.

LE NORD-EST

Adresse utile

■ ***Banques :*** *change lun-ven 8h30-16h et distributeurs à la* ***Bangkok Bank*** *(plan B1-2,* ***6****), Th. Jomsurang ;* ***Krungthai Bank*** *(plan C1,* ***7****), ainsi qu'à la gare ferroviaire (plan A2) et à la gare routière.*

Où dormir ?

On n'y passera pas plus d'une nuit, alors autant ne pas trop faire les difficiles.

De bon marché à prix moyens (de 150 à 800 Bts / 4,30 à 23 €)

Sansabai Vintage and Boutique Hotel – โรแรมแสนสบาย วินเทจและบูติค *(plan B1,* ***11****)* ***:*** *335 Suranaree Rd. 08-15-47-30-66. • sansabai-korat.com • Doubles avec ventilo ou AC 300-450 Bts, petit déj inclus.* Sans hésiter la meilleure adresse de la ville dans cette catégorie, avec des chambres impeccables et agréables, toutes avec AC. Accueil pas très pro.

Sri Pattana Hotel – โรงแรมศรีพัฒนา *(plan B1,* ***13****)* ***:*** *346 Th. Suranaree.*

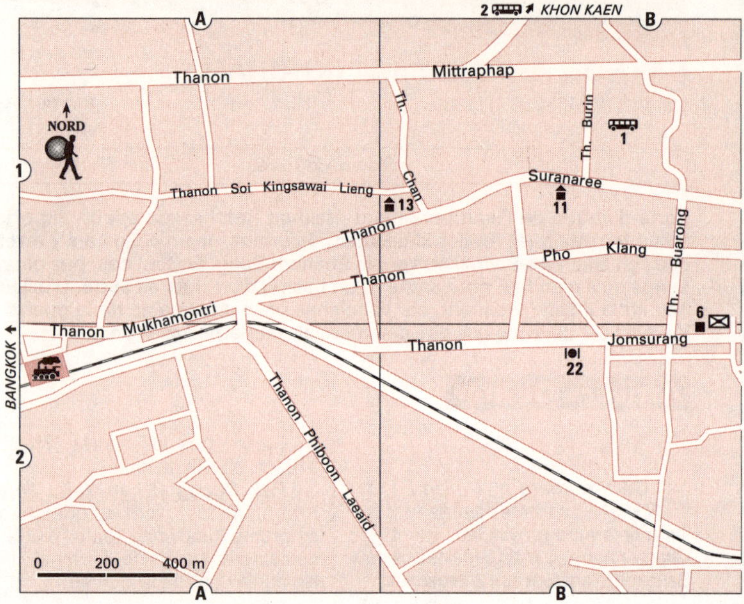

■ **Adresses utiles**	7 Krungthai Bank (C1)
1 Gare routière nº 1 (B1)	**Où dormir ?**
2 Gare routière nº 2 (hors plan par B1)	11 Sansabai Vintage and Boutique Hotel (B1)
6 Bangkok Bank (plan B1-2)	

☎ 044-255-372. • sripattanahotel.com • Doubles à partir de 750 Bts, petit déj inclus. Vaste hôtel, plus tout neuf mais de bon rapport qualité-prix. Chambres correctes, sans plus, avec clim et frigo. Déco banale. Resto. Piscine tristounette.

Chomsurang Hotel – โรงแรม ชม สุรางค *(plan C2, **14**) : 2701/1 Th. Mahathai. ☎ 044-257-080. Central, à côté d'un marché de nuit. Doubles avec sdb 400-600 Bts ; petit déj 60 Bts.* Grand immeuble blanc de 9 étages. Dans toutes les chambres : clim, salle de bains et frigo. L'adresse a connu des jours meilleurs.

Où manger ? Où boire un verre ?

De bon marché à prix moyens (moins de 300 Bts / 8,60 €)

Marché de nuit du Wat Boon *(plan D1, **20**) : Th. Chompol, en face du Wat Boon. Tlj 18h-minuit.* Principalement des restos de rue, contrairement au *Night Bazaar.*

Marché de nuit *(Night Bazaar)* – ตลาดกลางคืน *(plan C1) : lire « À voir ».* Surtout des snacks et sucreries, à consommer plutôt en se baladant.

Baan Kaew – ร้านอาหาร บ้านแก้ว *(plan B2, **22**) : 105/17-19 Th. Jomsurang.*

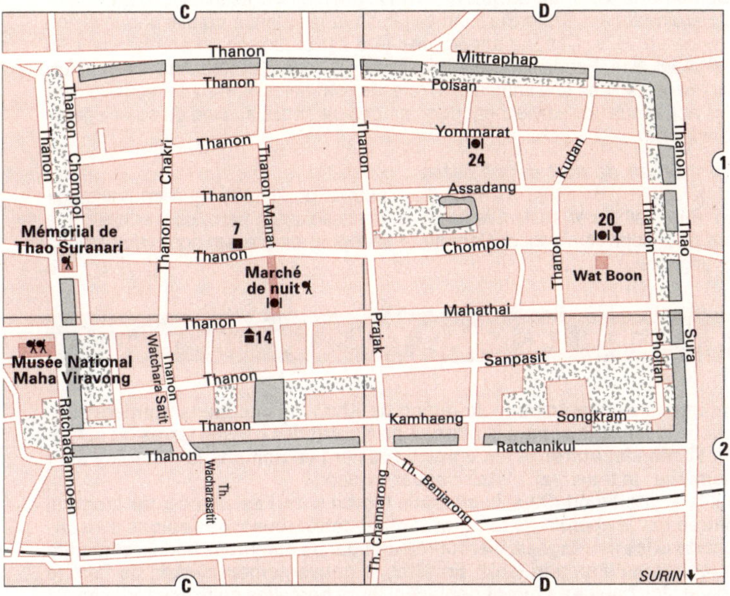

NAKHON RATCHASIMA

13 Sri Pattana Hotel (B1)	**22** Baan Kaew (B2)
14 Chomsurang Hotel (C2)	
Où manger ? Où boire un verre ?	**24** Rabieng-Kaeo Restaurant (D1)
20 Marché de nuit du Wat Boon (D1)	

☎ *044-246-512. Tlj 11h-22h.* 2 salles contiguës et brillamment éclairées au rez-de-chaussée d'un immeuble. Délicieuse cuisine thaïe et Isan. Multitude de plats, dont de succulents *red curry duck* et *crispy catfish grilled salted.* Les accompagner d'un *pad mee Khorat* (nouilles sautées façon locale). Très propre, service attentionné.

Rabing-Kaeo Restaurant – ระเบียงป่า *(plan D1,* ***24****) : 184/3 Th. Yommarat.* ☎ *044-267-765.* Resto thaï familial sous une vaste charpente, jarres avec bambous à l'entrée, jardinet à l'arrière. Carte classique traduite. Bonne cuisine thaïe à prix modérés.

À voir

Le musée national Maha Viravong – พิพิธภัณฑ์โบราณคด *(plan C2) : Th. Ratchadamnoen, à côté du Wat Suthachinda. Mer-dim 9h-16h. Entrée : 50 Bts.* Tout petit musée (une seule salle) abritant l'ancienne collection privée d'un célèbre moine de l'Isan. Quelques pièces intéressantes d'époques Dvâravatî et khmère. Tambour de bronze, stèle de buddha du IXe s, vitrine de bronzes du XI au XIIIe s, sculptures de la période Lopburi. Voir encore le Vishnu à 3 têtes (très fier de se tenir sans les mains) et une remarquable pièce de bois triangulaire de la période Ayutthaya.

Le mémorial de Thao Suranari – อนุสาวรีย์ท้าวสุรนารี *(plan C1)* **:** *Pratu Chompol.* Héroïne locale, Thao Suranari organisa la résistance contre une invasion laotienne en 1826. Chaque année, une fête est organisée en son honneur fin mars-début avril. Pendant 10 jours, les rues Chumphol et Mahathai se transforment chaque soir en une immense kermesse commerciale. Lieu de recueillement où les nombreux fidèles viennent déposer des offrandes au pied de son élégante statue fleurie.

Le marché de nuit *(Night Bazaar ; plan C1)* **:** *le long de Th. Manat, entre Th. Chompol et Mahathai. Tlj 18h-22h.* Toute la population s'y retrouve le soir venu. Pas d'artisanat, mais des fringues, accessoires et babioles à volonté et à petits prix. Super ambiance. Comme le shopping ça creuse, nombreux stands pour grignoter.

LA RÉGION DE KHAO YAI – อุทยานแห่งชาติเขาใหญ่

Montagneuse et verdoyante, la région de Khao Yai occupe la frontière sud-ouest de l'Isan. Elle sépare le plateau de Khorat des basses terres du centre de la Thaïlande. Autrefois les tigres y rôdaient en nombre, la malaria y était endémique : la traverser, c'était risquer sa peau !

Dans la 1re moitié du XXe s, la citadelle tomba sous l'avènement du progrès, éventrée par le chemin de fer. Profitant de cette trouée, des colons s'installèrent dans les montagnes, bientôt rejoints par de nombreux bannis et fugitifs à la recherche d'un abri isolé. En 1962, le gouvernement décida de faire le ménage : les habitants furent déplacés, leurs parcelles cultivées redevenant progressivement des friches au milieu d'une forêt dorénavant protégée par la création du premier parc national du pays.

De nos jours, la région de Khao Yai vit essentiellement du tourisme. Infrastructures routières, *resorts,* restaurants se sont développés sur la grande route menant au parc. L'essentiel est sauvegardé puisque l'intérieur reste vierge de tout aménagement, malgré la nécessité d'accueillir les quelque 500 000 visiteurs annuels.

La route venant de Pak Chong et qui mène à l'entrée nord du parc n'a quant à elle pas été épargnée par un développement anarchique et rapide. On y trouve un peu de tout : 2 châteaux médiévaux, un village italien, une vallée toscane, des villages de moutons, un de champignons, des *steak houses* en pagaille, des hôtels super chics et même une fabrique de chocolat...

La biodiversité, l'abondance d'animaux en liberté, la richesse de la flore et la possibilité de randonner rangent Khao Yai parmi les parcs naturels les plus intéressants du pays, à condition d'être guidé car les sentiers sont peu ou mal balisés.

PAK CHONG – ปากช่อง

Les routards entrent dans la région de Khao Yai via Pak Chong, petite ville à environ 200 km de Bangkok et 23 km de l'entrée du parc national. Les « Bangkokiens » aisés y viennent le week-end en nombre et en voiture, par le sud.

Pak Chong, éventrée tout du long par une branche de la route no 2, n'offre guère d'intérêt en soi, en dehors de son marché de nuit. Autant filer sans trop attendre pour se loger le long de la route d'accès au parc, ou bien mieux à

l'intérieur de celui-ci (voir plus loin). Si vous deviez y passer plus de temps (arrivée nocturne, problèmes de correspondance), sachez que la ville offre tout le nécessaire au voyageur et quelques adresses correctes à proximité de la gare des trains et de l'arrêt des bus.

Arriver – Quitter

En bus

Arrêts des bus : *plusieurs arrêts selon type de bus et de compagnies. Les bus s'arrêtent généralement au niveau (ou à proximité) du magasin* Top Daily, *sur Th. Mittraphap, dans le centre de Pak Chong, près de la statue d'un cerf.*

➢ ***Bangkok :*** depuis la capitale (terminal Mochit 2), on conseille de prendre les mini-vans car ils s'arrêtent dans le centre de Pak Chong. Départs fréquents. Les bus, quant à eux (ttes les heures, 24h/24), s'arrêtent à 7 km de Pak Chong. Vraiment pas pratique ! De Pak Chong, demander à votre hébergement où les mini-vans prennent leurs clients. Env 180 km ; compter 3-4h de route (selon embouteillages...).

➢ ***Nakon Ratchasima (Khorat) :*** ttes les heures en mini-vans ; 8h-18h dans les 2 sens ; 1h30 de trajet.

➢ ***Khao Yai :*** départs très réguliers tte la journée en *songthaew* dans les 2 sens. De Pak Chong, départ sur la grande route à proximité de la statue du grand cerf. Le *songthaew* s'arrête où l'on veut sur la route du parc. Dernier arrêt à ***l'entrée nord du parc*** (à 23 km de la ville), ce qui n'est pas pratique, car le *Visitor Center* et le départ des sentiers sont encore 14 km plus loin (sans transports publics). Alternativement, les pensions situées sur la route de Khao Yai proposent des navettes, gratuites ou payantes ; se renseigner par téléphone. Bon à savoir, la pension *Green Leaf* (voir « Où dormir ? ») vient chercher ses clients gratuitement si vous y dormez et que vous prenez l'excursion d'un jour.

➢ ***Phimai :*** mini-vans ttes les heures pour Khorat, puis on change pour Phimai. De Pak Chong, départ sur la grande route à proximité de la statue du grand cerf.

En train

➢ ***Bangkok :*** depuis Bangkok, 10 trains/j. Même chose depuis Pak Chong. Trajet : 3h-4h30 selon les trains. Dessert aussi Ayutthaya.

➢ ***Nakon Ratchasima :*** une dizaine de trains/j. dans les 2 sens. Compter 1-2h de trajet.

Où dormir ? Où manger ?

At Home Hostel – แอท โฮม โฮสเทล **:** *27 soi 1 Tesaban Rd 15. 08-14-90-66-01. • at.homehostel.pch@gmail.com • Lits en dortoir 300-320 Bts ; doubles 650-800 Bts.* À 10 mn des gares de trains et de bus. Dans une petite rue perpendiculaire à la grande route, parfaitement au calme. Elle fait du bien cette adresse avec enfin un peu de personnalité, même si elle n'est pas particulièrement bon marché. *Hostel* à la façade de béton ciré et de brique, moderne, sympathique et familiale. 2 dortoirs (4-6 lits), avec salle de bains privée pour l'une d'elle et AC pour toutes. Également 2 chambres doubles plus chères mais agréables bien que petites. Petit bout de terrasse à l'étage. Tenu par Nice, qui parle parfaitement l'anglais.

Pakchong Phubade Hotel – โรงแรม ภูเบศ **:** *soi 9 Tesaban 15, proche de la passerelle piétonne enjambant l'artère principale. ☎ 044-311-979. 09-44-70-11-22. Doubles avec ventilo ou AC, ttes avec sdb 450-600 Bts.* En retrait de la grande route, au calme. Bien placé, à proximité des gares ferroviaire et routière ainsi que de l'arrêt des *songthaew* desservant Khao Yai. Un ensemble de 5 étages un peu fané, triste comme un jour sans *pad thaï.* Ventilo ou clim, eau chaude. Une solution de repli seulement si vous arrivez tard par le train et le bus.

Phuphaya Hotel – โรงแรมภูพญา : *733 Th. Mitraphab, sur la grande route, juste à côté de la station Shell. 08-25-16-13-91. • phuphayahotel@hotmail.com • Pas d'enseigne en anglais mais reconnaissable par la blancheur de ses 8 étages. Double avec sdb et clim autour 800 Bts, petit déj inclus.* Situation pratique, à 10 mn environ de l'arrêt des *songthaew* rejoignant le parc. Si les chambres sont un peu datées, elles se révèlent propres et sans défaut particulier pour le prix. En choisir une sur l'arrière de préférence.

Marché de nuit : *Tesaban soi 15-17. Tlj 17h-22h.* Savoureux petits plats thaïs et chinois. Divers produits locaux.

Où dormir plus chic aux environs de Pak Chong et faire une excursion dans le parc ?

Les Collines Resort : *08-69-96-91-04. • lescollines-khaoyai.com • À env 20 km à l'est de Pak Chong. Propose un séjour pour 2 pers de 3 j./3 nuits en pens complète, incluant une excursion de 2 j. dans le parc (dont 1 nuit passée dans la jungle) incluant transports, guide francophone et entrée du parc : compter 600 € pour 2 pers.* On vous propose ici une formule de découverte du parc avec 2 jours d'immersion (dont 1 nuit sous tente dans la jungle). On passe la 1re et la 3e nuit dans l'un des sympathiques bungalows, simples et confortables, situé en pleine campagne, au milieu des champs. Le concept est proposé par Potjana (thaïe) et Cédric (français). Ce dernier vous emmène au cœur du parc, dans les coins les plus reculés de cette jungle luxuriante (autorisations spéciales), à la découverte de l'essence même de la forêt, à la recherche des animaux. On marche 4 à 6h par jour, mais le programme est adapté aux possibilités et aux envies de chacun. Une vraie expérience...qui se paye, évidemment. Au retour, on profite des bons repas de la belle-maman et de la petite piscine. Il y a même des croissants au petit déj !

LE PARC NATIONAL DE KHAO YAI

• Carte *p. 393*

1er parc national de Thaïlande à avoir été créé, en 1962, c'est aussi l'un des plus grands du pays : 2 168 km², environ 80 km d'est en ouest, à cheval sur les provinces de Nakhon Ratchasima, Nakhon Nayok, Saraburi et Prachinburi.

En 2005, l'Unesco a inscrit au Patrimoine mondial de l'Humanité la bande montagneuse de 230 km que forme Khao Yai combiné au parc de Ta Phraya, situé plus loin à l'est, à la frontière cambodgienne. L'objectif est de pérenniser ce sanctuaire naturel pour plus de 800 espèces animales, dont 20 sont vulnérables, 4 en danger et une en voie d'extinction.

Les paysages de Khao Yai sont très divers : plusieurs types de forêts, des prairies, des montagnes (altitude moyenne de 700 m) dominées par 2 pics dépassant les 1 300 m – *Khao Khiaw* – เขาเขียว et *Khao Laem* – เขาแหลม –, ainsi que de nombreuses et rafraîchissantes cascades, parmi lesquelles *Haew Suwat* – น้ำตกเหวสุวัต, *Pha Kluai Mai* – น้ำตกผากล้วยไม้ et *Haew Narok* – น้ำตกเหวนรก, la plus haute (300 m, en 4 paliers).

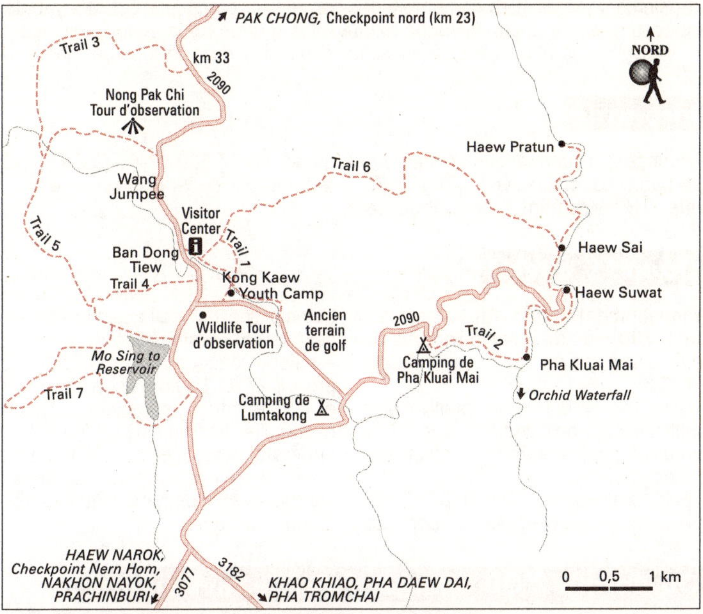

PARC NATIONAL DE KHAO YAI

FAUNE ET FLORE

Khao Yai est recouvert à 80 % de forêt appartenant à plusieurs catégories : mixte, persistante sèche, d'altitude et pluviale, la plus largement représentée. Tout cela définit de nombreux écosystèmes colonisés par une flore très riche qui profite aussi des zones de clairière. Certaines essences, comme le santal ou l'agar, dont les prix au kilo peuvent atteindre 50 000 Bts, font l'objet d'une véritable petite guerre entre braconniers et gardes du parc.
La faune vit en totale liberté, déterminant son territoire dans l'environnement qui lui convient le mieux.
– Plus de 25 espèces de grands mammifères, dont l'éléphant (250 individus dénombrés, meilleure période d'observation : novembre-décembre), le *gaur* (un massif et timide bovidé noir), le *sambar* (un cervidé peu farouche, dont certains se sont habitués à l'homme), le *barking deer* (ou *red muntjac,* petit cervidé qui aboie quand il a peur), le *dhole* (chien sauvage), les ours noirs et malais, quelques tigres (moins d'une dizaine, attesté si une empreinte féline fait plus de 12 cm de long), des cochons sauvages, l'énigmatique panthère nébuleuse, des singes (macaques omniprésents et 2 espèces de gibbons aux chants magiques ; peureux, ils évitent la terre ferme).
– Les 300 espèces d'oiseaux, principalement résidentes, font le bonheur d'escadrons de *bird watchers* armés de jumelles et de téléobjectifs. Star incontestée, le féerique calao (*hornbill,* 4 espèces, meilleure période : janvier-mars), volatile d'envergure squattant les cimes des géants de la forêt, d'où résonne son vol aux sonorités d'hélicoptère. À voir aussi : pies orientales, faisans, perroquets, pics, rapaces...

– Également représentés en nombre, les serpents, y compris le cobra royal, des espèces rares de chauves-souris habitant les grottes de la région, des scolopendres géantes, et bien sûr, une multitude d'insectes, dont de superbes papillons.

Info utile

– Pour plus d'informations concernant les parcs nationaux, voir « Thaïlande utile. Hébergement » en début de guide. ☎ *02-562-07-60 (à Bangkok).* 📱 *08-60-92-65-29.* ● *dnp.go.th* ●

Quand y aller ?

Annuellement, Khao Yai est arrosé de 2 200 mm de précipitations et jouit d'une température moyenne de 23 °C.

– Hiver : novembre-février, prendre une petite laine, ça descend à environ 10 °C la nuit. Agréable la journée, c'est une bonne période.

– Été : mars-avril, il y fait 30 °C en moyenne. Reste bien plus supportable qu'en plaine. Le débit des chutes d'eau est faible mais rarement tari.

– Saison des pluies : mai-octobre, prévoir 27 °C. La flore est à son zénith et l'observation des animaux encore plus facile. Très humide quand même. Impératif : s'équiper de guêtres (vendues ou prêtées sur place) contre les sangsues et s'enduire régulièrement d'antimoustiques.

Où dormir ? Où manger ? Où se ravitailler ?

À l'intérieur du parc

– Bungalows : réservation 1 mois à l'avance théoriquement obligatoire, sinon fortement conseillée. Voir « Thaïlande utile. Hébergement » en début de guide. Du dimanche au jeudi, il est parfois possible de trouver sur place.

– Camping : réservation inutile, mais si vous devez louer, venir tôt pendant les jours de congé et les vendredi et samedi.

⛺ ***Campings :*** *route de Haew Suwat Waterfall. Sites de* ***Lumtakong*** *– ลำตะคอง, à 6 km du* Visitor Center, *et de* ***Pha Kluai Mai*** *– ผากล้วยไม, 2 km plus loin. Droit de camping 30 Bts/pers ; tente 3 pers 225 Bts/pers (tapis de sol, sac de couchage et oreiller à payer en plus).* On s'installe sur 2 grands terrains ombragés et bien équipés (sanitaires, restos, épiceries) en compagnie de biches qui gambadent aux alentours. On préfère celui de *Pha Kluai Mai,* plus mignon et au début du sentier qui mène à la cascade Haew Suwat.

🏠 ***Bungalows :*** *4 zones situées à l'arrière du* Visitor Center. *On y accède par une petite route. S'adresser à l'Accommodation Office. Multiples possibilités, de l'hébergement individuel à celui de grands groupes dans un seul bâtiment. Bungalows avec sdb pour 2 pers env 800 Bts et* lodges *4-6 pers (2-3 chambres) 3 500-4 500 Bts. Lun-jeu, réduc de 30 % sur ces tarifs.* Côté hébergement, on trouve un peu de tout. Certains baraquements sont vraiment sans charme et quelques chalets offrent un meilleur confort intérieur. Préférer la zone 2 installée sur une colline un peu isolée ; la 3 n'est pas terrible. Tous les hébergements doivent être loués en entier.

🍽 🧺 ***Gargotes et bazar-alimentation :*** *situés près du* Visitor Center *et des espaces de camping. Plats 50-80 Bts.* Riz et légumes sautés, poulet grillé, currys et soupes composent l'ordinaire. Les bazars-alimentation stockent une quantité modeste d'articles : bougies, piles, gâteaux, boissons, etc.

À l'extérieur du parc

Des dizaines d'hôtels chics et vraiment hors de prix longent la grande route d'accès au parc, à quelques km de l'entrée nord. Ils se situent autour d'une petite zone de service (station-service, supérette *7-Eleven,* distributeur automatique de billets, terrains de golf...). Nous avons privilégié une petite adresse toute simple, qui propose également une excursion dans le parc, que l'on conseille.

Greenleaf Guesthouse & Tour : *52 Moo 6, Th. Tanarat. ☎ 044-936-373. 06-33-03-15-80. • greenleaftour.com • À 7,5 km de Pak Chong et 18 km de l'entrée du parc, sur la droite, 200 m après la station-service (qui se situe sur la gauche de la route). Résa conseillée. Double avec sdb (eau froide) 300 Bts ; double avec clim et eau chaude 800 Bts. Tours : ½ journée 500 Bts/pers, journée 1 500 Bts/pers. Également un tour de 1 jour et demi à 1 800 Bts/pers, avec la 1re demi-journée à l'extérieur du parc et la journée du lendemain à l'intérieur du parc.* Une petite vingtaine de chambres ventilées, spartiates mais plutôt colorées. Hébergements dans 2 cours successives. De nombreux routards s'échangent ici des tuyaux et apprécient les qualités de Birdman Nine, un guide doué, anglophone et sympathique, idéal pour repérer les animaux. Propose différents tours à prix doux : une demi-journée pour voir à la nuit tombante les milliers de chauves-souris s'envoler, un jour de balade dans le parc pour voir les différents animaux. Les réservations se font souvent avec un package chambre-excursion, que l'on conseille. Bon resto devant la grande route, à prix modiques. On peut venir vous chercher à la gare routière ou ferroviaire de Pak Chong (entre 7h et 21h) si vous prenez une excursion. Accueil plaisant, en bon anglais.

La visite

– **Entrée :** *au* **checkpoint nord « km 23 »** – ด่านตรวจอุทยานแห่งชาติเขาใหญ่ กม 23. *Officiellement ouv 6h-18h (mais on vous laisse rentrer plus tard si vous êtes inscrit à une activité nocturne). Compter 400 Bts/pers (pour une durée max de 5 j.); réduc ; moto ou voiture 30-50 Bts, vélo 20 Bts.* **Attention, il faut payer à nouveau à chaque entrée (intransigeant).** Ceux qui veulent sillonner le parc en profondeur feront donc mieux de loger à l'intérieur.

– ***Visitor Center*** – ศูนย์บริการนักท่องเที่ยว **:** *à 14 km de l'entrée, au milieu du parc. Ouv 8h-17h (souvent plus tard).* Nombreuses planches intéressantes et didactiques sur la faune et la flore. Anglais parlé. Plan photocopié gratuit et brochure sur demande. Réservation de guides possible pour des randos sur certains sentiers. Également bureau des hébergements et chalets, restos et bazar-alimentation.

Se déplacer dans le parc

– ***Bon à savoir :*** les *songthaew* publics n'ont pas le droit d'entrer dans le parc. Et sans véhicule, vu les distances, explorer le parc à pied n'a guère de sens. Reste le stop, mais pas d'illusions...

– ***Les routes du parc :*** la route n° 2090 *(ouv 6h-18h)* relie Pak Chong au centre du parc. Elle devient la n° 3077 pour en ressortir au sud, via le ***checkpoint Nern Hom*** – ด่านตรวจอุทยานแห่งชาติเขาใหญ่ (เนินหอม), situé à 28 km du *Visitor Center,* en direction de Nakhon Nayok et Prachinburi (à 20 km supplémentaires). Dans le parc, 2 routes secondaires : l'une rejoint la « falaise solitaire » ***Pha Daew Dai*** *(route 3182)* – ผาเดียวดาย, magnifique point de vue à 15 km du *Visitor Center,* et ***Khao Khiao-Pha Tromchai*** – เขาเขียว ผาตรอมใจ, un autre panorama situé 500 m plus haut, proche d'un barrage militaire ; l'autre dessert la cascade de Haew Suwat et les campings.

To be or not to be... guidé

Certains sentiers de randonnée partent du *Visitor Center* d'autres démarrent sur les routes principales. Il est alors nécessaire d'être véhiculé. Il existe 7 sentiers balisés ni trop longs ni trop difficiles (de 1,5 à 8 km). Seulement 3 d'entre eux

peuvent raisonnablement être fait seuls. Il s'agit du *Trail 1,* du *Trail 4 et du Trail 7.* Pour les autres, on conseille vivement de prendre un guide du parc. En effet, vous êtes dans un univers sauvage et les éléphants défoncent régulièrement les sentiers en faisant tomber des grosses branches ou en créant de nouveaux sentiers qui sèment la confusion. Des touristes se perdent régulièrement, d'autant plus que la signalisation laisse largement à désirer (et souvent détruite par ces vandales d'éléphants !).
L'intérêt de la présence d'un guide réside dans sa connaissance du parc et de ses espèces. Il vous fournit plein d'infos intéressantes, repère les traces des animaux et connaît leurs petites habitudes, ce qui multiplie singulièrement les chances de rencontre.
– ***Les guides du parc :*** s'adresser au *Visitor Center,* ou à la rigueur aux campings. Ils ne parlent pas l'anglais, sauf dans de rares exceptions. Pas si grave, le langage de la nature est universel. Prix de base : 1 000 Bts jusqu'à 6 personnes pour une rando de 5-6h. De toute façon, négocier.
– ***Les guides des pensions :*** c'est une bonne formule, à notre avis la meilleure, qui évite bien des tracas. 2 avantages : plus de problème de transport, les guides parlent l'anglais et font preuve de dynamisme. Leurs prestations sont liées aux tours standard des pensions (voir ci-après). Pour 1 journée, compter 1 500 Bts par personne et pour 1 jour et demi d'excursion, compter environ 1 800 Bts par personne, déjeuner compris, mais parfois entrée en sus. La 2e formule commence d'habitude par une après-midi à l'extérieur du parc, avec baignade dans une piscine naturelle. Ensuite, promenade vers une grotte sous un temple, habitée par des myriades de chauves-souris à museau ridé. Elles s'échappent au coucher du soleil (vous serez là !), en bandes spectaculaires. Le lendemain matin (vers 8h), entrée dans le parc. Rando de 2-3h sur certains sentiers du parc, selon où se trouvent les animaux (gibbons, *hornbills,* biches...). Après déjeuner, visite de la chute d'eau Haew Suwat et de 2 points de vue. Pour ceux qui reprennent un train en fin d'après-midi, possibilité de se faire raccompagner à la gare de Pak Chong (à négocier avec votre hébergement).
– On déconseille les excursions à la demi-journée, trop bref.

Randos

On rappelle que les sentiers empruntés par l'homme ont d'abord été tracés par les animaux sauvages, notamment les éléphants, qui les utilisent toujours. Respecter les priorités ! Certains peuvent être empruntés seuls (déjà dit), pour les autres, il est conseillé de prendre un guide ou de participer à une excursion à la journée. Récupérer le feuillet avec carte (bien modeste) au *Visitor Center,* qui donne quelques infos sur chaque rando.

– ***Trail 1, Nature trail :*** *à faire seul. 1,2 km ; env 45 mn.* Une boucle facile (impossible de se perdre), qui grimpe un peu. Parfait pour une gentille mise en jambes.
– ***Trail 4, Dong Tiew – Sai Sorn Reservoir :*** *à faire seul. 2,7 km ; env 1h30.* Sympathique petite boucle facile qui débute à proximité du *Visitor Center.* Aucune difficulté et impossible de se perdre.
– ***Trail 7, American Friendship trail :*** *à faire seul.* Départ à 500 m du *Visitor Center.* 2 km ; env 1h30. Sympathique sentier qui fait le tour d'un petit plan d'eau.
– ***Trail 2, Pha Kluai Mai*** *(camping)* – ***Haew Suwat Falls :*** *3 km, 2h de marche. À faire avec guide.* Sentier sans difficulté, d'abord cimenté puis sauvage. En avril, floraison en masse d'une espèce d'orchidée rouge vif *(Waidaeng)* sur l'éboulis rocheux de la 1re cascade. Suit la plupart du temps une rivière, croupissante en saison sèche. Gibbons, calaos, peut-être un *sambar,* et pourquoi pas le croco ? Un vrai tableau de chasse ! Plein de papillons aussi. Terminus au parking de la cascade *Haew Suwat Falls.* Ne pas manquer cette dernière, ne serait-ce que pour la vue depuis le sentier en belvédère. C'est une vedette : elle a joué dans le film *La Plage* avec Leonardo DiCaprio ! Baignade interdite, malheureusement.

– ***Trail 5, Ban Dong Tiew – Nong Pak Chi route n° 2090 :*** *5,4 km ; 3h de marche. À faire avec guide.* Démarre à quelques enjambées du *Visitor Center* (panneau) et se confond avec le sentier de *Mo Sing To* sur 1,7 km. Présence régulière d'éléphants, flore superbe, dont un arbre gigantesque aux racines se déployant sur une énorme superficie, lianes débonnaires ou épineuses, etc. On profite aussi de la prairie et de la tour d'observation de Nong Pak Chi. Il existe une version courte en 2h.

– ***Trail 6, Kong Kaew – Haew Suwat Fall :*** *8 km, 4-5h de marche selon arrêts. À faire avec guide.* Depuis le *Visitor Center,* on suit d'abord le *Nature Trail* sur 500 m avant de trouver l'embranchement. Réputé pour les oiseaux. Le sentier disparaît parfois sous les arbres tombés. Croisements mal indiqués.

– ***Night Safari :*** *inscription auprès du* Visitor Center, *départs tlj à 19h et à 20h. Compter env 500 Bts pour 6 pers, voiture du parc comprise ; durée : 1h. Inclus dans les programmes, un jour et demi des pensions.* Pas une rando puisqu'on se déplace en véhicule équipé de puissants phares. Rencontres assurées, souvent des éléphants. Les avis divergent quant au bien-fondé de cette activité.

LE SUD : ITINÉRAIRE BANGKOK – HAT YAI

Dans cette partie de la Thaïlande, frontalière avec le Myanmar et la Malaisie, on vient surtout pour le sable blanc, le soleil et la mer turquoise. Ici, pas ou peu de vieilles pierres, mais des milliers de plages ourlées de cocotiers, réparties sur le continent et les centaines d'îles du golfe de Siam et de la mer d'Andaman. Les parcs nationaux, terrestres ou maritimes, sont nombreux. Beaucoup de chapelets d'îles en font partie, comme Ko Phi Phi, Ko Lanta et Ko Tarutao ; idem pour beaucoup de coins où l'on trouve des cascades (certaines sont superbes, comme celles de Hat Yai) ou des poches de forêt équatoriale miraculeusement préservées telles que Khao Sok.

Le sud de la Thaïlande concentre certains hauts lieux du tourisme sexuel, on pense à Pattaya bien sûr, mais aussi à Patong (île de Phuket) ou encore à Lamai (Ko Samui). Ceux qui aiment la plongée sous-marine, tout comme les adeptes du *snorkelling,* découvriront de nombreux spots peuplés de coraux magnifiques, de poissons multicolores et d'autres superbes « bestiaux » à dentition de taille très respectable !

DE HUA HIN À SURAT THANI

HUA HIN – หัวหิน

• Plan p. *399*

Située à 230 km de Bangkok, Hua Hin est la plus ancienne station balnéaire de Thaïlande. Sa grande plage de sable blanc où l'on se baigne sans danger est autant fréquentée par les Thaïs que par les *farang.* Le charme de Hua Hin est dû à quelques antiques baraques de pêcheurs, notamment celles qui se prolongent sur la mer par des pontons à rallonge. À l'exception d'une adorable vieille gare tout en bois, le reste de Hua Hin est composé de buildings modernes et de restos et marchés très touristiques. Malgré l'affluence parfois étonnante, l'ambiance est restée relativement familiale et bon enfant.

Arriver – Quitter

Les horaires plus bas, donnés à titre indicatif, s'entendent dans les 2 sens, quotidiennement et selon les mêmes fourchettes horaires, sauf mention contraire.

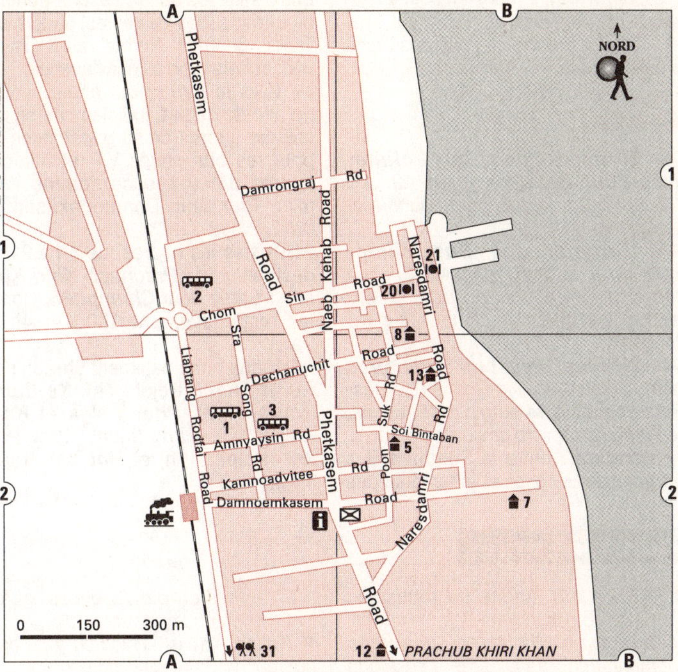

HUA HIN

Adresses utiles

- TAT (office de tourisme ; A2)
- 1 Terminal des bus climatisés pour Bangkok (A2)
- 2 Terminal des bus ordinaires (A1)
- 3 Terminal des bus climatisés pour le Sud (A2)

Où dormir ?

- 5 Baan Busarin Hotel (B2)
- 7 Centara Grand Beach Resort & Villas (B2)
- 8 All Nations (B1-2)
- 12 Thipurai Guesthouse (hors plan par B2)
- 13 Fulay Guesthouse & Hotel (B2)

Où manger ?

- 20 Sang-Thai King Seafood Restaurant (B1)
- 21 La Terrasse (B1)

À voir

- 31 Combats de coqs (hors plan par A2)

En train

***Gare ferroviaire** (plan A2)* **:** équipée d'une réservation électronique. Consigne 24h/24.

➢ ***Bangkok :*** depuis la gare de Hua Lamphong, 2 départs le mat (vers 8h05 et 9h20), puis 10 départs 13h-22h50. Dans le sens inverse, 12 trains : 10 de nuit 0h45-6h30, puis à 14h10 et 16h01. Durée : 3h15-5h selon type de train.

➢ ***Vers le sud : Prachuab Khiri Khan,*** 12 départs parmi lesquels 2 trains de nuit (1h30 de trajet), dont env 6 s'arrêtent à ***Bang Saphan*** (trajet : 2h40) ; ***Chumphon*** et ***Surat Thani,*** 12 et 9 trains (durée respective : 3-4h et 6-8h) ; ***Trang,*** 2 trains en soirée (trajet : 11-12h) ; ***Hat Yai,*** 5 départs (trajet : 13h). La grande majorité des trains circule de nuit.

En bus

Terminal des bus climatisés pour Bangkok *(plan A2,* ***1****)* **:** *Sra Song Rd, entre Dechanuchit et Amnyaysin Rd.*

Terminal des bus climatisés pour le Sud *(plan A2,* ***3****)* **:** *Sra Song Rd, en face et un poil au sud du terminal des bus climatisés pour Bangkok.*

Terminal des bus ordinaires *(plan A1,* ***2****)* **:** *Liabtang Rodfai Rd.* Desserte de toutes les autres destinations, souvent de manière omnibus.

➢ ***Bangkok :*** entre le *Southern Bus Terminal de Bangkok* et le terminal des bus climatisés de la ville, une trentaine de départs (ttes les heures) 6h-21h env. Trajet : 3h30-4h. En hte saison, mieux vaut acheter son billet à l'avance.

➢ ***Vers le sud :*** pour choisir lieu et horaire de départ, judicieux de se renseigner auprès de sa *guesthouse* ou, pour les bus privés VIP et minibus, auprès d'une agence comme *Western Tour,* sur Damnoenkasem Rd *(☎ 032-533-303).*

– Bus ttes les heures, de 4h à 21h, à destination de ***Prachuab Khiri Khan*** et en soirée pour ***Chumphon.*** Compter respectivement 1h30 et 4h de trajet.

– Départs principalement 9h-23h pour ***Surat Thani*** (trajet : 7h), ***Ko Samui*** (trajet : 11h), ***Phang Nga*** et ***Krabi*** (trajet : 9h), ***Trang*** (trajet : 10h), ***Phuket*** (trajet : 11h) et ***Hat Yai*** (trajet : 11h).

Adresses utiles

TAT – ท.ท.ท. *(office de tourisme ; plan A2)* **:** *au croisement des rues Damnoemkasem et Phetkasem, au rdc de bâtiments municipaux (pas d'enseigne dehors). ☎ 032-513-885. Lun-ven 8h30-16h30.* Plan de la ville gratuit, liste des hébergements, horaires détaillés des bus en partance et découverte des environs. Accueil dynamique et compétent.

✉ ***Poste*** – ไปรษณีย์ *(plan B2)* **:** *Damnoemkasem Rd. ☎ 032-511-063. Lun-ven 8h-20h, w-e 9h-12h.*

■ ***Central téléphonique*** – ชุมสายโทรศัพท์ **:** *juste à côté de la poste. Tlj 8h30-16h30.*

@ ■ ***Internet et appels internationaux à prix réduit :*** *boutiques spécialisées ou pas (agences, guesthouses) un peu partout en ville.*

■ ***Police*** – สถานีตำรวจ **:** *en face de la poste.*

■ ***Banques & ATM (distribanques) :*** *Phetkasem Rd ; les* ***Bangkok Bank*** *et* ***Kasikorn Bank*** *se font face au nord du croisement avec Chom Sin Rd, Siam* ***Commercial Bank*** *est plus au sud (en face du TAT). Lun-ven 8h30-15h30. Plus pratique : les guichets de* ***Bank of Ayudhaya,*** *dans les rues touristiques Damnoemkasem et Naresdamri, tlj 10h-21h.* Ils disposent de distributeurs 24h/24 et proposent le service de transfert d'argent express Western Union.

Où dormir ?

De bon marché à prix moyens (de 150 à 800 Bts / 4,30 à 23 €)

All Nations – ออลเนชั่นเกสท์เฮ้าส์ *(plan B1-2,* ***8****)* **:** *10/1 Dechanuchit Rd. ☎ 032-512-747. • all-nations-guesthouse.hua-hinhotels.com •* Petite *guesthouse* plutôt bien tenue. Chambres avec ventilo ou clim, salles d'eau communes sur le palier (sauf 2 chambres avec bains). Éviter la chambre B, très bruyante (musique du bar plus bruit de la rue). Bar-resto avec billard au rez-de-chaussée.

Autres guesthouses bon marché : *dans le quartier de la rue Naresdamri.*

Bientôt plus sur la mer (voir intro) mais toujours en nombre dans les ruelles intérieures.

De prix moyens à un peu plus chic (moins de 1 500 Bts / 43 €)

Fulay Guesthouse & Hotel – โรงแรมฟูเลย์ เกสท์เฮ้าส์ *(plan B2, **13**) : 110 Naresdamri Rd. ☎ 032-513-145 (guesthouse) et 032-513-670 (hôtel). • fulayhuahin.com* • Une jolie *guesthouse,* tout en long sur son mignon ponton agrémenté d'un kiosque et de tables et chaises longues. C'est confortable et bien équipé (clim, TV et eau chaude). En face, même proprio, un hôtel à la façade de bois proposant une poignée de chambres climatisées au-dessus d'un resto propret. Tout l'assortiment est net, décoré sobrement ou, à l'opposé, débordant vers le kitsch.

Baan Busarin Hotel – โรงแรมบ้านบุษรินทร์ *(plan B2, **5**) : 8/8 Poon Suk Rd. ☎ 032-512-076 • info@banbusarinhotel.com* • Vastes chambres équipées de tous les gadgets habituels (clim, TV, frigo). Déco soignée, propre. Certaines disposent d'un agréable balcon. Calme garanti.

Thipurai Guesthouse *(hors plan par B2, **12**) : 113/27-28 Phetkasem Rd. 📱 09-29-94-24-46. • thipurai@thipurai.com • thipurai.com • Petit déj inclus.* Un peu excentré, dans un véritable petit quartier de pensions (tout proche du *Royal Garden* et de l'hôtel *Mariott*), à seulement 100 m de la meilleure portion de plage (bar, chaises longues et parasols). Chambres impeccables, spacieuses et bien équipées (clim, frigo et TV satellite). Service stylé. Piscine commune avec les autres hôtels.

Très chic (plus de 3 000 Bts / 86 €)

Centara Grand Beach Resort & Villas – โรงแรมโซฟิเทล เซ็นทรัล *(plan B2, **7**) : Damnoemkasem Rd. ☎ 032-512-021. • chbr@chr.co.th • centarahotelsresorts.com* • Hôtel construit en 1923, dont l'architecture reflète l'élégance rétro de l'époque. Il servit de décor pour l'ambassade de France à Phnom Penh dans le film *La Déchirure.* Confort impeccable, service attentionné et resto sans faute. Piscine. Grand jardin donnant directement sur la plage, abritant un véritable zoo végétal !

Où manger ?

Hua Hin, malgré son développement à l'occidentale, reste comme toute cette côte (affaire à suivre !) un très bon coin pour les poissons et autres fruits de mer. Moins cher et meilleur que sur les îles... doux. Aussi, au-delà de Sasong Road, des restos en dur, comme les renommés (et conseillés) ***Hua Hin Sea Food*** et ***Bird Chilli*** (un peu plus chers).

De bon marché à prix moyens (moins de 300 Bts / 8,60 €)

Marché de nuit (Chatchai Market) – ตลาดกลางคืน *(ตลาดฉัตรไชย ; plan A2) : Dechanuchit Rd, à l'ouest de l'intersection avec Phetkasem Rd.* Un grand marché avec toujours autant de sourires que d'étalages ; l'occasion d'un bain de foule bien sympa. Poissons frais grillés, brochettes diverses, fruits... Un tas de petits stands de restauration rapide à prix très doux.

De prix moyens à chic (de 150 à 600 Bts / 4,30 à 17 €)

Sang-Thai King Seafood Restaurant – ร้านอาหารแสงไทยคิงซีฟู้ด *(plan B1, **20**) : ☎ 032-530-343. Tlj 11h30-minuit.* Resto-cantoche ressemblant à un hangar, posé sur un ponton où accostent les bateaux de pêche. Poisson d'une fraîcheur absolue. Les plats, présentés en photo sur le menu, sont bien alléchants. À l'entrée, quelques crustacés barbotent dans un vivier... feront-ils le grand saut jusqu'à votre assiette ? Attention, la langouste fait exploser le budget ! Service sympa.

|●| ***Restos pontons de Naresdamri Road*** *(plan B1-2)* **:** alignés côte à côte, ***Ketsari, Fish*** et ***Chao Lay*** (un peu usine celui-là). Touristique et sympa. Cuisine marine et accompagnements toujours honorables, tout comme les prix.

|●| ***La Terrasse*** *(plan B1,* ***21****)* **:** *11/1 Naresdamri Rd. ☎ 032-511-393. Tlj 10h-22h. En plein centre, à 150 m du Hilton.* Belle terrasse sur pilotis, les pieds dans l'eau, pour y déguster poissons et fruits de mer ruisselants de fraîcheur. Cadre vraiment agréable, tables bien séparées, environnement végétal et service impeccable, tout pour réussir un délicieux moment gastronomique !

À voir

👣👣 ***Les combats de coqs*** – ชนไก่ *(hors plan par A2,* ***31****)* **:** *descendre vers le sud la route qui passe devant la gare. Traverser la voie de chemin de fer à la 1re intersection. Les combats ont lieu généralement sam.*

👣 ***La gare ferroviaire*** *(plan A2)* **:** ancienne et pittoresque, elle vaut vraiment le coup d'œil.

👣 Ne pas manquer le ***retour des pêcheurs*** dans la nuit...

DANS LES ENVIRONS DE HUA HIN

👣 Balade sympa jusqu'au temple ***Wat Kao Kai Lad*** – วัดเขาไกรราช, édifié au bord de l'eau. Prendre un bus en face du *TAT.*

👣 Plus au nord, on peut visiter le ***Klai Kung Wol Palace*** – พระราชวังไกลกังวล, palais d'été du roi Prachadipok (Rāma VII), construit dans les années 1920 au bord de l'eau. Ne se visite pas lorsque le roi y séjourne.

ENTRE HUA HIN ET SURAT THANI

L'accès est particulièrement facile : une autoroute et une ligne de chemin de fer unique, largement fréquentées par tous les routards qui gagnent le Sud. Vous utiliserez donc sans problème les nombreux bus et trains qui roulent nuit et jour sur ce « grand boulevard du Sud »...

KHAO SAM ROI YOT NATIONAL PARK

👣👣 *Parc naturel côtier à 60 km au sud de Hua Hin. Accès en songthaew depuis Pranburi (entrée nord) ou par le sud, à 36 km au nord de Prachuab Khiri Khan. Tlj 8h-15h30. Entrée : 200 Bts.* Ceux qui disposent d'un véhicule (tout à fait faisable à moto) devraient suivre la côte via *Pak Nam Pran.* Alternance de plages sauvages et d'excitations immobilières, de villas un peu loufoques, d'anses pleines de bateaux de pêcheurs, de guinguettes... *Khao Sam Roi Yot,* « la montagne aux 300 pics », s'élève. Culminant à 600 m d'altitude, ce massif de karst recouvert de buissons, d'arbres nains et de gros cactus n'est toutefois que l'une des attractions du parc. Belles plages de sable, randos vers des points de vue ou des grottes, sentiers éducatifs à travers la mangrove, îlots au large, villages de pêcheurs, voilà les promesses très variées de la plus belle excursion de la région.

Rejoindre le village de *Ban Bang Pu,* d'où un sentier rocailleux escalade un cap rocheux (panorama magnifique) avant de redescendre vers *Laem Sala Beach* (possible aussi en bateau). Camping ou logement dans des bungalows sur cette plage ravissante, à l'ombre d'une forêt de pins maritimes. Derrière la plage, grimpette raide mais sans difficulté particulière (marches taillées), entrée saisissante dans *Phraya Nakhon Caves.* Ces impressionnantes grottes jumelles, dont les plafonds sont en partie effondrés, abritent un pavillon doré que viennent heurter les rayons du soleil. Atmosphère magique. Au sud, le QG principal du parc : panneaux explicatifs et réseau de sentiers sur pilotis dans la mangrove. On peut y arranger un tour en bateau (environ 2h) à travers une lagune ou, à quelques mètres des bâtiments, attaquer la grimpette sportive (30 mn) menant au point de vue *de Khao Deng.* Gardez votre ticket si vous voulez retourner dans le parc après y avoir dormi.

PRACHUAB KHIRI KHAN – ประจวบคีรีขันธ

À 80 km au sud de Hua Hin, cette petite ville endormie sur son bord de mer a le charme des coins authentiques et sans apprêt. La gare et les stations de bus sont proches du centre-ville. Face à la mer (pas loin du *Wat Thammikaram*), l'*office de tourisme* *(tlj 8h30-16h30)* dispose de plans et d'infos très utiles. Bon accueil.

➢ ***Pour s'y rendre :*** entre Prachuab et Bangkok (South Terminal), bus ttes les 1h30 6h-minuit env. Voir sous Hua Hin pour les trains et les bus vers le sud.

Où dormir ?

Un peu plus chic (de 800 à 1500 Bts / 23 à 43 €)

■ ***Had Thong Hotel*** – โรงแรม หาดทอง **:** *en ville, pile au milieu de la baie, devant la mer.* ☎ *032-601-050.* ● *hadthong.com* ● Le meilleur hôtel de la ville. Dans un immeuble de 8 étages, un peu fané d'extérieur comme de l'intérieur. Grandes chambres classiques, moquettées. Préférer celles avec vue sur la mer et balcon (2-3 € de plus). Location de scooters juste en face.

■ Entre Khao Chong Krajok et la fourche qui conduit, à droite, au Khao Ta Mong Lai – เขาตาม่องล่าย, plusieurs ***petites pensions*** entre mer et lagune. Bungalows de confort et construction variables : en bambou ou en dur, ventilé et eau froide ou clim et eau chaude. Ne pas hésiter à en visiter plusieurs avant de se poser.

Où manger ?

Prachuab est réputée dans toute la Thaïlande pour ses poissons et fruits de mer. Goûter absolument au *plaa samli (Cottonfish),* surtout préparé à la mode locale *daet diao.* Le poisson, rapidement séché au soleil, puis tout aussi vite grillé au wok, est servi ouvert en 2 avec une salade de mangue verte épicée. Mi-croustillant, mi-onctueux, miam !

Ⓘ ***Phloen Samut*** – เพลินสมุทร **:** *sur le front de mer, à 2 pas de l'hôtel Had Thong.* ☎ *032-611-115. Prévoir autour de 200 Bts pour un petit festin. Tlj 9h30-22h.* Pavillon de bois vert pâle, rafraîchi par la brise marine et de vieux ventilos. Salle ou terrasse. Calamars, crevettes, crabe, légumes, riz sautés et *plaa samli,* bien sûr.

Ⓘ Pas loin, le ***Pan Phochana*** est un autre favori des locaux.

À voir. À faire

En suivant la promenade vers le nord, rencontre inévitable avec le beau temple *Wat Thammikaram,* perché sur la colline *Khao Chong Krajok,* d'où l'on voit les singes sauter et s'égailler dans la rivière. Plus loin, passer des restos et des pensions ainsi qu'une plage très photogénique colonisée par des bateaux de pêcheurs, un parc, le *Khao Ta Mong Lai.*

CHUMPHON – ชุมพร

À 190 km au sud de Prachuab Khiri Khan. Rien à y faire de particulier, sinon lézarder sur les plages des environs et explorer gentiment les quelques îlots du large... Pourtant, pas mal de routards en ville... C'est que ceux venus du nord pour aller à Ko Tao ont tout intérêt à embarquer ici. Ils économisent ainsi le voyage jusqu'à Surat Thani, et les traversées successives vers Ko Samui puis Ko Phangan.

Arriver – Quitter

Depuis Bangkok, on se rend à Chumphon en train, en bus (2 départs/j., tôt le mat et en soirée) ou éventuellement par les airs avec la compagnie *Air Andaman* (3 liaisons/sem seulement). Mais l'aéroport est excentré et les heures de vol ne coïncident pas forcément avec les horaires des bateaux...

En bateau

Les liaisons sont données à titre indicatif pour la haute saison. Elles s'entendent quotidiennement dans les 2 sens et selon les mêmes fourchettes horaires, sauf mention contraire. Attention, la météo peut vous jouer des tours !

Port de Pak Nam Chumphon – ท่าปากน้ำชุมพร : *à env 10 km au sud-est du centre-ville. Facilement accessible depuis la gare à moto-taxi ou en* songthaew.

➢ ***Ko Tao et au-delà :***

– *1 express-boat Songserm (☎ 026-293-415)* quitte Chumphon et Ko Tao à 7h. Prévoir 3h de traversée. Continue vers Ko Phangan et Ko Samui.

– Plus rapides, les compagnies *Lomprayah (☎ 032-558-212)* et *Seatran (☎ 238-129)* affrètent chacune 2 départs (1 à 7h, l'autre à 13h). Ces bateaux font la navette sur la ligne Chumphon-Ko Tao-Ko Phangan-Ko Samui. Depuis le continent, compter respectivement 2h30, 4h et 4h30 de trajet, escales comprises.

– Enfin, autres options plus « exotiques » entre Chumphon et Ko Tao, le ferry lent *Ko Jaroen* (sauf dim) et 1 bateau de nuit, minuscule, d'état un peu inquiétant ! Départs 22h-minuit (5-6h de traversée). Prévoir 200-600 Bts la traversée selon l'embarcation choisie.

Où dormir ?

On préfère vous emmener à la mer plutôt que de rester en ville où, si nécessaire, il y a plusieurs pensions décentes et centrales.

Prix moyens (de 400 à 800 Bts / 11,40 à 23 €)

Clean Wave – คลีนเวฟ รีสอร์ท : *Thung Wua Laen (voir « Les plages des environs » plus loin). ☎ 077-560-151. 📱 09-44-95-29-95 • cleanwaveresort.com • Au milieu de la plage.* Le resto est sur la plage, mais la colonie de bungalows, des mini-villas en dur aux toits de tuiles rouges, s'est posée sur une grande propriété de l'autre côté de la petite route. Sans grand charme mais proprement carrelés et confortables (clim et baignoire !). Accueil très gentil.

View Resort – ววย์ รีสอร์ท : *Thung Wua Laen (voir « Les plages des environs » plus loin), légèrement au sud du* Clean Wave. *☎ 077-560-214.* L'un des rares établissements à profiter d'un peu d'espace au bord de la mer. Malheureusement, le parking gravillonné ruine un peu cet avantage. Choix entre d'anciens chalets en dur (eau froide) ou un assemblage de petits pavillons contigus (eau chaude en sus). Tous climatisés. Resto face à la mer, paillotes privatives ou tables carrelées. Bon accueil ici aussi.

Où manger ?

Bon marché (moins de 150 Bts / 4,30 €)

Le marché de nuit – ตลาดกลางคืน : *au cœur de la ville, pas très loin de la gare.* Un assez grand *Night Bazaar* où l'on trouve de tout : brochettes, *pad thai,* soupes de nouilles... Également de nombreux *food corners* qui servent de bons petits plats. Ambiance très plaisante dans ce marché bien vivant.

Resto de plage : *Thung Wua Laen (voir « Les plages des environs » ci-après), à l'extrémité sud de la plage (vers le* Chumphon Cabana*), au niveau de l'intersection avec la route qui vient des terres (panneau « Welcome to... »).* Un grand chalet ouvert sur la mer, plus chaleureux et décoré que les autres (plaques publicitaires, peintures de couleur). Patronne super sympa et, ce qui ne gâche rien, super cuistot. Prix attrayants.

Les plages des environs

Thung Wua Laen – หาดทุ่ง วัวแล่น : *à 12 km au nord de la ville. Pour s'y rendre, des* songthaew *jaunes circulent (env 6h-18h) ; prévoir 25 Bts la course. Plus tard, c'est plus cher : compter 300 Bts pour un taxi, la moitié pour une moto-taxi.* La plus belle plage de la province, parfois appelée Cabana Beach, du nom du plus grand établissement hôtelier du coin (un peu vieillot maintenant). Assez large et longue de 6 km, on s'y baigne avec plaisir et confort, ce qui n'est pas toujours le cas le long de cette côte.

Hat Sai Ree – หาดทรายรี : *à 15 km au sud-est de la ville. À faire idéalement à moto louée (à Chumphon ou Thung Wua Laen), mais la balade est aussi possible en* songthaew *(mêmes horaires que ci-avant).* Ici, on semble vouer un culte aux bateaux. Un torpilleur est posé sur le béton à l'entrée de la plage, à côté d'un mémorial dédié à un prince local, doté d'un petit musée très marin lui aussi. Certains hôtels s'obstinent à ressembler à une proue de navire. L'extrémité sud de la plage est de loin la plus agréable.

SURAT THANI – สุราษฎร์ธานี

Ville sans attrait ; il faut s'arranger pour ne pas avoir à y dormir. Son seul intérêt est sa proximité avec les ports d'embarquement de Donsak pour Ko Samui et Ko Phangan. Pour Ko Tao, on conseille vivement de prendre un bateau à Chumphon (voir plus haut).

Arriver – Quitter

La plupart des compagnies maritimes vendent des billets combinés train + bateau ou bus + bateau. Mieux vaut s'adresser directement à elles pour préparer son voyage.

En bus

➢ ***Bangkok :*** depuis la capitale, une dizaine de départs du *Southern Bus Terminal* 18h-20h30, en bus VIP avec clim (env 10h de trajet) et, le mat (7h30-10h45) ainsi que plus tard le soir, en bus non climatisé (env 12h de trajet). Pour les trajets combinés bus + bateau, voir aussi « Arriver – Quitter » à Ko Samui.

➢ ***Sud et côte ouest (Andaman) :*** abondants dans les 2 sens, Surat Thani étant un nœud routier très important.

En train

➢ **Bangkok** *(Hua Lamphong)* **:** env 10 trains/j. 10h40 puis 16h45-minuit, mais il est recommandé de prendre celui de 21h04 (arrivée à 8h35 le lendemain). En sens inverse, 10 trains 8h05-00h20. Trajet : 9-11h. La gare se trouve à Phun Phin, à 14 km de Surat Thani. Navettes entre la gare et les ports d'embarquement.

En bateau

Les quais d'embarquement :

Ban Don *(au centre de Surat Thani)* **:** pour les bateaux de nuit, départ quotidien vers 23h ; compter 6h pour Ko Samui. Couchettes communes pour les voyageurs. Pour en bénéficier, ne pas se pointer trop tard. Prévoir son sac de couchage.

Ta Tong *(5 km de la ville)* **:** bateaux express de la compagnie *Songserm* *(☎ 077-285-124 ou 026-293-415)* vers Ko Samui, puis Ko Phangan et Ko Tao. 1 départ/j., à 8h ; compter 2h30 de traversée pour Ko Samui.

Donsak *(73 km à l'est, 1h30 de trajet)* **:** départ des ferries pour Ko Samui et Ko Phangan. Compagnie *Raja* *(☎ 077-372-800)* et les catamarans de *Lomprayah* *(☎ 077-200-932 ; • lomprayah.com •)*. Formules combinées depuis Bangkok, Krabi ou Phuket. Min 2 liaisons/j., le mat et en milieu d'ap-m. L'agence ouvre env 2h avt le départ du bateau mais ferme 15 mn avt. Il y a un snack sur place. Compter 1h30 de traversée pour Ko Samui.

En avion

➢ ***Bangkok :*** au moins 2 vols/j. dans les 2 sens avec Thai. Pensez à *Nokair* *(• nokair.com •)* et *Malaysia Airlines* *(• malaysiaairlines.com •)* si vous transitez par Kuala Lumpur, ou encore *Air Asia* *(• airasia.com •)*.

À L'EST : LES ÎLES ENTRE KO SAMUI ET KO TAO

• Carte L'archipel de Ko Samui *p. 407*

CLIMAT

En général, il pleut d'octobre à janvier, puis beau fixe jusqu'à mi-avril. En été (juillet-août), ensoleillement remarquable, même si le temps est moins stable. Vents et orages nocturnes fréquents, mais rien à voir avec la saison des pluies qui se déchaîne sur Phuket à la même période...

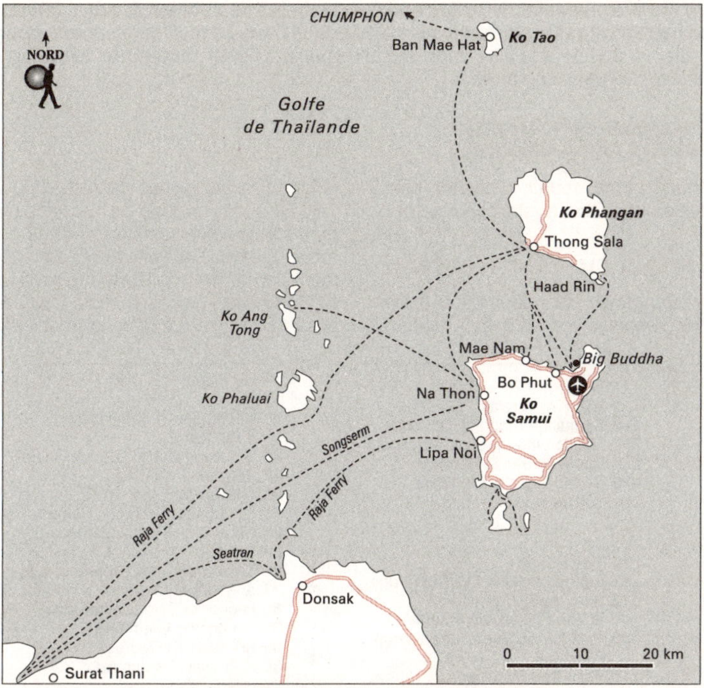

ARCHIPEL DE KO SAMUI

KO SAMUI – เกาะสมุย

• Carte *p. 409* • Plan Na Thon *p. 413*

Ko Samui est la 2e plus grande île du pays (21 km sur 25 km) après Phuket et avant Ko Chang. Comme la plupart des îles de la région, elle fut d'abord peuplée de pêcheurs malais, mais ce sont les vagues d'immigrants chinois venus de l'île de Hainan qui lui donneront sa couleur particulière. Développant les plantations (noix de coco surtout) ainsi que la pêche, ils fondèrent tous les villages importants de l'île.
Aujourd'hui, Samui, qui compte de belles plages tropicales, est l'une des grandes destinations balnéaires du sud du pays. Les familles, les amateurs de cuisine, mais aussi de sports nautiques ou de folklore (matchs de boxe thaïe), les fêtards qui ne se coucheront qu'aux petites heures après avoir écumé les bars de Chaweng... beaucoup de gens y trouvent leur compte.
Revers de la médaille, certaines parties de l'île souffrent du surdéveloppement touristique. Samui se distingue aussi par ses prix, parmi les plus élevés de Thaïlande. Reste malgré tout des petits coins préservés, comme dans le Nord-Est, avec de jolies baies qui permettent de s'adonner aux joies familiales de la plage, et dans le Sud. On s'y retrouve parfois seul sans souci !

Un régal. Également de belles collines, plantées de cocoteraies, des plages un peu sauvages et des restos les pieds dans l'eau. La meilleure époque pour y aller va de février à avril, mais aussi de juillet à début septembre, avec, parfois, des orages en soirée.

Arriver – Quitter

Pour le trajet retour, n'hésitez pas à demander conseil à votre hébergement.

En bus ou train + bateau

➢ ***Bangkok :*** offre débordante de billets combinés bus ou train + bateau, à des prix variant grosso modo de 650 à 1 800 Bts selon le type de bus (plus ou moins luxueux) et de bateau (plus ou moins rapide). On transite obligatoirement par la gare routière ou ferroviaire de Surat Thani (voir plus haut). Ces billets s'achètent soit à Bangkok (dans les

Adresses utiles

- 1 Bangkok Airways
- 6 Samui International Hospital
- 7 Bandon International Hospital
- 8 Bangkok Samui Hospital
- 9 Terminal des bus publics de Na Thon

Où dormir ?

- 10 Tree House
- 11 Eden Bungalows et The Lodge
- 12 See Daeng Bungalows et The Florist et The Hammock
- 13 Pink House Samui et Sallamai Resort
- 15 Palm Point Village
- 16 Cactus, Eden Beach Bungalows, Anantara Bophut Resort et Zazen Boutique Resort & Spa
- 17 L'Hacienda et Elysia Boutique Resort
- 18 Coco Palm Beach Resort et Belmond Napasai Koh Samui
- 20 Island View et Kirati Resort & Restaurant
- 21 Ark Bar Beach Resort, At Hostel et Chaweng Garden Beach Resort
- 23 Samui Hostel, DD Guesthouse et Hôtel Mercure
- 24 The Jungle Club
- 25 Asian Secret Resort
- 26 Bonny Hotel et Lamai Coconut Beach Resort
- 27 Coral Cove Chalet
- 28 Long Beach Lodge
- 30 New Hut Bungalow
- 39 Hunter's Hostel & Rooftop Bar

Où manger ?
Où prendre le petit déj ?
Où manger une glace ?

- 11 Malee Restaurant et Gusto
- 12 About Café et Kobori Japanese Restaurant
- 14 Café 69
- 17 Greenlight Bar & Café
- 18 My Place
- 19 Red Snapper's
- 20 Island View et Kirati Resort & Restaurant
- 21 Chaweng Garden Beach Resort
- 22 Poppies
- 24 The Jungle Club
- 25 La Fabrique – French Bakery
- 27 Coral Cove Resort Restaurant
- 28 Stacked
- 31 Think and Retro Café
- 32 Angela's at Moonhut
- 33 Leonardo Gelateria Italiana
- 34 Marché de Laem Din
- 35 Sri Nuan Thaïfood
- 36 Kob Thai Restaurant
- 37 Baan Lamom
- 39 Ging Pagarang Restaurant, Boy's Organic Café et TK Restaurant

Où boire un verre ?
Où sortir ?

- 11 Coco Tam's, The Frog & Gecko Pub et Karma Sutra
- 21 Ark Bar, Chacha Moon, Solo Bar, Soi Green Mango, Sound, Paris Follies et Starz Cabaret
- 24 The Jungle Club
- 34 Reggae Pub

À voir. À faire

- 11 France Plongée
- 34 Samui Institute of Thai Culinary Arts (SITCA)
- 40 Big Buddha
- 41 Wat Plai Laem
- 42 Hin Ta et Hin Yai
- 43 Magic Alambic – Rum Distillery
- 45 Wat Khunaram et le moine momifié
- 46 Hin Lad Waterfall
- 47 Namuang Waterfalls 2
- 49 Samui Aquarium & Tiger Zoo

Où se faire dorloter ?

- 50 Spa Ban Sabai
- 51 Tamarind Springs

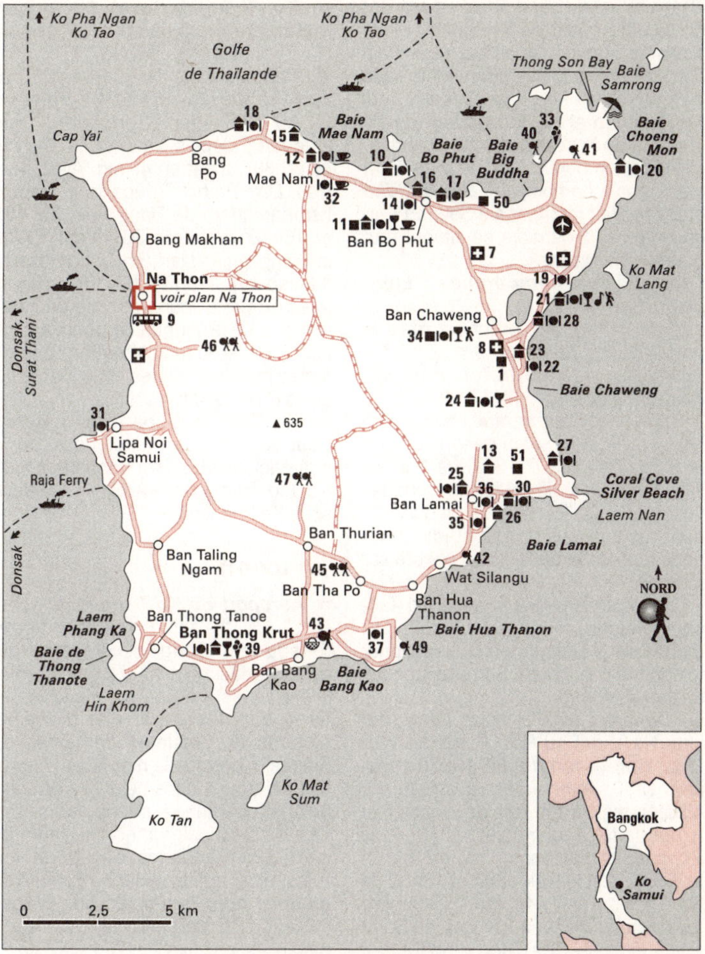

KO SAMUI

quartiers touristiques ou directement au *Southern Bus Terminal*), soit à Ko Samui (auprès des agences et compagnies maritimes ou au *terminal de bus publics de Na Thon* ; *plan,* ***9***). Vu la fréquence des bus et des bateaux, on peut acheter les billets séparément mais on n'y gagne guère financièrement.

➢ ***Surat Thani :*** billets combinés bus (entre les gares routière ou ferroviaire – ou l'aéroport – de Surat Thani et l'embarcadère de Donsak) + bateau (Donsak-Samui) pour 300-700 Bts. Compter 2 à 3h de trajet en tout (selon bateau).

➢ ***Depuis Krabi, Phuket, Ko Phi Phi :*** multiples formules combinées là encore, proposées par les agences et compagnies maritimes. L'embarras du choix.

En bateau seul

Les bateaux en provenance du continent partent de ***Donsak,*** à env

60 km à l'est de Surat Thani, et arrivent sur la côte ouest de Ko Samui : à ***Na Thon*** (le port principal) ou, pour *Raja Ferry,* à ***Lipa Noi,*** un embarcadère situé 10 km plus au sud. Les bateaux vers Ko Phangan et Ko Tao partent de Na Thon ou de la côte nord, plus précisément des embarcadères de ***Mae Nam*** (compagnie *Lomprayah*), ***Big Buddha*** et ***Bang Rak*** (compagnie *Seatran Discovery*), ces 2 derniers se situant tout près de l'aéroport.

– ***Principales compagnies :*** *Lomprayah* (*08-33-92-64-26 ; • lomprayah.com •*), la plus chère mais la plus rapide ; *Seatran Ferry* (*☎ 077-426-001 ; • seatranferry.com •*) ; *Seatran Discovery* (*☎ 077-954-171 ; • seatrandiscovery.com •*) ; *Songserm* (*☎ 077-293-415 ; • songserm.com •*) ; et *Raja Ferry* (*☎ 077-372-800 ; • rajaferryport.com •*), la seule qui prend les voitures. Les billets s'achètent partout : dans les agences de l'île ou du continent, aux embarcadères ou encore sur Internet.

– Ceux qui visitent à la suite Ko Tao, Ko Phangan et Ko Samui peuvent embarquer à Chumphon puis regagner le continent en reliant Samui à Donsak (ou inversement).

➢ ***Donsak :*** avec *Seatran Ferry* (de/vers Na Thon) ou *Raja Ferry* (de/vers Lipa Noi), 1 ferry/h 5h-19h30 ; trajet : 1h30. Avec *Lomprayah* (ferry), 4 bateaux/j., à 9h-16h de Donsak et à 12h de Na Thon ; trajet : 1h30. Avec *Songserm,* 3 liaisons/j., à 9h30, 11h et 17h30 de Donsak et 8h et 13h30 de Na Thon ; trajet : 45 mn. Également 1 bateau de nuit tlj à 23h depuis Surat Thani (arrivée à Na Thon à 5h30) et à 21h de Na Thon (arrivée à ***Surat Thani*** à 3h30) ; compter 200-290 Bts. Peut convenir aux voyageurs à petit budget ou à ceux qui, arrivant tard à Surat Thani, ne souhaitent pas y dormir. On s'installe sur des matelas étroits placés côte à côte. Arrivez tôt pour vous assurer une paillasse, sinon c'est le pont !

➢ ***Ko Phangan :*** avec *Lomprayah* (catamaran), 3 liaisons/j. depuis Na Thon (11h15, 13h30, 17h, 19h) et 2 depuis Mae Nam Beach (Pralarn Pier), à 8h et 12h30 ; trajet en 20-30 mn. Avec *Songserm,* min 2 départ/j. depuis Na Thon (à 9h, 11h et 17h30) ; trajet en 45 mn. Avec *Seatran Discovery,* 3 départs/j. depuis l'embarcadère de Bang Rak, 8h, 13h et 16h30 ; trajet en 30-40 mn. Enfin, la compagnie *Haad Rin Queen* assure 4 liaisons/j. (10h30-18h30) entre la jetée de Big Buddha et celle de Haad Rin sur Ko Phangan (au sud-est de l'île) ; durée 50 mn. Attention, pas de ferries pour les voitures entre Ko Samui et Ko Phangan !

➢ ***Ko Tao :*** la plupart des bateaux pour Ko Phangan (sauf ceux de la compagnie *Haad Rin*) continuent vers Ko Tao. Voir aussi « Arriver – Quitter » sous Ko Phangan.

En avion

✈ ***Aéroport de Ko Samui :*** *au nord-est de l'île.* Il s'agit d'un aéroport privé détenu par *Bangkok Airways,* qui assure quasiment tous les vols entre l'île et le reste du pays. Attention, les terminaux des départs et d'arrivée, distants de plusieurs centaines de mètres, n'ont pas le même accès routier. On trouve dans celui des arrivées guichet de change, distributeurs, service de réservation d'hôtels, vente de carte SIM et tous les loueurs de voitures, ainsi qu'un ***service régulier de minibus pour la plupart des plages*** (100-200 Bts/pers). En taxi, selon les distances, prix fixes : 500-1 500 Bts !

– Ceux qui poursuivent directement vers Ko Phangan ou Ko Tao peuvent acheter des billets combinés (taxi ou minibus + bateau) intéressants à la sortie de l'aéroport.

➢ En saison, au moins 1 vol/h de/vers ***Bangkok,*** 4 vols/j. de/vers ***Phuket,*** et 1 vol/j. de/vers ***Pattaya*** et ***Chiang Mai.***

Circuler dans l'île

Notre plan de l'île est indicatif ; pour plus de détails, munissez-vous dès votre arrivée de l'une des cartes gratuites (disponibles partout) et très bien faites. Elles indiquent toutes les routes et une bonne partie des hébergements de l'île.

– ***Les taxis :*** ils sont censés mettre leur compteur mais la plupart s'y refusent. Du coup, il faut négocier le prix de la course, nettement plus élevé, à distance égale, que dans d'autres parties du pays (y compris Bangkok). Pour aller de la plage de Mae Nam à Chaweng par exemple, compter 300-400 Bts. Vlan !

– ***Les songthaew :*** véhicules pick-up bâchés à banquettes, qui circulent sur tout le pourtour de l'île toute la journée et jusque dans la soirée. Leur destination finale est indiquée dessus, et il suffit de les attraper au bord de la route. Pour descendre, appuyez sur l'interrupteur au plafond (ou tapez sur le toit). Demandez le prix de la course avant de monter et ayez toujours de la monnaie (le compte juste est préférable). Le trajet le plus cher, Na Thon-Chaweng, ne doit pas dépasser 100 Bts ; pour Chaweng-Bophut, compter env 50 Bts. Par personne, bien sûr. Néanmoins, c'est une bonne alternative au taxi privé.

– ***Les motos-taxis :*** on les reconnaît à leur T-shirt fluo, violet, jaune, vert... selon les plages. Plus rapide, plus dangereux et plus cher que les *songthaew*. Par exemple, autour de 50 Bts pour une course dans Chaweng (négociez car on vous demandera plus). Les conducteurs portent un casque, demandez-en un aussi.

– ***La moto ou le scooter de location :*** le moyen de transport le plus utilisé par les touristes. Normal, vu le prix : à peine 200 Bts/j. De plus, on en trouve partout à louer. Veillez toutefois à être extrêmement prudent car le trafic, à Samui, est plus dense que sur d'autres îles ; lire aussi, à ce sujet, notre rubrique « Transports » dans « Thaïlande utile ». Comme ailleurs, aucune assurance, et toute casse se paye cash.

– ***La voiture :*** plus sûre que la moto. Plein de loueurs partout, dont de grandes enseignes. Pas si cher : à partir de 800-1 000 Bts/j.

Adresses et infos utiles

Voir aussi à Na Thon, capitale de l'île.

Informations touristiques

Outre l'office de tourisme *(TAT)* de Na Thon (voir plus loin), on trouve des infos générales sur l'île sur • *koh-samui-thailande.fr* • Pas grand-chose en revanche en matière de publications, hormis le *Samui Dining Guide*, le *Samui Spa Guide* et les cartes de l'île. À signaler aussi : le livret *Malin !*, qui répertorie les adresses francophones (hôtels, restos...) de Ko Samui. Enfin, vous pouvez aussi jeter un œil au portail d'info en français • *samui-info.com* • (pas toujours à jour, cependant).

Banques, guichets automatiques et change

Nombreux comptoirs de change (ouverts jusqu'en soirée) et distributeurs de billets sur toutes les plages fréquentées. Aucun souci pour se procurer du cash.

Agences de voyages

Un peu partout sur l'île, en particulier à Chaweng. Elles proposent toutes billets de transport et excursions. Les meilleures peuvent aussi vous donner de bonnes infos (comme celle du *Backpacker Samui Travel Group*, en face du *King's Garden Resort*, à Chaweng, demander Mr Rin).

Compagnie aérienne

■ ***Bangkok Airways*** – สายการบินบางกอกแอร์เวย์ *(carte,* ***1****)* ***:*** *54/4 Moo 3, Tambon Bo Phut. ☎ 077-422-235 ou 428-500 (à l'aéroport). • bangkokair.com • Tlj 8h-17h30.*

Plongée

Ko Samui n'est pas une île où l'on plonge... tout simplement parce qu'il n'y a rien à voir. Il y a bien des clubs de plongée (on en cite un à Bo Phut), mais ils emmènent leurs clients autour de Ko Tao, c'est-à-dire à 2h de bateau de Ko

Samui. Préférez plonger depuis là-bas, cela vous reviendra 2 fois moins cher.

Santé, urgences

■ ***Samui International Hospital*** – โรงพยาบาลสมุยอินเตอร์เนชั่นแนล *(carte, **6**) : au nord de Chaweng.* ☎ *077-300-394 (ou 395).* Hôpital privé avec médecins anglophones, service d'urgences et pharmacie ouverte 24h/24.

■ ***Bandon International Hospital*** *(carte, **7**) : 123/1 Moo 1, Bo Phut (entre Bo Phut et Chaweng).* ☎ *077-332-706.* Autre hôpital privé avec service d'urgence 24h/24.

■ ***Bangkok Samui Hospital*** *(carte, **8**) : à Chaweng, 57 Moo 3 Taweeratphakdee Rd, sur la route vers Bo Phut.* ☎ *077-429-500. Urgences :* ☎ *1719.* Privé également.

■ ***Tourist Police :*** ☎ *1155.*

NA THON – หนาทอน

Ville principale de l'île et port d'arrivée des ferries, bateaux et catamarans en provenance de Donsak. Certains départs pour Ko Phangan et Ko Tao se font d'ici aussi. Pas vraiment de raison d'y séjourner, on vous signale juste 1 ou 2 restos et les services qu'on y trouve.

Adresses utiles

■ ***TAT*** – ท.ท.ท. *(plan Na Thon, A1) : Chayakul Rd.* ☎ *077-420-504.* ● *tatsamui@tat.or.th* ● *Dans une ruelle entre la poste et la rue principale. En travaux lors de notre dernier passage. Tlj 8h30-12h, 13h-16h30.* Personnel accueillant et plus ou moins anglophone, qui fera son possible pour répondre à vos questions sur l'île. On y trouve aussi toute la doc disponible sur Ko Samui : cartes, prospectus, le *dining* guide...

■ ***Post Office*** – ไปรษณีย์ *(plan Na Thon, A1) : sur le front de mer, à gauche en descendant du bateau, à 300 m. Lun-ven 8h30-16h30, sam-dim 9h-12h.*

■ ***Banques*** *(plan Na Thon, A1, **2**) : plusieurs sur Taweratphakdee Rd. Lun-ven 8h30-16h (env).* Change et distributeurs.

■ ***Bureau d'immigration*** – สำนักงานตรวจคนเข้าเมือง *(plan Na Thon, hors plan par A2, **3**) : 333 Moo 1 Maenam soi 1.* ☎ *077-423-440. Lun-ven 8h30-16h30 (pause d'1h à midi).* Pour prolonger son visa. Prévoir 1 photo d'identité et environ 1h de délai (davantage le lundi matin).

■ ***Songthaew*** *(taxis collectifs)* **:** ils se concentrent entre les 2 débarcadères, là même où se tient le marché de nuit. Départs fréquents pour les différentes plages de l'île. Leur destination est inscrite sur le pare-brise. Certains sont même climatisés. Compter environ 100 Bts la course pour Chaweng ou Maenam et 400 Bts avec clim.

■ ***Agences de voyages : Songserm Travel*** *(plan Na Thon, A1, **4**), dans la rue qui longe le front de mer. Tlj 6h30-20h30. D'autres agences, vendant ts les billets de transport, dans la même rue.*

Où manger ?

Bon marché (moins de 200 Bts / 5,70 €)

|●| ***Marché de nuit*** *(plan Na Thon, A1, **20**) : sur le port, entre les 2 embarcadères. Ts les soirs, en sem, dès 17h.* L'un des plus pittoresques de l'île. Parfait pour un bon petit plat pas cher (entre 50 et 100 Bts). Les jus de fruits sont délicieux.

|●| ***The Road Less Travelled*** *(plan Na Thon, A1, **23**) : 11/2 3, Angthong 11.* 📱 *06-11-96-98-82. Mar-ven 9h-22h, sam 9h-18h, dim 9h-15h. Fermé lun.* Cadre industriel chic et coloré, fauteuils confortables, terrasse et petite musique jazzy : de quoi faire une pause en beauté ! Jus

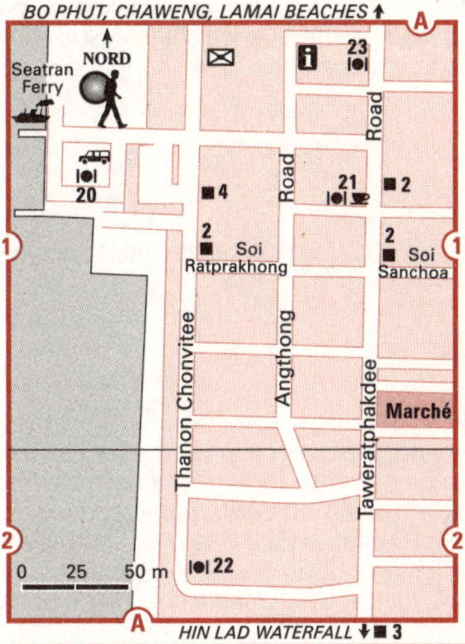

■ **Adresses utiles**

- TAT (A1)
- 2 Banques (A1)
- 3 Bureau d'immigration (hors plan par A2)
- 4 Songserm Travel (A1)

Où manger ?

- 20 Marché de nuit (A1)
- 21 Ruangthong Bakery (A1)
- 22 Lucky Restaurant (A2)
- 23 The Road Less Travelled (A1)

NA THON

de fruits et salades vitaminées, currys et autres spécialités joliment présentées. Les cafés aux fruits sont très originaux... et bons ! Service souriant.

Ruangthong Bakery *(Hot Bread Shop)* – เรืองทองเบเกอรี่ *(plan Na Thon, A1,* ***21****) : Taweratphakdee Rd. ☎ 077-421-295. Tlj 7h-18h.* Un peu en retrait du front de mer, dans une grande salle ouverte sur la rue avec terrasse, une boulangerie-resto où se mélangent autochtones et touristes ; idem sur la table où plats thaïs (goûtez au *massamam curry*) et internationaux voisinent avec de bonnes pâtisseries (excellent *vanilla muffin*) et vrais expressos. Petit déj toute la journée. Jolies assiettes de fruits. Grand choix à la carte.

Lucky Restaurant – ร้านอาหารลัคกี้ *(plan Na Thon, A2,* ***22****) : Thanon Chonvitee Rd. ☎ 077-420-392. Tlj sauf dim 8h-21h.* Bonne petite cuisine (avec notamment un beau choix de plats sans viande) et cafés juste comme il faut, servis dans une agréable salle ventilée ouverte sur la route côtière. L'endroit est tenu par Steve, un Anglais sympa.

Où manger dans les environs ?

Think and Retro Café *(carte,* ***31****) : à Lipa Noi, en descendant un peu au sud de Na Thon, sur la route 4174. Tlj 8h30-22h.* Prenez des containers en métal, des tonneaux, des enrouleurs de câbles, peignez-les de couleurs flashy et colorées et posez-les sur une plage de sable fin. Voilà le Think and Retro Café ! Parfait pour manger pas cher des spécialités locales ou internationales. Ambiance hippie et familiale (plein de jeux pour enfants). Petit déj toute la journée. Grand arbre pour paresser à l'ombre et massages.

À voir

Hin Lad Waterfall – น้ำตกหินลาด *(carte,* ***46****) : à 3 km au sud-est de Na Thon, prendre vers le sud puis à gauche au panneau. GRATUIT mais parking et toilettes payants.* Une balade agréable... et un cadre à se faire moine ! Depuis le parking et les marchands du temple, on se faufile sur 2 km à travers la jungle (hélas, pas très bien entretenue) aux mille et un sons jusqu'à atteindre les chutes, plus abondantes après un jour de pluie. À leur pied, un bassin pour faire trempette et une minibuvette.

LES PLAGES DE L'ÎLE

Nous décrivons les différentes plages de Ko Samui en tournant dans le sens des aiguilles d'une montre, à partir de Na Thon.

MAE NAM BEACH – หาดแม่น้ำ

Au milieu de la côte nord, c'est la 1re vraie plage rencontrée en venant de Na Thon. Les abords de la route sont plutôt moches mais ne vous y fiez pas, le front de mer est bien plus sympa. La plupart des adresses, accessibles par des pistes depuis la route principale, sont situées en bord de plage, avec une concentration particulière (quoique modérée) dans le petit village où l'on pénètre après avoir franchi un portique de style chinois (le 2e, en fait, en venant de Na Thon), juste après le feu, vers le milieu de l'anse. Un agréable coin où se poser, qui conviendra mieux à ceux qui recherchent le calme que Bo Phut, la plage suivante.

Où dormir ?

Prix moyens (de 1 000 à 2 500 Bts / 28,60 à 71,40 €)

Tree House – ทรีเฮ้าส์ สมุย บังกะโล *(carte, **10**) : Mae Nam est. 06-22-40-43-05. • tree-house.org • Un peu après la poste à gauche, c'est au bout du chemin (suivre les fleurs, qu'ils disent...).* Difficile, dans ces prix, de trouver un endroit plus attrayant que cette adresse, toute bigarrée, installée au bord d'un super bout de plage où la démarche écolo est reine ! Une vingtaine de bungalows avec salle de bains (eau chaude) et terrasse privée tendue de hamac, certains (les plus chers) avec la clim... et posés face à la mer. Au milieu, le resto et ses chatoyants coussins, où il fait vraiment bon se la couler douce un mojito à la main face au coucher du soleil ! Cuisine internationale variée et de qualité. N'hésitez pas, mais attention, le lieu est très prisé, et il faut s'y prendre bien à l'avance pour avoir une chambre.

See Daeng Bungalows – สีแดง บังกะโล *(carte, **12**) : 149, Moo 1, Maenam. 08-15-37-03-02. • info@seedaeng.com • Vers le milieu de l'anse, prendre à gauche au feu sur la route principale, vers la mer ; puis au bout à droite, et c'est à 50 m.* Au cœur du « village » de Mae Nam, un petit édifice abritant 8 chambres rénovées avec clim, TV, frigo, salle de bains neuve et bonne literie. La no 2, au 2e étage, est géniale, avec son balcon donnant sur la mer turquoise... et les cocotiers juste devant. Les autres, avec balcon aussi, ont une vue plus partielle. Également 2 bungalows, mais moins bien que les chambres. Fait aussi resto autour du billard. Patronne suédoise très cool et de bons conseils.

Palm Point Village – ปาล์ม พอยท์วิลเลจ *(carte, **15**) : entre l'embarcadère de la compagnie* Lomprayah *et le « village » de Mae Nam. ☎ 077-247-372. • palmpointsamui.com •* Une vingtaine de bungalows en dur et en bois, sur 2 rangées, simples mais bien tenus, le long d'un jardin soigné qui aboutit à la belle plage de Mae Nam ouest. Fait rare : ceux qui donnent sur la mer sont les moins chers (car ils n'ont pas la clim) ! Pas de piscine. Resto face au turquoise de l'eau, précédé de cocotiers.

LE SUD : ITINÉRAIRE BANGKOK – HAT YAI

De prix moyens à plus chic (de 1 000 à 5 000 Bts / 28,60 à 143 €)

The Hammock – เดอะ แฮมมอค สมุยบีช รีสอร์ท (carte, **12**) : *82/13 Moo 1, Maenam. ☎ 077-247-198. • hammocksamui.com • Vers le milieu de l'anse, prendre à gauche au feu sur la route principale, vers la mer ; puis, au bout, prendre à droite et faire env 150 m.* Une structure composée d'une vingtaine de bâtiments bruns abritant des chambres toute blanches, au sol en béton cru, impeccables, avec terrasse privée, clim, une bonne literie, grand écran plat et lecteur de DVD, frigo, coffre et beaux sanitaires. Les plus chères sont pareilles, mais plus près de la plage. Petit déj-buffet compris dans le prix, avec des plats cuisinés différents tous les jours. Bar-resto en terrasse et petite piscine flanquée de « poufs sacos » rouges donnant sur la plage.

The Florist (carte, **12**) : *195/3 Moo 1, Maenam. 08-63-13-77-25. • floristresort.com • Bien visible depuis la route principale (la 4169).* Pas le grand luxe, des petites choses de guingois, mais globalement une bonne adresse, à la déco classique, avec accès direct à la plage, et bien entretenue. Petit déj au bord de l'eau. Chambres réparties en rez-de-chaussée ou à l'étage autour des piscines. Calme. Hélas, accueil un peu bourru.

Plus chic (de 2 500 à 5 000 Bts / 71,40 à 143 €)

Coco Palm Beach Resort – โคโค ปาล์ม รีสอร์ท (carte, **18**) : *tt à l'ouest, à côté de l'embarcadère de la compagnie Lomprayah vers Ko Phangan. ☎ 077-447-211. • cocopalmbeachresort.com •* Dans un coin calme et encore peu développé. Une petite centaine de bungalows *superior, deluxe, family, pool villa* ou *beach front villa,* répartis dans un jardin tropical taillé au cordeau. La déco est classique mais tout le confort est là, en particulier dans les bungalows les plus chers, qui disposent même de leur propre piscine. Superbe piscine commune aussi, et plage non moins belle, avec vue sur Ko Phangan. Resto sur place. Accueil pro et affable. Salon de massage réputé.

Spécial coup de folie

Belmond Napasai Koh Samui (carte, **18**) : *65/10 Ban Tai. ☎ 077-429-200 ou 0-800-913-079 (résas). • belmond.com • Avt la plage de Mae Nam, sur Ban Tai Beach. Villas à partir de 12 000 Bts, petit déj compris.* Un trésor exclusif bien protégé au bord de l'eau, avec sa plage privée (l'un des seuls *resorts* de l'île à en disposer). Une cinquantaine de villas et une douzaine de résidences qui dévalent sur la colline, toutes avec baignoire énorme, et certaines avec piscine privée (les résidences pour 4 personnes). Déco superbe, tout en teck. Tout confort bien sûr et service aux petits soins. Magnifique vue panoramique sur la mer et les îlots avoisinants. Superbe piscine, spa, bar, voiturette pour circuler (ça monte et ça descend) et 2 restaurants. Idéal pour une nuit en amoureux dans un luxe douillet.

Où manger ? Où prendre le petit déj ?

De bon marché à prix moyens (jusqu'à 400 Bts / 11,40 €)

About Café – อเบ้าท์กาแฟ (carte, **12**) : *dans le village, au bout de la petite route, côté gauche (à 40 m de See Daeng Bungalows). 08-15-84-48-87. Tlj sauf mer 7h30-17h (16h jeu).* Une minisalle et une miniterrasse bordées de quelques plantes, pleines de couleurs et d'accessoires rigolos comme cette vieille télé des années 1950. On y sert l'un des meilleurs petits déjeuners du coin, mais l'endroit est bien aussi pour boire un thé, un vrai expresso tiré de grains du monde entier, ou pour manger une gaufre ou un sandwich. Un endroit très prisé, donc prévoir de l'attente. Prix très raisonnables.

My Place *(carte, **18**) : tt à l'ouest, à côté de l'embarcadère de la compagnie* Lomprayah *vers Ko Phangan, en face du* Coco Palm Beach Resort. *08-73-83-82-71. Tlj 9h-23h.* Un petit resto qui cache son joli jardin sous des treilles, à côté de la galerie d'art du patron bien sympa. Fruits de mer, soupes, salades et autres spécialités thaïes comme le *laab moo* (viande hachée menue et épicée) ou encore la fameuse *tom yam soup* délicieusement parfumée au lait de coco et au galanga. Prépare aussi de bons petits déj (parfait avant le bateau pour les îles). Bon accueil, du personnel comme des moustiques (!).

Angela's at Moonhut – อันเจล่าเบกเกอรี่แอนด์กาแฟ *(carte, **32**) : sur la route principale, env 300 m après le pont, côté droit (en venant de Na Thon).* ☎ *077-427-396. Tlj 8h-15h. Petit déj servi tte la journée.* Si la terrasse de bord de route est très bruyante, la salle est plus avenante, garnie de box et d'affiches anciennes. Excellent *meatloaf,* superbes pies et divers currys au menu. Mais la part belle est aussi faite aux gâteaux, variés et pas chers, bravo ! Crêpes, *lemon cake,* brownies, cheese-cake...

Plus chic (de 400 à 800 Bts / 11,40 à 23 €)

Kobori Japanese Restaurant – ร้านอาหารญี่ปุ่น โกโบริ *(carte, **12**) : dans le village, sur la petite route qui va vers la plage (avt l'*About Café*, sur la droite). 08-31-74-65-30. Tlj 11h30-22h.* Les amateurs de cuisine japonaise feront un (petit) effort financier pour venir satisfaire, ici, leur envie de sushis, sashimis, *ramen* (nouilles), soupes d'algues, bœuf cru, steak de maquereau et autres *hot pots* nippons... à savourer dans une petite salle à la déco typique, avec grosses tables en bois et pubs du pays du Soleil Levant. Tout est excellent et très frais, à accompagner d'une Kirin (bière japonaise agréablement amère) ou d'un vin de prune. Goutte de saké offerte à la fin du repas. On en est sortis ravis !

BO PHUT BEACH – หาดบอผุด

Une plage de 2 km de long, jolie en apparence mais entretenue de manière aléatoire, et fonds un peu vaseux... Il faut s'éloigner du village vers l'ouest pour qu'elle soit propice à la baignade.

L'activité touristique se concentre dans une petite rue parallèle à la mer, connue sous le nom de ***Fisherman's Village*** (depuis la route principale, tourner au feu en direction de la mer, c'est au bout). Secteur très mercantile à l'ambiance plutôt tranquille et familiale (pas de bars à filles), où les quelques vieilles maisons en bois qui subsistent présentent une grande variété de styles. Même si vous n'y logez pas, on vous conseille d'y passer, en journée comme en soirée, pour boire un verre.

Le vendredi soir, animations de rue et gargotes se tiennent tout le long du Fisherman's Village, donnant à ce coin un petit supplément d'âme.

Où dormir ?

Prix moyens (de 1 000 à 2 500 Bts / 28,60 à 71,40 €)

Cactus – แค๊คตู้ส *(carte, **16**) : voisin de* Free House Bungalow. ☎ *077-245-565. • cactus-bungalow.com •* 2 rangées de bungalows de couleur ocre, perpendiculaires à la mer, tenus par Jeff, un Français. Style un peu « pampa », les cactus sont bien là, dans un jardin protégeant l'intimité des hôtes. Cailloux intégrés dans la chape, lits sur plate-forme maçonnée, salle de bains et déco intérieure de qualité. Prix du simple au triple selon le confort et la situation de la chambre. Resto-bar devant la plage. Un bon rapport décor-qualité-prix.

Plus chic (de 2 500 à 5 000 Bts / 71,40 à 143 €)

Elysia Boutique Resort *(carte, **17**) : 3/28 Fisherman's Village, Bophut, Moo 1. 09-94-08-55-66. À droite après être entré dans le village, un peu à l'écart de la cohue, à côté du* Greenlight Bar & Café. Autour d'une belle piscine, à un pas de la mer (une route traversante). À l'étage, chambres avec balcon très lumineuses, au rez-de-chaussée, un peu plus sombres mais avec terrasse et pouf pour paresser. Tout confort, joliment décoré, assez contemporain. Spa, sauna, massages, et même cours de yoga. Resto super (voir *Greenlight Bar & Café* dans « Où manger ? »).

Eden Bungalows – ร้านอาหารอีเดน อีสาน *(carte, **11**) : dans la rue principale, vers le milieu de la plage, au cœur du Fisherman's Village. ☎ 077-427-645. • edenbungalows.com •* Tenu par un couple français. Chambres, disposées autour de la petite piscine turquoise, ou bungalows, dans un superbe jardin tropical luxuriant avec fontaine. Chambres à la déco traditionnelle sobre mais agréable, avec petites fleurs partout. Dans les bungalows, de taille variable, parfois avec étage pour les familles, style local de bon goût aussi, terre cuite au sol ou parquet et douche sous une lucarne. Petit déj avec croissants et baguettes. Bar où se retrouvent, autour du billard, des expats francophones habitués.

The Lodge – เดอะลอดจ์ *(carte, **11**) : presque en face d'*Eden Bungalows. *☎ 077-425-337. • lodgesamui.com •* Cette charmante demeure de style « maison de marchand sino-thaïe », vraiment chaleureuse, compte une poignée de chambres confortables (clim, écran plat, moustiquaire, coffre, minibar...), décorées avec un goût sûr et un beau mobilier en bois exotique. À noter : 2 chambres familiales, à peine plus chères que les autres. Elles donnent toutes sur la mer, et notre préférée, au 1er étage avec son balcon, surplombe un joli cocotier. La plage est à vos pieds.

L'Hacienda – ลาเซียนดา *(carte, **17**) : côté est du village ; en arrivant sur le front de mer (au niveau du vieux débarcadère), prendre la rue sur la droite. ☎ 077-960-827. • samui-hacienda.com • Réduc de 10 % si résa en direct.* Petit hôtel de 2 étages au look un peu hispano, doté d'une réception particulièrement engageante. Il héberge 8 chambres toute blanches (et égayées de touches de bleu, jaune, orange...) à la déco stylée très réussie, face à la mer ou côté rue (2 seulement, moins chères mais moins d'intérêt), avec balcon, TV, minibar, clim et salles d'eau aux galets incrustés. Les 2 chambres au rez-de-chaussée, au bord de l'eau, sont vraiment très classes ! Cerise sur le gâteau, une micro-piscine sur le toit avec vue panoramique. Et un bon accueil. Évitez juste, peut-être, d'y loger un vendredi, le jour où le bar d'en face reste ouvert plus tard...

Très chic (à partir de 5 000 Bts / 143 €)

Eden Beach Bungalows – อีเดน บีช บังกะโล *(carte, **16**) : en bord de plage, à l'ouest du Fisherman's Village, à côté de l'hôtel* Cactus *et de* Free House Bungalow. *☎ 077-425-300. • edenbeachbungalows-samui.com •* Une de nos adresses préférées dans le coin. Au calme, chic et charmant, voici un complexe qui offre une rangée de bungalows, alignés de part et d'autre d'une allée végétalisée hyper soignée, avec tout au bout une jolie piscine à débordement et un élégant resto au mobilier en bois. Tout est lumineux et bien pensé. Les bungalows, quant à eux, plus ou moins grands, sont chics, soignés et zen, tout blancs et au toit de palme. Ensemble cosy et raffiné, tout en conservant un caractère familial et tranquille. Une bonne adresse. Propose aussi des villas privées à proximité.

Zazen Boutique Resort & Spa *(carte, **16**) : tt à l'ouest de Bo Phut. ☎ 077-425-085. • samuizazen.com • Compter min 6 000 Bts la double, et jusqu'à... 30 000 Bts.* Le top du top en matière d'établissement de charme. Disséminés dans un magnifique jardin tropical agrémenté de fontaines et plans d'eau ou posés au bord du sable jaune clair, les bungalows de style thaï sont superbement décorés, façon feng shui, et remarquablement équipés (salles de bains extra, semi-ouvertes), massages inclus ! Un vrai petit paradis. Piscine et plage aménagée, avec bains de soleil bien confortables, l'ensemble très au calme. Quant au petit déj (inclus), c'est un véritable festin ! Restaurant hyper romantique. La totale !

Spécial coup de folie

Anantara Bophut Resort (carte, **16**) : *99/9 Moo 1, Bophut. ☎ 077-428-300. • anantara.com • Bien indiqué depuis la route principale (la 4169).* Arrivée spectaculaire au milieu des nénuphars, dans un jardin luxuriant. Une chaîne d'hôtels haut de gamme, sans être non plus trop guindée. Une centaine de chambres, de conforts différents, mais toutes élégantes et bien entretenues. Des piscines, des restaurants, un centre de soins et un spa. Les piscines n'attendent que vous, à moins que vous ne préfériez la plage et ses palmiers... Dur de quitter ce petit cocon !

Où manger ?

Bon marché (moins de 200 Bts / 5,70 €)

Malee Restaurant – เตี๋ยวเด็กเกาะ *(carte, **11**) : sur la route qui va vers le Big Buddha depuis le Fisherman's village (à 2 mn à pied de la plage) juste à côté du Danna Resort. 📱 08-63-29-36-15. Tlj 12h-22h.* La bonne petite adresse pour un en-cas à midi : on sert ici des soupes délicieuses et pas chères du tout, mais aussi des salades épicées, plats de riz ou de nouilles... Tout est fait maison et fort appétissant. À déguster dans une petite salle garnie d'étagères ouverte sur la route.

De prix moyens à plus chic (de 200 à 800 Bts / 5,70 à 23 €)

Greenlignt Bar & Café *(carte, **17**) : 3/28 Fisherman's Village, Bophut, Moo 1. 📱 09-56-15-72-30. À droite après être entré dans le village, un peu à l'écart de la cohue, à côté de l'hôtel* Elysia *(même maison, voir « Où dormir ? »). Tlj 8h-21h (minuit ven).* Sous une grande paillote aérée tout en bois, avec ventilo vrouvroutant. Des coussins pour les enfants, des banquettes pour les grands. Une adresse résolument bio et saine, pour manger équilibré. Au menu, des légumes bio, et des fruits et des graines dont on ne soupçonnait même pas les noms ! Mais aussi des salades à composer soi-même et des poissons. Jus de fruits et de légumes frais. Bonne ambiance, service souriant. Une pause bienvenue !

Gusto – กุสโต เรสโตรองต์ พิซเซอเรีย *(carte, **11**) : dans la rue du village, avt le Starfish. ☎ 077-332-514. Tlj 13h-23h.* Plusieurs restos italiens dans ce secteur. Nous avons jeté notre dévolu sur celui-ci et ne l'avons pas regretté. Cadre et ambiance gentiment animés, bien agréables en soirée et vue mer en journée, pour une cuisine authentiquement transalpine et soignée : pâtes fumantes (hmm, les spaghettis aux fruits de mer en croûte de pain !), pizzas croustillantes, salades bien fraîches... Le tout orchestré par une petite équipe sympa de serveuses thaïes, sur laquelle veillent avec bienveillance le patron italien et sa femme.

Café 69 (ou **Sixty-Nine** ; carte, **14**) : *sur la grande route principale. 08-19-78-19-45. Tlj sauf ven 13h-23h.* Si la situation, en bord de route (évitez la terrasse), n'est pas le fort du resto, le reste fait l'unanimité par ici, à commencer par la qualité de la cuisine (thaïe contemporaine), qui ravit vraiment son petit monde ! *Dumplings* de canard, sushis thaïs (si ! si !), crabe à la sauce au poivre noir, tempura de scampis, tourte au curry de poulet... on ne sait que choisir tant tout paraît (et est) bon. Déco pop et colorée. Revers de la médaille, c'est très souvent plein (d'autant qu'il y a peu de tables), réservez ou préparez-vous à attendre. Patron adorable.

Où boire un verre ?

Coco Tam's – โคโค่ แทมป์ (carte, **11**) : *côté ouest du Fisherman's Village, sur la plage. 09-19-15-56-64. Tlj 13h-1h.* Gros coussins et tables basses pour s'affaler tranquillou, en profitant d'une petite bière au rythme de la *bouddha music.* Plus cool, tu meurs ! Balançoires ou comptoir, le tout face à la mer. On peut grignoter aussi (cuisine italienne).

The Frog & Gecko Pub (carte, **11**) : *dans la rue du Fisherman's Village, vers le milieu. 09-80-23-83-10. Tlj 15h-00h (au moins). Happy hours 16h-22h.* Impossible de le manquer, du moins en soirée car c'est l'un des endroits les plus animés du village. Pub dans une ancienne maison de pêcheurs, plutôt branché sport, qui débite pas mal de bières. Plein de choses à grignoter, et petit déj servi jusqu'à pas d'heure.

Karma Sutra (carte, **11**) : *à l'entrée du Fisherman's Village, face au vieil embarcadère. 08-87-51-86-74. Tlj 8h-minuit.* 2 salles ouvertes, de part et d'autre de la rue, peintes en rose et violet et garnies de vieux mobilier en bois. Bien pour siroter un bon café, une bière ou un cocktail, grignoter un bout (excellents sandwichs) ou bouquiner (magazines français), confortablement installé sur une banquette équipée de coussins. Atmosphère très relax et branchée.

À faire

■ ***France Plongée*** (carte, **11**) : *sur la route qui relie la route principale au Fisherman's Village. 08-80-22-33-19. • franceplongee.com • Compter min 5 000 Bts.* Le seul club français de l'île, tenu par le sympathique et sérieux Éric. Comme partout, on va plonger à Ko Tao. Intéressant seulement si vous n'allez pas ensuite sur cette île.

Où se faire dorloter ?

■ ***Spa Ban Sabai*** – สปา บ้านสบาย (carte, **50**) : *entre Bo Phut et Big Buddha Beach, accès par la route principale. ☎ 077-245-175 ou 077-427-444. • ban-sabai.com • Compter 1 800 Bts pour 1 massage thaï classique de 2h.* Cadre enchanteur : quelques salles et espaces installés au bout d'un jardin tropical devant la mer, et le bruit des vagues pour ambiance sonore. Large éventail de massages, soins et autres traitements, de 30 mn à 6h, voire étalés sur plusieurs jours. Tarifs complets sur le site internet.

BIG BUDDHA BEACH – หาดพระใหญ่

Une plage mignonne exposée au soleil couchant, avec quelques barcasses de pêcheurs et assez peu de touristes. Mais la route passe à proximité, et c'est l'axe de l'aéroport, situé à moins de 2 km à vol de mouette (c'est assez insupportable !). On ne vous y propose donc aucun hébergement.

Où manger une glace ?

Leonardo Gelateria Italiana (carte, **33**) : *à droite de l'escalier qui monte vers Big Buddha. 09-28-47-73-85. Lun-sam 9h-18h.* Prenez place et testez votre parfum préféré avant de choisir. Drôles de saveurs : mojito, citronnelle, litchi... Accueil souriant.

À voir

Big Buddha – พระใหญ่ (carte, **40**) : *à droite de la plage du même nom. Tlj 6h-20h. GRATUIT. Parking et boutiques.* Un gigantesque bouddha doré très kitsch, bâti en 1971 sur un promontoire rocheux. Des moines vivent dans le monastère à proximité. Le bouddha, à défaut d'avoir une valeur esthétique, vaut surtout pour la petite vie sociale qui l'entoure. Pour la visite, tenue décente demandée. Pour les étourdis, prêt de petits hauts et de pantalons. Amusant : on vous propose de signer une tuile (contre un don) qui permettra de refaire le toit du temple le moment venu. Vue spectaculaire de là-haut.

Wat Plai Laem (carte, **41**) : *en allant vers Choeng Mon Beach (voir ci-après).* Immanquables de la route, 2 temples surchargés et autant de gigantesques statues peinturlurées, l'une du Bouddha, l'autre d'une divinité au nom imprononçable, aussi long que ses 18 bras. Rigolo et kitsch, pas franchement mystique. Tenue correcte là encore exigée.

CHOENG MON BEACH – หาดเชิงมน

Petite plage en forme de croissant de lune, ourlée de sable blanc, de cocotiers, et gentiment colonisée par les transats. À droite, un petit îlot accessible à marée basse complète la carte postale. Globalement au calme, on y vient en couple ou en famille. Choeng Mon est un bon choix de villégiature tranquille sur un joli site de Ko Samui.

Où dormir ? Où manger ?

Prix moyens

Island View – ไอส์แลนด์ วิวย์ (carte, **20**) : *sur la plage, côté est. 08-32-21-24-50. • islandviewsamui.com •* Une dizaine de chambres et autant de bungalows à la déco classique mais bien équipés, et de bonne tenue, dont le prix varie essentiellement selon l'orientation et la taille. Fait aussi supérette. Quant au resto, les pieds dans l'eau, il se distingue par sa vue sur l'îlot et ses prix accessibles. Une option convenable pour les budgets limités.

De prix moyens à très chic

Kirati Resort & Restaurant – รีสอร์ทและร้านอาหารกีระติ (carte, **20**) : *sur la plage, côté est, 100 m après l'Island View. ☎ 077-448-026. • kiratisamui.com •* Devant la plage, quelques agréables bungalows en bois, dans le style local, et au fond du jardin, un édifice de 2 étages abritant une quinzaine de chambres plus récentes, bien nettes et fonctionnelles à la déco un peu plus tristounette. On peut préférer les huttes en bois mais, dans les 2 cas, le confort est là. La taille humaine du lieu le rend sympathique. De plus, chouette resto au bord de la plage possédant un vrai cachet, avec banquettes de bois et bons poissons grillés.

À voir

La petite plage de cailloux de ***Thong Son Bay,*** au nord-ouest de Choeng Mon Beach, est plus isolée et moins fréquentée. Vue superbe.

CHAWENG BEACH – หาดเฉวง

La plus célèbre plage de l'île étale ses 3 km de fin sable blanc en un arc de cercle très ouvert. Festive et bruyante, elle est devenue un pénible ghetto à touristes. De jour, foule sur la plage, bruyants scooters des mers, transats partout et eaux pas toujours limpides. Le soir, l'animation bat son plein autour de la rue principale où tous les types de commerces, restos et bars jouent des coudes. Les bars à filles et salons de massage à l'abattage sont également de la partie. Évitez d'y séjourner avec des enfants. L'hébergement est d'un rapport qualité-prix plutôt médiocre, et la restauration, internationale, chère et sans éclat. Plutôt pour sortir, donc. Ah ! on oubliait : Chaweng est dans l'axe du décollage des avions (l'aéroport est à 2 km) ; pas si gênant après 20h, cela dit.

Où dormir ?

Au cœur de Chaweng, là où la vie nocturne est la plus trépidante, on trouve pas mal d'hôtels un peu les uns sur les autres, où se regroupent les fêtards. Le propos n'est pas vraiment le confort ni la tranquillité, mais simplement de raccourcir au maximum les distances du triangle plage-discothèques-lit.

Bon marché (moins de 1 000 Bts / 28,60 €)

At Hostel *(ou @Hostel ; carte,* ***21****)* **:** *166/32 2 Tambon, juste derrière le* Paris Follies. *☎ 077-332-555. • athostelsamui.com •* Un bâtiment très moderne et design sur 2 étages. Dortoirs de 6-18 lits, mixtes ou non, assez propres, avec grands casiers pour les sacs à dos et prise USB près de chaque lit. Déco contemporaine, blanc, gris métal et verre. Clim et ventilo dans les chambres et salles de bains à partager. Petite terrasse, bar, et même une piscine toute rouge. Parfait pour faire la fête sans se ruiner.

Samui Hostel – สมุยโฮสเตล *(carte,* ***23****)* **:** *dans la partie sud de Chaweng, dans une ruelle qui part de la rue principale (à 50 m de l'hôtel* Mercure*). 08-98-74-37-37.* Un peu à l'écart de la vie nocturne, cet *hostel* a le mérite d'être plus au calme que d'autres de la zone, et de proposer des chambres bien tenues, confortables (salle de bains, TV, clim, frigo) et pas chères, pour 2 ou 3 personnes. Un autre bâtiment abrite des dortoirs mixtes (avec ou sans salle de bains et clim) de 6 à 14 lits, à prix plancher là encore. Bonne literie partout. Rempli de jeunes bien sûr. Accueil et ambiance sympa. En revanche, pas de petit déj et peu d'espaces communs. Presque en face, la ***DD Guesthouse*** *(☎ 077-413-500),* accueillante et bien nette, est un bon choix aussi pour les petits budgets (mais capacité bien moindre).

De prix moyens à plus chic (de 1 000 à 5 000 Bts / 28,60 à 143 €)

Ark Bar Beach Resort – อาร์ค บาร์ บีช รีสอร์ท *(carte,* ***21****)* **:** *côté nord de Chaweng, bien fléché depuis la rue principale. ☎ 077-961-333. • ark-bar.*

LE SUD : ITINÉRAIRE BANGKOK – HAT YAI

com • Sans doute le navire amiral des nuits chawengesques ! Plus de 300 chambres qui accueillent l'un des contingents des troupes venues faire la fête jusqu'à l'aube. Chambres (de différentes catégories) néanmoins soignées, plaisantes et confortables. Mais, on le répète, si vous n'êtes pas là pour faire la fête, passez votre chemin !

🏠 ***Long Beach Lodge*** – ลอง บีช ลอดจ์บังกะโล *(carte, **28**) : vers le milieu de la rue principale, prendre la rue pavée face au* McDo *; réception sur la plage.* ☎ *077-413-619.* • *longbeachsamui.com* • Au cœur de Chaweng Beach, grande cocoteraie qui débouche sur la plage avec, de chaque côté d'un espace sablonneux, une rangée de bâtisses de plain-pied ou de bungalows bordés de bois et de pierre. Ici, les tarifs sont vraiment proportionnels à la taille des chambres, la qualité de leur équipement et leur situation (plus ou moins proche de la plage). Resto au bord de l'eau. Ensemble assez impersonnel, fonctionnel et sans grand charme mais propre. Vaut tout de même le coup pour sa bonne tenue générale et son large éventail de prix.

🏠 ***Hôtel Mercure*** – โรงแรมเมอร์เคียว สมุย เฉวง ธนา *(carte, **23**) : dans la partie sud de la rue principale de Chaweng.* ☎ *077-915-657.* • *mercuresamuichaweng.com* • *accorhotels.com* • On signale rarement les hôtels du groupe *Accor,* mais il faut reconnaître que celui-ci, même s'il ne donne pas sur la plage, fait partie des bonnes adresses de ce secteur de Samui. Bâtiment ocre abritant 80 chambres dans les mêmes tonalités, au sol en béton ciré, et équipées d'un joli mobilier en bois (ainsi que tout le confort, y compris peignoirs et sandalettes pour se rendre à la piscine). Dispose aussi d'un joli bout de plage privée à 5 mn à pied *(Carpe Diem Beach Bar)* pour se poser et grignoter tranquille les pieds dans l'eau. Bon petit déj-buffet aussi, et personnel souriant et serviable.

De très chic à spécial coup de folie (à partir de 5 000 Bts / 143 €)

🏠 🍽 ***Chaweng Garden Beach Resort*** – เฉวง การ์เด้น บีช รีสอร์ท *(carte, **21**) : dans la partie nord de Chaweng, bien indiqué de la rue principale.* ☎ *077-960-394 ou 395.* • *chawenggarden.com* • Pas moins de 10 catégories de chambres dans ce complexe hôtelier très soigné, réparties dans des bâtiments ou de vastes bungalows tout en bois dotés d'un certain cachet, autour de la piscine, dans le jardin ou sur la plage. Partie moderne très élégante, et la plus ancienne n'est pas sans charme non plus. Excellent confort dès les 1ers prix. Piscine très agréable, noyée dans un jardin luxuriant. Restaurant. Bon accueil. On a presque l'impression d'être loin, très loin de la cohue de Chaweng ! Cher mais bien.

Où dormir ? Où manger ? Où boire un verre au sud de Chaweng ?

🏠 🍽 🍸 ***The Jungle Club*** *(carte, **24**) : entre Chaweng et Coral Cove, accès par la route principale, sur la droite (attention, ça grimpe sec !).* 📱 *08-18-94-23-27.* • *jungleclubsamui.com* • *Chambres à ts les prix : 2 400-7 500 Bts (et même une à 12 000 Bts avec piscine privée !). Tlj 10h-21h.* 17 bungalows disséminés dans un parc planté de cocotiers et surplombant toute la partie est de Samui. La vue est fantastique, tant du resto ou de la piscine que des petites plateformes aménagées presque en surplomb du vide, pour prendre son petit déj ou siroter un cocktail ! Même si vous n'y logez pas, donc, on vous conseille d'y passer grignoter un morceau (prix abordables et cuisine de qualité) ou descendre un godet. Côté hébergement, c'est bien aussi, avec de simples huttes (ventilo et eau froide) pour les 1ers prix et de belles chambres dans les tons clairs, avec sol en béton, pour les autres (et la vue pour les plus chères !). Navette gratuite 2 fois par jour vers Chaweng (et retour) pour les non-motorisés (sinon c'est 100 Bts en taxi depuis la route principale, dans chaque sens). Bon accueil.

Où manger ?

Pour le cadre, les restos les plus intéressants sont évidemment ceux donnant sur la plage. Vue sur la mer de jour et ambiance romantique le soir.

De bon marché à prix moyens (moins de 400 Bts / 11,40 €)

Marché de Laem Din – ตลาดแหลมดิน *(carte, **34**) : au sud du lac, de l'autre côté de la rue principale de Chaweng par rapport à la mer.* Pour une vraie cuisine thaïe, rendez-vous sur ce marché aux gargotes colorées et parfumées, où l'on peut se remplir la panse pour une poignée de bahts. Une aubaine après le spectacle des tournedos grillés sur la plage.

Plus chic (de 400 à 800 Bts / 11,40 à 23 €)

Stacked – ร้านอาหารสเต็กเกด *(carte, **28**) : au milieu de la rue principale ; grande enseigne, vous ne risquez pas de le rater. ☎ 077-915-222. Tlj 12h-minuit. Happy hours 16h-18h et 22h-23h.* On s'installe sur une robuste terrasse en bois surélevée côté rue, mais bien isolée de celle-ci, ou dans une salle à la déco hyper moderne et plutôt design, pour s'enfiler un de leurs bons, copieux et originaux burgers maison (une dizaine de sortes). Pour les réfractaires, la carte propose d'autres plats, dont le *Save a cow* (« sauve une vache », pour les végétariens !). Service aux petits soins (on vous apporte même de l'antimoustiques si besoin !). Un des bons restos branchés de Chaweng.

Red Snapper *(carte, **19**) : dans la partie nord de la rue principale. ☎ 077-300-200. Tlj 17h-22h30 (cuisine).* Ce resto moderne, avec sa salle design ouverte sur la rue, mitonne une cuisine tendance méditerranéenne raffinée et inventive : spaghettis au thon frais, aloyau australien aux Saint-Jacques d'Hokkaido, agneau braisé (l'un des plats phares), etc. Personnel affable. Le tout au son de concerts de jazz bien rythmés *(tlj sauf dim et lun).*

Poppies – ร้านอาหารป๊อปปี้ *(carte, **22**) : côté sud, sur la plage, au fond de l'hôtel de luxe du même nom. ☎ 077-422-419. Tlj midi et soir. Résa conseillée.* Espaces ouverts face à la mer, au bord d'une superbe piscine. On l'atteint après avoir traversé le magnifique jardin tropical de l'hôtel. Cuisine traditionnelle dans un cadre élégant, avec tables en bois travaillé et belles nappes colorées. Curry, poissons et fruits de mer. En dessert, n'oubliez pas la crème brûlée à la noix de coco. Le samedi, danses et musiques traditionnelles. Vue splendide en journée.

Où boire un verre ? Où sortir ?

Quand on a 20 ans, pour faire la fête à Samui, on passe obligatoirement par la plage et la partie nord de la rue principale de Chaweng, où tout se déroule. Les bars ferment tous vers 2-3h du matin.

Ark Bar *(carte, **21**) : côté nord de la rue principale, sur la plage.* L'*Ark Bar* n'est pas seulement un énorme hôtel pour les fêtards. Tous les soirs, grosse animation autour des 3 bars de plage, du vaste resto et des 3 piscines. La fête les pieds dans le sable. Clientèle jeune évidemment, et surtout anglophone. Petit déj sympa... toute la journée. Citons aussi le ***Chacha Moon,*** dans le même genre, mais situé sur la route principale. Un peu plus haut de gamme. Là aussi, DJ tous les soirs.

Solo Bar – โซโล *(carte, **21**) : dans la rue principale, côté nord en face* *de la banque.* Gros disco-bar, certainement l'un des seuls qui diffusent de la musique de qualité, que ce soit deep house, techno, électro. *Live performer* et DJs de pointure internationale. Malgré son nom, on ne boit jamais sa bière vraiment seul tant il est plein, chaque soir, comme un œuf. Le lieu où lancer le début des festivités.

Soi Green Mango – ซอยกรีน แมงโก *(carte,* ***21****)* ***et les bars alentour :*** *côté nord toujours, dans une ruelle perpendiculaire à la rue principale.* Cette allée en U abrite la plus grande concentration de bars... et de bars à filles. C'est à la fois l'épicentre de la vie nocturne et le quartier rouge de l'île, la frontière entre les 2 étant, ici, particulièrement mal définie. N'empêche, il y règne avant tout une ambiance festive. Au fond, à droite, on trouve le *Green Mango* (entrée libre), la boîte principale du secteur, avec plusieurs bars et niveaux de *dance floor,* en plein air ou semi-couvert. Tout autour, une ribambelle d'établissements de nuit, de clubs et autres bars, à billards, *go-go girls* (le mélange, on le répète, est ici très subtil !)... Inutile d'en citer : faites comme tout le monde le tour de la zone et entrez où bon vous semble... À noter tout de même, au bout de la rue, le ***Sound,*** qui joue un peu les prolongations quand les autres endroits ont fermé.

Paris Follies – ปารีส โฟลลี่ คาบาเร่ต์ *(carte,* ***21****) : un peu au nord du* Soi Green Mango, *dans la ruelle opposée à celle qui va vers l'*Ark Bar. *Show tlj à 20h, 21h, 22h et 23h. Entrée libre mais conso obligatoire, à partir de 380 Bts.* Si vous rêviez de voir un spectacle de *ladyboys,* c'est le lieu ! Elles interprètent (en *playback,* faut pas rêver !), avec leurs look et tenue extravagants qu'on leur connait, une centaine de chansons du répertoire mondial (asiatique, américain, brésilien, russe, espagnol, français...). Pas donné, certes, mais ambiance festive et bon enfant (on y voit d'ailleurs des familles en début de soirée). Et la conso permet d'assister à 2 shows successifs de 1h. Pour les serrés du porte-monnaie, le ***Starz Cabaret,*** un peu plus haut dans la rue, propose le même type de spectacles en moins cher, mais on y est plus à l'étroit et le répertoire des chansons est plus limité. Dans les 2 cas, c'est une alternative aux bars techno qui beuglent alentour.

Reggae Pub – เรกเก้ ผับ *(carte,* ***34****) : de l'autre côté du lac, accès par le milieu de la rue principale de Chaweng. ☎ 077-422-331. Tlj 19h30-2h. Entrée libre.* L'un des plus vieux bars-boîtes de l'île, toujours dédié au reggae avec sa vaste piste de danse où trône un podium, qu'animent tous les soirs (dès 22h) des groupes et autres DJs. Mieux vaut toutefois venir après minuit. Au 1er étage, vidéos et billards. Une vénérable institution, avec même un *Reggae Shop* !

À voir. À faire

Nul besoin de préciser que les activités premières à Chaweng sont la plage et les sorties. En dehors de ça, on peut se laisser tenter par ce qui suit.

– ***Boxe thaïe :*** on est informé par de grandes affiches, des flyers déposés un peu partout ou par des pick-up qui parcourent les rues. En général, combats vers 21h-22h. Ça ne se termine pas avant minuit. Et ça ne rigole pas ! Il y a 3 rings à Chaweng, le moins cher (mais pas donné quand même : places à partir de 1 200 Bts) étant le *Samui International Muay Thai Stadium (📱 09-94-64-29-78),* non loin du *Reggae Club.*

– ***Samui Institute of Thai Culinary Arts*** *(SITCA ; plan,* ***34****) : 46/6 Moo 3, au sud de Chaweng. • sitca.com • Cours de 3h, tlj sauf dim, à 11h et 16h. Coût : 2 500 Bts (cher !).* Une école réputée qui enseigne les secrets de la cuisine thaïe ainsi que l'art de la découpe des fruits et légumes. Cours en anglais. On apprend à reconnaître les ingrédients et épices, et l'on prépare au moins 3 plats différents, dans un local bien équipé et très soigné.

CORAL COVE ET SILVER BEACH – หาดโครอล โคฟและทองตะเคียน

Coral Cove et Silver Beach figurent parmi nos spots préférés. Ce sont 2 séduisantes petites criques sablonneuses au sud de Chaweng. La 1re, ourlée de rochers façon Maldives, est pas mal pour faire un peu de *snorkelling* ou de la bronzette. La crique suivante, Silver Beach, est plus ample et soulignée de verdure.

Où dormir ? Où manger ?

Coral Cove Chalet (carte, **27**) : *au bord de la route en arrivant sur la crique de Coral Cove. ☎ 077-448-500. • coralcliffbeachresort.com • Doubles à partir de 3 600 Bts, petit déj inclus. Belles promos sur leur site.* Perchés sur de hauts pilotis de béton en surplomb de la mer, environ 80 bungalows de bon confort en pente jusqu'aux flots. Tout en bas, une minuscule plage encadrée de gros rochers, de quoi faire du *snorkelling* presque à domicile. Chambres boisées moins chères dans la partie hôtel. Déco asiatique classique et bon confort partout. Resto, spa et agréable piscine bordée de cocotiers.

Coral Cove Resort Restaurant – รีสอร์ทและร้านอาหาร คอรัล โคฟ (carte, **27**) : *au bord de la route en contrebas de celle-ci, sur la plage même. Tlj 8h-21h30.* La proximité de la route nous empêche d'indiquer les chambres de l'établissement, mais le resto, aux tables en plastique, couvertes de nappes roses, plantées dans le sable, est un site agréable. Dommage que la musique casse un peu la magie de l'endroit. Cuisine thaïe bien réalisée.

LAMAI BEACH – หาดละไม

Belle plage en croissant de lune avec une eau presque limpide. Un peu moins frénétique que Chaweng, un peu plus aérée, bien que la rue parallèle à la plage (en retrait de celle-ci) soit aussi une suite ininterrompue de restos, bars et boutiques. Et comme à Chaweng, il y a 2 ruelles dédiées aux bars à filles. Pour info, les collines vers l'intérieur recèlent de très jolis coins de nature.

Où dormir ?

De bon marché à prix moyens (moins de 2 500 Bts / 71,40 €)

New Hut Bungalow – นิวย ฮัทซ์ (carte, **30**) : *au nord de la plage ; bien indiqué depuis la route principale. ☎ 077-230-437. 📱 09-93-89-40-86. • newhutbungalow.com • Doubles à partir de 300 Bts.* Sur la plage, un ensemble de 45 petites huttes en bois qui jouent à touche-touche, toutes aux toits peints de couleur vives, en forme de V inversé. Les moins chères, minuscules et simplissimes, ont juste un ventilo et 2 lits à même le sol, les autres ont la clim, une salle de bains, un grand lit et font face à la mer pour certaines. Hamacs pour paresser. Excellente tenue partout. De plus, bonne ambiance internationale, notamment au resto, couvert et reposant, face à la plage, où l'on mange bien et pas cher. Très familial également. L'un des meilleurs plans *roots* de l'île !

Bonny Hotel – โรงแรม บอนนี่ โฮเต็ล (carte, **26**) : *au cœur de Lamai, à 150 m du McDo, un peu en retrait de la rue commerçante parallèle à la plage (bien signalé). ☎ 077-969-800. • bonnyhotellamaibeach.com •* Un bon petit hôtel au cœur de Lamai. Chambres à la déco un peu lambda mais impeccables, avec tout le confort de base, un balcon et une literie bien nette. Fait aussi agence de voyages. Accueil enjoué.

De prix moyens à plus chic (de 1 000 à 5 000 Bts / 28,60 à 143 €)

Pink House Samui *(carte, **13**) : au-dessus de Lamai, dans les collines, à 800 m de la mer ; venant du nord, prendre à droite vers Tamarind Springs puis grimper vers la gauche sur 500 m. ☎ 08-57-84-59-83. Petit déj compris.* Ici, vous êtes chez François et Caroline, un couple de Français très accueillant, qui proposent 6 chambres d'hôtes, à la déco contemporaine et soignée, au calme, un peu à l'écart (être motorisé), dans une grande demeure couleur fraise écrasée. Espaces lumineux et petite piscine à débordement sur la terrasse. Vue superbe. Les écureuils font une apparition furtive parfois au moment du petit déj. Un lieu sympa et relax, qui pratique des tarifs raisonnables. Une de nos adresses préférées dans les parages !

Sallamai Resort *(carte, **13**) : à côté de Pink House Samui, juste avt. 08-44-41-21-49. • booking@sallamai-resort.com • Petit déj compris.* Petit hôtel de charme à l'architecture un peu cubique, épurée, symétrique et très ordonnée. De part et d'autre de la piscine, 10 chambres à l'élégante déco thaïe, modernes et bien équipées. Celles à l'étage sont un peu plus spacieuses et lumineuses, 2 d'entre elles bénéficiant en outre d'une large vue et d'un jacuzzi. Accueil discret et gentil d'Isabelle et Bruno. Un bon rapport qualité-prix.

Asian Secret Resort *(carte, **25**) : 46/64 soi Yai Nim Moo. 09-73-53-37-76. • mail@asiansecretsamui.com • Depuis la plage et la route 4169, une rue perpendiculaire, un peu enfoncé dans les terres.* Au milieu d'un grand jardin verdoyant très au calme, sous les palmiers. Piscine. Une dizaine de chambres en dur, avec petite terrasse, béton ciré et déco soignée, voire même élégante. Tout confort (clim, TV). Petite restauration possible. Bon accueil en espagnol.

Lamai Coconut Beach Resort – ละไมโกโก้นัทรีสอร์ท *(carte, **26**) : au centre de Lamai, sur la plage. 09-94-10-08-10. • lamaicoconutbeachresort.com • Petit déj compris.* Une trentaine de bungalows en bois verni et brique, au toit de tôle verte, de part et d'autre d'un bâtiment abritant un resto en terrasse, face à la mer. Chambres très bien tenues, avec clim, écran plat, coffre et frigo, à la déco sobre et boisée. Piscine aussi, et accès direct à la mer. Musique le soir parfois. Bonne atmosphère et rapport qualité-prix très convenable.

Où manger ?

De bon marché à prix moyens (moins de 400 Bts / 11,40 €)

Sri Nuan Thaïfood – ร้านอาหารศรีนวล อาหารไทย *(carte, **35**) : dans la rue centrale, côté droit en allant vers le sud. Tlj 11h30-22h.* Ne vous fiez pas aux photos du menu, long comme un menu... chinois. Le contenu de l'assiette est bien plus attrayant, frais et savoureux. C'est familial, le service est indolent, mais les plats vraiment pas chers, alors on y revient. Le soir, un barbecue vient compléter la carte.

La Fabrique – French Bakery – ร้านเบเกอรี่ ลา ฟาบริก *(carte, **25**) : sur la route principale, au niveau où celle-ci fait un angle droit. 08-99-51-75-59. Tlj 6h30-20h.* Immanquable avec sa devanture jaune ! Ça fait du bien de dévorer à pleines dents un bon croissant ou une belle quiche, accompagné d'un café de qualité ou d'un thé parfumé. Omelettes, salades, crêpes et gaufres aussi. Joli décor rétro.

Kob Thai Restaurant – ร้านอาหารไทย กบ *(carte, **36**) : après* La Fabrique, *à hauteur du 7-Eleven, prendre la petite route sur la gauche, c'est plus loin sur la droite.* 📱 *08-25-34-93-25. Tlj 12h-22h30.* À l'écart du tumulte de la rue commerçante de Lamai, dans un joli jardin calme agrémenté d'une piscine, utilisable par les clients (sympa en journée !). Très romantique aussi en soirée, à la lueur des bougies. La carte propose une bonne cuisine thaïe, avec tous les classiques à la carte. Attention, c'est copieux ! Également des menus dégustation. Stéphane, le patron, viendra sûrement vous saluer. Il propose même l'anti-moustiques !

À voir

Hin Ta et Hin Yai – หินตา หินยาย (carte, **42**) : *juste après la plage de Lamai, indiqué sur la gauche quand on vient du nord, mais attention, on voit très mal le panneau. Parkings payants à 100 m du site.* Une avancée de rochers plats avec, sur la droite, Grand-Papa (Hin Ta) bien en forme : un rocher cylindrique long, dont la forme et les proportions ne laissent aucun doute sur ce que le Créateur a voulu figurer. Et, à côté, Grand-Maman (Hin Yai) sous forme de faille étroite entre 2 rochers. Les enfants n'y verront que... 2 rochers, les Asiatiques qui s'y rendent en masse croient dur comme fer que leur contact améliore la fertilité. Belle vue sur la plage de Lamai, sur la gauche (en regardant la mer), depuis une plateforme accessible moyennant 10 Bts. Également, à 50 m de la minicrique, sur la droite (suivre un petit chemin et monter quelques marches), un bar un peu caché vraiment relax, où siroter un verre à 5 m des flots.

Où se faire dorloter ?

■ ***Tamarind Springs*** – ธำมะริน สปริงส์ (carte, **51**) : *juste avt d'arriver à Lamai Beach, prendre à droite à la hauteur du* Family Market *(c'est indiqué).* 📱 *08-05-69-66-54.* • *tamarindsprings.com* • *Tlj 9h-20h. Sauna et piscine 1 500 Bts ; soins 5 500-8 500 Bts pour 4-5h.* Dans une oasis de zénitude, à flanc de colline, au milieu des cocotiers. Lieu enchanteur pour se relaxer, et tout est fait pour vous y aider. Soins variés sur au moins une demi-journée, associés à du temps libre pour profiter du spa. Pas donné, évidemment.

HUA THANON – บานหัวถนน

Une belle plage de carte postale, tranquille et bordée de cocotiers. La mer y est peu profonde et donc très peu propice à la baignade. Côté hébergements, villas privatives et *resorts* ultrachic ne s'offrent qu'aux portefeuilles dorés.
À voir dans le coin, ***Ban Hua Thanon,*** un petit village atypique habité par des pêcheurs musulmans. Passionnés de tourterelles, ils organisent des concours de chant... Partez explorer l'unique ruelle du petit village : maisons en bois et vie de village. Marché aux poissons tous les matins, populaire et très bien approvisionné. Dépaysant après Chaweng et Lamai !

ENTRE HUA THANON ET BANG KAO

Où manger ?

Baan Lamom (carte, **37**) : *au bord de la route, juste avt d'arriver au Samui Aquarium & Tiger Zoo. Pas de tél. Tlj 9h-21h.* Pas de la grande cuisine, mais choix limité dans les environs. Parfait pour se remplir le ventre pour pas cher. Service souriant.

À voir

Samui Aquarium & Tiger Zoo – สมุยอะควอเรี่ยม *(carte,* ***49****) : au bord de Ban Harn Beach, juste au sud de Hua Thanon ; bien indiqué. ☎ 077-424-017. Tlj 11h-16h. Entrée chère : 750 Bts ; enfant (moins de 1,40 m) 450 Bts. Possibilité, en supplément, de se faire prendre en photo avec certains animaux (tigres notamment, même si on n'encourage pas vraiment la pratique...).*
Nombreux poissons du golfe de Thaïlande, de toutes les tailles, formes et couleurs (*catfish, lion fish,* napoléon, murène géante, requins...). Mais c'est aussi un zoo spécialisé dans les fauves (à la mine un peu triste, il faut bien le dire) : léopards, lions et, en vedettes, les tigres (notamment du Bengale : il en subsiste quelques-uns en Thaïlande), lesquels se donnent même en spectacle (à 14h30), ou « posent » pour la photo. On verra encore singes, otaries, perroquets... Spectacle de lions de mer à 13h30.

BANG KAO – บางเกา

Plage superbe et presque déserte car peu propice à la baignade. Il faut aller très loin pour trouver de la profondeur... On l'aime bien quand même pour sa tranquillité et sa bronzette paisible.

À voir. À faire

Magic Alambic – Rum Distillery – มาจิค อลามบิค *(carte,* ***43****) : sur la route principale (la 4170), en allant vers Thong Krut (indiqué). 09-18-16-74-16. Tlj sauf lun 14h-18h.* Distillerie de rhum « agricole » tenue par des Français. En réalité, à part les alambics, flanqués de panneaux expliquant le processus de fabrication du breuvage, il n'y a pas grand-chose à voir. On vient ici au moins autant pour profiter du bar-resto, installé sur une très agréable terrasse. Au menu, spécialités bien françaises, et bien sûr le rhum, labellisé KS (pour Koh Samui). Pour info, l'alambic venu du Gers s'y nourrit de canne à sucre cultivée dans le sud de la Thaïlande. Celle de Samui donne trop peu de sucre, elle est seulement bonne à alimenter les éléphants. Le nectar, limité à 40°, loi thaïe oblige, se décline en plusieurs parfums.

BAN THONG KRUT – บานทองกรุด

Presque à l'extrémité sud-ouest de l'île, petite localité de pêcheurs constituée de baraques bordant une jolie plage fermée par un banc de sable quasi blanc. Attention en revanche, pas vraiment de baignade possible par manque de fond. On peut venir y manger de délicieux poissons, ou prendre la mer pour une agréable excursion vers l'île de Ko Tan. Un coin hors du temps.

Où dormir ?

Hunters Hostel & Rooftop Bar *(carte,* ***39****) : 76/6 Thong Krut, en plein milieu de la plage. 09-80-47-45-98. Lit en dortoir 510 Bts.* Une adresse de poche : 2 dortoirs de 12 et 10 lits et une chambre double. Déco blanche et bleu ciel. Très lumineux. Simple et propre. *Rooftop* pour boire un verre. Vue directe sur Ko Tan.

Où manger ?

Ce ne sont pas les restos qui manquent sur la route qui longe la plage, sur environ 500 m. Nous vous en avons sélectionné 2, mais d'autres sont bien aussi. À vous de voir.

De bon marché à prix moyens (moins de 400 Bts / 11,40 €)

|●| *Ging Pagarang Restaurant* – ร้านอาหารกิ่งปะการัง *(carte, **39**) : sur la plage, côté est. ☎ 077-334-045. Tlj 11h30-20h.* Un resto pittoresque avec sa terrasse en bois sur pilotis, ouverte sur la plage, ses bateaux de pêche et son îlot en toile de fond. Tellement paisible... Bon choix de fruits de mer ultra frais, cuisinés le plus simplement du monde pour un goût exquis.

|●| *TK Restaurant* *(carte, **39**) : partie sud-ouest de la plage. 📱 077-334-058. Tlj 8h-20h.* Les pieds dans le sable ou sous la paillote à l'abri, l'endroit parfait pour se sustenter avant de partir crapahuter à Ko Tan (ils vendent les billets aller-retour). Super cuisine traditionnelle (*pad thai,* poisson vapeur, croquettes de légumes...) pas chère, le tout bercé par le bruit du vent et de l'eau. Très bon accueil.

Où boire un café ? Où manger une glace ?

🍸 🍦 ***Boy's Organic Café*** *(carte, **39**) : en face de* TK Tour, *sous un arbre. Tlj 7h-17h.* Un minuscule *coffee shop* tout new yorkais et béton ciré ouvert sur la route, avec comptoir à cafés délicieux, boissons fraîches au thé vert, cookies et gâteaux maison. Plaisant.

À faire

➢ ***Excursion à Ko Tan*** – ไปเที่ยวเกาะตาน *: la solution la moins chère consiste à y aller avec le propriétaire privé d'un des bateaux amarrés. On paye pour la barque entière, les masques et tubas sont fournis, ainsi que le pain de mie pour attirer les poissons ! Sinon, excursion organisée par l'agence* TK Tour, *que l'on trouve sur la plage, vers le milieu, en face du* 7-Eleven. *(☎ 077-334-058 ; ● tktoursamui.com ●). Tour 8h-15h. Prix : 1 300-1 900 Bts/pers, déj compris. Traversée : 15 mn.* Une grande île vierge au sud immédiat de Ban Thong Krut. On y va à bord de bateaux « longue-queue » qui partent de la plage tous les jours. Au programme, farniente et PMT (palmes-masque-tuba).

LAEM PHANG KA – แหลมพังกา

Au cap sud-ouest de l'île, la plage d'***Ao Phang Ka,*** tournée vers l'ouest, est bordée d'une végétation luxuriante. Des chaloupes s'y balancent tranquillement, et le paysage maritime vaut le coup d'œil avec ses îlots pointus au loin. Grande cocoteraie en bord de plage.

➢ ***Pour s'y rendre :*** quitter la route principale au niveau du virage (et de la Snake Farm, un attrape-touristes) pour emprunter l'une des 2 extrémités de la petite route qui décrit une boucle vers le promontoire. En transports en commun, assez galère.

L'INTÉRIEUR DE L'ÎLE

➢ Virées dans les collines : l'intérieur de l'île, plus intéressant qu'on pourrait le penser, et son réseau de pistes escaladant les collines recouvertes de forêts constituent une bonne alternative à la bronzette. Quelques points de vue aériens splendides.

Namuang Waterfalls 2 (carte, **47**) **:** *du côté sud de l'île, pile entre les 2 côtes. Accès par une route qui part vers le nord depuis la route 4169 (qui relie Na Thon à la baie de Hua Thanon). Parking payant si vous êtes motorisé.* Les plus hautes chutes d'eau de l'île (80 m), même si elles ne tombent pas d'un jet sur toute leur hauteur. On y accède en 20 mn de marche depuis le parking, ou en 10 mn si on prend un pick-up (payant) entre ce parking et le début du petit chemin rocailleux (et glissant !) qui mène au pied de la cascade.

Wat Khunaram et le moine momifié – ร่างพระที่มรณะภาพแล้วศพไม่เน่าเปื่อย (carte, **45**) **:** *au sud-est de l'île, non loin des Namuang Waterfalls, sur la route 4169 vers Hua Thanon.* Un moine vénéré qui entra dans les ordres à 50 ans et prêcha jusqu'à son décès en 1973. Il fut vénéré par tous pour la qualité de ses méditations. Aujourd'hui, installé sous son dais vitré, il médite, corps fripé, visage émacié, petits cheveux sur la tête et lunettes noires sur le nez. Finalement, il n'a pas l'air si mort que ça !

MOMIE STAR

On s'aperçut que le corps du moine, mort à 79 ans, ne se décomposait pas. On décida alors de le momifier dans la position d'un scribe, dans une attitude de méditation profonde. Aujourd'hui dans une vitrine du Wat Khunaram, il a gardé la même posture et s'offre une vraie vie de star (visez les lunettes noires !).

KO PHANGAN – เกาะพะงัน

• Carte *p. 433*

Dans le tiercé Ko Samui, Ko Tao, Ko Phangan, c'est cette dernière qui, pour nous, remporte la palme. Île de 121 km² de superficie (et 12 000 habitants, 5e plus grande île de Thaïlande), à une dizaine de milles au nord de Samui, Ko Phangan est plus sauvage que sa cousine du Sud et plus attrayante que sa voisine du Nord. Si l'on va à Samui pour plonger dans la foule et à Tao pour plonger tout court, sachez qu'on peut ici trouver les 2, en ajoutant une autre précieuse denrée : la tranquillité. 60 % de sa surface est montagneuse et encore largement couverte de jungle. À votre portée, de vastes plages idylliques et un littoral qui abrite plein de criques sauvages.

La moitié nord de l'île se compose de paysages admirables. Les bungalows qui ont gentiment colonisé les plages sauvages évoquent parfois des bancs de coquillages fixés aux rochers ou, version sablonneuse, à des huttes de naufragés. Les boutiques bio, organiques et autres consacrées aux sessions

HISTOIRE D'EAU

Jusqu'à il y a peu, l'île ne connaissait pas de problèmes d'eau, même en saison sèche. Plusieurs années de sécheresse soutenue depuis 2010, combinées au développement immobilier (multiplication des douches, piscines, jacuzzis et autres), ont accéléré le phénomène de pénurie. Si les hôtels possèdent des puits, la population subit quant à elle des coupures d'eau régulières. Mais personne ne s'en plaint, car si les touristes pompent l'eau, les commerçants pompent leur porte-monnaie. C.Q.F.D.

yoga ont fleuri comme par enchantement, pour le bonheur des visiteurs. Ambiance cool et sereine, voire familiale dans le nord. À la pointe sud-est, vers *Haad Rin Nok,* changement de programme. Les plages sont quasiment entièrement consacrées à la fête et aux *Full Moon parties.* Mais tout le monde cohabite en harmonie. Et tout le monde se retrouve à Thong Sala pour l'embarcadère.
Ko Phangan est donc une île multifacette, offrant des visages bien différents, très marqués dans leur atmosphère et leur clientèle. Il s'agit alors de choisir avec le plus grand soin son lieu de résidence. Seule constante, accueil et sourire y sont toujours de mise.

Arriver – Quitter

En bus (ou train) + bateau

Comme pour Ko Samui, possibilité d'acheter un ticket combiné bus (ou train) + bateau depuis Bangkok ou d'autres points, plus au sud, du continent (Hua Hin, Surat Thani mais aussi Phuket, Koh Phi Phi, etc.). Les billets s'achètent partout, en ligne ou dans les agences.
➢ ***Bangkok :*** avec *Lomprayah,* 2 bus/j., bateau inclus. Départs à 6h et 21h de Bangkok. De Ko Phangan, départs à 8h30 et 13h. Trajet : env 12h ; compter 1 300 Bts. Il existe aussi des solutions moins chères, se renseigner dans les agences.

En bateau seul

La plupart des bateaux font la navette entre Donsak et l'île de Ko Tao, et desservent Ko Samui et Ko Phangan au passage. Vaste choix donc, et solutions multiples. À noter, pour ceux qui viennent directement de Donsak, que le transfert Surat Thani-Donsak est en général compris dans le prix du billet.

Les ***embarcadères de Ko Phangan*** sont à ***Thong Sala,*** la ville principale, au sud-ouest de l'île. Les bureaux de la compagnie *Lomprayah* se trouvent dans une rue face à l'embarcadère, avec café *The Port* pour patienter. Seule la compagnie *Haad Rin Queen* (et des bateaux privés) accoste à ***Haad Rin,*** au sud-est de l'île.
– ***Les compagnies :*** *Lomprayah (☎ 077-423-761), Seatran Discovery (☎ 077-953-056), Haad Rin Queen (☎ 484-668), Raja Ferry (☎ 077-372-800)* et *Songserm (☎ 077-293-415).*
➢ ***Ko Samui :*** avec *Lomprayah* (catamaran), 3 départs/j. de Mae Nam Beach (Pralarn Pier) 8h-12h30 (11h et 16h20 au retour), et 3 départs/j. de Na Thon 11h15-19h (7h et 14h30 au retour). Trajet : 20-30 mn. Avec *Seatran Discovery,* 3 liaisons/j. de/vers Bang Rak 8h-16h30 ; trajet en 30 mn. Avec *Songserm,* 2 départs de Na Thon, à 11h30 et 17h30, et de Thong Sala à 7h et 12h30 ; trajet en 45 mn. Enfin, 4 liaisons/j., 10h30-18h30, entre Big Buddha Pier à Samui et la plage de *Haad Rin* à *Phangan* avec *Haad Rin Queen* (durée : 50 mn). Attention, pas de ferry prenant des véhicules entre Ko Samui et Ko Phangan.
À noter : les soirs de *Full Moon parties* à Ko Phangan, *Lomprayah* propose des bateaux supplémentaires dans l'après-midi précédant la « teuf ». De même, de nombreux *speed-boats* privés vont et viennent entre la plage de Big Buddha et celle de *Haad Rin* à Ko Phangan.
➢ ***Ko Tao :*** avec *Lomprayah,* 4 bateaux/j. de Thong Sala (8h30, 13h et 17h30) et de Mae Haad (6h, 9h30 et 15h15h30) ; trajet : 1h-1h15. Avec *Seatran Discovery,* 2 départs/j. de Thong Sala (8h30, 13h30 et 17h) et Mae Haad (à 6h30, 9h et 15h) ; trajet : 1h30-2h. Avec *Songserm,* départs à 10h et 12h30 de Thong Sala et à 10h et 15h de Mae Haad ; trajet : 1h30.
➢ ***Donsak :*** avec *Lomprayah* (ferry), départ de Tapee pier, à 15h30 et de Thong Sala à 11h ; trajet : env 1h30. Avec *Seatran Discovery,* départ à 11h et 14h30 de Donsak, à 8h et 10h30 de

Thong Sala ; trajet en 2h30. Avec *Raja Ferry* (qui prend les voitures), 7 liaisons/j., 6h-18h de Donsak, et 5h-17h de Thong Sala ; durée : 2h30. Avec *Songserm,* 2 départs/j. de Donsak (à 10h et 16h30) et de Thong Sala (à 7h et 12h30) ; trajet : 2h-2h30. Enfin, n'oubliez pas le *night boat,* bien folklo, entre ***Surat Thani*** et Ko Phangan, qui quitte Ban Don (Surat Thani) à 23h (arrivée vers 6h). Retour de Ko Phangan à 22h (arrivée vers 4h). Prix : env 400 Bts. Tapis-mousse au sol pour tout le monde !

➢ ***Chumphon :*** avec *Lomprayah,* 2 départs/j., à 7h et 13h de Chumphon, à 8h30 et 13h de Thong Sala. Durée : 3h-3h45.

Circuler dans l'île

Dès l'arrivée, se procurer l'une des cartes détaillées et gratuites de l'île (voir « Adresses et infos utiles ») qui permettent de repérer la plupart des bungalows... et de bien se repérer tout court.

– ***Songthaew :*** pick-up avec 2 banquettes se faisant face dans la benne, qui font office de taxis... privés ou non (ils attendent parfois d'être pleins avant de partir). En gros, compter 100-300 Bts par personne (en journée) selon la destination, ce qui est cher. Si vous avez réservé un hébergement avant d'arriver sur l'île, tâchez de voir avant si le transfert peut être organisé.

– ***Location de 2-roues :*** comme sur toutes les îles, c'est le moyen de transport privilégié des touristes. Le trafic à Ko Phangan est plus zen, moins dense qu'à Samui (sauf sur l'axe Thong Sala-Haad Rin), c'est donc globalement moins périlleux, même si nombre de pistes de l'île sont assez, voire très casse-gueule (surtout à l'est). Bien sûr, toute casse est à vos frais, et il peut arriver à certains loueurs d'aller jusqu'à vous demander de racheter entièrement les pièces éraflées en cas de chute. Vérifier donc impérativement l'état général du véhicule, dont les rayures déjà présentes, l'état des pneus et l'efficacité du freinage, sans oublier de toujours mettre son casque ! Comme à Ko Tao, n'hésitez pas non plus à filmer ou photographier tous les contours de l'engin.

– ***Location de voitures :*** possible, pas si chère que ça et plus sûr que le 2-roues. Une assurance peut être incluse. Un conseil : tenez-vous-en au réseau asphalté et aux pistes bien carrossables, il en va de l'état du véhicule !

– ***En bateau :*** des *long-tail boats* peuvent vous emmener d'une crique à une autre, notamment sur la façade est, peu desservie par le réseau routier. Prix assez aléatoires, mais ne pas s'attendre à payer beaucoup moins de 300 Bts par personne.

Adresses et infos utiles

✉ ***Poste*** – ไปรษณีย์ ***:*** *dans la rue qui longe la mer à* ***Thong Sala,*** *à env 500 m sur la droite du débarcadère quand on arrive. Tlj sauf dim 8h30-16h30 (9h-12h sam).*

■ ***Banques & ATM :*** plusieurs banques, avec comptoir de change et distributeurs, dans le centre de Thong Sala, dans la rue qui prolonge les débarcadères *Raja Ferry* et *Songserm,* au-delà du rond-point. Nombreux guichets de change et ATM aussi dans les autres villages touristiques.

✚ ***First Western Hospital*** *(carte,* ***1****)* ***:*** *sur la route qui longe la côte sud, à la sortie de Thong Sala. ☎ 077-377-472 ou 473 ou 474. Urgences 24h/24.* Hôpital privé récent. Excellentes prestations.

✚ ***Bangkok Hospital*** *(carte,* ***2****)* ***:*** *sur la route qui longe la côte sud, env 1,5 km après le* First Western Hospital *en allant vers l'est. ☎ 077-429-559.* Privé aussi, mêmes normes internationales que le précédent.

■ ***Urgences :*** *☎ 191 ou 077-377-500. Urgences médicales : 1669.*

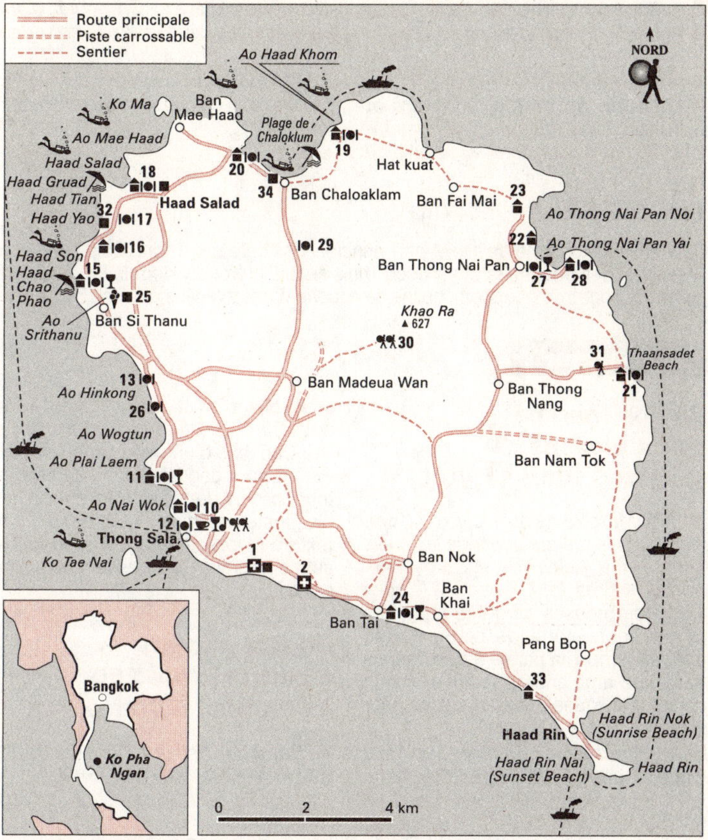

KO PHANGAN

Adresses utiles

- 1 First Western Hospital
- 2 Bangkok Hospital

Où dormir ? Où manger ? Où manger une glace ?

- 10 Baan Manali Resort et Angkana Bungalows
- 11 Siam Cookies Bungalows, Bluerama et Shambhala Bungalow Village
- 12 Marché de nuit, Nira's Home Bakery, Eat.Co Bruncherie et Bamboo Bistrot
- 13 L'Alcôve
- 15 Sea Flower, Benjamin's Hut et Seetanu Bungalows
- 16 Haven Resort
- 17 Pura Vida Café, Restaurant et Locco's Pizza Bar, Taste from Heaven et Il Barracuda
- 18 Green Papaya et Alex
- 19 Ocean View Beach Resort et Haad Khom Bungalow
- 20 Wattana Resort et Nongnook Seafood
- 21 Mai Pen Rai Bungalows et Plaa's Thaansadet Bungalows
- 22 Ping Chan
- 23 Thongtapan
- 24 Divine Comédie Boutique Hotel, Bubba's Coffee et Fisherman's Restaurant & Bar
- 25 Lek Organic Shop
- 26 JJ's Resort
- 27 Siam House
- 28 Longtail Beach Resort
- 29 Kika Splace
- 33 Somewhere Only We Know

Où boire un verre ? Où écouter de la musique ?

- 11 Bluerama
- 12 Tattoo Club
- 15 Sea Flower
- 24 Bubba's Coffee

À voir. À faire

- 12 Marché de nuit
- 30 Khao Ra (parc national)
- 31 Thaansadet Waterfall

Massages

- 25 Revive

Clubs de plongée

- 18 France Plongée
- 32 Blue Horizon Diving and Adventures
- 34 Apnée

■ **Police touristique :** ☎ *1155.*
■ **Police** – สถานีตำรวจ **:** *à 2 km sur la route du nord (direction Chaloklum), sur la gauche en venant de Thong Sala.*
■ **Location de motos, scooters et voitures :** *nombreux loueurs, notamment à Thong Sala (dans la rue en face des débarcadères). On a bien aimé* ***Skyways,*** *tt de suite à droite en sortant de l'embarcadère.* ☎ *077-238-238.*
– **Full Moon parties :** infos sur ● *phangan.info* ● et affichage ostentatoire partout sur l'île.

THONG SALA – ทองศาลา

Capitale sans charme de l'île et port principal des bateaux, Thong Sala concentre l'essentiel des boutiques et services, mais aucun intérêt d'y dormir. En revanche, petite vie nocturne pour ceux qui ne se couchent pas avec les poules.

Où manger ?

De bon marché à prix moyens (max 400 Bts / 11,40 €)

Marché de nuit *(carte,* **12***)* **:** *en remontant la rue qui prolonge les quais Songserm et Raja Ferry, sur la gauche, un peu après le 7-Eleven. Tlj 18h-22h.* Nombreuses gargotes fumantes offrant toute sorte de plats. Parfait pour se remplir la panse à peu de frais dans une ambiance populaire et bon enfant. Quelques tables et bancs pour s'asseoir.

Nira's Home Bakery – นิร่าส์โฮม เบเกอรี่ *(carte,* **12***)* **:** *dans la rue en face des quais, sur la droite quand on débarque.* 📱 *08-65-95-06-36 ou 08-15-35-52-15. Tlj 7h-17h.* C'est la boulangerie-resto-salon de thé qui fait le plein de voyageurs fraîchement débarqués (ou prêts à embarquer vers d'autres îles). Bons petits déj et plats toute la journée (quiches, sandwichs, etc.).

Eat.co Bruncherie *(carte,* **12***)* **:** *dans la rue en face des quais, sur la droite quand on débarque, après* Nira's. 📱 *09-93-05-66-68. Tlj 12h-21h sauf jeu.* L'annexe d'un resto vegan de l'île. Parfait pour déguster dans un espace tout en bois de récup' des spécialités bio. Tester les *meaty mushrooms* à la texture surprenante ! *Bowls,* wraps et autres jus frais. Pour casser une graine saine !

De prix moyens à plus chic (de 200 à 800 Bts / 5,70 à 23 €)

Bamboo Bistrot – ร้านอาหารแบมบู บิสโทรท์ *(carte,* **12***)* **:** *à la sortie sud de Thong Sala, en allant vers Ban Tai, côté gauche de la route (à côté du 7-Eleven).* 📱 *08-05-26-90-77. Tlj midi et soir, sauf jeu 11h-23h.* Salle aux cloisons en bambou ouverte sur la rue. Bons petits plats d'ici et d'ailleurs (hachis parmentier, taboulé) ou plus classiques comme les pâtes, poissons et belles pièces de viande. Atmosphère agréable.

Où boire un verre le soir ?
Où écouter de la musique ?

Tattoo Club – แทททู คลับ *(carte,* **12***)* **:** *au cœur de Thong Sala, dans une rue perpendiculaire aux 2 axes qui prolongent les quais. Tlj 10h-22h.* En voilà un drôle d'endroit : un espace à ciel ouvert plein de coins et de recoins à peine éclairés, jonchés de tables et de banquettes, entre hamacs et gerbes de bambous... Désert ou plein comme un œuf, ça dépend, mais chaque soir dès 21h le lieu vit au rythme des concerts folk, country, reggae, blues ou tout simplement de chansons thaïes. Passez et vous verrez !

DE THONG SALA VERS LE NORD, EN SUIVANT LA CÔTE OUEST

Bordée de cocoteraies, cette côte est ponctuée de maintes criques et plages de sable séparées par de petits caps rocheux. Dommage, la faible profondeur de la mer rend la baignade souvent difficile, selon les secteurs (surtout au sud) et les périodes. Reste que cette partie de l'île est superbe par endroits.

LES PLAGES D'AO NAI WOK, AO PLAI LAEM ET AO HINKONG – อาวนายวงศ

C'est le coin le plus calme de la côte ouest, mais attention, peu de fond, voire pas du tout en saison de basses eaux (entre mai et septembre).

Où dormir ? Où manger ? Où boire un verre ?

Bluerama *(carte, 11) : Ao Plai Laem, à 2-3 km au nord de Thong Sala, sur la droite de la chaussée, attention ça monte ! 09-24-24-64-39. • bluerama.com • Doubles 1 100-2 500 Bts. 16h-21h.* Une adresse unique, réservée aux adultes. 10 bungalows sur pilotis, à même les rochers, simples, joliment décorés, tout confort, pour une robinsonnade en amoureux. Terrasse, clim et TV. Mais la vue est si belle ! Au bar-resto, au sommet, vue à 180° absolument magique. Dans les assiettes, tapas, suggestions du chef, tartare de poisson, plats thaïs, canard au curry rouge... Un régal. On peut aussi uniquement boire un verre (belle carte de cocktails) ou venir piquer une tête (moyennant 1 000 Bts par personne pour les clients extérieurs). Vue sur l'horizon. On s'en souvient longtemps ! Accueil francophone très sympa.

Siam Cookies Bungalows – คุ๊กกี้ บังกะโล *(carte, 11) : Ao Plai Laem, à 2-3 km au nord de Thong Sala. ☎ 077-377-499 ou 08-17-47-53-57. Doubles 400-1 400 Bts.* En contrebas de la route, de gros rochers à gauche, à droite et derrière... tandis que devant s'étalent le sable et la mer. Bungalows rustiques aux cloisons de bambou tressé, dispersés entre colline et plage (ventilo, hamac et moustiquaire, eau froide), les plus chers avec clim et eau chaude. Accueil souriant et resto charmant en surplomb de la mer, avec coussins au sol et prix qui laissent baba par leur modestie. Une adresse sommaire mais qui conviendra à certains pour sa situation et son ambiance super relax.

Shambhala Bungalow Village – แชมบาลา บังกะโล วิลเลจ *(carte, 11) : Ao Plai Laem, juste après Siam Cookies Bungalows. ☎ 077-332-729. 08-57-92-20-92. • shambhala-phangan.com • Doubles 1 200-2 100 Bts.* Tenus par un couple helvético-thaï, une quinzaine de bungalows impeccables, très étagés et noyés dans la végétation, avec pour chacun une terrasse privée en beau bois tendue d'un hamac, idéale pour profiter du soleil couchant ! Matériaux nobles, plancher, eau chaude et bonne literie partout, les bungalows les plus chers étant plus vastes et à 5 m des flots, en plus d'avoir la clim et 1 frigo. Également 4 chambres à prix abordables avec tout le confort (TV comprise) dans un bâtiment à l'arrière. Bar-resto bien ombragé donnant directement sur la plage, pour ainsi dire privée, où il fait bien bon se prélasser. En bref, un lieu qui ne manque pas d'attraits, que les routards adorent.

Baan Manali Resort *(carte, 10) : Nai Wok Bay. ☎ 077-377-917. • baan.manali@gmail.com • baanmanali.com • Doubles 1 100-3 300 Bts.* À 10 mn à pied de Thong Sala, une large cocoteraie gazonnée en bordure du lagon et face aux îlots abrite 15 magnifiques et confortables bungalows en dur, à la déco de style local, dans un cadre simple, coquet et zen. Tenu par un sympathique couple franco-israélien. Belle petite piscine et bar-resto servant une cuisine vraiment délicieuse.

Sans oublier le petit déj (compris), avec pain, yaourt, confiture et muesli maison. Très bon rapport qualité-prix-tranquillité. Idéal pour les familles et les couples. Location de planches à voile et *stand-up paddle*.

Angkana Bungalows – โรงแรมอังคณาบังกะโล *(carte, **10**) : Nai Wok Bay, juste à côté du* Baan Manali Resort. *08-56-91-03-35 ou 09-28-46-62-68. • angkana-bungalow.com • Double env 2 500 Bts.* On a été séduits aussi par cet endroit proposant une dizaine de bungalows très élégants et soignés, couleur terre, posés sur un généreux espace sablonneux planté de cocotiers et donnant sur la baie protégée par une bande de sable (mer hyper calme, voire très plate et translucide...). Superbe ! Lits posés sur une structure de béton lissé. Excellent confort (clim, TV, frigo, coffre...), jolie déco et terrasse avec hamac. Accueil vraiment agréable de Florence et de Mathias. Parfait, là encore, pour les couples et les ch'tites familles.

JJ's Resort *(carte, **26**) : à 5 km au nord de Thong Sala, par la route côtière, côté gauche de la chaussée. 08-19-58-86-14. Tlj sauf mer 10h-21h.* Sous une grande paillote au bord de l'eau, tables, nattes au sol ou hamac. Cuisine délicieuse, plats du jour, poissons, mais on vient surtout pour la *burmese salad* (*lahpet thoke* ou salade birmane), avec feuilles de thé fermentées, choux, graines de sésame, haricots croquants et cacahuètes hachées. Un plat traditionnel birman, servi autrefois à la fin des guerres pour faire la paix. *Peace* !

L'Alcôve – แอลโคป บังกะโล *(carte, **13**) : plage de Hinkong. 09-45-79-37-69. • alcovephangan.com • Tlj sauf lun, à partir de 18h. Plats env 300-450 Bts.* Ceux qui ont le mal du pays ont tout intérêt à faire un détour par ce resto-bar à vins au cadre tout garni de plantes, tables basses, photos, gravures et plein de lampes qui diffuse ce qu'il faut de lumière. La salle rouge acajou et boisée est ouverte sur la plage, et d'ailleurs, on peut aussi s'installer sur celle-ci, sur des nattes et des coussins. Mais, surtout, l'ambiance est vraiment chaleureuse et on y boit et mange fort bien. Shows musicaux en fin de semaine ! Excellent fond musical, accueil itou... Que dire d'autre ?

LES PLAGES D'AO SRITHANU, DE HAAD CHAO PHAO, HAAD SON, HAAD YAO, HAAD TIAN ET HAAD GRUAD – อาวศรีธนู หาดสน หาดยาวและหาดเทียน

Après une relative platitude, voici le retour des reliefs découpant nombre de panoramas superbes. Le grignotage immobilier y progresse doucement, mais ces plages restent bien agréables et propices à la baignade, sauf entre mai et août (voire septembre), où les eaux sont très basses.

Où dormir ? Où manger ? Où boire un verre ?

Sea Flower – ซี ฟลาวเวอร์ *(carte, **15**) : Srithanu. ☎ 077-349-090. • seaflowerbungalows.com • Doubles 1 300-4 500 Bts env.* Bienvenue chez Lise, une chaleureuse Canadienne francophone du Manitoba installée de longue date en Thaïlande, et ses filles Pascale et Manelle. Elles s'occupent avec dévotion de leur domaine à la végétation touffue, qui accueille des bungalows agréables et frais, avec marbre au sol ou plancher, clim et matelas moelleux, et une nouvelle aile, dans un immeuble, moins charmant mais tout aussi confortable avec un pigeonnier à la vue unique (bientôt ouvert au public). Leurs tarifs varient selon leur taille et la distance qui les sépare de la plage, bien belle à cet endroit. Il y a même une piscine ! Petit déj (inclus, sauf pour les 1ers prix) pris sous une grande paillote avec hamacs où l'on paresse tranquille. Pour les familles, quelques bungalows d'un bon rapport qualité-prix. Bar les pieds dans le sable pour un coucher de soleil mémorable et profiter de l'*happy hour* qui n'a jamais si bien portée son nom.

🏠 🍴 ***Haven Resort*** *(carte,* ***16****) : 51/8 Moo 8 Haad Yao, sur la droite de la route en venant de Thong Sala.* ☎ *077-349-108.* • *haventhailand.com* • *À flanc de colline (attention, ça grimpe sec !). Doubles 600-3 100 Bts.* Une dizaine de bungalows (ventilo ou clim) de bonne facture, très propres, et fort sympathiques. Chouette salle de resto à la thaïe, entourée de rambardes de bois vernis, et belle piscine, le tout surplombant la baie. Vue exceptionnelle sur la mer. Petit inconvénient : on n'est pas en bord de plage, et il faut descendre une volée de marches puis marcher un peu pour atteindre la grande bleue. Mais, on le répète, quelle vue depuis là-haut ! Resto.

🏠 🍴 ***Benjamin's Hut*** – เบญจมินทร์ ฮัท *(carte,* ***15****) : Haad Chaophao, après le Sea Flower.* ☎ *077-349-286.* • *benjaminshutkohphangan.com* • *Doubles 1 550-2 350 Bts.* Une adresse familiale et sans histoires, qui aligne une vingtaine de bungalows en dur de part et d'autre d'une allée conduisant à la plage. Les chambres, avec baie vitrée coulissante, sont nickel, lumineuses et dotées d'un bon équipement, avec des touches de déco contemporaine. Grande piscine. Resto (fort apprécié des hôtes) face à la mer, les pieds dans le sable, facile, pas cher et pas mauvais avec tous les classiques du genre. Un très bon rapport qualité-prix.

🏠 🍴 ***Seetanu Bungalows*** – ศรีธนู บังกะโล *(carte,* ***15****) : Haad Son, juste avt le Sea Flower.* ☎ *077-349-113.* • *seetanu.com* • *Doubles 450-4 000 Bts (villa).* Bungalows avec ventilo-moustiquaire pour les 1ers prix, avec clim, TV et frigo pour les autres. On vous l'indique surtout pour sa situation et son large éventail tarifaire, mais les bungalows avec vue sur mer ou sur la plage sont surévalués. En revanche, la cuisine du resto, très soignée, et la sélection de bières belges (nationalité des proprios), valent le détour.

🍴 ***Pura Vida Café & Restaurant*** – ร้านอาหารภูรวิดา *(carte,* ***17****) : Haad Yao, sur la route principale, en face du 7-Eleven.* 📱 *06-51-23-45-98. Tlj 7h-16h. Plats max 200 Bts.* Tenue par des Portugais, une petite halte très sympa en journée, pour un succulent sandwich, une salade bien fraîche ou un burger maison. Sans oublier les délicieux jus et les petits déj. Le tout dans une salle claire et agréable au sol en béton ciré et mobilier en bois vernis.

🍴 ***Locco's Pizza Bar*** – โลคโก้ พิซซ่า บาร์ *(carte,* ***17****) : Haad Yao, à côté du Pura Vida.* 📱 *06-47-23-41-97. Tlj 14h-23h (cuisine). Happy hours 16h-18h. Plats env 250-400 Bts.* Quand celui d'à côté ferme, celui-ci ouvre ! Ici, ce sont de joviaux Italiens qui sont aux commandes, dans un espace, tout ouvert sur la route, garni de tables, chaises ou tabourets en bois blanc. Les pizzas y sont bien fines, les plats de pâtes savoureux et particulièrement bien servis, et les vins au verre généreux. Jetez un œil à l'ardoise pour les plats du jour. De plus, l'ambiance y est chaude et vivante, avec des patrons qui ont l'air de s'amuser en travaillant ! C'est aussi l'un des rares restos de l'île où l'on peut manger jusqu'à 23h.

🍴 ***Taste from Heaven*** *(carte,* ***17****) : sur la route côtière, du nord au sud, sur la droite juste avt d'entrer dans le village d'Ao Srithanu.* ☎ *09-79-97-27-72. Tlj sauf sam 12h-22h.* Un resto sous paillotte végétarien et végétalien. Ça ne désemplit pas. On vient se régaler de riz coloré, de salades et autres purées de légumes appétissantes, soupes et autres jus bourrés de vitamines. Les riz à l'ananas sont délicieux.

🍴 ***Il Barracuda*** *(carte,* ***17****) : sur la route côtière, du nord au sud, sur la gauche juste avt d'entrer dans le village d'Ao Srithanu.* ☎ *062-209-73-24. Tlj 18h-22h.* Si vous rêvez d'un poisson grillé, c'est ici qu'il faut venir ! Des spécialités italiennes également avec pâtes et pizzas de rigueur.

Où manger une glace ?

🍦 ***Lek Organic Shop*** *(carte,* ***25****) : 39 Moo 8, en plein cœur d'Ao Srithanu.* 📱 *08-24-68-01-03. Tlj sauf dim 9h (11h le sam)-17h.* Des parfums pour le moins originaux (bleuets, cardamome, cannelle...) et les classiques.

Où se faire masser ?

■ ***Revive*** *(carte, **25**) : 76/8 Moo 8, dans Ao Srithanu.* 📱 *08-21-30-31-17. Tlj 10h-22h. Massages à partir de 350 Bts.* Simple et efficace.

LA PLAGE DE HAAD SALAD – หาดสลัด

Une magnifique anse, appelée aussi Pirate Beach, bien pour la baignade, à laquelle on accède par une route cimentée quittant l'artère principale sur la gauche, 2 km avant Mae Haad. L'accès y est plus caillouteux. Pas facile de s'y garer. La plage est vraiment belle, avec de beaux coraux et poissons à 200 m du bord. Ça tombe bien, il y a 2 clubs de plongée dans le coin, tenus par des Français (voir plus loin « À voir. À faire sur l'île ») et on peut partir du bord de mer pour les baptêmes de plongée ! Attention en revanche à la hauteur du niveau de la mer, il vous sera impossible de vous baigner sauf à marée haute, enfin disons seulement les genoux !

Où dormir ? Où manger ?

Plus chic

🏠 🍽 ***Green Papaya*** – มะละกอ สเสยว *(carte, **18**) : sur le côté droit, face à la mer.* ☎ *077-374-230.* ● *greenpapaya resort.com* ● Un complexe de luxe à taille humaine et à l'accueil prévenant. Dans un superbe jardin tropical, la vingtaine de chambres (dont les tarifs varient du simple au triple) sont situées dans de beaux bungalows bien finis, de style asiatique (avec douche à la balinaise et baignoire pour la plupart) qui serpentent autour d'un grand bateau central et d'une piscine, et débouchent sur la plage, l'une des plus belles de l'île. Mélange de bois, pierre brute et murs blancs. Petit déj (inclus) pris en surplomb et petit bar-resto que vient lécher la marée haute, avec des saveurs peut-être un peu occidentalisées. Un havre de tranquillité, au milieu d'un superbe jardin.

LA PLAGE DE MAE HAAD – หาดแม

Une adorable plage où gazon et cocotiers caressent un front de sable presque blanc. L'eau bien claire est propice à la baignade. Chouette site de *snorkelling* le long du banc de sable et autour de l'île de Ko Ma, juste en face (lire « À voir. À faire sur l'île » plus loin). Hélas... le béton a su s'y frayer un chemin.

CHALOKLUM PLAGE ET VILLAGE – โฉลกหลามบีช

Sur la côte nord de l'île, une ambiance bien différente et attachante dans ce village tranquille et sympa. En fait, c'est le seul véritable village de pêcheurs animé et traditionnel, posé au milieu d'une baie de carte postale. Sable clair, cocotiers, bateaux qui allument l'horizon à la nuit tombée, petits pontons, sentier qui suit une grève rongée par le ressac. Là encore, mieux vaut anticiper si l'on veut faire un plongeon digne de ce nom.

MARÉE NOIRE

Si, au bord de la plage de Chaloklum, vous voyez des coulures sombres dégouliner dans l'eau et la mer se moirer de noir, ce n'est pas du pétrole, mais simplement les calamars fraîchement pêchés qui se vident doucement de leur encre.

Où dormir ?

De bon marché à prix moyens (moins de 2 500 Bts / 71,40 €)

🏠 ***Wattana Resort*** – วัฒนารีสอร์ท *(carte, **20**) : à l'extrémité ouest de la plage de Chaloklum. ☎ 077-374-022. • wattanaresort.com •* Une vingtaine de bungalows semi-dur ou en dur, tous avec clim et eau chaude, dans un élégant style thaï, au cœur d'un jardin ombragé. En front de mer, devant la plage (fort belle à cet endroit), et d'autres un peu sur l'arrière. Les prix varient en fonction de l'emplacement et de la taille. Tous avec terrasse et hamac. Une gentille petite adresse familiale.

Où manger ?

🍴 ***Alex*** *(carte, **18**) : 55/4 Moo 7 Chaloklum. 📱 08-79-88-10-40. Tlj midi et soir. Résa conseillée.* Un petit resto de poche avec une déco de bric et de broc, façon cabane de Robinson. Le patron taille volontiers le bout de gras avec les clients, tout en retournant son BBQ. Bons poissons grillés (sur résa seulement), barbecue et spécialités de currys (*green, massamam,* légumes, riz, etc.).

🍴 ***Nongnook Seafood*** – ร้านอาหารน้องนุก ซีฟู้ด *(carte, **20**) : sur le front de mer, côté ouest. 📱 08-69-53-19-08.* On aime bien ce resto au milieu du village, avec sa terrasse au-dessus des flots qui prolonge la salle. Insolite : vous êtes accueilli par un mainate qui chante la... *Marseillaise.* Village de pêcheurs oblige, on y sert de bons poissons grillés à prix moyens, qui frétillent encore dans l'assiette (c'est une image !), ainsi que des petits plats thaïs pas chers.

🍴 ***Kika Splace*** *(carte, **29**) : 81/7 Moo 7. 📱 08-29-40-17-54. Du centre de Chaloklum, prendre la direction sud-est, après le 7-Eleven, et en direction des temples bouddhistes et chinois. Ouv tlj (sauf lun) le soir uniquement (18h-22h).* Cristina Andreani vous reçoit comme chez elle dans une belle demeure en bois, avec tables nappées. Tout est fait maison, et ça prend du temps. Demandez les plats du jour à la patronne. Pâtes succulentes, viandes et poissons également. Belle carte des vins.

AO HAAD KHOM

Une des plages les plus tranquilles de l'île, située juste au nord-est de Chaloaklam. Bien pour les familles avec jeunes enfants car elle est bordée de filaos et de cocotiers, et ses eaux sont paisibles grâce à la présence d'une petite barrière de corail située au large et peu profondes. Idéal pour une balade aquatique avec masque. Plutôt un lieu à fréquenter entre octobre et avril. Pas d'électricité (groupes électrogènes). On y trouve des hébergements variés, tous ventilés et non climatisés (l'air du large est suffisant). On a aussi croisé des singes !

Où dormir ? Où manger ?

De bon marché à prix moyens

🏠 🍴 ***Ocean View Beach Resort*** – โอเชี่ยน วิว บีชรีสอร์ท *(carte, **19**) : un peu difficile à repérer car dépourvu d'enseigne, c'est le resort après le Coral Bay (réception au resto blanc sur la plage, sous une paillote octogonale). 📱 08-63-44-37-87. Fermé en intersaison, se renseigner.* Mme Bovy est une adorable hôtesse qui tient une dizaine de bungalows avec amour.

Tous situés au bord de la plage, avec ventilo, moustiquaire et terrasse. Également quelques familiaux, parfaits pour 4 personnes. On y mange aussi très bien. À 2 pas de là, le ***Haad Khom Bungalow,*** tenu par Wong *(doubles 500-800 Bts).* Assez *roots,* en bois ou en dur, avec salle de bains (eau froide) et ventilo (entre 18h30 et 4h du mat').

DE THONG SALA VERS L'EST

En allant vers Ban Khai, la route est jalonnée de restos et bars aux prestations souvent orientées... en dessous de la ficelle du maillot de bain. Les nostalgiques de Pigalle pourront même faire un saut au *Moulin Rouge...*

CÔTE SUD ET HAAD RIN BEACH – ฝั่งใต้และหาดริน

Rocailleuse, possédant peu de jolies plages, la côte méridionale n'est pas jojo, à l'exception de Haad Rin Nok, ou *Sunrise Beach,* qui est la plage la plus au sud de la côte est, celle-là même où se déroulent les célébrissimes *Full Moon parties* (voir ci-dessous). À noter qu'il y a souvent aussi d'autres beach parties sur la moitié est de la côte sud, entre Haad Rin et Ban Thai : *Half Moon, Shiva Moon, Black Moon parties...* liste non exhaustive... Bref, le Sud-Est, c'est l'autre face de Ko Phangan, dominée par les soirées ketchup, bière et bikini. Du coup, le coin compte de nombreux hébergements à destination des noceurs, genre *hostels* et autres pensions avec dortoirs.

Full Moon parties et autres réjouissances

Ko Phangan, contrairement à sa réputation, est une île tranquille. Seule la partie au sud-est est dédiée à la fête et encore, surtout à la *Full Moon party,* qui n'a lieu qu'une fois par mois. Celle-ci se tient sur la plage de *Haad Rin Nok,* qui concentre un tas d'établissements faisant vrombir leur *sound system,* avec ou sans l'aide de DJs. Si vous ne logez pas sur place, l'entrée est payante (150 Bts). Avec le bracelet qu'on vous remet, vous pouvez arpenter la plage librement. Puis c'est le gros zinzin toute la nuit, chacun son *bucket* (seau de rhum) à la main. Quand le soleil se lève, on poursuit par un *after...* avant de rejoindre la *before* dans l'après-midi.
– ***Petite précision :*** les hébergements augmentent leurs tarifs à ce moment-là et exigent 3 à 5 nuits de réservation. Les jours suivants, attention, les chutes de scooters sont fréquentes dans la zone.

Où dormir ? Où manger sur la côte sud ?

🏠 |●| ***Divine Comédie Boutique Hotel*** – เลอ ดีวีนา กอมเมเดีย บีช รีสอร์ท *(carte,* ***24****) : à Ban Thai, au milieu de la côte sud. 📱 09-18-51-84-02. • divinecomedyhotel.com • Doubles 2 500-4 500 Bts, avec petit déj. Réduc fréquentes.* Un hôtel unique sur Ko Phangan, à la fois original et très classe, aux chambres en béton coloré nickel et tout confort, le long d'une belle allée se terminant par une non moins belle piscine (à débordement) face à la mer ou au-dessus de la réception, côté route (moins sympa)... Mérite vraiment qu'on s'y attarde une nuit si on en a les moyens, mais attention, les enfants de moins de 12 ans ne sont pas admis. Plutôt pour les couples donc (voire les groupes d'amis), qui profiteront en outre du très joli bar-resto (que vient lécher un bras de la piscine !), où le petit déj est servi jusqu'au soir (on est sur la côte sud !). Excellents cocktails aussi, bien que chers. Le proprio est niçois.

🏠 Plein d'autres adresses à Ban Tai et à Haad Rin pour se loger dans des dortoirs et chambres de toutes sortes (la plupart du temps entre correctes et moyennes). Les prix de base gonflent avec l'affluence. On conseille de réserver bien à l'avance pour la *Full Moon party.*

Somewhere Only We Know *(carte, **33**) : sur la route côtière du sud, vers Haad Rin, juste avt le* Blue Hill Resort, *en contrebas.* 08-88-86-35-21. ● *somewhere-onlyweknow.com* ● *Nuitée à partir de 240 €.* 2 villas cachées dans une végétation luxuriante et un service irréprochable, avec décor élégant et la mer pour horizon. Douches extérieures, hamacs, plages privées, spa, massages, piscine, etc. N'en jetez plus !

Fisherman's Restaurant & Bar – ร้านอาหารฟิชเชอร์แมน *(carte, **24**) : à Ban Thai, sur la route principale.* 08-44-54-72-40. *Tlj midi et soir, en principe dès 13h. Plats env 140-400 Bts.* Tenu par un pêcheur thaï et sa femme irlandaise. Ensemble, ils gèrent avec brio ce resto réputé dans toute l'île pour ses poissons et fruits de mer très frais et particulièrement bien cuisinés (on confirme !). Cadre sympa sous une paillote face à la mer, éclairé à la lanterne le soir, ou carrément sur le sable. Service efficace et souriant. N'oubliez pas de réserver. Filet de volley pour patienter !

Bubba's Coffee *(carte, **24**) : face au* Fisherman's, *à Ban Thai, sur la route principale.* ☎ *09-88-07-62-21. Tlj 7h-21h.* Une halte incontournable entre la « capitale » de l'île et la zone des *Full Moon.* De quoi se refaire une santé en mode détox ! Bel endroit, avec grandes tablées, boissons réconfortantes, et assiettes ou douceurs très colorées. Hélas, service débordé sans sourire. Terrasse pour oublier et petite boutique. Existe aussi ***Bubba's Roastery*** dans le nord de l'île, à Haad Yao *(même numéro, tlj 7h-18h).*

THAANSADET BEACH

Isolée au milieu du littoral est, au cœur du parc national de Thaansadet, une crique assez idyllique dans un secteur encore peu exploité, on ne s'en plaindra pas ! Bungalows pas chers, ambiance bohème. Un coin pour les amoureux de robinsonnades, un petit bout du monde, coincé entre jungle et falaises. Le spectacle de la pleine lune est tout simplement grandiose.

Sur la droite, tout au bout de la plage de sable blond léché d'eaux turquoise, un bout de passerelle mène à une autre petite plage extra. Pas de courant en permanence (seulement des groupes électrogènes).

➢ ***Pour y aller :*** il n'y a guère d'autre solution que le taxi pick-up, du moins si vous n'avez pas votre véhicule. Compter 300 Bts par personne depuis Thong Sala ou Haad Rin, à négocier en fonction du nombre de passagers. Pour retourner vers Thong Sala, il y a une navette chaque jour vers 10h, à 200 Bts par personne.

Où dormir ? Où manger ?

De bon marché à prix moyens

Mai Pen Rai Bungalows – ไม่เป็นไรบังกะโล *(carte, **21**) : à droite en arrivant sur la plage.* 09-39-59-80-73. ● *thansadet.com* ● *Accueil sur la plage, au resto.* 3 groupes de bungalows : les 1ers sur la plage, d'autres appelés *Riverside* (sur la droite de la plage en arrivant) et les derniers, les *Rock Bungalows,* complètement sur la gauche, perchés sur les rochers. Ils sont tous avec salle de bains, ventilo et moustiquaire, mais assez sommaires, certains s'ouvrant sur un balcon en surplomb de la mer et là, waouh, quelle vue ! Ni eau chaude ni clim. Les plus chers sont ceux sur la plage, bien agréables à vrai dire. Également quelques bungalows familiaux, à prix raisonnables. Enfin, le resto, bon refuge le soir quand la plage est plongée dans l'obscurité. Excellente cuisine thaïe bon marché. Beaucoup de monde en haute saison, un peu l'usine, mais la plage est assez grande...

Plaa's Thaansadet Bungalows – ปลา ธารเสด็จ บังกะโล *(carte, **21**) : tt* *à gauche de la plage en arrivant (accès seulement par celle-ci), derrière la passerelle en bois après un gros rocher (ne pas confondre avec* Silver's Cliff *juste à côté).* ☐ *08-83-83-12-68 ou 08-95-87-95-05.* • *plaa-thansadetresort.com* • Perchés sur les rochers, une quinzaine de bungalows rustiques mais aux draps impeccables, avec ventilo (un seul avec clim), moustiquaires et salle de bains (eau chaude) proposent un confort largement suffisant pour jouer les Robinsons. Certains peuvent accueillir 4 personnes. Le hamac sur la terrasse pousse à l'inaction, le resto est excellent et l'accueil assez chaleureux. Vue remarquable !

LES PLAGES D'AO THONG NAI PAN NOI ET AO THONG NAI PAN YAI – หาดของอาวทองนายปาน

Au nord-est de l'île, la large baie de Thong Nai Pan, coupée en 2 par un promontoire, abrite 2 grandes plages propices à la baignade (Thong Nai Pan Noi et Thong Nai Pan Yai). La plage de *Thong Nai Pan Noi,* à gauche en regardant la mer, plus petite – comme « noi » l'indique – et plus mimi, est bordée d'une piste de sable. *Thong Nai Pan Yai,* plus... « yai » (grande), s'adosse au vrai village où se termine la route. Des 2 côtés, on trouve des bureaux de change, des magasins (dont un *7-Eleven*), quelques salons de massage, et bien sûr, des resorts et restos pas chers et quelques boutiques.

➢ ***Accès :*** même topo que pour Thaansadet Beach, il faut prendre un taxi pick-up depuis Thong Sala ou Haad Rin. Pour le retour, certains hôtels proposent une navette le matin, un peu moins chère.

Où dormir ? Où manger ?

À Thong Nai Pan Yai

🏠 🍴 ***Longtail Beach Resort*** *(carte, **28**) : à l'extrémité sud-est de Thong Nai Pan Yai (au bout à droite, face à la mer).* ☎ *077-445-018.* • *longtailbeachresort.com* • *Doubles env 890-1 850 Bts.* Un petit coin de paradis, à prix d'amis, que ce petit complexe d'une vingtaine de bungalows en bois sombre, alignés le long d'une allée magnifiquement jardinée avec piscine. De style local, avec beau plancher, ils sont tous très soignés, même les moins chers (ventilo et eau froide) ! Également quelques-uns pour familles. Sans oublier le resto, face à la jolie petite plage très tranquille (mais aux eaux peu profondes), qui sert une cuisine thaïe de très bon niveau et garantie sans glutamate, ainsi que de bons jus de fruits frais aux herbes. Le soir, avec les loupiotes, c'est magique ! Tout le monde s'y retrouve ! Réserver sa table. Accueil pro et souriant. Assurément l'un des meilleurs rapports qualité-prix de l'île !

🍴 🍸 ***Siam House*** – สยามเฮ้าส์ *(carte, **27**) : Thong Nai Pan Yai, à 200 m en retrait de la plage, à proximité de l'hôtel* Dreamland. ☐ *09-37-39-17-73. Tlj dès 8h-13h, et jusqu'à 22h mar et ven. Plats env 100-200 Bts.* Un lieu charmant installé autour d'un bassin aux lotus, avec une terrasse en bois et 2 petits kiosques intimes, le tout noyé dans la végétation. Quelques d'œuvres d'art brut permettent de laisser vagabonder son regard en attendant l'une des belles salades, une lasagne maison, une pizza au feu de bois, un bon plat thaï ou un simple café de qualité. Une heureuse découverte.

🏠 ***Ping Chan*** *(carte, **22**) : 10 Moo 5. Sur la plage, face à la mer, à l'extrémité tt à gauche.* ☐ *08-18-89-93-30.* • *pingchanbeachresort.com* • *Env 8 000 Bts/nuit.* Gros coup de cœur pour les bungalows directement sur la plage, face à la mer, les yeux dans le bleu. Douche et salle de bains extérieures à ciel ouvert, bien protégées, terrasse, petit salon, clim. Belle déco colorée. Petite piscine. Parfait en amoureux ou en famille (canapé-lit). Dans le jardin à l'arrière, d'autres bungalows moins fameux avec vue plus réduite, et un peu trop à touche-touche.

À Thong Nai Pan Noi

Thongtapan – ทองทำปาน *(carte, **23**) : Thong Nai Pan Noi, côté nord. ☎ 077-445-067. • thongtapanresort.com • On y accède par un petit chemin cahoteux depuis la rue principale de la station. Compter env 800-1 500 Bts pour 2 pers, et même 3 000 Bts pour les bungalows sur la plage. Tlj 8h-21h.* Une quarantaine de grands et sobres chalets de béton, imitation tronc d'arbre, sur une colline envahie d'affleurements rocheux. Bel équilibre entre le sauvage et le jardiné, et ambiance très familiale. Ventilo ou clim, tous avec salle de bains et eau chaude. Agréable resto sur la plage, belle et tranquille, aire de jeux pour les petits et les grands.

Country E-Saan : *dans la rue principale, pile en face de la pizzeria* Amore. *Le soir seulement, 18h30-23h. Bon marché. Mieux vaut réserver car seulement 3 tables.* On se régale dans ce mini-resto sans façon, avec sa cuisine ouverte sur l'animation de la rue. Tout y est préparé minutieusement et en direct par une charmante jeune femme qui connaît son affaire. Savoureuse cuisine thaïe avec des ingrédients frais.

À voir. À faire sur l'île

***Khao Ra** (parc national ; plan, **30**) :* une séduisante rando, accessible depuis la route qui traverse l'île entre Thong Sala et Chaloklum. Le Khao Ra, culminant à 627 m, est le sommet le plus élevé de l'île. À environ 4 km au nord de Thong Sala, plutôt que de suivre la route qui tourne à gauche, empruntez la piste droit devant vous, laissez le temple Madue Whan sur votre droite et continuez jusqu'aux *Khao Ra Bungalows* sur 800 m environ. De là, un sentier pédestre mène à une retenue d'eau, puis un autre grimpe sur 3 km jusqu'à Khao Ra. À faire idéalement vers 5h du matin, pour assister, du sommet, au lever du soleil sur l'île tout entière !

Thaansadet Waterfall – น้ำตกธารเสด็จ *(carte, **31**) :* cette cascade, qui descend jusqu'à la plage, tient plus du cours d'eau. C'est encore plus vrai les années de sécheresse. Possibilité de faire trempette.

Randonnées diverses sur l'île : possibles avec Lucien (*09-27-58-81-57*), un Suisse plein d'allant et de peps qui vous fera découvrir des coins à l'est de Ko Phangan, hors des sentiers battus. De belles découvertes en perspective !

DES ROIS EN CASCADE

Sur près de 2 km, des graffitis gravés en thaï recouvrent les rochers qui bordent l'eau de cette claire fontaine. Ce sont les autographes des rois qui, depuis 1888, se sont succédé à Thaansadet pour prendre un bain (Rāma IV, VII, XIX, numéro complémentaire : le XII). Personne ne sait pourquoi ils se sont entêtés à se baigner ici.

Plongée : Ko Phangan est moins courue que sa voisine Ko Tao pour la plongée. À noter, les sites propices au *snorkelling.* Et, avec bouteille, le site de Sail Rock (voir description à Ko Tao), de fait (un poil) plus proche de Ko Phangan que de Ko Tao. Voici 3 clubs sérieux :

■ **Apnée** *(carte, **34**) : en venant de Chaloklum, du nord vers l'ouest, tourner à droite juste avt la montée, vers l'école de kite-surf « KBA » ; c'est à côté. ☎ et WhatsApp : + 66-9-94-69-42-03. Baptêmes et cours de plongée en apnée. Compter 4 000 Bts pour un baptême qualifiant, ou 1 800 Bts la sortie à Sail Rock pour les apnéistes déjà certifiés.* Pour explorer l'océan différemment et plus naturellement, vous pouvez être initié à la plongée en apnée. En un jour, vous descendez à 12 m et apprenez des techniques de respirations utiles pour l'apnée. Et pour les mordus, les cours vont jusqu'à 5 jours et 35 m. Excellent accueil en français de Stéphane, un passionné passionnant !

■ ***Blue Horizon Diving and Adventures*** *(carte,* ***32****)* ***:*** *au tt début de Haad Yao venant du sud, sur la route principale.* 📱 *08-36-50-09-20.* • *contact@bhdivers.co* • *bluehorizondivers.com* • *Compter 2 700 Bts pour une plongée locale au départ de la plage (1 000-4 000 Bts pour la plongée nocturne fluorescente en fonction du lieu) et 2 700 Bts pour 2 plongées loisir sur le site de Sail Rock.* Myriam, la responsable de ce club, est vraiment sympathique et professionnelle. Elle propose, avec la collaboration d'autres instructeurs français sérieux, tout type de plongées et de sorties PMT (palmes, masque, tuba), y compris, et en exclusivité sur l'île, le soir avec lampes à effets fluo ! N'hésitez pas.

■ ***France Plongée*** *(carte,* ***18****)* ***:*** *au milieu de la baie de Haad Salad.* ☎ *077-423-471.* • *franceplongee.com* • *Compter 1 400 Bts pour une plongée locale au départ de la plage et 2 700 Bts pour 2 plongées sur le site de Sail Rock. Pour 2 plongées sur des spots plus éloignés (notamment à Ko Tao), c'est 3 700 Bts.* Ce club, tenu par une équipe française, offre des formations *PADI* et *FFEFSSM* (et bien sûr les plongées classiques). Matériel de *snorkelling* à louer pour barboter sur le récif corallien à 200 m de la plage ou autour de l'îlot de Ko Ma, tout proche.

Ko Ma : le pourtour de cet îlot, au nord-ouest de l'île, compte parmi les sites de *snorkelling* les plus intéressants des environs pour sa flore et sa faune marines. On y accède par une longue bande de sable à marée basse. Sans difficulté, on se régale les yeux de superbes coraux (tabulaires, cerveaux, coussins de requins) ou d'anémones couronnées de mauve. Défilé façon piste aux étoiles de mer : poissons-clowns, trompettes, cochers, anges, papillons...

KO TAO – เกาะเต่า

• Carte *p. 445*

À une cinquantaine de kilomètres au nord de Ko Phangan, Ko Tao, île minuscule de 21 km² de superficie, est réputée pour ses récifs coralliens multicolores et sa faune aquatique prolifique. Il n'en fallait pas plus pour qu'elle devienne l'« île de la plongée », avec une réputation mondiale : on compte plus d'une quarantaine de clubs de plongée sur cette île-confetti ! Victime de son succès, l'île a dû faire face à de nouveaux soucis : manque d'eau douce, transports anarchiques, sur-fréquentation des spots de plongée...
Les plages et les hébergements de l'« île de la Tortue » ***(tao)*** **se rassemblent surtout le long de la côte ouest, tandis que Ban Mae Hat, le village où accostent les bateaux, est naturellement devenu la capitale de l'île. Y loger ne présente pas beaucoup d'intérêt. La grande majorité des visiteurs lui préfère en effet Sairee, au nord, une station pourvue d'une longue et belle plage, avec bars, restos et boutiques sympas (partie sud). Quant à ceux qui ne pratiquent pas la plongée, pas d'inquiétude, des sections au nord et au centre sont encore à explorer.**

Arriver – Quitter

En bus + bateau

Comme pour Ko Samui, possibilité d'acheter un ticket combiné bus + bateau depuis Bangkok ou d'autres villes. Avec *Lomprayah* (catamaran), ***depuis Bangkok,*** départ à 6h et 21h (arrivée à 15h15 et 8h45), et depuis Ko Tao, départ à 10h15 et 14h45 (arrivée à 20h30 et 0h30). Compter 1 100 Bts.

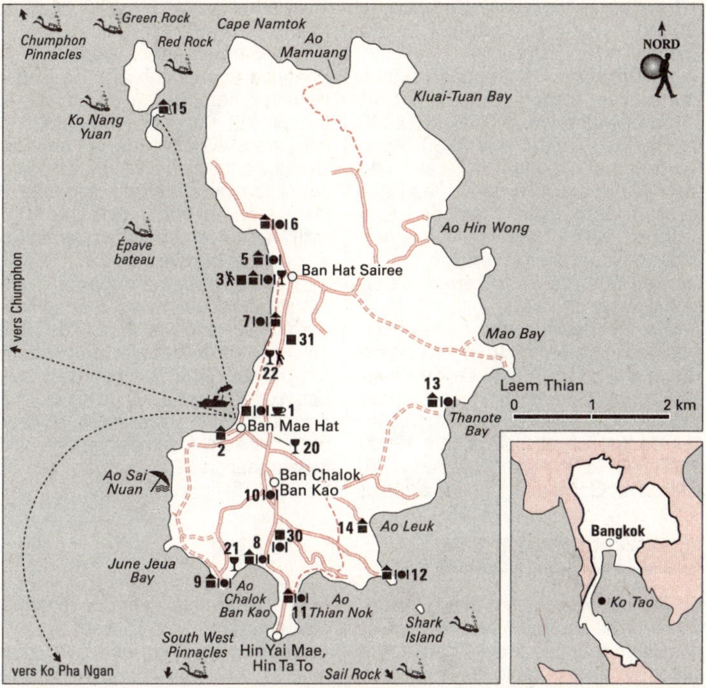

KO TAO

Où dormir ? Où manger ?

- 1 Pranee's Kitchen, Cappuccino, La Carotte qui rit et Café del Sol
- 2 Sensi Paradise Beach Resort
- 3 Rocks Guesthouse, Thalassa Hotel et Barracuda
- 5 Sairee Hut Dive Resort
- 6 Koh Tao Cabana
- 7 Marina Restaurant, Vegetabowl et Savage
- 8 Bubble Bungalow, Ying Yang, Ananas et Ko Tao Resort
- 9 View Point Resort
- 10 Tukta Thai Food et P. Oy's Place
- 11 OK II Bungalows
- 12 Coral View Resort
- 13 Poseidon Resort
- 14 Aow Leuk Grand Hill et Aow Leuk 2
- 15 Ko Nangyuan Dive Resort
- 30 Tree House Cafe

Où boire un verre ? Où sortir ?

- 3 Bars au nord de Sairee Beach (Sundance By The Beach, Wind Beach et Lotus)
- 20 WTF (What the Fuck!)
- 21 Pirate Bar
- 22 Bars au sud de Sairee Beach (Fishbowl)

Où plonger ?

- 1 Aqua Tao
- 3 New Way Diving et Seashell Divers
- 30 French Kiss Divers
- 31 Apnea Total

En bateau seul

Ko Tao est au bout des lignes maritimes Donsak-Ko Samui-Ko Phangan-Ko Tao. Mais on peut aussi venir directement du continent par Chumphon, à 75 km au nord-ouest (inutile donc, si vous venez du nord, d'aller jusqu'à Surat Thani et Donsak pour embarquer pour Ko Tao...).

– ***Principales compagnies :*** voir la rubrique « Arriver – Quitter » de Ko Phangan ou Ko Samui.

➢ ***Chumphon :*** 2 liaisons/j. avec *Lomprayah* (catamaran), à 7h et 13h de Chumphon, à 8h45 et 14h45 de Ko Tao ; trajet : env 1h30. Avec *Songserm,* 2 départs/j., à 6h et 7h de Chumphon, à 14h30 de Ko Tao ; trajet en 1h45-2h. Enfin, 1 ferry de nuit tlj sauf dim, vers 22-23h (de Chumphon et de Ko Tao) ; arrivée vers 5h. Compter 400-600 Bts la traversée selon embarcation choisie.

➢ ***Ko Phangan :*** avec *Lomprayah,* 3 bateaux/j., à 6h, 9h30 et 15h de Ko Tao, à 8h30, 13h, 17h30 de Ko Phangan ; durée : 1h-1h15. Avec *Seatran Discovery,* 3 départs/j., à 6h30, 9h, 15h de Ko Tao, et 2 départs, à 13h30 et 17h, de Ko Phangan ; trajet en 1h30. Enfin, avec *Songserm,* départs à 10h et 15h de Ko Tao, à 10h et 12h30 de Ko Phangan ; trajet en 1h30 aussi.

➢ ***Ko Samui :*** les bateaux pour Ko Phangan continuent vers Ko Samui. Pour les horaires au départ de Ko Samui, voir « Arriver – Quitter » sous Ko Samui. À noter que, à l'arrivée à Samui, *Lomprayah* propose le transfert en minibus vers la plage de son choix (service payant mais moins cher que le taxi). À réserver à l'embarquement ou au cours de la traversée.

➢ ***Surat Thani :*** 2 départs/j. avec *Lomprayah* (catamaran), à 6h et 9h30 de Ko Tao, à 9h et 15h30 de Surat Thani ; env 4h30 de trajet (avec le transfert Donsak-Surat Thani en bus). Avec *Songserm,* départ à 10h de Ko Tao, à 7h et 8h30 de Surat Thani ; trajet : 6h-6h30. Également un bateau de nuit bien pittoresque ; départ à 21h de Ko Tao et à 23h de Surat Thani ; trajet : 8h30.

Circuler dans l'île

Ko Tao est passée en 2 décennies du stade de la piste en terre battue et des chars à bœufs à celui de la route cimentée et des véhicules à moteur. Comme pour les autres îles, procurez-vous dès l'arrivée une carte détaillée gratuite. L'axe principal parcourt le flanc ouest de l'île. Pour résumer, il n'y a guère d'autres moyens de transport sur place que la moto ou le scooter car il n'y a pas de loueur de voitures et les taxis pick-up (voir ci-après) sont (très) chers pour la distance parcourue. Attention, il n'y a que 3 stations essence (dont 2 à Ban Mae Hat), sinon vente dans les échoppes en bord de route. Précisons aussi que si vous avez réservé un hébergement, celui-ci pourra probablement venir vous chercher au débarcadère (du moins au-delà de la catégorie « bon marché/prix moyens »).

– ***Taxis pick-up :*** ils attendent près des débarcadères à l'arrivée des bateaux et circulent régulièrement à travers l'île. Problème : ils coûtent un pont ! Compter en principe 300 à 600 Bts pour 1 ou 2 personnes (et 100 Bts par passager supplémentaire) selon votre destination, qui de toute façon n'est jamais très éloignée sur cette île... Vous pouvez toutefois toujours tenter de marchander.

– ***Location de 2-roues :*** c'est donc en gros le seul moyen de se déplacer sur l'île (du moins si on souhaite la découvrir un peu). Faire très attention cependant à certaines pistes de la côte ouest, assez casse-gueule, et même très déconseillées pour certaines (toujours bien se renseigner), voire impraticables pour les 2-roues ! Se méfier aussi de certaines pentes (non, désolés, ça ne passe pas en scooter surtout si on est 2 dessus, et ce n'est pas marrant de se retrouver coincé au milieu d'une côte déjà difficile à franchir à pied !). Dans tous les cas, prenez une moto assez puissante, ça monte et ça descend ! Côté tarifs, compter comme ailleurs dans les 300 Bts/j., essence en sus.

Remarque importante : la location de 2-roues est aux mains d'une mini-mafia de loueurs, qui ont la fâcheuse tendance à vous faire payer au prix fort (facilement 5 000 Bts) toute détérioration, même minime, comme un autocollant griffé ou un caoutchouc du guidon éraflé. Et comme ils gardent votre passeport en caution... Bref, lors de la prise du véhicule, faites bien le tour du matériel en prenant des photos ou, mieux, un petit film avec votre appareil ou votre smartphone. Saisissez tous les petits défauts que vous pourriez constater. Cette seule démarche devrait les persuader que vous n'êtes pas du genre à vous laisser faire...

– ***Les bateaux-taxis :*** on en trouve à certains endroits, mais ils sont au moins aussi chers que les taxis pick-up.

– ***La marche :*** envisageable dans un périmètre limité, vu que l'île est petite. Compter par exemple 30 mn pour aller de Ban Mae Hat au nord de Sairee.

BAN MAE HAT – บานแมฮัท

Village principal de l'île, débarcadère des bateaux. Pas vraiment utile d'y résider mais on y trouve un paquet de restos, magasins et services.

Adresses et infos utiles

– Le ***Ko Tao, a complete guide*** *(● kohtaocompleteguide.com ●)* en anglais et disponible partout gratuitement, contient plein d'infos et de plans vraiment détaillés avec quasi tous les hébergements, restos et autres prestataires de l'île. En glisser une copie dans sa poche ou son sac à dos ! Dans le même style, il y a aussi le ***Koh Tao Info*** *(● kohtaoonline.com ●).*

■ ***Change, distributeurs :*** *agences de la* ***Bangkok Bank*** *et de la* ***Siam Commercial*** *Bank au bout de la rue principale nord (à 3-4 mn à pied des débarcadères).* On trouve des ATM et comptoirs de change ailleurs sur l'île, notamment le long de Sairee Beach.

✉ ***Poste*** – ไปรษณีย์ *: entre la* Bangkok Bank *et la* Krungsi Bank, *au bout de la rue principale nord. Lun-ven 9h-17h (12h sam).*

✚ ***Clinique*** – คลีนิค *:* ***Thai International Clinic,*** *à 200 m de la Bangkok Bank, dans la rue parallèle au débarcadère. ☎ 077-332-511.* En cas de pépin sérieux, mieux vaut toutefois rejoindre Ko Samui ou Ko Phangan.

■ ***Police*** – สถานีตำรวจ *: à env 500 m au nord du village, sur la petite route qui longe la plage vers Sairee. ☎ 077-456-098.*

@ ***Internet :*** quelques agences dans le village possèdent des ordinateurs connectés à Internet. Sinon, il y a le wifi dans tous les hébergements et certains cafés ou restos.

■ ***Location de motos et de scooters :*** vu les problèmes que la location de ces engins peut occasionner (voire plus haut « Circuler dans l'île »), on vous conseille de vous adresser à des loueurs connus pour leur sérieux et leur honnêteté. Par exemple, *Oli's Motorbike,* tenu par un Suisse, dans le haut de la rue principale nord, côté droit, pas loin du débarcadère *(tlj 8h30-17h, précises !).*

Où dormir à Ban Mae Hat et dans les proches environs ?

De plus chic à très chic (à partir de 2 500 Bts / 71,40 €)

⌂ ***Sensi Paradise Beach Resort*** – เซนซี พาราไดซ์ บีช รีสอร์ท *(carte,* ***2****) : Mae Haad, à 10 mn à pied des embarcadères en prenant le chemin qui longe la côte vers le sud. ☎ 077-456-244. 📱 09-92-89-33-93. Petit déj compris.* Bien situé, près du village principal et en bordure d'un joli bout de plage. Dans un grand domaine particulièrement soigné, environ 70 bungalows bien espacés les uns des autres et impeccables, arrangés dans le style local avec de beaux matériaux et tout le confort (sauf la TV). Même les moins chers sont déjà très bien, tout en bois, avec de beaux sanitaires et une terrasse privée. En mettant un peu plus, vous aurez droit à plus d'espace et serez du côté des 2 très belles piscines en cascade ! Vaste et élégant resto face à la mer. Accueil tout en douceur. Un *resort* qui a tout pour plaire !

Où manger ?

N'allez pas croire que nous sommes chauvins, mais il se trouve que de nombreux établissements, à Ban Mae Hat, sont tenus par des Français.

De bon marché à prix moyens (moins de 400 Bts / 11,40 €)

Pranee's Kitchen – ร้านอาหารปราณี คิทเช่น *(carte,* ***1****)* **:** *dans une allée perpendiculaire à la rue principale nord, à 2 mn à pied des embarcadères.* ☎ *077-456-478. Tlj 8h-21h30.* ● *praneeskitchen.business.site* ● Une excellente cantine un peu à l'écart de la grand-rue, dans un espace ouvert avec chaises et tables classiques ou une terrasse en bois avec tables et coussins bas. Très bonne cuisine thaïe pas chère. Soirée ciné certains soirs.

Cappuccino – คาปูชิโน่ *(carte,* ***1****)* **:** *dans la rue principale sud, côté gauche.* ☎ *077-456-870. Tlj 8h-18h.* Rien de tel, pour le petit déj, que cette boulangerie-salon de thé-resto tenue par un Français. Viennoiseries et pâtisseries (tarte aux pommes, millefeuille, et même galette des rois) comme à la maison et au même prix. Sert aussi d'excellents cafés, ainsi que des sandwichs, salades et crêpes. Une halte qui requinque !

La Carotte qui rit *(carte,* ***1****)* **:** *dans la rue principale sud, un peu après le Cappuccino.* ☎ *077 456 970. Tlj 9h-21h.* Si le nom trahit l'origine du patron, la cuisine de ce petit resto est au contraire entièrement thaïe, végétalienne et, surtout, savoureuse. Dans une salle ventilée ouverte sur la rue. Un repas qui, en plus, ne vous ruinera pas.

De prix moyens à plus chic (de 200 à 800 Bts / 5,70 à 23 €)

Café del Sol – กาแฟ่เดลโซล *(carte,* ***1****)* **:** *dans la rue principale nord, au début.* ☎ *077-456-578. Tlj 8h-22h30.* Un classique du village. Joli cadre ambiance bistrot parisien. Pizzas, pâtes, viande (importée de Nouvelle-Zélande), sandwichs copieux, salades, poissons grillés... la carte ratisse large, mais on en ressort ravi. En revanche, rien de thaï. Breakfasts à l'anglaise, américain, français, allemand aussi... Pain et glaces maison.

Où boire un verre ?

WTF *(What the Fuck! ; plan,* ***20****)* **:** *un peu en dehors du village, sur la route principale de l'île, côté gauche en allant vers Chalok. Tlj 17h-5h.* À l'étage d'une maison, un bar à ciel ouvert tenu par un couple belgo-thaï. Les noctambules seront heureux d'apprendre que c'est l'endroit qui ferme le plus tard de l'île ! Au programme, ambiance cool et bons cocktails (goûtez au *tom yam,* qui reprend tous les ingrédients de la soupe éponyme, sans les piments). Tous les vendredis, DJ et barbecue... gratuit !

LA PLAGE DE HAT SAIREE – หาดทรายรี

Drôle de rassemblement sur Sairee Beach que celui de ces grenouilles, combi sur le dos et palmes à la main. Matinal pour traquer l'éveil du mérou,

vespéral pour connaître l'aventure d'une plongée nocturne, comme si le mot était passé partout dans le monde que Ko Tao est « *the place to be* » pour la plongée.
Même si l'on préfère nettement les criques, Sairee Beach, seule grande plage de l'île, mais assez étroite, au nord du port de Ban Mae Hat, est restée conviviale malgré son développement intensif. On y retrouve l'essentiel de la vie nocturne de l'île vers le nord, avec loupiotes et tables dressées les pieds dans le sable. La plage sert aussi de mouillage à une flottille de bateaux de pêche et d'excursion, mais l'eau y est toujours aussi transparente (quoique pas nécessairement très propre). De plus, manque de fond pour la baignade d'avril à juillet. Au sud de la plage, en revanche, changement d'ambiance ou presque avec boutiques tendance, restos vegan et ambiance plus détendue.

Où dormir ?

Bon marché (moins de 1 000 Bts / 28,60 €)

Savage (carte, **7**) : *dans la rue côtière de Sairee, vers le sud (immanquable). 08-00-96-68-89. • savagekohtao.com • Dortoirs 6-16 pers.* Hyper moderne, métal, noir et blanc. Clientèle jeune. Fait aussi resto (voir ci-dessous).

Rocks Guesthouse (carte, **3**) : *côté nord de Sairee, dans une rue perpendiculaire au chemin côtier. 09-88-03-91-20. • kohtao.rocks • Lits en dortoir 200-350 Bts.* Bâtiment fonctionnel abritant quelques dortoirs de 4 à 8 lits, avec casiers individuels et douches (chaudes) communes. Clientèle jeune internationale. Pas de petit déj mais un bar-resto à côté, équipé d'une petite piscine (accessible si on consomme). Surtout intéressant pour ceux qui voyagent seuls.

De prix moyens à plus chic (de 1 000 à 5 000 Bts / 28,60 à 143 €)

Savage (carte, **7**) : *dans la rue côtière de Sairee, vers le sud (immanquable). 08-00-96-68-89.* Déco industrielle, noire et hyper moderne. Dortoirs (voir plus haut), mais aussi des chambres un peu sombres mais pratiques. Service et clientèle jeunes et amènes. On vient surtout ici pour son resto (voir plus bas).

Thalassa Hotel – โรงแรมทาลาสซา (carte, **3**) : *côté nord de Sairee, dans la rue qui relie la promenade à la route principale de l'île. ☎ 077-456-791. • thalassakohtao.com •* Petit hôtel en plein dans l'animation de Sairee, offrant une quinzaine de chambres irréprochables et lumineuses, avec tout le confort. Un bon rapport qualité-prix pour ce coin de l'île. Évitez juste, peut-être, le côté rue, un peu bruyant. Très agréable espace resto au rez-de-chaussée, pour le petit déj (non compris). Le patron est français.

Sairee Hut Dive Resort – ทรายรีกระท่อม การดำน้ำ รีสอร์ท (carte, **5**) : *au nord de Sairee, sur la plage. ☎ 077-456-000. • saireehutresort.net •* Au choix, une cinquantaine de chambres ou des bungalows rangés le long d'une allée bien végétalisée. Les plus simples ne sont pas si chers et déjà bien plaisants, avec clim, frigo et coffre. Quant aux chambres, plus près de la plage, elles sont modernes et luxueuses, certaines en duplex avec grande baie vitrée. D'autres, plus modernes encore. Jolie piscine, assez design, et resto sympa, surtout le soir. Une bonne adresse dans cette catégorie.

Très chic (plus de 5 000 Bts / 143 €)

Koh Tao Cabana – เกาะเต่าคาบาน่า (carte, **6**) : *pointe nord de la plage. ☎ 026-217-890 ou 08-96-98-22-66. • kohtaocabana.com • Doubles à partir* *de 5 000 Bts, petit déj inclus. Promos sur Internet et réduc intéressantes à la sem.* Pour nos lecteurs argentés, un complexe d'une cinquantaine de fringants chalets en bois, avec terrasse et vue sur la mer, et de maisonnettes circulaires en dur, spacieuses et décorées à la « Robinson chic ». Excellent confort et belles salles de bains partout. Certaines suites avec piscine privée. Beau jardin devant la plage, bordée de cocotiers et bien fournie en transats et hamacs. Piscine à débordement et cascades. Fait aussi resto.

Où manger ?

De prix moyens à plus chic (de 200 à 800 Bts / 5,70 à 23 €)

Ⅰ●Ⅰ ***Savage*** *(carte, **7**) : dans la rue côtière de Sairee, vers le sud (immanquable).* 📱 *08-00-96-68-89.* Déco industrielle, noire et hyper moderne. Grand lounge-resto ouvert sur la promenade, à 2 pas de la plage, avec grands canapés et tablées pour paresser et manger. Plats classiques, plaisirs régressifs (milkshake à l'Oreo) ou très organic (boisson « *Pina Kalelada* » au chou kalé, céleri et goyave). Propose aussi des dortoirs et des chambres (voir plus haut). Service et clientèle jeunes et amènes.

Ⅰ●Ⅰ ***Vegetabowl*** *(carte, **7**) : sur la route entre Ban Mae Hat et avt d'arrivée à Sairee, dans une petite ruelle qui part face au 7-Eleven et au resto The Godfather ; accessible aussi depuis la plage.* 📱 *08-46-92-77-49. Tlj midi et soir jusqu'à 19h30 (dernière commande).* Une adresse très pop et colorée, avec des taches de peinture du sol bétonné au plafond. On compose ici sa salade ou son bol selon ses envies (nouilles, riz, *soba*), et ensuite selon l'ambiance sélectionnée (japonaise, zen, bien-être, etc.). Et l'on découvre son assiette copieuse, pleine de couleurs et de saveurs, préparée presque sous vos yeux. Un régal ! Excellents smoothies. Accueil très sympa.

Ⅰ●Ⅰ ***Barracuda*** – ร้านอาหารและบาร์บาราคูด้า *(carte, **3**) : côté nord de Sairee, dans une rue piétonne pleine de restos perpendiculaire à la promenade.* 📱 *08-01-46-32-67. Tlj 16h-23h.* Un incontournable de Sairee, et même de Koh Tao. La fréquentation, déjà, en atteste ! Agréable salle tout en longueur, avec bibelots et bouteilles de vin sur les murs, pour une cuisine tendance fusion : filet de bœuf australien, poulet tandoori, saumon teriyaki, steak de thon aux asperges et couscous, barracuda au jambon de Parme farci à la feta... Rien à redire, c'est vraiment bon, copieux et bien présenté ! À essayer au moins une fois.

Ⅰ●Ⅰ ***Marina Restaurant*** – ที่จอดเรือ ร้านอาหาร *(carte, **7**) : sur la promenade, vers le milieu de celle-ci.* 📱 *08-18-91-98-09. Ouv 9h-22h30.* Un peu de tout à la carte mais surtout un beau choix de poissons en devanture (prix à la variété de poisson, calibrée pour une personne), tout frais pêchés et qui n'attendent que vous pour passer au gril : snapper rouge ou blanc, barracuda, thon, crevettes royales. Chacun servi avec une grosse pomme de terre en chemise et arrosé d'une bonne pinte de Singha Beer face au soleil couchant, presque les pieds dans l'eau. Que demander de plus ? Bonne *thaï food* également.

Où boire un verre ? Où sortir ?

🍸🕺 C'est Sairee Beach qui accueille la plupart des bars de l'île. Ambiance très anglo-saxonne, musique techno et shows pyrotechniques de rigueur sur la plage. Parmi les plus en vue, on peut citer, côté nord, le ***Sundance By The Beach,*** le ***Wind Beach*** ou le **Lotus** *(carte, **3**)* et, côté sud, le ***Fishbowl*** *(plan **22**).* Faites votre marché !

LA PLAGE D'AO CHALOK BAN KAO – อ่าวโฉลกบ้านเก่า

Lovée au fond d'une large échancrure de la côte sud, cette belle plage, bien protégée de la mousson, est accessible par la route. Du coup, les bâtiments y ont proliféré pour faire partager au plus grand nombre le légendaire coucher de soleil, sans pour autant avoir ravagé le site. La baie connaît aussi une gentille animation le soir, grâce aux bars qui la bordent.

Où dormir ?

Bon marché (moins de 1 000 Bts / 28,60 €)

Bubble Bungalow – บับเบิ้ล บังกะโล *(carte, 8) : Chalok Ban Kao Bay.* ☐ *09-66-54-86-38.* • *baie pang1@yahoo.com* • *Sur la route principale, côté est de la baie.* Une dizaine de bungalows et petits bâtiments étagés depuis la route (où se trouve la réception), avec ou sans clim. Belles petites chambres toutes pimpantes. Certes, elles ne sont pas pile en face de la mer mais la plage est à 2 pas et les prix sont intéressants pour la qualité. Attention, les hébergements près des arbres peuvent être gênants en raison... des grillons assez bruyants.

De prix moyens à spécial coup de folie (à partir de 1 000 Bts / 28,60 €)

Ko Tao Resort – เกาะเต่าคอทเทชรีสอร์ท *(carte, 8) : un peu après* Bubble Bungalow *(bien signalé).* ☎ *077-456-135.* • *kotaoresort.com* • Grand complexe offrant un choix varié de chambres ou bungalows bien équipés (clim, frigo, TV) et confortables mais pas immenses, au niveau de la mer ou perchés haut sur la colline avec une vue superbe mais situés de l'autre côté de la route, donc moins attrayants. Très belle piscine à débordement, qui plus est, et chouette resto en terrasse, flanqué d'une autre petite piscine. Certes, on paie en partie la situation, un coin de plage magnifique aux eaux turquoise, bordé de cocotiers, mais au final, ça vaut la peine !

View Point Resort *(carte, 9) : à l'extrême droite de la plage quand on regarde la mer ; par la plage, passer par* Tarapara Resort, Alvaro *et* Pirate, *c'est tt au bout.* ☎ *077-456-444.* • *viewpointresortkohtao.com* • L'un des *resorts* les plus attrayants de Ko Tao, surtout pour ceux qui souhaitent se tenir à l'écart de l'agitation. La petite trentaine de bungalows et *pool villas,* tous soignés et luxueux, sont disséminés dans une épaisse végétation sur un coteau traversé d'escaliers et au pied duquel, juste au bord des flots, s'étale la piscine à débordement et s'étire la terrasse tout en courbes du resto, l'un des plus romantiques de l'île. Une adresse à part, au propre comme au figuré !

Où manger ?

Bon marché (moins de 200 Bts / 5,70 €)

Ying Yang *(carte, 8) : depuis Ban Mae Hat, en direction de Ao Chalok Ban Kao, passer* French Kiss Divers *à gauche, trottoir d'en face, pas loin d'*Ananas *(voir plus loin).* ☐ *08-72-81-06-28 ou 09-80-39-97-64. Tlj 13h-21h30.* Une longue salle en enfilade sous les ventilos. On s'installe dans un des box pour apprécier une cuisine savoureuse (salade de papaye, de bœuf), des poissons grillés, des riz frits et des currys, spécialités du patron.

Tukta Thai Food – ครัวตุ๊กตา *(carte, 10) : sur la route principale, à mi-chemin de Ban Mae Hat et Chalok*

Ban Kao. ☎ *077-456-109. Tlj 11h-22h.* La cantine animée et pas chère du coin, dans une salle tout ouverte en bordure de route. Clientèle de Thaïs et *farang* mélangés. Bien à midi comme le soir.

De bon marché à prix moyens (de moins de 200 à 400 Bts / 5,70 à 11,40 €)

P. Oy's Place (carte, **10**) **:** *depuis Ban Mae Hat, en direction de Ao Chalok Ban Kao, passer* French Kiss Divers *à gauche, tt droit, puis par la route de droite au croisement.* *06-20-69-10-30. Mar-sam 11h-21h.* Certainement le meilleur resto de l'île, un peu à l'écart. Accueil chaleureux de la patronne, qui gère de main de maître sa cuisine ouverte sur la salle, avec toutes ses casseroles suspendues au mur. Petite carte, avec des spécialités comme le *massaman curry* (un régal) ou encore les tempuras de crevettes ou le *pad thai.* Assez épicé. Tout est frais, cuisiné sur place, à la commande. Décor sympa, tout en bois, sous les fleurs et les ventilos, avec vieilles photos de Ko Tao et notes de musique jazzy. On adore !

Tree House Cafe (carte, **30**) **:** *depuis Ban Mae Hat, en direction de Ao Chalok Ban Kao, passer* French Kiss Divers *à gauche, c'est quelques mètres plus loin, même trottoir.* *08-12-38-63-94. Tlj sauf mar jusqu'à 23h.* Manger dans un arbre, un rêve ! On s'installe sur la terrasse aménagée au niveau des branches. Super le soir quand toutes les loupiotes s'illuminent, pour goûter une cuisine traditionnelle bio et sans OGM. Au choix : tables, ou à la romaine sur des coussins.

Ananas (carte, **8**) **:** *depuis Ban Mae Hat, en direction de Ao Chalok Ban Kao, passer* French Kiss Divers *à gauche, trottoir d'en face.* *09-54-80-44-84. Tlj 11h30-22h.* Des containers ouverts sur une salle avec mobilier de bord de mer, sable au pied, et une déco très fraîche. Cuisine fusion, où l'on peut déguster aussi bien des *ribs* que des *gyozas.* Et même des plats thaïs ! Beau choix de desserts de saison. Service sympa.

Où boire un verre ?

Pirate Bar (carte, **21**) **:** *sur la plage, côté ouest de la baie.* ☎ *077-456-109. Tlj 10h-22h.* Des bars qui s'égrènent le long de la baie, celui-ci, à l'écart sur la droite quand on regarde la mer, donne envie de s'y poser, le temps de descendre un *Coco Roco* (cocktail). Déco pirate, « poufs sacos » sur la plage, et musique rock, reggae ou folk le soir. Clientèle un peu plus plongeuse et plus mûre qu'à Sairee.

LA PLAGE D'AO THIAN NOK – หาดอาวเทียนนอก

Croissant de sable ultra photogénique, planté d'arbustes maritimes et ourlé de cocotiers s'élevant au milieu d'une pelouse naturelle. Les coraux sont pratiquement à fleur d'eau à marée basse, ce qui peut rendre la baignade malaisée (ça coupe !). Autre attrait : la présence de tortues marines et de « pointes noires » (petits requins inoffensifs) qui affleurent à la surface de l'eau (tôt le matin surtout). À vos masques !

LES AILERONS DE LA LIBERTÉ

À moins de 150 m du bord d'Ao Thian Nok, on croise des requins à pointe noire par moins de 3 m de fond. Des bébêtes inoffensives à la nage gracieuse qui rappliquent entre 7h et 10h. Pour le choco BN ? Va savoir... Rendez-vous à noter sur votre agenda de plage !

Où dormir ? Où manger ?

Prix moyens (de 1 000 à 2 500 Bts / 28,60 à 71,40 €)

OK II Bungalows – โอเค 2 บังกาโล *(carte, **11**) : sur la crête entre les plages de Chalok Ban Kao et de Thian Nok. ☎ 09-18-78-60-78. • okiibungalows.business.site • ok2bungalow.com • Tlj 7h-22h.* Adresse peu conseillée à ceux qui ont des douleurs aux articulations : escaliers très raides ! Dominant la splendide baie de Thian Nok, une coulée de bungalows noyés dans la verdure, qui descendent jusqu'au ras des flots (oui, madame). Tous avec vue. Rustiques mais bien tenus, tous équipés de moustiquaire, ventilo au plafond (pas de clim) et terrasse panoramique (oui, monsieur). Certains sont pour 4 personnes. Resto thaï pas cher, qui sert aussi le petit déj. Location de scooters. Accueil parfois moyen cependant.

LA PLAGE DE HAT SAI DAENG – หาดทรายแดง

Une jolie crique bien sablonneuse (pas si courant !), face à l'îlot rocheux de Shark Island (brrr !). On y accède en prenant la bifurcation sur la gauche entre Ban Mae Hat et Ao Chalok mais, attention, le tronçon final (en béton mais très raide) est périlleux en scooter pour les conducteurs inexpérimentés. Prévoir de bonnes chaussures et de bons freins ! En taxi, compter environ 500 Bts (de Ban Mae Hat).

Où dormir ? Où manger ?

De prix moyens à un peu plus chic (de 1 000 à 5 000 Bts / 28,60 à 143 €)

Coral View Resort – คอรัล วิวท รีสอร์ท *(carte, **12**) : sur la plage. ☎ 077-456-482. • coralviewresort.com •* Un cocon pour amoureux, très éloigné (mais navette gratuite 3 fois par jour). 3 sortes d'hébergements, tous avec clim, aux prix croissants : des huttes en bois perchées sur des pilotis de briques, des chambres dans une bâtisse d'un étage posée sur la plage, et des chalets avec vue sur la mer (et tout le confort, excepté la TV). Les 1res huttes (intérieur mimi, tapissé de nattes) proposent déjà un chouette rapport qualité-prix. L'ensemble ne manque vraiment pas d'attrait, d'autant que la plage, à cet endroit, est bien belle. De plus, resto agréable, en encorbellement au-dessus des flots : on y mange à la romaine. Club de plongée et service massage.

LES PLAGES D'AO LEUK ET AO THANOTE – อ่าวอ่าวลึก และ อาวอาวโตนด

2 calanques jolies et sauvages de la côte est. Ao Leuk, la 1re, est très agréable et ne pose pas de problèmes d'accès, ce qui est moins le cas de la 2de, du moins en scooter. Un peu dommage, car la crique est extra pour la baignade et le *snorkelling*, au-dessus des coraux ou autour des rochers. Elle abrite quelques pensions basiques. Pour info, la plage d'Ao Leuk est privée. Son accès est payant *(100 Bts)*, les proprios interdisent qu'on y apporte boissons et nourriture (excepté de l'eau). En gros, il faut tout acheter sur place.

Où dormir ? Où manger ?

Bon marché (moins de 1 000 Bts / 28,60 €)

Poseidon Resort – โพไซดอนรีสอร์ท *(carte, 13) : au milieu de la plage de Thanote Bay.* ☎ *077-456-734.* Un bouquet de bungalows a éclos sur et au-dessus de la plage. Avec ventilo ou clim, ils sont habillés de bois, tout simples et dotés d'un minimum de confort. Chouette resto familial les pieds dans le sable. Prix variés selon situation et taille.

Prix moyens (de 1 000 à 2 500 Bts / 28,60 à 71,40 €)

Aow Leuk Grand Hill et Aow Leuk 2 – อ่าวลึกบังกาโล *(carte, 14) : de part et d'autre de la crique d'Ao Leuk.* Une plage qui se révèle être une entreprise familiale. Au milieu, l'*Aow Leuk 1,* tenu par la mère, mais qu'on vous déconseille vraiment (pas cher mais très sommaire). Heureusement, en haut, à gauche (en regardant la mer), le fils propose 7 bungalows de rouge coiffés, très agréables, super nets et équipés, pour 3 d'entre eux, d'une terrasse géniale surplombant la mer (c'est l'*Aow Leuk Grand Hill* ; *08-63-95-42-01*). Vue magnifique ! Enfin, sur le côté droit de la plage, la fille offre aussi une série de bungalows aux toits bleus posés à flanc de colline, avec terrasse ouverte sur la baie (*Aow Leuk 2* ; *08-54-76-49-86 ;* • *aowleuk2.net* •). Resto sur place pour chacun d'eux. Faites le tour de ces différentes possibilités avant de fixer votre choix.

LA PLAGE D'AO HIN WONG

Une crique où s'empilent d'impressionnants amas de gros rochers, typiques de Ko Tao. Desservie par une piste ardue démarrant de l'intersection principale du village de Ban Hat Sairee. Y aller plutôt en bateau ou en pick-up qu'à moto (trop dangereux). Beaux fonds pour le *snorkelling* dans la crique du *Hin Wong Bungalows,* mais ce n'est pas un secteur que l'on conseille pour loger : outre la difficulté d'accès, la plage est très exposée au vent et on peut être parfois dérangé par des chiens errants.

LA PLAGE D'AO MAMUANG (MANGO BAY)

Une crique du bout du monde, au joli chaos granitique (idéal pour les balades masquées), qu'on atteint presque exclusivement en *taxi-boat.* En taxi pick-up, depuis la route grimpant vers Hin Wong, compter bien 600 Bts. Quant à s'y rendre en scooter, oubliez ! La pente s'avère bien trop raide. À pied ? Trop crevant !

KO NANG YUAN – เกาะนางยวน

3 îlots paradisiaques et privés, reliés entre eux par des bancs de sable. Éminemment photogéniques. Entre sable blanc, mer turquoise et végétation luxuriante. Mais il y a un monde fou (plein de couples chinois et coréens s'y rendent le matin depuis Ko Samui... en mini lune de miel), aussi bien sur la plage que dans l'eau. Et pas grand-chose à faire, sinon bronzer et barboter. Entrée payante : 100 Bts par personne. Il paraît que les sommes récoltées vont à la protection de l'endroit. Ah ?

➢ ***Pour s'y rendre :*** de nombreux *taxi-boats* font la navette depuis le port de Mae Hat et la plage de Sairee. Compter à partir de 300 Bts l'aller pour 2 personnes et 100 Bts par personne supplémentaire. Les catamarans de *Lomprayah* y font escale.

Où dormir ?

S'il est tentant de séjourner sur cet îlot, il faut savoir que le site du ***Ko Nangyuan Dive Resort*** – เกาะนางยวน ไดฟ์ รีสอร์ท *(carte, **15**)* est investi depuis 7h du matin par une litanie de bateaux de plongée bruyants, qui viennent hanter les eaux cristallines et ne repartent qu'en fin de journée. Même chose pour la superbe langue de sable. Bref, chouette sur le papier, mais seulement sur le papier.

Plongée sous-marine à Ko Tao

« L'île de la Tortue » est entourée de beaux jardins de coraux où batifole une grande variété de poissons. Eaux chaudes toute l'année, une bonne visibilité, un temps clément, très peu de courant, des clubs multilingues (du russe au français en passant par le coréen) et des tarifs très compétitifs.
Plonger à Ko Tao est surtout idéal pour ceux qui viennent faire une formation, courte ou longue (*open water, advanced, divemaster,* etc.), ou même pour un baptême. Le rapport qualité-prix-conditions de plongée-compétence est imbattable.

Clubs de plongée

Les prix sont relativement alignés : environ 1 000/1 500 Bts la plongée (allant souvent par 2) et 2 000 Bts le baptême (3 000 Bts si l'on en fait 2). Et tous types de stages de certification à partir de 10 000 Bts pour le 1er niveau. Prévoir la veille pour le lendemain.

■ ***Aqua Tao*** (carte, **1**) **:** *dans le village de **Ban Mae Hat,** à 2 pas du débarcadère, au début de la rue principale nord, juste en face du Café del Sol. ☎ 09-24-95-99-02. • aquatao.fr • Bureau ouv tlj 9h-20h.* Tenu par Guillaume et Aurélien, ce petit club presque familial se caractérise par son sérieux, sa décontraction et la compétence de ses instructeurs. Bon matériel, briefs rigoureux et chouette ambiance. Départs pour les plongées le matin à 6h30 (retour vers 11h30) et l'après-midi à 11h45 (retour vers 16h30).

■ ***French Kiss Divers*** *(carte, **30**)* **:** *côté sud de l'île, sur la route menant à Chalok Ban Kao, un peu avt d'y arriver, sur la gauche (bien signalé) ; également une antenne du côté nord de Sairee, dans la rue qui relie la rue côtière à la route principale, et une autre antenne à l'embarcadère. ☎ 077-456-725. • frenchkissdivers.com • Bureau ouv tlj 9h-19h.* Immanquable club français et fiable, tenu par le sympathique Wilfried. C'est aussi le seul à être affilié à la *FFESSM* et à proposer des formations jusqu'au monitorat. Bar attenant où se retrouvent de nombreux Français dans une joyeuse ambiance, même le soir ! *Happy hours* 16h-19h avec pastis ! Organise aussi des activités sur l'île.

■ ***New Way Diving*** (carte, **3**) **:** *côté nord de **Sairee,** à 2 pas du carrefour entre la route principale et la rue qui va vers la plage. 📱 077-456-527. • gilles@newwaydiving.com • (moniteur) ou • info@newwaydiving.com • newwaydiving.com • Bureau ouv tlj 8h-19h.* Géré par un Texan haut en couleur et hyper dynamique, ce centre propose des plongées matinales (en groupes de 4 maximum) plus tôt que tous les autres clubs (départ à 5h40), ce qui permet de mieux profiter des sites. Il se rend fréquemment aussi vers des sites où la plupart des autres clubs ne vont pas. Enfin, il organise une formation 1er niveau en 3 jours (contre 4 habituellement), sans lésiner sur la qualité. Pratique si vous avez peu de temps ! Instructeurs de différentes nationalités, français notamment.

■ ***Seashell Divers*** (carte, **3**) **:** *dans la rue côtière de **Sairee,** vers le nord. 📱 08-94-72-07-85.*

• *seashelldiverskohtao.com* • Accueil et service pro de Jeff, suisse, qui propose baptême et plongées pour certifiés. Possible de tester le matériel dans la piscine attenante et de dormir au *Seashell Resort* (tarifs préférentiels pour les plongeurs).

■ ***Apnea Total*** *(carte,* ***31****)* **:** *dans la rue côtière de* ***Sairee,*** *vers le sud (immanquable).* *08-48-78-62-69.* • *apneatotal.com* • Une super école de plongée en apnée. Cours sur 1 à 3 jours *(3 500-7 000 Bts)* comprenant théorie et pratique. Groupes de 3 personnes maximum. Bien souvent, on atteint 12 m le 1er jour, et parfois 20 m au bout de 2 jours. Tout cela avec beaucoup de décontraction. *Le Grand Bleu...* quoi !

Nos meilleurs spots

Ko Nang Yuan – เกาะนางยวน **:** *au nord-ouest de Ko Tao.* Ce sont les fameux îlots paradisiaques, archi-touristiques, mentionnés plus haut. En plus d'être hyper fréquentés en surface, ils le sont également sous l'eau car c'est un site de choix pour les baptêmes, avec des paysages sous-marins à l'image de ce petit archipel.

Drop off Red Rock – เร็ด ร๊อค **:** *au nord-est de Ko Nang Yuan. Jusqu'à - 18 m. Pour plongeurs de bon niveau.* Jardin corallien magnifique survolé par des escadrilles de poissons-papillons, anges et perroquets. Une tortue croisera peut-être votre regard. Surprise du chef : un tunnel aux multiples rais lumineux.

Green Rock **:** *au nord de Ko Nang Yuan. Pour plongeurs de niveaux 1 et 2 (entre - 5 et - 20 m).* Ce site tient son nom de la couleur verte de ce rocher, qu'on admire dès 2 m de profondeur. On y distingue une multitude de cavités (bonne flottabilité exigée). Observation de nombreuses sortes de nudibranches. Amateurs de photographie macro, ce site est pour vous. Frisson garanti en découvrant une tribu de balistes *(triggerfish).*

Chumphon Pinnacles – ชุมพร พีนาคเคิล **:** *au nord-ouest de Ko Tao. Pour plongeurs expérimentés. Bonne météo requise.* C'est un pinacle sous-marin, dont le sommet se situe à 16 m de profondeur, très sauvage, et qu'affectionnent beaucoup les gros bestiaux du large. Barracudas, raies pastenagues, carangues et, selon la saison, le géant des mers : Sa Majesté le requin-baleine.

South West Pinnacles – เซ้าท์ เวสท พีนาคเคิล **:** *au sud-ouest de Ko Tao. Pour plongeurs confirmés. Bonne météo requise.* Grand brassage de couleurs vives dans ce somptueux jardin de coraux. C'est du « Ripolin grand art », ma bonne dame ! Entre - 10 et - 30 m, on contemple avec plaisir les parures chatoyantes des poissons-papillons, anges et clowns, qui tournicotent au nez des mérous. Également des gorgones *sea stars* flamboyantes et, avec un peu de chance, un étrange *yellow box fish,* une vraie boîte jaune à nageoires !

Shark Island **:** *côte sud de Ko Tao. Pour plongeurs intermédiaires et confirmés (entre - 4 et - 25 m).* Ne vous méprenez pas, ce site localisé entre Shark Bay et Aow Leuk tient son nom de sa forme qui évoque un aileron de requin. Parfois du courant. Une foule de tortues et poissons de récifs : perroquets, mérous, diodons et corail mou.

Sail Rock – เซล ร๊อค **:** *entre Ko Tao et Ko Phangan. Pour plongeurs niveau 2. Site exposé ; bonne météo nécessaire.* Le spot le plus réputé du golfe de Thaïlande, rien que ça. Jusqu'à 40 m de profondeur, des bancs de poissons-chauves-souris se faufilent entre les failles de ce rocher en forme de champignon, sous l'œil des barracudas. D'octobre à décembre et de mars à mai, on peut apercevoir des requins-baleines particulièrement gloutons... en plancton. Et puis LA cheminée dans le pinacle, qu'on peut remonter sur 10 m : séquence émotion.

HTMS Sattakut : c'est le nom d'un petit navire (50 m) de débarquement ayant appartenu à la marine américaine et que la marine royale thaïe a coulé volontairement en 2011 au sud-est de Hin Pee Wee Rock, en face de Sairee Beach, pour servir, par 28 m de fond, de récif artificiel, de nouveau spot de plongée et de HLM à la faune marine de Ko Tao (mérous, barracudas, *batfish* et parfois même un requin-baleine).

DORS MON P'TIT QUINQUI

Chumphon voit de nombreux ailerons de petits requins tournoyer dans ses eaux. Certains disent que ce sont de simples « pointes noires » dont la taille n'excède pas 1,20 m. D'autres que ce sont des bébés de requins-bouledogues pas super sympa, voire soupe au lait quand ils sont adultes. L'endroit serait une sorte de nurserie en somme ! Si vous tenez à faire du baby-sitting... maman et papa sortent dîner ce soir !

Balade en bateau autour de l'île, *snorkelling*, kayak, etc.

Snorkelling : aucune excuse pour ne pas tremper la tête dans l'eau. Les merveilles aquatiques sont à portée pour ébahir tous les masques, et ce sans grand effort. Contrairement à Ko Phangan et Ko Samui, chaque plage recèle une mine de poissons, gorgones, coraux. On vous conseille, entre autres, la ***pointe nord de Sairee Beach*** (petits mérous, poulpes, girelles, poissons-perroquets...), mais surtout les plages de ***Sai Nuan*** (au sud-ouest de l'île, à 20 mn à pied de Ban Mae Hat), où se bousculent les poissons-perroquets, crabes, pointes noires (petits requins), etc.

➢ Des dizaines de petites agences proposent des ***excursions*** incluant des arrêts baignade et *snorkelling* autour de l'île. Prévoir environ 800 Bts, matériel et repas compris. Sinon, dans chaque *resort,* location possible de masques et de tubas (moins souvent de palmes, car elles abîment les coraux), pour environ 100 Bts. Location de ***kayaks*** aussi sur les plages.

À L'OUEST : DE PHUKET À HAT YAI, LA CÔTE DE LA MER D'ANDAMAN

• Carte La région de Phuket *p. 459*

Si la partie ouest de la péninsule, qui s'insinue comme une trompe d'éléphant entre océan Indien et golfe de Thaïlande, appartient, sur sa plus longue partie, au Myanmar (ex-Birmanie), le tronçon thaïlandais qui commence à Ranong (300 km au nord de Phuket) et se poursuit jusqu'à la frontière avec la Malaisie connaît, depuis les années 1980, un succès incontestable auprès des amateurs de vacances tropicales. S'y côtoient depuis le meilleur et le pire.

Dans cette région, où cohabitent les mondes bouddhique et musulman, les massifs

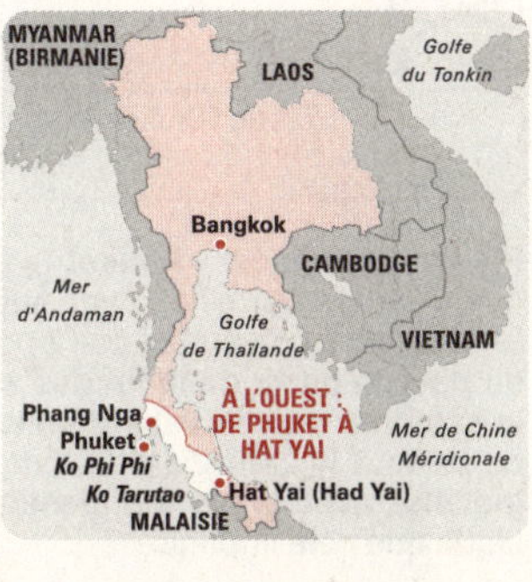

karstiques aux socles érodés par les vagues alternent avec les plages de sable blanc sur fond de forêts impénétrables. Excepté dans la province de Ranong et de Phang Nga, la jungle, qui jadis venait mourir dans la mer, a pratiquement disparu sous la pression immobilière. Heureusement, il reste encore de grands parcs naturels à explorer : Khao Sok, Klong Phanong... Quant aux petits paradis dont vous rêvez, il faut maintenant aller les chercher du côté de Ko Yao, Ko Kho Khao ou Ko Phayam, bien mieux préservés (du tourisme de masse et de la bétonisation) que Phuket ou la région de Krabi. Sans oublier les coins plus tranquilles que sont Ko Lanta ou encore, plus au sud, des îles aux noms qui font rêver (Ko Ngai, Ko Mook, Ko Kradan, Ko Libong, Ko Sukorn, Ko Lipe et on en passe...). En fait, il suffit d'éviter les régions surpeuplées et de pousser un peu plus loin, pour trouver des lopins de terre encore authentiques.

Au-delà, toujours plus au sud, les zones frontalières avec la Malaisie sont provisoirement à éviter (sauf pour les traverser sans s'arrêter) à cause des tensions entre le gouvernement thaïlandais et les autonomistes islamistes.

PRESSENTIMENT ANIMAL

Après le tsunami de 2004, on ne trouva pratiquement aucun cadavre d'animal. 6e sens ? On aperçut en tout cas chiens, écureuils, poules fuir les rivages. Même des éléphants cassèrent leurs chaînes pour se mettre à l'abri. Les animaux disposent d'une perception plus fine que la nôtre des bouleversements naturels.

QUAND Y ALLER ?

L'hiver (en France) est de loin la meilleure période pour découvrir la côte ouest de la Thaïlande. On rappelle qu'en été, c'est le golfe de Thaïlande (Ko Samui – Koh Pha Ngan, Koh Tao notamment) qui bénéficie du beau temps. Logiquement, côté tarifs, la haute saison court de novembre à mi-avril (jusqu'à Songkran, le Nouvel An thaïlandais) et connaît son apogée lors de la « peak season », du 15 décembre au 15 janvier, où l'on observe quelques débordements tarifaires...

Nous indiquons les tarifs de la haute saison. En basse saison, on peut parfois compter jusqu'à 50 % de réduction.

PHUKET – ภูเก็ต

538 000 hab.

• L'île de Phuket (plan I) *p. 461* • Phuket Town (plan II) *p. 467*
• Plan Patong Beach *p. 477*

Phuket (prononcer « Pouket »), tout le monde en a entendu parler. Il faut dire que c'est sur cette île, d'une superficie de 570 km², très proche du continent (et d'ailleurs reliée à lui par 2 ponts), que le tourisme a démarré dans le sud du pays, à partir de la fin des années 1970. Elle est depuis devenue un peu le symbole de ces lieux dénaturés par le surnombre de vacanciers venus de partout (y compris de Chine et de Russie et dernièrement de nombreux Indiens), avec la perte d'identité culturelle et la dégradation du milieu physique que cela implique.

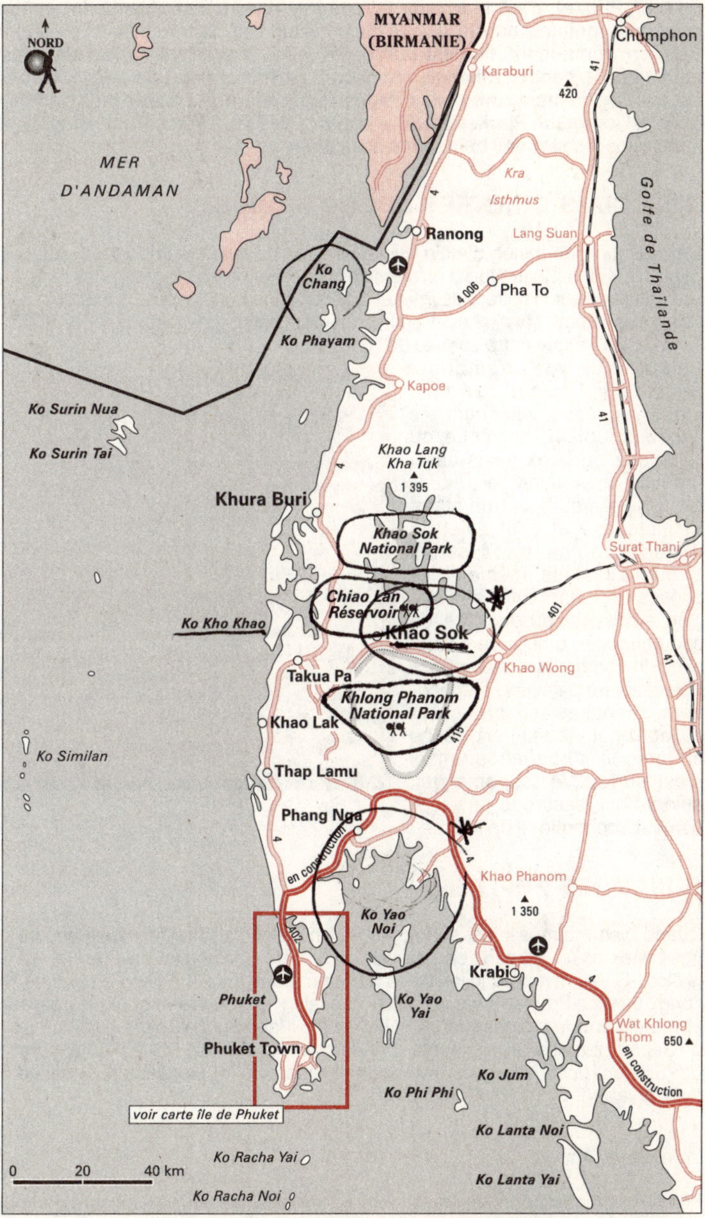

LA RÉGION DE PHUKET

En bref, Phuket, c'est bien pour faire la fête dans une ambiance internationale, mais moins conseillé si vous cherchez un endroit tranquille et préservé ! Côté environnement, l'île est bordée de jolies plages sur sa façade ouest, tandis que le centre, vallonné, est encore parfois couvert de jungle. La côte est, bordée de mangrove et de villages de pêcheurs, est restée plus traditionnelle, à l'image de Phuket Town, la capitale de l'île, qui contraste singulièrement avec les stations balnéaires de la côte.

QUELQUES DONNÉES ÉCONOMIQUES

L'exploitation de mines d'étain fut une source de revenus importante pour l'île depuis le XVIe s. Beaucoup d'ouvriers chinois étaient employés dans les mines, et leur influence sur la culture de Phuket s'observe toujours. Avec la chute du prix de l'étain cependant, l'exploitation a complètement cessé. Le musée de l'Étain *(Kathu Tin Museum)* relate cette épopée de l'or gris.

Aujourd'hui, de nombreux Birmans travaillent sur l'île. Employés dans les chantiers de construction, la pêche ou la récolte du latex, mais aussi l'hôtellerie, souvent en situation irrégulière, ils ont un statut très précaire et sont sujets à d'innombrables tracasseries et autres rackets, même si les choses évoluent plutôt en bien. L'île est aussi productrice de caoutchouc et d'huile de palme, avec de nombreuses plantations d'hévéas, de palmiers, de cocotiers, d'ananas (en particulier au nord-est de l'île), et pêche encore en abondance, mais c'est surtout le tourisme qui, aujourd'hui, assure le développement économique de l'île...

HÉROÏQUES GUERRIÈRES

En 1785, les envahisseurs birmans menaçaient Phuket. Prévenue d'une attaque imminente par le capitaine britannique Francis Light (qui errait dans le coin), la veuve du gouverneur convainquit sa sœur et une grande partie de la population féminine de Phuket de se déguiser en militaires pour renforcer les maigres défenses de l'île. Stimulés par cette initiative, les défenseurs repoussèrent l'ennemi. Hommage leur est donc rendu à présent par une statue monumentale sur un rond-point au centre de l'île, ainsi que tous les ans, fin mars, par une grande fête.

QUELQUES PÉPITES

Quand bien même elle est surfréquentée en pleine saison, l'île recèle encore de très beaux coins. Au sud : cap de Panwa, baie de Chalong (et baie de Nai Ham) ; le Nord-Ouest, avec les jolies baies de Surin, Bang Tao, Nai Thon ou encore Nai Yang ; ou bien Phuket Town, vivante « capitale », qui conserve quelques bâtisses et monuments témoignant d'un riche passé. Mais, Phuket, c'est aussi un point de départ pour les îles de la mer d'Andaman : Ko Yao, Ko Phi Phi ou encore les îles Similan, destinations de rêve pour les amateurs de plongée sous-marine ou de *snorkelling*.

BAIGNADE

Pendant la mousson, entre mai et octobre, et dans une moindre mesure durant la saison touristique, certains courants, venus de l'océan Indien, peuvent se révéler extrêmement dangereux. Il faut le savoir et se conformer strictement aux consignes (drapeau rouge). Chaque année, il y a des cas de noyades. Kata et Patong sont considérées comme les plages présentant le moins de risques, ce qui n'est

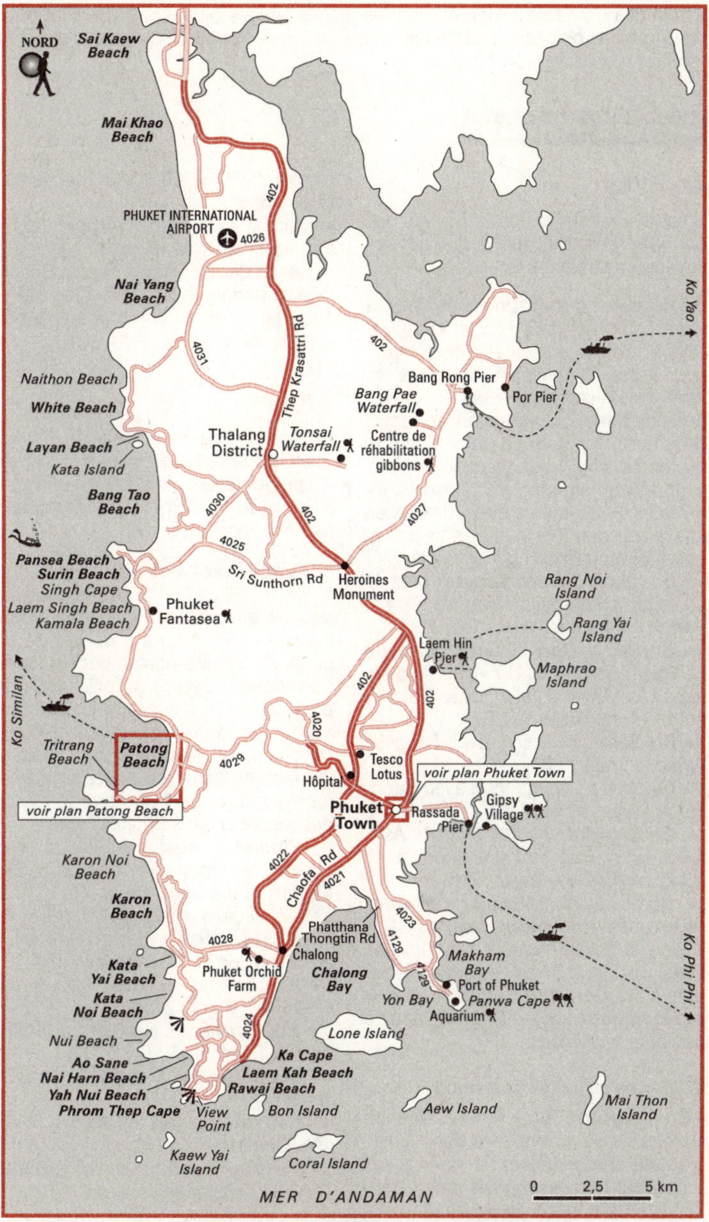

L'ÎLE DE PHUKET (Plan I)

pas le cas de Karon, Surin et d'autres plages situées plus au nord. Il faut donc privilégier les plages surveillées et respecter les panneaux. Pour plus d'infos, se reporter aux paragraphes concernés.

Arriver – Quitter

En avion

C'est désormais par les airs, plutôt que par voie terrestre, que la plupart des voyageurs arrivent à Phuket.

✈ ***Aéroport international de Phuket*** *(plan I) : au nord de l'île, à 32 km de Phuket Town.* • *phuketairportonline.com* • Le 3e aéroport du pays en termes de passagers (après les 2 aéroports de Bangkok). Attention, suivant la densité du trafic, vous pouvez mettre du temps pour vous y rendre ; mieux vaut prévoir large. Si vous décollez tôt le matin, il peut même être judicieux de passer sa dernière nuit pas trop loin, vers Nai Yang Beach par exemple.

➢ ***Bangkok-Suvarnabhumi :*** près de 20 vols/j. avec *Thai, Jetstar, Air Asia* et *Bangkok Airways.* Trajet : 1h25.

➢ ***Bangkok-Don Muang :*** plus de 15 vols/j. avec *Thai Air Asia,* 8 vols/j. avec *Lion Air* et 8 vols/j. avec *Nok Air,* entre autres. Trajet : 1h25.

➢ ***Ko Samui :*** 5 vols/j. avec *Bangkok Airways.* Trajet : 50 mn.

➢ ***Pattaya :*** 1 vol direct/j. avec *Bangkok Airways.* Trajet : 1h35.

➢ ***Chiang Mai :*** 3 vols/j. avec *Air Asia,* 1 vol avec *Thai* et 1 vol direct avec *Bangkok Airways.* Trajet : 2h.

➢ Nombreuses ***liaisons internationales*** aussi, dont ***Siem Reap*** au Cambodge (temple d'Angkor), avec *Air Asia.* Aussi, vol direct 3 fois/sem, (mar, ven et dim) entre ***Da-Nang*** (Corée), Bangkok et ***Hochiminh city – Phuket,*** assuré par *Vietnam Airlines.*

Quitter ou rejoindre l'aéroport

– ***En minibus :*** une bonne solution si vous êtes 2. Comptoirs dans le hall d'arrivée et à l'extérieur du terminal, qui proposent tous les mêmes tarifs : 150-200 Bts/pers selon la destination. En principe, ils vous déposent à votre hôtel.

– ***En « limousine » :*** il s'agit en fait de taxis au forfait. Là encore, on achète la course aux comptoirs de l'aéroport. Compter 400-1 000 Bts en fonction de la distance.

– Enfin, il existe un « ***airport bus*** » (orange), qui attend devant le vieux terminal, qui va jusqu'à Rawai Beach. Départ ttes les heures 6h-21h. Billet : 100 Bts. Itinéraire complet sur • *phuketsmartbus.com* •

En bus

L'office de tourisme (TAT) de Phuket Town donne les horaires des bus. Il existe 2 gares routières : Phuket Bus Terminal 1, à Phuket Town, et Phuket Bus Terminal 2, à 4 km au nord de la ville.

🚌 Du ***Phuket Bus Terminal 1*** *(plan II, B2, 1 ; ☎ 211-977)* partent surtout des minibus climatisés, type van, pour les villes des environs ou le sud du pays. Possibilité également, à condition d'avoir réservé au préalable, de prendre ces bus sur la N 402 à l'arrêt avant le rond-point du monument des Héroïnes, ou encore après Thalang (en face du poste de police). Ça évite à ceux qui résident au nord de l'île de descendre jusqu'à Phuket Town.

➢ ***Phuket Airport :*** • *aphuketsmartbus.com* • Départs env ttes les heures 6h-21h (dans les 2 sens). On achète son ticket dans le bus (100 Bts).

➢ ***Phang Nga :*** départ ttes les 30-50 mn, 6h20-17h. Trajet : 2h.

➢ ***Krabi :*** départ ttes les 40 mn, 6h-18h30. Trajet : 2h30.

➢ ***Ko Lanta :*** 7 départs/j., 8h30-15h30. Trajet : 5h.

➢ ***Surat Thani :*** 10 départ/h, 8h-20h. Trajet : 5h.

➢ ***Hat Yai :*** bus ttes les heures, 6h20-18h. Compter 7h de trajet.

➢ ***Takua Pa :*** 6 départs/j., 8h40-17h30. Compter 3h de route.

🚌 Du ***Phuket Bus Terminal 2,*** situé à 4 km au nord de Phuket Town, sur Thepkrasattri Rd *(hors plan II par A1 ; ☎ 373-193),* partent surtout les bus

plus longues distances, notamment pour Bangkok et tout le nord du pays.
– Une ligne de bus locale assure la liaison entre les terminaux 2 et 1. Sinon, *tuk-tuk* et taxis dans l'enceinte de la gare. Compter 200 Bts pour le centre-ville.
➢ ***Bangkok :*** 1 quinzaine de départs/j., 6h30-19h depuis Phuket. Depuis la capitale, départs du Southern Bus Terminal (Sai Tai Mai ; ☎ *02-435-11-99 ou 02-435-12-00).* Durée du trajet : env 12h.
➢ ***Ko Samui :*** avec *Phantip,* bus Phuket-Surat Thani + ferry Donsak-Samui. Départ à 9h ; trajet : 8h en tout. Également 1 départ avec *Lomprayah (● lomprayah.com ●),* à 10h, arrivée à 17h15 à Ko Samui. Le bateau poursuit ensuite vers Ko Phangan et Ko Tao. Enfin, *Seatran* propose également un billet combiné ; départ à 9h. Trajet : 7h.
➢ ***Trang :*** env 1 bus/h, 5h-19h. Trajet : 5h. Également des minibus.
➢ ***Surat Thani :*** 4 départs/j., 8h-14h. Trajet : 5h.
➢ ***Satun :*** 4 départs/j., à 8h15, 10h15, 12h15 et 20h15. Trajet : 7h30.
➢ ***Hat Yai :*** 1 bus/h, 7h-21h. Trajet : 7-8h.
➢ ***Khao Lak/Takuapa :*** ttes les 2h de 6h à 17h. Trajet : 3h.
➢ ***Chumphon :*** 5 bus/j., 5h30-14h30. Compter 7h de trajet.
➢ ***Ranong*** (pour le « visa run ») **:** 10 bus/j., 5h30-18h10. Compter 5h30 de trajet.
➢ ***Chiang Mai :*** 1 départ/j., à 12h30. Trajet : 25h.
➢ ***Chiang Rai :*** 1 départ/j., à 15h. Trajet : 24h.

En bateau

L'office de tourisme (TAT) de Phuket Town donne les horaires des bateaux.

Tous les départs et arrivées des ferries de lignes régulières se font du ***port de Rassada (Rassada Pier),*** à l'est de Phuket Town. Infos sur ● *rassadapier.com* ● Billets moins chers si vous les réservez dans les agences situées près de la gare routière.
➢ ***Ko Phi Phi :*** jusqu'à 20 liaisons/j. en saison, 7h-15h depuis Phuket (7h30-17h dans l'autre sens). Hors saison, fréquence réduite. Compter 1 à 2h de trajet selon le bateau. On vous conseille de passer par votre hôtel ou une agence pour un transfert en minibus depuis votre lieu d'hébergement.
➢ ***Ko Lanta (via Ko Phi Phi) :*** 10 bateaux/j. en saison, 8h30-15h depuis Phuket. Durée : de 1h30 à 5h selon l'embarcation (ferry ou speed-boat).
➢ ***Ao Nang (Krabi) :*** nov-avr slt, 1 départ/j., à 8h30. Arrivée 2h plus tard.

Les bateaux pour les îles Ko Yao partent, eux, du Bang Rong Pier, au nord-est de Phuket.
➢ ***Ko Yao Noi (Manoh Pier) :*** env 12 départs/j., 7h50-17h40 de Phuket. Trajet en 55 mn *(long-tail)* ou 25 mn *(speed-boat).*
➢ ***Ko Yao Yai (Klong Hia Pier) :*** env 10 départs/j., 8h30-17h40 de Phuket, la plupart en *speed-boat* (25 mn).

En *long-tail boat*

➢ ***Chalong, Rawai :*** moyen de navigation très sympa pour les petites distances. Canotage aux abords des îles voisines comme « Coral Island » (Ko Hae), Ko Lone, Ko Bon... Env 30 mn de trajet pour les plus proches et 1h15-1h30 pour les plus lointaines. S'adresser à la petite guitoune au bout du ponton en face du restaurant *Kang Eang Pier,* à l'embarcadère de Chalong ou au *Boat for Rent* auprès de Khun Auddunla *(📱 08-17-37-80-97).*

En voilier et catamaran

– ***Location de voiliers et catamarans avec skippers :*** *à la* ***marina Boat Lagoon,*** *s'adresser à* Thai Marine Leisure *(☎ 076-239-111) ou* Asia-Marine *(contacter M. Vincent Tabuteau ; ☎ 076-239-111 ; ● asiamarine.com ●). Ou à la* ***Grand Marina Ao Po,*** *avec* Sunsail *(☎ 076-336-200 ou 📱 08-57-94-76-00).* Large éventail de location de catamarans et autres gammes de bateaux de plaisance. Très cher.
Les activités nautiques se développent et plusieurs marinas ont été construites : Boat Lagoon, la plus importante, au nord de Phuket Town, et sa voisine la Phuket Royal Marina. Yacht Haven au nord-est de l'île, une petite marina tranquille d'où

partent des jonques, en canotage entre les îlots. Également Grand Marina Ao Po, la dernière-née, qui se développe au nord-est, et Chalong, où viennent mouiller les « routards de la mer ».

– Début décembre, Nai Harn Bay, au sud de l'île, accueille la King's Cup, régate très prisée (en commémoration de l'anniversaire du roi).

Transports dans l'île

– *Un conseil :* procurez-vous rapidement l'une des nombreuses cartes publicitaires de l'île (à l'aéroport, dans les agences de voyages et les hôtels ou chez certains commerçants). Gratuites, elles comprennent les plans des stations balnéaires.

Pour tous vos transports dans l'île et à l'exception des taxis-meters, qui possèdent un compteur (vérifiez qu'ils le mettent en marche), fixer sa destination sans ambiguïté et négocier le prix de la course avant d'embarquer.

Dans Phuket Town

– ***Les bus publics :*** pratiques et économiques. 2 lignes de microbus (vert et jaune, avec clim) relient les grands axes, entre autres le marché de Thanon Ranong, la gare routière, les centres commerciaux comme *Bic G, Tesco Lotus* et *Central Festival.* La plupart des panneaux indiquant les arrêts sont bilingues (anglais).

– Également des ***motos-taxis*** et ***tuk-tuk*** à petits prix, ainsi que des ***taxis-meters.***

Vers les plages

– ***Songthaew*** grand modèle, qui partent du marché de Thanon Ranong *(plan II, A2,* ***2****)* à Phuket Town, ttes les 30 mn en principe ! Fonctionne 7h-17h ou 18h selon destination (derniers départs depuis les plages et vers Thanon Ranong 15h30-17h30, en général). Ils desservent toutes les plages ainsi que le nord et le sud de l'île. Très pratique et pas cher mais un peu lent.

– ***Motos-taxis*** et ***tuk-tuk*** se trouvent surtout à Phuket Town et à Patong. Leurs pilotes portent un blouson avec un numéro. En journée, pas de souci, mais en soirée, ça se complique car les prix peuvent avoisiner ceux d'un taxi avec la clim !

– Les ***taxis-meters*** n'acceptent pas toujours de prendre des touristes pour les conduire aux plages car les *tuk-tuk* ou des taxis privés, à prix fixe, se réservent le marché. Assez cher : pour aller de Phuket Town à Patong par exemple, compter 400-500 Bts. Les taxis peuvent désormais demander un supplément de 20 Bts/bagage. On peut les réserver par téléphone *(📱 06-20-67-97-79 ; anglophones).*

– Les ***taxis Grab*** sont une excellente alternative aux *tuk-tuk,* si vous préférez un moyen plus conventionnel de vous déplacer. Ce sont des taxis officiels reliés à un central de réservations. Réservation en ligne sur *Grabtaxi*. Service tlj, 24h/24. Estimation du prix du billet au moment de la réservation.

La location de véhicules

Globalement, le réseau routier est de bonne qualité. Sur certains tronçons de Phuket, le trafic est intense et la circulation dangereuse. Attention : au sujet des assurances, lire notre rubrique « Transports. Moto » dans le chapitre « Thaïlande utile » en début de guide.

– ***Scooters :*** compter 300 Bts pour une petite cylindrée et jusqu'à 700-800 Bts pour une plus grosse pour 24h en saison. Port du casque obligatoire. Contrôles de police fréquents et inattendus, surtout sur Patong, Kathu, Chalong et Karon.

– ***Voitures :*** compter 1 200-2 500 Bts/j. selon le modèle. Bien vérifier l'état du véhicule. Pour plus de sécurité et si vous voyagez hors de l'île, mieux vaut passer par les agences de renommée internationale, lesquelles disposent d'antennes dans les autres villes et d'un bon service d'assistance. Ne pas oublier le permis de conduire en anglais ou, au mieux, international.

Adresses et infos utiles dans l'île

Change, distributeurs

On trouve des bureaux de change et des distributeurs de billets en grand nombre dans toutes les bourgades et stations de l'île.

Santé et sécurité

■ ***Bangkok Phuket Hospital*** – โรงพยาบาลกรุงเทพภูเก็ต **:** *2/1 Hongyok Utis Rd. ☎ 076-254-425 ou 076-361-000. Urgences : ☎ 1060. ● phukethospital.com ● 2 antennes médicales : à Laguna Phuket, Canal Village, 9h-21h ; et au Patong Beach Hotel, 10h-22h.* Dispose d'un interprète parlant le français, bravo pour l'initiative ! À demander à l'accueil.

■ ***Phuket (Siriroj) International Hospital*** – โรงพยาบาลภูเก็ต อินเตอร์เนชั่นแนล *(hors plan II par A1)* **:** *44 Chalermprakiat Ror 9 Rd. ☎ 076-361-888. Urgences : ☎ 09--80-24-94-00. ● phuketinternationalhospital.com ● Entre les centres commerciaux Big C et Tesco Lotus.* Là aussi, interprète francophone à demander à l'accueil. Tarifs très élevés. Ne pas oublier de demander la facture en anglais pour un remboursement éventuel en France (possibilité de prise en charge).

■ ***Accidents de plongée*** *(Hyperbaric Chamber)* **:** *chambre de recompression hyperbare au Phuket International Hospital (voir ci-dessus).* Une équipe très compétente.

■ ***Tourist Police*** – ตำรวจท่องเที่ยว *(hors plan II par A1)* **:** *327 Yaowarat Rd, au nord de Phuket Town. Mais composer le ☎ 1155, c'est plus efficace.* On trouve aussi des antennes sur les plages de Patong et Karon.

Divers

■ ***Lee Travel Agent*** **:** *Garden Place Village, 179/199, Moo 9, Thepkrasattree Rd, Thalang. ☎ 076-248-517. 📱 08-14-77-47-30 ou 08-16-06-90-95. ● leetravel_phuket@yahoo.com ● Se déplacent facilement, peuvent venir vous voir directement à votre hôtel.* Avec de nombreuses années d'expérience sur Phuket, voici une excellente agence de voyages tenue par un Français (Arnaud) et son épouse thaïe (Lee). Réservation d'hôtels des plus modestes aux plus chic, en fonction de vos souhaits. Billets d'avion, de bateau, location de voitures et transferts. Arnaud, un gars super sympa qui connaît l'île comme sa poche, est une véritable mine de renseignements. Vous pouvez (presque) tout leur demander.

Où faire prolonger son visa ?

Pas besoin de pousser jusqu'en Malaisie, il suffit de rejoindre ***Ranong*** pour voguer vers le casino de l'*Andaman Club (☎ 02-679-82-38, à Bangkok)* situé sur l'île birmane de *Thahtay Kyun* (en thaï : Ko Son), attirant Thaïs et touristes étrangers 24h/24. Il n'est pas nécessaire d'être titulaire d'un visa pour le Myanmar (ex-Birmanie), ni d'y jouer pour bénéficier, une fois revenu en Thaïlande, d'un nouveau visa de transit de 15 jours (vérifiez, cela change souvent). Ne pas oublier son passeport... et en faire une photocopie.

■ ***Phuket Visa & Business*** **:** *64/46 Moo 1, Chaofa Rd East (entre Chalong et Phuket Town). ☎ 076-263-475. 📱 08-18-92-99-60. ● phuketvisa.com ● Lun-ven 10h-18h. Fermé le w-e.*

– Avertissement : si l'on vous propose de renouveler votre visa sans sortie du pays, ne le faites pas. C'est trop risqué. Sinon, également en Malaisie, poste frontalier 45 km après Hat Yai pour juste une ré-entrée de 15 jours (vérifiez), ou Penang au consulat royal thaïlandais pour un renouvellement de visa.

PHUKET TOWN – เมืองภูเก็ต *(env 75 000 hab.)*

La capitale de la province se situe dans le sud-est de l'île. Hormis quelques manifestations spectaculaires comme le *Vegetarian Festival* (voir encadré), le Nouvel

An chinois *(Chinese Pimai)* ou le Nouvel An thaï *(Songkran)*, il n'y a pas grand-chose à voir ou à faire à Phuket Town.
Cela étant, cette petite ville a conservé ses anciennes maisons de style colonial sino-portugais, ce qui lui confère un certain charme. Sans compter qu'il y règne une atmosphère très tranquille, à mille lieux, oserait-on dire, de celle de Patong. Les prix (de l'hébergement notamment) y sont aussi nettement plus doux. Bref, pour les budgets modestes, ce peut-être un bon point de chute (la ville est reliée aux plages par des bus locaux pas chers) ou de transit, vers Koh Phi Phi notamment. Préférer y aller en semaine, car le dimanche, beaucoup de boutiques ont le rideau fermé !

MÊME PAS MAL !

Le Vegetarian Festival (9 jours en octobre) a des origines chinoises : un groupe d'opéra itinérant aurait instauré ces rites de purification pour invoquer les dieux après avoir attrapé la malaria sur l'île. Comme son nom l'indique, le festival consiste en un étalage de nourriture végétarienne excluant aussi les excitants comme le café et l'alcool. Ce qui est moins soft, c'est le spectacle d'automutilations auxquelles se livrent les participants, apparemment immunisés par les dieux taoïstes : ils se percent les joues avec des instruments divers (couteaux, broches, tiges métalliques, branches), marchent sur des braises ardentes... Petites natures, s'abstenir !

Adresses utiles

Services

TAT *(Tourism Authority of Thailand)* – ท.ท.ท. *(office de tourisme ; plan II, B2)* **:** *191 Thanon Thalang, Thalad Yai Muang, entre les rues Montri et Thepkrasattri.* ☎ *076-212-213 ou 076-211-036.* ● *tourismthailand.org/phuket* ● *Tlj 8h30-16h30.* Utile surtout pour y glaner la bonne carte de l'île, qui contient aussi un plan détaillé de la ville (et des différentes stations), les tarifs des *tuk-tuk* et des *songthaew,* les horaires des bus et des bateaux, etc. Également des brochures et prospectus divers. On y parle un peu l'anglais.

✉ **Poste** – ไปรษณีย์โทรเลข *(plan II, B2)* **:** *à l'angle de Thanon Thalang et Montri.* Collection de vieux timbres dans l'ancienne poste, juste à côté, dans l'enceinte du parking.

■ **Change :** *plusieurs banques avec bureaux de change et distributeurs sur Thanon Phang Nga et Ratsada (plan II, A-B2).*

■ **Immigration Office** – สำนักงานตรวจคนเข้าเมือง *(hors plan II par B3)* **:** *Thanon Phuket, au sud de la ville, en direction du quartier de Saphan Hin.* ☎ *076-221-905.* ● *phuketimmigration.go.th* ● *Lun-ven (sauf j. fériés) 8h30-12h, 13h-16h. Fermé le w-e.* Pour prolonger son visa de 7 jours (selon le type, transit ou pas). Visa touristique : possibilité de prolonger son visa de 30 j. pour 1 900 Bts. On peut faire photos et photocopies sur place. Sinon, se rendre à l'annexe de Patong *(proche de l'hôtel Impiana Cabana ; lun-ven sauf j. fériés 10h-15h).*

■ **Consul honoraire de France :** *96/15 Moo 1, Chalermprakiat Rāma 9 Rd, Kathu.* ☎ *076-304-050.* ● *claude@agenceconsulairephuket.fr* ● *L'agence consulaire se trouve sur la route n° 402 entre Phuket Town et l'aéroport, dans un immeuble faisant partie de Royal Place, à 100 m du Tesco Lotus. Lun-ven 10h-11h30. Fermé le w-e.* En cas de gros problème, contacter l'ambassade de France à Bangkok.

■ **Alliance française** – สมาคมฝรั่งเศส *(plan II, A2,* **4***)* **:** *3 Thanon Pattana, soi 1.* ☎ *076-222-988. Mar-ven 9h-18h ; plus lun ap-m et sam mat.* Dans un coin tranquille. Livres et films en français, et service de traduction. Le directeur est très compétent.

Santé et sécurité

Pour les hôpitaux et la Tourist Police, voir plus haut « Adresses et infos utiles dans l'île ».

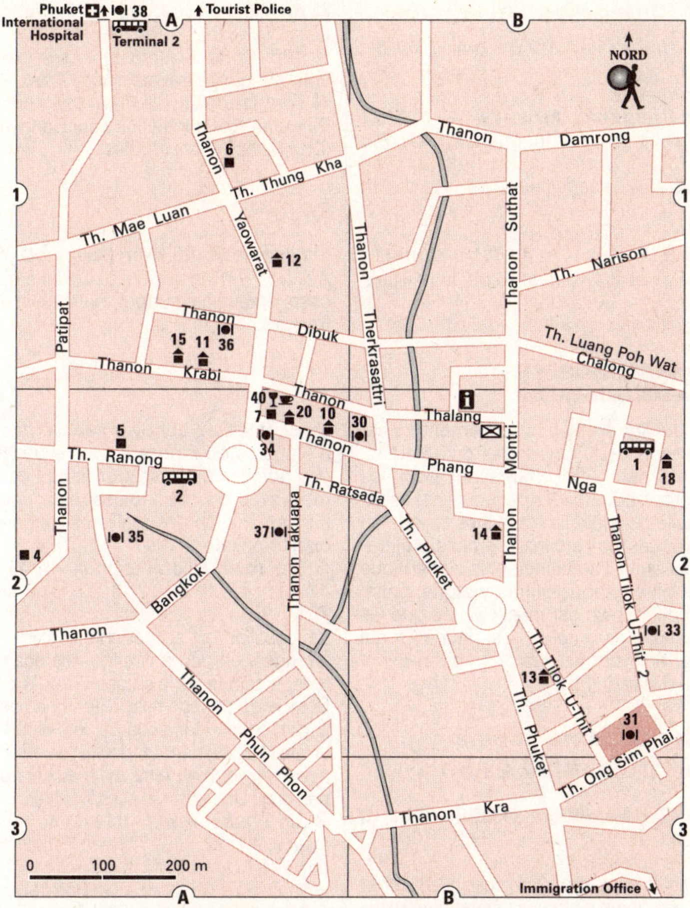

PHUKET TOWN (Plan II)

Adresses utiles

- TAT (office de tourisme ; B2)
- Phuket International Hospital (hors plan par A1)
- 1 Phuket Bus Terminal 1 (B2)
- 2 Songthaew vers les plages (A2)
- 4 Alliance française (A2)
- 5 Thai (A2)
- 6 Bangkok Airways (A1)
- 7 Librairie South Wind Books (A2)

Où dormir ?

- 10 The Neighbors Hostel (A2)
- 11 Old Town Hostel (A1)
- 12 Siri Phuket Hotel (A1)
- 13 Crystal Inn Hotel (B2)
- 14 Pearl Hotel (B2)
- 15 Shunli Hostel (A1)
- 18 Bhukitta Hotel & Spa (B2)
- 20 The Memory At On On Hotel (A2)

Où manger ?

- 30 The Cook (B2)
- 31 Marché de nuit (B2)
- 33 Up Town Restaurant (B2)
- 34 Sing Seng Leong (A2)
- 35 Natural Restaurant (A2)
- 36 Dibuk (A1)
- 37 Ka Jok See (A2)
- 38 Food court du Tesco Lotus (hors plan par A1)

Où boire un café ou un verre ?

- 40 Cafés et salons de thé de Thalang Road (A2)

Compagnies aériennes

■ ***Thai*** – สายการบินไทย *(plan II, A2, **5**) : 78 Thanon Ranong. ☎ 076-360-444. Tlj 8h-16h.*

■ ***Bangkok Airways*** – สายการบินบางกอกแอร์เวย์ *(plan II, A1, **6**) : 158/2-3 Thanon Yaowarat. ☎ 076-225-033. ● bangkokair.com ● Lun-sam 8h-17h30. Fermé dim. À l'aéroport, résa : ☎ 076-351-225.*

■ ***Silk Air*** – สายการบินซิลค์แอร์ *: 101/17 Moo 1, Tampol Kathu, en face du Tesco Lotus. ☎ 076-304-018. ● singaporeair.com ● Lun-ven 8h30-16h30.*

■ ***Air Asia :*** *au 1er étage du Tesco Lotus. ☎ 076-254-671. ● airasia.com ● Tlj 10h-20h30. Également à l'aéroport.* Vols *low-cost* à travers toute l'Asie.

■ ***Thai Lion Air :*** *● lionairthai.com ●* Plusieurs vols quotidiens pour Bangkok (Don Muang). Prix étudiés.

Divers

■ ***Librairie South Wind Books*** *(plan II, A2, **7**) : 3, 5 Phangnga Rd.* Livres d'occase, en anglais surtout mais aussi en français.

Où dormir ?

À qualité égale, l'hébergement ici est environ 2 fois moins cher qu'à Patong. Cela peut être intéressant pour les petits budgets, d'autant qu'il est assez facile de rejoindre les plages en journée avec les bus locaux. Certains préféreront aussi l'ambiance plus authentique (et plus tranquille !) qui y règne. Enfin, Phuket Town est mieux située que les stations de la côte ouest pour ceux qui partent vers les îles dès potron-minet du Rassada Pier.

Bon marché (moins de 1 000 Bts / 28,60 €)

🏠 ***The Neighbors Hostel*** – เดอะ เนเบอร โฮสเทล *(plan II, A2, **10**) : 93 Phangnga Rd. 📱 09-43-43-33-99.* En plein centre, 3 dortoirs (6-8 lits) et 2 chambres privées à l'étage d'un ravissant petit café à la déco sino-anglaise (une ancienne bijouterie), prolongé d'une agréable salle commune avec grande table et canapé. Pas cher et bien tenu, mais attention, les lits sont assez fermes ! Café et cookies offerts le matin, ou petit déj à la carte. Personnel très serviable.

🏠 ***Crystal Inn Hotel*** – โรงแรมคริสตัลอินท์ *(plan II, B2, **13**) : 2/1-10 soi Surin, Montree Rd, Taladyai, Muang. ☎ 076-256-789. ● phuketcrystalinn.com ● Petit déj en sus.* Un peu excentré, mais ce petit inconvénient est largement compensé par la qualité des chambres, rénovées, impeccables et bien arrangées, dans le style local. De plus, elles sont bien équipées (clim, frigo et TV satellite). Lobby agréable, garni d'étagères où reposent des revues et des poteries chinoises, et étroite courette avec bassin à poissons rouges sur l'arrière. Un des meilleurs rapports qualité-prix de la ville !

🏠 ***Old Town Hostel*** *(plan II, A1, **11**) : 42 Krabi Rd. ☎ 076-214-372. 📱 08-16-76-27-97. ● phuketoldtownhostel.com ●* La réception est accueillante et joliment arrangée, un peu à l'image des chambres, réparties sur 2 étages. Pour la différence de prix, demandez-en une avec la clim cependant, sous peine d'étouffer un peu ! Également un dortoir de 12 lits, avec ventilo, bien tenu mais aux lits un peu durs. Une adresse sans histoires.

🏠 ***Siri Phuket Hotel*** – โรงแรมสิริ ภูเก็ต *(plan II, A1, **12**) : 231 Thanon Yaowarat, en retrait de la rue. ☎ 076-211-307. ● sirihotelphuket.com ●* Un hôtel assez anonyme, fréquenté principalement par les Thaïs, mais qui offre des chambres bon marché et convenables, avec TV, clim et eau chaude. Les plus chères ont un frigo, une meilleure literie et une déco presque sympa. Tarifs affichés à la réception non négociables.

Prix moyens (de 1 000 à 2 500 Bts / 28,60 à 71,40 €)

🏠 ***Shunli Hostel*** – ซุนลี โฮสเทล *(plan II, A1, **15**) : 56 Krabi Rd. 📱 08-96-81-75-57. ● shunlihostel@gmail.com ● Doubles 1 200-1 500 Bts.* Dès l'entrée,

LE SUD : ITINÉRAIRE BANGKOK – HAT YAI

on est séduit par la qualité du lieu, avec ses belles parties communes et son long couloir au mur de briques blanches garni de fougères. Il ne s'agit, en fait, pas d'un *hostel* (pas de dortoirs) mais qu'importe, les chambres, dans les tons clairs, sont absolument nickel, très confortables (clim, écran plat, literie soignée...) et proposées à des tarifs fort abordables. Sans oublier le petit déj, varié, servi dans une cour intérieure très plaisante, avec son petit coin de verdure. Accueil souriant. N'hésitez pas !

The Memory At On On Hotel – โรงแรม เดอะ เมโมรี *(plan II, A2,* ***20****) : 19 Phang Nga Rd, Talad Yai, Muang.* ☎ *076-363-700.* ● *thememoryhotel.com* ● *Doubles 1 800-2 900 Bts.* Le plus ancien hôtel de Phuket, d'architecture sino-portugaise, avec sa superbe façade 1900, a été méticuleusement restauré, pour lui redonner son faste d'antan. À l'époque, la nuit y coûtait moins de 1 baht ! Si les prix ont entre-temps été multipliés par 2 ou 3 000, les chambres, à dominante rouge, bleue ou verte, dotées de beaux parquets et de mobilier de caractère, ont conservé cette belle déco coloniale d'époque, additionnée de tout le confort moderne. Certaines ont en prime un balcon. Vraiment beaucoup de charme, c'est même notre coup de cœur à Phuket Town ! Pas de petit déj mais café et biscuits thaïs offerts le matin.

Bhukitta Hotel & Spa – โรงแรมบูกิตตาและสปา *(plan II, B2,* ***18****) : 20-30 Phang Nga Rd, Tambon Talad Yai.* ☎ *076-328-356.* ● *bhukitta.com* ● *Près de la gare routière, dans le soi partant de Phang Rd, pas loin du Royal Phuket City. Double env 1 650 Bts, petit déj inclus. Tarifs très variables suivant saison.* Dans une impasse à l'écart du centre, un hôtel à la déco contemporaine avec des chambres soignées et modernes. De certaines, on pourrait presque plonger dans la grande piscine ! Salle de fitness. Petit déj-buffet bien fourni, resto. Accueil sympa. Une adresse d'un bon rapport qualité-prix.

Pearl Hotel – โรงแรมเพิร์ล *(plan II, B2,* ***14****) : 42 Montri Rd.* ☎ *076-211-044.* ● *pearlhotel.co.th* ● *Compter 1 500-2 000 Bts, avec le petit déj.* C'est le dinosaure de Phuket ! Un établissement de 150 chambres, aux couloirs couverts de grosses moquettes et au personnel très stylé. L'ensemble a été rénové et offre une bonne qualité d'hébergement, avec notamment de belles salles de bains vitrées dans les chambres. Vue sur la ville depuis les étages supérieurs. Excellent resto de cuisine chinoise, dans une salle moderne et plaisante. Au rez-de-chaussée un café shop avec ambiance musicale en live midi et soir. Sans oublier la très jolie piscine extérieure, avec cascade artificielle, noyée dans une végétation luxuriante.

Où manger ?

De bon marché à prix moyens (moins de 400 Bts / 11,40 €)

Marché de nuit *(night market ; plan II, B2,* ***31****) : à l'extrémité sud de Thanon Tilok-U-Thit, près du centre commercial* Robinson. *Tlj de la tombée du jour à l'aube.* Quand vient l'heure, on sort tables et chaises dans les rues, et ça donne tout à coup un max de cantines, et un max de choix. Comme toujours, du pas cher et savoureux à la sauce locale.

The Cook – ปรุงอาหาร *(plan II, B2,* ***30****) : 101 Phang Nga Rd.* ☎ *062-541-15-98. Tlj sauf lun 8h-21h30.* L'ancien chef pâtissier du Méridien a eu la bonne idée d'ouvrir son propre resto. Dans une salle proprette aux couleurs estivales, la tour de Pise dessinée sur un mur pour rappeler l'Italie et quelques pampilles au plafond. Succulente cuisine thaïe bon marché et incursions transalpines avec des pizzas notamment, classiques ou plus originales, à la banane ou au durian. Le chef vient saluer en fin de service.

Sing Seng Leong *(plan II, A2,* ***34****) : 16 Thanon Yaowarat (angle Thanon Phang Nga).* ☎ *076-211-139. Tlj sauf dim 6h30-14h, 19h-minuit.* Un resto typique, tout en longueur, où la déco date assurément de l'ouverture et évoque les années 1950 ! Tout est en bois patiné, depuis les grandes vitrines-étagères jusqu'aux tables rustiques ou les volets à 2 battants. Carte simple de cuisine thaïe classique, mais très bonne et vraiment bon marché. Seule touche de modernité, le grand écran plasma, pour les retransmissions de matchs de foot (en particulier quand Liverpool est au programme, comme en témoignent les trophées affichés). Le midi, un petit self de quelques plats déjà préparés présentés dans des casseroles : rapide, bon et pas cher.

Up Town Restaurant – ร้านอาหารอัปทาวน์ *(plan II, B2, **33**) : 51 Thanon Chanacharoen, Taladyai. ☎ 076-215-359. Pas loin du* night market. *Tlj sauf mer 10h-21h ou 22h.* Largement ouverte sur la rue, une vaste salle propre et simple où une armada de serveurs navigue entre les tables en bois rafraîchies par des ventilos. Thaïs et touristes font pareillement honneur à l'excellente cuisine traditionnelle, servie sans chichis.

De prix moyens à plus chic (de 200 à 800 Bts / 5,70 à 11,40 €)

Natural Restaurant – ครัวธรรมชาติ *(plan II, A2, **35**) : 62/5 soi Phutorn, près de Thanon Bangkok. ☎ 076-214-037. Tlj 10h30-23h30.* Notre adresse préférée à Phuket Town ! Sorte de grosse cabane avec des espaces ouverts tout en bois garnis de verdure et d'orchidées, sur plusieurs niveaux. Vieilles machines à coudre en guise de pieds de tables, totems, masques en bois, statuettes et petites cascades complètent l'ensemble. Cuisine traditionnelle variée : travers de porc frits à l'ail, calamars farcis en soupe de curry vert, coquillages aux asperges de mer, *lab ped* (canard), etc. Et probablement le meilleur *lemon shake* que nous ayons bu ! Venir tôt, vite pris d'assaut.

Dibuk – ดีบุก *(plan II, A1, **36**) : 69 Thanon Dibuk. ☎ 076-258-148. Tlj 11h-23h30.* Très beau resto à la déco sino-portugaise, qui fait notamment dans la cuisine de chez nous. Le menu, d'ailleurs, est en français et affiche de bonnes spécialités comme le carré d'agneau provençal, le loup de mer aux amandes, le crocodile au vin blanc et bien d'autres mets gourmands, thaïlandais ceux-là. Un peu le rendez-vous des expats de Phuket.

Ka Jok See – กระจกสี *(plan II, A2, **37**) : 26 Thanon Takuapa. 09-50-32-71-12. Sur la droite en venant de Thanon Ratsada ; pas d'enseigne, c'est juste après le bar* Bebop. *Tlj 18h-2h. Résa obligatoire. Formules à prix très correct ; sinon, choix à la carte.* Beaucoup d'habitués dans ce resto presque confidentiel, au cadre à la fois original et intimiste, où les tables sont d'anciennes machines à coudre recouvertes de papier journal. Un peu chic mais pas guindé pour un sou, surtout quand déboulent quelques voix pour mettre un peu d'ambiance, transformant le lieu en une sorte de joyeux cabaret. Et pour ne rien gâcher, la cuisine mérite le détour !

Où manger bon marché dans les environs ?

Food court du Tesco Lotus – ศูนย์อาหารเทสโก้ โลตัส *(hors plan II par A1, **38**) : entre Patong et Phuket Town, au carrefour de la Bypass Expressway (route n° 402) et de Sam Kong (monter au 1er étage du Tesco Lotus). Tlj 10h-22h. Pas d'alcool.* Les *food courts*, où l'on paie à la caisse en entrant avec une carte à charger (attention à bien se faire rembourser le montant non utilisé le jour même ; une somme de 100 Bts par personne suffit largement), sont l'une des grandes régalades asiatiques. Faire son (ses !) choix parmi une vingtaine d'échoppes nouvellement installées au milieu de la salle proposant sur le pouce tous types de nourriture asiatique. Pas cher et frais. Un peu bruyant, mais couleur locale garantie.

Où boire un café ou un verre ?

Sur ***Thalang Road*** *(plan II, A2, 40)*, on trouve une petite ribambelle de cafés et salons de thé nichés dans des maisons sino-portugaises joliment restaurées et pleines de cachet, comme l'***Old Phuket Coffee Station*** (aux murs couverts de vieilles radios), le ***Chino@ Café Gallery*** – ชิโน คาเฟ่ แกลอรี่ (qui fait aussi galerie d'art) ou ***le China Inn Café*** (décoré de clichés centenaires réalisés par Auguste François, qui fut consul à Kunming, en Chine). Parfait pour un café ou un verre dans l'après-midi !

Le soir, on peut aussi pousser la porte d'une poignée de bars musicaux sympa, éparpillés dans le centre-ville. Ils ont pour noms ***Rasta Café, Rockin' Angels, Club n° 43*** (un cocktail bar) ou encore ***Bebop,*** pour ne citer qu'eux. On est loin, très loin, de l'ambiance de folie qui règne à Patong, mais certains, justement, apprécient ce côté plus simple et tranquille.

À voir dans les environs de Phuket Town

Gipsy Village – หมู่บ้านยิปซี *(plan I) : à 3-4 km à l'est de Phuket Town, sur l'île de **Ko Sirey** (reliée à Phuket par un pont). Après le pont venant de la ville, poursuivre tt droit sur 1 petit km, tourner à droite et suivre la route jusqu'au village (cul-de-sac).* Animistes et originaires des îles Andaman, ils tentent de préserver leur village. Ils constituent une petite communauté avec ses propres traditions. Certains hommes portent encore parfois une étoffe nouée autour de la taille, comme au Myanmar, quand bien même le jean et le T-shirt l'ont remplacée. La plupart sont pêcheurs, d'autres plongeurs en apnée (ils peuvent rester plus de 3 mn sous l'eau !). Ils vivent dans des cabanes de béton et de tôle ondulée, dans des conditions plutôt difficiles. Pas de photos, évidemment.

Gypsea Beach Bungalow Restaurant – ร้านอาหารจยิปซีบีชบังกาโล *: 71 Moo 4, Ko Sirey. ☎ 076-222-042. 📱 08-16-31-87-21.* Resto typique très sympa et bonne cuisine pas chère servie gentiment. Paillotes individuelles devant la mer. Demander la carte en anglais. Un resto d'habitués qui cherchent tranquillité et authenticité : une identité devenue rare à Phuket.

Le panorama de Khao Rang *: au nord-ouest de la ville. Depuis Thanon Patipat, suivre les panneaux « Khao Rang Hill » menant par une route en corniche d'env 2 km au sommet d'une colline qui domine la baie de Phuket.* Belle promenade dans un parc ombragé, et un sympathique resto, le *Tung Ka Café (☎ 06-19-78-25-49 ; tlj 11h-22h ; prix moyens),* noyé dans la verdure, avec vue plongeante sur la bourgade. Cuisine correcte mais pas donnée ; on paie en fait pour la vue. Des colonies de singes viennent souvent saluer les visiteurs au petit mur situé au bord du parking.

LES PLAGES DE L'ÎLE DE PHUKET (plan I)

Nous passons en revue ici les plages de la côte ouest et de la pointe sud, en partant du Nord. Qui dit plage dit baignade. Soyez très prudent, particulièrement en basse saison, à cause des vagues et des courants. Voir aussi la rubrique « Baignade » en début de chapitre.

Pour le logement, outre la classique formule en hôtel ou *guesthouse,* on trouve de plus en plus de villas et de maisons à louer. À la semaine ou au mois, les prix sont très avantageux et l'on dispose d'une cuisine, d'un parking, etc. Mais il faut souvent avoir son propre moyen de locomotion, ne serait-ce que pour faire ses courses ou aller à la plage si ladite villa est perchée sur une colline. Suivre les panneaux « *For rent* » ou « *House for rent* », qui fleurissent çà et là devant les maisons.

Comme partout sur les plages de Phuket, il est toléré que seul 10 % de la surface de sable soit aménagé de transats et parasols. De même, il est interdit de fumer (même cigarette électronique).

SAI KAEW BEACH – หาดทรายแกว

Pas vraiment recommandée pour la baignade (souvent trop de courants). Certains jours, l'eau très claire et le sable blanc bordé d'une végétation flamboyante justifient son appellation : *sai* (sable), *keaw* (cristal). Un village de pêcheurs authentique, au bord de la mer de Chatachak, avec ses étalages de poissons mis à sécher devant les maisons, et quelques paillotes au toit de chaume pour casser une graine. Environ 250 m avant le pont, juste avant l'école de Ban Tha Chatachai, sur la gauche (quand on roule vers le nord depuis Thepkrasattri Road), une petite route permet de gagner un tronçon de plage peu fréquentée.

MAI KHAO BEACH – หาดไมขาว

Au nord de l'aéroport. C'est la plus longue plage de Phuket et l'une des 4 plages du parc naturel de Sirinat. L'hôtel *Marriott* y fait bronzer ses résidents, de même que quelques autres luxueux hôtels-résidences comme *Anantara Villas* ou *Mai Khao Residence.* Pas grand-chose à faire dans le coin à part se dorer la pilule en regardant le ciel. Beaucoup de coquillages et tranquillité relative depuis la construction de complexes hôteliers de luxe. Attention : baignade dangereuse toute l'année, nombreux courants.

NAI YANG BEACH – หาดในยาง

Tout de suite au sud de l'aéroport. Qu'on se rassure : seuls quelques avions survolent ce superbe bout de côte, pas de nuisance ou si peu ! Côté nord de la plage, le parc national Sirinat a protégé (partiellement) une partie du site de la gloutonnerie des promoteurs, lui assurant calme et ombrage, sous une jolie forêt de filaos. Droit d'entrée de 200 Bts par personne. Faune et flore marines abondantes notamment grâce à la barrière de corail, mais l'eau n'est pas toujours très claire. Baignade possible côté sud de la plage, où se concentrent quelques petits hôtels et restos les pieds dans le sable. Un coin encore relativement épargné par la masse, où règne une ambiance plutôt familiale. C'est d'ailleurs l'une de nos plages préférées à Phuket. Ne pas manquer le retour des barges de pêcheurs (le matin et en fin d'après-midi), 250 m après l'hôtel *Dewa Resort.* Un petit marché très couleur locale s'installe alors, les locaux attendent l'arrivée des pêcheurs et se ruent sur les arrivages de poissons tout juste pêchés.

Où dormir ? Où manger ?

|●| La plage accueille des ***petits restos*** les pieds dans le sable, notamment dans la partie sud, la plupart tout à fait corrects.

De bon marché à prix moyens (moins de 2 500 Bts / 71,40 €)

⌂ ***Chill House@Nai Yang Beach*** – ชิลลเฮาส หาดในยาง : *133 Moo 1 Tambol Sakoo Thalang, entre la route principale et la plage. ☎ 08-69-47-90-90. • chillhousenaiyang.com • Petit déj en sus.* À 400 m de la plage, un petit hôtel récent et au calme, dans les tons marins, qui abrite 25 chambres sur 3 étages (sans ascenseur). Avec leur déco moderne et leur équipement neuf (TV, clim, frigo...), elles sont vraiment impeccables et agréables. Un super rapport qualité-prix ! Parfait pour un petit séjour, mais aussi si vous atterrissez tard ou partez tôt le matin de Phuket (l'aéroport est à quelques minutes en véhicule). Éviter les chambres sur la droite car tôt le matin on subit les nuisances de la cuisine du resto de l'hôtel. Une petite salle de restaurant climatisée propose le petit déj, à la carte, 200 Bts. Bon café offert à la réception.

Dang Sea Beach Bungalow – แดงซีบีช บังกะโล & ทัวร์ *: sur la plage de Nai Yang Beach, presque en face du* Nai Yang Beach Resort. *08-14-77-28-79. • dangseabeach@hotmail.com • Pas de petit déj.* Une petite dizaine de chambres nickel et tout confort de part et d'autre d'une petite allée aboutissant à la plage. Les 2 du bout donnent donc directement sur la mer. Pas de resto, et accueil pas toujours au top, mais bien pour ceux qui veulent une bonne chambre à 20 m du sable.

De plus chic à très chic (à partir de 2 500 Bts / 71,40 €)

Nai Yang Beach Resort : *65/23-24 Nai Yang Beach Rd, Sakoo, Thalang. ☎ 076-328-300 ou 400. • naiyangbeachresort.com • Petit déj compris.* Devant la plage de Nai Yang, un sympathique hôtel à l'ambiance conviviale, aménagé dans un grand parc. Pas moins de 6 catégories de chambres, de la *Tropical Wing* (les moins chères) aux *Pool Villas* (avec piscine privée) en passant par la *Thai Deluxe,* le tout éparpillé entre les arbres et autour de 3 piscines flanquées de magnolias aux douces fragrances. Déco thaïe assez sobre et bon niveau de confort. Bon restaurant et accueil agréable. Hélas, pas mal de groupes russes et chinois pas toujours très discrets. Préférer les chambres de plain-pied dites *Oriental Wing.*

À voir. À faire

Sirinat National Park : *c'est en fait le prolongement du parc dont l'entrée principale se situe sur Thepkrasattri Rd, au nord de l'aéroport. Entrée : 200 Bts.* On y trouve une belle forêt de filaos. Les jours fériés et le week-end, plein de petites cantines ambulantes prennent place sous les arbres. C'est là que les locaux aiment venir pique-niquer.

WHITE BEACH – หาดทรายขาว

Après la colline qui la sépare de Naithon, une plage isolée, quasi-propriété d'une vieille famille exploitant l'hévéa. La fille du clan y a fait construire un complexe hôtelier de haut standing (voir ci-après), et du coup, la plage n'est pas vraiment accessible aux non-résidents. Baignade à proscrire hors saison.
Après, on peut tenter une halte sur ***Banana Beach,*** une petite crique peu fréquentée (mais parfois fermée), accessible en empruntant un chemin raide au milieu de la broussaille. Le coin a encore des allures de paradis !

Où dormir ?

Très chic (plus de 5 000 Bts / 143 €)

Andaman White Beach Resort – อันดามันไวท์ บีสรีสอร์ท *: 28/8 Moo 4, Tambon Sakoo, Amphur Thalang. ☎ 076-316-300. • andamanwhitebeach.com •* Un *resort* qui commence à dater un peu mais régulièrement rafraîchi et qui, donc, tient bien la route avec sa cinquantaine de belles chambres, la plupart avec vue sur la mer. Une superbe plage, en exclusivité, permet d'aller prendre son bain matinal. Côté ambiance, la déco est du genre thaï contemporain dans les chambres, avec bien sûr tout le confort moderne. Sans oublier la belle piscine bordée d'éléphants rouges (ça change des roses), le sauna, le spa, la salle de gym... et ces jus de fruits frais offerts dans l'après-midi. Accueil stylé et très souriant. Plage dangereuse en basse saison.

LAYAN BEACH – หาดระยัน

Après White Beach, on peut tenter une halte sur ***Banana Beach,*** une petite crique peu fréquentée (mais parfois fermée). Le coin a encore des allures de petit paradis ! La route double ensuite un cap puis longe Layan Beach. Presque vierge de développement, cette petite anse magnifique, juste au nord de Ban Tao Beach, dégage une quiétude qui attire les investisseurs immobiliers (les constructions se limitent toutefois à des villas en retrait du bord de mer). La proximité de la petite île de Ko Kata, très photogénique quand le banc de sable blanc fait surface à marée basse, confère à cette plage des allures de carte postale. Authentique et préservée. Avant de rejoindre Bang Tao, les dernières rizières de l'île et les prés, où, en saison humide, quelques buffles s'ébattent dans leur trou d'eau, témoignant d'un temps bientôt révolu. Plus typique, l'extrême nord de la plage se révèle idéal pour les voyageurs en quête de calme et d'un instant de solitude. Attention toutefois, même s'il y a plusieurs paillotes et restaurants couleur locale en bord de mer, côté logement, on ne trouve qu'un grand complexe hôtelier dénué de charme.

BANG TAO BEACH – หาดบาง เทา

Longue plage de 7 km qui se divise en 2 parties. Vers le milieu, les seuls vrais hôtels de prestige de Phuket, qui s'étendent autour de petits lagons. Style camp de vacances de luxe ! On y trouve golf, équitation et spa. Puis, côté sud, des *resorts* pas bon marché non plus mais abordables, eux (voir nos adresses ci-après). Enfin, à l'arrière, le village de ***Cherng Talay,*** animé et authentique : gargotes, échoppes, marché sympa les mercredi et dimanche. Le vendredi, gros marché musulman près de la mosquée sur la route qui mène à Surin Beach.

Où dormir ? Où manger ?

De plus chic à très chic (à partir de 2 500 Bts / 71,40 €)

⌂ |●| *Andaman Bangtao Bay Resort* – อันดามันบางเทาเบย รีสอร์ท *: en bord de plage. ☎ 076-314-214. • andamanbangtaobayresort.com • Petit déj compris.* Au milieu des cocotiers et littéralement les pieds dans l'eau, de jolis bungalows abritant une vingtaine de chambres. Le tout face à la plage (petite et ombragée). Hormis les *Garden Front,* moins chères et sans vue, le confort y est optimal et la déco, thaïe, de bon goût. Piscinette. Resto au bord de l'eau et jardin agréable avec transats. Parking limité : si vous êtes en voiture, pensez à réserver.

⌂ |●| *Bang Tao Beach Chalet* – บางเทาบีชชาเลย์ *: 73/3 Moo 3, en retrait de la plage. ☎ 076-314-306. 📱 09-07-08-88-85. • bangtaochalet-phuket.com • Résa indispensable. Petit déj compris.* Malgré son nom, il n'est pas sur la plage. Et pourtant, ce petit établissement vaut vraiment la peine. Il offre une dizaine de bungalows (et une villa spécialement conçue pour les familles) dans un très beau jardin luxuriant en retrait de la route, au grand calme. Déco très soignée (il y a même des poissons vivants dans les salles de bains !) et propreté au top. Côté plaisir, une petite terrasse pour bien finir sa journée après la plage, une piscine en forme de trou de serrure et un resto halal (sans alcool) qui signe la confession religieuse des propriétaires. Excellent accueil.

Andaman Seaside Resort – อันดามัน ซีไซด์ รีสอร์ท (หาดบางเทา) *: 69/74, 82/39-46 Moo 3, Cherngthalay, Thalang. ☎ 076-314-293. Petit déj compris.* Un hôtel très correct, avec de grandes chambres bien nettes réparties dans 2 bâtiments, et des bungalows groupés 4 par 4 autour d'une piscine à cascade en forme de haricot. On est à 150 m de la plage. Bon accueil.

SURIN BEACH – หาดสุรินทร

Une petite station balnéaire et une belle plage tranquille au sable clair, où la baignade, non surveillée, est malheureusement dangereuse, surtout en basse saison.

Où dormir ?

De plus chic à très chic (à partir de 2 500 Bts / 71,40 €)

Surintra *: 49/1 Moo 3, Surin Beach Rd. ☎ 076-270-041. 📱 08-64-76-17-38. • surintra.com • Un peu excentré, dans un cul-de-sac à 50 m de la route principale (prendre à droite du KP Rent-a-Car). Petit déj compris.* Une structure moderne composée d'une dizaine de chambres spacieuses sur 2 étages et d'une bâtisse récente au fond du parc organisée en galerie autour de 2 belles piscines. Ici, une cinquantaine de chambres avec balcon ou terrasse, certaines avec kitchenette. L'ensemble est décoré dans l'esprit boutique-hôtel, avec du mobilier contemporain épuré et de belles finitions. Petit resto pour vos fringales. Calme, car à l'écart de la route. On aime beaucoup, d'autant que l'accueil est vraiment gentil.

Manathai *: 121/1 Srisunthorn Rd. ☎ 076-360-250. • manathai.com • Tt près de la plage. Petit déj compris.* Boutique-hôtel grand luxe à prix encore accessible, où modernité et vieux matériaux se marient avec élégance. Le lobby déjà, avec sa hauteur de plafond tout en boiseries, en jette ! Chambres de belle taille, cossues et bien arrangées, mais bien la choisir car si quelques-unes ont une vue dégagée, certaines ont vue sur le parking ou l'immeuble voisin, ce qui peut être fort incommodant pour un long séjour ou une lune de miel. Superbe piscine avec bar, petit-déj-buffet itou, parfait pour bien démarrer la journée. L'ensemble dégage un vrai charme.

Spécial coup de folie

The Surin *: à Pansea Beach. ☎ 076-316-400. • thesurinphuket.com • Min 10 000 Bts en saison.* L'un des hôtels de charme les plus luxueux de Phuket. Bungalows étagés à flanc de colline, littéralement mangés par le vert. Les moins chers sont les plus haut perchés car on a une flopée de marches à se taper pour les atteindre. Préférer la solution médiane ou carrément les cottages en bord de plage, si vous en avez les moyens. Côté déco, rien à redire, le décorateur a su jouer sur le ton sur ton, le bois cérusé, le satin, les moirages... C'est magnifique et bien conçu. Piscine hexagonale, à fond noir, et surtout une superbe portion de plage privée. Resto délicieux encore abordable, avec vue imprenable sur la Grande bleue. Excellent accueil et tous les services que l'on est en droit d'attendre dans cette catégorie d'hôtel. La très belle adresse de Phuket pour convoler en noces.

À voir dans les environs de Surin Beach

Phuket Fantasea – ภูเก็ต แฟนตาซี *(plan I) : au nord de la plage de Kamala. ☎ 076-385-111. Spectacle ts les soirs sauf jeu, à 21h. Durée : env 1h30. Le complexe immense englobe le théâtre (3 000 places), le resto (4 000 places) et*

un parc à thème ouv 17h30-23h30. 2 formules : spectacle seulement à 1 800 Bts, ou avec buffet (moyen, 18h-21h) à 2 200 Bts. Transfert A/R en minibus climatisé 350 Bts (700 Bts si vous venez de Khaolak).
Plusieurs scènes illustrant la culture thaïe à la façon... de Hollywood : reconstitution de la grande bataille de Phuket contre les Birmans, danses orientales, ballets aériens, effets pyrotechniques, poules et canards sur scène, et quelques éléphants... C'est quasi le seul spectacle nocturne de Phuket ; il faut aimer cela, ce n'est pas vraiment notre cas, à la différence des groupes de Russes et d'Asiatiques (des Chinois, majoritairement).
Dans le même genre, le ***Phuket Siam Niramit,*** un parc d'attractions situé en bordure de la 402, au nord de Phuket Town, avec spectacle son et lumière et tout le toutim. Avant le spectacle, possibilité de se promener dans le parc aménagé d'un mini marché flottant sur le lac et de découvrir des villages reconstitués représentants différentes provinces de la Thaïlande *(tlj sauf mar ; • siamniramitphuket.com • ; 1 500-1 900 Bts selon place ; buffet 400 Bts ; transfert hôtel A/R 300 Bts).*

PATONG BEACH – หาดป่าตอง

Soyons clairs : on ne vient pas à Patong par hasard. Patong, ce n'est déjà plus vraiment la Thaïlande, ni même Phuket, mais plutôt un amalgame de clichés, une sorte de grande kermesse (le mot est faible !) à ciel ouvert où les heures filent entre la plage, l'apéro et les soirées endiablées (voire plus si affinités). On y mange à toute heure du jour et de la nuit, on y écoute de la musique (souvent fort), on y danse, on y rit, on y pleure... Les amateurs de shopping y retrouveront les enseignes internationales, les fanas de bronzette piétineront la serviette du voisin au retour du bain, et les noceurs ne sauront plus où donner de la tête ou des oreilles...
Attention : comme sur plusieurs autres plages, la baignade hors saison peut se révéler dangereuse. On signale par ailleurs un nombre important d'accidents dus à la navigation de jet-skis tout près du bord, alors si vous êtes venu à Phuket pour la mer, allez plutôt nager ailleurs, l'île recèle encore de belles petites criques pour qui sait les dénicher.

Adresses et infos utiles

✉ ***Poste :*** *au coin de soi Bangla (soi Post Office), face à la plage (plan A-B2). Tlj jusqu'à 17h. Également tt au nord de la rue parallèle à la plage, Rat-U-Thit (plan B1).*
✚ ***Patong Hospital*** – โรงพยาบาลป่าตอง *(plan B1, **2**) : 57 Sainamyen Rd. ☎ 076-342-633 ou 634.* Compétent pour les petits soins. On y parle l'anglais.
■ ***Immigration Office*** – สำนักงานตรวจคนเข้าเมือง *(plan B1, **3**) : proche de l'hôtel* Impiana Cabana. *Lun-ven 10h-15h. Fermé le w-e. Tenue correcte recommandée (torse et jambes couverts), sinon entrée refusée.* Pour la prolongation du visa.
🚌 ***Arrêt des bus locaux pour Phuket Town*** *(plan A2) : au sud de la plage, en face de l'hôtel* Merlin. Départs fréquents. On paie à l'arrivée (environ 30 Bts), au marché de Ranong Road.

Où dormir ?

À Patong, l'hôtellerie (au sens large) connaît un développement effréné. En un mot, il y a un peu tout et n'importe quoi, de la cage à lapins climatisée

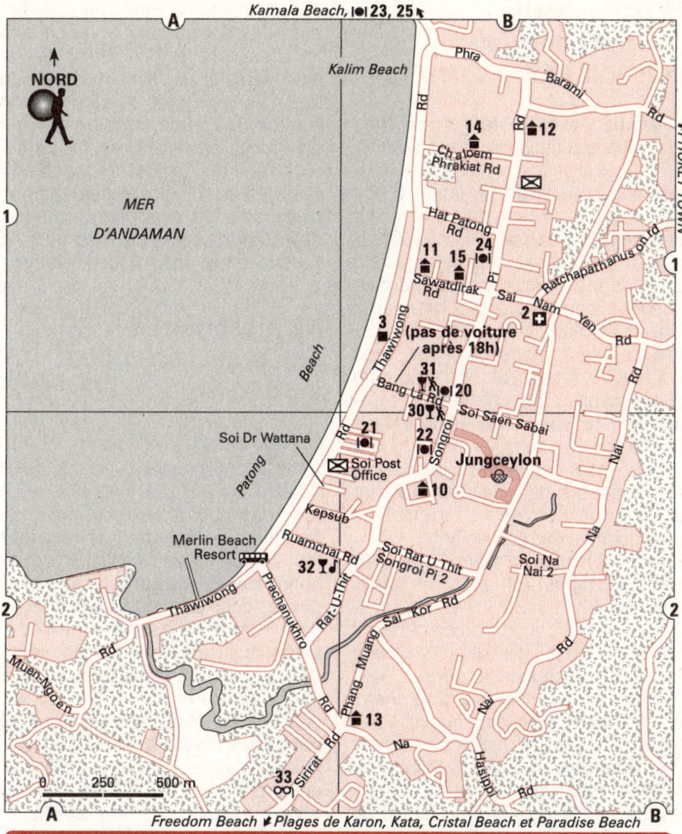

PATONG BEACH

Adresses utiles

- 2 Patong Hospital (B1)
- 3 Immigration Office (B1)

Où dormir ?

- 10 Slumber Party Hostel (B2)
- 11 Kokotel Phuket Patong (B1)
- 12 P.S.2 Resort (B1)
- 13 Baantonsai Garden Resort (B2)
- 14 Eden Bungalow Resort (B1)
- 15 Lub d Phuket Patong (B1)

Où manger ?

- 20 Bangla Market – Street Food (B1)
- 21 Sweet Restaurant (B2)
- 22 First Seafood Restaurant (B2)
- 23 Pan Yaah Restaurant (hors plan par B1)
- 24 Naughty Nuri's in the Forest (B1)
- 25 Baan Rim Pa (hors plan par B1)

Où boire un verre ? Où sortir ?

- 30 Seduction Nightclub et Tiger Nightclub (B1-2)
- 31 Illuzion (B1)
- 32 Hard Rock Café (A2)
- 33 Phuket Simon Cabaret (A2)

au bungalow chicos les pieds dans le sable en passant par l'hôtel fonctionnel rappelant ceux du groupe *Accor*. Une constante cependant : les prix sont parmi les plus élevés de Phuket, qui n'est déjà pas bon marché comparé au reste du pays !

De bon marché à prix moyens (moins de 2 500 Bts / 71,40 €)

Slumber Party Hostel *(plan B2, **10**) : 27/27 Ratchapatanusorn Road. ☎ 076-620-414. • slumberpartyhostels.com •* Nos jeunes lecteurs (la limite d'âge pour y séjourner est de 35 ans) qui cherchent la tranquillité iront voir ailleurs, mais si c'est pour faire la fête que vous êtes venus, cette AJ est un excellent choix ! Dans 2 bâtiments de part et d'autre de la rue, 10 dortoirs flambant neufs de 4 lits, avec clim et sanitaires privés. En prime, un bar-resto (plats pas chers) au rez-de-chaussée, tout ouvert sur la rue. Et bien sûr des activités tous les soirs, du *pub crawl* (tournée des bars) ou *beer olympics* (concours de bières) en passant par des *ladyboys nights...* Le tout dans une ambiance très bon enfant.

Kokotel Phuket Patong – โคโคเทล ภูเก็ต ป่าตอง *(plan B1, **11**) : 3/7 Sawadirak Rd. ☎ 076-344-371. • kokotel.com •* Un établissement, implanté aussi à Ao Nang (Krabi), Bangkok et Chiang Mai, qu'on vous signale surtout pour ses dortoirs, nickel et pas trop chers. Les chambres, elles, sont impeccables et tout confort aussi, mais appartiennent à la catégorie « Plus chic ». Piscine au 4e étage, avec transats. Possibilité de petit déj (et de repas) à côté du bar de la réception, où l'on est accueilli par un toboggan bleu. Une belle adresse pour différents budgets.

P.S.2 Resort – พี.เอส 2 รีสอร์ท *(plan B1, **12**) : 21 Rath-U-Thit Rd ; au nord de la rue, presque au coin avec Bangla Rd. ☎ 076-342-207. • ps2resort.com • Pas de petit déj.* Ici, pas moins de 126 chambres réparties, en gros, dans 2 longs bâtiments bordés de végétation, toutes avec petite terrasse privée. Choix entre les standards et les « supérieures », celles-ci étant un peu plus pimpantes. Également une poignée de chambres bon marché sans clim. Un bon rapport qualité-prix pour Phuket, quelle que soit la catégorie. Belle piscine. Accueil moyen, en revanche.

Baantonsai Garden Resort – บ้านต้นไทร การ์เด้นรีสอร์ท *(plan B2, **13**) : 186 Nanai Rd. 📱 08-91-42-56-51. • btonsai.com • Petit déj à la carte possible.* 2 adresses en 1. La partie ancienne offre les bungalows de plain-pied, aérés et au calme, un peu vétustes mais les moins chers de Patong. Confort toutefois variable (avec ou sans clim, entre autres). La partie la plus récente, le *Baantonsai Garden Natural Resort,* abrite des chambres plus modernes, avec plus de charme et de confort aussi. 2 piscines pour l'ensemble et bar-resto. Accueil en thaï.

De prix moyens à plus chic (de 1 000 à 5 000 Bts / 28,60 à 143 €)

Eden Bungalow Resort – อีเดนบังกาโลรีสอร์ท *(plan B1, **14**) : 1 Chalerm Phraklat Rd. ☎ 076-340-944. • edenbungalow.com • Petit déj inclus.* Une trentaine de bungalows individuels tout confort (clim, TV, minibar, coffre et bonne literie), chacun avec sa terrasse, plantés dans un superbe jardin de bougainvillées avec piscine au milieu. Les meilleurs (les plus chers aussi) sont les *deluxe,* mais les standards ont l'avantage d'être près de la piscine. Ici, la clientèle est plutôt familiale (quelques bungalows prévus à cet effet) et visiblement pas attirée par la bagatelle. Calme et très bien tenu. Resto attenant. Accueil adorable en français de Pattarika. Une de nos adresses préférées à Patong.

Lub d Phuket Patong *(plan B1, **15**) : 5/5 Sawadirak Rd. ☎ 076-530-100. • lubd.com •* L'un des derniers nés de la station, avec plus de 300 lits. Il s'agit en fait d'un premium *hostel,* à savoir une AJ haut de gamme, avec des dortoirs et chambres privées de luxe (toutes avec balcon et hamac), très agréables et où domine le stuc blanc. Impressionnant volume des parties communes, qui abritent coin Internet, table de ping-pong, billard, et même un ring de boxe ! Sans oublier la piscine bordée d'un *deck* où lézardent les *guests* sur des poufs, ni, à côté, le bar-resto qui sert d'alléchants petits plats fusion toute la journée. Clientèle de toutes provenances. Soirées films fréquentes et *happy hours* tous les jours. Fait aussi agence de voyages. Réservation indispensable.

Où manger ?

Les restos les plus romantiques se trouvent un peu au nord de la station, sur la corniche en direction de Kamala.

De bon marché à prix moyens (moins de 400 Bts / 11,40 €)

Bangla Market – Street Food *(plan B1, **20**)* **:** *Bangla Rd. Tlj 10h-23h.* Le marché de nuit de Patong, avec ses gargotes servant toutes sortes de plats thaïs et asiatiques à prix modérés : brochettes et fritures en tout genre, currys, *ribs*, cochon bouilli, poissons grillés, assiettes de coquillages et autres fruits de mer (moins chers que dans les restos !), etc. À déguster sans façon aux tables posées tout autour. Sympa et animé.

Sweet Restaurant – ร้านอาหารสวีท ป่าตอง *(plan B2, **21**)* **:** *soi Patong Tower. 08-05-34-61-02. Tlj 10h30-22h30 (cuisine).* Au calme, dans une agréable rue piétonne, un resto particulièrement attrayant avec ses nappes jaune-vert et ses murs tout couverts de photos. Dans l'assiette, une savoureuse cuisine locale (essayez les currys !). Accueil et service tout sourire.

First Seafood Restaurant – ร้านอาหารเฟิร์สท์ ซีฟู้ด *(plan B2, **22**)* **:** *Thanon Rat-U-Thi. 09-04-92-00-41. Prendre la petite rue qui part en face de la* Sea Smile Dental Clinic. *Tlj 12h-23h.* Bonne ambiance dans ce resto un peu à l'écart du tumulte. Quand le patron fait claquer ses serviettes, tout le monde en fait autant ! À la carte, des plats thaïs à prix doux ou poissons et fruits de mer frais (issus de bassins) plus chers. L'assiette est bien faite et généreusement servie.

Pan Yaah Restaurant *(hors plan par B1, **23**)* **:** *249 Prabaramee Rd. ☎ 076-618-248. Sur la corniche, à 2-3 km au nord du centre de Patong en allant vers Kamala. Tlj sauf lun 11h-23h.* Un beau resto en surplomb de la mer. Ici, on peut profiter de la vue splendide sur la baie sans trop bourse délier. Ambiance sympa et cuisine tout aussi chaleureuse, des fruits de mer aux soupes en passant par le menu végétarien. Un bon rapport prix-situation !

– De plus en plus de restos tout neufs remplacent les cantoches locales. Pour trouver l'une de ces rares survivantes, on recommande d'aller au bout de *Nanai Road*, où les locaux et initiés se restaurent autour de plats typiques, très bons et pas chers. En face de l'hôtel *Baatonsai Natural Resort*.

Plus chic (de 400 à 800 Bts / 11,40 à 23 €)

Naughty Nuri's in The Forest – นอตี้ นูรีส *(plan B1, **24**)* **:** *122 Rat-U-Thit Songroi Pi Rd. ☎ 076-340-308. 06-11-73-00-11. Tlj 10h-21h. Plats env 250-450 Bts.* Une enseigne indonésienne à Patong, où l'on régale les clients de plats (copieux !) de là-bas avec, en vedette, les meilleures *ribs* de Phuket (voire de Thaïlande ?). Marinés aux épices balinaises, ils fondent littéralement dans la bouche. Un délice avec une salade fraîchement assaisonnée ! Sinon, *nasi goreng* (riz frit), canard croquant et autres *naughty* tapas. À engloutir à des tables en bois dans un espace ouvert ou une agréable cour intérieure, avec les cuisines bien en vue et une petite scène (musique – sauf le dimanche – à partir de 21h !).

Baan Rim Pa – บ้านริมผา *(hors plan par B1, **25**)* **:** *223 Prabaramee Rd, Phuket. ☎ 076-340-789 ou 076-341-768. 09-22-74-90-95. Sur la corniche, à moins de 2 km au nord du centre en allant vers Kamala. Tlj 12h-22h30 (cuisine). Résa indispensable le soir. Plats 350-700 Bts ; menus à partir de 1 300 Bts.* On entre par un jardin tropical avant de prendre une table dans une belle bâtisse en bois de teck logée à flanc de colline. De la terrasse, on embrasse une vue à 180° sur la plage de Patong et sa baie. Fine cuisine thaïe avec les fameux légumes sculptés, et service stylé. Très classe. Idéal pour un dîner romantique aux chandelles.

Où boire un verre ? Où sortir ?

Ici, les fêtards n'ont que l'embarras du choix car Patong c'est de la « teuf » version XXL ! Bangla Road *(plan B1)* en est l'épine dorsale, avec sa succession de bars où des nymphettes à peine vêtues (elles ont chaud), déploient une énergie considérable pour appâter le chaland. Sans oublier les racoleurs et racoleuses pour des shows de tout poil (et souvent à poil)... Bref, en soirée, la luxure s'affiche ici au grand jour. Et pourtant l'ambiance reste bon enfant, oserait-on dire, comme en témoignent les familles qui arpentent également la rue aux heures nocturnes, ou les bandes de jeunes venus s'éclater le plus honnêtement du monde dans l'une des discothèques vibrantes du secteur (où l'on retrouve là aussi des courtisanes !). Un curieux paradoxe !

Seduction Nightclub *(plan B1-2,* ***30****)* **:** *sur Bangla Rd.* • *seductiondisco.com* • *Tlj dès 22h.* La boîte la plus en vue de Phuket. S'y produisent au moins 1 ou 2 fois par semaine des artistes et DJs de renom... pour la plupart français, car la gestion du lieu est française ! Clientèle en bonne partie gauloise aussi, du coup, et grosse animation tous les soirs. Il faut dire qu'ils ont un truc qui fait mouche : une formule *open bar* à... 550 Bts !

Illuzion *(plan B1,* ***31****)* **:** *Bangla Rd.* • *illuzionphuket.com* • *Tlj dès 21h.* Difficile de louper l'entrée, c'est la plus magistrale de la rue. Elle préfigure d'ailleurs l'intérieur du lieu : une immense piste de danse bordée de multiples bars, qui en fait tout simplement la plus grosse discothèque de l'île (plus de 5 000 personnes peuvent s'y entasser !). Inutile de dire que les soirées sont chaudes ici aussi...

Tiger Nightclub *(plan B1-2,* ***30****)* **:** *Bangla Rd. 08-31-83-77-77. Tlj dès 21h.* Pour clore le trio des clubs de Bangla Road, et de Patong. Avec sa façade pour le moins tape-à-l'œil, ornée de gros tigres factices, vous ne risquez pas non plus de le rater ! Clientèle de touristes indiens, notamment. Au rez-de-chaussée (la boîte est à l'étage), un alignement étonnant de bars (à filles) terminé par une grande salle de billard. Où s'arrêtera-t-on ?

Hard Rock Café *(plan A2,* ***32****)* **:** *48/1 Ruamchai Rd, à l'intérieur de l'hôtel* Dusit. *☎ 076-366-381. Tlj 11h-2h.* Patong, tout de même, se devait d'avoir le sien ! Ça change un peu de l'ambiance des bars et boîtes de Bangla Road, même si le niveau sonore des concerts qui s'y déroulent tous les soirs n'est pas beaucoup moins haut. Déco à la gloire du rock à l'intérieur. Bons cocktails, mais chers.

Après tout ça (ou plutôt avant !), pour boire un verre dans une atmosphère plus tranquille, face au coucher du soleil par exemple, ne pas hésiter à fréquenter les bars situés sur la plage au bout de Sawatdirak Road (comme le *Sole Mio*).

Phuket Simon Cabaret **–** ภูเก็ตไซมอนคาบาเร่ *(plan A2,* ***33****)* **:** *8 Sirirat Rd (au sud de Patong). 08-78-88-68-88.* • *phuket-simoncabaret.com* • *Spectacles à 18h, 19h30 et 21h (durée 1h15). Places ordinaires 800 Bts, VIP 1 000 Bts. Prévoir 50-300 Bts selon distance pour le transfert depuis votre hôtel ; plus cher si vous résidez hors de Patong.* Cabaret de *ladyboys* de 600 places assises proposant un gentil spectacle en 12 tableaux, sorte de pastiche du Lido et du Moulin-Rouge.

Shopping

Centre commercial Jungceylon *(plan B2)* **:** *181 Rat-U-Thit Rd.* • *jungceylon.com* • *De Bangla Rd en venant de la mer, prendre à droite, c'est à 50 m sur la gauche. Tlj 11h-22h (23h en hte saison).* Cet immense centre commercial permet de faire un peu de shopping au frais ! Boutiques de fringues, d'électronique, de cadeaux-souvenirs, restos, salons de beauté, et même des salles de ciné...

LE SUD : ITINÉRAIRE BANGKOK – HAT YAI

Massages

À l'intérieur du centre commercial *Jungceylon,* plusieurs salons de massages (sans équivoque) proposent aussi soins du visage, etc. Voici une enseigne qui a retenu notre attention :

■ ***Montra :*** *au sous-sol et au 3e étage. Compter 200-1 500 Bts selon soin.* Pour se faire dorloter de la tête aux pieds dans une ambiance zen !

À voir dans les environs immédiats

Paradise Beach : au bout du cap situé au sud de Patong, une petite plage presque privée et aménagée : parking, transats et parasols, massages à l'heure, location de masques et tubas pour le *snorkelling.* Un endroit pour mieux apprécier Phuket, où l'on peut s'assoupir sur son transat et regarder Patong s'agiter de l'autre côté de la baie. Malheureusement la plage est souvent bondée.

KARON BEACH – หาดกะรน

Vie nocturne animée avec quelques bars pas vraiment faits pour les enfants de chœur, mais en bien moins grand nombre qu'à Patong. Pas notre coin préféré, mais quelques établissements sympas. ***Attention : baignade particulièrement dangereuse en basse saison.*** Courants puissants, y compris quand il n'y a pas de vagues. En saison en revanche, on peut se baigner, sauf conditions climatiques particulières. Bien observer les drapeaux.

Où dormir ?

Bon marché (moins de 1 000 Bts / 28,60 €)

Happy Inn Guesthouse – แฮ๊ปปี้อินน์เกสท์เฮ้าส์ **:** *21 Moo 3, Bangla.* ☎ *076-396-260.* • *happy.inn.karon@gmail.com* • *Au fond d'un soi tranquille ; en venant de la plage, prendre à droite la rue à l'angle du 7-Eleven. Pas de petit déj.* Au fond d'une impasse, 2 douzaines de bungalows impecs et confortables, avec clim, frigo et eau chaude. Au calme aussi, avec pas mal de verdure. Accueil familial et ambiance relax. Une adresse quelque peu en sursis dans ce quartier en plein boom immobilier mais qui, en attendant, offre un excellent rapport qualité-prix.

Prix moyens (de 1 000 à 2 500 Bts / 28,60 à 71,40 €)

Baan Karon Hill – บ้านกะรนฮิลล์ **:** *689 Moo 1, Patak Rd.* ☎ *076-286-233.* • *baankaronhill.com* • *Tt au nord de la plage, sur la route de Patong. Petit déj compris.* Chambres mitoyennes dans une bâtisse de 2 étages ou bungalows individuels tout confort enfouis dans la végétation à flanc de colline. Ce sont ces derniers qu'on vous conseille (attention, ils sont fermés en basse saison). Superbe panorama sur la baie de Karon, à l'écart de l'agitation. À noter cependant que la pente est raide (nos mollets s'en souviennent encore !), à déconseiller donc aux personnes qui peinent à se déplacer. Théoriquement, il suffit d'appeler la réception pour qu'un *tuk-tuk* vienne vous chercher. Piscine. Accès direct à la plage. Un rien vieillissant tout ça, mais ça reste un bon plan.

De plus chic à très chic (plus de 2 500 Bts / 71,40 €)

Kata Garden Resort – กะตะการ์เด้นรีสอร์ท **:** *32 Karon Rd.* ☎ *076-330-628.* • *katagardenphuket.com* • *Entre Karon et Kata Beach. Petit déj-buffet inclus.*

Une soixantaine de chambres et bungalows en brique noyés dans la verdure et reliés entre eux par des passerelles de bois. Il y a 4 catégories de confort. Déco agréable, régulièrement rafraîchie. Un peu cher, mais cette adresse reste une valeur sûre dans ce coin qui, de toute façon, n'est pas bon marché. Piscine rigolote avec cascades et jardin agrémenté d'animaux en ciment, bienvenue à Kitschland !

Très chic (plus de 5 000 Bts / 143 €)

Marina Phuket Resort – มารีน่าภูเก็ตรีสอร์ท : *47 Karon Rd. ☎ 076-330-625. • marinaphuket.com • Au sud de la plage. Min 200 US$ en saison (presque moitié moins cher avr-oct), en ½ pens.* Un sans-faute pour cette petite centaine de chambres dans des chalets en bois très classe, avec tout le confort qu'on peut attendre d'un hôtel qui pratique ces tarifs... Jardin d'une délicate luxuriance, à la végétation soigneusement maîtrisée, et chemin direct vers une plage privée. Sans oublier le resto à l'architecture pittoresque, la cuisine de qualité (avec une formule à volonté), la piscine de rêve... Une adresse de luxe et de charme pour nos lecteurs très à l'aise.

Où manger ?

De bon marché à prix moyens (max 400 Bts / 11,40 €)

À l'extrémité nord de la plage, entre mer et lagon, après le rond-point, toute la journée, une série de ***food stalls*** encore relativement authentiques et bien alignés face à la plage ont remplacé les stands ambulants. Et c'est à qui attirera le chaland ! Peu d'intérêt le soir, car la plage n'est pas du tout éclairée. Même principe au sud de la plage (vers l'Andaman *Sea View,* avant le terrain de foot), mais au bord de la route : quelques paillotes en semi-dur, côte à côte, proposent de petits plats thaïs, poissons et fruits de mer, à prix doux. Service et clientèle relax.

Elephant Café & Restaurant by Tan – ร้านอาหาร อีเลเฟ่นท์ คาเฟ่ : *sur Patak Rd, la rue perpendiculaire à la plage, en face du temple. ☎ 076-398-129. Tlj 10h-23h.* Resto local amélioré servant une bonne cuisine thaïe et internationale à prix modérés (sauf si vous prenez des fruits de mer frais !). Un choix honorable dans ce quartier très touristique.

De prix moyens à plus chic (de 200 à 800 Bts / 5,70 à 23 €)

Karon Café Inn – ร้านอาหารกะรนกาเฟ่ : *Patak Tawanok Rd. ☎ 076-396-217. Sur Patak Rd, non loin de la plage, tourner à gauche dans la ruelle animée surmontée d'un portique.* Tenu par un Américain, on y vient notamment pour ses spécialités de grillades. Délicieux *spare ribs* et poulet Cordon bleu. D'autres viandes (australiennes), et quelques plats thaïs aussi, histoire de. Sans oublier les *all day breakfast.* Le tout dans une salle à la gentille déco, ouverte sur la rue.

KATA YAI – กะตะใหญ ET KATA NOI – กะตะนอย

Sur toutes les cartes postales, Kata Yai Beach est une grande et belle anse. Là s'arrêtent les éloges, car les bétonnières ont beaucoup travaillé et l'arrière-plage, en voie de « patonguisation », ressemble à une méga brocante aux 2-roues. Le *Club Med,* qui y a élu domicile depuis de nombreuses années, n'y a même pas les pieds dans l'eau ! Où va-t-on ?!

La bien nommée Kata Noi – « petite » Kata –, est encore épargnée par cette fièvre immobilière, heureusement. Pour s'y rendre, poursuivre la route côtière (même si ladite côte reste cachée derrière les hôtels et commerces de Kata Yai – « grande Kata ») puis, au carrefour où trône l'*Orchidacea Resort,* continuer tout droit vers la droite. Une petite côte suivie d'une descente sur 800 m mène à Kata Noi, magnifique anse en cul-de-sac. La plage a été « nationalisée » aux ¾ par un hôtel de luxe, mais elle reste accessible à ceux qui sauront en trouver l'accès (allez ! on vous le dit, c'est tout au bout de la plage). Bonne nouvelle, la baignade sur ces 2 plages est aisée, agréable et surveillée, ce qui en fait un atout indéniable. Attention toutefois en basse saison lorsque la houle devient plus puissante, mieux vaut rester en retrait et contempler les surfeurs !

Où dormir ?

Les hébergements cités ici ne donnent pas directement sur la plage et n'offrent donc guère de vue sur la mer.

La plage nord (Kata Yai)

Prix moyens (de 1 000 à 2 500 Bts / 28,60 à 71,40 €)

🏠 ***Garden Home Kata*** – หน้าแรกภูเก็ต การ์เด้น *: 5 Patak Rd, soi Patak 10. 076-330-960 📱 06-59-16-62-41. • gardenhomekata.com • Dans le soi en face de la poste, à 5 mn des plages. Petit déj non compris.* À l'écart de la route principale, dans un environnement calme et verdoyant (rare à Kata !), 3 bâtiments dont un de 4 étages avec des chambres accueillantes (grandes baies vitrées). Toutes avec clim, mais les « budget room » ont des salles de bains pour lilliputiens. Cela dit, ça reste un rapport qualité-prix très convenable, d'autant que la grande piscine est agréable, au retour de la plage. Un Garden Coffee pour le petit déj, un joli jardin bien entretenu et dépaysant, et un personnel attentif font de cet hôtel à taille humaine un bel endroit où poser son sac.

🏠 ***Kata Country House*** – กะตะคันทรีเฮ้าส์ *: 82 Kata Rd. ☎ 076-333-210. • katacountryhouse.com • Presque en bord de mer... seul le Club Med fait obstacle : longer le mur sur 450 m pour rejoindre la plage ! Petit déj en sus.* Structure d'une centaine de chambres, éparpillées au cœur d'un grand parc tropical bien entretenu perdue dans la jungle des enseignes publicitaires qui habillent la rue. 3 catégories de chambres : *superior, deluxe,* quelques cottages en bois style western ou encore les beaux bungalows en bois sur pilotis, au fond du vaste jardin tropical (nos préférés). 2 piscines. Une adresse agréable.

Plus chic (de 2 500 à 5 000 Bts / 71,40 à 143 €)

🏠 ***Boomerang Village Cottage*** – บูมเมอแรงวิลเลจ *: 9/11-13 soi 10, Patak Rd. • boomerangvillageresortphuket.com • Sur la colline qui surplombe le Garden Home. Petit déj inclus.* Vraiment au calme, dans un coin d'autant plus verdoyant que l'ensemble est perdu dans la nature (la plage est à une petite demi-heure de marche mais transfert gratuit vers celle-ci). Les bungalows, pierre et bois assortis, sont disséminés à flanc de colline dans un vaste jardin tropical. Aménagement intérieur élégant, qui fait la part belle à un style thaï intemporel sans lésiner sur le confort, excellent (frigo, clim et sorties de bain bien épaisses). Également un resto sous une paillote de luxe, et une petite piscine. Très bonne tenue générale, et accueil sympa des proprios italiens polyglottes. Une très bonne adresse.

Où manger ?

3 restos à l'extrémité sud de la plage : *Kata Seafood, Kata Mama* et *Kata BBQ* (ce dernier étant un peu plus chic que les 2 autres). Ils sont tous corrects et

agréables, vu leur situation face à la mer, et constituent une bonne alternative au resto ci-après, qu'on signale plutôt pour les grandes occasions...

De plus chic à très chic (plus de 400 Bts / 11,40 €)

|●| ***Boathouse Wine and Grill :*** *182, Koktanode Rd, Kata Beach.* ☎ *076-330-015. Tlj 11h-22h (cuisine).* C'est le restaurant de l'hôtel *Boathouse by Montara,* l'une des meilleures tables de Phuket, avec une terrasse quasi les pieds dans l'eau. Cuisine européenne et thaïe, créative et gastronomique. Les cuissons sont parfaites et les produits d'une grande fraîcheur. Un peu cher, certes, mais c'est justifié. Dîner-jazz occasionnel. Il est prudent de réserver.

À faire

➢ Depuis l'extrême sud de la plage (au niveau du resto *Kata Mama*), possibilité d'accompagner les pêcheurs ou de faire des balades en bateau vers Karon ou de longer la côte en direction du sud vers Paradise Beach ou Nui Beach.

NAI HARN BEACH ET AO SANE (OU SEN BAY) – หาดในหานและอาวเสน

Nai Harn est une superbe plage, mais il n'y a pas vraiment de vie locale aux alentours. Ceux qui résident à Patong et veulent un peu de tranquillité viennent y dérouler leur serviette aux heures de la bronzette (du coup, on n'y est pas seul non plus en journée). Quant à la baie d'Ao Sane, elle se trouve sur la droite en regardant la mer. Accès par la corniche en passant devant l'hôtel *Yacht Club,* extrême nord de la plage.
Attention : il arrive que les **courants** soient **dangereux en basse saison** (mai-octobre), se renseigner.

Où dormir ? Où manger ?

De bon marché à prix moyens

⌂ |●| ***Ao Sane Bungalows :*** *11/2 Ao Sane, Nai Harn Beach, Muang.* ☎ *076-288-306.* • *aosane_chai@yahoo.com* • *Bus local jusqu'à Nai Harn, puis faire 800-900 m. Petit déj en sus.* Un sympathique et authentique petit resto au bord de la plage, qui réconcilie avec Phuket. Tables à l'ombre, sur la grande terrasse, ou directement les pieds dans le sable, mais avec la vue sur les eaux cristallines pour tout le monde, et une véritable quiétude. *Fried noddles* et *fried rice* délicieux et à prix doux. Également 7 bungalows à louer, simples mais propres, avec clim, eau chaude et terrasse. Tous alignés directement sur la petite plage, face à la mer. Beaucoup de monde au pied du resto, sur la plage, en journée.
|●| Un peu en retrait de la plage, on trouve aussi une série de ***restos*** sympas et à la cuisine très convenable.

YAH NUI BEACH – หาดยานุย

Sur la route entre Nai Harn et Cape Phrom Thep s'étend cette charmante crique. Les vacanciers qui logent dans les stations surpeuplées, style Patong ou Kata Beach, apprécient la tranquillité du coin resté relativement nature. Étonnamment peu d'endroits où loger au vu de la qualité du lieu... Mais ça ne va peut-être pas durer...

Où dormir ? Où manger ?

|●| Quelques ***gargotes*** au bord de l'eau, avec tables à l'ombre, face au rocher qui scinde la plage. Simple et pas cher. On a une préférence pour celui de gauche, en regardant la mer, le ***Ya Nui Restaurant,*** très bien pour le déjeuner.

Prix moyens (de 1 000 à 2 500 Bts / 28,60 à 71,40 €)

Baan Ya Nui Beach Bungalows : *prendre la route perpendiculaire à la plage, c'est à 100 m sur la gauche. 08-36-95-62-63. • baanyanuibeach@gmail.com • baanyanui-bungalo.business.site • Petit déj non compris hors saison. Résa bien en avance très conseillée.* Une adresse familiale et intime, qui abrite 7 petits bungalows climatisés et très bien tenus, répartis dans un jardinet assez bucolique. Petite cuisine extérieure commune. Et, en prime, une ravissante piscinette. Même s'il faut traverser une grosse route très fréquentée, la plage est à moins de 5 mn de marche. On recommande vivement.

De la plage, on peut louer un petit canoë pour visiter l'île d'en face ; l'activité nécessite un peu de patience car elle plaît beaucoup aux touristes.

PHROM THEP CAPE – แหลมพรหมเทพ

Le « cap de la pureté divine »... À la pointe sud-ouest de l'île, il livre un superbe panorama sur la baie de Nai Harn, très couru à la fin du jour pour ses fameux couchers de soleil ! Il est d'ailleurs vendu comme l'excursion romantique par excellence et, du coup, se retrouve envahi de bus entiers de touristes, venus bisouiller leur promis(e) en attendant que le soleil, rouge pivoine, finisse par s'éclipser... Vous voilà prévenu.

Où manger ?

|●| ***Phrom Thep Cape Restaurant :*** *Khun Sumalee Artornpinit 94/6 Moo. ☎ 076-288-656. 08-31-80-86-65. Du parking où sont postés les marchands, prendre l'escalier qui mène au panorama puis, à mi-chemin, à droite, un petit passage, et continuer sur 100 m. Tlj 10h-21h30 (cuisine).* Des tables joliment disposées face à la mer, avec vue imprenable sur la baie et la plage de Nai Harn en contrebas. Bonne cuisine de poissons à prix raisonnables pour le décor. Certes très fréquenté à midi, mais quasi désert en journée pour boire un verre tranquille. Conseillé aussi pour un cocktail et un dîner sous les étoiles.

RAWAI BEACH – หาดราไวย

À 17 km au sud de Phuket Town, tout au sud de la côte est, il ne reste aujourd'hui plus grand-chose de ce qui fut jadis un village de pêcheurs. De ce côté de l'île, la mer est peu profonde. Assez vaseuse et rocheuse, elle se retire sur presque 300 m à marée basse. Pas vraiment de plage digne de ce nom. Cela dit, c'est un coin encore typique de Phuket. Et le bord de mer, ombragé par une rangée de grands filaos, est magnifique. À l'horizon, le relief touffu des îlots qui émergent de l'océan et de quelques *speed-boats* et *long-tail boats* au mouillage. Rawai est aussi un endroit de choix pour venir déguster du poisson grillé sans se faire matraquer. On y trouve également quelques hébergements d'un bon rapport qualité-prix, ce qui en fait un sympathique lieu de villégiature, pour peu qu'on possède son propre moyen de locomotion.

Où dormir ?

Certes, on n'est pas à côté d'une plage, mais du coup les tarifs baissent, et on trouve de ce côté de l'île de quoi se loger à bon compte pour des prestations correctes.

Bon marché (moins de 1 000 Bts / 28,60 €)

Sandy Guesthouse – แซนดี้ เกสท์เฮ้าส์ : *62-3-4 Moo 6, soi Wassana, Viset Rd. 08-58-88-08-21 (Peach) ou 08-66-84-56-84 (Fang). Prendre la même route que pour aller au* Rawai Boutique Resort. *Petit déj en sus.* Une douzaine de chambres, dans une grande maison récente reconnaissable à sa façade fraise écrasée, dans un coin bien calme. Beaux petits volumes pour des petits nids très bien équipés (écran plat, clim, frigo, etc.) et parfaitement tenus. L'ambiance est reposante, il y a un bel espace extérieur pour bouquiner ou nouer des amitiés. La maison offre le thé ou le café et met des vélos à disposition. Accueil discret. Un excellent rapport qualité-prix dans cette catégorie.

De prix moyens à plus chic (de 1 000 à 5 000 Bts / 28,60 à 143 €)

Thai Palace – ไทย โรงแรมหรู : *52/8 Moo 6, Viset Rd. ☎ 076-288-042. • thaipalacephuket.com • À un jet de pierre du front de mer, en face du resto* Nikita's. Passé la réception, on découvre un chouette jardin tropical avec piscine et petite cascade glougloutante. Plusieurs catégories de chambres, mais les moins chères sont déjà très convenables. Davantage de confort et de charme cependant dans les *deluxe pool access rooms,* nichées dans un bâtiment qui borde une 2de piscine, vraiment agréables avec leur belle déco en bois. Petites terrasses pour tous. Plutôt intime, et très gentil accueil. Une bonne adresse à 2 pas du bord de mer.

Rawai Boutique Resort : *61/9 Moo 6, soi Kok Makham, Viset Rd. ☎ 076-613-877. 08-99-09-22-74. • rawaiboutiqueresort.com • Prendre la route perpendiculaire qui débute en face de* Nikita's, *puis petite route en zigzag sur la gauche (c'est fléché). Petit déj en sus.* Confidentiel et bien au calme, ce petit *resort* ne compte qu'une huitaine de bungalows, répartis dans un jardin. Ils sont impeccables et bien équipés, avec en prime une déco thaïe sobre et élégante et une petite terrasse. Piscine. Vraiment rien à redire pour le prix mais, comme pour beaucoup d'autres adresses par ici, mieux vaut être véhiculé.

Où manger ? Où boire un verre ?

Pakbang Food Center : *à l'extrême sud de la baie, prendre la petite route sur la gauche au coin du resto* Baan Haad Rawai. Sympathique brochette de petits restos face à la mer, dans un cadre pittoresque. Dans certains, on peut manger assis en tailleur. Plats thaïs, fruits de mer ou barbecue à petit prix, accueil convivial et simple. Un endroit pour se réconcilier avec Phuket !

Nikita's – นิกีต้า : *sur le front de mer, côté nord. ☎ 09-58-27-56-08. Cuisine jusqu'à 23h30.* Un resto tenu par un Américain installé ici depuis le Néolithique et qui a fidélisé pas mal d'habitués. Mignon et accueillant, même si l'on est coincé entre la route et la mer. Paillote ou terrasse pour boire un coup et parcourir un éventail classique de plats thaïs (à prix moyens), et beaucoup de poisson, comme il se doit, mais aussi de la cuisine internationale.

Salaloy Seafood – ร้านอาหารศาลาลอย ซีฟู้ด : *sur le front de mer aussi, à côté du* Nikita's, *à droite de celui-ci en regardant la mer. ☎ 076-613-740.*

LE SUD : ITINÉRAIRE BANGKOK – HAT YAI

• *salaloy_seafood@yahoo.com* • *Tlj 10h-21h30 (cuisine).* En plein air aussi, face à la mer. On l'aime moins que le *Nikita's* pour le cadre (ici on est vraiment au bord de la route), mais il est moins cher et la cuisine, particulièrement variée, vaut le détour. Essayez les beignets de crevette ou le crabe au curry. Poisson et fruits de mer au poids. Un bon rapport qualité-prix. Également du vin à prix correct.

À voir. À faire

Gipsy Village – หมู่บ้านยิปซี : *à l'extrémité nord-est de la baie. Bien suivre la petite route sur la gauche qui longe le bord de mer jusqu'au cul-de-sac pour voir quelque chose !* Contrairement à celui de Ko Sirey (voir « Phuket Town »), il ne reste plus grand-chose à voir dans ce qui fut l'ancien village de pêcheur de Rawai.

➢ ***Balades en bateau vers les îles aux alentours :*** *départ du milieu de la baie. Prix par embarcation (max 5-6 pers) env 400-500 Bts pour 1h et env 1 800 Bts pour 3h. Négocier ferme, les clients sont rares !* Des barques « longue-queue » et des *speed-boats* (plus chers) attendent les quelques touristes venus se perdre ici pour faire le tour des îles. Au menu de l'excursion, Ko Bon (très touristique), Ko Hai (Coral Island, luxuriante, 15 mn de bateau), Ko Racha Yai (bon *snorkelling,* 1h15 de navigation) ; voir aussi « Plongée sous-marine à Phuket » plus loin pour Ko Racha Yai et Ko Racha Noi.

LAEM KAH BEACH ET KA CAPE – แหลมกาและหาดแหลมกา

Ravissante crique de sable et rochers d'accès libre. Bien ombragée. C'est pratiquement le seul coin de la côte est où l'on peut vraiment se baigner. Pour y accéder : parcourir environ 400 m en direction de Chalong depuis la sortie nord de Rawai Beach avant de s'engager pendant 1 km sur la petite route, en face du porche coloré qui marque l'entrée du temple. Très fréquenté le week-end par les familles thaïes qui viennent pique-niquer. Au large, 4 petites îles, dont Coral Island.

CHALONG BAY – อาวฉลอง

Grande anse où viennent mouiller les voiliers des routards de la mer, qui naviguent dans les mers du Sud. Le coin se développe, et beaucoup de démolitions laissent apparaître de nouvelles constructions sans charme particulier. C'est aussi l'un des points de départ des bateaux privés, type *speed-boats,* pour des excursions vers les îles de la baie : Ko Phi Phi (hors de prix), Raya et Coral Island. C'est également le point d'ancrage des bateaux de plongée et de pêche au gros. Pour rejoindre la baie, s'engager dans la petite rue (panneaux), 300 m depuis le rond-point d'Ao Chalong. Côté pratique, vous y trouverez ATM et bureaux de change partout.

Où dormir ?

De bon marché à prix moyens (moins de 2 500 Bts / 71,40 €)

Shanti Lodge – บ้านพัก สันติ : *2, soi Bang Rae, Chaofa West Rd.* ☎ *076-384-114.* • *shantilodge.com* • *En venant du rond-point, faire 1,5 km sur la route nº 4021, puis tourner à la grande enseigne bleue.* Ce *lodge* typiquement routard est la filiale d'une célèbre adresse de Bangkok et de 2 autres près de Kanchanaburi et la forêt de Pakson. Au choix, des chambres avec ou sans salle de bains privée, mais toutes avec la clim, les plus chères ayant en plus une cuisinette.

Beaucoup possèdent aussi un petit espace extérieur privatif. Petite piscine agrémentée d'une cascade, jardin où sont parfois organisés des barbecues, large paillote-resto qui sert une bonne cuisine thaïe et internationale à base de produits bio, hamacs çà et là, sauna (!)... Très bon accueil. Un peu loin de la mer, en revanche, mais location de 2-roues et même de voitures.

Plus chic (de 2 500 à 5 000 Bts / 71,40 à 143 €)

Aochalong Villa Resort & Spa – อ่าวฉลอง วิลล่า : *5/26 Moo 9, soi Porn Chalong, East Chaofa Rd (branche est de la route nº 4021). ☎ 076-646-363 ou 364. • aochalongvillaandspa.com • En bord de mer, au nord du port. À seulement 900 m du rond-point, de la route nº 4021, prendre sur la droite le petit chemin en terre (c'est fléché).* 2 structures au confort différent. D'une part, une petite dizaine de bungalows à la déco raffinée, autour d'une grande piscine avec jacuzzi. Les *Pool View Villa,* vastes et tout confort, avec leur coin cuisine-salon et leur véranda, sont d'un bon rapport qualité-prix. Ensuite un bâtiment mitoyen sur 2 niveaux, disposant de chambres moins chères, avec vue sur le jardin, la piscine ou... le parking : pas très grandes mais accueillantes aussi. Enfin, une vingtaine de villas de plain-pied, de belle taille, autour d'une autre piscine en bord de mer. Le tout dans un très agréable jardin tropical évoquant Bali. Spa. Possibilité de baby-sitting. Location de motos et de voitures – bien utiles dans ce coin perdu. Resto.

Très chic (plus de 5 000 Bts / 143 €)

The Vijitt Resort – วิจิตร รีสอร์ท : *16 Moo 2, Viset Rd, sur la route nº 4024. ☎ 076-363-600. • vijittresort.com • Petit déj compris.* Un ensemble de charme qui compte une petite centaine de villas-bungalows au milieu d'une végétation luxuriante, certaines à flanc de colline (accessibles en voiturettes de golf). Ici, tout est raffinement, de la déco des chambres (douche à ciel ouvert dans certaines) aux abords de l'immense piscine noire à débordement, jusqu'au resto, avec vue sur la mer. Les plus chères ont même une piscinette privée. Service exquis, demi-pension possible. L'idéal pour roucouler (spa). En revanche, plage riquiqui et une mer qui se retire loin (à marée basse, vous ramasserez des coques). Pour plus d'indépendance, mieux vaut être motorisé et ne pas craindre les embouteillages.

Où manger ? Où boire un verre à Chalong Bay et dans les environs ?

Prix moyens (de 200 à 400 Bts / 5,70 à 11,40 €)

Kan Eang Seafood I et II – กันเอง ซีฟู้ด 1 และ 2 : *Moo 1, 44/1 Thanon Wiset. ☎ 076-381-212 ou 323 ou 08-31-73-11-87. Tlj midi et soir.* Surtout agréables en soirée, 2 adresses proches l'une de l'autre et connues de longue date pour la qualité de leur cuisine. La 1re, *Kan Eang @Pier,* à droite du *pier,* est très accueillante et joliment aménagée avec de petits bâtiments couverts de chaume et de grandes tables à ciel ouvert surplombant un bord de mer fréquenté par les aigrettes. À la carte, le *ho mok,* une mousse de fruits de mer au curry, est très appréciée. À l'entrée, beau vivier pour choisir vos bébêtes (au poids). Idéal pour une soirée entre amis. L'autre adresse, *Kan Eang Seafood II,* à 1 km au nord (accès au départ du rond-point de Chalong direction Phuket Town, après 600 m prendre la petite route sur la droite, c'est indiqué), consiste en une grande salle climatisée et de petites paillotes individuelles séparées par des parterres de plantes tropicales. Service agréable, cuisine traditionnelle et spécialités de fruits de mer. Beaucoup de groupes, en revanche.

I●I ***Parlai Seafood*** – ป่าไล่ ซีฟู้ด : *à Parlai Bay, au nord d'Ao Chalong. ☎ 076-282-174. Depuis Phuket Town, prendre vers le sud la route nº 4021, puis tourner à gauche vers le zoo (nul) et poursuivre jusqu'à la mer. Résa conseillée le soir.* L'un des plus authentiques restos-terrasses du coin, qui vaut le coup, ne serait-ce que pour le site. Les touristes majoritairement asiatiques y viennent en masse le soir, mais nous, on préfère la journée, pour la vue. Fruits de mer et poissons (à choisir en vivier) sont les grandes spécialités de la maison. Une adresse précieuse, même si le service est souvent hésitant.

I●I 🍸 ***Tamarind Bar & Restaurant*** – ธัมมะรินด์ บาร์และร้านอาหาร : *Lakkana Chanaphat, 44/2 Moo 9, Chaofa Rd (à gauche du pier en regardant la mer). 📱 08-49-39-41-77. Tlj jusqu'à 23h-minuit.* Sous un toit de chaume, 2 sœurs et 1 frère vous accueillent dans une ambiance bon enfant. Large choix d'alcools, et petite cuisine délivrant d'honnêtes et copieux plats thaïs et européens à prix doux. Fréquenté entre autres par les plaisanciers et les habitués du coin. Un vrai petit repère de loups de mer.

À voir. À faire

La marina de Chalong Bay – มารีน่าของอ่าวฉลอง : installée sur une côte boueuse impropre à la baignade, la marina de Chalong Bay projette son interminable jetée (720 m !) vers la mer. Il y règne une ambiance typique de la marine de plaisance avec ses boutiques d'accastillage, ses bars et ses restos de poisson. Il y a même une distillerie de rhum dans les parages, pour faire plus vrai que nature ! Très animée sur les coups de 10h du mat', quand les plongeurs embarquent pour aller jouer les commandant Cousteau dans les environs, ou encore à l'heure du thé, quand les vacanciers rougis par le soleil reviennent de leur excursion aux îles. Ambiance sereine, même si de plus en plus de bars à filles y ont pignon sur rue. Pour votre photo de vacances, poussez au-delà du parking et du ponton, vers la gauche : c'est de là que la baie est la plus intéressante.

Phuket Orchid Farm – ภูเก็ตออร์คิดฟาร์ม *(plan I)* : *67 soi Suksam 1, Thanon Viset, Rawai. ☎ 076-384-329. 📱 08-18-91-91-73. ● phuketdir.com/phuketorchid ● Depuis le rond-point de Chalong, prendre la nº 4024 en direction de Rawai sur 500 m, puis une petite route sur la droite, c'est 500 m plus loin. Tlj 9h-17h30. Entrée : 400 Bts ; réduc.* Grande ferme d'orchidées, où elles poussent à perte de vue sous des serres. Des spécimens assez incroyables. Les fauchés s'arrêteront sur le bord des routes, où les pépiniéristes possèdent eux aussi de très beaux exemplaires d'orchidées.

Panwa Cape – แหลมพันวา : *c'est le cap au nord-est de Chalong Bay, accès par une très jolie route en corniche. Depuis le rond-point de Chalong, en allant vers Phuket Town, prendre à droite au 4ᵉ feu.* Le cap Panwa, en forme de talon, ferme la baie de Chalong au nord-est. C'est le Phuket vivant encore à son rythme. En chemin, une belle zone de mangroves où l'on peut louer des canoës et manger un morceau (voir plus bas) dans un environnement naturel encore intact. N'hésitez pas à louer un scooter pour découvrir le coin.

L'aquarium de Phuket : *tt au bout, à la pointe est du cap. ☎ 076-391-126. ● phuketaquarium.org ● Tlj 8h30-16h30 (dernier billet à 16h). Entrée : 180 Bts ; réduc ; gratuit pour les enfants de moins de 1,08 m (!).* Quelques requins et raies batifolent autour d'un impressionnant « tunnel » tandis que les anguilles électriques et les « Nemo » (nom désormais utilisé pour désigner certains poissons-clowns !) vous observent du coin de l'œil. Une visite distrayante, mais ne vous attendez pas à l'aquarium de Monaco...

Où dormir ? Où manger du côté de Panwa Cape ?

De prix moyens à plus chic

🏠 ***Mai Morn Resort :*** *43/290 Pattanathongthin Rd, Moo 1. ☎ 076-242-220. 📱 08-73-40-99-55. • maimornphuketresort.com • À 2,5 km de la route de Chaofa ; sur la route de la corniche, vers l'aquarium, au 6e feu en venant de Chalong vers Phuket, à droite.* Un peu à l'écart, des bungalows en dur, très propres, avec carrelage au sol, disséminés dans un beau jardin, au milieu de bassins d'orchidées. Déco soignée, écran plat, frigo, clim et salles de bains agréables. Certaines chambres ont même un petit jardin intérieur. Également une vingtaine de bungalows plus récents et plus chic, autour d'une grande piscine. Accueil cordial. Mieux vaut avoir un véhicule pour loger ici.

🏠 🍽 ***Chai Yao Seafood*** – ร้านอาหารไชโยซีฟู้ด *: sur la route de la corniche, 500 m après le village de Chalong. ☎ 076-393-142.* Beau resto local bâti juste au bord des mangroves. Une salle climatisée au bord de l'eau, mais notre préférence va aux quelques paillotes individuelles noyées dans la végétation primaire, c'est plus dépaysant, ou encore à la barge flottante. Les poissons et crustacés sont sortis de l'eau devant vous, avant de passer à la casserole. Choix en fonction de l'arrivage. Clientèle locale. Propose également des bungalows juste à côté, ***Chai Yao Resort Bungalows.*** Les plus intéressants sont au bord de la rivière, les autres n'ont pas de vue. Déco sobre mais confort parfait (TV, clim, frigo), avec jolie vue sur la rivière. Idéal pour ceux qui recherchent le calme. En revanche, gare aux moustiques !

🍽 ***Sawasdee Restaurant*** – ร้านอาหารสวัสดี *: 100 m avt l'aquarium.* Petit resto bien tenu, avec cuisine thaïe de poisson tout à fait recommandable. Et vue sur la baie !

L'INTÉRIEUR ET LE NORD-EST DE L'ÎLE

Si vous en avez le temps, voici quelques visites ou balades à faire au nord de Phuket Town en empruntant la N 402 puis la N 4027.

Laem Hin – แหลมหิน *(plan I) : en venant du nord, guetter le panneau « The Village Coconut Island », qui indique la route d'accès, en légère descente (1,8 km). Depuis Phuket Town (route à 4 voies séparée par un terre-plein), on est obligé de faire demi-tour.* Joli coin, belle vue sur plusieurs îles. Vraiment un endroit exceptionnel pour manger sur l'eau.

🍽 ***Laem Hin Seafood*** – แหลมหินซีฟู้ด *: sur la gauche de l'embarcadère. ☎ 076-373-349. Tlj 10h-22h.* Resto typique avec une large terrasse en bois, en surplomb de la mer, qui sert poisson, fruits de mer (au poids ou à la carte) et plats thaïs. Délicieux et service efficace.

🍽 Plus pittoresque mais plus coûteux, le resto flottant le plus ancien de l'ensemble, ***Bund ID Seafood No 3*** – บังอิท ซีฟู้ด : *📱 08-97-26-54-35. Tlj 11h-20h, vous trouverez sans difficulté un batelier pour vous y conduire (l'embarcadère se situe sur la droite du parking du resto* Leam Hin*) ; 5 mn de traversée, prix inclus dans votre addition ; compter env 200 Bts A/R si vous ne consommez rien.* Il y a maintenant 5 restos du même style et de qualité équivalente. Petites terrasses fleuries avec mobilier en rotin gentiment installées sur pilotis au milieu des casiers à crustacés et cultures d'huîtres perlières. Carte en anglais avec prix (au poids) à réclamer. En général, accueil gentil et dépaysement garanti.

➢ Côté excursion, l'île de Maphrao ne présente guère d'intérêt. Préférer ***Rang Yai,*** petite île au-delà, et sa plage de rêve. Compter au moins 700-1 000 Bts pour en faire le tour en *long-tail boat* avec un arrêt baignade. Sur l'île, le *Rang Yai Restaurant* a bonne réputation. Assez cher mais paradisiaque... on paie le décor !

ROUTARD AVANT L'HEURE

Le Siam, seul pays d'Asie du Sud-Est à n'avoir jamais été colonisé par une puissance européenne, a inspiré les aventuriers. Simon de La Loubère, toulousain d'origine, participa à la 2e expédition (en 1687, après une 1re fournée en 1684) envoyée au Siam par Louis XIV dans l'espoir de convertir le roi de Siam à la religion catholique. Comme son contemporain l'abbé de Choisy, il en rapporta un récit de voyage, Du royaume de Siam, *véritable mine d'informations sur la culture et la civilisation thaïes.*

Tonsai Waterfall – น้ำตกต้นไทร ***et le Centre de réhabilitation des gibbons*** – โครงการคืนชะนีสู่ป่า *(plan I) : dans le nord-est de l'île, à 22 km de Phuket Town.* 2 cascades situées non loin l'une de l'autre, avec des routes différentes pour y accéder.

– ***La cascade de Bang Pae*** – น้ำตกบางแพ *: depuis le monument des Héroïnes, emprunter la route n° 4027 ; après 9 km, prendre la route à gauche ; à 20 m sur la gauche dans le champ d'hévéas, juste après l'embranchement, il reste 3 km à parcourir jusqu'à la cascade (dont le débit dépend de la saison, pensez-y avt d'y aller !). Tlj 8h-18h. Entrée : 200 Bts ; réduc. Pour être sûr d'avoir un guide, mieux vaut arriver avt 16h. Bien réclamer le ticket pour pouvoir visiter l'autre cascade, Tonsai (à condition que ce soit dans la même journée).*
Véritable « forêt primaire », les arbres y sont tellement hauts que le soleil ne pénètre jamais dans certains endroits. Tout de suite à l'entrée, sur la droite après les restos locaux, légèrement à flanc de colline, avant les chutes de Bang Pae qui, elles, se trouvent à 25 mn de marche par le petit chemin qui longe la rivière, le ***Centre de réhabilitation des gibbons*** *(9h30-16h30)* héberge des singes en phase de réadaptation à la vie en forêt. Brochures gratuites explicatives en français disponibles à la réception.

– **La cascade de Tonsai :** *depuis le monument aux Héroïnes, suivre la route n° 402 vers le nord sur env 7 km, puis prendre la route à droite, Tonsai Rd, jusqu'à la cascade, à 3 km.* Sur place, plaisante balade dans la jungle possible (une petite heure), accompagné d'un des guides qui se proposent à l'entrée, mais réalisable soi-même si on a l'habitude de randonner (parfois le chemin n'est pas indiqué). Se munir de bonnes chaussures et de crème antimoustiques.

Yao Pier Bang Rong – ท่าเรือเกาะยาว บางรอง *: continuer la route n° 4027 sur 3 km au-delà de la bifurcation pour le centre de réhabilitation des gibbons, puis tourner à droite (panneau) et longer le bras de mer sur encore 400 m. Guitoune sur la gauche avt l'arrivée au port, parking payant (à partir de 10 Bts selon durée).*
Arrivée dans un coin de mangroves où des singes viennent parfois, comme vous, juger de l'animation sur la route. Sur la droite, l'embarcadère desservant les îles Yao (voir plus loin) ; sur la gauche, une passerelle de bois tutoie la forêt maritime en menant à un resto traditionnel sur pilotis.

Plongée sous-marine à Phuket

Phuket est une destination très prisée des plongeurs, qui savent aussi qu'il n'y a rien à voir ici mais plutôt dans les spots des environs. En vedette, les îles Similan et Surin, 2 parcs nationaux, véritables sanctuaires de la vie marine... mais il faut prévoir au moins 2 jours (avec nuit sur le bateau) pour y aller. Plus proches (excursion d'un jour), les îles Ko Raya et Ko Phi Phi (voir ci-après)...

Où plonger ?

En raison de l'éloignement des sites, les sorties durent au moins une journée ; elles comprennent 2 ou 3 plongées selon le site, et le casse-croûte. Ko Phi Phi figure parmi les spots phares (un peu trop fréquenté à notre goût, d'ailleurs...). Racha Yai et Racha Noi au sud de Phuket, comme Ko Phi Phi, fonctionnent toute l'année. Également d'inoubliables croisières-plongées de 2 à 5 jours vers les archipels Similan et Surin, sauvages et luxuriants (un régal !), accessibles seulement de novembre à avril (mais mieux vaut partir de Khao Lak, Ko Kho Khao ou du port de Ngan Yong, plus proche).

Une idée des prix

Grosse concurrence à Phuket, mais les tarifs sont comparables d'un centre à un autre. Si vous disposez de 4 jours et de 12 000-14 000 Bts, c'est peut-être le moment de passer votre brevet PADI, qui vous permettra par la suite de plonger partout dans le monde. Compter 4 500 Bts pour une journée d'initiation, ne délivrant pas de diplôme, et 3 500-4 300 Bts (selon la destination) pour une journée comportant 2 plongées en bateau. À quoi il faut encore ajouter la location de l'équipement. Le spot le moins cher et le plus courant visité toute l'année est Racha Yai. La journée *snorkelling* pour non-plongeurs avec équipement (et repas de midi) revient quant à elle à 1 100-1 700 Bts.

Clubs de plongée

■ ***Sea World Dive Team*** – ซี เวิลด์ล ไว้ ทีม *(plan Patong Beach, B1)* **:** *171/23 soi San Sabai, un soi de Patong qui donne sur Thanon Bangla.* ☎ *076-341-595.* Centre PADI 5 étoiles où l'on parle le français. Les instructeurs assurent formations, explorations et initiations à la plongée. Magnifiques bateaux de luxe pour une sortie à la journée ou une croisière au long cours de 2 ou plusieurs jours (compresseurs à bord) en direction des sites locaux comme le Mergui Archipelago, une véritable splendeur. Ambiance amicale, sympa et super pro, une valeur sûre.

■ ***Seafarer Divers* :** *1/10-11 Moo 5, soi Ao Chalong Pier, Hayek Chalong Tambon Rawai, Amphur Muang.* 📱 *08-19-79-49-11.* ● *seafarer-divers.com* ● Entreprise familiale franco-thaïlandaise et plus vieux centre de plongée *PADI* et *CMAS* de Thaïlande. Antenne UCPA pour les croisières-plongées Similan-Surin-Richelieu Rock et les croisières multisports (kayak, *snorkelling* et randonnées) vers les îles du Sud. Plongées pour débutants et confirmés. Croisières-plongées de 5-6 jours (départ tous les dimanches de novembre à avril) et sorties tous les jours. Organisent également des randonnées en kayak de mer dans les parcs marins de la région et des randonnées en eaux vives dans les parcs nationaux.

Nos meilleurs spots

Les autorités ont limité le nombre de plongeurs aux îles Similian, bien se renseigner et réserver avant de partir.

Les îles Similan – หมู่เกาะสิมิลัน **:** *parc national composé de 9 îles magnifiques (plages de sable blanc et forêt tropicale), accessibles par bateau de croisière, à 100 km au nord-ouest de Phuket. Ouv de mi-oct à mi-mai selon météo. Éviter le pic de fréquentation du 10 déc au 10 janv. Droit d'entrée du parc national 1re classe : 500 Bts/pers ; réduc. On ne peut plus dormir sur les îles (mesure de protection de l'environnement).* ● *reserve@dnp.go.th* ● *dnp.go.th* ●

La plupart des bateaux partent du ***Tap Lamu Pier*** – ท่าเรือทับละมุ, 11 km avant l'arrivée à Khao Lak (voir plus loin). Avec réservation, la plupart des compagnies

de plongée assurent la liaison, depuis votre lieu d'hébergement jusqu'au port de Tap Lamu, en 1h30 de trajet. Départ de Phuket généralement tôt le matin, à 6h30. Une fois arrivé au port de Tap Lamu, *speed-boat* jusqu'aux îles Similan (1h15 de traversée environ, contre environ 2h pour les bateaux de plongée classiques). Même chose au départ de Khao Lak. Retour au bercail entre 18h et 19h30.
Classé dans le *top ten* mondial des meilleurs spots de plongée, cet ensemble de récifs, canyons et fabuleux jardins coralliens en eaux cristallines est particulièrement poissonneux (de 6 à 40 m de fond). Aux spots de Chrismas Point et Elephant Head, merveilleusement colorés, on croise fréquemment des raies mantas solitaires, quelques requins à pointes noires et, avec un peu plus de chance, le fameux requin-baleine, aussi débonnaire qu'inoffensif. Une destination pour plongeurs débutants (après un *open water* théorie et pratique) et confirmés.
Noter que l'on peut aussi visiter ces îles en solo.
– Ko Miang – เกาะเมียง est très visitée à la journée depuis Phuket ou Khao Lak, et encore plus pendant les week-ends et vacances scolaires ; beaucoup de scouts viennent y faire du camping. Il y a des tentes et des bungalows avec ventilos ou clim.

Les îles Surin – หมู่เกาะสุรินทร์ *: à 80 km au nord des îles Similan. Départs de Kuraburi Pier, 62 km après Takuapa en direction de Ranong. Trajet : 50 mn en speedboat. Accès début nov-fin avr selon météo. Entrée du parc national : 500 Bts/ pers. Le mieux est de dormir une nuit sur place (voir « Ko Surin », un peu plus loin, pour plus de détails).*
De merveilleuses richesses sous-marines pour plongeurs confirmés, situées entre 6 et 40 m de profondeur, vous attendent dans ce parc national très sauvage et moins fréquenté. Les spots de Ko Bon et Ko Tachai sont réputés pour leurs rencontres avec la raie manta pour le premier et, pour les 2, avec le gentil requin-baleine, dont la taille énorme n'a d'équivalent que son appétit vorace... en plancton ! En virevoltant au-dessus des gorgones flamboyantes, les tortues seront médusées par votre « palmage » nonchalant. Richelieu Rock, lui, sera plus technique (mais ça peut aussi être un plaisir !). Le *snorkelling* se pratique également dans le coin.

Ko Racha Yai (Raya Yai) – เกาะราชาใหญ่ *: à 27 km au sud de Phuket. Accessible au départ de Chalong en 1h20 (bateau normal) ou 30 mn (speed-boat). Beaucoup de compagnies proposent l'excursion à la journée (1 200-1 700 Bts avec transfert hôtel,* snorkelling *et repas du midi). Les centres de plongée organisent tte l'année des sorties (baptêmes et expérimentés) à la journée avec 2 plongées.*
Entre 6 et 25 m, cette plongée fastoche en eaux claires livre un site corallien de toute beauté (on touche avec les yeux !). Vie sous-marine très intense. Quant à l'île elle-même, elle pourra flatter votre côté Robinson si vous prenez le temps de vous éloigner de la plage de Batok. On peut même y dormir ! Voici 2 types d'hébergements différents (surtout côté budget !).

Raya Resort Bungalow : *☎ 076-383-136. 08-16-76-59-95. • rayaresort.net • Doubles 1 700-3 600 Bts selon confort, avec petit déj.* Bungalows avec ou sans la clim, situation en surplomb de la baie de Batok.

Ban Raya Resort : *☎ 076-224-439. 08-35-91-20-95. • banrayaresort.com • Doubles 3 800-7 300 Bts, petit déj inclus.* Bungalows de différentes catégories. Belle adresse, hyper au calme, à flanc de colline dans un cadre paradisiaque. Accès direct à une crique presque privée, eau translucide. Magnifique jardin et belle piscine en surplomb de l'océan. Location de vélos, grande terrasse avec vue sur la mer pour le petit déj. Propose des tarifs spéciaux pour les liaisons en bateau (voir le site internet).

Ko Racha Noi (Raya Noi) – เกาะราชาน้อย *: une petite île déserte, tombant à pic dans la mer, à quelques km au sud-ouest du spot de Ko Racha Yai. Pour plongeurs confirmés.* Plongée entre 10 et 40 m dans une eau cristalline et brassée par de

LE SUD : ITINÉRAIRE BANGKOK – HAT YAI

forts courants. Nombreux crustacés embusqués dans les failles de ce magnifique jardin de coraux, que survolent majestueusement daurades, barracudas et poissons-trompettes. L'île de Racha Noi est aussi réputée pour la pêche au gros (voir ci-après).

À faire (encore !) sur l'île

Sports et loisirs

➢ ***Balades à VTT :*** *notamment avec* Action Holidays. *☎ 076-263-575. ● biketoursthailand.com ● Compter 3 200 Bts la journée, vélo, guide, repas, eau et transfert de/vers l'hôtel inclus.* Découverte de Phuket à vélo sur des parcours remarquables, sur un ou plusieurs jours. Une bonne manière de sortir des sentiers battus.

– ***Équitation :*** 2 clubs équestres sur la côte. Signalons le *Phuket International Horse Club,* à Bang Tao *(☎ 076-324-199 ; ● phukethorseclub.com ●).* Balades à cheval de 1h à 2h *(1 200-2 200 Bts),* et même des virées à dos d'éléphant (même si Phuket n'est pas à proprement parler le royaume du pachyderme !).

– ***Pêche au gros :*** au départ de Chalong, pêche autour des îles de Racha Yai et Racha Noi, une mer bien poissonneuse. Voir ***Aloha Tours,*** à Chalong *(☎ 076-381-220 ; 8h30-12h. Compter 3 000-3 500 Bts pour 1 journée avec transfert hôtel A/R,* lunch *sur le bateau et matériel fourni ; max 5 pêcheurs par bateau).* La vraie pêche au gros se fait sur Racha Noi ; Racha Yai est plus touristique et surtout pour le *snorkelling.*

– ***Cours de boxe thaïe :*** *Tiger Muay Thai & MMA Training Camp, 7/6 Moo 5, soi Tad-ied, Ao Chalong. ☎ 076-367-071. ● tigermuaythai.com ● Tlj sauf dim 7h-19h. Compter 3 900-9 150 Bts le stage de 1 sem (accès à tous les cours).* Centre d'initiation à la boxe thaïe, toutes catégories, tenu par Will, un Américain. Propose également des bungalows de bon confort pour les stagiaires.

– ***Spectacle de boxe thaïe :*** On recommande 2 stades. ***Patong Stadium :*** *140/22, Nanai Rd, Tambon Patong, Amphoe Kathu. Combats le lun, jeu et sam*. Et ***Patong Bangla Stadium*** : *150/55 Kathu District, Phuket 83 150. Combats les mer, ven et dim, 21h-23h30. 1 700-2 500 Bts le ticket, selon placement.* Des combattants venus du monde entier (parmi les meilleurs) et des combattants locaux.

– ***Cours de cuisine :*** *à la* Phuket Thai Cookery School, *39/4 Thepatan Rd. 📱 08-24-74-65-92. ● phuketthaicookery.com ● Résa obligatoire. 2 900 Bts tt compris (transfert à Ko Sirey, courses au marché local...).* Une initiation à la cuisine thaïlandaise par un professionnel. Élaboration de 5 plats, que l'on déguste ensuite.

KURA BURI – คุระบุรี

Bourgade de 4 000 habitants, alignée le long d'une route et dont le seul intérêt est d'être le point d'accès pour les îles Mu Ko Surin.

Arriver – Quitter

– ***Accessible seulement en bus :*** 1h30 de Khao Sok, 4h de Krabi, 3h de Phuket, 2h de Ranong, 5h de Chumphon (de là, liaisons par train sur

Bangkok pour ceux qui n'aiment pas les longs trajets en bus), 10h au moins de Bangkok.
La gare routière est à moins de 200 m des *guesthouses,* qui se trouvent toutes en tournant à droite sur l'artère principale traversant la ville. Pour les routards chargés, il n'y a pas de *tuk-tuk,* seulement des motos-taxis difficiles à trouver.
➢ ***Aller sur Ko Surin :*** 1 seul bateau/j., vers 9h. La traversée dure 1h30 pour une soixantaine de km. Cher : 1 600 Bts A/R. Parfois, un *slow-boat* assure aussi la traversée, pour 1 300 Bts seulement. Le transport en pick-up jusqu'au port, à quelques km de la ville, est compris dans le prix. Les billets sont à prendre en ville. Le plus sympa est chez *Tom* (voir « Où dormir ? » ci-après), avec qui vous aurez un service personnalisé et un accueil vraiment chaleureux. Il y a aussi l'agence de la région, *Sabina Tour* (☎ 076-47-22-16 ; 📱 08-17-37-26-25 ou 08-17-37-58-01).

Avant de partir pour Ko Surin

– Il n'y a pas de fruits sur l'île : les acheter avant le départ, frais (les pastèques, les ananas, les mandarines se conservent mieux que les bananes) ou secs (dans les boutiques proches du marché ou en sachet dans les *minimarts).*
– Si vous campez, ce qui est à notre avis une excellente solution, on vous conseille de louer le *bedding* (matelas, duvets, oreiller) à Kura Buri car ce sera 2 fois plus cher sur l'île.
– Il vaut mieux laisser vos bagages encombrants chez votre hôtelier à Kura Buri, car sur l'île il n'y a pas de véhicule et il faut marcher un peu pour accéder à votre tente ou bungalow.

Où dormir ?

Toutes les *guesthouses* se trouvent sur l'avenue principale qui traverse Kura Buri, à 200 m de la gare routière (suivre la seule rue qui part de la gare pour croiser au bout de 50 m cette avenue, et là, prendre à droite). Pour les routards chargés de bagages lourds, il n'y a pas de *tuk-tuk* ni de taxi à Kura Buri, tout au plus des motos-taxis difficiles à trouver. Certains hôtels indiqués ci-après viennent vous chercher à la gare routière.

De bon marché à un peu plus chic (moins de 1 500 Bts / 43 €)

🏠 ***Tom & AM Tours :*** *298/3 Moo 1, T. Kura.* 📱 *08-62-72-05-88. Le bureau de Tom se trouve sur l'avenue principale (Phetkhasem), juste en face de la rue qui part de la gare routière. Vous le rencontrerez à la gare où il vient avec son pick-up pour chaque arrivée. Parle bien l'anglais. Les bungalows sont un peu plus loin. Bungalow env 300 Bts, petit déj inclus.* Certainement l'adresse la plus sympa, à défaut d'être la plus confortable. Une occasion assez rare de partager une soirée avec une famille thaïe bien sympathique. On en oublie l'état des bungalows, très simples. Tom vend aussi les billets pour Ko Surin et vous accompagnera jusqu'au bateau, en vous fournissant toutes les explications nécessaires. Au retour, il vous mettra dans le bon bus. Loue matelas et duvet *(bedding).*
🏠 ***Kuraburi Resort :*** *221 Moo 1, T. Kura.* 📱 *08-17-19-47-75 ou 08-98-94-56-71. • kuraburiresort.com •* Des bungalows confortables avec, soit un grand lit, soit 2 *twin beds.* Certains possèdent la clim. Le tout dispersé dans un jardin, mais là aussi, difficile de communiquer (ne parle pas l'anglais) et pas de pick-up à la gare.
🏠 ***Boon Piya Resort :*** *170/180 Moo 1, T. Kura.* ☎ *076-491-969 ou 076-491-464. Prévoir 650 Bts.* Le plus confortable en ville, à défaut d'être le plus sympa : une vingtaine de bungalows

en dur, alignés dans un jardin, tous avec clim, eau chaude et TV câblée. Le proprio parle l'anglais et vient vous chercher à la gare routière. Pour les inconditionnels du béton et du confort occidental.

KO SURIN – หมู่เกาะสุรินทร์

Ko Surin n'est pas une destination courante : c'est relativement cher, et il faut avoir du temps puisque, si vous n'y allez pas en *speed-boat,* à l'aller et souvent au retour, on est contraint de passer une nuit à Kura Buri, ville sans intérêt. On peut aussi prendre place, dans un groupe constitué, pour une journée de *snorkelling* au départ de Khao Lak, par exemple, mais c'est cher et ça serait dommage de ne pas passer une nuit sur place. En fait, Ko Surin plaira aux amateurs de pleine nature, une vie à la Robinson, sur une plage cernée de jungle. Pas mal de bestioles en tout genre : regardez où vous mettez les pieds.

Infos utiles

– Noter que le parc est fermé chaque année à l'arrivée de la mousson, du 15 mai au 15 octobre. Le droit d'entrée est d'environ 500 Bts pour 5 jours (jours d'arrivée et de départ inclus).

– 2 sites seulement sont accessibles et aménagés. On ne peut les relier qu'en *long-tail boat*. Il y a très peu de sentiers. Chacun des sites dispose d'un restaurant, cher (2 à 3 fois plus que sur le continent) et pas vraiment gastronomique (et c'est un euphémisme !).

Budget pour Ko Surin

– 1 600 Bts/pers pour l'aller-retour en bateau.

– Environ 500 Bts par personne de frais d'entrée dans le parc qui vous autorise à rester au maximum 5 jours, ce qui fait seulement 3 jours complets sur place.

– 30 Bts par jour et par personne de location du nécessaire de couchage *(set bedding).*

– Environ 1 400 Bts (camping et repas sans excès) pour 2.

– 100 Bts par personne par sortie *snorkelling* en *long-tail boat.*

Arriver – Quitter

Voir plus haut, à Kura Buri.

Où dormir ?

***Chong Ha** (appelée aussi **Number 1**) :* 2 jolies plages de part et d'autre d'une presqu'île d'une cinquantaine de mètres de large, avec des bungalows simples (2 000 Bts) ou des tentes installées le long de l'une des plages (300 Bts). C'est le site principal.

***Ao Mai Ngam** (appelée aussi **Number 2**) :* avec uniquement un camping le long d'une belle plage ombragée. Notre site préféré, mais c'est un avis subjectif. Compter 300 Bts la tente. Elles sont spacieuses et en bon état. En choisir une bien à l'ombre, vous comprendrez vite pourquoi. Un *set bedding* (sac de couchage, matelas et oreiller) est à louer pour 60 Bts la nuit à l'information (c'est 2 fois moins cher à Kura Buri). Si vous craignez que les singes ne vous empruntent votre passeport, vous pouvez louer un casier dans le restaurant.

À voir. À faire

– Rien ! Farniente total ! Profiter de l'ambiance et du paysage relaxant. Observer les animaux et écouter la musique de la jungle.

– **Snorkelling :** *2 sorties/j. en* long-tail *boat (à 9h et 14h) d'une durée d'env 2h30 pour 100 Bts/pers. Tickets vendus à l'info du site où vous logez.* 4 sorties différentes selon un cycle qui recommence tous les 2 jours. Notre préférée : celle qui passe par l'îlot de Ko Satok. Elle a lieu l'après-midi tous les 2 jours à partir du lundi ; on peut y croiser des requins *black tip.*

Le village des Moken : *on y va en* long-tail boat. *Tickets : 100 Bts/pers à l'info du site où vous logez.* On peut visiter ce village des gitans de la mer, installé sur l'une des îles de l'archipel. Artisanat. Dès 9h.

– Plongée : sur le site de Chong Ha. Sorties pour minimum 3 personnes ayant déjà leur PADI *open water.*

LES ÎLES YAO – หมู่เกาะยาว : KO YAO NOI – เกาะยาวน้อย ET KO YAO YAI – เกาะยาวใหญ่

• Carte Ko Yao Noi *p. 499*

Ces 2 îles, encore couvertes de forêt primaire et bordées de mangrove, émergent au milieu de la baie d'Ao Phang Nga, à mi-chemin entre Krabi et Phuket, situées chacune à moins de 30 mn en *speed-boat* de Ko Yao Noi (plus développée que Ko Yao Yai). Et pourtant, en débarquant sur cette île, on est séduit par son rythme, bien plus lent (euphémisme...) que celui des stations d'en face, sur le continent, ou de l'île de Phuket ! Le tourisme y est aussi beaucoup moins développé et l'environnement, du coup, mieux préservé. Sans parler de la beauté du littoral, côté est, bordé d'une mer turquoise et livrant un panorama saisissant sur les îlots Pakoh, au large. Bref, Ko Yao Noi, on a adoré !
Juste au sud, Ko Yao Yai, 2 fois plus grande, est peut-être encore plus sauvage mais, du coup, offre moins de possibilités d'hébergement.
À noter que les 2 îles sont peuplées en majorité de musulmans, qui vivent entre autres de l'hévéa, de la pêche, de la culture du riz, ainsi que de la noix de cajou et de coco. Ceux qui cherchent un petit coin calme de paradis seront comblés.

Arriver – Quitter

Pour aller à Ko Yao Noi

➢ ***Depuis Phuket :*** départ de Bang Rong Pier, au no-est de Phuket. De là, env 12 bateaux/j., 7h50-17h40, la plupart des *speed-boats.* Sinon 2 ferrys à 15h. Arrivée au Manok Pier, sur la côte sud de Ko Yao Noi. Trajet : env 25 mn en *speed-boat,* plus du double en *long-tail.*

➢ ***Depuis Krabi :*** départ de Thalane Pier (ou Talen Pier), au no-ouest de Krabi. Env 10 bateaux/j., 9h-17h30. Arrivée au Baan Tha Khao Pier sur Ko Yao Noi. Trajet : 50 mn en *long-tail* (la plupart des bateaux) ou 20 mn en *speed-boat.*

➢ ***Depuis Ao Nang :*** seulement 1 *speed-boat*/j., de Nopparatthara Pier, vers 11h. Compter 40 mn.

➢ D***Depuis Phang Nga :*** seulement 1 *long-tail boat*/j., de Thadan Pier, vers 13h. Compter 1h30 de trajet.
➢ ***Depuis Ko Lanta*** : un *speedboat*/j., vers 12h, 2h30 de trajet.
➢ ***Depuis Ko Yao Noi et Yao Yai avec Koh Phi Phi Tonsai Pier :*** 1 trajet/j. en *speedboat* dans les 2 sens. Durée : 1h30. Depuis Koh Yao le matin, depuis Koh Phi Phi début d'ap-m. Seulement en haute saison nov-avr.

Pour aller de Ko Yao Noi à Ko Yao Yai (et vice versa)

Navettes de *long-tail boats.* Trajet : 15 mn, env 50 Bts (100 Bts si vous êtes seul).

Comment se déplacer ?

Ko Yao Noi (« petite longue île »), la plus habitée, s'est davantage ouverte au tourisme. On trouve des ***vélos*** et des ***scooters*** à louer (compter respectivement 150-200 Bts et 250 Bts/j.) un peu partout le long de la côte est (où se situent tous les hébergements), mais, pour la partie nord, où seules des pistes serpentent entre les plantations d'hévéas, un 4x4 est nécessaire.
Sinon, il y a des ***taxis*** (pick-up) sur l'île, qui appliquent un forfait de 100 Bts/pers quelle que soit la distance.
Même topo, en gros, sur Ko Yao Yai (que l'on peut rejoindre en *long-tail* boat en franchissant l'étroit bras de mer qui sépare les 2 îles), si ce n'est que les taxis (pick-up) y sont plus chers (compter bien 1 000 Bts pour traverser l'île du nord au sud). Certains préfèrent louer un scooter.

Où dormir ? Où manger à Ko Yao Noi ?

De bon marché à prix moyens

🏠 🍽 ***Sabai Corner Bungalows & Restaurant*** – สบาย คอนเนอร์ บังกาโลและร้านอาหาร *(carte,* ***11****) : au sud de Klong Jark Beach. ☎ 076-597-497. 📱 08-18-92-18-27. • sabaicornerbungalows.com • Compter 1 300-2 500 Bts selon vue et nombre de pers ; petit déj en sus.* Le plus vieil hébergement de l'île : une douzaine de bungalows tout en bois, certains familiaux avec mezzanine, donnant sur la plage juste devant. Pas le grand luxe (pression des douches un peu aléatoire et lits durs pour certains) mais bonne tenue générale et, surtout, les tarifs sont bas pour la situation. De plus, excellent accueil de la gérante allemande. Bar et resto (cuisine très correcte). Massages, laverie, excursions et location de 2-roues.

🏠 🍽 ***Suntisook Resort*** – สันติสุข รีสอรท เกาะยาวนอย *(carte,* ***10****) : au nord de la plage de Ban Tha Khao. ☎ 076-597-587. Double env 1 800 Bts, petit déj inclus.* Au bord de la route côtière, avec la plage de l'autre côté, ce petit *resort* propose 9 bungalows en bois nickel, avec tout le confort de base et, pour certains, la vue sur la mer. Accueil chaleureux des proprios, qui vous reçoivent dans un vaste espace commun tout ouvert regroupant la réception, l'accès au wifi, la salle à manger et un charmant petit café avec nattes et banquettes pour siroter un *mango shake* ou un *cappuccino.* Une adresse bien agréable.

🏠 🍽 ***Koh Yao Seaview Bungalow*** – เกาะยาวซีวิว บังกะโล *(carte,* ***12****) : au sud de la plage de Ban Tha Khao. ☎ 076-582-718. 📱 09-94-07-49-79. • kohyao-seaview-bungalow.com • Env 1 300-2 500 Bts pour 2 pers, petit déj en sus.* Encore des bungalows, une petite vingtaine, regroupés autour d'une piscine. Ils sont très soignés, avec beau plancher, lits douillets, terrasse privative, TV, frigo, wifi et sanitaires étincelants, mais les moins chers n'ont pas la clim. Donne directement sur la plage, où l'on oublie le temps qui passe dans les hamacs ou les transats... Agréable resto, excursions et vente de tickets de transport.

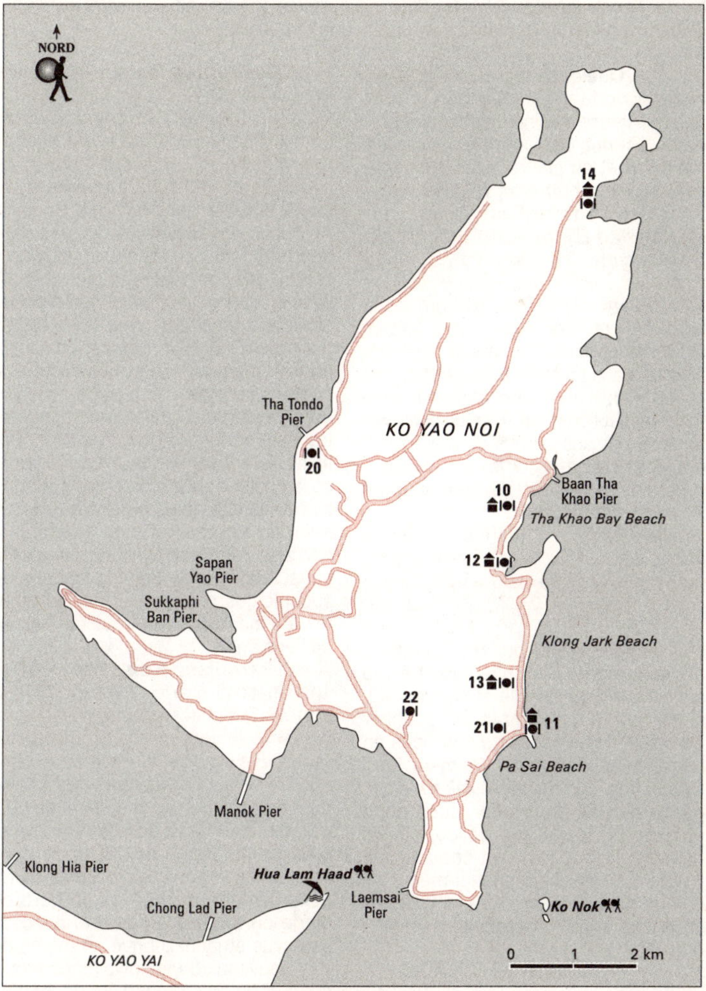

KO YAO NOI

Où dormir ? Où manger ?

- **10** Suntisook Resort
- **11** Sabai Corner Bungalows & Restaurant
- **12** Koh Yao Seaview Bungalow
- **13** Cape Kudu Hotel
- **14** Paradise Koh Yao
- **20** Ta Tondo Seafood
- **21** Koh Yao Bistro
- **22** Rice Paddy

Ta Tondo Seafood *(carte, **20**) : au Ta Thondo Pier, à gauche de la jetée. 08-05-36-49-97. Tlj 9h-22h. Plat max 180 Bts.* Quelques tables sur une terrasse ouverte sur pilotis, où l'on sert une délicieuse cuisine fraîchement préparée. Prenez par exemple les crevettes à l'ail et au poivre, avec des légumes sauce d'huître, et régalez-vous ! Accueil tout sourire. Pas d'alcool.

Koh Yao Bistro – ร้านอาหาร เกาะยาว บิสโตร *(carte, **21**) : au nord de Pa Sai Beach. 09-37-36-16-69. Tlj midi et soir. Plat max 250 Bts.* Au bord de la route côtière, bien situé face à la mer. On s'installe sous une paillote bien ventilée ou dans le jardin à l'avant (un peu chaud à midi), et l'on déguste une cuisine thaïe particulièrement soignée : salades (thaïes), poissons, fruits de mer, bœuf, poulet et canard à toutes les sauces... difficile de se tromper ! *Happy hours* pour les cocktails 17h-20h30.

Rice Paddy – ร้านอาหาร ไรซ์ แพดดี้ *(carte, **22**) : entre Manok Pier et la côte est, sur les hauteurs. 08-23-31-65-81 ou ☎ 076-410-233. Tlj sauf lun et parfois le jeu 12h30-21h30. Repas env 500 Bts.* Tenu par un Allemand, ce resto réputé offre une superbe vue sur tout le Sud de l'île et Ko Yao Yai, à admirer par exemple au coucher du soleil ! Mais l'assiette n'est pas en reste, avec des plats vraiment bien faits et fins, comme le *pla sak shoo shi*, du barracuda dans une sauce coco épaisse et épicée (un délice) ou, en dessert, la banane « en capuche de nonne ». Le patron prend lui-même les commandes et vient s'assurer que tout se passe bien... À essayer au moins une fois !

Très chic (plus de 5 000 Bts / 143 €)

Dans cette catégorie, les tarifs baissent d'environ 50 % en basse saison (mai-octobre). Le transfert est en général assuré (quoiqu'en supplément) depuis le débarcadère.

Cape Kudu Hotel – โรงแรมเคปกูดู *(carte, **13**) : 25/54, 25/55 Moo 5. ☎ 076-592-600. • capekuduhotel.com • Sur la côte est, côté sud de l'île. Compter 9 000-13 000 Bts en saison, avec petit déj.* Superbe complexe hôtelier géré par des Suisses. Au choix, des chambres nichées dans des bâtiments à l'arrière de la réception ou des *pool villas* (les plus chères), avec piscine privée. Mais toutes ont du charme à revendre, avec leurs tonalités marines et leur mobilier choisi, en plus de disposer bien sûr de tout le confort. Le must : la piscine à débordement donnant sur la mer, avec ses transats garnis de gros coussins. Difficile de trouver meilleur endroit pour se la couler douce ! Excellent petit déj-buffet (au champagne certains jours !), resto (le *Hornbill*) et café attenant, le *Kantary*, qui propose, outre une petite restauration variée toute la journée, de succulentes pâtisseries maison (goûtez les macarons !). Accueil à l'image de l'ensemble.

Paradise Koh Yao – พาราไดซ์ เกาะยาว *(carte, **14**) : 24 Moo 4. ☎ 076-584-450. • paradise-kohyao.com • Tt au nord de l'île. Compter min 10 500 Bts en saison. Résa en ½ pens possible.* Pour nos lecteurs très à l'aise dans leur budget qui cherchent un petit paradis isolé face aux îles de la mer d'Andaman. Plage de 400 m de long, sable blanc et hamacs... Villas de 80 m² superbement aménagées en bord de plage ou studios à l'arrière, avec ou sans vue et jacuzzi privé, et même de tout nouveaux bungalows (encore plus chers...) un peu à l'écart. La décoration allie tradition et grand confort. Magnifique piscine, 2 restos (dont un international) et bar les pieds dans le sable. Massages, location de VTT, kayak, *snorkelling*, escalade, excursions en bateau... Les vacances à la carte quoi !

Que faire une fois qu'on est là ?

Rien ou à peu près. Mais c'est déjà beaucoup. Lire, se reposer, barboter dans l'eau, bien manger (c'est particulièrement vrai sur Ko Yao Noi !) et se mettre en roue libre dans un environnement encore préservé. Les moins paresseux loueront un scooter, les plus sportifs un VTT ou un kayak (si votre hébergement n'en loue pas, il pourra vous dire où en trouver). Sans oublier les balades en *long-tail boat* au large de Ko Yao Noi, pour découvrir les îles et coins qui suivent :

Ko Nok : *départ de Laemsai Pier (tt au sud de Ko Yao Noi) ; compter env 300 Bts/pers (A/R) en* long-tail boat. Une toute petite île avec une plage sauvage. On peut même y camper !

La pointe nord-est de Ko Yao Yai (Hua Lam Haad) : *départ de Laemsai Pier (comme pour Ko Nok) ; compter aussi 300 Bts/pers (A/R) en* long-tail boat. À quelques encablures de Ko Yao Noi, une plage de sable blanc plantée de cocotiers et bordée d'eau turquoise (à marée haute). Un petit coin de paradis, parfois envahi cependant par les groupes de Russes ou de Chinois qui viennent sillonner le coin en journée depuis Phuket ou Krabi.

Ko Hong : *à l'est de Ko Yao Noi. Pour y aller, il faut louer un* long-tail boat *pour min 3h (au Laemsai Pier ou sur Pasai Beach) : compter 2 500 Bts pour 4 pers (plus 500 Bts/pers supplémentaire). Entrée (seulement si vous mettez pied à terre) : 300 Bts (l'île fait partie du parc national Phang Nga).*
Une île dont les falaises rappellent les pitons de la baie de Phang Nga, recouverte par endroits de végétation luxuriante, avec des petites plages et un lagon de toute beauté bordé de mangrove. Si vous cherchez la tranquillité, évitez d'y être entre 9h et 15h, à cause des groupes de touristes venus de Krabi ou de Phuket. Juste au nord se trouve un chapelet d'autres îles, les ***îles Pakoh,*** que vous pourrez découvrir dans la foulée de Ko Hong si vous avez loué un bateau pour une demi-journée (la durée minimale de location des *long-tail boats*). Rien de bien différent à voir cependant, si ce n'est d'autres à-pics et falaises vampirisés par la jungle, ainsi que d'autres petites plages secrètes... Certains îlots se prêtent bien aussi au ***snorkelling*** (équipement en principe disponible sur le bateau), le pilote de votre embarcation vous y conduira si le cœur vous en dit !

Ko Khai Nok et Ko Khai Nai : *au large de Ko Yao Yai, accès en* long-tail boat *par le Loh Jark Pier, situé au sud de l'île, sur la côte ouest. Entrée payante.* 2 îlots paradisiaques intégrés au Marine National park. On les visite pour leurs petites plages, qui peuvent toutefois être très fréquentées. Paillote pour déjeuner.

PHANG NGA – พังงา

À environ 90 km au nord de Phuket Town. La baie de Phang Nga (prononcer « Pon Ga ») est hérissée d'une multitude de pitons calcaires recouverts de végétation, que la mer n'a pas encore fini de digérer. Un paysage absolument unique au monde, qui n'a pas souffert du tsunami de 2004. Ambiance architouristique, certes, mais rien ne vous empêche de vous y rendre très tôt le matin (7h) ou en fin d'après-midi quand les hordes de vacanciers ont regagné leurs pénates.

Quand réaliser l'excursion ?

Toutes les agences viennent sur le site le matin, mais vers 10h seulement (plusieurs agences proposent aussi le tour l'après-midi). À cette heure, la lumière n'est pas au top, et la foule est un peu trop présente pour que l'on puisse vraiment apprécier le site. Préférez donc arriver la veille pour être « sur le pont » dès l'aube... Pour cela, dormir près du site (voir plus loin). Lumière rasante et site rien que pour vous. Pour une excursion à la journée, prendre un bus qui arrive là-bas vers 12h (puis prendre un *songthaew,* car les bus arrivent à Phang Nga Town, à 11 km du site), faites la balade dans l'après-midi et essayez de repartir dans la foulée (calculez bien vos horaires). Un peu speed quand même. Et vous ne serez pas seul, même l'après-midi.

Comment réaliser l'excursion par soi-même ?

Le coût

En général, ça tourne autour de 400 Bts par personne, mais tout dépend de l'affluence. Possibilité de négocier un bateau entre 600-700 et 1 500 Bts selon la pirogue, en solo ou à partager avec d'autres passagers.
Seule l'exploration des grottes en canoë-kayak nécessite d'être accompagné, mais là aussi l'affluence est au rendez-vous.

En bus

➢ ***Depuis Phuket :*** prendre un bus en direction de Phang Nga ou de Krabi. Vous pouvez soit descendre à la pancarte « *Phang Nga Bay Resort Hotel* » et rejoindre à pied ou en *songthaew* l'un des embarcadères (le plus proche est à 7 km... voir ci-après), soit descendre au terminal de bus 3 km plus loin à Phang Nga et trouver un *songthaew.* Mais attention aux rabatteurs ! Ils peuvent vous emmener sur des bateaux où vous vous retrouverez à 50 (bien vérifier le type d'embarcation). D'autres proposent une découverte de la baie en 2 jours, avec nuit dans le Gipsy Village. Évitez cette pseudo-nuit ethnique complètement bidon ! Au retour, bus ttes les 30 mn 6h30-20h30. Trajet : env 2h30, bon marché.

Départ de la ***Phang Nga Bus Station,*** sur la droite en entrant dans la ville. ☎ *076-412-014 ou 076-412-300.*

➢ ***Pour Krabi :*** plus de 12 bus (climatisés ou non) 6h30-20h. Trajet : 1h30-2h, moins de 100 Bts.

➢ ***Pour Surat Thani :*** 4 bus climatisés et autant sans clim, 6h30-17h. Trajet : 3h, 130 Bts en bus climatisé.

Location de motos ou de voitures

Le meilleur moyen de faire l'excursion si vous en avez les moyens. Compter 1h30-2h de route depuis Phuket Town (attention, les petites motos sont en général interdites de sortie de l'île). En arrivant sur le secteur de Phang Nga, ne pas se laisser abuser par les innombrables pancartes signalant Phang Nga Bay. Poursuivre jusqu'à la grande bifurcation où un large panneau vert (officiel) indique « *Phang Nga Bay Resort Hotel* ».

En bateau

Les ***embarcadères*** se situent tous dans l'enceinte du parc national. Droit d'entrée : 200 Bts. En solo, on paie le droit d'entrée sur le site même, en général au rocher Ko Phing Gan (James Bond Island), où s'est installé le quartier général des rangers (plage opposée au rocher où accostent désormais toutes les pirogues, ce qui permet de se baigner sur le célèbre rocher de James Bond, voir « La visite » plus loin).
– Un des principaux, surtout le plus simple, à 11 km du bourg de Phang Nga, se trouve au niveau du *Phang Nga Bay Resort Hotel* (voir « Où dormir ? Où manger sur le site même ? » ci-après). Ambiance un peu lourdingue, beaucoup de monde et donc beaucoup trop de rabatteurs. On y trouve quand même des *long-tail boats* qui proposent le même tour que les agences. C'est cent fois mieux qu'en espèce de bateau-mouche (bonjour l'ambiance...).
– Un petit embarcadère au *Phang Nga National Park Bungalow & Restaurant* (500 m sur la gauche avant d'arriver) : le plus tranquille mais le plus cher, et rapport qualité-prix nul.
– Le 3e embarcadère, *Phang Nga Bali Hai,*

est beaucoup moins fréquenté. 2,8 km avant d'arriver au *resort,* repérer sur la droite le grand panneau « James Bond Island ». S'engager là sur une petite route de 2,5 km qui débouche sur un embarcadère (cul-de-sac).
– Le 4e embarcadère, *Kason,* le plus fourmillant, avec vaste parking et boutiques de souvenirs, est accessible de la grande NA4, en venant de Phuket, 8 km avant l'embranchement qui mène au *Phang Nga Bay Resort* ; a
sur la droite direction
vers « Kason ». Traversé
sur 1,2 km, dans le vira
prendre la petite route sur la droite (indiqué, petit écriteau « Phang Nga Bay ») : 500 m pour arriver au parking.
Pas vraiment de guichet officiel ; plusieurs commerces, boutiques ou restos possèdent leur propre comptoir. Ils pratiquent les mêmes tarifs.

Où dormir ? Où manger sur le site même ?

Autant éviter de dormir à Phang Nga-village, ville tout en longueur pas bien folichonne. On vous a trouvé 2 adresses près des embarcadères.

Prix moyens (de 400 à 800 Bts / 11,40 à 23 €)

Phang Nga National Park Bungalow – อุทยาน แห่งชาติอ่า วพังงา บังกาโล *: 500 m avt le Phang Nga Bay Resort Hotel. ☎ 076-412-188 ou 02-561-29-18 (central de résa, à Bangkok). Intéressant seulement si l'on voyage à plusieurs, car il faut payer le prix global (voir la rubrique « Hébergement » dans « Thaïlande utile » en début de guide).* Répartis dans le parc (mangrove, végétation luxuriante) qui borde un bras de mer, une poignée de bungalows assez simples mais propres, avec salle de bains (eau froide) et ventilo. En version 2, 4 ou 6 lits. Dans le parc, une passerelle en bois surplombe la mangrove. En bordure de mer, un restaurant typique. Clientèle locale, grande terrasse, mobilier tout en bois de teck, joliment décoré de reproductions – de la baie évidemment – accrochées aux murs. Bonne cuisine pas très chère. Mauvais rapport qualité-prix des excursions, en revanche.

Un peu plus chic (de 800 à 1 500 Bts / 23 à 43 €)

Phang Nga Bay Resort Hotel – พังงาเบย์รีสอร์ท โฮเต็ล *: situé au milieu de l'accès à l'embarcadère. ☎ 076-481-157 ou 168. Petit déj inclus.* Chambres étroites mais confortables, avec chacune une terrasse privée donnant sur le delta. Clim, salle de bains (eau chaude). Piscine (quand il y a de l'eau dedans). Pour dépanner.

La visite

Elle dure 3h.

La pirogue à moteur commence par longer une épaisse ***mangrove.*** Naguère, l'endroit était infesté de gavials (les plus grands crocodiles du monde). Une ambiance assez *Crocodile Dundee.* On aurait aimé y entrer, mais pas moyen de décider le chauffeur ! Il paraît qu'avec une agence on peut espérer y pénétrer.

En arrivant dans la baie, on peut voir de petites ***peintures rupestres*** (une sorte de dauphin, des personnages) qui recouvrent les parois d'une concrétion calcaire.

Ensuite, on pénètre dans la ***baie de Phang Nga*** – อ่าวพังงา. Un paysage unique au monde. À perte de vue, de gigantesques formations calcaires qui n'en finissent pas de tomber à pic dans la mer. Elles sont le fruit d'une érosion – entamée dans des temps immémoriaux et qui se poursuit aujourd'hui – depuis que le niveau de la mer est monté (il y a 10 000 ans, c'est-à-dire hier, pour le temps

…ologique, on pouvait marcher en ligne droite de Phuket à Krabi, et sans se …ouiller !). Ces formations calcaires sont de toutes les tailles, de toutes les formes. Plus loin, ***la grotte de Tam Lod*** – ถ้ำลอด et son arche marine, sous laquelle on passe en bateau à marée basse...

Enfin, les ***îles de Ko Ping Gan et de Ko Tapoo*** – หมู่เกาะเขาพิงกันและเกาะตะปู. Ko Tapoo est surnommée « James Bond Island » depuis qu'on y a tourné certains extérieurs de *L'Homme au pistolet d'or* (1974), avec Roger Moore, notamment devant ce haut et fin bloc monolithe couvert de verdure. Le méchant Scaramanga s'y cachait avec son arme secrète dissimulée dans le piton rocheux de Ko Tapoo. Mais ne rêvez pas trop ! Sur cette île minuscule, on se marche littéralement sur les pieds... Contentez-vous d'en faire le tour en bateau. Sauf si vous passez par là tôt le matin... l'île sera alors pour vous tout seul !

Au retour, c'est l'arrêt obligatoire au village lacustre de ***Ko Panyee*** – เกาะปันหยี ou le Gipsy Village. Beaucoup de monde. Constitué de maisons en bois sur pilotis (de plus en plus remplacées par du béton) et peuplé de musulmans. Les groupes du matin viennent y faire leur pause déjeuner sur de vastes restos-pontons construits à cet effet et qui ne font aucunement partie du village proprement dit. Puis l'après-midi, quartier libre...
Si le village en lui-même est intéressant à visiter, il faut bien sûr respecter ses habitants, en évitant d'aller déranger les élèves à l'école, comme le font certains touristes indélicats. Ce décor fabuleux sert d'écrins à de nombreux tournages : on y a vu dernièrement Bridget Jones dans le second volet de ses tribulations sentimentales, *L'Âge de raison*.

FOOT ET TOURISME

Pour les besoins d'une pub, on a construit un terrain de foot (16 x 25 m) flottant sur la mer grâce à des bidons. Désormais très célèbre, le stade est devenu le clou de la visite.

KHAO LAK – เขาหลัก

• Plan *p. 507*

À environ 55 km à l'ouest de Phang Nga et à 73 km de l'aéroport de Phuket, Khao Lak s'étend sur près de 20 km de plages, le long de la RN 4, à environ 800 m en retrait de la mer. Connu pour avoir été le théâtre principal du tsunami de 2004, c'est logiquement ici qu'a été érigé un mémorial de cette tragédie. Porte d'entrée naturelle avec les îles Similan et Surin, Khao Lak est donc une destination très prisée des amateurs de plongée. À la journée, en croisière ou en version *snorkelling,* toutes les options sont possibles !
Depuis le tsunami, l'essentiel de l'activité se concentre le long de la quatre-voies, bien en retrait des plages. On y trouve des boutiques de souvenirs, des supérettes, des hébergements, le plus souvent bon marché, et des restos sans réelles qualités culinaires. Cela dit, la station garde encore une atmosphère relativement bon enfant, familiale et décontractée, et particulièrement calme en pleine journée. À Khao Lak, il est primordial d'étudier l'emplacement de son lieu de villégiature avant de réserver, sous peine de passer ses vacances au bord de la route ! C'est la raison pour laquelle nous avons privilégié les hôtels et *guesthouses* en bord de mer, nettement plus sympa. Quant aux plages proprement dites, elles offrent encore une belle tranquillité, et les enfants s'en donneront à cœur joie.

Arriver – Quitter

En bus

Hormis la toute petite ***gare routière BKS*** *(plan B1, **3**)*, située près du marché aux produits frais d'où l'on prend le bus pour Bangkok, pas de réel terminal. Un arrêt sur la RN 4, au niveau de Bang Niang Beach, Khao Lak City *(plan B2)*, la plage la plus animée.

➢ ***Phuket :*** Khao Lak est sur la route des bus qui assurent les liaisons Phuket-Ranong et Phuket-Khao Sok via Takua Pa. À Phuket, départs du *Bus Terminal 2* tlj 6h-18h. Compter 1h30 de trajet. Dans l'autre sens, le bus de Khao Sok passe pratiquement ttes les heures (10h30-19h30).

➢ ***Bangkok :*** env 4 bus/j. ; départs de Bangkok 18h-20h, de Khao Lak 12h30-18h (départ de la gare BKS). Trajet : 12h. Les bus de l'ap-m sont plus confortables mais plus chers.

➢ ***Khao Sok :*** via Takua Pa, liaisons régulières depuis Khao Sok 8h30-17h30. Compter 2h de trajet.

➢ ***Phang Nga et Krabi :*** bus ordinaires et bus 2e classe (clim et toilettes), ainsi que des minibus en liaisons régulières.

➢ ***Ranong :*** le bus qui assure la liaison Phuket-Ranong s'arrête 7 fois/j., 7h15-20h. Arriver à l'arrêt au moins 20 mn avant, sinon changement à Takua Pa, d'où la fréquence des bus pour Ranong est plus importante.

➢ ***Kura Buri :*** prendre le bus qui assure la liaison Phuket-Ranong et se faire déposer à Kura Buri.

En avion

L'aéroport le plus proche est celui de Phuket, à env 70 km. Pas de liaison par bus directement depuis l'aéroport (il faut aller jusqu'à Phuket Town ou au *Bus Terminal 2*).

Orientation et transport sur place

Khao Lak, qui s'étend sur environ 20 km de côte, présente plusieurs visages. Voici les plages et points de repère principaux, depuis le sud vers le nord. De la RN 4, qui longe la côte à distance variable, partent de petites routes, sur la gauche, qui desservent les différentes plages et leurs à-côtés (lieux d'hébergement, restos, bars et boutiques, etc.).

À l'extrême sud, environ 7 km avant le début des plages en venant de Phuket, l'accès à ***Tap Lamu Pier,*** port d'embarquement pour les somptueuses îles Similan (c'est d'ici qu'embarquent les plongeurs à la journée ; départ vers 9h-9h30, retour au port vers 16h30 environ ; sur place quelques épiceries et gargotes et un ATM à la supérette *7-Eleven*). Puis se dessine, surplombée par la route, la délicate anse mi-rocheuse, mi-sableuse, de ***Khao Lak Beach.*** Un joli coin de plage, malheureusement les hébergements n'y sont pas donnés. Une petite colline se déploie ensuite, laissant entrevoir ***Nang Thong Beach*** (prendre à gauche au 1er feu), belle langue de sable blond frangée de cocotiers... et de pas mal d'établissements trop verticaux à notre goût et plutôt « chic » quand bien même on y a dégoté une belle petite adresse. Lui succède ***Bang Niang Beach*** (prendre à gauche au 2e feu), encore du sable blond et des cocotiers, et surtout le coin le plus développé et le plus animé de la station, surnommé « Khao Lak City ». C'est ici que s'arrêtent les bus et que l'on trouve la ***station de songthaew*** *(plan B2, **2*** ; sur la RN 4) : petit marché quotidien, nombreux hébergements (dont les plus abordables), des restos, boutiques, clubs de plongée ; et, sur la droite de la route, le bateau de la Marine venu s'échouer à 1,5 km dans les terres lors du tsunami et aujourd'hui fraîchement repeint ! Puis, ***Khuk Khak Beach,*** un peu en retrait, où l'on trouve un max d'hôtels accueillant des groupes, suivie de près par le ***cap Pakarang*** (Leam Pakarang), l'un des coins les plus sauvages même s'il n'y a pas grand-chose à y faire.

2 plages ensuite, très agréables et très calmes, dont ***Nang Sib Song Beach,*** très cool, avec ses cocotiers et ses yuccas qui poussent à même la plage. Un peu plus loin, ***Ao Thong Beach*** et ***White Beach,*** servent de faire-valoir à des hôtels grand standing ; un peu trop de monde à notre goût. Ensuite, on tombe sur ***Pak Weep Beach*** avec sa petite enfilade de paillotes-restos en bord de plage avec transats (gratis si conso), très sympa aussi avec sa grande plage, idéale pour les adeptes du longe-côte. Ou encore ***Bang Sak Beach,*** notre plage préférée, super sympa à marée basse, avec quelques restos les pieds dans le sable, sous les grands filaos, surtout fréquentés par les locaux (voir « Où manger ? »). Encore quelques kilomètres, et 6 km avant Takua Pa, accès vers le village de ***Ban Nam Khem,*** où l'on trouve l'embarcadère du bac vers Ko Kho Khao, ainsi que le *Tsunami Memorial Park.*

Alors, tous ces kilomètres, comment les parcourir ? Si vous n'avez pas opté pour un 2-roues en location (la solution la plus souple et la meilleure marché si on a la bougeotte), on vous dirait comme partout en Thaïlande, en *songthaew* : environ 30 Bts par personne si l'on se contente des collectifs qui vont et viennent sur la RN 4, ou minimum 100 Bts en version privatisée, selon la destination.

Adresses utiles

■ ***Distributeurs d'espèces, location de motos et autos (Budget Rent-a-Car) :*** *on trouve tt ça le long de la RN 4, du côté de Bang Niang.*

✉ ***Poste et police*** *(plan B2,* ***1****) : toujours sur la RN 4, mais au niveau de Khuk Khak. Nouveau bureau de poste à Bang Niang.*

Où dormir ?

Prix moyens (de 400 à 800 Bts / 11,40 à 23 €)

🏠 ***Light Khao Lak Resort*** – อัมสเตอร์ดัม รีสอร์ท เขาหลัก *(plan B2,* ***9****) : 56/6 Thanon Phetkasem, à* ***Bang Niang Beach.*** *📱 09-37-72-69-99 (Stefan). Dans un petit soi tranquille sur l'arrière du Cousin Resort (c'est fléché depuis la rue principale qui descend vers la mer). Petit déj à la carte.* Accueil gentil de Stefan, de nationalité suisse, qui a repris l'affaire initiée par son beau-frère néerlandais, aujourd'hui décédé. Il offre au routard de passage son sens du voyage et de l'hospitalité. Ici, ça se traduit par une dizaine de bungalows (4 grands, 5 petits et 1 familial) et 4 chambres dans le bâtiment principal. L'ensemble, réparti dans un agréable jardin, est bien tenu, d'un confort acceptable (clim en option) et le wifi arrose tous les hébergements. Un beau lieu pour nouer une amitié.

🏠 ***SS Emerald Suite ou Bavaria Inn*** *(plan B2,* ***10****) : 67/26 Moo 5, Soi Haad, à* ***Bang Niang Beach.*** *📱 09-50-75-15-82. À mi-chemin entre la RN 4 et la plage, sur la droite du chemin au fond*

■ **Adresses utiles**

- **1** Police (B2)
- **2** Station de songthaew (B2)
- **3** Terminal des bus BKS et marché aux produits frais (B1)

🏠 **Où dormir ?**

- **9** Light Khao Lak Resort (B2)
- **10** SS Emerald Suite ou Bavavaria Inn (B2)
- **11** Khao Lak Green Beach Resort (B2)
- **13** Ayara Villas (B2)
- **14** Baan Krating Khao Lak Resort (B3)
- **15** Briza Beach Resort (hors plan par B3)

Où manger ?

- **11** Khao Lak Green Beach Resort (B2)
- **20** Pad Thai Khai Dang (B2)
- **21** Happy Lagoon (B2)
- **22** Kontongsu (B1)
- **23** Rabeang Restaurant & Bar (B2)

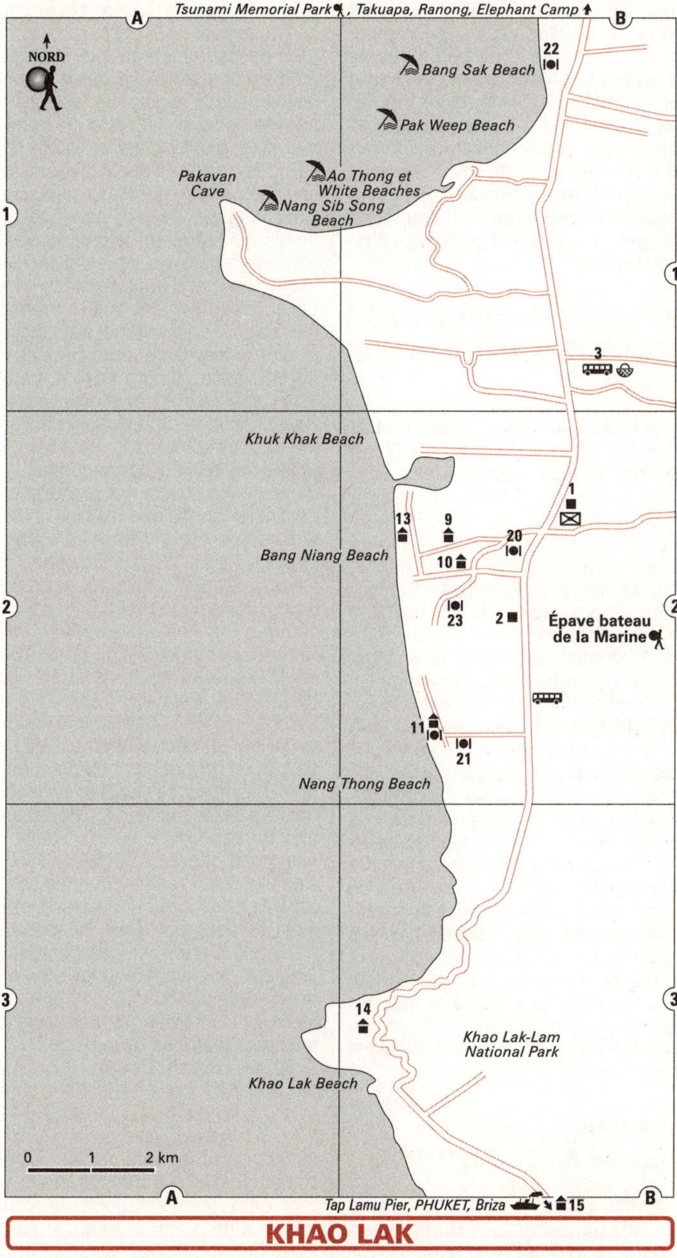
Tsunami Memorial Park, Takuapa, Ranong, Elephant Camp
A
B
NORD
22
Bang Sak Beach
Pak Weep Beach
Sairung waterfall
Pakavan Cave
Ao Thong et White Beaches
Nang Sib Song Beach
1
3
Khuk Khak Beach
1
13
9
20
Bang Niang Beach
10
2
23
2
Épave bateau de la Marine
11
21
Nang Thong Beach
3
14
Khao Lak-Lam National Park
Khao Lak Beach
0
1
2 km
Tap Lamu Pier, PHUKET, Briza
15

KHAO LAK

d'un passage. Pas le super plan pour passer toutes ses vacances, mais ce grand immeuble tout béton recèle 25 grandes chambres nickel, tout confort (salle de bains, clim, frigo et tout le toutim) et fort bien tenues. Les plus chères possèdent un balcon et les familiales du rez-de-chaussée nous ont séduits, mais attention, une petite douzaine d'entre elles sont carrément aveugles ! L'accueil est gentil, on y passera une nuit.

D'un peu plus chic à plus chic (de 800 à 3 000 Bts / 23 à 86 €)

Khao Lak Green Beach Resort *(plan B2,* ***11****) : 13/51 Moo 7, à* ***Nang Thong Beach.*** *☎ 076-485-845. • khaolakgreenbeachresort.com • Au 1er feu, prendre à gauche vers Nang Thong Beach, puis à droite. Prix identiques tte l'année. Pas de petit déj.* En bord de mer, un paisible jardin tropical, où est dispatchée une bonne trentaine de bungalows en dur habillés de bambou. Bon équipement pour tous : frigo, ventilo, petite terrasse, et même clim et moustiquaire pour certains. Ce qui fait la différence de prix, c'est leur taille et leur déco, la présence ou non d'une baie vitrée, mais surtout leur situation : les *economy* occupent le fond du jardin (réservation impérative pour ces 1ers prix, peu nombreux), tandis que les plus chers donnent directement sur la plage et ne sont pas mitoyens. Pour ce qui est du confort, ça le fait (eau à température ambiante). Quelques maximes invitant à la méditation, placardées sur les arbres. Amusant. Au resto-paillote sous les cocotiers face à la mer, les pieds dans le sable, cuisine thaïe bon marché. Club de plongée et excellent accueil familial.

Très chic (plus de 3 000 Bts / 86 €)

Ayara Villas – ไอยรา วิลล่า *(plan B2,* ***13****) : 53/2 Moo 5, à* ***Bang Niang Beach.*** *☎ 076-486-478. 08-19-70-63-01. • ayara-villas.com • En bord de mer. Petit déj inclus.* Un gros complexe qui s'étale depuis l'arrière-plage, située de l'autre côté de la petite route côtière (peu passante), jusqu'à la plage proprement dite. Côté mer, des bungalows noyés dans la végétation (assez chers pour le coup) et un resto de fruits de mer puis, nichés dans un jardin tropical, des cottages sur 2 niveaux (trop entassés à notre goût). Ce sont surtout les chambres *deluxe,* dans les bâtiments qui entourent la grande piscine située à l'arrière, qui nous ont séduits. Il s'agit presque d'appartements vu leur taille, ameublement thaï contemporain soigné, coin cuisine, balcon sur la piscine (accès direct pour ceux du rez-de-chaussée). Grand confort partout (clim), service très pro et gentil à la fois, 2 piscines et nombreux services (café, thé tous les après-midi). Petit bémol : à marée haute, il n'y a pratiquement pas de plage, on bronze sur le gazon juste devant les bungalows les plus chers !

Baan Krating Khao Lak Resort *(plan B3,* ***14****) : 28 Moo 7, à* ***Khao Lak Beach.*** *☎ 076-485-188. • baankrating.com • À la fin de Khao Lak Beach, presque à la limite avec Nang Thong Beach ; dans un virage, env 300 m après l'entrée du parc national, au bord de la RN 4. Petit déj inclus. Parking limité à 3 places !* Dévalant le flanc de la colline, un enchevêtrement de bungalows en bois et bambou perchés sur pilotis. Ombragés par une végétation qui rêve de les manger, tous possèdent une terrasse avec vue (certains sur pas grand-chose, il faut bien l'avouer). De taille aussi variable que les prix, ils offrent un bon confort classique, même s'ils ne sont pas tous de première fraîcheur. Certes, l'emplacement est fabuleux, la piscine engageante, mais on est quand même un peu près de la route, et il faut avoir des mollets de footeux pour remonter de la plage.

Briza Beach Resort *(hors plan par B3,* ***15****) : 7/4 Moo 2 Phetkasem, face à Lam Kaen Beach. ☎ 076-428-600. • brizakhaolak.com • Petit déj inclus.* Un hôtel en 2 parties. La plus traditionnelle, avec accès direct à la mer, offre des prestations classiques, autour d'un grand et beau jardin très aéré. Belles bâtisses blanches et boisées disséminées, intérieur minimaliste mais ultra-confortable. Notre partie préférée est à l'arrière, dans 2 bâtiments blancs réunis par une belle piscine à débordement. Sublime ! Les chambres les plus « olé olé » sont au rez-de-chaussée avec accès direct à la piscine, mais il vous faut oublier votre intimité. Déco pure, lignes droites des meubles, teintes douces des tissus, l'ensemble est très design. Confort extra : TV, DVD, coffre-fort, baignoire en pierre sombre.

Où manger ?

De bon marché à prix moyens (moins 300 Bts / 8,60 €)

|●| Nombreux restos en bord de plage, la plupart attenants à un hôtel. Pas mal de choix aussi dans le chemin qui mène à la plage de Bang Niang, à tous les prix. Poisson au poids, comme souvent. Du côté de Nang Thong Beach, notre préférence va au resto du *Khao Lak Green Beach Resort (plan B2,* ***11*** *; voir « Où dormir ? » ; tlj jusqu'à 17h),* tant pour son cadre que pour ses saveurs.

|●| ***Kontongsu*** – ร้านคนต้องสู้ *(plan B1,* ***22****)* **:** *à* ***Bang Sak Beach.*** *📱 08-18-93-28-54. Tlj 10h-20h30.* Une adresse plutôt confidentielle installée à même la plage sous les grands filaos. Vous déjeunez les pieds dans le sable. Cuisine thaïe, de bonne facture, que vous avez tout intérêt à commander en précisant *« liteul spaïssi pliz »,* sinon vous êtes quitte pour appeler le 18. Service gentil et bonne bière bien fraîche.

|●| ***Pad Thai Khai Dang*** *(plan B2,* ***20****)* **:** *à* ***Bang Niang Beach,*** *dans la contre-allée qui double la RN 4, côté mer, env 400 m après le 1er feu en allant vers le nord. Tlj 11h-23h.* C'est vrai qu'il est en bord de route et non en bord de mer, ce petit resto tout en longueur, mais pour le coup, c'est vraiment une cantine typiquement thaïe et, qui plus est, une coopérative de femmes. On les voit d'ailleurs préparer à la commande *pad thai* et autres plats de nouilles sautées. Délicieux, tout simple et rondins de bois en guise de tables.

Chic (de 300 à 600 Bts / 8,60 à 17 €)

|●| ***Rabeang Restaurant & Bar*** – ร้านอาหารและบาร์ ระเบียง *(plan B2,* ***23****)* **:** *39 M6, Khuk-Khak, à* ***Bang Niang Beach.*** *📱 06-19-19-54-99. Du 2e feu sur la RN 4, descendre vers la mer, puis env 300 m avt la plage, prendre la rue à gauche, c'est 150 m plus loin sur la gauche. Tlj 12h-22h30.* Une salle bien ventilée prolongée par une terrasse. Tables en teck, clientèle de vacanciers dont certains en ont visiblement fait leur cantine. Cuisine presque exclusivement thaïe, bien ficelée et goûteuse. Un vrai plus : le vin au verre est généreusement servi.

|●| ***Happy Lagoon*** *(plan B2,* ***21****)* **:** *à* ***Nang Thong Beach,*** *à mi-chemin entre RN 4 et océan. ☎ 076-485-408. Tlj 7h30-23h.* Un resto kitsch en diable, un peu le rendez-vous animé de la station le soir. La carte offre de la cuisine thaïe mais pas que... puisqu'on y trouve de la viande de canard, de la biche et même... du crocodile !

À voir

👁 ***Tsunami Memorial Park*** **:** *à l'extrême nord de Khao Lak, au village de Ban Nam Khem. Suivre le fléchage pour le bac vers Ko Kho Khao. 📱 08-14-42-56-60. Tlj 9h-21h. 200 Bts par adulte et 100 Bts par enfant.* À ciel ouvert, en bord de mer, une longue structure de béton et un petit centre d'interprétation où tout est écrit en thaï. N'intéressera que celles et ceux qui veulent se remémorer la tragédie.

👁 ***L'épave du bateau de la Marine*** *(plan B2)* **:** en plein cœur de Khao Lak, de l'autre côté de la route côtière, à Bang Niang, l'épave du patrouilleur 813 de la

Marine, abandonné là où la vague de plus de 16 m de hauteur, qui a tout ravagé sur son passage, l'a déposé le 26 décembre 2004. Mais plutôt que le laisser en l'état, couché sur le flanc, il est maintenant repeint à neuf et remis d'aplomb, ce qui lui enlève tout impact évocateur. Bien dommage tout ça...

À faire

➢ ***Lamru Phang Nga National Park :*** *le parc national de Khao Lak, à 2 km au sud avt les plages, en venant de Phuket ; entrée, au niveau du col, sur la gauche, à côté du poste de police. Une autre petite entrée plus discrète donne un accès rapide à la plage. ☎ 076-485-243. • dnp.go.th • Tlj env 8h30-16h30. Entrée : 200 Bts (donne aussi droit d'entrée à la cascade de Ton Chong, à env 14 km) ; réduc.* Une belle balade à faire dans la forêt et le long de la mer, côté rochers. Jolis panoramas, et la balade débouche sur une adorable petite plage où il n'y a personne. On peut également loger dans le parc, 6 bungalows d'une à 3 chambres avec salles de bains et accès quasi direct à la mer *(800-2 000 Bts).* Une seule dispose de la clim. Réservations à Bangkok auprès du *Guest House Office (Marine National Park, Royal Forest Department, Chatuchak, Bangkok ; ☎ 025-614-292 ou 293).*

– Khao Lak est avant tout le point d'***accès aux îles Similan*** et Surin (voir « Phuket. Plongée sous-marine à Phuket. Nos meilleurs spots »). Le Tap Lamu Pier, point de départ pour les plongées aux îles Similan, se trouve au sud, 7 km avant le début des plages. Compter 1h30 de trajet en *speed-boat.* La plupart des clubs passent chercher leur clientèle directement à l'hôtel.

– ***Elephant Camp :*** *au nordrd de Khao Lak, côté RN 4, après Ban Khukkhak, juste avt la borne km 23/179. 📱 08-24-21-39-11. Tlj 8h-16h. Pas donné : compter 1 000-1 400 Bts suivant formule.* Balades à dos d'éléphant, de 45 mn (rando seule) ou 60 mn (30 mn de balade, 30 mn de bain avec la bestiole). Pour ceux que ça intéresse (les éléphants sont exploités), y aller le matin dès l'ouverture. Aussi shows de singes et une sorte de balade sur la rivière sur un radeau de bambou pour 2 (bof).

– ***Marché aux produits frais*** *(plan B1, **3**)* **:** *au niveau de Khuk Khak, un peu avt la borne km 26/182, sur la droite en allant vers le nord (prendre la petite route qui part juste avt le 7-Eleven).* C'est là que se trouve la gare routière BKS (les bus pour Bangkok s'y arrêtent). Autour du marché, quelques gargotes en plein air, un spécialiste de la noix de coco (à côté du bureau de la petite gare routière). Au marché, des étals pour faire le plein de fruits à prix raisonnable.

➢ ***Sairung Waterfall :*** *au niveau de la route qui part vers Pakweeb Beach, prendre la petite route qui part vers l'intérieur des terres, puis à 800 m, prendre à droite, c'est à 1,6 km.* Du petit resto qui marque l'entrée du site, compter 2 mn de marche jusqu'à la cascade. Belle petite vasque caillouteuse où les vacanciers viennent faire trempette. Fonctionne même en saison sèche.

KO KHO KHAO – เกาะคอเขา

• Carte *p. 513*

À l'instar de Phuket, Ko Kho Khao est un petit morceau de continent abandonné à la mer. Pas grande activité sur cette île encore épargnée par le tourisme de masse. Une belle route goudronnée, sorte d'épine dorsale d'où

partent toutes les routes ou pistes secondaires, fend l'île en 2 depuis le petit village-débarcadère de Baan Pak Ko, au sud. Ce dernier concentre toute l'activité de l'île en dehors des zones hôtelières. Côté mer, une langue de sable d'une bonne quinzaine de kilomètres pratiquement vierge de constructions, côté continent, une mangrove impénétrable, des rivières et quelques mises en culture que l'homme a su maîtriser à la sueur de son front. Presque exclusivement bouddhistes, les 1 300 âmes qui vivent ici tirent leur subsistance de la culture de l'hévéa et du palmier à huile, de l'élevage des crevettes et de cultures maraîchères. Un rythme de vie paisible, visiblement très apprécié des retraités des pays nordiques. Dernière chose : plate comme une galette, l'île a été entièrement ravagée par le tsunami de 2004.

Comment y aller ?

À une petite vingtaine de km au nord de Khao Lak, via la petite ville de ***Ban Nam Khem.*** Là se trouve le bac. Il fonctionne tte l'année 7h30-18h ; sa capacité est de 6-8 véhicules ; départs réguliers en saison ; hors saison, prévoir de l'attente car il ne part que quand il est quasiment plein. Compter env 20 Bts/pers, 20 Bts/2-roues 150 Bts/voiture (quel que soit le nombre de passagers). Des *long-tail boats* assurent également la traversée. Mais, attention, à partir de 18h, les tarifs sont multipliés par 2 !

Ko Kho Khao pratique

Tous les services se trouvent au niveau de l'embarcadère. Distributeur de billets (ATM) attenant à la supérette *(tlj 8h-22h30)* située à côté du *Harbour Restaurant*. Quelques loueurs de 2-roues. Il y a moyen de trouver du carburant sur l'île mais mieux vaut avoir fait le plein sur le continent. Le poste de police se trouve au niveau de la route d'accès au *Tacola Resort,* juste à la sortie de Baan Pak Ko.

Où dormir ?

Plusieurs types d'hébergement sur cette île. Pas tous très heureux architecturalement parlant. La plupart sont concentrés (pour le moment) dans la partie sud-est de l'île (Pak Ko Beach).

De prix moyens à un peu plus chic (de 400 à 1 500 Bts / 11,40 à 43 €)

Roo Poo Guesthouse – รูปู เกสท์เฮ้าส์ *(carte,* ***10****)* **:** *à 5 mn à pied du débarcadère, dans le village de Baan Pak Ko. 08-30-07-32-72 ou 06-14-85-32-99 (Kwan). • roopooguesthouse@hotmail.com • Tte l'année. Petit déj en sus.* Dans une maison récente, 8 chambres tout confort (clim ou brasseurs d'air) et d'une propreté irréprochable. Petites attentions appréciées, comme le thé ou le café à dispo, la possibilité de stocker du frais dans le frigo de la maison. Petite paillote attenante pour prendre ses repas ou son petit déj. Bon accueil et bons conseils sur les choses à faire dans l'île.

Hula Beach Bungalows – ฮูล่า บีช บังกะโล *(carte,* ***11****)* **:** *au nord de l'île, env 250 m avt la fin du goudron (Nok Na Beach). 08-98-72-48-33. • hulabeach.panern@gmail.com • Tte l'année. Petit déj compris.* Dans un coin isolé, seulement 5 bungalows en bois, franchement spartiates, disséminés dans une forêt de filaos en bordure de plage. Côté confort, malgré l'électricité 24h/24, c'est le minimum syndical : ventilo, moustiquaire, eau à température ambiante dans des salles de bains à ciel ouvert. Le matelas est épais, en revanche. Sur place, petit resto « comme à la maison » et un accueil en v.o. de Nern, le maître des lieux.

D'un peu plus chic à chic (de 800 à 3 000 Bts / 23 à 86 €)

Hapla Beach Cottages – หาปลา บีช คอทเทจ *(carte, **12**) : 49 Moo 4, au sud de la plage de Bang Neang Beach. 08-69-40-06-10. De l'embarcadère, prendre la route vers le nord sur env 7,2 km, puis à gauche le soi Har Pra, c'est à 1 km. Ouv de nov à mi-mai seulement. Petit déj compris.* Très belle réalisation, style « Robinson se la joue bronzette », avec une huitaine de beaux bungalows sur pilotis, dans une forêt de filaos très photogénique (selfie de rigueur dès votre arrivée !). Côté confort, ils sont assez grands, bien séparés les uns des autres, possèdent une salle de bains intérieure avec eau chaude 24h/24 et un joli petit mobilier en bambou. L'ensemble est très propre, mais pas de clim en revanche. Au resto, carrément sur le sable, des spécialités thaïes à prix corrects. Les friands de papouilles offriront leurs muscles endoloris aux petites mains habiles qui œuvrent ici avec sourire, décontraction et sans arrière-pensée. Accueil très pro. Une adresse coup de cœur.

Cousin Ko Kho Khao Beach – คัซซึ่น เกาะคอเขา บังกะโล *(carte, **13**) : Moo 4, sur la partie sud de Thung Tuk Beach. 08-57-82-38-16. De l'embarcadère, prendre la route vers le nord sur env 1,6 km, puis bifurquer à gauche et continuer jusqu'à voir le fléchage sur la droite. Bungalows en dur pour 2 pers 2 100-2 900 Bts selon catégorie, petit déj compris.* Planqué derrière une opération immobilière récente, un *resort,* aménagé perpendiculairement à la mer, dont les chambres les plus cotées entourent une belle piscine. Également 2 grandes villas, vaguement modernistes, qui auraient pu être sympa si elles avaient disposé d'une vue sur mer, ce qui n'est malheureusement pas le cas. Côté confort et propreté, rien à redire, le béton et le carrelage sont bien présents. Sinon, le personnel est sympa et vous avez la plage pour vous seul ou presque.

C & N Kho Khao Beach Resort – ซี แอนด์ เอ็น คอเขาบีช รีสอร์ท *(carte, **14**) : 89 Moo 3, sur la partie de la côte oriente sud-ouest (Pak Ko Beach). ☎ 076-417-097. • cnkhokhaobeachresort.com • De l'embarcadère, prendre la route vers le nord sur env 1,6 km, puis bifurquer à gauche, faire 1,2 km, puis à gauche, c'est indiqué à 400 m. Ouv oct-mars seulement. Petit déj compris.* Très bel hôtel en bord de plage dans un parc clos très aéré. Ici, toutes les chambres ont vue sur mer. En tout, une trentaine de bungalows en dur, suivant 6 modèles, du *beach deluxe* déjà fort bien équipé, avec son mobilier de style modern-thaï, aux grandes *family suites* avec 2 lits *king size,* 2 salles de bains joliment agencées et jacuzzi privé sur le balcon, face à la mer. Une piscine de 200 m² où l'on peut vraiment nager, un resto idéalement placé (bonne cuisine) et un personnel avenant. Location de vélos, excursion vers l'île de Pha. Une adresse pour chouchouter sa moitié et lui en mettre plein les mirettes sans trop casser sa tirelire...

Où manger ?

Le midi vous pique-niquerez, le soir, il y a de grandes chances pour que vous restiez dîner dans votre hôtel. Pour changer de la routine, voici quelques adresses...

De prix moyens à chic (de 150 à 600 Bts / 4,30 à 17 €)

Lazy House Harbour Restaurant – ร้านอาหาร ฮาเบอร์ *(plan, **20**) : à droite du débarcadère. 09-35-80-74-86 ou 08-78-14-04-47. Tlj 10h30-22h. Prix moyens.* Petit resto en balcon sur le bras de mer agréablement ventilé. On y sert une nourriture très convenable à prix un poil élevé. Goulasch, soupe à l'oignon et autres pizzas au thon, pour ceux qui ne piocheraient pas dans la carte thaïe.

Siam Restaurant – ร้านอาหาร สยาม *(plan, **21**) : à env 2 km du débarcadère, à même la plage de Pak Ko Beach. 09-35-80-74-86. De l'embarcadère,*

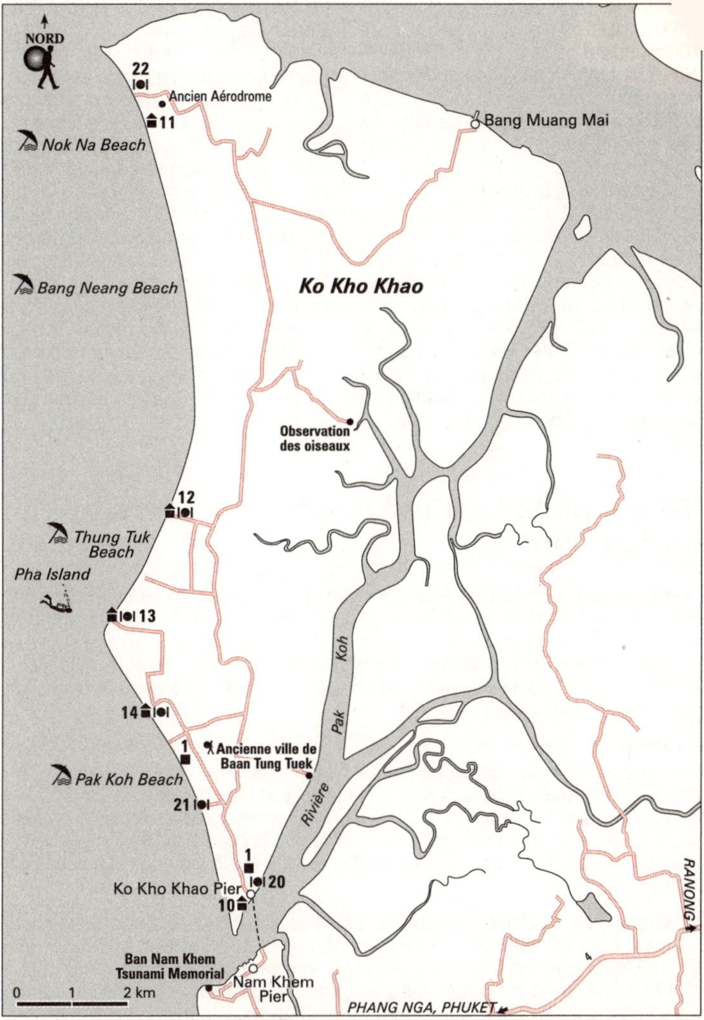

KO KHO KHAO

Adresse utile

1 Kho Khao Diving

Où dormir ?

10 Roo Poo Guesthouse
11 Hula Beach Bungalows
12 Hapla Beach Cottages
13 Cousin Ko Kho Khao Beach
14 C&N Kho Khao Beach Resort

Où manger ?

14 Restaurant du C&N Kho Khao Beach Resort
20 Lazy House Harbour Restaurant
21 Siam Restaurant
22 Sunset Restaurant

…ute vers le nord sur env … ifurquer à gauche, faire … auche, c'est indiqué. Tlj …ing, la patronne du *Harbour …aurant,* œuvre ici en journée. Elle propose une cuisine thaïe de bon aloi et à prix légèrement inférieur au *Harbour Restaurant.*

|●| *Sunset Restaurant* – ร้านอาหาร ซันเซท *(plan,* ***22****)* **:** *à l'extrémité de la route goudronnée, tt au nord de l'île (Nok Na Beach). Tlj midi et soir. Prix moyens.* Comme le nom l'indique, on ne vient pas dans ce resto par hasard... Cela dit, pour le déjeuner c'est très agréable, aussi, de prendre place dans cette petite paillote face à la mer, pour des nouilles à la thaïe ou un smoothie. Service un peu lent, on a le temps...

|●| *Restaurant du C & N Kho Khao Beach Resort* – ร้านอาหาร ซี แอนด์ เอ็น คอเขา บีช รีสอร์ท *(plan,* ***14****)* **:** *coordonnées ci-dessus (voir « Où dormir ? »). Tlj 7h-22h. De prix moyens à chic suivant ce que l'on prend.* Bel endroit pour dîner. Service impeccable et ambiance tête-à-tête (musique de supermarché, en revanche). La carte propose un large éventail de *seafood,* l'occasion de laisser tenter par la suggestion du chef. Cuisine goûteuse et raffinée (excellent *tom ka,* par exemple). Ici, les légumes proviennent du potager bio de l'hôtel. Un petit bémol quand même : le papier toilette en guise de serviette de table et la carte des vins réduite à sa portion congrue (il n'y a jamais celui qu'on veut !).

Bon, maintenant qu'on a bullé 2 jours, on fait quoi ?

➢ ***Excursion vers l'île de Pha*** *(Pha Island)* **:** *à une encablure de la côte ouest (compter 25-30 mn de traversée en* long-tail boat*). Prévoir 2 800 Bts pour affréter un bateau (6 à 8 pers) ; 3 500 Bts pour une partie de pêche (4 pers max dans ce cas-là).* Bon spot de *snorkelling* et de pêche en mer. Y aller plutôt le matin, la mer est plus calme. Pour le *snorkelling,* des petits poissons seulement. Pour la pêche, des gros comme ça peuchère !

Plongée sous-marine **:** *s'adresser à l'agence* ***Kho Khao Diving*** *(plan,* ***1****), à une cinquantaine de mètres de l'embarcadère, dans le village, ou encore sur la plage de Pak Ko Beach, au niveau du* Lazy House Restaurant & Bar. *08-19-79-83-12 (Nui). • kohkhokhaodiving.com •* Quelques plongées à réaliser à moins de 1h de long-tail boat, comme celle du pinacle de Pla Luang, qui s'étage entre 12 et 22 m de profondeur, autour de l'île de Pha ou vers quelques épaves coulées dans le coin.

– ***Observation de l'avifaune*** *(zieuter les oiseaux quoi !)* **:** *depuis le débarcadère, prendre la route goudronnée vers le nord, sur env 10,5 km, puis à droite le soi Sala Moo Ha (c'est fléché).* La rivière, qui s'immisce dans les terres sur le côté est de l'île, ainsi que la mangrove qui s'y développe constituent un théâtre de choix pour l'observation des oiseaux. Peut-être aurez-vous la chance d'y observer le marabout chevelu *(Leptoptilos javanicus),* un des oiseaux les plus laids qu'on connaisse.

RANONG – ระนอง

20 000 hab.

Située à environ 300 km au nord de Phuket, au niveau de la partie la plus étroite de la péninsule malaise, Ranong, ceinte de forêts primaires et de mangroves, est au cœur de la région la plus arrosée de Thaïlande. Ville

thermale grâce à ses sources d'eau chaude (gratuites), c'est aussi la ville frontalière par excellence, laquelle bénéficie aujourd'hui des changements en cours au Myanmar (Birmanie) voisin. Il règne sur ses marchés une ambiance nonchalante, mâtinée d'influences chinoises et birmanes. Ranong, c'est aussi la porte d'entrée des îles de rêve que sont Ko Chang et Ko Phayam.

Arriver – Quitter

En bus

Le ***terminal des bus*** se trouve à 1 petit km du centre-ville, au niveau de la RN 4, appelée aussi *Phetkasem* *(6/60-61 Moo 1, Phetkasem Rd, Tambon Bang Rin, Amphoe Mueang Ranong ; ☎ 077-811-548).* D'ici, compter bien 20-30 mn en *songthaew* (6h-18h) pour se rendre à la petite gare maritime de Phayam Pier (appelé aussi Saphan Pla), d'où partent les bateaux (*speed-boats* et ferries) pour les îles. 2 couleurs, rouge ou bleu. Prendre le bleu, ligne n° 6.

➢ ***Bangkok :*** depuis la capitale, départs du *Southern Bus Terminal* (Sai Tai Mai ; *☎ 022-460-339 ou 📱 06-18-43-30-91*). Bus 2e classe 7h30-19h, ttes les heures. Départs quotidiens à 8h, 20h, 20h30 et 20h45. Bus VIP 20h-22h50. Le plus commode est de prendre un bus de nuit. Compter 9h de trajet. Dans l'autre sens, départs à 10h30, 19h et 20h.

➢ ***Phuket :*** 7 départs de Phuket 5h30-18h (majoritairement le mat). Dessert au passage Takua Pa et Khao Lak. Dans l'autre sens, bus à 6h30, 9h30 et 16h. 5h de trajet.

➢ ***Surat Thani :*** départs ttes les heures 6h-17h, dans les 2 sens. Compter 3h de trajet.

En train

Pas de gare ferroviaire à Ranong. Si vous êtes fou du rail, il faut transiter par Chumphon, d'où partent des minibus pour Ranong ttes les heures (6h-17h ; compter 2h de trajet).

En avion

✈ ***L'aéroport de Ranong*** se situe une bonne vingtaine de km au sud de la ville *(91/7 Moo 3, Ratcharkrud, Mueang Ranong ; ☎ 077-862-253 ; • nokair.com •).* Depuis Bangkok (aéroport Don Muang), 2 liaisons quotidiennes, à 8h10 et 17h25, assurées par *Nokair.* Retour de Ranong à 10h05. De l'aéroport, compter env 40 mn pour arriver en ville.

En bateau

La petite station maritime pour se rendre sur les îles Ko Chang et Ko Phayam se situe à ***Saphan Pla,*** un quartier situé au sud-ouest du centre (compter 15-20 mn en transport collectif). C'est d'ici que partent les ferries et les *speed-boats* (ces derniers, en saison touristique seulement). Sur place, il y des parkings pour y garer sa voiture *(payants, env 100 Bts/j.),* quelques gargotes mais pas d'hébergements proprement dits. 3 compagnies maritimes de *speed-boats* se partagent le marché : *Nava Andaman, Surathat Group* et *Koh Phayam Seafood.* Arriver à l'embarcadère env 30 mn avt le départ.

➢ ***Vers Ko Phayam :*** tte l'année, départ des ferries à 9h30 et 14h (un ferry à 10h en hte saison). Compter bien 2h de navigation. Prix : 200 Bts. En saison, 1 *speed-boat* ttes les heures, voire ttes les 30 mn, 7h-17h (ttes compagnies confondues). Dernier retour de Ko Phayam à 17h30. Traversée env 35-45 mn selon l'état de la mer. Prix 350 Bts. En hte saison, penser à réserver par l'intermédiaire de votre hébergeur ou d'une agence *(MAM, Baan Rim Tha Lay Travel ; 📱 08-72-74-55-81).*

➢ ***Vers Ko Chang :*** départ à 9h30,13h et 14h en *long-tail boat* (1 seul ferry à 9h30 en basse saison). Traversée en 2h. Fonctionne en hte saison seulement *(📱 08-97-27-98-76).*

Informations utiles

Formalités de sortie de Thaïlande vers le Myanmar (Birmanie)

Ranong est connu des expats et des voyageurs au long court, car c'est ici qu'on vient user du « visa-run », une formalité qui consiste à sortir de Thaïlande pour y revenir illico afin de bénéficier d'un nouveau visa. Vous devez faire tamponner votre passeport au bureau de l'immigration (fléché soit *Immigration Checkpoint,* soit *Ranong Police Immigration* ou encore Ranong Custom, ça dépend ; dans les derniers 100 m, la flèche indique seulement *Paknam*). Le bureau, ouvert tous les jours à partir de 8h (ferme quand les Birmans l'ordonnent, en fin de journée), est situé à l'arrière du bâtiment situé en face du marché au poisson, côté bras de mer.

Une fois votre passeport tamponné par la police thaïlandaise, un capitaine de *long-tail boat* vous fera traverser, en à peine 30 mn, jusqu'à la petite ville birmane de Kawthaung. Sur place, vous ferez tamponner votre passeport auprès des autorités birmanes (prévoir un billet de 10 US$ en parfait état). Une formalité qui vous donne le droit de rester 10 jours au Myanmar, à condition de ne pas vous éloigner de plus de 5 km du poste d'immigration (bref, de rester en ville, quoi !).

Si vous faites seulement l'aller-retour, dites au *taxi-boat* que vous voulez retourner tout de suite en Thaïlande, il vous attendra le temps que vous accomplissiez les formalités.

Où dormir ? Où manger ?

D'un peu plus chic à plus chic (de 800 à 3 000 Bts / 23 à 86 €)

🏠 🍽 ***Le Ranong Bistro Hotel*** – เลอ ระนอง บิสโทร-โฮเทล : *140/10 Thamuang Rd.* ☎ *077-812-613 ou 826-026. Presque en face de l'église catholique, à env 10-15 mn à pied du centre-ville et à 20 mn à pied de la gare routière. Dans le bas de la fourchette de prix.* Petit hôtel moderne possédant des chambres assez grandes, tout confort et bien tenues. Celles côté rue sont peut-être un poil sonore. Cela dit, plein d'avantages : un accueil chaleureux de la proprio et de ses animaux (elle peut vous arranger votre transfert vers les îles), un parking gardé (utile si vous venez en voiture) et, surprise, un petit café, où vous prendrez votre petit déj avec de la vraie boulange ! Pour celles et ceux qui veulent faire le plein d'oseille avant d'embarquer vers les îles, il y a un distributeur au *7-Eleven* juste à côté.

🏠 🍽 ***Numsai Khaosuay Resort*** – น้ำใน เขาสวย รีสอร์ท : *14/19 Poemphon Rd.* ☎ *077-989-855.* 📱 *08-72-22-88-86.* • *numsaikhaosuay.com* • *Dans le centre (le marché se trouve sur l'arrière), à env 10-15 mn de marche de la gare routière. Petit déj-buffet compris.* C'est l'hôtel chicos de la ville. Il offre une petite trentaine de chambres, allant de la *standard* à la *deluxe* avec terrasse. Déco zen, dans un style birman tendance moderne. Tout confort, évidemment (clim, frigo, écran LCD, thé et café, produits d'accueil dans la salle de bains). Les espaces communs sont agréablement conçus autour d'une petite piscine, avec bar-resto, et d'un beau jardin. Parking. Accueil commercial néanmoins efficace.

🍽 ***Ranong Hideaway Restaurant-pizzeria*** – ร้านอาหารระนอง ไฮอะเวย์ : *323/7 Ruangrat Rd.* ☎ *09-62-64-34-55. Dans le centre-ville, sur Ruangrat Rd, la rue structurante du centre-ville, à côté du* Farm House Hotel. *Tlj 10h30-minuit. Prix moyens.* Presque au centre du marché de rue, qui se déroule le week-end. Dans une grande maison de style lanna traditionnelle, ouverte sur l'extérieur, un resto qui propose aussi bien de la cuisine thaïe qu'occidentale. Pizzas appréciées. Son billard est le point de ralliement des gars du coin.

KO PHAYAM – เกาะพยาม

• Carte *p. 519*

Avec ses plages de sable blanc bordées d'une eau cristalline, ses petites collines couvertes, tantôt de forêts primaires, tantôt de plantations d'hévéas et d'anacardiers (noix de cajou), Ko Phayam est l'archétype de l'île paradisiaque. Pas de voiture, on se déplace en 2-roues ou à pied. De toutes les manières, à quoi auraient-elles pu servir, étant donné qu'ici, à part buller sur la plage et refaire le monde à l'heure de l'apéro en attendant la prochaine *beach-party,* il n'y a pas grand-chose à se mettre sous la tong. Les routards de tous pays l'ont bien compris, et qui plus est depuis longtemps, puisque les plus anciens d'entre eux viennent y passer une bonne partie de notre hiver. Habitée à l'année par environ 500 âmes (Thaïs, Birmans et Chao Leh, les fameux gitans de la mer), Ko Phayam est aussi l'île du grand bouddha doré. Dernière chose : prévoyez suffisamment d'espèces avant de débarquer.

Chaque année, la 3e semaine de février se déroule le *Festival de la noix de cajou,* principale source de revenus de l'île avec le tourisme. C'est l'occasion de 2 jours de fiesta.

Arriver – Quitter

Ko Phayam est accessible tte l'année en ferry depuis Ranong et en *speed-boat* seulement en saison touristique (en gros, oct-avr). Pour les horaires et les modalités d'accès, voir le chapitre « Arriver – Quitter » à Ranong.

Ko Phayam pratique

Sur l'île, l'essentiel de l'activité se concentre au niveau de la jetée. C'est là que l'on trouve les loueurs de 2-roues et les marchands de carburant, les supérettes et les agences de voyages, dont certaines permettent de retirer de l'argent avec sa carte bancaire.

Pour partir explorer l'île, une petite route file vers l'intérieur ; elle se transforme en bande de roulement bétonnée par la suite. Au bout de 500 m, un départ sur la gauche (indiqué *Lazy Hut*) conduit vers la pointe sud-ouest de l'île (extrémité de la plage d'Ao Yai), puis 900 m plus loin, on arrive au carrefour principal. De là, sur la gauche en filant tout droit, le chemin va vers la zone des hôtels climatisés, situés dans la partie nord de la baie d'Ao Yai, ainsi que vers les hébergements situés dans l'anse de Khao Kwai (prendre à gauche sur environ 500 m, puis à droite). Du carrefour principal, en filant tout droit, la route se termine sur la baie de Kwang Peeb, véritable petit éden, non sans avoir desservi au passage, sur la gauche, une série de petits *resorts* et le célèbre *Hippy Bar.* La partie de l'île tournée vers le continent, en revanche, n'est pas super. La mer se retire très loin, et l'eau est trouble car la côte est très ventée.

Où dormir ?

À Ko Phayam, il faut savoir se passer de la climatisation, car mis à part une adresse haut de gamme très prisée des groupes de Chinois (*The Blue Sky Resort* – เดอะบูลสกาย รีอสร์ท), les hébergements, qui la proposent en option à leurs clients, ont chopé une bétonnite sévère ! Ces adresses sont à touche-touche sur la partie nord de la baie Ao Yai, là où la plage est la moins belle. On oubliera aussi la côte est, beaucoup trop ventée à notre goût, et dont certains hébergements commencent sérieusement à dater.

De prix moyens à un peu plus chic (de 400 à 1 500 Bts / 11,40 à 43 €)

June Horizon – จูน ฮอริโซน บังกะโล *(carte,* ***10****) : dans la partie basse d'Ao Khao Kwai (Buffalo Beach). 08-01-45-97-71. • junehorizonbeach@gmail.com • Du carrefour principal, prendre à gauche, puis 400 m après, à droite, c'est env 400 m après* Buffalo Bay Vacation Club. *Ouv nov-avr. Électricité 18h-6h seulement.* Une petite structure très « routarde », gérée par June. Elle propose une dizaine de bungalows assez sommaires, mais disposant tous d'une salle de bains (aménagée en extérieur autour d'un arbre), d'une literie bien ferme et d'une moustiquaire. Les plus chers ressemblent à des cases africaines. Notre attention s'est portée sur les 2 *Sky & Stars*, sorte de villas ouvertes à tous les vents, perchées sur de hauts pilotis (attention à l'échelle). Sinon, petit bar-resto de plage qui sert de quoi attendre que la mer monte.

Mountain Resort – รีสอร์ท เมาน์เท่น *(carte,* ***11****) : le dernier resort tt au bout de la plage de Buffalo Beach, au nord de l'île. 09-80-54-02-70 (Kanun). Seulement en saison. Pas de petit déj. Électricité 18h-23h.* Juste devant la plage la plus sympa de l'île, idéale pour les familles et les amateurs de *snorkelling.* À peine 5 bungalows avec brasseurs d'air, plantés dans une cocoteraie en bord de mer. Jardin très aéré, garni d'un agréable petit gazon pied-de-poule. Les bungalows sont en dur, sols carrelés et non mitoyens. Pas des masses de déco mais très propres, sanitaires basiques mais intégrés, avec douchette pour se rincer les pieds avant de s'étendre sur son lit *king size* au retour de la plage. Le resto, c'est l'affaire de Wanpen. Elle vous prépare des nouilles en moins de deux !

Green Tawan Resort – รีสอร์ท กรีน ตะวัน *(carte,* ***12****) : en face de l'unique école de l'île, au niveau du carrefour principal. 08-83-86-09-03. Tte l'année. Pas de petit déj. Électricité 9h-minuit.* Dans une forêt clairsemée, une vingtaine de bungalows bien isolés les uns des autres. 2 tailles, 10 ou 18 m², tous avec leur propre salle de bains, ventilo, moustiquaire et literie bien ferme. Buffalo Beach est à un petit quart d'heure de marche. Pas une mauvaise option, car très central.

Contact Bungalows – คอนแทค บังกะโล *(carte,* ***13****) : dans la partie sud de Buffalo Beach. • saowanee27@windowslive.com • Tte l'année. Pas de petit déj. Électricité 18h-6h.* Au menu, une petite dizaine de cottages en bois exotique, de taille variable, coiffés d'un chapeau bleu. Bien espacés les uns des autres, ils sont perchés sur pilotis dans un gentil petit fouillis qui domine la mer. Côté confort, ventilo et moustiquaire à tous les étages et salle de bains privative. Accès à une petite plage privée très tranquille. Le resto propose des prix tout à fait corrects, et l'accueil de Joe, le patron, est très avenant. Une bonne adresse pour ceux qui peuvent se passer du wifi.

Kwangpeeb Bay Resort *(carte,* ***14****) : sur la plage de Kwang Peeb, tt au nord de l'île. 09-53-65-30-22. • wisuwanwihok@gmail.com •* Plage de rêve, eau de cristal, et la jungle qui vient mourir dans la mer. Voilà ce qui sert d'écrin à cette petite douzaine de bungalows en bois, dont certains s'étagent à flanc de montage alors que d'autres surplombent la mer. Confort spartiate mais suffisant (salle de bains, moustiquaire), tous différents et correctement entretenus. Évitez quand même ceux situés à gauche du resto, quand on regarde la mer, ils sont plus près du groupe électrogène. Au resto, carrément sur la plage, le plat du jour est bon marché. Et tant que vous y êtes, essayez de faire glisser vos pieds dans le sable, vous allez voir, il chante !

Bamboo Bungalows – แบมบู บังกะโล *(carte,* ***15****) : sur la grande plage d'Ao Yai. 08-12-73-34-37.*

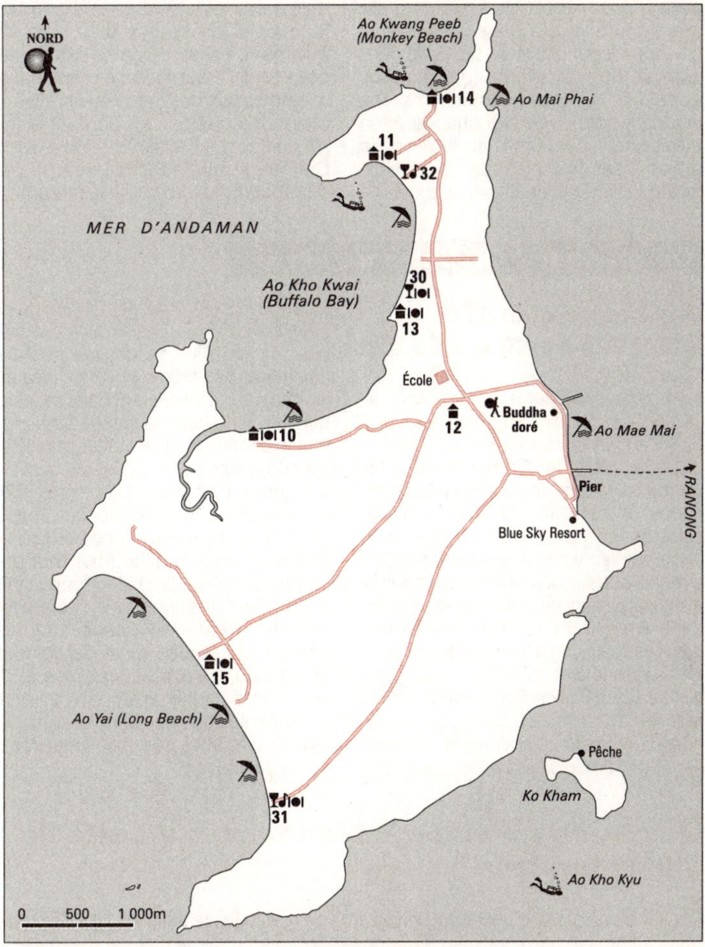

KO PHAYAM

Où dormir ?	
10 June Horizon	15 Bamboo Bungalows
11 Mountain Resort	**Où manger ?**
12 Green Tawan Resort	**Où boire un verre ?**
13 Contact Bungalows	30 Heaven Beach
14 Kwangpeeb Bay Resort	31 Long Beach Restaurant
	32 Hippy Bar

• bamboo-bungalows.com • Du carrefour principal, prendre la direction du King Paradise *jusqu'à la dernière intersection, puis à gauche, c'est 100 m après sur la droite. Tte l'année. Électricité par groupe électrogène.* À votre arrivée, ne vous fiez pas à la belle porte blanche qui pourrait laisser

penser à un *resort* de luxe, ce n'est pas du tout le cas. Dans une forêt de bord de plage, plusieurs types de bungalows, du tout simple tout bambou et palmes tressées (un peu sombre) à la *junior suite* avec eau chaude, bien meublée, spacieuse et lumineuse grâce à ses nombreuses baies. Hormis la taille de la chambre et la qualité du couchage, le confort est à peu près identique (brasseurs d'air, moustiquaires et salles de bains extérieures pour tous). Pour le reste, sieste avec la stridulation des insectes et réveil au chant des oiseaux. En bord de plage, joli petit resto. Kayaks et surfs à dispo. Dommage que l'accueil soit un peu dépendant du jour ou de la saison.

Où manger ? Où boire un verre ?

Prix moyens (de 150 à 300 Bts / 4,30 à 8,60 €)

Heaven Beach *(carte, 30)* **:** *sur la plage de Buffalo Bay, face à un des plus beaux couchers de soleil de l'île. 08-28-06-04-13.* Ce petit resto attenant à un *resort* est l'endroit idéal pour siroter un cocktail à l'heure où le crépuscule rougit les lointains. Bien sûr, vous pouvez y rester dîner mais la cuisine ne nous a pas vraiment emballés (trop européanisée, pas assez épicée, sans saveurs). Organise des sorties vers les îles Surin à la journée (départ à 8h30, retour vers 15h30).

Long Beach Restaurant – ร้านอาหาร ลองบีช *(carte, 31)* **:** *à l'extrémité du chemin bétonné, qui va jusqu'à la pointe sud d'Ao Yai. Du débarcadère, prendre la route de l'intérieur sur env 500 m, puis à gauche (fléchage « Lazy Hut »), c'est tt au bout. Tlj 7h-23h.* Les tongs accrochées aux troncs des arbres en disent long sur les choses qui se passent dans ce resto-bar les pieds dans le sable ! Ambiance *peace & love* garantie. Idéal pour s'en jeter un le soir.

Hippy Bar – บาร์ ฮิปปี้ *(carte, 32)* **:** *dans la partie nord de Buffalo Beach. Tlj de 9h à très tard.* Un des selfies les plus expédiés de l'île. Faut dire que ce rade, tout en bois de récup', possède une esthétique indéniable avec son style *Pirate des Caraïbes* un poil déjanté. À l'ombre, plein de coins et de recoins, de petites terrasses et de belvédères (genre vigie). Live certains soirs et surtout, le rendez-vous des teufeurs les soirs de pleine lune. Pas la peine d'y manger.

Qu'est-ce qu'on peut bien faire sur cette île à part bronzer ?

Passer d'une plage à une autre en fonction de la marée, se balader dans l'intérieur de l'île (dans le nord, vers Ao Kwangpeeb, on peut avoir la chance d'apercevoir des singes), faire du kayak, du surf (Ao Yai), sinon :

Le grand bouddha doré : *à droite du débarcadère, prendre le petit chemin bétonné qui longe la côte est, c'est à env 800 m.* Un grand bouddha perché sur la colline témoigne de la tendance confessionnelle des insulaires (on aura aussi remarqué le nombre incalculable de chiens errants, contrairement aux îles où les musulmans sont majoritaires). Une petite balade pour une petite photo de vacances.

– **Snorkelling :** à Phayam, les meilleurs spots de *snorkelling* se situent dans la partie nord de la baie de Buffalo Beach (Ao Khao Kwai), juste devant le *Moutain Resort,* ainsi que vers la pointe rocheuse située sur le côté gauche de la plage de Kwangpeeb (Monkey Beach), tout au nord de l'île. On peut aussi participer à une sortie, à la demi-journée, en *long-tail boat.* Ces dernières comportent généralement 5 haltes, dont Ao Kho Kyu, Ao Khaokwai et Monkey Beach. Compter dans les 500 Bts par personne.

➢ ***Snorkelling vers Ko Kum ou Ko Surin :*** *sortie à la ½ journée. Départ 8h30 ou 9h30, retour en milieu d'ap-m. Compter 2 700 Bts pour Surin, 1 500 Bts pour Ko Kum, déjeuner et entrées dans les parcs compris. S'adresser à* Heaven Beach Resort *(voir plus haut « Où manger ? Où boire un verre ? »).* Des fonds marins encore préservés et une eau offrant une grande visibilité sont les atouts de ces îles très prisées des plongeurs.

KHAO SOK – อุทยานแหงชาติเขาสก

Ce parc national, qui s'étire sur 740 km², est couvert d'une forêt tropicale primaire peuplée d'une faune pour le moins exotique : gibbons, calaos, pythons, tigres et autres léopards. Si l'on ajoute les parcs adjacents de Sri Phang Nga au nord-ouest (rien à voir avec la baie), Khlong Phanom au sud, ainsi que 2 zones labellisées « Sanctuaires de la vie sauvage » *(Wildlife Sanctuary)*, voici rien moins que 4 400 km² de zones protégées ! Perché à près de 1 000 m d'altitude, Khao Sok a la particularité d'être la zone la plus humide du pays, car elle reçoit les moussons à la fois de la mer d'Andaman et du golfe de Thaïlande. On évitera donc d'y aller de mai à décembre. Cependant, c'est entre novembre et janvier que vous aurez le plus de chance de voir les rafflésies, la curiosité du parc.

UNE JOLIE FLEUR DANS UNE PEAU DE VACHE...

La rafflésie est une plante étonnante, car elle n'a ni tige ni feuilles et encore moins de racines. C'est juste une grosse fleur. Pour assurer sa reproduction, elle émet une odeur de cadavre en putréfaction, ce qui attire les mouches, lesquelles se chargent de la pollinisation. Ne la respirez pas, c'est tout bonnement insoutenable, et vous risquez de tomber dans les pommes !

TREKS, CANOË OU HAMAC ?

Khao Sok est un paradis pour les randonneurs. Le parc compte une dizaine de sentiers balisés cheminant à travers les formations karstiques caractéristiques du site. Paysage sublime, entre falaises, rivières encaissées, forêts, cascades et grottes. Il existe d'innombrables autres possibilités d'excursions dans les environs. Très populaire aussi, le canoë sur le fleuve Sok et les balades à dos d'éléphant. Mais n'allez pas penser que le coin ne s'adresse qu'aux fadas de la rando et autres « activistes ». Le petit village-rue qui s'est développé dégage une atmosphère particulièrement zen. Ici, peu d'immeubles pour gâcher les arrière-plans de pitons et falaises précédés de riches vergers.
Dans leur grande majorité, Les autochtones sont comparables à leur cadre de vie : calmes et parfois un peu lents, même du sourire. Laissez-leur le temps, pas d'urgence dans ce cadre immémorial...

Arriver – Quitter

Comment y aller ?

L'embranchement menant au parc se trouve à 36 km à l'est de l'embranchement situé à quelques kilomètres au nord de la petite ville de Takua Pa, sur la route (nº 401). Lors de votre arrivée, précisez au chauffeur votre destination afin qu'il vous dépose au croisement, d'où il ne reste que 1,5 km jusqu'à la guérite qui marque l'entrée du parc. Le village-rue démarre timidement de ce carrefour, puis se densifie progressivement. Attention, de Krabi, Ko Phi Phi, Ko Lanta, vous trouverez parfois des offres de minibus directs pour Khao Sok. Des problèmes ont été signalés. Retard volontaire sur la route, arrivée tardive et plus ou moins forcée dans une *guesthouse* amie... Cuisinez les vendeurs et soyez ferme en cas de problème.

➢ ***Depuis Phuket :*** rejoindre d'abord Takua Pa, d'où de nombreux bus assurent la liaison avec Surat Thani. Faites-vous déposer au carrefour. 7h-18h, ttes les heures.

➢ ***Depuis Krabi et Phang Nga :*** liaison en minibus 7 fois/j., 7h30-16h par Takua Pa. Un minibus assure une liaison directe en 2h par l'intérieur (se renseigner auprès d'une agence).

➢ ***Depuis Surat Thani :*** une dizaine de bus/j., 8h-17h. Trajet : env 2h.

Quitter Khao Sok

Choix entre les minibus et les bus réguliers. Tous les horaires sont affichés dans les hôtels et *guesthouses.* Se renseigner la veille du départ et réserver en pleine saison.

Pour les bus réguliers, marcher ou prendre un *songthaew* (on peut demander à sa *guesthouse*) jusqu'à l'arrêt des bus, pile à l'intersection avec la route nº 401.

➢ ***Pour Phuket (via Takua Pa et Khao Lak) :*** une dizaine de bus/j. (pratiquement ttes les heures), 7h-18h. Compter 3h30 de trajet jusqu'à Phuket ; à Takua Pa, dernière correspondance pour Krabi vers 14h30 (3h de trajet). Pour Phuket, bus plus nombreux jusque tard dans la journée.

➢ ***Pour Krabi :*** un minibus direct le matin à 8h30. Trajet : 2h. Sinon, 7 minibus/j. 6h-17h, avec Pichet Transport *(route 444 ; 📱 08-92-79-23-37),* qui transitent par Takua Pa, Khao Lak, Tap Lamu Pier et Phang Nga.

➢ ***Pour Surat Thani :*** une dizaine de bus/j. (pratiquement ttes les heures) 9h-16h. Compter 3h30 de trajet. Les minibus ont la même fréquence mais partent plus tôt (6h30-16h), ils desservent l'aéroport, la gare ferroviaire et le centre-ville. Celui de 8h est en correspondance avec le bateau qui va à Ko Samui, Ko Phangan et Ko Tao.

➢ ***Pour Ranong :*** minibus tlj à 13h ; arrivée à destination (Ranong centre) vers 16h. Possibilité de demander l'arrêt jusqu'à Ko Phayam Pier en se groupant. Un peu juste pour prendre le dernier *speed-boat* pour Ko Phayam cependant.

Khao Sok pratique

Pour localiser nos adresses, nous démarrons de l'embranchement entre la nationale et la petite route qui part plein nord vers l'entrée du parc national.

Les principaux services utiles au voyageur sont présents dans le village bordant la rue qui mène au parc.

Plusieurs petites agences vendent des billets pour les minivans privés. Quelques motos à louer (notamment auprès de *Bamboo House 2*). Réserver. Enfin, plusieurs salons de massage bienvenus après les crapahutages, ainsi que quelques supermarchés correctement approvisionnés.

Où dormir ?

– La grande spécialité, ici, ce sont les *tree houses.* Cela dit, l'appellation est parfois usurpée, car dans de nombreux cas, même perchées sur de hauts pilotis, lesdites cabanes ne sont pas construites dans les arbres mais à côté. Romantiques, souvent très rustiques et ludiques d'accès et de séjour (observation de la nature). On trouve également des bungalows, dont certains sont superbes car aménagés tout en bois tropical. La majorité d'entre eux possèdent la clim.

– Quand les hébergements sont enfoncés dans la nature, ne pas oublier sa lampe de poche. Ne pas laisser traîner de nourriture à l'air libre dans sa chambre, sous peine d'attirer des visiteurs indésirables.
– À Khao Sok, la haute saison court de novembre à mars. Attention, ça peut être chaud pour loger à l'adresse de son choix, bien qu'il existe une cinquantaine de pensions autour du parc. On vous conseille de réserver.
– Pour trouver nos adresses (dur de les louper de toute façon...), partir de l'embranchement avec la nationale.
– On peut aussi dormir au lac de Chiao Lan (lire « Dans les environs de Khao Sok »).

De bon marché à prix moyens (moins de 800 Bts / 23 €)

🏠 🍴 ***Jungle Huts*** – จังเกิล ฮัทส์ : *peu après Smiley, emprunter le chemin qui part vers la droite, juste après le bar qui donne les horaires des bus.* 📱 *09-66-54-41-63.* • *khaosokjunglehut.com* • *Petit déj en sus.* En tout, une vingtaine de huttes et bungalows dans un verger un peu fouillis. Les meilleurs emplacements (et les moins chers, car ils n'ont pas la clim !) sont au fond du jardin, au bord de la rivière avec les singes et quelques papillons pour tout visiteur. Accueil familial. Bien dans sa catégorie. Petit resto typique.

🏠 ***Smiley House*** – สไมล์เลย์ เฮ้าส์ : *resto-réception au bord de la route, 200 m avt le pont, sur la droite.* 📱 *08-98-71-57-44.* • *smileybungalow.com* • Bungalows sur pilotis, tous avec salle de bains, hamac et petite terrasse avec vue sur de la verdure en contrebas. Les plus chers sont assez coquets (brique et bois), les intermédiaires ont les terrasses les plus sympa, tandis que les 1ers prix sont limites en tenue (voire en rigidité !). Toujours ultra simples, avec le strict nécessaire. Famille sympa et serviable. Propose des excursions extra.

De prix moyens à un peu plus chic (de 400 à 1 500 Bts / 11,40 à 43 €)

🏠 ***Khao Sok Nature Resort*** – เนเชอร์รีสอร์ท เข้าส์ รีสอร์ท : *du carrefour, suivre la nationale sur env 500 m en direction de Surat Thani, puis à gauche (c'est fléché).* 📱 *08-61-20-05-88 ou 08-62-76-98-05.* • *khaosoknatureresort.com* • Falaises calcaires, arbres géants, jardin, rivière où l'on peut se baigner, des singes pas loin qui font de même. Bien au calme, hébergements très espacés, il y a tout ici pour décrocher de sa routine. Choix entre une dizaine de véritables *tree houses* aux aménagements personnalisés, comme « Backpacker », « Tarzan and Jane », « Jungle Family » (des chambres familiales, jusqu'à 4 personnes avec leurs 2 lits *king size* et la clim, très grandes, très clean, mais hors de prix). Également 2 bungalows en dur, simples et joliment aménagés, presque romantiques, avec la petite terrasse donnant sur la rivière. Ambiance nature sans sacrifier le confort (salle de bains, bonne literie, clim dans les familiales). Accueil sympa du couple de proprios. Un bel endroit pour se mettre au vert.

🏠 🍴 ***Khaosok Palmview Resort*** – เขาสก ปาล์ม วิวย์ : *passer le pont, puis tourner à droite sur une piste, puis à gauche (suivre les panneaux).* 📱 *08-71-29-26-62 (King Kong). Tte l'année.* Dans une plantation de palmiers à huile, une petite quinzaine de bungalows bien distants les uns des autres. Les moins chers (2 seulement) sont basiques mais ce sont surtout les grands (pour 2 à 3 personnes), avec leurs balcons sculptés entourant une petite terrasse, qui nous ont séduits. Côté confort, pas de clim, mais des brasseurs d'air et des moustiquaires. Le plus, ici, c'est le resto (on cuisine avec les légumes du potager), le billard, et surtout l'accueil de Kong, le proprio, toujours prêt à vous refiler un bon tuyau.

🏠 🍴 ***Morning Mist Resort*** – มอร์นิ่ง มิสท์ รีสอร์ท : *sur la droite avt le pont, en retrait de la route.* 📱 *09-53-56-34-66.* Choix entre des constructions de bois et de bambou sur pilotis (les *Mountain View)* et des chalets en dur (les *River View)* au bord de la rivière, plus grands et de bon confort (clim, frigo, cafetière) mais un peu trop massifs. Salles de bains avec eau chaude partout. Aménagement standard, propre. Plein d'espace dans un joli et reposant jardin-verger. Bon resto de cuisine locale (voir « Où manger ? »). Piscine. Réservation d'excursions et de navettes possible, au moins 48h à l'avance.

De chic à très chic (de 1 500 à plus de 3 000 Bts / 43 à plus de 86 €)

Khaosok River Lodge – เขาสก ริเวอร์ ลอดจ์ : *en allant vers l'entrée du parc, juste après le pont sur la droite. ☎ 077-395-165. 08-97-25-22-77. • khaosokriverlodge.com • Tte l'année. Petit déj inclus.* Une longue passerelle de bois, enjambant le lit de la rivière quand elle est en crue, dessert cette série de bungalows verts comme l'espérance et un peu mastoc. Cela dit, ils s'avèrent très bien équipés (douche chaude, clim, frigo, cafetière). Un peu sombres, car ombragés par la forêt, ils n'en demeurent pas moins cosy et surtout très tranquilles. Au retour d'une rando, c'est parfait, d'autant que le petit déj, pris en bordure de la rivière et selon son choix, est tout à fait requinquant, avec ses céréales, ses jus et ses fruits frais. Un bon rapport qualité-prix pour celles et ceux qui ne peuvent se passer de la clim ou qui voyagent pendant la mousson.

Our Jungle House – เอาย์ จังเกิล เฮ้าส์ : *passer le pont, puis tourner à droite sur une piste, c'est à 1,1 km (suivre les panneaux). 08-14-17-05-46. • khaosokaccommodation.com • Petit déj en supplément.* Le long de la rivière Sok, littéralement mangé par la forêt primaire avec ses bruits, ses odeurs, sa magie. Une vingtaine de bungalows et 8 cabanes perchées parmi les arbres. Simples constructions de bois et bambou, avec ou sans clim, pour 2 à 4 personnes (à notre avis, les *tree houses* sont un chouia surfacturées). Le tout dans le jardin, au sol, près de l'eau ou sur pilotis, sous la protection des grands arbres. Le parc est très étendu, certains hébergements sont relativement isolés, ce qui leur confère un charme indéniable et la sensation de faire corps avec la forêt. Ne pas oublier sa lampe de poche. Petit resto très sympa. Mieux vaut être motorisé.

Où jouer à l'explorateur dans les environs ?

Elephant Hills – ช้างเนินเขา : *170 Moo 7, Tambon Klong Sok. ☎ 052-001-186. • elephanthills.com • Sur la route de Surat Thani, au km 12,2 après le carrefour, sur la droite de la route (un peu moins de 7 km avt l'entrée du Klong Phanong National Park). Selon durée et saison, packages comprenant 2 à 4 j. d'activités (1 à 3 nuits) 10 000-25 000 Bts/adulte, la moitié par enfant.* Il manquait à cette région un vrai logement aventure à la Indiana Jones. Le voici ! Dans un environnement absolument magnifique de rivière, de canyons, de falaises abruptes et de pitons rocheux coiffés de végétation. Une petite quarantaine de bungalows et tentes pour 2 personnes (possibilité de lits d'appoint). Aménagement réussi, mais attention, pas de clim ! Piscine. Resto. Le séjour donne droit à une « interaction » avec la petite douzaine d'éléphants qu'élève le centre, à 6 km de là. Pas de rando à dos d'éléphant, en revanche. Organise aussi tout un panel d'activités dans les parcs des environs, notamment en tandem avec le *Floating Rainforest Camp,* situé sur le lac. Pour ceux qui veulent vivre l'aventure sans sacrifier au confort.

Où manger ?

À Khao Sok, il y a de grandes chances pour que vous dîniez où vous logez. Les adresses ci-après proposent une flopée de plats bon marché (moins de 100 Bts). L'addition grimpe vers les prix moyens si vous commandez du poisson (recommandé, délicieux !).

De bon marché à prix moyens (moins de 300 Bts / 8,60 €)

I●I ***Thai Herb Restaurant*** – ร้านอาหารไทยเฮิร์ป *: 200 m avt le pont, sur la droite. ☎ 077-395-153. 📱 08-92-89-00-18. Tlj 7h30-21h30.* Une passerelle mène à cette jolie terrasse couverte. Déco artisanale, des plantes partout. Large choix complet de plats thaïs : nouilles et riz sautés, currys, salades épicées, etc. Ingrédients très frais, dont certaines spécialités locales comme ces délicieuses fougères *(fern)* ou à base de taro (sorte de châtaigne). Essayer les *herb juices,* dont les vertus thérapeutiques sont expliquées sur la carte. Attention, service lent et beaucoup de monde.

I●I ***Morning Mist Restaurant*** – ร้านอาหาร มอร์นิ่ง มิสท์ *: dans l'enceinte du resort (voir « Où dormir ? »).* Grande construction sur pilotis sous toit de paille. Aéré et bien dans l'esprit du lieu. Ici, l'essentiel de la cuisine thaïe, ni plus, ni moins, mais d'un rapport qualité-prix tout à fait convenable. Effort de déco, style « nature et tradition ». Au calme, on passe un bon moment.

Randonnées et autres activités

Trekking

Trek par-ci et trek par-là, mais qu'est-ce que ça vaut tout ça ? Ici, pas d'ethnies, mais une quantité de forêts primaires incroyable, ainsi qu'une particularité : un relief karstique fournissant son lot habituel de pinacles et falaises-gruyères qu'on aime tant. Concernant l'offre, il convient de faire la distinction entre des journées mixtes incluant randonnée, éléphant, canoë, nage, et de moyennes et les grosses randos dont certaines peuvent être vraiment difficiles. Le rayon d'action est très étendu, d'autant que certaines agences commencent à explorer les autres parcs de la région. S'y ajoutent les randos nocturnes riches en rencontres. À part les quelques itinéraires assez courts et balisés à l'intérieur du parc (se munir d'un plan, d'eau et de choses à grignoter), toute randonnée DOIT se faire accompagné d'un guide. Toutes les *guesthouses* peuvent vous mettre en contact avec des guides pour faire un trek. Les prix des prestations sont fixés par *The Association of Khao Sok Tourism Business Operations.* Ils sont fixes mais ne comprennent pas l'entrée dans les différents parcs. À titre d'exemple : une rando guidée d'une journée coûte 1 000 Bts par personne, la rando de 2 jours, avec une nuit en *floating house* sur le lac, 2 500 Bts. Les agences se chargent de regrouper leurs clients. Essayez de discuter avec des trekkeurs de retour et de rencontrer votre guide avant de réserver. Certaines agences proposent aussi des stages de survie sur 3, 6 ou 9 jours, c'est très tendance.

Autres activités

Un tour à dos d'éléphant au bord de la rivière (1h ; env 800 Bts) ; du canoë sur la rivière Sok (2-3h ; autour de 800 Bts) ; flotter sur une chambre à air (tubing ; 2h ; 400 Bts).

DANS LES ENVIRONS DE KHAO SOK

👣👣 ***Le parc national de Khao Sok*** – อุทยานแห่ง ชาติเขาสก *: entrée avec guérite à l'extrémité nord du village, après le pont. ☎ 077-395-154. ● khaosok.com ● (site officiel du parc, très bien fait). Tlj 7h-19h (attention, le* Visitor Center *ferme à 16h, passé ce délai, on paie à la guérite de l'entrée). Droit d'accès : 300 Bts.* Tout de suite après le checkpoint, passer d'abord par le *Visitor Center* à gauche : photos et planches explicatives intéressantes. Y récupérer la brochure photocopiée qui décrit simplement mais utilement l'essentiel des sites en précisant les distances et les difficultés. Grosso modo, il faut savoir que de larges chemins aménagés mènent aux sites les plus proches (Wing Hin et Bang Leap Nam Waterfall), tandis que de véritables sentiers mènent aux plus belles cascades (Ton Kloy et Sipet Chan Waterfall) moyennant des traversées de rivières. Tout ça peut devenir extrêmement glissant en saison des pluies. Ne jamais partir seul.

Le lac de Chiao Lan : *à 65 km de Khao Sok. ☎ 077-311-522 ou 02-436-32-72 (à Bangkok).* Chiao Lan (ou Chiew Larn) est le lac de retenue formé par le barrage de Ratchaprapha. L'action de l'homme a créé un paysage étonnant, une sorte de Phang Nga terrestre. Le matin, des milliers de pinacles et de cimes d'arbres engloutis émergent comme autant de fantômes dans la brume.

Comment y aller ?

La visite du lac est proposée sous forme de tour par les pensions de Khao Sok (voir plus haut). Cependant, l'excursion est tout à fait faisable en solo à partir de la 2e entrée du parc (la 1re étant celle décrite ci-dessus). Si vous n'optez pas pour un 2-roues loué depuis le village où se trouve l'entrée « terrestre » du parc, pour y aller en transport collectif, il faut embarquer dans un bus à destination de Surat Thani et descendre à Baan Ta Khung. De là, poursuivre en *songthaew* sur les 12 derniers kilomètres (compter 100 Bts). Si vous avez opté pour un 2-roues, dans le centre du village de Baan Ta Khung, prenez la direction de Ratchaprapa Dam (panneau bleu), la route est très belle et relativement peu fréquentée. Quelques attractions en chemin pour les flâneurs : cascades, un village typique (Tam Phung) et une source chaude. Au bout de la route, prendre à gauche jusqu'au poste d'entrée du parc.

La visite

Passez une guérite où l'on vous remettra un ticket (rien à payer, mais conservez-le, il est demandé à la sortie). Prendre à droite sur environ 1,5 km en direction du View Point. Cantoches, petit office touristique, panorama sur une partie du lac et sur le barrage. Faire 1 km supplémentaire pour trouver l'embarcadère proprement dit et son bureau officiel où il faudra payer les 200 Bts de droit d'entrée.

Après avoir payé l'entrée, se diriger vers le quai pour les négociations. Choix entre une excursion de 2h (environ 2 500 Bts l'embarcation) ou d'une journée avec un certain nombre d'arrêts (prévoir 1 500 Bts par personne ; 20 % de réduc au-dessus de 4 personnes). Réservées depuis Khao Sok, les excursions tout compris coûtent autour de 1 000 Bts la journée, 1 800 Bts avec une nuit en tente et 2 500 Bts pour un hébergement sur le lac. Elles incluent du canoë et de la rando (plusieurs grottes sur les berges).

Ici, la fièvre des *raft houses* (maisons-radeaux) remplace celle des *tree houses* de Khao Sok. Confort très rudimentaire pour certains (salle de bains à partager, pas de clim). Résa conseillée. Prévoir 500 Bts la nuitée par personne, repas inclus. Le plus sympa est le ***Plern Prai*** *(📱 09-86-86-23-28 ; • khaosoklake.com/travel-item/plern-prai-raft-house-khao-sok-thailand/ •).* Plus loin, ***Sai Choi Tour*** *(📱 09-86-86-23-28 ; • khaosoklake.com/travel-item/sai-chon-raft-house-khao-sok-thailand/ •)* est assez sommaire. Rappelons que loger ici sous-entend de payer 1 500 à 2 000 Bts l'embarcation pour le trajet aller-retour (leur préciser quand vous voulez revenir), ce qui revient à une nuit assez chère.

Khlong Phanom National Park : *du carrefour sur la route 401, qui mène au village où se trouve l'entrée « terrestre » du parc, compter env 19 km ; l'entrée du parc de Khlong Phanom se trouve sur la droite, en allant vers Surat Thani. ☎ 077-918-559. Tlj 8h-16h30. Droit d'accès : 100 Bts. Pas d'hébergement en dur, juste un camping, il faut apporter son propre matériel.*

Khlong Phanom, c'est du vert et encore du vert, c'est le château d'eau de la région, puisqu'ici naissent la plupart des torrents qui vont grossir les rivières du coin. Le paysage est fantastique, avec ses tours de calcaires burinées par le temps qui émergent de la forêt, ses ruisseaux, ses cascades et ses grottes. On y trouve le plus gros bambou de Thaïlande, avec 60 à 80 cm de diamètre et pas moins de 30 à 40 m de haut ! Outre cette canne à pêche pour géant, pas mal d'espèces rares et des arbres si grands qu'ils chatouillent les nuages. Côté faune, des éléphants, des tapirs, des ours, des singes, ainsi qu'une grande variété de reptiles et d'oiseaux.
Dès l'entrée, vous pouvez solliciter les services d'un guide auprès du *Visitor Center* (pas besoin de réserver, compter 300 Bts pour une rando d'une journée). Un ranger vous accompagnera sur les sentiers du parc, vers la cascade de Khao Wong et vers l'ancien camp de base des forces armées, abandonné à la nature depuis les années 1960. Ne pas oublier son eau, de quoi grignoter et porter de bonnes chaussures.

KO PHI PHI (KO PEE PEE) – เกาะพีพี

• Carte *p. 529* • Zoom Tonsai *p. 533*

Ko Phi Phi est le nom générique donné aux îles de *Phi Phi Don* et *Phi Phi Ley,* réputées bien au-delà des frontières du pays pour leurs magnifiques plages de sable blanc, leurs falaises plongeant dans la mer, l'intense bleu turquoise de leurs eaux et la richesse de leurs fonds marins.
L'ensemble fait partie d'un parc national créé en 1983, définissant Phi Phi Ley, sauvage et inhabitée, comme sanctuaire de la vie marine. Une île qui devrait faire l'objet d'une vraie protection, ce qui n'est malheureusement pas le cas.
Sur Phi Phi Don, l'île principale, l'essentiel de l'activité est concentré dans le village de Tonsai, où arrivent tous les bateaux. Un village qui ne cesse de gagner sur la forêt depuis sa reconstruction consécutive au tsunami de 2004. De fait, il rassemble pas mal de monde (euphémisme !), tandis que la côte est de l'île possède encore des airs de paradis. Le revers de la médaille, c'est que les hébergements sur cette côte sont en grande majorité réservés aux voyageurs plutôt à l'aise côté porte-monnaie et qu'on y est très dépendant des bateaux. Leurs capitaines le savent et facturent assez chèrement.

UN PEU D'HISTOIRE

Ko Phi Phi, « l'île aux Esprits », fut de tout temps la citadelle imprenable des Urak Lawoi, une branche des Chao Leh, appelés aussi les « gitans de la mer », une ethnie nomade mi-bouddhiste mi-animiste, qui tire l'essentiel de son activité de la pêche et par le passé de la piraterie. Les hautes falaises calcaires de l'île cachent un labyrinthe de cavernes, où d'antiques dessins de voiliers attestent la présence de cette culture séculaire.

Parmi les plus belles eaux du monde !

Le grand plus de Ko Phi Phi, pour les plongeurs, c'est la richesse et la variété de sa faune sous-marine, couplées à une eau assez limpide. La présence de plancton en provenance du delta du nord de la baie a favorisé l'explosion de la vie. Côté faune, la grande vedette est le requin-léopard, quand bien même il se fait de plus en plus discret. D'un naturel pacifique, il n'a jamais fait de mal à une mouche, à l'instar d'ailleurs du requin à pointes noires qui, lui, est toujours bien présent. En tout cas, à Ko Phi Phi, nager ne serait-ce qu'avec un masque et un tuba est un régal ! Alors avec des bouteilles... Pour cela, il faut embarquer pour la demi-journée vers Phi Phi Ley, où se trouvent les meilleurs spots.

PHI PHI DON – เกาะพีพีดอน

Orientation

L'île a la forme d'un H, dont la barre de gauche serait tronquée. Les verticales sont des montagnes recouvertes de forêt. Le trait horizontal – une bande de terre d'à peine 100 m de large en son point le plus étroit – est bordé de chaque côté d'une plage en croissant de lune : Tonsai au sud et Loh Dalum au nord. La 1re rassemble des restos et des *resorts* au caractère plutôt familial, la 2de s'anime dès la tombée du jour et jusqu'à une heure avancée de la nuit. Une petite mais très dense bourgade s'est développée entre les 2. Les bateaux en provenance du continent ou d'autres îles arrivent à *Tonsai Bay,* bordée tout du long par des *long-tail boats* qui attendent de transporter des passagers vers d'autres points de l'île. En plus des 2 plages de l'isthme, l'île possède son chapelet de langues de sable doré ou carrément blanc, essentiellement situées sur sa côte est... La plupart sont squattées par des hôtels haut de gamme. Un vrai paysage de carte postale.

Arriver – Quitter

À noter : une taxe d'entrée de 20 Bts/pers est collectée à l'arrivée pour financer le transfert des 25 t d'ordures journalières de Phi Phi vers Krabi.

Les embarcadères principaux sont situés au beau milieu de Tonsai Bay.

– ***Remarque :*** si vous achetez ici votre billet de retour, sachez que les agences qui les vendent ne les proposent pas toutes aux mêmes prix... et qu'il est donc judicieux de comparer. Attention aux arnaques et aux prix gonflés.

➢ ***Phuket*** : jusqu'à 10 bateaux/j. en saison, 9h-16h de Phi Phi (7h-12h dans l'autre sens) ; compter 1-2h de traversée selon l'embarcation et min 350 Bts le billet.

➢ ***Krabi :*** 4 départs/j. en hte saison pour *Klong Jilad Pier,* au sud de Krabi Town, à 9h et 15h30, depuis Krabi 4 liaisons/j. entre 9h et 15h. Prix : env 300-450 Bts. Durée : 1h30-2h.

➢ ***Ao Nang (Krabi) :*** l'*Ao Nang Princess* assure en principe 2 liaisons/j., à 9h30 et 15h30 de Phi Phi (idem dans l'autre sens), avec arrêt au passage à Railay Beach. Env 2h de trajet et 450 Bts.

➢ ***Ko Lanta :*** en saison, 7-8 bateaux/j., 11h30-15h30 de Phi Phi, 2 bateaux de Lanta, 8h et 13h. Compter 30 mn à 1h, et 300-450 Bts.

Où dormir ?

- **20** Phi Phi Paradise Pearl Bungalow et PP Blue Sky Resort
- **21** Phi Phi The Beach Resort
- **23** Phi Phi Relax Beach Resort
- **24** Phi Phi Island Village Beach Resort
- **25** Phi Phi Natural Resort
- **26** Zeavola
- **27** P. P. Erawan Palms Resort

Où manger ?

- **26** Restaurants de l'hôtel Zeavola
- **38** Mama Ping et Jasmin Restaurant

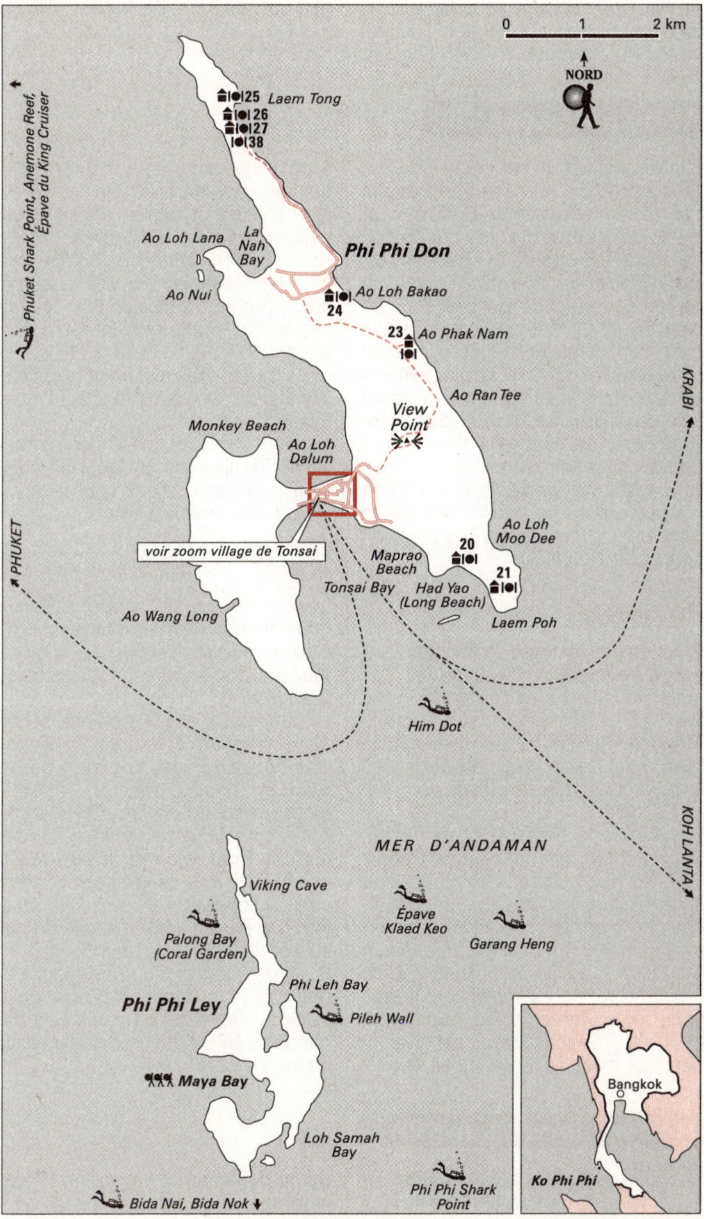
0
1
2 km
NORD
Phuket Shark Point, Anemone Reef, Épave du King Cruiser
25 Laem Tong
26
27
38
Ao Loh Lana
La Nah Bay
Phi Phi Don
Ao Nui
Ao Loh Bakao
24
23
Ao Phak Nam
Ao Ran Tee
KRABI
View Point
Monkey Beach
Ao Loh Dalum
voir zoom village de Tonsai
PHUKET
Ao Loh Moo Dee
20
Maprao Beach
21
Tonsai Bay
Had Yao (Long Beach)
Ao Wang Long
Laem Poh
Him Dot
MER D'ANDAMAN
KOH LANTA
Viking Cave
Épave Klaed Keo
Palong Bay (Coral Garden)
Garang Heng
Phi Leh Bay
Phi Phi Ley
Pileh Wall
Maya Bay
Loh Samah Bay
Bangkok
Ko Phi Phi
Phi Phi Shark Point
Bida Nai, Bida Nok

KO PHI PHI

➢ ***Ko Lipe :*** en saison, 2 départ/j., à 9h *(speed-boat)* et 9h30 (ferry rapide) de Phi Phi. Compter 3h15-4h de trajet et autour de 2 000 Bts le billet. Bateaux via Ko Lanta, Ko Ngai, Ko Muk et Ko Bulone.

Transports sur l'île

Pas de voitures (ou si peu) ! On peut aller à pied de Tonsai à Long Beach par un sentier (compter 35-40 mn), et même, une fois là-bas, jusqu'à Ao Loh Moo Dee (au sud de la côte est). Un autre chemin escarpé et peu fréquenté permet également de rejoindre (en 1h30) le milieu de la côte est depuis Tonsai, par l'intérieur de l'île (en passant par un superbe point de vue ; voir plus loin nos conseils dans le paragraphe « À pied ») puis, de là, de rallier les *resorts* de Laem Tong Beach (au nord de la côte est).
Pour tous les autres endroits, ou si l'on est un tant soit peu chargé (ou qu'on n'a pas envie – ou pas le temps – de marcher), il faut utiliser les *long-tail boats* (voir ci-après).

En bateau

C'est un peu le mode de transport privilégié pour rallier un point de l'île à un autre, vu l'absence d'autres véhicules. Seul hic : c'est assez cher, quoique fonction du nombre de passagers à bord, sans parler des conséquences écologiques désastreuses pour les fonds marins.
Pour aller de Tonsai à *Long Beach,* par exemple, attendez-vous à payer 100 Bts par personne dans chaque sens. Mais pour toutes les autres destinations, le prix dépend de la distance : minimum 700 Bts pour *Ran Tee Beach* et 900 Bts pour *Laem Tong Beach* (pointe nord) par exemple, si vous êtes seul, depuis Tonsai (après négociation, bien sûr...). Si vous êtes 2, compter un peu plus mais, au moins, vous serez 2 à payer (et ainsi de suite). Attention aux retours nocturnes (bien se renseigner au sujet du dernier départ prévu), objets de pas mal d'arnaques.
Autre solution : affréter un *long-tail boat* à la demi-journée (3h) ou à la journée (6h), pour se balader ou aller faire du *snorkelling.* Compter alors respectivement 1 500-2 000 Bts et 3 000 Bts, ce qui est raisonnable si on est plusieurs (les bateaux peuvent prendre au moins 8 personnes).
Dernière chose, quand la mer est mauvaise, les liaisons en *long-tail boats* sont aléatoires. Mieux vaut le savoir quand on choisit son hôtel.

À pied

Les amateurs de rando rallieront quasiment toutes les plages de l'île à pied, mais les sentiers ne sont pas toujours bien indiqués. Voici les trajets possibles.
– Entre *Tonsai* et *Long Beach* (sentier plat et bien visible, compter 35-40 mn) ; puis de *Long Beach* à la plage de *Loh Moo Dee* (10 mn à peine).
– Entre *Tonsai* et *Loh Bakao* (c'est le chemin à travers l'île, peu indiqué, compter environ 1h30 – ça monte puis redescend – ... si vous ne vous perdez pas !), puis de *Loh Bakao* à *Laem Tong* ou *La Nah Bay* (aucun problème, chemin plat, environ 30 mn jusqu'à *Laem Tong*).
Si vous disposez d'un smartphone ou d'une tablette, pensez à télécharger la carte de l'île avant de partir, cela permettra au GPS de vous localiser en cas d'erreur d'aiguillage !

Hébergement sur l'île

Les tarifs sont assez élevés, surtout sur les plages en dehors de Tonsai, où il n'y a que des *resorts* un peu chics... voire très chics. Et c'est évidemment encore pire pendant la *peak season* (pleine saison), qui va grosso modo de mi-décembre à mi-janvier. Pensez aussi que si vous êtes hébergé sur la côte est de l'île, vous êtes entièrement dépendant des *long-tail boats,* ce qui n'allégera en rien le prix – déjà élevé – de vos nuitées.

TONSAI ET LOH DALUM BEACH – หาดตนไทรและหาดโลดาลัม

Le « village » de Tonsai se situe au niveau des débarcadères et s'étend jusqu'à Loh Dalum, l'anse opposée. C'est ici qu'on trouve la plupart des services, commerces et hébergements bon marché (ou plutôt pas trop chers !). Du coup, c'est ici aussi que logent la plupart des *backpackers,* ce qui donne au lieu l'aspect d'un camp de vacances plus que d'une bourgade indigène... d'autant que les nuits y sont animées (et bruyantes) du côté de Loh Dalum Beach. Une zone qu'éviteront d'ailleurs soigneusement ceux qui ont le sommeil léger.
Plus tranquilles, les hébergements côté sud, notamment sur le côté droit de la jetée quand on débarque. Mais là, et jusqu'à Long Beach, c'est en journée que ça se complique, car le balai continu et pétaradant des *long-tail boats* vous empêche de bronzer tranquille ! Bref, Phi Phi, victime de son succès, a bien du mal à satisfaire tout le monde. Heureusement, l'île ne se résume pas à Tonsai, et il suffit presque d'en sortir pour l'apprécier à sa juste valeur...

Adresses utiles à Tonsai

■ ***Poste de police*** *(zoom Tonsai, B2,* ***1****)* ***:*** *dans la rue qui longe la baie de Tonsai. ☎ 075-601-061. Ouv 24h/24.*
✚ ***Ko Phi Phi Hospital*** *(hors zoom Tonsai par A2)* ***:*** *08-64-76-94-20. Tlj 24h/24.*
■ ***Agences de tourisme :*** des petites officines à la pelle. Billets de bus, de bateau, excursions, etc. Il n'est pas inutile de comparer les offres et les prix... Sinon, on vous conseille l'agence de la *Phi Phi Dream Guesthouse,* tenue par des francophones.

Où dormir ?

La qualité de l'hébergement n'est pas toujours au rendez-vous à Tonsai, avec pas mal d'endroits qui vieillissent mal, à l'entretien aléatoire et à l'accueil amateur et peu anglophone. Si vous n'êtes pas venu spécialement pour faire la fête ou que vous avez le sommeil léger, mieux vaut aussi éviter les abords immédiats de la plage nord (Loh Dalum Beach).
Si vous optez pour les hébergements de la côte est – isolés, donc beaucoup plus tranquilles –, sachez que vous aurez du mal à être à l'heure pour votre rendez-vous de plongée, par exemple, car il n'est pas facile de trouver un *long-tail boat* qui vous rapatrie vers Tonsai aux aurores.

Bon marché (moins de 1 000 Bts / 28,60 €)

Le village compte un certain nombre d'AJ, ou plutôt de ***dortoirs,*** séparés de la rue par une simple porte ! On n'en cite pas car ils ne sont pas difficiles à trouver... et ils se ressemblent tous. Vraiment la formule destinée à ceux qui sont venus avant tout pour faire la bringue. Si vous optez pour cette solution, attendez-vous à payer 300-600 Bts par personne la nuit (et à être réveillé de temps en temps...).

⌂ ***Phi Phi Dream*** – พีพี ดรีม *(zoom Tonsai, B1,* ***10****)* ***:*** *à droite sur le chemin du View Point, à peu près face à* Harmony House. *08-98-74-87-16. • phiphidreamguesthouse.com • Sans petit déj.* Une auberge faite pour dormir (pas d'alcool, pas de bazar après 20h). Elle offre une petite quinzaine de chambres à l'étage, dans un long bâtiment de style traditionnel. Avec ventilo ou clim, mais toutes avec salle de bains et eau chaude, TV écran plat et coffre-fort. Ensemble très bien tenu et finalement de bon confort pour le prix ! De plus, les proprios sont francophones et très accueillants quand ils sont là. Épicerie en bas (où l'on parle le français aussi) et petite agence de voyages attenante pour organiser votre séjour. Notre meilleure adresse dans cette catégorie.
⌂ ***Tee Guesthouse*** – ตี๋ เกสท์เฮ้าส์ *(zoom Tonsai, B2,* ***11****)* ***:*** *156 Moo 7.*

08-48-51-57-21 (Carine) ou 08-84-42-36-17. Pas de petit déj. Autre petite adresse francophone, dans une partie de Tonsai assez tranquille. Une douzaine de chambres réparties sur 2 niveaux, dans un bâtiment en brique. Elles sont simples mais propres et agréables, avec salle de bains et, pour les plus chères, la clim. Ça reste sobre et bon marché. Thé et café à dispo à la réception. Bon accueil.

Prix moyens (de 1 000 à 2 500 Bts / 28,60 à 71,40 €)

Garden Home Bungalows – พี.พี. การ์เด้น โฮม *(zoom Tonsai, B1,* ***12****) : un peu après le* Phi Phi *et le* Garden Inn *(ne pas confondre). 08-06-91-14-60. Petit déj en sus.* Au calme, dans un joli jardin luxuriant, une huitaine de bungalows à la déco tropicale soignée, où domine le bois. 5 d'entre eux possèdent la clim. Les autres sont moins chers. TV, frigo, coffre-fort, petite terrasse et salle de bains (eau chaude) partout, avec des plantes, miroirs et portes en coquillages pour certaines. Tout ça a bien du charme. Petit resto. Accueil affable.

Kitty Guesthouse *(hors zoom Tonsai par B1,* ***13****) : 805 Moo 7. 08-18-94-11-98. • kittyguesthouse@gmail.com •* Du côté de la partie festive de Tonsai, autant vous prévenir. Un peu de bruit donc, mais si cela ne vous gêne pas trop, ou que vous êtes vous-même fêtard, cette petite *guesthouse* tenue par un couple thaï-anglo-micronésien très accueillant devrait vous convenir. Une vingtaine de chambrettes fraîches et tout confort, la plupart avec balcon, dans un bâtiment carrelé bien net. Pas de petit déj mais café et biscuits offerts.

De plus chic à très chic (de 2 500 à plus de 5 000 Bts / 71,40 à plus de 143 €)

Up Hill Cottage – อัปฮิลค็อดเท็ช *(zoom Tonsai, B1,* ***14****) : lorsque le chemin pour* View Point *devient un escalier, poursuivre encore tt droit en laissant les marches sur votre gauche. ☎ 075-601-124. • phiphiuphillcottage.com • Petit déj en sus.* Une trentaine de bungalows et de chambres dans des corps de bâtiment en bois blanc accrochés à la colline. Elles sont plutôt mignonnettes, avec vue pour les plus haut perchées. Pour le reste, confort standard. Petite piscine. Bon, faut quand même aimer la grimpette ! Accueil aimable.

Mama Beach Residence – มามา บีช เรซิเด้นซ์ *(hors zoom Tonsai par A2,* ***15****) : à 10 mn à pied du débarcadère ; suivre la plage sur la gauche, c'est au bout. 08-84-43-13-63. • mama-beach.com • Petit déj inclus.* Mis à part le vacarme que font les *long-tail boats* à longueur de journée, cet hôtel, dont le proprio est Français, n'a que des qualités ! Il est situé dans un bel environnement pour Tonsai et les chambres (24 en tout, de taille variable, avec ou sans vue sur la mer) sont lumineuses et impeccables, bref, très plaisantes. Excellent confort aussi, avec mobilier design et salles de bains en dur ou en bois. Le tout autour d'un beau jardin devant la plage, avec jacuzzi et transats. Service de baby-sitting, massages... Sans oublier le sympathique resto, qui propose une savoureuse cuisine thaïe et franco-italienne. Bon accueil en français. On recommande vivement !

P. P. Palmtree Resort – พี.พี. ปาล์มทรี รีสอรท *(zoom Tonsai, B2,* ***16****) : 125/89 Moo 7, au cœur du village. ☎ 075-601-023. 08-18-92-62-42. • pp-palmtree.com • Petit déj inclus.* En plein centre du village et pourtant, l'hôtel est bien isolé de l'agitation. Une grosse soixantaine de chambres nickel et bien finies dans des bâtiments encadrant une belle piscine (on a un faible pour celles avec accès direct à cette dernière !). De plus, tout le confort est là, et la déco thaïe est très plaisante. Un très bon choix là aussi dans cette gamme de prix.

P. P. Casita *(zoom Tonsai, B1,* ***17****) : à 10 mn à pied du débarcadère ; suivre la direction* View Point*, c'est à une patte-d'oie sur la gauche. • ppcasita.com • Les enfants de moins de 10 ans ne sont pas acceptés (sauf si*

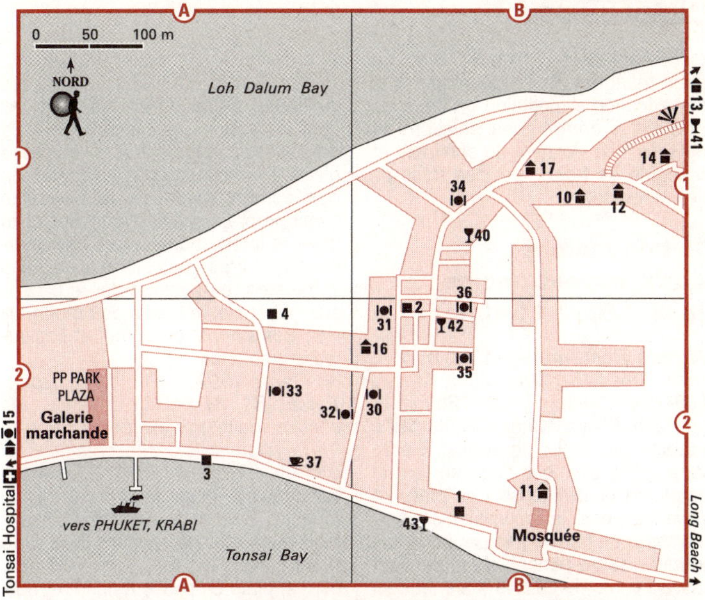

TONSAI (Zoom)

Adresses utiles

- Tonsai Hospital (hors plan par A2)
- **1** Poste de police (B2)
- **2** Phi Phi Diving (B2)
- **3** Phi Phi Underwater (A2)
- **4** Antrek (A2)

Où dormir ?

- **10** Phi Phi Dream (B1)
- **11** Tee Guesthouse (B2)
- **12** Garden Home Bungalows (B1)
- **13** Kitty Guesthouse (hors plan par B1)
- **14** Up Hill Cottage (B1)
- **15** Mama Beach Residence (hors plan par A2)
- **16** P. P. Palmtree Resort (B2)
- **17** P. P. Casita (B1)

Où manger ?

- **30** Pum Restaurant (B2)
- **31** Tom Yam (B2)
- **32** Dow Vegan Food (A-B2)
- **33** Anna's Restaurant (A2)
- **34** Garlic 1992 (B1)
- **35** Papaya Restaurant (B2)
- **36** La Mamita (B1-2)

Où prendre le petit déj ?

- **37** Patcharee Bakery (A2)

Où boire un verre ? Où sortir ?

- **40** Banana Bar (B1)
- **41** The Only Bar (hors plan par B1)
- **42** Reggae Bar (B2)
- **43** Carlito's (B2)

résa en ligne). Petit déj-buffet inclus. Le moins cher dans cette catégorie. Il s'agit d'un grand complexe un peu vieillissant mais qui tient encore la route. 4 catégories de logements ici. Les petits bungalows avec salle de bains, clim, frigo, coffre et TV, desservis par des passerelles en vieux bois, sont d'un confort correct, mais un peu riquiqui. L'autre option, un peu plus chère mais plus confortable : les chambres dans les bâtiments adossés à la colline. Pour les budgets aisés enfin, il y a les cottages et les villas. Piscine avec jacuzzi, bon petit déj-buffet. Pas donné quand même (pour les prestations), mais l'ensemble reste agréable.

Où manger ?

Il convient d'être prudent avec ce qu'on mange à Phi Phi (quelques cas d'intoxication alimentaire) car tous les produits, y compris les poissons et fruits de mer, viennent du continent et la chaîne de froid n'est pas toujours bien respectée.

De bon marché à prix moyens (moins de 400 Bts / 11,40 €)

Pum Restaurant – ร้านอาหารปุ้ม (zoom Tonsai, B2, **30**) : 125/40 Moo 7. 08-15-21-89-04. Tlj 11h (13h mer et dim)-21h. Minuscule adresse (à peine 5 tables) au cœur de Tonsai. Petite carte, mais une jolie surprise tant la simplicité et la finesse des plats se marient à merveille. En dessert, essayez le plateau de fruits à tremper dans une coupelle sucre-piment, un régal. Sert aussi d'école de cuisine thaïe, et ceci explique cela.

Tom Yam – ร้านอาหารต้มยำ (zoom Tonsai, B2, **31**) : 125/114 Moo 7, en face de Phi Phi Diving. 08-53-33-88-48. Tlj 10h-23h. Un petit local ventilé ouvert sur la rue, où l'on sert une cuisine thaïe savoureuse et très peu chère. Même les poissons entiers ne vous ruineront pas. Pourquoi se priver ?

Dow Vegan Food – ร้านอาหารดาว (zoom Tonsai, A-B2, **32**) : 125/31 Moo 7. 08-22-01-12-20. Tlj 12h-22h. Déjà de la rue, on a le regard accroché par cette petite salle bien nette aux murs tout couverts de livres. La tambouille, végétalienne de A à Z, est tout aussi soignée et hygiénique, avec de succulents currys, mais aussi des salades, soupes, sandwichs, burgers et pizzas. Parfait pour les non-viandards !

Anna's Restaurant – หจก อัญนาส พีพี (zoom Tonsai, A2, **33**) : à 100 m du débarcadère (prendre à droite puis la 1re rue à gauche). 08-59-23-25-96. Tlj 10h30-16h, 18h30-22h30. L'un des meilleurs restos du village, tous les gens installés ici vous le diront ! On se déchausse avant d'entrer et l'on prend place à l'une des grosses tables en bois sombre dans une salle carrelée super propre. Dans l'assiette, des plats thaïs et internationaux fort bien tournés, du burger (succulent) au rouleau végétarien, en passant par le canard aux lychees et le kebab de bœuf. Service très sympa, en prime, et chaleureuse ambiance.

Garlic 1992 – กาลิค 1992 (zoom Tonsai, B1, **34**) : rue principale, une centaine de mètres avt la fourche où se trouve l'hôtel P. P. Casita, côté gauche. 09-54-25-85-84. Tlj 9h-23h. Autre valeur sûre à Tonsai, attirant pas mal de routards. En vedette, les röstis suisses ! Mais aussi toute la panoplie de la carte thaïe classique : *tom yam, pad thai*, currys, plats en sauce d'huître et noix de cajou, etc. Toujours une bonne ambiance, et accueil aimable de Pajai, la patronne.

Papaya Restaurant – ร้านอาหารพาพายา (zoom Tonsai, B2, **35**) : dans la rue principale, tournez à droite au niveau de l'agence Western Union, c'est un peu plus loin sur la droite. 09-11-57-20-07. Tlj 8h30-22h. Un petit resto qui ne paie pas de mine, mais qui sert une excellente nourriture halal, thaïe et indienne. Un bon rapport qualité-prix. Pas de bière mais on peut apporter la sienne. Accueil très gentil du proprio et de ses chats qui dorment dans le frigo.

La Mamita (zoom Tonsai, B1-2, **36**) : 125/83 Moo 7. Tlj 10h-23h30. Fait le plein de *farang* tous les soirs. Sans surprise, on viendra ici plutôt pour les pâtes et les pizzas, de bonne facture. Sinon, plats mexicains, israéliens, et même de la paella et du couscous ! Bon et pas cher. Service sans façon.

Où prendre le petit déj ?

Patcharee Bakery – ร้านเบเกอรี่พัชรี (zoom Tonsai, A2, **37**) : ☎ 075-601-017. Dans la rue qui longe Tonsai Bay, à 200 m du débarcadère.

LE SUD : ITINÉRAIRE BANGKOK – HAT YAI

Tlj 7h-20h. L'un des rares endroits qui proposent de vraies viennoiseries mais, du fait de l'humidité ambiante, mieux vaut en profiter le plus tôt possible (après 8-9h, elles commencent à ramollir !). Également des formules de petits déj, à accompagner d'un bon café. Très bien.

Où boire un verre ? Où sortir ?

Tonsai, qui est l'épicentre de la vie nocturne à Phi Phi, prend tous les soirs des allures de grande fiesta à ciel ouvert, surtout du côté nord du village et sur la plage de Loh Dalum, qui accueille aussi des shows pyrotechniques parfois lourds en décibels. L'animation démarre dès la tombée du jour et bat son plein entre 23h et 2h (heure à laquelle les bars doivent, en théorie, cesser de vendre de l'alcool), avec des jeunes vacanciers qui déambulent par grappes un *bucket* (petit seau rempli de rhum ou whisky-coca) à la main, à la recherche des frissons que la fièvre des soirées tropicales et chaudes est censée procurer...

🍸 ***Banana Bar*** *(zoom Tonsai, B1,* ***40****) : au fond d'une allée perpendiculaire à la rue principale. Tlj à partir de 11h.* En terrasse sur le toit, sur 2 niveaux. L'un des bars les plus populaires de l'île, souvent plein à craquer de gringos, qui parlent fort, s'esclaffent, godillent, jouent au *beer-pong*... Un passage obligé pour ceux qui aiment la fête.

🍸 ***The Only Bar*** *(hors zoom Tonsai par B1,* ***41****) : au nord de la plage de Loh Dalum. Tlj à partir de 11h.* Avec sa terrasse surplombant les rochers face à la mer, c'est l'un des meilleurs bars au coucher du soleil. Bon choix de cocktails et musique électro-planante.

🍸 ***Reggae Bar*** – เรกเก้ บาร์ *(zoom Tonsai, B2,* ***42****) : au cœur du village. Tlj 18h-1h.* Envie de réveiller vos instincts guerriers ? Ce bar est fait pour vous ! Avec son ring de boxe au milieu, il invite les clients à se mesurer à un boxeur thaï ou, plus simplement, à s'affronter entre eux... pour un *bucket* de bière ou de rhum ! Et ça attire des hordes de curieux, venus se repaître du spectacle, qui a des allures de catch ! Petite précision : il faut acheter sa conso avant d'entrer, et les prix sont plutôt élevés.

🍸 ***Carlito's*** – การ์ลิโต้ส์บาร์ *(zoom Tonsai, B2,* ***43****) : sur la promenade de Tonsai Bay. Tlj 11h-2h.* Un classique de Tonsai, bien que situé côté sud (plus tranquille le soir). Musique live dès 19h30 et *fire show* à partir de 21h30, jusqu'au bout de la soirée.

MAPRAO BEACH – หาดมะพราว

La plage entre Tonsai et Long Beach, accessible par le chemin côtier qui longe la mer. Le problème de cette partie de la côte, c'est le bruit pétaradant et incessant des *long-tail boats*. À quoi ça sert d'être sur une plage paradisiaque si on ne s'entend même plus bronzer ?

LONG BEACH – ลองบีช

Comme son nom l'indique, une longue plage, à 40-45 mn à pied à l'est du débarcadère (après Maprao Beach). Un peu de grimpette, aidée par des cordes. Et service régulier de bateaux-taxis depuis Tonsai. Jolie vue sur Phi Phi Ley, qui s'élève au-dessus des flots. Bon spot de *snorkelling* à l'extrémité est de la plage, où l'on peut avoir la chance d'apercevoir des requins pointes-noires de bonne heure le matin ou en fin de journée. Long Beach est un choix acceptable de résidence pour profiter du sable bien blanc et des eaux transparentes de l'île si l'on ne veut pas trop s'éloigner de Tonsai. Cependant, il faudra faire abstraction des décibels provoqués par le ballet incessant des *long-tail boats*...

De Long Beach, en remontant plein nord, par un petit chemin (balisé), on atteint en 15 mn de marche la plage de ***Loh Moo Dee Beach.*** Belle et assez large, elle est très appréciée, entre autres, des groupes de Chinois venus de Phuket ou Krabi pour la journée (éviter le créneau 11h-15h pour plus de tranquillité). Splendides couchers de soleil.

Où dormir ? Où manger à Long Beach ?

De plus chic à très chic (de 2 500 à plus de 5 000 Bts / 71,40 à plus de 143 €)

Phi Phi Paradise Pearl Bungalow – พีพีพาราไดซ์เพิร์ลบังกาโล *(carte, **20**) : à l'extrême gauche de la plage, en venant de la mer. • phiphiparadisepearl.com • Résa seulement sur Internet. Petit déj compris.* Pour les amateurs de bronzette, une cinquantaine de bungalows tout confort de différents prix, selon la taille, la vue et la situation. Tous avec terrasse privée et une jolie déco thaïe. Petits salons de massages, supérette, resto avec une très agréable terrasse face à la mer, bref, un vrai petit village de vacances !

PP Blue Sky Resort – พีพี บูลสกาย รีสอร์ท *(carte, **20**) : à l'extrême gauche de la plage, en venant de la mer, enclavé dans le* Paradise Pearl Bungalow. *09-28-72-25-54. • ppblueskyresort.com • Petit déj en sus.* Dans un jardin aux allées bien dessinées, un ensemble d'une petite quinzaine de bungalows avec terrasse, au look un peu méditerranéen. Sol carrelé, grande baie vitrée, déco épurée à dominante blanc et bleu. Ici aussi, prix en fonction de la vue et de l'orientation. Un bon plan, d'autant que le wifi fonctionne partout, ce qui n'est pas toujours le cas par ici.

Phi Phi The Beach Resort – เดอะบีชรีสอร์ท *(carte, **21**) : à l'extrémité est de la plage. 06-21-91-49-45 (bureau à Krabi) ou 08-65-49-78-79 (à Phuket). • phiphithebeach.com • Petit déj inclus.* L'adresse chicos de Long Beach (préparez-vous à casser votre petit cochon). Un ensemble d'une petite soixantaine de bungalows en bois ou en dur, aux toits traditionnels (style chapeaux pointus), répartis à flanc de colline sur des pilotis. Les moins chers sont vieillissants mais des travaux de rénovation sont prévus. Quant aux autres, tout en bois, ils offrent un très bon confort et surtout la vue sur la mer pour les plus chers (certes pas donnés !). Ceux avec vue sur la mer sont certes très chers mais ils sont magnifiques, tant au niveau de la déco que du confort (douche immense), sans compter la terrasse, surplombant un joli bout de plage avec resto, bar et piscines.

LES PLAGES DE LA CÔTE EST ET DU NORD DE L'ÎLE

Ces superbes plages révèlent la magnificence, par endroits, de l'île, et sont particulièrement appréciées de ceux qui cherchent le calme, les coins de nature encore préservés... et qui peuvent aligner les bahts ! C'est l'anti-Tonsai pour l'ambiance, mais aussi, un peu, pour les prix...

Ao Ran Tee – อ่าวรันตี

Cette plage sauvage n'est pas vraiment accessible à pied ; en gros il faut prendre un bateau-taxi (pour minimum 700 Bts par trajet). Beaux coraux à quelques mètres du rivage et baignade géniale, malgré quelques constructions vieillissantes çà et là.

Ao Phak Nam – อ่าวปากน้ำ

Crique isolée entre Ran Tee et Loh Bakao, accessible seulement en *long-tail boat* aussi depuis Tonsai. Superbe bout de plage, où la baignade est extra. On peut déjà faire du *snorkelling* à 100 m de la plage. Un vrai petit bout de paradis, mais qui se facture cher, et comme tout le monde s'est passé l'info...

Où dormir à Ao Phak Nam ?

De prix moyens à plus chic (de 1 000 à plus de 5 000 Bts / 28,60 à plus de 143 €)

🏠 🍽 ***Phi Phi Relax Beach Resort*** – รีแลกซ์บีชรีสอร์ท *(carte, **23**) :* 📱 *08-94-75-65-36.* • *phiphirelaxresort.com* • *De/vers Tonsai, 2 navettes/j. pour env 150 Bts/pers. Petit déj en sus. Électricité 18h-8h seulement.* Une adresse isolée, perdue dans les feuillages en bordure d'une plage magnifique, que l'on pourrait presque qualifier de « robinsonnesque »... si ce n'est qu'elle ne désemplit pas en haute saison ! Chalets en bois, bambou et matériaux naturels, équipés d'un ventilo (pas de clim), d'une moustiquaire et d'une salle de bains plutôt coquette (eau froide). Simple, mais séduisant. Les moins chers sont petits et situés à l'arrière. Préférez les *Beach Front,* si vous le pouvez. En revanche, évitez les bungalows situés à côté de la cuisine et du bâtiment des employés (B16 et B22, notamment), dont la vue est gâchée. Resto correct. Bien sûr, tous les services annexes sont surfacturés.

Ao Loh Bakao – อ่าวและหาดล่อบาเกา

Plage située au milieu de la côte est de l'île. Si vous voulez faire bicher vos collègues restés au boulot, c'est assurément ici que vous vous fendrez d'un *selfie* ! La plage est carrément superbe, mais peu ombragée, et à marée basse, c'est plutôt trempette que baignade (barrière de corail). Reliée à Laem Tong et Nah Bay par un sentier facile. Prendre le pont suspendu à l'extrémité de la plage, puis à gauche pour Nah Bay et à droite pour Laem Tong ; la voie est partiellement dallée. Dernière chose : un énorme *resort* de luxe de plus de 200 bungalows occupe tout le site... pas vraiment de petits restos de plage pour faire une pause, donc.

Où dormir à Ao Loh Bakao ?

Très chic (plus de 5 000 Bts / 143 €)

🏠 🍽 ***Phi Phi Island Village Beach Resort*** *(carte, **24**) :* ☎ *075-628-900.* • *phiphiislandvillage.com* • Gros complexe de plus de 200 bungalows, de 7 catégories différentes, la plupart construits dans le style local, ce qui confère à l'ensemble l'allure d'un village. Avec ou sans vue, sur la mer ou sur la piscine, de la familiale à la grande villa... Évidemment, c'est spacieux (même les 1ers prix), luxueux et classieux. Plusieurs restos de qualité, dont un avec buffet le soir. Superbe piscine à chaque extrémité du domaine. Plein de services (y compris des nounous pour les enfants) et d'activités : spa, yoga, tennis, fitness, pétanque, kayak, club de plongée, boutique... Et un personnel très attentionné.

Laem Tong Beach – หาดแหลมทอง

Au nord de la côte est, on y accède en long-tail boat *depuis Tonsai.* Vraiment une des plus belles plages de l'île, avec son sable blanc et son eau turquoise. À noter qu'il existe encore un Gipsy Village très vivant au milieu de la plage. Le soir, les gamins rentrés de l'école jouent sur le sable, les habitants font et écoutent de la musique, et l'on échappe enfin à l'atmosphère figée des hôtels. L'un des coins les plus sympas de Phi Phi, à notre avis, mais encore faut-il avoir les moyens d'y séjourner !

➢ C'est aussi le point de départ pour se rendre sur l'***île Bamboo,*** un spot de *snorkelling* situé juste en face, qui abrite aussi un parc national (400 Bts l'entrée). La plage est très jolie, certes, la mer émeraude, bref le lieu serait idéal pour passer une journée de détente, mais vous n'y serez malheureusement pas seul. On y est en 20 mn. Bien négocier le prix de la traversée avec les pêcheurs propriétaires des *long-tail boats* et fixer l'heure du retour. C'est moins cher que les bateaux des hôtels : environ 1 500-1 800 Bts pour 3h, selon la distance et le nombre de personnes et jusqu'à 3 000 Bts la journée, ce qui permet ensuite de pousser jusqu'à Phi Phi Ley.

Où dormir à Laem Tong Beach ?

Les hôtels proposent tous une navette de bateau (autour de 200-250 Bts par personne) pour Tonsai, en principe 4 fois par jour en saison.

De plus chic à très chic (de 2 500 à plus de 5 000 Bts / 71,40 à plus de 143 €)

Phi Phi Natural Resort – พีพี เนเชอร์รัล รีสอร์ท *(carte,* ***25****) : à la pointe nord de la baie. ☎ 075-818-706 ou 707 ou 076-21-21-67 (à Phuket). • phiphinatural.com •* Le *resort* le moins cher de la plage. Très grand complexe de bungalows, assez espacés dans un énorme jardin, ceinturant l'école du village. Les chambres standards sont dans 2 bâtiments tout à l'arrière, carrément loin de la réception. Mais elles sont correctes et vous n'en trouverez pas de moins chères dans cette partie de l'île. Sinon, *superior villa* et *cottage* ou encore, face à la mer, bien plus chers, les *deluxe cottages.* Également des bungalows pour 4 à 6 personnes, proportionnellement plus abordables. Passons sur les villas, hors de prix, avec piscine et jacuzzi privés... Petite piscine surplombant la mer, resto et bar. Accueil souriant.

P. P. Erawan Palms Resort – พีพี เอราวัณ ปาล์ม รีสอร์ท *(carte,* ***27****) : côté gauche de la plage en regardant la mer, à droite du Zeavola Resort. ☎ 075-818- 713 ou 714. 📱 08-26-45-85-49. • pperawanpalms.com •* Face à la plage, le bain matinal n'est qu'à un jet de pierre ! Dans les 1ers prix, vous logerez dans des bâtiments en retrait, dans des chambres lumineuses, au confort standard. Sinon, des cottages (*superior* ou *deluxe*), tout en bois et qui ne manquent de rien, si ce n'est d'une petite promo de temps en temps pour les rendre accessibles au commun des mortels... Belle piscine devant la mer, entourée de transats, et bon resto sur la plage. Accueil et service très pro.

Spécial coup de folie

Zeavola – รีสอร์ทซีโวล่า *(carte,* ***26****) : juste avt le* Phi Phi Natural Resort. *☎ 075-627-000. • zeavola.com • À partir de 11 000 Bts en saison.* Dès la réception, posée sur le sable, on sent qu'on est dans une adresse exceptionnelle. Au milieu d'une végétation foisonnante, étagées depuis la plage jusqu'aux hauteurs de la colline, de vraies maisonnettes tout en bois et bambou. Chacune comprend une chambre (entièrement vitrée), installée sur une belle plateforme couverte (mais sans murs !) qui fait office de salon, et d'une salle de bains à ciel ouvert. La vie au grand air, mais version luxe, dans un esprit balino-thaï où bois sombres et textiles rouge terre font écho à la jungle ambiante. Tout confort bien sûr, mais 4 catégories de prix selon la taille (« à peine » 40 m² pour les plus petites...) et la vue sur la grande turquoise. Les plus chères, haut perchées, ont leur propre piscinette. Plage aménagée, prêt de kayaks et de palmes et tubas, spa (payant), resto (excellent, voir plus bas). Accueil et service aussi pro que discret : idéal pour un voyage de noces, par exemple.

Où manger à Laem Tong Beach ?

De prix moyens à plus chic (de 200 à 800 Bts / 5,70 à 23 €)

I●I ***Mama Ping** (carte, **38**) :* *au milieu de la plage.* ☎ *06-53-86-92-72. Tlj 9h-22h.* Coincé entre les 2 terrasses du *Jasmin Restaurant* (voir ci-après), avec des tables et banquettes posées sur le sable. Au menu : des produits de la mer bien frais, simplement travaillés mais pleins de saveurs : crabe sur lit de vermicelles, poisson en sauce, calamars sautés à l'ail, curry de crevettes, etc. Également quelques plats internationaux, pour contenter une clientèle peu thaïe. Bon accueil et service très agréable.

I●I ***Jasmin Restaurant** – ร้านอาหารจัสมินน์ (carte, **38**) :* *au milieu de la plage.* ☎ *08-62-77-09-59. Tlj 11h-22h.* 2 espaces les pieds dans le sable ici aussi, à 20 m l'un de l'autre, surmontés chacun d'une terrasse sous une treille. Bonne cuisine thaïe, jus de fruits frais, noix de coco, glaces, et même des expressos italiens, faits à la machine. En dessert, demandez le *sticky rice with mango,* même s'ils ne l'ont pas à la carte. Musique rythmée, tendance reggae, et ambiance sympa.

I●I ***Restaurants de l'hôtel* Zeavola** *(carte, **26**) :* *juste avt le Phi Phi Natural Resort, le **Baxil** pour le petit déj, et le **Tacada**, ouv 10h-22h30.* L'adresse chic de la plage. Tables joliment dressées, avec éclairage à la bougie, bref, une ambiance romantique. Dans l'assiette, une délicieuse et authentique cuisine thaïe. Également des plats internationaux. Buffet 1 soir sur 2, plus cher.

La Nah Bay and Beach – อ่าวและหาดลาหน้า

Au nord-ouest de l'île, entre les 2 doigts formés par Tong Cape et La Nah Cape. On peut y aller directement à pied d'Ao Loh Bakao ou de Laem Tong. La Nah est une baie photogénique aux eaux turquoise... bien que souvent souillée de détritus. Heureusement que quelques bonnes âmes prennent parfois l'initiative de la nettoyer...

MONKEY BEACH – ชายหาดลิ

Sur la branche ouest du « H » que forme Phi Phi, côté nord. On peut y accéder en kayak depuis Loh Dalum Beach (location sur la plage), en 15-20 mn. *Snorkelling* possible, beaux fonds marins et surtout... des singes, d'où le nom ! On trouve le même type de plages au sud de Tonsai aussi, sur la côte est de cette même masse terrestre. ***Attention, ne pas trop s'approcher des singes, vous risquez de vous faire mordre. Et là c'est piqûres contre la rage en urgence !*** De même, ne leur jetez pas de nourriture ! Les singes ne savent pas forcément nager et risqueraient de se noyer en cherchant à récupérer les restes de votre repas. Si vous voyiez des guides leur donner des cannettes de soda, ne les imitez pas. C'est très mauvais pour eux et la chose ne sert qu'à amuser la galerie de touristes ! Et pourtant, ça n'a rien de drôle... !

PHI PHI LEY – พีพีเล

« Sur la côte pullulaient par milliers ces précieuses salanganes, dont les nids comestibles forment un mets recherché dans le Céleste Empire. Mais tout ce spectacle varié, offert aux regards par le groupe des Andaman, passa vite, et le Rangoon s'achemina rapidement vers le détroit de Malacca, qui devait lui donner accès dans les mers de la Chine. »

Jules Verne, *Le Tour du monde en 80 jours*, 1873

C'est la plus petite île. Inhabitée, elle est célèbre pour ses coraux (aujourd'hui menacés d'extinction), sa *Maya Bay,* et pour sa *Viking cave,* une grotte surnommée ainsi à cause de modestes peintures rupestres. Les gitans de la mer (voir encadré, en début de chapitre) vont y ramasser les nids d'hirondelles (de salanganes en fait, un oiseau de la famille des martinets), de février à mai, au péril de leur vie. Les Chinois en sont très friands pour leur pouvoir prétendument aphrodisiaque. Opération délicate, sur de fragiles échafaudages de bambous. D'ailleurs, au milieu de la grotte, un autel est là pour implorer la protection des dieux. Sachez que la salangane construit son nid avec sa salive. Quand on lui retire ce nid, elle en construit un 2ᵉ. Si cela arrive une 3ᵉ fois, elle n'a plus assez de salive pour se remettre à l'ouvrage et les petits meurent... Pratiquement toutes les agences de Phuket prévoyaient cette visite dans leurs excursions à la journée sur Phi Phi Ley, avant que *Viking Cave* ne soit fermée en 2003.

Maya Bay – อ่าวมาหยา : la fameuse plage restera pour l'instant ***fermée au public pour une durée indéterminée.*** Ses 5 000 visiteurs quotidiens ont conduit à une érosion sévère de la plage, et la pollution des moteurs des bateaux a gravement endommagé une grande partie des récifs coralliens. Malgré une fermeture récente, une étude a prouvé que ces quelques mois ne suffiraient pas à endiguer la catastrophe. Les autorités ont donc décidé de clôturer le site jusqu'à ce que l'écosystème de la zone touchée revienne à un état stable. Et ils ont bien raison.

LÉOOOOOO !

Comme vous, tout le monde veut voir Maya Bay depuis que la plupart des scènes du film La Plage *y furent tournées, avec Leonardo DiCaprio et notre sirène nationale Virginie Ledoyen. Et c'est vrai que l'endroit a de la gueule, même si la baie fermée sur elle-même n'est que le fruit de l'imagination du metteur en scène. Idem pour le trou par lequel les gens de la plage s'engouffrent sous l'eau pour en sortir.*

À voir. À faire à Ko Phi Phi

Outre le ***farniente*** et la ***plongée sous-marine*** (voir plus bas), qui sont les 2 activités-phare de Phi Phi, on peut aussi, et c'est même très recommandé, faire du ***snorkelling.*** Attention, enfiler absolument un T-shirt car, si le nez est tourné vers le fond, le dos rôtit méchamment. Presque toutes les agences proposent l'excursion à la demi-journée, qui coûte environ 800 Bts par personne (accès au parc naturel compris). Seul hic : vous n'êtes pas le seul à vouloir en faire et l'on se retrouve avec des dizaines d'autres palmipèdes sur le bateau, sans compter tous les autres bateaux, notamment ceux qui viennent de Phuket ou de Krabi.
Moralité : on conseille d'***affréter un* long-tail boat** (en principe ils ont du matériel de *snorkelling* à bord) à plusieurs et, surtout, de ***partir de bonne heure,*** en tout

cas d'éviter le créneau 9h-15h, sinon c'est rapidement le bazar, avec les dizaines de bateaux qui pétaradent autour de vous, l'eau qui se trouble et les poissons qui finissent par s'éclipser. Le meilleur site pour « *snorkeller* » est Loh Samah Bay, sur la côte sud-est de Phi Phi Ley. On rappelle que la location d'un *long-tail boat* coûte 1 500-2 000 Bts la demi-journée (3h) et environ 3 000 Bts la journée (6h). À quoi il faut ajouter 400 Bts par personne pour l'accès au parc national, du moins si vous posez pied sur Phi Phi Ley... Finalement, à partir de 3 personnes, c'est à peine plus cher que si vous faites l'excursion avec une agence...

Randonnées : une alternative sympa au tout-farniente, d'autant que l'île compte ***quelques points de vue superbes,*** en particulier le *View Point 3* (accès 30 Bts), à environ 45 mn de marche de Tonsai. Le chemin, pas toujours bien indiqué, part de Loh Dalum Beach, à l'est de la plage, et passe d'abord par les *View Point 1* et *2,* mais c'est le 3e point de vue qui livre le meilleur panorama sur Phi Phi, en particulier sur les 2 anses de part et d'autre de l'isthme ! Être correctement chaussé, et surtout, emporter de l'eau (même s'il y a un petit bar au *View Point 3*).

■ ***Antrek*** *(zoom Tonsai, A2,* ***4****)* **:** une petite association gérée par des Français, qui propose une chouette balade guidée d'une demi-journée à travers l'île, de Tonsai jusqu'à la côte est, en passant par les *View Points.* Après un arrêt baignade sur une petite crique superbe et peu fréquentée, retour à Tonsai en début de soirée pour l'apéro, suivi d'un dîner avec tous les participants ! Compter 1 300 Bts par personne, tout compris, avec snacks et boissons pendant la balade. Attention à ne pas vous faire revendre l'excursion par d'autres. En tout cas, on les recommande pour leur connaissance de la Thaïlande et des tuyaux du coin ! Si ça vous tente, départ tous les jours à 14h (retour vers 20h) du *Treehouse Bar.* On peut aussi envoyer un e-mail à • *antrekphiphi@gmail.com* •

– ***Sports nautiques :*** sur Loh Dalum et à Tonsai, possibilité de louer des kayaks et des *paddle-boards.*
– ***Tatouages :*** ça ne vous aura pas échappé, Tonsai regorge d'ateliers de tatoueurs. Le *Can Do Tatoo,* le *Skull et l'Ink,* installés de longue date, sont sérieux. Les amateurs seront heureux d'apprendre que c'est facilement 2 à 3 fois moins cher qu'en France.

Plongée sous-marine à Ko Phi Phi

Ko Phi Phi reste l'un des meilleurs endroits où plonger en Thaïlande. Le coin est tellement réputé que tous les centres de plongée de Phuket, Krabi et Ko Lanta s'y rendent quotidiennement. Sur Phi Phi elle-même, nombreux centres à Tonsai, d'autres à Long Beach, auxquels il faut ajouter les clubs des grands hôtels de la côte est, qui ont tous le leur (souvent plus cher). La richesse des fonds marins est toujours bien là, même si l'écosystème s'est fragilisé et certaines espèces comme le requin-léopard se font parfois plus discrètes qu'avant... Quoi qu'il en soit, il serait regrettable d'aller à Ko Phi Phi sans découvrir ses beautés sous-marines légendaires. Un baptême de plongée au milieu de ces eaux si pleines de vie risque bien de rester à jamais gravé dans votre mémoire. La meilleure période (clarté des eaux maximale) se situe de novembre à début mai (la saison sèche... et touristique).

Clubs de plongée

Dans le village de Tonsai, une quinzaine de clubs se partagent le gâteau. Beaucoup d'instructeurs français, ou francophones. Et comme ils touchent une commission sur chaque client apporté, ces moniteurs (d'où qu'ils viennent) ont tendance à racoler devant leur club, d'autant que la concurrence est rude ! Pour faire votre choix, faites le tour des enseignes, questionnez vos collègues de bronzette. Car si les prix sont identiques, les prestations peuvent varier (sorties intimes de 4 personnes ou usines à plongée). Privilégiez le moniteur qui parle de son métier avec une « passion tranquille ». Si le patron du club de plongée plonge lui-même avec ses clients, c'est plutôt bon signe. La plupart des sorties durent 5h, avec un départ qui se situe entre 7h et 8h30. En tout état de cause, évitez celles de l'après-midi si c'est ce qu'on vous propose.

- ***Le coût :*** pour la demi-journée, avec 2 plongées en local, compter 2 500-3 100 Bts. Pour la journée (3 plongées, à *King Cruiser, Shark Point Phuket* et *Anemone Reef*) : 4 300 Bts. Côté initiation et formation, le *Discover Scuba Diving* (baptême) et l'*Open Water* (3 jours) sont respectivement proposés à 3 400 et 13 800 Bts... À tout cela, il faut ajouter 400 Bts pour l'accès au parc national.
- ***Sécurité :*** en cas d'accident, le caisson de décompression le plus proche se trouve à Phuket, à 45 mn en speed-boat. Mais il n'y a pour ainsi dire jamais d'accident de ce genre à Phi Phi car les plongées ne sont pas très profondes.

Face au grand choix de centres de plongée, nous avons retenu ceux-ci :

■ ***Phi Phi Diving*** *(zoom Tonsai, B2,* ***2****) : dans la rue principale du village, sur la droite, 50 m après l'agence* Western Union. *☎ 09-36-38-89-11.* • *phiphi diving.info* • Club de plongée tenu par Bill et sa compagne qui vivent sur l'île depuis 1994. Compter 200 Bts de plus qu'avec les autres clubs mais ici, on plonge avec les patrons (très expérimentés), en petit comité (12 personnes maximum, à bord du *Pakebo*), et au moins pendant 50 mn à chaque fois. De plus, on part avant tous les autres, ce qui permet de mieux profiter des sites. Enfin, Bill et sa compagne, 2 passionnés, sont très respectueux du milieu sous-marin. Excellent accueil et photos offertes (et non pas vendues) à la fin de la plongée. Pensez à prendre une clef USB.

■ ***Phi Phi Underwater*** *(zoom Tonsai, A2,* ***3****) : s'adresser à* ***Scool Divers****, à 2 pas du débarcadère, dans la rue principale. ☎ 08-53-67-60-15.* • *phiphi-underwater.com* • Il s'agit de la branche francophone d'un club tenu par des Thaïs. On plonge avec François, installé sur l'île depuis des années et seul moniteur *FFESSM* (Fédération française d'études et de sports sous-marins) de Phi Phi.

Nos meilleurs spots

La plupart des plongées se font autour – et au large – de Phi Phi Ley, à une profondeur maximale de 25 m. On peut y admirer quasi partout les traditionnels poissons-anges, poissons-trompettes, poissons-clowns et bancs de lutjans, mais aussi des rascasses, murènes, tortues, requins pointes-noires (gentils comme tout !) et, si on est un peu chanceux, des requins-léopards (surtout de mi-février à mi-mars).

Bida Nai et Bida Nok – ปิดะในและปิดะนอก : *au sud de Phi Phi Ley. Entre 6 et 30 m.* Les 2 plus belles plongées en local : murs de corail mou, mérous, bancs de vivaneaux, poulpes, et parfois même de gros barracudas.

Garang Heng : *à l'est de Phi Phi Ley. Entre 5 et 18 m.* Très peu fréquenté. Un pinacle sous-marin à la base duquel on trouve des rochers où se cache une vie incroyable : énormes poissons-scorpions, poissons-lions, seiches... et, avec un peu de chance, le requin-léopard. Non loin de là se trouve l'***épave du Klaed Keo,*** coulée en 2014, et qui est désormais un récif artificiel où règnent le poisson-lion, le poisson-scorpion, des barracudas et des platax.

À noter, ces 2 plongées de niveau 1 *(Open Water),* qu'il est possible d'effectuer en une même journée : le ***Pileh Wall*** – ผาปิเละ (à l'est de Phi Phi Ley), pour son fantastique mur de corail mou entre 3 et 20 m, puis le ***Phi Phi Shark Point*** – พีพีชาร์คพอยท์ pour ses requins-léopards qui dorment sur le fond et ses serpents de mer, pas agressifs pour un baht (c'est heureux car ils sont très venimeux !).

Coral garden (ou Palong bay) : *sur la côte nord-ouest de Phi Phi Ley. Entre 5 et 18 m.* Le meilleur site pour observer les requins à pointes noires. Nombreuses tortues aussi dans les parages.

Phuket Shark Point **– ภูเก็ตชาร์คพอยท :** *à 20 km au nord-ouest de Ko Phi Phi.* 2 récifs calcaires, jusqu'à 22 m de profondeur, fameux repaire de poissons-lions, poissons-papillons, murènes et beaucoup d'anémones... Très coloré. Jolis coraux. Un spot surtout fréquenté par les clubs de Phuket.

Anemone Reef **– อานีโมนีรีฟ :** *situé à env 1 km au nord-ouest du spot précédent.* Un magnifique récif isolé, entièrement recouvert d'anémones d'espèces différentes, entre 6 et 23 m de fond. Si le ballet délirant des poissons-clowns entre les tentacules des anémones vous inspire, évitez à tout prix de les imiter ! Ils sont les seuls à pouvoir s'y frotter sans crainte. Beaucoup de murènes et quelques barracudas.

L'épave du King Cruiser **– วริคคิงส์ครุยเซอร์ :** luxueux navire coulé en 1997 entre 16 et 32 m de profondeur, à quelques encablures d'*Anemone Reef.* L'un des sites les plus poissonneux de la baie, encore faut-il que la visibilité soit bonne. Très exposée au courant, c'est une plongée de niveau 2.

KRABI – กระบี่

52 000 hab. (456 000 hab. pour la province)

• Krabi Town (plan I) *p. 547* • Krabi – Les plages (plan II) *p. 551*

Avec ses multiples attraits, la province de Krabi attire un paquet de visiteurs. Cela grâce à une géologie fascinante, véritable hymne à la nature, avec ses innombrables pitons, ses falaises tombant dans la mer, ses grottes. Le tout ourlé d'une mer tantôt émeraude, tantôt azur, d'où émergent, çà et là, des îles couvertes de végétation primaire, ceintes de mangroves ou de criques secrètes. Un vrai terrain d'aventure, où les amateurs de sport de pleine nature seront aux anges : rando, *kayaking, snorkelling,* escalade... Mais pas que, puisque les contemplatifs trouveront aussi leur compte dans l'observation des oiseaux (pas moins de 4 parcs nationaux ici), tandis que les férus de bronzette n'auront que l'embarras du choix pour offrir à leur corps en manque de vitamine D l'une des nombreuses plages qui émaillent le littoral.
Si Ao Nang, la station la plus touristique, commence sérieusement à souffrir de surfréquentation en haute saison, la région recèle encore des coins tranquilles qui valent la peine d'être explorés.
La population est ici, à peu de choses près, moitié bouddhiste, moitié musulmane, et compte aussi l'habituelle minorité d'émigrés chinois, toujours très active. Tout ce petit monde cohabite sans grands heurts.
Sachez, aussi, qu'en période de mousson (de mai à septembre) pratiquement tout le secteur est déserté.

Arriver – Quitter

En avion

Krabi Airport *(hors plan I par A1) : à 15 km au nord-est du centre de Krabi et 27 km d'Ao Nang. • krabiairportonline.com* • À l'arrivée, bureau de tourisme de Krabi, change, ATM et loueurs de voitures *(Avis, National, Budget...).*

Quitter ou rejoindre l'aéroport

– ***En bus :*** compter 100 Bts pour la gare routière ou le centre de Krabi,

150 Bts pour la plage d'Ao Nang et 200 Bts pour celle de Klong Muang. Achat des billets dans le hall d'arrivée.
– ***En taxi :*** env 350-600 Bts pour le centre de Krabi ou l'embarcadère Klong Jilad Pier, et 600-1 050 Bts pour Ao Nang.

En bus gouvernemental (avec clim)

Krabi Bus Terminal *(hors plan I par A1)* ***:*** *près de Talat Kao, à 5 km au nord de Krabi Town ; pour s'y rendre, prendre un bus local* (songthaew) *ou un taxi (env 200 Bts). Rens : ☎ 075-663-503.*
➢ ***Bangkok :*** env 15 bus/j. depuis Krabi, la plupart en fin d'ap-m. De Bangkok, les bus partent en début de soirée. Trajet : 12h. Pour ceux qui voudraient voyager de jour, quelques départs le mat aussi (8h, 8h20, avec la compagnie *Lignite*).
➢ ***Phuket :*** env 1 bus/h, 8h-20h. Trajet : 2h30-3h. Les bus passent par Phang Nga.
➢ ***Ko Lanta :*** env 1 bus/h, 7h-17h. Trajet : env 1h30.
➢ ***Surat Thani :*** env 1 bus/h, 4h30-11h30. Minibus ttes les heures, 7h-17h. Trajet : 2-3h.
➢ ***Trang :*** env 1 bus/h, 6h-18h. Trajet : 2h.
➢ ***Hat Yai :*** env 1 bus/h, 9h-20h. Trajet : 4-5h.
➢ ***Khao Sok :*** bus ttes les 2h, 7h-16h20. Trajet en 3h.
➢ ***Ranong :*** 1 bus/h, en principe 8h30-12h. Trajet : 5-6h.

En bus privé

Une solution souvent plus pratique que les bus d'État, surtout si l'on préfère être transféré directement de la plage où l'on séjourne vers sa destination, sans passer par la ville de Krabi : dans les stations comme Ao Nang, de très nombreuses agences proposent le transfert (souvent en minivan climatisé) depuis votre hôtel jusqu'à ***Phuket, Ko Lanta, Bangkok, Surat Thani*** ou, incluant le bateau, ***Ko Samui, Ko Phangan*** et ***Ko Tao.*** Plus cher que les bus d'État mais, on le redit, plus rapide et plus pratique. Quant aux horaires, ils sont nombreux et évoluent constamment, le mieux est de faire son marché (dans les agences) une fois sur place.

En bateau

Plusieurs embarcadères dans la région de Krabi : dans le centre de Krabi (Kong Ka Pier et Chaofa Pier), au sud de la ville (Klong Jilad Pier), à Ao Nang (Noppharat Thara Pier) et, plus au nord, Thalane Pier (pour Koh Yao Noi). Comme pour les transferts terrestres, les agences vendent aussi les transferts par bateau, parfois en speedboat, avec transfert depuis votre hôtel. Pensez-y, cela peut être plus pratique et pas nécessairement plus cher que d'acheter le billet de bateau soi-même et de se rendre à l'embarcadère par ses propres moyens. Résa également possible en ligne sur ● *phuketferry.com* ●

Klong Jilad Pier *(hors plan I par A2 ou B3)* ***:*** *à 2-3 km au sud du centre de Krabi.* C'est l'embarcadère principal. Pour rejoindre le centre, possibilité de prendre un *songthaew* (50 Bts). En taxi, compter 350 Bts pour la ville, 400 Bts pour l'aéroport et 500 Bts pour la plage d'Ao Nang (tarifs affichés dans le hall du port).
➢ ***Ko Phi Phi :*** 4 liaisons/j., à 9h, 10h30, 13h30 et 16h depuis Krabi. Trajet : 1h30.
➢ ***Ko Lanta :*** 2 bateaux/j. en hte saison, à 9h et 10h30 de Krabi. Traversée en 2h. Sinon, d'autres départs de *Kong Ka Pier* (voir ci-dessous) ou de *Noppharat Thara Pier.*

Kong Ka Pier *(plan I, B2)* ***:*** *dans le centre de Krabi.*
➢ ***Ko Lanta :*** 2 départ/j. en saison, vers 11h30 et 14h. Env 2h15 de traversée.

Chaofa Pier *(plan I, B2)* ***:*** *à 2 pas de Kong Ka Pier.* Liaisons locales en *long-tail boat.*
➢ ***Railay et Sunrise Beach*** (***Railay Est*** ; plages accessibles seulement par la mer, voir plus loin) ***:*** 6-10 départs/j. en bateau-bus, 7h-18h. Traversée en 40 mn.

Noppharat Thara Pier : *à Ao Nang (plan II).*
➢ ***Ko Phi Phi :*** 1 liaison/j., à 9h30 d'Ao Nang. Trajet : 2h.

➢ ***Ko Lanta :*** 1 liaison/j., à 10h30 d'Ao Nang. Trajet : 2h15.
➢ ***Phuket :*** en saison, 1 liaison/j., à 15h d'Ao Nang. Trajet : 2h15.

Thalane Pier : *au nord-ouest de Krabi et au nord d'Ao Nang.*
➢ ***Ko Yao Noi :*** env 10 bateaux/j., 9h-17h30. Arrivée au Baan Tha Khao Pier sur Ko Yao Noi. Trajet : 50 mn en *long-tail boat* (la plupart des bateaux) ou 20 mn en *speed-boat.*

Long-tail boats : très nombreux, ils sillonnent la baie d'Ao Phra Nang et permettent de rallier les différentes plages. Voir nos indications pour chacune des plages.

KRABI TOWN

Nonchalamment étendue le long de la rivière du même nom, la ville de Krabi n'est qu'à une cinquantaine de km de Phuket à vol d'oiseau, mais à près de 200 km par la route.
Les voyageurs peuvent assurer pratiquement toutes leurs correspondances directement depuis la gare routière, sans entrer dans la ville. Résultat : Krabi Town a perdu un peu de son animation pour retrouver son caractère de capitale provinciale à demi assoupie, ce qui, selon nous, fait d'ailleurs son intérêt... Osons même un parallèle : elle est à Ao Nang ce que Phuket Town est à Patong...
Quelques sympathiques *guesthouses,* bars et restos du côté de Kong Ka Pier, d'où partent les bateaux pour Ko Lanta. Y résider est une bonne solution pour les petits budgets ou pour ceux qui veulent éviter la trépidante Ao Nang, où il est plus difficile de trouver des hébergements bon marché de qualité.
Pour se déplacer, *tuk-tuk* ou, plus pratique et moins cher, la location d'un 2-roues.

Adresses utiles

TAT – ท.ท.ท. *(office de tourisme ; hors plan I par A1) : 292 Thanon Maharat. ☎ 075-622-163 ou 164. • tourismthailand.org/krabi • Tlj 8h30-16h30.* Carte gratuite de la région, horaires des bateaux et des bus. Documentation assez abondante aussi sur les provinces voisines. Accueil sympa, et dans un anglais acceptable... si vous tombez bien !

Police touristique – ตำรวจท่องเที่ยว *: à Ao Nang. ☎ 1155 ou 075-637-208.*

Krabi Immigration *(hors plan I par A2) : 382 Moo 7, T. soi Thai Muang. ☎ 075-611-097. Lun-ven 8h30-17h. Fermé le w-e.* Pour prolonger son visa sur place. Prévoir 1 photo d'identité.

Krabi Hospital *(hors plan I par A1) : 325 Thanon Uttarakit. ☎ 075-626-700.*

Où dormir ?

À qualité égale, les hébergements sont facilement moitié moins chers ici que sur les plages (comme Ao Nang). La plupart d'entre eux peuvent réserver vos billets de transport, laver votre linge, vous procurer un 2-roues à louer, etc.

Bon marché (moins de 1 000 Bts / 28,60 €)

Cha Guesthouse – ชาเกสท์เฮ้าส์ *(plan I, B2,* ***11****) : 55 Thanon Uttarakit. ☎ 075-611-141. Face à la poste. Pas de petit déj.* Une vraie *guesthouse* à l'asiatique : on entre par un joyeux bazar pour aboutir dans une cour arborée. Tout autour, des chambres pour 2-3 personnes, avec ou sans sanitaires (eau chaude pour les plus chères). Pas de clim et peu de déco, mais c'est propre et proposé à prix plancher. Très calme aussi, car ne donnant pas sur la rue.

Chanchalay – ชานชาเลเกสท์เฮ้าส์ *(plan I, B2,* ***12****) : 55 Thanon Uttarakit (la rue principale). ☎ 075-620-952. • lovechanchalay.com •* Chanchalay veut dire « maison proche de la mer », d'où la déco entièrement bleu et blanc de l'ensemble. À l'heure de la sieste, dans la courette-jardin, on pourrait presque se sentir sur une île grecque. Une grosse trentaine de chambres en tout, avec ou sans sanitaires et clim, mais toutes vraiment bien pour le prix (en particulier celles avec salle de bains). Accueil franc et souriant de Chayawat, le patron. Petit déj à la carte. Coup de cœur dans cette gamme de tarifs !

Grandmom Place – แกรนด์มัม เพลส *(plan I, B2, **10**) : 67 Thanon Uttarakit.* *08-51-86-66-33 ou 08-96-52-41-96.* • *grandmom.place@gmail.com* • Une adresse familiale de 6 chambres à peine (dont une triple), très spacieuses et ultra propres. Décorées simplement mais tout confort (TV, clim, frigo et salle de bains). Préférer celles sur l'arrière, plus au calme. Petit déj à la carte, à prendre dans la salle ouverte sur la rue au rez-de-chaussée. Excellent accueil.

Sleep-easy Hostel *(plan I, B2, **15**) : 248 Uttarakit Rd.* *08-92-87-01-63.* • *sleepeasykrabi.com* • Très central aussi, cet *hostel* abrite sur 3 étages des petites chambres coquettes et neuves, tenues avec rigueur par un couple anglo-thaï. Également un petit dortoir de 4 lits. Laverie, transfert et excursions. Pas de petit déj mais café et biscuits offerts le matin dans l'espace accueillant de la réception.

Pak-Up Hostel *(plan I, B2, **14**) : 87 Thanon Uttarakit.* ☎ *075-611-955.* *09-37-63-55-22.* • *pakuphostel.com* • *Lobby* digne d'une AJ new yorkaise ! Ici, plus d'une centaine de lits en dortoirs climatisés de 4 à 10 lits (équipés de petits rideaux), dans une structure en béton à la déco branchouille et soignée. Sanitaires modernes et en grand nombre. Laverie en self-service. Bar au rez-de-chaussée, avec un billard. Cornflakes le matin à la réception. Pas l'adresse la plus calme, cela dit.

Prix moyens (de 1 000 à 2 500 Bts / 28,60 à 71,40 €)

Krabi River Hotel – โรงแรมแม่น้ำกระบี่ *(plan I, B3, **13**) : 73/1 Thanon Khongkha.* ☎ *075-612-321.* • *krabiriver@hotmail.com* • *Petit déj en sus.* Dans un hôtel classique en bordure du fleuve, une vingtaine de chambres doubles ou triples, réparties sur 3 niveaux. Spacieuses, plutôt agréables et bien équipées (douche chaude, clim, TV, minibar). Les plus chères possèdent un balcon avec vue. Terrasse sur le toit. Accueil charmant de la fille des proprios. Un établissement d'un bon rapport qualité-prix là encore.

Où manger ? Où boire un verre (en musique) ?

De bon marché à prix moyens (moins de 400 Bts / 11,40 €)

Marché de nuit – ตลาดกลางคืน *(plan I, B2, **20**) : devant le Chaofa Pier. Tlj après 18h.* Face au fleuve, en plein air, une profusion de stands proposant à qui mieux mieux brochettes, nouilles sautées, soupes et fritures en tous genres, poissons et fruits de mer grillés, assiettes de coquillages... à arroser de bière pas chère. Clientèle mélangée et bonne ambiance.

Kosuang – ร้านอาหารโกส้วง *(plan I, A1, **21**) : 249/7 Thanon Uttarakit.* ☎ *075-612-550. Tlj 7h-14h30.* Grand resto, ouvert sur 2 côtés, qui fait le plein de travailleurs du coin à l'heure du déjeuner. Cuisine locale, bien servie et bon marché. Très propre.

May & Mark's House – เมย์ แอนด์ มาร์ค เฮ้าส์ *(plan I, A1, **22**) : 34 Maharach Rd, soi 10.* *08-13-96-61-14. Tlj 7h-21h.* Petite salle climatisée bien agréable (mais souvent pleine) ou terrasse sur le trottoir (plus chaude)... Au menu, du thaï bien sûr, mais aussi un tas de plats internationaux : sandwichs, pâtes, pizzas (« Tom Yam » !) ou encore de succulents burgers (essayez le « Thai Style », au pain noir !) servis avec de bonnes frites. Plein d'options

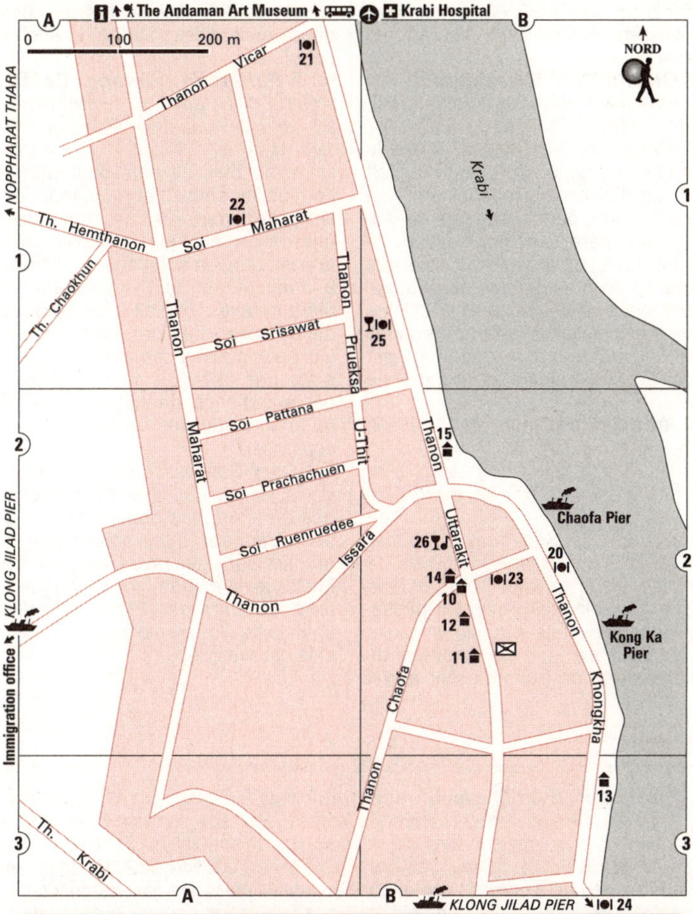

KRABI TOWN (Plan I)

Adresses utiles

- TAT (office de tourisme ; hors plan par A1)
- Krabi Hospital (hors plan par A1)

Où dormir ?

10 Grandmom Place (B2)
11 Cha Guesthouse (B2)
12 Chanchalay (B2)
13 Krabi River Hotel (B3)
14 Pak-Up Hostel (B2)
15 Sleep-easy Hostel (B2)

Où manger ?
Où boire un verre (en musique) ?

20 Marché de nuit (B2)
21 Kosuang (A1)
22 May & Mark's House (A1)
23 Chalita Café & Restaurant (B2)
24 Aree Seafood (hors plan par B3)
25 Pakarang Vintage Café (B1)
26 Cozy Bar (B2)

pour le petit déj aussi, gâteaux maison et desserts locaux, bref, bien à toute heure !

Chalita Café & Restaurant – ชาลิตา คาเฟ่ & เรสเตอรองท *(plan I, B2, **23**) : 7/3 Chao Fa Rd. 08-05-31-48-31. Tlj sauf dim 16h-22h30.* À 2 pas du marché de nuit, un petit resto qui fait le plein d'étrangers tous les soirs en saison (il faut parfois attendre qu'une table se libère)... et pour cause : le cadre est sympa (salle colorée aux cloisons en bois garnies de photos), l'ambiance chaleureuse et la cuisine vraiment bien faite ! Essayez les currys (*panang* notamment), mais tout est bon. Accueil souriant de la patronne thaïe.

Aree Seafood *(hors plan I par B3, **24**) : 134 Moo 7. ☎ 075-620-414. À env 400 m de Klong Jilad Pier (prendre vers la droite, quand on débarque). Depuis Kong Ka Pier, poursuivre vers le sud, dépasser le Thara Park et continuer, sur la gauche, jusqu'au bout (compter bien 2 km).* Dans la mangrove, sur pilotis, une longue paillote rustique et locale. Bien pour se faire un poisson ou une assiette de fruits de mer à prix raisonnable. Certains plats sont proposés en 3 tailles : S, M et L. Accueil gentil.

Pakarang Vintage Café – ปะการัง อารต แอนด์ คราฟช็อป *(plan I, B1, **25**) : 153 Utarakit Rd. ☎ 075-611-196. 08-51-66-49-29. Tlj 9h-20h.* On aime bien ce café-bibliothèque au mobilier en bois et murs tout couverts de livres, où l'on sirote dans une douce musique un *fruit-shake* à la pastèque, un soda au kiwi, un lassi à la mangue ou tout simplement une bière fraîche... Parfait pour se poser dans l'après-midi par forte chaleur ! On peut aussi y manger des petits plats pas chers et prendre le petit déj (grand choix de thés et de cafés), ou encore savourer un *bingsu* (glace coréenne).

Cozy Bar *(plan I, B2, **26**) : Utarakit Rd. Tlj dès 16h.* En plein centre, l'un des bars les plus populaires auprès des étrangers (qui crèchent pour la plupart dans un rayon de 250 m !). Musique live (pop, rock, reggae...) tous les soirs dès 21h30. D'autres petits bars plus ou moins musicaux çà et là dans la ville.

À voir

The Andaman Art Museum – หอศิลป์อันดามัน *(hors plan I par A1) : sur Maharaj Rd, à env 1 km au nord du centre. De Kong Ka Pier, suivre la rivière vers le nord (Utarakit Rd), puis à gauche sur Vicar Rd, puis à droite sur Maharaj Rd, c'est un peu plus loin sur la droite. Tlj sauf dim 9h-16h. GRATUIT.* Ouvert en 2015, ce musée d'art se divise en 3 parties : une exposition, assez complète, sur les perles (pas seulement de culture), avec un petit atelier de fabrication pour la démonstration ; un espace d'expos temporaires d'artistes thaïs et étrangers ; et, enfin, une section permanente de peintures et de sculptures. Petite boutique aussi. Pour ceux qui ont du temps.

LES PLAGES

À l'ouest de Krabi Town, sur la baie d'Ao Phra Nang, le bord de mer a chopé la fièvre du béton. Résultat : c'est la cohue à certains endroits, sans compter la dégradation liée à l'urbanisation : au coude à coude, hôtels, boutiques, gargotes et commerces en tous genres. Heureusement, il suffit de leur tourner le dos et de porter son regard vers le large pour mesurer encore la majesté du site... naturel, lui. Alors on comprend tout !

D'est en ouest, depuis Krabi Town : Ao Nammao, le cap de Laem Phra Nang (ou Railay), flanqué des plages de Sunrise (Railay est), Phra Nang, Railay (ouest) et Tonsai, Ao Nang (la station la plus développée), Noppharat Thara, Siew Bay et

Klong Muang. Autant savoir qu'en pleine saison, les plages du cap et d'Ao Nang se gorgent de plagistes aux heures les plus ensoleillées. Un peu la bousculade, donc, et toujours le ballet pétaradant des *long-tail boats*...

AO NANG BEACH

Longue plage de sable baignée d'une mer aux jolis tons verts, fermée à chaque extrémité par des formations rocheuses impressionnantes creusées de grottes. Pas trop fréquentée finalement, car certains de ceux qui logent dans la station lui préfèrent les plages du cap (Railay) en journée. La plupart des hébergements (assez chers) se situent dans la longue rue qui aboutit au front de mer, quand on vient de Krabi Town, et dans les ruelles qui lui sont perpendiculaires. La concentration de services et la situation d'Ao Nang (facile de se rendre sur les autres plages) restent un avantage pratique.

➢ ***Pour s'y rendre :*** depuis le terminal des bus de Krabi (Talat Kao), bus locaux et *songthaew* fréquents du matin jusqu'en fin de journée. Pour un taxi, compter 400 Bts.

Adresses utiles

■ ***Tourist Police*** *(plan II, **1**) : à l'extrémité ouest de la plage. ☎ 11-55.*

■ ***Anawin Tour Agency*** *(plan II, **13**) : 263/1 Moo 2. ☎ 075-637-664. • anawinbungalows.com •* Une petite agence qui propose les mêmes excursions que les autres mais ici, on parle français. Voir aussi la rubrique « Où dormir ? ».

Où dormir ?

De bon marché à prix moyens (de moins de 2 500 Bts / 71,40 €)

⌂ ***Ao Nang Backpacker Dormitory*** *(plan II, **10**) : 376/5 Moo 2. 📱 08-46-30-42-34. Lits en dortoir 200-250 Bts.* Les dortoirs les moins chers du coin. Il faut dire que le plus grand d'entre eux possède 30 lits ! Ensemble correctement tenu mais qui pourrait être plus convivial. De plus, on est en bord de route, à 20-25 mn à pied de la plage. Vaste espace commun avec billard, ping-pong et fléchettes. Possibilité de petit déj. Bon, plutôt pour les fauchés.

⌂ ***Glur Hostel & Blae Hostel*** – เกลอ โฮสเทล *(plan II, **11**) : 591 Moo 2, soi Ao Nang 11/1. ☎ 075-695-297. 📱 08-90-01-33-43. • krabiglurhostel.com • À 15-20 mn à pied de la plage. Petit déj léger inclus.* 2 *hostels* en 1, dans un coin calme presque au pied de la falaise. Côté *Glur,* des dortoirs agréables de 2 à 8 lits (avec clim, petits rideaux et un peu d'espace individuel pour ranger ses affaires), et côté *Blae,* 9 chambres doubles avec petite terrasse privée sur le devant et tout le confort (salle de bains, clim, TV, frigo et coffre), vraiment très bien pour le prix ! On aime bien aussi les espaces communs en béton, tout ouverts, avec grande table, hamacs et petite piscine. Thé et café à dispo, accueil souriant... Tout simplement notre adresse préférée, dans cette catégorie, à Ao Nang !

⌂ ***Jinda Guesthouse*** *(plan II, **12**) : 272 Moo 2. ☎ 075-637-524 ou 075-695-068. Dans la 1re ruelle perpendiculaire à la rue qui remonte de la plage vers Krabi Town.* Ici, on est nettement plus près de la plage, c'est l'un des atouts de l'endroit. Pour le reste, une petite quinzaine de chambres propres, dans les tons bleu clair, avec ventilo et sanitaires communs ou, pour le double du prix, la clim et une salle de bains privée. Frigo et TV partout. Laverie. Pas de petit déj. Globalement une assez bonne affaire.

⌂ ***Anawin Bungalows*** – อนาวิน บังกะโล *(plan II, **13**) : 263/1 Moo 2.*

☎ 075-637-664. 📱 08-16-77-96-32. • anawinbungalows.com • À env 200 m de la plage, dans une allée qui grimpe sur la gauche. Une dizaine de bungalows le long d'une allée verdoyante en pente, à l'écart de la rue principale. Pas un charme fou, mais ils sont bien tenus et possèdent ce qu'il faut de confort. De plus, on est accueilli avec le sourire par Ismail, un Marocain francophone qui tient aussi une petite agence et n'hésite pas à rendre service. Juste avant sur la gauche, le ***Green Park Bungalows*** – กรีนพาร์คบังกะโล *(☎ 075-637-300 ; 📱 08-92-92-98-92)* propose des bungalows du même type à des prix un peu similaires.

De prix moyens à plus chic (de 1 000 à 5 000 Bts / 28,60 à 143 €)

🏠 ***Cliff View Resort*** *(plan II, **14**) : 10/5 Moo 2, soi Ao Nang 11. ☎ 075-695-240 ou 241. • aonangcliffview resort.com • Petite route juste après* Phu Petra Resort, *dont on aura suivi le fléchage depuis la route principale. Petit déj inclus.* Un magnifique jardin tropical à la végétation dense, au pied d'une falaise vertigineuse, avec le stridulement des insectes et autres chants de coq en guise de bande-son. 56 bungalows en bois, à tous les prix ou presque, qui devraient vous séduire. Les moins chers ne sont pas les plus magiques, mais ils présentent déjà un assez bon rapport qualité-prix (avec douchette électrique, w-c, coffre, ventilo et terrasse). Dans la catégorie suivante (standard avec clim), on accède aux chambres par un escalier en bois du style « Tarzan rentre à la maison » ! Super sympa. Encore plus de confort et d'espace dans les prix élevés (*superior, deluxe* et *pool view*), sans compter les 3 *family rooms* pour 4 personnes. Resto. Modeste mais adorable piscine juste au pied de la falaise. Fitness, sauna, massages, laverie et location de 2-roues. Navettes gratuites pour la plage (toutes les heures) ; sinon, 25-30 mn de marche.

🏠 ***Sunda Resort*** – ซันด้า รีสอร์ท *(plan II, **15**) : 19 Moo 3, Ao Nang Muang. ☎ 075-661-262 à 264. 📱 08-92-30-90-19. • sundaresort.com • À 5 mn en véhicule du centre d'Ao Nang. Petit déj inclus.* Bien à l'écart de l'agitation du front de mer, une cinquantaine de grands bungalows desservis par des passerelles en bois dans un jardin luxuriant. Ils sont agréables, très bien tenus et dotés de tout le confort (clim, eau chaude 24h/24, TV, frigo, thé ou café à dispo). 6 d'entre eux sont communicants, très pratique pour les familles. Sinon, 2 belles piscines avec jacuzzi et une salle de resto (pas d'alcool) bien aérée où l'on sert un petit déj copieux et varié. Service de navette 8h-20h. Un *resort* géré par une famille musulmane qui sait vous accueillir.

🏠 ***Phu Pha Ao Nang Resort & Spa*** *(plan II, **16**) : 395 Moo 2, soi 13. ☎ 075-637-191. Env 400 m après le* Glur Hostel. *Petit déj inclus.* Dans le haut de la fourchette au niveau des tarifs, mais on apprécie particulièrement cet ensemble de bungalows traditionnels très bien finis, la plupart aménagés sur 2 niveaux. Avec leurs baies vitrées, plancher en bois tropical et plafond entièrement lambrissé, ils possèdent un charme fou. Le tout distribué dans un jardin, refuge de quantité d'oiseaux, au pied de la falaise. Côté services : laverie, massages, navettes pour la plage (à 20-25 mn à pied), resto (sans alcool mais on peut apporter le sien)... Sans oublier la belle piscine et un accueil aux petits soins !

🏠 ***Kokotel*** – โคโคเทล กระบี่ อ่าวนาง *(plan II, **17**) : 143 Moo 2. ☎ 075-695-462. • kokotel.com • Dans la rue principale, à 250 m de la plage. Petit déj inclus.* On le repère à sa façade de verre au toit pentu coincée entre 2 bâtiments. À la différence de celui de Phuket, ce Kokotel-ci n'offre pas de dortoirs. À la place, 72 chambres impeccables et très bien équipées, dans les tons blanc-bleu. Petit déj pris au rez-de-chaussée, face au bar. Un bon choix pour ceux qui veulent être au cœur de l'animation.

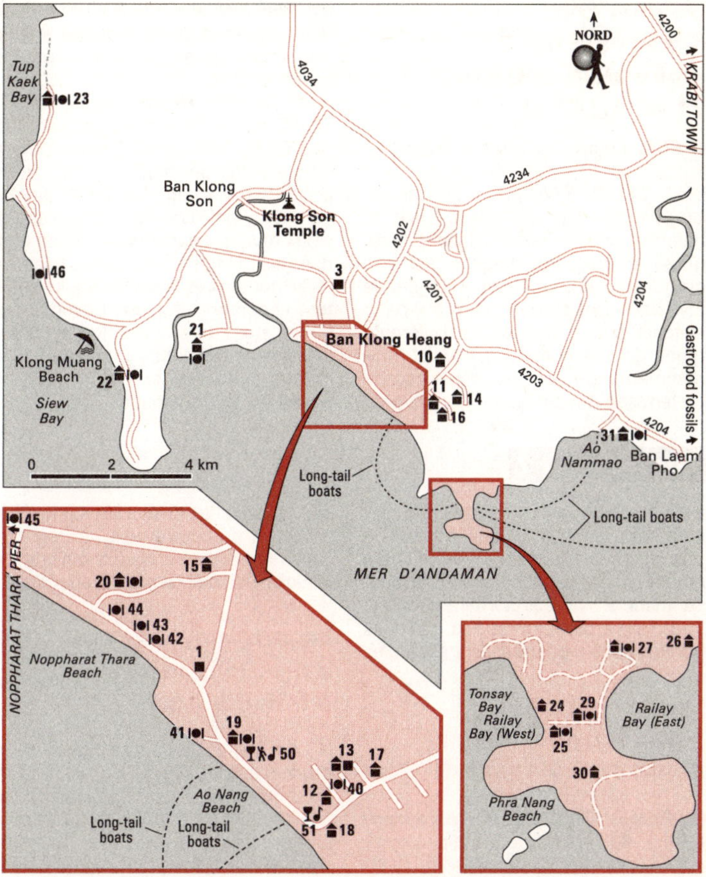

KRABI – Les plages (Plan II)

■ **Adresses utiles**

1 Tourist Police
3 Sawasdee Divers Krabi
13 Anawin Tour Agency

Où dormir ?

10 Ao Nang Backpacker Dormitory
11 Glur Hostel & Blae Hostel
12 Jinda Guesthouse
13 Anawin Bungalows et Green Park Bungalows
14 Cliff View Resort
15 Sunda Resort
16 Phu Pha Ao Nang Resort & Spa
17 Kokotel
18 Phra Nang Inn
19 The « L » Resort
20 Laughing Gecko et Cashew Nut
21 P.A.N. Beach Bungalows
22 Pine Bungalow
23 Tup Kaek Sunset Beach Resort
24 Railei Beach Club
25 Sand Sea Resort, Railay Bay Resort & Spa et Railay Village Resort & Spa
26 Railay Garden View Resort
27 Railay Phutawan Resort
29 Railay Princess Resort & Spa
30 Rayavadee
31 Dawn of Happiness Beach Resort

Où manger ?

40 Family Thai Food Restaurant
41 Ao Nang Sea Food Bar & Restaurant
42 Namaste
43 May & Zin *(food court)*
44 Potjawan Restaurant
45 Krua Tuara
46 Sunset Bar

Où boire un verre ? Où sortir ?

50 Ao Nang Canter Point
51 Boogie Bar

De plus chic à très chic (de 2 500 à plus de 5 000 Bts / 71,40 à 143 €)

Phra Nang Inn *(plan II, **18**)* : *119 Moo 2. ☎ 637-130. Résa à Bangkok : ☎ 075-637-130. • vacationvillage.co.th • Petit déj inclus.* Dans un bâtiment jaune, l'hôtel balnéaire type, quasi en bord de plage (c'est son grand atout). Les 2 ailes mitoyennes sont agencées autour d'une cour-patio avec, au centre, une piscine. Différents types de chambres, de vue, et incidemment... de tarifs. Agréable espace en terrasse devant la mer pour le petit déj. Bien tenu et personnel accueillant, mais un poil surévalué quand même. Reste une adresse recommandable malgré tout.

The « L » Resort *(plan II, **19**)* : *31 Moo 2, sur le front de plage, à l'ouest. ☎ 075-637-484 à 486. • thelresort.com • Petit déj-buffet inclus.* Hôtel face à la mer et en plein dans l'animation. On y entre par un lobby blanc et violet, avant d'accéder aux chambres dans les mêmes tons, impeccables, de style moderne et design et équipées de tout le confort. La plupart avec accès direct aux 2 très agréables piscines. Également des suites (beaucoup) plus chères avec vue sur la mer. Resto ouvert sur la promenade.

Où manger ?

Beaucoup de restos servant une cuisine internationale et chère, pour ne pas mentionner les fast-foods, type *McDo.* Ne pas hésiter d'ailleurs à pousser jusqu'à Noppharat Thara Beach (à 15-20 mn à pied), qui recèle quelques bonnes petites adresses (voir plus loin).

De bon marché à prix moyens (moins de 400 Bts / 11,40 €)

Family Thai Food Restaurant *(plan II, **40**)* : *dans une ruelle perpendiculaire à la rue principale, à 200 m de la plage (repérer le panneau). 08-24-24-99-02. Tlj 9h-23h.* Comme son nom l'indique, un resto familial, où l'on vous accueille avec le sourire, à 2 pas de l'animation de la station et de ses restos chers et sans âme. On y sert notamment de succulents *hot pots* (fondues) thaïs, mais le choix à la carte est large : soupes, currys, poissons, légumes sautés, assiettes de moules aux herbes, crabe frit au poivre noir... à déguster dans une salle sans chichis ouverte sur la ruelle. Pas mal de monde en soirée.

De prix moyens à plus chic (de 200 à 800 Bts / 5,70 à 23 €)

Ao Nang Sea Food Bar & Restaurant *(plan II, **41**)* : *à l'extrémité ouest d'Ao Nang Beach, où la route amorce un tournant. Tlj 11h-22h ou 22h30.* Cette allée couverte de tonnelles déroule directement en surplomb de la plage, sur pilotis, les terrasses d'une poignée de restos : romantique, mais touristique ! Compter 400-500 Bts pour un beau poisson avec accompagnement, mais toujours bien se faire préciser le prix au kilo au moment de choisir. Pour les fruits de mer, prix très variables selon qu'ils sont frais ou congelés, comme toujours...

Où boire un verre ? Où sortir ?

« L'épicentre » de la vie nocturne est l'***Ao Nang Center Point*** *(plan II, **50**)* : des bars-discos (certains à filles) autour d'une cour intérieure sur 3 niveaux, beuglant à qui mieux mieux... On aime ou on n'aime pas... Déjà plus sympa, le ***Boogie Bar*** *(plan II, **51**)*, avec ses concerts de rock (assurés par des Thaïs) tous les soirs dès 19h. D'autres bars font entendre leur musique certains soirs, faites votre marché...

À faire autour d'Ao Nang

Toute la côte est ponctuée de hautes falaises creusées de nombreuses ***grottes*** et bordées de ***criques de sable blanc*** fabuleuses, qu'il est possible d'aller explorer en louant un *long-tail boat.* Les prix sont affichés à chaque extrémité de la plage d'Ao Nang (où se font les départs de bateaux) : compter 1 800 Bts pour la demi-journée et 2 500-3 000 Bts la journée (pour 4-6 personnes), en fonction de la zone que vous souhaitez explorer. En principe, le matériel de *snorkelling* est compris. On peut aussi, au départ d'Ao Nang, décider de ne se rendre que sur une plage, comme Railay West ou Phra Nang Beach. Dans ce cas, compter 200 Bts par personne aller-retour. Pour les plus sportifs, possibilité de louer un kayak de mer (environ 150 Bts/h). Sinon, les agences d'Ao Nang (voir « Adresses utiles ») proposent différentes ***excursions,*** maritimes ou non. La plus populaire : « Four islands », en fait 3 îles (*Chicken Island, Tup Island* et *Poda Island*) et Phra Nang Beach, des endroits certes très beaux mais très, très fréquentés.

NOPPHARAT THARA – หาดนพรัตนธารา

Cette très longue plage, coupée en 2 parties par l'embouchure d'une rivière, est placée sous la protection des parcs nationaux. Depuis Ao Nang, il suffit de suivre la route côtière vers l'ouest. Plage populaire sur laquelle les Thaïs aiment venir pique-niquer, elle est moins fréquentée par les touristes étrangers que celle d'Ao Nang et, surtout, que Railay West. On y est moins dérangé aussi par le raffut des bateaux à moteur. De l'autre côté de l'embouchure, West Noppharat est accessible par un petit pont. Ceux qui recherchent la tranquillité et l'ombre des filaos iront là.

➢ Pour aller d'Ao Nang à Noppharat Thara et inversement, il y a des motos *tuk-tuk* (avec leur sorte de side-car) pouvant prendre 2 personnes ; forfait unique de 100 Bts le jour et 150 Bts la nuit. Mais le plus pratique reste de louer un scooter pour explorer la région, riche en surprises.

Où dormir à East Noppharat ?

De bon marché à prix moyens (moins de 2 500 Bts / 71,40 €)

Laughing Gecko *(plan II,* ***20****) : 154 Nopphharat Thara Beach.* 08-12-70-50-28. • *laughing gecko99@hotmail.com* • Petits bungalows en bambou tressé et au toit de paille. Sympa, mais très rudimentaire. Difficile, même, de faire plus *roots* ! Mais il règne ici une bonne atmosphère, notamment autour du billard, car Nui, le propriétaire (et guitariste à ses heures) a su créer une ambiance communautaire. Certains soirs, hôtes et voyageurs se réunissent autour d'un buffet commun, servi à la bonne franquette. Petit déj possible. Une adresse pour (tout) petits budgets et nostalgiques de la route.

Cashew Nut – คัสชิว นัท *(plan II,* ***20****) : 96 Moo 3 ; voisin du Laughing Gecko.* ☎ *075-631-303.* *08-10-81-80-95 (Farida). Petit déj en sus.* Tenues par une famille musulmane accueillante, 25 maisonnettes, avec ventilo ou clim, entièrement carrelées et d'une grande propreté. On loge au calme dans un jardin où poussent des anacardiers (arbres à cajou), d'où le nom des lieux. Hassan, le proprio, vous en dira plus sur cette drôle de noix, qui a décidé de pousser en dehors de son fruit, et vous proposera sans doute d'y goûter. Resto tout simple et prix au ras des pâquerettes.

Où manger à East Noppharat ?

De bon marché à prix moyens (moins de 400 Bts / 11,40 €)

Namaste – ร้านอาหาร นามาสที (plan II, **42**) : *sur la route principale, juste au début de la plage venant d'Ao Nang. 08-76-29-83-82. Tlj 11h15-23h.* Une salle au plafond tressé, bien nette et copieusement ventilée. Va pour le décor. Dans l'assiette, une cuisine indienne de qualité (bon *palak paneer,* par exemple), mais aussi des plats thaïs. Le tout bien servi. Le patron, indien, vient lui-même prendre les commandes.

May & Zin – เมย์ และ สิน (plan II, **43**) : *sur la route principale, après le resto* Namaste. *08-54-73-51-85. Tlj sauf jeu 11h-21h.* Un comptoir parmi d'autres dans ce petit *food court* en plein air, mais où la cuisine thaïe est particulièrement soignée et riche en saveurs (essayez le crabe frit au curry jaune !). Tables avec banquettes pour s'asseoir. Pour les boissons, en revanche, on commande au stand d'à côté. Excellent accueil.

Potjawan Restaurant – ร้านอาหารพจวรรณ (plan II, **44**) : *sur la route principale, après* May & Zin, *100 m avt la route qui mène au* Laughing Gecko *(venant d'Ao Nang). 08-99-16-47-10. Tlj 10h-23h. Prix moyens.* Il fait bon s'asseoir dans cette grande et agréable salle ouverte, décorée de quelques tableaux sur les murs. On y sert des plats thaïs très corrects et de l'*Isan food* à vous faire appeler les pompiers dès la 1re bouchée. Heureusement, il y a de très bons *smoothies* (notamment au coco) pour éteindre tout ça. Mais le plus, pour les amateurs, c'est la bière pression servie dans des verres réfrigérés. Une achetée, l'autre offerte. Que demande le peuple ?

Krua Thara – ครัวธารา (plan II, **45**) : *82 Moo 5 ; au fond du parking, sur la droite. ☎ 075-637-361. Tlj 12h-21h30.* Dans un hangar flanqué de grands aquariums, qui annoncent sans détour la spécialité : coquillages, huîtres énormes (de vrais petits steaks !), Saint-Jacques, crabe, poulpe, couteaux courbés, soupe *tom yam* (excellente) et tous les autres classiques. Une adresse réputée pour les produits de la mer.

Où dormir ? Où manger à West Noppharat ?

À quelques kilomètres à peine d'Ao Nang (à vol d'oiseau) et pourtant, quelle tranquillité ! Si c'est ce que vous cherchez, n'hésitez pas. Sachez juste qu'ici, la plupart des hébergements tirent leur électricité de leur propre groupe électrogène. Il importe donc de se faire préciser les heures de fonctionnement lors de la réservation, car s'il fonctionne la nuit et que vous êtes logé à côté, ça peut être enquiquinant... Dernière chose, ici, la mer se retire très loin à marée basse. Un inconvénient, certes, mais largement compensé par la beauté des couchers de soleil !

➢ Pour s'y rendre en taxi, compter 500 Bts depuis Krabi Town et 700 Bts depuis l'aéroport.

De bon marché à prix moyens (moins de 2 500 Bts / 71,40 €)

P.A.N. Beach Bungalows – พี เอ เอ็น บีช บังกาโล (plan II, **21**) : *presque au bout de la plage. 08-98-66-43-73. • panbeachkrabi.com • Petit déj en sus. Électricité 18h-7h.* Une petite adresse familiale : une quinzaine de bungalows sur 2 rangées qui se font face jusqu'à la plage. Éviter ceux du fond, à cause du groupe électrogène. Le tout est simple mais bien tenu, avec hamac, moustiquaires aux fenêtres et salle de bains avec eau froide seulement. Les plus chers ont la clim, et il y a même 2 nouveaux bungalows

« deluxe » très agréables et offrant plus de confort. Petit resto-bar, balançoires et transats sous les arbres : idéal pour profiter de cette plage splendide. Accueil très gentil.

PLUS À L'OUEST : LES PLAGES AUX ALENTOURS DE BAN KLONG MUANG

À 25 km à l'ouest de Krabi Town. Emprunter d'abord la route nº 4034, puis obliquer à gauche par la nº 6024 en direction de Ban Klong Muang (suivre les panneaux indiquant *Klong Muang* et *Tup Kaek Beach*). Au-delà du village, s'étend une longue bande côtière orientée plein ouest, où alternent plages de sable et zones de rochers.

Où dormir ? Où manger ?

De bon marché à prix moyens

Pine Bungalow *(plan II, **22**) : à Siew Bay, au sud de Klong Muang. ☎ 075-600-124. 08-18-93-54-79. De la plage de Klong Muang, prendre à gauche puis aller tt droit, ensuite c'est indiqué. Doubles 500-1 500 Bts, petit déj en sus.* Une grosse trentaine de bungalows carrelés, avec salle de bains, disséminés dans un vaste parc fleuri. Bon rapport qualité-prix pour ceux proches de la mer, avec ventilo. En revanche, les 6 qui possèdent la clim, directement sur la plage, sont beaucoup plus chers, alors à vous de voir. Évitez quand même les tristes bicoques sans vue, à l'arrière. Délicieux resto assez bon marché, où vous aurez tôt fait de laisser une ardoise. Atmosphère vraiment reposante, hamacs bercés par le gazouillis des oiseaux, plage encore bien sauvage (avec, ici aussi, ces magnifiques couchers de soleil !). Possibilité de transfert de et vers la gare routière ou l'aéroport de Krabi pour 150 Bts par personne. Location de 2-roues.

Sunset Bar *(plan II, **46**) : sur la plage de Klong Muang. 08-76-76-26-76. Tlj 11h-23h. Plat max 450 Bts.* Quitte à manger dans le coin, autant le faire sur la plage. Bar-resto avec des tables sur le sable face à la mer, parfait pour déguster moules à la citronnelle, crabe à la vapeur et autres calamars grillés... Également des salades, burgers et pizzas. D'autres restos du même type à côté.

Très chic (plus de 5 000 Bts / 143 €)

Tup Kaek Sunset Beach Resort – ทับแขก ซันเ ซท บิชรีสอร์ท *(plan II, **23**) : 109 Moo 3, Tup Kaek Beach. ☎ 075-628-600. • tupkaeksunset.com • À quelques km au nord de Klong Muang. Petit déj compris.* Coincé entre la plage et la route, encore plus loin de l'agitation d'Ao Nang (avoir son propre moyen de transport n'est pas un luxe). Belles chambres cossues dans des bâtiments à l'arrière, donnant sur 2 jolies piscines, ou bungalows en bois plus près de la plage, dans un vaste jardin soigné. Quitte à mettre la main au portefeuille, autant choisir ces derniers, vraiment superbes, avec vue sur la mer à travers de larges portes vitrées ! Resto les pieds dans le sable, avec buffet certains soirs... et couchers de soleil absolument magnifiques. Prêt de kayaks, massages. Un bémol : de nombreux tourtereaux convolent en noces ici... avec la famille évidemment...

LE CAP DE LAEM PHRA NANG (RAILAY) : TONSAI BEACH, WEST RAILAY BEACH, SUNRISE BEACH (EAST RAILAY) ET PHRA NANG BEACH

Décor absolument superbe mais plages littéralement surpeuplées et troublées de manière incessante par le bruit des moteurs des *long-tail boats,* qui viennent y

déposer des vacanciers à longueur de journée. Ceci plus particulièrement sur les plages situées à l'ouest. Moralité : la majesté des lieux ne se révèlera qu'à ceux qui savent éviter les heures d'affluence.
Démarrons la visite par l'ouest. La baie de ***Tonsai,*** moins fréquentée que les autres, est en sursis depuis qu'un gros promoteur immobilier a acheté toute la plage en vue d'y construire un hôtel de luxe. Résultat, le nouveau propriétaire de ce petit éden a construit un mur en béton de 2 m de haut, sur tout le pourtour, maintenant ainsi « le petit peuple » des grimpeurs, routards et autres rastas, à bonne distance de la plage ! Séparée de Tonsai par un petit cap, ***West Railay*** (parfois surnommée *Sunset*) est une superbe anse en demi-lune, ourlée d'une large bande de sable blond de plus de 1 km et encadrée de très belles falaises et de pitons couverts de végétation. On y trouve plutôt des *resorts* à prix élevés. De l'autre côté du cap, ***Sunrise*** (ou *East Railay*), bordée de mangroves et de portions de plages assez vaseuses, n'est pas vraiment propice à la baignade. En revanche, elle offre aussi un très joli cadre, et des hébergements aux tarifs nettement moins prohibitifs.
Enfin, ***Phra Nang Beach,*** posée sur le cap telle une cerise sur un gâteau, rassemble tous les ingrédients susceptibles de faire tousser vos potes restés à la maison, si vous leur envoyez une photo : falaise tombant dans une mer de cristal baignant un sable blond, cocotiers sur fond de ciel azuré. On vous conseille même d'y rajouter une petite bière toute perlante de fraîcheur au 1er plan (il y a plusieurs restos-cafés pour ça)... Mais n'oubliez pas de cadrer serré-serré car malheureusement, il y a la foule ! Pas d'hébergement ici, à part le *Rayavadee Premier* – ระยาวดี เพอร์มิเยร์.

Comment y aller ? Comment s'y déplacer ?

Entre les différentes plages, on aura le choix entre des taxi-boats, des sentiers, voire un peu de crapahutage quand la marée est haute.
➢ ***En bateau :*** des *long-tail boats* assurent le transfert depuis Ao Nang à l'ouest, Nammao à l'est (principalement pour Sunrise) ou encore de Chaofa Pier à Krabi Town. Compter env 100 Bts/pers par trajet ou 150 Bts après 18h. Ils ne partent que quand ils sont pleins (8 pers) mais, en journée, il ne faut pas attendre trop longtemps. Le soir, c'est autre chose, mais vous pouvez toujours acheter les billets des passagers qui manquent à l'appel pour que le bateau parte.
– Pour aller d'une plage du cap à l'autre, c'est la ***marche*** qui s'impose, du moins entre West Railay, Sunrise et Ao Phra Nang, pointe de la presqu'île. De West Railay, on peut gagner Tonsai par la plage à marée basse, sinon c'est 15-20 mn de crapahutage en pied de falaise (il y a des cordes pour vous éviter de glisser). Entre Sunrise et Tonsai, en revanche, c'est carrément l'expédition. Un sentier coupe à travers la jungle. Compter facilement 30 à 40 mn. Pas facile quand il pleut, méfiez-vous !

Où dormir ? Où manger ?

À West Railay Beach – หาดไร่เลด้านตะวันตก

Que des *resorts* donc, et assez chics. Dans l'animée « Walking Street », qui relie West Railay et Sunrise Beach (East Railay) et qui continue tout le long de cette dernière, vous trouverez des cafés-restos, boutiques, supérettes, agences de voyages, distributeurs, bureaux de change... et même une clinique.

De plus chic à très chic (à partir de 2 500 Bts / 71,40 €)

Railei Beach Club *(plan II,* ***24****) : côté nord de la plage. 📱 08-66-85-93-59. • raileibeachclub.com • Pas de petit déj.* Dans un très grand parc ombragé directement en bord de plage, une très belle propriété où l'architecture tout en bois des maisons, bien espacées, se fond dans la nature environnante. Joliment meublées, la plupart avec cuisine, on regrette juste que les moins chères n'aient pas la clim. Autre hic : le bruit continu des *long-tails boats* (heureusement, ils ne naviguent pas la nuit !).

🏠 🍽 ***Sand Sea Resort*** – แซนด์ซีรีสอร์ท (☎ 075-819-463 ou 464 ; ● krabi sandsea.com ●), ***Railay Bay Resort & Spa*** – ไร่เลเบย์ รีสอร์ท แอนด์ สปา บังกะโล (☎ 075-819-401 à 403 ; ● krabi-railaybay.com ●) et ***Railay Village Resort & Spa*** – ไร่เลวิลเลจรีสอร์ท (☎ 075-819-412 ou 413 ; ● railayvilla gekrabi.com ●) *(plan II, **25**) : ils se suivent sur la plage, côté sud.* Ces 3 *resorts* proposent des chambres et bungalows de bon confort (tous avec clim), à prix variable en fonction de la taille et de la situation. Déco de magazine et tous les clichés des vacances au soleil : piscine, massages, resto les pieds dans l'eau. « *Halal Friendly* » ou pas, ils se valent un peu, et tous cassent les prix dès que le 1er nuage de mousson apparaît (30 à 40 % de remise en général). Le *Sand Sea* est le plus ancien et le moins cher, et le *Railay Village* le plus luxueux (cottages de 50 m² avec jacuzzi privé). Clientèle internationale, russe notamment.

À Sunrise Beach (East Railay) – หาดซันไรส์ (ไร่เลย์ด้านตะวันออก)

À 5 mn de marche à peine de Railay West, elle est assez mal nommée car il n'y a pas vraiment de plage de ce côté, mais plutôt un bord de mer bien bétonné. Heureusement, le cadre reste beau, même s'il faut parfois un certain détachement pour profiter du décor... Sachez aussi qu'ici, c'est plutôt piscine que baignade en mer, vu que celle-ci se retire à Pétaouchnock à marée basse. Du coup, ce sont des tracteurs qui assurent la liaison entre la terre ferme et les bateaux pour transporter les passagers !

En retrait de la plage, à 5-10 mn de marche vers le nord, grottes à visiter *(Diamond Cave)* et école d'escalade. Les adresses dans ce coin sont plus au calme. Prendre le chemin perpendiculaire à la plage, sur la gauche, et continuer après avoir dépassé la grotte ; c'est au bout du sentier.

Prix moyens (de 1 000 à 2 500 Bts / 28,60 à 71,40 €)

🏠 ***Railay Garden View Resort*** – ไร่เลย์การ์เด้น วิวย์ รีสอร์ท *(plan II, **26**) : à l'extrémité de Sunrise Beach, passer* The Last Bar, *puis grimper une volée de marches.* 📱 *08-58-88-51-43.* ● *railaygardenview.com* ● *Petit déj inclus.* Hôtel spécial robinsonnade, avec une vingtaine de bungalows sur pilotis, étagés sur la colline et assez espacés. Intérieur simple mais agréable et très bien tenu, tout en bambou, avec literie douillette. Tous possèdent une petite terrasse pour se détendre après la plage, certains (les plus chers) avec une belle vue sur la mer. Côté confort : ventilo, eau froide dans les salles de bains et... coffre-fort ! Pas de resto mais espace petit déj en bois livrant un superbe panorama. Accueil serviable.

De plus chic à très chic (de 2 500 à plus de 5 000 Bts / 71,40 à 143 €)

🏠 🍽 ***Railay Phutawan Resort*** *(plan II, **27**) : au pied d'une falaise appréciée des grimpeurs.* 📱 *09-49-19-45-44.* ● *railayphutawan.com* ● *Petit déj inclus.* Ici, on viendra surtout pour la situation privilégiée, entourée de falaises, avec une piscine à débordement donnant sur la mer ! Les meilleures chambres (les plus chères aussi) sont dans le bâtiment à l'arrière de la réception, mais celles aménagées dans l'espèce de gros chalet suisse ne sont pas mal non plus. De même que les plus anciennes, dans des bungalows en bois. Globalement un bon rapport qualité-prix. Resto sur place.

🏠 🍽 ***Railay Princess Resort & Spa*** – ญา ญา รีสอร์ท *(plan II, **29**) : au centre de la plage.* ☎ *075-819-555.* ● *krabi-rai layprincess.com* ● *Petit déj inclus.* Au milieu des constructions et de l'animation, un ensemble de bâtiments offrant des chambres tout confort, décorées dans un style passe-partout, avec des sols carrelés qui plairaient beaucoup à Mr Propre s'il venait passer ses vacances ici. Belle piscine à débordement. Un peu bruyant le soir. Une adresse classique de ce bord de mer.

À Phra Nang Beach

Spécial coup de folie

Rayavadee – ระยาวดี เพอร์มิเยร์ *(plan II, **30**) : au sud de la péninsule ; accès par la plage de Sunrise. ☎ 075-817-630. • rayavadee.com • À partir de 18 000 Bts en saison.* L'un des complexes les plus luxueux du pays, installé sur 3 plages (*West Railay, Sunrise* et *Phra Nang Beach*). Accès en voiturette. Inutile de dire que toutes les chambres, ou plutôt les pavillons, affichent un confort total, le tout fort bien arrangé dans un style ethno-chic des plus plaisant. Qui plus est, tout au long de votre séjour, vous êtes pris en charge par un valet, lequel se charge de tout pour que votre séjour se déroule de façon optimale. Une de nos adresses les moins routardes du guide.

À faire

De nombreuses agences proposent de partir à l'assaut des très nombreuses falaises environnantes. Mais attention où vous mettez les pieds ! Toutes ces petites écoles « super cool » ne sont pas compétentes. Il est impératif de bien se renseigner auprès des autres grimpeurs. Le ***Basecamp Tonsai*** *(📱 08-11-49-97-45 ; • basecamptonsai.com •)*, situé sur Tonsai, géré par Elke Schmitz, jouit d'une excellente réputation. Cours tous niveaux, même débutants. Pas d'escalade à la saison des pluies, bien sûr !

> **LA GRIMPETTE, C'EST CHOUETTE !**
>
> *Krabi est LA mecque de l'escalade, « courue » par les plus grands spécialistes de la varappe. Ses falaises en calcaire sont sculptées de reliefs complexes – colonnettes, stalactites géantes, dalles bosselées et creusées, dévers à grosses prises – et se prêtent particulièrement bien à une escalade aérienne en surplomb de la grande mer.*

On peut se procurer sur place un topoguide sur les voies équipées dans le coin, *Rock Climbing Guidebook in Thailand and Laos.*

À titre indicatif, compter 800 Bts la demi-journée d'apprentissage, 1 600 Bts pour la journée entière et jusqu'à 6 000 Bts les 3 jours de grimpe (hébergement possible sur place), guide et équipement compris.

Sinon, à West Railay, on peut aussi recommander ***King Climbers*** *(☎ 075-662-096)*, qui édite également un topoguide détaillant tous les sites d'escalade de la région de Krabi.

PLUS À L'EST : AO NAMMAO – อาวนำเมา

Pas loin du cap de Laem Phra Nang. Peu fréquentée, certainement parce qu'elle ne présente qu'une étroite bande de sable bordée de cocotiers, et beaucoup de vase à marée basse. On l'a quand même bien appréciée pour son authenticité.

➢ Liaisons possibles en *long-tail boat* avec Sunrise Beach, Phra Nang et Railay (compter 100 Bts par personne en journée et 150 Bts après 18h).

Pour rejoindre cette plage par la route depuis Krabi (une vingtaine de kilomètres) ou Ao Nang (7 km), suivez le fléchage « Shell Fossil Beach » ou « Gastropod Fossils ». Il s'agit d'un site présentant des affleurements de roches sédimentaires (on dirait des dalles de béton, certaines font jusqu'à 50 cm d'épaisseur), où sont incrustés des milliers de coquilles d'escargots et autres mollusques. Ça date d'il y a environ 40 millions d'années, alors que la région était couverte de lacs et de marais d'eau douce *(entrée dans le parc 200 Bts, réduc ; gratuit après 16h30)*. Il n'y a que 3 sites de ce type dans le monde, les 2 autres sont aux États-Unis et au Japon. Le misérable *Visitor Center,* bâti pour l'occasion, fait peine à voir. En revanche, panorama bucolique. Une sortie pique-nique appréciée des locaux.

Où dormir ? Où manger ?

Bon marché (moins de 1 000 Bts / 28,60 €)

Dawn of Happiness Beach Resort – ดอว์นออฟแฮปปิเนส บีชรีสอร์ท *(plan II, **31**) : depuis Nammao, continuer vers l'est (la gauche) sur 1 km, c'est juste avt Andamana, à env 10 mn de marche du débarcadère. 08-10-81-11-68. • dawnofhappinesskrabi.wordpress.com • Petit déj (léger) compris.* Une douzaine de petits bungalows bien rafraîchis par la brise marine, tout en bambou vernissé ou peint, charmants et très propres. Tous avec eau chaude et la plupart avec la clim. Pour la faible différence de prix, choisir ceux directement devant la plage. Ambiance baba-Robinson garantie. Barresto avec buffet pas cher tous les soirs. Et bon accueil du couple suédo-thaï qui pilote tout ça. Une super petite adresse !

Plongée sous-marine

■ ***Sawasdee Divers Krabi*** – สวัสดี ไดเวอร์ กระบี่ *(plan II, **3**) : 259 Moo 4, T. Ao Nang. 09-00-71-51-17 (Yann). • sawasdee-divers.com • Tlj 10h-18h (pour une sortie, appeler la veille). Baptêmes 1 500 Bts, 3 800 Bts pour ceux en mer ; sortie à la journée env 4 900 Bts.* Originaire de la Martinique, Yann Guillet est un passionné de plongée, un vieux routard des profondeurs (plus de 6 000 plongées à son actif, aux 4 coins du monde), qui se jette à l'eau avec ses clients et privilégie la qualité. Son club (*PADI* 5-étoiles, 20 équipements complets) est le seul du coin à posséder sa propre piscine et de véritables salles de cours. Plongée en local ou vers Ko Phi Phi. Et bien sûr, un staff de monos francophones.

À voir. À faire à l'intérieur des terres

Wat Tham Sua – วัดถ้ำเสือ *(hors plan II) : à quelques km au nord de Krabi Town (prendre la route de Trang puis à gauche au panneau bleu indiquant le wat, et se laisser guider). Possibilité aussi d'y aller avec une agence depuis les plages. Tenue décente de rigueur.* Le « temple de la grotte du Tigre » est tapi au fond d'une vallée entourée de falaises, dans une forêt tropicale superbe. À l'arrière, 2 escaliers très raides gravissent la falaise, où des dizaines de singes n'ont qu'une idée en tête, vous chiper votre casse-dalle. Vue magnifique au sommet mais faut se taper 1 237 marches sous un cagnard d'enfer, autant le savoir...

KO LANTA – เกาะลันตา

• Carte *p. 561*

Pas aussi spectaculaire que Ko Phi Phi et ne disposant pas d'autant d'infrastructures et de services que Phuket ou Krabi, Lanta n'en demeure pas moins très fréquentée. Ici, l'accueil (l'île est musulmane à 99 %) nous a paru plus souriant et l'ambiance plus paisible. Rien de surprenant, car beaucoup sont

tombés amoureux de cette bande de terre de 27 km de long sur 3-4 km de large, offrant à l'ouest de nombreuses plages, tandis qu'en son centre et vers le sud, les terres sont encore recouvertes de forêt primaire.
À défaut d'en être la capitale administrative, *Ban Saladan* en est le centre névralgique. C'est ici que l'on pose pied sur l'île, que l'on arrive par la mer ou par le pont qui sépare Lanta Yai de Lanta Noi, l'île la plus proche du continent. Sur la côte est, pas grand-chose à voir, à part *Lanta Town,* une modeste capitale administrative endormie, ce qui fait son charme.
À Lanta, quasi tous les hébergements se situent sur la côte ouest. En basse saison, de mai à octobre, ils offrent jusqu'à 50 % de remise... du moins ceux qui ne ferment pas.

FAITES VOS JEUX !

En France, le nom de « Ko Lanta » évoque le jeu télévisé de TF1, mais cette 1re édition fut en réalité tournée dans un îlot voisin, Ko Rok, à 1h de speed-boat. En fait, il s'agit d'un archipel de 15 îles au sud de Krabi, dont une partie a été classée parc national en 1990 (les plongeurs seront ravis).

LA PETITE SUÈDE

Les liens amicaux entre les monarchies suédoise et thaïe sont très anciens. Le gouvernement suédois verse généreusement des subventions pour des allocations chômage et pour suivre des cours. Résultat, des milliers de Suédois se sont installés, plus ou moins temporairement à Ko Lanta, préférant la crème solaire au froid polaire.

Arriver – Quitter

Taxe de 10 Bts/pers à l'arrivée sur l'île pour la gestion et le tri des déchets.

En bateau

Presque tous les départs et arrivées à Ko Lanta se font au ***Ban Saladan Pier.***

Adresse utile

1 Ko Lanta Hospital

Où dormir ?

- **10** Non Du Lay Guesthouse, Journey Hostel et Lanta Chaolay
- **11** Lanta Smile Guesthouse
- **12** Kaw Kwang Beach Resort
- **13** Twin Bay Resort
- **14** Time for Lime Resort
- **15** Chill Out House et Coconut Home Bungalows
- **16** Blanco Hostel
- **17** Andaman Bay Bungalow
- **18** Andaman Sun Flower Resort, Lanta Marina Resort et Baan Chao Koh Cottages
- **20** Lanta Castaway Resort
- **21** Where Else et Bee Bee Bungalows
- **22** Baan Phu Lae
- **23** La Laanta Hideaway Resort
- **24** Sriraya Guesthouse et The Old Times

Où manger ?
Où prendre le petit déjeuner ?

- **10** Catfish
- **14** Time for Lime Resort
- **24** Pinto Restaurant
- **30** Laanta Seafood
- **31** Kanum Pan Backerie
- **32** Krua Nidnoy Restaurant
- **33** May's Kitchen
- **34** Three Sisters
- **36** Drunken Sailors
- **37** Same Same but Different
- **38** The Blue Moon Beach Bar
- **40** Sunshine Hill Viewpoint Restaurant
- **41** View Point Restaurant

Où boire un verre ? Où sortir ?

- **15** Ozone Bar
- **20** Pangea
- **38** The Blue Moon Beach Bar et Rasta Baby
- **39** Diamond Cliff Beach

Plongée sous-marine

- **20** Dive & Relax
- **30** Blue Planet Divers

KRABI
TRANG
NORD
Ban Hua Hin
KO PHI PHI
Ban Saladan
Ko Lanta Noi
Kaw Kwang Beach
Klong Dao Beach
Ban Lu Yong
Ban Loh Baa Raa
Phra Ae Beach
Ban Phra Ae
Ban Thung Yee Pheng
Ko Lanta Yai
Ban Khlong Khoang
Klong Khong Beach
Ban Je Lee
Ban Khlong Toab
Bubu Island
Ban Khlong Nin
Klong Nin Beach
Grotte de Mai Kaeo
Ko Pu
Lanta Town
Musée communautaire de Lanta Town
MER D'ANDAMAN
Ban Hua Laem
Ban Khlong Hin
Klong Hin Beach
Ao Kantiang
Cascade de Klong Jaak
Ban Sang-Ga-U (Sea Gipsy Village)
Ao Nui
Ao Klong Jaak
Ao Mai Phai
Ko Lanta Marine National Park
Light house
Bangkok
Ko Lanta
0 2 4 km

KO LANTA

Attention, ***beaucoup de liaisons maritimes sont suspendues en basse saison,*** à savoir de mai à octobre. Bien se renseigner, donc, durant cette période ! Sinon, toutes les agences et les hébergements sur l'île pourront organiser votre transfert depuis Lanta. On peut aussi consulter la plupart des horaires et acheter des billets en ligne sur ● *phuketferry.com* ●

➢ ***Ko Phi Phi :*** en saison, 7-8 liaisons/j., 8h-13h30 de Lanta, 9h30-15h30 de Phi Phi. Compter 30 mn à 1h selon le bateau.

➢ ***Krabi :*** en saison, 1 bateau/j., à 10h15 depuis Lanta, à 9h, 10h30, 11h30 et 14h depuis Krabi (Klong Jilad Pier ou Kong Ka Pier). Compter 2h-2h15 de trajet. Hors saison, il faut y aller par la route.

➢ ***Ao Nang*** *(Noppharat Thara Pier)* **:** en saison, 1 bateau/j., à 13h30 depuis Lanta et 10h30 et 15h30 depuis Ao Nang. Trajet en 2h15.

➢ ***Phuket (via Ko Phi Phi) :*** 7-8 bateaux/j. en saison, 8h30-15h (depuis Lanta ou Phuket). Compter 1h30 à 3h de traversée selon l'embarcation (ferry ou *speed-boat*).

Liaisons avec les îles au sud de Ko Lanta

➢ ***Ko Ngai, Ko Muk et Ko Kradan :*** plusieurs liaisons/j. avec les compagnies *Bunghaya, Andaman Express* (📱 09-36-13-26-28) ; *Satun Pakbara Speed-boat* (📱 08-19-57-20-94 ; ● *tarutaolipeisland.com* ●) ou *Tiger Line* (📱 09-80-16-81-81 ; ● *tigerlinetravel.com* ●), ces 2 dernières continuant vers ***Ko Bulone*** et ***Ko Lipe,*** et même ***Langkawi*** (Malaisie) avec *Tiger Line.* Tous les départs se font entre 10h et 13h30, en saison seulement, avec arrêt dans chacune des îles. Prix et durée très variables car différents types de bateaux. Pour *Ko Ngai,* compter 40 mn à 1h30 de trajet et, pour *Ko Lipe,* min 3h en tout (en *speed-boat*).

Par la route

➢ ***Depuis le continent :*** en venant de Krabi, prendre l'A 4 (Phetkasem) en direction de Trang, puis la route n° 4206 (suivre les panneaux « Lanta Marine National Park »). Arrivée au bac après 27 km (fonctionne ttes les 10-15 mn, 6h-22h). Ne pas oublier de s'arrêter à la guérite quelques centaines de mètres avt, à gauche de la route, avt de descendre jusqu'au bac proprement dit. Compter env 100 Bts pour la voiture + 20 Bts/passager.

➢ ***Bangkok :*** nombreuses offres de billets combinés bus ou train + bac ou bateau. Comparer les prix et bien se faire préciser les horaires de départ et d'arrivée. Au total, 18-20h de voyage.

➢ ***Trang et Krabi :*** nombreux départs le mat, renseignez-vous auprès de votre *guesthouse* ou dans une agence. Trajet : 2h pour Trang, 2h pour Krabi.

➢ ***Phuket :*** jusqu'à 7 départs/j., 7h30-15h30 depuis Lanta ; arrivée au *Phuket Bus Terminal 1* (à Phuket Town). Env 5h de trajet.

En avion

L'aéroport le plus proche est celui de Krabi. Les agences assurent le transfert depuis Lanta. Compter 300 Bts et 1h30-2h de route.

Comment se déplacer ?

2 routes goudronnées parcourent les côtes ouest et est de l'île. Côté ouest (de loin la plus fréquentée), de Ban Saladan jusqu'à la pointe sud. À Klong Nin, prendre à droite, vers la mer, si vous voulez rester sur la côte ouest (sinon, vous vous retrouverez sur la côte est !). Si vous suivez la route, qui tourne à gauche, ça grimpe jusqu'au *View Point* avant de redescendre jusqu'à Lanta Town, d'où vous pourrez aller encore plus au sud, jusqu'au Gipsy Village. Pour en profiter un max, il faut ***louer un scooter*** (200-300 Bts/j. selon le modèle et durée de location), voire une petite voiture (1 200-1 600 Bts/j.). Il peut aussi être tentant de louer une « moto *tuk-tuk* » (ces motos avec un side-car couvert à hauteur du siège de la moto) si l'on est 2 ou 3 (min 500 Bts/j.), mais attention, ça ne se manie pas facilement. Pour louer un véhicule, le passeport est généralement demandé en caution.

Sinon, de nombreuses motos *tuk-tuk* et quelques pick-up font office de ***taxis*** sur la route principale. Ils ne vont pas toujours jusqu'à la pointe sud, à cause du relief difficile. Fixer le montant de la course avant de partir, et compter bien 400 Bts pour descendre jusqu'au bout de l'île. Beaucoup de *resorts* et hôtels un peu chics proposent aussi des transferts (payant ou non) depuis et vers Ban Saladan.

BAN SALADAN – บานศาลาแดง

Ce petit village portuaire, pas désagréable, avec ses restos au bord de l'eau, concentre tous les services. Pas de grands immeubles et encore bon nombre de maisons en bois prolongées par des terrasses sur pilotis.

Adresses utiles

✉ ***Poste :*** la poste principale se trouve à Lanta Town, mais on trouve une boîte (rouge) à Ban Saladan, devant le petit poste de police.

✚ ***Santé :*** *plusieurs petites cliniques privées sur l'île, la plupart non loin de Ban Saladan, sur la route principale, comme la* ***South Lanta Medical Clinic*** *(☎ 075-656-843 ou 844 ; ● southlanta medicalclinic.com ●) ou la* ***Take Care International Clinic*** *(☎ 075-811-196 ; 📱 08-16-06-05-00). Également un hôpital au sud de Lanta Town,* ***Ko Lanta Hospital*** – โรงพยาบาลเมืองลันตาด้านฝั่งตะวันออก *(carte, **1**), sur la côte est de l'île. ☎ 075-697-017.* En cas de gros souci cela dit, vous serez évacué vers Phuket ou Krabi.

■ ***Police :*** *☎ 075-668-192. « Police box » à la jonction des 2 rues principales. Le commissariat principal, lui, est un peu en dehors de Ban Saladan.*

Où dormir ?

Certes, on ne vient pas nécessairement à Ko Lanta pour séjourner en ville, même une petite ville comme Ban Saladan. En revanche, les prix ici sont particulièrement doux. Avec un scooter pour se déplacer ensuite dans l'île, ça peut le faire !

De bon marché à prix moyens (moins de 2 500 Bts / 71,40 €)

🏠 ***Non-Du Lay Guesthouse*** – นอนดูเลย์เกสท์เฮาส์ *(carte, **10**) : en débarquant, prendre la rue à droite, c'est 70 m plus loin, côté droit. 📱 08-69-68-54-58. Résa indispensable.* 7 chambres neuves le long d'une allée, entre la rue et le bras de mer. Elles sont super nettes, agréables et bien équipées, avec écran plat, clim, eau chaude et une literie soignée. Pas de petit déj à proprement parler, mais café-toast-banane offert. Presque en face, le ***Journey Hostel*** (même proprio) propose une dizaine de chambres du même style mais sans salle de bains privée et donc encore moins chères. Un excellent rapport qualité-prix quelle que soit la formule !

🏠 ***Lanta Chaolay*** – ลันตา ชาวเล โฮสเทล *(carte, **10**) : en débarquant, prendre la rue à droite, c'est à 120 m, côté gauche. ☎ 075-811-530. 📱 09-37-19-34-40. ● lantachaolayhostel@gmail.com ● Pas de petit déj.* Ici, en plus des chambres privées (tout confort, à l'étage), il y a aussi des dortoirs (de 6 lits, au rez-de-chaussée), le tout vraiment nickel et joliment décoré ! Agréable réception tout ouverte sur la rue et petite terrasse sur le toit, avec une vue splendide. Une excellente adresse là encore.

🏠 ***Lanta Smile Guesthouse*** – ลันตาสไมล์ เกสท์เฮ้าส์ *(carte, **11**) : en débarquant, prendre à droite, c'est tt au bout de la rue. ☎ 075-66-82-22. ● lanta_smile@yahoo.com ● Pas de petit déj.* Dans un bâtiment de facture récente, 7 chambres climatisées, meublées dans un style sobre et parfaitement tenues. Toutes avec balcon, avec vue sur le pont ou, beaucoup mieux, sur la mer. On vous conseille ces dernières, même si elles sont plus chères ! Autre atout du lieu, la proximité immédiate de la plage. Ambiance familiale.

Où manger ?

De bon marché à prix moyens (moins de 400 Bts / 11,40 €)

Catfish (Bookshop & Restaurant) – แคชฟิช (carte, **10**) : *en débarquant, prendre la rue à droite, c'est à 100 m, côté droit. 08-44-54-11-54. Tlj 8h30-21h.* Tenu par Noyna et ses chats. On passe par une petite librairie avant de déboucher sur une agréable terrasse sur pilotis. Plats thaïs, mais aussi sandwichs, burgers « maison », et même des *falafels* bien cuisinés. Quelques pâtisseries et de bons petits déj. Ambiance sympathique.

Laanta Seafood – ร้านอาหาร ลานตา ซีฟู้ด (carte, **30**) : *en débarquant prendre à droite, c'est à 300 m, côté droit (en face de* Blue Planet Divers*). Lun-sam 14h-23h, 11h-21h30 le dim.* Un bon resto, avec sa grande terrasse sur pilotis, agréablement rafraîchie par la brise de mer ! Délicieux et copieux plats thaïs. Poissons au kilo (un peu plus cher), que vous choisirez à l'entrée, avant qu'on vous les prépare. Pas mal de locaux. Excellent accueil.

Où prendre le petit déjeuner ?

Bon marché (moins de 200 Bts / 5,70 €)

Kanum Pan Backerie – บริษัท ขนมปัน จำกัด (carte, **31**) : *à env 500 m au sud de Ban Saladan, sur la route principale de l'île, côté gauche. 09-26-86-89-70. Ouv tlj 8h-21h30.* Espace ouvert sur la route, qu'on reconnaît à sa devanture orange. Pour un bon petit déj à la française avec croissants, c'est l'endroit !

LES PLAGES, DU NORD AU SUD

La côte ouest déroule une succession de longues et jolies plages propices à la baignade. C'est là qu'on trouve la majorité des hébergements de l'île, souvent des bungalows dont certains font face à la mer. Côté confort, ça va du très simple, carrément *roots* même, au luxueux *resort.*

KAW KWANG BEACH

La plage à l'extrême nord de l'île, à 2 km à l'ouest de Ban Saladan. Endroit vraiment tranquille, mais les adresses ne sont pas données. Et la mer se retire loin à marée basse.

Où dormir ?

De prix moyens à plus chic (de 1 000 à 5 000 Bts / 28,60 à 143 €)

Kaw Kwang Beach Resort – คอกวางบีช รีสอร์ท (carte, **12**) : *presque au bout du cap ; entrée par le* Crown Lanta Resort. *075-668-260. 08-31-04-30-14. • lanta-kawkwang resort.com • Petit déj inclus en saison.* Pas moins de 6 catégories de chambres dans ce *resort* un poil vieillissant mais qui reste très bien tenu : du petit bungalow sur la colline à l'arrière, sans wifi ni clim, au *beachfront* (les plus chers) en passant par les bungalows intermédiaires, sans vue sur la mer mais très corrects, avec tout le confort de base. Belle piscine, en surplomb de la plage (qui disparaît à marée haute). Bon accueil. Fait aussi resto.

De plus chic à très chic (de 2 500 à plus de 5 000 Bts / 71,40 à plus de 143 €)

Twin Bay Resort (carte, **13**) : *là où le cap se rétrécit, un peu avt le* Kaw Kwang Beach Resort. ☎ *075-668-010.* • *twinbaylanta.com* • *Petit déj compris.* Dans un beau jardin tropical ombragé, situé au niveau de l'isthme (donc agréablement rafraîchi par le vent marin), voici des bungalows dotés d'élégants toits de palmes. Tous bien équipés, avec frigo, clim, TV satellite... Au choix, les *standard,* côté jardin et à l'arrière, moins chers, ou les *beachfront,* évidemment mieux situés mais aussi un peu plus élégants. Belle piscine à débordement, qui se confond presque avec la mer, et accès direct à la plage. Resto. Une bonne option si vous en avez les moyens.

KLONG DAO BEACH – หาดคลองดาว

D'ici, on peut rejoindre à pied Ban Saladan et profiter de son ambiance et de ses services.

Où dormir ?

Prix moyens (de 1 000 à 2 500 Bts / 28,60 à 71,40 €)

Time for Lime Resort – ทามย์ฟอร์ลามย์รีสอร์ท (carte, **14**) : *au sud de la plage, proche de l'hôtel* Holiday Villa. ☎ *075-684-590.* 📱 *06-38-56-92-60.* • *timeforlime.net* • *Petit déj inclus en saison.* Cette école de cuisine réputée, gérée par l'Américano-Norvégienne Junie, offre une petite dizaine de bungalows, en retrait de la plage, dans un petit jardin propret. Avec leur toit pentu et leurs touches de vert, ils sont bien mignons, en plus d'être très bien tenus. Pas de TV (bah !) et clim seulement pour les plus chers. Hamacs. L'autre attrait du lieu, c'est la cuisine-atelier en plein air, avec bar, face à la plage. Excellent resto bien sûr (voir « Où manger ? »). 2 bémols : les enfants de moins de 16 ans ne sont pas admis et, le matin, le va-et-vient des bateaux de pêche à moteur peut gêner les sommeils légers...

Où manger ?

Prix moyens (jusqu'à 400 Bts / 11,40 €)

Time for Lime Resort – ทามย์ฟอร์ลามย์รีสอร์ท (carte, **14**) : *voir « Où dormir ? ».* ☎ *075-684-590. Tlj sauf dim 17h30-22h. Menu fixe (4 plats) env 440 Bts.* L'adresse la plus originale de la plage, voire au-delà, puisqu'il s'agit d'un resto doublé d'une école de cuisine. Dans un espace ouvert en béton gris avec des touches de vert et des bougies sur les tables, on mange tout en observant les élèves faire leurs classes. Au programme, 4 petits plats bien présentés, qui suffisent largement à un bon estomac. Le menu change chaque jour et revisite avec brio l'éventail complet des goûts et ingrédients du pays. Une chouette expérience !

Krua Nidnoy Restaurant (carte, **32**) : *176 Moo, sur la plage, à 250 m au nord du* Time for Lime Resort. 📱 *08-01-27-03-16. Ferme à 22h.* Pas le seul resto de la plage qui dispose des tables sur le sable, mais celui-ci nous a bien plu avec sa salle couverte bien ventilée. Carte très variée : petits plats thaïs, pour les plats les moins chers (nouilles, riz sautés, currys), poisson (ça grimpe un peu), mais aussi des pizzas, pâtes, burgers, steaks et même des grillades façon coréenne. Sans oublier les petits déj. Accueil très gentil.

PHRA AE BEACH (LONG BEACH) – หาดเอ (หาดยาว)

Facilement accessible depuis Ban Saladan (6 km seulement), cette vaste et belle plage, desservie par des pistes poussiéreuses, reste un peu moins fréquentée et plus bohémo-rasta que Klong Dao Beach. Ici, tous les quartiers de lune sont prétextes à faire la fête sur la plage. Pas mal de commerces et services en bordure de la route principale.

Où dormir ?

Bon marché (moins de 1 000 Bts / 28,60 €)

Chill Out House (carte, **15**) : *côté nord de la plage, prendre la piste qui mène au* Funky Fish. 08-21-83-22-58. *Caché derrière une rangée de bungalows, accès par une petite allée au niveau du* Lanta Panda Bungalows & Restaurant. Notre adresse la moins chère sur l'île, mais aussi la plus *roots* ! Une grosse cahute tout en planches et branchages avec sol en terre, abritant 5 petites chambres « privées » et 3 dortoirs de 6 lits, sans plafond et mal isolés. Fort peu d'intimité (et de confort) donc... mais le propos, ici, est de vivre en communauté justement ! 2 douches et toilettes pour tout le monde, bar avec musique (qui s'arrête à minuit) au milieu de l'ensemble. Pour les babas ou les fauchés.

Coconut Home Bungalows (carte, **15**) : *un peu après la* Chill Out House *(continuer et prendre à droite au bout de la rue).* 08-12-73-92-79. *Fermé mai-nov. Pas de petit déj.* Pour les petits budgets qui souhaitent quand même un peu plus de confort (et d'intimité) qu'à la *Chill Out House*, une quinzaine de petits bungalows éparpillés sous les cocotiers. Ils ont tous une terrasse avec hamac sur le devant, l'eau chaude et une moustiquaire. Accueil bien agréable, et la plage est à 2 pas. Location de scooters à prix préférentiels.

Blanco Hostel (carte, **16**) : *à mi-hauteur de la plage.* 09-36-16-33-07. *Petit déj (léger) inclus.* On n'est pas fans des *hostels* avec dortoirs qui ont fleuri sur Ko Lanta, mais celui-ci présente l'avantage d'être situé à l'écart de la route principale, assez près de la plage. De plus, les dortoirs (de 8-10 lits), installés dans des maisons en béton tout autour d'un espace sablonneux planté d'arbres et tendu de hamacs, sont neufs et impeccables, avec la clim et d'excellents matelas. Pas de chambres privées. Bar-resto (bon marché) avec musique, barbecue plusieurs fois par semaine, massages, transfert gratuit depuis le *pier*, etc. Ambiance très routarde, bien pour faire des rencontres.

Andaman Bay Bungalow – อันดามัน เบย์ บังกะโล (carte, **17**) : *entre les plages de Phra Ae et Klong Khong.* ☎ 075-667-150. 08-99-30-63-44. *Prendre le chemin qui part juste en face du panneau* Happy Hill Resort, *puis à gauche vers la caserne des pompiers, puis à droite (c'est indiqué).* Des petits bungalows, avec ventilo et eau froide, le long d'une allée qui aboutit à la plage. C'est tout simple mais vraiment pas cher. En mettant un peu plus cela dit, vous aurez droit à une chambre plus confortable dans un bâtiment à l'arrière, avec lit *king size*, coffre, frigo, meilleur matelas et eau chaude dans les salles de bains. Le tout fort bien tenu par une famille musulmane. Petit resto de plage.

De bon marché à prix moyens (moins de 2 500 Bts / 71,40 €)

Andaman Sun Flower Resort – อันดามัน ซันเฟลาวเวอร์รีสอร์ท (carte, **18**) : *tt au sud de la plage.* ☎ 075-684-668. *Accès en face du resto* Faim de

Loup ; *entrée repérable à la petite pyramide jaune. Parfois fermé hors saison. Petit déj en plus.* Un ensemble de bungalows bien séparés les uns des autres, simples (ventilo seulement) mais très propres, donnant sur une pelouse plantée de cocotiers (la plage est à 3 mn à pied). Le prix varie selon la taille et le confort (eau chaude ou froide, literie plus ou moins bonne). Petit déj et dîner possibles. Bon accueil de Nu.

Lanta Marina Resort – ลันตา มารินารีสอรท *(carte, 18) : sur la plage, après l'Andaman Sun Flower Resort. ☎ 075-684-168. • lantamarina.com •* Un peu le même style de bungalows que l'adresse précédente, en un peu mieux (certains avec frigo) et, surtout, dans un espace qui fait face à la mer. En revanche, ils sont un peu plus chers. Très bonne tenue ici aussi. Certains sont pour une famille (1 grand lit et 2 petits lits dans la même pièce unique). Resto prolongé de petits compartiments couverts en bambou pour se délasser face à la plage.

De prix moyens à plus chic (de 1 000 à plus de 5 000 Bts / 28,60 à plus de 143 €)

Lanta Castaway Resort *(carte, 20) : 299 Moo 2. ☎ 075-684-851. • lantacastaway.com • Fermé de mi-mai à fin juin et en sept. Plutôt en haut de la fourchette de prix. Résa obligatoire en hte saison. Petit déj inclus.* Un joli *resort* au bord de l'eau, avec de belles pelouses et d'élégants bungalows très confortables. Les moins chers sont mitoyens. Belle terrasse de resto et accès direct à la plage. Pour ce prix, il manque juste la piscine. En revanche, plein de services et accueil souriant. Abrite également le club de plongée *Dive & Relax* (voir plus loin la rubrique « Plongée sous-marine, masques et tubas »).

Baan Chao Koh Cottages – บ้าน ชาวเกาะ คอทเทจส์ *(carte, 18) : 669 Moo 2. 08-72-67-64-47 (Pat). • baanchaokohlanta.com • Téléphoner avt d'arriver. Min 4 nuitées exigées.* Tenus par un couple franco-thaï, 6 apparts situés à 200 m de la plage, pouvant accueillir chacun une famille. Ils sont tous impeccables et bien équipés (clim, cuisine, etc.), mais on a un faible pour les 2 plus anciens, vraiment sympa avec leur mezzanine (même s'ils n'ont qu'une salle de bains). Également 2 minipiscines. Bon accueil des proprios et plein de tuyaux sur les choses à faire dans le coin.

Où manger ?

De bon marché à prix moyens (moins de 400 Bts / 11,40 €)

May's Kitchen – ครัวพี่เมย์ *(carte, 33) : sur la route principale, côté droit en allant vers le sud. Dim-jeu 17h-22h, ven-sam 17h-23h.* En bord de route, dans une salle ouverte et ventilée, bien à l'abri du cagnard. Rien d'exceptionnel en soi, si ce n'est de délicieux petits plats thaïs, comme les currys *penang*. Également quelques plats internationaux et même des rouleaux de printemps vietnamiens. Un bon plan si vous êtes dans les parages.

Où boire un verre ? Où sortir ?

Ozone Bar *(carte, 15) : sur la plage.* Ici, c'est plutôt le jeudi qu'on viendra, pour sa soirée DJ. Le reste du temps, c'est un bar zen avec tables et chaises en terrasse ou carrément les pieds dans le sable.

Pangea – แพนเจีย บีช บาร์ แอนด์ คิชเช่ *(carte, 20) : vers le sud de la plage. Tlj 12h-2h.* Tables et chaises en bambou sur le sable : vraiment le *beach bar* du coin, idéal au coucher du soleil ! Grosse *beach party* le mardi, avec musique électro underground. Les autres soirs, plus calmes (quoique !), c'est plutôt reggae, jazz ou musique latino. Le patron est français.

KLONG KHONG BEACH ET KLONG NIN BEACH

Dans le prolongement de Phrae Ae Beach, 2 plages pas très différentes de cette dernière, très bohémo-rasta par endroits, avec des petits *resorts* qui le sont tout autant. Parfait pour les petits budgets venus à Lanta pour se la couler douce...

Où dormir ?

Bon marché (moins de 1 000 Bts / 28,60 €)

Where Else – แวร์เอ็ลส์ *(carte, **21**) : sur Klong Khong Beach. 09-29-42-65-54. • whereelsegarden@gmail.com •* Un bric-à-brac de cordages, lanternes et autres guirlandes de noix de coco, voilà pour la déco des parties communes. À l'arrière, des cabanons pour 2 à 4 personnes, avec juste un ventilo et une petite salle d'eau (froide). C'est rudimentaire mais très bon marché. On vient en fait surtout pour l'ambiance « Jamaïque » qui règne ici, notamment aux 2 bars (belle sélection de cocktails) et sur les petites plateformes où buller tranquillement face à la mer... Également un bon resto (en partie végétarien) qui ne vous ruinera pas. Où d'autre trouver tout ça en un seul et même endroit ?

Bee Bee Bungalows – บีบี บังกาโล *(carte, **21**) : sur Klong Khong Beach. 08-15-37-99-32.* Non loin du *Where Else,* d'autres bungalows sous les cocotiers, un peu plus chers ici mais bien tenus et agréables, avec de bons matelas et une terrasse privative avec hamac. Ni clim ni eau chaude non plus. Bar-resto de qualité sur la plage, massages et location de kayaks. Très tranquille. Bon accueil. Une excellente adresse dans cette catégorie.

Où manger ? Où boire un verre ?

De bon marché à prix moyens (jusqu'à 400 Bts / 11,40 €)

Three Sisters – ร้านอาหารถุงเงิน *(carte, **34**) : sur la route principale, côté gauche en allant vers le sud. 08-54-78-69-29. Tlj 9h30-22h30.* Tenu par 3 sœurs (d'où le nom), ce petit resto en bord de route vaut le détour pour sa cuisine excellente et variée : entre le *snapper* (vivaneau) au basilic, les nouilles jaunes au curry *(khao soi),* le tilapia rouge à l'ail et les salades piquantes, pour ne citer que ça, vos papilles risquent de balancer ! Le tout à prix très sages, sauf les poissons entiers, un peu plus chers. Accueil et service souriants. Résultat : c'est souvent plein et, le soir, il faut parfois attendre qu'une table se libère !

The Blue Moon Beach Bar *(carte, **38**) : Klong Nin Beach, côté nord. Tlj 11h30-21h. Fermé 1 j./sem, en fonction du calendrier lunaire.* L'un des bars-restos les plus emblématiques de Klong Nin Beach. Grosse ambiance de farniente avec ses nattes, coussins et parasols sur la plage. L'endroit idéal pour un délicieux jus de fruits (large sélection), accompagné ou non d'un petit plat thaï. Beaucoup d'habitués.

Diamond Cliff Beach – ไดมอนคลิฟฟ์ เกาะลันตา *(carte, **39**) : Klong Nin Beach, à mi-hauteur. 08-17-19-99-72 et 08-70-26-78-15. Tlj 11h-21h.* En surplomb de l'océan, sur des terrasses en bois, on n'a pas trouvé de meilleur point de vue pour siroter un thé glacé ou un petit vin blanc au soleil couchant ! On le recommande surtout pour ça, mais on peut aussi y grignoter et même y dormir : 2 chambres étonnamment confortables pour le prix (2 000-2 500 Bts), avec en prime ce superbe panorama...

Rasta Baby – ราสต้า เบบี้ *(carte, **38**) : Klong Nin Beach, un peu avt le* Blue Moon Beach Bar, *dans le virage. Tlj 11h-2h.* Le nom dit tout : un café-resto-boutique (et même *guesthouse*) au décor et à l'ameublement faits avec des matériaux de récup', charriés par les marées... Ambiance évidemment super relax, face à la mer. Et les mardi et vendredi soir, c'est reggae live !

TOUT AU SUD

La côte ouest de l'île s'achève, au sud, par un chapelet de jolies plages, très paisibles, en forme d'anses. Prudence si vous êtes à scooter, ça monte et descend assez sec !

Où dormir ?

Prix moyens (de 1 000 à 2 500 Bts / 28,60 à 71,40 €)

Baan Phu Lae – บ้านภูเลย์ *(carte, **22**) : sur Bamboo Beach à Mai Phai Bay, 2,5 km avt l'entrée du parc, juste après la piste qui descend vers le* Bamboo Bay Resort. *☎ 075-665-100. 📱 08-54-74-02-65. • baanphulaeresort.com •* Ici, une bonne douzaine de bungalows jaunes, bien intégrés au paysage, dont la plupart se trouvent directement sur la plage. Pour la différence de prix, n'hésitez pas à choisir un de ceux-là. Côté aménagement : parois en dur, lits à armature de bambou et sol en béton. Sobre élégance et sanitaires tout à fait corrects (avec eau chaude). Ni TV ni frigo. Bar-resto donnant sur la plage. Très bonne cuisine, de l'avis général. Location de kayaks. Accueil un peu routinier, dommage. Une adresse séduisante quand même !

De plus chic à très chic (de 2 500 à plus de 5 000 Bts / 71,40 à plus de 143 €)

La Laanta Hideaway Resort *(carte, **23**) : à Bamboo Beach, tt à fait au sud, après Baan Phu Lae, chemin à droite, l'hôtel n'est pas indiqué. ☎ 075-665-066. 📱 08-78-83-99-66. • lalaanta.com • Accès par une piste assez raide. Min 3 nuits en pleine saison.* L'un des *resorts* les plus isolés de l'île (d'où le nom), dans une nature à peine domestiquée, sur l'une des plus belles plages de Ko Lanta. C'est l'atout cœur de cette structure. Car la vingtaine de villas, quoique bien équipées, nous ont paru un peu surévaluées. Les prix vont du simple au double selon la taille et la situation. 2 petites piscines. Resto *on the beach* très agréable. Transfert gratuit depuis Ban *Saladan.*

Où manger ?

De bon marché à prix moyens (moins de 400 Bts / 11,40 €)

Drunken Sailors – ดังเคน เซลเลอซ์ *(carte, **36**) : dans le petit village au nord de Kantiang Beach, sur la route principale. ☎ 075-665-076. Tlj sauf mer 10h30-21h.* Un petit resto qui se veut branché, dans un espace ouvert sur la rue avec du mobilier blanc, où l'on peut manger sur des poufs et même dans un hamac ! Bien pour un burger (la spécialité), mais il y a aussi des plats thaïs. Pas très cher et bonne ambiance.

Same Same but Different – เซม เซม บัต ดีฟเฟอเรนท์ *(carte, **37**) : à*

LE SUD : ITINÉRAIRE BANGKOK – HAT YAI

Kantiang Beach ; accès par des passerelles en bambou. 📱 08-17-87-86-70. Tlj 10h-22h. Cadre romantique, tout en bois, avec des tables posées sur le sable et éclairées à la bougie, sous des paillotes ou la frondaison des arbres. Au menu, des poissons fraîchement pêchés (essayez celui à la vapeur, à la sauce de soja et au gingembre), crabe au curry jaune, currys de viande bien épicés, nouilles aux crevettes et autres recettes pleines de saveurs... Très bon choix pour le dîner.

LANTA TOWN (เมืองลันตา) ET LA CÔTE EST

Bordée de mangroves et d'une mer peu profonde, la côte orientale de Ko Lanta, quasi vierge de développement touristique, ne permet pas la baignade. Le voyageur soucieux de varier les plaisirs y découvrira en revanche la vie locale d'une bourgade authentique et, à sa pointe sud, de magnifiques panoramas.
Lanta Town est un harmonieux cocktail sino-musulman, avec une rangée de maisons de pêcheurs en bois sombre non dénuées de caractère, dont certaines ont été reconverties en *guesthouse* ou en resto... On a beaucoup apprécié le charme qui s'en dégage et l'atmosphère paisible qui y règne.

Où dormir à Lanta Town ?

Bon marché (moins de 1 000 Bts / 28,60 €)

Sriraya Guesthouse – ศรีรายาเกสท์เฮ้าส (carte, **24**) : *dans la rue principale. 📱 08-25-36-17-81. • segaboyone@hotmail.com • Repérer le panneau « ROYAL », c'est à 20 m. Pas de petit déj (mais café/thé à dispo).* Une vieille maison chinoise, retapée joliment. Vieilles affiches à l'entrée et belle enfilade d'espaces menant à l'élément liquide. 8 chambres, simples mais très propres et élégantes, avec ventilo et salle de bains commune ou, pour le double du prix, la clim, salle de bains privée et, en prime, la vue sur la mer. Dans les 2 cas, vous ferez une excellente affaire !

Prix moyens (de 1 000 à 2 500 Bts / 28,60 à 71,40 €)

The Old Times – ดิ โอลด์ ไทม์ ลันตา (carte, **24**) : *dans la rue principale, tt près de la Sriraya Guesthouse. 📱 08-18-54-60-00.* Décidément, l'hébergement à Lanta Town a bien du charme : 6 chambres de caractère dans une belle demeure en bois, toutes avec de beaux petits meubles anciens, clim, sanitaires avec eau chaude et grand lit surmonté d'une moustiquaire, le tout méticuleusement tenu. Celles à l'étage, côté rue, sont moins chères. Petit déj servi dans un agréable café pas loin. Bon accueil souriant.

Où manger à Lanta Town et dans les environs ?

De bon marché à prix moyens (moins de 400 Bts / 11,40 €)

Pinto Restaurant – ปิ่นโต (carte, **24**) : *dans la rue principale. 📱 08-58-83-40-49. Cuisine tlj sauf mer 10h-21h.* Agréable salle ouverte sur la mer, au sol en béton et mobilier en bois, baignant dans une musique planante. Les tourtereaux choisiront la table isolée sur un petit ponton au-dessus de l'eau, vraiment romantique ! Très bonne cuisine thaïe : poisson frais à l'ail et au citron, légumes bio sautés à la sauce d'huître, porc à la pâte de crevette, crabe « bleu » au lait de coco... faites votre choix ! Service agréable. Un bon plan à toute heure.

Sunshine Hill Viewpoint Restaurant – ร้านอาหารฮิลล วิวย์พ้อยท์ *(carte, **40**) : à 5 km au sud de Lanta Town, sur la route principale. 08-17-87-86-97. Tlj 9h-21h.* Un peu loin de tout, mais cette terrasse rustique offre un superbe point de vue sur les basses terres et mangroves, la mer et les îles de Ko Kluang et Ko Ngai (et Ko Muk encore derrière). Le cadre idéal pour un bon poisson grillé, par exemple. Bien sûr, bien d'autres petits plats thaïs, le tout assez bon marché. Attention, ferme de bonne heure.

Sur la route transversale de l'île, avant de descendre sur Lanta Town, on conseille aussi le ***View Point Restaurant*** *(carte, **41**)*, pour sa belle terrasse en bois au sommet de la pente. Magnifique vue et plats thaïs à prix veloutés, boissons fraîches, etc. En revanche, pas de coucher de soleil de ce côté-ci de l'île !

À voir. À faire sur l'île

Plus encore que sur d'autres îles, on vient à Ko Lanta pour ***se prélasser sur une plage.*** Excursion toutefois possible vers les îles environnantes, pour y faire du *snorkelling* notamment (voir plus loin « Plongée sous-marine, masque et tuba »). Sinon, on peut se laisser tenter par ce qui suit.

Ko Lanta Marine National Park – อุทยานแห่ง ชาติทางทะเลหมู่เกาะลันตา *: ☎ 075-660-711. • thainationalparks.com • Au bout de la route qui descend plein sud. Tlj 8h30-18h. Entrée : env 200 Bts ; 400 Bts côté marin du parc (ajouter 30 Bts en voiture et 20 Bts à moto). Possibilité de camper sur place ou de loger dans des bungalows.*
Le QG du parc et le sentier d'exploration se situent à la pointe méridionale de l'île, proche d'un phare très photogénique et de plages rocheuses. On vient ici pour explorer ce qui subsiste de la forêt primaire qui recouvre encore en partie l'épine dorsale de Ko Lanta. De ce parc établi en 1990, 81 % des 132 km² sont en fait maritimes, protégeant les fonds autour de nombreux îlots.

La cascade de Klong Jaak – น้ำตกคลองจาก *:* l'une des excursions les plus courues (à faire à pied, donc !) part de *Ao Klong Jaak* à travers la jungle, pour rejoindre une petite chute d'eau. En tout, environ 2h de trek sans effort.

La grotte de Mai Kaew – ถ้ำไหมแก้ว ใกล้หมู่บ้านคลองนิน *: suivre sur 1,5 km la route partant vers la droite quand on vient de Klong Nin (c'est fléché). Ouv 8h30-16h30. Fermé ven 10h30-13h30. Entrée : 300 Bts.* Compter 2h en tout pour la visite. Attention, pas d'habits du dimanche, vous reviendriez crotté ! Privilégiez un pantalon long, il y a un peu d'escalade. On se balade à travers la jungle avant d'entrer dans la grotte, où l'on parcourt environ 1 km dans des cavités culminant à 20-30 m de haut, avant de ressortir par un petit passage de 1 m de diamètre. Mettre impérativement de bonnes chaussures et ne pas avoir peur des chauves-souris et des araignées ! Vivement déconseillé aux jeunes enfants, la grotte peut être dangereuse car très glissante. Claustrophobes s'abstenir.

Le musée communautaire de Lanta Town – พิพิธภัณฑ์ชุมชนเกาะลันตา *: Sri Raya Rd. ☎ 075-697-069. À 100 m du petit rond-point situé à côté de la jetée, dans la direction opposée à celle-ci. Tlj 8h-17h. Entrée : 60 Bts.* Intéressant petit musée aménagé dans l'ancien hôtel de district (1901). Il met en valeur la diversité de la culture locale à grand renfort de photos et d'objets. On y apprend notamment que les gens tiraient leurs revenus de la pêche et de la production de charbon de bois. Vous y verrez un bateau traditionnel de l'ethnie Urak Lawoy, groupe des fameux Chao Leh, littéralement « les gens de la mer », appelés aussi *Sea Gypsies* par les anglophones. Visite assurée en principe par le vieux monsieur qui a créé le musée. Touchant.

Excursion vers la pointe sud (depuis Lanta Town) : un ruban de bitume s'y tord dans tous les sens en dépassant de petits hameaux. Parfois, des panoramas époustouflants où palmiers et cocotiers se dissolvent lentement dans les mangroves, en contrepoint d'îles tachant une mer bleu turquoise. Un peu avant le cul-de-sac, ***Ban Sang-Ga-U*** – หมู่บ้านชาวเลย์ (ชาวเลย์), village de gitans de la mer (Urak Lawoy), n'a rien de touristique ni de spectaculaire. Y aller avec réserve et respect pour les habitants, membres d'une ethnie fascinante qui n'a pas livré tous ses secrets.

À voir. À faire sur d'autres îles...

➢ ***Bubu Island*** – บูบูไอส์แลนด์ **:** *à quelques encablures de la côte est de Ko Lanta. Accessible depuis Lanta Town par bateau.* Presque un îlot, on fait le tour de Bubu Island en 15 mn !

➢ ***Ko Jum*** – เกาะจำ **:** île peu peuplée, au nord de Lanta Yai, parfois appelée *Ko Pu.* Les ferries reliant Krabi et Lanta font escale à Ko Jum. En fait, arrêt en mer et transfert en *long-tail boat* jusqu'à l'île. Depuis Krabi, on peut aussi rejoindre le port de Laem Kruad en *songthaew* (38 km), puis embarquer sur un *long-tail.* Longue plage de sable blanc sur la côte ouest, où l'on trouve des bungalows. Pour ceux qui veulent vraiment déconnecter.

Plongée sous-marine, masques et tubas

Les moniteurs vous le diront : rien à voir autour de Ko Lanta ! Il faut donc mettre le cap sur les îles du Sud – riches et peu fréquentées – ou bien cingler vers Ko Haa ou Ko Phi Phi pour se rincer l'œil.

Masque et tuba

Une journée d'excursion s'impose pour découvrir, en bateau, les petites îles et îlots environnants : ***Ko Rok, Ko Muk, Ko Ngai, Ko Kradan.*** *Snorkelling* au-dessus du corail, visite de grottes et mangroves, sans oublier une plage de rêve pour compléter le tout. La moindre agence (ou votre hébergement) peut vous réserver ces excursions déclinées en 2 produits types : un cocktail de 4 îles à visiter en *speed-boat* (ou parfois en *long-tail boat*), incluant toujours Ko Muk pour sa grotte d'émeraude (Morakot) et souvent Ko Ngai (ou un îlot voisin) pour un peu de *snorkelling* et Ko Kradan pour la beauté de sa plage (Kradan où chaque année, le jour de la Saint-Valentin, des Asiatiques vont s'unir sous l'eau en scaphandre) ; ou un aller-retour en *speed-boat* vers une île plus éloignée comme Ko Rok ou Ko Phi Phi. Départ en général vers 8h et retour à 16h. Compter 1 000-2 000 Bts par personne selon la compagnie et, surtout, le type de bateau. Repas du midi inclus.

Plongée

Elle se pratique surtout d'octobre à mai car les parcs nationaux sont fermés le reste de l'année. Possibilité de consulter la météo sur ● *tmd.go.th/en* ● La plupart des clubs sont regroupés à Ban Saladan, dans la rue du port. Bon matériel et prestations correctes à prix justes, formations *PADI, CMAS* ou explorations encadrées, ainsi, bien sûr, que des baptêmes. Les sorties ont généralement lieu à la journée (6h à 8h), à cause de l'éloignement des sites, et comprennent 2 ou 3 plongées et le casse-croûte. Compter 3 300 à 5 100 Bts (à quoi il faut ajouter 600 Bts pour l'accès aux parcs nationaux). Il y a 2 types de bateaux : les *slow-boats,* qui peuvent accueillir jusqu'à 40 personnes (1 instructeur pour 4 plongeurs), et les *speed-boats,* qui ne prennent pas plus de 10-12 personnes (1 instructeur pour 2 ou 3 plongeurs). La plupart des moniteurs ci-après sont bilingues ou trilingues.

■ ***Blue Planet Divers*** – ศูนย์ดำน้ำบลูพลาเน็ท *(carte,* ***30****)* ***:*** *au bout de la rue à droite en débarquant à Ko Lanta, en face du resto* Lanta Seafood. ☎ *075-668-165.* 📱 *08-54-72-34-50.* ● *lanta-diving.com* ● Gros centre géré par un Français. Certifié PADI 5 étoiles et formation d'instructeurs. Cours et sorties en français, évidemment. On vient chercher les plongeurs à leur hôtel.

■ ***Dive & Relax :*** *au* Lanta Castaway Resort *(carte,* ***20****), au sud de Phra Ae Beach.* 📱 *08-90-50-30-09 ou 08-48-42-21-91.* ● *diveandrelax.com* ● Ce sympathique centre de plongée certifié PADI et situé dans un agréable *resort* (voir « Où dormir ? ») propose des sorties en petit comité à bord de 2 *speed-boats* de 11 m. Départ tous les jours à 8h ou 9h (mais mieux vaut réserver). Ici, l'accent est mis sur la sécurité, le plaisir et la convivialité. Bon accueil.

Nos meilleurs spots

Hin Daeng et Hin Muang – หินแดงและหินเมือง ***:*** *au sud-ouest de Ko Lanta, compter 4h de trajet en* slow-boat *ou 1h20 en* speed-boat. 2 sites très sauvages, parmi les meilleurs du pays pour la plongée. Il s'agit de 2 pinacles, à quelques encablures l'un de l'autre, qu'on explore à une profondeur de 25 à 30 m. Attention, les courants y sont parfois un peu forts ; aussi, seuls les plongeurs confirmés pourront admirer le spectacle, et quel spectacle ! Les rochers sont littéralement recouverts de coraux mous et durs, gorgones, éponges, anémones et oursins... On y croise de gros bancs de carangues, des barracudas, des murènes, des raies géantes, etc. ; un véritable jardin de couleurs (visibilité de 10 à 30 m). Éblouissement total !

Ko Haa – เกาะห้า ***:*** *minuscule archipel de 5 îles au sud-ouest de Ko Lanta (2h de traversée en* slow-boat *ou 30-40 mn en* speed-boat*). Pour plongeurs de ts niveaux.* Le spot (de 10 à 30 m maximum) est réputé pour ses grottes amusantes à explorer (lampe torche). Les plongeurs débutants trouveront leur bonheur – à l'extérieur – parmi les coraux et poissons de récifs multicolores. Parfois une tortue, un requin pointes-noires ou, plus rarement, un requin-léopard parachèvent l'enchantement. Avec ses eaux très claires, c'est aussi l'un des meilleurs sites de *snorkelling.*

Ko Rok – เกาะรอก ***:*** *2 îlots au sud de Ko Lanta (2-3h de trajet en* slow-boat *et 50 mn en* speed-boat*).* Plongée délicieuse pour plongeurs de tous niveaux (15 m maximum), dans une eau également fréquentée par les adeptes du *snorkelling.*

Sans oublier les spots situés autour de Ko Phi Phi (voir ce chapitre), où se rendent aussi les clubs de plongée de Ko Lanta.

TRANG – ตรัง

● Carte *p. 575*

Hormis ses *tuk-tuk* rétro rigolos et une ribambelle de cafés, la ville – très vivante – ne présente pas grand intérêt. Cette capitale de la province du même nom constitue seulement l'étape obligatoire pour ceux qui se rendent dans les petites îles plantées à l'ouest de la côte (certaines appartiennent au parc national de *Had Chao Mai*). Quasi vierges jusqu'il y a peu, ces îles sont désormais en plein essor : elles remportent un franc succès auprès des routards amateurs de calme, de beauté et d'authenticité.

Arriver – Quitter

En bus

Gare routière : ☎ *075-210-455 ou 075-218-718.*
➢ ***Krabi :*** ttes les heures, jusqu'en fin d'ap-m. Trajet : 2h30 (130 km).
➢ ***Phuket :*** ttes les heures, 7h-18h. Trajet : 4-5h (310 km). Arrêt à Krabi et Phang Nga.
➢ ***Hat Yai :*** ttes les 45 mn en bus ordinaire, 5h-18h env, sinon 3 fois/j. sûr. Trajet : 3-4h (150 km).
➢ ***Bangkok :*** 5 liaisons/j., en bus climatisé ou VIP. 8h30 et 9h30 puis plusieurs bus entre 16h30 et 18h30. Les bus les moins chers partent à 16h30 et 17h30. Au moins 15h de route (870 km). Prix : 650-1 000 Bts.

En train

Gare ferroviaire : ☎ *075-218-012.*
➢ ***Bangkok :*** 2 trains/j. De Bangkok, départs à 17h05 et 18h30, arrivée en matinée. Depuis Trang, il y a le rapide de 13h25 et l'Express de 17h20. Ils mettent env 15h au total et desservent notamment les gares de Surat Thani (Ko Samui), Chumphon, Hua Hin et Nakhon Pathom. Prix : 285-780 Bts, sans ou avec couchette.

En avion

✈ ***Aéroport :*** ☎ *075-218-224 (infos).*
➢ ***Bangkok :*** *Nok Air* assure 3 vols/j. vers l'ancien aéroport Don Muang. Durée : 1h30.

Adresse et infos utiles

– Ceux qui lisent le thaï pourront consulter le site ● *trangonline.com* ●, qui fait le plein d'informations utiles.

✉ ***Poste :*** *à 200 m à gauche en face de la gare.*

Où dormir ? Où manger ?

De bon marché à prix moyens (moins de 800 Bts / 23 €)

Koh Teng Hotel – โรงแรมโกเต็ง **:** *77-79 Râma VI Rd, sur la gauche à 400 m de la gare sur l'avenue principale.* ☎ *075-218-622.* Un repaire de *backpackers* bien rénové. Chambres basiques avec ventilos donnant sur de grands couloirs. On peut même avoir une TV et la clim. Resto sino-thaï au rez-de-chaussée, excellentes nouilles. Bon accueil.

Thumrin Hotel – โรงแรมธรรมรินทร์ **:** *Sathanee Rd, à 2 pas de la gare, dans une grande tour moderne.* ☎ *075-211-011.* ● *thumrin.co.th* ● Si vous devez passer une nuit à Trang, ce grand hôtel tout à fait impersonnel fera l'affaire. Chambres propres avec salle de bains, clim et TV. Rien de plus à dire.

Multitude de ***petits marchés*** aux abords de la gare : nourriture simple et bonne à prix locaux.

Night Bazaar – ไนท์บาร์ซ่าร์ **:** *derrière la Clock Tower.* Un régal pour les yeux comme pour les papilles. Grand choix de brochettes à grignoter en se promenant et plats cuisinés à déguster sur les tables derrière les stands. Goûtez notamment la salade épicée de calamars, un délice !

LES ÎLES

L'archipel offre vraiment de superbes plages, mais globalement, les hébergements n'y sont pas donnés : c'est qu'il faut tout faire venir du continent, depuis les matériaux de construction jusqu'à certains produits alimentaires.

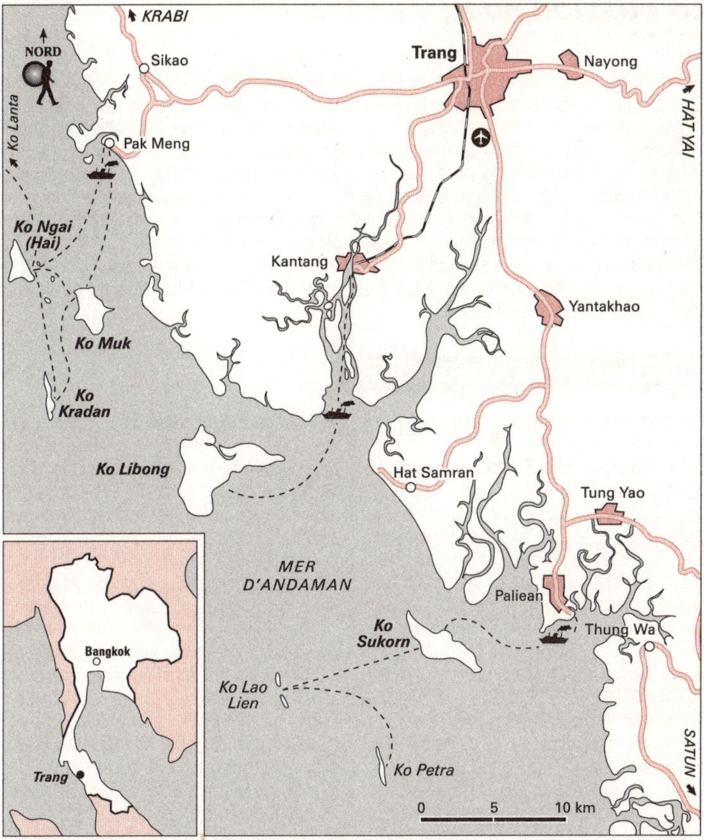

TRANG ET LES ÎLES

Le plus simple, pour rejoindre les îles, est de passer par l'une des nombreuses agences de voyages de Trang. La plupart se trouvent en face de la gare des trains. Leurs services et tarifs sont équivalents et incluent le minibus jusqu'à un des embarcadères. Accès aux îles facile au départ du port de Chao Mai ou de l'embarcadère de Pak Meng, au nord de Trang, ou encore du port de *Kuang Tungku,* par des bateaux de traversées régulières avec souvent un arrêt obligatoire à l'île de Ko Muk. Également départ du nouveau *jetty* de Trang, *Thung Klong Son* à Sikao District (1h de trajet).

➢ Novembre-avril, possibilité de rejoindre les îles de Ko Ngai, Ko Muk et Ko Kradan en bateau au départ de Lanta Yai pour environ 500 Bts le trajet. Départ de Saladan Pier (bateau *Petpailin*) à 9h, arrivée 1h après à Ko Ngai et vers 13h30-14h à Ko Muk, après être passé par Ko Kradan. Au retour, départ 13h30-14h30 selon l'île, arrivée vers 16h30 à Saladan Pier.

➢ Possibilité aussi de rallier les différentes îles (Ko Hai, Ko Muk et Ko Kradan en particulier) en privatisant un *long-tail boat.* Si vous êtes 3 ou 4, ça ne revient pas si cher : par exemple, 600 Bts le trajet Ko Kradan-Ko Muk.

KO NGAI (OU KO HAI) – เกาะไหง

C'est l'île la plus facile d'accès depuis le port de Pak Meng, à 35 km à l'ouest de Trang en *songthaew* ou en bus (environ 1h de bateau au départ de Lanta Yai). Nombreuses liaisons maritimes. Le trajet dure moins de 1h. Tout en longueur, avec sa plage de rêve côté est, sa petite jungle intérieure, et son récif corallien au large : voilà pour la carte postale ! Aucun vrai village ici, l'île est en quelque sorte une station balnéaire. La partie la plus belle de la plage s'étend entre le *Coco Cottage* et le *Ko Hai Sea Food* : presque pas de sable à marée haute, mais lorsque l'onde se retire, sous l'ombre des pins, des cocotiers, des palmiers et des palétuviers, assis sur une souche abandonnée, cela ressemble pas mal au bonheur.
Côté pratique : les adresses les moins chères n'ont d'électricité que le soir, prévoir des bahts en réserve avant d'y arriver (pas d'ATM et change pas génial), et connexions internet aléatoires.

Où dormir ? Où manger ?

Camping possible : se renseigner auprès des rangers.

Ko Ngai Sea Food : *juste à côté du* Ko Hai Villa, *côté nord. 08-50-43-40-99. Compter 500-1 000 Bts.* Quelques cahutes simples vraiment pas chères, basiques côté confort (eau froide, ventilo). Accueil en famille. Bon resto, essentiellement de poisson et fruits de mer, comme de juste.

Coco Cottage : *côté nord de la plage. ☎ 075-224-387. 08-97-24-92-25. • coco-cottage.com • Ouv oct-mai. Compter 2 000-2 550 Bts avec ventilo, 3 700-4 900 Bts avec clim ; grosse réduc en basse saison.* Peut-être notre adresse préférée sur la plage : de jolis bungalows en bambou bien aménagés, avec douche à ciel semi-ouvert, vraiment coquets, dans un jardin traversé par un petit canal. Très bien tenu, et des chambres familiales appréciées : plein de mouflets dans le coin ! Resto délicieux aussi. Un vrai sens de l'accueil et du service en prime.

Paradise Resort : *côte ouest de l'île, sur la bien nommée Paradise Beach ; la seule adresse de cette plage. ☎ 075-203-024. 08-96-46-57-31. Accès en bateau (résa préalable) ou à pied (25 mn de marche dans la forêt) : prendre le chemin à l'arrière du* Thanya Resort *; d'abord 5 mn de montée bien raide (quelques cordes pour s'aider), puis autant de descente, avt 15 mn de marche facile (bien suivre le fléchage, et moustiques très voraces sous les feuillages !). Petites huttes 600-700 Bts.* Dans une vaste palmeraie balayée par la brise du soir. Tranquillité absolue, électricité le soir seulement : rien d'autre à faire que de regarder passer les vagues à l'abri sous le vaste toit du resto. Accueil très agréable de Malin, la patronne. On peut aussi venir simplement y passer la journée.

3-4 autres établissements sur la plage est, plus standardisés, et plus chers aussi *(compter 2 000-2 500 Bts min, et jusqu'à 6 000-7 000 Bts).* Bon, on n'a pas été très convaincus, même s'ils sont de bon confort.

KO MUK – เกาะมุก

Embarquement à Pak Meng (traversées assez fréquentes, 40 mn de navigation) pour ce petit bout de paradis, réputé pour ses coraux intacts et somptueux (que les « snorkellers » se réjouissent !). Plages ravissantes sur la côte ouest – d'où l'on voit Ko Kradan –, en particulier *Had Farang Beach,* qui offre le plus d'hébergements. La principale attraction est une sorte de tunnel nommé *Tham Morakhot* – ถ้ำมรกต (grotte d'émeraude), qui s'ouvre à l'ouest et à marée basse, pour conduire à une grande piscine de couleur vert émeraude (évidemment !). Très, très touristique, ça se bouscule le long des cordes ! Le village et le port se

trouvent à l'est de l'île (à environ 4 km de Had Farang Beach), où les plages ne sont pas idéales pour la baignade, d'autant plus que la mer se retire très loin à marée basse. En revanche, l'ambiance y est plus authentique, du coup, qu'à Ko Hai ou Ko Kradan, puisque des Thaïlandais y vivent.
Tout un réseau de chemins (mi-sentier, mi-route bétonnée selon les portions) sillonne l'île, du moins la zone sud, une bonne partie du nord de Ko Muk étant classé parc naturel. À parcourir à pied, ou à moto-charrette, sorte de side-car rustique (compter environ 50 Bts le trajet Had Farang Beach-port, ou 100 Bts l'heure).

Où dormir ? Où manger ?

Sur la côte ouest, Had Farang Beach

Had Farang Bungalow – ฝรั่งบีชรีสอร์ท : *surplombe la superbe plage de Had Farang. 08-97-96-26-52. Compter 650 Bts pour 2, petit déj compris.* Petites huttes sympathiques dans un vaste jardin qui descend vers la mer. Sanitaires privés (eau froide), ventilo, et bon entretien général. En plus, resto confortable et délicieux (mais pas en bord de mer), de la vraie cuisine thaïe. Accueil pro, qui se mettra en 4 pour vous satisfaire.

Perché dans les rochers en surplomb de la plage (à main gauche face à la mer), très agréable petit resto, le ***Ko Hai,*** rendez-vous incontournable au coucher du soleil. Pour siroter une bière bien fraîche ou pour un honnête petit plat thaï, à prix plus raisonnables que chez *Charlie's.*

Sur la côte est

Pratique car à proximité du port, et nettement moins cher que sur la côte ouest. Et puis on n'en est pas si loin : une petite heure de marche à l'abri des frondaisons la plupart du temps.

Koh Mook Coco Lodge : *à 5 mn à pied du port, côté nord de la pointe. 08-99-78-32-61 et 09-50-75-54-02. • kohmook-cocolodge.com • Tentes 300-450 Bts pour 2 pers, sacs de couchage inclus ; bungalows 800-1 500 Bts pour 2 selon confort.* Quelques bungalows en dur, d'autres en bambou, bien espacés sous les cocotiers, et bien ventilés. Bon accueil, et idéal pour profiter de la vie locale ou choper un bateau tôt le matin.

Koh Mook Garden : *un peu au nord du port, au bord d'une petite plage. ☎ 075-207-816. 08-17-48-38-49. Bungalows 450-850 Bts selon taille.* Vraiment simplissime pour ce qui est du confort (ventilo et eau froide) et de l'entretien, mais une adresse bien locale, en surplomb de la plage, sous les arbres. Resto tout aussi local, avec vue sur la grande bleue.

KO KRADAN – เกาะกระดาน

Traversée avec escale à Ko Muk pour atteindre cette jolie petite île allongée. Au départ de Ko Lanta (Ban Saladan Pier), le bateau *Petpailin* assure la liaison de novembre à avril avec l'excursion à la journée pour environ 500 Bts. Ou prendre un *long-tail boat* de Ko Ngai ou Ko Muk pour y aller en solo – que du bonheur !
Encore une île tout en longueur, orientée nord-sud, et où seule la côte est, dans sa partie nord

COMME DES POISSONS DANS L'EAU

Chaque année, à la Saint-Valentin, des couples d'Asiatiques viennent se marier ici sous l'eau, par 10 m de fond, en costume de plongeurs ! Depuis une vingtaine d'années, les mariages sous-marins de la province de Trang sont inscrits au Guinness Book des records.

essentiellement, propose des hébergements. Cocotiers et hévéas sur la terre ferme, et magnifiques coraux sous la mer. Une bonne occasion de chausser les palmes (super spot de *snorkelling* à l'extrémité sud de la côte est, accessible à pied) ou de lézarder sur le sable blanc (parfois sale, cependant). Pour sortir de toute cette torpeur, micro balade à s'offrir au coucher du soleil jusqu'au *Sunset View Point* (côte ouest : suivre le chemin menant au *Paradise Lost Resort,* puis encore 5 mn de sentier ; prévoir une lampe de poche pour le retour).

Où dormir ? Où manger ?

Paradise Lost Resort : *à 10 mn à pied de la plage (large chemin fléché), dans une clairière au milieu de la forêt. 09-07-04-54-85 (on peut réserver par SMS). • kohkradan@yahoo.com • paradiselostresort.com • Dortoir « en plein air » sous moustiquaire 250 Bts/pers ; chalets en bois 2 pers 700-1 200 Bts selon taille.* Une adresse improbable qui porte bien son nom, pour s'offrir une ambiance nature en plus de l'aspect balnéaire. Confort simple (moustiquaire, eau froide, électricité en soirée), mais l'ensemble est agréable et plutôt bien tenu, et nombreux sont les voyageurs à y venir, puis à y revenir, attirés l'accueil cordial de Gianni. Possibilité de venir vous chercher en mobylette au bout de la plage. Bon petit resto où les soirées se prolongent...

Kradan Island Resort : *en bord de plage, le plus au nord. 08-88-21-37-32. • info@kradanisland.com • Huttes 2 pers 500-800 Bts selon taille et emplacement.* Le moins cher de la plage, et d'ailleurs le plus vétuste aussi. Huttes simplissimes en bambou, plus ou moins grandes, avec moustiquaire, ventilo, minibalcon et petite salle de bains réduite à l'essentiel (un tuyau et de l'eau froide, en gros). Électricité en soirée. Petit resto, ambiance décontractée... et accueil gentil : du balnéaire pour porte-monnaie de poche.

Kalume Village : *en bord de plage, entre le* Sevenseas *et le* Kradan Island. *09-91-95-73-40. • kalumekradan.com • Huttes-bungalows 1 300-2 500 Bts.* La version bambou reste la plus exiguë et la moins chère, pendant que la version bois, plus spacieuse, offre même une petite terrasse aménagée. Eau froide, ventilo et électricité en soirée pour tout le monde, et, quasi sur la plage, agréable petit resto. Un peu surestimé, d'autant que ça manque d'ombrage. Mériterait quand même une bonne rénovation.

Ko Kradan Beach Resort – เกาะกระดาน บีช รีสอร์ท *: ☎ 075-211-391. 08-05-20-12-09. • kradanbeachresort.com • Compter 1 250-4 200 Bts, petit déj compris.* Environnement paradisiaque, huttes et bungalows en matériaux traditionnels, confort basique. Les moins chers à l'arrière, avec ventilo. Les plus chers sont les plus près de la mer, avec clim et mieux équipés. Et on a pied sur plus de 80 m, parfait avec les enfants. Petit resto de bonne tenue, très fréquenté en soirée. Bien retapé. Accueil correct.

Sevenseas : *en bord de la plage nord. 08-24-90-24-42. • info@sevenseasresorts.com • sevenseasresorts.com • Double min 6 600 Bts, petit déj inclus.* L'adresse grand luxe de l'île, dans un style minimaliste où se marient béton brut, bois et bambou (superbes salles de bains en particulier). Confort au rendez-vous, depuis les chambres (vastes lits immaculés, TV écran plat, clim, frigidaires) jusqu'à l'élégant restaurant. Belle piscine comme suspendue sur le sable. Et service aux petits soins. Massages, spa, et transats à disposition. Enfin, la seule adresse de l'île à disposer de l'électricité 24h/24 !

Ao Niank : *isolé à l'extrémité sud de l'île, après le kiosque d'info des rangers du parc national. 08-18-91-73-79. Accessible à pied par la plage à marée basse, en bateau à marée haute.* Même si quelques bungalows se disputent sous les arbres, c'est plutôt pour le resto qu'on foule le sable doré jusqu'ici : la mer et rien d'autre que le bruit des vagues, et des plats thaïs ou des poissons à prix honnêtes. Un bout du monde, que ce bout d'île.

KO LIBONG – เกาะลิบง

Embarquement au port de Kantang (au sud de Trang ; accès en train, bus ou *songthaew*), pour la plus vaste des îles du coin. Elle abrite des espèces d'oiseaux spectaculaires et possède de très beaux coraux, où les gentils et respectueux amateurs de *snorkelling* s'en donneront à cœur joie. Quelques tortues vertes signalées de temps en temps et, plus rarement encore, des lamantins *(dugong)* débonnaires attirés par les champs d'algues alentour. Les légendes locales attribuent à leurs larmes le pouvoir de rendre amoureux. Venir impérativement avec son (sa) routard(e).

Nuits (très chaudes, donc !) au ***Libong Beach Resort*** – ลิบง บีชรีสอร์ท (☎ 075-225-205 ; ● info@libong-beach.com ● ; compter 350-1 200 Bts env).

KO SUKORN – เกาะสุกร

Embarquement au port de Paliean (à 50 km au sud de Trang ; accès en bus ou en *songthaew*) pour cette île aux allures de carte postale. Tranquille mais plages pas terribles.

➢ Excursions quotidiennes pour les îles ***Ko Petra*** – เกาะเภตรา et ***Ko Lao Lien*** – เกาะเหลาเหลียง, à quelques encablures au sud-ouest. Accès au départ du port de Paliean au sud de Trang, du port de Kradang ou de Ko Sukorn.

Sukorn Beach Bungalow – สุกร บีช บังกาโล : *résa à Trang, au 22 Sathani Rd, à proximité de la gare.* ☎ *075-211-457 ou 075-207-707.* ● *sukorn-island-trang.com* ● *Bungalows 850 Bts (avec ventilo)-2 200 Bts, petit déj compris.* Plusieurs types de bungalows nichés dans une plantation de cocotiers au bord de la mer.

HAT YAI (HAD YAI) – หาดใหญ่

Ville moderne et cosmopolite, la 3e du pays par sa population, Hat Yai est une étape extrêmement vivante sur la route de Malaisie. Elle dégage une atmosphère typiquement asiatique, avec sa circulation grouillante. Pour l'anecdote, Hat Yai est pompeusement surnommée dans les revues publicitaires « le petit Paris du sud de la Thaïlande » (faut tout de même pas exagérer !). Nous, ça nous fait plutôt penser à un immense bazar où l'on vend et achète de tout. Une ville calquée sur le modèle chinois : moderne, bien rangée, essentiellement commerçante et gagnée tout entière par la fièvre du shopping !

Très musulmane dans l'âme, elle se distingue aussi par une importante communauté de Chinois aux affaires pas toujours claires... C'est ici que les Malais et Singapouriens viennent « s'encanailler ». Pas mal de grandes surfaces à l'occidentale, de bars plus ou moins louches et des salons de massage à chaque coin de rue !

Il ne faut pas manquer de vous rendre aux superbes chutes d'eau de Ton Nga Chang (« défenses d'éléphant »). À l'ouest de Hat Yai, on peut aussi embarquer depuis Pakbara pour le parc maritime de Ko Tarutao : ensemble de 5 îles magiques qui commencent à être inscrites dans tous les itinéraires (voir le chapitre suivant).

AVERTISSEMENT : ne pas confondre ce que nous appellerons « l'extrême sud-est » (Pattani, Yala, Narathiwat...) avec la région de Hat Yai. Hat Yai a

également connu des attaques de mouvements autonomistes locaux. Pas une semaine sans règlement de comptes dans la région. Nous vous déconseillons donc de faire étape à Hat Yai ou de séjourner à Songkhla (où, d'ailleurs, beaucoup de *guesthouses* ferment, faute de clients). On vous recommande de rejoindre directement la frontière malaise ou les îles du parc maritime de Ko Tarutao, où vous ne courez aucun danger.

Arriver – Quitter

En train

Gare ferroviaire – สถานีรถไฟ **:** ☎ *074-238-001 (infos).* Très active.

➢ **Bangkok :** 6 départs/j., dans l'ap-m et à 22h50. Durée du trajet : 14-17h selon train. Prix : 450-1 400 Bts ; les plus chers étant avec clim et couchettes. Les *Special* sont moins lents que les *Rapid.* Ces trains desservent Surat Thani, Chumphon, Prachuap Khiri Khan, Hua Hin et Nakhon Pathom. Sens inverse : 4 trains entre 14h45 et 18h10.

➢ **Sungai Kolok** *(vers la côte est de la Malaisie)* **:** 1 départ à 6h30 puis 5 entre 9h et 15h. Trajet : 4h. Sens inverse : 8 trains 6h45-12h30.

➢ **Butterworth** *(côte ouest de la Malaisie ; correspondance pour Penang)* **:** 1 express/j., tôt le mat ; 5h de trajet. Le passage de la frontière se fait sans problème.

➢ **Kuala Lumpur** *(sud-ouest de la Malaisie)* **:** 1 express/j., à 14h50. S'arrête à Butterworth. Trajet : 14h.

En bus

Pour les mêmes destinations, les bus se prennent soit au ***terminal des bus*** *(City Bus Terminal ; ☎ 074-232-789),* soit à la station située près du marché sur Phetkasem Rd, non loin de la *Clock Tower.* Tous les bus démarrent du terminal principal et marquent ensuite un arrêt à l'autre station.

➢ **Bangkok :** 13 départs/j. (bus n°s 992 et 982), 7h-20h, dont 2 bus plus confortables (VIP) dans l'ap-m. Trajet : 14-16h. Prix : 550-830 Bts.

➢ **Phuket :** bus ttes les heures, env 8h-18h, dont 4 VIP en fin de journée. Également des minibus et microbus de compagnies privées.

➢ **Ko Samui :** 2 bus/j., à 8h et 10h40 (bus nº 729). Durée : 7h avec passage en ferry. Également 10 départs/j., jusqu'à 16h30, pour ***Surat Thani*** (bus nº 490).

➢ **Krabi :** 1 bus avec clim (nº 443) en fin de matinée. Les bus pour Phuket peuvent aussi s'y arrêter ; se renseigner. Trajet : 5h.

➢ **Trang :** bus ordinaires orange (nºs 450 et 495) ttes les 45 mn, env 5h-16h45. Minibus ttes les heures 6h-18h. Durée : 3-4h.

➢ **La Malaisie :** seules les compagnies privées assurent la liaison. Renseignez-vous sur les horaires et réservez au moins la veille auprès d'une agence de voyages.

➢ **Butterworth et Penang :** au moins 3 départs/j., 9h30, 12h30 et 15h30, en bus ou minibus climatisé. Trajet : env 3h30.

➢ **Singapour :** au moins 1 départ/j. en bus climatisé. Trajet : 13h.

➢ **Kuala Lumpur :** au moins 3 départ/j. en bus climatisé, 9h, 12h et 19h. Trajet : 9h.

En avion

Hat Yai Airport : ☎ *074-227-000.* Pour s'y rendre, les *songthaew* sont lents (env 1h30 à cause des arrêts) mais restent les moins chers. *THAI (☎ 074-238-452)* propose un service de minibus au départ de leurs bureaux en ville ; un peu plus cher mais plus rapide ; jusqu'à 7 transferts/j. Sinon, taxi.

➢ **Bangkok** *(Suvarnabhumi)* **:** *THAI* assure 4 liaisons/j., plus 1 rotation avec *Singapour* (pas direct, transit par Bangkok, pas le bon plan). *Air Asia* propose 5 vols/j.

➢ **Bangkok** *(Don Muang)* **:** *Nok Air* (compagnie *low-cost*) affrète plusieurs rotations.

➢ **Phuket :** 1 vol/j. avec *Happy Air.*

LE PARC MARITIME DE KO TARUTAO – อุทยานแห่งชาติตะรุเตา

• Carte *p. 582-583*

Cet archipel de 51 îles égrenées dans la mer d'Andaman à la frontière avec la Malaisie est une destination touristique en plein développement. Droit d'entrée de 200 Bts par adulte (réduc). Les routards en quête de plénitude, de nature et d'eaux azurées commencent à investir les lieux, en particulier l'île de Ko Lipe. Comme on les comprend ! C'est l'une des étapes les plus belles et les plus reposantes de toute la côte sud ! Patrimoine mondial de l'Unesco, l'archipel a su, jusqu'à ce jour, préserver sa beauté sauvage et les nombreuses espèces animales résidentes contre les tentatives de développement anarchique. Évidemment, ni banque ni petits commerces à l'intérieur de l'archipel (ou si peu). Penser à prendre de l'argent liquide et éventuellement quelques provisions avant d'embarquer au port de Pakbara (140 km à l'ouest de Hat Yai), où l'on peut aussi louer et acheter du matériel de camping – idéal pour bivouaquer sur Ko Tarutao, par exemple. Prévoir le droit d'entrée (voir plus loin).

Arriver – Quitter

Rejoindre Pakbara...

➢ ***Depuis Hat Yai :*** prendre les minibus privés climatisés, en face de la gare ferroviaire. Départs ttes les heures 6h-16h30 ; durée du trajet : presque 2h. Très pratique. Le bateau attend en principe l'arrivée du bus de 9h. Calculer en conséquence votre arrivée à Hat Yai (train ou bus de nuit). Autre moyen : le bus ordinaire (et pittoresque !) nº 732 au départ de la *Clock Tower,* ttes les heures, env 8h30-18h30 (3h de trajet, bon marché). Lors de votre retour à Pakbara, vous n'aurez aucun mal à trouver un minibus, pick-up, taxi ou autre pour retourner à Hat Yai ou ailleurs.

➢ ***Depuis Trang :*** bus et *songthaew* au départ pour Langu. De là, des *songthaew* continuent jusqu'à Pakbara. Liaison directe grâce aux minibus des agences de voyages.

➢ ***Depuis les îles au sud de Ko Lanta (Ko Muk, Ko Ngai, etc.) :*** en hte saison, des bateaux assurent les liaisons régulières avec Ko Bulon, Ko Lipe, tels *Tigeron Line ou Satun Pakbara Speed Boat* (plus chers mais rapides). Pour rejoindre Tarutao, passage par Pakbara obligatoire.

... et puis larguer les amarres !

Plusieurs liaisons/j. nov-mai. Tous les bateaux partent de ***Pakbara Pier,*** sauf ceux à destination de Langkawi (en Malaisie), qui larguent les amarres de ***Tammalang Pier.***

Pour rallier les îles, vous aurez le choix entre le bateau ordinaire avec *Adang Sea Tour (☎ 074-783-338)* et le *speed-boat* avec *Satun Travel (☎ 074-730-511).* Pour quelques bahts de plus, l'agence *Andrew Tour (☎ 074-783-459 ; 📱 08-18-97-84-82)* organise le transfert en minibus entre les principaux hôtels de Hat Yai et l'embarcadère principal.

– *Attention :* les bateaux sont rarement ponctuels ; la faute aux aléas météo et aussi, il faut l'avouer, à de fréquents retards à l'allumage. Toujours prévoir une bonne heure de battement par rapport aux horaires que nous indiquons. Les horaires et tarifs changent souvent sans préavis : se renseigner.

➢ ***Ko Tarutao :*** compter 1h-1h30 de trajet en bateau ordinaire et 30 mn en *speed-boat.* Pour le 1er, 1 bateau

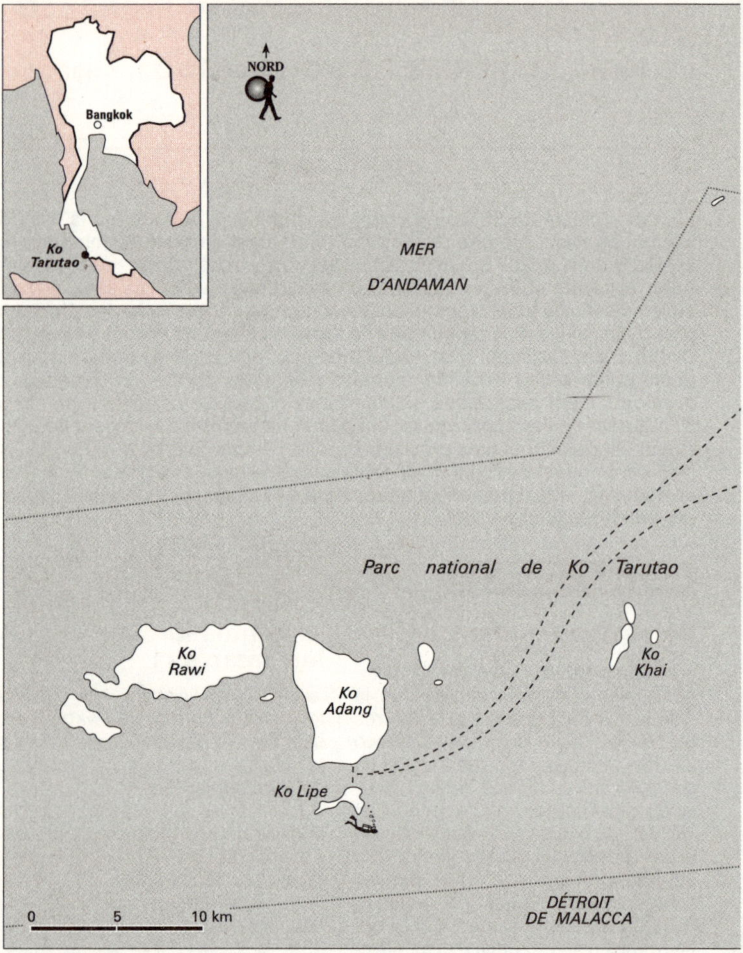

quotidien à 11h, puis 1 autre à 13h30 qui continue sur Ko Lipe ; retours vers 11h et 12h30. Le *speed-boat* part quant à lui à 11h30 ; retour vers 10h30 ou 11h. Dans les 2 cas, on paie autour de 250 Bts l'aller simple et 400 Bts l'A/R.

➢ ***Ko Adang et Ko Lipe :*** env 3h de navigation. Des bateaux se rendent tlj à 11h (via Ko Bulon) et 14h (via Ko Tarutao) sur ces 2 îles. Ils n'accostent ni à Lipe ni à Adang : le transfert s'effectue en *long-tail boat.* Retours depuis Lipe à 9h (via Tarutao) et 13h (via Bulon). À partir de 500 Bts le trajet simple, 900 Bts l'A/R.

➢ ***Ko Bulon Lae :*** lire plus loin le chapitre consacré à cette île.

➢ ***Entre les îles :*** il est possible de profiter des liaisons avec escales pour relier Lipe à Bulon (bateau à 14h) ou Tarutao à Lipe (bateaux vers 12h et

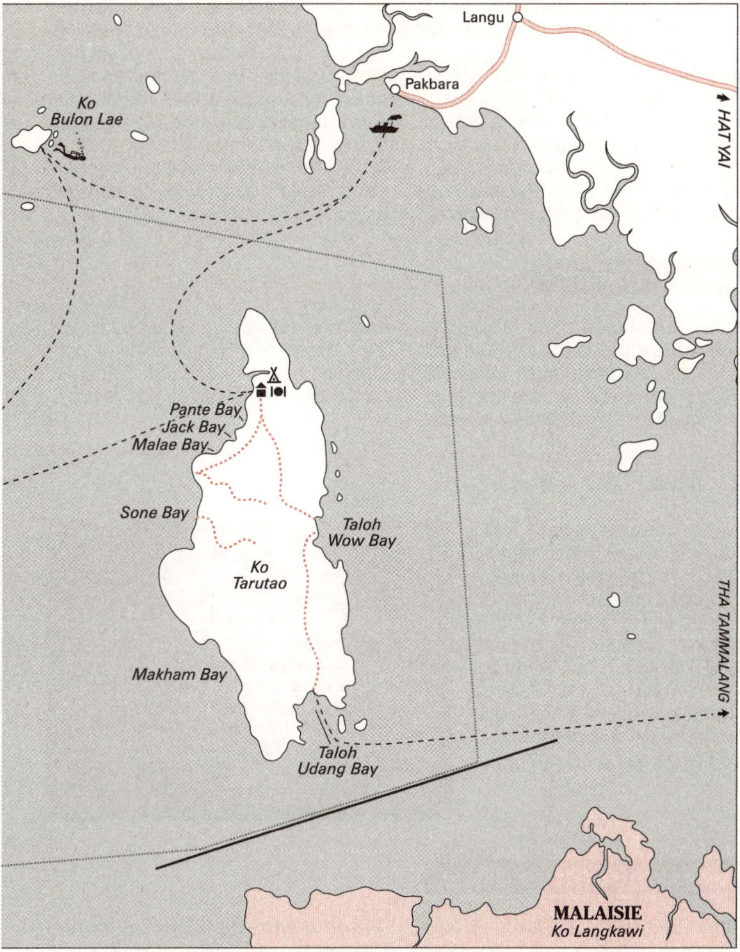

LE PARC MARITIME DE KO TARUTAO

14h30). En revanche, impossible de faire Tarutao-Bulon sans repasser par Pakbara ou par Ko Lipe.

– Pour débarquer et embarquer sur ces îles, il faut utiliser les *long-tail boats* : vous aurez à vous délester de quelques billets verts. Le prix va de 20 Bts pour Tarutao à 40 Bts pour Lipe. Tout ça pour quelques malheureux mètres !

➢ ***Vers Langkawi** (Malaisie)* **:** départs du port de Tammalang à 9h, 13h et 16h. Retours vers la Thaïlande à 8h30, 12h30 et 15h30. Env 250 Bts l'aller simple.

Si vous avez raté le bateau

Pas de panique ! Il existe plusieurs bungalows et *guesthouses* pas loin de l'embarcadère. On signale notamment le ***Akira Beach Resort*** – ไดมอนด์บีชรีสอร์ท, qui loue des bungalows en bois propres et assez confortables, plutôt bon marché. Ils font aussi resto et ont installé quelques tables sur une terrasse couverte qui donne sur la mer. Accueil familial et chaleureux. Si vous êtes un peu juste pour aller prendre le bateau, le patron vous y conduira sûrement en side-car ! Plages, hélas, très polluées.

Sinon, sur la route qui mène au quai, pas mal de petites ***épiceries*** où l'on conseille de faire quelques courses avant de cingler vers Ko Tarutao ou Ko Adang, où tout est plus cher. Également plusieurs ***stands de nourriture locale*** et des ***restos plus touristiques.*** On aime bien la cantoche des marins-pêcheurs, à droite près du quai. Plats variés, pas chers et simplement bons, à choisir dans des gamelles impeccables.

Quand y aller ?

Pendant la mousson, de mi-mai à début novembre, aucune liaison régulière avec les îles. Du fait des orages fréquents, peu de pêcheurs prennent la mer. D'ailleurs, à cette même période, les restos sont tous fermés. Le reste de l'année, pour échapper à la foule, éviter si possible les périodes de fêtes (toutefois, rien à voir avec Phuket ou Ko Phi Phi).

KO TARUTAO – เกาะตะรุเตา

Une mer bleu azur, du sable clair à perte de vue, une exubérante forêt vierge et ses bestioles sauvages ; et puis personne, personne sauf vous et une poignée d'autres curieux... Une illusion, nous direz-vous ! Pas tout à fait. Avec ses 26 km de long sur 11 km de large, Tarutao vous offre encore l'occasion de goûter à la grisante solitude des paradis perdus.

L'ÎLE DU DIABLE

De tout temps refuge des pirates de la mer d'Andaman (qui sait s'il n'en reste pas un, caché derrière un rocher ?), l'île de Tarutao servit de prison pour les grands criminels thaïlandais, et de bagne pour les opposants politiques jusqu'en 1945. Aujourd'hui, protégée de l'appétit des promoteurs, elle semble avoir l'éternité devant elle pour digérer ce lourd passé.

Adresse et infos utiles

■ ***Administration Office :*** ☎ *025-610-777 (à Bangkok) ou 074-783-597.* • *dnp.go.th* • Pour l'hébergement dans les parcs nationaux, voir la rubrique « Hébergement » dans « Thaïlande utile » en début de guide. En cas d'urgence sur place, contacter la police de « sauvetage des touristes » (sic !) : ☎ *074-711-194.*

– ***Droit d'entrée :*** 400 Bts, à payer à l'entrée du parc ; valable durant tout votre séjour sur les îles de l'archipel – à condition de ne pas sortir de l'enceinte des zones *National Park,* sinon il faut repayer.

– Possibilité de louer des vélos.

Où dormir ? Où manger ?

Les ***infrastructures d'accueil,*** gérées par les fonctionnaires du parc, sont regroupées autour de Pante Bay, au nord-ouest de l'île. Ça va du camping (150 Bts pour 2 personnes) au bungalow avec ventilo et salle de bains (800 Bts pour 2) en passant par la formule *long house* en bambou (500 Bts la chambre). La *long house* est une série de petits dortoirs à 4 lits, avec ventilo et salle de bains à l'extérieur. Tout est très propre et bien entretenu, mais le confort reste basique et les lits sont durs comme du bois. Eau froide, électricité de 18h à minuit. Il est conseillé d'apporter sa propre tente (mais vous pouvez aussi en louer une, soit au *Head Quarter* à Pante Bay, soit sur la plage de Sone Bay), car ça vous offre l'opportunité unique de bivouaquer sur les plages les plus isolées de l'île (dans ce cas-là, prévoyez vos vivres depuis le continent, si possible avant Pakbara, le choix y étant limité). Certains vont jusqu'à bricoler une cabane de fortune ou dorment dans un hamac... C'est le retour à l'état sauvage !

Café de Tarutao – คาเฟ่เดอตะรูเตา *: tlj 7h-14h, 17h-21h. Tt à moins de 100 Bts.* Vous n'aurez pas l'embarras du choix, un seul resto en tout et pour tout à proximité des bungalows. Cuisine plus que correcte et staff sympa. Fruits de mer, riz sauté, soupes à prix très raisonnables. Petit déj pas mauvais.

Les plages

Pante Bay – อ่าวปันเต *(1,5 km) :* à partir du port, elle s'étale vers le sud, bordée à l'est par le village de bungalows et des feuillus de toutes sortes. C'est la plage la plus fréquentée de l'île, mais tout est relatif : en pleine saison, à peine quelques serviettes qui fleurissent ici et là.

Jack Bay – อ่าวแจ๊ค *(0,8 km) :* au sud de Pante Bay, dont elle n'est détachée qu'à marée haute. À marée basse, on accède à cette plage par un passage de 150 m à gué. Quand la marée monte, l'accès n'est possible qu'à la nage ou en escaladant les rochers gréseux séparant les 2 baies. Solitude presque assurée.

Malae Bay – อ่าวมาเล *(0,6 km) :* à l'extrême sud de Jack Bay, suivre le ruisseau qui s'engage vers la gauche à travers la mangrove ; le traverser. À l'horizon apparaît déjà Malae Bay après quelque 200 m, avec ses plantations de cocotiers. On peut y planter sa tente.

Sone Bay – อ่าวสน *(3 km) :* suivre le chemin longeant Malae Bay sur la gauche. Rapidement, ça grimpe à travers la forêt vierge pour redescendre en fin de parcours. Le chemin est bien balisé tout du long. Au total, 4 km de marche depuis Malae ; 7,5 km depuis le départ, soit grosso modo 2h de marche. Juste avant destination, le sentier traverse 2 petits ruisseaux alimentés toute l'année, puis le chemin part sur la droite pour rejoindre le seul bungalow de Sone Bay *(Ranger Station)*. C'est là que réside le garde forestier avec sa petite famille à l'extrême nord de la plage. Ici, on peut aussi louer une tente, grignoter et se désaltérer. Vers le sud, du sable blanc à perte de vue et personne à l'horizon : dépaysement garanti. De décembre à février, c'est ici que les tortues de mer viennent pondre leurs œufs.

Makham Bay – อ่าวมะขาม *(1 km)* et **Taloh Udang Bay** – อ่าวตะโละอุดัง *(2 km) :* tout au sud de l'île, ces 2 plages sont inaccessibles à pied. Seule solution : louer les services d'un *long-tail boat* à partir du port. Taloh Udang restera célèbre à jamais pour avoir reçu, entre 1939 et 1945, bon nombre d'opposants au régime nationaliste de Phibun. Lors de notre passage, nous y avons vu batifoler des dauphins rigolards !

Taloh Wow Bay – อ่าวตะโละวาว **:** l'accès y est facile pour les bons marcheurs via la seule route de l'île, mais le parcours en plein soleil est assez éprouvant (10 km aller à partir de Pante Bay). Unique plage (rocheuse) orientée sur le côté est de l'île, elle servit longtemps de geôle aux plus dangereux prisonniers thaïlandais.

À voir. À faire

Le musée-diaporama : avt le resto, sur la gauche. Modeste expo sur la géographie et l'histoire de Tarutao, carte en relief à grande échelle, photographies, description des espèces sauvages locales...

Toh-Boo : à partir des bureaux administratifs du parc, un sentier grimpe au sommet de la colline Toh-Boo, à 114 m. Environ 15 mn de marche dans la forêt, l'occasion de sympathiser avec la faune de l'île (notamment les singes et les écureuils volants). De là-haut, superbe panorama sur la côte ouest. Par temps clair, on aperçoit Ko Adang et Ko Lipe (tout à gauche), à quelque 40 km, et Ko Bulon Lae (tout à droite).

La grotte des Crocodiles – ถ้ำจระเข้ **:** du port, on aperçoit sur la droite un canal naturel *(Malaka Canal)* qui s'engouffre à l'intérieur des terres à travers une épaisse mangrove. Celui-ci conduit, après un peu plus de 1 km, à une caverne qui tenait jadis sa réputation de ses féroces crocodiles (brrr !). Néanmoins, ceux-ci semblent avoir disparu de l'île depuis 1974. Balade très intéressante ; prévoir une torche pour la grotte. Le bateau en entier revient à environ 400 Bts ; se grouper avec d'autres. Renseignements auprès des rangers.

KO LIPE – เกาะหลีเป๊ะ

Entourée de belles plages de sable blanc et d'un récif magnifique, cette petite île plate comme une crêpe est devenue essentiellement touristique et mercantile. Mais elle nous plaît quand même, c'est dire si elle est belle ! Ko Lipe tient avant tout son originalité de sa communauté de pêcheurs, les *Moken* ou *Chao Lay* en thaï, des « gitans de la mer » dont les origines sont mal connues encore aujourd'hui.

DESTINÉE HOULEUSE

Forts, les cheveux raides légèrement rougeâtres, les yeux d'un bronze intense, les Chao Lay ont leur propre langue et sont liés à la mer corps et âme, comme en témoigne leur rituel de la « Loy-Rua ». Celui-ci consiste à offrir à la mer un bateau chargé symboliquement des péchés des villageois. Si par malheur l'océan vient à le rejeter vers la côte, le pire est à craindre pour ces marins, soudain pris sous le joug de la fatalité (mauvaises pêches, accidents en mer...).

Infos utiles

➢ ***Accès :*** voir « Arriver – Quitter » plus haut. Pas de port. Ko Lipe est entourée de récifs de corail, les eaux alentour sont d'ailleurs très peu profondes. Les passagers sont débarqués à l'aide de *long-tail boats* à fond plat dont les proprios sont de fieffés filous. Ils n'emmènent qu'à Pattaya Beach, après, liaisons avec des motos-taxis. Novembre-avril, un bateau local assure la liaison directe au départ de Ko Muk jusqu'à Ko Lipe : départ de Ko Muk *(Charlie Beach Resort)* à 14h30 ; environ 2h30 de trajet pour 1 250 Bts. Retour au départ de Ko Lipe pour Ko Muk à 9h. Possibilité, au retour, de prolonger sur Ko Lanta pour 1 950 Bts.

– ***Internet*** et ***téléphone international*** sont disponibles sur l'île mais à des tarifs franchement prohibitifs. L'île compte même une ***banque*** et un ***distributeur.***

Où dormir ? Où manger ?

Plusieurs *resorts* en tous genres sur tout le pourtour de l'île. Sur Lipe, une chambre double n'excède pas 1 500 Bts, à part pour les 2 *resorts* de bonne catégorie qui ont déjà vu le jour sur Pattaya Beach : le ***Bundhaya Resort*** (● *bundhayaresort.com* ● ; *jusqu'à 3 900 Bts*) et l'hôtel ***Sita Beach Resort & Spa*** (● *sitabeachresort.com* ● ; *jusqu'à plus de 5 000 Bts*).

Sur la côte nord et nord-est

De bon marché à prix moyens (moins de 800 Bts / 23 €)

🏠 🍽 ***Andaman Resort*** – อันดามันรีสอร์ท **:** *juste à côté du village, au nord-est de l'île.* 📱 *09-46-68-23-13.* ● *andamanresort-lipe.com* ● Sur la plus belle et la plus tranquille des plages, entre une cocoteraie et une mini-pinède, voici un assez gros village où quelques bungalows en bois subsistent. Mais de nouvelles constructions en béton sont à prévoir ! Il y en a pour tous les goûts et pour toutes les bourses, de la cabane spartiate et étriquée au chalet climatisé avec terrasse et vue sur le large. Rapport qualité-prix moyen.

Chic (de 1 500 à 3 000 Bts / 43 à 86 €)

🏠 🍽 ***Mountain Resort*** – เม้าเทนน์รีสอร์ท **:** *au nord-est, à côté d'Andaman Resort.* ☎ *074-750-917.* 📱 *08-15-40-41-83.* ● *mountainresort-lipe.com* ● 3 catégories de bungalows : ventilé (bambou et toit de tôle verte), avec clim, ou « VIP » (ça nous fera toujours rire, comme expression, surtout pour un chalet en bois !). Le charme de cette adresse réside dans sa situation, en surplomb de la mer et les yeux dans les yeux avec l'île d'Adang. Belle vue depuis le resto. Calme, avec un joli bout de plage en contrebas. Dispose de ses propres bateaux pour les excursions. Rénové récemment.

Sur la plage de Pattaya – côte sud

La longue plage de Pattaya, au sud, concentre la plupart des restos et des bars, d'où pas mal de monde et une certaine promiscuité.

– Évitez les bungalows de *Lee-Pae Resort,* le plus cher et le plus en vue de Pattaya, où les *long-tail boats* débarquent souvent en premier. C'est vraiment très sale et cher pour pas grand-chose.

🍽 ***Family Restaurant*** – ร้านอาหารแฟมิลี **:** *au milieu de Pattaya Beach. Repas max 100 Bts.* Consiste en une simple terrasse couverte posée sur la plage. On y mange à très bon compte une cuisine locale savoureuse.

– Le soir, ça vire à la ***barbecue party*** sur toute la plage ! Presque tous les restos s'y mettent. Poisson, brochettes, etc. Extra.

À voir. À faire dans les environs

🚶 Balades sympa d'une plage à l'autre. Plusieurs sentiers traversent l'île de part en part. Sinon, quel bonheur de nager dans l'eau transparente ! Également quelques récifs coralliens au large de la plage de Se Pattaya.

🤿 ***Plongée en apnée :*** bien se renseigner, des mesures de protection des fonds marins (depuis janvier 2011) interdisant certaines plongées. Les plus beaux récifs coralliens sont situés autour de *Ko Kra* (facilement reconnaissable à son palmier solitaire), à 500 m au large de Ko Lipe, côté est, *Ko Jabang* (5 km en direction de Ko Rawi), et surtout *Ko Yang* (3 km supplémentaires vers Ko Rawi). L'idéal est de se regrouper pour louer un bateau à la journée ou à la demi-journée. Location de masques et de tubas. *Snorkelling* facile et riche en rencontres colorées. Certainement l'un des derniers sanctuaires de vie marine encore appréciables en Thaïlande et ne souffrant pas trop, pour l'instant, des affres de la fréquentation touristique. Surtout, ne touchez à rien ; vous pourriez casser le corail, déranger la faune et le regretter douloureusement !

À proximité de Ko Jabang, faire un petit détour de 1 km par ***Ko Hin Ngam*** - เกาะหินงาม (littéralement « l'île aux belles pierres ») pour observer ses plages couvertes de galets au poli incomparable. En revanche, résistez au plaisir d'en rapporter en souvenir, tout le monde vous dira que ça porte malheur.

KO ADANG – เกาะอาดัง

Ko Adang, malgré ses fonds coralliens abîmés, a encore beaucoup à offrir avec son relief montagneux (points de vue plongeants sur les îles voisines de l'archipel), ses épaisses forêts vierges et ses cascades, où les pirates du coin venaient se ravitailler *(Pirate's Waterfall).* Également quelques villages de pêcheurs *Chao Lay* (la plupart ont toutefois émigré vers Ko Lipe). Réservé aux voyageurs déterminés et avides d'horizons sauvages. Enfin, si vous n'y faites qu'un rapide passage, l'excursion jusqu'au sommet vaut le détour : vue magnifique sur les îles environnantes, notamment Ko Lipe, entourée d'un halo d'eau turquoise.

Infos utiles

➢ ***Accès :*** voir « Arriver - Quitter » au début du chapitre sur le parc maritime de Tarutao. On débarque au sud de l'île, au niveau du quartier général (Laem Son). En outre, possibilité de passer de Ko Lipe à Ko Adang à tout moment (moins de 2 km les séparent) en *long-tail boat.* Compter quand même 150 Bts/pers pour un aller simple (prix fixe).

- ***Hébergement et nourriture :*** se reporter à la rubrique « Où dormir ? Où manger ? » à Ko Tarutao, plus haut. Camping et bungalows sur le même modèle, aux mêmes prix.

KO BULON LAE – เกาะบุโหลนเล

Située au sein du parc maritime de Mu Ko Phetra, à une quinzaine de kilomètres au nord de Tarutao, la petite île de Bulon Lae vous offre la perspective de vacances paisibles dans un environnement enchanteur (sable fin, coraux et forêt luxuriante). Une île très prisée par les familles et les gens tranquilles. Meilleur moment pour s'y rendre : de janvier à avril. Le reste de l'année, les liaisons maritimes sont beaucoup moins fréquentes.

- Attention, pas de distributeur sur l'île, retirer de l'argent avant !

Arriver - Quitter

➢ Au départ de ***Pakbara*** (port d'embarquement principal pour les îles, voir plus haut). De mi-nov à mi-mai, *speed-boat* à 15h à destination de Ko Bulon Lae. Ajouter 50 Bts pour les *long-tail boats* à l'arrivée (les *speed-boats* ne peuvent pas approcher des plages). Retour vers Pakbara à 10h et 16h.

➢ Également, possibilité de départ de ***Ko Lanta,*** en *speed-boat* (compagnie *Satun Pakbara Speed Boat*) ; départ de Saladan Pier à 10h30, arrivée vers 11h30 à Ko Bulon Lae après passage à Ko Muk. Compter 900 Bts/pers.

Où dormir ? Où manger ?

De bon marché à prix moyens (moins de 800 Bts / 23 €)

🏠 🍽 ***Marina Resort*** – มารีน่ารีสอร์ท *: face au débarcadère, derrière l'école. 📱 09-72-52-62-89. Bon marché.* Beaux chalets tout en bois, avec douche froide, ventilo et moustiquaire, rustiques dans le bon sens du terme. C'est « ma cabane au Canada » version tropicale ! Vraiment un bon deal. Accueil sympa. Au resto, cuisine thaïe pas chère.

🏠 🍽 ***Bulone Resort*** – บุโหลนรีสอร์ท *: à l'extrémité nord de Bulon Beach, après l'école. 📱 08-18-97-90-84.* Les bungalows les moins chers sont plus que rudimentaires, puisqu'il n'y a dedans qu'un lit surmonté d'une moustiquaire. Les plus chers (prix moyens) sont flambant neufs, spacieux, avec douche froide et ventilateur. Accueil et ambiance très positifs. Resto pas terrible, en revanche.

🏠 ***Panka Resort*** – ปันการีสอร์ท *: plus loin vers l'ouest, après le dernier village de pêcheurs. 📱 09-00-67-60-41.* Quelques bungalows équipés de douche et w-c sommaires, loués par les habitants traditionnels de l'île, le long de Panka Yai Bay. Une saveur de bout du monde face à cette plage atypique mais ô combien belle ! Idéal pour partager la vie du village et mieux comprendre la culture *chao lay*.

🍽 Autour du village *chao lay,* plusieurs restos locaux pour manger sain et pas cher.

Un peu plus chic (de 800 à 1 500 Bts / 23 à 43 €)

🏠 🍽 ***Pansand Resort*** – พันแซนด์รีสอร์ท *: 200 m à gauche du débarcadère. 📱 08-16-93-36-67. • pansand-resort.com • Résa obligée pdt les fêtes locales.* Un village de bungalows très organisé, proposant un confort correct, bien que les prix soient nettement surévalués. Salle de bains (eau froide) et ventilo. Attention, les bungalows ne sont pas équipés de moustiquaire ! Attitude typique des hôtels un peu chers, qui semblent croire que le prix élevé des chambres éloigne les moustiques. Signalons malgré tout le resto, bon et pas si cher que ça, et enfin l'accueil souriant et le jardin soigné en bord de plage.

Les plages

Bulon Beach – หาดบุโหลน *:* à l'ouest de Ko Bulon Lae. La plus grande et la plus belle. Eau limpide, coraux et poissons multicolores, sable jaune crème.

Mango Bay – หาดมังโก *:* au sud de l'île, accès via les villages de pêcheurs près de Panka Noi Bay, par un sentier sur la gauche. Pas plus de 15 mn de marche. Petite plage de sable fin (pas toujours très propre) bordée d'un village de pêcheurs fort accueillant. Comme précédemment, eau claire et coraux à faible distance de la côte. Essayez de convaincre les pêcheurs de vous emmener jusqu'à *Bat Cave,* la « grotte aux chauves-souris », un peu à l'ouest de la plage.

Panka Noi Bay et Panka Yai Bay – หาดปันกาน้อยและหาดปันกาใหญ่ *:* au nord de l'île. Coin à visiter pour ses villages *chao lay* (ne pas manquer la pause fumerie en milieu d'après-midi, vous verrez ces costauds s'époumoner avec une pipe de bambou) et ses 2 plages de granite, grès et latérite réunis. Végétation de mangrove, socle aux découpes originales. Attention toutefois à la chute, on en a personnellement fait les frais en voulant visiter *Nose Cave* (roche glissante et très tranchante par endroits).

Où plonger ?

Bien se renseigner, des mesures de protection des fonds marins (depuis janvier 2011) interdisent certaines plongées.

Autour de Ko Bulon Lae : le long de la grande plage et de Mango Bay, bancs de coraux souples, accessibles aux bons nageurs. Location de matériel au *Pansand Resort.*

White Rock : *au sud de Ko Bulon Lae. Pas de prix fixe, ça dépend surtout de la pêche du matin.* Pour ceux qui souhaitent plonger parmi les récifs coralliens, une excursion en bateau s'impose vers White Rock. Possibilité de passer par un des *resorts,* quoique la meilleure solution (et la moins onéreuse) consiste à aller directement au-devant des pêcheurs.

HOMMES, CULTURE, ENVIRONNEMENT

BOISSONS

La pollution des eaux atteint des sommets en Thaïlande. Plus d'un tiers de l'eau est considéré comme impropre à la consommation, notamment en raison des déchets domestiques et industriels déversés dans les rivières sans aucun traitement préalable. Ceci est particulièrement vrai dans les zones où la pression touristique est importante.

– À moins d'y mettre du *Micropur®* ou des pastilles d'hydroclonazone (en vente sur place), on ne vous conseille pas de boire l'***eau*** du robinet, même si elle est dite potable dans certaines parties du pays. Tenez-vous-en à l'eau en bouteille (plate ou pétillante, cette dernière étant appelée « soda »). Ne jamais oublier que la grande majorité des problèmes sanitaires provient de l'eau (plus que de la nourriture). Du coup, vous serez prudent aussi avec les glaçons, même si les Thaïs ont tendance à en mettre d'office. Dans les grands hôtels ou restos chics, l'eau servie dans des carafes est de l'eau purifiée. Elle peut être bue en toute confiance.

– Le ***thé*** est très présent, mais c'est soit du *Lipton* de base, soit un pâle succédané. Heureusement, il y a le *Cha yen* (ou *Cha Nom*), thé noir servi glacé auquel on ajoute du sucre et du lait concentré, excellent pour éteindre un début d'incendie dû au piment. Dans le Nord, essayer le thé *Choui Fong* et les nombreux cafés cultivés et torréfiés dans les villages ethniques.

Dans les hôtels en revanche, le ***café*** n'est pas toujours bon, et il n'y a même parfois que du *Nescafé.* Mais dans les villes et spots touristiques, on trouve sans problème des *coffee shops* proposant cappuccinos et autre *latte,* comme chez nous.

– Ne pas manquer les ***jus de fruits frais*** (on n'en trouve pas partout), sains et délicieux. Idem pour les noix de coco *(coconut)* « décapitées » sous vos yeux. C'est un peu cher (40-50 Bts) mais tellement bon. On distingue 2 sortes de noix de coco : la *« maprao sot »* (noix de coco fraîche) et la *« maprao pao »* (noix de coco brûlée). La 1re est moins sucrée que la 2de mais ce sont les mêmes fruits, que seule la préparation différencie.

– Les ***shakes*** sont des jus frais mixés avec de la glace pilée (sans grand risque pour la santé dans les endroits touristiques).

– Pour vous fondre parmi la jeunesse thaïlandaise, essayez les *whiskies shakes* (tout est dans le nom !). Dans le même registre, le *« Lao pane »* est une boisson qui se vend par pichet et se déguste généralement en groupe dans de tout petits verres. Il s'agit d'un mélange d'alcool, de glace pilée et de sirop aux fruits.

– Il faut tester le whisky local : le ***mekong*** – แม่โขง, au gentil goût d'éthanol, auquel on ajoute du *Sprite.* Ça ne vaut pas l'armagnac, autant vous le dire tout de suite !

– Goûtez absolument au ***Vitamilk*** – ไวตามิลค์, lait à base de soja, sucre, etc. Délicieux !

– Côté ***bières,*** la *Singha* – เบียร์สิงห์ est notre préférée. Mais très populaires aussi sont la *Leo* ou la *Chang,* un peu moins chères. Ces blondes légères sont vendues soit en canette, soit en bouteille (petite – en particulier dans les restos chics – ou grande). Réclamez-les bien fraîches : « *yen-yen* ».

– On trouve aussi du ***vin*** dans certains restos, mais il est cher, rarement génial et toujours importé (bonjour le bilan carbone !).

– Signalons aussi un vin pétillant sucré à base de riz fermenté du nom de ***sato,*** l'équivalent du saké japonais mais avec des bulles !
Plus généralement, sachez que la consommation d'alcool est interdite les jours d'élections, et même dans la soirée qui précède, et qu'en principe dans tout le pays on n'en sert pas avant 11h ni de 14h à 17h et après minuit dans les restaurants et les magasins. Dans le Sud, les restaurants halals n'en servent pas.

CUISINE

Aiguisez vos papilles, ami routard, et laissez-vous envahir par ces nouvelles saveurs, ces parfums inconnus, cette richesse enivrante de la cuisine thaïlandaise. Restaurants chics à Bangkok ou stands ambulants sur les trottoirs de Chiang Mai, plats élaborés ou simple riz frit... votre voyage ne suffira pas pour faire le tour de la question.
La plupart des restos servent à toute heure de la journée, mais ne venez pas trop tard, les Thaïs dînant en général assez tôt (dès 17h30 et rarement après 20h30).
Ceux qui connaissent un peu cette cuisine le savent : ***la plupart des plats sont épicés,*** parfois beaucoup pour nos papilles occidentales. Donc, un conseil : apprenez le terme « *maï phèt* – ไม่เผ็ด », qui signifie « peu épicé ». Certains restos servent la sauce au piment à part, dans une coupelle, mais un curry, par exemple, sera souvent servi (très) épicé. Dans les lieux touristiques, les restaurateurs évitent de mettre le feu à leurs plats, mais certains petits restos familiaux ne se poseront pas autant de questions, alors gare... Beaucoup de préparations sont faites en amont : pas toujours possible, donc, de faire vraiment varier le degré de force des épices. Dans la majorité des cas, si vous précisez « *not spicy* » le cuistot rajoutera de l'eau et/ou du sucre pour atténuer le piquant du plat, ce qui peut avoir pour effet de lui ôter un peu sa saveur. À contrario, si la cuisine est trop édulcorée et que vous avez de l'entraînement, demandez votre plat « ao phet phet » : épicé à la locale.
Il y a les épices, bien sûr, mais il y a aussi le parfum des ***herbes subtiles :*** coriandre, menthe, citronnelle, feuilles de kaffir (combava), safran blanc, galanga, gingembre... Les sauces de poisson et d'huîtres sont aussi omniprésentes.
La base de la cuisine est le ***riz.*** On le fait frire et on l'accommode de mille manières (avec poisson, bœuf, porc, crabe, crevettes). Dans sa version vapeur, on le mange avec une cuillère. Le riz gluant, lui, se mange avec les doigts. Le petit-déjeuner est généralement composé d'une soupe de riz *(« kôw dôm »).* Autre incontournable : les ***nouilles***

À L'OMBRE DES FRUITS ET LÉGUMES EN FLEURS

La cuisine royale thaïe est née à la cour d'Ayutthaya, où l'on combinait délicatesse des mets et raffinement de la présentation. L'art de la table agrémenté d'une découpe des fruits et légumes en motifs floraux finement ciselés s'est perpétué jusqu'à nos jours. On peut en apprécier toute la richesse décorative dans les restaurants haut de gamme, qui présentent des plats agencés en de somptueuses et harmonieuses compositions flattant autant l'œil que le palais (royal ou pas).

AU NOM DE LA PÂTE-RIZ

On a le sentiment que l'emblématique pad thai *est une tradition ancestrale. En fait, il n'en est rien. Ce plat date des années 1940 quand, suite à une récolte de riz désastreuse, le gouvernement de l'époque obligea les commerçants des cuisines de rue à préparer leur tambouille avec des pâtes, afin de réserver la production de riz à l'export ! La recette a fait florès depuis.*

sautées (*pad thai* – ผัดไทย). On trouve en général 3 types de nouilles : *« sên yài »* (larges), *« sên lék »* (fines) et *« sên mée* (super fines) ainsi que du *bà mèe,* une nouille bouclée dont la composition d'œuf et de farine de blé rappelle nos pâtes habituelles.
Vous aurez aussi l'occasion de manger, notamment dans les restos chinois, des plats de légumes, frits ou cuits dans des sauces à la viande. Parallèlement, de plus en plus de restos de Bangkok se mettent à redécouvrir une cuisine ancienne et raffinée à laquelle ils incorporent le savoir-faire d'aujourd'hui. Les résultats sont probants. La cuisine actuelle a subi les influences chinoises et indonésiennes, tout en conservant sa personnalité. Si vous tombez sous le charme, sachez que de nombreuses écoles de cuisine ont ouvert dans les zones touristiques.
Amateur de ***currys,*** sachez que ce célébrissime composant de la cuisine thaïlandaise est ici un plat modeste. On en trouve au bord des routes et dans les étals pour tous les goûts ; du *« gaang gài »* (curry de poulet) au *« gaang mát·sà·-màn »* (curry musulman). La fameuse sauce jaune est faite de pâte constituée de graines de coriandre moulues, d'ail, de cumin, de citronnelle, de combava (sorte d'agrume), de galanga (racine aromatique assez semblable au gingembre) et de pâte de crevette et de piment ! Miam ! L'un de nos currys préférés !
Les desserts, en revanche, sont modestes. Les rares qui existent sont limite chimiques et très sucrés, à l'image des incontournables carrés de gélatine fluo contenant un fruit. Les flans à la noix de coco sont plus recommandables. L'exception qui confirme la règle, c'est le délicieux et très nourrissant ***mango sticky rice*** (voir plus loin « Les autres plats »).
La profusion de fruits disponibles sur les étals des marchés compense : mangue, donc, mais aussi ananas (vendu découpé), papaye, noix de coco, ramboutan, tamarin, langsat, pomelo, mangoustan, *rose apple,* pastèque, fruit du jacquier (alias « *ugly fruit* »), qui peut atteindre 25 kg, et le célèbre durian, cher et particulièrement malodorant (voir encadré) mais savoureux pour certains.
Nous vous indiquons ici quelques plats classiques, histoire que vous vous repériez dans la carte.

INTERDIT DE TRANSPORT

Le durian, sorte de ballon de rugby hérissé de piquants triangulaires, est très apprécié des Thaïs. Hors de prix pour une famille modeste, il est réservé aux grandes occasions. De fait, son goût est assez subtil... même si son odeur vous rappellera celle d'un vieux container à ordures, à tel point qu'il est interdit dans la plupart des lieux publics, comme le rappellent les panneaux « No durian » *!*

Les « frits » *(fried)*

– *Khao phat* – ข้าวผัด *:* riz frit, avec poulet, crabe ou crevettes.
– *Phat phak bung* – ผัดผักบุ้ง *:* assortiment de légumes frits.
– *Nua phat nam man hoï* – เนื้อผัดน้ำมันหอย *:* bœuf frit à la sauce d'huîtres aux oignons.
– *Thot man pla* – ทอดมันปลา *:* beignets de poisson frits.
– *Mi krop* – หมี่กรอบ *:* nouilles croquantes accommodées avec de la viande, des crevettes ou autres.

Les soupes

– *Kaeng chut* – แกงจืด *:* soupe de légumes avec crevettes ou porc.
– *Tom yam* – ต้มยำ *:* soupe très épicée à base de citronnelle et de piment, agrémentée de morceaux de porc, poulet, crevettes ou poisson.
– *Tom kha :* soupe généralement peu épicée à base de lait de coco et de galanga, agrémentée de poulet *(gai)* ou de crevettes *(kung).*
– *Khao tom pla* – ข้าวต้มปลา *:* soupe à la sauce de poisson.

Les nouilles *(noodles)*

– *Pad thai (ou phat thai)* – ผัดไทย *:* nouilles sautées accompagnées de viande ou de fruits de mer, jets de soja crus ou cuits, cacahuètes pilées, noix de cajou, tofu, crevettes séchées, ou encore la traditionnelle sauce de poisson. C'est l'un des plats emblématiques de la cuisine thaïe.
– *Kuai tio haeng* – ก๋วยเตี๋ยวแห้ง *:* nouilles agrémentées de viande et de légumes émincés, le tout épicé.
– *Kuai tio phat siu* – ก๋วยเตี๋ยวผัดซีอิ๊ว *:* nouilles frites avec sauce chinoise, viande, légumes et œufs.
– *Ba mi krob rat na kung* – บะหมี่กรอบราดหน้ากุ้ง *:* nouilles jaunes croquantes avec crevettes.
– *Suki yaki* – สุกี้ยากี้ *:* pâtes sèches avec des fruits de mer et de la viande, préparées avec une sauce assez indescriptible.
– *Khao soi* – ข้าวซอย *:* un classique du Nord, soit une soupe de nouilles confectionnée à base d'œufs, au bouillon bien relevé mêlé de lait de coco et accompagné de poulet ou de bœuf.

Les autres plats

– *Laab* – ลาบ *:* viande de porc hachée avec des épices. Se mange cru (*laab isan*, pas très conseillé) ou cuit *(laab kua).*
– *Kam pu thot* – ก้ามปูทอด *:* crabes frits.
– *Kaï yang* – ไก่ย่าง *:* poulet grillé.
– *Keng pla nam khao* – แกงปลาน้ำขาว *: pomfret* (poisson plat, rien à voir avec les « pommes frites » donc) cuit au court-bouillon, servi avec une sauce blanche.
– *Kaï phat phrik* – ไก่ผัดพริก *:* poulet grillé pimenté.
– *Lap* – ลาบ *:* viande hachée avec du citron et des échalotes, saisie avec des piments.
– *Pla prio wan* – ปลาเปรี้ยวหวาน *:* poisson à l'aigre-doux.
– *Ho mok pla chonne* – ห่อหมกปลาช่อน *:* poisson à la pâte de curry cuit à l'étouffée dans une feuille de bananier.
– *Les currys :* rouge, vert, il y en a de toutes sortes, mais l'un des plus connus est le *massamam curry,* avec pommes de terre et viande. Un régal ! Voir plus haut.
– *Le barbecue :* très populaire, le barbecue thaï est servi le soir uniquement, dans des restos spécialisés. On s'y sert à volonté sur un long buffet de viandes et légumes assaisonnés, pas toujours évidents à identifier. On fait ensuite cuire le tout sur un brasero posé à même la table, qui fait à la fois office de gril et de bouillon. Pour accompagner, des pâtes vertes, à faire bouillir.
– *Mango sticky rice :* du riz collant nappé de lait de coco et accompagné de fines lamelles de mangue ; on en trouve parfois dans les restos, mais le plus souvent sur les marchés. Pur délice.
– *Les insectes :* pour les plus aventuriers d'entre vous, sachez que la Thaïlande est le 1er producteur d'insectes comestibles (pas moins de 44 espèces). Véritable mini-bétail, les insectes sont parfois considérés comme un aliment du futur car ils requièrent beaucoup moins d'eau et de végétaux pour leur production que la viande classique. Riz sauté aux vers de bambou, salade de nids de fourmis rouges ou wok de criquet à la feuille de pandanus (juré, on n'invente pas !), ces petites bêtes sont beaucoup moins désagréables à croquer qu'on pourrait le penser. Allez, lancez-vous !

UN P'TIT VER POUR LA ROUTE ?

Face à l'augmentation de la population mondiale et des problèmes alimentaires qui y sont liés, les insectes représentent une source de protéines pleine d'avenir. Les Thaïlandais en raffolent, car ils sont peu chers, riches en fibres et en oligo-éléments. Pour info, le top du top, c'est la sauterelle... Bon appétit !

CURIEUX, NON ?

– Gares routières ou ferroviaires, aéroports... partout, des sections de salles d'attente sont spécifiquement réservées aux moines. Et pour les nonnes, alors ? Rien, elles se débrouillent.
– Suite à de nombreux abus, le gouvernement de Thaïlande a mis en place une police des moines, chargée de surveiller les agissements de ces nombreux adeptes du détachement et de la frugalité. Du faux moinillon abusant de l'aumône, aux détournements de fonds à grande échelle, en passant par les penchants libidineux de certains d'entre eux, les cas de moines véreux sont légion ! Phra Wiraphol Sukphol, qui posait avec ses lunettes à la « Blues Brothers » et son sac Vuitton, a détourné plus de 24 millions d'euros, tandis que le bonze Yantra Ammarobikku, lui, a dû avouer quelques entorses à sa chasteté monacale, confondu par ses reçus de carte de paiement dans des bordels australiens !
– Superstitions et pratiques mystiques ont la peau dure. Depuis quelque temps, certaines Thaïlandaises se sont entichées des *thep de luuk* (littéralement, « les enfants des anges »), des poupées bénies par des moines bouddhistes et censées leur apporter bonheur et prospérité. Les moines ayant prétendument insufflé l'esprit d'un vrai enfant décédé dans leur caboche en plastoc, les nouvelles mamans se doivent d'interagir avec leur progéniture de silicone, comme si elles le faisaient avec un être vivant.
– La tradition veut qu'un tout nouveau lieu de travail soit béni par 9 moines bouddhistes, pas un de moins, pas un de plus (évidemment, c'est payant). Ceci afin de charger le lieu en énergie positive. Mais attention, cela doit se faire le mercredi, le jeudi ou le vendredi, à l'exclusion des autres jours.
– Dans le même genre, les chantiers de construction doivent impérativement commencer les lundi, mercredi et vendredi. Pas question de poser la 1re pierre un autre jour !
– Vous remarquerez que certaines marches de perron sont raides alors que d'autres sont étonnamment basses au regard de leur giron. Eh bien, c'est tout simplement parce qu'un escalier ne doit jamais avoir 4 marches ! C'est soit 2, soit 3, soit carrément 5.
– Selon la croyance populaire, une femme célibataire ne doit jamais chanter quand elle fait la cuisine. Cela pour éviter de se marier avec un vieux.
– Le *kaomak* est un dessert très apprécié, y compris des personnes de confession musulmane. C'est en fait du riz fermenté dans une feuille d'arbre, que l'on saupoudre de poudre de noix de coco au moment de le consommer. C'est extra, ça a un petit goût de kirsch pas piqué des vers, dû à la fermentation, donc à l'alcool produit. Mais de là à se saouler au *kaomak*...
– Les Thaïs ajoutent du ketchup et de la mayonnaise sur leurs pizzas (pas toutes, heureusement !).
– On ne touche pas la tête, qui est sacrée.
– Les Thaïs peuvent filer droit vers la salle de bains en arrivant chez leurs hôtes, pour se laver les pieds, la partie la plus impure du corps, qui ne doit jamais être plus haute que la tête, la partie la plus pure, en lien avec les dieux du ciel.
– Les Thaïs, comme souvent les Asiatiques, n'ouvrent pas les cadeaux devant vous, mais seulement après votre départ, histoire de ne pas vexer si cela ne leur plaît pas.
– Quand on dort chez un Thaï, il faut souvent demander la permission au *phra pum,* l'esprit des lieux, et le remercier en partant.
– On ne pointe pas du doigt, encore moins les moines ou les portraits de la famille royale. Pour désigner quelque chose ou quelqu'un, on utilise sa main, doigts vers le bas, en les agitant vers soi.
– Comme en Chine, il s'agit de ne pas perdre la face. Votre interlocuteur n'a pas bien compris la question que vous lui avez posée en anglais ? Il ne connaît pas la réponse ? Peu importe, il vous la donnera quand même. La remarque

vaut aussi, à l'hôtel, quand vous demandez à être réveillé à une certaine heure... Ah bon, ce n'était pas au milieu de la nuit ?
– La langue thaïe possède 44 consonnes, 32 voyelles...et 5 tons ! Fiouu...
– La Thaïlande est le plus grand exportateur d'orchidées au monde, avec près de 1 500 espèces différentes sur son territoire.
– On ne dit pas d'un bébé nouveau-né qu'il est mignon *(« na arak »)* ! Cela risquerait d'attirer les mauvais esprits qui pourraient alors s'y intéresser. Même si ça vous semble dur, dire d'un adorable bout d'chou qu'il est laid *(« naa kliat »)* fera plus plaisir aux parents !

DROITS DE L'HOMME

Si des élections législatives ont finalement eu lieu en mars 2019, 5 ans après la prise du pouvoir par le général Prayuth Chan-Ocha, celui-ci continue de diriger le pays d'une main de fer. ***À la tête de la junte militaire*** depuis mai 2014, il s'est mué en dirigeant politique, créant son propre parti, pour finalement être reconduit après un scrutin contesté. Depuis son coup d'État de 2014, le général a totalement cloisonné le pays. Journalistes, blogueurs, opposants, militants associatifs font toujours les frais de la répression. Si le Conseil militaire national pour la paix et l'ordre (CNPO) qu'il dirigeait a été officiellement dissous, les pouvoirs de l'armée ont été sensiblement élargis, et surtout, tous les membres de la junte se voient garantir l'impunité pour toutes les violations de Droits de l'homme commises pendant cette période.
Prayuth Chan-Ocha a un allié de poids en la personne du roi Rāma X, qui a succédé à son père, décédé en 2016. La loi interdit en effet à quiconque de critiquer la monarchie – et par extension, le gouvernement et l'appareil militaire –, ce qui facilite grandement les condamnations pour « lèse-majesté ». Internet est sous contrôle, et le gouvernement a exercé des pressions contre Google, Facebook et YouTube pour supprimer des publications critiques. Mais le nouveau roi lui-même est imprévisible. Si ses prérogatives sont très faibles, rien ne peut se faire sans sa volonté et il le fait savoir. Il a ainsi imposé des amendements à la dernière Constitution adoptée sous la junte, qui garantissent que même en l'absence du roi, un régent assure l'intérim du royaume. Il s'est également assuré que la fortune royale (l'une des plus grosses au monde, estimée à 30 à 60 milliards d'euros) soit sous le contrôle de l'administration royale, de même que 2 divisions d'infanterie.
Mais en dépit de la répression, ***la contestation monte.*** Signe d'espoir pour de nombreux pro-démocrates, une toute nouvelle formation soutenue par la jeunesse, ***l'Anakot Maï* (Parti du nouvel avenir)** et menée par le très charismatique homme d'affaires Thanathorn Juangroongruangkit, est arrivée en 3e position aux législatives. Suspecté par le pouvoir d'être des « communistes » représentant une « menace » pour la sécurité nationale, le parti a échappé de peu à la dissolution en janvier 2020, la Cour constitutionnelle ayant jugé que les allégations selon lesquelles il avait pour but d' « abolir la monarchie » étaient fausses.
Dans le sud du pays, où une ***rébellion musulmane séparatiste*** sévit depuis 2004, les négociations sont au point mort, et des attentats ciblés ont régulièrement lieu. Sur les plus de 7 000 victimes de ce conflit, 90 % sont des civils. De nombreuses arrestations arbitraires ont lieu par les forces de sécurité dans ces régions, et des personnes emmenées dans des lieux de détention non officiels.
Les ONG s'inquiètent enfin de la situation des travailleurs migrants et des demandeurs d'asile.

■ ***Fédération internationale des Droits de l'homme (FIDH) :*** *17, passage de la Main-d'Or, 75011 Paris.* ☎ *01-43-55-25-18.* ● *fidh.org* ● Ⓜ *Ledru-Rollin.*

■ ***Amnesty International*** *(section française) : Le Chaumontois, 72-76, bd de la Villette, 75940 Paris Cedex 19.* ☎ *01-53-38-65-65.* ● *amnesty.fr* ● Ⓜ *Belleville ou Colonel-Fabien.*

N'oublions pas qu'en France aussi, les organisations de défense des Droits de l'homme continuent de se battre contre les discriminations, le racisme, et en faveur de l'intégration des plus démunis.

ÉCONOMIE

Une situation incertaine

25e au classement mondial (selon la Banque mondiale en 2018), la Thaïlande est la 2e ***économie d'Asie du Sud-Est*** derrière l'Indonésie et devant Singapour, et ce, malgré ses nombreuses crises politiques et économiques. Depuis le ***coup d'État de 2014*** et la Constitution adoptée en 2016, renforçant la mainmise des militaires et de leurs alliés sur l'économie du pays, la croissance promise se fait un peu attendre. Plusieurs raisons expliquent cela. La sécheresse d'abord, qui frappe le pays chaque année de plus en plus fort et limite les récoltes. Le ralentissement de l'économie chinoise, qui entraîne aussi la consommation vers le bas, tandis que l'instabilité de certaines régions freine les investissements et le commerce. Sans parler de l'incertitude liée à la capacité du nouveau roi à prendre en main les choses de l'État à la suite de son père.

Malgré tout, cette économie émergente, dont les exportations représentent plus de 50 % du PIB, affichait un taux de croissance en 2019 de 2,5 %. Pas si mal ! De plus, la Thaïlande est un pays où la dette publique est assez peu élevée et qui peut s'enorgueillir de flirter avec le plein-emploi puisque le taux de chômage officiel est à peine supérieur à 1 %. Reste que les ménages sont, eux, surendettés (plus de 75 % du PIB) à cause de pratiques bancaires incontrôlées et que le ***salaire minimum légal,*** fixé à 300 Bts par jour depuis 2013, soit ***environ 200 € par mois,*** permet difficilement de joindre les 2 bouts.

De la riziculture au tourisme en passant par l'industrie

Traditionnellement agricole, l'économie thaïlandaise s'est fortement industrialisée ces 60 dernières années. Aujourd'hui, quand bien même le Centre et le Nord restent d'importants producteurs maraîchers et fruitiers, ***l'agriculture et la pêche,*** qui occupent un tiers de la population active, ne représentent plus qu'un peu plus de 8 % du PIB. Très dépendant de ses exportations, le pays expédie surtout du riz, bien sûr, mais aussi du caoutchouc, du maïs, du tabac, du coton et de la crevette d'élevage – activité liée à un véritable scandale écologique et humain –, qui hisse la Thaïlande au 2e rang des exportateurs juste derrière la Chine. L'Empire du Milieu est d'ailleurs le principal partenaire économique du pays, même si le Vietnam commence à lui faire de l'ombre en termes de concurrence.

Le ***secteur industriel*** représente lui 36 % du PIB, avec quelques secteurs de pointe tels que l'extraction minière, l'assemblage électronique (la moitié des lecteurs de disques durs vendus dans le monde sont fabriqués autour de Bangkok) et l'industrie mécanique (pas de grandes marques nationales, mais d'importants ateliers d'assemblage installés dans le pays : Toyota, General Motors, Nissan), sans oublier le textile. Jadis atelier de confection des grandes marques du globe, le pays est aujourd'hui déserté par ces mêmes groupes qui se sont envolés vers d'autres pays aux salaires inférieurs, comme le Vietnam ou le Bangladesh.

Reste la grosse part du gâteau : le ***tertiaire,*** qui s'octroie plus de 55 % du PIB et emploie la moitié de la population, dopé en partie par le ***tourisme,*** dont la Thaïlande continue de vouloir faire son cheval de bataille (près de 40 millions de touristes en 2019, contre 14 millions en 2008 !). En plus de la traditionnelle clientèle occidentale qui déverse ses dollars et euros sur les plages du sud, le pays accueille de plus en plus un tourisme chinois, qui remplit les grands hôtels et sillonne le pays en tout sens. Une nouvelle manne, assurément. Côté énergie, malgré quelques gisements de gaz, le pays reste très dépendant ; l'État a d'ailleurs multiplié les investissements dans les énergies renouvelables comme, récemment, l'une des plus grandes fermes solaires au monde.

ENVIRONNEMENT

La Thaïlande est désormais un acteur clé en Asie du Sud-Est. Déjà leader dans la production de biocarburants (de nombreuses voitures fonctionnent au *Gasohol 91,* un mélange d'essence et d'éthanol) et d'énergie solaire au sein de l'ASEAN (Association des Nations de l'Asie du Sud-Est), le pays a pour objectif d'augmenter la part des ***énergies renouvelables*** dans sa consommation totale d'énergie de 12 à 37 % d'ici 2036.
Cette politique remonte au milieu des années 1990, alors que le royaume affichait parallèlement son intention de faire de la protection de l'environnement l'une de ses priorités. Oui mais voilà, croissance économique et protection de l'environnement ne vont pas toujours de pair. Et, aujourd'hui, le pays du sourire fait la grimace : il doit faire face à de sérieux problèmes.
Dans le domaine forestier d'abord. Au début des années 1960, jungles et forêts recouvraient plus de la moitié du territoire, pour moins d'un tiers aujourd'hui. La raison ? La ***surexploitation des forêts de teck,*** mais aussi l'extension des cultures liées, entre autres, aux biocarburants, qui cause le défrichement de la forêt primaire, engendrant par là même une réduction de la biodiversité. Sans compter l'***expansion des villes*** et des zones industrielles : Bangkok, construite sur une zone marécageuse, s'affaisse de 1 à 2 cm par an à cause d'une urbanisation excessive et incontrôlée.
Ce développement n'est pas sans poser 2 problèmes majeurs : ***la pollution de l'air et la pollution de l'eau.*** Le développement industriel et l'explosion du nombre de voitures (du fait de la croissance) ont pour effet de dégrader de manière inquiétante la qualité de l'air dans certaines parties du pays, notamment dans la région de Bangkok et dans les provinces voisines, qui concentrent à elles seules plus de la moitié des usines du pays. L'utilisation massive du ***plastique*** jetable (2 millions de tonnes produites par an, dont seulement un quart est recyclé), le manque de traitement des déchets toxiques industriels, mais aussi domestiques, affectent quant à eux aussi bien l'air que l'eau. D'ailleurs, l'***absence de traitement des eaux usées*** fait que le tiers de l'eau est impropre à la consommation, particulièrement dans la région centrale du pays... Et ceci n'épargne pas les îles du Sud, où le ***tourisme de masse*** pose de sérieux problèmes de traitement des déchets et de pollution de la nappe phréatique. Ko Phi Phi en est l'exemple même, il n'y a qu'à aller se balader dans l'intérieur de l'île pour voir les nombreuses décharges d'ordures planquées dans la jungle... Partez du principe que la plupart des déchets jetés, même dans la poubelle d'un hôtel de luxe, atterrit tôt ou tard dans une décharge à ciel ouvert ou dans l'océan.
Le tourisme de masse affecte aussi grandement la ***biodiversité marine*** : mouillages répétés des bateaux causant la destruction des coraux, migration des poissons, rejets d'eaux non traitées en mer, ingestion de particules plastiques, résidus de crèmes solaires, etc. Le gouvernement thaïlandais a heureusement pris conscience de ces réalités et investit dans des usines de retraitement des déchets, en créant des normes et en mettant en place un arsenal juridique pour pénaliser les contrevenants. Encore faut-il mettre en œuvre tous les moyens suffisants pour faire appliquer la loi... Un exemple extrême de dégâts causés par le tourisme : en 2019, la célèbre plage de Maya Bay (celle du film *La Plage*), qui voyait défiler 200 bateaux et près de 5 000 visiteurs par jour, a dû être fermée jusqu'à nouvel ordre. Après seulement quelques mois de repos, l'écosystème, notamment les coraux, a déjà commencé à se régénérer. À terme, un quota journalier de visiteurs devrait être instauré.

Le défi majeur à présent est de protéger le territoire contre les catastrophes naturelles liées au ***réchauffement climatique.*** Bangkok (bâtie à seulement 1,5 m au-dessus du niveau de la mer) et les régions côtières sont aujourd'hui particulièrement menacées par la montée du niveau de la mer et autres inondations dues aux tempêtes. En 2005, un Centre national de Surveillance et d'Alerte a été mis en place afin de prévenir et préserver les populations.

Faune et flore

L'État thaïlandais a réalisé de remarquables efforts en créant une centaine de ***parcs nationaux*** dans le but de protéger les espèces menacées, mais beaucoup d'animaux font encore l'objet de capture et dressage pour amuser les touristes ou fabriquer des souvenirs. Même si ce n'est pas parfait, on peut considérer que ces parcs sont aujourd'hui des zones sanctuarisées. Grâce à sa multiplicité géologique et climatique, le pays du Sourire peut s'enorgueillir d'un riche héritage naturel composé de quelque 27 000 espèces de plantes et de fleurs, 600 espèces de poissons et plus de 1 000 variétés d'orchidées !

Bonne nouvelle du côté de la population des tigres : en 2017, des bébés ont été découverts dans un parc naturel de l'est du pays. Un petit miracle pour cette sous-espèce indochinoise, décimée par la déforestation et le braconnage. Plaque tournante du trafic d'animaux sauvages en Asie, la Thaïlande compte parmi les 13 pays du continent où vivent encore ces splendides créatures à l'état sauvage.

L'éléphant : le plus aimé de tous

L'éléphant est l'animal thaïlandais par excellence, tout à la fois aimé et vénéré, enrôlé et exploité. S'ils sont beaucoup moins nombreux aujourd'hui, on compte tout de même encore environ ***7 000 pachydermes*** dans le pays, dont à peu près la moitié seraient encore sauvages. Mais la mécanisation du travail agricole ou forestier (l'éléphant servait surtout au transport du teck) et le coût exorbitant de son entretien (il avale quotidiennement entre 150 et 200 kg de végétaux) ont porté un rude coup à l'animal sacré. Le tourisme est aujourd'hui son seul destin. Résultat : le voilà contraint de transporter des touristes sur son dos, de jouer au foot pour les amuser, ou même de peindre avec sa trompe... On pourrait sourire de ces pratiques, mais il faut savoir qu'elles s'appuient sur un ***dressage cruel,*** connu sous le nom de « *phajaan* » – qui signifie « briser l'éléphant ». Ainsi, l'éléphanteau de 2-3 ans est-il arraché à sa mère, enfermé, affamé, battu, parfois torturé, jusqu'à ce que, cassé, il accepte la volonté de l'homme sans plus rechigner. Et si jamais il se rebiffe quand même, le cornac fait usage de son crochet métallique... Si vous regardez bien, dans les nombreux parcs à éléphants, vous pourrez parfois les voir les utiliser. Résultat ? En 2016, la *World Animal Protection* a classé les promenades à dos d'éléphant parmi les 10 attractions touristiques les plus cruelles envers les animaux. Pour en savoir plus, lisez notre introduction à ce propos dans « Excursions à la journée dans les environs de Chiang Mai. Grimper à dos d'éléphant ? Une idée qui trompe énormément ».

PACHYDERME QUE ÇA !

Dans la famille des pachydermes, le plus aimé est l'éléphant blanc, animal sacré du bouddhisme, symbole de paix et de prospérité. La légende prétend qu'un éléphant blanc aurait fécondé la mère du Bouddha, qui enfanta ainsi le grand sage... En Thaïlande, l'histoire de cet animal d'exception a toujours été liée à la nation. Jadis emblèmes du drapeau siamois, les éléphants blancs sont traditionnellement la propriété du roi, qui renforce ainsi sa position divine. Il n'en reste plus beaucoup aujourd'hui.

GÉOGRAPHIE

Avec ses 513 120 km², la Thaïlande est à peine plus petite que la France pour une population de près de 70 millions d'habitants. Sa silhouette est pour le moins curieuse : une sorte de grosse masse un peu informe au nord et une longue bande étroite qui part loin vers le sud, seul accès par voie terrestre à la Malaisie et à Singapour. Voilà le résultat des guerres au cours de l'histoire.
Grosso modo, la Thaïlande, frontalière de 4 pays (Cambodge, Laos, Myanmar - ex-Birmanie - et Malaisie) et ouverte sur 2 mers (Chine et Andaman), peut se diviser en 4 régions :
- ***le Nord :*** en partie couvert de montagnes karstiques et de forêt, il alterne plaines agricoles et derniers bois de tecks. Il est creusé de profondes vallées où le riz pousse la tête au soleil, les pieds dans l'eau. Dans ces contrées vivent de nombreuses minorités ethniques qui, chaque jour davantage, se fondent un peu plus dans le moule thaïlandais. Dans la province de Chiang Mai, le Doi Inthanon est le point culminant du pays (2 565 m). De vastes massifs alimentent les grands cours d'eau et certains d'entre eux iront irriguer la plaine alluviale du centre, où se concentre l'essentiel des activités humaines et de l'agriculture ;
- ***le Nord-Est :*** région de l'Isan dominée par le vaste plateau de Khorat, c'est le coin le moins fréquenté par les voyageurs. Fini les montagnes arrosées, bonjour les plaines arides en saison sèche, cultivées en période humide ! C'est toutefois une région aux sols assez pauvres. On y cultive le riz, la canne à sucre et des herbes rares, souvent médicinales. On y produit également de la soie ;
- ***le Centre :*** large bassin fertile et densément peuplé, arrosé de manière idéale. Rivières nombreuses, sol riche, climat propice à l'agriculture, c'est là le creuset de la civilisation thaïlandaise, on l'appelle d'ailleurs « le bol de riz de l'Asie » ;
- ***le Sud :*** on y cultive l'hévéa, dont on extrait le caoutchouc. Mais pour le touriste, le Sud, c'est avant tout les îles de la mer d'Andaman et du golfe de Thaïlande, les eaux turquoise, les plages et le farniente. Du fait de la proximité avec la Malaisie, le nombre de musulmans y est important (près de 30 % de la population, pour 3 % dans le reste du pays). La péninsule malaise répartie entre la Birmanie, la Thaïlande et la Malaisie est faite d'un relief tourmenté où se côtoient rivages, plaines côtières et morceaux de forêt tropicale.

HISTOIRE

L'un des berceaux de l'*Homo sapiens*

Des 1ers galets aménagés, datant d'environ 700 000 ans, abandonnés par *homo erectus* dans la province de Lampang, à l'*homme de Suvarnabhumi* découvert à Ban Kao, dans la province de Kanchanaburi, en passant par les abris-sous-roche de la région de Krabi qui attestent de la présence de nos ancêtres, il y a environ 30 000 ans, est-il utile de préciser que la Thaïlande est depuis la nuit des temps un lieu de villégiature très prisée de l'espèce humaine ? Car l'histoire des Thaïs ne date pas d'hier. On se demande même si, comme le portent à croire les découvertes faites à Bechiang (à 55 km à l'est d'Udon Thani, à la frontière du Laos), qui témoignent d'une ***civilisation techniquement avancée*** (emploi du bronze et du fer, notamment, alors qu'en Europe on en était encore à la pierre polie), les gars du coin n'étaient pas plutôt en avance sur leur époque ! D'ailleurs, ces Thaïs de la toute 1re heure ont proliféré à travers tout le Sud-Est asiatique, jusqu'au sud de la Chine. Puis, dès les IIe et IIIe s av. J.-C., des moines bouddhistes venus du sous-continent indien ont migré vers un pays appelé *Suvarnabhumi* (« la Terre d'or »), un territoire qui s'étendait vraisemblablement de la Birmanie à l'est du Cambodge en traversant le centre de la Thaïlande actuelle.

Les âges farouches : la période de Dvâravatî

Une pépinière agitée et changeante de cités-États fut désignée sous le nom de *Dvâravatî* (du sanskrit « lieux ayant des portes »), durant une période qui s'étira du VIe au XIe s, voire jusqu'au XIIe s de notre ère. Probablement érigées par le peuple môn – des descendants d'immigrants indiens métissés avec les Thaïs originels –, ces cités n'ont livré que peu de leurs secrets. Les Chinois connaissaient cette région sous le nom de *T'o-lo-po-ti,* à travers les voyages du moine Xuan Zang. Il en reste quelques magnifiques œuvres d'art, notamment des représentations du Bouddha, des bustes en terre cuite, quelques bas-reliefs en stuc dans des temples ou des grottes, mais peu d'éléments d'architecture sont demeurés intacts. La culture de Dvâravatî a décliné rapidement à partir du XIe s sous la poussée des conquérants khmers.

Le Moyen Âge : l'apogée de l'influence khmère

Entre les XIe et XIIIe s, ***l'influence khmère est dominante*** dans l'art, la religion et le langage. Beaucoup de monuments de cette période, situés à Kanchanaburi, Lopburi et dans d'autres sites du Nord-Est, peuvent être comparés à l'architecture d'Angkor.

C'est aussi à ce moment que les 1res peuplades thaïes, qui avaient émigré vers la Chine dans la préhistoire, repartirent dans le sens inverse, de la province du Yunnan vers la Thaïlande. Ces Thaïs furent appelés par les Khmers des « ***Syams*** », ce qui signifie « basanés », référence faite à la couleur de leur peau. Un rameau de cette même souche fondera le royaume de Lan Xang (le Laos, « pays du million d'éléphants ») en 1353.

La Renaissance et le 1er royaume du Siam : Sukhothai

Plusieurs principautés thaïes de la vallée du Mékong s'unirent aux XIIIe et XIVe s pour livrer combat aux Môn, et leur prirent Haripunchai pour fonder Lan Na. Ils s'attaquèrent ensuite aux Khmers et récupérèrent toute la région de Sukhothai. Et c'est ainsi qu'en 1238 fut proclamé le ***1er royaume et État organisé thaï.*** Cette période vit aussi la naissance et l'épanouissement de la culture, de la politique et de la religion thaïes à proprement parler. *Sukhothai* signifie « l'aube de la félicité », et les Thaïs d'aujourd'hui considèrent cette période comme un âge d'or. La prospérité était telle que les sujets étaient dispensés d'impôts ! Un des rois, Ram Khamheng, a permis la mise en place d'un système d'écriture, base du thaï moderne, mais à sa mort le royaume éclata en plusieurs États, cependant qu'une nouvelle capitale attendait dans les coulisses...

Ayutthaya... capitale de 1 million d'habitants !

Paris n'était qu'un village à l'époque, en comparaison de la puissance et de la richesse d'Ayutthaya. Cette capitale fut ***fondée en 1350*** par le roi Ramadhipati Ier. Bien que les Khmers fussent l'ennemi « héréditaire » et que les batailles fissent rage, la cour d'Ayutthaya adopta leur langage et leurs coutumes. L'un des résultats fut que les rois thaïs devinrent des monarques absolus avec le titre de « roi-dieu ». Sous leurs coups, la capitale khmère, Angkor, tomba en 1431, et, pendant 4 siècles, les Thaïs furent craints et redoutés dans toute l'Asie du Sud-Est. C'est en 1498 que Vasco de Gama et ses vaisseaux portugais, ayant contourné le cap de Bonne-Espérance, ouvrirent une nouvelle route commerciale et inaugurèrent l'ère de l'expansion européenne en Asie. La 1re ambassade portugaise fut établie à Ayutthaya en 1511, suivie par celle des Hollandais en 1605, des Anglais en 1612, des Danois en 1621 et des Français en 1662.

Le royaume de Siam et Louis XIV : regards vers le soleil couchant...

La représentation de la France a mal débuté au royaume de Siam, sous les traits d'un Grec, Constantine Phaulkon. Aventurier sans scrupule, il avait réussi, grâce à un certain culot et à une « tchatche » imparable, à infiltrer la Cour et se vit nommé 1er ministre. C'est donc grâce à Phaulkon qu'un autre personnage haut en couleur, et de mœurs discutables, fit son apparition au Siam : ***François Timoléon, abbé de Choisy.*** Ce prélat extravagant envoyé par le Roi-Soleil aimait, entre autres, se déguiser en femme. Nous, on n'est pas contre, mais on peut s'interroger sur son dévouement religieux.

LA MAUVAISE RÉPUTATION

Le mot farang, *qui en thaï moderne signifie « étranger », est une abréviation de* farangset, *qui a pour origine le mot « français ». Ne gonflez pas le torse, si ce mot farang est resté dans le vocabulaire, ce n'est pas pour honorer la France, mais parce qu'il est employé pour traiter quelqu'un de... métèque.*

Le roi Narai, sous l'influence de ces 2 personnages, dont l'un dirigeait le royaume quasiment à sa place, accepta (un peu à contrecœur, il est vrai) de laisser stationner des garnisons françaises au Siam. Exaspérés par l'insolence de Phaulkon, les dignitaires siamois approuvèrent le coup d'État qui, en 1688, marqua la fin de cette 1re ouverture vers l'Europe. Le roi Narai perdit son trône, Phaulkon sa vie, et tous les étrangers – Français en tête – furent chassés du Siam.

La chute d'Ayutthaya

Durant tout le XVIIIe s, les principautés du Siam se livrèrent des guerres sans merci. Les Birmans en profitèrent pour envahir le pays et ***anéantir la splendide capitale Ayutthaya,*** en 1767, après 2 ans de siège. Malgré la mise à sac de l'ancienne cité, les Birmans ne réussirent pas à s'implanter au Siam. Le général thaï Phya Taksin (un autre Taksin !) érigea une nouvelle capitale, Thonburi, en face de la future Bangkok sur les bords du fleuve Mae Nam Chao Phraya, et se fit proclamer roi. Il ne régna pas longtemps : mégalomane et fanatique religieux (il se prétendait presque l'égal du Bouddha !), il fut assassiné (sagement ?) par ses ministres. En 1782, un autre général, Phya Chakri, monta sur le trône sous le nom de ***Rāma Ier,*** et ***fonda la capitale actuelle, Bangkok.*** Les souverains de la dynastie Chakri, encore au pouvoir aujourd'hui, portent tous le nom de Rāma.

Les prémices de la modernité

C'est en 1851, avec l'avènement du roi Mongkut qui régna sous le nom de Rāma IV, que les graines de la Thaïlande moderne furent semées. Homme instruit, raffiné et courtois, il vouait à l'Occident une admiration qui l'amena non seulement à entretenir une correspondance soutenue avec le président des États-Unis de l'époque, James Buchanan – il lui avait même offert des éléphants pour améliorer les transports américains ! –, mais aussi à signer des traités avec, entre autres, la Grande-Bretagne.

Une fois au pouvoir, il s'entoura de nombreux conseillers occidentaux. Malgré cela, Mongkut, tout comme ses successeurs, conserva son goût des traditions thaïlandaises. Il fut un polygame convaincu, reconnaissant 82 enfants de 35 femmes différentes ! Il s'attacha les services d'une gouvernante anglaise, Anne Leonowens, dont les *Mémoires* ont inspiré 3 films. Le 1er, *Anna and the King of Siam,* date de 1946 ; le plus célèbre, bien que fantaisiste sur le plan historique, fut sans conteste *The King and I* (« Le Roi et moi »), qui révéla Yul Brynner à l'écran en 1956. Plus récemment, on a pu apprécier la prestation de la belle Jodie Foster sous les traits de ladite gouvernante dans *Anna and the King.* Un seul hic : le tournage a eu lieu en Malaisie !

Un roi révolutionnaire...

État tampon à l'époque entre la Birmanie britannique et l'Indochine française, la Thaïlande échappa à la colonisation grâce à une diplomatie habile. Fin politicien, l'héritier de Mongkut, le roi Chulalongkorn Rāma V (1868-1910), fit contre mauvaise fortune bon cœur et céda plus de 100 000 km² (y compris tout le Laos) à ces pillards de Français et d'Anglais. Ce trait de génie préserva ***l'indépendance du Siam*** jusqu'à nos jours. Le roi Chulalongkorn poussa si loin l'introduction des institutions et des mécanismes modernes (abolition de l'esclavage, organisation des postes, du chemin de fer, fondation de la 1re université...) que son propre fils le traita de révolutionnaire ! En 1873, à son couronnement, il interdit à ses sujets de se prosterner devant lui.

TOUCHÉ COULÉ

Au XIXe s, l'une des 92 femmes du roi Chulalongkorn mourut noyée lors d'une traversée en bateau. La raison : ses serviteurs ne lui avaient pas porté secours, l'étiquette leur interdisant de la toucher ! Suite à sa mort tragique, le roi fit alléger le protocole. Ce genre de mesures draconiennes trouve son origine dans la volonté de protéger les membres de la famille royale des assassinats.

Exit le Siam

En 1932, un coup d'État fait passer le Siam d'une monarchie absolue à un régime monarchique constitutionnel de façade. Le roi Rāma VII est en exil à Londres, et c'est un prince de 10 ans, Ananda, qui monte sur le trône flanqué d'un conseil de régence. Un des conspirateurs militaires, nommé *Phibun,* émerge du lot et devient 1er ministre en 1938 en organisant la mainmise de l'armée sur les rouages du pouvoir. Le pays prend définitivement le nom de *Prathet Thai* (« pays des Thaïs »), ou Thaïlande. Cette appellation à coloration nationaliste implique une unité de tous les peuples de langue thaïe incluant les *Lao* du Laos, les *Shan* de Birmanie, mais à l'exclusion des Chinois, dont l'influence économique est contestée. Les fascismes européens servent de modèle à la promulgation de toute une série de lois discriminatoires.

Après les événements de Pearl Harbor, et pour contrer l'influence de la Chine et des Occidentaux, la Thaïlande signe un ***traité d'amitié avec l'Empire nippon,*** dont les troupes utilisent le territoire comme base pour attaquer la Birmanie britannique. Le réalisateur japonais Shohei Imamura traita d'ailleurs de ce sujet et du sentiment d'abandon des soldats nippons par leur empereur dans un excellent documentaire, *En suivant ces soldats qui ne sont pas revenus – La Thaïlande.* La Thaïlande déclare même la guerre à la Grande-Bretagne et aux États-Unis. Les troupes thaïes combattent les nationalistes chinois jusqu'au Yunnan. Une partie de la population s'organise en mouvement de résistance (voir l'épisode du pont de la rivière Kwai).

Après les revers du Japon, Phibun est contraint de démissionner. À la fin de la guerre, les Alliés veulent le juger pour crimes de guerre et collaboration avec l'ennemi. Mais l'opinion publique, qui lui est favorable, obtient l'arrêt des poursuites. Les territoires annexés durant la guerre sont restitués aux empires coloniaux français et britannique. Phibun redevient 1er ministre en 1948 et se refait une virginité en engageant des troupes aux côtés des alliés de l'ONU en Corée en 1950. ***La Thaïlande devient un allié fidèle des États-Unis*** dans le contexte de la guerre froide en adhérant au traité de l'Organisation du traité de l'Asie du Sud-Est (OTASE). En 1957, Phibun est renversé par un maréchal et contraint à l'exil. De 1958 à 1973, les juntes militaires financées par les Américains tiennent le pays d'une main de fer. La Thaïlande participe activement à la guerre du Vietnam, où elle envoie des troupes (ainsi qu'au Laos), et des bases aériennes concédées aux Américains décollent les B52 qui bombardent le Nord-Vietnam.

Période instable

En 1973, la dictature est renversée, après un soulèvement étudiant réprimé dans le sang (300 morts). En 1975 sont organisées les 1res élections libres depuis 1946. Mais au cours des années suivantes se succèdent coups d'État et contre-coups d'État remettant les militaires au centre de la scène. La domination des communistes dans les pays limitrophes (Vietnam, Laos, Cambodge) en 1975 renforce l'ancrage à droite des forces politiques en Thaïlande. La répression perdure, notamment durant l'année 1976, avec un nouveau massacre d'étudiants de gauche et de syndicalistes par des forces paramilitaires. Durant cette période troublée, seul un personnage reste inamovible, ***le roi Bhumibol Adulyadej*** (1927-2016).

Thaksin entre en scène

En 1997, le pays plonge dans une grave crise économique avec, pour corollaires, chômage et dévaluation. Le FMI vient à la « rescousse » administrer son traitement de cheval ultralibéral : licenciements massifs, baisse des salaires (de 20 à 30 % dans la plupart des entreprises), expulsion de travailleurs immigrés, exode de Bangkok vers les campagnes où, tout au moins, on mange...

Élu une 1re fois en 2001, l'ancien 1er ministre ***Thaksin Shinawatra,*** riche magnat très médiatique, rétablit la situation. Il est sur tous les fronts : politique, économique et social. « Une entreprise, c'est un pays. Un pays, c'est une entreprise ». Telle est sa devise. Il est réélu début février 2005, puis coup de théâtre en 2006 : après avoir réclamé des élections législatives anticipées, et s'être déclaré dans un 1er temps vainqueur malgré 20 % de bulletins blancs, Thaksin doit reconnaître sa défaite. Qu'importe... Il reprend les rênes du pouvoir 1 mois plus tard, soi-disant pour contrer la rébellion séparatiste qui agite la province de Narathiwat, dans le sud du pays. Au Nord, les paysans adorent Thaksin ; dans le Sud, il est à l'origine d'exécutions sommaires, de trafiquants de drogue notamment.

DU VIAGRA COMME INCITATIF ÉLECTORAL

À Bangkok, selon le quotidien The Nation, *la petite pilule bleue servirait à convaincre des électeurs indécis. En raison des sanctions encourues pour l'achat de votes, certains candidats auraient distribué des comprimés aux électeurs âgés plutôt que de l'argent liquide...*

Tsunami

Le 26 décembre 2004, une secousse tellurique de 9,3 sur l'échelle de Richter entraîne une succession de vagues dévastatrices au sud-ouest de la Thaïlande et en Asie du Sud-Est. On relève environ ***5 400 morts et 3 000 disparus*** dans le pays. Mais aujourd'hui, les plages ont été nettoyées, les bâtiments reconstruits, et le tourisme a repris de plus belle.

Les jaunes contre les rouges

En septembre 2006, le général Sonthi Boonyaratkalin renverse Thaksin et prend le pouvoir, adoubé par Rāma IX, tandis que Surayud Chulanont est nommé 1er ministre par intérim, avec mission de restaurer la démocratie et de proposer un nouveau traitement à la crise séparatiste qui ensanglante le Sud. *Bis repetita :* fin 2008, le nouveau 1er ministre récemment élu, Somchai Wongsawat (proche de Thaksin), est destitué après un blocage de l'aéroport de Bangkok par les opposants royalistes, les « chemises jaunes ». En avril 2009, vêtus de « ***chemises rouges*** » (leur surnom), les partisans de

Thaksin réclament le retour de leur leader, bloquent Bangkok et s'opposent aux « chemises jaunes ». Les rouges finissent par battre en retraite. En février 2010, ***Thaksin est condamné pour corruption aggravée.*** Sa fortune (environ 1,15 milliard d'euros) est saisie. Les « chemises rouges » descendent à nouveau dans la rue et occupent le centre de Bangkok 2 mois durant pour réclamer la démission du gouvernement. Ils sont finalement chassés par l'armée. La répression fait 92 morts et près de 2 000 blessés. Un mandat d'arrêt est émis contre Thaksin pour... « terrorisme ».

En 2011, c'est le parti Pheu Thai, mené par la femme d'affaires ***Yingluck Shinawatra, sœur de Thaksin,*** qui remporte les législatives. Elle devient la 1re femme à ce poste. À coup de promesses sociales (iPad pour tous les élèves, 2 clés pour les parents, l'une pour la maison, l'autre pour la voiture, ou encore augmentation spectaculaire des salaires), l'ex-parti d'opposition reprend la main. Le peuple apprécie, mais beaucoup moins les élites et les militaires, qui accusent Thaksin de tirer les ficelles dans l'ombre.

Lors de ces mêmes élections, 4 sièges sont remportés par le Rak Prathetthai, parti fondé et présidé par Chuwit Kamolvisit. Cet étonnant député, playboy revendiqué, s'est découvert une vocation politique bien tardivement, en 2004, après une longue carrière de... proxénète ! Son créneau : il connaît mieux que tout le monde les rouages de l'économie grise et est donc le plus à même de la combattre ! Dès son élection, « Supermaquereau », comme on le surnomme, entame une longue série de dénonciations. Il a échoué à se faire élire au poste de gouverneur de Bangkok, mais reste présent sur la scène politique. Étonnant quand on connaît le nombre de policiers et de hauts responsables politiques (le chef de la police nationale lui doit la perte de son poste) qui souhaiteraient sans doute mettre un terme à la longue série de dénonciations qu'il a engagées...

CHUWIT, UN POLITICIEN HORS NORME

Ancien propriétaire de 6 salons de massage-bordels, il quitta son métier rémunérateur pour se lancer dans la politique. Populiste, il dénonça la corruption et les pots-de-vin qu'il avait bien connus (il versait près de 1 million de bahts par mois et est même passé par la case prison). Son parti « J'aime la Thaïlande » a remporté 4 sièges aux législatives de 2011.

En avril 2012, à l'occasion du Nouvel An thaï qu'il célèbre en exil à Siem Reap (Cambodge), Thaksin annonce son retour en Thaïlande face à des milliers de ses partisans. Sa sœur tente de lui faciliter la tâche. ***Le parlement est dissous fin 2013.*** De nouvelles élections sont convoquées, mais annulées par la Cour constitutionnelle en mars 2014... Yingluck Shinawatra est toujours accusée d'être la marionnette de son frère. Le 22 mai 2014, la Thaïlande renoue avec ses vieux démons. Prayuth Chan-ocha, un général proche de la retraite, fidèle à la famille royale, décrète la ***loi martiale.*** La 1re ministre est arrêtée, puis relâchée, mais écartée des affaires de l'État. ***Prayuth Chan-ocha, nommé 1er ministre*** en août 2014, entend remettre le pays en marche...

Une année de deuil

En octobre 2016, ***le roi Bhumibol décède*** au terme d'un règne de 70 ans, qui fait de lui le chef d'État resté le plus longtemps en exercice, tous pays confondus. Un deuil national d'un an est décrété, et personne n'y échappe. Fini les manifestations de joie, les fêtes, l'amusement. L'État entend plonger le pays dans la réserve et le recueillement. La vente (et la consommation) d'alcool est mal vue, et la silhouette hiératique en grand uniforme du monarque court sur tous les murs des grandes villes.

Le Roi est mort, vive le Roi !

Au lendemain de la mort de son père, ***Maha Vajiralongkorn*** hésite à monter sur le trône. Il demande un délai de réflexion. L'héritier est tout le contraire de son père : hédoniste et un tantinet play-boy, là où Bhumibol, adulé mais de nature plutôt taciturne, était un fin politique, adepte du compromis et promoteur du rôle de garant de la stabilité de la monarchie. Le fils héritier est finalement intronisé le 1er décembre 2016 sous le nom de ***Rāma X.*** Dès son accession au trône, il entend se voir attribuer plus de prérogatives. Ayant suivi une formation militaire, le nouveau roi cultive son image de souverain « dans le coup ». Il passe son temps en Allemagne, pilote lui-même son propre Boeing... D'un autre côté, il insiste pour que soit amendé un article qui permet à la Cour constitutionnelle d'arbitrer en cas de crise majeure et veut s'affranchir de toute signature entérinant ses propres décrets. En d'autres termes, il semble vouloir diriger la Thaïlande vers le type de monarchie autoritaire qui existait avant l'avènement du règne de son père. Une monarchie absolue ? Rāma X fait le ménage, renvoie l'un de ses proches, jugé pour « dommages à la famille royale », et la junte le suit pour l'instant dans ses décisions. En tout cas, il est, à l'évidence, bien différent de son père et quand on demande avec respect comment est le nouveau roi, la réponse fuse : « Rāma IX était un grand roi ! ». ***Couronné en mai 2019,*** le portrait officiel du nouveau souverain orne désormais tous les bâtiments du pays, publics et privés, prenant peu à peu la place de ceux de son père, Rāma IX. La nouvelle constitution adoptée en 2017 accroît le pouvoir de l'armée : elle devient responsable de la nomination du Sénat, et par conséquent du 1er ministre. Dans un régime déjà tenu d'une main de fer par les militaires, certains s'inquiètent de ce tour de vis et de la réduction de l'espace démocratique. L'instabilité personnelle du roi inquiète la population, qui ne trouve plus en lui le refuge spirituel qu'offrait son prédécesseur.

Au printemps 2019, les Thaïlandais reviennent enfin aux urnes. Les élections législatives, après avoir été repoussées pendant 5 ans, voient l'emporter le parti projunte du général Prayuth Chan-ocha. Un résultat prévisible, tant le scrutin a été étroitement contrôlé par la junte au pouvoir. Pendant la campagne, la sœur aînée du roi, la ***princesse Ubolratana,*** provoque un scandale en annonçant sa candidature pour le compte d'un parti ouvertement antimonarchique, lié à l'ennemi juré Thaksin Shinawatra ! Le roi oppose aussitôt un refus catégorique, la fustigeant au passage pour son « ambition hautement inappropriée ». Le parti est dissous 2 semaines avant le vote et sa chaîne de TV interdite de diffusion. Ancienne championne de voile, actrice et chanteuse pop à ses heures, cet électron libre adepte des réseaux sociaux, avait renoncé à ses titres royaux en 1972 pour épouser un roturier américain. Revenue dans le giron de la famille royale, elle se consacre désormais à des œuvres caritatives (ouf ! On l'a casé !), mais n'hésite pas à intervenir dans les médias sur des sujets politiques... Quant au roi, selon des sources bien informées, il est assez peu souvent dans son pays, et passe beaucoup de temps... en Allemagne. Marié 4 fois (et autant de fois divorcé), il épouse une jeune femme de 35 ans en juillet 2019, qui prend le titre de « noble concubine ». Il la répudiera à l'automne de la même année. Ces affaires de coucheries feraient sans doute ricaner si la situation politique et les droits des citoyens d'exprimer leur opposition au régime n'étaient de plus en plus muselés. L'accusation de *crime de lèse-majesté,* qui donne au roi le droit de faire emprisonner un dissident ou un simple contestataire est de plus en plus utilisée. Rama X, tout comme le régime, se durcit.

Coronavirus

La Thaïlande n'a pas été épargnée par l'épidémie de coronavirus (ou Covid-19) de 2020. Après les 1ers cas recensés début 2020, les autorités sanitaires ont pris des mesures drastiques et ont systématiquement dépisté les voyageurs aux aéroports internationaux pour une prévention des risques cruciale.

L'épidémie a démarré sur un marché aux animaux de Wuhan, en Chine, fin 2019, pays frontalier avec la Thaïlande, et qui envoie toute l'année des cohortes de touristes sur les plages siamoises... Avec l'épidémie et les restrictions de voyage imposées aux Chinois, le tourisme thaï a chuté de près de 50 % début 2020. C'est pourquoi le pays n'a pas fermé ses frontières avec la Chine, contrairement à certains de ses voisins, moins tributaires du tourisme chinois...
Avant tout voyage en Thaïlande, renseignez-vous sur • *solidarites-sante.gouv.fr* • et sur • *diplomatie.gouv.fr* •

MÉDIAS

Les crises politiques à répétition ont eu un impact négatif sur la sécurité des journalistes, et principalement ceux défendant les « chemises rouges », frappés par la censure. Certaines télévisions ont ouvertement pris parti en faveur des « chemises rouges » ou des « chemises jaunes », qui dictent depuis la rue l'agenda politique du royaume. Les médias d'information et la presse écrite, en thaï et en anglais, doivent se battre pour maintenir leur indépendance.

Votre tv en français : TV5MONDE la 1re chaîne culturelle francophone mondiale

Avec ses 11 chaînes et ses 14 langues de sous-titrage TV5MONDE s'adresse à 360 millions de foyers dans 198 pays du monde par câble, satellite et sur IPTV. Vous y retrouverez de l'information, du cinéma, du divertissement, du sport, des documentaires...
Grâce aux services pratiques de son site voyage • *voyage.tv5monde.com* • vous pouvez préparer votre séjour et, une fois sur place, rester connecté avec les applications et le site • *tv5monde.com* • Demandez à votre hôtel le canal de diffusion de TV5MONDE et contactez • *tv5monde.com/contact* • pour toutes remarques.

Radio

Le pays compte plus de 500 radios. La majorité d'entre elles sont locales et diffusent beaucoup de musique, mais relativement peu d'information. *Trinity Radio* (FM 97) diffuse les programmes d'information en thaï de la BBC, et *Smile Radio* (FM 107) reprend les nouvelles de CNN Asia. Les auditeurs raffolent des talk-shows. À vous d'apprendre le thaï...
L'armée thaïe, qui contrôle plus de 120 radios et 2 chaînes de télévision dans le pays, n'est pas prête à abandonner ce secteur stratégique, même si, d'après la Constitution de 1997, l'audiovisuel devrait être entièrement libéralisé et les fréquences redistribuées. Il n'en est rien.
Vous pouvez retrouver *Radio France Internationale* et la plupart des FM françaises sur • *rfi.fr* •

Télévision

Les 6 chaînes nationales de télévision sont des concessions de l'État. Mais c'est sans compter avec les nombreuses télévisions régionales et surtout le câble et le satellite.
Les critiques contre les autorités sont rares sur les chaînes hertziennes mais, sur le câble, certaines chaînes s'engagent clairement en faveur des « chemises rouges ». Elles peuvent, dans ce cas, être momentanément suspendues de façon arbitraire. D'autres journalistes réussissent à maintenir une couverture plus indépendante.
L'accès aux grandes chaînes d'information, BBC ou CNN, est très facile grâce au câble. Les chaînes francophones TV5MONDE et France 24 sont présentes dans certains bouquets de câble ou de satellite.

Journaux

Les 2 principaux quotidiens anglophones, *The Nation* et le *Bangkok Post,* offrent une information de qualité, mais évitent les sujets qui pourraient fâcher le gouvernement du général Prayut ou la sacro-sainte famille royale. Le pays compte environ 30 journaux nationaux et plus de 150 magazines. Forte d'un lectorat d'expatriés et de touristes relativement large, la presse francophone en ligne est particulièrement dynamique et bien intégrée. Certains titres de la presse en thaï sont également de bon niveau, notamment *Matichon, Khaosod Daily* et *Thai Rath.* À cela faut-il ajouter les nombreux tabloïds qui misent sur le sensationnalisme.
Les grands titres de la presse étrangère sont facilement disponibles dans les kiosques des grandes villes. Pour la presse française, passez à l'Alliance française de Bangkok, sur Sathorn Road, qui dispose d'une médiathèque bien fournie. À l'aéroport et dans certains grands hôtels, on trouve également *Le Monde, Libération, Le Point* et... *Point de vue-Images du monde* !

Liberté de la presse

En 2019, la Thaïlande était classée 136e au classement mondial de la liberté de la presse, soit 6 places de moins qu'avant le coup d'État militaire de 2014. Depuis cette date, la répression à l'encontre des journalistes n'a cessé de s'intensifier et la presse se trouve privée de toute liberté éditoriale. Les reporters qui dépassent les lignes rouges en publiant des articles critiques sur la situation du pays sont régulièrement suspendus de leurs fonctions par leur hiérarchie, ce qui illustre l'importante pression qui vise les médias.
Toute critique du pouvoir est susceptible de déclencher une violente répression, rendue possible par un cadre législatif liberticide et une justice aux ordres. Les élections de mars 2019, promises depuis des années, n'ont rien changé à cet état de fait. La loi sur la cybersécurité adoptée en février 2019, qui octroie encore plus de pouvoirs à l'exécutif, fait peser de nouvelles menaces sur la liberté de l'information en ligne. L'instrumentalisation du crime de « lèse-majesté » – permise par la loi sans doute la plus sévère au monde en la matière, qui prévoit jusqu'à 15 ans de prison – demeure une arme de dissuasion massive contre toute voix dissidente. Les autorités thaïlandaises se montrent par ailleurs particulièrement complaisantes avec certains régimes : des journalistes et blogueurs chinois ou vietnamiens ont ainsi été arrêtés sur le sol thaïlandais par des agents de leur pays, pour y être « rapatriés » et jetés en prison.
Ce texte a été réalisé en collaboration avec ***Reporters sans frontières.*** Pour plus d'informations sur les atteintes aux libertés de la presse, n'hésitez pas à contacter :
■ ***Reporters sans frontières :*** *CS 90247, 75083 Paris Cedex 02. ☎ 01-44-83-84-84. ● rsf.org ●*

PATRIMOINE CULTUREL

Les grandes écoles artistiques

La découverte de sites préhistoriques à Ban Chiang, au nord-est, laisse à penser que la Thaïlande fut le berceau d'une civilisation vieille de 5 000 ans. Le peuplement qui se fit par vagues successives – Môn, Khmers, Thaïs – apporta des influences religieuses et culturelles qui ont façonné son évolution.
– ***Période de Dvâravatî (VIe-XIe s) :*** les Môn, qui vivaient dans le sud-est de Myanmar, dans le centre et dans le nord-est de la Thaïlande, ont développé un État aux structures politiques mal connues, avec des cités construites suivant un plan ovale et ceinturées de douves. Les sculptures principalement bouddhiques, rarement hindouistes, ont subi 3 sources d'influence : Ceylan (Ve-VIe s), art pala

(Srîvijaya ; VIIIe-Xe s) et art khmer à la fin. Ces influences créèrent une image particulière du Bouddha, qui cessa d'être la copie d'un style indien pour devenir le 1er style d'art bouddhique original.
Le Bouddha, en pierre ou en bronze, se tient le plus souvent debout, les 2 mains faisant le geste d'argumentation, ou assis à l'européenne, les pieds posés sur un socle en forme de lotus. Son visage est large, ses arcades sourcilières jointives et galbées, son nez épaté et ses lèvres charnues.
– ***Période de Srîvijaya (VIIIe-XIIIe s) :*** l'histoire de cet empire reste encore très obscure. Il se développa entre le VIIIe et le XIIIe s dans la partie péninsulaire de la Thaïlande. Certaines des statues sont d'une grande perfection, comme celle du torse d'Avalokiteçvara, du Musée national de Bangkok. Les formes des statues sont épanouies et parées de bijoux.
– ***Khmers ou école de Lopburi (XIe-XIIIe s) :*** l'influence khmère fut très grande et, jusqu'à l'aube du XIXe s, les provinces du Nord-Est ont continué à jouer (davantage que le Cambodge) le rôle d'un véritable conservatoire des traditions artistiques et iconographiques angkoriennes. Les grands temples (Prasat Hin Phimai, Phanom Rung, Phanom Wan, Muang Tham) furent construits en fonction à la fois de croyances hindouistes et du bouddhisme Mahāyāna. Ces temples, assez peu visités, sont pourtant de véritables merveilles. Le musée de Phimai présente de remarquables pièces de cette époque. Les temples khmers étaient bâtis selon les critères symboliques de la cosmologie hindouiste. Les douves et bassins représentaient l'océan, les enceintes des montagnes, et la tour sanctuaire *(prasat)* le mont Meru, axe du monde et séjour des Dieux. Le *prasat* servait à abriter la divinité principale, dieu hindou, puis le Bouddha au XIIe s. De petits *prasat* ceinturaient la tour principale et servaient à abriter l'épouse et le véhicule du dieu. À côté s'ajoutaient des constructions secondaires destinées aux objets du culte. Une grande enceinte fermée par des portes ceinturait le tout. À l'intérieur, une 2de enceinte, construite en bois, contenait les habitations des prêtres, musiciens, danseuses... Le temple, construit au centre de la ville, devait se trouver près du palais du roi, mandataire des dieux sur terre. Quant aux statues, les caractéristiques des bouddhas (principalement en grès) sont un visage carré, des sourcils rectilignes, une bouche large, un bandeau qui démarque le front des cheveux et une protubérance au sommet du crâne, symbole de l'Illumination.
– ***Royaumes du Lan Na (XIe-XVIIe s) :*** principalement influencés par la Birmanie, les royaumes du Lan Na ont développé des styles artistiques propres : temples aux toits à étages, porches élaborés soutenus par des nâga (serpents), *chedîs* octogonaux, statues délicates... On décompose cette période en 2 : le style de Chiang Saen (XIe-XIIIe s), qui montre un bouddha au corps robuste et au visage rond, suivi par le style appelé Chiang Saen tardif ou Chiang Mai, qui révèle un bouddha plus élancé, avec un visage ovale. Les statues sont pour la plupart en pierre semi-précieuse, tel le bouddha d'Émeraude.
– ***École d'U-Thong (XIIe-XVe s) :*** ce petit royaume fut fortement influencé par les styles khmers, de Sukhothai et de Ceylan. Seule sa sculpture fut originale avec de fines lignes qui soulignent les lèvres et les yeux du Bouddha, ajoutant le tracé d'une fine moustache.
– ***Période de Sukhothai (XIIIe-XVe s) :*** c'est avec l'école de Sukhothai que débute l'art proprement thaïlandais. Il semblerait que le fait d'avoir adopté le bouddhisme Theravāda (à la fin de l'Empire khmer, qui pratiquait le bouddhisme Mahāyāna) engendra une forme d'art

POURQUOI LES YEUX BRIDÉS ?

La plupart des peuples asiatiques sont originaires de Sibérie ou de Mongolie. Là, les vents des steppes sont terriblement froids et la réverbération de la lumière, sur la neige, intense. Les yeux bridés sont donc une adaptation génétique pour protéger les yeux. Il s'agit d'un léger bourrelet de graisse dans les paupières.

originale, ayant pour but d'affirmer l'identité culturelle du nouveau royaume. Le bouddha de Sukhothai est l'une des images les plus caractéristiques de l'art thaïlandais (visage d'un ovale parfait, long nez aquilin, sourcils arqués, paupières lourdes, chevelure en bouclettes...). Il fit son apparition au XIIIe s. Les mains et toutes les proportions du corps deviennent plus stylisées, et le crâne est surmonté d'une longue flamme *(ushnîsha),* symbole de la force spirituelle. La 2de image typique est celle du Bouddha marchant, dont la grâce et la délicatesse rendent parfaitement la description du Bouddha des textes palis. Quant à l'architecture, elle juxtapose des formes diverses, tours-sanctuaires khmères, stupas effilés cinghalais, toitures incurvées chinoises, structures cubiques môn, retenant aussi du royaume disparu de Dvâravatî ses constructions en brique, ses niches en stuc et ses figures de terre cuite. Selon les Thaïlandais d'aujourd'hui, c'est la flèche en bouton de lotus qui représente l'apport le plus original des constructeurs de Sukhothai.

- ***Période d'Ayutthaya (1350-1767) :*** en 1350, un prince d'U-Thong fonde Ayutthaya, qui devient la capitale du royaume jusqu'en 1767 (date à laquelle les Birmans la détruisent). L'art à cette période juxtapose les influences les plus diverses. Mais la principale est l'influence khmère, qui prendra toute son ampleur avec la reprise, par les souverains, du *devaraja* (roi-dieu), le roi devenant objet de vénération. Le *prasat* khmer (tour-sanctuaire) devient le *prang* avec une forme en épi de maïs. Le royaume se porte bien et la splendeur ainsi que la dimension des temples sont le témoignage de sa puissance. Les statues du Bouddha se parent de bijoux et deviennent colossales.
- ***D'Ayutthaya à Bangkok :*** en 1767, les Birmans détruisent Ayutthaya, et Rāma Ier fonde en 1782 une nouvelle capitale, Bangkok. Le style architectural de la nouvelle capitale est, pour la majeure partie, l'héritage de l'ancien royaume. Temples et palais entourés par des jardins d'influence chinoise (une grosse communauté de Chinois vit à Bangkok) sont construits avec des matériaux plus légers. Les temples possèdent d'élégantes toitures recourbées, juxtaposées en gradins et recouvertes de tuiles vernissées (influence chinoise). Des peintures murales et des panneaux de laque en garnissent l'intérieur.

Le Wat Phra Kaeo (Bangkok), temple du bouddha en pierre précieuse, est l'exemple type de ce style d'architecture.

La sculpture en Thaïlande

Presque jusqu'à nos jours, l'inspiration de la sculpture en Thaïlande est demeurée, pour l'essentiel, religieuse. Qu'il s'agisse du Bouddha, principale source d'inspiration, d'animaux réels ou mythiques, de décors... tout a sa place et son rôle dans la cosmogonie. Et les sculptures sont d'une grâce infinie.

- ***Les yaksha :*** d'origine hindoue, adoptés par le bouddhisme, on les retrouve sous leur aspect terrifiant dans les enceintes des temples (qu'ils protègent !), parés comme d'antiques guerriers, les crocs acérés, les vêtements incrustés d'or, d'émail et de verre coloré.
- ***Représentations du Bouddha :*** sous les différentes influences (môn, khmère, lanna...), un art local semble s'être forgé. En effet, dès le VIIe s, l'art dvâravatî présente la structure d'un art bouddhique. Les différents apports qui viendront s'y greffer par la suite n'étoufferont jamais cette originalité ni cette continuité, qui sont les traits essentiels de l'imagerie bouddhique thaïlandaise. Ces « innovations » doivent tout de même respecter une iconographie stricte, venant du sud de l'Inde. L'apparence du Bouddha est déterminée par les *lakshana* (marques et signes) qui définissent « l'Homme Éminent ». Il en existe 32 principales, complétées par 80 secondaires. Manifestées dès la naissance, les *lakshana* sont le résultat des différents mérites acquis au cours des existences antérieures. On ne trouve la totalité de ces « marques » que chez l'être appelé à devenir un souverain, maître de l'univers, ou, s'il renonce au monde, un bouddha.

Parmi les 32 marques principales, certaines ne concernent que des qualités psychiques intraduisibles (voix du lion, finesse du goût...). D'autres, inspirées de préoccupations magico-religieuses, sont des signes qui dotent le Bouddha d'une apparence hors du commun (une tête à protubérance, la rotondité d'un banian...).
- ***Gestes et attitudes :*** le Bouddha peut être figuré dans 4 postures, assis, debout, marchant et couché (c'est dans ces positions qu'il est apparu à Srâvastî). Les statues en attitude de marche sont la grande innovation de l'école de Sukhothai (XIIIe-XVe s) et restent parmi les réalisations les plus originales de la sculpture thaïlandaise.

Les gestes n'ont pas en Thaïlande la même signification qu'en Inde, où la conception Mahāyāna (du Grand Véhicule) donne à chaque *mudrā* (geste des mains et des doigts symbolisant un aspect de la vie ou des enseignements du Bouddha) la marque d'un *jina* (vainqueur), moyen qui permet de différencier les bouddhas qui, par essence, sont tous semblables. Vous suivez toujours ?

Dans le bouddhisme Theravāda, et spécialement dans l'iconographie thaïlandaise, le terme de *mudrā* n'est pas employé. Mais nous garderons cette appellation par souci de simplification.
- ***Les Jātaka :*** ce ne sont pas à proprement parler des sculptures. Il s'agit d'épisodes illustrés des nombreuses vies antérieures du Bouddha (on en compte 547). Ils peuvent être représentés sous forme de fresques, de panneaux sculptés, de linteaux, de chapiteaux... chaque image racontant un épisode. Ces *Jātaka* ornent de nombreux temples, formant alors comme des frises.
- ***La sculpture du fruit :*** véritable art de la minutie, cette étonnante discipline fait partie intégrante du patrimoine thaïlandais et est enseignée dans les écoles d'art au même titre que la peinture ou la sculpture sur pierre. Souvent l'objet de véritables compétitions, ces œuvres aussi sublimes que délicieuses font des offrandes de choix dans les temples et lors des cérémonies comme les mariages ou les anniversaires. Des chouettes jaillissant du ventre d'un melon d'eau, de complexes mandala creusés dans une pastèque ou des bouquets de rose en papaye, sculpter le fruit est une tradition ancienne qui perdure au Pays du Sourire et fait sa fierté.

La musique en Thaïlande

Véritable institution, la musique thaïlandaise puise ses inspirations et ses influences où elle le désire, de la musique occidentale aux antiques civilisations indochinoises. 5 genres en particulier se détachent, autour desquels s'articule la musique folklorique : le *mor lam,* le *kantrum,* le *luk thung,* le *saw* et le *muay thai.* Chaque style a son répertoire et ses instruments ! Par exemple pour le *mor lam,* originaire de l'Isan (nord-est), les instruments traditionnels sont le *khène* (orgue à bouche), le *nimp* (luth), les *chings* (clochettes) et la flûte de pan (ça, vous connaissez). Néanmoins, la plupart des musiciens aujourd'hui leur préfèrent des variantes électriques. Le *luk thung,* lui, genre de country thaïlandais, s'est développé dans les années 1920 pour dénoncer les conditions de vie dans les zones rurales. On lui trouve des influences latino-américaines et asiatiques.

C'est seulement à partir des années 1930 que la musique européenne se fait son public. Le jazz cartonne, encouragé par le roi Rāma IX, lui-même musicien et compositeur. Il faut attendre les années 1960 pour que le rock occidental et la pop se répandent avec des célébrités comme Jennifer Kim, Bodyslam ou Calories Blah blah.

En 1970, un nouveau genre opère un bouleversement : la musique engagée (« *pleng phua cheewit* »). Elle gagne si bien du terrain que la plupart des activistes se voient contraints de fuir dans les montagnes pour échapper à la répression. Le groupe le plus populaire de cette période est le célébrissime *Carabao,* formé en 1976 par Aed et Keo qui se sont rencontrés pendant leurs études aux

• *Époque de Dvâravatî (VIe-XIe siècle)*

Le Bouddha possède des traits accusés, un visage large et carré, un nez aplati et des lèvres épaisses. Ses yeux sont dirigés vers le bas, donnant un regard à la fois intérieur et bienveillant pour le fidèle qui prie à ses pieds. On le trouve au centre de la Thaïlande et dans le sud de la Birmanie. Représentation dans les musées de Nakhon Pathon, Ratchaburi, Khon Kaen et Lamphun.

• *École de Lopburi (XIe-XIIIe siècle)*

Il s'agit de l'image même du Bouddha khmer. Son visage est carré, ses sourcils rectilignes, sa bouche large. Un bandeau démarque le front des cheveux et une protubérance en coiffe le sommet, symbole de l'Illumination. On le retrouve dans tout le centre et le nord-est de la Thaïlande. Le Bouddha protégé par un capuchon à sept têtes est aussi l'une des innovations du culte khmer du roi-dieu (Devaraja).

• *Époque du royaume du Lan Na (XIe-XVIIe siècle)*

Région de Chiang Saen et Chiang Mai. Le Bouddha de cette époque est caractéristique. On le reconnaît aisément avec son corps opulent, son visage rond, ses petits yeux et sa petite bouche. Il porte de grandes boucles sur le sommet du crâne, couronnées d'un bouton de lotus. Les statues sont généralement en cristal ou en pierre semi-précieuse.

• *Période d'U-Thong (XIIe-XVe siècle)*

Au centre de la Thaïlande, l'influence khmère de cette époque est très forte. Les représentations du Bouddha se font sur le même modèle. La seule originalité se trouve dans le fin soulignement des yeux et de la bouche, qui peuvent faire penser à une fine moustache.

• *Période de Sukhothai (XIIIe-XVe siècle)*

Époque où l'image de Bouddha est la plus caractéristique de l'art thaïlandais. Les statues deviennent plus élancées, l'ovale du visage parfait, le nez long et aquilin, les sourcils arqués, les paupières lourdes et la chevelure pleine de fines bouclettes. Le crâne est surmonté d'une longue flamme *(ushnîsha)*, symbole de force spirituelle. L'autre innovation de cette période est celle du Bouddha marchant, première représentation du Bouddha en mouvement.

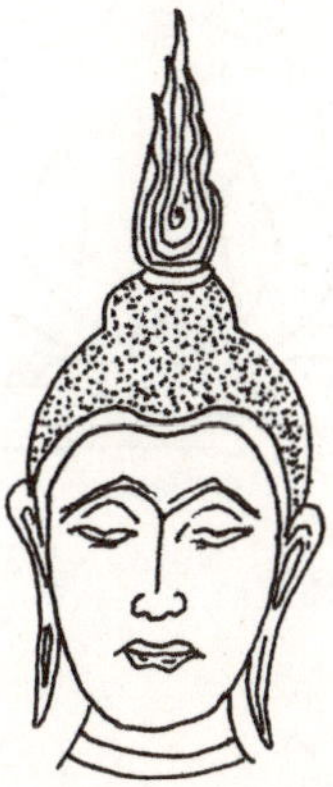

• *Période d'Ayutthaya (1350-1767)*

Durant la période d'Ayutthaya, au centre de la Thaïlande, les statues du Bouddha reprennent les influences des diverses écoles. On retrouve les courbes de l'école de Sukhothai, les yeux de l'époque dvâravatî, les parures des dieux khmers avec la reprise du culte du roi-dieu. Les statues du Bouddha sont alors parées de bijoux et deviennent colossales.

- ***Bhumisparsa* ou « *Geste de la prise de la terre à témoin* »**

Position assise, la main droite touche le sol, tandis que la gauche repose sur les jambes, paume tournée vers le ciel. Ce geste représente l'Éveil du Bouddha. Il tient une très grande place dans l'imagerie thaïlandaise, car il est le symbole de la victoire sur Mâra (la mort, le démon, le grand dieu des Désirs). Mâra tenta d'interrompre la méditation du Bouddha, en lui présentant toutes les distractions possibles. Le Bouddha, en réponse, toucha la terre, faisant appel à la nature pour témoigner de sa résolution. Ce geste apparaît pour les Thaïlandais comme l'illustration du plus grand des miracles et représente le sommet de la vie de Bouddha.

- ***Dhyana* ou « *Attitude de méditation* »**

Les deux mains reposent l'une sur l'autre, paumes vers le ciel, la main droite sur la main gauche. Les jambes sont pliées en tailleur, dans la position du lotus.

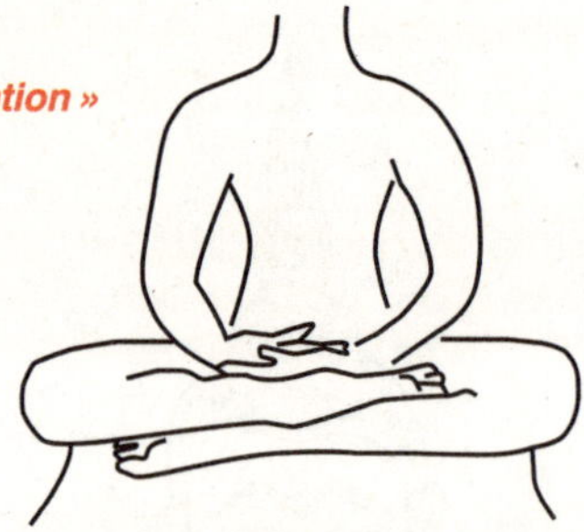

- ***Vitarka* ou « *Geste de l'argumentation* »**

Position debout ou assise, le bras droit est levé, main à demi ouverte pour que le pouce et l'index se joignent et forment un cercle (la roue, symbole de l'enseignement). Peut être fait de la main droite ou gauche.

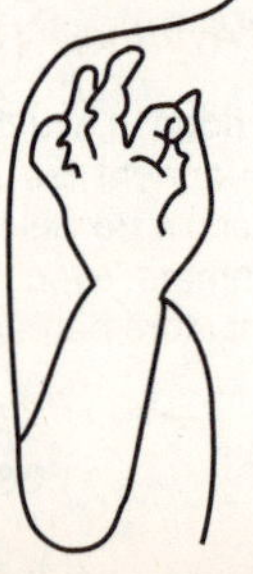

Dharmachakra

Les deux mains sont levées, paumes face à face, pouce et index se joignant pour former un cercle. Geste de tourner la roue de Dharma, qui rappelle le premier sermon de l'enseignement de Bouddha.

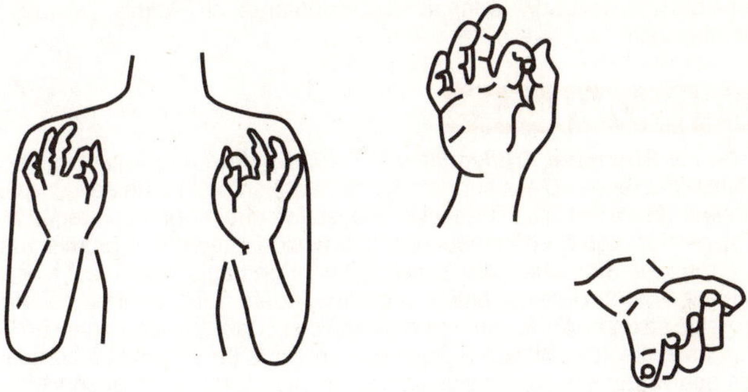

Varada ou « Geste du don »

Assis ou debout, main droite ouverte et offerte, bras allongés, ce geste est celui du don, de la charité, des faveurs répandues.

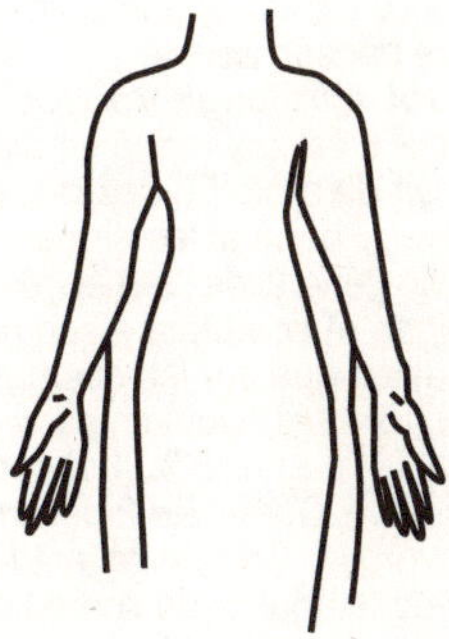

Abhaya ou « Apaisant les querelles »

Position debout ou en marche, une ou deux mains levées, paume en avant. C'est le geste de l'absence de crainte et de l'apaisement.

Philippines. Melting-pot de genre, le groupe gagne des étiquettes telles que « rockeurs ethniques » ou « Rolling Stones de l'Asie ». Leurs chansons s'attaquent le plus souvent à des questions sociales et politiques. Nombre de leurs titres (en général 1 ou 2 sur la majorité des albums au milieu des années 1990) ont été interdits par le gouvernement et le groupe apparaît rarement à la télévision et sur les stations radios de ce dernier.

Néanmoins, le genre connait une popularité croissante jusqu'à la fin des années 1990.

PERSONNAGES

– ***Le roi Bhumibol Adulyadej*** *(1927-2016)* **:** doté d'une aura quasi mystique, Rāma IX a régné 70 ans sur un pays pourtant en proie à de sérieuses crises politiques. Un exploit qui fait de lui le souverain contemporain au règne le plus long. Est-ce parce qu'il a hérité du trône par accident (son frère promis au trône avait été retrouvé mort une balle dans la tête) ? Son hagiographie est éloquente : bon menuisier, bon père de famille, musicien, poète à ses heures, peintre et photographe, saxophoniste, agronome de génie et surtout... richissime ! En 2012, Challenges estimait sa fortune à plus de 21 milliards de dollars ! Sa compassion pour les petites gens n'avait pas de limite, pas plus que n'en avait son sens inné de la politique et de la diplomatie. Et quand bien même il contrôlait des pans entiers de l'industrie et possédait une copieuse partie de l'immobilier à Bangkok, le peuple retiendra de lui l'image d'un roi humble et généreux. Il était et est toujours très vénéré par son peuple.

– ***Le roi Ajiralongkorn*** *(1952)* **:** succédant à son père le 1er décembre 2016, Rāma X a été couronné en mai 2019. Unique fils et aîné de la famille, le trône lui revenait de droit. Études militaires (Angleterre puis Australie), pilote de chasse et d'hélico, il combat les Khmers rouges à la frontière cambodgienne et est élevé au rang de général de l'armée royale. Si son parcours universitaire et militaire s'avère rectiligne et conforme à son rang, sa réputation s'écrit plus dans les rubriques à scandales que sur les champs de bataille. De son 1er mariage naît une fille (née en 1978), mais il aura en parallèle de cette union 5 autres enfants avec une actrice (entre 1979 et 1987). Il divorce finalement de sa 1re femme... pour épouser sa concubine. Durant les 2 décennies suivantes rebelote : 3 autres femmes et autant de divorces. Ce que retient le peuple, qui compare l'attitude instable du futur roi avec la rigueur de son père, c'est sa légèreté et son désintérêt pour la chose politique (certains disent envers son peuple). À la mort de Rāma IX en 2016, vient l'heure des choix. Avant de reprendre le trône, à la surprise générale, il demande un délai de réflexion. 2 fois reculé, son couronnement se déroulera finalement le 4 mai 2019. En juillet 2019 il épouse sa 5e femme, pour mieux la répudier... en octobre de la même année.

– ***Bundit Ungrangsee* :** ce chef d'orchestre né en 1970, honoré par Lorin Maazel lui-même, a fait ses classes au New York Philharmonic Orchestra, jonglant entre les musiques traditionnelles thaïes et les classiques occidentaux. Du grand art !

– ***Saneh Sangsuk* :** écrivain publié au Seuil, en France, considéré comme le « Joyce thaï »... rien que ça ! *L'Ombre blanche, Venin* ou *Une histoire vieille comme la pluie* vous feront découvrir une Thaïlande loin des clichés sur papier glacé du Sud thaïlandais.

– ***Bamrung Kayotha* :** j'ai une moustache bien fournie, je suis chef de file des paysans thaïs, je boycotte les champs d'OGM près de la frontière birmane ; qui suis-je ? Mais le José Bové thaïlandais, pardi !

– ***Tony Jaa* :** la star du *muay thai* (boxe thaïe) au cinéma, né à Surin en 1976, vu dans *Ong Bak I, II* et *III, L'Honneur du dragon* et *Fast and Furious 7.*

– ***Apichatpong Weerasethakul* :** cinéaste dit « expérimental », né en 1970 à Bangkok, il s'inspire des surréalistes et apprécie le travail de Marcel Duchamp. Il est l'auteur de longs-métrages d'un esthétisme et d'un mystère indéniables, parmi lesquels 3 furent présentés à Cannes. En 2010, il a obtenu la Palme d'or à Cannes pour *Oncle Boonmee, celui qui se souvient de ses vies antérieures.*

– ***Chaleo Yoovidhya :*** ce milliardaire, disparu en 2012, fit fortune en créant la « recette » de la boisson énergisante *Red Bull.* Comme son nom le suggère, cette boisson contient de la taurine. En fait, elle fut élaborée à partir d'une boisson déjà existante dans le pays, le *Krating Daeng,* à base de taurine et de caféine, consommée depuis longtemps par de nombreux chauffeurs routiers pour rester éveillés... C'est toujours largement le cas aujourd'hui. Ce qui n'est pas forcément très rassurant.

– ***Thaksin Shinawatra :*** né en 1949 à Chiang Mai, cet ancien officier de police crée, à la fin des années 1980, la société *Shin Corp,* avec laquelle il fait fortune dans la téléphonie mobile et les télécommunications. Il se lance ensuite en politique et devient 1er ministre en 2001, bâtissant sa victoire, puis sa popularité, sur des programmes sociaux (salaire minimal, sécurité sociale...). Beaucoup moins apprécié des élites traditionnelles et de l'armée, il profite également du pouvoir pour accroître confortablement sa fortune personnelle. La valeur de son entreprise quadruple durant cette période, et *Shin Corp* ne paie jamais d'impôts... Il est finalement renversé par un coup d'État militaire en 2006. Depuis, il vit en exil à Dubai mais reste au centre de l'agenda politique thaï.

– ***Yingluck Shinawatra :*** née en 1967 dans une famille de politiciens, la sœur de l'ancien 1er ministre Thaksin a d'abord étudié les sciences politiques à Chiang Mai puis l'administration publique aux États-Unis. C'est pourtant sans expérience politique réelle que cette femme d'affaires a été choisie comme candidate du parti d'opposition *Pheu Thai* (« Pour les Thaïs ») aux élections législatives de 2011, avant d'être nommée 1re ministre. Surnommée Pu (« le crabe »), elle doit sa notoriété fulgurante à son frère (lire plus haut), mais aussi à ses mesures et promesses : hausse du salaire minimal, promesse de prospérité économique pour tous, utilisation gratuite de tablettes électroniques dans les écoles... Elle a été destituée par l'armée en 2014 et interdite de vie politique pendant 5 ans en 2015 par les nouvelles autorités du pays.

– ***La Reine-mère Sirikit :*** née en 1932 dans la maison de son grand-père maternel, la future reine de Thaïlande suit durant sa jeunesse le parcours diplomatique de son père aux 4 coins de l'Europe. Elle épouse en 1950 Rāma IX à Bangkok et lui donne 4 enfants dont 3 filles, ce qui entraînera une modification de la loi de succession qui s'ouvre alors à la gente féminine. 2de reine de la dynastie Chakri, elle remplace le roi pris par ses obligations monacales entre octobre et novembre 1956, approfondissant sa connaissance de l'étiquette. Plusieurs fois décorée pour ses engagements pour les femmes, les démunis et l'environnement, elle préside également la Croix-Rouge, s'assurant ainsi l'estime de son peuple. Adulée pour sa dévotion, le gouvernement modifie dans les années 1980 la date nationale de la fête des mères pour la faire coïncider avec celle de son anniversaire : le 12 août.

– ***La princesse Maha Chakri-Sirindhorn :*** née en 1955, elle est la 2de fille et 3e enfant de Rāma IX et de la reine Sirikit. Érudite et pleinement engagée dans l'amélioration du bien-être du peuple thaïlandais, elle est couramment surnommée par celui-ci « la princesse ange », faisant d'elle la personnalité la plus aimée parmi les 4 enfants de la famille royale. Polyglotte et musicienne accomplie, elle travaille également à la promotion de la culture et de l'éducation supérieure en Thaïlande, ainsi qu'à la protection de l'environnement. Sa fondation, établie en 1979, soutient les étudiants défavorisés dans toutes les strates du système scolaire.

PROSTITUTION

Commençons par mettre fin au fantasme. Si la sexualité est sans doute vécue différemment en Asie et en Occident, les racines de la prostitution en Thaïlande ne sont pas à rechercher dans une supposée culture orientale qui serait lascive par nature. La prostitution thaïe est une industrie, née de l'histoire récente. Il suffit de se pencher sur les chiffres. En 1957, on estimait que le pays comptait 20 000 prostituées. Dans les années 1960, ce nombre explosait, passant à 400 000. Que s'est-il passé entre-temps ? Le déclenchement de la guerre du Vietnam.

De la guerre du Vietnam au tourisme sexuel

Durant le conflit, pour envoyer ses hommes de troupe se détendre loin des horreurs de la guerre, l'armée américaine crée dans tout le Sud-Est asiatique, et en particulier en Thaïlande, les *Rest & Recreation sites,* qui font office d'immenses bordels. On y envoie les GIs en permission, le transport étant payé par l'armée. En Thaïlande, c'est une société locale financée par une banque américaine qui se charge d'organiser l'industrie du repos du guerrier. Les GIs sont pris en charge dès la descente de l'avion et emmenés dans des hôtels réquisitionnés pour leur usage exclusif. Les femmes les attendent, affublées d'un numéro. Entre 1962 et 1976, 700 000 militaires américains passent par ces bordels. Profitant de cette manne, les élites locales s'enrichissent, mais la guerre n'a qu'un temps. Les GIs partis, il faut se recycler. On passe alors du bordel militaire au tourisme sexuel.
Les capitaux en provenance d'Occident, les organisations criminelles et la corruption généralisée des autorités entraînent la création d'une véritable industrie du sexe prompte à satisfaire tous les types de clientèle, avec ses réseaux et ses zones de recrutement – l'arrière-pays et les campagnes –, ses supermarchés du sexe, ses agences de promotion... En Thaïlande, on dénombre dans les années 1970-1980 plus de 2 millions de femmes et 800 000 enfants se prostituant. « Se prostituant » est en fait inexact : si ce commerce est organisé comme n'importe quel business, l'esclavage au profit d'un proxénète ou d'une société commerciale est à cent lieues de la libre vente de sa force de travail. Certes, certaines filles, plutôt que de s'échiner à repiquer des plants dans les rizières, « choisissent », avec l'assentiment des parents, d'aller vivre de leurs charmes à Bangkok, afin de nourrir leur famille. Leur nom en thaï est *phouyng ha kin,* qui signifie littéralement « celles qui cherchent à manger ». Mais, bien souvent, elles sont tout simplement vendues pour devenir serveuses, et se retrouvent vite à faire des passes, contraintes et forcées.
Ce phénomène est aussi révélateur de la façon discriminatoire dont les femmes sont traitées en Thaïlande. La main-d'œuvre féminine est sous-payée par rapport aux hommes – ce sont d'ailleurs souvent les femmes que l'on voit trimer sur les chantiers. La violence domestique, peu punie, constitue également un problème important. Un homme marié n'est pratiquement jamais poursuivi par la justice en cas de viol conjugal car, dans ce domaine, les lois font défaut, et le risque encouru par le violeur est minime.

L'apparition du sida

Les années 1970 et 1980 connaissent une explosion de la prostitution, poussant à bout la logique du sordide. Puis les années sida font des ravages, les rangs des prostituées s'éclaircissent vite. Face aux actions de nombreuses associations internationales et au risque de voir le pays boudé par les touristes, les autorités thaïlandaises commencent à se sentir concernées, moins pour des questions évidentes de morale et de dignité humaine que pour des raisons purement économiques. Quoi qu'il en soit, les prostituées sont aujourd'hui moins nombreuses et, parmi elles, la séropositivité a elle aussi diminué, essentiellement grâce à l'usage des préservatifs, même si les mesures du gouvernement sont restées bien timides, avec la distribution gratuite aux prostituées de 16 préservatifs... par an ! Par ailleurs, on note que, si la Thaïlande est l'un des 1ers producteurs de latex du monde, elle n'autorise pas les distributeurs de capotes dans les universités et rechigne à adopter une politique des préservatifs à bas prix. Ils restent chers et ne sont pas à la portée de toutes les bourses (!), notamment chez les jeunes.

Le fléau de la pédophilie

Puis vint le scandale de la pédophilie. Énorme, international, il ternit à nouveau l'image du pays. La prostitution, c'est une chose, mais voir des gamin(e)s de 10 ou 12 ans vendu(e)s aux pédophiles venus du monde entier en quête d'objets sexuels « vierges », donc non contaminés, est une tout autre affaire. Face au scandale et à la colère des Thaïlandais eux-mêmes, le gouvernement a pris des mesures énergiques, et ce commerce ignoble a considérablement diminué : répression judiciaire, fermeture de bordels, contrôle des « employé(e)s » et vote par le Parlement du *Child Prostitution and Prevent Act.* Aujourd'hui, la *TAT (Tourism Authority of Thailand)* condamne l'exploitation sexuelle des enfants, les « clients » sont passibles de 4 à 20 ans de prison si les prostitué(e)s ont entre 13 et 15 ans, et de prison à perpétuité si l'enfant a moins de 13 ans.

De son côté, l'Unicef entreprend de nombreuses actions de lutte contre la pédophilie, relayée par la justice française, qui travaille en étroite collaboration avec les juridictions d'autres pays. Depuis 1994, la France s'est dotée de lois permettant de condamner pour abus sexuel des personnes qui se croyaient dégagées de toute responsabilité puisqu'elles étaient sur un sol étranger. On a ainsi vu se tenir 2 procès, jugeant, en France, des actes innommables commis par des Français sur le sol thaïlandais. Une autre loi, adoptée en 1998 par le Congrès mondial sur l'exploitation sexuelle des enfants, est encore plus sévère. Désormais, tout abus sexuel exercé à l'étranger sur un mineur de moins de 15 ans est passible d'une peine de 10 ans de prison et d'une amende s'élevant à plusieurs centaines de milliers d'euros. Les associations peuvent aussi se porter partie civile. C'est dans ce cadre que l'Unicef a pu mener ses campagnes de lutte en aidant des victimes thaïlandaises à venir témoigner en France. C'est là une grande avancée juridique pour combattre les abus sexuels.

Psychologie et ambiguïté du tourisme sexuel

Lorsqu'on parcourt les zones où la prostitution est très présente, on ne peut que remarquer ces couples apparemment mal assortis de jeunes filles thaïes se promenant main dans la main avec leur « amoureux » occidental du moment, de 30, 40, 50 ans plus âgé qu'elles. Il ne s'agit pas ici de donner des leçons de morale (tant qu'il n'y a là que des rapports consentis entre individus majeurs) à certains de nos lecteurs qui ne voient dans cette prostitution (comme Michel Houellebecq dans *Plateforme*) qu'« un rapport Nord-Sud marchand idéal entre sexualité et pouvoir d'achat ». Cependant, la théorie sur le tourisme sexuel, qui considère que seules les femmes asiatiques savent donner du plaisir, voire de l'amour, car « ignorantes des tabous imposés par les religions monothéistes », n'est qu'une imposture qu'on brandit pour justifier son passage au bordel. Européenne ou asiatique, une femme est une femme, et le sexe tarifé reste du sexe tarifé.

RELIGIONS ET CROYANCES

Pour les visages et les gestes du Bouddha, se reporter aux dessins de la rubrique « Patrimoine culturel », ci-avant.

Environ 94 % de la population est bouddhiste, moins de 5 % musulmane – surtout dans le sud du pays –, 1 % chrétienne et 0,5 % animiste. Le bouddhisme occupe une place centrale dans la vie sociale et politique thaïlandaise.

La vie du Bouddha

Le prince Siddhārta Gautama (dit le Sage, l'Éveillé, le Bouddha) n'est ni un prophète ni un envoyé d'un quelconque dieu. Il naquit au Népal au VIe s av. J.-C., mena une vie d'ascète et fut d'abord bodhisattva, c'est-à-dire futur bouddha. Il tint tête à Mâra, le démon, assis 4 jours sous un figuier, les jambes croisées dans la fameuse position que nous connaissons. Il atteignit ainsi l'Éveil et réussit à se libérer de toute souffrance. Dès lors, il parcourut le continent asiatique, enseignant la loi du Karma, loi universelle selon laquelle toute action, bonne ou mauvaise, est punie ou récompensée dans la réincarnation de l'âme.

LOTUS ET BOUCHE COUSUE

Le lotus est emblématique du Bouddha, souvent représenté assis sur une fleur de lotus. C'est la seule plante aquatique dont la fleur, superbe, s'élève avec légèreté au-dessus de l'eau (contrairement au nénuphar par exemple) grâce à sa longue tige. Elle puise sa substance vitale dans la boue – qui représente la souffrance et le vice – pour ensuite s'épanouir au-dessus de l'eau, comme l'âme doit pouvoir se détacher des turpitudes quotidiennes.

Le bouddhisme s'inscrit dans un mouvement de réaction au brahmanisme, notamment en s'opposant au système des castes. Il s'appuie par ailleurs sur une démarche strictement individuelle, une voie de libération.

La doctrine

Les Quatre nobles vérités éclairent bien la « mécanique bouddhique » :
- l'attachement conduit à la souffrance ;
- l'origine de l'attachement est dans les passions ;
- pour se libérer de la souffrance, il faut maîtriser les passions ;
- pour maîtriser les passions, il faut suivre une discipline.

Pas facile tout ça, mais le Bouddha a été assez précis, pragmatique même, sur la façon de procéder : le bouddhiste doit parcourir successivement les 8 nobles entraînements présentés dans l'Octuple Noble Sentier, seule façon d'éviter de se voir renaître en rat ou en grenouille.

Pour ceux qui voudraient essayer, voici les principales clés : la compréhension, la pensée, la parole, l'action, l'effort et l'attention justes. Puis la pratique de la méditation.

Attention, le nirvana n'est pas notre paradis, mais plutôt le moment où l'homme se détache de ses passions, et la fin du cycle des renaissances (Samsāra). En bref, le bouddhisme est une voie du bonheur spirituel, et ça se voit !

Si on connaît bien les sujets éthiques, spirituels et philosophiques de cet enseignement, l'Occident sait en revanche, fort peu de choses sur les textes liés à la politique ! Pourtant, ils existent bel et bien et de nombreux discours traitent de l'économie, de la justice, des conditions populaires, des revenus et capitaux ainsi que de certains commerces jugés « nuisibles » (la fabrication et le commerce des armes en faisaient partie).

Les bouddhismes Theravāda et Mahāyāna

La doctrine du Bouddha n'existant pas sous forme écrite, les textes sacrés devaient être appris par cœur à la suite des récits faits par Ananda, le cousin du Bouddha, lors du 1er concile bouddhique. Ils furent codifiés vers l'an 100 de notre ère par les moines de Ceylan. Ce canon bouddhique est la base du bouddhisme Theravāda.

Le bouddhisme Theravāda ou « Petit Véhicule » (du Sud)

Confiné d'abord dans l'île de Ceylan où il est né, il s'est ensuite répandu en Birmanie (en 1044), puis en Thaïlande et au Cambodge. C'est la doctrine la plus ancienne. Les adeptes utilisent le pali comme langue sacrée (celle de Gautama,

le prince Siddhārta) et suivent un enseignement légèrement différent des paroles du Bouddha. Le Theravāda ne reconnaît aucun dieu créateur. C'est une doctrine non théiste qui ne nécessite pas la présence d'intermédiaire, comme un prêtre ou un brahmane. L'homme peut parvenir seul à l'état de nirvana. Pour cela, il n'a pas à transformer son environnement. La libération du désir, cause de toutes ses souffrances, s'obtiendra par des actes individuels, la discipline (mais non l'ascétisme, jugé inutile et dangereux !) et la méditation.
De plus, le fidèle ne pense pas que le bouddhisme Theravāda puisse expliquer tous les mystères de la nature. Ce genre de fatalisme a bien profité à certains régimes, comme celui de la junte militaire au Myanmar, par exemple.
Pour un adepte du Theravāda la méditation et l'abstinence demeurent la voie royale de la Libération.

LE TEMPLE DE LA DISCORDE

Entre 2008 et 2011, Thaïlande et Cambodge se sont déchirés autour de la question du temple – inscrit au Patrimoine mondial de l'Unesco – de Preah Vihear *(au nord-est de la Thaïlande), qui dépend du Cambodge sur le papier et d'après la Cour internationale de justice (CIJ), mais dont la Thaïlande contrôle la majorité des accès. Le Cambodge accusait ainsi la Thaïlande d'avoir envahi son territoire. Après affrontements et morts, un accord a été signé en 2011, prévoyant le retrait des troupes stationnées de part et d'autre de la frontière. Finalement, le temple était bien cambodgien.*

Le bouddhisme Mahāyāna ou « Grand Véhicule » (du Nord)

La 2e branche du bouddhisme s'est propagée en Chine, au Tibet, en Mongolie, en Corée et au Japon, sans oublier le Vietnam et l'Indonésie (le temple de Borobudur en est un bon exemple). Les pratiquants utilisent le sanscrit comme langue sacrée. Au contraire du Theravāda, le bouddhisme Mahāyāna cherche à transformer le monde non par l'abstention mais par l'action. Le détachement, le sourire ne sont plus de mise, l'action et la compassion priment. Pour les adeptes du Mahāyāna, il faut aider son prochain à parvenir à la délivrance afin de suivre les paroles du Bouddha : « Délivré, délivre. Arrivé sur l'autre rive, fais-y parvenir les autres. » C'est le bodhisattva, qui, parvenu aux dernières étapes de la sagesse, renonce à « s'éteindre » dans le nirvana pour aider les autres à parvenir à la délivrance. Cette notion est absente dans le Theravāda.

Le bouddhisme thaïlandais

Proportionnellement, il doit y avoir plus de temples en Thaïlande que d'églises à Rome. C'est dire comme le bouddhisme est présent dans la vie quotidienne des Thaïlandais, même si on observe chez les jeunes urbains une relative désaffection pour la religion, due à la fois au développement de la société de consommation et aux dérives de certains membres du clergé (cas d'enrichissement personnel notamment, dérive pédophile chez quelques-uns...). Il n'est effectivement pas rare de voir un moine dégainer de sa besace le dernier smartphone en vogue ; on en a même vu frimer au volant d'une voiture tuning...
Les temples sont des lieux ouverts et conviviaux, où l'on vient pour tout un tas de raisons (mariages, funérailles, fêtes traditionnelles...), mais surtout pour demander des faveurs au Bouddha, absolument divinisé. Les moines, surtout dans les villages, interviennent dans les affaires courantes et sont sollicités pour donner leur avis, un peu comme les curés en Occident, il y a quelques décennies. Outre les images du Bouddha, très vénérées, les Thaïlandais ont aménagé leur bouddhisme en y incluant des traditions hindouistes et animistes, où démons, esprits et superstition se mêlent.

Les Thaïlandais, bouddhistes à 94 %, doivent mener, au moins une fois au cours de leur existence et pour une période variable, une vie de moine en revêtant la robe safran. Certains travaillent bénévolement à la construction ou à la réfection des temples. Tous apportent aux statues du Bouddha de nombreuses offrandes et subviennent aux besoins quotidiens des moines.

Les nonnes

Le monastère des nonnes bouddhistes ressemble à celui des hommes, sauf que les bâtiments communautaires comme le *sala* et le *bot* y sont généralement plus petits. Le public n'y est pas admis.
En Thaïlande, les nonnes sont vêtues de blanc. Elles ne sont que des novices *(mèchis)*, le resteront toute leur vie et ne jouiront jamais du prestige des moines. La faute en revient au Bouddha, qui ne voulait pas fonder d'ordre féminin, malgré les demandes incessantes des femmes. Il finit par céder aux instances de sa tante, mais édicta 8 règles très sévères et les plaça sous la dépendance des moines. Comme pour se nourrir par exemple, puisqu'elles ne doivent pas sortir de leur monastère pour quêter. Ce sont donc les moines qui partagent avec elles la nourriture qui leur a été donnée. Ceci explique que les monastères des femmes soient toujours jumelés avec ceux des hommes. Pour résumer, comme dans la plupart des religions, les femmes sont considérées comme impures...
Cependant, on voit apparaître une communauté grandissante de « bhikkhunis », des femmes moines ! C'est en 2003 qu'une enseignante en religion et philosophie lance le mouvement en se faisant consacrer au Sri Lanka, puisqu'en Thaïlande la loi interdit l'ordination des femmes. À l'heure actuelle, on compte une centaine de ces femmes en Thaïlande. Elles ne sont toutefois pas reconnues légalement comme religieuses, ni par les autorités étatiques, ni par la hiérarchie religieuse (la *sangha*). Elles ne peuvent donc pas établir de véritables *wats* ; uniquement des centres de méditation sous l'égide d'une fondation. Aucun soutien financier ne leur est accordé. Néanmoins, le rôle social qu'elle joue n'est pas négligeable car selon la discipline bouddhique, un moine ne peut pas conseiller et guider une femme laïque pour toute une série de questions relatives aux problèmes de couple, d'enfant, ou de problèmes liés à la féminité. C'est là qu'interviennent les *bhikkhunis.*

MISOGYNES, LES BOUDDHISTES ?

Pour avancer dans l'échelle des réincarnations, les femmes devront d'abord se réincarner en... homme ! Elles ne sont pas autorisées à toucher les bouddhas sacrés, notamment pour aller coller les petits carrés d'or. En général, les espaces interdits aux femmes sont indiqués par des rangées de pots de fleurs. Si vous transgressez, mesdames, un espace réservé, on vous le fera vite comprendre d'un regard réprobateur !

Le temple bouddhique

Le temple bouddhique thaïlandais, le *wat,* regroupe un ensemble de bâtiments religieux, souvent d'époques et/ou de styles variés. Centre de la vie socioculturelle, le *wat* remplit de nombreuses fonctions : lieu de culte, d'enseignement, de réunion, d'échanges...

Le bot

Sanctuaire principal du *wat,* le *bot* (ou *ubosot*) est une salle rectangulaire à nef unique avec des bas-côtés. Consacrée à la psalmodie des textes sacrés et aux ordinations monastiques, elle est délimitée par 8 bornes *(bais simâs),* plus ou moins hautes et ouvragées selon l'importance du *wat,* que personne ne doit dépasser lors d'une cérémonie. Considéré comme sacré, ce périmètre est soustrait à toute juridiction laïque.

Le vihara

Grande salle où moines et fidèles se rassemblent pour écouter les enseignements. Elle renferme des représentations du Bouddha ainsi que les objets sacrés du temple. La salle est rectangulaire, avec des toits en pente sur plusieurs niveaux, aux extrémités décorées de *chofa* (« pointe du toit »). Dans certains temples, on peut voir des sortes de juke-box à prières. On met une pièce et hop, la prière se déclenche. On n'a plus qu'à suivre les paroles.

Le sala

C'est l'un des 1ers bâtiments que l'on rencontre en arrivant dans un monastère : sorte de grand hall dans lequel les moines se réunissent, matin et soir, pour réciter les textes sacrés. Les fidèles y circulent pour leur propre méditation, pour assister aux offices, ou encore pour y écouter des sermons. Mais on peut aussi y prendre ses repas, parler et même dormir ! Au fond trône une grande statue du Bouddha, entourée par de plus petites qui sont des donations de fidèles. Aux extrémités, il y a parfois de drôles de « décorations », différentes selon les donateurs et le message que veut faire passer le supérieur du temple. C'est ainsi que l'on peut y trouver, dans des cages en verre, un authentique squelette humain ou un bocal avec un fœtus d'enfant mort-né. Assez macabres, les Thaïs aiment à rappeler que « tout est éphémère, tout est souffrance » !

Les autres bâtiments

Le *bot,* le *vihara* et le *sala* forment, avec le réfectoire des moines, les bâtiments communautaires principaux. Les moines vivent autour, dans de petites huttes appelées *kutis,* ou dans des bâtiments quand la place vient à manquer. C'est là qu'ils passent le plus clair de leur temps à méditer, recevoir des visiteurs, se reposer.

D'autres bâtiments composent un temple, dont le *chedî,* une tour-reliquaire contenant des reliques du Bouddha, d'un saint homme, ou d'un personnage royal. Le *chedî* est souvent à l'origine de la construction d'un *wat.* Sa forme de dôme, ou de cloche, est surmontée d'un empilement de parasols.

On peut aussi trouver un clocher qui sert à rythmer la journée des moines, des *ho trai* (ou bibliothèques) et un crématorium.

Petit glossaire pour circuler dans un temple

– ***Wat :*** monastère bouddhique regroupant divers édifices religieux.
– ***Prang :*** une tour-sanctuaire carrée, couverte d'une haute toiture composée d'une succession d'étages, caractéristique de l'architecture des périodes d'Ayutthaya et de Bangkok.
– ***Phra chedî ou chedî :*** sorte de monument funéraire, il désigne tous les édifices contenant des reliques. Définit plus spécialement le stupa.
– ***Stupa :*** devenu très tôt le monument par excellence du bouddhisme, il est chargé d'un symbolisme très élaboré. Il s'agit soit d'un édifice contenant des reliques du Bouddha, soit d'un monument commémoratif. Il se compose d'un dôme surmonté d'un empilement de parasols.
– ***Vihara ou viharn :*** de tradition indienne, cette salle abrite des images du Bouddha et sert de salle d'assemblée pour les fidèles.
– ***Mondop :*** inspiré du *mandapa* (en sanskrit) indien, c'est un édifice carré et ouvert, surmonté d'un toit pyramidal, abritant des reliques ou objets sacrés.
– ***Bot ou ubosot :*** salle de réunion des moines, réservée aux seuls religieux et où se pratiquent les ordinations.

– ***Dvârapâla :*** le gardien de la porte. Le gardien à droite de la porte a une expression bienveillante, tandis que celui de gauche a une expression terrible. À la fin de la période d'Ayutthaya, tous prennent l'apparence de *yaksha* au masque terrifiant.
– ***Chofa :*** ornements placés aux extrémités des pignons sur les toitures à double pente, représentant le plus souvent l'oiseau mythique Garuda, véhicule de Vishnou.

Rites et superstitions

Les nâga

Les nâga (serpent en sanskrit) sont des créatures mythiques de l'hindouisme, gardiens des trésors de la nature, esprits des eaux, médiateurs entre ciel et terre. Dans la tradition bouddhique, le nâga protégea le Bouddha des intempéries durant sa 1re longue méditation, en se dressant au-dessus de lui, sa large tête de cobra faisant office de pébroque (ce nâga bouddhique est alors souvent représenté à 7 têtes, ça protège mieux).

Le culte du roi-dieu

Héritage khmer, le culte du roi-dieu *(deveraja)* est encore présent. Le *prasat,* la tour-sanctuaire, perçu comme le centre de l'univers, devait abriter les dieux. Les *prasat* servent à abriter les statues des rois, comme celui du Wat Phra Keo de Bangkok.

Libérer un oiseau

Dans le bouddhisme, une des vertus principales est le respect de la vie sous toutes ses formes. Ce qui peut conduire à des non-sens, comme capturer oiseaux ou poissons dans le but de les vendre aux croyants, qui doivent ensuite les relâcher. N'encouragez pas cette pratique, ces animaux, nés le plus souvent en captivité, échappent certes à leur prison mais meurent rapidement. D'autant qu'en libérer un, c'est en emprisonner un autre (eh oui, pour le remplacer)...

Les danseuses Apsaras

Ces nymphes célestes, danseuses hors pairs, divertissent et séduisent les dieux et les hommes et cherchent souvent par leurs charmes à empêcher les sages d'atteindre l'illumination. Figure des arts de nombreuses cultures d'Asie du Sud et du Sud-Est, la plus célèbre d'entre elles et la seule qui soit nommée est Urvashi. Née de la cuisse d'un des 2 sages (d'où son nom dérivé d'« *uru* », la cuisse) que le roi des dieux Indra voulait perdre pour les empêcher d'obtenir des pouvoirs divins par la méditation, sa beauté surpassait celle de toutes les autres. Elle devint l'épouse d'un roi humain, Pururavas.

Les porte-bonheurs

Dans toutes les pagodes, on assiste à une pratique divinatoire qui n'a pourtant rien de spécifiquement bouddhique. Qu'en penserait le Bouddha ? Il la rangerait sûrement au rang des superstitions, mais celle-ci est sans doute la plus populaire.
Une vingtaine de bâtonnets sont disposés dans une boîte ronde, ouverte. Il faut la prendre dans ses mains et la secouer doucement en la penchant légèrement

> **LADYBOY**
>
> *En Thaïlande, les* kathoey *sont plus facilement acceptés que dans les sociétés occidentales. Il faut dire que chez les bouddhistes, les transsexuels ont la réputation de porter bonheur. Ils sont d'ailleurs nombreux en Thaïlande, et le concours Miss Tiffany récompense tous les ans la plus belle* ladyboy *du pays !*

jusqu'à ce que l'un des bâtonnets tombe. Ce 1er bâtonnet qui tombe porte des inscriptions sibyllines que le moine interprète, contre une offrande bien sûr !
Donnez une petite pièce à une icône représentant un dieu, et vous serez aspergé d'eau bénite. Si l'on veut rester sec, il est possible d'acheter toutes sortes d'amulettes aux moines, touffes de fils jaunes et bleus portant bonheur, petits bracelets en bois, images du Bouddha, etc., destinés à une population toujours fascinée par ce qui a trait à la magie.
Enfin, dans de nombreux temples, de beaux gongs peuvent être frappés, du poing s'il n'y a pas de frappe-gong à disposition, pour former un vœu. C'est joli et ça marche (si, si !).

Les compositions florales

Tout dans la vie des Thaïlandais est prétexte à une offrande (promenade en famille, accueil d'un visiteur...). L'offrande la plus prisée est la fleur, petite image terrestre du Bouddha. Les 3 offrandes les plus courantes sont les suivantes.
– ***Les malai :*** ce sont les colliers de fleurs, confectionnés de boutons de jasmin, de roses, de chrysanthèmes ou d'orchidées. Leur fonction est principalement religieuse ; ce sont les offrandes des temples et lieux de pèlerinage. Mais, suspendus au rétroviseur des voitures, *tuk-tuk,* « longue-queue » ou tout autre moyen de transport, ces grigris odorants et éphémères sont un gage de bonne route, de chance et de porte-bonheur.
– ***Les bai-sri :*** compositions pyramidales, constituées principalement de feuilles de bananier très soigneusement pliées. On les offre aux nouveau-nés, aux jeunes mariés, pour l'obtention d'un 1er poste... comme promesse de bonheur et de réussite. Si l'on ajoute du riz, un œuf dur et des fruits en son centre, on obtient un *bai-sri chan.*
– ***Les jad pan :*** ce sont de gros boutons de lotus (symboles de pureté, beauté, constance et prospérité) formés par des fleurs de couleur, offerts lors des mariages.

Les maisons aux esprits

À côté de la plupart des habitations se dresse une sorte de petite pagode colorée, posée sur un haut pilier. Cette demeure miniature, manifestation d'une culture animiste encore très vivace, abrite l'esprit protecteur de la maison, le *phra phum.* Le choix de son emplacement est du ressort exclusif d'une personne initiée : on ne place pas n'importe où une demeure réservée aux *phi* (surtout pas en un endroit qui risquerait de se trouver ombragé par l'immeuble), et un jour de bon augure doit être choisi pour la cérémonie d'installation des âmes dans leurs appartements.
On y dépose un bouquet de fleurs, des bâtonnets d'encens et des bougies. Lorsqu'un étranger est invité, il doit tout d'abord demander la permission d'entrer, faute de quoi il risquerait de très mal dormir. S'il ne respecte pas cette coutume, les esprits viendront au cours de la nuit s'installer sur sa poitrine, ce qui engendre d'horribles cauchemars. Et le matin, il convient de les saluer avant de nourrir l'espoir de passer une bonne journée, de leur présenter l'une ou l'autre offrande si l'on aspire à voir quelque souhait exaucé.
Par ailleurs, le propriétaire qui s'enrichit et décide d'embellir et de moderniser son habitation sait que l'oubli de parer en conséquence la maison des esprits risque de lui jouer de très mauvais tours.

SAVOIR-VIVRE ET COUTUMES

Un certain savoir-vivre est utile et quelques coutumes sont à respecter.
– ***Retirer ses chaussures :*** dans tous les temples, la plupart des *guesthouses,* certaines boutiques et chez les particuliers. Certains musées doivent même se visiter en chaussettes ! Optez par conséquent pour les tongs ou sandales... Et

pour certains temples dont le parvis est dallé de marbre, prévoir des chaussettes pour ne pas se brûler les pieds aux heures chaudes.

– ***Interdiction de fumer dans les lieux publics*** (halls d'hôtel, restos, bars). Ces mêmes lieux ferment à minuit ou 1h du matin (sauf autorisation spéciale), dernier carat et pas une minute de plus...

– ***Le roi et la famille royale :*** ils sont très respectés. Si l'hymne national retentit en pleine rue (c'est parfois le cas dans les villes à 8h et/ou à 18h), si le portrait royal apparaît au cinéma avant le film, il faut se lever. C'est simple, il suffit de faire comme tout le monde. Gardez-vous surtout de critiquer ouvertement la monarchie thaïe, car toute insulte publique à l'encontre du roi est passible de prison. On n'abordera même pas le sujet royal, c'est préférable, car on ne sait jamais où l'on met les pieds. Ou alors de manière positive et anodine. Et pas de commentaire, SVP, sur la vie dissolue de l'actuel monarque avant son accession au trône... On évitera aussi de marcher sur une pièce de monnaie (ou un billet) portant le royal profil. Et, de façon plus globale, mieux vaut éviter de débattre sur la politique ou la religion, surtout en public.

– ***Dans les temples bouddhiques :*** il faut enlever ses chaussures et, lorsqu'on s'assied, s'arranger pour ne pas mettre ses pieds face au Bouddha : c'est sacrilège. Le mieux est d'adopter la position des locaux, jambes repliées sous les fesses. Ensuite, il faut s'y présenter en tenue décente : c'est-à-dire épaules, ventre et cuisses couvertes. En règle générale, si une femme veut offrir quelque chose à un moine, elle doit d'abord le donner à un homme qui le lui remettra. Toutes les images ou sculptures du Bouddha, petites ou grandes, même abîmées ou en ruine, sont sacrées. On évite également de les pointer du doigt, et des panneaux interdisent de se prendre en *selfie* à côté. On ne pose pas non plus une image représentant un moine ou le roi sur le banc où nos fesses sont posées.

– ***Tatouage :*** on peut tout se faire tatouer, mais pas l'image du Bouddha. De grands panneaux rappellent à Bangkok que c'est sacrilège.

– ***Dans les bus :*** les sièges à l'avant des bus sont prioritairement réservés aux moines. De même, les hommes ne doivent pas s'asseoir à côté des nonnes ni les femmes à côté des moines. Demandez à quelqu'un de changer de place avec vous pour éviter la chose.

– ***Se saluer poliment :*** en général, les Thaïlandais ne se serrent pas la main. Le salut traditionnel est le *wai,* c'est-à-dire les 2 mains jointes, avec une légère inclination du buste... encore que son utilisation, soumise à des règles bien précises, soit hasardeuse. C'est toujours au socialement « inférieur » (ou au plus jeune) que revient l'initiative du geste, et la réponse se limite souvent à un léger sourire. En somme, plutôt que de « waier » à tout va, utilisez de préférence votre sourire, c'est facile et ça rend beau ! Attendez-vous à être appelé plutôt par votre prénom. C'est l'usage ici, généralement précédé de *khun* (M., Mme ou Mlle).

– ***Au restaurant :*** on ne partage pas l'addition. La règle est simple : celui qui invite paie pour toute la table. Si aucune invitation n'a été faite, c'est au supérieur de se dévouer (aucune exception cette fois, l'égalité n'existe pas en Thaïlande !). On mange habituellement avec une cuillère, la fourchette servant seulement à pousser les aliments. Il n'y a jamais de couteau, et les baguettes sont réservées aux restos chinois.

– ***Les gestes du corps :*** on ne doit jamais toucher la tête de quelqu'un (même d'un enfant), car c'est le siège de son âme, et ce geste peut être considéré comme du mépris envers cette personne. Il faut éviter de montrer quelqu'un du pied, ou de l'enjamber s'il est au sol, c'est très irrespectueux. Utilisez toujours la main droite pour prendre un objet qu'on vous donne, offrir un cadeau, faire passer un objet ou manger. La main gauche est en effet normalement utilisée pour se nettoyer après la grosse commission...

– ***Les gestes impudiques :*** ceux et celles qui ont une libido exaltée remarqueront que le geste le plus licencieux des amoureux en Thaïlande est de se tenir par la main ! Même si les Thaïlandais s'occidentalisent aussi dans leurs comportements, le Code pénal punit sévèrement tous les sacrilèges : la sanction 206, par exemple, prévoit un maximum de 3 mois de prison ou une amende pour tout geste ou attitude visant à insulter la religion... Comme dans le reste de l'Asie où la pudeur en public est plus forte qu'en Europe, il convient d'adopter une attitude réservée. Il a beau faire chaud, on ne se balade pas plus torse nu ou en maillot de bain à Bangkok qu'à Paris. Il ne s'agit pas de pudibonderie, mais de simple respect.

– ***Dans les boutiques,*** on ne tient pas la porte quand on entre ou quand on sort. Donc, on ne vous tiendra pas la porte et ce ne sera pas malpoli !

– ***Ne pas s'énerver et toujours sauver « la face » :*** montrer des signes d'énervement, de perte de sang-froid, hausser le ton sont des attitudes considérées comme déplacées (voire dégradantes) et indiquent un signe de faiblesse. Le Thaï, face à ce type de comportement, peut perdre lui aussi son flegme, notamment si vous le mettez en cause. Dans une société où la dernière des hontes est de perdre la face, il se sentira menacé (surtout si des témoins assistent à la scène). Donc, si vous avez un problème avec un hôtelier ou autre, veillez à régler la situation discrètement, jamais devant témoins.

– ***Garder le sourire :*** le sourire légendaire des Thaïs est utilisé à toutes les sauces. À côté de la bienvenue ou de l'amusement (et Dieu sait si la vie est *sanouk* – rigolote – en Thaïlande), il fait aussi office d'excuse ou d'esquive ; ça évite ainsi dans de nombreuses situations d'avoir à s'expliquer et éventuellement d'en venir à des mots ou des gestes que l'on pourrait ensuite regretter.

– ***Respecter l'environnement :*** il vous faudra également être vigilant dans les rues : tout crachat ou papier négligemment abandonné par terre peut en théorie vous valoir une amende de 60 € minimum. Ainsi, les fumeurs apprendront-ils à rouler leur mégot entre leurs doigts pour l'éteindre, ou à utiliser un cendrier de poche. Reste que les rues sont presque toujours jonchées de détritus, même si de gros efforts ont été faits ces dernières années pour placer des poubelles un peu partout. Certaines villes sont plus vertueuses que d'autres dans ce domaine. Mais on constate un net progrès en la matière.

– ***Dans la maison :*** il existe 2 types de coussins. Un pour s'asseoir et un où on pose sa tête pour dormir. Si vous mettez sous votre derrière un coussin pour la tête (qui est, on le rappelle, la demeure de l'âme), vous risquez de susciter une série de rires gênés. Le geste est insultant pour le propriétaire... et c'est encore pire si vous y mettez les pieds !

Pour servir une boisson, ne tenez pas la bouteille avec le creux de votre main. On sait, vous vouliez bien faire... mais c'est la manière de servir la dernière offrande aux morts !

Les massages : une vieille tradition

Venue d'Inde et de Chine, la tradition des massages a toujours été liée aux soins du corps (et donc de l'esprit !) préconisés dans la philosophie bouddhique. Dans le passé, une salle était d'ailleurs réservée à cet effet dans chaque temple.

Mais au-delà de cet aspect spirituel, le massage est une pratique très répandue en Thaïlande. La mère l'apprend aux filles, qui massent le père, qui les masse à son tour, et l'on se masse entre soi le plus naturellement du monde. Et il y a bien sûr des écoles (la fameuse école du *Wat Pho* à Bangkok, par exemple), où sont enseignés les 3 principaux types de massage : le traditionnel complet (tout le corps travaillé pendant 1h), celui aux herbes et le massage des pieds. Ils sont proposés partout, allant du simple tripotage amélioré au vrai soin, proche de la réflexologie plantaire. D'une manière générale, les masseurs et masseuses sont très bien formés : tous n'ont pas le même degré d'expérience, mais il est rare de tomber sur des amateurs.

Il y a aussi les massages sexuels pratiqués dans des salons aux vitres fumées (souvent appelés *parlours*), où les masseuses sont plus expertes en sexe qu'en

massage. Le client y perd vite la tête et le porte-monnaie. Toutefois, il faut savoir que la limite n'est pas aussi nette : dans certains salons, des femmes peuvent proposer des massages moins classiques, sans toutefois le faire systématiquement ni sur commande. Elles cherchent simplement à arrondir leurs fins de mois, même si la prostitution n'est pas leur métier.
Cela dit, l'immense majorité des massages proposés dans les salons, dans certaines *guesthouses* ou au bord des plages sont tout à fait sages. Les techniques sont souvent très appuyées, par moments douloureuses, et font appel à des notions de réflexologie et d'acupression : cela pourra surprendre les Occidentaux habitués aux papouilles « bien-être ». N'hésitez pas à préciser « cool » ou « medium » si vous êtes douillet (quoique, en général les masseurs s'adaptent à vos réactions). Évitez les manipulations un peu trop énergiques de la nuque. Il ne faudrait pas, en tout cas, quitter la Thaïlande sans avoir essayé le massage traditionnel complet, où pressions, tensions et torsions font un bien fou... En plus, le prix est imbattable : de 5 à 15 € pour 1h en moyenne, sans compter le petit pourboire généralement attendu.

SITES INSCRITS AU PATRIMOINE MONDIAL DE L'UNESCO

Organisation des Nations Unies pour l'éducation, la science et la culture
En coopération avec le Centre du patrimoine mondial

Pour figurer sur la liste du Patrimoine mondial, les sites doivent avoir une valeur universelle exceptionnelle et satisfaire à au moins un des 10 critères de sélection. La protection, la gestion, l'authenticité et l'intégrité des biens sont également des considérations importantes. Le patrimoine est l'héritage du passé dont nous profitons aujourd'hui et que nous transmettons aux générations à venir. Nos patrimoines culturel et naturel sont 2 sources irremplaçables de vie et d'inspiration. Ces sites appartiennent à tous les peuples du monde, sans tenir compte du territoire sur lequel ils sont situés. Pour plus d'informations : ● *whc.unesco.org* ●

Les sites traités dans ce guide

- La ville historique de ***Sukhothai*** et les ***villes historiques associées*** (1991). Tout simplement le 1er royaume de Siam, aux XIIIe et XIVe s. Un ensemble architectural extraordinaire, dont des représentations et des statues du Bouddha sublimes.
- La ville historique d'***Ayutthaya*** (1991). Dans la logique des choses, le 2e royaume du Siam... Pillée par les Birmans au XVIIIe s avant leur installation à Bangkok, la cité recèle encore de sublimes tours-reliquaires et autres bouddhas.
- ***Le site archéologique de Ban Chiang*** (1992), dans le nord-est de la Thaïlande, où les fouilles ont confirmé l'existence d'une civilisation florissante autour de 3 000 ans av. J.-C.
- Signalons aussi, au niveau naturel, le classement des sanctuaires de faune de Thung Yai-Huai Kha Khaeng et du complexe forestier de Dong Phayayen-Khao Yai.

SPORTS ET LOISIRS

La boxe thaïlandaise – *muay thai* (en thaïlandais)

La violence, escamotée dans les rapports excessivement polis du quotidien, s'exprime à fond dans ce sport national. Le combat est impitoyable : on se sert non seulement des poings, mais aussi des genoux, des coudes et des pieds. Mais le spectacle est aussi dans la salle. Si vous avez le temps et l'humeur adéquate, il faut assister à un match de boxe thaïe dans l'un des 2 amphithéâtres de Bangkok, à Lumphini – ลุมพินี, Rāma IV Avenue – ถนนพระราม, ou à Ratchadamnoen – ราชดำเนิน, sur Ratchadamnoen Nok – ราชดำเนินนอก. À Chiang Mai aussi, on peut voir de bons combats professionnels (et d'autres nettement moins bons). Expérience inoubliable ! Les Thaïs, le *mekong* ou la bière aidant, se laissent parfois aller à des attitudes rarement visibles dans la rue. L'atmosphère est survoltée, le public hurle, scande les coups. La boxe thaïe, c'est aussi un sport d'argent, de parieurs dopés par la chaleur de l'arène et celui des enjeux. De fortes sommes sont misées sur l'une des têtes présentes sur le ring, les biftons circulent de main en main selon un système obscur. C'est pourquoi les touristes n'ont pas accès aux gradins réservés à la foule des parieurs.

Avant le combat proprement dit, observez la curieuse gestuelle de chaque protagoniste, à cheval entre le yoga et l'expression corporelle. Ce rituel personnalisé constitue en fait une prière, une sorte d'incantation exécutée sur des musiques traditionnelles interprétées par un petit orchestre qui rythmera ensuite les coups. La délicatesse de ces premiers gestes contraste d'autant avec la violence qui suit. Loin de cette forme codifiée et quasi rituelle de combat, sont organisés aujourd'hui dans les lieux touristiques, des succédanés de rencontres opposant les *farang* (étrangers) entre eux. Un business juteux dont les Thaïs savent à l'évidence tirer parti, car le prix de l'entrée est anormalement cher au regard du « spectacle » servi. Et les *farang* y perdent souvent quelques plumes.

TU POINTES OU TU TIRES ?

La petong, c'est la version thaïe de notre pétanque, peuchère ! On compte plus de 2 millions de joueurs à travers tout le royaume. C'est le 2e sport pratiqué dans le pays, il est même enseigné dans les écoles ! C'est la reine mère qui, lors de son long séjour en Suisse (pas à Marseille) dans les années 1940-1960, est tombée sous le charme du jeu. À son retour, elle y a initié ses proches, et le tour était joué. De quoi refiler les boules à plus d'un Marseillais ! D'autant que les Thaïs sont très bons.

Le *sepak takraw* (en thaïlandais ; ou *kick-volley*)

C'est, avec la boxe thaïe *(muay thai)*, le 2e sport national. Opposant 2 équipes de 3 joueurs chacune, ce sport est en quelque sorte une partie de volley-ball qui se joue au pied. Quelques différences tout de même : le filet est un peu plus bas (1,55 m) et la balle, de 15 cm de diamètre environ, est en rotin tressé. Auprès du public, les finales Malaisie-Thaïlande de *sepak takraw* sont un peu l'équivalent des finales opposant le Pakistan à l'Inde en cricket.

La plongée sous-marine

Pourquoi ne pas profiter de votre escapade dans ces régions où la mer est souvent calme, chaude, accueillante, et les fonds riches et colorés pour vous initier à la plongée sous-marine ? Les moins téméraires s'essaieront au ***snorkelling,*** alias PMT, la plongée avec palmes, masque et tuba. Pas la peine d'être un nageur confirmé, si besoin, enfilez un gilet de sauvetage. Mais **attention aux coups de soleil dans le dos** : prévoyez un T-shirt !

La Thaïlande compte quelque 2 614 km de côtes bordées de plages, avec, au large, une myriade de petites îles paradisiaques. En fonction des saisons, 2 zones se prêtent particulièrement à la pratique de la plongée avec bouteille : la *mer d'Andaman* (côte ouest), de novembre à mai, et le *golfe de Thaïlande* (côte est), de juin à octobre. La visibilité est variable et dépend de la température de l'eau (autour de 28 °C), du coefficient de marée, mais aussi du plancton en suspension qui attire périodiquement raies mantas gracieuses et requins-baleines débonnaires. Respectez cet environnement fragile. N'apportez pas de nourriture aux poissons, ne prélevez rien, et attention où vous mettez vos palmes, les coraux sont fragiles !

Jetez-vous à l'eau !

Pour faire ses 1res bulles, pas besoin d'être sportif ni bon nageur. Il suffit d'avoir au moins 8 ans et d'être en bonne santé. En Thaïlande, les nombreux clubs sont tous affiliés aux organismes internationaux : *PADI* ou *CMAS*. L'encadrement est assuré par des instructeurs certifiés (certains, français ou francophones) qui maîtrisent le cadre des plongées et connaissent tous les spots sur « le bout des palmes » (écoutez attentivement les briefings !).
Un bon centre de plongée respecte toutes les règles de sécurité, sans négliger le plaisir. Méfiez-vous d'un club qui vous embarque sans aucune question préalable sur votre niveau. Regardez si le centre est bien tenu, bien rangé (rouille, propreté...), si le matériel de sécurité obligatoire (oxygène, trousse de secours, radio...) est bien là, s'il n'y a pas trop de plongeurs par moniteur (6 maximum), et si vous n'avez pas à trop porter l'équipement. Les diplômes des instructeurs doivent être affichés.
Les centres proposent généralement des sorties à la demi-journée ou à la journée, comprenant 2 ou 3 plongées et un casse-croûte. La destination plongée la plus chère est Phuket, suivie de Ko Phi Phi et de Ko Chang. Les fauchés iront « se rincer l'œil » à Ko Tao, vraiment plus abordable.
Attention : pensez à respecter un intervalle de 12 à 24h avant de reprendre l'avion, afin de ne pas modifier le déroulement de la désaturation.

Formation et brevets

Partout dans le monde, les centres de plongée délivrent des enseignements aux standards *PADI* ou *CMAS*, dont les degrés sont presque équivalents. Les routards plongeurs pourront les enchaîner aisément, au gré de leurs pérégrinations. L'apprentissage débute ainsi par le brevet d'*Open Water Diver (PADI)* ou *1 étoile (CMAS)*, dont l'objectif est de rendre autonome – jusqu'à 20 m de fond – un plongeur au sein d'une palanquée ; compter de 12 000 à 14 000 Bts pour 4 jours de formation. Puis on enchaîne avec l'*Advanced Open Water Diver (PADI)* ou *2 étoiles (CMAS)*, environ 13 000 Bts, en 2 jours, qui permet de pousser à 30 m de fond (40 m pour le *CMAS*) et d'être autonome, accompagné d'un binôme (le *buddy*) de même niveau. On passe ensuite le *Rescue Diver (PADI)* ou *3 étoiles (CMAS)*, environ 13 000 Bts, sur 2 jours également. Enfin, le diplôme de *Divemaster (PADI)* ou *4 étoiles (CMAS)* prépare les futurs instructeurs à l'encadrement.
Tous les centres délivrent un carnet de plongée, ou *log-book*, qui retracera votre expérience et réveillera vos bons souvenirs une fois les vacances terminées. Gardez-le soigneusement et pensez toujours à emporter ce précieux « passeport » en voyage.
Attention ! Depuis 2011, certains sites thaïlandais sont fermés à la plongée pour la protection de la faune et de la flore. En voici la liste (tous ne sont pas traités dans notre guide) :
– parc national maritime de Hat Chao Mai dans la province de Trang : île de Ko Chueak ;
– parc national maritime de Mu Ko Petra dans la province de Satun : îles de Ko Bulone Mai Pai et de Ko Bulone Rang Pueng ;
– parc national maritime de Tarutao : îles de Ko Takieng, Ko Hin Ngam, Ko Rawi, Hat Sai Khao et Ko Dong ;
– parc national maritime de Chumphon : Ko Ma Prao ;
– parc national maritime de Hat Nopparattara – Mu Ko Phi Phi : Hin Klang ;
– parc national maritime de Mu Ko Surin dans la province de Phang-nga : Ao Mae Yai bay, Ao Mangkon bay, Ao Jak bay, Ao Tao bay, Ko Torinla ;
– parc national maritime de Mu Ko Similan dans la province de Phang-nga : Ao Fai Wap bay, Ko Payu or East of Eden.

Tour-opérateurs spécialisés dans la plongée

■ ***Ultramarina :*** *2 ter, rue des Olivettes, CS 33221, 44032 Nantes Cedex 1. À Paris : 29, rue de Clichy, 75009. ☎ 0825-029-802 (0,15 €/mn). ● ultramarina.com ● Autres agences à Marseille, Lyon, Genève et Villeneuve (Suisse).* Organise les voyages individuels.

■ ***Aeromarine :*** *22, rue Royer-Collard, 75005 Paris. ☎ 01-43-29-30-22. ● aeromarine.fr ● RER B : Luxembourg.*

les ROUTARDS sur la FRANCE 2022-2023

(dates de parution sur • *routard.com* •)

Découpage de la FRANCE par le ROUTARD

Autres guides sur la France

- Nos meilleurs campings en France
- Nos meilleures chambres d'hôtes en France

Autres guides sur Paris

- Paris
- Paris balades
- Restos et bistrots de Paris
- Le Routard des amoureux à Paris
- Week-ends autour de Paris

Le Routard à vélo

- EuroVelo6
- La Bourgogne du Sud à vélo
- La Flow Vélo
- La Loire à Vélo
- La Vélo Francette
- La Vélodyssée (Roscoff-Hendaye)
- Le Canal des 2 mers à vélo
- Paris Île-de-France à vélo
- ViaRhôna
- Les plus belles escapades à vélo en France

les ROUTARDS sur l'ÉTRANGER 2022-2023

(dates de parution sur • ***routard.com*** •)

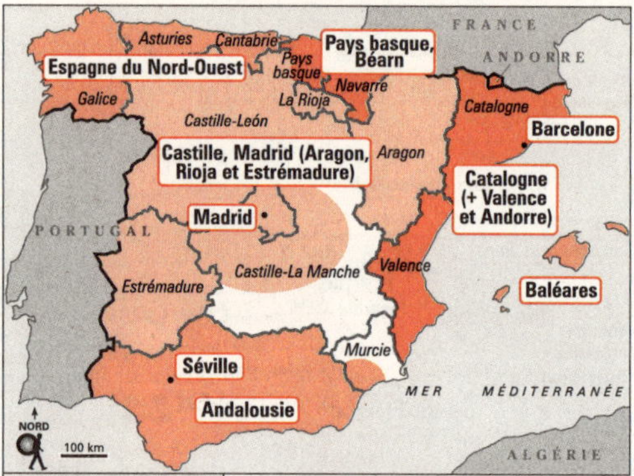

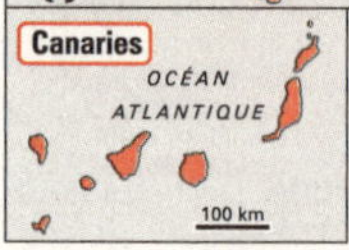

Découpage de l'ESPAGNE par le ROUTARD

Découpage de l'ITALIE par le ROUTARD

Autres pays européens

- Allemagne
- Angleterre, Pays de Galles
- Autriche
- Belgique
- Bulgarie
- Crète
- Croatie
- Danemark, Suède
- Écosse
- Finlande
- Grèce continentale
- Hongrie
- Îles grecques et Athènes
- Irlande
- Islande
- Madère
- Malte
- Norvège
- Pays baltes : Tallinn, Riga, Vilnius
- Pologne
- Portugal
- République tchèque, Slovaquie
- Roumanie
- Suisse

Villes européennes

- Amsterdam
- Berlin
- Bruxelles
- Budapest
- Copenhague
- Dublin
- Lisbonne
- Londres
- Moscou
- Naples
- Porto
- Prague
- Saint-Pétersbourg
- Stockholm
- Vienne

les ROUTARDS sur l'ÉTRANGER 2022-2023

(dates de parution sur • *routard.com* •)

Découpage des ÉTATS-UNIS par le ROUTARD

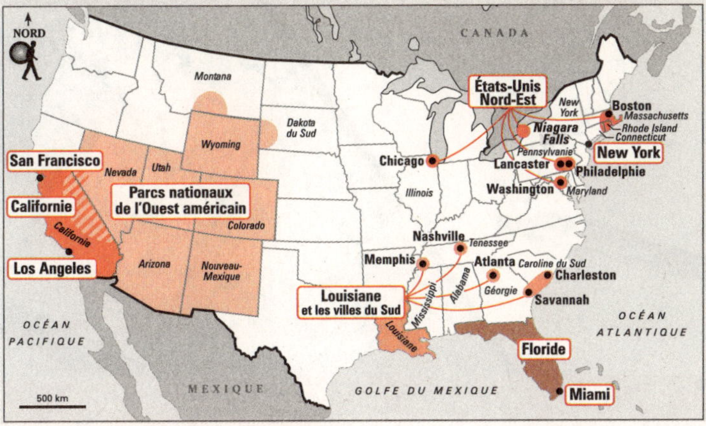

Autres pays d'Amérique

- Argentine
- Brésil
- Canada Ouest
- Chili et île de Pâques
- Colombie
- Costa Rica
- Équateur et les îles Galápagos
- Guatemala, Belize
- Mexique
- Montréal
- Pérou, Bolivie
- Québec et Ontario

Asie et Océanie

- Australie côtes est et nord + Red Centre
- Bali, Lombok
- Bangkok
- Birmanie (Myanmar)
- Cambodge, Laos
- Chine
- Hong Kong, Macao, Canton
- Inde du Nord
- Inde du Sud
- Israël et Palestine
- Istanbul
- Jordanie
- Malaisie, Singapour
- Népal
- Shanghai
- Sri Lanka (Ceylan)
- Thaïlande
- Tokyo, Kyoto et environs
- Turquie
- Vietnam

Afrique

- Afrique du Sud
- Égypte
- Kenya, Tanzanie et Zanzibar
- Maroc
- Marrakech
- Sénégal
- Tunisie

Îles Caraïbes et océan Indien

- Cuba
- Guadeloupe, Saint-Martin, Saint-Barth
- Île Maurice, Rodrigues
- Madagascar
- Martinique
- République dominicaine (Saint-Domingue)
- Réunion

Guides de conversation

- Allemand
- Anglais
- Arabe du Maghreb
- Arabe du Proche-Orient
- Chinois
- Croate
- Espagnol
- Grec
- Italien
- Japonais
- Portugais
- Russe
- G'palémo (conversation par l'image)

Livres-photos/Livres-cadeaux

- 50 voyages à faire dans sa vie
- 52 escapades nature en France (**nouveauté**)
- 52 week-ends coups de cœur en Europe (city trips)
- 52 week-ends coups de cœur en France
- 120 coins secrets en Europe
- 1 200 coups de cœur en France
- 1 200 coups de cœur dans le monde
- Cahier de vacances du Routard
- La France de Stéphane Bern
- Nos plus belles balades et randos en France (**nouveauté**)
- Road Trips Monde
- Road Trips en France
- Sacré : 100 lieux d'inspiration divine (**nouveauté**)
- Voyages
- Voyages : États-Unis
- Voyages : France
- Voyages : Italie

Nous tenons à remercier tout particulièrement Loup-Maëlle Besançon, Thierry Bessou, François Chauvin, Grégory Dalex, Fabrice Doumergue, Cédric Fischer, Carole Fouque, Nicolas George, Michelle Georget, David Giason, Claude Hervé-Bazin, Emmanuel Juste, Dimitri Lefèvre, Fabrice de Lestang, Romain Meynier, Éric Milet, Pierre Mitrano, Jean-Sébastien Petitdemange, Thomas Rivallain et Jean Tiffon pour leur collaboration régulière.

Guillem Aurenche
Jean-Jacques Bordier-Chêne
Gérard Bouchu
Camille Campet
Philippe Coupy
Agnès Debiage
Jérôme Denoix
Tovi et Ahmet Diler
Clélie Dudon
Agustina Ernesta
Alain Fisch
Hermine Frachon
Adrien et Clément Gloaguen
Simon Hafi
Chloé Iacono
Thelem Jolliot-Curie
Maeva Libessart
Marine Lucas
Lise Machu
Louis Nagot
Martine Partrat
Odile Paugam et Didier Jehanno
Orianne Pouchard
Alexia Poulain
Marva Prevost
Alexia Rambaud
Prakit Saiporn
Lara Tantawi
Sarah Toson
Emma Vadillo Quesada

Direction : Sidonie Chollet
Direction éditoriale : Élise Ernest
Édition : Matthieu Devaux, Olga Krokhina, Gia-Quy Tran, Julie Dupré, Pauline Janssens, Amélie Ramond, Margaux Lefebvre et Lucie Léna
Ont également collaboré : Brigitte de Vaulx, Muriel Lucas et Marie Sanson
Cartographie : Frédéric Clémençon et Aurélie Huot
Contrôle de gestion : Jérôme Boulingre et Yannis Villeneuve
Secrétariat : Julia Lorrain
Fabrication : Nathalie Lautout et Liza Sacco
Relations presse : COM'PROD, Fred Papet. ☎ 01-70-69-04-69.
• *info@comprod.fr* •, Martine Levens (Belgique) et Maureen Browne (Suisse)
Marketing : Clotilde Tougeron
Couverture : le-bureau-des-affaires-graphiques.com
Silhouette du Routard : Clément Gloaguen (d'après Solé)
Maquette intérieure : le-bureau-des-affaires-graphiques.com, Thibault Reumaux et npeg.fr
Contact Partenariats : Jérôme Denoix • *jeromedenoix@gmail.com* •
Contact Partenariats et régie publicitaire : Florence Brunel-Jars
• *fbrunel@hachette-livre.fr* •

INDEX GÉNÉRAL

INDEX GÉNÉRAL

LISTE DES CARTES ET PLANS

INDEX GÉNÉRAL